6., vollständig überarbeitete Auflage

James Bainbridge, Hilary Heuler,
Barbara McCrea, Greg de Villiers, Louise Whitworth
und Lizzie Williams

SÜDAFRIKA

Lesotho und eSwatini

Reiseziele und Routen

Travelinfos von A bis Z

Land und Leute

Safari Guide

Kapstadt und die Kap-Halbinsel

Westkap

Nordkap

Ostkap

KwaZulu-Natal

Freistaat

Gauteng

Nordwest-Provinz

Mpumalanga

Limpopo

Lesotho

eSwatini (Swasiland)

STEFAN LOOSE
TRAVEL HANDBÜCHER

Inhalt

KIRSTENBOSCH NATIONAL BOTANICAL GARDEN (S. 158)

Themen

SÜDAFRIKA
Lesotho und eSwatini

Die Highlights

„Die Welt in einem Land" lautet der Werbeslogan Südafrikas. Zu Recht: Spektakuläre Landschaften, große Wildtierpopulationen, verschiedenste Kulturen und Menschen machen Südafrika zu einer echten Regenbogennation.

1 KAPSTADT Südafrikas schönste Stadt – in traumhafter Lage, mit buntem Völkergemisch und bewegter Geschichte – ist eine echte Boomtown. Hierher kommt man zum Essengehen, Weinprobieren, Shoppen oder einfach nur, um die einzigartige Atmosphäre und Lebensfreude zu genießen. S. 128

2 **CAPE POINT** Die Landzunge südlich von Kapstadt gehört zu den malerischsten Küstenlandschaften des Kontinents. S. 171

3 **DAS WEINLAND** Die Weingüter des Westkaps locken mit umwerfender Landschaft, kapholländischer Architektur und ebenso ausgezeichneten wie erschwinglichen Tropfen. S. 224

4 **WALBEOBACHTUNG** An der Whale Coast wagen sich die Wale oft erstaunlich nah ans Land heran. S. 249

5 **DE HOOP NATURE RESERVE** Hier kann man Dünen hinabschlittern oder von ihren hohen Kuppen nach Walen Ausschau halten. S. 260

6 **STORMS RIVER MOUTH** Auf dem schönsten Küstenabschnitt der Garden Route führt eine Hängebrücke über die Mündung des Storms River. S. 308

7 **KGALAGADI TRANSFRONTIER PARK** Geparden und andere Steppentiere bevölkern die karge, aber imposante Landschaft der Kalahari. S. 355

8 **WILDBLUMEN** Nach dem Winterregen verwandelt sich die sonst so unwirtliche Landschaft des Namaqualands in ein farbenprächtiges Blumenmeer. S. 363

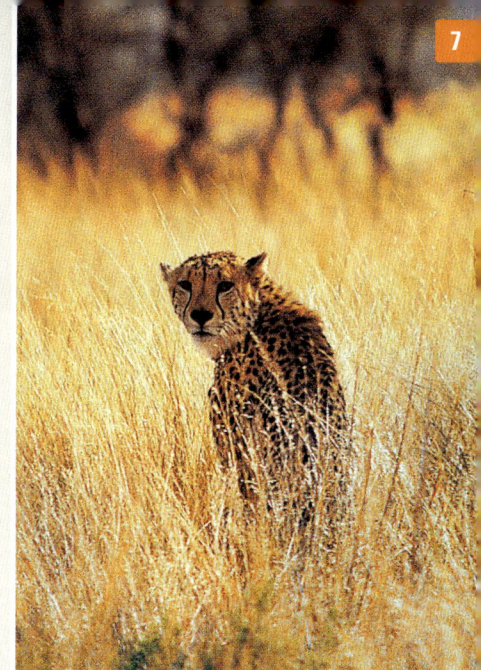

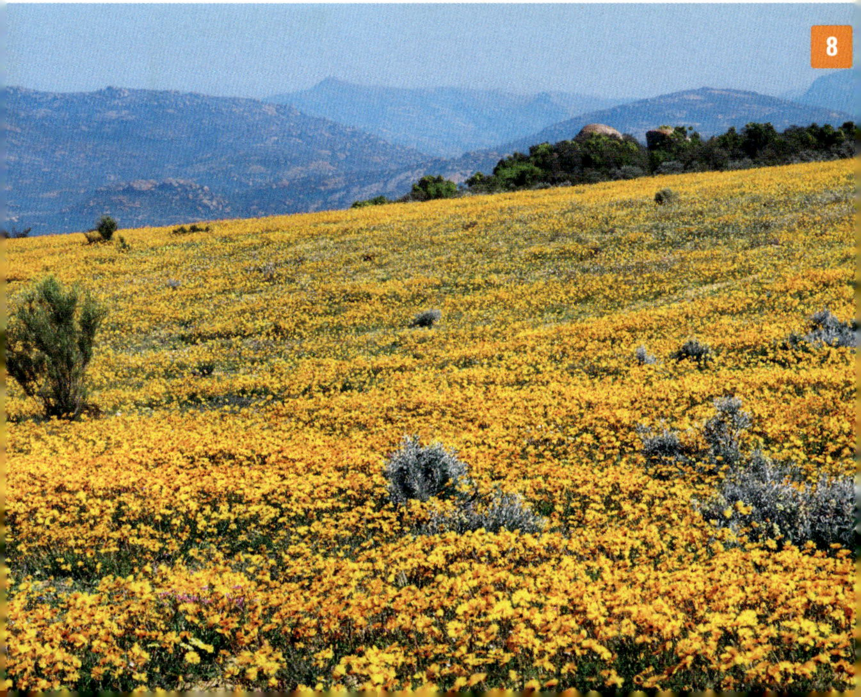

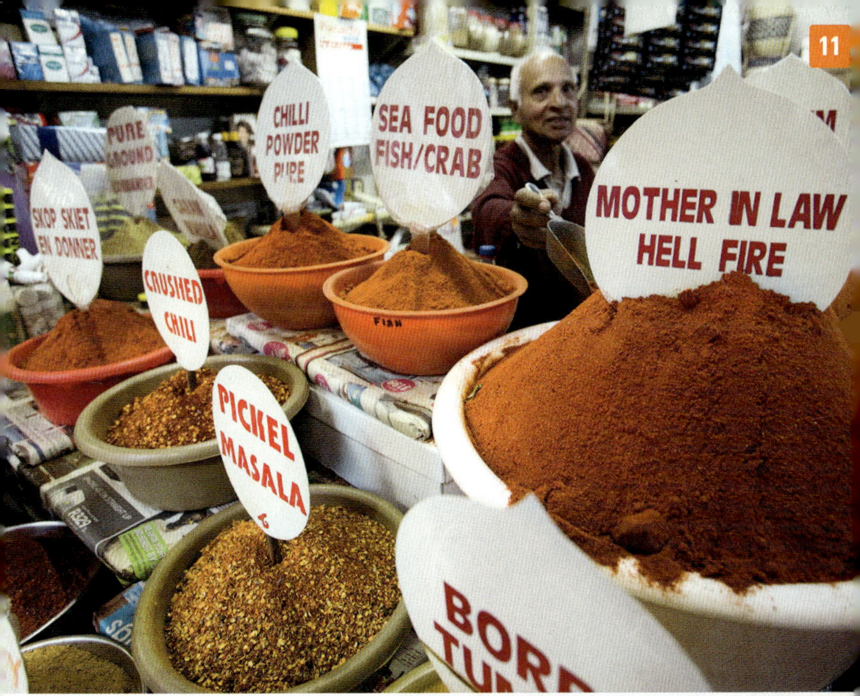

9 **ADDO ELEPHANT NATIONAL PARK** Elefanten und anderes Großwild gibt es am Ostende der Garden Route zu bewundern. S. 388

10 **WILD COAST** Dieser Teil des Ostkaps verspricht Ruhe und Abgeschiedenheit. S. 424

11 **DURBAN** Afrikas betriebsamste Hafenstadt hat besonders viele Einwohner indischer Herkunft. S. 444

12 **DIE DRAKENSBERGE** (Abb. Folgeseite) Ein hervorragendes Wanderrevier sind die mystischen „Drachenberge" mit Südafrikas höchsten Gipfeln sowie Wasserfällen, Schluchten, Felskunst der San und grandiosen Panoramen. S. 481

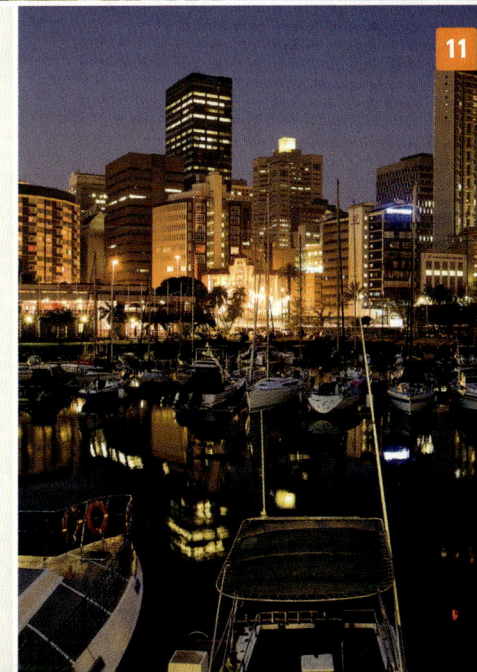

13 HLUHLUWE-IMFOLOZI PARK
Das schönste Wildreservat von KwaZulu-Natal bietet unübertroffene Möglichkeiten zur Tierbeobachtung. S. 497

14 JOHANNESBURG Viel Kultur, tolle Restaurants und ein super Nachtleben: Damit überrascht die chaotische Metropole all jene, die der schlechte Ruf nicht von einem Besuch abhält. S. 549

15 MADIKWE GAME RESERVE
Das ausgedehnte Wildreservat mit erstaunlich geringer Besucherzahl bietet ausgezeichnete Lodges und hervorragende Gelegenheiten zum Tierebeobachten, von Giraffen bis zu Löwen und Elefanten. S. 622

KRÜGER-NATIONALPARK

16 Südafrikas beliebtester und berühmtester Nationalpark steht für großartige Natur und Safari pur. Ein gut ausgebautes Wegenetz und verschiedene Camps machen eine individuelle Tour, auf der man Löwen und anderem Großwild richtig nahekommt, ganz einfach.
S. 651

17 **PONY-TREKKING** Im gastfreundlichen Lesotho, wo es kaum Zäune gibt, bewegen sich die Bewohner in abgeschiedenen Regionen per Pony fort. Und so ist ein Pony-Trekking die ideale Form, das Land mit seinen atemberaubenden Landschaften kennenzulernen. S. 703

18 **WILDWASSERRAFTING AUF DEM GREAT USUTU** Der längste Fluss eSwatinis ist ein großartiges Wildwasserrevier und einer der wenigen Flüsse, auf denen man Trips in Schlauchbooten unternehmen kann. Die Strecke führt über wilde Stromschnellen entlang einer überwältigenden Landschaft. S. 747

Reiseziele und Routen

Südafrika, so groß wie Frankreich und Spanien zusammen, ist ein faszinierendes Reiseziel voller Kontraste und grandioser Landschaften. Seine Vielfalt reicht von den pittoresken Dörfern und Städtchen der Garden Route des Westkaps bis zur unberührten subtropischen Küste des nördlichen KwaZulu-Natal, von der riesigen Halbwüste der Karoo im Zentrum des Landes bis zum Krüger-Nationalpark im Nordosten, einem der beliebtesten Safariziele Afrikas. Darüber hinaus ziehen die großen Städte Immigranten aus ganz Afrika an und verwandeln sie in großartige, brodelnde Zentren afrikanischer Lebensart.

Eine angenehme Überraschung stellt für viele Besucher die hervorragende Infrastruktur Südafrikas dar, besonders die des Westkaps, die den mitteleuropäischen Vergleich nicht zu scheuen braucht. Gute Verkehrsverbindungen und Transportmittel sowie eine große Zahl erstklassiger B&Bs und anderer Übernachtungsmöglichkeiten machen Südafrika zu einem hervorragenden Reiseland. Low-Budget-Reisenden stehen zahlreiche preiswerte Hostels und **Backpacker**-Busse zur Verfügung.

Trotz all dieser Einrichtungen stellt Südafrika für Reisende noch immer eine Art Rätsel dar: Nach mehr als 25 Jahren Demokratie und Ende der Rassenpolitik tut sich die „Regenbogennation" weiterhin schwer damit, ihre Identität zu finden. Die Apartheid ist zwar vorbei, aber sie hat das Land nachhaltig geprägt. Nirgendwo wird dies deutlicher als in den Städten, unter anderem sichtbar an deren historisch gewachsener Aufteilung, wo die – überwiegend armen – afrikanischen Viertel in der Regel außerhalb der Stadtzentren versteckt liegen.

Die **Bevölkerung** Südafrikas lässt sich nicht einfach in Schwarze und Weiße unterteilen. Die zahlenmäßig stärkste Gruppe sind die **Schwarzafrikaner** (über 80 % der Gesamtbevölkerung), der Anteil weißhäutiger Menschen

macht nur knapp 9 % aus, ebenso der von farbigen Menschen, den Nachkommen weißer Siedler, Sklaven aus Südostasien und Afrikanern, die Englisch und Afrikaans sprechen und im Westkap die Bevölkerungsmehrheit stellen. Die übrigen Südafrikaner sind zumeist **Inder** (2,5 %) und überwiegend in KwaZulu-Natal anzutreffen. Bei ihnen handelt es sich um Nachkommen der Gastarbeiter, die Anfang des 20. Jhs. nach Südafrika kamen.

Einen wesentlich besseren Aufschluss über die bunte **Vielfalt** Südafrikas geben allerdings die zahlreichen offiziellen Landessprachen, von denen die meisten eine bestimmte Kultur repräsentieren, deren Wurzeln in verschiedenen bäuerlichen Gegenden des Landes liegen. Jede Region zeichnet sich durch ihre typische Architektur, Kunsthandwerk und manchmal auch Trachten aus. Noch spannender sind vielleicht die Städte, in denen sich das ganze Land ein Stelldichein gibt und einen Schmelztiegel von Ländlichem und Urbanem, Tradition und Moderne bildet.

Kriminalität ist zwar nicht das alles beherrschende Thema des Landes, auch wenn sie in den Medien den ersten Platz einnimmt, aber sie darf nicht unterschätzt werden. Vorsicht ist angezeigt – Paranoia nicht. Die Innenstadt von Johannesburg, in der Gewalt eine tagtägliche Realität darstellt, ist am gefährlichsten, während das Risiko in den anderen Städten geringer ist.

Reiseziele

Zwar könnte man innerhalb weniger Wochen eine Rundreise durch Südafrika unternehmen, sinnvoller ist es aber, sich auf einen Teil des Landes zu konzentrieren. Jede der neun Provinzen lockt mit ganz eigenen Attraktionen; es ist

Unsere Autoren haben buchstäblich **jede Ecke von Südafrika, Lesotho und eSwatini** besucht – von den Weingütern am Kap bis ins an Baobab-Bäumen reiche Limpopo, durch die mit Tumbleweeds übersäte Karoo und über die Gipfel der Drakensberge – um einzigartige Reiseerfahrungen zu vermitteln. Hier einige ihrer Favoriten:

Bestes Weingut Es gibt so viele Weingüter, dass die Wahl schwerfällt, doch zwei herausragende Winzereien sind Ataraxia (S. 253) unweit von Hermanus, dessen Verkostungsraum in einer Kapelle untergebracht ist, und Babylonstoren (S. 236) – dank seiner Gärten und Restaurants ein Dauerbrenner.

Exponierte Lage Der Blick auf die Southern Suburbs von Kapstadt und den Tafelberg vom eleganten, aus Holz und Stahl konstruierten Boomslang (Baumschlange) Walkway, der sich durch die Baumwipfel der Kirstenbosch Botanical Gardens windet, ist schwindelerregend. S. 158

Gebirgswunder Die von unerschrockenen Kolonisten wie Andrew und Thomas Bain erbauten südafrikanischen Gebirgspässe sind ingenieurtechnische Meisterleistungen. Der von einer britischen Festung des 19. Jhs. gekrönte, atemberaubend schöne Cogman's Kloof Pass von Montagu durchschneidet die zerklüfteten Langeberg Mountains zur Little Karoo (S. 312) hin.

Liebe zum Dorp Ein südafrikanischer Geheimtipp ist die Fahrt durch die Karoo zu würdevoll gealterten *dorps* (Kleinstädte), liebevoll *dorpies* genannt, um ländliche Gastfreundschaft, kapholländische Architektur und so grenzenlose Entspannung zu erleben, dass man sein Handy aus dem Wagen werfen möchte. In gemächlichen Spitzkehren geht es zu Orten wie Prince Albert (S. 324) und Nieu Bethesda (S. 412).

Lieblingspark Was die Landschaft angeht, so sind es der Royal Natal National Park (S. 493) in KwaZulu-Natal, der sagenhafte Wandermöglichkeiten in den Nördlichen Drakensbergen bietet, und der benachbarte Golden Gate Highlands National Park (S. 540) im Freistaat. Was die Fauna angeht, ist die Entscheidung fast unmöglich. Aber schnurrende Kalahari-Löwen zwischen den Dünen des Kgalagadi Transfrontier Park (S. 355) zu beobachten, ist garantiert ein unvergessliches Erlebnis.

Strandurlaub Ein beliebtes Urlaubsziel ist Nature's Valley mit seiner Lagune und dem Tsitsikamma-Waldgebiet, das den Strand säumt. Hier ist es ruhiger als in den weiter westlich gelegenen Teilen der Garden Route, und die baumbestandenen Sträßchen des Ortes erinnern an ein englisches Dorf. (S. 305).

> Das sind nicht etwa alle **unsere Empfehlungen**. Wir haben unsere Lieblingsorte – eine herrlich gelegene Unterkunft, ein stimmungsvolles Café, ein besonderes Restaurant – im gesamten Buch mit dem Loose-Koffer gekennzeichnet.

PINGUINE AM BOULDERS BEACH

allerdings ratsam, sich je nach Jahreszeit und Interesse entweder auf den **Westen** oder den **Osten** des Landes zu beschränken.

Eine der Hauptsehenswürdigkeiten im **westlichen** Südafrika, die man vorzugsweise in den wärmeren Monaten November bis April besuchen sollte, ist zweifellos **Kapstadt** (S. 128). Die Stadt liegt unvergleichlich schön am Fuß des Tafelbergs. Nur eine halbe Tagesreise entfernt befindet sich das **Westkap** (S. 220), eine Provinz, die sich durch ihr jahrhundertealtes Kolonialerbe hervorhebt. Hier finden sich kapholländische Architektur, Kolonialstädtchen und Weinberge in den **Winelands** (S. 224), bewaldete Küste entlang der **Garden Route** (S. 278) und weiter landeinwärts Halbwüste mit verstreuten Afrikander-*Dorps* in der **Kleinen Karoo** (S. 311).

Reisende, denen der Westen Südafrikas zu „europäisch" vorkommt und die auf der Suche nach einem ursprünglicheren Afrika sind, sollten die **Ostteile** des Landes anstreben, am besten während der kühleren Monate Mai bis Oktober. Sie betreten südafrikanischen Boden höchstwahrscheinlich in **Johannesburg** (S. 549), dessen chaotisches Straßentreiben, Wolkenkratzer und Völkergemisch sich vom Rest des Landes abheben. Schon nach einer halbtägigen Autofahrt erreicht man die Provinzen **Limpopo** (S. 668) und **Mpumalanga** (S. 626), innerhalb deren Grenzen der riesige **Krüger-Nationalpark** (S. 651) liegt. Der Krüger-Park ist der König unter den rund zwei Dutzend großen Tierreservaten Südafrikas und einer der besten Orte Afrikas, um die Big Five (Löwe, Leopard, Büffel, Elefant und Nashorn) zu sehen.

Vom Krüger-Park bietet sich die Weiterfahrt nach KwaZulu-Natal im Süden an; eine wundervolle Strecke zwischen den beiden führt durch das winzige **eSwatini** (ehem. Swasiland, S. 726) mit einer ganz eigenen Kultur und einigen gut geführten Wildreservaten. **KwaZulu-Natal** (S. 440) selbst ist ein Paradies für alle, die gern wilde Tiere und Vögel beobachten. Der **Hluhluwe-iMfolozi Park** (S. 497) ist der beste Ort der Welt, um die vom Aussterben bedrohten Nashörner zu sehen. In der Nähe befinden sich weitere hervorragende, kleinere Parks wie der Itala, Mkuzi und Ndumo. Für Natur- und Wanderfreunde bieten sich Streifzüge durch das gewaltige Gebirgsmassiv der **Drakensberge** (S. 481) an, im wahrsten Sinn des Wortes Höhepunkt der Provinz und eine halbe Tagesfahrt von Durban entfernt. **Durban** (S. 444) gehört zu den Städten Südafrikas, die eine eigene Reise wert sind: ein quirliger, kultureller Schmelztiegel mit einem exotischen indischen Viertel und einer belebten Uferpromenade am Sandstrand direkt vor der Haustür. Die **Strände** nördlich und südlich von Durban zählen zu den am dichtesten bebauten und erschlossenen des Landes, doch weiter nördlich, zur mosambikanischen Grenze hin, liegt der unberührteste Küstenstreifen Südafrikas.

Lange, nur stellenweise erschlossene **Sandstrände** sind das Charakteristikum eines Großteils der 2798 km langen Küstenlinie, die sich vom kalten Atlantik um das Nordkap herum bis zum subtropischen Indischen Ozean erstreckt, dessen Wellen an die Ufer von KwaZulu-Natal schlagen. Der Großteil der Ostkap-Küste liegt vor einer wildromantischen Bergkulisse und ist auch für Spaziergänger und Sonnenanbeter sehr reizvoll.

Beim **Tauchen**, insbesondere vor der Küste von KwaZulu-Natal, erschließt sich inmitten der Korallenriffe und bunt schillernden Fische eine ganz neue Welt. Die südlich der **Cape Wine-**

Das Haus der Geister

Die Schamanen der San verzierten über Tausende von Jahren **Felswände mit präzisen Malereien**. Diese stellen unter anderem Tiere und Menschen dar sowie Menschen, die sich in Tiere verwandeln. Sie sind in allen Bergregionen Südafrikas anzutreffen. Archäologen gehen inzwischen davon aus, dass diese Zeichnungen Metaphern für spirituelle Erfahrungen sind. Zu den Wichtigsten gehört der Trance-Tanz zur Heilung Kranker, der auch heute noch in den wenigen letzten San-Gemeinschaften üblich ist. Felsen werden als Übergänge von der Welt der Menschen in die der Geistwesen betrachtet: Wenn wir San-Felskunst anschauen, blicken wir in das „Haus der Geister".

lands (S. 224) des Westkaps gelegene **Whale Coast** (S. 248) ist eines der absoluten Highlights von Südafrika, denn hier lassen sich während der Saison direkt vom Ufer aus, oft aus allernächster Nähe, **Wale** beobachten.

Wer über mehr Zeit verfügt, kann im Anschluss an die Großstädte, Strände und Tierreservate eine Fahrt ins karge, aber faszinierende **Landesinnere** mit seiner endlosen Weite, Bergpässen, bizarren Felsen, Buschlandschaften und abgeschiedenen *dorps* unternehmen.

Das epische Nordkap und die Nordwest-Provinz nehmen fast ein Drittel des Landes ein und weisen echte Überraschungen auf, wie etwa die Marslandschaften des **Ai-Ais Richtersveld Transfrontier Parks** (S. 372) und den abgeschiedenen, aber sehr spannenden **Kgalagadi Transfrontier Park** (S. 355) mit seiner Löwenpopulation. In der benachbarten **Nordwest-Provinz** (S. 606) gibt es einige wenige zugängliche und ganz ausgezeichnete Tierreservate sowie Sun City, einen surrealen Kasino-Themenpark im *bushveld*.

Von den offenen Feldern und dem Kernland der Afrikander, dem **Freistaat** (S. 530), bietet sich ein Besuch des noch recht ursprünglichen Königreichs **Lesotho** (S. 690) in den Bergen zwischen dem Freistaat und KwaZulu-Natal an.

Vom Königtum ist in Lesotho nicht mehr viel übrig geblieben, jedoch bietet das Land jede Menge spektakulärer Berglandschaften, die sich am besten auf dem Rücken eines stämmigen, trittsicheren Basotho-Ponys erkunden lassen.

Reiserouten

Die folgenden Reiserouten führen von der Südwestecke bis zur Nordostspitze des Landes und beinhalten sowohl die klassischen Sehenswürdigkeiten wie Kapstadt und den Krüger-Park als auch weniger bekannte Attraktionen. Zusammen ergeben die drei Routen eine zweimonatige Rundtour, auf der alle Aspekte Südafrikas ausgeleuchtet werden, von Safaris, Stränden und weiten Landschaften bis zu Ethno-Kunst und -Kultur, Kolonialarchitektur und städtischem Leben.

Westkap-Rundfahrt

■ 3–4 Wochen

Die ältesten Städte Südafrikas befinden sich in der abwechslungsreichen Provinz Westkap.

Kapstadt Die älteste, schönste und sehenswerteste Stadt Südafrikas hat einfach alles: eine wunderbare Lage, schöne alte Architektur und ein buntes städtisches Treiben. S. 128

Das Weinland Hier findet man unterhalb von malvenfarbenen Bergen inmitten der Weinberge in den weißen kapholländischen Gutshäusern einige der besten Restaurants und Gästehäuser im ganzen Land. S. 224

Whale Coast Das De Hoop Nature Reserve lockt nicht nur mit gewaltigen Dünen und wilder Brandung, sondern bietet auch die seltene Möglichkeit, vom Land aus Wale zu beobachten. S. 248

Garden Route Die schönste Autostrecke Südafrikas führt durch hübsche Küstenorte wie Knysna sowie durch Nationalparks mit uralten Wäldern und atemberaubenden Küstenlandschaften. S. 278

Little Karoo Die R62 führt über die Bergpässe der semiariden Kleinen Karoo, vorbei an bizarren Felsformationen, warmen Quellen und einigen hübschen alten Dörfern. S. 311

Swartland Darling ist der Kapstadt am nächsten gelegene Ort, an dem man im Frühjahr das Erblühen der Wildblumen auf dem *veld* erleben kann. S. 261

Die Cederberge Die Felskunst der San und groteske Felsformationen verleihen der Bergwildnis des Westkaps etwas Überirdisches. S. 271

Der Osten

■ 3 Wochen (mindestens)

Der Ostteil des Landes wartet mit Tierreservaten, Stränden und unterschiedlichen Volkskulturen auf.

Johannesburg Das Wirtschaftszentrum Afrikas wartet mit einer blühenden Kunstszene, einer gut etablierten Cafékultur und der größten Township des Landes auf, Soweto. S. 549

Krüger-Nationalpark Der Krüger-Park, so groß wie ein kleines Land, gehört mit seinen vielen Tieren zu den besten Wildreservaten Afrikas. S. 651

eSwatini (ehem. Swasiland) Eine der wenigen verbleibenden absoluten Monarchien der Erde hat sich mit einigen Zeremonien seine alten Stammestraditionen bewahrt. S. 726

iSimangaliso Wetland Park Die Unesco-Welterbestätte bietet mit der Sodwana Bay ein schönes subtropisches Tauchrevier; im Sommer nisten hier Unechte Karettschildkröten und Lederschildkröten. S. 500

Wildreservate in KwaZulu-Natal Das wichtigste Wildtierreservat der Provinz ist Hluhluwe-iMfolozi mit Raubkatzen, Nashörnern und Elefanten; auch einige kleinere Reservate wie Itha-

la, Mkhuze und Phinda haben einiges zu bieten. S. 497 und S. 506

Das Kernland der Zulu Korbflechtarbeiten mit geometrischen Mustern und eine Reihe von Festen wie der Shaka Day halten die stolzen Traditionen der größten ethnischen Gruppe von KwaZulu-Natal am Leben. S. 517

uKhahlamba Drakensberge In den dramatischen Landschaften kann man atemberaubende Wanderungen unternehmen und die Felskunst der San bewundern. S. 481

Durban Die subtropische Vegetation, der beliebte Strand und die Mischung aus Zulu-, indischer und englischer Kolonialkultur machen Durban zu einer interessanten Metropole Afrikas. S. 444

Am Rande der Zivilisation

■ 3 Wochen

Die trockene Große Karoo im Landesinneren bildet einen faszinierenden Kontrast zur üppig-grünen Wild Coast.

Port Elizabeth 1820 gingen hier rund 4000 englische Siedler an Land; ihre heutigen Nachfahren lockt es v. a. an die sicheren Sandstrände. S. 381

Mekka der Wildtiere In der Nähe des Addo, des einzigen Big-Five-Nationalparks in der Südhälfte des Landes, liegen auch zwei der besten privaten Tierreservate, Shamwari und Kwandwe. S. 392 und S. 404

Graaff-Reinet Der gänzlich vom bergigen Camdeboo National Park umgebene, abgeschiedene kapholländische Außenposten in der Karoo aus dem 18. Jh. lässt sich bestens zu Fuß erkunden. S. 409

Cradock Der stimmungsvoll staubige Wildwestort liegt am Westufer des Great Fish River, der im 19. Jh. die erbittert umkämpfte Grenze zwischen der englisch regierten Kapkolonie und den traditionellen Xhosa-Stammesfürstentümern bildete. S. 406

Grahamstown Die sich als Settler City vermarktende Stadt ist eine interessante Mischung aus kultivierter Universitätsstadt und ländlichem Provinznest und beeindruckt mit georgianischen und viktorianischen Straßenzügen. S. 400

Hogsback Ein üppig-grüner, oberhalb von heißen Tälern gelegener Hochlandort mit alternativ eingestellten Einwohnern und Waldwanderwegen zu Wasserfällen. S. 420

Mandelas Heimat Am Ortsrand von Qunu, wo Nelson Mandela aufwuchs, hüten Jungen genau wie früher Mandela selbst immer noch Rinder; hier und in Mthatha erzählen Museen seine Lebensgeschichte. S. 434

Wild Coast In einer unberührten Region mit traditionellen Dörfern, sanften Hügeln, üppigen Wäldern und unerschlossenen Sandstränden kann man in Lodges wie Mdumbi und Buccaners in die Kultur und den Alltag der Xhosa eintauchen. S. 424

Wüst, schroff, heiß: der Richtersveld Transfrontier Park

Klima und Reisezeit

Temperaturen

Obwohl Südafrika überwiegend ein trockenes, sonniges Land ist, sollte man nicht vergessen, dass auf den Diagrammen Durchschnittstemperaturen angezeigt werden. An manchen Orten können die Temperaturen im **Juni und Juli** unter Null fallen; die durchschnittliche Tiefsttemperatur beträgt in Johannesburg 4 °C, in Kapstadt 7 °C und in Durban 11 °C.

Südafrika ist ein überwiegend sonniges Land. Aber wenn es einmal kalt wird, macht sich das empfindlich bemerkbar, denn alles ist auf das normalerweise warme Wetter ausgerichtet. Die **Jahreszeiten** der südlichen Hemisphäre sind denen der nördlichen entgegengesetzt: im Juni und Juli herrscht in Südafrika also Winter, und im Dezember und Januar ist dort Hochsommer. Dann fährt das halbe Land in die Sommerferien.

Reisezeit

Südafrika umfasst mehrere Klimazonen. In **Kapstadt** und am Küstenstrich der **Garden Route** ist das Wetter im Sommer meistens warm, aber etwas unbeständig. Mit Regen ist das ganze Jahr über zu rechnen, und im Winter kann es unangenehm kalt und nass werden. Viele Kapstädter sind der Meinung, dass die schönsten Monate im Jahr die von März bis Mai sind: Der starke Sommerwind lässt nach, die Temperaturen sind mild und herbstlich – und die Touristen haben sich zusammen mit der drückenden Februarhitze verzogen.

KwaZulu-Natal hat warme, sonnige Winter, Korallenriffe und sanft plätschernde Meereswellen. In den Drakensbergen schneit es im Winter und im Sommer kann es neblig sein, genauso wie im Hochland von **Lesotho**.

Johannesburg und Pretoria liegen auf dem Highveld-Plateau und weisen ein nahezu perfektes Klima auf. Im Sommer ist es tagsüber heiß, und dazu gibt es oft dramatische Gewitter; im Winter ist es trocken und die Nächte sind kalt.

Im **Lowveld**, dem östlich von Johannesburg befindlichen Tiefland entlang der Grenze zu Mosambik, in dem sich auch der **Krüger-Nationalpark** und ein Großteil von **eSwatini** befinden, fällt im Sommer und Winter ähnlich viel Regen wie im Highveld, doch da es längst nicht so hoch liegt, sind die Temperaturschwankungen weitaus geringer.

Gewaltige Klippen, grandiose Aussicht: Cape Point

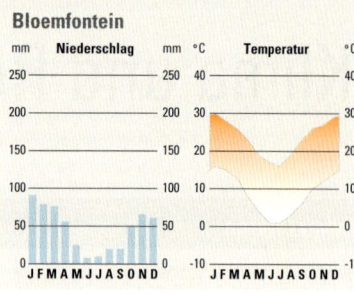

Bloemfontein

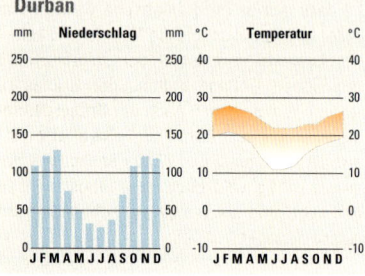

Durban

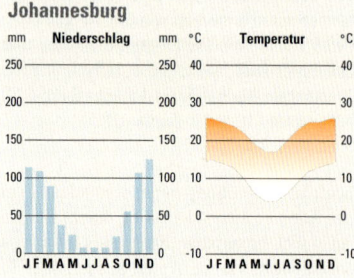

Johannesburg

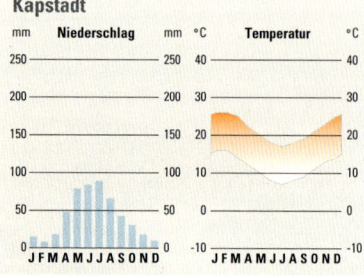

Kapstadt

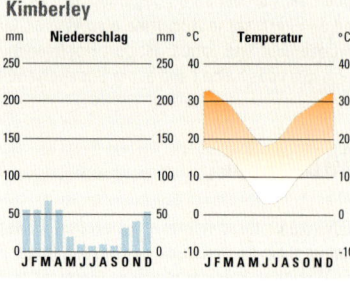

Kimberley

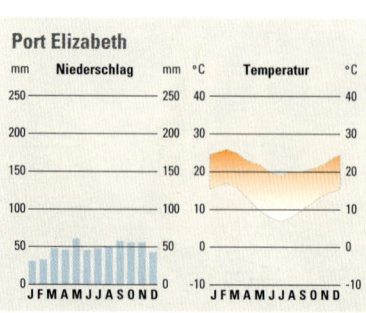

Port Elizabeth

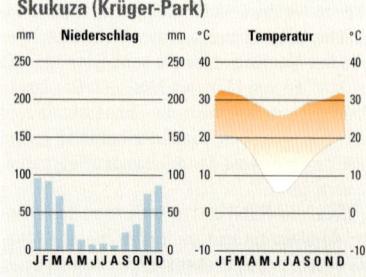

Skukuza (Krüger-Park)

Reisekosten

Das teuerste an einem Südafrika-Besuch ist die Anreise. Im Land selbst stellen die meisten fest, dass Südafrika eine relativ **günstige** und preiswerte Destination ist. Wie teuer ein Urlaub wird, hängt zu einem guten Teil vom aktuellen Wechselkurs ab – seit der südafrikanische Rand nach Einführung der Demokratie in Südafrika frei konvertierbar wurde, hat er im Verhältnis zum Pfund, US-Dollar und Euro einige heftige Wechselkursschwankungen durchgemacht.

Tagesbudget

Für das Tagesbudget dürfte die Unterkunft der größte Kostenfaktor in Südafrika sein. Wer in Backpacker-Dorms und Ferienwohnungen übernachtet, kann mit weniger als R500 pro Tag auskommen. Für Übernachtungen in B&Bs und Gästehäusern, ein Restaurantessen pro Tag und ein bis zwei Snacks zwischendurch ist ungefähr das Doppelte zu veranschlagen. Bei Aufenthalten in Tophotels und den Game-Lodges der Reservate muss man mit Kosten ab R2750 pro Tag für ein Doppelzimmer rechnen. Luxus-Safarilodges in den großen Wildtierreservaten verlangen zwischen R3000 und R10 000 und bieten oft Pauschalarrangements mit Safaris, Mietwagen, Ausritten und anderen Outdoor-Aktivitäten an.

Dagegen sind die meisten Eintrittsgelder, die von den Museen erhoben werden, sehr niedrig; nur die gehobensten Institutionen verlangen mehr als R50.

Was kostet wie viel?

Zeltplatz	ab R265
Schlafsaalbett	ab R150
Zimmer im Budgethotel	R450–700
Bed & Breakfast	R500–1200
Zimmer im Boutiquehotel	ab R1800
Essen im Restaurant	R150–250
Tellergericht im Café	R120
Burger	R80
Eine Flasche Wein	R30–100
Eintritt Nationalparks	R100–304 pro Tag
Tauchkurs	ab R4500
Postkarte nach Europa	R8
SIM-Karte fürs Mobiltelefon	ab R150 inkl. 1 GB Datenvolumen, gültig 1 Monat
Busfahrt Kapstadt – Durban	ab R650
Flug Kapstadt – Durban	R1100–1500
Mietwagen pro Woche	ab R1400

Travelinfos von A bis Z

Südafrika ist das aufregendste Reiseland des schwarzen Kontinents, ein Land extremer Kontraste und eine faszinierende Mischung aus Erster und Dritter Welt. Umso wichtiger ist eine gründliche Vorbereitung: Wie reist man nach und durch Südafrika? Welches sind die schönsten Nationalparks? Muss man sich impfen lassen? Wo kann man am besten übernachten? Und ist *braai* wirklich das einzige kulinarische Ereignis, bei dem auch Männer kochen?

KAPSTADT UND JOHANNESBURG SIND GUTE ORTE, UM DIE SÜDAFRIKANISCHE KÜCHE ZU KOSTEN.

Inhalt

Kurz und knapp

Flugdauer Kapstadt 11 1/2 Std., Johannesburg 10 Std.

Einreise Für einen Aufenthalt bis zu 90 Tagen reicht der Reisepass

Geld Währung ist der Rand (ZAR)

Smartphones Gute Netzabdeckung, auch WLAN ist weitverbreitet. Sinnvoll ist eine lokale SIM-Karte

Zeitverschiebung In der mitteleuropäischen Winterzeit plus 1 Std., in der Sommerzeit keine Zeitverschiebung

Anreise

Als wirtschaftliches und touristisches Zentrum des subsaharischen Afrikas besitzt Südafrika hervorragende Flugverbindungen mit Europa. Die meisten Flüge gehen nach **Johannesburg** (OR Tambo International), aber auch **Kapstadt** wird häufig angeflogen.

Die Ticketpreise richten sich nach der **Saison**: Am teuersten wird es im Juli, August und September sowie in der ersten Januarwoche. Die besten Chancen auf ein günstiges Angebot hat man im April (abgesehen von der Zeit um Ostern herum), Mai und November; das restliche Jahr über ist „Nebensaison".

Da sich beim Flug nach Südafrika höchstens eine einstündige Zeitverschiebung ergibt, bleibt man vom Jetlag verschont und kann sich recht schnell erholen. Ein Direktflug von Frankfurt nach Johannesburg dauert rund elf Stunden und kostet in der Hauptsaison ab rund 900 €, in der Nebensaison ab rund 700 € inkl. Steuern. Bei einigen Fluggesellschaften sind Gabelflüge ohne Aufpreis möglich.

Fluggesellschaften und Websites

South African Airways (SAA) fliegt tgl. von Frankfurt und München nach Johannesburg und von dort weiter nach Kapstadt.

Büros von South African Airways
Deutschland
Darmstädter Landstr. 125,
60598 Frankfurt, ☏ 069 2998 0320,
🖥 www.flysaa.com

Österreich
BFS Touristik, Heiligenstädterstr. 31/2/5,
1190 Wien, ☏ 01 587 1585, e 587 1489

Weitere Fluggesellschaften
Air France, 🖥 www.airfrance.de.
Tgl. von Paris nach Johannesburg, evtl. mit Übernachtung in Kapstadt.

Reisen und Klimawandel

Der Klimawandel ist vielleicht das dringlichste Thema, mit dem wir uns in Zukunft befassen müssen. Wer reist, erzeugt auch CO_2: Der Flugverkehr trägt mit einem Anteil von bis zu 10 % zur globalen Erwärmung bei. Wir sehen das Reisen dennoch als Bereicherung: Es verbindet Menschen und Kulturen und kann einen wichtigen Beitrag für die wirtschaftliche Entwicklung eines Landes leisten. Reisen bringt aber auch eine Verantwortung mit sich. Dazu gehört darüber nachzudenken, wie oft wir fliegen und was wir tun können, um die Umweltschäden auszugleichen, die wir mit unseren Reisen verursachen. Wir können insgesamt weniger reisen – oder weniger fliegen, länger bleiben und Nachtflüge meiden (da sie mehr Schaden verursachen). Und wir können einen Beitrag an ein Ausgleichsprogramm wie 🖥 www.atmosfair.de leisten.

Dabei ermittelt ein Emissionsrechner, wie viel CO_2 der Flug produziert und was es kostet, eine vergleichbare Menge Klimagase einzusparen. Mit dem Betrag werden Projekte in Entwicklungsländern unterstützt, die den Ausstoß von Klimagasen verringern helfen.

nachdenken • klimabewusst reisen

atmosfair

British Airways, 🖥 www.british-airways.com.
Tgl. von London nach Johannesburg und Kapstadt, evtl. mit Umsteigen in Madrid.
KLM, 🖥 www.klm.com.
Tgl. von Amsterdam nach Johannesburg und Kapstadt.
Lufthansa, 🖥 www.lufthansa.com.
Tgl. von Frankfurt/Main nach Johannesburg, dort Anschluss nach Kapstadt.
Swiss, 🖥 www.swiss.com.
Tgl. von Zürich nach Johannesburg und Kapstadt.

Wesentlich länger, aber dafür zum Teil günstiger sind die Flüge mit **Emirates**, 🖥 www.emirates.com, über Dubai, und **Qatar Airways**, 🖥 www.qatarairways.com, über Doha (mehrmals wöchentl.).

Botschaften und Konsulate

Südafrikanische Vertretungen im Ausland

In Deutschland
Botschaft
Tiergartenstr. 18, 10785 Berlin,
📞 030 220730-202, 🖥 www.suedafrika.org.

Generalkonsulat
Sendlinger-Tor-Platz 5, 80336 München,
📞 089 231 1630, ✉ munich.consular@dirco.gov.za

Honorarkonsulate
In Bremen, Dortmund, Dresden, Frankfurt, Hamburg, Hannover, Kiel und Stuttgart

In Österreich
Botschaft
Sandgasse 33, 1190 Wien, 📞 01 320 6493-97,
📠 320 649351, 🖥 www.dirco.gov.za/vienna/

Honorarkonsulate
In Innsbruck, Linz und St. Pölten

In der Schweiz
Botschaft
Alpenstr. 29, 3006 Bern, 📞 031 350 1313,
🖥 www.southafrica.ch

Generalkonsulat
In Genf

Ausländische Vertretungen in Südafrika
stehen in den Regionalkapiteln unter Kapstadt (S. 215), Port Elizabeth (S. 386), Durban (S. 465) und Pretoria (S. 602).

Essen und Trinken

Wegen der unzähligen und ganz unterschiedlichen kulinarischen Einflüsse, welche die Küche des Landes prägen, gibt es so etwas wie eine typisch südafrikanische Küche nicht, obwohl die kapmalaiische Küche des Westkaps dem schon ziemlich nahe kommt. Landesweit vorherrschend ist die **Vorliebe für Fleisch**, aber der Speisezettel hat auch jede Menge **Seafood** zu bieten, darunter zahlreiche Fische, Hummer, Austern und Muscheln. Obst und Gemüse ist überwiegend von hochwertiger Qualität.

Passanten, die unterwegs Hunger bekommen, holen sich, abgesehen von kapmalaiischem Street Food wie *salomes* (pikante Wraps) und *samosas*, üblicherweise eine Pastete, einen Burger oder ein Stück Hähnchen mit Pommes. Die Ableger der Fastfood-Ketten, die sich seit Ende der Apartheid breitmachen, haben hier immer noch Neuheitswert.

Bei alkoholischen **Getränken** dominieren die überwiegend hervorragenden südafrikanischen Weine sowie eine Hand voll mittelmäßiger Lagerbiere. Am besten bestellt man ein spritziges Lager der Brauerei Namibian Windhoek oder ein Craft-Bier, denn die in letzter Zeit aufgetauchten lokalen Mikrobrauereien haben die Qualität der im Handel befindlichen Biere deutlich verbessert. In den größeren Städten gibt es zahlreiche fantastische Restaurants mit einheimischer und internationaler Küche.

Frühstück, Mittag- und Abendessen

B&Bs, Hotels, Gästehäuser und einige Backpacker-Hostels bieten ein **Frühstück** an, bestehend aus Eiern mit Speck und Würstchen. Immer häufiger gibt es auch Müsli, Obst, Joghurt, Croissants und Gebäck. **Mittagessen** gibt es gegen 13 Uhr, **Abendessen** um 19 oder 20 Uhr, wobei der Speiseplan in weniger ausgefallenen Lokalen mittags und abends recht ähnlich aussieht: In der Regel kommt irgendein Gericht aus Fleisch oder Fisch auf den Tisch. Als Beilage gibt es Gemüse.

Küchen

Die traditionelle schwarz-südafrikanische Küche basiert überwiegend auf **Maisbrei** (ähnlich der Polenta), *mielie pap* oder *pap* genannt, begleitet von Soßen auf Fleisch- oder Gemüsebasis. In weißen Afrikander-Haushalten wird oft handfeste **boerekos** (s. u.) gekocht, die etwas schwer im Magen liegen kann. Nachstehend einige der berühmtesten Eigenarten der südafrikanischen Küche. Eine Liste mit südafrikanischem Küchenvokabular findet sich im Anhang auf S. 758.

Braais

Braai ist die Abkürzung von *braaivleis*, dem afrikaansen Wort für „**Fleisch vom Grill**". Ein *braai* ist nicht einfach eine Angelegenheit, bei der im Freien Fleisch auf einem Rost gebraten wird, sondern eine Kulthandlung, die für die südafrikanische Identität prägend ist. Dieses gesellschaftliche Ereignis findet in der Regel im Kreis von Familienmitgliedern und Freunden statt und schwimmt in Bier. Und ein *braai* ist wahrscheinlich auch die einzige Möglichkeit für Besucher aus Übersee, um einen traditionellen südafrikanischen Mann beim Kochen zu ertappen.

Es gibt so gut wie nichts, das nicht auf einem *braai*-Rost gebraten werden kann: Ein traditionelles Grillfest besteht aus riesigen **Steaks**, **Lammkoteletts** und **boerewors** (Bauernwurst), wobei sich vor allem die aus Straußen- und Hirschfleisch hergestellte Wurst wachsender Beliebtheit erfreut. Dazu werden normalerweise in Alufolie gebackenes Gemüse, Kartoffeln und Kürbis serviert.

Potjiekos und Boerekos

Eine Variation von *braai* ist **potjiekos** (wörtlich: „Topfessen"), wo Fleisch und Gemüse, am liebsten im Freien am offenem Feuer, in dreibeinigen, gusseisernen Kesseln *(potjies)* gekocht werden. Ähnlich ist **boerekos** („Bauernkost"), die allerdings in der Küche und überwiegend in afrikaansen Haushalten zubereitet wird. Sie zeichnet sich durch cholesterinreiche Deftigkeit aus, bei der sogar Gemüse mit Butter und Zucker „verfeinert" wird. Ganz groß ist *boerekos* in punkto köstliche **Nachspeisen**, etwa *koeksisters*

(mit Sirup durchtränktes Gebäck) und *melktert* (leckerer Pudding).

Kapmalaiische Küche

Aus dem Kochstil der aus **Asien** und **Madagaskar** nach Südafrika verschleppten Sklaven entwickelte sich die **Cape Malay Cuisine**. Sie zeichnet sich durch mild-süße, aromatische Currys mit starkem indonesischem Einschlag aus, und vor allem wer Kapstadt besucht, innerhalb dessen muslimischer Gemeinde sie entstand, sollte sie mal probieren. Zu den typischen Gerichten zählen **bredie** (Eintopf) mit der Spezialität *waterblommetjiebredie*, bei der Wasserhyazinthen mitgekocht werden; **bobotie**, ein gut gewürztes Gericht mit Pfefferminze unter einer leckeren Karamellkruste, und **sosaties**, eine lokale Variante von Kebab. Zum Nachtisch bieten sich mit Mandeln gefüllte **Datteln** an; schwerer dagegen ist **malva pudding**, eine köstliche Kombination aus Milch, Zucker, Sahne und Aprikosenmarmelade.

Obwohl die kapmalaiische Küche sehr lecker schmecken kann, sind nur wenige Restaurants darauf spezialisiert. Dennoch haben sich die meisten ursprünglichen Gerichte dieses Küchenstils auf den allgemeinen südafrikanischen Küchenzettel geschlichen und gehören wie selbstverständlich zur südafrikanischen Alltagskost.

Andere ethnische und regionale Einflüsse

Die kulinarischen Vorlieben unterscheiden sich von Region zu Region. In **KwaZulu-Natal** kann man beispielsweise besonders gut indisch essen. Südafrikas Beitrag zu dieser vielfältigen Küche ist **bunny chow**, ein einfaches und preiswertes Imbissgericht, das aus einem halben, ausgehöhlten Laib Weißbrot besteht und ursprünglich mit Bohnencurry gefüllt war. Inzwischen kann die Füllung aus allem Möglichen bestehen – von Curryhuhn bis Sardinen.

Wegen der Nähe zu Mosambik hat in Südafrika schon früh die **portugiesische Küche** Einzug gehalten – besonders in Form der scharfen Peri-Peri-Gewürzmischung, die sich hervorragend für *braais* eignet. Am weitesten verbreitet ist **peri-peri-chicken**.

Essen gehen

In den **Restaurants** Südafrikas kann man sehr preiswert essen. In jeder Stadt finden sich Lokale, die eine anständige Hauptmahlzeit für weniger als R150 anbieten, und wer R250 hinblättert, darf mit erlesenen Gaumenfreuden rechnen. Jede Stadt, von den großen bis zu kleineren, verfügt über Restaurants mit exquisiter Küche. Normalerweise wird in allen Restaurants Alkohol ausgeschenkt, nur in den muslimischen Lokalen ist Alkohol tabu.

Eine erfreuliche Erscheinung der letzten Jahre, insbesondere in Kapstadt, ist das Aufkommen von **Cafés** nach europäischem Vorbild. Man kann dort nicht nur ebenso gut essen wie in einem Restaurant, sondern auch genauso gemütlich bei einer Tasse **Kaffee** sitzen, ohne das Gefühl zu haben, etwas zu essen bestellen zu müssen. Ein ordentliches Essen in einem der Cafés, die bis spät abends geöffnet haben, bekommt man für rund R100. Allerdings dürfen sie nicht mit den traditionellen südafrikanischen Cafés verwechselt werden, die es selbst im kleinsten Marktflecken gibt. Dabei handelt es sich mehr um einen **Tante-Emma-Laden**, der afrikaanse Zeitschriften, Erfrischungsgetränke, Konserven und getrocknete Lebensmittel verkauft.

Ganz oben auf der nationalen Beliebtheitsskala stehen die **Schnellrestaurants**, die in fast jeder Stadt zu finden sind. Internationale Ketten wie **KFC**, **McDonald's** und **Wimpy** sind gut vertreten. Ebenso südafrikanische Ketten, etwa die nach amerikanischem Vorbild entstandene Steakhauskette **Spur** und **Nando's**, in dessen Lä-

den es hervorragende Grillhähnchen nach portugiesischem Rezept mit leckeren Soßen gibt. In all diesen Lokalen bekommt man ab rund R60 einen Burger oder ein halbes Hähnchen, jeweils mit Pommes, oder ein beachtliches Steak für etwa das Doppelte.

Getränke

Mit Ausnahme der **shebeens** in den Townships trinkt man seltener als in Europa in geselliger Runde in Kneipen und Bars. Die Mehrzahl der weißen Südafrikaner geben sich dem Alkoholgenuss lieber **daheim** hin. **Sportsbars** mit Riesenbildschirmen füllen sich während wichtiger Spiele, und in Innenstädten und Vororten finden sich auch **Cafébars**, in denen Alkoholisches, Kaffee und kleine Speisen zu haben sind. Was einem britischen Pub am nächsten kommt, sind **Themen-Restaurant-Bars** wie die der Kapstädter Kette Slug & Lettuce. Außerdem besitzt Kapstadt ein paar altehrwürdige Kneipen mit Old-World-Ambiente. Besonders in Johannesburg und Kapstadt machen auch immer mehr Hipsterbars mit erlesenem Dekor und Craft-Bieren auf.

Bier, Wein sowie Hochprozentiges gibt es montags bis samstags von 9 bis 18 Uhr in **Licor Stores** und in den meisten Supermärkten. In Restaurants oder Pubs sind auch außerhalb dieser Zeiten Drinks zu haben. Neben den gängigen **Softdrinks** bekommt man auch typisch südafrikanischen Rooibostee (Kasten S. 276), der aus der einheimischen Rotbusch-Pflanze gewonnen wird.

Trinkgeld

Normalerweise gibt man 10–15 %; bei Taxifahrten wird gewöhnlich aufgerundet. Wer schlecht bedient wurde, gibt weniger. Allerdings sollten Touristen nicht vergessen, dass viele Menschen auf ein Trinkgeld angewiesen sind, denn die kärglichen Löhne reichen kaum aus, eine große Familie zu ernähren. Die übliche Entlohnung für Kofferträger in Hotels beträgt rund R10 pro Gepäckstück. Der Tankwart sollte für das Auftanken, Scheibenwischen, Öl-, Wasser- und Reifendruckmessen R5–10 bekommen. Autowächter erwarten jetzt R2–5. In Hotels gehört es zum guten Ton, dem Zimmermädchen ein bisschen Geld zu hinterlassen.

Viele Einrichtungen, vor allem private Game Lodges, nehmen von Gästen beim Auschecken ein (freiwilliges) Sammeltrinkgeld entgegen – mit Abstand das fairste System, da es sicherstellt, dass auch die Angestellten, die nicht direkt mit den Besuchern zu tun haben, ihren Anteil erhalten.

Vegetarisches Essen

Ein Paradies für **Vegetarier** ist Südafrika nicht, doch es findet sich zumindest ein fleischloses Gericht auf jeder Speisekarte. Und selbst Steakhäuser sind empfehlenswert, denn sie haben meistens gute Salatbars. In größeren Städten finden Selbstversorger köstliche Snacks und andere leckere Sachen zum Mitnehmen bei Woolworths und im Supermarkt Pick 'n Pay, wo man auch eine gute Auswahl tiefgefrorener vegetarischer Würstchen und Burger der Firma Fry's, 🖥 www.frys vegetarian.co.za, bekommt.

Bier

Südafrika ist zwar ein renommiertes Weinland, doch das Nationalgetränk ist unbestritten **Bier**. Bier ist das Wahrzeichen südafrikanischer Männlichkeit, ebenso wie das *braai*, und kennt weder Rassen- noch Klassenschranken. Natürlich schwört jeder Einheimische gewöhnlich auf seine Lieblingsbiermarke, obwohl weniger geübte Gaumen fast keinen Unterschied schmecken; schließlich wird der Großteil aller heimischen Biersorten in den riesigen **South African Breweries** hergestellt.

Einige internationale Marken erweitern das lokale Angebot, dominiert von Castle-, Hansa- und Carling Black Label-Lagerbieren. Die südafrikanischen Biere sind nicht besonders gehaltvoll, an einem heißen Tag eiskalt getrunken aber eine prima Erfrischung. Einheimischen Bierkennern zufolge schlägt jedoch das Windhoek Lager von Namibian Breweries sämtliche SAB-Erzeugnisse mit Bravour. Weithin erhältliche internationale Marken sind unter anderem Peroni, Miller Genuine Draft, Grolsch und Heineken.

In den letzten Jahren haben überall im Land **Mikrobrauereien** aufgemacht, in denen qualitativ hochwertige **Biere und Ciders** gebraut werden. Auf der Website von Brew Masters, 🖥 www.brewmasters.co.za, werden große und kleine Brauereien in Südafrika aufgeführt und sind auf einer nützlichen Karte zu finden. Ein guter Blog ist Brew Mistress, 🖥 www.brewmist ress.co.za.

Wein

Südafrika zählt zu den größten **Weinproduzenten** der Welt. Es blickt zwar auf die längste Weinanbautradition der Neuen Welt (mehr als 350 Jahre) zurück, doch seinen Platz in der Weltrangliste errang es erst innerhalb der letzten beiden Dekaden nach Ende der Apartheid. In der Zeit davor war der Weinbau in altmodischen Schuhen steckengeblieben und brachte überwiegend schwere Bordeaux-Weine hervor. Nach Einführung der Demokratie 1994 begannen Winzer frischere, fruchtigere Tropfen zu keltern, die das Beste der Alten und Neuen Welt in sich vereinen.

Südafrika liefert Weine aus einer Vielzahl gängiger Rebsorten. Der Spitzenreiter unter den südafrikanischen **Weißweinen** sind die Sauvignon Blancs, die sich mit den besten Europas messen können. Unter den Roten bilden die Cuvées die Elite. Beachtung verdienen auch die Rotweine aus der robusten Pinotage-Rebe, eine Kreuzung zwischen Pinot Noir und Cinsaut, die nur in Südafrika angebaut wird. Auch Portwein ist im Angebot; die besten Jahrgänge kommen aus dem

Gourmetküche und Weingenuss

Im Umfeld der Städte Stellenbosch, Franschhoek, Paarl und Somerset West hat sich das Weinland in Westkap (S. 224) als eines der kulinarischen Zentren Südafrikas etabliert. Hier versammeln sich zahlreiche Gourmetrestaurants auf einem überschaubaren Areal. Viele dieser Genusstempel befinden sich auf den Weingütern und bieten mehrgängige Menüs, wobei jeder Gang von einem passenden Wein begleitet wird. Ganz nebenbei kann man beim Schlemmen auch noch die großartige Aussicht genießen. Die Restaurants des Weinlands räumen regelmäßig die jährlichen **Restaurant Awards** des Magazins *Eat Out* für die besten Lokale Südafrikas ab (sechs von ihnen befanden sich 2016 unter den Top Ten des Landes: drei davon in Kapstadt und eins in Pretoria). In dem Magazin, das man in Buchläden erwerben oder online unter 🖥 www.eatout.co.za einsehen kann, finden sich außerdem Restaurantkritiken für ganz Südafrika.

Städtchen Calitzdorp an der R62 (S. 322) in der Kleinen Karoo. Es gibt auch zahlreiche exzellente Perlweine, darunter ein in der Flasche fermentierter, Champagner-ähnlicher Sekt, als **Methode Cap Classique** (MCC) bezeichnet.

Wein ist überall im Land erhältlich; am günstigsten ist er in Westkap. Die **Preise** für eine Flasche Wein beginnen bei unter R30 und einen süffigen Wein für Einsteiger, beispielsweise einen Drift aus der Kellerei Alvi's in Worcester, gibt es schon für unter R40. Wer noch mal R20 oder so drauflegt, bekommt schon etwas ziemlich Nobles. Die meisten Weine kosten weniger als R100. Für einen extrem edlen Tropfen kann man allerdings Hunderte von Rand hinlegen.

Einen guten Überblick über das Angebot verschafft eine Weinprobe in einem der **Weingüter**. Manche verlangen eine geringe Gebühr für die Verkostung, wird jedoch oft mit einem eventuellen Einkauf verrechnet. Die ältesten und besuchenswertesten Weinanbaugebiete sind der Kapstädter Vorort **Constantia** (S. 159) sowie die sogenannten **Winelands** in der Umgebung der Städte Stellenbosch (S. 228), Paarl (S. 236) und Franschhoek (S. 242), wo überall Weintouren angeboten werden. Weitere Weingebiete sind **Robertson** (S. 313), der **Orange River** (S. 350) und **Hermanus** (s. Kasten S. 253).

Südafrika ist der größte Brandyhersteller der Welt – eine begehrte einheimische Marke ist **Klipdrift** ("Klippie")– und in Westkap wird Hochprozentiges produziert, darunter Bain's Whisky und Inverroche: Gin mit Fynbos-Gewürzen.

Feste und Feiertage

An Events fehlt es Südafrika nicht: Jährlich werden zig Musikfestivals und Konzertreihen in städtischen Parks veranstaltet. Darüber hinaus gibt es eine unüberschaubare Zahl an Festen in kleineren Städten. Johannesburg oder Kapstadt haben natürlich am meisten zu bieten, doch die beiden wichtigsten Kulturevents des Landes, das National Arts Festival und das Klein Karoo Nasionale Kunstefees, finden in den weit vom Schuss gelegenen Städtchen Grahamstown und Oudtshoorn statt – und dann steppt dort der Bär.

Festkalender

Januar

Cape Town Minstrel Carnival, Kapstadt (2. Jan). Die längste und lauteste Party der Stadt zieht jedes Jahr Tausende Besucher von überall her an, die sich den Faschingsumzug im Stadtzentrum anschauen. Den Höhepunkt erreicht das Karnevalstreiben am 2. Januar mit der Feier zum „Tweede Nuewe Jaar" (Zweiten Neujahr) – eine Verlängerung des Neujahrstags, die sich auf das Westkap beschränkt. Im Zentrum des Vergnügens stehen farbenfrohe Spielmannszüge, die in Sing- und Tanzwettbewerben gegeneinander antreten. Wer sich einen Platz mit guter Aussicht sichern möchte, muss früh erscheinen.

Shakespeare in the Park, Wynberg, Kapstadt, 🖥 www.maynardville.co.za (Ende Jan–Ende Feb). Bringt für gewöhnlich erfrischende Inszenierungen von Shakespeare-Stücken in der herrlichen Kulisse des Maynardville Open-Air Theatre im Maynardville Park.

Februar

Cape Town Pride Pageant, Kapstadt, 🖳 www.capetownpride.org (Ende des Monats). Einwöchiges LGBT-Festival, beginnend mit einem Festzug, bei dem Mr. und Miss Cape Town gekrönt werden, und mit jeder Menge Partys, Straßenumzügen und anderen Veranstaltungen.

März

Dance Umbrella, Johannesburg, 🖳 www.danceforumsouthafrica.co.za (Erste Hälfte des Monats). Bei Südafrikas wichtigstem Festival für zeitgenössischen Tanz werden zahlreiche Varianten lokaler Tanzstile gezeigt.

Cape Town Cycle Tour, Kapstadt, 🖳 www.capetowncycletour.org.za (Erste Hälfte des Monats). Das größte Radrennen der Welt und angeblich das spektakulärste Einzelrennen: rund 40 000 Teilnehmer auf der 109 km langen Strecke – überwiegend am Meer entlang – und viele Tausend Zuschauer. Man kann das Cape Argus (die meisten Südafrikaner benutzen noch die alte Bezeichnung) online buchen, sollte das aber möglichst früh tun. Leider wird das Event oft wegen Sturm abgesagt.

Cape Town Carnival, Kapstadt, 🖳 www.capetowncarnival.com (Mitte des Monats). Diese Konkurrenz zum Karneval in Rio wurde 2010 ins Leben gerufen und findet auf dem Fan Walk in Green Point statt. Mit Festwagen, Umzügen und ausgelassenem Treiben soll die kulturelle Vielfalt Kapstadts gefeiert werden. Das Faschingstreiben geht um 15 Uhr los, der Umzug um 19 Uhr.

Cape Town International Jazz Festival, Kapstadt, 🖳 www.capetownjazzfest.com (Letztes Wochenende im Monat). Die Antwort auf das weltberühmte North Sea Jazz Festival (Rotterdam) und Afrikas größtes Jazzfestival ist erwachsen geworden und hat eine eigene Identität entwickelt. In der Vergangenheit gaben sich schon namhafte Musiker wie Courtney Pine, Herbie Hancock und afrikanische Stars wie Jimmy Dludlu, Moses Molelekwa, Youssou N'Dour, Miriam Makeba und Hugh Masekela die Ehre.

April

Two Oceans Marathon, Kapstadt, 🖳 www.twooceansmarathon.org.za. Zu den vielen Sportevents des Westkaps zählt dieser 56-Kilometer-Ultra-Marathon, dessen Läufer von begeisterten Massen angefeuert werden. Gleichzeitig findet auch ein Halbmarathon auf einer landschaftlich weniger reizvollen Strecke statt.

Fashion Week Cape Town, Kapstadt, 🖳 www.africanfashioninternational.com (Erste Hälfte des Monats). Zwei Tage lang zeigen führende Modedesigner aus Südafrika wie Craig Port und Stefania Morland auf zahlreichen Catwalks ihre neuen Kollektionen.

Afrika Splashy Fen Music Festival, Underberg, KwaZulu-Natal, 🖳 www.splashyfen.co.za (Mitte des Monats). Zum ältesten Musikfestival Südafrikas strömen Anfang April Tausende herbei. Ziel ist eine wunderschöne Farm am Fuß der Drakensberge. Mainstream- und Alternativ-Rock und Pop, Laufwettbewerbe, Glamping und Kinderprogramm.

Pink Loerie Mardi Gras & Arts Festival, Knysna, Garden Route, 🖳 www.pinkloerie.co.za (Ende des Monats). Ein verlängertes Wochenende hindurch feiert die Gay-Community in Südafrikas Austern-Hauptstadt Partys mit Misswahlen, Cabaret, Drag Shows und mehr.

Afrika Burn, Tankwa Karoo, Nordkap, 🖳 www.afrikaburn.com (Ende des Monats). Der offizielle südafrikanische Ableger des Burning-Man-Festivals in Nevada ist eine spektakuläre einwöchige Abfolge an Vorführungen, kreativen Eruptionen, wüsten Gelagen und kontrollierter Brandstiftung in der Karoo-Wüste.

Mai

Franschhoek Literary Festival, Franschhoek, Westkap, 🖳 www.flf.co.za (Mitte des Monats). Dreitägiges Literaturfest in der Gourmet-Hauptstadt der Winelands mit Büchern, Schriftstellern und Wein unter Beteiligung führender einheimischer und internationaler Autoren, Verleger und Cartoonisten.

Juni

Good Food & Wine Show, Kapstadt, 🖳 www.goodfoodandwineshow.co.za (Anfang des Monats). Live kochende Sterneköche aus aller Welt sind nur ein Highlight dieses alljährlichen Feinschmecker-Events. Es werden auch Workshops veranstaltet und feine Häppchen, Weine sowie Küchengeräte und Bücher verkauft.

Comrades Marathon, Durban/Pietermaritzburg, KwaZulu-Natal, 💻 www.comrades.com (Anfang des Monats). Dieser 89 km lange legendäre Lauf zwischen Durban und Pietermaritzburg zieht jährlich Ende Mai 13 000 Teilnehmer an.

Encounters South African International Documentary Film Festival, Johannesburg und Kapstadt, 💻 www.encounters.co.za (Mitte des Monats). 14-tägiges Festival mit Dokumentarfilmbeiträgen aus Südafrika und dem Rest der Welt.

Juli

National Arts Festival, Grahamstown, Ostkap (Erste Hälfte des Monats, Kasten S. 402). Afrikas größtes Festival der darstellenden Künste: Zehn Tage lang Jazz, Klassik, Tanz, Cabaret und Theater mit jeder nur erdenklichen Art von Bühnenkunst. **Knysna Oyster Festival**, Knysna, Westkap, 💻 www.oysterfestival.co.za. Gut eine Woche lang Bechern, Schlemmen und Austernschlürfen entlang der Garden Route und dazwischen jede Menge Sportevents.

Good Food & Wine Show, Johannesburg, 💻 www.goodfoodandwineshow.co.za (Ende des Monats). Siehe Juni.

August

Jive Cape Town Funny Festival, Kapstadt, 💻 www.baxter.co.za (Anfang des Monats). Das Comedyfestival im Baxter Theatre dauert einen ganzen Monat lang. Es beginnt Mitte Juli und zieht sowohl nationale als auch internationale Stars an.

September

Arts Alive, Johannesburg, 💻 www.arts-alive. co.za. Joburgs größtes Kulturevent bietet einen Monat lang Tanz, Theater, Lesungen und Musik auf den Bühnen des Newtown Precinct, des Kulturzentrums in der Innenstadt.

Hermanus Whale Festival, Hermanus, Westkap, 💻 www.whalefestival.co.za (Ende des Monats). Auf dem Höhepunkt der Whale-Watching-Saison veranstaltet das Städtchen Hermanus ein Fest-Wochenende zum Thema Kunst und Umwelt. Es gibt maritime Ausstellungen, ein Kinderprogramm, eine Schatzsuche und Livemusik.

Joy of Jazz, Johannesburg, 💻 www.joyofjazz. co.za (Ende des Monats). Joburgs wichtigstes Jazz-Festival versammelt drei Tage lang verschiedene Musikstile und renommierte Musiker wie Abdullah Ibrahim und Salif Keita.

Oktober

Oppikoppi, Northam, Limpopo, 💻 http://oppikoppi.co.za (Anfang des Monats). *Oppi-koppi* ist Afrikaans und bedeutet „auf dem Berg". Vier Tage und Nächte lang rocken 60 einheimische und internationale Bands den *bundu* (Busch).

Rocking the Daisies, Darling, Westkap, 💻 www.rockingthedaisies.com (Anfang des Monats). Auf Südafrikas führendem Popfestival präsentieren sich drei Tage lang nationale und internationale Größen des Rock mit Show und Party bis zum Abwinken. Das Festival findet auf dem Cloof Wine Estate statt, wo die meisten Besucher ein langes Wochenende hindurch auch zelten.

Good Food & Wine Show, Durban (Ende des Monats), s. Juni.

November bis April

Kirstenbosch Summer Concerts, Kirstenbosch National Botanical Garden, Kapstadt, 💻 www.sanbi.org (jeden Sonntagabend von Ende des Monats bis Anfang April). Die beliebten Konzerte auf den wundervollen Rasenflächen des Kirstenbosch am Fuß des Tafelbergs zählen zu den musikalischen Highlights im Kapstädter Festkalender. Die Veranstaltungen beginnen um 17.Uhr und umfassen alle möglichen Genres, von südafrikanischem Jazz bis Klassik. 2017 spielte die amerikanische Rockband Pixies hier ihren ersten Gig in Afrika. Es ist ratsam früh herzukommen, um einen Parkplatz und eine Picknickstelle mit guter Aussicht auf die Bühne zu finden. Und den Picknickkorb sowie einen guten Kapstädter Tropfen nicht vergessen. Tickets gibt's online oder am Eingangstor.

Dezember

Franschhoek Cap Classique and Champagne Festival, Franschhoek, Westkap, 💻 www.franschhoekmcc.co.za (Anfang des Monats). Guter Zulauf herrscht im Kap-Weinland beim zweitägigen Feinschmecker-Event und Blubberwasser-Bacchanal bei einer ansehnlichen Auswahl südafrikanischer und französischer Perlweine sowie leckerer Häppchen.

Mother City Queer Project, Kapstadt, 🖳 www.mcqp.co.za (Mitte des Monats). Sehr beliebtes queeres Event. Die Tanzflächen, die exaltierten Outfits und eine Atmosphäre von Dauerdelirium ziehen Tausende Feierfreudige an.

Christmas Carols at Kirstenbosch, Kapstadt, 🖳 www.sanbi.org (Do–So vor Weihnachten). Eine Institution in Kapstadt: Von Donnerstag bis Sonntag vor Weihnachten gibt es im Kirstenbosch National Botanical Garden ein Weihnachtsprogramm. Der Jahreszeit angemessen kommen die Familien hier mit Picknickkorb zu Krippenspiel und Weihnachtsliedern. Einlass ist ab 18 Uhr, gesungen wird ab 19.45 Uhr.

Geld

Währung und Banken

Die Landeswährung Südafrikas ist der **Rand** (R), oft „buck" genannt, aufgeteilt in 100 Cents. Es gibt Scheine im Wert von R10, 20, 50, 100 und 200 sowie Münzen zu 5, 10, 20 und 50 Cents sowie R1, 2 und 5.

Wechselkurse

1 € = 15 Rand	10 Rand = 0,67 €
1 sFr = 12,50 Rand	10 Rand = 0,80 sFr

In jeder größeren Ortschaft gibt es eine **Bank**, wo man Geld abheben, wechseln oder am Automaten ziehen kann. Die Öffnungszeiten sind unterschiedlich, zumindest aber Mo–Fr 9–15.30, Sa 8.30–11 Uhr. Die Banken in Kleinstädten haben meist über Mittag geschlossen. Einige große Hotels und Banken in Großstädten haben einen Geldwechselschalter. Im Notfall kann man an manchen Hotelrezeptionen Geld tauschen, allerdings gegen eine saftige Bearbeitungsgebühr. Geldwechseln geht auch in den von American Express, 🖳 www.americanexpressforex.co.za. Die **Wechselquittungen aufbewahren**, um am Ende der Reise übriggebliebene Rand wieder zurücktauschen zu können.

Karten und Reiseschecks

Kreditkarten und Bankkarten sind der bequemste Weg, unterwegs an Geld zu kommen. **Geldautomaten** akzeptieren alle gängigen Karten und sind meist rund um die Uhr zugänglich. Die Kreditkarte ist bei Bezahlung aller anspruchsvolleren touristischen Dienstleistungen nützlich und für ein Leihwagen unerlässlich. Visa und Mastercard sind die Karten mit der größten Akzeptanz.

Travellers Cheques von American Express, Visa und Thomas Cook in Dollar oder Euro werden weithin angenommen und bieten sich auch als Sicherheitsreserve an, weil sie bei Diebstahl oder Verlust ersetzt werden.

In entlegeneren Gebieten ist **Bargeld** gefragt, um die Zeit bis zum nächsten funktionierenden Geldautomaten zu überbrücken; auf dem Land ist auf die Automaten kein Verlass. Am besten verwahrt man das Geld an mehreren Stellen am Körper und im Gepäck verteilt.

Kartenverlust

Bei Verlust oder Diebstahl der Kredit- oder EC-Karte muss man diese sofort sperren lassen.

- Für **deutsche Karten** gilt einheitlich folgende Sperrnummer: ☎ 0049 116116.
- Für **Österreich** gelten folgende Nummern: Maestro-Karte, ☎ 0043 1 2048800, Visa und MasterCard ☎ 0043 1 71701 4500 und 0043 1 7111 1770.
- Für die **Schweiz** gelten folgende Nummern: Maestro-Karte ☎ 0041 44 2712230, Maestro-Karte/MasterCard/Visa UBS ☎ 0041 848 888601, Maestro-Karte/MasterCard/Visa Credit Suisse ☎ 0041 800 800488, MasterCard/Visa für alle anderen Banken ☎ 0041 58 9588383.

Gesundheit

Die meisten gesundheitlichen Bedenken, die in anderen Teilen Afrikas angemessen sind, kann man getrost über Bord werfen. Heruntergekommene Krankenhäuser und ausgefallene Tropenkrankheiten sind keine Merkmale Südafrikas. In allen Touristengebieten wird Hygiene groß geschrieben, und das **Trinkwasser** ist sauber. Das hauptsächliche Risiko, das viele Besucher stark unterschätzen, ist die **Sonnenstrahlung**. In manchen Teilen des Landes besteht außerdem **Malaria-Gefahr**, der man durch die Einnahme bestimmter Medikamente begegnen kann (mehr dazu siehe „Reisemedizin zum Nachschlagen" auf S. 760).

Die staatlichen **Krankenhäuser** sind oft gut ausgestattet – sowohl technisch als auch personell, doch der Ansturm ist groß und sie haben Schwierigkeiten, einen ordentlichen Standard aufrechtzuerhalten. Es ist mit langen Wartezeiten und manchmal nachlässiger Behandlung zu rechnen. Reisende sind in **Privatkliniken** (in den Regionalkapiteln unter „Sonstiges; Medizinische Hilfe" angegeben), die dem europäischen Standard entsprechen, wahrscheinlich besser aufgehoben. Man bekommt schneller einen Arzt zu Gesicht und die Kosten sind nicht exorbitant hoch, es sein denn, eine Operation ist notwendig, daher ist der Abschluss einer Reisekrankenversicherung (S. 72) ratsam, die eventuell anfallende Kosten ersetzt.

Zahnärzte gibt es in jeder Stadt. Auch ihr Niveau entspricht dem europäischen, aber sie verlangen normalerweise weniger Geld.

Impfungen

Obwohl für Südafrika-Besucher, die aus der westlichen Hemisphäre kommen, offiziell keine Impfungen vorgeschrieben sind, empfehlen Tropeninstitute abgesehen von einer Auffrischungsimpfung **Polio/Tetanus/Diphtherie** eine Impfung gegen **Typhus** und gegen **Hepatitis A** – beide werden durch verseuchte Lebensmittel und schmutziges Trinkwasser übertragen. Das Ansteckungsrisiko ist in Südafrika jedoch sehr

---

✗ Reiseapotheke

Die meisten Medikamente sind in Apotheken im ganzen Land zu bekommen. Nur in sehr ländlichen Gegenden, in die sich selten Besucher verirren, könnte das eine oder andere schwer zu kriegen sein. Wer regelmäßig Medikamente einnehmen muss, sollte einen ausreichenden Vorrat mitbringen. Zur Grundausstattung sollten gehören:

- ☐ **Antibiotikum** Sinnvoll, wenn man sich von den Hauptrouten entfernt; am besten ein Breitbandantibiotikum
- ☐ **Antiseptikum** Zur Desinfektion von Wunden. Bei Insektenstichen, Ausschlag, kleineren Verletzungen, entzündeter oder rissiger Haut hilft die in Südafrika erhältliche Calendulasalbe *(ointment)* von Nelson
- ☐ **Pflaster und Verbandzeug**
- ☐ **Augentropfen** Wohltuend bei Fahrten auf staubigen Straßen
- ☐ **Pinzette** Zum Entfernen von Splittern
- ☐ **Mückenschutz** Unerlässlich in Gebieten mit Malariarisiko (S. 761)
- ☐ **Paracetamol** Gegen Schmerzen und Fieber
- ☐ **Lippenbalsam**

Wer sich vor dem Besuch beim Reisemediziner schon mal über die Gesundheitsrisiken in Südafrika kundig machen möchte, findet auf den folgenden Websites Informationen:

Centrum für Reisemedizin
🖳 www.crm.de
Reisemedizin
🖳 www.die-reisemedizin.de
Deutsche Gesellschaft für Tropenmedizin
🖳 www.dtg.org
Fit for Travel
🖳 www.fitfortravel.de
Reisemedizinische Beratung Freiburg
🖳 www.tropenmedizin.de
Robert-Koch-Institut
🖳 www.rki.de
Tropeninstitut Hamburg
🖳 www.gesundes-reisen.de

gering und Typhus lässt sich darüber hinaus leicht kurieren.

Eine Impfung gegen Hepatitis B ist eigentlich nur für Menschen erforderlich, die im Gesundheitswesen arbeiten, denn sie wird durch Blutkontakt, etwa über gebrauchte Injektionsnadeln, übertragen.

Wer zuerst in ein anderes afrikanisches Land reist und dafür eine Gelbfieberimpfung benötigt, muss wissen, dass die Bescheinigung über eine Gelbfieberimpfung erst zehn Tage nach Verabreichung der Spritze gültig wird.

Um die Impfungen sollte man sich sechs bis acht Wochen vor der Abreise kümmern. Manche Ärzte weigern sich, weniger als 14 Tage vor Abreise noch eine Impfung zu verabreichen.

Informationen

Fremdenverkehrsämter

Der Tourismus boomt in Südafrika, sodass man sich schon vor der Abreise mit Landkarten, Büchern und Broschüren eindecken kann. **South African Tourism** (die staatliche Tourismusorganisation) ist sehr effizient: Falls sich eines ihrer Büros in der Nähe befindet, sollte man sich dort mit Karten, Infomaterial und Inspirationen versorgen. Man kann aber auch über ihre Website 🖳 http://country.southafrica.net/country/de/de/ Infoseiten aufrufen.

So gut wie jede Stadt in Südafrika, bis hin zum verschlafensten *dorp*, besitzt ein **Tourist Information Office** (manchmal im Museum, in der Bücherei oder im Rathaus), wo Regionalpläne, B&B-Listen und Infobroschüren ausliegen. In Großstädten wie Kapstadt gibt es gleich mehrere dieser Büros, in denen sich fast alles organisieren lässt, von Hotelreservierungen bis Safari-Buchungen.

Wir haben die **Öffnungszeiten** bei den in diesem Buch gelisteten Büros angegeben. Sie sind üblicherweise Mo–Fr 8.30–16.30 Uhr, und manche Büros sind auch am Wochenende für ein paar Stunden geöffnet.

Da Südafrika im Umbruch ist, werden die aktuellsten Informationen oft durch Mundpropaganda weitergegeben, und in dieser Hinsicht sind die Backpacker-Hostels eine wahre Fundgrube. Wer Südafrika mit eher kleiner Reisekasse bereisen möchte, darf davon ausgehen, dass die Anzeigenbretter, die vielen Traveller, die sich hier treffen, und die überwiegend hilfsbereiten Mitarbeiter zu einem geglückten Reiseverlauf beitragen.

Aktuelle Veranstaltungstipps finden sich in den Unterhaltungsseiten der **Tageszeitungen** oder (noch besser) im Freitagsmagazin *Mail & Guardian*, 🖳 www.mg.co.za, das die Events der kommenden Woche in einem praktischen Booklet zum Heraustrennen auflistet.

Landkarten

Viele **Orts- und Straßennamen** in Südafrika sind seit den Wahlen von 1994 geändert worden, deshalb ist beim Landkartenkauf die Aktualität wichtig.

Bartholomew gibt im Rahmen der Serie World Travel Map eine hervorragende Landkarte zu Südafrika heraus. **MapStudio**, 🖳 www. mapstudio.co.za, produziert und verkauft eine

Reihe hervorragender Karten, und der Kapstädter **Slingsby Maps**, ⌨ www.slingsbymaps.com, publiziert die besten Wander- und Tourenkarten fürs Westkap und über dessen Grenzen hinaus. Die Karten von Slingsby sind in Buchläden in Südafrika erhältlich und decken beispielsweise die Kap-Halbinsel, die Winelands und die Garden Route ab.

Die südafrikanische Automobilorganisation **Automobile Association**, ⌨ www.aa.co.za, stellt auf ihrer Website kostenlose Karten zum Herunterladen bereit.

Internet und E-Mail

Außer in den komplett abgeschiedenen Ecken des Landes kommt man eigentlich überall ins **Internet**: Cybercafés finden sich sogar in Dörfern, und die meisten Backpacker-Hostels und Hotels haben Internetzugang; für Skype-Anrufe ist er allerdings manchmal zu langsam. Am besten bringt man das eigene Gerät mit, um die kostenlosen oder kostenpflichtigen **WLAN-Hotspots** auf Flughäfen, in Cafés, Einkaufszentren und Unterkünften zu benutzen.

Das **Smartphone** sollte ebenfalls eingesteckt werden, denn auch in Südafrika wird zunehmend auf Apps zurückgegriffen, um alles Mögliche zu bestellen, vom Taxi bis zum Lieferessen. Aus Sicherheitsgründen ist es auch klug und beruhigend, Zugang zu Apps wie Google Maps zu haben; man kann entweder eine lokale SIM-Karte mit Datenvolumen kaufen oder sicherstellen, dass die heimische SIM-Karte im Notfall funktionieren wird.

Kinder

Südafrika ist ein ausgezeichnetes Reiseziel für Familien. Man kann Städte erkunden, am Strand faulenzen oder in der Abgeschiedenheit der Bergwelt zur Ruhe kommen. Die Menschen in Südafrika sind kinderfreundlich, hilfsbereit und verständnisvoll. Die größte Hürde sind die notwendigen Formalitäten, damit Kinder in Südafrika einreisen können (Kasten S. 47). Der nachstehende Text richtet sich vor allem an Familien mit Kindern unter fünf Jahren.

Die Anreise mit dem **Flugzeug** ist immer beschwerlich, muss aber nicht in Stress ausarten. Am lästigsten sind die Wartezeiten auf den Flughäfen. Man kann sie allerdings nutzen, um sich und die Kinder in den Wasch- bzw. Mutter-und-Kind-Räumen in Ruhe zu waschen, die Zähne zu putzen und die Kleidung zu wechseln, was in den beengten Flugzeugtoiletten nur mit Mühe zu bewerkstelligen ist.

Der Komfort im Flugzeug selbst variiert je nach Fluggesellschaft. Die renommierten bieten „schwebende" Kinderbettchen für Babys unter neun Monaten; manche Airlines nehmen aber auch das Gewicht (unter 10 kg) als Anhaltspunkt. Außerdem gibt es Kinder-Menüs, die vor denen für Erwachsene ausgegeben werden, damit man den Kindern beim Essen behilflich sein kann. Meist gibt es Spiele, Bastelmaterial oder Ähnliches.

Eine Rückentrage für die Kleinsten hat sich bestens bewährt, man kann sie notfalls auch im Flugzeug aufstellen und dem Kind somit ein Minimum an Bewegungsfreiheit geben. Ein Krabbelkind gute zwölf Stunden auf dem Schoß zu halten, geht über die Kräfte eines einzelnen Menschen. Gerade als allein reisendes Elternteil sollte man nicht scheuen, Mitreisende und Flugpersonal um Hilfe zu bitten. In jedem Fall empfiehlt sich eine Ausrüstung mit Windeln, Babynahrung und Wechselwäsche wie für eine Dreitagereise, denn für einen unvorhergesehenen Aufenthalt sollte man immer gewappnet sein. Für die weiten Wege auf den Flughäfen und auch nach der Ankunft ist ein leichter Klappbuggy sehr praktisch, der abgesehen vom üblichen Gepäck kostenlos befördert wird.

Für die ersten Nächte nach der Ankunft braucht man ein gutes, möglichst ruhiges **Hotel**, in dem sich niemand übermäßig durch ein weinendes oder aufgedrehtes Kind gestört fühlt. Ältere und ans Reisen gewohnte Kinder kommen mit der Umstellung eher zurecht, dennoch sollte man auf großartige Unternehmungen gleich nach der Ankunft tunlichst verzichten. Für

Wichtig: Für Minderjährige unter 18 Jahren gelten strenge **bürokratische Bestimmungen**; viele Familien, die nicht sämtliche notwendigen Dokumente vorweisen konnten, haben schon ihre Flüge verpasst.

Kinder, die nach Südafrika ein- bzw. von dort ausreisen, müssen neben dem Reisepass auch eine vollständige **Geburtsurkunde** *(unabridged (full) birth certificate)* **auf Englisch mit den Daten beider Elternteile** vorweisen.

Reist nur ein Elternteil mit dem Kind, muss zusätzlich eine Einverständniserklärung des anderen Elternteils, dass man allein mit dem Kind reisen darf, vorgelegt werden. Alleinerziehende, die diese Erklärung nicht bekommen können, müssen sich eine notarielle Beglaubigung besorgen. Für Kinder, die ohne Begleitung nach Südafrika einreisen und für Kinder, die in Begleitung anderer Personen als ihrer Eltern reisen, gelten gesonderte Bestimmungen Für nähere Informationen sollte man das South African Department of Home Affairs, 🖥 www.dha.gov.za, sowie die Website des Auswärtigen Amts, 🖥 www.auswaertiges-amt.de, kontaktieren.

die Nacht muss unbedingt etwas zu essen und zu trinken bereitgehalten werden.

Angesichts der Größe des Landes wird man wahrscheinlich viel Zeit im **Auto** verbringen. Um den Stress gelangweilter und nörgelnder Kinder auf dem Rücksitz zu vermeiden, sollte man kurze Fahrten und Zwischenstopps einplanen – oder sich für eine Bahnfahrt bzw. einen Flug zwischen zwei größeren Anlaufstellen entscheiden. Die Garden Route ist eine ideale Strecke, denn hier gibt es zahlreiche Picknickstellen, insbesondere auf dem Abschnitt zwischen Mossel Bay und Storms River. Die Fahrt von Johannesburg nach Kapstadt dagegen bedeutet schon für Erwachsene eine Nervenzerreißprobe.

Eine **Tiersafari** kann für kleinere Kinder mehr Frust als Lust bedeuten, denn auch damit sind längere Autofahrten verbunden. Und es besteht keine Garantie, dass die versprochenen „wilden" Tiere sich tatsächlich blicken lassen. Außerdem hat ein Krabbelkind natürlich wenig Spaß daran, Tiere aus beträchtlicher Entfernung und durch die Scheiben eines Fahrzeugs zu betrachten. Kinder, die alt genug sind, um damit umgehen zu können, stattet man am besten mit einem eigenen Fernglas aus.

Damit Besucher näher an die Tiere herankommen können, halten manche Tierparks wie z. B. das Tshukudu Bush Camp, 🖥 www.tshukudu bushcamp.co.za, in der Nähe des Krüger-Parks halb zahme Tiere, und Schlangen- und Reptilien-

parks gehören in Südafrika schon lange zu den Publikumslieblingen.

Es gibt zahlreiche für Familien geeignete **Unterkünfte**. Hotels, Gästehäuser, B&Bs und auch immer mehr Backpacker-Lodges stellen gerne ein Extrabett oder zusammenhängende Zimmer zur Verfügung. Kinder zahlen meist den halben Preis. Eine gute Alternative sind Ferienapartments, beispielsweise Farmstays, die Platz zum Spielen und oft auch einen Pool haben. Einige Urlauberresorts richten sich an Familien mit größeren Kindern und bieten ein Kinder-Freizeitprogramm. Die Forever-Kette, 🖥 www.for eversa.co.za, beispielsweise hat Resorts in wunderbarer Lage, etwa eins in Keurboomstrand nahe Plettenberg Bay und zwei in der Nähe des River Canyon in Mpumalange. Eine weitere Option sind Family Hotels mit Vollpension, von denen sich einige entlang der Wild Coast befinden (S. 428). Sie verfügen nicht nur über Spielplätze und Paddelboote, sondern oft auch über Babysitter, die sich um die Kleinen kümmern. Übrigens sind in vielen Safari-Lodges keine Kinder unter zwölf Jahren zugelassen, daher müssen Eltern mit kleineren Kindern in vielen Parks und Reservaten auf Selbstversorger-Unterkünfte oder Camping ausweichen.

Mit einem Baby oder Kleinkind außer Haus zu **essen**, ist kein Problem, vor allem nicht in den Freiluftrestaurants. Manche Lokale stellen auch Kinderstühle bereit und bieten Kinderportionen an. Und im Notfall gibt es immer noch die überall anzutreffenden, familienfreundlichen Ableger von Ketten wie Spur, Nado's oder Wimpy.

Die meisten schwarzafrikanischen Mütter stillen auch in der Öffentlichkeit, doch bei weißen Südafrikanern ist das unüblich, daher ist Diskretion angemessen, insbesondere in konservativeren Gegenden – damit ist der Großteil des Landes (abgesehen von den Mittelklassebezirken von Kapstadt, Johannesburg und Durban) gemeint. **Wickelräume** gibt es nur wenige, aber in den großen Einkaufszentren sollte man keine Probleme haben.

Von Wegwerfwindeln bis zu Spielzeug ist in Südafrika alles leicht erhältlich. Sachen für Kleinkinder kauft man am besten in Drogerien und bei der Kette Clicks, **Kinderkleidung** bei Woolworths oder in den allgegenwärtigen Ablegern von Pep.

Die **Gesundheits- und Hygienestandards** sind hoch, und es gibt zahlreiche gute Ärzte und Kliniken. Malaria (S. 761) kommt nur in einem kleinen Teil des Landes vor. Wer diese Gebiete besuchen möchte, sollte sich das gut überlegen, denn die erforderliche Malariaprophylaxe wird für Kinder unter zwei Jahren und schwangere oder stillende Frauen nicht empfohlen.

Es ist besser, viele der Tierreservate im Nordosten, insbesondere den Krüger-Nationalpark und die in KwaZulu-Natal, Limpopo und der Nordwest-Provinz zu meiden und stattdessen die malariafreien aufzusuchen, beispielsweise den Addo Elephant National Park. Im südafrikanischen Winter (Juli, August) verringert sich das Malariarisiko.

Tuberkulose (TB) ist in Südafrika weit verbreitet, vor allem (aber keineswegs ausschließlich) unter der armen Bevölkerung. Daher müssen Kinder unbedingt geimpft sein. Ganz wichtig ist **Sonnenschutz**, Näheres auf S. 762.

Nützliche Internetadressen
🖳 **www.capetownkids.co.za**
Informationen für Eltern und Kinder in Kapstadt.
🖳 **www.childmag.co.za**
Südafrikanischer Elternratgeber.
🖳 **www.jozikids.co.za**
Informationen für Eltern und Kinder in Johannesburg.

🖳 **www.sitters4u.co.za**
Babysitter in Kapstadt und Gauteng.
🖳 **www.supersitters.net**
Babysitter in Kapstadt.

LGBT-Reisende

Das Grundgesetz Südafrikas ist das erste wirklich schwulen- und lesbenfreundliche der Welt. Außerdem weist die Republik die am breitesten gefächerte Homoszene Afrikas auf. Hier ist Homosexualität unter Erwachsenen über 16 Jahren (bei gegenseitigem Einverständnis) nicht nur legal, sondern die Verfassung verbietet ausdrücklich eine Diskriminierung aufgrund sexueller Neigung. Soweit die Rechtslage. Außerhalb der großen Städte ist Südafrika aber meist stockkonservativ, und die öffentliche Zurschaustellung erotischer Zuneigung ist nicht gern gesehen, schon gar nicht von Mann zu Mann oder Frau zu Frau.

Für schwarzafrikanische und farbige Frauen und Männer ist es immer noch besonders schwierig, sich zu outen, und Angehörige sämtlicher Ethnien müssen mit homophoben Angriffen rechnen, daher ist es ratsam, überall außerhalb der Stadtzentren diskret und vorsichtig zu sein. Die südafrikanische Tourismusindustrie dagegen ist sich des Potenzials sehr wohl bewusst, das in den Geldbörsen von queeren Reisenden schlummert, und umwirbt sie gezielt. Das zahlt sich aus – **Kapstadt** zählt zu den lohnendsten Gay-Destinationen weltweit (Kasten S. 198).

In **Johannesburg** ist die Homoszene multiethnisch, v. a. in den Clubs; **Pretoria** hat einige wenige schwule und lesbische Nightspots. Auch in **Port Elizabeth** und **Durban** sowie in kleineren Städten gibt es gay-freundliche Einrichtungen.

Gay Pride Festivals finden in Kapstadt im Februar und Dezember (S. 198), in Knysna im April und in Johannesburg im September (🖳 www.joburgpride.org) statt.

Das Online-Lifestylemagazin **Mamba**, 🖳 www.mambaonline.com, ist eine von mehreren nützlichen Online-Infodiensten für Gays. Man kann die App herunterladen oder online GaySA Radio, 🖳 www.gaysaradio.co.za, hören.

Maße und Elektrizität

In Südafrika gilt das **metrische System**. Das Stromnetz ist für 220/230 V Wechselstrom und die meisten Steckdosen sind für dreipolige Rundstecker ausgelegt, eignen sich aber auch für zweipolige europäische Stecker. Besucher aus Deutschland, Österreich und der Schweiz benötigen für ihre Elektrogeräte also keinen Adapter. In den meisten Badezimmern der Hotels ist ein 110 V-Stecker für elektrische Rasierapparate vorhanden.

Medien

Südafrika besitzt eine ausgeprägtere Tradition regionaler und weniger von überregionalen Tageszeitungen, stattdessen erscheinen zahlreiche Lokalblätter unterschiedlicher Qualität. Die Fernsehsender zeigen eine Mischung aus importierten Sendungen, hausgemachten Seifenopern und ausgesprochen südafrikanischen Realityshows sowie sehenswerte Dokumentarfilme.

Im Bereich des Rundfunks wird Südafrika mit seinen vielen kleinen Radiostationen, die Ende der 1990er-Jahre auf Sendung gingen, den breit gefächerten Interessen des bunt gemischten Publikums am besten gerecht.

Zeitungen

Die auflagenstärksten der rund 20 meist auf Englisch, Afrikaans oder Zulu erscheinenden **Tageszeitungen** sind *Business Day*, 🖥 www.businesslive.co.za, eine gute Quelle für seriöse nationale und internationale Nachrichten, und *The New Age*, 🖥 www.thenewage.co.za, ein ANC-nahes Blatt.

Jede größere Stadt besitzt eine englischsprachige **Zeitung**, die fast alle von Südafrikas größtem Zeitungsverlag, **Independent News & Media**, herausgegeben werden. Der Renner der Gruppe ist **The Star**, 🖥 www.thestar.co.za, in Johannesburg, dessen populistische Berichterstattung zu Lokal- und Gauteng-Ereignissen bei einer multiethnischen Leserschaft sehr gut ankommt und für eine Auflagenstärke von mehr als 650 000 Exemplaren sorgt. Die **Cape Times**, 🖥 www.capetimes.co.za, und **Cape Argus**, 🖥 www.capeargus.co.za, funktionieren ungefähr nach demselben Schema, ebenso die **Pretoria News**, 🖥 www.iol.co.za/pretoria-news, der **Herald**, 🖥 www.heraldlive.co.za, in Port Elizabeth und die **Daily News**, 🖥 www.iol.co.za/dailynews, in Durban.

Südafrikas auflagenstärkste Zeitung ist die **Daily Sun**, 🖥 www.dailysun.co.za, ein Johannesburger Boulevardblatt. Die Zeitung trifft den Nerv der Township-Bewohner: ein bisschen Verbrechen, ein bisschen Übernatürliches und aus dem Alltag der Menschen gegriffene Themen. Eine weitere Johannesburger Boulevardzeitung ist der **Sowetan**, 🖥 www.sowetanlive.co.za, der sich seit den 80er-Jahren halten kann und weitaus anspruchsvoller ist als die *Sun*. In Kapstadt setzt die **Daily Voice** ganz auf das Rezept der *Daily Sun* und zeichnet sich durch betont lockeren Stil und eine wilde Mischung aus Crime, Sport und Klatsch aus.

Das intellektuelle Schwergewicht des Landes ist zweifellos der freitags erscheinende **Mail & Guardian**, 🖥 www.mg.co.za. Er liefert neutralen und hervorragend recherchierten Qualitätsjournalismus, auch wenn er gelegentlich etwas schwerfällig daherkommt.

Zu den Sonntagszeitungen gehört die **Sunday Times**, 🖥 www.timeslive.co.za, die ihre Auflage – über 300 000 Exemplare – mit einer wohldosierten Mischung aus solide recherchierten Reportagen, Klatschgeschichten, Artikeln aus der britischen und internationalen Presse erreicht. Die **City Press**, 🖥 www.citypress.co.za, verkauft ungefähr die Hälfte ihrer Auflage in Gauteng und besticht durch eine unabhängige, kluge politische Berichterstattung, die sich hauptsächlich an eine schwarze städtische Bevölkerung richtet.

Das spritzigste Nachrichtenmagazin ist der kostenlos online einsehbare **Daily Maverick**, 🖥 www.dailymaverick.co.za. Es bietet eine Fülle an Nachrichten und Analysen und beschäftigt einige der provokantesten Kolumnisten von Südafrika.

Zeitungen bekommt man am einfachsten in Gemischtwarenläden, Zeitungskiosken und Schreibwarenhandlungen. Dort sind auch **internationale Zeitungen und Magazine**, allerdings überwiegend britische, erhältlich.

Fernsehen

Die drei großen staatlichen Sender der South Africa Broadcasting Corporation zeigen einen Mix aus einheimischen Spielfilmen, Sport, Quizshows, Soaps und Dokumentarfilmen sowie importierten Produktionen. **SABC 1**, **2** und **3**, 🖵 www.sabc.co.za, teilen sich die wenig beneidenswerte Aufgabe, ein Programm zu bieten, bei dem für jeden Zuschauer etwas dabei ist, wobei sie ihre Sendezeit zwischen den elf offiziellen Landessprachen ausloten müssen.

Die meisten Sendungen sind in englischer Sprache: SABC 3 sendet fast ausschließlich auf Englisch, während SABC 2, 🖵 www.sabc2.co.za, und SABC 1, 🖵 www.sabc1.co.za, sich Mühe geben, die übrigen Sprachen abzudecken, obwohl sich auch bei ihnen viel Englischspraachiges einschleicht. Im Afrikaans-dominierten Westkap werden viele Sendungen auf Afrikaans ausgestrahlt.

Wer den in vielen Hotels vorhandenen Satellitenservice **M-Net**, 🖵 www.m-net.dstv.com, hat, kann eine Auswahl von Filmen, Nachrichtensendungen, amerikanischen Programmen sowie Spezialsender empfangen.

Südafrikas erster unabhängiger kommerzieller Kanal **e.tv**, ging 1998 auf Sendung. Er bringt sowohl lokale als auch beliebte importierte Produktionen.

Es gibt kein Kabelfernsehen, aber **DSTV**, 🖵 www.dstv.co.za, bietet seinen Abonnenten **Satellitenfernsehen** mit einer Mischung aus Sport, Spielfilmen, Nachrichten (darunter BBC, CNN und Al Jazeera) und Spartenkanälen, die zum Teil auch in Hotels zu empfangen sind.

Sportfans sollten zu **SuperSport**, 🖵 www.supersport.com, surfen. Und wirklich jeder sollte sich mal eine Episode von KykNet's „Boer Soek 'n Vrou" (Bauer sucht Frau) reinziehen, einer afrikaansen Dating Reality Show jener Machart, die wir aus dem heimischen Fernsehen kennen.

Radio

Angesichts der hohen Analphabetenrate und der weitverbreiteten Armut in Südafrika überrascht es nicht, dass der **Rundfunk** ein überaus populäres Medium ist. Die SABC betreibt eine nationale Rundfunkstation für jede der elf offiziellen Sprachgruppen, darunter den interessanten englischsprachigen Sender **SAfm**, (104–107FM), 🖵 www.safm.co.za. Der Talkshowsender zu Regionalthemen mit Unterbrechungen für Nachrichten ist wochentags von 6 bis 9 Uhr („AM Live"), 12 bis 13 Uhr („Midday Live") und 16 bis 18 Uhr („PM Live") On Air.

Um ein Gefühl dafür zu bekommen, wie Südafrikaner ticken, kann man den Primedia-eigenen **Gauteng Talk Station 702** einschalten (in Johannesburg 92,7 FM und in Pretoria 106 FM, 🖵 www.702.co.za) oder sein Pendant **CapeTalk** in Kapstadt (567 AM, 🖵 www.capetalk.co.za). Beide sind flotter als die staatlichen Sender und bringen Nachrichten, Wetter, Verkehrs- und Sportmeldungen. Neben den hier genannten Sendern gibt es noch unzählige weitere, die ein breites Spektrum abdecken.

Nationalparks und Reservate

Kein anderes afrikanisches Land besitzt so viele Parks, Naturschutzgebiete und Tierreservate wie Südafrika – Hunderte von Reservaten und staatlich verwalteten Waldgebieten überziehen das Land. Zu den begehrtesten Zielen zählen rund zwei Dutzend Parks, in denen die Fauna und Flora unter Schutz steht.

Mit wenigen Ausnahmen werden sie von **Ezemvelo KZN Wildlife**, ✆ 033 845 1000, 🖵 www.kznwildlife.com, verwaltet, die für die staatlichen Reservate in KwaZulu-Natal zuständig ist, und **South African National Parks**, ✆ 012 428 9111, 🖵 www.sanparks.org, die für das übrige Land verantwortlich ist. Zusätzlich zu den staatlichen Parks gibt es auch private Reservate, die sich zumeist unmittelbar am Rand dieser Parks befinden.

Parkeintrittsgebühren, Reservierungen und Auskünfte

Die **Eintrittsgebühren** dienen der Erhaltung der Parks und sind pro Tag zu bezahlen. Am höchsten sind sie im Krüger-Nationalpark und Kgalagadi Transfrontier Park, wo von ausländischen Besuchern R304 p. P. (Kind R152) verlangt werden. Mit R248 an zweiter Stelle liegt der Addo Elephant National Park. In den meisten anderen beträgt die Gebühr weniger als R200, und kleine Parks wie Bontebok berechnen R100. Besucher unter zwölf Jahren zahlen meist die Hälfte des Erwachsenenpreises.

Die **Unterkünfte** in den meisten größeren Nationalparks können im Voraus (in der Hochsaison sollten das mehrere Monate sein) über South African National Parks gebucht werden, mit Ausnahme des Pilanesberg Parks (S. 618) und den Reservaten in KwaZulu-Natal, für die Ezemvelo KZN Wildlife zuständig ist. Es kann sehr schwierig und zeitraubend sein, telefonisch bei South African National Parks zu buchen – besser geht's übers Internet (S. 50).

Nur manche Nationalparks sind auch gleichzeitig Tierreservate (S. 53). Zwar zieht es die meisten Touristen der aufregenden wilden Tiere wegen nach Südafrika, aber man sollte nicht die wunderbaren **Naturschutzgebiete** vergessen, die besondere Landschaften schützen und in denen Tiere leben, die vielleicht nicht ganz so werbewirksam, aber ebenso sehenswert sind wie die **Big Five** (Büffel, Elefant, Leopard, Löwe und Nashorn). Parks, in denen Meeres- und Feuchtgebiete, vom Aussterben bedrohte Pflanzenarten, Wälder, Wüsten und Bergregionen unter Schutz stehen, locken meist mit dem zusätzlichen Anreiz, dass sie von Tieren, Vögeln, Insekten, Reptilien oder Meeressäugetieren bewohnt werden – Südafrika ist eines der ganz wenigen Länder, in denen man von der Küste aus Wale beobachten kann.

Wer sich für einen der drei begehrtesten Nationalparks Südafrikas entscheiden muss, wird wahrscheinlich den **Krüger-Park** am Ostrand der Provinzen Mpumalanga und Limpopo wählen, vor allem wegen seiner riesigen Ausdehnung, der vielen Tierarten, der vielfältigen Lowveld-Habitate und der Möglichkeiten zur Tierbeobachtung. Auch der **Tsitsikamma-Abschnitt** des Garden Route National Parks in Westkap zieht viele Besucher an: Er hat Waldgebiete mit altehrwürdigen Bäumen, schroffe Meeresklippen, den Storms River Mouth und den mehrtägigen Otter Trail zu bieten, den beliebtesten Wanderweg Südafrikas. Im ganzen Land gibt es keine dramatischere Gebirgslandschaft als die des **uKhahlamba Drakensberg Parks**, der eine Reihe von Reservaten an der Grenze zwischen Kwa-

Zulu-Natal und Lesotho umfasst und landschaftlich reizvolle Wanderpfade sowie anspruchsvolle Klettertouren für geübte Bergsteiger bereithält.

Der unangefochtene Status des Krüger-Nationalparks für die Beobachtung der Big Five und Tausenden anderer Tiere führt dazu, dass die **Parks in KwaZulu-Natal** ins Hintertreffen geraten – ganz zu Unrecht. Sie bieten nicht nur eine der weltweit besten Chancen, Nashörner zu sehen, sondern sind auch naturbelassener als der Krüger-Park und haben oft sogar bessere Unterkünfte zu vergleichbaren Preisen. Sowohl im Krüger-Park als auch in den Parks in KwaZulu-Natal kann man Walking Safaris in Begleitung eines bewaffneten Guide und Nachtfahrten unternehmen – eine sehr beliebte Art, die scheuen Nachttiere zu sehen, die nach Einbruch der Dunkelheit durch den Busch schleichen.

Der **Addo Elephant National Park** in Ostkap, ist der drittgrößte Nationalpark des Landes und wird immer noch erweitert. Er besitzt von allen die abwechslungsreichste Landschaft, darunter fünf Biosphären, und ist Schutzraum für mehr als 600 Elefanten. Der Addo liegt nur eine Tagesfahrt von Kapstadt entfernt und ist der einzige große Tierpark, der malariafrei ist.

Unterkünfte in den Parks

Zu den Unterbringungsmöglichkeiten in den Nationalparks gehören **Campingplätze** (R200–350 pro Zelt), **Safarizelte** in einigen der Restcamps im Krüger-Park und in KwaZulu-Natal (die verschiedene Arten der Unterbringung anbieten, darunter Chalets, Safarizelte und Campingplätze; ab R580 pro Zelt); einfache Hütten mit Gemeinschaftswaschräumen und -küchen (R500 p. P.); **Bungalows** mit einem Raum und Bad, aber ohne Kochgelegenheit (ab R800) und Cottages mit Bad oder Dusche und Kochmöglichkeit (ab R1500).

Abgesehen von den Zeltplätzen sind überall Bettwäsche, Handtücher, Kühlschrank und die notwendigsten Kochutensilien vorhanden. In einigen Restcamps gibt es einen Laden, wo die Zutaten für ein Picknick oder *braai* erhältlich sind, und zudem noch ein **Restaurant**.

Am schönsten ist die Wildnis-Unterbringung in **Private Game Reserves**, deren höchste Dichte in der Umgebung des Krüger-Parks und des Addo Parks anzutreffen ist. Billig ist das nicht, aber fast immer luxuriös. Übernachtet wird entweder in Zelten mit Du/WC, in denen man bequem aufrecht stehen kann, in kleinen strohgedeckten Rondavels, oder (in den elegantesten und teuersten) sogar in komfortablen Zimmern mit Klimaanlage.

Einige wenige Camps besitzen *bush showers* (eine aufgehängte, mit warmem Wasser gefüllte Gießkanne mit einer Düse) hinter blickdichten Strohwänden, aber nach oben offen – eine der denkwürdigsten Buscherfahrungen. Da manche Camps nicht ans Stromnetz angeschlossen sind, werden Chalets und Zelte dort mit Petroleumlampen beleuchtet. Die **Verpflegung** ist in der Regel gut und reichlich, und auf Wunsch wird auch vegetarisch gekocht. Die Preise liegen bei mindestens R3000 p. P. und Nacht, in den luxuriösesten Game Lodges deutlich über R10 000. Doch sind darin sämtliche Mahlzeiten und Tierbeobachtungstouren enthalten – und da die Besucherzahlen eine bestimmte Größenordnung nicht überschreiten dürfen, wird die Ausgabe mit einem exklusiven Naturerlebnis belohnt.

Safaris

Tiere in freier Wildbahn **aufzuspüren**, erfordert Geschick und Erfahrung. Es passiert leichter als man denkt, dass man ein Nashorn für einen großen Felsbrocken hält oder den König der Tiere im hohen Gras einfach übersieht. Schließlich ist die afrikanische Tierwelt von der Natur so ausgestattet, dass sie möglichst mit ihrer Umgebung verschmilzt. Wer in der Erwartung herkommt, all die Tiere zu Gesicht zu bekommen, die man aus Dokumentarfilmen kennt, vergisst, dass dort monatelange Filmaufnahmen auf Halbstundenlänge zusammengeschnitten wurden, und wird zwangsläufig enttäuscht werden.

Neulinge im afrikanischen Busch sollten sich mindestens zwei Übernachtungen in einer luxuriösen Lodge in einem der privaten Reservate (etwa im Umkreis des Krüger-Parks) gönnen; die dort angestellten Wildhüter unternehmen mit den Gästen Pirschfahrten in offenen Jeeps. **Tipps** dazu, wie man bei der Tierbeobachtung am besten vorgeht und zum besseren Verständnis des gebotenen Naturschauspiels, finden sich im Kapitel Krüger-Nationalpark (Kasten S. 654). Es sind zahlreiche **Bücher** erhältlich, die dazu beitragen, das Beste aus dem Besuch in einem Wildtierreservat herauszuholen – insbesondere für Leute, die eine Safari im eigenen Wagen (s. u.) planen.

Mit dem eigenen Auto

Eine Fahrt durch die Parks im **eigenen Mietwagen** ist am billigsten, denn man kann in Selbstversorger-Ferienwohnungen und auf Campingplätzen übernachten. Die meisten Nationalparks haben gut gewartete Teer- und Schotterstraßen. Zudem ist es aufregender, die „wilden" Tiere in seinem eigenen Tempo zu erspähen und nicht von einem entsprechend informierten Ranger zu den Stellen gebracht zu werden, wo gerade Tiere gesichtet wurden. Außerdem kann man dann den zeitlichen Ablauf und die Dauer der Beobachtung selbst bestimmen. Für Reisende mit **Kindern** ist dies übrigens die bevorzugte Art, ein Tierreservat zu besuchen, denn die meisten Luxuslodges lassen keine Kinder unter zwölf Jahren zu.

Einziger Nachteil einer solchen Safari ist, dass man sich unter Umständen plötzlich inmitten einer Ansammlung von Fahrzeugen wiederfindet, die den Blick verstellen, vor allem wenn sich irgendwo eine Löwenfamilie niedergelassen hat. Vielleicht weiß man auch nicht, nach welchen *spoor* (Tierspuren) man suchen soll, und wer nicht in einem Minibus oder Jeep unterwegs ist, hat oft keine Möglichkeit, das weite *veld* zu überschauen.

ADDO ELEPHANT NATIONAL PARK

Westkap
Agulhas NP ①
■ Marine- und Küstenschutzgebiet
Gebirgiger Südzipfel Afrikas mit einer artenreichen Fauna und bedeutenden archäologischen Stätten. S. 257

Bontebok NP ②
■ Bedrohte Tierarten
Am Fuße schroffer Berge gelegenes Schutzgebiet für Antilopen und Kap-Bergzebras. S. 247

De Hoop Nature Reserve ③
■ Marine- und Küstenschutzgebiet, bedrohte Tierarten, Küstenvegetation
Einer der weltweit besten Orte für Walbeobachtung von der Küste aus, mit seltenen Bergzebras, die auf *fynbos*-Landschaften grasen. S. 260

Garden Route NP ④
■ Marine- und Küstenschutzgebiet, bedrohte Tierarten
Vorwiegend drei Sektionen: Küste und Marschland um Wilderness, Knysnas Wälder und Lagune sowie Tsitsikammas Klippen, Schluchten und Urwälder. S. 287

Karoo NP ⑤
■ Wüstenreservat
Sehr karge und bergige Landschaft mit Fossilien, Herbivoren (Pflanzenfresser) und Frühlingsblumen. S. 329

Table Mountain NP ⑥
■ Naturgegenden der Halbinsel
Eine außergewöhnlich vielfältige Flora und Fauna gedeiht im Hinterland von Kapstadt. S. 168

West Coast NP ⑦
■ Marine- und Küstenschutzgebiet
Feuchtgebiet. Vogelbeobachtung und Wassersport. S. 264

Ostkap
Addo Elephant NP ⑧
■ Wildreservat
Einziger NP im Süden, in dem die Big Five zu finden sind. S. 388

Camdeboo NP ⑨
■ Wüstenreservat
Halbwüste in der Karoo am Fuß des Sneeuberg mit 43 pflanzenfressenden Tierarten und bis zu 120 m hohen Doleritsäulen. S. 411

Mountain Zebra NP ⑩
■ bedrohte Tierarten
Spektakuläre Berglandschaft inmitten von Flachland, Lebensraum der seltenen Bergzebras und anderer Pflanzenfresser. S. 408

Nordkap
Augrabies Falls NP ⑪
■ Wüstenreservat
Der Orange River schäumt durch eine tiefe Schlucht. Wüstenlandschaft, Antilopen und viele Vögel. S. 359

Kgalagadi Transfrontier Park ⑫
■ Wüstenreservat/Wildschutzgebiet
Abgeschiedene Wüste mit rostroten Dünen, Wüstenlöwen, scheuen Leoparden und Tausenden von Antilopen. S. 355

Namaqua NP ⑬
■ Marine- und Küstenschutzgebiet
Berg- und Küstenregion, berühmt für ihre geschätzt 3500 Pflanzenarten, darunter wilde Frühlingsblumen. S. 365

Ai-Ais Richtersveld Transfrontier Park ⑭
■ Gebirgs- und Wüstenreservat
Schluchten, hohe Berge und dramatische Landschaft, erstreckt sich vom Orange River, dem Lebensraum vieler Reptilien, Vögel, Säugetiere und Pflanzen, Richtung Landesinneres. S. 372

Freistaat
Golden Gate Highlands NP ⑮
■ Gebirgsenklave
Resort am Fuße bizarrer Sandsteinformationen inmitten der Maluti Mountains. S. 540

Nordwest-Provinz

Pilanesberg NP ⑯
- Wildreservat

Von Bergen eingerahmte Savanne, Heimat der Big Five, von Johannesburg aus bequem zu erreichen. S. 618

Provinz Mpumalanga/Limpopo

Krüger-Nationalpark ⑰
- Wildreservat

Das größte und bekannteste Tierreservat des Subkontinents mit jeder Menge Löwen, Elefanten, Nashörner, Büffel, Flusspferde und Tausenden anderer wilder Tiere. S. 651

Mapungubwe NP ⑱
- Ausgrabungsstätte/Wildreservat

Welterbestätte, bedeutender Fundort von Goldartefakten einer mittelalterlichen Kultur. Verschiedene Ökosysteme sind Lebensraum einer Vielzahl von Säugetieren. S. 687

Marakele NP ⑲
- Wildreservat

Herrliche Landschaft mit Gipfeln, Plateaus und schroffen Felsen, bewohnt von Löwen, Elefanten, Nashörnern und anderen Säugetieren. S. 680

KwaZulu-Natal

iSimangaliso Wetland Park ⑳
- Küstenfeuchtgebiet

Ausgedehntes Gelände mit Feucht- und Wildnisgebieten, Küsten und Tierreservaten. S. 500

Hluhluwe-Imfolozi GR ㉑
- Wildreservat

Gebirgiger und kleiner als der Krüger-Park, zählt zu den besten Parks Afrikas, um Nashörner zu sehen. S. 497

Mkhuze GR ㉒
- Wild-/Vogelschutzgebiet

Hervorragend geeignet zum Beobachten von Vögeln, Nashörnern und anderen Pflanzenfressern. Waldwanderwege. S. 506

uKhahlamba Drakensberg Park ㉓
- Gebirgsreservat

Mehrere Parks überziehen die höchsten und eindrucksvollsten Berggipfel. S. 481

Ithala GR ㉔
- Wildreservat

Weniger bekanntes kleines Tierschutzgebiet, ein echtes Juwel in gebirgiger Umgebung. S. 516

MÜNDUNG STORMS RIVER, GARDEN ROUTE

Die Tierreservate in KwaZulu-Natal, inklusive Hluhluwe-iMfolozi, Mkhuze und Ithala, sind für Selbstfahrer äußerst lohnenswert, ebenso Pilanesberg in der Nordwest-Provinz. Der abgelegene **Kgalagadi Transfrontier Park**, der nach Botsuana hinein reicht, ermöglicht Selbstfahrern eine aufregende Fahrt durch unberührten afrikanischen Busch. Es ist überlegenswert, eine Route zu wählen, die den belebteren Krüger-Park mit den weniger bekannten Reservaten von KwaZulu-Natal verbindet.

Wer eine Safari in Eigenregie plant, tut gut daran, etwas Geld in einen ausführlichen **Naturreiseführer** zu investieren. Dasselbe gilt für einen ordentlichen **Feldstecher** – alle Teilnehmer, auch Kinder, sollten idealerweise mit einem eigenen Fernglas ausgerüstet sein. Außerdem ist es ratsam, eine Thermosflasche mit Kaffee oder Tee und eine Kühltasche mit Proviant und zum Kühlhalten von Erfrischungsgetränken mitzunehmen. Und nicht vergessen: Die besten Zeiten zum Beobachten der Tiere sind das Morgengrauen und die Abenddämmerung, denn dann ist dieser Teil der Schöpfung am aktivsten.

Organisierte Touren

Oft bieten nahe der Reservate gelegene Backpacker-Lodges – manchmal auch Hotels und B&Bs – **Safari-Ausflüge** an. Dabei versäumt man allerdings das wunderbare Erlebnis, mitten in der Wildnis aufzuwachen, wie es die Unterbringung im Reservat bietet, und verbringt mehr Zeit im Fahrzeug mit der Hin- und Rückfahrt. Während der südafrikanischen Schulferien, wenn beispielsweise der Krüger-Park völlig ausgebucht ist, bleibt aber vielleicht gar nichts anderes übrig. Safarifahrten lassen sich auch über die Nationalparkbüros organisieren.

Was organisierte Safaris anbelangt, so steht meistens das Erlebnis in direktem Verhältnis zu den Kosten. In der Umgebung des Krüger-Parks wird mit billigen Pauschalangeboten auf „**Safari-Farmen**" geworben. Sie sind im Grunde große Zoos und eignen sich durchaus für eine Übernachtung auf dem Weg in den Krüger-Park. Allerdings stellen sie keinen Ersatz für die authentische Wildniserfahrung dar – früher oder später stoßen die Besucher während des Game Drive auf Zäune und Schlagbäume. Einige der empfehlenswerteren Adressen in dieser Kategorie sind in den entsprechenden Kapiteln aufgeführt.

Safaris in privaten Reservaten

Bei einer glücklichen Wahl ermöglicht der Aufenthalt in einem Privatreservat das ultimative Safari-Erlebnis. Hier verbringt man die Zeit in einer kleinen Gruppe, kann sich entspannt dem Vergnügen hingeben und den organisatorischen Aufwand anderen überlassen. Da kein Massenbetrieb herrscht, ist die Naturerfahrung viel intensiver als in einem der Restcamps im Krüger-Park. Auch hat man einen sachkundigen **Ranger** zur Seite, der während der Ausflüge die Tier- und Pflanzenwelt erklärt und Fragen beantwortet.

Privat geführte Safari-Lodges, die auf Konzessionsbasis operieren, gibt es im Krüger und in einigen anderen Nationalparks, etwa im Addo. In den kleineren privaten Reservaten logieren immer nur zehn bis sechzehn Gäste gleichzeitig. Dadurch herrscht eine familiäre Atmosphäre. Größere **Camps** beherbergen hingegen zwei- bis dreimal so viele Menschen und gleichen einem Hotel mitten im Busch. Zahlreiche Safari-Lodges haben eigene **Wasserstellen**, an denen man bequem von der Bar oder dem Restaurant aus Tiere beobachten kann. Die allerbesten Privatreservate des Landes finden sich am Westrand des Krüger-Nationalparks; hier erwarten den Besucher neben kostspieligen Lodges auch einige erschwinglichere Unterkünfte.

Der typische Tagesablauf in einem Privatcamp sieht so aus, dass die Gäste im **Morgengrauen** zum Tee-/Kaffeetrinken geweckt werden und danach eine geführte Buschwanderung oder Jeep-Fahrt machen, um **Tiere zu beobachten**. Nach einem vormittäglichen Brunch oder Frühstück besteht die Möglichkeit, sich eine Weile auf einer **Aussichtsplattform** oder in einem **Hochstand** aufzuhalten und in aller Ruhe das Naturschauspiel zu beobachten. Am Spätnachmittag findet ein weiterer Ausflug statt, ähnlich dem am frühen Morgen, allerdings gekrönt von einem **Sundowner**. Oftmals schließt sich daran noch eine **Nachtfahrt** an. Die Jeeps sind mit starken Handscheinwerfern ausgestattet, mit deren Hilfe sich nachtaktive Tiere ausfindig machen lassen.

Die **Preise** umfassen stets Unterkunft, Vollverpflegung und sämtliche Expeditionen in die Wildnis – dennoch ist die Bandbreite groß. Die Camps am obersten Ende der Preisskala bieten zwar den meisten Luxus und Stil, garantieren aber nicht unbedingt eine artenreichere Tierwelt. Manche Besucher ziehen billigere Camps den kostspieligeren in der gleichen Gegend vor, da ihre schlichtere Atmosphäre besser im Einklang mit der Natur ringsum steht.

Öffnungs- und Ferienzeiten

Der Arbeitstag beginnt und endet in Südafrika früh: **Geschäfte** haben unter der Woche normalerweise Mo–Fr 8.30–16.30 Uhr geöffnet. In Kleinstädten schließen viele Einrichtungen um die Mittagszeit herum für eine Stunde. Am Samstag machen viele Geschäfte und Läden gegen 12 Uhr zu, und am Sonntag sind die meisten geschlossen. In Wohngegenden findet man jedoch einige kleine Läden und Supermärkte, die außerhalb der üblichen Öffnungszeiten Lebensmittel und das Allernotwendigste verkaufen.

Manche Einrichtungen haben unterschiedliche Winter- (April bis August) und Sommeröffnungszeiten (September bis März).

Die südafrikanischen **Schulferien** können die eigenen Reisepläne ziemlich durcheinander bringen, vor allem wenn man zelten, in Nationalparks oder in billigeren Quartieren (Ferienwohnungen, günstige B&Bs etc.) übernachten will. Die meisten jener Unterkünfte sind schon lange im Voraus ausgebucht. Wer also in diesem Zeitraum eine Südafrikareise plant, sollte besonders in den Nationalparks so früh wie möglich eine Unterkunft reservieren.

Die längste und verkehrsreichste Ferienzeit liegt um **Weihnachten (Sommer)**. Die Schulen schließen von Anfang Dezember bis Ende Januar. Flüge und Schlafwagenplätze sind zwischen Mitte Dezember und Anfang Januar wenn viele Betriebe und Verwaltungsbüros dicht ma-

chen und ihre Angestellten in die Ferien entlassen, nur schwer zu bekommen. Wer Südafrika in der Weihnachtszeit besuchen möchte, sollte sowohl internationale als nationale Flüge bereits sechs Monate vorher buchen.

Die übrigen Schulferien sind ungefähr zu folgenden Zeiten: **Osterferien**, Ende März bis Mitte April; **Winterferien**, Ende Juni bis Mitte Juli, und **Frühjahrsferien**, Ende September bis Anfang Oktober. Die genauen Termine stehen unter ⌨ www.gov.za/about-sa/school-calendar.

Post

Die südafrikanische Post kann langsam und unzuverlässig sein und taugt definitiv nicht zum Versenden von Geld oder anderen Wertsachen. Ein Brief von einer Stadt zur anderen dauert ungefähr eine Woche, und wenn der Absender/Adressat sich in einem abgeschiedenen Landesteil aufhält, sogar noch länger.

Internationale Luftpost kommt oft schneller an. Das betrifft vor allem solche, die in Johannesburg oder Kapstadt aufgegeben wurde, denn von dort aus starten Direktflüge nach Europa. Die Zustellung von Post nach Südafrika ist noch unzuverlässiger als die ausgehende; Sendungen verschwinden oft oder brauchen Wochen bis sie ankommen.

Wer Briefe oder Pakete auf dem Landweg nach Deutschland, Österreich oder in die Schweiz schickt, muss mit einer Transportdauer von bis zu sechs Wochen rechnen.

Die meisten größeren und kleineren Städte verfügen über ein **Postamt**, das zumeist Mo–Fr 8.30–16.30 und Sa 8–12 Uhr geöffnet hat (manche schließen auch schon früher). Die verbreiteten Filialen des privaten **PostNet**, ⌨ www.postnet.co.za, sind eine bessere Option. Sie bieten größtenteils die gleichen Dienste, darunter auch Kurierservice. **Kurierdienste** wie FedEx, ☏ 0800-033 339, ⌨ www.fedex.com/za, und DHL, ☏ 086-034 5000, ⌨ www.dhl.co.za, sind nur in größeren Städten angesiedelt, aber weitaus verlässlicher als die Post.

Briefmarken gibt es auf Postämtern und in Zeitungsläden, etwa in CNA-Filialen. Das Porto ist relativ preiswert: Eine Postkarte kostet per Luftpost (weltweit) R8, ein Standardbrief etwas mehr als R9.

In den meisten Postämtern und PostNet-Filialen kann man ein **Postfach** eröffnen.

Reisende mit Behinderungen

In Südafrika ist man auf behinderte Menschen vielleicht nicht ganz so gut eingestellt wie in Europa, aber im Allgemeinen ist das Angebot an behindertengerechten Einrichtungen sehr zufriedenstellend. Viele Gebäude sind gut mit einem Rollstuhl erreichbar, denn in Südafrika wird überwiegend niedrig gebaut. Da das Auto hier König ist, kann man oft bis vor die Tür einer Unterkunft fahren und den Wagen dort abstellen.

Es gibt **organisierte Touren**, Spezialangebote und **Aktivreisen** für Behinderte. Im Rahmen dieser Pakete können Rollstuhlfahrer an Safaris und allen möglichen Abenteueraktivitäten teilnehmen. Die Touren werden für Reisende mit eigenem Wagen oder als Gruppenreise angeboten.

Nützliche Internetadressen

🖳 **www.brandsouthafrica.com/ tourism-south-africa/travel/advice/disabled** Gute Übersicht und hilfreiche Links.

🖳 **www.capetown.travel** Cape Town Tourism hat eine Website mit rollifreundlichen Aktivitätsangeboten.

🖳 **www.disabledtravel.co.za** Die Website der Beschäftigungstherapeutin Karin Coetzee wendet sich an Reisende mit Behinderungen und führt Unterkünfte, Restaurants und Sehenswürdigkeiten auf, die sie persönlich hinsichtlich ihrer Zugänglichkeit eingestuft hat. Außerdem gibt's Links zu Mietwagenverleih, organisierten Touren und orthopädischer Ausrüstung.

🖳 **www.epic-enabled.com** Unterkunft, Touren und Safaris.

🖳 **www.flamingotours.co.za** Flamingo Tours und Disabled Ventures sind auf Touren für Besucher mit besonderen Bedürfnissen spezialisiert.

🖳 **www.rollingsa.co.za** Unterkunft, Touren und Safaris.

🖳 **www.sanparks.org/groups/ disabilities/general.ph** Listet behindertengerechte Einrichtungen, Zugänglichkeit für Gehbehinderte und für Reisende im Rollstuhl in Südafrikas Nationalparks.

Sicherheit

Ungeachtet der erschreckenden Kriminalitätsstatistik bleiben die meisten Südafrikabesucher gänzlich unbeschadet. Es gilt zwar, vorsichtig zu sein, aber nicht paranoid, was wiederum nicht heißen soll, dass man die Augen vor der Realität verschließt: Kriminalität ist das wahrscheinlich größte Problem des Landes. Aber Tatsache ist, dass überproportional viele Straftaten in den armen afrikanischen und farbigen Townships begangen werden. Schwerverbrechen kommen überall in Johannesburg vor, von der Innenstadt bis in die Townships, und die Stadt ist ein gefährliches Pflaster für Reisende. Am gefährlichsten für die meisten Besucher ist jedoch das Fahren auf Südafrikas Straßen, wo alljährlich mehr als 10 000 Menschen das Leben verlieren.

Die **Sicherung des Besitzes** und „**Sicherheit**" allgemein stellen eine Art landesweite Obsession dar, und es ist nur schwer vorstellbar, welches Thema die Dinnerpartys vieler Südafrikaner beherrschen wird, falls sich das Problem jemals erledigt. Fast alle mittelständischen Wohnhäuser werden – wie unschwer erkennbar – von privaten bewaffneten Sicherheitsorganisationen bewacht. Hinzu kommen **Alarmanlagen**, Gitter, hohe Zäune und elektronisch gesteuerte Eingangstore – selbst in manchen Townships. Und nicht nur Polizisten, sondern auch Privatleute tragen in aller Öffentlichkeit **Feuerwaffen**.

Wer Opfer eines Überfalls wird, sollte unbedingt den Ratschlag beherzigen, keine Gegenwehr zu leisten und den Forderungen nachzukommen. Das Risiko, in eine solche Situation zu geraten, lässt sich erheblich mindern, wenn man seinen gesunden Menschenverstand einsetzt und ein paar simple Vorsichtsmaßnahmen trifft (s. Kasten "Sicherheit"). Es lohnt auch ein Blick in die Sicherheitshinweise des Auswärtigen Amtes auf der Website 🖥 www.auswaertiges-amt.de.

Drogen, Alkohol und Auto fahren

Alkohol und **Cannabis** in Form getrockneter Blätter sind die in Südafrika am weitesten verbreiteten und missbrauchten Drogen. Letztere, *dagga* genannt, wird in heißen Regionen wie KwaZulu-Natal angebaut und ist leicht erhältlich. Das ändert aber nichts daran, dass es sich um eine **illegale** Droge handelt.

Sicherheitstipps

Allgemein
- Unauffällige Kleidung tragen und sich möglichst wenig touristisch gebärden
- In Städten keine Fotoapparate, Videokameras und Handys offen herumtragen
- Keinen kostbaren Schmuck/Sonnenbrillen/Armbanduhren tragen
- Den Hotelsafe benutzen
- Wenn man überfallen wird, Ruhe bewahren und sich kooperativ zeigen

Zu Fuß unterwegs
- Taschen fest unter den Arm klemmen
- Keine großen Geldsummen mit sich führen
- Die Brieftasche nicht in der hinteren Hosentasche aufbewahren
- Immer wissen, wo man seine Wertsachen verstaut hat
- Wertsachen im Lokal nicht einfach auf den Tisch, Stuhl oder Fußboden legen/stellen
- Niemanden zu nahe an sich herankommen lassen – Gruppen aus dem Weg gehen
- Die öffentlichen Verkehrsmittel nur zu zweit oder in der Gruppe benutzen und abgeschiedene Gegenden meiden
- Nachts nicht allein herumspazieren

Mit dem Auto unterwegs
- Auf der Fahrt alle Türen sichern, vor allem in den Städten
- Fensterscheiben so weit oben lassen, dass Diebe nicht ins Wageninnere langen können
- Nichts Wertvolles im Wagen lassen

- Wenn man Wertsachen im Kofferraum deponiert hat, den Kofferraum nach dem Einparken nicht öffnen

An Geldautomaten
- Geldautomaten sind ein beliebtes Betätigungsfeld für Diebe. Egal, wie freundlich oder hilfesuchend sich ein Fremder an einem Geldautomaten gebärdet – man sollte sich niemals auf irgendeine Form der Interaktion einlassen
- Wird man um Hilfe gebeten, weil jemand (angeblich) Probleme mit dem Automaten hat, nicht eingreifen – den Rat geben, sich an die Bank zu wenden
- Hat man selbst Probleme mit dem Automaten, nie die Hilfe Fremder annehmen
- Beim Geldabheben darauf achten, dass die anderen Kunden den Sicherheitsabstand einhalten
- Im Zweifel einen anderen Automaten suchen
- Niemals Fremde beim Eingeben der PIN zusehen lassen
- Wird die Karte geschluckt, sofort reklamieren

Beim Bezahlen mit Karte
- Die Karte nie aus den Augen lassen
- Im Restaurant sich das tragbare Kartenlesegerät an den Tisch bringen lassen
- An der Kasse die Karte immer im Blick haben
- Wenn eine Fehlermeldung kommt, noch mal probieren; funktioniert es wieder nicht, bar oder mit einer anderen Karte zahlen

Alkoholgenuss in der Öffentlichkeit verbietet übrigens das südafrikanische Gesetz – auch wenn sich niemand daran zu halten scheint. Gegen das **Alkoholverbot** am Steuer wird häufig und leichtfertig verstoßen, und das bedeutet, dass das Gefährlichste an Südafrika der **Straßenverkehr** ist. Der Alkoholpegel von Fahrern ist mit dafür verantwortlich, dass während der Weihnachtsferien alljährlich mehr als tausend Menschen bei Massenkarambolagen ihr Leben lassen. Wer Auto fährt, sollte also die Finger vom Alkohol lassen, nicht nur wegen der zahlreichen nächtlichen Alkoholkontrollen in urbanen Gebieten, sondern auch, um sich und andere nicht zu gefährden.

Notfälle	
Polizei	☎ 10111
Feuerwehr und staatlicher Krankenwagen	☎ 10177
Handy-Notruf	☎ 112
ER24 privater Krankenwagen und Sanitäter	☎ 084 124
Netcare	☎ 911

Sexuelle Belästigung

Die **Vergewaltigungsrate** in Südafrika ist erschreckend hoch, doch Touristinnen sind davon kaum betroffen. Dennoch sollten sie besser nicht allein reisen, auf gar keinen Fall trampen oder ohne Begleitung Wanderungen in einsamen Gegenden unternehmen. Dies gilt sowohl für Städte als auch ländliche Gegenden und für alle Orte nach Einbruch der Dunkelheit. Sobald es dunkel ist, sollten **Frauen** auch nicht mehr in einem Minibustaxi fahren. Sexismus ist weiter verbreitet als in westlichen Ländern, vor allem in schwarzen Gemeinden. Der Versuch, freundlich und entgegenkommend zu sein, kann manchmal als sexuelle Einladung fehlinterpretiert werden, daher sollten Frauen darauf achten, keine missverständlichen Signale (auch nicht in punkto Kleidung) auszusenden.

Polizei

Die **südafrikanischen Polizisten** sind schlecht bezahlt und ausgerüstet, sie werden nicht selten beschossen (und oft tödlich verletzt) und genießen wenig Respekt – entsprechend demoralisiert ist der South African Police Service (SAPS). Wer im Auto angehalten wird, etwa von einer **Straßenkontrolle**, sollte ihnen höflich und freundlich begegnen und nicht vergessen, dass der Fahrer nach südafrikanischem Straßenverkehrsrecht verpflichtet ist, ständig den **Führerschein** bei sich zu haben.

Wer eine Strafgebühr zahlen soll und Betrug vermutet, sollte um eine Quittung bitten. Dann wird vielleicht ein Rückzieher gemacht, oder man hat wenigstens etwas in der Hand.

Reisende, die **bestohlen** wurden, müssen eine Anzeige bei der Polizei stellen, die den Fall aufnimmt und einen Beleg ausstellt. Sämtliche Dokumente müssen später bei der Reiseversicherung eingereicht werden.

Sport und Aktivitäten

Südafrikas vielseitige Landschaft mit Bergen, Wäldern, Felsküsten und Sandstränden sowie endlosen Meilen weites Bushveld und die Nationalparks bieten hervorragende Möglichkeiten für sportliche Aktivitäten und Entspannung im Freien. Entsprechend gibt es eine hoch entwickelte Infrastruktur für Sportmöglichkeiten im offenen Terrain. Dazu gehören vor allem ein beachtliches Netz an Wanderwegen und eine große Anzahl von Anbietern für Abenteuersport.

Wandern

Nirgendwo, selbst nicht im Zentrum von Johannesburg, ist man weit von einer Wandermöglichkeit für jeden Geschmack und jedes Fitnessniveau entfernt. Die besten befinden sich in Wildnis-Gebieten, wo man markierte **Wanderwege** für halbstündige Spaziergänge oder für größere und längere Expeditionen zu Fuß vorfindet, die zu den landschaftlich reizvollsten Stellen des Landes führen.

Pfade für **Mehrtagestouren mit Übernachtungen** sind im Allgemeinen gut mit farbigen Markierungen gekennzeichnet und mit Zeltplätzen oder Hütten am Weg ausgestattet. Die Anzahl der Wanderer, die eine Route begehen dürfen, ist in den meisten Fällen begrenzt, und einige Touren sind so beliebt, dass man sie schon mehrere Monate im Voraus buchen muss, um sie begehen zu können.

Es gibt auch **geführte Wandertouren durch die Wildnis**, bei denen man sich in Wildgebieten (wie dem Krüger-Nationalpark), begleitet von bewaffneten Wildhütern, bewegen kann. Diese Walking Safaris vermitteln ein faszinierendes „Gefühl" für die Tierwelt – vom Auto aus lassen sich allerdings gewöhnlich mehr Tiere beobachten. Spezialtouren umfassen Unternehmungen mit **Mountainbikes**, in Kanus oder auch auf Pferden. Es gibt sogar ein paar Wanderwege für Behinderte, vorwiegend für **Sehbehinderte** und Rollstuhlfahrer.

rer bekannt, eine Aktivität, die eng mit dem **Wasserskilaufen** verbunden ist. **Kajaks**, **Kanus** und Stand-up-Paddelboards (SUP) sind ebenfalls populär. Boote können in Ferienanlagen und in Nationalparks, die an Flüssen und Seen liegen, gemietet werden. Für Abenteuerlustige werden **Wildwasserfahrten** mit Kajaks oder Rafting, etwa auf dem Tugela in KwaZulu-Natal und auf dem Orange River, angeboten.

Tauchen und Schnorcheln

Tauchen ist ein beliebtes Freizeitvergnügen, und Südafrika eines der erschwinglichsten Länder der Welt, um einen international anerkannten Tauchschein zu machen. **Tauchkurse** werden in den meisten Küstenstädten und in zahlreichen Urlauberresorts angeboten. Die Preise beginnen bei rund R3500 (inklusive der Ausrüstung). Einige der besten Tauchmöglichkeiten bieten die Gewässer im iSimangaliso Wetland Park an der nördlichen Küste von KwaZulu-Natal, wo jähr-

Wassersport

Südafrika ist einer der angesagtesten **Surfertreffs** in der ganzen Welt. Dem perfekten Surf von Jeffrey's Bay wurde in dem Streifen *The Endless Summer*, einem Kultfilm von 1966, Unsterblichkeit verliehen. Aber jeder Surfer wird beteuern, dass es entlang der ganzen Küste – von Namibia bis Mosambik – genauso gute Surfstrände gibt. Die südafrikanische Surf-Gemeinde gilt als eine der freundlichsten, und Neuankömmlinge werden normalerweise mit Rat und Tat unterstützt. Hervorragende Surfbretter gibt es hier für einen Bruchteil des europäischen Preises zu kaufen.

Boogieboarding und **Bodysurfing** sind prima Alternativen zum „echten" Surfen, verlangen weniger Einsatz und Übung und machen einen Riesenspaß. **Windsurfing** ist eine populäre Sportart in vielen Badeorten, wo auch die entsprechende Ausrüstung verliehen wird, und **Kitesurfing** hat Kapstadt und andere Orte erobert.

Auf den Flüssen und Seen sind die südafrikanischen Touristen als kühne **Motorbootfah-**

Schwimmen

Das Meer um Südafrika ist alles andere als ruhig: Von der 2500 km langen Küstenlinie sind nur die Strände von KwaZulu-Natal am Indischen Ozean und die nördlichen Küstengebiete der Provinz Westkap **tropisch**, und die gesamte Küste entlang schlagen beachtliche Wellen ans Ufer. Im Meer bei Kapstadt lässt es sich nur zwischen November und März angenehm baden. Allgemein gilt: Je weiter östlich man sich vom Kap der Guten Hoffnung befindet, desto wärmer ist das Wasser und desto länger die **Badesaison**. Wassertemperaturen, die kaum unter 18 °C fallen, erlauben an der Küste von KwaZulu-Natal ganzjähriges Schwimmvergnügen. Aber Vorsicht: Entlang der gesamten Küste gibt es gefährliche **Unterwasserströmungen** und **Strudel**, daher ist es ratsam, nur unter Aufsicht von Rettungsschwimmern zu baden. Wenn keine da sind, sollte man auf den Rat von Einheimischen hören, niemals alleine schwimmen und die Gefahren des Meeres nie unterschätzen.

lich bis zu 100 000 Tauchgänge zu den Korallenriffen unternommen werden. Entlang der Küsten um das Kap der Guten Hoffnung gibt es zwar keine Korallenriffe, dafür kann man aber unzählige **Schiffswracks** und riesige Kelp-Wälder (Algen) erforschen. Gansbaai (nahe Hermanus) ist der beliebteste Ort, um sich beim **shark-cage diving** in Hochsicherheitskäfigen in Haifischgründe hinabzulassen; weitere Möglichkeiten bestehen entlang der Garden Route. Auch KwaZulu-Natal ist prima zum **Schnorcheln** geeignet. Weitere interessante Gebiete für Schnorchler gibt es beispielsweise im Tsitsikamma National Park an der Garden Route.

Weitere Aktivitäten

Angeln ist eine weit verbreitete Freizeitaktivität in Südafrika. Vor den Küsten tummeln sich etwa 250 verschiedene Fischarten, die vom Strand, von Felsen oder vom Schiffen aus gefangen werden. Im Landesinnern gibt es viele Flüsse und Stauseen mit Süßwasserfischen. Das Forellenangeln ist besonders beliebt in Mpumalanga, in den nördlichen Bergen der Ostkap-Provinz und in den mittleren Regionen von KwaZulu-Natal.

Südafrika bietet eine ganze Reihe von Freizeitaktivitäten in der Luft: In den Winelands werden **Ballonfahrten** angeboten, und beim **Drachenfliegen** über Kapstadt (Start am Lion's Head) gewinnt man eine neue, spannende Sicht. Erdverbundenere Unternehmungen wie **Bergsteigen** und **Klettern** sind vielerorts möglich, denn sie haben sich in Südafrika mehr oder weniger zu Breitensportarten entwickelt. Immer beliebter wird **Kloofing** (oder Canyoning), wobei die Teilnehmer dem Lauf eines Baches folgen und dabei durch Schluchten klettern, waten, springen oder sich abseilen. Für Besucher, die sich nicht zwischen Himmel und Erde entscheiden können, bietet sich ein **Bungee-Sprung** von der Gouritz River Bridge bei Mossel Bay an – mit 216 m einer der weltweit höchsten, kommerziell angebotenen Bungee-Jumps.

In fast allen Ferienanlagen sowohl im Binnenland als auch entlang der Küste stehen **Reitpferde** zur Verfügung, sei es stunden- oder tageweise. Auch **Vogelbeobachtung** ist fast überall möglich, mit oder ohne fachmännische Begleitung. Zu den sensationellsten Spots gehören die Wildtierreservate Mkhuze und Ndumo in KwaZulu-Natal; die dortige Zululand Birding Route, 🖥 www.zululandbirdingroute.co.za, ist nur eine von mehreren Routen landesweit.

Es gibt zahlreiche **Golfplätze**, oft in wunderbarer Landschaft. Und wer in einem der beiden Skigebiete in Ostkap oder in Lesotho **Skilaufen** geht, kann eine ziemlich „exotische" Südafrika-Erfahrung erleben.

Telefon

Das südafrikanische **Telefonnetz** wird von Telkom dominiert und funktioniert zuverlässig. In jeder kleineren und größeren Stadt finden sich Telefonzellen, die mit Münzen oder Karte funktionieren. **Internationale Telefonate** können von fast allen aus geführt werden, wobei eine Telefonkarte wie die Telkom WorldCall sinnvoll ist. Prepaid WorldCall-Gutscheine und wiederaufladbare **Telefonkarten** ab R10 werden in Telkom-Büros, Supermärkten, Banken usw. verkauft.

Handys heißen in Südafrika *cell phones* und sind weitverbreitet – es gibt mehr Mobil- als Festnetzanschlüsse. Die konkurrierenden Betreiber Vodacom, MTN, Cell C und Virgin Mobile decken alle wichtigen Landesteile und die dort hinführenden Hauptstraßen ab. Wer ein 2G, 3G oder 4G-Handy hat, kann damit auch in Südafrika telefonieren, sofern es eine Roamingvereinbarung mit dem heimischen Anbieter gibt.

Viel günstiger ist es, vor Ort eine preiswerte lokale Prepaid-**SIM-Karte** zu kaufen, die die eigene während des Aufenthaltes in Südafrika ersetzt. SIM-Cards können in den zahlreichen südafrikanischen Mobiltelefon-Shops und anderen Geschäften wie Supermärkten gekauft werden. Man benötigt dafür den Reisepass sowie den Nachweis einer Adresse; das kann eine Hotelquittung oder eine unterschriebene Bestätigung von der Unterkunft oder dem Gastgeber sein. Dann wählt man ein Volumenpaket sowie ein Gesprächs-/SMS-Guthaben.

Ansonsten kann man bei der Ankunft eine südafrikanische SIM-Karte oder ein Handy mit

Vorwahlen	
Südafrika	0027
Deutschland	0049
Österreich	0043
Schweiz	0041

Nicht vergessen, die Null in der nachfolgenden Ortsnetzkennzahl wegzulassen.

SIM-Karte **leihen**. Die Preise für SIM-Karten liegen bei R6–8 pro Tag, für Handys bei R15–18. Günstiger ist es, nicht gleich am Flughafen, sondern erst in der Stadt in einer Filiale eines der Hauptbetreiber vorzusprechen. Die Kosten variieren stark und richten sich nicht zuletzt nach der Leihdauer. Ein Miet-Handy (und -Navi) kann auch beim Leihen eines Autos kostenlos bei einer der großen Mietwagenfirmen vereinbart werden (beim Buchen des Wagens angeben!). Für die Versicherung des Handys fallen dann nur zusätzlich ungefähr 0,80 € pro Tag an.

Transport

Ungeachtet der großen Entfernungen lässt sich der größte Teil Südafrikas gut erkunden – dank des zuverlässigen öffentlichen Verkehrsnetzes, der zahlreichen Mietwagenfirmen, des besten Straßennetzes und am besten ausgebauten Flugstreckennetzes von ganz Afrika.

Einzige Schwachstelle bildet der öffentliche Nahverkehr in urbanen Gebieten: Abgesehen vom Johannesburgs Gautrain und der Kapstädter MyCiti-Bus und der Metrorail Southern Line verkehren die innerstädtischen Transportmittel relativ selten, und die Benutzung ist oft nicht ungefährlich. Diejenigen Südafrikaner, die es sich leisten können, fahren normalerweise mit dem eigenen Auto, und auch für Besucher stellt die Mietwagen die einfachste und sicherste Art der Fortbewegung dar (ungeachtet der südafrikanischen Fahrer). In die Nationalparks und zu abgelegenen Orten ohne eigenes Fahrzeug zu gelangen, ist ziemlich schwierig. Und ist man dort angekommen, lässt sich ohne eigenen Wagen meistens wenig ausrichten.

Busse

Die drei zuverlässigsten Busgesellschaften für Langstreckenfahrten sind **Greyhound**, ℡ 083 915 9000, ⌨ www.greyhound.co.za, **Intercape**, ℡ 021 380 4400, ⌨ www.intercape.co.za, und **Translux**, ℡ 086 158 9282, ⌨ www.translux. co.za, und verkehren zwischen fast allen größeren Städten. Diese Busse sind in der Regel sicher, preiswert und bequem und verfügen ausnahmslos über Klimaanlage und Toilette. Bei Übernachtfahrten sollte man seine Wertsachen dicht bei sich halten, und allein reisende Frauen sollten sich einen Sitzplatz vorn in der Nähe des Fahrers wählen.

Die Fahrkosten richten sich nach der Jahreszeit und sind am höchsten während der Hauptreisezeit, also um die Schulferien herum. Eine einfache Fahrkarte für den Greyhound-Bus von Kapstadt aus kostet ungefähr: nach Paarl (1 Std.) ab R320, Mossel Bay (7 Std.) ab R430, und Port Elizabeth (12 1/2 Std.) ab R595.

Translux und Greyhound betreiben außerdem die billigeren Budgetlinien **City to City**, ⌨ www.citytocity.co.za, und **Citiliner**, ⌨ www. citiliner.co.za, die eine Reihe von Strecken im ganzen Land bedienen. Fahrpläne und Preise findet man auf deren Webseiten. Zusätzlich operiert eine Reihe kleinerer privater Busgesellschaften auf bestimmten Strecken – am besten informiert man sich einen Tag vor Abreise am Busbahnhof.

Der **Baz Bus**, ℡ 0861 229 287, ⌨ www. bazbus.com, ist vor allem für Backpacker und Budget-Traveller ungemein praktisch, denn die Minibusse halten unterwegs an Backpacker-Unterkünften. Die Baz-Route verläuft in beide Richtungen entlang der Küste zwischen Kapstadt und Port Elizabeth an der Wild Coast lang (4x wöchentl.) und zwischen Port Elizabeth und Durban (4x wöchentl.). Im Landesinneren fahren die Busse zwischen Durban und Johannesburg über die Nördlichen Drakensberge (4x wöchentl.). Einige unabhängige **Shuttlebusbetreiber** haben sich in das Baz-Busnetz eingeklinkt und verkehren in Westkap nach Stellenbosch, Hermanus und Oudtshoorn, in Ostkap nach Hogsback sowie zu mehreren Wild-Coast-Backpackers, in KwaZulu-Natal zu

Hauptbusrouten

Bulawayo, Hwange & Victoria Falls

Harare

SIMBABWE

Windhoek

Musina

BOTSUANA

MOSAMBIK

NAMIBIA

Gaborone

Nelspruit

PRETORIA

Johannesburg

eSWATINI

Upington

Vryheid

Kimberley

Ladysmith

Richards
Bay

Springbok

BLOEMFONTEIN

LESOTHO

Eshowe

Pietermaritzburg

Kokstad

Durban

Aliwal
North

Port Shepstone

Beaufort
West

Graaff-
Reinet

Mthatha

Chintsa

KAPSTADT
(CAPE TOWN)

Oudtshoorn

Jeffrey's
Bay

Grahamstown

East London

George

Knysna

Port Alfred

Mossel
Bay

Plettenberg
Bay

Storms
River

Port
Elizabeth

N

0   200
Kilometer

den Südlichen Drakensbergen und in Gauteng nach Pretoria.

Die einfache Fahrt Kapstadt–Port Elizabeth kostet R2300. Es gibt aber auch günstigere 7-, 14- und 21-Tages-Pässe für R2600, R4100 und R5100. Reservierung über die Website, per E-Mail, Telefon oder SMS, ℡ 076 427 3003.

Minibustaxis

Sammelbusse sind das Transportmittel der Mehrheit der Südafrikaner. Sie verkehren überall im Land, auf relativ kurzen Strecken zwischen einer Stadt und der anderen, sie transportieren Pendler von und zu Townships, legen aber auch weitere Entfernungen zurück. Allerdings ist die Benutzung nicht ohne Risiko: rücksichtslose Fahrer und gewalttätige Auseinandersetzungen zwischen konkurrierenden Betreibern. Es ist daher ratsam, bei Einheimischen nachzufragen, welche Taxirouten sicher sind und welche nicht und ob man sich einem Minibustaxi anvertrauen kann. Das gilt besonders in Großstädten, wo die Sammeltaxistände in der Regel ein beliebtes Betätigungsfeld für Taschendiebe darstellen. Außerdem ist der Stauraum für **Gepäck** in diesen Kleinbussen äußerst beschränkt.

Dennoch sollten Reisende diese Form des Transports nicht gänzlich ausschließen, denn ein Minibustaxi ist in **entlegenen Gebieten** oft das einzig mögliche und hier in der Regel auch ein gefahrloses Transportmittel – für allein reisende Frauen trotzdem nicht zu empfehlen.

Allerdings muss in ländlichen Regionen mit langen Wartezeiten gerechnet werden, da die Minibustaxis nur unregelmäßig verkehren.

Die **Fahrkosten** sind gering und entsprechen in etwa denen billiger Intercitybusse. Das Geld sollte möglichst passend bereitgehalten werden (vor allem auf kurzen Strecken) und wird von den hinteren Sitzen nach vorn an die Mitfahrgäste weitergegeben. Es landet schließlich beim Fahrer, der das Wechselgeld herausgibt.

Eisenbahn

Langsamer als mit der **Bahn** lässt sich das Land kaum bereisen: So dauert die Zugfahrt von Johannesburg nach Kapstadt 27 Stunden, die Busfahrt dagegen nur 19 Stunden. Wer eine gegenüber dem Bus komfortablere **Nacht im Zug** verbringt, spart die Kosten für eine Übernachtung im Hotel. Familien mit Kindern wird im Zug ein eigenes Abteil zugewiesen. Kinder unter drei Jahren reisen kostenlos, bis zu neun Jahren gibt's dann 20 % Ermäßigung.

Die meisten Intercity-Züge betreibt die Shosholoza Meyl, ✆ 086 000 8888 oder 011 774 4555, 🖥 www.shosholoza-meyl.co.za. Sie bietet komfortable, preiswerte Fahrten in der **Tourist Class** in abschließbaren Zweipersonen-Coupés und Vier-Personen-Abteilen, die mit Waschbecken ausgestattet sind. An Bord gibt's Duschen und einen Speisewagen, wo ganz passable Essen und alkoholische Getränke erhältlich sind. Die Sitze sind bequem und lassen sich in **Betten** verwandeln. Wer möchte, kann gegen Gebühr (pro Nacht R40 p. P.) vom Zugbegleiter frisch gewaschene Baumwolllaken und Decken ausleihen. Am besten kauft man den *bedding voucher* gleich bei der Fahrkartenreservierung. Die Züge verkehren zwischen Johannesburg und Kapstadt, Port Elizabeth, East London und Durban. Eine Fahrt in der Tourist Class **kostet** ab R330 von Johannesburg nach Durban (die kürzeste Strecke) und R690 nach Kapstadt (die längste Strecke). Die Preise unterscheiden sich ein wenig je nach Jahreszeit. Bahnfahrkarten müssen im Voraus am Bahnhof, per Telefon oder online reserviert werden. Allerdings bricht das Internetbuchungssystem gern mal zusammen, deshalb

ist es einfacher, ein bisschen Geld in die Hand zu nehmen und die Tickets über den Reiseveranstalter **African Sun Travel**, ✆ 086 584 6404, 🖥 www.africansuntravel.com, zu buchen.

Auf der Strecke Johannesburg–Kapstadt bietet Shosholoza Meyl einmal wöchentlich und von Johannesburg nach Durban an drei Wochentagen auch die schicke, mit Klimaanlage versehene **Premier Classe**, 🖥 www.premierclasse. co.za, an. Die Züge haben Einzel-, Doppel-, Dreier- und Viererabteile. Bademäntel, Hausschuhe und Handtücher werden bereitgestellt, außerdem gibt's Nachmittagstee und 5-Gänge-Abendessen im luxuriösen Speisewagen – alles ist im Fahrpreis enthalten. Die **Ticketpreise** liegen für die Fahrt von Johannesburg nach Kapstadt bei R3120 p. P. und nach Durban bei R1230.

In Südafrika verkehren auch ein paar **Luxuszüge** mit edlen Abteilen und hohen Preisen, etwa der berühmte **Blue Train**, 🖥 www.blue train.co.za, der einmal die Woche zwischen Kapstadt und Pretoria hin- und herfährt. Der Preis für die 27-stündige Reise beginnt bei R15 500 p. P. im Zweier-Abteil. Die Preise für die 19-stündige Fahrt von Pretoria nach Hoedspruit (Ausgangspunkt zum Krüger-Park) beginnen bei R9995. Buchung über die Website oder die Büros von Blue Train in Pretoria, ✆ 012 334 8459, und Kapstadt, ✆ 021 449 2672.

Die Luxuszüge von **Rovos Rail** in Pretoria, ✆ 012 315 8242, oder Kapstadt, ✆ 021 421 4020, 🖥 www.rovos.com, verkehren in drei luxuriösen Klassen zu entsprechenden Preisen zwischen Pretoria und Kapstadt (ab R16 230 p. P. im Doppelcoupé), Durban (R16 230) und den Victoria-Fällen in Simbabwe (R21 250).

Aus Gründen der **Sicherheit** sollte man Wertsachen nie unbeaufsichtigt im Abteil liegen lassen. Die Fenster sollten geschlossen sein, bevor man das Abteil verlässt, selbst wenn dieses abgeschlossen ist. Weitere Anregungen unter The Man in Seat 61, 🖥 www.seat61.com/SouthAfrica.

Flüge

Die Kosten für Inlandflüge relativieren sich auf langen Strecken, verglichen mit den Ausgaben für Mietwagen plus die erforderlichen Übernachtungen, und die Angebote der verschiedenen konkurrierenden **Billigfluggesellschaften** können sehr günstig sein.

Die größte Gesellschaft für **Inlandsflüge** ist **South African Airways** (SAA) mit ihren beiden Töchtern SA Airlink und SA Express (Reservierung für alle drei über SAA). Schärfster Konkurrent von SAA ist British Airways Comair, aber es gibt auch noch die Budget-Airlines Kulula, Mango und FlySafair. Deren Streckennetz ist zwar begrenzt, doch auf den begehrtesten Flugstrecken bieten sie in der Regel günstigere Preise. Außerdem gibt es noch Cemair mit Verbindungen von Johannesburg zu den Küstenorten Margate und Plettenberg Bay.

Ein einfacher Flug von Kapstadt nach Johannesburg ist mit **SAA** und den ihr angeschlossenen Gesellschaften in der Touristenklasse ab R1000 zu haben. Bei den Billigfliegern bekommt man das Ticket für diese Strecke schon für R800, wenn man frühzeitig bucht.

Computicket Travel, ✆ 0861 915 4000, 🖥 www.computickettravel.com, ist eine nützliche Suchmaschine für Flüge, Busse, Mietwagen.

Airlines in Südafrika

British Airways Comair, ✆ 010 344 0130, 🖥 www.ba.com. Inlandflüge nach Durban, Johannesburg, Kapstadt, Nelspruit (Ausgangspunkt zum Krüger-Park) und Port Elizabeth, sowie ins übrige Afrika, darunter nach Harare, Livingstone und Windhoek.
Cemair, ✆ 011-395 4473, 🖥 www.flycemair.co.za. Verbindet Johannesburg mit den Küstenresorts Plettenberg Bay in Westkap und Margate in KwaZulu. Weitere Routen sind beispielsweise Bloemfontein–Port Elizabeth.
FlySafair, ✆ 087 135 1351, 🖥 www.flysafair.co.za. Budget-Airline mit einem nützlichen Verkehrnetz, das Johannesburg und sämtlichen großen Küstenstädte umfasst.
Kulula, ✆ 0861 585 852, 🖥 www.kulula.com. Budget-Flüge von und nach Durban, East London, George, Johannesburg, Kapstadt, Nairobi, Victoria Falls, Mauritius und zu weiter entfernten Zielen.
Mango, ✆ 086 100 1234, 🖥 www.flymango.com. Die Billigfluglinie der SAA fliegt u. a. von Johannesburg nach Durban, George, Kapstadt,

Port Elizabeth und Sansibar sowie von Kapstadt nach Bloemfontein, Durban und Johannesburg.
South African Airways, ✆ 086 160 6606, 🖥 www.flysaa.com. Deckt zusammen mit SA Airlink und SA Express die meisten Flugverbindungen nach Johannesburg, Kapstadt und Durban ab. Weitere Destinationen sind Bloemfontein, East London, George, Kimberley, Mthatha, Nelspruit, Phalaborwa (Ausgangspunkt zum Krüger-Park), Polokwane, Port Elizabeth, Pretoria, Richards Bay und Upington.

Auto und Wohnmobil

Abgesehen von der Teilnahme an einer organisierten Tour, bietet ein eigener **Wagen** die einzige Möglichkeit, in die Nationalparks und abgelegeneren Küstengebiete zu gelangen – das Sicherheitsrisiko ist gering. Und einige der sehenswertesten Flecken abseits der Trampelpfade kann man nur mit einem eigenen Fahrzeug besuchen, denn Busse verkehren in erster Linie auf den viel befahrenen Strecken.

Südafrika lässt sich mühelos mit dem Auto bereisen, denn es verfügt über ein **gut ausgebautes** Schnellstraßennetz sowie zahlreiche Bundes- und Nebenstraßen, die asphaltiert und in der Regel in sehr ordentlichem Zustand sind. Ein **Mietwagen** ist durchaus erschwinglich und kann für ein Paar oder eine kleine Gruppe eine recht günstige Transportmöglichkeit darstellen.

Entlang der Hauptstrecken finden sich zahlreiche **Tankstellen**, die normalerweise rund um die Uhr geöffnet haben. Auf Nebenstraßen sind die Abstände zwischen den Tankstellen allerdings um einiges größer, daher sollte man jede Gelegenheit zum Auftanken nutzen. Selbstbedienungstankstellen gibt es kaum – schlecht bezahlte Angestellte füllen den Tank, checken auf Wunsch Öl- und Kühlwasserstand sowie den Reifendruck und putzen oft auch die Scheiben, selbst wenn sie nicht darum gebeten werden. Angemessen ist ein **Trinkgeld** in Höhe von R5–10.

Parken ist kein Problem, aber wegen der vielen Autoeinbrüche gibt es fast überall (beispiels-

weise bei Einkaufszentren) Parkwächter, sogenannte *car guards*. Ein Trinkgeld von je nach
Parkdauer R2–5 tagsüber und R10 nachts kommt
immer gut an.

Verkehrsregeln und -tipps

Da weder ältere deutsche noch der neue EU-
Führerschein in englischer Sprache ausgestellt
sind, brauchen Besucher aus Deutschland,
Österreich und der Schweiz einen **Internationalen Führerschein** (dieser gilt nur mit dem **nationalen Führerschein** zusammen, also beide mitnehmen). Fahrer sollten stets Führerschein und
Reisepass griffbereit haben. Auf gar keinen Fall
sollte man diese Dokumente im Handschuhfach
oder sonst wo im Auto liegenlassen.

In Südafrika herrscht **Linksverkehr**. Das Tem-
polimit liegt in Tierparks und Reservaten bei
40 km/h, in Ortschaften bei 60 km/h, außerhalb
von Ortschaften auf übersichtlichen Straßen bei
100 km/h und auf Autobahnen sowie Schnellstraßen bei 120 km/h. Verkehrsampeln heißen
in Südafrika oft **robots**. Abgesehen vom Kreisverkehr, in dem jeweils das von rechts kommen-
de Fahrzeug Vorfahrt hat, gibt es auch **four-way
stops**, wo laut Verkehrsrecht das zuerst ange-
kommene Fahrzeug auch als erstes die Kreuzung verlassen darf/muss.

Die südafrikanische **Unfallstatistik** weist erschreckende Zahlen auf. Ursache dafür sind
rücksichtslose, oft alkoholisierte Fahrer und
überladene, defekte Fahrzeuge. Man sollte unbedingt einen großen Sicherheitsabstand zum
Vordermann wahren, auch wenn die hinter einem fahrenden Fahrzeuge das oft nicht tun,
denn Massenkarambolagen sind keine Selten-
heit. Außerdem ist es ratsam, den Gegenver-
kehr gut im Auge zu behalten, da überholende
Fahrzeuge aus der Gegenrichtung oft selbstverständlich davon ausgehen, dass das ent-
gegenkommende Fahrzeug auf den **Randstreifen** ausweicht, um einen Frontalzusammenstoß
zu vermeiden.

Auf dem Randstreifen zu fahren bedeutet
zwar keinen Verstoß gegen die Straßenver-
kehrsordnung, ist jedoch nicht ungefährlich, da
dieser oft auch von Fußgängern benutzt wird.
Wer auf den Randstreifen ausweicht, um ein
schnelleres Fahrzeug vorbeizulassen, bekommt

als Dankeschön vielleicht ein kurzes Signal mit
der Warnblinkleuchte. Sobald es sicher ist, sollte man Drängler überholen lassen, denn aggres-
sive, ungeduldige südafrikanische Fahrer heften
sich sonst schnell gefährlich nah an die hintere Stoßstange, um langsamere Autos zum Ausweichen zu zwingen. Das Warnblinksignal eines
entgegenkommenden Fahrzeugs kann ein Hinweis auf eine bevorstehende Radarfalle oder ein
Hindernis sein.

Eine weitere mögliche **Gefahrenquelle**, vor
allem in ländlichen Gebieten, stellen Tiere – von
Kühen bis Pavianen – auf der Fahrbahn dar und
zwar auch auf übersichtlichen und wenig befahrenen Straßen. Aufgrund der erheblichen
Entfernungen zwischen größeren Städten besteht das Risiko, am Steuer einzuschlafen –
besonders auf langen Fahrten durch eine sich
kaum verändernde Landschaft wie es sie in der
Karoo oder dem Freistaat gibt. Auf jeden Fall
sollten Autofahrten mit ausreichender Zeit für
Erholungspausen und Übernachtungen geplant
werden.

In Großstädten müssen Autofahrer besonders
vor Autodieben auf der Hut sein, die auch vor
Gewalt nicht zurückschrecken – also auch während der Fahrt die Autotüren verriegeln (weitere
Sicherheitshinweise im Kasten auf S. 59).

Südafrikas Automobil-Club, die **Automobile
Association** (AA), ✆ 086 086 100 0234, ⌨ www.
aa.co.za, stellt kostenlose Straßenkarten bereit
und informiert über den Straßenzustand.

Ein Auto mieten

Südafrika-Besucher, die innerhalb relativ kurzer
Zeit viel vom Land sehen möchten, sollten von
zu Hause aus einen **Mietwagen** buchen, denn
das ist am preiswertesten. Man darf nicht damit rechnen, nach der Ankunft am südafrikanischen Flughafen ohne Reservierung einen Wagen zu ergattern.

Die durchschnittlichen Preise bei einer Miet-
dauer von **einer Woche** liegen bei R255 pro Tag
aufwärts (mit R7500 Selbstbeteiligung im Scha-
densfall) inklusive unbegrenzten Freikilometern.
Viele Mietwagenfirmen verlangen, dass der Fahrer mindestens 23 Jahre alt ist und eine mindestens zweijährige Fahrpraxis hat. Zudem muss
eine Kreditkarte vorgelegt werden.

Bei Buchung über eine namhafte Agentur muss man den Wagen nicht dort zurückgeben, wo man ihn abgeholt hat, aber normalerweise wird dafür eine zusätzliche Gebühr erhoben. Wer eine Grenze überqueren und beispielsweise nach **Lesotho** oder **eSwatini** (ehem. Swasiland) fahren möchte, sollte sich danach erkundigen, ob die Mietwagengesellschaft dies zulässt und ein entsprechendes Schreiben (letter of permission) ausstellt. Oft haftet die **Versicherung** nicht für Schäden, die beim Fahren auf ungeteerten Straßen (etwa in Nationalparks) entstehen, – auch das unbedingt checken. Einheimische Firmen wie Around About Cars, ⌨ www.aroundaboutcars.com, sind fast immer billiger als Ketten, erlauben jedoch nur eine beschränkte Kilometerzahl von rund 200 km pro Tag und verlangen, dass man mit dem Fahrzeug nur eine bestimmte Entfernung vom Ausgangspunkt zurücklegt.

Ein **Wohnmobil** oder ein mit Dachzelt ausgestatteter **Geländewagen** ist praktisch für Campingtrips und Self-Drive-Safaris. Ein 4WD für eine Woche schlägt mit mindestens R1200 pro Tag zu Buche. Manche Anbieter haben Stand-by-Preise, die bei kurzfristiger Buchung 15–20 % Ermäßigung bringen. Die sogenannten Vans sind normalerweise mit Koch- und Essgeschirr, Bettwäsche und normalerweise einer Toilette und Dusche ausgestattet. Der Nachteil eines Campingwagens ist, dass er Berge nur im Schneckentempo bewältigt und viel Treibstoff schluckt (die kleineren brauchen 15 Liter auf 100 km).

Englische/Afrikaanse Straßennamen

In vielen Städten gibt es **bilinguale Straßennamen** und die englische und die afrikaanse Version erscheinen manchmal auf ein und derselben Straße. Dies gilt insbesondere für afrikaanse Gegenden abseits der großen Städte und oft ähnelt die afrikaanse nicht einmal entfernt der englischen Bezeichnung – das ist vor allem beim Landkartenlesen zu beachten. Manche Begriffe, denen man auf afrikaansen Straßenschildern begegnet, sind im Kapitel „Sprache" (S. 755) aufgeführt.

Campervan- und 4WD-Verleihfirmen
Britz, ⌨ www.britz.co.za, Bakkies, 4WDs und SUVs für Safari-Urlaub.
Cheap Motorhome Rental, ⌨ http://cheap motorhomes.co.za. Buchungsagentur mit Preisvergleich für Miet-Wohnmobile.
Drive Africa Cape Town, ✆ 021 447 1144, ⌨ www.driveafrica.co.za. Campervan-, 4WD und Pkw-Verleih. Auch Langzeitvermietung und Mietwagenverleih an Fahrer unter 21 Jahre.
Kea Travel, ⌨ www.kea.co.za. Wohnmobil- und 4WD-Verleih.
Maui, ✆ 011 230 5200, ⌨ www.maui.co.za. Einer der größten Anbieter von Campervans und 4WDs.

Fahrrad

Südafrika bietet sich zum **Radfahren** an, denn viele gute, verkehrsarme Straßen führen durch herrliche Landschaften und in den meisten Städten gibt es Fahrradgeschäfte mit Zubehör. Zahlreiche Backpacker-Hostels verleihen Mountainbikes zu annehmbaren Preisen. Radler müssen ziemlich fit sein, da Südafrika ein gebirgiges Land ist und viele Steigungen nur mit Mühe zu bewältigen sind. Und auch das Wetter kann einem das Leben schwer machen: Wenn es nicht gerade regnet, kann es ganz schön heiß sein, also viel Flüssigkeit mitnehmen. In dicht bebauten Gegenden ist das Radeln nicht zu empfehlen, und auch viel befahrene Hauptstraßen sollten wegen rücksichtsloser Autofahrer gemieden werden.

Trampen

Wir raten generell vom **Trampen** ab, besonders in größeren Städten, aber auch auf dem Land. Und man sollte auf gar keinen Fall Tramper mitnehmen! Wer per Anhalter fahren muss, sollte Vorsichtsmaßnahmen einhalten: Nicht allein trampen und sich nicht in gottverlassenen Gebieten zwischen Ortschaften absetzen lassen. Den Fahrer fragen, wohin er fährt, bevor man selbst sagt, wohin man möchte, und das

Gepäck nicht im Kofferraum verstauen, denn das erschwert eine möglicherweise notwendige Flucht. Von Trampern wird übrigens oft Benzingeld erwartet. Auf den **Anschlagbrettern** von Backpacker-Lodges finden sich manchmal Anzeigen von Leuten, die eine Mitfahrgelegenheit anbieten – auf diese Art kann man den Fahrer vorher kennenlernen.

Übernachtung

Verglichen mit anderen afrikanischen Ländern mögen die Unterkünfte in Südafrika teuer erscheinen, doch ihr Standard ist meist hoch und das Geld wirklich wert. Selbst in einfachen Backpacker-Lodges gibt es normalerweise frische Laken und saubere Zimmer. Mit Ausnahme der allerbilligsten Zimmer haben fast alle Bad oder Du/WC, und oft können die Gäste den Garten oder Pool benutzen. Wer etwas Ausgefallenes sucht, findet geschmackvolle Boutiquehotels, luxuriöse Gästehäuser, Lodges und Landgasthöfe in traumhafter Umgebung – zu zivilen Preisen. In den südafrikanischen Nationalparks und -reservaten stehen verschiedene Unterkünfte bereit, von schlichten Restcamps bis hin zu superluxuriösen Game Lodges (S. 51).

In vielen Gegenden gibt es **Budget-Unterkünfte**, die teilweise hervorragend ausgestattet sind. **Campingplätze**, **Caravanparks** und **Ferienwohnungen** sind ebenfalls reichlich vorhanden.

Wer in einem Nationalpark oder in Touristenzentren wie Kapstadt und der Garden Route absteigen möchte, sollte seine Unterkunft unbedingt **im Voraus buchen**, dasselbe gilt während der Hauptreisezeit. **Hauptsaison** ist im Hochsommer während der Weihnachtsferien: viele südafrikanische Familien ziehen dann mit Kind und Kegel an die Küste und in die Resorts im Binnenland. Die Osterferien sind ebenfalls eine beliebte Reisezeit.

Sowohl über Weihnachten als auch zu Ostern steigen die **Preise** in allen Unterkünften ganz erheblich, besonders in den mittleren und oberen Preisklassen, und die meisten Zimmer sind häufig schon viele Monate im Voraus ausgebucht (S. 40).

Hotels

Die meisten **Budgethotels** sind Überbleibsel aus den 1950er- und 60er-Jahren. Die Mehrzahl von ihnen sind wenig mehr als Kneipen und leben vorwiegend vom Alkoholausschank.

In den Feriengebieten an der Küste wie der Garden Route, im südlichen KwaZulu-Natal und in den größeren Badeorten dazwischen finden sich zahlreiche **Mittelklassehotels**, oft **direkt am Meer**. Sie verlangen normalerweise mindestens R1000 pro Zimmer. Viele Hotels, besonders an wichtigen Verkehrsstrecken im Landesinnern, sind unter der Woche von Geschäftsreisenden belegt, am Wochenende dagegen werben sie nicht selten mit **Sonderpreisen**.

Zahlreiche **Mittelklasse- und Komforthotels** gehören **Hotelketten** an, die allesamt einen verlässlichen Standard bieten – inklusive Standard-Atmosphäre. Zu den marktbeherrschenden zählen die zur Marriott-Kette gehörenden Protea Hotels, ⌨ www.proteahotels.com, Tsogo Sun, ⌨ www.tsogosunhotels.com, Holiday Inn, ⌨ www.ihg.com, und Aha, ⌨ www.aha.co.za.

Country Lodges und Boutiquehotels

Unglaublich preiswerte und dabei ganz entzückende kleine, stilvolle Unterkünfte sind die große Stärke Südafrikas. Es gibt hippe **Boutique-**

Preise für die Unterkünfte

Die in diesem Reiseführer angegebenen Preise für **Hotels**, **Gästehäuser** und **B&Bs** gelten stets für das preiswerteste Doppelzimmer inklusive Frühstück in der Hochsaison (es sei denn, es wird auf andere Zeiten hingewiesen). Die Preise für die **Safari-Lodges**, etwa jene um den Krüger-Nationalpark, verstehen sich immer pro Person im Doppelzimmer inklusive der Mahlzeiten und zwei Safaritouren (z. B. Pirschfahrten oder geführte Wanderungen). Die Preise für die **Campingplätze** gelten, wenn nicht anders aufgeführt, immer pro Zelt.

hotels in den Städten, gemütliche Gästehäuser in den *dorps* (Kleinstädten) und luxuriöse **Country Lodges** in spektakulärer Lage: Eco-Lodges inmitten von Wäldern oder am Rand von Klippen und magische Rückzugsorte mitten im Nirgendwo.

In all diesen Unterkünften wird man rundum verwöhnt, und oft gibt es einen Wellnessbereich auf dem Gelände. Viele Luxus-**Safaricamps** und **Game Lodges** lassen die romantischsten Afrika-Fantasien wahr werden (S. 51). Doppelzimmer gibt's von R3000 bis R10 000 oder mehr; im Preis können Verpflegung und geführte Tierbeobachtungen enthalten sein.

B&Bs und Gästehäuser

Am weitesten verbreitet sind **B&Bs** und **Guesthouses**. Offiziell besteht der Unterschied darin, dass beim B&B der Vermieter auch auf dem Gelände wohnen. Die einfachsten B&Bs bestehen nur aus ein oder zwei Zimmern in einem Privathaus in einer Township, wo man sich womöglich das Bad mit den Gastgebern teilt. Bei den verbreiteten etwas besseren Adressen werden Zimmer mit Bad angeboten. Zimmer mit eigenem Bad **kosten** in beiden Unterbringungsarten ab R500. Dafür kann man eine saubere und wohnliche Unterkunft erwarten, aber nicht unbedingt direkt am Strand oder in der Nähe anderer Attraktionen. Eine Klasse besser zahlt man ab R800 und alles, was über R1200 kostet, sollte das volle Programm bieten: tolle Lage, echten Komfort, ausgezeichneten Service. In Kapstadt, Johannesburg und an der Garden Route muss tiefer in die Tasche gegriffen werden.

Seit dem Aufkommen der **Township-Touren** Ende der 90er-Jahre bieten Township-Bewohner **B&B**-Gästezimmer an. Für dieses authentische Südafrika-Erlebnis zahlt man etwa R500 pro Zimmer und Nacht.

Entlang vieler Straßen auf dem Land stehen häufig Schilder mit der Aufschrift „**Bed en Ontbyt**" (Afrikaans für „Übernachtung und Frühstück"), was so viel heißt wie **Übernachtung auf dem Bauernhof**. Hier kann man ein Zimmer im Haupthaus, in einem Gartenhaus oder draußen auf dem Farmgelände mieten. Manche dieser Farmstays bieten Reitpferde oder andere **Freizeitbetätigungen** an. Fast alle Touristeninformationen haben Listen mit Adressen von Bauernhöfen in der Umgebung, die Zimmer oder Cottages vermieten.

Caravan Parks, Ferienanlagen und Zeltplätze

Früher machten viele südafrikanische Familien preiswert **Ferien im Wohnwagen**, was sich in der großen Zahl von Caravan Parks im ganzen Land ausdrückt. Allerdings hat ihre Beliebtheit nachgelassen und damit auch der Standard. Inzwischen sind viele **öffentliche Campingplätze** zu trostlosen, unsicheren Flecken verkommen, die besser gemieden werden sollten.

Empfehlenswerter sind im Allgemeinen die gepflegteren **privaten Campingplätze**, die für etwa denselben Preis ordentliche **Wasch- und Kochgelegenheiten**, Ferienhütten für Selbstversorger, einen Minisupermarkt, Grillstellen und Pool bieten.

Nahezu jeder **Nationalpark** und zahlreiche Reservate verfügen über gepflegte Campingplätze, und in manchen abgeschiedenen Gegenden wie z. B. in Teilen von KwaZulu-Natal ist Zelten manchmal die einzige Möglichkeit, ein Dach über dem Kopf zu haben. Die Gebühr beträgt je nach Beliebtheit des Parks und Ausstattung gewöhnlich ab R265 pro Stellplatz. Die Anlagen bieten neben einem annehmbaren Sanitärblock *(ablutions)* häufig auch eine Koch- oder zumindest eine *braai*-Stelle. **Wildes Zelten** ist nirgendwo in Südafrika zu empfehlen.

Backpacker-Lodges

Die günstigsten Übernachtungsmöglichkeiten in Südafrika stellen die Betten in den **Schlafsälen** der Backpacker-Lodges (oder Hostels) dar, die ab R150 p. P. kosten. Es handelt sich in der Regel um engagiert gemanagte Backpacker-Lodges mit sauberen Laken und freundlichen Mitarbeitern; bei Hochbetrieb kann die Qualität allerdings nachlassen. In den Städten und Touristenzielen hat man die Wahl zwischen mehreren

Adressen und praktisch jede nennenswerte Stadt hat mindestens eine. Die meisten vermieten auch **Privatzimmer** (DZ R450–700), manchmal sogar mit eigenem Bad, und immer mehr bieten **Familienzimmer** für rund R180 p. P. Normalerweise gibt es eine Gemeinschaftsküche, ein Café, TV, Internetzugang und andere Angebote wie Radverleih. Es ist ratsam, sich vor dem Einchecken in einem Hostel erst einmal drin **umzuschauen**. Manche sind beliebte Partylocations, in anderen dagegen herrscht eine ruhigere Atmosphäre.

Diese Lodges stellen ausgezeichnete Travellertreffs und Infoquellen dar. An den **schwarzen Brettern** finden sich Hinweise auf Mitfahrgelegenheiten sowie Infos zu Hostels und Backpacker-Einrichtungen im ganzen Land. Viele Hostels veranstalten auch günstige **Ausflüge** in die Umgebung und holen Gäste nach Anmeldung am Bahnhof oder Busbahnhof – insbesondere an den Haltestellen des Baz Bus – ab.

Selbstversorger

Ferienbungalows, -apartments oder **-hütten** können eine preiswerte Alternative sein und finden sich auf Farmen, in Strandnähe, in Wäldern und abgeschiedenen Gegenden sowie in praktisch jeder Klein- oder Großstadt. Einer der großen Vorteile des *self-catering* ist die große Auswahl an entsprechenden Unterkünften, die je nach Ausstattung, Lage und Luxus schon ab R350 pro Nacht, mit bester Strandlage aber auch bis zu R1000 kosten können.

In **Apartments** ist oft Platz für bis zu sechs Personen, sodass Familien oder kleine Gruppen sehr preiswert unterkommen können. Selbstversorger können Geld sparen, haben mehr **Privatsphäre** und brauchen sich an keine Frühstückszeiten zu halten, wie sie in Guesthouses oder B&Bs üblich sind.

Der Standard der Unterkünfte für Selbstversorger ist ziemlich hoch. In den Cottages oder

---

Unterkunftssuche im Internet

B&Bs, Gästehäuser und Unterkünfte für Selbstversorger

🖵 **www.budget-getaways.co.za**
Eine ausgezeichnete Seite für erschwingliche (unter R400 p. P.) Selbstversorger-Unterkünfte in Westkap.

🖵 **www.greenwoodguides.com/ south-africa**
Obwohl die Eigentümer der Unterkünfte in diesem Fall für den Eintrag bezahlen müssen, handelt es sich um eine handverlesene Auswahl interessanter und zum Teil origineller Adressen.

🖵 **www.portfoliocollection.co.za**
Die Anbieter zahlen ebenfalls Gebühren, um hier gelistet zu werden, die Unterkünfte müssen jedoch ziemlich rigorosen Standards entsprechen.

🖵 **www.safarinow.com**
Eine der ältesten und besten Buchungswebsites in Südafrika für alle Unterkunftsarten, bietet außerdem Nutzerkritiken und Bewertungen.

Backpacker

🖵 **www.bazbus.com**
Website des größten Backpacker-Busunternehmens in Südafrika, bietet auch Links zu Hostels mit Online-Buchungsmöglichkeit.

🖵 **www.hihostels.com**
Hostelling International agiert als Buchungsagentur für mehr als ein Dutzend Backpacker-Hostels in Südafrika.

🖵 **www.hostelbookers.com**
Internationale Website mit klarer Navigation und gutem Angebot an südafrikanischen Hostels mit ausführlichen Beschreibungen und Bewertungen.

🖵 **www.travelnownow.com**
Website der SAYTC (South African Youth Travel Confederation) mit Links zu angeschlossenen Hostels.

Campingplätze und Caravan Parks

🖵 **www.campsa.co.za**
Umfangreiche Website zu Campingplätzen und Wohnmobilparks in Südafrika.

Wohnungen ist gewöhnlich alles Notwendige wie Geschirr usw. vorhanden, die moderneren von ihnen sind sogar mit Mikrowelle und TV ausgestattet. Auch Bettwäsche und Handtücher werden in den meisten Fällen gestellt (vor dem Einchecken danach erkundigen).

Versicherungen

Auf den Seiten 🖵 www.reiseversicherung. com und 🖵 www.test.de kann man sich einen Überblick über Versicherungstypen und -pakete verschaffen und Anbieter miteinander vergleichen.

Auslandskrankenversicherung

Eine Auslandskrankenversicherung ist in jedem Fall zu empfehlen, zumal sie günstig zu haben ist. Bei schwerer Erkrankung wird der Betroffene in die Heimat geflogen, wenn er plausibel darlegen kann, dass am Urlaubsort keine ausreichende Versorgung gewährleistet ist. Dabei ist der Passus „wenn medizinisch notwendig" im Kleingedruckten zu beachten, denn gerade medizinische Notwendigkeit ist selten leicht zu beweisen. Einschränkungen gibt es zudem bei Zahnbehandlungen (nur Notfallbehandlung) und chronischen Krankheiten.

Im Krankheitsfall müssen die Rechnungen für die Behandlung vorher beglichen werden. Wenn nach der Rückkehr die Belege bei der Versicherung eingereicht worden sind, werden die Kosten erstattet. Manche internationale Krankenhäuser können bei ernsten Erkrankungen und teuren Behandlungen direkt mit der Versicherung abrechnen.

Reisegepäckversicherung

Wer nicht gerade eine wertvolle Fotoausrüstung zu teuren Sonderkonditionen versichern möchte, kann sich eine Reisegepäckversicherung eigentlich sparen, es sei denn, sie ist Teil eines Versicherungspakets. Denn die Bedingungen sind immer sehr eng gefasst und oft sind die Versicherer zahlungsunwillig und berufen sich auf die Unachtsamkeit des Reisenden.

Reiserücktrittsversicherung

Bei Pauschalreisen ist die Rücktrittskostenversicherung meist im Preis eingeschlossen (nachfragen). Sie muss in der Regel bis 14 Tage nach Reisebuchung abgeschlossen werden. Die Stornokosten werden beim Tod eines Familienmitglieds oder Reisepartners und im Krankheitsfall übernommen, wenn die Reiseunfähigkeit ärztlich nachgewiesen werden kann. Die Kosten der Versicherung liegen meist bei 30–40 € pro 1000 € Reisepreis.

Visa

Deutsche, Österreicher und Schweizer benötigen für die Einreise nach Südafrika **kein Visum**. Für eine Aufenthaltsgenehmigung von bis zu **90 Tagen** reicht die Vorlage eines Reisepasses, der noch mindestens 30 Tage nach der Ausreise aus Südafrika gültig ist und auch bei Ausreise noch wenigstens zwei leere Seiten enthält. Jeder Besucher sollte im Besitz eines gültigen Rückflugtickets sein – am Einreiseschalter wird selten danach gefragt, doch die Fluglinien prüfen das oft nach. Außerdem sollte man einen aktuellen Kontoauszug dabeihaben, der beweist, dass man über genügend Geld verfügt, um seinen Aufenthalt zu finanzieren; auch dies wird allerdings von den Mitarbeitern der Einreisebehörde selten nachgeprüft. Eine Visumverlängerung dadurch, dass man mal kurz in ein Nachbarland aus- und schnell wieder einreist, ist nicht möglich.

Gemäß den Einreisebestimmungen von 2014 führt die Überschreitung jeder Aufenthaltserlaubnis („overstay") auch um wenige Tage zu einer „Erklärung zur unerwünschten Person". Die südafrikanischen Behörden wenden diese neue Vorschrift strikt an. Die Erklärung zur unerwünschten Person hat automatisch eine Einreisesperre zur Folge: bei einmaliger Überziehung um maximal 30 Tage: 12 Monate Einreisesperre, bei wiederholter Überziehung um maximal 30 Tage: zwei Jahre Einreisesperre, bei Überziehung um mehr als 30 Tage: fünf Jahre Einreisesperre.

Wer sich längere Zeit in Südafrika aufhalten möchte, muss beim Department of Home Affairs einen Antrag auf Verlängerung des vorübergehenden Aufenthaltsrechtes („temporary residence permit") beantragen und dort Auskunft über den Anlass (beispielsweise Studium) sowie die Art der Finanzierung geben. Verlängerungen oder Änderungen von Aufenthaltserlaubnissen müssen frühzeitig und mindestens zwei Monate vor Ablauf der Aufenthaltserlaubnis bei den vom Department of Home Affairs mit der Antragsannahme beauftragten Visa Facilitation Centres beantragt werden. Es wird empfohlen, die notwendigen Unterlagen für eine Verlängerung wie Nachweise über Rückflug, Krankenversicherung und finanzielle Mittel schon vor der Reise und in englischer Übersetzung zusammenzustellen.

Am stressfreiesten geht die Beantragung auf dem Weg über einen Consultant wie die Einreiseabteilung der International English School, ℡ 021 852 8859, 🖥 www.english.za.net/immigration-services, in Somerset West, am Stadtrand von Kapstadt. Dieser Service hat sich bewährt, und es ist einfacher, einen Consultant zu bezahlen, als sich mit der Bürokratie herumzuschlagen.

Zeit

Besucher aus Deutschland, Österreich und der Schweiz müssen je nach Jahreszeit nur mit einer Zeitverschiebung von höchstens einer Stunde rechnen.

Zoll

Die Einfuhr- und Ausfuhrbestimmungen erfährt man von der Botschaft (S. 36) und unter 🖥 www.zoll.de, 🖥 www.bmf.gv.at und 🖥 www.ezv.admin.ch.

Land und Leute

In Südafrika wird Multikulti gelebt. Menschen unterschiedlichster Herkunft und Glaubensrichtungen leben hier friedlich zusammen. Nicht weniger kontrastreich präsentieren sich Landschaften und Klima: ob einsame Sandstrände oder die ausgedörrten Böden der Kalahari, grüne Wälder oder weite Savannen, brütende Temperaturen in der Karoo oder frische Brisen in den Drakensbergen, während sich in den Städten eine bunte Kulturszene etabliert hat.

EIN GROSSTEIL LESOTHOS IST GEBIRGIG

Inhalt

Steckbrief Südafrika

Offizieller Name Republic of South Africa (Engl.), Republiek van Suid-Afrika (Afrikaans) sowie 9 weitere Bezeichnungen in den offiziellen Amtssprachen

Staatsform parlamentarische Republik

Hauptstadt Pretoria (Tshwane, Exekutive); Kapstadt (Legislative); Bloemfontein (Judikative)

Staatsoberhaupt und Regierungschef Cyril Ramaphosa (seit 2018)

Fläche 1 219 912 km²

Einwohnerzahl 56,98 Mio.

Anteil der Stadtbevölkerung 65,8 %

Sprache Amtssprachen sind Englisch, Afrikaans, isiZulu, isiXhosa, Sesotho, Setswana, Siswati (oder Swazi), Nördliches Sotho, Xitsonga (oder Tsonga), Thsivenda, isiNdebele

Religionen Christen (ca. 82 %), Stammesreligionen (ca. 0,3 %), Muslime (ca. 1,5 %), Hindus (ca. 1,5 %)

Internetzugang 40 %

Glücksindex Platz 101 von 155

Pro-Kopf-Einkommen 6459 US$

Geschichte

Neuere Fossilienfunde beweisen, dass der *Homo sapiens* schon vor mehr als 50 000 Jahren an der Südküste Afrikas lebte. Die Nachkommen dieser nomadischen Steinzeitmenschen – das Jäger- und Sammlervolk der San und das Hirtenvolk der Khoikhoi, deren beider Hautfarbe ins Rötliche ging – lebten am Westkap, als im 15. Jh. die ersten Europäer landeten. Etwa zur Entstehungszeit der ersten holländischen Siedlung am Kap in der Mitte des 17. Jhs. war ein Großteil der östlichen Landeshälfte von Menschen bewohnt, die seit der Zeit um Christi Geburt den Limpopo überquerten.

Damit war die Bühne für das vielschichtige Schauspiel der jüngeren südafrikanischen Geschichte bereitet, das in erster Linie im Kampf der verschiedenen einheimischen Völker und der europäischen Kolonialisten um die spärlichen Ressourcen bestand. Das 20. Jh. sah ein Andauern des Kolonialismus, die Vereinigung Südafrikas und die Anstrengungen der weißen Minorität, die Bürgerrechtsforderungen der schwarzafrikanischen Bevölkerung zu unterdrücken, was zur unmenschlichsten Erfindung Südafrikas führte – der **Apartheid**. Aber am Ende siegte die Rassengleichheit, und trotz zahlreicher Probleme behauptet sich in Südafrika die Demokratie.

Die ersten Südafrikaner

Felszeichnungen belegen die fast 30 000 Jahre zurückgehende Existenz menschlicher Kultur auf dem Subkontinent. Sie sind gleichzeitig die ältes-te und dauerhafteste Kunstform Südafrikas. Angefertigt haben sie Jäger und Sammler vom Volk der **San**, die von den Europäern „Buschmänner" genannt wurden. Es gibt noch einige wenige Angehörige der San – die direktesten Nachfahren der Steinzeitmenschen – vor allem in Namibia und Botsuana. Damit ist ihre Kultur die am längsten andauernde auf dem gesamten Subkontinent. Wahrscheinlich bewohnten sie irgendwann einmal das gesamte Afrika südlich der Sahara.

Sie waren **Nomaden** und ernährten sich von dem, was die Männer von der Jagd und die Frauen vom Sammeln mitbrachten. Daneben blieb ihnen aber viel Zeit für die Kunst und die Religion. Die San lebten in kleinen, lose miteinander verbundenen Familiengruppen, und es stand jedem Mitglied frei, sich einer anderen Sippe anzuschließen. Privatbesitz spielte so gut wie keine Rolle, denn alles Lebensnotwendige lieferte die Natur.

Vor rund 2000 Jahren trat eine revolutionäre Veränderung ein, als einige Gruppen im heutigen nördlichen Botsuana Schafe und Rinder aus Nordafrika einfingen und fortan als **Hirten** lebten. Das Gesellschaftsgefüge hatte nun eine Vorstellung von Besitztum und dessen Vermehrung. Das Vieh wurde zum Wohlstands- und Statussymbol und langsam entwickelten sich soziale Unterschiede. Die Kernverbände wurden größer und gruppierten sich um einen Häuptling, der Macht besaß, darunter die Zuteilung von Weideflächen. Sie waren auch die ersten Südafrikaner, die die portugiesischen Seeleute antrafen, als sie im 15. Jh. an der Kapküste landeten.

Die sogenannten **Khoikhoi** („Menschen von Menschen") unterschieden sich ethnisch nicht von den San – wie viele Anthropologen früher glaubten –, sondern hatten einfach nur eine an-

ZEITLEISTE

30 000 v. Chr.	500 v. Chr.
Jäger und Sammler besiedeln die Kap-Halbinsel.	Khoikhoi-Schafhirten ziehen hinunter nach Südafrika und erreichen schließlich die Südküste.

dere Sozialstruktur. Heute geht man davon aus, dass es den Khoi, die ihr Vieh verloren hatten, offen stand, wieder San zu sein, und San, die in Besitz von Vieh gekommen waren, Khoi werden konnten, wodurch die Kollektivbezeichnung **Khoisan** entstand.

Bauern und Handwerker

Vor rund 2000 Jahren kamen große, dunkelhäutige Menschen über den Limpopo ins Gebiet des heutigen Südafrika. Sie waren sowohl Viehzüchter als auch Ackerbauern. Diese **bantu-sprachigen** Bauern (Vorfahren der meisten schwarzen Südafrikaner) zogen langsam nach Süden und besiedelten die gesamte Osthälfte des Subkontinents bis hinab zum Ostkap, wo sie im 16. Jh. zum ersten Mal mit Europäern zusammentrafen.

Abgesehen davon, dass diese Bauern ausgezeichnete landwirtschaftliche Kenntnisse besaßen und sesshafter waren als die Khoisan, waren die Bantus auch hervorragende Handwerker, die sich im Fördern und Schmelzen von Metallen auskannten, darunter Gold, Kupfer und Eisen. Dies stellte einen wichtigen Faktor in dem ausgedehnten **Handelsnetz** dar, das sich damals entwickelte.

Das Kap wird holländisch

Die ersten Europäer, die im späten 15. Jh. das Kap der Guten Hoffnung umrundeten, waren portugiesische Seeleute unter dem Kommando von **Bartolomeu Diaz**. Es sollten aber noch 170 Jahre vergehen, bevor eine europäische Siedlung in Südafrika gegründet wurde. 1652 gingen die *De Goede Hoop* und zwei andere Schiffe der **Niederländisch-Ostindischen Kompanie**, die eine Handelsroute zwischen Holland und Südostasien eingerichtet hatte, in der Tafelbucht vor Anker, um eine Versorgungsstation für die Handelsschiffe einzurichten.

Obwohl der Stationskommandant **Jan van Riebeeck** die eingeborenen Khoi als „Wilde ohne Gewissen" betrachtete, waren die Holländer von Anfang an auf sie als Viehlieferanten angewiesen, die mit wertlosem Zeug „bezahlt" wurden. Allmählich dehnte sich die Siedlung aus, und van Riebeeck benötigte mehr **Arbeitskräfte**. Zu seiner großen Empörung hatten die hohen Herren in Amsterdam die Versklavung der Einheimischen untersagt und lehnten van Riebeecks Forderung nach Sklaven aus anderen Teilen des Handelsreiches ab.

Also mussten die Ländereien rings um die Festung kolonialisiert werden, und 1657 wurde eine Reihe holländischer Männer aus ihren Verträgen entlassen, um als freie Bürger das Land zu bewirtschaften, das ihnen die Kompanie zur Verfügung stellte. Im Gegenzug versprach die Kompanie, ihnen ihre Produkte zu festgelegten Preisen abzunehmen. Dieser Schritt führte zur ersten von einer Reihe von **kriegerischen Auseinandersetzungen** zwischen den Khoikhoi und den Holländern. Zwar endete die erste unentschieden, doch auf Dauer waren die Khoikhoi den mit Pferden und Feuerwaffen ausgerüsteten Holländern unterlegen.

Unterdessen war es van Riebeeck 1658 gelungen, heimlich eine Schiffsladung **Sklaven** aus Westafrika zu bekommen – damit führte er am Kap die Sklaverei ein. Die Niederländisch-Ostindische Handelskompanie selbst wurde der größte Sklavenhalter am Kap und importierte

500 n. Chr.	1488	1652
Groß gewachsene Bantu sprechende Bauern überqueren den Limpopo und verteilen sich an der Ostküste Südafrikas.	Bartolomeu Diaz setzt in Mossel Bay als erster Europäer seinen Fuß auf afrikanischen Boden.	Die Niederländisch-Ostindische Kompanie richtet am Kap einen Versorgungsstützpunkt für Handelsschiffe ein.

nun mit solcher Geschwindigkeit Sklaven, vor allem aus Ostasien, dass es gegen 1711 in der Kolonie mehr Sklaven als freie Bürger gab. Mit der erzwungenen Hilfe dieser Menschen expandierte die winzige Kapkolonie und verdrängte die auf der Halbinsel lebenden Khoikhoi, die gegen 1713 alles verloren hatten.

Fast ihr gesamter Viehbestand (annähernd 50 000 Tiere) und ein Großteil ihres Landes westlich der Hottentots Holland Mountains (90 km südlich des heutigen Kapstadt) waren von der Kompanie geschluckt worden. Armut und Krankheiten wie Windpocken, die vorher in Südafrika unbekannt waren, dezimierten ihre Reihen und zerstörten ihr Gesellschaftssystem. In der Mitte des 18. Jhs. fristeten die noch verbliebenen Khoi ein erbärmliches Dasein als Dienstboten der Kolonisten.

Der Aufstieg der Zulu

Während im Westen des Landes die Trekburen in Scharen die Kap-Kolonie verließen, ereigneten sich im Osten gleichermaßen bedeutsame Dinge. Im Laufe des 17. und 18. Jhs. hatte die Anzahl der Nachkommen der nach Südafrika eingewanderten **bantu-sprachigen Menschen** erheblich zugenommen. Sie hatten sich über die gesamte Osthälfte des Landes ausgebreitet. Am ausgeprägtesten war das Problem in KwaZulu-Natal, wo unter dem Druck der gestiegenen Nachfrage nach Weideland Stämme nur überleben konnten, indem sie ihre Nachbarn unterwarfen und sich mit ihnen vermischten. Im frühen 19. Jh. beherrschten zwei dieser starken Gruppen, die **Ndwandwe** und die **Mthethwa**, den östlichen Teil Südafrikas in der Umgebung des Tugela River. Ihre blutigen Auseinandersetzungen endeten um 1817 mit der Niederlage der Mthethwa. Nun sollten die Zulu eine der mächtigsten Gruppierungen Südafrikas werden. Etwa 1816 nahm **Shaka** den Häuptlingssitz der Zulu ein und begann, ihre Kriegstechniken zu verändern.

Um 1820 waren die Zulu zur vorherrschenden Regionalmacht geworden, und um die Jahrhundertmitte bildeten sie einen **zentralisierten Militärstaat** mit einem 40 000 Mann starken Berufsheer. Eine der Stärken ihres Herrschaftssystems lag in der Bereitschaft, die Überlebenden aufzunehmen und als vollwertige Mitglieder in die expandierenden Zulu-Staat einzugliedern. Jahrelang sandte Shaka seine Truppen aus, um in benachbarte Territorien einzudringen, bis er 1828 von zwei seiner Halbbrüder erstochen wurde. **Dingane**, einer der beiden, trat Shakas Nachfolge an und setzte dessen rücksichtslose, aber sehr erfolgreiche Politik fort.

Der Aufstieg des Zulu-Reiches erschütterte das ganze südliche Afrika und führte nicht nur zur Bildung einer Reihe **zentralisierter Nguni-Staaten**, sondern bereitete auch den Weg für den Vormarsch der Buren im Landesinneren. Es kam zur sogenannten **Mfecane** oder *difaqane* (Zwangsumsiedlung), in deren Verlauf im ganzen Osten Südafrikas Menschen um ihr Hab und Gut gebracht und von ihrem Land vertrieben wurden. In ihrem Kampf ums Überleben schlossen sie sich entweder in kleinen Gruppen oder in größeren Verbänden zusammen. Jenseits der Nordgrenze des Zulu-Reiches lebte eine andere Nguni-Volksgruppe, die in kultureller und sprachlicher Hinsicht eng mit den Zulu verwandt war. Unter Sobhuza I. und dessen Sohn Mswati II., von dem der neu gegründete Staat **Swasiland** seinen Namen erhielt, wurden sie vereinigt.

1657	1658	1679
Die Kompanie entlässt Arbeiter aus ihren Verträgen, sodass diese als freie Siedler das Land bewirtschaften können.	Am Kap werden die ersten Sklaven eingeführt; innerhalb von 50 Jahren gibt es mehr Sklaven als freie Siedler.	Das Castle of Good Hope wird fertiggestellt.

In der Nordwest-Provinz siedelte Shaka einige hundert Zulu zusammen mit ihrem Anführer **Mzilikazi** nach Matabeleland um, heute das südwestliche Simbabwe, wo sie das Königreich der **Matabele** (oder **Ndebele**) gründeten. In den Drakensbergen, am Westrand von KwaZulu-Natal, festigte **Moshoeshoe I.** ein Territorium, aus dem sich der heutige Staat Lesotho entwickelte.

Der Große Treck

Unterdessen waren am Kap viele Afrikander (Buren) der selbstherrlichen britischen Vorherrschaft überdrüssig geworden, die ihnen weder Schutz vor den immer brutaler werdenden Auseinandersetzungen mit den Bantu-Völkern noch Entschädigungen für die angerichteten Schäden bot. Was sie aber besonders erbitterte, war die Art und Weise, wie die Kolonialbehörden sich an der „Arbeitsteilung" zu schaffen machten und die – nach Ansicht der Buren von Gott gewollten – Rassenschranken aufhoben. 1828 trat ein Gerichtsurteil in Kraft, das den unter die britische Jurisdiktion fallenden Khoi sowie den freigelassenen schwarzen Sklaven die Gleichstellung mit den Weißen vor dem Gesetz garantierte. 1834 folgte die **Aufhebung der Sklaverei** durch die Briten.

Aus Protest verließen rund 15 000 Afrikander, also etwa jeder zehnte Einwohner der Kolonie, das Kap, um dem Einflussbereich der Engländer zu entkommen. In der Osthälfte des Landes angelangt, fanden sie zu ihrer großen Freude weite, offenbar unbewohnte fruchtbare Landstriche. Doch sie waren direkt im Auge des *mfecane*-Wirbelsturms gelandet – in Gegenden, die nur vorübergehend geräumt waren,

entweder aufgrund kriegerischer Aktivitäten oder von verängstigten Flüchtlingen, die sich versteckt hielten.

Als die Buren sich in alle Richtungen ausbreiteten, stießen sie dabei auf die Nguni-Staaten und es kam zu mehreren bewaffneten Auseinandersetzungen. Etwa Mitte des 19. Jhs. hatten die Nachfahren der Holländer die beiden Boer-Republiken **Transvaal** (heute Gauteng, Mpumalanga, Nordwest-Provinz und Limpopo) und **Oranje-Freistaat** (der heutige Freistaat) gegründet und es auch geschafft, diese zu kontrollieren. Die Unabhängigkeit dieser beiden Staaten wurde in den 1850er-Jahren von den Briten anerkannt.

Der Burenkrieg

Die Entdeckung der Goldadern war jedoch auch einer der Hauptauslöser für den **Burenkrieg** (im Land selbst oft South African War genannt, in Anerkennung der Tatsache, dass Südafrikaner unterschiedlichster Herkunft daran beteiligt waren). Durch die Ausbeutung der Goldminen (Kasten S. 79) verlagerte sich das wirtschaftliche Zentrum Südafrikas vom britisch regierten Kap in die Südafrikanische Republik, während gleichzeitig Großbritanniens europäischer Konkurrent Deutschland politische und wirtschaftliche Bande mit den Burenrepubliken zu knüpfen begonnen hatte. England fürchtete um den Verlust seiner wichtigen Marinebasis, aber noch drängender waren wahrscheinlich die Interessen der internationalen Hochfinanz und die erheblichen Summen, die England in die Minen gesteckt hatte. London stand im Mittelpunkt des Welthandels und war auf eine florierende Minenindustrie in Südafrika bedacht,

1713	1779	1795
Den Khoikhoi werden ihre Herden genommen, und sie werden in die Knechtschaft gezwungen.	Trekburen dringen in das Gebiet der Xhosa (heutiges Ostkap) ein und eignen sich in mehreren Kriegen bis Mitte des 19. Jhs. deren Weideland an.	Die Kompanie geht Pleite, und als die Briten die Macht übernehmen, wird Englisch zur offiziellen Landessprache.

Gold und Diamanten

Im britischen Mutterland interessierte man sich in den 1850ern wenig für die Vorgänge im süd-afrikanischen Landesinnneren. Abgesehen von seiner strategisch wichtigen Position war Südafrika ein chaotisches Anhängsel des Empire und für die Krone nicht weiter von Bedeutung. Der Tat-sache, dass in den 1860er-Jahren in der Umgebung des heutigen Kimberley **Diamanten** (das größte Depot der Welt) und in den 1880er-Jahren **Gold** in Witwatersrand (dem heutigen Gauteng) gefun-den wurde, verdankte Südafrika seine Verwandlung von einer unbedeutenden Agrar- in eine urba-nisierte Industriegesellschaft.

In jener Zeit machten Kapitalisten wie **Cecil Rhodes** ein Vermögen, wurde das traditionelle afri-kanische Gesellschaftsgefüge zerstört und der Unabhängigkeit der Burenrepubliken ein Ende bereitet. Die **Goldfelder** von Gauteng waren zwar überreichlich bestückt, aber besonders schwie-rig abzubauen. Es mussten tiefe Schächte gegraben werden, und dafür benötigte man viel Kapital: teure Maschinen und billige Arbeitskräfte. Die Gelder profithungriger Investoren aus Übersee flos-sen schnell.

doch die Buren schienen eher unwillig, ihre In-frastruktur zu modernisieren, um den Erzabbau zu erleichtern.

Was immer auch die Beweggründe waren – schon geraume Zeit hatten Stimmen in England die Vereinigung Südafrikas als einzige Möglich-keit zur Wahrung britischer Interessen auf dem Subkontinent gefordert. Daher erklärte das Em-pire unter einem hauchdünnen Vorwand dem letzten unabhängigen afrikanischen Königreich den Krieg und unterjochte es im **Zulu-Krieg** von 1879. Damit sicherte sich die Krone KwaZulu-Natal, was bedeutete, dass sämtliche südafri-kanische Küstengebiete unter britischer Kon-trolle standen. Zur Herrschaft über den gesam-ten Subkontinent südlich des Limpopo fehlten nur noch die beiden Burenrepubliken; über dem Rest wehte bereits der Union Jack.

In den letzten Jahren des 19. Jhs. verlangte Großbritannien von Transvaal, den dort leben-den englischen Minenarbeitern das Wahlrecht

zuzugestehen. Dies hätte das Ende der politi-schen Kontrolle in ihrem eigenen Staat bedeu-tet, denn die Zahl der Ausländer übertraf die der Buren. Also wiesen die Buren die Forderung zu-rück, und im Oktober 1899 brach der Krieg aus. Die britische Heeresleitung rechnete mit einem leichten Sieg. **Lord Kitchener** sprach von einem „teatime war", den die Soldaten so schnell ge-winnen würden, dass sie rechtzeitig zum Weih-nachtsfest wieder zu Hause sein würden.

Die Sache geriet für England jedoch zur kost-spieligsten Unternehmung seit den napoleoni-schen Kriegen. Gleich in der Anfangsphase des Krieges überraschten die Buren die Imperial-macht mit einem Sturmangriff auf das britisch kontrollierte KwaZulu-Natal sowie das Nordkap und brachten ihr eine Reihe schmählicher Nie-derlagen bei. Im Juni gelang es den verstärkten englischen Truppen, die Buren zurückzudrän-gen, die aber noch weitere zwei Jahre einen erbitterten Partisanenkampf ausfochten. **Lord**

1816–1828	1820er-Jahre	1820er-Jahre
Shaka nimmt den Häuptlings-sitz der Zulu ein und etabliert im Südosten eine regionale Militärmacht.	Zur Verteidigung gegen Shaka bilden sich in Swasiland, Lesotho und Matabeleland Nguni-Staaten.	Britische Siedler landen in Port Elizabeth und bilden an der Ostgrenze ein Bollwerk gegen die Xhosa.

Gegen Ende des 19. Jhs. versuchten die um Identität ringenden, Afrikaans sprechenden weißen Südafrikaner eine „reinrassige" Kultur zu schaffen und bemühten sich, eine Grenze zwischen sich und den farbigen Afrikaanssprachigen zu ziehen. Sie erfanden das **Afrikaans** als eine „Sprache des weißen Mannes" neu, indem sie Wörter mit asiatischen oder afrikanischen Wurzeln durch holländische ersetzten. Dadurch sollte die Sprache vom „Stigma" ihrer Verbindung mit den Farbigen befreit werden. 1925 wurde das von der weißen Oberschicht gesprochene Afrikaans neben dem Englischen zur offiziellen Landessprache erklärt. Die Dialekte der Farbigen dagegen behandelte man als minderwertige Abweichungen von der korrekten Norm.

Streng nationalistisch gesinnten Afrikandern ging das aber noch nicht weit genug. Nach Einführung der Apartheid 1948 machten sie sich daran, Menschen aufgrund äußerlicher Merkmale in Rassen-Klassen einzuteilen. Unter dem **Population Registration Act** wurden alle Südafrikaner entweder als weiß, farbig oder afrikanisch klassifiziert. Von dieser Einteilung hing ab, welche Lebensperspektive jemand hatte. Es gibt zahlreiche Familien, in denen ein Kind als farbig eingestuft wurde, mit den damit einhergehenden schwer eingeschränkten Rechten. Ein anderes Kind derselben Familie aber wurde als weiß angesehen und bekam dadurch das Wohnrecht in einem noblen Weißenviertel, ungleich bessere Chancen auf dem Arbeitsmarkt und die Möglichkeit, seine Kinder auf bessere Schulen und Universitäten zu schicken.

Seit Abschaffung der Apartheid ändert sich (ganz) langsam die Bevölkerungsstruktur in den Wohngebieten und in den Köpfen der Menschen das Denken in ethnischen Begriffen. Inzwischen lehnen manche Leute den Begriff „coloured" aufgrund seiner Apartheid-Konnotation ab und weisen jegliche Terminologie zurück, die auf rassische Unterschiede anspielt. Andere wiederum benutzen den Begriff voller Stolz als Ausdruck ihrer eigenständigen Kultur und deren Ursprung, zurückgehend auf afrikanische Sklaven, Südostasiaten und Khoikhoi.

Kitchener antwortete mit einer Politik der verbrannten Erde, die aus Feldern und Weiden eine Wüste und Tausende Frauen und Kinder zu Heimatlosen machten.

Um diese Witwen und Waisen aufzufangen, erfanden die Briten das **Konzentrationslager**, in dem 26 370 Burenfrauen und -kinder ums Leben kamen. So mancher Afrikander kann das den Engländern bis heute nicht verzeihen. Weniger bekannt ist, dass es auch afrikanische Konzentrationslager gab, in denen 14 000 Afrikaner qualvoll starben. Anfang 1902 waren die Buren demoralisiert, und im Mai tauschten die Burenrepubliken ihre Unabhängigkeit gegen das Versprechen der Briten zum Wiederaufbau ein.

Am Ende des sogenannten „teatime war" hatte Großbritannien fast 500 000 Soldaten ins Feld geschickt und 22 000 von ihnen verloren. Von den 88 000 Burenkämpfern waren 7000 im Gefecht umgekommen. Nachdem nun die zwei

1834	1843	1860er-Jahre
Nach der Abschaffung der Sklaverei verlassen viele Buren das Kap (Großer Treck) und gründen zwei Republiken.	Die Briten annektieren Natal; in das Gebiet kommen Siedler und für die Zuckerrohrfelder indische Landarbeiter.	Entdeckung des weltgrößten Diamantenvorkommens in Kimberley.

Burenrepubliken und die beiden britischen Kolonien unter einer Herrschaft zusammengefasst waren, stand der Gründung der **südafrikanischen Union** nichts mehr im Wege. Sie erfolgte im Jahr 1910.

Wanderarbeiter und der Bambatha-Aufstand

In der Zeit zwischen Beendigung des Burenkrieges und der Gründung der Union machte sich in den Bergwerken ein empfindlicher Mangel an ungelernten Arbeitskräften breit. Die meisten Schwarzafrikaner lebten immer noch von der Landwirtschaft, bis die Regierung Maßnahmen ergriff, die sie dazu zwangen, sich in den Bergwerken zu verdingen. Eine davon war die Einführung von **Steuerabgaben**. Dadurch sahen sich die Afrikaner gezwungen, von der Subsistenzwirtschaft in die Geldgesellschaft überzuwechseln, um an Bargeld zu kommen. 1906 weigerte sich eine Gruppe von Zulu, den Obulus zu entrichten.

Daraufhin rief die Regierung das Kriegsrecht aus und ging brutal gegen die Unbotmäßigen vor: Sie verbrannte ihre Hütten und beschlagnahmte ihre gesamten Besitztümer. Dies rief einen gewaltigen Aufstand unter Anführung des Häuptlings Bambatha hervor, der von der Kolonialmacht gnadenlos niedergeschlagen wurde und 4000 Rebellen das Leben kostete. Danach war der bewaffnete Widerstand der Afrikaner für mehr als ein halbes Jahrhundert gebrochen.

Nach der Zerschlagung der **Bambatha-Rebellion** stieg die Zahl der aus Zululand stammenden schwarzen Arbeiter, die sich in den Minen von Gauteng verdingten, um 60 % an. Gegen 1909 lebten 80 % der erwachsenen männlichen Bevölkerung aus diesem Landstrich nicht mehr bei ihren Familien, sondern waren irgendwo im Land als Gastarbeiter tätig. In dieser Zeit entwickelte sich die Wanderarbeit, mit all ihren negativen Begleiterscheinungen für das Familiengefüge, zu einer der tragenden, ökonomischen und gesellschaftlichen Säulen Südafrikas. Damit war der Grundstein für die Apartheid gelegt.

Der rasante Aufstieg des Afrikanerdoms

Parallel dazu vollzog sich zu Beginn des 20. Jhs. eine weitere Migrationsbewegung, als zahlreiche Afrikander ihre Bauernhöfe aufgeben mussten. Dies ging teilweise auf die Auswirkungen des Burenkrieges zurück, war aber auch das Resultat von Übervölkerung, Dürre und Schädlingsbefall. Viele Buren reihten sich in die wachsende Schar der weißen Arbeiterklasse ein, die sich von den englischsprachigen Kapitalisten, in deren Händen die wirtschaftliche Macht lag, verachtet und von noch schlechter bezahlten Afrikanern, die mit ihnen um Jobs konkurrierten, bedrängt fühlte.

1918 gründete eine Gruppe von Afrikandern den **Broederbond** („die Bruderschaft"), eine geheime Gesellschaft, die die Interessen der Afrikander vertreten wollte. Sie machte es sich zur Aufgabe, die Lebensbedingungen der verarmten Mitglieder des *volk* zu verbessern und ihren Stolz und ihr Selbstbewusstsein bezüglich ihrer Sprache, Religion und Kultur zu wecken (Kasten S. 80). Der Broederbond bestimmte fast

1879	1886	1899–1901
Die Briten erklären den Zulu den Krieg, erleiden bei Isandlwana eine verheerende Niederlage, behalten aber am Ende die Oberhand.	Entdeckung von Gold in der Umgebung von Johannesburg.	Im Burenkrieg besiegen die Briten die Buren und erringen die uneingeschränkte Herrschaft über Südafrika.

ein halbes Jahrhundert lang den südafrikanischen Alltag.

Anfang des 20. Jhs. bereisten mehrere junge, intellektuelle Afrikander Europa und erlebten dort den **Faschismus**. Zu jener Zeit begannen intellektuelle Afrikander, den Begriff **Apartheid** zu verwenden. Unter denjenigen, die während der 1920er- und 30er-Jahre in Nazideutschland die Hacken zusammenschlugen, befanden sich **Nico Diederichs**, der spätere Finanzminister unter der Afrikander-Regierung der National Party, **Hendrik Frensch Verwoerd**, Chefideologe der Apartheid und Premierminister (1958–66), sowie **Piet Meyer**, Chef des staatlichen Rundfunks, der seinen Sohn Izan (rückwärts buchstabiert „Nazi") nannte. 1939 trat der Broederbond in Aktion – mit einem Programm, das innerhalb von zehn Jahren 10 000 Afrikander-Firmen ins Leben rief. Einige davon zählen heute noch zu den führenden Wirtschaftsunternehmen Südafrikas.

Afrikanischer Widerstand

Ungeachtet der Tatsache, dass sie ihren Sieg im Burenkrieg nicht zuletzt der Unterstützung der Afrikaner zu verdanken und vage Versprechungen gemacht hatten, den schwarzhäutigen Südafrikanern nach Kriegsende mehr Rechte zu geben, schlossen die Briten sie von dem Vertrag zwischen sich und den Afrikandern aus. Im Gegenteil – es dauerte nicht lange, bis die weiße Unionsregierung die Rechte der Afrikaner zu beschneiden begann. Daraufhin gründete im Jahr 1912 eine Gruppe mittelständischer, in Missionsschulen ausgebildeter Afrikaner den **South African Native National Congress** (den späteren ANC), um für ein allgemeines Wahlrecht zu kämpfen.

1914 reiste eine SANNC-Delegation nach London, um gegen den **Natives' Land Act** von 1913 zu protestieren. Sie kehrten unverrichteter Dinge zurück und der Land Act trat in Kraft. Damit war die gesetzliche Grundlage für die rund 35 Jahre später zementierte Apartheid geschaffen. Der Act schrieb fest, dass der schwarzen Bevölkerungsmehrheit weniger als 10 % der Landesfläche zugestanden wurde.

Während der gesamten ersten Hälfte des 20. Jhs. blieb der ANC eine konservative Organisation, die aktiven Protest ablehnte. Dafür traten eine Reihe alternativer Massenorganisationen auf den Plan, darunter die **Industrial and Commercial Union**, eine 1919 gegründete afrikanische Arbeitergewerkschaft, die auf ihrem Höhepunkt im Jahr 1928 beachtliche 150 000 Mitglieder zählte. Doch in den 30er-Jahren hatte sie ihr Pulver verschossen.

Die erste Ethnien übergreifende politische Bewegung im Lande war die 1921 gegründete **South African Communist Party**, in deren Zentralkomitee Vertreter aller Hautfarben zu finden waren. Sie gewann nie eine signifikante Anhängerschaft, bildete jedoch später eine wichtige Triebkraft innerhalb des ANC. Die gesamten 30er-Jahre hindurch verfasste der ANC zahlreiche Reden und Bittschriften, die allesamt ungehört verhallten.

Die Schwarzen organisieren sich

1944 gründete ein engagierter junger Student namens **Nelson Mandela** zusammen mit seinen Freunden **Oliver Tambo**, **Walter Sisulu** und **Anton Lembede** die **ANC Youth League**. In ihrer Gründungsschrift kritisierte die Liga die

1906	1910	1912
Besteuerung zwingt Zulu-Bauern von der Subsistenzwirtschaft zur Arbeit in den Minen Gautengs. Ein Wanderarbeitssystem entsteht.	Burenrepubliken und britische Kolonien verschmelzen zur Südafrikanischen Union.	Für den Kampf für ein allgemeines Wahlrecht wird der ANC gegründet.

ANC-Führung als „Gentlemen mit sauberen Händen". Auf ihrer Jahresversammlung von 1945 verabschiedete der ANC ein Papier mit dem Titel „Africans' Claims in South Africa", in dem sich eine zunehmende politische Bewusstwerdung widerspiegelt. In dem Dokument wurde das **allgemeine Wahlrecht** und ein Ende der **Rassenschranken** gefordert, die dafür sorgten, dass die meisten besser bezahlten Arbeitsposten weißen Menschen vorbehalten waren.

1946 organisierte die African Mineworkers' Union aus Protest gegen den sinkenden Lebensstandard einen der größten Streiks in der Landesgeschichte. Praktisch in der gesamten Goldgrubenregion von Gauteng standen alle Räder still, als 100 000 Arbeiter ihre Geräte niederlegten. Premierminister Jan Smuts schickte ein Polizeiaufgebot, das die Arbeiter mit vorgehaltenem Karabiner in die Stollen zwang. 1947 machte Nelson Mandela seine ersten Schritte in die Öffentlichkeit, als er zum Generalsekretär des ANC gewählt wurde.

Veränderungen bahnen sich an

Seit Jahren waren innerhalb der weißen Regierung Stimmen laut geworden, die auf eine Lockerung der Rassentrennung zielten, und selbst Premier Smuts, der eher ein Hardliner war, hatte zugegeben, dass die Situation ein Ende finden müsse.

Immer mehr Afrikaner strömten in die Städte und durchbrachen das Rollenstereotyp, wonach sie als Stammesangehörige in Dörfern auf dem platten Land zu leben hatten. Die Regierung rief die **Fagan Commission** ins Leben, die sich mit den **Passgesetzen** befassen sollte, die die Bewegungsfreiheit der Afrikaner einschränkten und jedem Schwarzen, der keine Arbeitsstelle vorweisen konnte, das Betreten weißer Städte untersagten.

Die Fagan Commission, die 1948 die Ergebnisse ihrer Untersuchungen vorlegte, kam zu dem Schluss, dass „der Trend zur Urbanisierung irreversibel ist und die Passgesetze gelockert werden sollten". Während einige Schwarze dies mit aufkeimender Hoffnung zur Kenntnis nahmen, war es so ziemlich das Letzte, was viele Weiße hören wollten. Die Gefahr, den Job an einen schlechter bezahlten schwarzen Arbeiter zu verlieren, war für weiße Arbeiter durchaus real, und Burenfarmer mussten befürchten, bald ohne Arbeitskräfte dazusitzen, wenn die Schwarzen wegen besser bezahlter Stellen in die Städte abwandern würden.

Die National Party gelangt an die Macht

Vor diesem Hintergrund aus Hoffnung und Furcht rief die Smuts-Regierung allgemeine Wahlen aus. Die oppositionelle **National Party**, die nationalistische Afrikander-Interessen vertrat, setzte im Wahlkampf voll auf das Thema *swart gevaar* („schwarze Gefahr"). Mit Blick auf die Wählerstimmen der Afrikander – überwiegend Arbeiter und Bauern – gelobten sie, die Welle der in die Städte drängenden Afrikaner zurückzudrängen und sie zurück in ihre Reservate zu schicken. Weißen Geschäftsleuten dagegen boten sie gleichzeitig an, jede Menge billiger, schwarzer Arbeitskräfte in die Städte zu schaffen.

Am 28. Mai 1948 erwachten die Südafrikaner und stellten fest, dass die Mehrheit der Wähler der National Party den Vorzug gegeben hatte. Der Parteichef **D. F. Malan** erklärte vor einer Gruppe begeisterter Anhänger: „Zum ersten Mal

1913	1918	1920er-Jahre
Durch den Land Act erhalten weiße Südafrikaner (20 % der Bevölkerung) 92 % des Landes.	Gründung des Broederbond, einer Geheimgesellschaft der Afrikander; Geburt Nelson Mandelas.	Agatha Christie surft in Muizenberg, Kapstadt.

gehört Südafrika uns. Möge Gott dafür sorgen, dass es für immer unser ist. Millionen barbarische Schwarze blicken auf uns, in der Hoffnung auf Führung, Gerechtigkeit und einen christlichen Lebenswandel."

Mittlerweile hatte sich innerhalb des ANC ein Machtwechsel ereignet. Angesichts der Tatenlosigkeit der alten Garde unternahm die Youth League einen Putsch, wählte ihre eigene Führung unter Vorsitz von Nelson Mandela und verabschiedete ein radikales **Aktionsprogramm** mit einem ganzen Arsenal an Taktiken, zu denen laut Mandela „die neuen Waffen Boykott, Streik, ziviler Ungehorsam und passiver Widerstand" zählten.

Die 50er-Jahre: friedlicher Protest

Im Verlauf der 50er-Jahre verabschiedete die National Party eine ganze Reihe von Gesetzen, die schließlich die Struktur der Apartheid bestimmen sollten. Einige der ersten Anschläge auf die Bürgerrechte der Andersfarbigen waren: der **Bantu Authorities Act**, der in den afrikanischen Reservaten Marionettenregierungen einsetzte; der **Population Registration Act**, der jeden Südafrikaner bei der Geburt als „weiß, eingeboren oder farbig" einstufte; der **Group Areas Act**, der Südafrika in verschiedene ethnische Gebiete einteilte, und der **Suppression of Communism Act**, der jegliche Opposition gegen die Apartheid (ob kommunistisch oder nicht) unter Strafe stellte.

Der ANC reagierte 1952 darauf mit der **Defiance Campaign**, bei der für Schwarze die glei-

chen Bürgerrechte wie für Weiße gefordert wurden. Im Laufe der Kampagne begingen rund 8000 Freiwillige absichtliche Verstöße gegen die obigen Apartheidgesetze und wurden daraufhin verhaftet. Die friedlichen Proteste dauerten bis in den Oktober 1952 fort, doch dann provozierte die Polizei Gewalt, indem sie in East London das Feuer auf eine Gebetsversammlung eröffnete. Bei den anschließenden Tumulten wurden zwei Weiße getötet, woraufhin die Häuser der ANC-Anführer durchsucht und mehr als 100 ANC-Mitglieder festgenommen und unter Bann gestellt wurden.

Ein Bann bedeutete eine Einschränkung der Bewegungsfreiheit und politischen Betätigung. Der betreffenden Person war es verboten, zwei oder mehr Menschen gleichzeitig zu sehen oder mit einer anderen unter Hausarrest stehenden Person zu sprechen. Außerdem war ihr das Betreten bestimmter Gebäude untersagt, sie wurde überwacht, musste sich regelmäßig bei der Polizei melden und durfte weder publizieren noch zitiert werden.

Das geschichtsträchtigste Ereignis der Dekade war der 1955 in der Nähe von Johannesburg abgehaltene **Congress of the People**. Bei einer Massenversammlung von 3000 Delegierten taten sich vier Organisationen, Vertreter der Afrikaner, Coloureds, Weißen und Inder, als Bündnispartner in der **Congress Alliance** zusammen. ANC-Führer **Albert Luthuli** erklärte: „Zum ersten Mal in der Geschichte unserer multirassischen Nation treffen sich ihre Angehörigen als Gleiche, ungeachtet von Rasse, Hautfarbe und Religionszugehörigkeit, um eine Freiheits-Charta für alle Menschen in unserem Lande zu formulieren". Die **Freedom Charter** (Kasten S. 85), die während des Congress of the People abgeseg-

1930er-Jahre	1939	1948
Die Township Orlando, der Brennpunkt Sowetos, entsteht.	Der Weltkrieg spaltet die Afrikander; der spätere Premierminister John Vorster unterstützt Deutschland.	Die National Party gewinnt die Wahlen und beginnt mit der Umsetzung der Rassentrennung.

Die Freiheitscharta

- Alle Regierung muss vom Volk ausgehen.
- Gleiche Rechte für alle Volksgruppen.
- Die finanziellen Einnahmen der Nation sollen allen Bewohnern zugute kommen.
- Der Grundbesitz soll unter all jenen aufgeteilt werden, die das Land bearbeiten.
- Gleichberechtigung vor dem Gesetz.
- Gleiche Menschenrechte für alle.
- Arbeit und Sicherheit für alle.
- Die Türen zu Bildungs- und Kulturstätten sollen geöffnet werden.
- Es soll Wohnraum, Sicherheit und ordentliche Lebensbedingungen geben.
- Frieden und Freundschaft sollen herrschen.

net wurde, stellt die Grundlage des ANC-Parteiprogrammes dar.

156 Oppositionsführer wurden von der Polizei verhaftet und des Hochverrats beschuldigt. Als Beweisstück im **Treason Trial** (Hochverratsprozess) diente die Freedom Charter, die als „Vorlage für eine gewaltsame kommunistische Revolution" bezeichnet wurde. Obwohl alle Beklagten schließlich freigesprochen wurden, hatte der vier Jahre dauernde Prozess negative Auswirkungen auf den ANC, und es begannen sich Meinungsverschiedenheiten aufzutun. Eine Gruppe Afrikanisten trat unter Leitung des charismatischen **Robert Mangaliso Sobukwe** (Kasten S. 409) 1958 aus dem ANC aus, gründete den **Pan Africanist Congress** (PAC) und erklärte, die Zusammenarbeit mit weißen Aktivisten diene nicht dem Ziel der Befreiung der Schwarzen.

Sharpeville

Am 21. März 1960 erschienen Sobukwe und Tausende seiner Mitstreiter ohne Pässe bei Polizeidienststellen in Gauteng und Westkap. Vor der Polizeistation in Sharpeville, südlich von Johannesburg, gerieten die Polizisten in Panik und eröffneten das Feuer. 69 Menschen wurden getötet und fast 200 verletzt, die meisten durch Schüsse in den Rücken.

Am 27. März kam es im ganzen Land zu Demonstrationen. Am nächsten Tag blieben Afrikaner in Massen ihren Arbeitsplätzen fern, und Tausende nahmen an einer öffentlichen Passverbrennungsaktion teil. Einen Tag darauf erklärte die Regierung den **Ausnahmezustand**, ließ 22 000 Menschen verhaften und verbot den ANC und den PAC.

Viele weiße Südafrikaner gerieten in Panik, als der Rand an Wert verlor und die Aktienkurse fielen. Einige glaubten sich am Vorabend einer blutigen Revolution.

Bald darauf schoss ein geistig verwirrter weißer Farmer Premierminister **Hendrik Verwoerd** in den Kopf, und viele Menschen hofften, sein Tod würde ein schnelles Ende der Apartheid bringen. Aber Dr. Verwoerd überlebte – und war fortan ein noch stärkerer Verfechter der Apartheid als zuvor. Kein anderer Politiker betrachtete die Apartheid so sehr als seine persönliche Errungenschaft wie Verwoerd, der daraus ein lückenloses System entwickelte, basierend auf der Einrichtung **unabhängiger Kleinstaaten**, in denen Afrikaner weit weg von den Gebieten der Weißen sich selbst verwalteten. Dahinter stand die Absicht, die Afrikaner in unterschiedliche ethnische Gruppen aufzusplitten, also die Schwarzen, die die größte Bevölkerungsgruppe

1949	1952	1955
Die Regierung verbietet Ehen und Sex zwischen den Rassen, gefolgt von weiteren diskriminierenden Gesetzen.	Mandela führt die Defiance Campaign gegen die Apartheidgesetze an.	Bei einer Massenversammlung entsteht die Freedom Charter, Grundlage der Politik des ANC.

stellten, in verschiedene kleine „Stämme" zu zergliedern und sie so zu schwächen.

1961 forderte Nelson Mandela die Einberufung einer Nationalversammlung „zum Entwurf einer nicht-rassistischen demokratischen Verfassung". Doch stattdessen ernannte Verwoerd den ehemaligen Neonazi **John Vorster** zum Justizminister. Der gelernte Jurist machte sich mit Feuereifer daran, außerhalb der Normalwege der Gerichtsbarkeit unerhört repressive Gesetze zu verabschieden.

Nelson Mandela erkannte, dass sich das Blatt der Geschichte unwiderruflich gewendet hatte. „Im Leben jeder Nation kommt ein Zeitpunkt, wo nur noch zwei Möglichkeiten bleiben: Unterwerfung oder Kampf. Südafrika steht jetzt an diesem Scheideweg. Wir werden uns nicht unterwerfen", erklärte Mandela dem BBC, bevor er als Oberkommandierender von **Umkhonto we Sizwe** („Speer der Nation", alias MK), eines neugegründeten, bewaffneten Flügels unter Leitung des ANC, in den Untergrund ging. Diese Organisation hatte sich, unter der strikten Maßgabe, keine Menschen zu töten oder zu verletzen, wirtschaftlichen und symbolhaften Sabotageakten verschrieben. Doch im August 1962 wurde er festgenommen, verurteilt und zusammen mit neun weiteren ANC-Führern zu lebenslänglicher Haft verurteilt.

Apartheid: Alles wird „weiß"

In den 1960ern begann eine Dekade, in der alles nach dem Willen der weißen Regierung zu verlaufen schien. Die Proteste waren verstummt, der Staat wurde immer mächtiger und für weiße Südafrikaner, Geschäftsleute und ausländische Investoren herrschten rosige Zeiten, jedenfalls vordergründig. Unter schwarzen Südafrikanern aber nahm die Armut zu – ein Resultat der Apartheidgesetzgebung und damit verbundenen Repressalien wie Verbannung, Inhaftierung ohne Gerichtsverhandlung, Hausarrest und Ermordung politischer Gefangener.

Der ANC war machtlos, und ihr militanter Flügel MK leistete so gut wie keinen Widerstand mehr. Doch zu Beginn der 1970er geriet der wacklige Frieden ins Wanken, als angesichts des sinkenden Lebensstandards der Schwarzen die Arbeiterschaft wieder in Aktion trat. **Gewerkschaften** begannen, das vom ANC hinterlassene Vakuum auszufüllen.

Mit dem Aufstand von Soweto am 16. Juni 1976 zeichnete sich eine Verlegung der Protestaktionen weg von den Fabriken und hinein in die Townships ab. Schwarze Jugendliche gingen aus Protest gegen die Einführung des Afrikaans als Schulsprache auf die Straße. Bald breiteten sich die Proteste über das ganze Land aus. Ein Aufstand folgte dem anderen, und im Februar 1977 hatten sie 575 Todesopfer (beinahe ein Viertel davon Kinder) gefordert.

Die Regierung setzte immer mehr bewaffnete Polizei ein, um die Ordnung aufrechtzuerhalten. Aber den zahlreichen neuen Befreiungsbewegungen war kein Einhalt mehr zu gebieten. Viele von ihnen machten einen Teil der weithin operierenden **Black-Consciousness-Bewegung** aus. Als sich die Unruhen auch 1977 fortsetzten, ließ die Vorster-Regierung alle neuen Schwarzenorganisationen verbieten und ihre Anführer einsperren. Im September 1977 musste **Steve Biko** (einer der Verhafteten) als der 46. politische Häftling in Polizeigewahrsam sein Leben lassen.

1958	1960	1961
Der neue Premierminister Verwoerd schafft als Eckpfeiler der Apartheid zehn ethnische „Homelands".	Bei einem Protest gegen die Passgesetze werden 69 Schwarze erschossen; die Regierung verbietet die Opposition gegen die Apartheid.	Südafrika verlässt den Commonwealth und wird zur Republik; der ANC beginnt den bewaffneten Widerstand.

Schnell traten an die Stelle der verbotenen Organisationen zahlreiche neue. Von da an wurde die Regierung der wachsenden **Opposition** nicht mehr Herr. Ende der 1970er machte der Wirtschaftssektor deutlich, dass das Konzept der Apartheid nicht mehr tragfähig war, und selbst innerhalb der Regierung machten sich Zweifel breit. Die Zahl der schwarzen Südafrikaner überstieg bei Weitem die der weißen. Auf ihrem Höhepunkt im Jahr 1910 stellten weiße Menschen immerhin 21 % der Landesbevölkerung, nun war die Rate nur 16 % gesunken. Prognosen besagten, dass diese Zahl gegen Ende des 20. Jhs. auf 10 % fallen würde. Die Rechnung der Apartheidverfechter ging einfach nicht mehr auf.

Die General-Strategie

Nichts schien mehr an der Erkenntnis vorbeizuführen, dass kein noch so großes Polizeiaufgebot Südafrika aus der Misere helfen konnte. 1978 gelangte Verteidigungsminister **Pieter Willem (P. W.) Botha** durch einen Putsch auf den Posten des Premierministers. Botha nahm ein zweigleisiges Programm in Angriff, bestehend aus Reformen auf der einen und noch nie dagewesenen Repressionen auf der anderen Seite. Er entwarf seine sogenannte **Total Strategy**. Deren Ziel war es, jede Facette der weißen Gesellschaftsschicht in den Kampf gegen die Apartheidgegner einzubeziehen. Dazu gehörten auch militärische Trainingsprogramme in weißen Schulen, Propagandakampagnen, die Verlängerung der Wehrpflicht und politische Reformen zugunsten dem Regime freundlich gesinnter Inder und farbiger Menschen.

Trotzdem kam es in den 80er-Jahren zunehmend zu **Sabotageakten** gegen Einrichtungen des Apartheidstaats. Botha begann, Reformen in Erwägung zu ziehen und ließ **Nelson Mandela** und andere inhaftierte ANC-Führer von **Robben Island** ins Pollsmoor Prison in Tokai, Kapstadt, verlegen. Gleichzeitig schickte er immer stärkere Polizeitruppen in die afrikanischen Townships, um die Proteststimmen zu unterdrücken, und versuchte, die Nachbarstaaten wirtschaftlich und auch militärisch massiv einzuschüchtern.

Zwischen 1981 und 1983 unternahm die südafrikanische Armee Vorstöße in alle Nachbarstaaten mit schwarzafrikanischer Regierung: Angola, Mosambik, Botsuana, Simbabwe, Swasiland und Lesotho.

1983 entwarf Botha einen weiteren Plan zur Stärkung der Apartheid, die sogenannte **Neue Verfassung**. Diese sollte den farbigen Südafrikanern und Indern das Wahlrecht für ihre eigenen, nach Rassen getrennten – und machtlosen – Parlamentskammern zugestehen. Für die schwarzen Afrikaner änderte sich gar nichts.

Um diese Zeit herum versammelten sich 15 000 Delegierte von Anti-Apartheidgruppen auf dem Mitchell's Plain in Kapstadt und gründeten die **United Democratic Front** (UDF). In der UDF vereinigten sich 575 Organisationen aller im Lande vertretenen Rassen. Die UDF wurde zu einem Sprachrohr des ANC. Es folgten zwei Jahre, in denen es immer wieder zu Streiks, Protestaktionen und Boykotten kam.

Gegen Ende der 80er gingen regelmäßig Fernsehbilder um die Welt, auf denen Apartheid-Soldaten und Polizisten gezeigt wurden, wie sie unbewaffnete Afrikaner verprügelten und erschossen. Das **Commonwealth** verfügte

1962	1966–1970er-Jahre	1970
Die ANC-Führung wird wegen Verrats auf Robben Island eingesperrt.	3,5 Mio. schwarzhäutige und farbige Bewohner werden gewaltsam aus „weißen" Gegenden entfernt.	Schwarzen wird die südafrikanische Staatsbürgerschaft aberkannt und sie werden zu Bürgern der verarmten „Homelands" gemacht.

den Ausschluss des Apartheidregimes, die Vereinigten Staaten und Australien schränkten die Flugverbindungen ein und der US-Kongress verabschiedete ein Gesetz, das sich für **Disinvestment** (Zurückziehung von Vermögenswerten) aussprach. Der in die Klemme geratene Botha bot an, „Mandela freizulassen, wenn er der Gewalt abschwört".

Mandelas Antwort lautete: „Ich bin überrascht, welche Bedingungen mir die Regierung auferlegen will. Ich bin kein Mann der Gewalt. Erst als uns alle anderen Arten des Widerstandes verwehrt waren, griffen wir zu den Waffen. Soll Botha … der Gewalt abschwören."

Langsam wurde offensichtlich, dass sich das Blatt gewendet hatte: Jetzt war Botha der Gefangene, dessen Freilassung von Mandela abhing. Der **schwarze Widerstand** ließ sich einfach nicht brechen und die **ultra-rechten Weißen** waren im Begriff, Botha rechts zu überholen. Die erzkonservative Conservative Party hatte bei Wahlen enorme Stimmenzuwächse zu verzeichnen, während gegen Ende der 80er-Jahre die neo-nazistische **Afrikaner Weerstandbeweging** (Afrikander-Widerstandsbewegung, kurz AWB) drohend von einem Bürgerkrieg schwadronierte.

Krisenzeit

1986 verkündete Botha eine Fortsetzung des **Ausnahmezustandes** begleitet von gezielten Tötungen, Massenverhaftungen, Folterungen und Hochverrats-Prozessen. 1987 flog eine beunruhigte Gruppe südafrikanischer Geschäftsleute, der überwiegende Teil Afrikander, in den Senegal, um sich mit ANC-Vertretern unter Leitung von **Thabo Mbeki** zu treffen. Sie unterzeichneten ein gemeinsames Papier mit der dringenden Forderung nach Verhandlungsgesprächen.

1988 wurde Mandela mit Tuberkulose ins Tygerberg Hospital in Kapstadt eingeliefert. Im Oktober hatte sich sein Zustand gebessert, doch er brauchte nicht mehr ins **Gefängnis** Pollsmoor zurückzukehren, sondern wurde in ein Gefängniswächterhäuschen des Victor Verster (heute Drakenstein) Prison am Rande von Paarl verlegt. Die obersten Militärchefs machten Botha unmissverständlich klar, dass ein endgültiger militärischer Sieg über die Apartheidgegner unmöglich war und der nie offiziell erklärte Krieg wegen Angola Südafrika in den Ruin zu treiben drohte.

Anfang 1989 forderte Mandela Botha in einem Brief zu Verhandlungsgesprächen auf. Aber Botha blieb stur. Nachdem er einen Schlaganfall erlitten hatte, enthoben seine Parteigenossen ihn seines Amtes und ersetzten ihn durch **Frederik Willem (F. W.) De Klerk**. De Klerk machte keinen Hehl daraus, dass er die Macht im Lande nicht in den Händen der Bevölkerungsmehrheit sehen wollte. Sein Erbe war schwer: Mit der Wirtschaft ging es bergab. Die Aufrechterhaltung der Apartheid verschlang Unsummen. Der illegale Zustrom schwarzer Landflüchtlinge in die Städte floss unaufhaltsam. Die Schwarzen, die von Bothas Verfassungsreformen ausgeschlossen waren, begannen die Geduld zu verlieren.

Im September 1989 forderte US-Präsident **George Bush** (Senior) De Klerk auf, Mandela innerhalb von sechs Monaten auf freien Fuß zu setzen, ansonsten würden die Sanktionen gegen Südafrika erweitert. Im Vertrauen auf sein Geschick, die Opposition ins Leere laufen zu lassen, ließ De Klerk im Februar 1990 das Verbot

1976	1978	1980er-Jahre
Bei landesweiten Protesten, die in Schulen in Soweto beginnen, erschießt die Polizei mehr als 600 Personen.	Der ehemalige Verteidigungsminister P. W. Botha wird Präsident.	Botha schickt Truppen in die Townships und in Nachbarländer.

des ANC, des PAC, der Kommunistischen Partei sowie von 33 anderen Organisationen aufheben und verkündete gleichzeitig die **Freilassung Mandelas**.

Am 11. Februar 1990 verließ Mandela gegen 16 Uhr das Victor-Verster-Gefängnis und wurde zum Kapstädter Rathaus gefahren, wo er nach knapp drei Jahrzehnten zum ersten Mal wieder eine öffentliche Ansprache hielt.

Im Mai 1990 unterzeichneten Mandela und De Klerk eine **Vereinbarung**, in der sich die Regierung zur Rücknahme repressiver Gesetze und der Entlassung politischer Häftlinge bereit erklärte, während der ANC zustimmte, den bewaffneten Widerstand aufzugeben. Doch als die Verträge abgeschlossen werden sollten, wurde deutlich, dass De Klerk nach wie vor an rassistischen Vorbehalten festhielt. „Eine Mehrheitsregierung ist Südafrika nicht dienlich", verkündete er, „denn sie führt zu einer Oberherrschaft von Minderheiten."

Verhandlungen

Der politische **Verhandlungsprozess** dauerte insgesamt von 1990 bis 1994. Eine der Widrigkeiten stellten die Gewaltakte aus den Reihen der Sicherheitskräfte des Apartheid-Regimes dar, die hinter den Kulissen damit beauftragt waren, den ANC zu unterminieren. Außerdem drohte die Gefahr eines **Bürgerkriegs**, ausgehend von schwer bewaffneten Rechtsradikalen und den gewaltsamen Auseinandersetzungen in KwaZulu-Natal zwischen Zulu-Nationalisten der **Inkatha Freedom Party** (IFP) und ANC-Anhängern, die zwischen 1987 und 1990 annähernd 3000 Todesopfer gefordert hatten.

Die **Ermordung von Chris Hani**, dem zweitbeliebtesten ANC-Führer, im April 1993 durch einen Killer aus der rechten Szene ließ bei allen Südafrikanern alte Ängste wieder aufleben. Das Land stand unmittelbar am Rande eines Bürgerkriegs. Drei Abende hintereinander verfolgten die Menschen in ganz Südafrika Mandelas Fernsehansprachen, in denen er die Bürger eindringlich aufforderte, Ruhe zu bewahren. Damit war ein Wendepunkt in der Geschichte erreicht, denn es zeigte sich, dass nur der ANC-Präsident in der Lage war, das Chaos abzuwenden, während De Klerk den Kopf in den Sand steckte. Mandela forderte die sofortige Festsetzung eines **Wahldatums**: Kurz darauf stand der 27. April 1994 als Wahltag fest.

Die Wahlen von 1994

Der Wahltag verlief ohne Zwischenfälle. Im Alter von 76 Jahren ging Nelson Mandela neben Millionen anderer Südafrikaner zum ersten Mal in seinem Leben zur Wahlurne. Am 2. Mai bekannte De Klerk seine Wahlniederlage, nachdem der ANC mit 62,7 % der Stimmen einen Erdrutschsieg erzielt hatte. An zweiter Stelle in der Wählergunst rangierte die National Party mit 20,4 %, gefolgt von der Inkatha Freedom Party mit 10,5 %. Mit Ausnahme des Westkaps und von KwaZulu-Natal erzielte der ANC überall die Mehrheit. Allerdings musste der ANC enttäuscht feststellen, dass es ihm nicht gelungen war, eine breite Wählerschaft unter nicht schwarzen Gruppierungen für sich zu gewinnen.

Der eigentliche Kampf stand dem ANC jetzt aber erst bevor. Er hatte ein Land mit 38 Millionen Menschen übernommen. Schätzungsweise

1983	1989	1989
Nach Gründung des ANC-Ablegers United Democratic Front geht die Regierung noch schärfer gegen die Opposition vor.	Botha lehnt Mandelas Appell aus dem Gefängnis nach Verhandlungen zur Vermeidung eines Bürgerkriegs ab.	Botha erleidet einen Schlaganfall und wird durch F. W. De Klerk ersetzt, der das Verbot des ANC aufhebt.

Die Wahrheits- und Versöhnungskommission

Als Südafrika 1994 zur Demokratie fand, herrschte weltweite Übereinstimmung darin, dass die Apartheid laut UN-Resolution „ein Verbrechen gegen die Menschlichkeit" gewesen war und in ihrem Namen Grausamkeiten begangen worden waren. Doch kein Außenstehender hatte eine Vorstellung davon, wie abscheulich diese Grausamkeiten waren und mit welcher Systematik sie begangen worden waren. Ans Tageslicht kam dies erst bei den Anhörungen der Truth and Reconciliation Commission (TRC), die die während der Apartheid begangenen Menschenrechtsverletzungen zu untersuchen hatte. Unter Vorsitz des Friedensnobelpreisträgers Erzbischof Desmond Tutu beleuchtete die Kommission die Vorgänge von März 1960, als sich das Massaker von Sharpeville ereignete, bis zum 10. Mai 1994, dem Tag der Amtseinführung Mandelas. Dies geschah hauptsächlich mithilfe von Zeugenaussagen der Opfer und Täter. Für ihre absolute Offenheit wurde den Tätern Amnestie zugesagt.

Die Sitzungen begannen im April 1996 und dauerten bis Juni 2000. Führende Mitglieder der ehemaligen Regierung und des ANC erschienen vor der TRC, unter ihnen auch Ex-Präsident F.W. De Klerk. Im Mai 1996 erklärte er der Kommission, er habe von den unter der Apartheid verübten Grausamkeiten nichts gewusst. Die Kommission kam zu dem Ergebnis, dass „die Regierung Südafrikas in der Zeit von 1960 bis 1994 in erschreckendem Ausmaß Menschenrechtsverletzungen in Südafrika begangen hat, und ab 1974 auch im südlichen Afrika". Unzählige Aussagen gegenüber der TRC bekräftigten, dass die Regierung seit den 70er- bis in die 90er-Jahre hinein an verbrecherischen Aktivitäten beteiligt war, darunter außergerichtliche Exekutionen politischer Gegner, Folter, Verschleppung, sexuelle Übergriffe und illegale Grenzüberschreitung zum Zweck der Ermordung von Südafrikanern im Exil. Die Kommission hatte aber gleichzeitig festgestellt, dass sich auch der ANC (sowie verschiedene andere Organisationen, darunter PAC und Inkatha) Menschenrechtsverletzungen schuldig gemacht hatte. Der Rechenschaftsbericht kam zu dem Schluss, dass der ANC einen gerechtfertigten Kampf gegen das Apartheid-Regime geführt, dabei aber eine Grenze zwischen „blindwütigem Krieg" und „angemessenen Mitteln" gezogen hatte.

Der TRC musste sich erhebliche Kritik aus allen Lagern gefallen lassen. Viele Südafrikaner waren der Ansicht, der Gerechtigkeit könne nur mittels Kriegsverbrechertribunalen nach dem Vorbild der Nürnberger Prozesse genüge getan werden. Doch Bischof Tutu hielt dagegen, dass dies für Südafrika nicht angemessen wäre, da keine Seite einen militärischen Sieg errungen hatte.

sechs Millionen von ihnen waren arbeitslos, neun Millionen notleidend, zehn Millionen lebten in Behausungen ohne Wasser- und 20 Millionen ohne Stromversorgung. Rund 60 % der schwarzen Erwachsenen waren Analphabeten, und von den schwarzen Kindern unter 14 Jahren besuchten weniger als 50 % eine Schule. Die Kindersterblichkeit bei den Afrikanern lag bei 80 pro Tausend, verglichen mit sieben pro Tausend bei den weißen Kindern.

1990	1994	1996
Mandela kommt frei.	Mandela gibt zum ersten Mal bei einer Wahl seine Stimme ab und wird nach dem Sieg des ANC Präsident.	Desmond Tutus Wahrheits- und Versöhnungskommission untersucht die Menschenrechtsverletzungen des Apartheid-Regimes.

Die Ära Mandela

An nur wenige Personen in der Geschichte waren so hohe Erwartungen geknüpft, noch weniger haben sie erfüllt, Mandela hat sie übertroffen. Wir wussten von seiner moralischen Stärke schon, bevor er das Gefängnis verließ. Seitdem erleben wir seine unerschöpfliche Güte, seinen Sinn für Humor und die Tiefe seiner menschlichen Reife. Als Gefangener bestimmte er praktisch das Datum seiner Freilassung. Als Präsident wählte er weise den Moment seines Abgangs. Jede andere Nation könnte sich glücklich schätzen, eine solche Persönlichkeit an der Spitze zu haben. Sein letztes volles Amtsjahr bietet uns noch einmal die Gelegenheit, die Tatsache zu würdigen, dass ihm die Zusammenführung und der Zusammenhalt unseres zersplitterten Landes zu verdanken ist.

Mail & Guardian, 24. Dezember 1998

Die ersten fünf Jahre südafrikanischer Demokratie sind unauslöschlich mit der Person Nelson Mandelas verbunden. Auf der einen Seite musste er die schwarze Mehrheit beschwichtigen, die jetzt, nachdem ihr endlich die Bürgerrechte zugestanden worden waren, voller Ungeduld eine sofortige Verbesserung ihrer Lebenssituation erwartete, und auf der anderen die Ängste vieler weißer Bürger ausräumen.

Das Hauptthema während der Präsidentschaft Mandelas war die **Versöhnung**. Einer der Höhepunkte der Versöhnungspolitik ereignete sich im Mai und Juni 1995, als in Südafrika der **Rugby**-**World Cup** ausgetragen wurde. Die Springboks – viele Jahre lang aufgrund ihrer Weigerung, farbige Spieler aufzunehmen, international geächtet – gewannen vor einem begeisterten Publikum, darunter auch Mandela, der das Springbok-Trikot trug – filmisch verarbeitet in Clint Eastwoods *Invictus – unbezwungen* (2009; nach dem Roman *Der Sieg des Nelson Mandela: Wie aus Feinden Freunde wurden* von John Carlin). Der bedeutungsvollste Nebenschauplatz jener Periode war die **Truth and Reconciliation Commission**, die 1996 ihre Tätigkeit aufnahm, um die entsetzlichen Menschenrechtsverletzungen aufzuarbeiten, die sich in Südafrika zwischen 1960 und 1993 ereignet hatten (Kasten S. 90).

Die im Mai 1996 verabschiedete **Neue Verfassung** schrieb fest, dass Südafrika weiterhin eine parlamentarische Demokratie unter Vorsitz eines Präsidenten bleiben würde. Es handelt sich um eine der progressivsten Verfassungen weltweit. Trotz des Sieges liberaldemokratischer Prinzipien ließ sich Südafrika nicht über Nacht in einen friedlichen Rechtsstaat verwandeln. Die Kriminalitätsrate bewegte sich noch immer in dramatischen Höhen, wie täglich in den Medien zu lesen war. Gegen Ende der ersten fünf Jahre der ANC-Regierung meldete die Polizei durchschnittlich 52 Morde pro Tag, alle 30 Minuten eine Vergewaltigung (darunter ein erschreckender Anstieg an Kindesmissbrauch) und alle 90 Minuten einen Autodiebstahl.

Mr. Delivery liefert nicht

1999 trat **Thabo Mbeki** Mandelas Nachfolge als Präsident von Südafrika an. Die Medien tauften Mbeki voller Hoffnung und im Glauben, dieser clevere und gebildete Technokrat würde die

1999	2007	2009
Thabo Mbeki folgt als Präsident auf Mandela.	Auf Mbeki folgt Jacob Zuma, gegen den damals wegen Korruption und Betrugs ermittelt wurde.	Am Vorabend der Wahlen werden die Anschuldigungen gegen Zuma fallen gelassen; haushoher Sieg des ANC.

Armut bekämpfen, Schulen, Krankenhäuser und Häuser bauen lassen und auch noch Arbeitsplätze schaffen, „Mr. Delivery" – der, der die Erwartungen erfüllt und Pläne in die Tat umsetzt. Die wirtschaftsfreundliche Politik Mbekis bescherte dem Land ein gesundes **Wirtschaftswachstum**, eine wachsende schwarze Mittelschicht und eine kleine Riege ultrareicher schwarzer Unternehmer. Aber für die arme Hälfte der Bevölkerung tat er nichts, und die Ungleichheit im Land wuchs noch weiter.

Die Armen hatten außerdem die Auswirkungen von Mbekis fehlgeleiteter Aids-Politik zu tragen. Der Präsident leugnete jeglichen Zusammenhang zwischen HIV und **Aids** und lehnte die Ausgabe **antiretroviraler** Medikamente in staatlichen Kliniken ab. Das war mit ein Grund dafür, dass mehr als 330 000 Südafrikaner an mit Aids verbundenen Krankheiten starben und 35 000 HIV-infizierte Kinder zur Welt kamen.

Auch die **Korruption** nagte an den Grundmauern von Südafrikas Gesellschaft. Das krasseste Beispiel war ein **Rüstungsgeschäft**, bei dem die ANC-Regierung militärische Ausrüstung kaufte, die die Armee des Landes zuvor für ungeeignet und zu teuer erklärt hatte. Laut Zeitungsberichten wurde der damalige Verteidigungsminister bestochen und dem ANC eine beträchtliche Spende zugeschoben.

Während also gutes Geld für Waffen verschwendet wurde, schwelten zahlreiche **soziale Probleme**. Anfang 2007, acht Jahre nach Mbekis Machtübernahme, lebten acht Millionen Menschen in Hütten, Millionen waren nicht ans Abwassersystem angeschlossen, und die Arbeitslosenquote betrug 40 %. Über die Langsamkeit des Veränderungsprozesses machte sich zunehmend Unmut breit, der sich auf den Straßen

der Townships Luft verschaffte – mehr als 6000 **Proteste** fanden allein im Jahr 2005 statt. Ende 2007 wurde Mbeki schließlich von seiner eigenen Partei entmachtet.

Sein Amtsnachfolger war der umstrittene ehemalige Vizepräsident des ANC, **Jacob Zuma**, gegen den wegen Korruption, Betrugs, krimineller Geschäfte, Geldwäsche und Steuerhinterziehung ermittelt wurde. Zuma erwies sich als mit allen Wassern gewaschener Politiker, indem er die Vorwürfe noch zu seinen Gunsten ausschlachtete. Der gewiefte Populist stellte sich als Mann aus dem Volke hin, der sich gegen eine Verschwörung der von Mbeki angeführten Elite zur Wehr zu setzen habe.

Wundersamerweise tauchten zwei Wochen vor den **Parlamentswahlen** vom April 2009 geheime Tonbandmitschnitte auf, die eine politische Beeinflussung durch Expräsident Mbeki in Zumas Gerichtsverfahren beweisen sollten. Die Vorwürfe gegen Zuma wurden fallen gelassen, die „Beweise" von Zumas Anwälten aber nie herausgegeben.

Der von Zuma angeführte ANC trug (wie erwartet) einen klaren Sieg davon; die Democratic Alliance (DA), die stärkste Oppositionspartei, konnte ihren Stimmenanteil ausbauen. Die Unterstützung für die beiden wichtigsten politischen Gruppierungen richtete sich grob an ethnischen Grenzlinien aus: Der ANC wurde größtenteils von Schwarzen unterstützt, die DA von weißen und farbigen Wählern.

Angesichts der beherrschenden Rolle des ANC in der südafrikanischen Politik überrascht es kaum, dass die wichtigsten Entscheidungen der Post-Mandela-Ära unter Umgehung des Parlaments getroffen wurden – innerhalb des ANC oder auf der Straße.

2010	2011	2012
Südafrika richtet erfolgreich die Fußball-WM aus und schenkt der Welt die Vuvuzela.	Südafrika gesellt sich zu den BRIC-Ländern (Brasilien, Russland, Indien und China), den wichtigsten Schwellenländern.	Bei Massaker von Marikana werden 44 streikende Bergarbeiter von der Polizei durch Schüsse in den Rücken getötet.

Seitdem die Vuvuzelas schweigen

Während der gelungenen **Fußballweltmeisterschaft 2010** verbrüderten sich die Südafrikaner eine Weile euphorisch im Vuvuzela-Fieber. Aber nachdem die Gäste abgereist waren, ging es politisch weiter wie gehabt. Eigentlich sollte im Land auch wieder der Arbeitsalltag einkehren, aber im August streikten eine Million öffentliche Angestellte drei Wochen lang für Lohnerhöhungen und Mietzuschüsse. Gewerkschaftsführer Zwelinzima Vavi warf dem ANC vor, aus Südafrika langsam einen „Raubtierstaat" zu machen, in dem eine „Elite aus Politik-Hyänen zunehmend den Staat kontrolliert, um sich zu bereichern". Als hätte er es geahnt: bald darauf wurde eine „Übernahme des Staates" durch die Guptas enthüllt, ein mächtiges Unternehmer-Brüdertrio indischer Abstammung mit ungeheurem Einfluss auf Zuma.

Damit sprach Vavi Millionen armer, besitzloser Südafrikaner aus dem Herzen. Rund zwei Jahrzehnte nach dem Sieg der Demokratie warteten sie immer noch darauf, die damit einhergegangenen wirtschaftlichen Früchte zu ernten. Während der ersten beiden Amtsjahre von Zuma nahm die Unzufriedenheit mit der regierenden Partei zu. 2009 und 2010 gab es doppelt so viele Proteste mit Rücktrittsforderungen wie in den vorhergegangenen fünf Jahren unter Mbeki.

2011 ereigneten sich in 40 % der südafrikanischen Wahlkreise Massendemonstrationen. Selbst aus den Reihen seiner eigenen Partei wurde Zuma angegriffen. Julius Malema, Führer der ANC Youth League, der mitgeholfen hatte, Mbeki durch Zuma zu ersetzen, beschuldigte den Präsidenten jetzt, „schlimmer als Mbeki" zu sein. Malema wurde schließlich aus dem ANC ausgeschlossen und gründete eine neue populistische Partei, die **Economic Freedom Fighters** (EFF).

Unterdessen wuchs die Unzufriedenheit in den Platinbergwerken, und 2012 riefen die Bergleute der Mine in Marikana einen **wilden Streik** aus. Ähnlich wie beim Sharpeville-Massaker von 1960 (S. 85), einem der dunkelsten Kapitel der Apartheid, eröffnete die Polizei das Feuer auf die Streikenden, wobei 44 Menschen getötet und zahlreiche andere verwundet wurden.

Die meisten Opfer des **Marikana-Massakers** waren in den Rücken geschossen worden – genau wie in Sharpeville. Julius Malema zog aus dem Ereignis einen enormen politischen Gewinn, indem er nach dem Blutbad höchstpersönlich in Marikana erschien und den Minenarbeitern seine Unterstützung zusagte. Bis zu den Wahlen 2014 profitierte Malema von seiner Solidarität mit der Arbeiterklasse.

Während Minenarbeiter im Einsatz um menschenwürdige Lebensbedingungen ihr Leben ließen und Millionen Bürger verzweifelt versuchten, über die Runden zu kommen, verwendete Präsident Zuma das Geld der Steuerzahler (mehr als 200 Millionen Rand), um seine private Villa in Nkandla, im Hinterland von KwaZulu-Natal, luxuriös zu modernisieren, getarnt als „Sicherheitsmaßnahmen".

Der **Tod von Nelson Mandela** am 5. Dezember 2013 stürzte die Nation – und die ganze Welt – in Trauer. Nicht nur, weil sie einen der größten Staatsmänner des Landes verloren hatte, sondern auch, weil sein Tod das Ende einer hoffnungsvollen Ära symbolisierte, die Südafrika einen vielversprechenden Neubeginn hätte bescheren können. Als Präsident Zuma während

2013	2014	2015
Südafrika und die ganze Welt trauern um Nelson Mandela – und das Ende einer Ära.	Erdrutsch-Wahlsieg des ANC.	Die Protestbewegung #RhodesMustFall erreicht es, dass an der Universität Kapstadt die gewaltige Cecil-Rhodes-Statue entfernt wird.

der zehntägigen Staatstrauer ans Rednerpult trat, wurde er wegen der Korruptionsvorwürfe, die ihn wie düstere Wolken umgaben, von Teilen der Menge ausgebuht.

Doch dann erschien ein Silberstreif am Himmel: das politische System Südafrikas demonstrierte eine erstaunliche Festigkeit. Der **Nkandla-Skandal** wurde nicht totgeschwiegen, sondern in den unabhängigen Medien ausführlich behandelt. Und was vielleicht noch wichtiger war: vor den Public Protector gebracht, eine in der Verfassung festgeschriebene Einrichtung, die die Bürger gegen staatliche Willkür schützt. Die unerschrockene Public-Protector-Amtsinhaberin **Thuli Madonsela** lieferte ungeachtet aller Versuche offizieller Stellen, ihre Untersuchungen zu boykottieren, 2014 einen detaillierten Bericht ab. Darin wies sie unter anderem grobe Unregelmäßigkeiten bei den Umbaumaßnahmen an Zumas Privathaus und zahlreiche Verstöße gegen die Staatsmoral nach. Sie verdonnerte Zuma zur Rückzahlung von mehreren Millionen Rand.

Seltsamerweise hatte der Nkandla-Skandal aber kaum negative Auswirkungen auf das Abschneiden des ANC bei den **Wahlen von 2014**. Obwohl er einige Anhänger verlor, darunter viele an Julius Malemas EFF, die 25 Sitze gewann, siegte der ANC mit einer beachtlichen Mehrheit von 62 %. Dennoch realisierten viele in der Partei, dass der ANC sich mehr um die Bedürfnisse der Arbeiterschaft und Besitzlosen kümmern müsste, wenn sie ihre Wählerschaft behalten wollte.

Zuma wurde zunehmend als Bedrohung für die Partei gesehen und als ein Staatschef, der die von Mandela verfochtenen Prinzipien mit Füßen trat. Bei den Regionalwahlen von 2016 verlor der ANC in Johannesburg, Pretoria und Port Elizabeth gegenüber der **Democratic-Alliance** (DA). Ein Jahr später feuerte Zuma den weithin respektierten Finanzminister **Pravhin Gordhan**, was zu Unmut innerhalb des ANC und landesweiten Demonstrationen führte. Am 13. Februar 2018 schließlich forderte der ANC Zuma, der noch bis zu den Präsidentschaftswahlen 2019 im Amt bleiben wollte, wegen massiver Korruptionsvorwürfe zum Rücktritt auf. Nach heftiger Gegenwehr erklärte Zuma am 14. Februar seinen Rücktritt und kam damit einem für den nächsten Tag angekündigten Amtsenthebungsverfahren zuvor.

Einen Tag später wurde der bisherige Vizepräsident und seit Dezember 2017 Vorsitzender des ANC **Cyril Ramaphosa** als neuer Präsident vereidigt. Im Rahmen seiner versprochenen politischen Wende sorgte er bislang unter anderem dafür, dass Pravin Gordhan wieder an den Kabinettstisch zurückkehrte: als Leiter des Ministeriums für Staatsunternehmen. Ramaphosa tritt ein schweres Erbe an. Um die Wirtschaft des Landes steht es nicht zum Besten und seine ehemalige politische Partei der Befreiung ist so unglaubwürdig wie noch nie. Dennoch scheint nicht sehr wahrscheinlich, dass bei den Wahlen 2019 eine **Democratic-Alliance**-Regierung ans Ruder kommen könnte, denn ungeachtet ihres in Soweto aufgewachsenen schwarzen Vorsitzenden **Mmsusi Maimane** hängt der DA das Image einer „Weißen"-Partei an.

Am 2. April 2018 starb die Anti-Apartheid-Kämpferin und Ex-Ehefrau von Nelson Mandela, **Winnie Madikizela-Mandela**, im Alter von 81 Jahren. Sie erhielt ein Staatsbegräbnis und Präsident Cyril Ramaphosa würdigte sie als „Mutter unserer Nation" und „große afrikanische Frau".

2016	2017/18	2018
Democratic Alliance, in Westkap vertreten von der ehemaligen Parteivorsitzenden Helen Zille, wird bei Regionalwahlen stärkste Partei in Kapstadt.	Eine der schlimmsten Dürreperioden seit Jahren sucht Kapstadt heim. Pro Kopf dürfen nur noch 50 l Wasser pro Tag verbraucht werden	Präsident Zuma tritt, einen Tag bevor ein Amtsenthebungsverfahren gegen ihn erhoben wird, zurück; Nachfolger wird Cyril Ramaphosa.

Musik

Südafrika verfügt über eine der größten Musik-industrien Afrikas und produziert Musik unterschiedlichster Stilrichtungen. Musikliebhaber finden hier mühelos alles Mögliche, darunter seit 200 Jahren fast unverändert gebliebene indigene afrikanische Rhythmen und eine große Auswahl an weißer Popmusik, wie man sie aus den Plattengeschäften der westlichen Welt kennt.

Gospel

Das vielleicht größte musikalische Geschenk des schwarzen Südafrika an die Welt sind Chorgesänge, und nirgendwo klingen sie besser als in den **Kirchen**. In den meisten katholischen, evangelischen und methodistischen Gemeinden entstand eine Kirchenchortradition, basierend auf den klassischen europäischen Kirchenliedern und aufgelockert durch afrikanischen Rhythmus und Tanz.

Die Musik in den **Pfingstlerkirchen** weist einen stärkeren US-Einfluss auf, doch die Rhythmen und Melodien sind unverkennbar südafrikanisch und sehr bewegend. Diese Art der Gospelmusik ist die am meisten verkaufte, und es lohnt sich, Ausschau nach CDs von Gruppen wie den **Lord Comforters**, **Joyous Celebration**, **Pure Magic**, **Lusanda Spiritual Group** oder der stimmgewaltigen **Rebecca Malope** zu halten (mehr zu Rebecca Malope s. Kasten).

Kwaito und Hip-Hop

Kwaito, der definitive Sound der schwarzen südafrikanischen Jugend, existiert seit rund 30 Jahren. Anscheinend begann alles damit, dass DJs, die in den frühen 1990ern importierte Tanzmusik auflegten, feststellten, dass Chicago House in weißen Clubs nicht ankam. Und dann fanden sie heraus, dass bei Clubbern die Platten am besten ankamen, wenn die Geschwindigkeit von 45 auf 33 gedrosselt wurde. In Kwaito spiegelt sich die depressive, nihilistische Stimmung vieler Township-Jugendlicher, und die Musik

Die zierliche Rebecca Malope ist seit vielen Jahren der Gospel-Star Südafrikas. Nur Stadien können bei ihren Auftritten ihre riesige, fast ausschließlich schwarze Fangemeinde fassen. Jedes ihrer Alben wurde zu Gold oder Platin, und jeder kennt ihre Liedtexte. Das heißt fast jeder – außerhalb Afrikas ist Rebecca Malope so gut wie unbekannt.

Sie wurde 1969 als Tochter eines Sotho-Vaters und einer Swazi-Mutter in Nelspruit, Mpumalanga, geboren und sang schon als Kind im Chor der dortigen Kirche, in der ihr Großvater Pastor war. Ihre ersten Plattenaufnahmen bestanden überwiegend aus albernen Popsongs, doch dann wurde sie in Johannesburg von Sizwe Zako entdeckt, ihrem späteren Keyboarder und Produzenten. Unter seiner Anleitung und (lt. Eigenaussage) auf Grund von Fanbriefen, in denen sie gebeten wurde, die Lieder Gottes zu singen, kehrte Rebecca 1990 zum Gospel zurück – ein Schritt, der sich mehr als auszahlte. Rebeccas musikalisches Konzept stammt von Zako und variiert kaum. Die Lieder sind religiöse Lobgesänge, untermalt von Keyboardwirbeln und begleitet von ausgezeichneten Backgroundstimmen. Sie trägt sie mit dramatischen Gesten und einer klangvollen, hohen, manchmal verführerisch rauchigen Stimme vor.

wird oft mit Bandenwesen und hemmungsloser Sexualität in Verbindung gebracht.

Zu den interessanten Stimmen zählen **Mzekezeke**, **Toko-I-lo**, **Kabelo**, der „Hardrocker" **Mandoza** und der auf Gangster machende **Zola**. Mehrere Kwaito-Bands verdanken ihren Erfolg **Kalawa Jazmee**, dem Plattenlabel von Oscar Mdlongwa, alias **DJ Oskido**, darunter **Trompies**, **Bongo Maffin** und **Mafikizolo**.

Südafrikanische **Hip-Hop**-Künstler drücken sich eher als ihre Kwaito-Kollegen auf Englisch aus und kommen eher aus mittelständischen Familien als aus den Townships – folglich können sie auch mehr Geld für Studioaufnahmen hinlegen. Renommierte Hip-Hopster sind „Township Techno"-Wunderkind **Spoek Mathambo**, **Optical Illusion**, **Cashless Society**, **Zubz** und **Lions of**

Die bekannteste südafrikanische neotraditionelle Musik ist Iscathamiya oder Mbubeaus der Zulu-Tradition. Iscathamiya, ein Chorgesang ohne Begleitung, wurde im Westen durch Ladysmith Black Mambazo bekannt und nahm seinen Anfang nach dem Ersten Weltkrieg in den Hostels der Wanderarbeiter. Den ersten großen Hit landeten Solomon Linda and the Original Evening Birds, deren Song „Mbube" über 100 000 Mal verkauft wurde. Später machte er in einer Neuversion als „The Lion Sleeps Tonight" Furore und wurde ein Welthit.

1973 nahmen Ladysmith Black Mambazo ihr erstes Album *Amabutho* auf, von dem 25 000 Stück (das bedeutet in Südafrika eine Goldene Schallplatte) verkauft wurden. Inzwischen hat die Gruppe mehr als 50 weitere goldene Alben produziert. Im Anschluss an ihre Zusammenarbeit mit Paul Simon auf dem Album Graceland produzierte er ihr Album *Shaka Zulu*, das 100 000 Mal rund um den Globus verkauft wurde und Iscathamiya international bekannt machte. 1997 brachte Ladysmith Black Mambazo *Heavenly* heraus, ein Album in Zusammenarbeit mit internationalen Künstlern, darunter Dolly Parton. Nachdem ihr Song „Inkanyezi Nezazi" in einer britischen Fernsehwerbung für gebackene Bohnen zu hören war, verkaufte die Gruppe in Großbritannien mehr als eine Million Tonträger, ein noch nie dagewesener Erfolg in der südafrikanischen Musikgeschichte.

2013 haben sie für ihr Live-Album *Singing for Peace Around the World* ihren vierten Grammy Award bekommen, diesmal in der Kategorie Beste Weltmusik.

Zion (die, wie der Name vermuten lässt, Hip-Hop mit Reggae verschmelzen), Comedian und Rapper **Ifani**, und **Pro**, der für seine einfallsreichen Texte gelobt wird.

House, Rap und Reggae

Schöpfer und Fans südafrikanischer **House**-Musik kommen aus allen Ethnien und Kulturen des Landes, doch schwarze DJs wie **DJ Fresh**, **Glen Lewis**, **DJ Mbuso**, **Thibo Tazz**, **DJ Fosta** und **Oskido** erhalten seit Jahren die meiste Beachtung in den Medien. Für ihre Aufnahmen greifen sie gewöhnlich auf internationale Klänge zurück. **Pex Africah** dagegen hat sich durch die Verwendung traditioneller afrikanischer Klänge einen Namen gemacht.

Rap ist in Südafrika seit den frühen 1990er-Jahren unverändert populär, jedoch vorwiegend eine Ghettoerscheinung innerhalb der farbigen Bevölkerung des Westkaps (abgesehen von Stars wie dem aus Soweto stammenden Spoek Mathambo). Viele der Musiker, die sich vor allem afroamerikanische Rapper wie Public Enemy zum Vorbild nehmen, vermitteln den Eindruck, eigentlich „in Afrika gestrandete Amerikaner" zu sein. Pioniere dieser Musikrichtung waren die sehr politischen **Prophets of Da City**, zu deren Mitglieder Rapper Shaheen Ariefdien zählte. Weitere Rapper, die auf der Bildfläche erschienen, sind etwa **Brasse Vannie Kaap** (die auf Afrikaans rappen), **Reddy D** und **Godessa**. Die neu gegründete Produktionsfirma African Dope mit Sitz in Kapstadt verzeichnete in letzter Zeit Erfolge unter anderem mit Acts wie **Teba**, **Funny Carp** und den Crossover-Jazz-Latin-Hip-Hop-Funkstern **Moodphase5ive**.

Für **Lucky Dube**, den Star der südafrikanischen Reggae-Szene, der 2007 tragischerweise einem Raubüberfall zum Opfer fiel, will sich einfach kein würdiger Nachfolger finden. Der energische, disziplinierte und talentierte Live-Musiker reicherte seinen klassischen Reggae-Sound gern mit Falsetttönen an, die an den amerikanischen Soulsänger Smokey Robinson erinnerten.

Neotraditionelle Musik

Wie beim Kwaito liefern die Instrumente in der **neotraditionellen Musik** eigentlich nur die Klangkulisse für Songtexte und Tanz. Zu den größten Stars dieses Genres gehört der aus der Provinz Limpopo stammende Shanga-Sänger **Thomas Chauke**, der seinen Gesang oft mit

Drum Machine, elektronischem Keyboard und komplexem Gitarrensound untermalt.

Neotraditionelle **Zulu-Musik** ist ein Dauerbrenner, sowohl in ihrer A-cappella-Form, genannt **Iscathamiya**, als auch im auf Gesang/Gitarre basierenden Stil namens **Maskanda**. Besonders hörenswerte Interpreten sind beispielsweise **Phuzekhemisi**, **Shiyani Ngcobo** und der begnadete, verstorbene **Mfaz'Omnyama**. Ein weiterer Star der neotraditionellen Szene ist der der "Queen of Ndebele music" **Nothembi Mkhwebane**. Die talentierte Sängerin spielt Elektrogitarre und ist für ihre sensationellen, mit wunderschönen Ndebele-Perlen und -Metallschmuck verzierten Outfits berühmt.

Jazz

Jazz ist in Südafrika seit Jahrzehnten populär, und in Johannesburg oder Kapstadt werden praktisch jedes Wochenende Jazzveranstaltungen geboten. Der **südafrikanische Jazz** war die Musik, die am stärksten mit dem Widerstand gegen die Apartheid in Verbindung gebracht wurde, vor allem nachdem seine Hauptvertreter in den 1960er-Jahren ins Exil gingen.

Die Wurzeln des südafrikanischen Jazz reichen jedoch sehr viel weiter zurück. Sie liegen in der Marabi-Musik, die kurz nach dem Ersten Weltkrieg in den Slums von Johannesburg entstand. Während des Zweiten Weltkriegs kam **amerikanischer Swing** in Mode, und aus der Verbindung von Swing und Marabi ging ein neuer Stil hervor, der **African Jazz**. Dieser dominierte während der 1940er- und 50er-Jahre, und ihm entstammte das erste südafrikanische Musiktalent, das ins Exil ging: die Sängerin **Miriam Makeba**, die anfangs bei den **Manhattan Brothers** gesungen hatte.

Die Weiterentwicklung ging nun in Richtung der amerikanischen Avantgarde. Zwei der ersten Vertreter dieses Stils in Südafrika sind die **Jazz Epistles** und die **Blue Notes**. Als gemischtrassige öffentliche Auftritte in Südafrika gesetzlich verboten wurden, verließen fast alle Mitglieder der Epistles Anfang der 60er-Jahre einzeln das Land; die Blue Notes kehrten Südafrika 1964 gemeinsam den Rücken.

Manche südafrikanischen Jazzer streiften im Exil ihre Wurzeln ab. Andere, wie **Hugh Masekela**, verliehen ihren Township-Erfahrungen neue Töne. In der Heimat aber blieben altmodischer afrikanischer Jazz wie der von den **Elite Swingsters** und **Ntemi Piliso's Alexandra All Stars** gespielte nach wie vor populär.

In den 1970er- und 1980er-Jahren mixten Bands wie **Sakhile**, **The Drive** und die **Jazz Ministers** südafrikanische Klänge mit Funk-, Soul- und Rockeinflüssen. Ihre Absicht war, eine leichter verdauliche Art Jazz für ein breiteres Publikum hervorzubringen. Nach Abschaffung der Apartheid kehrten die noch lebenden Exilierten zögerlich wieder zurück. Nun vereinigten sich in einer neueren, jüngeren Generation von Jazzmusikern erneut alte südafrikanische Traditionen mit zeitgenössischen internationalen Trends.

Seit Abschaffung der Apartheid ist eine neue Generation von Jazzern herangewachsen, beispielsweise Sänger/innen wie **Gloria Bosman**, **Judith Sephuma**, **Sibongile Khumalo**, Saxophonisten wie **McCoy Mrubata** und **Zim Ngqawana**, Keyboarder wie **Paul Hanmer** und **Themba Mkhize**, Gitarristen wie **Jimmy Dludlu** und **Selaelo Selota** und Trompetenspieler wie **Prince Lengoasa** und **Marcus Wyatt**.

Drei Künstler, die in den letzten Jahren von sich reden gemacht haben, sind die Ostkap-Sängerin **Simphiwe Dana**, die Jazz, Soul und traditionelle Musik miteinander verbindet, der Pianist **Bokani Dyer** und die Vokalistin **Tutu Puoane**.

Afropop

Unter „**Afropop**" lässt sich fast alles subsumieren, doch ist dies wahrscheinlich der Bereich, in den sich viele zeitgenössische südafrikanische Musikschaffende am besten einordnen lassen. Afropop ist die Kunst, afrikanische Musikstile mit eingängigen westlichen Sounds zu kombinieren, und Klänge statt mit Instrumenten von Computern gesteuert hervorzubringen.

Der Afropop geht bis auf Miriam Makebas erste in Amerika aufgenommene Platten in den frühen 1960er-Jahren zurück. Jüngere Beispiele sind beispielsweise Paul Simons 1987 in Zusammenarbeit mit Ladysmith Black Mambazo erschienene *Graceland*. Auch die Musik der Bubblegumpop-Queen **Yvonne Chaka Chaka** aus den 1980ern und 90ern könnte man als Afropop bezeichnen. Zu Interpreten, die in dieselben Fußstapfen traten, zählen **Jabu Khanyile**, **Vusi Mahlasela**, **Ringo Madlingozi** und **Busi Mhlongo**.

Erfolgreichster Vertreter dieser Musikrichtung ist die in Kapstadt beheimatete Gruppe **Freshlyground**. Aufgrund ihrer großen Fangemeinde und eingängigen Musik wurde sie als Begleitband für Shakira bei den Eröffnungs- und Abschlusszeremonien der **Fußballweltmeisterschaft 2010** auserwählt und spielte vor einem Milliardenpublikum. Die Band ist immer noch erfolgreich, absolviert eine Menge Liveauftritte und hat 2013 das Album *The Legend* veröffentlicht.

Weißer Pop und Rock

Englischsprachige Südafrikaner haben jeden in der westlichen Welt erfolgreichen Musikstil kolportiert, und manche sind sogar in Übersee berühmt geworden. Zu den ersten und bekanntesten zählt die Alternative-Rockband **Springbok Nude Girls**, Vorgruppe von U2 auf deren Südafrikatour 2011. Andere Südafrikaner, die internationale Berühmtheit erlangten, wie **Dave Matthews**, **Seether**, **Just Jinger** und **Wonderboom**. Viele andere begabte Musiker sind jedoch in Südafrika geblieben. Zum Beispiel **Goldfish**, die **Parlotones**, der Akustikgitarrenvirtuose **Steve Newman** und **Tananas**, ein Gitarrentrio, mit dem Newman mehrmals im Jahr zusammenspielt. Kapstadt hat ein neues, unbedingt hörenswertes Talent hervorgebracht: den Folk-Popsänger **Jeremy Loops**, der 2014 mit seiner meisterhaften Beherrschung von Looper, Gitarre, Harmonika und Beatbox den Spitzenplatz der südafrikanischen iTunes-Charts stürmte.

Ebenso wie der African Jazz ist **Afrikaanse Musik** eine Welt für sich, mit zahlreichen Unterkategorien und einer langen Liste heiß geliebter Interpreten. Von Ende der 1920er- bis in die 1960er-Jahre hinein gelangte als prägendster ausländischer Einfluss die amerikanische

Country-Musik hinzu. Anfang der 1970er-Jahre trat an seine Stelle der seichtere Pop, insbesondere Eurodisco, und auf dieser Welle schwammen eine ganze Reihe afrikaanssprachiger Popstars mit. Etwas höheren Ansprüchen wurde der leicht opernhafte Stil von **Gé Korsten** gerecht, dem vermutlich beliebtesten afrikaanssprachigen Interpreten jener Zeit.

Nachdem die Apartheid abgeschafft war, machte sich landesweit Sorge um die Zukunft des Afrikaans und der damit verbundenen Kultur breit, was zum Wiederaufleben des Interesses an Afrikaansmusik führte. Heute ist die Bandbreite zweifellos größer als je zuvor. Als Beispiele seien genannt: die House/Disco von **Juanita**, der Heavy Rock von **Karen Zoid** und **Jackhammer**, die modernisierte Boeremusik der **Klipwerf Orkes** und die an Neil Diamond erinnernden Songs von **Steve Hofmeyer** (dem Bestseller unter den afrikaanssprachigen Musikern). Recht neu sind die harten Punkrocker von **Fokofpolisiekar** (*„fuck off,* Polizeiauto") und der Rapper **Jack Parow** mit seinen einstudiert banalen Texten. Der Dokumentarfilm *Forgive Them for They Know Not What They Do* (ersch. 2009) von Fokofpolisiekar vermittelt einen Eindruck von den Herausforderungen, vor die sich Rockbands im nach wie vor konservativen afrikaansen Kulturbetrieb gestellt sehen.

New Wave Dance und Electronica

Wie beim Afropop sind die Begriffe **New wave dance und Electronica** sehr dehnbar. Alle möglichen Sounds fallen darunter, die in den letzten rund zwanzig Jahren die Tanzböden Südafrikas erschütterten und seit 2010 nach Europa und USA hinüber geschwappt sind. Musiker wie **Spoek Mathambo**, **DJ Mujava**, **Culoe De Song**, **Markus Wormstorm**, **Sibot** und die Ibiza-Stars **Goldfish** feiern weltweit Erfolge.

Mathambo liefert eine weniger gefällige Mischung afrikanischer und westlicher Musikstile in seinem „township tech"", in dem Lo-Fi-Gitarre, Hip-Hop-Beats und Electronic verschmelzen, ergänzt durch elaborierte Wortspie-

Brenda Fassie

Kwaito hat den Karrieren zahlreicher Popstars der 1980er-Jahre ein Ende bereitet, doch der inzwischen verstorbenen Brenda Fassie ist es nicht nur gelungen, diese neue Welle zu überstehen, sondern auf ihr mitzuschwimmen. Brenda war die Popkönigin Südafrikas und ist die einzige einheimische Künstlerin, deren Musik noch in den Clubs überall im Lande gespielt wird.

Brendas Karriere begann Anfang der 1980er-Jahre als Leadsängerin von Brenda and the Big Dudes mit einer Reihe Bubblegumhits, darunter der Evergreen „Weekend Special". Brenda mixte in ihrem Sound Kwaito, Mbaqanga und Gospel mit ihren ureigenen, außergewöhnlichen Schöpfungen und erzielte wohlverdiente Riesenerfolge.

In den 1990er-Jahren, als einige ihrer Zeitgenossen leichte Musik für ein Mittelschichtspublikum in den mittleren Jahren produzierten, mischte sich Brenda ostentativ unter Jugendliche in Soweto und Hillbrow, den heißesten Ecken Johannesburgs. Dort begann sie zum Entzücken der Schmuddelpresse eine lesbische Beziehung, wurde kokainabhängig, verlor auf der Bühne immer wieder komplett den Faden – und machte bessere Musik denn je zuvor.

Tragischerweise wurde sie schließlich das Opfer ihrer stürmischen Art zu leben. Sie starb im Jahr 2004, nachdem sie zwei Wochen lang im Koma gelegen hatte; einer ihrer Besucher am Krankenbett war Präsident Thabo Mbeki. Bei ihrem von einem riesigen Medienaufgebot begleiteten Begräbnis kam es zu herzzerreißenden Szenen.

le in Englisch und mehrere afrikanischen Sprachen. Auch wenn sie globale Geschmäcker treffen, sind die Sounds aber immer noch ausgesprochen südafrikanisch. Sie klingen ein wenig nach Afrobeat, Kwaito, Mbaqanga und was im Land sonst noch so in der Luft liegt. Am erfolgreichsten auf dieser nicht mehr ganz neuen Welle schwimmen bislang die auf Vulgärsprache spezialisierten Zef-Rapper **Die Antwoord** (s. Kasten S. 98).

Safari Guide

Abgesehen von Parks wie dem Krüger, Kgalagadi Transfrontier, Hluhluwe-iMfolozi, Addo Elephant und Pilanesberg, wo man den „Großen Fünf" (Löwe, Leopard, Büffel, Elefant und Nashorn) begegnen kann, gibt es Hunderte weitere Wildschutzgebiete, die zahllose kleinere Raubtiere und Dutzende Pflanzenfresser, darunter vom Aussterben bedrohte Arten, in durchweg wunderschöner Landschaft beherbergen.

Inhalt

Unser kleiner Safari Guide erlaubt einen raschen Überblick zur Identifizierung einiger der in Südafrika am häufigsten anzutreffenden **Säugetiere**. Er umfasst sowohl Spezies, die überall im Land vorkommen, als auch einige, die nur in bestimmten Regionen verbreitet sind. Anhand der Fotos mit charakteristischen Kennzeichen und Einzelmerkmalen lassen sie sich leicht zuordnen. Die Beschreibung enthält Hinweise zum Habitat, in dem das jeweilige Säugetier anzutreffen ist, seinem Tagesrhythmus, seinem üblichen Gruppenverhalten und die Namen einiger der Reservate, in denen es höchstwahrscheinlich anzutreffen ist.

Primaten

Bärenpavian (chacma baboon,
Papio ursinus, auch *cynocephalus*)

Südafrika besitzt nur fünf verschiedene **Primatenarten**; das ist die geringste Zahl auf dem afrikanischen Kontinent. Die am weitesten verbreitete Primatenart des Landes ist der Bärenpavian. Pavianmännchen können von Statur und Gehabe ziemlich respekteinflößend wirken und sind oft dreist genug, um Fahrzeuge oder Unterkünfte nach Nahrung zu durchwühlen, ohne sich von Menschen in unmittelbarer Nähe abschrecken zu lassen. Ihre Sozialbeziehungen sind komplex und drehen sich vor allem darum, in der Hierarchie auf- oder zumindest nicht abzusteigen. Rang, Geschlecht, Alter, körperliche Stärke und Familienbande bestimmen die Stellung des Einzelnen in der Gruppe, die von einem dominanten Männchen angeführt wird. Jedes erwachsene Männchen steht in der Hierarchie über sämtlichen Weibchen. Die Fellpflege während der Ruhezeiten dient zugleich der Pflege der sozialen Beziehungen: Wie andere Affenarten auch lausen und „massieren" die Paviane sich ausgiebig gegenseitig. Paviane sind ziemlich wahllose Allesfresser, die sich genauso über einen Skorpion oder eine neu geborene Antilope hermachen wie eine Zitrusplantage nach Orangen abernten.

Reservate Addo, Garden Route (Tsitsikamma), Hluhluwe-iMfolozi, Krüger, Marakele, Mkhuze, Mountain Zebra, Pilanesberg, Tafelberg (Kap der Guten Hoffnung)

Habitat Offenes Gelände mit Bäumen und Klippen; anpassungsfähig, aber immer in Wassernähe; manchmal dicht bei urbanen Gebieten
Aktivitätszeiten Tagaktiv
Sozialverhalten Gruppen von 15–100 Tieren

Gewöhnlicher Galago
(lesser bushbaby, *Galago moholi*)

Der Gewöhnliche Galago (lesser bushbaby) ist nur halb so groß wie der Riesengalago und kommt nur im Nordosten und Norden des Landes bis in die Nordwest-Provinz vor.

Reservate Krüger und Pilanesberg
Habitat Bewaldete Savanne und flussreiche Waldgebiete
Aktivitätszeiten Nachtaktiv
Sozialverhalten Kleine Familienverbände

Grüne Meerkatze
(vervet monkey, *Cercopithecus aethiops*)

Eine häufige Primatenart, die man auch außerhalb der Naturschutzgebiete rund um Farmen und selbst am Stadtrand antrifft, wo sich gute Möglichkeiten für die Futtersuche bieten, sind die Grünen Meerkatzen. Sie ernähren sich vorwiegend vegetarisch, verschmähen aber auch Wirbellose, kleine Eidechsen, Küken und Eier nicht und finden sogar Geschmack an Keksen und Süßigkeiten. Die Meerkatzen leben in Familienverbänden aus Weibchen und Jungtieren, die von dazugehörigen Männchen verteidigt werden. Ihr Sozialgefüge ist eine Art starres Kastensystem. Die Rangstufe der Mutter bestimmt die der Tochter von frühester Kindheit an. Niederrangige erwachsene Weibchen müssen mit Züchtigung rechnen, wenn sie diesen höhergestellten Backfischen nicht den gebührenden Respekt erweisen.

Reservate Osthälfte Südafrikas: in praktisch jedem Tierschutzgebiet in KwaZulu-Natal, Limpopo, Mpumalanga und der Nordwest-Provinz, ebenso entlang der Küste von Mossel Bay bis ins nördliche KwaZulu-Natal
Habitat Grasgebiete, aber selten weit entfernt von Wald; besonders an langen Flüssen, sowohl bewaldet als auch offen
Aktivitätszeiten Tagaktiv
Sozialverhalten Gruppen

Riesengalago (thick-tailed bushbaby, *Otolemur crassicaudatus*)

Mit ihrem weichen Plüschfell, den großen, runden Augen und Ohren und ihrer entfernten Ähnlichkeit mit Hauskatzen gehören die Galagos zu den niedlichsten Primaten überhaupt (kein Wunder, dass man sie auch „Bushbabys" nennt). Wer in einem der Naturreservate in KwaZulu-Natal übernachtet, hat gute Chancen, einen Galago zu sehen. Nach Anbruch der Dunkelheit verlassen sie den Schutz des dichten Laubdachs, wo sie tagsüber in kleinen Gruppen schlafen, um einzeln auf Futtersuche nach Baumsäften und Früchten zu gehen. Im Vergleich zu den anderen Galagos, die schnell und behände von Baum zu Baum springen, bewegt sich der Riesengalago langsamer hoppelnd oder schleichend die Äste entlang. Und falls man sie nicht zu Gesicht bekommt, hört man zumindest ihre schrillen Schreie durch die Nacht gellen. Galagos sind sehr zutraulich und wagen sich auf der Suche nach Essensresten manchmal bis in die Speisesäle der Lodges.

Reservate Hluhluwe-iMfolozi, iSimangaliso Wetland, Krüger

Habitat Trockene und feuchte Waldgebiete; auf Bäumen

Aktivitätszeiten Nachtaktiv

Sozialverhalten Kleine Gruppen aus einem Paar oder einem bzw. zwei Weibchen mit Jungen; revierverteidigende Männchen mit Hoheitsgebieten, die sich mit denen mehrerer Weibchenreviere überschneiden

Weißkehlmeerkatze (samango monkey, *Cercopithecus albogularis*)

Im Gegensatz zu den frechen Grünen Meerkatzen sind die selteneren Weißkehlmeerkatzen scheuere Tiere, die sich nur gelegentlich durch ihren lauten Ruf oder krachend brechende Äste verraten. Weißkehlmeerkatzen ähneln den Grünen Meerkatzen, sind aber größer und tragen einen langen Backenbart, der vage an Darth Vader erinnert. Wie die Grünen Meerkatzen sind sie sehr gesellige Tiere und leben in Weibchengruppen unter der Oberherrschaft eines dominanten Männchens. Im Vergleich zu ihren Verwandten halten sie sich aber bei der Nahrungssuche nicht so dicht beisammen.

Reservate Hluhluwe-iMfolozi, iSimangaliso Wetland und Ndumo

Habitat Bevorzugt höhere Baumwipfel; begibt sich manchmal zur Futtersuche auf offenes Gelände

Aktivitätszeiten Tagaktiv

Sozialverhalten Gruppen

Hundeartige und verwandte Spezies

Afrikanischer Wildhund (wild dog, *Lycaon pictus*)

Wildhunde, die einst als Jäger in der afrikanischen Savanne weit verbreitet waren, sind inzwischen vom Aussterben bedroht. Die südafrikanische Population des am zweitstärksten bedrohten hundeähnliche Tiers der Welt beträgt kaum 500 Tiere; die Hälfte von ihnen lebt im Krüger-Park. Viele Jahre lang wurden sie bedenkenlos abgeknallt, weil man ihnen zu Unrecht unterstellte, Rinder und Schafe mutwillig aus reinem Blutdurst zu reißen. Neuere wissenschaftliche Erkenntnisse ergaben, dass sie ganz im Gegenteil äußerst systematisch und effizient jagen – und darin erfolgreicher sind als irgendeine andere afrikanische Raubtierart. Sie können hohe Geschwindigkeiten von bis zu 50 km/h über lange Strecken durchhalten und reißen ihre Beute im Rudel. Das ganze Rudel von zehn bis 15 Individuen kümmert sich um die Aufzucht der Welpen und füttert sie mit hochgewürgtem Fleisch.

Reservate Krüger (am besten) sowie Hluhluwe-iMfolozi, Madikwe, Marakele, Mkhuze, Pilanesberg und Tswalu

Habitat Offene Savanne in der Nachbarschaft grasender Herden

Aktivitätszeiten Tagaktiv

Sozialverhalten Herumstreifende Rudel

Erdwolf (aardwolf, *Proteles cristatus*)

Der Erdwolf wird den Hyänen zugerechnet, ist jedoch viel kleiner und wesentlich leichtgewichtiger als die Tüpfelhyäne. Außerdem ist er weniger zottig und trägt eine Zeichnung aus senkrechten dunklen Streifen auf gelblich braunem Grund. Darüber hinaus unterscheidet er sich von den Hyänen durch seine Ernährung, die aus

Insekten besteht, und zwar in erster Linie aus Erntetermiten, die er mit seiner breiten, klebrigen Zunge aufleckt (bis zu 200 000 Stück pro Nacht). Die nachtaktiven Erdwölfe sind in Südafrika viel weiter verbreitet als andere Hyänen, aber scheu und nicht oft zu beobachten.

Reservate Addo, Bontebok, iSimangaliso Wetland, Krüger und Pilanesberg
Habitat Fast alle Habitate, außer dichtem Wald
Aktivitätszeiten Nachtaktiv; manchmal in den kühleren Stunden kurz vor der Morgen- oder Abenddämmerung aktiv
Sozialverhalten Einzelgänger

Löffelhund

(bat-eared fox, *Otocyon megalotis*)
Der Löffelhund ist in der westlichen Hälfte des Landes und entlang des Limpopo verbreitet. Er wird den Füchsen zugerechnet und ist von den Schakalen anhand seiner riesigen Ohren, der kürzeren, spitzeren Schnauze und der wesentlich geringeren Größe leicht zu unterscheiden. Seine schwarze Zorro-Maske hilft bei der Unterscheidung vom gleich großen Kapfuchs (Cape fox, *Vulpes chama*), dessen Verbreitungsgebiet sich mit seinem überschneidet. Wie andere Hundeartige auch ist der Löffelhund ein Allesfresser, doch seine bevorzugte Kost besteht aus Termiten und Larven, wobei ihm seine großen, radarähnlichen Ohren nützlich sind. Damit kann er die genaue Position von Mistkäferlarven in bis zu 30 cm Bodentiefe durch Triangulation ermitteln, um sie auszugraben.

Reservate Addo, Bontebok, Karoo, Kgalagadi, Krüger, Mountain Zebra und Pilanesberg
Habitat Offenes Gelände; Gebüsch; leicht bewaldete Gebiete
Aktivitätszeiten Nacht- und tagaktiv
Sozialverhalten Familienverbände von 2–6 Tieren

Schabrackenschakal

(black-backed jackal, *Canis mesomelas*)
Dieses Mitglied der Hundeartigen sieht wie ein kleiner, magerer Schäferhund aus, allerdings mit eher fuchsähnlicher Schnauze. Vom grauen Streifenschakal (s. u.) unterscheidet er sich durch die weiß gesprenkelte, dunkle Rückenpartie, der er seinen Namen verdankt. Beide

Arten sind Allesfresser; ihr Nahrungsspektrum reicht von Aas über kleine Kreaturen wie Insekten, Eidechsen, Schlangen und Vögel. Sie machen aber auch vor Baby-Antilopen und größeren Vögeln nicht halt und schrecken nicht davor zurück, Löwen oder Hyänen ein Stück ihrer erlegten Beute unter der Nase wegzuschnappen.

Reservate Addo, Hluhluwe-iMfolozi, Karoo, Kgalagadi, Krüger, Mkhuze, Mountain Zebra, Pilanesberg
Habitat Alle möglichen, von feuchten Gebirgsregionen bis zu Wüste; meidet aber dichte Waldgebiete
Aktivitätszeiten Normalerweise nachtaktiv, in der Sicherheit von Schutzgebieten auch tagaktiv
Sozialverhalten Meist paarweise, aber auch allein oder in kleinen Familiengruppen

Streifenschakal

(side-striped jackal, *Canis adustus*)
Der Streifenschakal ist genau wie sein Verwandter, der Schabrackenschakal, ein Allesfresser. Er ernährt sich von Aas, Kleintieren, Reptilien, Vögeln und Insekten, verschmäht aber auch Obst und Beeren nicht. Die Tatsache, dass der Schabrackenschakal einen trockeneren Lebensraum bevorzugt, während der Streifenschakal wasserreiches Waldland schätzt, kann bei der Unterscheidung helfen.

Reservate iSimangaliso Wetland, Krüger
Habitat Sehr wasserreiches Waldland
Aktivitätszeiten Überwiegend nachtaktiv
Sozialverhalten Einzelgänger oder Paare

Tüpfelhyäne

(spotted hyena, *Crocuta crocuta*)
Die größten Raubtiere nach den Löwen sind die Hyänen, und die Tüpfelhyäne ist der Fleischfresser, den man am häufigsten zu sehen bekommt. Obwohl sie vor allem als Aasfresser bekannt sind, tun sich die Tüpfelhyänen auch als gefährliche Jäger hervor. Am häufigsten sind sie da anzutreffen, wo sich auch Antilopen und Zebras aufhalten. Die ausgezeichneten Futterverwerter verzehren ihre Beute mit ihren außerordentlich kräftigen Zähnen und Kiefern praktisch komplett, samt Haut und Knochen. In Regionen, wo sie sich an menschliche Nähe gewöhnt haben, klauen sie oft sogar Schuhe, schmutzige Töpfe

und Abfall aus Zelten. Sie zeigen sich auch am Tag, sind aber vor allem in der Nacht aktiv – dann lassen sie auch ihre unheimlichen heulenden Rufe ertönen. Die Rudel von etwa 20 Tieren werden von Weibchen angeführt, die größer als die Männchen sind und untereinander um ihre Rangstellung rivalisieren.

Reservate Addo, Hluhluwe-iMfolozi, Kgalagadi und Krüger

Habitat Große Bandbreite an Habitaten, abgesehen von dichtem Wald

Aktivitätszeiten Gewöhnlich nachtaktiv ab Dämmerung, in vielen Parks aber auch tagaktiv

Sozialverhalten Sehr gesellig, leben normalerweise in zahlenstarken Familienverbänden

Raubkatzen

Gepard (cheetah, *Acionyx jubatus*)

Geparden sind die Windhunde unter den Großkatzen. Sie haben kleine Köpfe, sehr lange Beine und ein feines Tupfenmuster. Im Gegensatz zu Leoparden klettern sie nie auf Bäume, da sie vorwiegend an das Leben in der offenen Savanne angepasst sind. Auch als Jäger gehen sie normalerweise allein vor und verlassen sich dabei auf ihre gute Sicht und ihre unglaubliche Sprintgeschwindigkeit, die sie für wenige Sekunden auf bis zu 100 km/h steigern können. Da sie leichter als Löwen und nicht so kraftvoll wie Leoparden sind, können sie ihre Beutetiere nicht durch die reine Angriffswucht zu Fall bringen. Stattdessen treten sie ihrem Opfer die Hinterbeine weg, um es aus dem Gleichgewicht zu bringen, bevor sie es anfallen.

Reservate Addo, Hluhluwe-iMfolozi, Kgalagadi, Krüger und Mountain Zebra

Habitat Savanne in der Nähe von Steppentieren

Aktivitätszeiten Tagaktiv

Sozialverhalten Einzelgänger oder vorübergehend als Paargemeinschaft

Karakal (caracal, *Caracal caracal*)

Der Karakal gilt zwar als Kleinkatze, ist aber dennoch ein stattliches Tier. Der imposante Jäger mit hervorragenden Kletterfähigkeiten kann Beutetiere wie ausgewachsene Impalas oder Schafe zur Strecke bringen, die sein eigenes Gewicht von 8–18 kg weit übertreffen. Häufiger ernährt er sich aber von Vögeln, die er teils im Flug erlegt, und von kleineren Säugetieren wie dem Klippschliefer (S. 120).

Reservate Addo, Karoo, Kgalagadi, Krüger, Mountain Zebra (einer der besten Orte), Tafelberg (Kap der Guten Hoffnung)

Habitat Offener Busch und Ebenen; manchmal baumbestanden

Aktivitätszeiten Überwiegend nachtaktiv

Sozialverhalten Einzelgänger

Leopard (leopard, *Panthera pardus*)

Die ausgesprochen anpassungsfähigen Katzen, die von Afrikas Südküste bis nach China verbreitet sind, können selbst in extrem trockenen oder kalten Zonen überleben und scheuen auch die Nähe menschlicher Behausungen nicht, wo sie sich gern am Vieh vergreifen. Das erklärt ihr Fehlen in den Schafzuchtgebieten im zentralen Südafrika, wo sie von den Farmern ausgerottet wurden. In den schroffen Gebirgsregionen des südlichen Westkaps streifen sie noch umher, doch wird man die meist versteckt lebenden Einzelgänger hier selten zu Gesicht bekommen. Die muskulösen Katzen können Beutetiere reißen, die doppelt so schwer sind wie sie selbst, und eine Impala-Antilope, die ihrem eigenen Gewicht entspricht, auf einen Baum hinaufzerren. Längere Hetzjagden gehören nicht zum taktischen Repertoire der Leoparden; sie schleichen sich lieber bis auf zwei Meter an ihre Beute heran, bevor sie zuschlagen.

Reservate Krüger, Hluhluwe-iMfolozi, Marakele und Pilanesberg; die besten Orte sind die privaten Reservate in Sabi Sands, angrenzend an den Krüger, deren Leoparden sehr gut an menschliche Besucher gewöhnt sind; ebenfalls präsent im gebirgigen südlichen Westkap, aber scheu und selten zu sehen.

Habitat Extrem anpassungsfähig; oft auf Bäumen

Aktivitätszeiten Nachtaktiv; auch zu kühleren Tagesstunden aktiv

Sozialverhalten Einzelgänger

Löwe (lion, *Panthera leo*)

Für die meisten Safaritouristen sind die faszinierendsten *Felidae* die Löwen, Afrikas größte Katzen und auch die größten heimischen Raubtiere überhaupt. Da trifft sich es gut, dass man die

1 SERVAL; 2 LÖWE; 3 GEPARD; 4 KARAKAL; 5 LEOPARD

Löwen am ehesten zu Gesicht bekommt, obwohl sie von allen Katzen in Südafrika die geringste Verbreitung haben. Die trägen und geselligen Tiere versuchen in der Regel gar nicht, sich zu verstecken, und sind daher relativ leicht aufzuspüren. Ihr Ruf als kaltblütige, tüchtige Jäger ist eher unverdient: Nur 30 % ihrer Jagdversuche sind erfolgreich, und das auch nur, wenn sie im Rudel angreifen. Die Männchen sparen sich die Mühe des Jagens nach Möglichkeit ganz und lassen sich gern von den Löwinnen des Rudels mit einer Gratismahlzeit versorgen.

Reservate Gesunde Populationen im Kgalagadi und Krüger; limitierte Anzahl im Addo, Hluhluwe-iMfolozi, Mapungubwe, Marakele und Pilanesberg.
Habitat Überall, wo es Wasser und Schatten gibt, außer in dichten Wäldern
Aktivitätszeiten Tag- und nachtaktiv
Sozialverhalten Gruppen von drei bis vierzig, normalerweise um zwölf Tiere

Serval (serval, *Felis serval*)

Der langbeinige, gefleckte Serval hat eine gewisse Ähnlichkeit mit dem Gepard, ist jedoch viel kleiner und lässt sich viel seltener blicken. Die geschickten Jäger nutzen ihre großen, rundlichen Ohren, um die Beute (meist kleine Nagetiere, Vögel oder Reptilien) zu orten, die sie mit eindrucksvollen Sprüngen erjagen und mit beiden Vordertatzen packen.

Reservate Hluhluwe-iMfolozi, Ithala, Krüger, Pilanesberg, uKhahlamba-Drakensberg
Habitat Schilf oder hohes Gras in Wassernähe
Aktivitätszeiten Normalerweise nachtaktiv, kann aber auch tagsüber beobachtet werden
Sozialverhalten Normalerweise Einzelgänger

Kleinere Raubtiere

Afrikanische Zibetkatze
(African civet, *Civettictis civetta*)

Die Zibetkatze ist ein relativ großes und kräftiges Tier, das ebenso wie die kleineren Ginsterkatzen zu den Schleichkatzen gehört. Sie wurde früher häufig in Gefangenschaft gehalten, um Zibet zu gewinnen: Das moschusartig riechende Sekret der Drüsen in Schwanznähe diente als Inhaltsstoff von Parfüms. Zibetkatzen lassen

sich nicht allzu häufig blicken, sind aber insofern sehr berechenbar, als sie Nacht für Nacht dieselben Wege nehmen. Sie sind Allesfresser und ernähren sich von Aas, kleinen Nagetieren, Vögeln, Reptilien und Früchten. Sie kommen im Norden Südafrikas vor: in Mpumalanga und im äußersten Norden von KwaZulu-Natal.

Reservate Krüger und Pilanesberg.
Habitat Offene Waldgebiete, besonders in Flussnähe
Aktivitätszeiten Nachtaktiv
Sozialverhalten Einzelgänger

Honigdachs
(honey badger, *Mellivora capensis*)

Der ungewöhnliche Honigdachs, der mit dem Europäischen Dachs verwandt ist, steht im Ruf, sich bei Bedrohung erbittert zu verteidigen. Der Allesfresser bricht bevorzugt Bienennester auf (zu denen ihn ein kleiner Vogel, der sogenannte Honiganzeiger, führt); seiner dicken, lose sitzenden Haut können Bienenstiche nichts anhaben.

Reservate Addo, Hluhluwe-iMfolozi, Karoo, Kgalagadi, Krüger und Pilanesberg
Habitat Alle möglichen, außer Waldgebiete
Aktivitätszeiten Überwiegend nachtaktiv
Sozialverhalten Einzelgänger, manchmal Paare

Kleinfleck-Ginsterkatze oder Europäische Ginsterkatze
(small-spotted genet, *Genetta genetta*)

Die Ginsterkatze erinnert an eine schlanke, lang gestreckte Katze. Die Ginsterkatzen gehören zu den Schleichkatzen und sind somit auch mit den Mangusten verwandt. Nachts treiben sie sich oft in der Umgebung der Lodges in Nationalparks herum, wo einige ein halbzahmes Dasein führen. Sie sind nur schwer von den weniger verbreiteten Großfleck-Ginsterkatzen (large-spotted genets, *Genetta tigrina*) zu unterscheiden, die größere Flecken und eine schwarze (statt einer weißen) Schwanzspitze haben.

Reservate Addo, Bontebok, Karoo, Kgalagadi, Krüger, Mountain Zebra, Pilanesberg, Tafelberg (Kap der Guten Hoffnung)
Habitat Große Bandbreite: nicht allzu dichtes Buschland, sogar trockene Gebiete; teilweise auf Bäumen lebend

1 HONIGDACHS; 2 KLEINFLECK-GINSTERKATZE; 3 AFRIKANISCHE ZIBETKATZE; 4 MANGUSTE

Aktivitätszeiten Nachtaktiv. Wird aber in der Abenddämmerung aktiv
Sozialverhalten Einzelgänger

Manguste
(water mongoose, *Atilax paludinosus*)
Die meisten Mangusten, von denen es in Südafrika fast ein Dutzend verschiedene Arten gibt, sind nicht besonders menschenscheu und suchen, selbst wenn sie sich gestört fühlen, nicht sofort das Weite. Ihr Sozialverhalten ist unterschiedlich; manche Mangusten sind Einzelgänger, andere leben in Gruppen. Die Sumpf- oder Wassermanguste, eine der am weitesten verbreiteten Arten, ähnelt dem Otter, ist jedoch kleiner und leichter. Mangusten ernähren sich überwiegend von Krabben und Amphibien, aber auch von Wirbellosen, Eiern, Eidechsen und kleineren Nagetieren. Sumpfmangusten kommen innerhalb eines breiten Streifens von Südafrika vor, der sich von Mpumalanga im Nordosten bis zur Kap-Halbinsel im Südwesten zieht.
Reservate Bontebok, Hluhluwe-iMfolozi, Karoo, Krüger, Mkhuze, Tafelberg (Kap der Guten Hoffnung)
Habitat Wasserreiche Gebiete wie Fluss- und Seeufer
Aktivitätszeiten Überwiegend nachtaktiv, aber auch in der Morgen- und Abenddämmerung aktiv
Sozialverhalten Einzelgänger

Antilopen

Blauducker
(blue duiker, *Philantomba monticola*)
Die kleinste südafrikanische Antilope ist der Blauducker. Er wiegt rund 4 kg, hat einen gewölbten Rücken und eine Schulterhöhe von etwa 35 cm (das entspricht etwa der Größe einer Katze). Das extrem scheue Tier lässt sich in seinem Lebensraum in den südlichen und östlichen Küstenwäldern nur selten entdecken. Der etwas größere Rotducker (red duiker, *Cephalophus natalensis*) ist dreimal so schwer und bewohnt ein ähnliches Habitat wie der Blauducker, allerdings ausschließlich in den Wäldern von KwaZulu-Natal.

Reservate Garden Route (Knysna), iSimangaliso Wetland und Ndumo
Habitat Wald und dichter Busch
Aktivitätszeiten Überwiegend tagaktiv
Sozialverhalten Monogame Paare

Buntbock
(bontebok, *Damaliscus dorcas dorcas*)
Der schokoladenbraune Bontebok mit seiner weißen Gesichts- und Rumpfmarkierung sieht wie eine dunklere, attraktivere Version der Leierantilope aus. Buntböcke gab es früher nur innerhalb eines kleinen Gebietes am südlichen Kap und sie waren fast vom Aussterben bedroht. Inzwischen wurden sie in mehreren Reservaten und auf Farmen angesiedelt und so ihr Überleben gesichert. Eine Unterart, der Blessbock (blesbok, *Damaliscus dorcas phillipsi*), kommt im Freistaat und am nördlichen Ostkap vor.
Reservate Bontebok, De Hoop, Tafelberg (Kap der Guten Hoffnung), Westküste
Habitat Mit Kap-Fynbos bewachsene Küstenebenen
Aktivitätszeiten Tagaktiv
Sozialverhalten Böcke verteidigen ihr Territorium; Gruppen aus Mutterschafen und Lämmern mit bis zu zehn Tieren wandern frei zwischen den Territorien hin und her.

Buschbock
(bushbuck, *Tragelaphus scriptus*)
Trotz entfernter Ähnlichkeit kann man ein Kudu niemals mit einem Buschbock verwechseln: Buschböcke haben einen erheblich kürzeren Rumpf und lediglich einfach gedrehte Hörner. Außerdem sind sie die einzigen Mitglieder der Unterfamilie, die grundsätzlich als Einzelgänger leben, weshalb sie für Beobachter schwerer zu entdecken sind. Man sieht sie oft im Gebüsch oder hört sie durchs Unterholz brechen. Vorsicht: Nicht mit dem größeren Nyala zu verwechseln.
Reservate Addo, Garden Route (Wilderness und Knysna), iSimangaliso Wetland, Krüger, Mapungubwe, Pilanesberg sowie in den meisten Reservaten (selbst den kleinen) in KwaZulu-Natal
Habitat Dichter Busch und Waldgelände in Wassernähe

1 BUSCHBOCK; 2 NYALA; 3 ELENANTILOPE

Aktivitätszeiten Überwiegend nachtaktiv, wenn es kühl ist, auch tagaktiv

Sozialverhalten Einzelgänger, aber manchmal auch gesellig, dann weiden sie in kleinen Gruppen

Elenantilope

(eland, *Taurotragus oryx*)

Die Elenantilope, die größte Antilope der Welt, hat einen massigen Körperbau und bewegt sich behäbig wie ein Ochse, ist aber ein hervorragender Springer. Sie war einst weit verbreitet, doch heute finden sich nur noch Herden in bestimmten Ecken des Nordostens von Südafrika sowie in geschützten Gebieten der Drakensberge in KwaZulu-Natal; außerdem wurden sie inzwischen in einer Anzahl von Reservaten überall im Land wieder angesiedelt.

Reservate Addo, Ithala, Karoo, Kgalagadi, Krüger, Marakele, Mountain Zebra, Pilanesberg und Tafelberg (Kap der Guten Hoffnung)

Habitat Sehr anpassungsfähig; Halbwüste bis Gebirge, bevorzugt jedoch Ebenen mit Gestrüpp

Aktivitätszeiten Nacht- und tagaktiv

Sozialverhalten Nicht territoriale Herden von bis zu 60 Tieren

Gemeiner Wasserbock

(waterbuck, *Kobus ellipsiprymnus*)

Der Wasserbock ist das größte Tier der Gattung *Kobus,* deren Arten alle bevorzugt in Wassernähe leben. Es handelt sich um eine kräftige Antilopenart von 1,3 m Schulterhöhe mit zottigem, rotbraunem Fell und einem ellipsenförmigen weißen Ring am Hinterteil. Nur die Männchen haben Hörner. Da sie keine nennenswerte Laufgeschwindigkeit entwickeln, sind sie zum Schutz vor Raubtieren auf Verstecke angewiesen. Angeblich stoßen auch ihr öliges, moschusartiges Sekret und der durchdringende Geruch, den die Wasserböcke ausströmen, Raubtiere ab. Der Gemeine Wasserbock kommt häufig vor, insbesondere in KwaZulu-Natal, Limpopo und Mpumalanga, und ist relativ zahm.

Reservate Hluhluwe-iMfolozi, iSimangaliso Wetland, Ithala, Krüger, Mapungubwe, Marakele und Mkhuze

Habitat Offene Waldgebiete und Savanne in der Nähe permanenter Gewässer

Aktivitätszeiten Nacht- und tagaktiv

Sozialverhalten Die geselligen Tiere bilden kleine Herden von gewöhnlich bis zu zehn, manchmal auch bis zu 30 Individuen.

Großer Kudu

(kudu, *Tragelaphus strepsiceros*)

Der prachtvolle Große Kudu ist eleganter gebaut als die Elenantilope. Die Männchen haben phänomenale, spiralförmig geschwungene Hörner von bis zu weit über 1,5 m Länge. Die Tiere sind hervorragende Hochspringer und hüpfen mühelos über einen 2 m hohen Zaun.

Reservate Schutzgebiete in Nord-Limpopo und der Nordwest-Provinz sowie in denen von Mpumalanga und dem nordöstlichen KwaZulu-Natal; Addo, Ithala, Hluhluwe-iMfolozi, Karoo, Kgalagadi, Krüger, Marakele, Mountain Zebra und Pilanesberg

Habitat Semiarides, hügeliges Buschland; halten Trockenheit aus

Aktivitätszeiten Tagaktiv, wenn sie sich sicher fühlen, ansonsten nachtaktiv

Sozialverhalten Weibchen leben in kleinen Gruppen mit Jungtieren; Männchen sind normalerweise Einzelgänger oder bilden vorübergehend kleine Gruppen.

Impala (impala, *Aepyceros melampus*)

Die Impala ist größer und schwerer als der Springbock, mit dem sie entfernte Ähnlichkeit hat. Diese eleganten und kraftvollen Antilopen sind hervorragende Springer mit dokumentierten Sprungweiten von bis zu 11 m und -höhen von bis zu 3 m. Nur die Männchen tragen das markante, leierförmige Hörnerpaar. Sie sind in den Reservaten im Nordosten und in KwaZulu-Natal so häufig, dass manche Ranger sie als eine Art Ziegen der Savanne betrachten – woran durchaus ein Körnchen Wahrheit ist, da die anspruchslosen Tiere sowohl grasen als auch Laub äsen.

Reservate Hluhluwe-iMfolozi, Ithala, Krüger, Mapungubwe, Marakele, Mkhuze und Pilanesberg

Habitat Offene Savanne in der Nähe eines schützenden Waldgebietes

Aktivitätszeiten Tagaktiv

Sozialverhalten Weibchen und Jungtiere bilden feste Herden von mitunter über 100 Tieren, deren Wandergebiet sich mit den Revieren mehrerer Männchen überschneiden kann. In der Brunftzeit

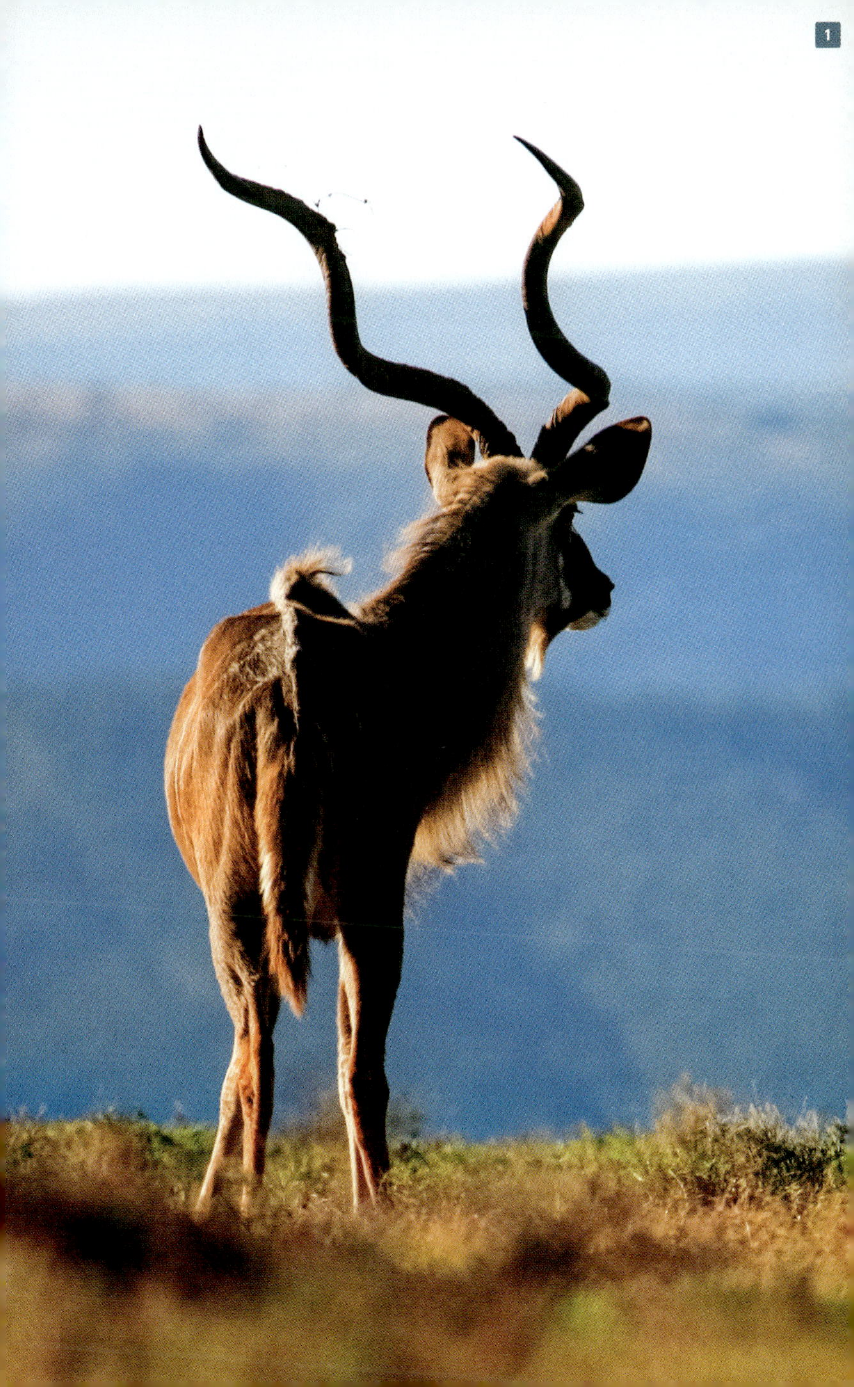

1

in den ersten fünf Monaten des Jahres lösen die Revierböcke Gruppen von rund 20 Weibchen aus der Herde heraus und verteidigen sie gegen Rivalen.

Klippspringer

(klipspringer, *Oreotragus oreotragus*)

Eine weitere Zwergantilope (Schulterhöhe etwa 60 cm), die man zu Gesicht bekommen kann, ist der stämmige Klippspringer („Klippenspringer"), der als einzige Antilopenart der *koppies* und Felsgebiete unverwechselbar ist. Er ist zugleich die einzige Antilopenart, die auf den Hufspitzen läuft. Der Klippspringer ist in kleiner Zahl überall in Südafrika anzutreffen, wo es schroffe Felsen gibt.

Reservate Addo, Augrabies, Garden Route (Tsitsikamma), Karoo, Krüger, Mapungubwe, Mkhuze, Mountain Zebra, Pilanesberg und Tafelberg (Kap der Guten Hoffnung)

Habitat Felsiges Terrain

Aktivitätszeiten Tagaktiv; am aktivsten morgens und spätnachmittags

Sozialverhalten Monogame Paare oder kleine Familienverbände

Kronenducker

(common/grey duiker, *Sylvicapra grimmia*)

Unter den Duckern lassen sich am häufigsten die graubraunen Kronenducker (manchmal ihrer Farbe wegen auch Grauducker genannt) erspähen. Sie sind in ganz Südafrika verbreitet und gehören zu jenen Antilopen, die sich am ehesten an menschliche Behausungen heranwagen. Wenn der Kronenducker sich bedroht fühlt, erstarrt er im Unterholz; wird er gejagt, prescht er im wilden Zickzack davon, um die Verfolger zu verwirren. Er besitzt einen charakteristisch runden Rücken, hat eine Schulterhöhe von etwa 50 cm und die Böcke tragen kurze, gerade Hörner.

Reservate Addo, Bontebok, Hluhluwe-iMfolozi, Ithala, Karoo, Krüger, Mkhuze, Mountain Zebra, Pilanesberg und Tafelberg (Kap der Guten Hoffnung)

Habitat Anpassungsfähig; bevorzugt Gebüsch und Gestrüpp

Aktivitätszeiten Nacht- und tagaktiv

Sozialverhalten Meist Einzelgänger, aber manchmal auch paarweise

Leierantilope

(tsessebe, *Damaliscus lunatus*)

Dass die Leierantilope nicht so hübsch aussieht, liegt der Überlieferung nach daran, dass sie zu spät kam, als der Schöpfer die körperlichen Vorzüge verteilte. Aber wenn es um Schnelligkeit geht, rangiert die *tsessebe* ganz vorn: als eine der schnellsten Antilopen auf der afrikanischen Savanne kann eine flüchtenden Leierantilope eine Geschwindigkeit von bis zu 70 km/h erreichen. Männliche Tiere stehen oft Wache auf Termitenhügeln und markieren ihr Territorium gegen Rivalen (anstatt es gegen Raubtiere zu verteidigen).

Reservate Beschränkt auf die Nordausläufer Südafrikas; der beste Ort ist der Krüger NP; kommt auch im Ithala, Marakele und Pilanesberg vor

Habitat Bewaldete Savanne

Aktivitätszeiten Tagaktiv

Sozialverhalten Weibliche und junge Tiere bilden permanente Herden mit gewöhnlich rund einem halben Dutzend Mitgliedern, aber bis zu 30 Tieren, wenn ein Revierbock dabei ist.

Nyala (nyala, *Tragelaphus angasi*)

Nyalas liegen von der Größe zwischen Kudu und Buschbock, mit dem man sie auf den ersten Blick verwechseln könnte. Deutliche Erkennungsmerkmale sind ihre Größe, die klar abgegrenzten senkrechten weißen Streifen an den Flanken (bis zu 14 beim Männchen und 18 beim Weibchen) und bei den Männchen die kurze Stehmähne vom Nacken bis zur Schulter. Die Weibchen halten meist ihre beiden letzten Jungen bei sich und tun sich mit anderen Weibchen zu kleinen Herden von selten mehr als zehn Tieren zusammen. Die Männchen neigen mit zunehmendem Alter immer mehr zum Einzelgängerdasein.

Reservate Krüger und rund drei Dutzend Reservate in KwaZulu-Natal, wo die dichtesten Populationen im Hluhluwe-Imfolozi, Mkhuze und Ndumo anzutreffen sind

Habitat Dichte Waldgebiete in Wassernähe

Aktivitätszeiten Überwiegend nachtaktiv, manchmal auch tagaktiv

Sozialverhalten Kein Revierverhalten; der kleinste Verband besteht aus einem Muttertier und zwei Jungtieren

Oryxantilope oder Spießbock

(gemsbok, *Oryx gazella*)

Eine Herde dieser äußerst geselligen Grasfresser ist kaum mit anderen Antilopen zu verwechseln. Die Oryxantilopen sind hervorragend an ihren trockenen Lebensraum angepasst; sie können sehr lange ohne Wasser auskommen und ihre Flüssigkeit stattdessen aus Melonen und Vegetation beziehen. Je nach Umgebungstemperatur kann die normalerweise bei 38 °C liegende Körpertemperatur der Tiere auf weit über 40 °C ansteigen, ohne dass sie dadurch Schaden nehmen. Ihr Gehirn wird dabei durch den Blutstrom von der Nase auf eine niedrigere Temperatur heruntergekühlt.

Reservate Addo, Augrabies, Karoo, Kgalagadi, Mokala, Pilanesberg und Tankwa Karoo
Habitat Offenes Grasland; wasserloses Ödland; verträgt lange Dürreperioden
Aktivitätszeiten Nacht- und tagaktiv
Sozialverhalten Streng hierarchisch gemischte Herden von bis zu 15 Tieren unter Leitung eines dominanten Bocks

Pferdeantilope

(roan antelope, *Hippotragus equinus*)

Die Pferdeantilope ähnelt der Rappenantilope, ist aber größer (Afrikas zweitgrößte Antilopenart nach der Elenantilope), hat kürzere Hörner und ein hellbraunes Fell. Sie ist in der offenen Savanne häufiger anzutreffen als die Rappenantilope.

Reservate Krüger NP
Habitat Gebiete mit hohem Gras in Wassernähe
Aktivitätszeiten Nacht- und tagaktiv; besonders aktiv zur Fresszeit am Nachmittag
Sozialverhalten Kleine, von einem Bullen angeführte Herden; Gruppen junger Hengste; in der Paarungszeit manchmal Paare

Rappenantilope

(sable antelope, *Hippotragus niger*)

Die majestätische Rappenantilope hat einen eleganten, schwarzen (bzw. bei den Weibchen rötlich-braunen) Rumpf. Mit dem kontrastierenden weißen Bauch und der weißen Gesichtszeichnung und ihren mächtigen, nach hinten gebogenen Hörnern wirkt sie wie das Vollblut unter den Wiederkäuern, vor allem wenn sie majestätisch über die Savanne galoppiert.

Reservate Krüger und Marakele
Habitat Offene Waldgebiete mit hohem/halbhohem Gras in Wassernähe
Aktivitätszeiten Nacht- und tagaktiv
Sozialverhalten Die weiblichen Tiere bilden streng hierarchisch geordnete Herden von bis zu drei Dutzend Tieren; die Bullen verteidigen ein festes Revier, durch das die Kühe streifen.

Springbock

(springbok, *Antidorcas marsupalis*)

Der Springbock ist das Nationaltier Südafrikas. Seine charakteristisch gebogenen Hörner und der dunkle Horizontalstreifen an den Flanken, der die rotbraune Rückenpartie vom weißen Bauch trennt, sind markante Erkennungszeichen. Springböcke wurden schon mit Geschwindigkeiten von fast 90 km/h gemessen und sind dafür bekannt, dass sie „prunken", also mit durchgestreckten Beinen und Buckel senkrecht in die Höhe schnellen. Beheimatet sind sie im (oft trockenen) Norden Südafrikas, wo sie früher zu Hunderten zu beobachten waren. Heute kommt der Springbock vor allem in Reservaten und auf Wildfarmen vor, wo er als Fleisch- und Lederlieferant gezüchtet wird.

Reservate Addo, Augrabies, Chelmsford NR (zahlenstärkste Population in KwaZulu-Natal), Golden Gate, Karoo, Kgalagadi, Mountain Zebra, Pilanesberg, Tankwa Karoo und Westküste
Habitat Große Bandbreite offenen Geländes, von Wüste bis zu Feuchtsavanne
Aktivitätszeiten Saisonal unterschiedlich, aber gewöhnlich zu kühleren Tageszeiten
Sozialverhalten Sehr gesellig, manchmal riesige Herden von Hunderten oder gar Tausenden; unterschiedliche Zusammensetzung der Herden aus männlichen, weiblichen und jungen Tieren

Streifengnu

(blue wildebeest, *Connochaetes taurinus*)

Alle Gnus sind Herdentiere, ganz besonders aber die Streifengnus (auch Blaues Gnu genannt), die in Ostafrika zu ihren jährlichen Wanderungen Herden von Hunderttausenden bilden. Solche Riesenherden bekommt man in Südafrika nicht zu sehen, nur kleinere Gruppen. Streifengnus sind häufig zusammen mit Zebras anzutreffen.

Reservate Hluhluwe-iMfolozi, Ithala, Kgalagadi, Krüger, Mapungubwe und Mkhuze
Habitat Grasland
Aktivitätszeiten Tagaktiv, manchmal auch nachtaktiv
Sozialverhalten Eng zusammenhaltende Herden in unterschiedlichsten Verbänden, von Kleingruppen bis umfangreichen Herden

Weißschwanzgnu
(black wildebeest, *Connochaetes gnou*)

Das Weißschwanzgnu wurde im 19. Jh. fast ausgerottet. Heute leben in Südafrika wieder rund 3000 Exemplare, die einigen wenigen Nationalparks im Land anzutreffen sind. Sie unterscheiden sich von ihren Verwandten durch ihre dunklere Farbe und (wie der Name schon sagt) ihren langen weißen Schwanz. Weißschwanzgnus (1–1,2 m Schulterhöhe, 160–180 kg) sind auch wesentlich kleiner und leichter als ihre Verwandten die Streifengnus (1,7 m; 380 kg). Weißschwanzgnus sind derzeit wieder bedroht, diesmal nicht durch die Jagd, sondern durch Einkreuzung: beide Arten können sich kreuzen und fortpflanzungsfähige Nachkommen zeugen. Fachleute fürchten, dass das seltenere Weißschwanzgnu dadurch bald aussterben könnte. Die Tierschutzbehörden von KwaZulu-Natal nehmen das Problem so ernst, dass in keinem Park der Provinz beide Spezies zugleich angesiedelt werden.
Reservate Karoo, Mountain Zebra und uKhahlamba-Drakensberg
Habitat Unterholz und offenes Grasland
Aktivitätszeiten Tagaktiv
Sozialverhalten Kühe und Kälber wandern ungehindert zwischen Bullen-Territorien hin und her; während der Brunftzeit versuchen die Bullen die Kühe innerhalb ihrer Domäne zu halten.

Weitere wiederkäuende Paarhufer

Giraffe (giraffe, *Giraffa camelopardalis*)
Die Giraffen sind einfach zu erspähen, weil ihr langer Hals unverkennbar über das Gestrüpp ragt. Diese höchsten Säugetiere der Welt verbringen den Tag damit, die Blätter von Bäumen abzuäsen, die für andere Arten zu hoch oben wachsen. Ihre Leibspeise sind die Blätter von Langfaden-Bäumen *(Combretum)* und Kameldornbäumen *(Acacia)*. Ihre außerordentlich beweglichen Lippen und zum Greiforgan ausgebildeten Zungen sind fast so geschickt wie unsere Hände und versetzen sie in die Lage, die nahrhaftesten Blätter herauszupflücken, ohne sich an den Dornen zu verletzen. Abends legen sie sich zum Wiederkäuen hin. Wer einer Junggesellenherde begegnet, kann mitunter erleben, wie die Jungmännchen ihre Kräfte durch „Halsdrücken" messen. Wenn der Östrus (die Zeit der Paarungsbereitschaft) eines Weibchens einsetzt, was zu jeder Jahreszeit geschehen kann, paart sich das dominante Männchen mit ihr. Das Junge kommt nach einer Trächtigkeitsdauer von ungefähr 14 Monaten zur Welt. Mehr als die Hälfte der Jungtiere fällt jedoch schon in den ersten Lebensjahren Löwen oder Hyänen zum Opfer.
Reservate Hluhluwe-iMfolozi, Ithala, Kgalagadi, Krüger, Mapungubwe, Mkhuze und Pilanesberg
Habitat Bewaldete Savanne und Dornbuschland
Aktivitätszeiten Tagaktiv
Sozialverhalten Lose Herdenverbände ohne Leittier, kein Revierverhalten

Kaffernbüffel oder Afrikanischer Büffel (buffalo, *Syncerus caffer*)
Besucher sollten sich von der Ähnlichkeit des zu den „Big Five" gehörenden Kaffernbüffels mit Hausrindern oder Wasserbüffeln (mit denen er nicht sehr nah verwandt ist) und seinem scheinbar friedlichen Wesen nicht in Sicherheit wiegen lassen: Vor allem einzelgängerische Bullen werden selbst von erfahrenen Jägern als gefährliche Killer gefürchtet. Diese Untereinheiten sind gut zu erkennen, da sie sich während der Ruhezeiten dicht zusammenkuscheln. Für Kühe und Bullen gelten getrennte Hackordnungen. Letztere müssen die Herde mit etwa drei Jahren verlassen und bilden dann „Junggesellenherden", die man an ihrer geringen Individuenzahl erkennt. Die Bullen unterscheiden sich von den Kühen durch ihre mächtigeren Hörner, die durch einen markanten, in der Mitte gefurchten Stirnwulst verbunden

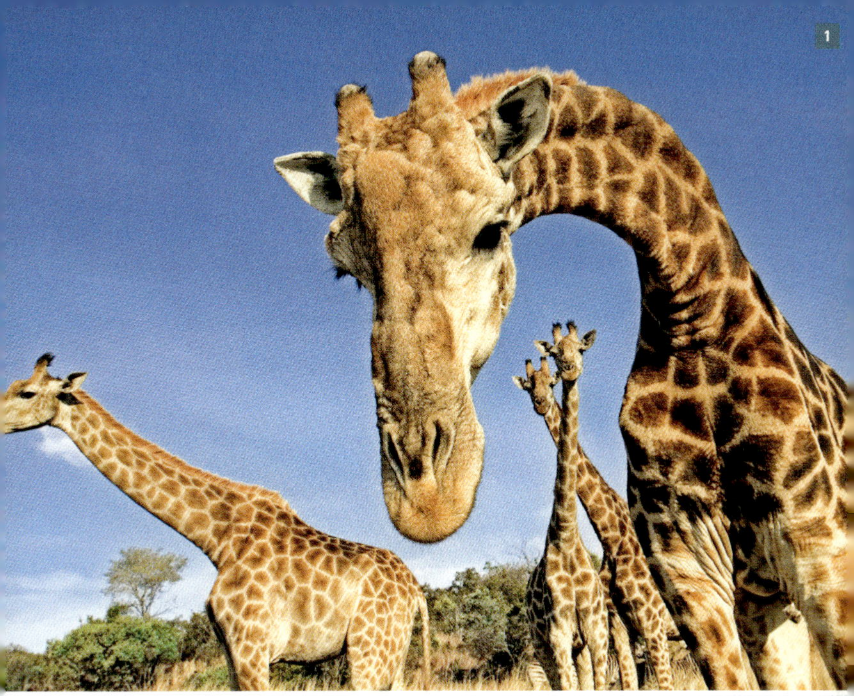
1

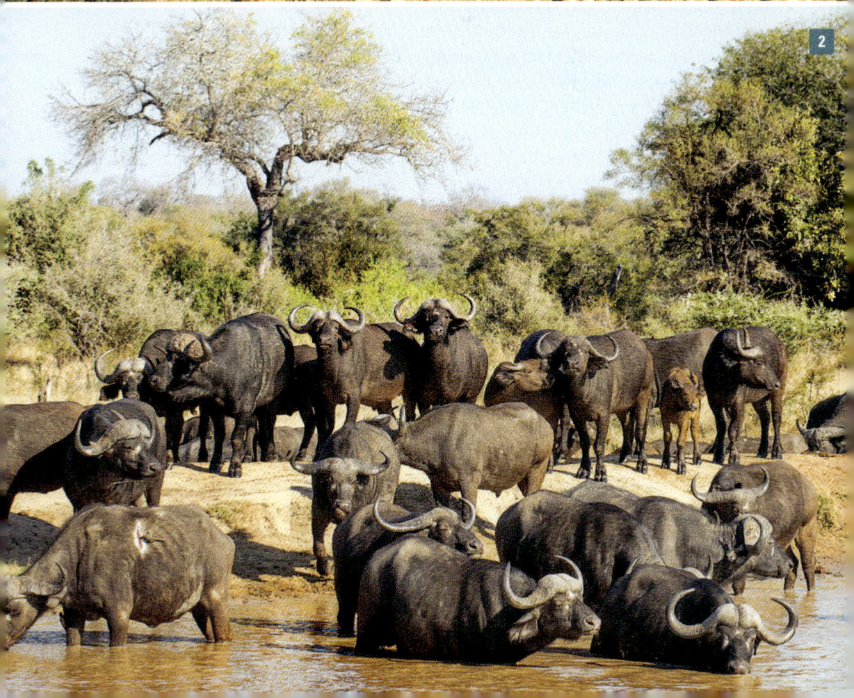
2

sind. Früher gab es sie überall in Südafrika, in freier Wildbahn überlebt haben sie jedoch nur am Ostkap, in KwaZulu-Natal und Mpumalanga; an vielen anderen Orten wurden sie wieder angesiedelt.

Reservate Addo, Hluhluwe-iMfolozi, iSimangaliso Wetland, Karoo, Krüger und Mountain Zebra
Habitat Viele verschiedene Habitate, immer in Wassernähe
Aktivitätszeiten Nacht- und tagaktiv, ruht jedoch während der heißen Tageszeit
Sozialverhalten Büffel legen kein Revierverhalten an den Tag und sind ausgesprochen gesellige Tiere, die sich zu Hunderten oder sogar Tausenden zusammentun. Die Herden mit einem oder mehreren Leitbullen untergliedern sich in Familiengruppen aus etwa einem Dutzend miteinander verwandter Kühe mit einer Leitkuh.

Nichtwiederkäuer

Afrikanischer Elefant
(African elephant, *Loxodonta africana*)
Einst waren die Elefanten über ganz Südafrika verbreitet, doch heute findet man sie nur noch in einer Handvoll Wildreservate. Die Dickhäuter sind erstaunlich graziös: Innerhalb weniger Augenblicke kann eine große Herde auf ihren gepolsterten, sorgfältig gesetzten Füßen fast lautlos zwischen den Bäumen verschwinden. Ihre Nähe verrät nur das lautstarke Krachen, wenn sie Äste von den Bäumen reißen und junge Bäumchen entwurzeln. Elefanten führen ein komplexes, von gegenseitigen Abhängigkeiten bestimmtes Sozialleben, vom hilfsbedürftigen Elefantenbaby und unsicheren Jungelefanten bis zum Erwachsenenalter. Die Jungen werden nach 22-monatiger Trächtigkeit in Anwesenheit mehrerer anderer Elefantenkühe zur Welt gebracht. Elefantenkühe säugen ihre Kälber zwei bis drei Jahre lang. Die Familienverbände bestehen aus miteinander verwandten Elefantenkühen, die ihre Jungen aufmerksam beschützen, unter Führung einer altehrwürdigen Leitkuh. Elefanten beschäftigen sich intensiv mit den Körpern ihrer eigenen toten Verwandten; oft verstreuen sie die Knochen und wachen längere Zeit in der Nähe der sterblichen Überreste. Alte

Elefanten sterben mit etwa 70 bis 80 Jahren, wenn der letzte Satz Backenzähne abgewetzt ist, sodass sie ihre Nahrung nicht mehr zerkleinern können.

Reservate Addo (die einzige natürlich erhaltene Population in den südlichen zwei Dritteln des Landes), Hluhluwe-iMfolozi, Ithala, Krüger, Mkhuze, Pilanesberg und Tembe
Habitat Viele verschiedene Habitate, überall wo es Bäume oder Wasser gibt
Aktivitätszeiten Nacht- und tagaktiv; schläft oft nicht mehr als vier Stunden am Tag
Sozialverhalten Äußerst komplex; Kühe und Jungtiere leben in Herden, die von einem weiblichen Tier geführt werden, Bullen als Einzelgänger oder in Junggesellenherden.

Klippschliefer
(rock dassie oder hyrax, *Procavia capensis*)
Sie sehen zwar wie Nagetiere aus, sind aber trotz Flauschpelz und Karnickelgröße erstaunlicherweise die nächsten lebenden Verwandten der Elefanten. Ihre einheimische Bezeichnung *dassie* (mit „a" gesprochen) geht auf den Namen *dasje* (kleiner Dachs) zurück, den sie von den ersten niederländischen Siedlern erhielten. Ähnlich wie Reptilien haben Klippschliefer keine gute Körpertemperaturregulierung und suchen daher Schutz vor zu großer Kälte oder zu heißer Sonnenstrahlung. Nach dem Aufwachen sind sie zunächst noch träge und suchen Felsen auf, um sich in der Morgensonne aufzuwärmen – um diese Zeit stehen die Chancen, sie zu sehen, am besten. Ein erwachsenes Tier steht Wache, um die anderen bei Bedrohungen mit einem tiefen Warnlaut zu alarmieren. Klippschliefer kommen in ganz Südafrika vor und sind häufig zu beobachten.

Reservate Bontebok, Garden Route (Tsitsikamma), Karoo, Krüger, Mountain Zebra, Pilanesberg, Tafelberg (Kap der Guten Hoffnung), uKhahlamba-Drakensberg
Habitat Felsige Gegenden, von Bergen über Felsvorsprünge bis zu Küstenklippen
Aktivitätszeiten Tagaktiv
Sozialverhalten Klippschliefer leben in Kolonien aus einem dominanten Männchen und acht oder mehr untereinander verwandten Weibchen mit ihren Jungen.

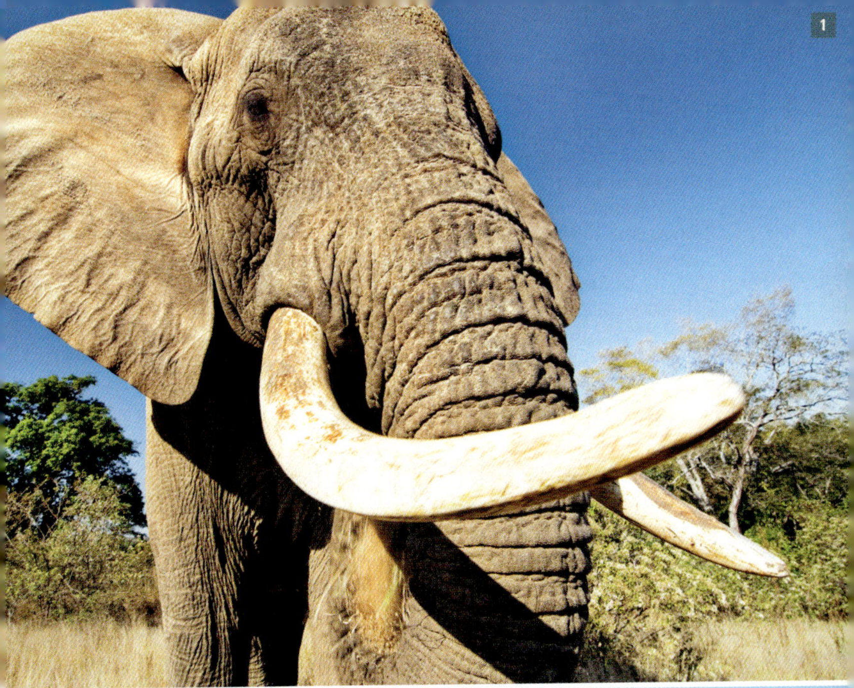
1

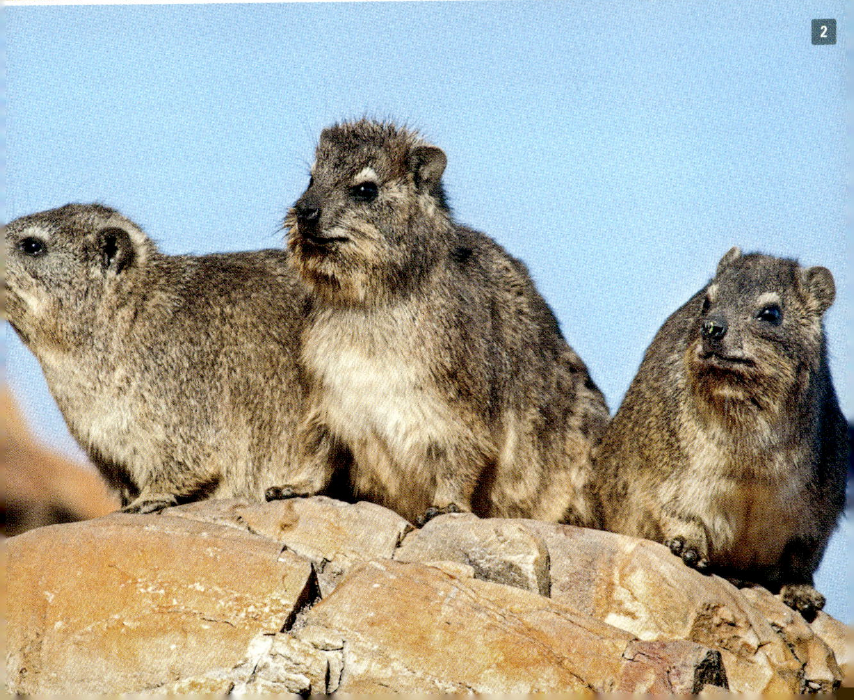
2

Nashörner und Flusspferde

Breitmaulnashorn

(white rhino, *Ceratotherium simum*)

Das Breitmaulnashorn ist doppelt so schwer wie das Spitzmaulnashorn und ebenfalls aggressiv. Aufgrund ihrer Ernährungsgewohnheiten und ihres Habitats sind die Breitmaulnashörner geselliger: Während sie sich mit ihren breiten, stumpfen Mäulern wie Rasenmäher durchs offene Grasland fressen, benötigen sie den Schutz der Gruppe. Der einzige Ort, wo gegen Ende des 19. Jhs. noch Breitmaulnashörner überlebt hatten, war das Reservat Hluhluwe-iMfolozi (wo sie sich immer noch vermehren). Inzwischen wurden sie jedoch in zahlreichen Tierparks angesiedelt.

Reservate Hluhluwe-iMfolozi, Ithala, Krüger, Marakele, Mkhuze, Ndumo, Pilanesberg und Tembe
Habitat Savanne
Aktivitätszeiten Nacht- und tagaktiv, Ruhephasen zwischen aktiven Perioden
Sozialverhalten Mutter/Mütter und Kälber oder kleine Herden gleichgeschlechtlicher Jungtiere; alte Männchen: Einzelgänger

Spitzmaulnashorn

(black rhino, *Diceros bicornis*)

Das angriffslustige, viel seltenere und kleinere Spitzmaulnashorn hat spitze, bewegliche Lippen,

---

Rhinos: Die letzte Chance eins zu sehen?

In Afrika existieren zwei Spezies von **Nashörnern**: das Spitzmaul- oder Schwarze Nashorn und das viel massigere Breitmaul- oder Weiße Nashorn. Beide stehen kurz vor dem Aussterben und sind aus der afrikanischen freien Wildbahn praktisch verschwunden. Die irreführenden Bezeichnungen „Schwarzes Nashorn" für das Spitzmaulnashorn und „Weißes Nashorn" für das Breitmaulnashorn beruhen auf einer Sprachverwirrung: Die burische Bezeichnung *wijde* für das breite Maul des Letzteren wurde von den Engländern als „white" (weiß) missverstanden. Tatsächlich sind beide Nashörner grau. Die mit Abstand größte Nashornpopulation Afrikas lebt in Südafrika: mit mehr als 18 000 Breitmaulnashörnern und ungefähr 2000 Spitzmaulnashörnern ist Südafrika der beste Ort der Welt, um diese uralten Säugetiere zu Gesicht zu bekommen.

Doch leider nimmt die **Nashornwilderei** in Südafrika von Jahr zu Jahr zu und seit 2013 fallen über 1000 Tiere jährlich Wilderern zum Opfer (2007 waren es 13). Der Hauptabsatzmarkt für Rhinozeroshorn ist Asien, wo es in der traditionellen Medizin verwendet wird. Ein einziges, 3 kg schweres Horn kann bis zu US$300 000 einbringen – damit ist sein Kilopreis höher als der von Gold. Der Handel ist dermaßen lukrativ, dass hochspezialisierte Verbrechersyndikate Einzug gehalten haben, die Helikopter und Nachtsichtgeräte benutzen, um im Schutz der Nacht die Tiere abzuschlachten.

Man hat Anstrengungen zum Schutz der Nashörner unternommen (2016 wurden mehr als 650 Wilderer festgenommen, die auch Schießereien mit Anti-Wilderer-Einheiten riskieren), aber zum Schutz der Tiere reicht das nicht aus; sie werden zurzeit schneller getötet, als sie sich reproduzieren können. Vorbeugende Maßnahmen wie das Entfernen der Hörner haben sich als sinnlos erwiesen, denn selbst die verbleibenden Stummel sind noch eine Menge Geld wert. Manche Tierschützer verlangen, dass mehr finanzielle Mittel bereitgestellt werden müssen, um das Problem erfolgreich anzugehen. Zu den aktuellen Programmen gehört es, 100 Nashörner von Südafrika über die Grenze nach Botsuana zu verbringen, dessen ausgedehnte, abgeschiedene Wildnisgebiete für Wilderer unzugänglicher sind, so hofft man. Solche Projekte sind in der Tat nicht abwegig: seit seiner Gründung vor mehr als 25 Jahren gelang es dem Khama Rhino Sanctuary von Botsuana dank der Unterstützung durch Anti-Wilderer-Einheiten und das Militär 16 Nashörner in verschiedenen Teilen des Landes auszuwildern – und das bei einer Ausgangspopulation von nur vier Tieren. In Südafrika ging die Zahl der gewilderten Nashörner zurück, seitdem mehr Wilderer festgenommen werden; auf dem Höhepunkt der Wilderei 2014 waren ihnen mehr als 1200 Nashörner zum Opfer gefallen.

mit denen es Blätter von Bäumen und Büschen pflücken kann. Es ist eigenbrötlerisch, sucht gern Deckung in Dickichten und ist deshalb viel schwieriger zu erspähen als ein Breitmaulnashorn. Die 2000 Exemplare in Südafrika machen 40 % der in Afrika noch erhaltenen Spitzmaulnashörner aus. Nashörner bringen nach 15–18 Monaten Trächtigkeit ein einzelnes Junges zur Welt, das bis zum Alter von ein oder zwei Jahren gesäugt wird. Sie vermehren sich im Vergleich zu den meisten anderen Tieren nur langsam – auch dies ist ein Faktor, der ihre Populationen gefährdet.

Reservate Addo, Augrabies, Hluhluwe-iMfolozi, iSimangaliso Wetland, Ithala, Karoo, Krüger, Marakele, Mkhuze und Pilanesberg
Habitat Dichter Busch
Aktivitätszeiten Tag- und nachtaktiv, Ruhe- und Aktivitätsperioden wechseln sich ab
Sozialverhalten Einzelgänger

Flusspferd

(hippopotamus, *Hippopotamus amphibius*)
Flusspferde sind äußerst anpassungsfähige Tiere, die ehemals die südafrikanischen Gewässer vom Limpopo im Norden bis zum Marschland der Kap-Halbinsel im Süden bewohnten. Heutzutage ist ihr Verbreitungsgebiet wesentlich eingeschränkt, doch sie wurden in vielen Gebieten nachträglich wieder angesiedelt. Flusspferde brauchen Süßwasser von ausreichender Tiefe, um darin unterzutauchen, und geeignete Grasweiden. Sie müssen den größten Teil des Tages im Wasser zubringen, um ihre dünne, unbehaarte Haut vor der Sonne zu schützen. Nach Einbruch der Dunkelheit verlassen sie das Wasser und verbringen die Nacht mit Grasen, wobei sie oft bis zu 10 km zurücklegen. Wenn sich Flusspferde gestört fühlen, können männliche Einzelgänger und Weibchen mit Jungen extrem aggressiv werden. Ihre gefährlich langen Eckzähne können ein Kanu im Handumdrehen aufschlitzen; an Land greifen sie mit bis zu 30 km/h an und haben einen unerwartet kleinen Wendekreis.

Reservate Addo, iSimangaliso Wetland, Krüger und Pilanesberg
Habitat Langsam fließende Flüsse, Stauseen und Seen

Aktivitätszeiten Im Prinzip nachtaktiv, verlässt nachts das Wasser zum Weiden
Sozialverhalten Bullen sind meist Einzelgänger; andere Tiere leben in matriarchalen Familienverbänden.

Zebras

Kap-Bergzebra

(cape mountain zebra, *Equus zebra zebra*)
Das Kap-Bergzebra entging nur knapp der Ausrottung. Heute gibt es aber wieder solide, wenn auch zahlenmäßig geringere Bestände in der Südhälfte Südafrikas, wo immer sich ein geeignetes Gebirgsterrain bietet. Erkennungsmerkmale des Bergzebras sind die Halswamme (eine herabhängende Hautfalte an der Halsunterseite), das Fehlen von „Schattenstreifen", die größeren Ohren und das bis zu den Hufen herabreichende Streifenmuster – wohingegen die Streifenzeichnung des Steppenzebras schon an den Beinen ausläuft.

Reservate Bontebok, De Hoop, Karoo, Mountain Zebra, Tafelberg (Kap der Guten Hoffnung) und Tankwa Karoo
Habitat Gebirgige Regionen und direkte Umgebung
Aktivitätszeiten Tagaktiv
Sozialverhalten Familiengruppen aus einem Leithengst und vier bis fünf Stuten mit ihren Fohlen, die bei der Familienherde bleiben

Steppenzebra oder Burchell-Zebra

(plains zebra, *Equus burchelli*)
Der widerstandsfähige Pflanzenfresser kann in vielen verschiedenen Grasland-Habitaten überleben, daher ist er weit verbreitet. Das Steppenzebra hat kleine Ohren und breite schwarze Streifen mit helleren „Schatten" dazwischen.

Reservate Addo, Hluhluwe-iMfolozi, iSimangaliso Wetland, Ithala, Krüger, Mapungubwe, Mkhuze, Pilanesberg
Habitat Savanne mit und ohne Bäume
Aktivitätszeiten Nacht- und tagaktiv, mit Ruhepausen
Sozialverhalten Meist große Familienherden aus einem Leithengst und zwei oder mehr Stuten; die Paarbeziehungen sind sehr stabil und normalerweise

bleiben die Stuten lebenslang mit demselben Hengst zusammen. Fohlen verlassen die Herde nach ein oder zwei Jahren

Sonstige Säugetiere

Erdferkel (aardvark, *Orycteropus afer*)

Das Erdferkel gehört zu den seltsamsten Tieren nicht nur in Afrika, sondern auf der ganzen Welt. Die einzelgängerischen Säugetiere von bis zu 70 kg Gewicht verkriechen sich tagsüber in großen Bauten, die sie mit bemerkenswerter Geschwindigkeit graben. In der Nacht kommen sie heraus, um in Termitenhügeln im Umkreis von bis zu 5 km nach ihrer Hauptnahrung zu wühlen. Erdferkel leben meist in mit Termitenhügeln übersäten Buschlandschaften. Sie kommen in ganz Südafrika vor, lassen sich jedoch selten beobachten.

Reservate Addo, Hluhluwe-iMfolozi, Karoo, Kgalagadi, Krüger, Mapungubwe und Mountain Zebra
Habitat Offenes oder bewaldetes Termitengelände; bevorzugt weicheren Erdboden
Aktivitätszeiten Nachtaktiv
Sozialverhalten Einzelgänger

Springhase

(springhare, *Pedetes capensis*)

Wer eine Nachttour im Krüger-Park oder einem der anderen Reservate im Norden des Landes unternimmt, muss schon Pech haben, um nicht die funkelnden Augen von Springhasen zu erblicken, die trotz ihrer Ähnlichkeit mit kaninchengroßen Kängurus echte Nagetiere sind.

Reservate Kgalagadi, Krüger, Mountain Zebra und Pilanesberg
Habitat Savanne; bevorzugt auf weicherem Boden
Aktivitätszeiten Nachtaktiv
Sozialverhalten Lebt in Erdhöhlen, gewöhnlich als Paar mit Jungtieren; oft in einen Gruppenverband eingebunden

Steppenschuppentier

(pangolin, *Manis temminckii*)

Das Steppenschuppentier mindestens genauso seltsam aus wie das Erdferkel. Die schuppenbedeckten Säugetiere haben eine gewisse Ähnlichkeit mit Gürteltieren und ernähren sich von Ameisen und Termiten. Bei Bedrohung rollen sie sich kugelförmig zusammen. Schuppentiere sind in Südafrika nördlich des Orange River weit verbreitet.

Reservate Kgalagadi und Krüger
Habitat Breites Spektrum, abgesehen von Wüste und Wald
Aktivitätszeiten Nachtaktiv
Sozialverhalten Einzelgänger

Südafrikanisches Stachelschwein

(porcupine, *Hystrix africae-australis*)

Das größte und außergewöhnlichste aller afrikanischen Nagetiere ist mit seinem langen Stachelkleid völlig unverwechselbar. Die Stachelschweine sind weit verbreitet und kommen auch in den meisten Reservaten vor, doch da sie nachtaktiv sind, sieht man möglicherweise nur ihre abgeworfenen Stacheln. Lässt sich selten erblicken, ist aber weit verbreitet, außer auf landwirtschaftlichen Nutzflächen, wo Stachelschweine gehasst werden wie die Pest.

Reservate Praktisch überall
Habitat An alle möglichen Habitate anpassungsfähig
Aktivitätszeiten Nachtaktiv; manchmal im Morgengrauen aktiv
Sozialverhalten Familiengruppen

Warzenschwein

(warthog, *Phacochoerus aethiopicus*)

Wer den Krüger-Park, den Pilanesberg National Park oder die Nationalparks von KwaZulu-Natal besucht, gewöhnt sich rasch an den Anblick ganzer Familien von Warzenschweinen, die mit steil in die Höhe gereckten Schwänzen durch die Savanne traben. Die Eber schließen sich der Gruppe nur zur Paarung an. Sie unterscheiden sich von den Sauen durch ihre ausgeprägteren Gesichtswarzen; man glaubt, dass sie als Schutzpolster dienen, um den Kopf bei ihren oft heftigen Kämpfen zu schützen.

Reservate Addo, Hluhluwe-iMfolozi, iSimangaliso Wetland, Ithala, Krüger, Mkhuze und Pilanesberg
Habitat Savanne
Aktivitätszeiten Tagaktiv
Sozialverhalten Familiengruppen, meist bestehend aus einer Muttersau mit zwei bis vier Ferkeln, manchmal auch aus zwei bis drei Muttertieren mit Nachwuchs

1 WARZENSCHWEIN; **2** STACHELSCHWEIN; **3** STEPPENSCHUPPENTIER; **4** SPRINGHASE

LION'S HEAD UND DIE TWELVE APOSTLES, KAPSTADT

1 Kapstadt und die Kap-Halbinsel

Kapstadt, Cape Town oder Kaapstad – wie immer man sie auch nennen will – ist eine der schönsten, romantischsten und am meisten besuchten Städte Afrikas. Die außergewöhnliche Landschaft der Kap-Halbinsel beeindruckte schon die Urbevölkerung der Khoikhoi, die das berühmte Wahrzeichen der Stadt, den Tafelberg, als *Hoerikwaggo*, als „Berg im Meer" bezeichneten.

Stefan Loose Traveltipps

South African National Gallery Die Skulptur *Butcher Boys* von Jane Alexander betrachten – der Inbegriff von Bedrohung und Brutalität. S. 142

Bo-Kaap Eines der ältesten Viertel mit bunten kapholländischen Gebäuden. S. 146

Robben Island Auf der berüchtigten Gefängnisinsel wurde Nelson Mandela fast zwei Jahrzehnte festgehalten. S. 151

Mit der Seilbahn auf den Tafelberg Tolle Ausblicke aus rotierenden Gondeln. S. 153

Kirstenbosch National Botanical Garden Einer der schönsten Landschaftsgärten der Welt. S. 158

Boulders Beach Herrliche Badestrände und eine Kolonie putziger Pinguine. S. 170

2 **Cape Point** Grandiose Ausblicke und herrliche Wanderwege. S. 171

Die Long Street bei Nacht Party bis in die frühen Morgenstunden. S. 195

Township-Tour Sich ein Bild von jenen Gegenden machen, in denen die meisten Kapstädter zu Hause sind. S. 214

LONGSTREET, KAPSTADT

PROTEA FLOWER, KIRSTENBOSCH NATIONAL BOTANICAL GARDEN, KAPSTADT

Inhalt

Robben Island
Murray's Bay
Malmesbury

0   10
Kilometer

BLOUBERGSTRAND

N7

MILNERTON

KAPSTADT
VICTORIA
& ALFRED
WATERFRONT
GREEN POINT
South African
National Gallery
Bo-Kaap
SEA POINT
Signal Hill
SALT RIVER
BANTRY BAY
Die Long Street bei Nacht
WOODSTOCK
CLIFTON
CITY
CENTRE
OBSERVATORY
CAMPS BAY
Devil's
Peak
LANGA
Township-Tour
Mit der Seilbahn auf den Tafelberg
ROSEBANK
MOWBRAY
BAKOVEN
Koeëlbaai
TAFELBERG
TWELVE
APOSTLES
NEWLANDS
RONDEBOSCH
Cape Town
International
Airport
Kirstenbosch
BISHOPSCOURT
CLAREMONT
Kirstenbosch National
Botanical Gardens
GUGULETU
KENILWORTH
LLANDUDNO
CONSTANTIA
WYNBERG
NYANGA
Art in
the Forest
The Township Winery
World
of Birds
Sandy Bay
Groot
Constantia
IMIZAMO
YETHU
Klein Constantia
CAPE FLATS
KHAYELITSHA
HOUT BAY
Buitenver-
wachting
Sentinel
(331 m)
MITCHELLS
PLAIN
PHILIPPI
Steenberg
Chapman's Peak
(592 m)
TOKAI
Noordhoek Farm Village
NOORDHOEK
SILVERMINE
SECTION
Chapman's Bay
MUIZENBERG
NATIONAL
Imhoff
Farm
Village
ST JAMES
KOMMETJIE
KALK BAY
OCEAN
VIEW
FISH HOEK
MOUNTAIN
SIMON'S TOWN
False Bay
SCARBOROUGH
Boulders Beach
TABLE
BOULDERS
BEACH SECTION
Miller's Point
ATLANTISCHER
OZEAN
CAPE OF GOOD
HOPE SECTION
Stefan Loose Traveltipps   (Traveltipps s. S. 129)
Hoek Van Bobbejaan
Gifkommetjie
Buffels Bay
N
Kap der Guten Hoffnung
Cape Point

**Kapstadt und
die Kap-Halbinsel**

Paarl & Worcester
Stellenbosch
Caledon, Swellendam & Garden Route

Das Faszinierendste an der Kap-Halbinsel ist, dass sich so dicht an dem Nationalpark, der einen Großteil der Halbinsel einnimmt, eine pulsierende Metropole befindet, deren vielfältiges Nachtleben der Artenvielfalt in der Natur in nichts nachsteht. Man kann morgens am Boulders Beach zwischen Pinguinen schwimmen und am Cape Point den südwestlichsten Zipfel des Kontinents betrachten, an der trendigen Atlantikküste gemütlich zu Mittag essen, nachmittags auf einem historischen Gut in Constantia einen edlen Tropfen genießen und abends in einem Club in der Long Street abfeiern – alles an einem Tag in Kapstadt.

Der **Tafelberg**, der die Stadt in unterschiedliche Bezirke teilt, bildet das solide Herz Kapstadts. Hier gibt es Parkanlagen, unberührte Wildnis, Wälder und Wanderwege, und seine Ausläufer säumen Weingärten und begehrte Wohnviertel. Blickt man von seinem Gipfel aus nach Norden, sieht man das **Stadtzentrum** und den von spielzeuggroßen Schiffen wimmelnden Hafen. Nach Westen hin, an den Spitzen der Twelve Apostles vorbei, fällt der Blick auf einen schroffen Steilhang und über das teuerste Wohngebiet von ganz Afrika, das sich in traumhafter Lage am **Atlantic Seaboard**, der Atlantikküste, erstreckt. Nach Süden hin sind die Berghänge bewaldet. In den tieferen Lagen befinden sich einige Weingüter sowie der wunderschöne Kirstenbosch Garden. Hinter den von Eichen beschatteten Vororten Newlands und Constantia liegt das False Bay Seaboard, das sich in vielen Windungen zum **Cape Point** hinzieht. Nach Osten hin, auf den windgepeitschten Cape Flats, dehnen sich beiderseits der Zufahrtstraße die „farbigen" **Townships** und schwarzen **Gettos** aus. Für Besucher, die vom östlich gelegenen Flughafen aus auf den einladenden Tafelberg zu die Stadt hineinfahren, bieten diese Viertel einen ziemlich heftigen ersten Eindruck von Kapstadt – sofort wird deutlich, dass man es mit einer geteilten Metropole zu tun hat, in der es krasse Unterschiede gibt.

Wer die Reize Kapstadts auskosten möchte, sollte es den Kapstädtern gleichtun und viel Zeit **im Freien** verbringen: Wandern, picknicken und sonnenbaden sind angesagt, und wer ein Mountainbike hat, lässt das Auto meist zu Hause. Sehr beliebt sind auch **Abenteuer- und Extremsportarten**. Windsurfer aus aller Welt steuern das Atlantic Seaboard wegen seiner ausgezeichneten Bedingungen an, und Unerschrockene springen am Seil gesichert vom Lion's Head oder gleiten durch die Lüfte zur Camps Bay oder der Küste von Clifton hinab. Daneben hat die Stadt mit ihren zahllosen Wanderwegen und den Stränden, die sich über eine Länge von 150 km erstrecken, auch geruhsamere Aktivitäten zu bieten.

Das bunte Völkergemisch Kapstadts spiegelt sich in der **Architektur** wider. Die vollendetsten Beispiele des weitverbreiteten kapholländischen Baustils (der seine Wurzeln in Nordeuropa hat) mit den typischen weißgetünchten Giebeln sind auf den Weingütern von Constantia zu sehen. Muslimische Flüchtlinge und im 19. Jh. freigelassene Sklaven bereicherten das Stadtbild durch ihre Minarette, und die Engländer, die den Sklaven ihre Freiheit zurückgegeben hatten, errichteten Gebäude im georgianischen und viktorianischen Stil. Zwischen den dicht gedrängten Häuserreihen des heutigen Bo-Kaap und den Mietskasernen des District Six entwickelten die Nachkommen „farbiger" Sklaven einen einzigartigen, bewegenden Jazzstil, den man sich unbedingt live anhören sollte.

Geschichte

Jahrtausendelang zogen die ersten Bewohner Südafrikas, die **San**, als Jäger und Sammler frei und ungehindert über die Kap-Halbinsel, bis sie vor ungefähr 2000 Jahren von den **Khoikhoi**, aus dem Norden einwandernden Schafzüchtern, ins Landesinnere verdrängt wurden. Die Khoikhoi beherrschten anschließend rund 1600 Jahre lang die Weidegebiete am Kap. In den 1480er-Jahren umrundeten **portugiesische** Seefahrer auf dem Weg nach Ostafrika und Ostindien zum ersten Mal das Kap und nannten es Cabo da Boa Esperança (Kap der Guten Hoffnung). Doch ihre Versuche, mit den Khoikhoi in Handelsbeziehungen zu treten, waren nur von kurzer Dauer.

Das Kap wird holländisch

Über lange Zeit unternahm kein Europäer weitere Anstrengungen zur Einrichtung einer Versorgungsstation am Kap, bis im Jahr 1652 die

Niederländisch-Ostindische Handelskompanie (Vereenigde Oostindische Compagnie, VOC) Kurs auf die Tafelbucht nahm und dort einen Handelsposten errichtete. Die Niederländisch-Ostindische Handelskompanie, zu jener Zeit die mächtigste Handelsgesellschaft der Welt, plante nichts weiter als eine Zwischenstation, um frische Lebensmittel und Trinkwasser an Segelschiffe zu liefern, die zwischen Europa und dem Osten verkehrten. Das kleine Häufchen Männer, das unter der Führung von **Jan van Riebeeck** an Land ging, erbaute an der Stelle der heutigen Grand Parade eine Festung aus Lehm und legte **Gemüsefelder** an, die sie von den Einheimischen bearbeiten lassen wollten.

Verständlicherweise waren die Khoikhoi jedoch nicht geneigt, ihre Freiheit gegen aufgezwungene Arbeit einzutauschen, daher ging van Riebeeck 1658 dazu über, **Sklaven** zu importieren, zuerst aus Westafrika und später aus Südostasien. Die Khoikhoi verfolgten das Anwachsen der holländischen Siedlung mit Besorgnis und versuchten 1659, die Europäer zu vertreiben. Doch sie erlitten eine Niederlage und mussten die Halbinsel den Kolonisten überlassen. Um 1700 war der Stützpunkt zu einer größeren Siedlung angewachsen, die allgemein als „Kaapstad" (Stadt am Kap) bezeichnet wurde.

Im Lauf des 18. Jhs. zerfiel die Khoikhoi-Gesellschaft am Westkap, **deutsche** und **französische** Religionsflüchtlinge verstärkten den An-

teil der europäischen Bevölkerung und die Sklaverei wurde zur wirtschaftlichen Basis der Kolonie, mittlerweile eine Kleinstadt mit Kanälen und niedrigen, weiß getünchten Häusern. Um 1750 zählte Kapstadt immerhin bereits mehr als 1000 Gebäude und 2500 Einwohner.

Von der Sklaverei zur Apartheid

1795 besetzten die **Briten** Kapstadt, da sie den wichtigen Seehandel mit dem Osten durch den napoleonischen Expansionismus bedroht sahen. Die calvinistischen holländischen Bürger waren davon keineswegs erbaut, doch für die überwiegend muslimischen Sklaven bedeutete dies 1834 das **Ende der Sklaverei**. Die Briten führten zudem die **Religionsfreiheit** ein, und bald hatten ehemalige Sklaven in der Dorp Street im Viertel Bo-Kaap die erste Moschee Südafrikas errichtet.

Anfang des 19. Jhs. war Kapstadt zu einem der kosmopolitischsten Orte der Welt und einer der wichtigsten Hafenstädte avanciert. 1819 war das Gebäude der Commercial Exchange fertiggestellt, gefolgt von Kaufhäusern, Banken und Gebäuden von Versicherungsgesellschaften. In den 1860er-Jahren wurde mit der Anlage des Hafens begonnen, die Victoria Road von der Innenstadt bis nach Sea Point gebaut und die Bahngleise bis in den südlichen Vorort Wynberg gelegt. Da die Sklaverei abgeschafft war, erbauten das viktorianische Kapstadt zur Zwangsarbeit verurteilte **Sträflinge** und Kriegsgefangene aus dem Grenzgebiet der Kolonie am Ostkap (S. 378). In dieser Zeit bahnte sich die Rassentrennung an, und als im Jahr 1901 die Beulenpest ausbrach, lieferte dies den Stadtvätern einen willkommenen Vorwand zur Errichtung von **Ndabeni**, dem ersten schwarzen Viertel Kapstadts in der Nähe von Maitland.

1910 wurde Kapstadt zum **Parlamentssitz** der neu gegründeten Union Südafrika ernannt (S. 144). Die schwarzen Afrikaner und Coloureds waren von dem Deal zwischen den Buren und den Briten ausgeschlossen und sahen sich gezwungen, ihrer politischen Überzeugung am Arbeitsplatz Ausdruck zu verleihen. 1919 organisierten sie sich in der einflussreichen **Industrial and Commercial Workers Union**, die zeitweilig 200 000 Mitglieder zählte.

Stürmisches Kapstadt

Das **Wetter** spielt im Leben der Kapstädter eine ungemein wichtige Rolle, insbesondere der **Southeaster** oder Cape Doctor, der kühle Wind, der im Sommer von der False Bay in die Stadt bläst. Er kann ohne weiteres bestimmen, wie man den Tag gestalten wird. Denn wenn er mit mehr als 60 km/h über die Halbinsel rast, möchte man keinen Hund vor die Tür schicken und schon gar keinen Ausflug an den Strand unternehmen. Der **Cape Doctor** sorgt an schwülen Sommertagen aber auch für willkommene Erfrischung und lässt die berühmte Tischdecke aus Wolken über dem Tafelberg schweben.

Sklaverei am Kap

Fast zwei Jahrhunderte lang – mehr als die Hälfte ihrer Siedlungsgeschichte – gründeten sich die wirtschaftlichen und sozialen Strukturen Kapstadts auf die Sklaverei. Offiziell wurde die Sklaverei am Kap im Jahr 1834 **abgeschafft**, doch ihr Erbe ist in Südafrika immer noch spürbar. Die meisten dunkelhäutigen Landesbewohner, die mehr als 40 % der Einwohner Kapstadts ausmachen, stammen von Sklaven, politischen Gefangenen aus Niederländisch-Ostindien und indigenen Khoisan ab.

Die Vorgänge in den finstersten Zeiten der Apartheid erinnerten an die Tage der Sklaverei, ebenso bestimmte Arbeitspraktiken wie das *Dop System*, bei dem Arbeiter auf Weingütern teilweise in billigem Wein statt mit Geld entlohnt wurden.

Im ausgehenden 18. Jh. übertraf die Zahl der versklavten Bevölkerung mit fast 26 000 Mitgliedern die der freien *burghers* (der überwiegend aus Europa stammenden Staatsbürger) am Kap. Ungeachtet der damit einhergehenden tiefgreifenden Auswirkungen auf die Entwicklung des südafrikanischen Gesellschaftssystems blieb dieses Thema bis zur Veröffentlichung einiger Studien zur Sklaverei in den 1980er-Jahren einer der am wenigsten erforschten Aspekte der Geschichte des Landes. Bis heute fällt es vielen Coloureds schwer, ihre Abstammung von ehemaligen Sklaven zu akzeptieren. Doch weit verbreitete Familiennamen wie January und September verraten für gewöhnlich diese Herkunft, denn sie beziehen sich auf die Monate, in dem die Sklaven gekauft wurde.

Am Kap selbst wurden paradoxerweise so gut wie keine Bewohner versklavt. Während auf dem gesamten Kontinent Menschen für den Export nach Amerika gejagt wurden, musste die Kapverwaltung, der es nach Vorschrift der Niederländisch-Ostindischen Kompanie verboten war, die Urbevölkerung der Region zu versklaven, ihren Bedarf anderorts decken. Von den 63 000 vor 1808 in die Kapregion importierten Sklaven stammten die meisten aus Ostafrika, Madagaskar, Indien und dem indonesischen Archipel, wodurch eine kulturelle Vielfalt entstand wie in kaum einer anderen Sklavengesellschaft. Anfänglich verhinderte dies die Entwicklung einer eigenen Identität, doch im Laufe der Zeit bildete sich eine **Mischkultur** heraus, die unter anderem eine maßgebliche Rolle in der Weiterentwicklung des Afrikaans spielte.

Ethnische Konflikte

Mit fortschreitender Industrialisierung nahm in der Stadt die Nachfrage nach schwarzen Arbeitskräften zu, die in den beiden in der Mitte des 20. Jhs. erbauten Satellitenstädten **Guguletu** und **Nyanga** untergebracht wurden. 1948 gelangte die nur Weißen offenstehende National Party an die Macht, die einer verängstigten weißen Wählerschaft versprach, dem Zustrom der Afrikaner in die Städte einen Riegel vorzuschieben. In Kapstadt bewirkte diese Politik, dass auf dem Arbeitsmarkt Coloureds gegenüber schwarzen Afrikanern bevorzugt wurden. Von Letzteren wurden nur noch berufstätige Männer in Kapstadt zugelassen, schwarzafrikanische Frauen waren gänzlich aus der Stadt verbannt und der Bau von Familienunterkünften für schwarze Afrikaner war verboten.

Die Township Langa, unmittelbar östlich des südlichen Vororts Pinelands, entwickelte sich zu einer Bastion des rein schwarzafrikanischen **Pan Africanist Congress** (PAC), der am 30. März 1960 in Langa eine friedliche Demonstration gegen die Passgesetze organisierte. Als Reaktion auf den Protestmarsch und die anschließenden Unruhen rief die Regierung den Ausnahmezustand aus und erließ ein Verbot von Anti-Apartheid-Gruppierungen, darunter auch PAC und ANC.

1966 wurde der berüchtigte **Group Areas Act** angewandt, um den District Six dem Erdboden gleichzumachen und altansässige, gemischtrassige Coloured-Gemeinden auf die desolaten **Cape Flats** umzusiedeln. Dort bildeten sich die Gangsterbanden, die bis heute eines der größten Probleme Kapstadts darstellen. Um die

Einer der faszinierendsten Kunstgewerbemärkte von Kapstadt ist der Pan African Market. In dem gelben Gebäude bieten zahllose Verkäufer auf drei Stockwerken Kunst und Kunstgewerbe vom gesamten Kontinent an. Wer möchte, kann sich im Marktgebäude auch aus afrikanischen Stoffen bei den Näherinnen etwas Passendes schneidern lassen.

South African Missionary Meeting-House Museum

40 Long St ▪ ⊕ Mo–Fr 8.30–16 Uhr ▪ Eintritt frei ▪ ℡ 021 423 6755

Das **South African Missionary Meeting-House Museum** ist ein ungewöhnliches Bauwerk. Die 1804 im Auftrag der South African Missionary Society fertig gestellte Kirche war die erste Missionskirche des Landes; hier erhielten Sklaven Unterricht im Lesen, Schreiben und Unterweisungen im christlichen Glauben. Drinnen ruht auf zwei Säulen, die das Bild eines fliegenden Engels umrahmen, eine eindrucksvolle neoklassizistische **Kanzel** aus Holz.

Greenmarket Square

Biegt man von der Long Street nach Osten in die Shortmarket Street ein, streift man den Rand des **Greenmarket Square** mit seinem Kopfsteinpflaster, eleganten Jugendstilgebäuden und Coffeeshops. Der Platz nahm seinen Anfang als Gemüsemarkt; jetzt findet hier ein bunter Flohmarkt statt, auf dem Kunsthandwerk wie Schmuck, afrikanische Masken und Geschnitztes feilgeboten werden.

Michaelis Collection

Old Town House, Greenmarket Square ▪ ⊕ Mo–Sa 10–17 Uhr ▪ Eintritt R20 ▪ ℡ 021 481 3933, 🖥 www.iziko.org.za

An der Südecke des Greenmarket Square steht das **Old Town House** mit kalkweißer Fassade und Sprossenfenstern. Das 1775 errichtete Gebäude ist ein typisches Beispiel für die Rokoko-Architektur am Kap. Es beherbergt die **Michaelis-Sammlung** mit bedeutenden, wenn auch nicht weltberühmten Porträts des 17. Jhs. von niederländischen und flämischen Malern und Werken aus Genre- und Landschaftsmalerei. Der Eingang liegt in der Longmarket Street.

St George's Mall

Östlich des Greenmarket Square verläuft die **St George's Mall**, eine Fußgängerzone, die von der Wale Street nach Nordosten zum Thibault Square in der Nähe des Bahnhofs führt. Mit ihren Coffeeshops, Snackbars, den Straßenkünstlern und zahlreichen Ständen stellt sie zwischen dem Bahnhof und dem Company's Garden eine nette Alternative zur Adderley Street dar.

Church Street

In der **Church Street** (einer Querstraße nahe dem südlichen Ende der St George's Mall) und ihrer Umgebung wimmelt es von Antiquitätengeschäften, in denen typisch afrikanische Sachen und allerlei Krimskrams zu haben sind. Hübsch ist ihr verkehrsberuhigter Abschnitt zwischen Long Street und Burg Street voller Kunstgeschäfte und Kaffeeduft, wo man sich an einem der Tische draußen vor dem Café Mozart (S. 185) eine Ruhepause gönnen kann.

Bree Street

Die **Bree Street**, in der es von Designerläden, Boutiquen, Restaurants, Cafés und Bars nur so wimmelt, ist die In-Meile der Hipster, Fashionistas und gutbetuchten Kapstädter. Die Verwandlung der alten Gebäude in neue Locations unterstreicht die hübsche Architektur und verleiht dem Ganzen einen Charme, der sich mit dem der viktorianischen Bauten der Long Street messen kann. Dies verführt sogar die Einheimischen – eigentlich eingefleischte Autofahrer – zum Zufußgehen. Die beste Gegend, um das Flair dieser quirligen Flaniermeile zu schnuppern, ist das obere Ende der Bree, ungefähr zwischen der Buitensingel Street und dem Heritage Square.

St George's Cathedral

5 Wale St ▪ ⊕ Mo–Fr 9–16.30, Sa 9–12 Uhr ▪ Gottesdienste Mo–Fr 7.15 und 13.15 Uhr, außerdem Di–Do 8 und 16, Mi 10, Sa 8, So 7, 8, 9.30 und 18 Uhr ▪ Eintritt frei ▪ ℡ 021 424 7360, 🖥 www.sgcathedral.co.za

Die von Herbert Baker im gotischen Stil errichtete **St George's Cathedral** ist sowohl architektonisch interessant als auch historisch bedeutsam: Am 7. September 1986 klopfte **Desmond Tutu** in einer symbolischen Geste an ihre Pforte und verlangte, als erster schwarzer Erzbischof Südafrikas eingesetzt zu werden. Drei Jahre später läutete er die letzten Tage der Apartheid ein, als er an der Spitze von 30 000 Menschen von der Kathedrale zum Rathaus marschierte, wo er das weltberühmte Leitmotiv des neuen Südafrika prägte: „We are the rainbow people!", rief er der Menge zu, „We are the new people of South Africa!" In der Kathedrale treten Chöre auf, es werden Klassikkonzerte, Ausstellungen und Labyrinthspaziergänge veranstaltet. Täglich finden Gottesdienste statt und in der stimmungsvollen **Krypta** unter der Kathedrale wird Live-Jazz geboten 🖥 www.thecryptjazz.com.

Government Avenue und Umgebung

Ein entspannter Spaziergang entlang der von Eichen gesäumten autofreien Government Avenue, der südwestlichen Verlängerung der Adderley Street, zählt zu den gemütlichsten, die im Zentrum Kapstadts möglich sind. Der schattige Boulevard verläuft an der Rückseite des Parlaments vorbei durch den Company's Garden, auf dessen Bänken sich ein gemischtes Publikum ausruht, von Büroangestellten bis zu *bergies* (Obdachlose).

National Library of South Africa
5 Queen Victoria St ■ 🕘 Mo–Fr 9–20 Uhr ■ Eintritt frei ■ 📞 021 424 6320, 🖥 www.nlsa.ac.za

Wenn man vom nördlichen Ende der Government Avenue nach Süden geht, taucht rechter Hand bald die **National Library of South Africa** auf. In dem Gebäude ist eine ausgezeichnete Sammlung von historischen und naturwissenschaftlichen Werken über das südliche Afrika untergebracht. Die Bibliothek wurde mit den Geldern aus einer Weinsteuer erbaut und öffnete 1822 ihre Pforten als eine der ersten kostenlosen Büchereien der Welt.

Company's Garden
19 Queen Victoria St ■ 🕘 tgl.: März–Nov 7–21, Dez–Feb 7.30–20.30 Uhr ■ Eintritt frei ■ 📞 021 426 1357

Der **Company's Garden**, der sich von der National Library of South African bis zum South Afri-

can Museum erstreckt, bildet die eigentliche *raison d'être* der holländischen Niederlassung am Kap. Die Gärten wurden 1652 angelegt, um die zwischen den Niederlanden und dem Osten verkehrenden Segelschiffe der Niederländisch-Ostindischen Handelskompagnie mit frischem Gemüse zu versorgen. Anfänglich verrichteten importierte Sklaven die Arbeit. Ende des 17. Jhs. wurden die Gemüsefelder zur Erbauung der sich allmählich herausbildenden Kolonialelite in einen Botanischen Garten mit Teichen, Wiesen und schattigen Wegen verwandelt. Heute gedeihen hier dank des ungebrochenen Interesses der Europäer für die Kapflora unzählige einheimische Pflanzen.

In letzter Zeit wurden wieder mehr **Gemüsebeete** angelegt, um die landwirtschaftliche Vielfalt und Pracht aus der Zeit der Niederländisch-Ostindischen Handelskompanie wieder aufleben zu lassen, als Zitrusbäume die Government Avenue säumten, mit deren Früchten die Seeleute vor Skorbut bewahrt werden sollten. In dem sich immer mehr zum Park auswachsenden Garten lässt es sich wunderbar herumspazieren. Obendrein gibt es noch ein gutes, schön gelegenes Gartencafé mit Tischen unter mächtigen Bäumen.

De Tuynhuys
Government Ave ■ kein Zutritt

Durch ein Eisengitter können Passanten einen Blick auf die noble Fassade des **De Tuynhuys** mit seinen gepflegten Blumenbeeten werfen. Es ist das Kapstädter Büro (nicht die Residenz) des Präsidenten.

1992 erklärte Präsident F. W. de Klerk vor diesem schönen Gebäude aus dem 18. Jh., dass Südafrika „das Buch Apartheid geschlossen hat" (*„closed the book on apartheid"*). Das ursprünglich holländische Gebäude wurde von **Lord Charles Somerset** während seiner Zeit als Gouverneur (1814–26) völlig umgebaut. Die Energie, mit der Somerset seine Politik einer Anglifizierung des Kaps verfolgte, wurde nur noch von seiner privaten Architektur-Besessenheit übertroffen. Eine von Somersets Neuerungen war die Colonial-Regency-Veranda unter einem von zierlichen Eisensäulen geschützten Sonnendach.

South African National Gallery

Government Ave, Company's Garden (Eingang in der Paddock Ave) ▪ ⏱ tgl. 10–17 Uhr ▪ Eintritt R30 ▪ 🖥 www.iziko.org.za/museums/south-african-national-gallery

Die **South African National Gallery** mit ihrer kleinen, hervorragenden Sammlung zeitgenössischer südafrikanischer Kunst ist ein Muss für jeden, der sich für die hiesige Kunstszene interessiert. Unbedingt sehenswert ist beispielsweise die Skulptur *Butcher Boys* (1985–86) von Jane Alexander, die Südafrikas inhärente Brutalität und Gewalt bildlich verkörpert.

Ein weiteres Beispiel für die **Widerstandskunst**, *die sich in den* 1980er-Jahren als Reaktion auf die zunehmenden Repressionen der Apartheid explosionsartig ausbreitete, ist Willie Besters *Challenges Facing the New South Africa* (1990). Bester benutzte Farbe und Weggeworfenes, um das multikulturelle Chaos der Elendssiedlung von Kapstadt darzustellen.

Seit den 1990er-Jahren, und besonders in der Post-Apartheid-Ära, hat sich die Galerie einer Neudefinierung des Begriffs zeitgenössische **indigene Kunst** *verschrieben*. Material, das früher als ethnographisch betrachtet wurde, wie beispielsweise eine umfangreiche **Perlensammlung** sowie Schnitzereien und **Kunsthandwerksobjekte**, stehen jetzt gleichberechtigt neben Ölgemälden und Skulpturen.

Zur festen Sammlung zählen auch einige weniger berühmte Arbeiten britischer Künstler – darunter Werke von George Romney, Thomas Gainsborough und Joshua Reynolds – sowie ein paar Prä-Raffaeliten.

South African Jewish Museum

88 Hatfield St ▪ ⏱ Mo–Do und So 10–17, Fr 10–14 Uhr ▪ Eintritt R60 ▪ Ausweis mitbringen ▪ ☎ 021 465 1546, 🖥 www.sajewishmuseum.org.za

Das Museum ist teilweise in der ältesten Synagoge Südafrikas aus dem Jahre 1863 untergebracht. Es erzählt in einer der anspruchsvollsten Dauerausstellungen Kapstadts die Geschichte der südafrikanischen Juden von den Anfängen vor mehr als 150 Jahren bis zur Gegenwart. Der Rundgang beginnt in der Old Synagogue, von wo aus die Besucher ins Obergeschoss eines zweistöckigen Gebäudes über eine Laufplanke gelangen – ein Symbol für die Ankunft der ersten jüdischen Immigranten auf Schiffen, die in den 1840er-Jahren in der Tafelbucht anlegten. Die Multimedia-Ausstellung mit interaktiven Displays und Modellen beleuchtet die Rolle des Judentums in Südafrika und zeigt Parallelen zu den Religionen, Riten und Glaubensvorstellungen anderer südafrikanischer Gruppen auf.

Im Erdgeschoss befindet sich die begehbare Nachbildung eines litauischen *shtetl* (Dorfs; die Vorfahren der meisten südafrikanischen Juden kamen im 19. Jh. aus Litauen). Im Museumskomplex gibt es auch ein Restaurant, einen Laden und eine beachtliche Sammlung von Elfenbein-, Hirschhorn- und aus Holz gefertigten japanischen Netsuke-Figuren. Zur Zeit der Samurai benutzten die begüterten japanischen Händler diese Miniaturschnitzereien, um Behältnisse an ihren Kimonos zu befestigen.

Cape Town Holocaust Centre

88 Hatfield St ▪ ⏱ Mo–Do und So 10–17, Fr 10–14 Uhr ▪ Eintritt frei ▪ Ausweis mitbringen ▪ ☎ 021 462 5553, 🖥 www.ctholocaust.co.za

Das 1999 eröffnete **Cape Town Holocaust Centre** ist das erste Zentrum seiner Art in Afrika und zählt zu den gelungensten und bewegendsten Ausstellungen Kapstadts. Die **Holocaust Exhibition** erregt in einem Land, das ein halbes Jahrhundert lang unter systematischer rassistischer Unterdrückung zu leiden hatte, besonders viel Aufmerksamkeit – auf diese Tatsache wird auch explizit hingewiesen.

Das Zentrum behandelt die Geschichte des Antisemitismus in Europa bis hin zur „Endlösung" der Nazis und befasst sich zudem mit den südafrikanischen *Greyshirts*, die sich in den 1930er-Jahren von der Nazi-Ideologie anstecken ließen und später in der National Party aufgingen. In einem zwanzigminütigen Video kommen Holocaust-Überlebende zu Wort, die sich in Kapstadt niedergelassen haben.

Great Synagogue

88 Hatfield St ▪ ⏱ Mo–Do und So 10–16 Uhr ▪ Eintritt frei ▪ Ausweis mitbringen ▪ ☎ 021 465 1405, 🖥 gardensshul.org

OBEN LINKS VERKAUF VON STRAUSSENEIERN; **OBEN RECHTS** DER CLOCK TOWER (S. 151); **UNTEN** CITY HALL UND GRAND PARADE (S. 145)

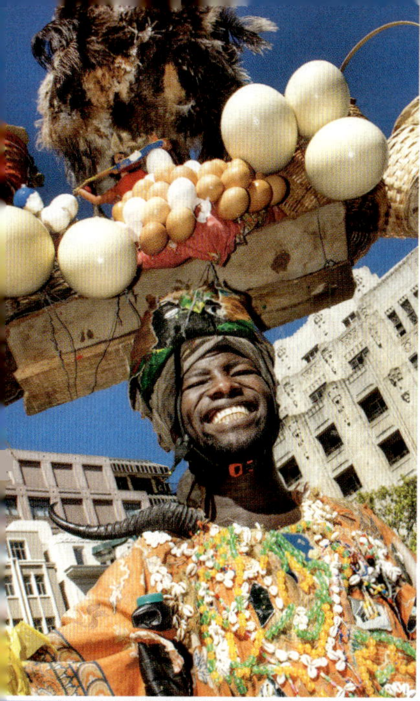

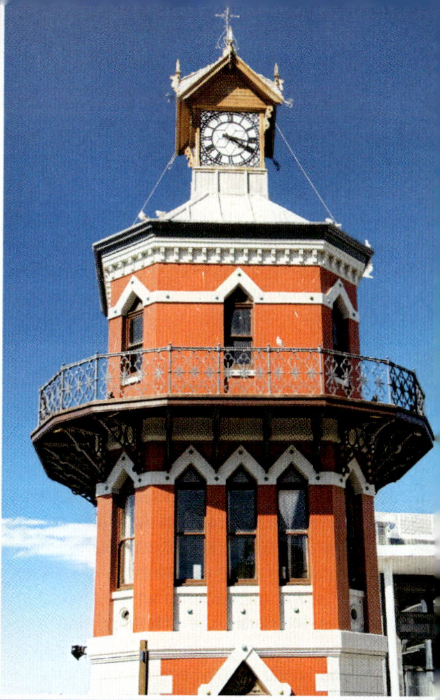

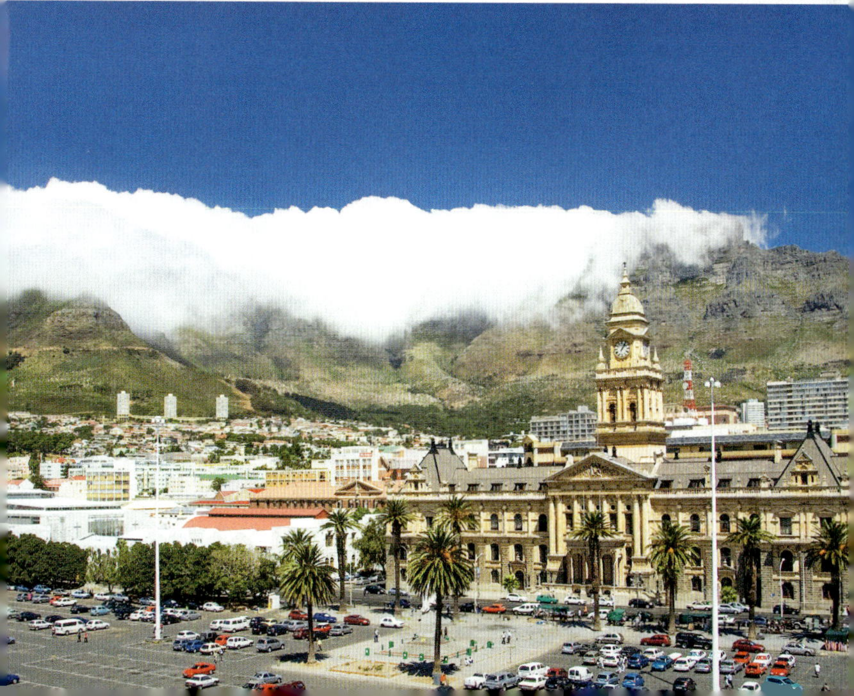

Die **Great Synagogue** oder Gardens Shul ist eines der eindrucksvollsten Gotteshäuser Kapstadts. Sie wurde von den schottischen Architekten Parker & Forsyth entworfen und 1905 fertiggestellt. Die Synagoge besitzt eine imposante Kuppel und zwei hohe Türme im Stil mitteleuropäischer Barockkirchen. Das elegante, neo-ägyptische Innere zieren eine geschnitzte Teakholzkanzel, mit Blattgold überzogene Fresken und bunte Bleiglasfenster.

South African Museum

25 Queen Victoria St (Eingang in der Museum Rd) ▪ ⊕ tgl. 10–17 Uhr ▪ Eintritt R30, 6 bis 18 J. R15, unter 6 J. frei ▪ 🖥 www.iziko.org.za/museums/south-african-museum

Das wichtigste Naturkundemuseum des Landes, das **South African Museum**, besitzt eine renommierte **ethnografische Abteilung** mit sehenswerten traditionellen Kunstgegenständen und Handarbeiten verschiedener afrikanischer Völker sowie ungewöhnlichen Felszeichnungen. Die **naturkundliche Abteilung**, eine Treppe höher, umfasst präparierte Tiere, Dioramen prähistorischer Karoo-Reptilien und Beispiele der Flora und Fauna des Tafelbergs. Das Highlight ist der vierstöckige „whale well": wie ein gewaltiges Mobile von der Decke baumelnde Wal-Skelette (darunter ein 20,5 m langes Blauwalskelett), untermalt von sphärisch klingenden Walgesängen vom Tonband.

Planetarium

25 Queen Victoria St, Eingang an der Museum Rd ▪ Vorführungen tgl. 12, 13, 14, 15, 19 und 20 Uhr, außerhalb der Schulferien andere Öffnungszeiten; Website checken. ▪ Eintritt R40 ▪ 🖥 www.iziko.org.za/museums/planetarium

Wer sich von Fachleuten über den Sternenhimmel der südlichen Hemisphäre informieren lassen möchte, sollte das **Planetarium** im Gebäude des South African Museum besuchen. Das wechselnde Programm, der täglich gezeigten Filme, umfasst Themen wie etwa die Himmelsmythen der San. Manche Vorstellungen sind speziell für Kinder gedacht, andere für Jugendliche und Erwachsene. Außerdem werden Pläne verkauft, auf denen die Planetenkonstellation innerhalb eines bestimmten Monats eingezeichnet ist.

Bertram House

University of Cape Town Hiddingh Campus, Orange St (Eingang Orange St) ▪ ⊕ tgl. 10–17 Uhr ▪ Spende ▪ 🖥 www.iziko.org.za/museums/bertram-house

Am Südende der Government Avenue steht das **Bertram House**, dessen schöne zweistöckige Backsteinfassade auf einen duftenden Kräutergarten hinausgeht. Das Gebäude ist das einzige in Kapstadt noch erhaltene Backsteinhaus im georgianischen Stil. Es ist mit Möbeln und Haushaltsgegenständen ausgestattet, die bei wohlhabenden britischen Familien in der ersten Hälfte des 19. Jhs. üblich waren.

Erbaut wurde das Haus 1839 im Auftrag von John Barker, einem Rechtsanwalt aus Yorkshire, der 1823 ans Kap kam und das Gebäude zu Ehren seiner verstorbenen Frau Ann Bertram Findlay benannte. Die Empfangsräume sind im Regency-Stil gehalten und das Porzellan ist überwiegend englisch und stammt aus dem 19. Jh.; es sind aber auch einige erlesene chinesische Stücke darunter.

Houses of Parliament

Besuchereingang 120 Plein St ▪ **Führungen** stdl. Mo–Fr 9–16 Uhr, 1 Std. ▪ Eintritt frei ▪ Vorbuchen und Ausweis mitbringen ▪ ☎ 021 403 2266, 🖥 www.parliament.gov.za ▪ **Debatten** Di, Mi und Do nachmittags, manchmal auch Fr vormittags ▪ Eintritt frei ▪ Mind. einen Tag davor anmelden unter ☎ 021-403 8219 oder ✉ mtsheole@parliament.gov.za

Das **südafrikanische Parlament** besteht aus einer ganzen Reihe miteinander verbundener Gebäude mit einem Labyrinth aus Korridoren, Hunderten von Büros und Konferenzräumen. Viele stammen aus der Reformphase des Apartheidregimes in den 1980er-Jahren, als im Interesse der Rassentrennung drei verschiedene Verwaltungsabteilungen mit nach „Rasse" getrennter Zuständigkeit eingerichtet wurden.

In dem ursprünglichen, 1885 fertig gestellten imposanten viktorianisch-neoklassizistischen Flügel tagte anfänglich die gesetzgebende Versammlung der Kapkolonie. Nach dem 1910 erfolgten Zusammenschluss von Burenrepubliken und britischen Kolonien wurde er Sitz des Parlamentes der Union Südafrika, jenes alte Parlament, das mehr als 70 Jahre lang repressive

Gesetze, darunter auch die Apartheidsgesetze, verabschiedete.

Hier war es auch, wo **Hendrik Verwoerd**, Premierminister in den 1960er-Jahren und Befürworter der Apartheid, von dem psychisch angeschlagenen Parlamentsboten Dimitri Tsafendas erstochen wurde. Der Mörder soll angegeben haben, dem Befehl eines Bandwurms in seinem Leib gefolgt zu sein. Aber möglicherweise hat die Polizei diese Story erfunden, um von den politischen Motiven hinter der Tat abzulenken.

Die neue Kammer wurde 1983 als Teil des **Dreikammernparlaments** erbaut – P. W. Bothas Bestrebung, eine Mehrheitsregierung abzuwenden, indem er versuchte, Inder und Coloureds zu vereinigen, allerdings in getrennten Sitzungssälen. Die „tricameral" Kammer, in der gelegentlich die drei nichtafrikanischen „Rassen" zusammentraten, besteht heute aus zwei Kammern: der in Direktwahl gewählten **National Assembly** und dem **National Council of Provinces** (von den Provinzen gewählt).

Bei den einstündigen **Führungen** werden der alte und neue Plenarsaal, die Bibliothek und das Museum besichtigt. Es sind auch kostenlose Tagestickets für Parlamentsdebatten in beiden Kammern erhältlich.

Castle of Good Hope

Castle St ▪ ⏰ tgl. 9–16 Uhr ▪ **Führungen** Mo–Sa 11, 12 und 15 Uhr ▪ Salutschuss und Schlüsselübergabezeremonie Mo–Fr 10 und 12, Sa 11 und 12 Uhr ▪ Eintritt R30 inkl. optionale Führung, Kinder R15 ▪ ✆ 021 787 1249, 🖥 www.castleofgoodhope.co.za

Trotz seines unscheinbaren, fünfeckigen Äußeren zählt das älteste Regierungsgebäude Südafrikas zu den lohnendsten historischen Sehenswürdigkeiten Kapstadts. Das 1666 erbaute **Castle of Good Hope** dient immer noch als (erheblich reduzierte) Militärbarracke und gilt als die am besten erhaltene Festung der Niederländisch-Ostindischen Kompanie. 150 Jahre lang war das Castle das symbolische Zentrum der Kapverwaltung und in seinen vornehmen Sälen und Höfen verspürt man noch den Hauch ehemaliger Grandeur.

Die 1679 (samt obligatorischem Zubehör wie Wassergraben und Folterkammer) fertig gestell-

te Burg ersetzte Jan van Riebeecks früheres Fort aus Lehm und Holz, das an der Stelle stand, wo sich nun die Grand Parade befindet. Die Anlage wurde in der europäischen Festungsbauweise des 17. Jhs. errichtet – mit wuchtigen Eckbastionen zum Schutz der Außenmauern. Auf seinem Eingangstor prangen das Wappen der Vereinigten Niederlande sowie der sechs holländischen Hafenstädte, in denen die Niederländische Ostindien-Kompanie Handelskammern unterhielt.

Im Turm über dem Eingang hängt immer noch eine 1697 von Claude Fremy in Amsterdam gegossene **Glocke** an ihren Originalholzbalken. Sie wurde sowohl als Alarmglocke, die noch in 10 km Entfernung zu hören war, genutzt als auch um die Bürger anlässlich von Verlautbarungen zusammenzurufen.

Im Castle sind drei große Sammlungen untergebracht. Im **Castle Military Museum** am ursprünglichen, dem Meer zugewandten Burgeingang gibt es südafrikanische Militäruniformen und Infos zum Burenkrieg (oft Südafrikanischer Krieg genannt) zu sehen; im **Secunde's House** Möbel, Gemälde und Kunstgegenstände aus den Wohnräumen des stellvertretenden Gouverneurs, und die **William Fehr Collection**, eine der renommiertesten Dekorationskunstsammlungen des Landes, umfasst bildliche Darstellungen der frühen Siedlung, ein paar schöne, schlicht-elegante Kap-Möbel des 18. Jhs. sowie chinesisches und japanisches Porzellan aus dem 17. und 18. Jh.

Bei den Führungen werden die Gefängniszellen und Folterkeller gezeigt, in denen noch die berührenden jahrhundertealten Zeichnungen zu sehen sind, die die Gefangenen in die Wände ritzten. Außerdem besucht man den Innenhof, wo sich die Sklavenfamilien zusammendrängten, bevor sie auseinandergerissen und versteigert wurden.

Grand Parade und City Hall

Unmittelbar nordwestlich des Castle of Good Hope erstreckt sich die **Grand Parade**; die weitläufige Freifläche diente ursprünglich zum Abhalten von Militärparaden und später als Markt- und Parkplatz sowie als Ort für politische Kundgebungen. Am 11. Februar 1990 machte sie weltweit Schlagzeilen, als sich hier mehr als 60 000 Menschen versammelten, um die erste öffentliche Ansprache **Nelson Mandelas** zu hören, die er nach seiner Freilassung aus dem Gefängnis auf dem Balkon der benachbarten City Hall hielt. Das elegante Gebäude im edwardianischen Baustil hebt sich wirkungsvoll vor der Kulisse des Tafelbergs ab.

District Six

Südlich des Castle of Good Hope, im Schatten des Devil's Peak, liegt ein unbebautes Gelände, das auf Stadtplänen mit **Zonnebloem** (Sonnenblume) bezeichnet wird. Bevor die Apartheid-Regierung daranging, es dem Erdboden gleichzumachen, war dies der District Six, ein ärmliches, aber quirliges Viertel mit 55 000 Einwohnern, überwiegend Coloureds. Der ehemalige Bezirk mit seinen schmalen Gassen und seiner multikulturellen Vielfalt wurde später zur eigentlichen Wiege Kapstadts idealisiert.

Im Jahr 1966 erklärten die Apartheidsideologen den District Six mittels des **Group Areas Act** zu einem „weißen" Bezirk und ließen Bulldozer anrollen, die immerhin 15 Jahre brauchten, um das Viertel aus dem Stadtbild zu entfernen. Nur die Moscheen und Kirchen blieben stehen. Im Rahmen der die Maßnahme begleitenden **Zwangsräumungen** wurden die farbigen Bewohner auf die Cape Flats verbannt. Allerdings rief diese Willkür sowohl im Ausland als auch im eigenen Land solche Empörung hervor, dass sich trotz der günstigen Grundstückspreise kaum jemand bereit fand, hier ein Haus zu bauen. So stehen am Rande des Viertels nur ein paar Mietshäuser und das riesige **Cape Technikon**, eine Ausbildungsstätte. Nach langjährigen Verhandlungen wurde erreicht, dass auf Staatskosten preiswerte Wohnungen gebaut werden und einige der früheren Bewohner zurückkehren konnten.

Der District Six spielt eine wichtige Rolle im Selbstverständnis der Südafrikaner und hat Romane, Gedichte und Jazzmusik inspiriert, zumeist mit einer ordentlichen Portion Wehmut, Wut und Schmerz über die Vertreibung. Ein gutes Beispiel dafür sind die Musicals von **David Kramer**, die oft im Fugard Theatre (S. 202) aufgeführt werden.

District Six Museum
25A Buitenkant St ▪ ⏰ Mo–Sa 9–16 Uhr ▪ Eintritt R30 ▪ Führungen R15 ▪ ✆ 021 466 7200, ▪ 🖥 www.districtsix.co.za

Es gibt nur wenige Orte in Kapstadt, die auf so bewegende Art und Weise die Auswirkungen der Apartheid auf das tägliche Leben der „kleinen Leute" verdeutlichen, wie das **District Six Museum** am Nordrand des District Six. Es ist in der ehemaligen **Central Methodist Mission Church** untergebracht, wo die Opfer der Zwangsräumung bis in die 1980er-Jahre hinein Unterstützung fanden und die ein Treffpunkt für Apartheidsgegner wurde. Im einstigen Kircheninneren sind unter anderem Haushaltsgegenstände, Handwerkszeug und Fotos zu sehen, die ein anschauliches Bild vom Alltag der früheren Bewohner vermitteln.

Einen Großteil des Bodens bedeckt ein Plan des alten District Six, auf dem die Vertriebenen schriftlich ihre Erinnerungen an vom Erdboden verschwundene Orte und Gebäude festgehalten haben. Beachtung verdient auch die Sammlung von Original-Straßenschildern; die einem Mitarbeiter der Stadtreinigung zu verdanken ist, der eigentlich den Auftrag hatte, die Schilder in der Tiefe der Tafelbucht verschwinden zu lassen.

Für R15 führt ein ehemaliger Bewohner des District Six Besucher durch das Museum und auch **geführte Rundgänge** in der Gegend können organisiert werden. Im Coffeeshop gibt's verschiedene Snacks, darunter die traditionellen *koeksisters* mit viel Sirup.

Bo-Kaap

An den Ausläufern des Signal Hill liegt der Stadtteil Bo-Kaap, eines der ältesten und faszinierendsten Wohnviertel Kapstadts. Farbenfroh getünchte Häuser aus dem 19. Jh. im kapholländischen und georgianischen Stil säumen seine Straßen und das Gewirr aus Gassen und Pfaden, das die Heimat der **muslimischen Gemeinde** bildet. Bo-Kaap besitzt seine ganz eigene, unverkennbare Identität, die nach der Zerstörung des District Six, mit der die Oberstadt viel gemeinsam hatte, umso deutlicher hervortritt.

Einige der langjährigen Anwohner haben ihre Häuser an geschäftstüchtige Zugezogene verkauft, die sie zu Guesthouses umgemodelt haben, um aus der tollen zentralen Lage des Viertels und der Aussicht auf den Tafelberg Kapital zu schlagen.

Die Einwohner von Bo-Kaap sind Abkömmlinge von Sklaven, Dissidenten und moslemischen Regierungsgegnern, die während des 16. und 17. Jhs. von den Holländern hierher verschleppt wurden. Man belegte sie mit dem irreführenden Sammelbegriff **„Kapmalaien"**, denn viele stammten aus Afrika, Indien, Madagaskar und Sri Lanka und nicht aus den niederländischen Kolonien im heutigen Malaysia und Indonesien.

Bo-Kaap lässt sich am einfachsten zu Fuß über die Wale Street erreichen, die vom südlichen Ende der Adderley Street über die Buitengracht hinauf führt und die Hauptverkehrsader des Viertels bildet. Auf Wunsch kann man sich auch einem geführten Spaziergang durch Bo-Kaap anschließen (s. Kasten).

Bo-Kaap-Touren

Bo-Kaap lässt sich am besten auf einem **geführten Rundgang** erkunden, inklusive eines Besuchs im Bo-Kaap Museum sowie eines kapmalaiischen Imbisses oder Mittagessens. Einige dieser Touren verbinden den Rundgang mit einem Kochkurs.

Bo-Kaap Cooking Tour (Treffpunkt: Bo-Kaap Museum, R500 inkl. Mittagessen, ☎ 074 130 8124, 🖥 www.bokaapcookingtour.co.za) bietet einen zweistündigen Ausflug inkl. 40 Min. Spaziergang und 3-Gänge-Mittagessen im Wohnhaus der Kulinarik-Ikone Zainie. Von Dienstag bis Donnerstag hat derselbe Veranstalter auch eine dreistündige Tour mit einem interaktiven Kochkurs im Programm (R750), bei dem Zainie den Teilnehmern beibringt, wie man eine Masala-Mischung mixt und eine kapmalaiische Mahlzeit herstellt.

Kapmalaiische Koch-„Safaris" organisiert **Cooking With Love**, 109 Wale St, ☎ 072 483 4040, 🖥 facebook.com/Faldela1, durchgeführt von den sympathischen Köchinnen Faldela Tolker, Lekka Kombuis, ☎ 079-957 0226, 🖥 www.lekkakombuis.co.za, und Andulela (S. 214).

Bo-Kaap Museum

71 Wale St ▪ ⊙ Mo–Sa 10–17 Uhr ▪ Eintritt R20 ▪ ☎ 021 481 3938, 🖥 www.iziko.org.za/museums/bo-kaap-museum

Wer Bo-Kaap ohne Guide besucht, beginnt am besten mit dem **Bo-Kaap Museum**. Es ist in einem der ältesten Gebäude des Viertels untergebracht, erklärt die Kultur des Stadtteils und zeigt den Alltag einer moslemischen Familie des 19. Jhs. Das Museum ist zudem eine Informationsquelle bezüglich der lokaltypischen Ausprägungen des Islam, die eigenständige Traditionen und zwei Dutzend über die Halbinsel verstreute *kramats* (Schreine moslemischer Heiliger) hervorbrachten.

Auwal Mosque

43 Dorp St ▪ kein Zutritt

Die **Auwal Mosque** ist die erste offizielle Moschee Südafrikas, die 1797 auf Betreiben von Tuan Guru gegründet wurde, einem Prinzen von den Molukken und islamischen Aktivisten, der 1780 wegen Widerstands gegen die niederländische Kolonialregierung in Südostasien nach Robben Island verbannt wurde. Während seines Aufenthalts auf der Insel transkribierte er den Koran aus dem Gedächtnis und verfasste mehrere wichtige islamische Kommentare, die ein Jahrhundert lang die Grundlage des Islams am Kap bildeten.

Die Reste der Original-Moschee, die nur an dem hohen Minarett zu erkennen ist, verschmelzen mit den benachbarten, vielfarbigen Reihenhäusern. Die Auwal ist eine der insgesamt zehn Moscheen in Bo-Kaap, deren Minarette die Skyline des Viertels prägen.

De Waterkant

De Waterkant ist ein stimmungsvolles, zentral gelegenes Viertel in unmittelbarer Nähe der Innenstadt, der Waterfront und von Bo-Kaap. Seine aus dem 18. Jh. stammenden Reihenhäuser säumen die Kopfsteinpflasterstraßen an den Ausläufern des Signal Hill. Der Bezirk spielt seine Vorzüge gekonnt aus: Viele Häuser wurden in Guesthouses und Ferienwohnungen verwandelt. In Laufweite befinden sich überall Restaurants, Delis, Clubs, Kunsthändler und Boutiquen für Innenausstattungen, viele davon im und beim

Cape Quarter (S. 204), einem schicken Einkaufs-zentrum. Dank seiner Ansammlung **schwulen-freundlicher Nachtclubs und Bars** (S. 198) bei-derseits der Hauptdurchgangsstaße Somerset Road wird die Gegend inoffiziell auch **Pink Village** genannt.

Strand Street

Die Strand Street, eine wichtige Verkehrsader, die den Freeway N2 mit dem innerstädtischen Geschäftsviertel verbindet, bildet die Trennlinie zwischen dem Upper und dem Lower City Centre. Aufgrund ihrer Nähe zum Hafen war sie von der Mitte des 18. bis zur Mitte des 19. Jhs. eine der renommiertesten Straßen Kapstadts, doch das Einzige, was heute noch darauf hindeutet, ist eine Handvoll eleganter, unter Denkmalschutz stehender Gebäude inmitten des Straßenverkehrs.

Evangelical Lutheran Church

98 Strand St, Ecke Buitengracht ▪ ⏰ Mo–Fr 9–14 Uhr ▪ Eintritt frei ▪ ☎ 021 421 5854, 🖥 www.lutheran church.org.za

Die **evangelisch-lutherische Kirche** wurde ge-gen 1780 von einem Lagerhaus zu einem Got-teshaus umgebaut. Sie ist die älteste ununter-brochen genutzte Kirche Südafrikas, steht im ältesten Häuserblock Kapstadts und weist klas-sizistische Elemente wie einen Uhrturm und gotische Elemente wie Bogenfenster auf. Die auf den Schultern zweier lebensgroßer Atlan-ten ruhende **Kanzel** im Kirchenschiff stellt ei-nes der Meisterwerke des deutschen Holz-schnitzers Anton Anreith (1754–1822) dar. Der Bau der lutherischen Kirche in Kapstadt Ende des 18. Jhs. stellte einen erheblichen Fortschritt dar, denn bis dahin herrschte in der Stadt extre-me **religiöse Intoleranz**: Nicht nur war der Pro-testantismus die einzige erlaubte Form der Reli-gionsausübung – die Holländisch Reformierte Kirche besaß auch das alleinige Monopol auf die Errettung der Seelen.

Koopmans-De Wet House

35 Strand St ▪ ⏰ Mo–Fr 10–17 Uhr ▪ Eintritt R20 ▪ ☎ 021 481 3935, 🖥 www.iziko.org.za/museums/koopmans-de-wet-house

Das zwischen zwei Büroblocks in der Nähe von Cape Town Tourism eingeklemmte **Koopmans-**

De Wet House ist ein wunderbares Beispiel für ein neoklassizistisches Stadthaus des 18. Jhs. Es beherbergt eine erlesene Sammlung antiker Möbel und kostbaren Porzellans.

Die ältesten Teile des Gebäudes wurden 1701 von **Reyner Smedinga** errichtet, einem wohl-habenden Goldschmied, der das Baumaterial aus Holland importieren ließ. Das Haus wech-selte in den folgenden zwei Jahrhunderten über ein Dutzend Mal den Besitzer. 1806 gelangte es in den Besitz der Familie De Wet und wurde schließlich das Zuhause von **Marie Koopmans-De Wet** (1834–1906), einer in den Politkreisen und der gehobenen Gesellschaft des Kaps äu-ßerst einflussreichen Dame.

Die Architektur des Hauses bildet eine schö-ne Synthese von holländischen Stilelementen (Schiebefenster, große Haustüren) und einer von der südafrikanischen Witterung diktierten Bauweise. Hohe Zimmerdecken und Fenster-läden boten Schutz vor der Sommerhitze, und rechts und links der *stoep* (Veranda) vor dem Haus befinden sich Mauersitze. Die **Laterne** in der Lünette über dem Eingang war im 18. und frühen 19. Jh. fester Bestandteil aller Stadthäu-ser der Kapregion. Sie diente dazu, die Straße zu beleuchten und somit Sklaven daran zu hin-dern, im Schutz der Nacht verschwörerische Versammlungen abzuhalten.

V&A Waterfront

🖥 www.waterfront.co.za ▪ Zur V&A Waterfront fahren die MyCiTi-Busse Nr. 104 vom Sea Point und T01 vom Civic Dentre via Cape Town Stadium sowie der City Sightseeing-Bus, der vom Two Oceans Aquarium ausgehend auf zwei Routen an den Hauptsehenswürdigkeiten der Stadt vorbei-fährt (S. 217).

Die Victoria & Alfred Waterfront, kurz „The Wa-terfront" genannt, ist die ursprüngliche vikto-rianische Hafenanlage Kapstadts und die be-liebteste Einkaufszone der Stadt. In der belebten Fußgängerzone gibt es Geschäfte, Restaurants, Kinos, Uferpromenaden, Museen, Märkte und einen Jachthafen. Im Zentrum des Einkaufsge-schehens steht die riesengroße, schicke **Victoria Wharf Mall**, die sich auf zwei Etagen an den

Quays 5 und 6 erstreckt, ⏰ tgl. 9–21 Uhr. Von den Restaurants und Cafés an der Südostseite des Einkaufzentrums bietet sich eine fantastische Aussicht auf den jenseits des geschäftigen Hafens aufragenden Tafelberg.

Der Fußweg von der Victoria Wharf nach Süden führt am **Amphitheatre** vorbei, wo regelmäßig südafrikanische Musiker auftreten. Sehenswert ist auch der **Nobel Square** mit seinen Bronzestatuen von vier südafrikanischen Nobelpreisträgern: Erzbischof Desmond Tutu (1984); Nelson Mandela und F. W. de Klerk (beide 1993) und des weniger bekannten Chief Albert John Lutuli (1960), ehemaliger Präsident des African National Congress (ANC) und der erste Afrikaner, dem dieser Preis zugesprochen wurde.

In der Nähe gibt es ein paar ausgezeichnete Märkte: den Watershed (S. 206, ideal für Kunsthandwerk), den V&A Food Market (S. 207) – beide täglich geöffnet – und den Oranjezicht City Farm Market (S. 207), einen trendigen Samstagsmarkt für Feinschmecker.

An der Waterfront legen auch die Boote nach Robben Island ab (S. 151) – die Touristen steigen an genau derselben Stelle in die Boote, wo früher viele südafrikanische Anti-Apartheid-Aktivisten ihren Weg in Gefangenschaft und Zwangsarbeit antreten mussten.

Two Oceans Aquarium

Dock Rd ▪ ⏰ tgl. 9.30–18 Uhr, Fütterungszeiten 11.30, 12, 14, 14.30 Uhr ▪ Eintritt R160, unter 17 J. R115, unter 13 J., R75, unter 4 J. frei ▪ ☎ 021 418 3823, 🖥 www.aquarium.co.za

Das Two Oceans Aquarium ist eine ausgezeichnete Option für einen verregneten Tag. Es veranschaulicht die einzigartige Unterwasserwelt am Kap, wo der warme Indische Ozean auf den kalten Atlantik trifft. Seine größte und jüngste Attraktion ist die **Ozeanabteilung**, wo es Mantarochen, Echte Bonitos, Schildkröten, einen Großen Geigenrochen und mehr als 1,6 Mio. Liter Meerwasser gibt; gleich hinter dem Eingang befindet sich eine sphärische **Quallengalerie**. Hihglights sind außerdem die beliebte **Haifischabteilung** und der **Seetangwald**, wo Fische durch die sich im Wasser wiegenden Seetangpflanzen flitzen.

Es gibt zahlreiche interaktive Unterhaltungsangebote für Kinder, darunter das **Children's Play Centre** im Untergeschoss mit kostenlosen Aktivitäten wie Puppentheater, schminken und basteln. Das Play Centre ist gleichzeitig eine Beobachtungsstation mit riesigen Fenstern, durch die man tagsüber die im Aquarium lebenden Felsenpinguine bei ihren Unterwasseraktivitäten betrachten kann.

Im Obergeschoss, dass man über eine Rampe erreicht, befindet sich die **Pinguinausstellung** mit Felsenpinguinen und einer kleinen Brutkolonie der bedrohten Brillenpinguine, die in ihren natürlichen Habitat am Boulders Beach (S. 170) zu sehen sind.

Chavonnes Battery Museum

Clock Tower Precinct ▪ ⏰ Mo–Mi 9–16, Do–So 9–18 Uhr ▪ Eintritt R70, unter 16 J. R30; **Führungen** R100, unter 16 J. R50 ▪ ☎ 021 416 6230, 🖥 www.chavonnesbattery.co.za

Die Niederländisch-Ostindische Kompanie erbaute diese nach einem Kap-Gouverneur des 18. Jhs benannte **Festung**, um die Tafelbucht gegen europäische Konkurrenten zu schützen. Zusammen mit dem Castle of Good Hope war sie Teil einer Befestigungslinie rund um die Bucht, die von den Holländern angelegt und später von den Briten übernommen wurde. Die in den 1990er-Jahren während der Erschließung des Clock Tower Precinct entdeckten zwei Stockwerke hohen zerfallenen Mauern, die Artefakte und Informationstafeln sind von großem historischem Interesse. Die Führung ist ihr Geld wirklich wert (im Preis ist der Eintritt enthalten; die Führungen beginnen bei Bedarf).

Zeitz Museum of Contemporary Art Africa (Zeitz MOCAA)

Silo District ▪ ⏰ siehe Website ▪ Eintritt R180, unter 18 J. frei ▪ ☎ 021 418 7855, 🖥 www.zeitzmocaa.museum

Das in einem alten Weizensilo untergebrachte, ambitiöse **Zeitz MOCAA** ist das weltweit führende Museum für zeitgenössische Kunst Afrikas und von Afrikanern aus aller Welt. Die Hauptsammlung wurde von dem deutschen Ex-

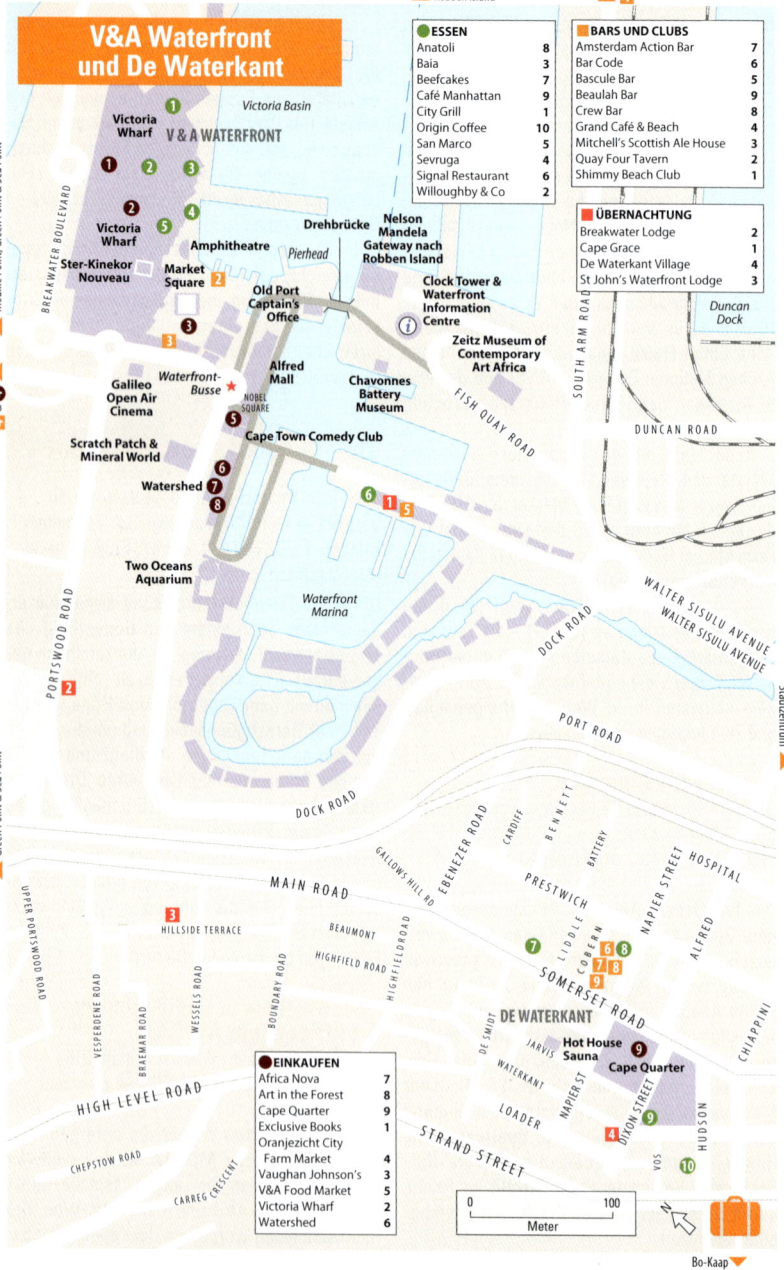

V&A Waterfront und De Waterkant

V & A WATERFRONT

Victoria Wharf

Victoria Basin

Victoria Wharf

Amphitheatre

Ster-Kinekor Nouveau

Market Square

Drehbrücke

Pierhead

Nelson Mandela Gateway nach Robben Island

Old Port Captain's Office

Clock Tower & Waterfront Information Centre

Zeitz Museum of Contemporary Art Africa

Alfred Mall

Chavonnes Battery Museum

Galileo Open Air Cinema

Waterfront-Busse

NOBEL SQUARE

Scratch Patch & Mineral World

Cape Town Comedy Club

Watershed

Two Oceans Aquarium

Waterfront Marina

BREAKWATER BOULEVARD

Mouille Point, Green Point & Sea Point

PORTSWOOD ROAD

Green Point & Sea Point

UPPER PORTSWOOD ROAD

FISH QUAY ROAD

DOCK ROAD

SOUTH ARM ROAD

Duncan Dock

DUNCAN ROAD

WALTER SISULU AVENUE

WALTER SISULU AVENUE

PORT ROAD

Stadtzentrum

MAIN ROAD

HILLSIDE TERRACE

BEAUMONT

HIGHFIELD ROAD

BOUNDARY ROAD

VESPERDENE ROAD

BRAEMAR ROAD

WESSELS ROAD

HIGH LEVEL ROAD

CHEPSTOW ROAD

CARREG CRESCENT

GALLOWS HILL RD

EBENEZER ROAD

CARDIFF

BENNETT

PRESTWICH

BATTERY

LIDDLE

COBERN

NAPIER STREET

HOSPITAL

ALFRED

SOMERSET ROAD

DE WATERKANT

DE SMIDT

JARVIS

WATERKANT

LOADER

NAPIER ST

Hot House Sauna

Cape Quarter

CHIAPPINI

DIXON STREET

HUDSON

VOS

STRAND STREET

Bo-Kaap

ESSEN

Anatoli	8
Baia	3
Beefcakes	7
Café Manhattan	9
City Grill	4
Origin Coffee	10
San Marco	5
Sevruga	1
Signal Restaurant	6
Willoughby & Co	2

BARS UND CLUBS

Amsterdam Action Bar	7
Bar Code	6
Bascule Bar	5
Beaulah Bar	9
Crew Bar	8
Grand Café & Beach	4
Mitchell's Scottish Ale House	3
Quay Four Tavern	2
Shimmy Beach Club	1

ÜBERNACHTUNG

Breakwater Lodge	2
Cape Grace	1
De Waterkant Village	4
St John's Waterfront Lodge	3

EINKAUFEN

Africa Nova	7
Art in the Forest	8
Cape Quarter	9
Exclusive Books	1
Oranjezicht City Farm Market	4
Vaughan Johnson's	3
V&A Food Market	5
Victoria Wharf	2
Watershed	6

0 — 100 Meter

Manager, Nachhaltigkeits-Guru und Philanthropen Jochen Zeitz zusammengetragen, der in den 1990er-Jahren den Sportartikelhersteller Puma wieder auf Erfolgskurs gebracht hatte. Die Einweihung der neun Stockwerke und 80 Ausstellungssäle fand am 22. September 2017 statt. Im Mittelpunkt der 14 Ausstellungen stehen die Werke junger Künstler aus Simbabwe, Angola und Swaziland. Das 57 m über einem öffentlichen Platz aufragende Museum ist eine dynamische Neuerscheinung in der aufblühenden Kapstädter Kulturszene, die dieser Ecke der Waterfront wieder Leben eingehaucht und neue Hotels, Geschäfte und private Galerien eingebracht hat.

Clock Tower und Nelson Mandela Gateway

Clock Tower Precinct • ⏰ tgl. 7.30–17.30 Uhr ▪ Eintritt frei ▪ ✆ 021 413 4200, 🖥 www.robben-island.org.za

Der imposante **Clock Tower** an der Drehbrücke der Waterfront wurde 1882 als Büro des Hafenmeisters erbaut. Gleich hinter dem Uhrturm befindet sich der **Nelson Mandela Gateway**, wo die Fähren zur Robben Island (S. 151) ablegen und das Robben Island Museum eine Ausstellung eingerichtet hat. Sie informiert über den individuellen und kollektiven Widerstand jener Menschen, die auf ihrem Weg ins Gefängnis durch dieses Tor gingen. Die Ausstellung umfasst auch Berichte ehemaliger politischer Gefangener und Gefängniswächter sowie von Familienmitgliedern beider Gruppen.

Robben Island

Ein paar Kilometer vom Trubel der Waterfront entfernt, herrscht auf dem flachen, windigen Robben Island eine fast unheimliche Stille. Eigentlich sollten hier die nationalen Kritiker des Apartheidregimes zum Schweigen gebracht werden, doch stattdessen geriet die Insel in den Mittelpunkt des internationalen Protestes gegen die südafrikanische Willkürherrschaft. Die nur 6 km² große, spärlich mit Gestrüpp bewachsene Insel war fast 20 Jahre lang die „Heimat" Nelson Mandelas.

Geschichte der Insel

Nelson Mandela ist zwar der berühmteste Strafgefangene von Robben Island, aber er war keineswegs der erste. Schon seit dem 17. Jh. diente die Insel als Straflager für politische Gegner. Der erste Sträfling, der auf die Insel verbannt wurde, war der Khoikhoi-Häuptling **Autshumato**, der zu Beginn des 17. Jhs. die englische Sprache erlernte und sich mit den Briten verbündete. Nachdem sich die holländische Niederlassung fest etabliert hatte, ließ ihn

Robben-Island-Touren

Die Fährfahrt vom **Nelson Mandela Gateway** an der Waterfront (Mai–Aug tgl. 9, 11 und 13, Sep–April tgl. 9, 11, 13 und 15 Uhr) nach Robben Island dauert 30 Min. bis 1 Std. Manchmal müssen die Touren wegen schlechtem Wetter oder Schiffswartungsarbeiten abgesagt werden und das Geld wird erstattet; also rechtzeitig die Sachlage checken.

Die Insel kann ausschließlich im Rahmen von Führungen besucht werden. Geleitet werden diese von ehemaligen politischen Häftlingen, die ihre Erlebnisse mit den Besuchern teilen. Die 4-stündigen Rundgänge sind qualitativ unterschiedlich. Zwar verkaufen mehrere Anbieter Tickets für Bootsfahrten zur Insel, aber Vorsicht: Die Schiffe fahren vielleicht nah an die Insel heran, doch nur mit den offiziellen Tickets des **Nelson Mandela Gateway** (s. o.) darf sie auch betreten werden. Im Ticketpreis von R320, unter 18 J. R180, sind die Hin- und Rückfahrt, der Eintritt zur Insel und die Führung enthalten. Die Karten müssen lange im Voraus reserviert werden, denn die Boote sind oft ausgebucht, besonders im Dezember und Januar: ✆ 021 413 4200, 🖥 www.robben-island.org.za.

Wer das Ticket online kaufen möchte, findet auf der Website von Robben Island einen Link zum Portal 🖥 www.webtickets.co.za, das Kredit- und (die meisten) Debitkarten akzeptiert; die Tickets müssen ausgedruckt werden. Für stornierte Tickets gibt's kein Geld zurück, aber eine Umbuchung der Touren ist bis zu 48 Std. vorher möglich.

Jan van Riebeeck 1658 auf der Insel festsetzen. Das restliche 17. Jh. wurden eine Reihe politischer Gefangener und islamischer Geistlicher aus Südostasien wegen ihres Widerstandes gegen die holländische Kolonialregierung hierher verbannt.

Im 19. Jh. nutzten die **Briten** Robben Island als Lager für Deserteure, Kriminelle und politische Gefangene. Gefangen genommene **Xhosa-Anführer**, die während der Grenzkriege von Anfang bis Mitte des 19. Jhs. das Britische Empire bekämpften, wurden auf dem Seeweg vom Ost- ans Westkap transportiert, für viele endete die Reise auf Robben Island. 1846 ging man dazu über, auch Angehörige **sozialer Randgruppen** auf die Insel zu verfrachten. Zu den Verbrechern und politischen Häftlingen gesellten sich nun kleine Gauner, Prostituierte, psychisch Kranke und Behinderte. In den 1890er-Jahren etablierte sich zudem eine Leprakolonie mit Hunderten Kranken. 1921 wurden die psychisch Kranken von der Insel weggeholt, die Leprakranken erst 1930.

Während des Zweiten Weltkriegs übernahm eine militärische **Verteidigungstruppe** die Insel und stellte Abwehrgeschütze auf, um eine befürchtete Invasion der Achsenmächte zu verhindern – zu der Invasion kam es aber nicht.

Robben Island wurde eigentlich erst bekannt, als 1961 das **Prisons Department** das Regime übernahm. Als Nelson Mandela 1963 hierherkam, war die Anlage zu einem Hochsicherheitsgefängnis umgebaut worden. Die Häftlinge durften nur alle sechs Monate einen einzigen Brief verschicken und erhalten. Die brutalen Haftbedingungen, zu denen routinemäßig Prügelstrafen und schwere Zwangsarbeit gehörten, wurden durch die geografische Lage noch verschlimmert: Eisige Winde fegten vom Südpol her über die Insel, doch die Gefangenen mussten kurze Hosen und dünne Pullover tragen. Wie alle anderen schlief auch Mandela auf einer dünnen Matte auf dem Fußboden und war 16 Stunden pro Tag in einer fünf Quadratmeter winzigen Einzelzelle eingesperrt.

Erstaunlicherweise fanden die Häftlinge Möglichkeiten des **Protestes** durch Hungerstreiks, öffentliche Anprangerung der Missstände (etwa bei Besuchen von Vertretern des Internationalen Roten Kreuzes) und forderten sogar auf juristischem Weg von der Gefängnisleitung die Abschaffung der Prügelstrafe. Im Laufe der Jahre erkämpften sie einige Verbesserungen, und die Insel wurde zu einer Universität hinter Gittern, wo sich Menschen unterschiedlicher politischer Ansichten und Generationen austauschten. Nicht selten gaben Gefangene ihren Wächtern Nachhilfeunterricht. 1991 wurden die letzten politischen Häftlinge von Robben Island freigelassen und 1996 die verbliebenen Gefangenen auf das Festland verbracht.

Ein Jahr später wurde aus der Insel ein Museum gemacht, und 1999 wurde sie von der Unesco zum **Weltkulturerbe** erklärt.

Die Insel

Der Besuch auf Robben Island besteht aus einer **Busfahrt** über die Insel mit anschließendem **Gefängnisrundgang**. Der Bus hält an mehreren historisch bedeutsamen Stätten, darunter dem **Moturu Kramat**, der zum Gedenken an Sayed Abdurahman Moturu erbaut wurde. Die Holländer verbannten diesen indonesischen Fürsten, einen der ersten Imame Kapstadts, auf diese Insel, wo er Mitte des 18. Jhs. starb. Die Besichtigungstour führt auch an einem **Leprösenfriedhof** und einer von Sir Herbert Baker entworfenen **Kirche** vorbei.

Das Haus von **Robert Sobukwe** (s. Kasten S. 409) ist vielleicht das traurigste und ergreifendste Relikt aus der Vergangenheit der Gefängnisinsel. Sobukwe, der Vorsitzende des Pan Africanist Congress (einer radikalen Abspaltung des ANC) wurde hier neun Jahre lang in Einzelhaft gehalten. Kein anderer politischer Häftling durfte mit ihm sprechen, doch manchmal brachte er seine Solidarität mit ihnen zum Ausdruck, indem er Sand durch seine Finger rieseln ließ, wenn sie vorbeimarschierten. Nach seiner Haftentlassung 1969 stand Sobukwe bis zu seinem Krebstod 1978 in Kimberley unter Hausarrest.

Der Bus hält auch beim **Kalksteinbruch**, wo Nelson Mandela und seine Mithäftlinge unzählige Stunden Schwerstarbeit absolvierten.

Das Hochsicherheitsgefängnis

Die Besichtigung des **Maximum Security Prison**, eines finsteren Komplexes am Ostrand der

Insel, beginnt mit einem Rundgang durch den berühmten **B-Trakt** unter der Führung eines ehemaligen Gefängnisinsassen. Er wird wahrscheinlich von seinen nachhaltigsten Erinnerungen berichten, von Hungerstreiks, Isolationshaft und anderen Ereignissen Seite an Seite mit den großen Widerstandshelden. **Mandelas Zelle** wurde genauso belassen, wie sie war, ohne irgendwelche Verschönerungsmaßnahmen oder Infotafeln; die anderen Zellen sind abgeschlossen und leer.

Im nahe gelegenen **A-Trakt** dokumentiert die Ausstellung „Cell Stories" die gesamte Ärmlichkeit des Gefängnisdaseins. Die winzigen Isolationszellen enthalten persönliche Gegenstände ehemaliger Häftlinge, Dokumente und Fotos.

Gegen Ende der 1980er-Jahre wurden Kameras auf die Insel geschmuggelt, und die Häftlinge machten Schnappschüsse, die heute in der **Smuggled Camera Exhibition** in den Gemeinschaftszellen des D-Traktes hängen. Die **Living Legacy**-Tour durch den F-Trakt wird von Ex-Gefangenen geführt, die von ihrer Haft berichten.

Der Tafelberg

Das 1086 m hohe, abgeflachte Massiv des Tafelbergs beherrscht mit seinen schroffen Felshängen und tiefen Schluchten die Nordspitze der Halbinsel. Die Nordwand, mit dem **Lion's Head** und **Signal Hill** im Westen und dem **Devil's Peak** im Osten, überragt die Innenstadt. Den Westhang des Bergmassivs prägen eine Reihe giebelähnlicher Formationen, die sogenannten **Twelve Apostles**; der Südwesthang schaut auf die Hout Bay herab und der Osthang über die südlichen Vororte. Der Berg, eine Wildnis inmitten der Stadt, ist Heimat von vielen Tieren und 1400 Pflanzenarten. Zu den einheimischen Säugetieren zählen Paviane, Klippschliefer (s. Kasten S. 154) und Stachelschweine.

Der Tafelberg ist eines der meistbestiegenen Massive der Welt und hat unter dem fortwährenden Ansturm von **Wanderern** sehr gelitten, auch wenn die Schäden nicht auf den ersten Blick erkennbar sind. Aber der Berg wehrt sich und fordert jedes Jahr seine Opfer. Die meisten Unglücksfälle ereignen sich, wenn Leute vom Weg abkommen (oft aufgrund plötzlich aufziehenden Nebels) und irgendwo festsitzen oder abstürzen.

Wer eine der in die Hunderte gehenden Wander- oder Kletterrouten in Angriff nehmen möchte, sollte sich gut vorbereiten oder an einer der **geführten Wanderungen** teilnehmen, die auf die physische Kondition der Teilnehmer zugeschnitten sind (S. 213). Der Rückweg lässt sich auch auf bequeme Art per Seilbahn zurücklegen.

Die Seilbahn

Abfahrt von der Lower Cable Station an der Tafelberg Rd tgl. alle 10–15 Min. Jan–April 8–20.30, Feb bis 20, Mai–Nov 8.30–18, Sep und Okt bis 19, Nov bis 20.30 Uhr ▪ Einfache Fahrt R135, Rückfahrkarte R255, Kinder 4–17 J. einfach R65, retour R125; Nov–Mitte Dez und Jan–Feb nach 18 Uhr Rückfahrkarte zum halben Preis ▪ Letzte Kabine nach oben 1 Std vor der letzten Kabine nach unten; Betrieb bei schlechtem Wetter oder wegen Reparaturarbeiten evtl. unterbrochen; aktuelle Informationen ✆ 021-424 8181 oder 🖥 www.tablemountain.net ▪ Von der V&A Waterfront bzw. dem Civic Centre fahren den Red City Centre Tours-Bus (S. 217) und die MyCiTi-Busse Nr. 106 und 107 (S. 217) zur Seilbahnstation; alternativ kann man Uber oder ein anderes Taxi mit Taxameter zur Lower Cableway Station nehmen. Dort stehen Taxis für die Rückfahrt bereit. Autofahrer können den Wagen am Rand der Tafelberg Rd parken.

Die einfachste, aber aufgrund der faszinierenden Aussicht über die Stadt bis zur Table Bay und zum Atlantik keinesfalls langweiligste Art, auf den Tafelberg zu gelangen, ist die Fahrt mit der heiß begehrten **Seilbahn**. Die Kabinen der supermodernen, in der Schweiz gebauten Bahn drehen sich unterwegs einmal um ihre eigene Achse und erlauben so einen kompletten Rundblick.

Wer oben angekommen nicht weit wandern möchte, kann auf dem Betonpfad zu den Aussichtspunkten spazieren und sich in der **Cafeteria** (🕐 von 8 Uhr bis 30 Min. vor Abfahrt der letzten Kabine nach unten) etwas zu essen oder zu trinken gönnen. Die Bergstation ist natürlich eine der besten Stellen Kapstadts, um den Sonnenuntergang zu erleben.

Im Sommer stehen die Leute schon früh und bis spät Schlange und an Wochenenden und öffentlichen Feiertagen ist meistens richtig viel los; verkürzen lässt sich die Zeit in der Warteschlange, indem man das Ticket online kauft.

Wanderungen und Aussichtspunkte

Eine **Bergbesteigung** ist eine größere Herausforderung als die Fahrt mit der Seilbahn, sollte aber keinesfalls leichtfertig angegangen werden: Selbst wenn es beim Abmarsch ein sonniger, klarer Tag zu werden scheint, kann es oben am Berg ganz anders aussehen. Wunderbare Wanderwege führen auf den Tafelberg oder an ihm entlang (S. 213); am besten sollten diese jedoch mit einem Guide unternommen werden, nicht nur wegen eventueller Schwierigkeiten bei der Bergbesteigung, sondern auch, weil es vereinzelt zu Überfällen auf Touristen gekommen ist.

Signal Hill und Lion's Head

Vom Kreisverkehr oben am **Kloof Nek** führt eine Straße am **Signal Hill** hinauf zu einem Parkplatz und einem Aussichtspunkt mit herrlichem Blick auf die Tafelbucht und die Stadt. Die Kanone hier diente früher dazu, Schiffen, die in der Bucht vor Anker lagen, Signale zu geben. Noch heute wird täglich die **Noon Gun** abgefeuert, deren Donner das darunterliegende Bo-Kaap und die Innenstadt erschüttert. Auf halber Höhe der

Klippschliefer

Die knuddligen Pelztiere, die aussehen wie XXL-Meerschweinchen und den Gipfel des Tafelbergs bevölkern, sind **Dassies** oder Klippschliefer *(Procavia capensis)* und trotz ihrer äußeren Erscheinung keine Nagetiere, sondern die nächsten lebenden Verwandten der Elefanten. Ihr Name leitet sich vom afrikaansen *dasje*, „kleiner Dachs", her, dem, Namen, den ihnen die ersten holländischen Siedler gaben. Dassies sind überall in Südafrika in felsigen Lagen anzutreffen und sehr weitverbreitet, da ihre natürlichen Feinde so gut wie ausgerottet wurden. Oft wärmen sie sich dichtgedrängt in der frühen Morgensonne, um die während der Nacht gedrosselte Körpertemperatur wieder auf Normalstand zu bringen.

Straße befindet sich ein islamischer *kramat* (Schrein) zu Ehren von **Mohamed Gasan Galbie Shah**, dem Begründer des Islam in Südafrika, einer von mehreren auf der Halbinsel, die angeblich die Stadt beschützen.

Man kann von hier aus auch gemächlich die 2 km (max. 3 Std. hin und zurück) zum **Lion's Head** hinaufwandern, was bei Vollmond ungefähr die halbe Stadtbevölkerung zu tun scheint. Es ist ein lokales Ritual – nicht nur der herrlichen nächtlichen Aussicht auf die Lichter der Stadt unten und die silbrige Taschenlampenprozession, die sich den Berg hochwindet, wegen, sondern auch aufgrund des Gemeinschaftsgefühls und der Ausnahmesituation, nach Einbruch der Dunkelheit auf den Berg zu steigen.

Aber Vorsicht: An Vollmond und kurz davor/danach wird es am Lion's Head extrem voll; die etwas früheren und späteren Nächte sind ein kleines bisschen ruhiger. Man sollte aber möglichst in einer Gruppe gehen, da sogar in Nächten, in denen es von Leuten wimmelt, Überfälle vorgekommen sind.

Platteklip Gorge

Den ersten überlieferten Versuch der Besteigung des Tafelbergs unternahm der portugiesische Kapitän Antonio de Saldanha im Jahr 1503. Er wählte dafür den Weg durch die **Platteklip Gorge**, die Schlucht, die vom Front Table (der Nordseite) aus zu sehen ist, und sich als die leichteste Strecke erwies. Nach einem weiteren kurzen und einfachen Anstieg erreicht man Maclear's Beacon, mit 1086 m die höchste Erhebung des Berges. Die Platteklip-Route beginnt an der Talstation und endet an der Upper Cable Station, sodass der „Abstieg" mit der Bahn erfolgen kann.

Von der Lower Cable Station aus geht es auf der Tafelberg Road nach Osten, bis man einen Wegweiser erreicht, der zur Platteklip Gorge zeigt. Nach einer steilen, 15-minütigen Klettertour ist der **Upper Contour Path** erreicht. Nach rund 25 m auf diesem Pfad Richtung Osten biegt man auf den als „Contour Path/Platteklip Gorge" ausgeschilderten Pfad ein. Dieser Weg geht im Zickzack weiter und ist deutlich zu erkennen.

Der Weg durch diese Schlucht, die größte Einkerbung des Berges, führt direkt und sicher bis zum Gipfel hinauf. Allerdings ist der Anstieg sehr steil und dauert bei durchschnittlicher Kondition ungefähr drei Stunden. Oben angekommen wendet man sich nach rechts und erklimmt die letzte kurze Anhöhe zum **Front Table**, wo sich ein atemberaubender Ausblick auf die Stadt eröffnet. Ein Schild weist den Weg zur Upper Cableway Station – eine Viertelstunde zu Fuß auf einem betonierten Weg, der von Leuten wimmelt.

Maclear's Beacon

Maclear's Beacon liegt rund 35 Min. vom oberen Ende der Platteklip Gorge entfernt an einem Pfad Richtung Osten; weiße Quadrate auf gelben Fußabdrücken weisen den Weg. Der Wanderpfad mit ständigem Blick auf Maclear's Beacon überquert den Front Table. Vom Gipfel bieten sich Ausblicke auf die False Bay und die Hottentots Holland Mountains im Osten.

Skeleton Gorge und Nursery Ravine

Ein Besuch des Kirstenbosch National Botanical Garden (S. 158) lässt sich mit der Besteigung des Tafelbergs und dem Abstieg über einen anderen Weg mit anschließendem Nachmittagstee im Tea Room des Kirstenbosch verbinden. Direkt hinter Gate 2 folgt man den Wegweisern zur **Skeleton Gorge**, die zum **Contour Path** hinaufführen. Am Contour Path informiert eine Gedenktafel, dass dies hier Teil des **Smuts' Track** ist, der von Jan Smuts, dem Burenführer und südafrikanischen Premierminister bevorzugten Wanderstrecke zum Maclear's Beacon.

An der Tafel beginnt der Aufstieg durch die Skeleton Gorge über breite Stufen, manche aus Holz, manche aus Stein sowie Holzleitern und lose Steinblöcke. Wanderer sollten sich auf steile Abschnitte und schwieriges Klettern durch Felsen gefasst machen und unter keinen Umständen vom Weg abweichen. Die Strecke nach oben erfordert einiges an Fitness und kann in etwa zwei Stunden zurückgelegt werden.

Der Abstieg durch die Skeleton Gorge ist nicht zu empfehlen, da es hier gefährlich rutschig sein kann. Ratsamer ist es, den Weg durch die **Nursery Ravine** zu nehmen: Oben an der Skeleton Gorge gelangt man nach einer halben Stunde Fußweg über die Ebene vorbei am **Hely-Hutchinson Reservoir** zum oberen Ende

der Nursery Ravine. Durch die Nursery geht es zurück zum Contour Path und auf diesem zurück zum Kirstenbosch. Die gesamte Wanderung dauert ungefähr fünf Stunden.

Die südlichen Vororte

Vom Tafelberg und der Innenstadt erstrecken sich die Wohnviertel Kapstadts ins Binnenland hinein, Richtung Cape Flats und Winelands. Am schönsten sind die ehemals Weißen vorbehaltenen südlichen Vororte, die vom östlichen Ausläufer des Tafelbergs bis Muizenberg an der False Bay reichen, mit Claremont und Newlands als Zentrum. Von der Stadt ist es gar nicht weit bis in die Wälder, Parks und Weingärten am Osthang des Tafelbergs und seinem Ausläufer, dem Constantiaberg.

Von der Innenstadt, der Waterfront oder dem City Bowl sind die südlichen Vororte mit dem Auto am schnellsten über den **M3 Highway** zu erreichen. Eine Alternative ist die **Bahn** von der Cape Town Station nach Woodstock, Salt River, Observatory, Mowbray, Rosebank, Rondebosch, Newlands, Claremont und darüber hinaus immer nach Süden bis nach Muizenberg, Kalk Bay, Fish Hoek und Simon's Town. Und mit den Hop-on/ Hop-off-Sightseeingbussen von City Sightseeing (S. 217) lassen sich Kirstenbosch, die Weingärten von Constantia und Hout Bay erreichen.

Woodstock und Salt River

Die staubigen, dem Wind ausgelieferten Vororte Woodstock und Salt River sind die ältesten Kapstadts und haben sich trotz aller Gentrifizierung noch ein paar Zeugen ihrer Anfänge als Industriebezirke bewahrt. Der Anblick der alten Leute, die auf ihren *Stoeps* ein Schwätzchen halten und dabei ein Auge auf die spielenden Kinder auf dem holprigen Pflaster haben, verschafft eine Ahnung davon, wie das nahegelegene District Six (S. 146) früher ausgesehen haben muss, vor den gewaltsamen Evakuierungen auf die Cape Flats. Langsam, aber sicher entwickeln sich diese überwiegend farbigen Arbeiterbezirke zu Kapstadts Top-Designerecke, und zwischen Autohändlern und Gebrauchtmöbelläden erblühen Designshops, Kaffeehäuser und

Kunstgalerien. Die beiden Vororte gehen nahtlos ineinander über, allerdings ist Salt River immer noch etwas ärmlicher und mehr von Fabriken geprägt. Die schönen alten viktorianischen Gebäude Woodstocks hingegen haben neue Besitzer bekommen und sind renoviert worden.

Die beste Anlaufstelle in Woodstock ist die **Albert Road**. Dort findet in der **Old Biscuit Mill** jeden Samstagvormittag **Neighbourgoods** statt, ein fantastischer Markt mit Bio- und selbst gemachten Lebensmitteln (S. 207). In dem Komplex haben sich auch zwei der besten innovativen Restaurants von Kapstadt niedergelassen: Test Kitchen (S. 190) und Pot Luck Club (S. 190), außerdem mehrere Kunsthandwerk- und Designshops. Die **Woodstock Foundry** ganz in der Nähe ist ein saniertes altes Gebäude mit allen möglichen Läden, einer Tribe-Kaffeerösterei und Ateliers.

Mehr lokale Kreativität gibt's bei einem Rundgang von **Juma's Tours** (S. 214) zu entdecken, in dessen Mittelpunkt die Street Art und die kommerziellen Galerien der Gegend stehen.

Observatory

Am Südostende von Woodstock liegt „Obs", das als szeniges Studentenviertel gilt. Diesen Ruf verdankt es nicht zuletzt seiner Nähe zur Kapstädter Universität, der medizinischen Ausbildungsstätte Groote Schuur Hospital und einigen nichtstaatlichen Organisationen. In den malerisch-baufälligen Gebäuden mit ihren eisengedrechselten Balkonen an der Lower Main Road und in den Seitenstraßen gibt es eine Handvoll netter Cafés, Eckkneipen und Läden. Im riesigen Groote Schuur Hospital, das die durch Obs führende Schnellstraße N2 überragt, wurde 1967 die erste erfolgreiche Herztransplantation der Menschheitsgeschichte durchgeführt.

Irma Stern Museum

Cecil Rd, Rosebank ▪ ⏰ Di–Fr 10–17, Sa 10–14 Uhr ▪ Eintritt R10 ▪ 🖳 www.irmastern.co.za

Irma Stern wird wegen ihrer ausdrucksstarken, sinnlichen Porträts, Stillleben und Landschaftsbilder als eine der größten Künstlerinnen Südafrikas gefeiert. Im 20. Jh. brachte sie moderne europäische Ideen nach Südafrika und ihre Werke werden jetzt für Millionen Dollar verkauft.

Das **Irma Stern Museum** war 38 Jahre lang, bis zu ihrem Tod im Jahr 1966, die Wohnstätte und das Atelier der berühmten Künstlerin. Es ist unbedingt einen Besuch wert, denn es enthält eine tolle Sammlung afrikanischer, iberischer, orientalischer und antiker Gegenstände. Im Grunde spiegelt das ganze Haus die Begeisterung der Künstlerin für alles Exotische wider, von ihren eigenen, an Gauguin erinnernden Gemälden afrikanischer Menschen bis zu den mit wunderbaren Schnitzereien versehenen Holztüren, die sie von einer Reise nach Sansibar mitbrachte. Sogar der Garten mit seinem Bambusdickicht und den Palmen bringt einen Hauch Tropen nach Kapstadt.

Rhodes Memorial

Rhodes Memorial St ▪ ⏰ Restaurant und Tea Garden tgl. 9–17 Uhr ▪ 📞 021 687 0000, 🖳 www.rhodesmemorial.co.za ▪ Ausfahrt 8 von der M3 (Rhodes Dr)

Im Stadtteil Rondebosch befindet sich die University of Cape Town (UCT), deren malerisch mit Kletterpflanzen überwucherte Gebäude aus dem 19. Jh. den Hang des Tafelbergs oberhalb der Autobahn M3 überziehen. In der Nähe des Campus steht das im Stil eines griechischen Tempels errichtete **Rhodes Memorial** zu Ehren von Cecil Rhodes, Premierminister der Kapkolonie (1890–96) und vielgehasster Vertreter der Kolonialmacht. Von der Statue eines sich aufbäumenden Pferdes führt eine Reihe von Treppen hinauf zur Büste des Empire-Gründers. Gnu- und Zebraherden grasen gemächlich an den Hängen rund um das Denkmal, und von seinem **Restaurant und Tea Garden** aus hat man einen herrlichen Blick auf Kapstadt.

Unterhalb des Memorial, an der M3, steht die heute etwas fehl am Platz wirkende **Mostert's Mill**: Die Windmühle wurde vor zwei Jahrhunderten erbaut, als sich hier noch Weizenfelder erstreckten.

Newlands und Claremont

Südlich von Rondebosch liegen einige alte, vornehme Stadtteile, darunter **Newlands**, wo sich die bekanntesten Rugby- und Cricketstadien Kapstadts befinden. Das wohlhabende **Claremont** weiter südlich ist eine gute Shopping-

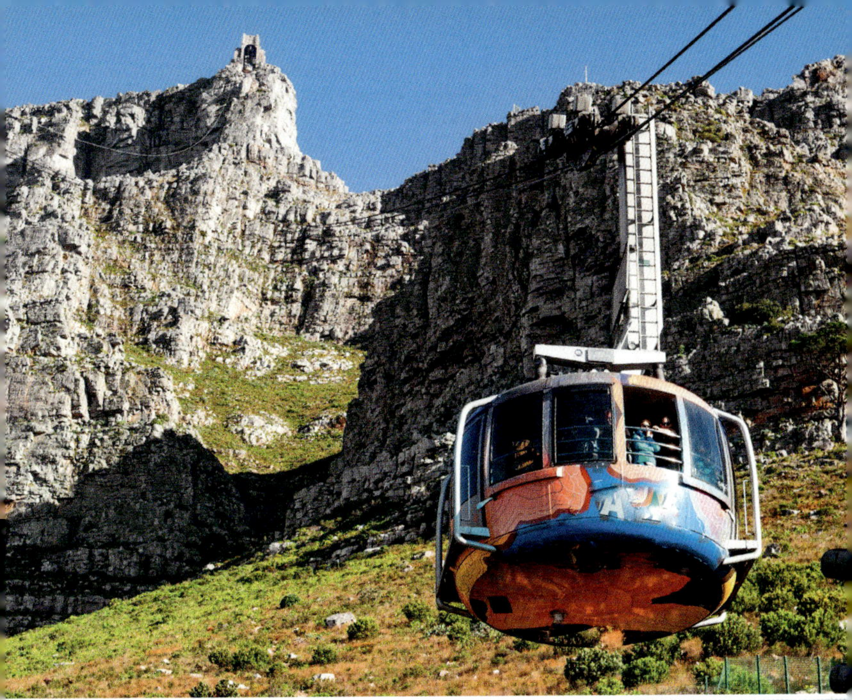
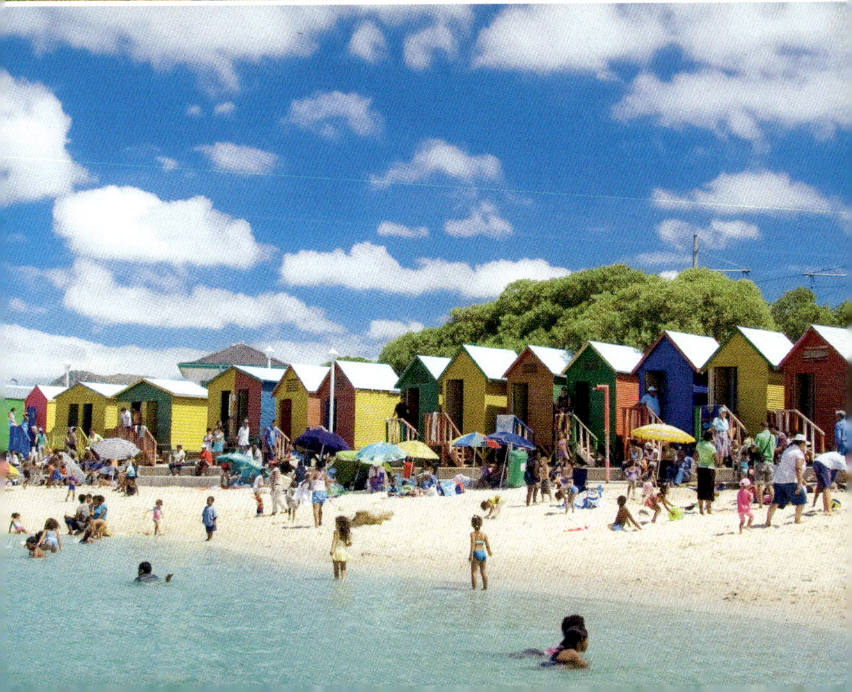

Alternative zur Innenstadt: hier gibt es ein Kino, Restaurants, einige hochwertige Geschäfte und sogar einen Straßenmarkt in der **Cavendish Square Mall**.

Kirstenbosch National Botanical Garden

Rhodes Drive ▪ ausgeschilderte Abfahrt vom M3 ▪ ⏰ tgl. April–Aug 8–18, Sep–März 8–19 Uhr ▪ Freiluftkonzerte Ende Nov–Anfang April ▪ R60, unter 17 J. R15, unter 6 J. frei, Konzerttickets R125–190 ▪ Kostenlose geführte Rundgänge (Mo–Fr 10, 11 und 14, Sa 10 Uhr) und Shuttle-Car-Touren (jeweils zur vollen Stunde tgl. 9–15 Uhr, R70) beginnen am Visitors Centre, Gate 1 ▪ Der Bus von City Sightseeing (S. 217) hält auf seiner Blue Mini Peninsula Tour alle 20 Min. am Garden; der am nächsten gelegene Bahnhof ist Claremont

Der unbedingt besuchenswerte **Kirstenbosch National Botanical Garden**, 13 km südlich der Innenstadt, wurden 1913 eröffnet und ist einer der überwältigendsten Naturschätze des Plane-ten. 2004 wurde der Kirstenbosch zur sechsten Unesco-Welterbestätte Südafrikas erklärt – eine Ehre, die keinem anderen botanischen Garten auf der Welt jemals zuteil wurde. Die Aufnahme in diese Liste würdigt die internationale Bedeutung der Fynbos-Vegetation (s. Kasten) und des hier vorherrschenden Kap-Florenreichs, das Botaniker aus aller Welt anzieht.

Für den Besuch des botanischen Gartens sollten mindestens zwei Stunden veranschlagt werden. Asphaltierte, mit Wegweisern versehene Pfade führen zu den Highlights, und die Bäume und Pflanzen sind mit Erklärungstafeln versehen.

Eine spannende Sache ist der **Tree Canopy Walkway** oder die „Boomslang", ein Wandersteg aus Stahl und Holz in luftiger Höhe, der sich mal höher, mal tiefer durch die Bäume des **Arboretum** schlängelt und weite Ausblicke auf den Park und die Berge erlaubt. Fünf Pfade unterschiedlicher Schwierigkeitsgrade durchziehen den Garten. Einer davon ist der am **Fragrance Garden** beginnende **Braille Trail**, der für blinde

Fynbos

Die ersten holländischen Siedler suchten auf der Kap-Halbinsel vergeblich nach Bauholz. Alles was sie fanden, war ein unscheinbares Gestrüpp, das sie als *fijn bosch* („dünner Busch") bezeichneten. Noch heute ist es unter seinem afrikaansen Namen **Fynbos** bekannt. Um Abhilfe zu schaffen, pflanzten die Siedler Exoten wie Eichen an, die heute noch in der Kapstädter Innenstadt Schatten spenden, und im Laufe der Jahrhunderte legten ihre Nachfahren an den Flanken des Tafelbergs Kiefernwälder an, um eine malerische Landschaft gemäß ihrer europäischen Vorstellung zu schaffen. Erst vor relativ kurzer Zeit gingen die Kapbewohner dazu über, den Fynbos mit Stolz als Teil des kulturellen Erbes der Halbinsel zu betrachten. Übrigens sind viele in Europa verbreitete Zierpflanzen wie Geranien, Fresien, Gladiolen, Gänseblümchen und Lilien veredelte Arten der am Kap beheimateten Flora.

Der Fynbos zeichnet sich durch eine erstaunliche Pflanzenvielfalt aus, die 80 % der gesamten **Capensis** (Kapflora), des kleinsten Florenreichs der Welt, ausmacht. Mit rund 8500 überwiegend endemischen Arten ist die Cape Floristic Region eine der vielfältigsten Vegetationszonen der Erde. Nur die südamerikanischen Regenwälder können sich annähernd mit diesem Artenreichtum messen. Allein auf der Kap-Halbinsel, deren Fläche weniger als 500 km² beträgt, finden sich 2256 Pflanzenarten (fast doppelt so viele wie in Großbritannien, das 5000-mal größer ist). Während die anderen fünf Florenreiche riesige Gebiete, wie Australien oder die Nordhalbkugel umfassen, erstreckt sich das Kap-Florenreich über einen relativ schmalen Bogen entlang der Küste von Niewoudville im Westen über Kapstadt bis nach Grahamstown im Osten. Die vier Pflanzengrundarten des Fynbos sind: **Protea** (die Landesblume Südafrikas); die rund 600 Heidekrautarten umfassende **Erika** (im Rest der Welt kommen nur 26 Arten vor); **Gräser** und **Geophyten** (im Boden überwinternde oder wachsende Pflanzen), darunter Lilien und die feuerroten Roten Disas, die im Spätsommer am Tafelberg blühen.

Besucher angelegt wurde. Er hat Infoschilder in Braille-Schrift und umfasst unzählige duftende Pflanzen zum Anfassen.

Die von Menschenhand angelegten Gärten am Fuß des Berges gehen nahtlos in die **wilde Bergflora** über, die einen Großteil des felsigen Osthangs und der bewaldeten Schluchten des Tafelbergs bedeckt: Die Lage ist atemberaubend. Zwei beliebte Wanderwege beginnen beim **Contour Path** am Berghang oberhalb des Botanischen Gartens, einer zur Nursery Ravine und ein anderer zur Skeleton Gorge (S. 155). Im Garten selbst muss man keine Angst vor Kriminalität haben, aber wer den Tafelberg hoch oder auf dem Contour Path nach Constantia Nek oder Newlands Forest und zum Rhodes Memorial spaziert, sollte die üblichen Sicherheitsmaßnahmen einhalten. Die Nordroute zum Newlands Forest und dem Rhodes Memorial ist nicht zu empfehlen, denn auf ihr hat es eine Reihe Raubüberfälle gegeben.

Auf dem Gelände des Gartens gibt es gleich hinter dem Gate 2 Frühstück, Mittagessen und Snacks im hübschen **Tearoom** (S. 190), außerdem einen Vida e Caffè-**Coffeeshop** direkt außerhalb vom Gate 1 und zwischen den beiden Gates ein Moyo-**Restaurant**. Eine der schönsten Unternehmungen an einem Sommersonntagnachmittag in Kapstadt ist ein Ausflug zum Kirstenbosch, um sich mit einem Picknickkorb auf der Wiese niederzulassen, bei Kapwein dem **Freiluftkonzert** zu lauschen und die Bergluft und den Sonnenuntergang zu genießen. Besonders toll sind normalerweise Auftritte lokaler Künstler wie Hugh Masekela, Jeremy Loops, Goldfish oder Freshlyground – und man sollte frühzeitig herkommen, um sich eine gute Stelle zum Ausbreiten der Picknickdecke zu sichern.

Bishopscourt und Wynberg

Südlich vom Kirstenbosch Garden liegt das begüterte Viertel **Bishopscourt**, wo sich die Residenz des anglikanischen Bischofs von Kapstadt befindet und inmitten großer Anwesen prächtige Villen verbergen.

Noch weiter südlich wartet der Vorort **Wynberg** mit dem bekannten **Maynardville Open-Air-Theater** (S. 202) auf, das im gleichnamigen Park Stücke von Shakespeare präsentiert.

Am Westrand des Maynardville Park befindet sich im **Wynberg Village** eine malerische Ansammlung von Kunstgeschäften und Restaurants, **Little Chelsea** genannt. Die Main Road von Wynberg dagegen bietet ein etwas anderes, afrikanischeres Einkaufserlebnis: ambulante Händler und Stoffläden machen ein gutes Geschäft dank des ständigen Stroms von Minibustaxis und Fußgängern, die auf dieser Hauptverkehrsstraße unterwegs sind.

Constantia und seine Weingüter

Südlich von Kirstenbosch liegen der elegante Vorort **Constantia** und die ältesten **Weingüter** des Kaps. Mit dem Auto lassen sich die neun bezaubernd schön an den Ausläufern des Tafelbergs und Constantiabergs gelegenen Weingüter von Constantia mit ihrer traumhaften Aussicht auf die False Bay über den M3 von der Innenstadt in einer halbstündigen Fahrt leicht erreichen.

Der Weinanbau nahm 1685 auf dem Hof von **Simon van der Stel** seinen Anfang, dem Gouverneur, der den Auftrag hatte, die junge holländische Kolonie zu erweitern. Er machte sich mit Feuereifer ans Werk und sicherte sich einen riesigen Teil des fruchtbarsten Landes am Constantiaberg unmittelbar südlich des Tafelbergs. Man nimmt an, dass er das Anwesen entweder nach der Tochter eines Freundes, Constancia, benannte oder nach einem Schiff der Niederländisch-Ostindischen Kompanie, das damals in der Tafelbucht vor Anker lag.

Aus dem Constantia-Reben wird seit van der Stels erster Ernte im Jahr 1705 Wein gekeltert. Als van der Stel 1712 starb, wurde der Besitz aufgeteilt und verkauft, dadurch entstanden das heutige **Groot Constantia**, **Klein Constantia** und **Buitenverwachting**. Die größeren Winzereien stehen Besuchern offen und bieten Weinproben an. Sie sind unbedingt einen Besuch wert, und selbst wer noch ins eigentliche Kap-Weingebiet weiterfährt, sollte sich einen Abstecher nach Constantia keinesfalls entgehen lassen.

Groot Constantia

Groot Constantia Rd ▪ **Gelände** ⊙ tgl. 9–18 Uhr ▪ Eintritt frei ▪ **Weinverkostung** tgl. 9–17.30 Uhr ▪ R75 inkl. 5 Verkostungen und 1 Souvenirglas ▪

Kellerführungen tgl. zur vollen Std. 10–16 Uhr ▪ R100; nur mit Reservierung ▪ **Museum** ⏱ tgl. 10–17 Uhr ▪ Eintritt R30 ▪ ✆ 021 794 5128, 🖵 www.grootconstantia.co.za ▪ Der Bus Purple Wine Tour, betrieben von City Sightseeing, unternimmt eine Rundfahrt von Constantia Nek (eine Haltestelle auf der Blue Mini Peninsula Tour) nach Groot Constantia und zu zwei anderen Weingütern

Groot Constantia ist das größte und am stärksten auf Touristen ausgerichtete Weingut und ein wunderbares Beispiel kapholländischer Eleganz. Sein besonderer Reiz besteht darin, dass hier noch ein Stück von van der Stels alten Weingärten sowie Originalgebäude erhalten sind. Dadurch wird ein lebhafter Eindruck vom damaligen Alltag auf einem Weingut am Kap vermittelt. Das **Herrenhaus**, ein typisches kapholländisches Anwesen, das originalgetreu aus van der Stels Wohnhaus nachgebaut wurde, bildet einen Teil des Museums. Direkt durchs Haus und über den Hof geht es zum **Cloete Cellar**. Er besitzt einen Frontgiebel, der von Anton Anreith gemeißelt wurde und ein fröhliches Bacchanal zeigt, ein Symbol für Fruchtbarkeit.

Das weitläufige, vorbildlich gepflegte Weingut bietet sich bestens für Spaziergänge zwischen den Rebstöcken an. Es gibt ein Kutschenhaus, Weinkeller und ein **Orientation Centre**, das die Geschichte des Anwesens erzählt; das Thema Sklaverei wird dabei nicht ausgelassen.

Zum Weingut gehören zwei Restaurants und ein Feinkostladen, wo **Picknickzutaten** verkauft werden. Die Visitors Route Experience kostet R95; sie beinhaltet eine Besichtigung des Haupthauses und des Cloete Cellar, eine Weinprobe und zwei Audio Walking Tours. Tickets gibt's in Groot Constantia oder über Webtickets, 🖵 www.webtickets.co.za.

Klein Constantia ▪
Klein Constantia Rd ▪ ⏱ Mo–Fr 10–17, Sa 10–16.30, So 10–16 Uhr ▪ R50 ▪ ✆ 021 794 5188, 🖵 www.kleinconstantia.com

Dieses Weingut ist kleiner als Groot Constantia und die Weinproben sind weniger förmlich. Die Gebäude sind nicht so prachtvoll, aber die Lage ist genauso wunderbar. Das Gut produziert erlesene Weine, insbesondere den **Vin de Constance**, Nachfolger eines alten Constantia-

Weins, einem Lieblingswein von Friedrich dem Großen, Napoleon und Bismarck. Der Dichter Baudelaire vergleicht die liebliche Süße dieses Weins mit den Lippen seiner Liebsten. Dieser köstliche Dessertwein, abgefüllt in Flaschen, die so aussehen wie die Originalflaschen, ist ein originelles Souvenir.

Buitenverwachting

Klein Constantia Rd ▪ ⏱ **Verkostungen** Mo–Fr 9–17, Sa 9–15 Uhr ▪ Eintritt frei ▪ ✆ 021 794 5190, 🖵 www.buitenverwachting.co.za

Buitenverwachting ist ein idylisches, versteckt in den Vororten Constantias gelegenes Fleckchen, auf dessen Feldern Schafe und Rinder grasen. Die Architektur und die Lage am Fuß des Constantiabergs sind wunderschön und die Weine erzielen Bestnoten, darunter eine 5-Sterne-Bewertung im *Platter's Wine Guide 2015*.

Das Ende des 18. Jhs. erbaute Gutshaus mit Blick auf die Weinberge und hinten anschließendem Garten hat einen ungewöhnlichen Ziergiebel mit Urnenmotiv. Im originalen alten **Weinkeller** und auf der dazugehörigen Terrasse werden die Weinproben sowie Käse- und Pâteteller gereicht; das Anwesen hat aber auch ein Restaurant und einen **Coffeeshop**.

Atlantic Seaboard

Da der Tafelberg fast auf ganzer Länge der westlichen Halbinsel steil ins Meer abfällt, klammert sich entlang des Atlantic Seaboard ein Gürtel aus Vororten mühsam an seine Hänge. Die Meeresbrandung an dieser Seite der Halbinsel kann eisig sein, viel kälter als das Wasser der False Bay. Zum Baden ist der Atlantik nicht ideal, dafür bieten sich von den traumhaften Küstenstraßen sagenhafte Ausblicke, insbesondere hinter **Sea Point**, und die Gelegenheit Wale zu beobachten. Die Küste an sich besteht aus einer Reihe von Buchten und weißen Sandstränden vor der Kulisse der Zwölf Apostel. Die Strände eignen sich hervorragend zum Sonnenbaden und Betrachten des Sonnenuntergangs. Den fantastischen Ausblick machen sich auch viele der nobelsten Freiluftcafés und -bars der Stadt zunutze.

Mouille Point und Green Point

Die Vororte Mouille Point, westlich der V&A Waterfront, und sein Nachbar Green Point, sind der Innenstadt am nächsten gelegen. Das bekannteste Bauwerk von **Mouille Point** ist der gedrungene, in den 1820er-Jahren erbaute **Leuchtturm**, der mit seinen roten und weißen Streifen aus einem Kinderbilderbuch entnommen sein könnte.

Im erheblich größeren Vorort **Green Point** steht das **Cape Town Stadium**. Dank seiner Nähe zur Waterfront (rund zehn Minuten Fußweg) und zum Meer hat Green Point zahlreiche gute Unterkünfte und Cafés aufzuweisen.

Sea Point

Am Westrand von Green Point schließt sich Sea Point an, eine für ihre Schwulenszene und jüdische Gemeinde berühmte **kosmopolitische Gegend** mit Apartmentblocks am Meer, Touristenunterkünften und Restaurants. An der **Uferpromenade** kann man zusammen mit Kinderwagen schiebenden Müttern, älteren Leuten und Walkern und Joggern die felsige Küste und die salzige Luft genießen. Die Rasenflächen an der Promenade werden zum Picknicken und Ballspielen genutzt. Die meisten Restaurants und Geschäfte finden sich in der Main Road, einer verkehrsreichen Durchgangsstraße einen Block weiter landeinwärts.

Sea Point Pavilion Swimming Pool
Lower Beach Rd ▪ ⊕ Mai–Nov tgl. 9–17,
Dez–April tgl. 7–19 Uhr ▪ Eintritt R22, Kinder R11
▪ ✆ 021 434 3341
Am Südwestende der Promenade von Sea Point, in wunderbarer Lage direkt an der rauschenden Brandung, liegen vier unbeheizte, gereinigte **Salzwasserpools**. Der größte der vier, ein 50-m-Becken, ist ein beliebtes Trainingsbecken für Langstreckenschwimmer. Daneben gibt es zwei Planschbecken für die Kleinen und für ganz Mutige ein Tauchbecken mit Sprungbrett.

Bantry Bay

In der südwestlichsten Ecke von Sea Point liegt **Bantry Bay**, das die Bevölkerungsdichte von Sea Point mit dem Wohlstand von Clifton verbindet. Villen überziehen die steilen Hänge an der Atlantikküste im Schutz der Granitfelsen des

Lion's Head. Die schicken Hotelresorts, Gästehäuser und Ferienapartmentblöcke für Selbstversorger liegen in angenehmer Entfernung vom Trubel in Sea Point, aber nahe genug, um die dortigen Restaurants zu Fuß zu erreichen.

Clifton

Das schicke Clifton liegt eine Bucht hinter der Bantry Bay an der Victoria Road (M6). Die hiesigen Grundstückspreise zählen nicht ohne Grund zu den höchsten von ganz Afrika, denn Clifton umfasst vier wunderbare, über steile Treppen erreichbare **Sandstrände**, die durch Granitfelsen voneinander getrennt sind. Hier kann man hervorragend surfen und schwimmen; das Wasser ist aber eiskalt. Die vier windgeschützten Strände – originellerweise First, Second, Third und Fourth Beach genannt – sind bei muskelbepackten Ballspielern und Familien gleichermaßen beliebt. Clifton Third ist der Gay-Strand und am Fourth treffen sich an Sommerabenden Gruppen junger Leute nach Sonnenuntergang bei romantischem Kerzenlicht.

Camps Bay

Der Vorort **Camps Bay** erstreckt sich über die Ausläufer des Tafelbergs und schmiegt sich in einen ungemein malerischen Halbkessel zwischen Lion's Head und den Zwölf Aposteln. Dank der weiten Ausblicke auf den Atlantik ist dies eine der wohlhabendsten und traumhaftesten Wohngegenden in Kapstadt. Die Hauptstraße Victoria Road verläuft entlang der Küste, gesäumt von trendigen Restaurants, ein paar Lokalen und diversen noblen Unterkünften. Der lange Sandstrand, das Ziel von größeren und kleineren Familien sämtlicher Hautfarben, ist allerdings den eisigen Südostwinden und manchmal auch tückischen Strömungen ausgesetzt.

Llandudno

Das Gelände zwischen Camps Bay und der exklusiven Bucht von **Llandudno**, 20 km von Kapstadt entfernt und über die Victoria Road erreichbar, ist größtenteils unbebaut. Eine steile, schmale Straße windet sich an hübschen Villen vorbei hinab zum Ufer. Es ist ein herrliches Plätzchen zum Sonnenbaden und um den Sonnenuntergang zu genießen. Die MyCiTi-Busse 108

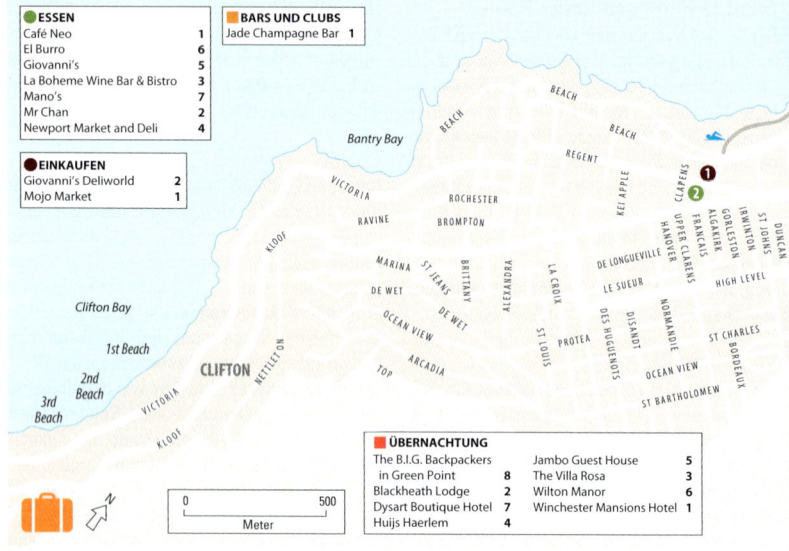

● ESSEN	
Café Neo	1
El Burro	6
Giovanni's	5
La Boheme Wine Bar & Bistro	3
Mano's	7
Mr Chan	2
Newport Market and Deli	4

● EINKAUFEN	
Giovanni's Deliworld	2
Mojo Market	1

■ BARS UND CLUBS	
Jade Champagne Bar	1

■ ÜBERNACHTUNG			
The B.I.G. Backpackers in Green Point	8	Jambo Guest House	5
Blackheath Lodge	2	The Villa Rosa	3
Dysart Boutique Hotel	7	Wilton Manor	6
Huijs Haerlem	4	Winchester Mansions Hotel	1

und 109 kommen an der Zufahrt nach Llanudno vorbei; von dort sind es steile zwanzig Minuten Fußweg zum Strand hinab.

Sandy Bay

Die abgeschiedene Sandy Bay, der größte FKK-Strand von Kapstadt und ein beliebter LGBT-Treff, ist nur nach zwanzig Minuten Fußweg von

Bootsausflug zur Duiker Island

Am besten lässt sich die faszinierende Berg- und Meereslandschaft im Rahmen einer kurzen Dampferfahrt vom Hafen in Hout Bay zur Insel Duiker Island genießen. Die Insel wird aufgrund ihrer riesigen **Robbenkolonie** auch als „Seal Island" bezeichnet. Die Südafrikanischen Seebären, die hier leben, sind Vertreter der größten Robbenart.

Der beste unter den Touranbietern (45 Min., R85) ist **Nauticat Charters**, ☎ 021 790 7278, 🖥 www.nauticatcharters.co.za, mit sechs Glasbodenbooten täglich, die es erlauben, die Robben und andere Meeresbewohner in Unterwasseraktion zu beobachten.

Llanudno zu erreichen: Der Weg führt vom Sunset-Rocks-Parkplatz am Südende von Llanudno hierher durch Fynbos und über Felsblöcke.

Hout Bay

Hout Bay ist zwar kein ruhiges Fischerdorf mehr, besitzt aber immer noch einen Fischereihafen und bildet das Zentrum der regionalen Krabbenindustrie. Das 20 km von der Kapstädter Innenstadt entfernte Hout Bay ist ein gern gewähltes Ziel für **Tagestouren**, um Fish 'n' Chips in der Mariner's Wharf (S. 207) zu essen oder den quirligen **Bay Harbour Market** (S. 207) zu besuchen. Hout Bay besitzt eine märchenhafte Bucht im Schatten vom Sentinel und Chapman's Peak. Dieser Vorort ist für Kapstadt mit seinem Erbe einer von der Rassentrennung geprägten Stadtplanung sehr ungewöhnlich: Hier liegen die Wohnviertel der armen schwarzen und der begüterten weißen Bevölkerung direkt nebeneinander.

Township Imizamo Yethu

Wer von Hout Bay aus Richtung Constantia Nek fährt, kommt durch die am Abhang gelegene Township Imizamo Yethu, eine dicht gedrängte Hüttensiedlung fast mitten in der Stadt. Imizamo

Mouille Point, Green Point, Sea Point & Clifton

Graaff's Pool
PROMENADE
Green Point Lighthouse
Green Point
BEACH
ATLANTISCHER OZEAN
Blue Train Park
PARK ROAD
BEACH
BAY
THREE ANCHOR BAY
SEA POINT
Green Point Park
Metropolitan Golf Course
BEACH
Österreichisches Honorarkonsulat
BLACKHEATH
GREEN POINT
MOUILLE POINT
VLEI
Cape Town Stadium
TABLE MOUNTAIN NATIONAL PARK
SIGNAL HILL ROAD
Signal Hill (350 m)
YORK
EXHIBITION
PORTSWOOD
VESPERDENE
De Waterkant
Waterfront

Yethu wurde erst in den späten 1980ern, also in den letzten Jahren der Apartheid, von Arbeit suchenden Xhosa aus dem Ostkap besiedelt. Seine Bevölkerungszahl war auf mehrere Zehntausende angestiegen, bis ein verheerendes Feuer im März 2017 mehr als 3000 Wohnungen vernichtete und über 15 000 Menschen obdachlos machte. Obwohl die Lebensbedingungen hart sind, ist es eine Township, die man im Rahmen einer **Walking Tour** (s. Kasten) gut besuchen kann, ohne sich unwillkommen zu fühlen.

World of Birds

Valley Rd ▪ ⏲ tgl. 9–17 Uhr, Affendschungel tgl. 11.30–13, 14–15.30 Uhr ▪ Fütterungszeiten: Pinguine 11.30 und 15.30 Uhr ▪ Pelikane 12.30 Uhr, Kormorane 13.30 Uhr, Raubvögel 16.15 Uhr ▪ Eintritt R95, Kinder R45 ▪ 🖥 www.worldofbirds.org.za
World of Birds bietet mehr als 3000 Vögeln eine Heimat, die in überraschend angenehmen und friedlich wirkenden, begehbaren **Volieren** leben. Daneben gibt es kleine Säugetiere und Reptilien; für einen Besuch sollte man gute zwei Stunden einplanen. Unter den Vögeln finden sich einheimische Arten wie Kraniche, Geier und Pelikane sowie eine Reihe gefiederter **Exoten**.

Zu den Bewohnern des dazugehörigen großen, begehbaren **Affendschungels** zählen unter anderem niedliche Totenkopfäffchen. Es ist erlaubt, sie zu streicheln. Auch die beliebten

Touren durch Imizamo Yethu

Auf eigene Faust nach Imizamo Yethu hineinzuspazieren ist riskant. Aber es gibt eine unterhaltsame, zweistündige **Walking Tour** (tgl. um 10.30, 13 und 16 Uhr, R75, ☎ 083 719 4870, 🖥 www.suedafrika.net/imizamoyethu) mit dem engagierten und kompetenten Guide Afrika Moni, der das Viertel und dessen Geschichte wie seine Westentasche kennt. Er führt Besucher durch die Township, in der er aufgewachsen ist. Unterwegs wird öfter mal Halt gemacht, um mit dem Besitzer eines improvisierten *spaza*-Ladens zu plaudern, ein traditionelles Bier in einer Shebeen zu trinken oder in einer Bretterhütte oder einem Ziegelsteinhaus vorbeizuschauen. Die Führungen beginnen an der Polizeiwache am Eingang der Township, wo es für Besucher reservierte Parkplätze gibt. Hier hält auch der City Sightseeing-Bus (S. 217).

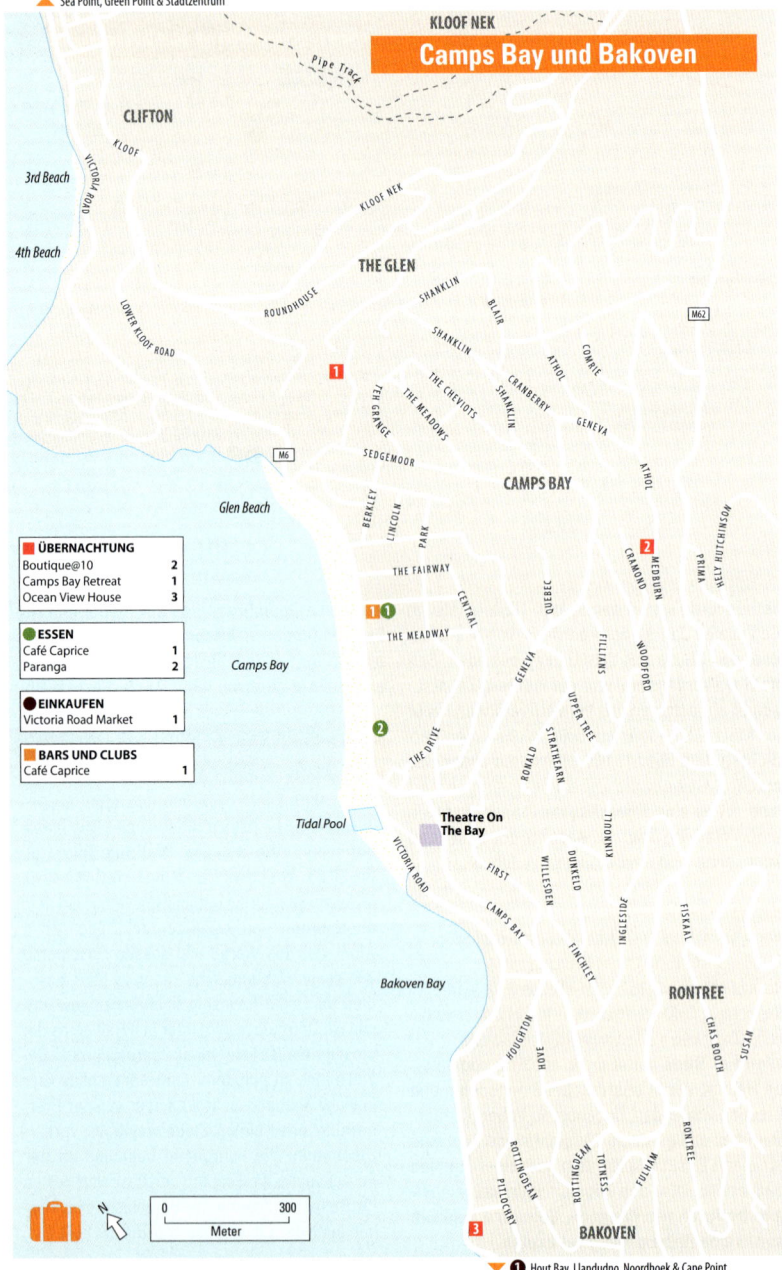

KLOOF NEK

Camps Bay und Bakoven

CLIFTON

3rd Beach

4th Beach

Pipe Track

Kloof Nek

THE GLEN

ROUNDHOUSE

SHANKLIN

SHANKLIN

BLAIR

COMRIE

ATHOL

THE CHEVIOTS

CRANBERRY

SHANKLIN

GENEVA

THE MEADOWS

TEN RANGE

SEDGEMOOR

1

M6

M62

CAMPS BAY

ATHOL

Glen Beach

BERKLEY

LINCOLN

PARK

NELLY HUTCHINSON

MEDBURN

CRAMOND

PRIMA

2

THE FAIRWAY

1 **1**

THE MEADWAY

CENTRAL

QUEBEC

WOODFORD

FILLIANS

Camps Bay

GENEVA

UPPER TREE

2

THE DRIVE

RONALD

STRATHEARN

Tidal Pool

Theatre On
The Bay

VICTORIA ROAD

FIRST

WILLESDEN

DUNKELD

INGLISTON

THONGKIN

FISKAAL

CAMPS BAY

FINCHLEY

Bakoven Bay

RONTREE

CHAS BOOTH

HOUGHTON

HOVE

SUSAN

ROTTINGDEAN

BOTTINGDEAN

TOTNESS

FATIMA

RONTREE

PITLOCHRY

3

BAKOVEN

0   300
Meter

1, Hout Bay, Llandudno, Noordhoek & Cape Point

ÜBERNACHTUNG
Boutique@10	2
Camps Bay Retreat	1
Ocean View House	3

ESSEN
Café Caprice	1
Paranga	2

EINKAUFEN
Victoria Road Market	1

BARS UND CLUBS
Café Caprice	1

Meerkatzen sind vertreten, und die vegetationsreichen Grünanlagen mit der Gebirgskulisse im Hintergrund machen das Ganze zu einem sehr angenehmen Ausflug.

Chapman's Peak Drive

Mautgebühr R42 ▪ ☏ 021 791 8222, ⌨ www.chapmanspeakdrive.co.za

Der atemberaubende **Chapman's Peak Drive** windet sich von Hout Bay Richtung Süden an den Klippen entlang nach Noordhoek und ist eine der schönsten Meerblickstraßen der Welt. Über die ganze Strecke verteilt liegen geschützte Aussichtspunkte, manche mit Picknicktischen. Also am besten Priviant mitbringen, um bei einem Verpflegungsstopp die sensationelle Aussicht goutieren zu können. Wegen Steinschlags ist die Straße manchmal gesperrt, daher ist es ratsam, sich vor Fahrtantritt telefonisch oder auf der Website zu informieren.

Noordhoek

Diese einladende, alternativ eingestellte Siedlung (sie hat sogar ein **Hanfhaus**) am südlichen Ende des Chapman's Peak Drive, 35 km von der Innenstadt entfernt, besteht aus Kleinbauernhöfen und Reitställen in einem sanften, mit Eichen bestandenen Tal. Falls der Chapman's Peak gesperrt ist, lässt sich Noordhoek auf der M3 nach Süden über den Oukaapseweg erreichen.

Noordhoek Beach

Vom Chapman's Peak kommend, liegt auf der rechten Straßenseite die Abfahrt zum Avondrust Circle, der zum **Noordhoek Beach** führt, dessen weitläufiger weißer, von Seetang übersäter Sandstrand sich nach Kommetjie hin erstreckt. Jeden Morgen zwischen 7.30 und 9 Uhr preschen **Rennpferde** über den Sand, sonst teilen sich Amateurreiter (S. 212) den breiten Strand mit Anwohnern, die ihre Hunde ausführen. Das vom Chapman's Peak eingerahmte Meer ist kalt, wild und bietet ein herrliches Naturschauspiel. Wenn jedoch stürmische Winde über den Strand fegen, verwandelt sich der Noordhoek Beach in ein Sandstrahlgebläse. Im nahe gelegenen Monkey Valley Resort (S. 182) muss man nicht Hotelgast sein, um bei einer erschwingli-

chen Mahlzeit die sensationelle Aussicht genießen zu dürfen; die Milkwood-Bäume ringsum bieten Schutz vor dem Wind.

Noordhoek Farm Village

Village Lane ▪ ⊕ unterschiedlich, je nach Einrichtung, Wochenmarkt Mi 16–20 Uhr ▪ ⌨ www.noordhoek village.co.za

Das **Noordhoek Farm Village** beim ausgeschilderten Abzweig zum Chapman's Peak ist ein ausgezeichnetes Fleckchen zum Pausemachen, auch für Reisende mit Kindern. In dem im holländischen Stil gehaltenen Komplex befinden sich das hervorragende Restaurant mit integrierter Deli und Tapasbar The Foodbarn (S. 192) sowie ein Pub, ein Café, eine Sushibar, ein Kinderspielplatz, Kunsthandwerksgeschäfte und vieles mehr. Auf dem Wochenmarkt unter freiem Himmel gibt es Gerichte von Village-Geschäftsleuten – die Küchenbandbreite reicht von italienisch bis mexikanisch.

Kommetjie

Obwohl **Kommetjie** zu Fuß nur ein paar Kilometer Küstenlinie südlich von Noordhoek liegt, ist der winzige Ort nur auf einem Umweg auf der durchs Landesinnere führenden Straße zu erreichen –man muss nämlich das Marschland umgehen. Im Ort selbst gibt es so gut wie nichts, aber ringsum erstklassige Wandermöglichkeiten, entweder um die felsige Küste beim Leuchtturm Slangkop herum oder über den langen Long Beach zurück Richtung Noordhoek.

Scarborough

Das idyllische Dorf Scarborough ist die entlegenste Siedlung auf der Halbinsel und lockt mit kaltem türkisfarbenem Wasser und weißen Sandstränden. Die Anfahrt von Simon's Town ist problemlos und landschaftlich reizvoll; sie führt über das Rückgrat der Halbinsel; unterwegs gibt es einen Abzweig zum **Cape Point**.

False Bay Seaboard

Im Sommer ist das Wasser der **False Bay** um einige Grad wärmer als das des Atlantiks, daher säumen die ältesten und beliebtesten Küstensiedlungen diese Seite der Halbinsel. Eine Reihe altehrwürdiger, dörflicher Vororte am Fuß der Berge, jeder mit der Metrorail erreichbar, erstreckt sich Richtung Süden von **Muizenberg** über **St James, Kalk Bay, Fish Hoek** bis nach **Simon's Town**. Jede Siedlung besitzt ihren eigenen Charakter, doch alle haben Restaurants, Geschäfte und Übernachtungsmöglichkeiten. Simon's Town, eine der ältesten Niederlassungen Südafrikas, eignet sich entweder für einen schönen Tagesausflug oder als entspannte Basis für einen Besuch am **Boulders Beach** und im Cape of Good Hope Nature Reserve (S. 171).

Autofahrer, die von Kapstadt kommen, nehmen am besten die M3 Richtung Süden nach Muizenberg. Der Boyes Drive, eine Hochtrasse, bildet eine rund 5 km lange Alternative zur Küstenstraße Main Road. Er verläuft zwischen den Vororten von Lakeside am Südende der M3 und Kalk Bay und erlaubt sensationelle Ausblicke.

Schon die Fahrt mit der **Eisenbahn** lohnt den Abstecher nach Simon's Town, denn ab Muizenberg liegen die meisten Bahnhöfe nahe dem Meer. Von Kapstadt aus fahren die Züge von Metrorail, ☎ 021 449 6478, 🖳 www.metrorail.co.za, 🖳 www.cttrains.co.za, nach Simon's Town (Mo–Fr 5.10–21.15 Uhr ungefähr 3x stdl., 1 1/4 Std., R16,50), und 4x stdl. bis nach Fish Hoek (58 Min., R13,50). Die Züge nehmen den Schienenstrang via Muizenberg (48 Min., R13,50), St James (51 Min., R13,50) und Kalk Bay (55 Min., R13,50). Am Wochenende fährt nur ungefähr ein Zug stdl. nach Simon's Town.

Wellenreiten

Folgende Surfschulen am Strand bieten Surf-Unterricht und verleihen Ausrüstung an alle, die sich an den Brechern von Muizenberg ausprobieren möchten:

Gary's Surf School, 34 Balmoral Building, Beach Rd, ☎ 021 788 9839, 🖳 www.garysurf. com, verlangt R450 für zwei Unterrichtsstunden inkl. Leihgebühr für die Ausrüstung.

Surf Shack, York Rd, ☎ 021 788 9286, 🖳 www. surfshack.co.za. Unterschiedliche Kurse, Pauschalpakete oder nur Brett- und Wetsuitverleih für R100 pro 90 Min.

Muizenberg

Früher war **Muizenberg** der mondänste Badeort Südafrikas. Nach einer Phase der Vernachlässigung wurde die Uferpromenade jetzt wiederhergerichtet; von der nobleren Vergangenheit zeugen noch die farbenfrohen Umkleidekabinen im Sand. Der lange, sichere und sanft geschwungene Strand hier ist einer der begehrtesten Orte zum Schwimmen auf der Halbinsel

National Geographic hat Muizenberg im Jahr 2017 in seine Liste der 20 weltbesten Surferdörfer aufgenommen und an der Beach Road bieten mehrere Surfshops Unterricht und Bretter an (s. Kasten).

Vorsicht: Man darf absolut keine **Wertsachen** mit an den Strand von Muizenberg nehmen und auch nichts unbeaufsichtigt lassen, während man am Strand ist, denn hier macht Gelegenheit **Diebe**. Der Parkplatz ist bewacht, deshalb sollte man die Sachen am besten – natürlich ganz diskret – im Kofferraum verstauen.

Die Historical Mile

Ein kurzer Küstenabschnitt, der am Bahnhof von Muizenberg beginnt und sich nach Süden erstreckt, wird als Historical Mile bezeichnet. Die „historische Meile" mit ihren sehenswerten Gebäuden lässt sich ohne Probleme zu Fuß erkunden.

Das **Bahnhofsgebäude**, ein 1913 fertiggestelltes Bauwerk im späten edwardianischen Stil mit einem hübsch verzierten Uhrturm, steht unter Denkmalschutz, und das **Posthuys** ganz in der Nähe war früher einmal ein Ausguck nach den in die Bucht einfahrenden Schiffen. Das weiß getünchte, strohgedeckte Gebäude aus dem Jahr 1673 ist ein wunderbares Beispiel kapholländischer Architektur und angeblich das älteste europäische Gebäude in Südafrika.

Das **Rhodes' Cottage Museum** in der 246 Main Road ist in dem Haus untergebracht, das der Millionär und Politiker 1899 kaufte und in dem er 1902 verstarb. Zu sehen sind persönliche Memorabilien und alte Möbelstücke. ⊙ Mo–Sa 10–14 Uhr, Spende erbeten.

Casa Labia Cultural Centre

192 Main Rd ▪ ⊙ Di–So 10–16 Uhr ▪ Eintritt frei ▪ ☎ 021 788 6068, 🖳 www.casalabia.co.za

Die im Umkreis von Kapstadt am häufigsten anzutreffende Walart ist der Südliche Glattwal (Süd-kaper). Um Wale zu beobachten, eignet sich am besten die wärmere **False Bay**, wo sich die Meeres-säuger von August bis November tummeln.

Am False Bay Seaboard kennzeichnen Schilder besonders gute Stellen zum Walebeobachten. Eine hervorragende Sicht bietet sich vom **Boyes Drive**, der hinter Muizenberg und Kalk Bay am Berg entlang verläuft, und oft tummeln sich Wale in Küstennähe vor St James. Man kann aber ebenso an der Küste entlang auf der Main Road bleiben: zwischen **Fish Hoek** und **Simon's Town**. Dort gibt es eine ausgesprochen hübsche Aussichtsstelle oberhalb der Felsen am Südende des Fish Hoek Beach.

Noch bessere Aussichtspunkte befinden sich weiter unten an der Küste zwischen Simon's Town und **Smitswinkelbaai**, wo die Straße höher am Berg verläuft. Wer auf öffentliche Verkehrsmittel angewiesen ist, nimmt den Zug nach Fish Hoek oder Sunny Cove und hält vom Uferweg Jager's Walk, der unterhalb der Bahnlinie am Ufer entlang zwischen den beiden Orten verläuft, Ausschau nach Walen.

Das interessanteste Gebäude an der Histori-cal Mile ist die **Casa Labia**, die 1930 als Wohn-ort für den italienischen Konsul Graf Natale La-bia errichtet wurde. Das im venezianischen Stil des 18. Jhs. konzipierte Bauwerk ist ein archi-tektonisches Prunkstück und die filmreife Innen-einrichtung des „Palazzo" lohnt einen Besuch. Außerdem befinden sich hier ein Kulturzentrum, wo Konzerte und Vorträge stattfinden, eine Ga-lerie mit moderner und zeitgenössischer süd-afrikanischer Kunst, ein recht nobles Café sowie ein Kunsthandwerksladen.

St James

St James ist etwas nobler als das benachbar-te Muizenberg. Die meisten Eigenheime dort lie-gen am Berghang und sind über Treppen zu er-reichen, die zwischen der Main Road und dem Boyes Drive nach oben führen. Der beste Grund dafür, am hiesigen Bahnhof auszusteigen, sind der geschützte **Gezeitenpool** und der geteer-te, rund 20-minütige **Küstenspazierweg**, der am felsigen Ufer entlang bis nach Muizenberg führt – einer der schönsten Spazierwege der Halbinsel, von dem sich Ausblicke auf die ge-samte False Bay bieten. Aufmerksame Spazier-gänger können hin und wieder eine Robbe sich-ten, oder (während der entsprechenden Saison) auch Wale.

Die in leuchtenden Grundfarben gestriche-nen viktorianischen Badehäuschen am Strand von St James, die sowohl vom Zug als auch von der Straße aus zu sehen sind, stellen ein belieb-tes Fotomotiv dar. Am Wochenende und wäh-rend der Schulferien ist der Strand meistens überlaufen. Sehr viel weniger Leute nehmen den kurzen Fußweg nach Süden zum angrenzenden Sandstück des **Danger Beach**, einem wunder-baren Fleckchen zum Sonnenbaden und Sand-burgenbauen.

Kalk Bay

Kalk Bay ist einer der kleinsten und südlichsten Vororte Kapstadts, ein betriebsamer Hafen mit Fischerbooten, Ausblicken auf den Berg und ei-ner Ladenzeile mit schicken Cafés und hervor-ragenden Restaurants. Irgendwie gelang es Kalk Bay, dem *Group Areas Act* die Stirn zu bie-ten, denn es ist eine der wenigen Ansiedlungen auf der Halbinsel mit einer intakten „farbigen" Gemeinde. Abgesehen von „farbigen" Fischern wohnen in der Siedlung auch zahlreiche Künst-ler und Kreative, denen es die Dorfatmosphäre und Naturschönheit angetan hat.

Die Ortschaft konzentriert sich um den klei-nen **Hafen**, wo sich das Einlaufen der Fischer-boote beobachten lässt. Man kann auch fri-schen Fisch kaufen, der auf die Hafenmole geklatscht, im Handumdrehen an den Meistbie-tenden verkauft und gegen eine kleine Extra-gebühr gesäubert wird. Die Innereien bekom-men dann die Robben, die schon darauf warten.

An den Wochenenden fallen die Kapstädter hier ein – zum Brunch in den exzellenten Cafés, zum Bummeln oder für einen Drink am Wasser, dann herrscht Hochbetrieb in Kalk Bay.

Silvermine Nature Reserve

Ou Kaapseweg (M64) nach Noordhoek, am Südende der M3 ausgeschildert ▪ ⏱ tgl. Mai–Aug 8–17, Sep–April 7–18 Uhr ▪ Eintritt R50

Das wunderschöne **Silvermine Nature Reserve**, Teil des Table Mountain National Park, bietet Wanderwege mit traumhaften Ausblicken auf beide Seiten der Halbinsel sowie einen Stausee zum Schwimmen und Picknicken. Am Kassierhäuschen erhält man eine grobe Übersichtskarte des Parks, auf der die Wege durchs Reservat eingezeichnet sind. Die mit Abstand beste Karte ist jedoch die akkurate Landkarte von Slingsby: *Silvermine & Hout Bay*, 🖥 www.slingsbymaps.com.

Fish Hoek

Fish Hoek besitzt einen der schönsten familienfreundlichen **Strände** der False Bay. Am angenehmsten und sichersten schwimmt es sich am südlichen Ende, wo das Wasser relativ warm und ruhig (und voller Bodyboarder) ist. Hier gibt es einige Übernachtungsmöglichkeiten (S. 184), doch davon abgesehen handelt es sich um einen der langweiligsten Vororte an der False Bay. Ob es daran liegt, dass ein obskures Gesetz den Verkauf von Alkohol in den hiesigen Super- und Getränkemärkten verbietet? Neuerdings dürfen in Bars und Restaurants allerdings alkoholische Getränke ausgeschenkt werden.

Simon's Town

Das historische **Simon's Town**, der wichtigste Stützpunkt der südafrikanischen Marine, ist keineswegs eine raubeinige Hafenstadt. Der nur 40 km von Kapstadt entfernte Ort, eine der ältesten europäischen Niederlassungen Südafrikas, ist ausgesprochen hübsch mit einem gut erhaltenen Stadtbild, das nur am Meer ein wenig durch den alles beherrschenden **Marinestützpunkt** verunziert wird. Der Anblick der Ozeanriesen und der Matrosen in tadellos weißen Uniformen verleiht Simon's Town allerdings zusätzlichen Nautik-Charme.

Da es ungefähr auf halbem Weg entlang der Halbinsel zum Cape Point liegt, ist Simon's Town ein beliebter Haltepunkt organisierter Touren. Es

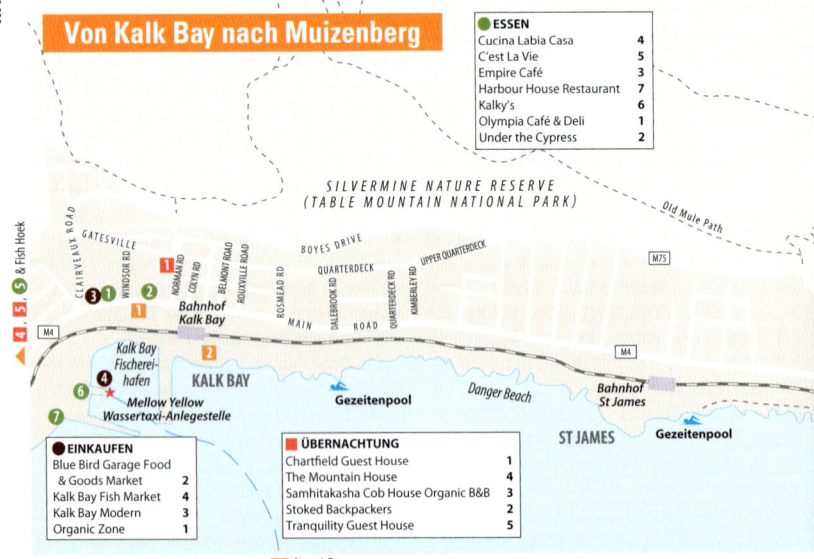

Von Kalk Bay nach Muizenberg

● **ESSEN**
Cucina Labia Casa	4
C'est La Vie	5
Empire Café	3
Harbour House Restaurant	7
Kalky's	6
Olympia Café & Deli	1
Under the Cypress	2

SILVERMINE NATURE RESERVE
(TABLE MOUNTAIN NATIONAL PARK)

Old Mule Path

CLAIRVEAUX ROAD
GATESVILLE
WINDSOR RD
NORMAN RD
COLYN RD
BELMONT ROAD
ROUXVILLE ROAD
BOYES DRIVE
QUARTERDECK
ROSMEAD RD
DALEBROOK RD
QUARTERDECK RD
UPPER QUARTERDECK
KIMBERLEY RD
M75

Bahnhof
Kalk Bay
MAIN ROAD

M4

Kalk Bay
Fischereihafen

Mellow Yellow
Wassertaxi-Anlegestelle

KALK BAY

Gezeitenpool

Danger Beach

Bahnhof
St James

M4

ST JAMES

Gezeitenpool

● **EINKAUFEN**
Blue Bird Garage Food & Goods Market	2
Kalk Bay Fish Market	4
Kalk Bay Modern	3
Organic Zone	1

■ **ÜBERNACHTUNG**
Chartfield Guest House	1
The Mountain House	4
Samhitakasha Cob House Organic B&B	3
Stoked Backpackers	2
Tranquility Guest House	5

▼ Simon's Town

False Bay Wassertaxi

Im Sommer fahren Wassertaxis von Mellow Yellow Water Taxi, ☎ 073 473 7684, 🖥 www.watertaxi.co.za, (R100 einfach, R150 hin und zurück p. P.) von Kalk Bay durch die False Bay nach Simon's Town. Die Fahrt ist absolut zu empfehlen und eine der wenigen Möglichkeiten, in False Bay in See zu stechen. Unbedingt vorbuchen, denn das Boot fährt nur, wenn sich genügend Passagiere angemeldet haben und das Wetter es erlaubt.

eignet es sich aber auch wunderbar als Übernachtungsort. Nur ein paar Kilometer südlich befindet sich **Boulders Beach** mit seiner großen Kolonie putziger **afrikanischer Pinguine**, die schon alleine einen Abstecher nach Simon's Town wert sind.

Geschichte

Simon's Town wurde 1687 als Winterhafen der VOC gegründet und (wie mehrere andere Ortschaften in und um Kapstadt) von **Gouverneur Simon van der Stel** in aller Bescheidenheit nach ihm selbst benannt. Der berühmteste Besucher war Lord Nelson, der sich 1776 hier als Leutnant zur See auf dem Heimweg aus Niederländisch-Indien erholte. 19 Jahre später besetzten britische Kriegsschiffe Simon's Town und nutzten es als Brückenkopf für die erste britische Invasion des Kaps. Nach nur sieben Jahren zogen die Briten ab, kehrten aber 1806 wieder zurück. Simon's Town blieb bis 1957 britischer Marinestützpunkt und wurde erst dann an Südafrika übergeben.

Ein paar Zeichen, wie die beiden Moscheen am Ostende der Thomas Street, deuten darauf hin, dass es hinter dem rein „weißen" Erscheinungsbild eine weitere Welt gibt. Im frühen 18. Jh. kamen die ersten **Muslime**, Sklaven aus aus dem indonesischen Archipel, die den holländischen Kriegshafen bauen mussten. Nachdem die Briten 1807 den Sklavenhandel verboten hatten, wurden die Schiffe angehalten, ihre menschliche Fracht in Simon's Town zu löschen, wo bald ein ganzer Bezirk zur sogenannten Black Town wurde. In den frühen 1970er-Jahren waren die meisten von ihnen aufgrund des *Group Areas Act* in die desolate Township Ocean View (ironischerweise eine der we-

nigen Stellen der Halbinsel ohne Meeresblick) zwangsumgesiedelt worden.

Simon's Town Museum
Court Rd ▪ ⏰ Mo–Fr 10–16, Sa 10–13 Uhr ▪ Eintritt R20 ▪ 🖥 www.simonstown.com/museum/index.html

Das **Simon's Town Museum** ist in der Old Residency untergebracht, die 1777 als Winterresidenz für den Gouverneur der VOC erbaut wurde. Die dazugehörigen Sklavenquartiere (später Gefängniszellen) im Keller kann man besichtigen. Die Ausstellung zum Thema Seefahrt umfasst Militaria und eine Menge Informationen über **Able Seaman Just Nuisance**, eine berühmte dänische Dogge, die zur See fuhr, begeistert mit den Matrosen Bier schlürfte und im Zweiten Weltkrieg von der Royal Navy zum Maskottchen erkoren worden war.

Jubilee Square und die Marina
Im Zentrum von Simon's Town, etwas mehr als 1 km südlich des Bahnhofs, erstreckt sich der **Jubilee Square**, ein von Palmen beschatteter Parkplatz nahe der St George's Street. Er ist umgeben von ein paar Cafés und Geschäften. An der Hafenseite der Straße steht an der Promenade eine Statue des unvermeidlichen Able Seaman Just Nuisance. Treppen führen zur **Marina** hinab, wo sich direkt am Wasser bescheidene Läden und Restaurants befinden.

Boulders Beach und das Penguin Reserve
2 km vom Jubilee Sq ▪ ⏰ tgl. Jan und Dez 7–19.30, Feb, März, Okt und Nov 8–18.30, April–Sep 8–17 Uhr ▪ ▪ Eintritt R70, Kind R35 ▪ HGTS Tours, 📞 021 786 5243, 🖥 www.hgtravel.co.za, unterhält einen Taxidienst vom Simon's Town Station nach Boulders Beach (R30 einfache Fahrt).

Der **Boulders Beach** wurde nach den riesigen Felsbrocken benannt, die eine Reihe kleiner Buchten mit Sandstränden und herrlichen Badetümpeln mit kristallklarem Wasser bilden. Die meisten Besucher kommen jedoch in das umzäunte Reservat von Boulders, um die mehr als 2000 **afrikanischen Pinguine** (Brillenpinguine) zu beobachten. Die Tiere wurden früher *jackass penguins* (Eselpinguine) genannt, denn sie geben erstaunlich laute, schnarrende Geräusche von sich.

Das eigentliche Habitat der afrikanischen Pinguine sind die Inseln vor der südafrikanischen Küste, darunter Robben Island, und die Boulders-Kolonie ist eine der beiden einzigen Festlandskolonien von Pinguinen auf der ganzen Welt. Das Reservat bietet die äußerst seltene Gelegenheit, sie aus nächster Nähe zu betrachten – und ihr „Gebrüll" zu hören, am lautesten während der Brutsaison von März bis Mai.

Zu erreichen ist das Reservat durch zwei **Eingänge**. Einer befindet sich am Ostende des Boulders Beach am unteren Ende der Bellevue

---

Meeresfauna-Sightseeing in der False Bay

False Bay ist einer der besten Orte im Land, um **Weiße Haie** zu beobachten. Außerdem lassen sich hier **Wale** und **Robben** sichten.

Eine der besten Möglichkeiten, die gigantischen Haie zu Gesicht zu bekommen, bietet **Apex Shark Expeditions**, 📞 021 786 5717, 🖥 www.apexpredators.com, Feb–März R1350, April–Mai R1700, Juni–Aug R2400. Seine Betreiber, die Naturforscher Chris und Monique Fallows, haben bereits mit National Geographic und der BBC zusammengearbeitet. Die beiden veranstalten zwischen Februar und September eine Reihe von Bootsfahrten, manche auch mit der Möglichkeit, in einem Käfig zu den Haien hinabzutauchen. Der Schwerpunkt liegt allerdings nicht auf dem Adrenalinkick, sondern darauf, das Verhalten der Haie und anderer Meeresbewohner, die einem auf dem Weg nach Seal Island begegnen, zu studieren. Die Teilnehmerzahl ist auf zwölf begrenzt, was jedem Teilnehmer genügend Zeit im Käfig garantiert.

Die etablierte **Simon's Town Boat Company**, 📞 083 257 7760, 🖥 www.boatcompany.co.za, veranstaltet Whalewatching-Trips (R900, unter 12 J. R600) sowie Fahrten um den Cape Point herum (R600, unter 12 J. R500) und nach Seal Island (R450, unter 12 J. R350).

KAPSTADT UND DIE KAP-HALBINSEL

Road, der andere an der Westseite des **Seaforth Beach** von der Bellevue Road her. Beide Zugänge sind an der Main Road zwischen Simon's Town und Cape Point ausgeschildert. Am Seaforth-Ende gibt es ein kleines Informationszentrum und ein Aussichtsdeck, von dem aus zwei Stege zu beiden Enden des Foxy Beach führen, wo sich Hunderte Pinguine tummeln. Die meisten Leute gehen zu Fuß von Seaforth nach Boulders und halten Ausschau nach all den Pinguinen im Gebüsch am Wegesrand, wo sich jede Menge Nistplätze befinden. In Seaforth selbst bietet ein Strand, der auf der einen Seite vom gewaltigen Grau des Marinestützpunkts begrenzt wird, Möglichkeiten zum gefahrlosen Baden. Es gibt auch eine große, von Palmen beschattete Wiese und ein **Restaurant** mit Terrasse und frischem Fisch auf der Karte.

Cape of Good Hope

⊙ tgl. April–Sep 7–17, Okt–März 6–18 Uhr ▪ Eintritt R135, Kind R70 ▪ ✆ 021 780 9010, 🖳 www.tmnp.co.za, 🖳 www.capepoint.co.za

Die meisten Touristen besuchen das **Cape of Good Hope Nature Reserve**, das Teil des Table Mountain National Park ist, um den südlichsten Zipfel Afrikas am **Cape Point** zu sehen. Die tatsächliche Südspitze Afrikas bildet jedoch das Cape Agulhas (S. 257), rund 300 km weiter südöstlich, doch Cape Point ist wesentlich leichter zu erreichen als Agulhas und zudem ein faszinierender Ort. Das Reservat umfasst gewaltige Felsklippen mit sagenhafter Aussicht, umspült von tosenden Wellen und einem brüllenden Wind ausgesetzt, der den Besuchern auf dem Aussichtspunkt oben am alten **Leuchtturm** die Mützen vom Kopf und die Sonnenbrillen von der Nase fegt.

Wer keinen Proviant mitbringt, kann die Aussicht auch vom Cape Point aus im touristischen Restaurant Two Oceans (S. 194) genießen.

Der Park ist nicht mit öffentlichen Verkehrsmitteln zu erreichen, aber als eine der Hauptattraktionen der Halbinsel Ziel zahlreicher **organisierter Touren** (S. 214). Day Trippers, ✆ 021 511 4766, 🖳 www.daytrippers.co.za, veranstaltet tolle Wander- und Radtouren für R850 (inkl.

Eintrittsgebühr und Lunchpaket). Für welches Transportmittel man sich auch entscheidet, es empfiehlt sich, so früh wie möglich aufzubrechen, denn im Lauf des Tages nehmen sowohl die Besuchermassen als auch die Windstärke immer mehr zu.

Das **Buffelsfontein Visitors' Centre**, 8 km vom Eingangstor entfernt, zeigt eine Ausstellung inkl. interessanter Videos zur regionalen Fauna und Flora. ⊙ tgl. 9.30–17.30 Uhr.

2 HIGHLIGHT

Cape Point und Umgebung

Vom Cape-Point-Parkplatz gelangt man nach einem kurzen und steilen Anstieg über eine Reihe von Treppen zu dem berühmten Aussichtspunkt, dem original erhaltenen, jahrhundertealten **Leuchtturm**. Weniger Energiegeladene nehmen die **Flying Dutchman Funicular** (Bergbahn; hin und zurück R65) nach oben; Abfahrt alle 3 Min.

Cape Point ist der windgepeitschte, gefährliche Felsvorsprung mit tückischen Strömungen, der die Navigationskünste von Seeleuten auf eine harte Probe stellt, seit die Portugiesen im

Pelzige Piraten

Paviane sehen vielleicht knuffig aus, aber Vorsicht: Sie können echte Plagegeister sein. Autofahrer sollten die Fenster geschlossen halten und beim Ein- und Aussteigen sehr vorsichtig sein, denn die Affen scheuen keineswegs davor zurück, in Fahrzeuge einzudringen und sind unglaublich gewiefte Lebensmitteldiebe. Selbst wenn man nur für ein paar Minuten aussteigt, sollte man sein Auto abschließen, denn Paviane öffnen nicht abgeschlossene Autotüren, sobald man ihnen den Rücken zudreht. Wenn Paviane in der Nähe sind, darf man auf keinen Fall Lebensmittel auspacken oder etwas essen oder trinken. Wer sie trotz Verbots füttert, muss mit einer Geldstrafe rechnen. An verschiedenen Stellen sind sogar offizielle Pavianvertreiber im Einsatz.

Kap-Fauna

Abgesehen von endemischen Pflanzen lassen sich im *Fynbos* am Cape Point auch einige Tiere erspähen. **Strauße** schreiten durch den niedrigen *Fynbos* und manchmal kommen **Brillenpinguine** ans Land. Ein Vogel, der an der felsigen Küste besonders auffällt, ist der **Schwarze Austernfischer**, der mit seinem roten Schnabel Napfschnecken von den Felsen pickt. Am Strand oder auf Felsen sieht man auch Schwärme von **Kap-Kormoranen** ihre ausgebreiteten Schwingen trocknen. An dem mit Ansammlungen leuchtend brauner *Ecklonia*-Algen übersäten Meeresufer rennen **Weißstirn-Regenpfeifer** und **Sanderlinge** hin und her auf der Suche nach Essbarem, das die Wellen zurückgelassen haben.

Auch Säugetiere gibt es. **Paviane** hüpfen über die Felsen am Ufer und an den mit Heidekraut bedeckten Hängen grasen **Buntböcke**, **Elenantilopen** und **Südafrikanische Kuhantilopen** sowie die kleineren **Rehantilopen** und **Kap-Greisböcke**. Wer sehr viel Glück hat, bekommt sogar eines der seltenen **Bergzebras** zu Gesicht. Auf jeden Fall wird man Felsenagamas, Schwarze Salamander und Klippschliefer *(dassies)* sehen.

15. Jh. zum ersten Mal das Kap umrundeten. Der 1860 erbaute **Leuchtturm** lag häufig im Nebel, um Schiffe erfolgreich von den Felsen fernzuhalten. Daher wurde 1914 weiter unten ein neuer Leuchtturm errichtet. Zu diesem ruhigeren **zweiten Leuchtturm** kann man vom Fuß des ersten Leuchtturms in der Nähe der Kabelbahn-Talstation aus hinspazieren.

Wandern

Die meisten Besucher begnügen sich mit dem Blick vom Cape Point und sehen das übrige Reservat nur durch das Wagenfenster, doch die faszinierende, windgepeitschte Küstenlandschaft und **Kapflora** lassen sich erst während eines Spaziergangs wirklich erleben. Im Cape of Good Hope Reservat gibt es mehrere markierte **Wege**. Wer eine lange Wanderung plant, sollte früh aufbrechen und viel Wasser mitnehmen, denn Schatten ist rar, und der Wind kann heftig werden.

Eine der einfachsten **Wanderwege** ist der ausgeschilderte, 40-minütige Spaziergang vom Parkplatz am Cape Point zum weiter westlich gelegenen **Cape of Good Hope**. Wer am Ufer entlangwandern möchte, kann den ausgetretenen Pfad entlang der Atlantikküste nehmen. Ein guter Zugang zu diesem Weg befindet sich bei **Gifkommetjie**; nach dem entsprechenden Wegweiser an der Cape Point Road Ausschau halten. Vom Parkplatz führen verschiedene sandige Pfade ziemlich steil über Felsen und durch Büsche und Wolfsmilchgewächse zur Küste hinab, an der man sowohl in der einen als auch in der anderen Richtung weiterwandern kann.

Entlang dieser gefährlichen Küste sind mehrere Schiffwracks zu besichtigen, Näheres auf der Cape-Point-Website unter **Shipwreck Trails**, 🖥 www.capepoint.co.za.

Die Strände

Die **Strände** sind über Nebenstraßen zu erreichen; die Abfahrten sind an der durchs Reservat führenden Hauptstraße ausgeschildert. Zum Schwimmen ist das Meer hier viel zu gefährlich, aber es gibt sichere Gezeitenpools in den benachbarten Flecken **Buffels Bay** und **Bordjiesrif** auf halber Höhe der Ostküste. An beiden Buchten sind Grillstellen vorhanden, doch die weiter südlich gelegene Buffels Bay ist hübscher, denn dort gibt es viele grasbewachsene Uferböschungen und ein paar geschützte Plätzchen zum Picknicken – aber wenn Paviane in der Nähe sind, darf man auf gar keinen Fall etwas Essbares auspacken (Kasten S. 171).

Östliche Vororte

Östlich der Autobahn M5 erstrecken sich bis weit über den Flughafen hinaus die windgepeitschten **Cape Flats**, das größte Wohngebiet Kapstadts. Es umfasst die **„farbigen"** Bezirke, die **„schwarzen" Townships** und **informelle Siedlungen** *(squatter camps)*. Die M5 bildet die Trennlinie zwischen den Flats und den

Es ist nicht ratsam, die Townships auf eigene Faust zu besuchen, aber wer sich einer Tour anschließt, kann darum bitten, dass die nachstehend genannten Highlights berücksichtigt werden.

Gugulethu Seven Memorial und **Amy Biehl Memorial**, Gugulethu, Steve Biko St, 🖥 www.amybiehl. co.za. Das aus sieben mächtigen Granitplatten, aus denen Figuren ausgefräst wurden, bestehende Gugulethu Seven Memorial ist dem Kampf und Tod von Mitgliedern einer Anti-Apartheidgruppe gewidmet, die 1986 von südafrikanischen Polizisten erschossen wurden. Das nahe gelegene Amy Bielh Memorial, 🖥 www.amybiehl.co.za, kennzeichnet die Stelle, wo Amy, eine 26-jährige weiße, amerikanische Anti-Apartheidaktivistin, von Anwohnern ermordet wurde. Es ist eine bewegende Erinnerung an ihr allzu kurzes Leben.

Guga S'Thebe Arts & Cultural Centre, Langa, King Langalibalele/Washington Dr, Ecke Church St, 📞 021 695 3493. Das dynamische Gemeindezentrum mit Künstlerateliers, einem Laden, einem Freiluft-Amphitheater und einem aus Recyclingmaterial erbauten Theatersaal unterstützt kreative Betätigungen von Trommeln über Theaterspielen und Töpfern bis Sandkunst, Perlen-arbeiten- und Mosaikherstellen. WLAN ist gratis, und im Kaffa Hoist Café (S. 186) gibt's frisch gerösteten Deluxe-Coffeeworks-Kaffee. Dank der zentralen Lage direkt am Rand der N2 lässt es sich prima mit dem eigenen Fahrzeug erreichen. Aufschlussreicher ist der Besuch jedoch im Rahmen einer organisierten Tour. Auf jeden Fall werden die draußen geparkten Fahrzeuge von einem Wächter bewacht. Von Zeit zu Zeit finden hier Konzerte der Reihe „Jazz in the Native Yards", 🖥 Face book.com/nativeyards, statt. ⏱ tgl. 8.30–18 Uhr, Eintritt frei.

Ikhaya Le Langa, Ndabeni St, Ecke Rubuasna St, 🖥 www.ikhayalelanga.co.za. Diese soziale Ein-richtung in einer alten Grundschule ist Teil des Langa-Quarter-Projekts zur Regenerierung des Vier-tels und bietet u. a. einen Kunstgewerbeladen, ein Café und „old-skool toilets" mit Hintergrund-musik vom Band. Gegenüber wurden in den Vorzimmern von zehn Wohnhäusern mit farbenfrohen Fassaden private Kunstgalerien eröffnet. Bei unserem Besuch waren das Zentrum und die Gale-rien geschlossen, es bestand aber Hoffung auf ihre Wiedereröffnung. Deshalb sollte man sich beim Besuch des nahegelegenen Guga S'Thebe Arts & Cultural Centre nach dem aktuellen Stand der Dinge erkundigen.

Langa Heritage Museum, King Langalibalele/Washington Dr, Ecke Lerotholi Ave, 📞 084 949 2153 oder 072-975 5442. Kapstadts einziges größeres Museum, das sich in einer Town-ship befindet, befasst sich mit dem *dompas* oder Pass-System, demzufolge während der Apart-heid schwarze Bürger einen Pass vorzeigen mussten, wollten sie die „white-only"-Stadtviertel betreten, in denen sie arbeiteten. Das Museum ist im Old Pass Court untergebracht, wo früher Überschreitungen der Passgesetze bestraft wurden. ⏱ Mo–Fr 9–16, Sa 9–13, So nach Vereinba-rung, Eintritt frei.

Township Winery Philippi, 📞 021 447 4476, 🖥 www.townshipwinery.com. Kapstadts erstes Town-ship- und von Schwarzen geführtes Weingut liegt in Philippi, einer Gegend, in der zwischen den zahlreichen Behausungen noch einige Flecken Ackerland liegen. Das Weingut ist ein Pilotpro-jekt zur wirtschaftlichen Existenzsicherung der Gemeindemitglieder. Hunderte Familien haben Sauvignon-Blanc-Rebstöcke zum Eigenanbau erhalten, und aus den Trauben wird gemeinschaftlich ein Wein namens „Township Winery" gekeltert. Weinproben nach Vereinbarung.

overwiegend Weißen vorbehaltenen südli-chen Vororten. In diese mit Townships überzo-genen Ebenen wurden während der Apartheid schwarze und farbige Südafrikaner verbannt.

Heute kann man hier bei einem Besuch einen guten Eindruck vom afrikanischen Alltag be-kommen, am besten im Rahmen einer organi-sierten Tour.

Cape Flats und die Townships

Die „schwarzen" Townships wurden als „Schlafstädte" für die im „weißen" Kapstadt benötigten Arbeitskräfte eingerichtet. Es waren keine Orte, um sich eine Existenz aufzubauen, und ohne jegliche Infrastruktur geplant. In den ausschließlich **Männern vorbehaltenen Massenunterkünften**, eine „Erfindung" des Apartheidregimes, liegen die Wurzeln zahlreicher sozialer Spannungen. In den 1950er-Jahren verabschiedete die Regierung ein Gesetz, das den Zustrom von Menschen afrikanischer Herkunft nach Kapstadt eindämmte. Kein Afrikaner durfte sich am Kap westlich einer Linie, die unweit des Fish River verlief, der alten, mehr als 1000 km langen Begrenzung östlich von Kapstadt, permanent niederlassen. Frauen durften sich in der Stadt keine Arbeit suchen, und Männern war es untersagt, ihre Ehefrauen mitzubringen. In Langa lag 1970 das Verhältnis von Frauen und Männern bei eins zu zehn.

Im Endeffekt gelang es der Apartheidregierung aber doch nicht, Kapstadt ganz und gar gegen die Massen verzweifelter Arbeitssuchender abzuriegeln. Dort, wo die Menschen keine legale Unterkunft finden konnten, errichteten sie **behelfsmäßige Unterkünfte** aus Wellblech, Pappkartons und Plastikfolie. In den 1970er- und 1980er-Jahren versuchte der Staat, des Problems Herr zu werden, indem die Behausungen dem Erdboden gleichgemacht wurden, doch kaum waren Polizei und Bulldozer abgezogen, erstanden die Lager aufs Neue. Sie bilden immer noch einen festen Bestandteil der Cape Flats.

Eine der bekanntesten illegalen Siedlungen Südafrikas ist **Crossroads**, deren Bewohner wiederholt Opfer brutaler, organisierter Übergriffe wurden, bei denen Handlanger des Apartheidregimes und Polizisten auch vor Mord nicht zurückschreckten, und immer wieder Abrisskommandos anrückten. Mit dem Mut der Verzweiflung hielten die Besetzer stand und bekamen schließlich das Bleiberecht zugesprochen. Die heutige Regierung unternimmt Anstrengungen zur Verbesserung der Lebensbedingungen in den Elendssiedlungen, indem eine Stromversorgung installiert wird und Wasserleitungen und sanitäre Anlagen sowie kleine Ziegelsteinhäuser gebaut werden.

Zudem ermuntern unzählige Projekte Touristen zum Besuch der Townships. Sie konzentrieren sich auf sozialverträgliche und umweltfreundliche wirtschaftliche Entwicklung sowie nachhaltigen Tourismus.

Besuch in den Townships

Am sichersten, einfachsten und interessantesten ist ein Besuch der Townships im Rahmen einer **organisierten Tour** (Veranstalter auf S. 214). Die meisten gehen in die Townships **Langa**, die älteste (1927 errichtete) und zentralste Township jenseits der M17, gegenüber dem Mittelschichtsvorort Pinelands, **Gugulethu** (kurz Gugs genannt), entstanden in den 1960ern, oder **Khayelitsha** (errichtet 1983), eine der größten und am schnellsten wachsende Township Südafrikas, mit einer Bevölkerung von rund 2,5 Mio.

Eine Tour dauert normalerweise einen halben Tag, beinhaltet den Besuch von einer oder zwei Townships, ein Essen bei einer einheimischen Familie, die Besichtigung eines Kindergartens, einer Kirche oder eines Gemeindezentrums und oft auch eine Stippvisite bei einem *sangoma* (traditioneller Heiler). Bei der (obligatorischen) Buchung sollte man sich gewissern, dass der Preis den Transport von und zur Unterkunft beinhaltet. Ein besseres Verständnis für den Alltag der meisten Südafrikaner bekommt auch, wer sich für die Übernachtung in einem Township-Homestay oder B&B entscheidet (Kasten S. 183).

Ein Abstecher in die Townships auf eigene Faust ist nicht zu empfehlen: abgesehen von der Gefahr, Opfer eines Gelegenheitsverbrechens zu werden, ist wegen der mangelhaften Straßenbeschilderung und der unzuverlässigen Öffnungs- und Schließungszeiten auch die Orientierung schwierig.

ÜBERNACHTUNG

Kapstadt hat Unterkünfte in sämtlichen Preislagen, doch wer sich ein Bett in der gewünschten Kategorie sichern möchte, sollte rechtzeitig buchen, besonders um die Weihnachts- (Mitte Dez–Mitte Jan) und Osterferien herum.

OBEN CRICKET IN DER LANGA TOWNSHIP (S. 174); UNTEN PENGUINE AM BOULDERS BEACH (S. 170)

Die **Unterkunftsvermittlung** von Cape Town Tourism, 🖥 www.capetown.travel, kann dabei behilflich sein. Kapstadt erstreckt sich weit über die Halbinsel und hat viele verschiedene Ecken, von denen jede ihre Vorzüge besitzt. Reisende müssen sich entscheiden, ob sie zentral in der Nähe der Sehenswürdigkeiten und des Nachtlebens nächtigen möchten oder lieber ruhiger und in Ozeannähe weiter draußen, was aber längere Anfahrten ins Zentrum zur Folge hat. Die dichteste Konzentration von Unterkünften findet sich im Stadtzentrum, in der City Bowl und am Atlantik Richtung Süden bis nach Camps Bay. Eine der besten Möglichkeiten, den Alltag des schwarzen Südafrika kennenzulernen, ist die Übernachtung in einer Township.

Zentrum

Die quirligsten Straßen der Innenstadt sind die **Long Street** und die **Bree Street**. An der Vergnügungsmeile selbst liegen Hostels und Hotels, dazu kommen ruhiger gelegene Unterkünfte weiter östlich, in der Umgebung des Company Garden und der Museen. Von diesen Gegenden aus sind alle Museen zu Fuß zu erreichen, die besten Kneipen und Clubs der Stadt liegen vor der Haustür, und es ist kein Problem, Transportmittel zur Waterfront zu finden. Direkt an der Long Street liegende Zimmer sind allerdings recht laut.

Cape Heritage Hotel, 90 Bree St, 📞 021 424 4646, 🖥 www.capeheritage.co.za, Karte S. 138. Elegantes, geschmackvoll restauriertes Boutiquehotel am Cape Heritage Square; eine kurze Gasse führt unter dem ältesten früchtetragenden Weinstock Südafrikas hindurch und verbindet das Hotel und den Platz. Die geräumigen Zimmer sind mit modernen Handarbeiten und Originalgemälden ausgeschmückt. Der Service ist hervorragend, außerdem gibt's eine Dachterrasse und einen Whirlpool. R2850

Dutch Manor Antique Hotel, 158 Buitengracht, Bo-Kaap, 📞 021 422 4767, 🖥 www.dutchmanor.co.za, Karte S. 137. Dieses mit antiken Möbeln, teuren Teppichen und Himmelbetten ausgestattete Townhouse Baujahr 1812 erlaubt eine Reise zurück in die Vergangenheit.

Nur die Nähe der belebten Buitengracht, auf die die kleinen Hotelbalkone hinausgehen, stört ein wenig die historische Atmosphäre. Die zentrale Lage ist aber superpraktisch. R2200

Grand Daddy Hotel, 38 Long St, 📞 021 424 7247, 🖥 www.granddaddy.co.za, Karte S. 138. Auf dem Dach des Grand Daddy befindet sich ein Wohnwagenpark mit 7 retro-coolen, von einheimischen Künstlern ausgestalteten American-Airstream-Wohnwagen, die durch Holzstege miteinander verbunden sind. Außer diesen abgefahrenen, aber kleinen silberfarbenen Wagen gibt es auch schicke, fantasievoll eingerichtete und farbenfrohe DZ. DZ R2895, Wohnwagen R3695

iKhaya Lodge, Dunkley Square, Wandel St, 📞 021 461 8880, 🖥 www.ikhayalodge.co.za, Karte S. 137. Das kleine Hotel steht auf einem hübschen Platz direkt beim Company's Garden und den Museen, in der Nähe einiger guter Restaurants und Bars in der aufgemöbelten East-City-Gegend. Alles ist in einem fröhlichen Afrika-Dekor gehalten; zur Verfügung stehen Balkonzimmer mit Ausblick auf den Platz, EZ, DZ und Dreibett-Loftapartments. DZ R1225, Loftapt. R1700

Rose Street 28, 28 Rose St, Bo Kaap, 📞 021 424 3813, 🖥 www.rosestreet28.co.za, Karte S. 137. Das erschwingliche B&B mit gutem Preis-Leistungsverhältnis besteht aus 3 Stadthäusern in der Rose St und der Wale St und die Ecke. Sie sind einfach, aber stilvoll eingerichtet, haben Gemeinschaftsküche, einen Hof und eine freundliche, zurückhaltende Atmosphäre. Das Haupthaus ist ein grau gestrichenes Haus in einer Reihe typisch bunt gehaltener Bo-Kaap-Wohnhäuser und hat drei hübsche Gästezimmer. R890

Rouge on Rose, 25 Rose St, Ecke Hout St, 📞 021 426 0298, 🖥 www.rougeonrose.co.za, Karte S. 137. 9 moderne, behagliche Suiten im Künstlerstudiochic widerspiegeln die pastellfarbenen Bo-Kaap-Fassaden draußen. Perlenarbeiten beleben das dezente urbane Dekor und die Suiten sind wirklich geräumig. Sie haben freistehende Badewannen, wunderbare Ausblicke und manche sind auch für Selbstversorger geeignet. R1800

Scalabrini Guest House, 47 Commercial St, ☎ 021 465 6433, 🖥 www.scalabrini.org.za. Karte S. 137. Dieses etwas andere Backpacker-Hostel gehört zum Scalabrini Centre, das bedürftigen Immigranten Schutz und Hilfe bietet. Hier gibt's große Schlafsäle und Zimmer mit Holzböden, eine Küche, einen Aufenthaltsraum sowie Wäscheservice. Der Erlös fließt in die Arbeit des Zentrums – an der Rezeption ist Genaueres darüber zu erfahren. Das Haus liegt in einer interessanten Gegend am Rand des kreativen Bezirks East City und ganz in der Nähe zahlreicher Pubs und Cafés. Dorms R260, DZ R660

V&A Waterfront und De Waterkant

Die Unterkünfte sind zumeist recht teuer, doch es gibt auch ein paar relativ preisgünstige. Genau richtig ist an der **Waterfront**, wer gerne in einem sicheren Gebiet mit guter Verkehrsverbindung einkaufen geht und Restaurants und Cafés zu Fuß erreichen möchte. An einem Hang, weniger als 1 km von der Waterfront, liegt die ans Boo-Kaap angrenzende **De Waterkant**. Von dort aus ist es ein Katzensprung nach Green Point oder in die Innenstadt. Es gibt kaum ein schöneres Fleckchen zum Übernachten als De Waterkant mit ihren restaurierten viktorianischen Häusern an schmalen, gepflegten Kopfsteinpflasterstraßen.

Breakwater Lodge, Portswood Rd, Waterfront, ☎ 021 406 1911 (nach „Lodge Reservations" fragen), 🖥 www.breakwaterlodge.co.za, Karte S. 150. Eine der erschwinglichsten Unterkünfte an der Waterfront. Sie ist laut der Website von Besitzer Marriott in einem „historischen Gebäude des 19. Jhs." untergebracht – in einem Gefängnis, um genau zu sein. Das moderne Hotel innerhalb dieser harten Schale bietet eine Bar, ein Restaurant, sichere Parkplätze und vielfältige Unterbringung, von Studios bis Familienzimmern. R2150

🧳 **Cape Grace,** West Quay Rd, ☎ 021 410 7100, 🖥 www.capegrace.com, Karte S. 150. Unter den zahlreichen gehobenen Hotels an der Waterfront hebt sich das Cape Grace durch seine Eleganz, die gebotenen Annehmlichkeiten und den makellosen Service hervor. Es beherbergt die Bascule Bar (S. 199), das

Signal Restaurant (S. 187) mit seinem Kap-Probiermenü sowie eine Reihe mondäner Zimmer und Suiten. Von den luxuriös eingerichteten Gemeinschaftsräumlichkeiten hat man Aussicht auf den Jachthafen und das Zeitz MOCAA. R9948

De Waterkant Village, 137 Waterkant St, De Waterkant, ☎ 021 409 2500, 🖥 www.dewaterkant.com, Karte S. 150. Komfortable, moderne Unterkünfte für Selbstversorger in den hügeligen Straßen der De Waterkant, darunter Studios sowie Apartments und Häuser mit 1 bis 3 Schlafzimmern. Den Gästen stehen das Café, der Reiseveranstalter und die anderen Einrichtungen des angeschlossenen Guesthouses Charles zur Verfügung. Apartments (2 Pers.) R1400

St John's Waterfront Lodge, 6 Braemar Rd, Green Point, ☎ 021 439 1404, 🖥 www.stjohns.co.za, Karte S. 150. Eine solide Unterkunft ohne Schnickschnack 15 Min. zu Fuß von der Waterfront entfernt in einem lachsfarbenen Haus an einer abschüssigen Straße. Es gibt Schlafsäle und Privatzimmer, alle mit Gemeinschaftsbad. Außerdem einen Swimming Pool, Grillstelle im Freien, Sonnendeck und ein Travel Centre. Dorm R140, DZ R530

City Bowl

Die Unterkünfte in der City Bowl sind gefragt, denn trotz der zentralen Lage ist es hier ruhiger und grüner als mitten im Stadtzentrum, vor allem weiter oben am Hang. Die etwas luxuriöseren Gästehäuser verfügen oft über Garten, Pool und eine schöne Aussicht. An und nahe der Kloof St, der Verlängerung der Long St, gibt es vereinzelte Backpacker-Lodges sowie einige tolle Cafés und Restaurants.

Gardens

Ashanti Lodge, 11 Hof St, Gardens, ☎ 021 423 8721, 🖥 www.ashanti.co.za, Karte S. 178. Eine riesige viktorianische Villa mit Marmor und afrikanischem Dekor, hohen Decken, gepflegtem Vorgarten und Pool mit Sonnenterrasse. Die 2-Bettzimmer und 6–8-Bettschlafsäle (gemischt oder nur für Frauen) sind schlicht, aber bunt; Campingfreunde können draußen ein Zelt aufschlagen. Sehr gesellige

City Bowl-Vororte

Long Street

ESSEN

Aubergine	6
Bardelli's Restaurant	1
Ben Wei	5
Bombay Bicycle Club	12
Carlyle's on Derry	3
Deer Park Café	10
Hudson's The Burger Joint	7
Miller's Thumb	9
Mount Nelson Hotel	8
Sidewalk Café	5
Societi Bistro	4
Tamboers Winkel	11

EINKAUFEN

Gardens Centre	4
Mabu Vinyl	1
Melissa's	5
Wine Concepts	2
Wordsworth Books	3

ÜBERNACHTUNG

2inn1 Kensington	10
Acorn House	7
Ashanti Lodge	5
The Backpack	1
Blencathra	6
Kensington Place	12
Lézard Bleu	4
Mount Nelson Hotel	3
Once in Cape Town	4
Redbourne Hilltop	11
Rosedene Guest House	9
Zebra Crossing	2

BARS UND CLUBS

The Power and The Glory	2
Yours Truly	1

Bar – wer nicht so wild aufs Feiern ist, steigt besser im nahegelegenen dazugehörigen Guesthouse ab. Dorms R250, DZ R780

Mount Nelson Hotel, 76 Orange St (Hintereingang in der Kloof St), ☎ 021 483 1000, 🖥 www.mountnelson.co.za, Karte S. 178. Die *grande dame* von Kapstadt: ein feines und berühmtes koloniales viktorianisches Hotel, Baujahr 1899 (wurde Ende der 1990er-Jahre erweitert). Das Gebäude in perfekter Lage thront inmitten einer weitläufigen Grünanlage mit einer majestätischen, von Palmen gesäumten Auffahrt zum Haupteingang. Hinter seiner fröhlich-pinken Fassade betont das *Nellie* seine historische Bedeutung unmissverständlich durch die Preise für seine Zimmer, Suiten und Gartenhäuschen. R9185

Once in Cape Town, 73 Kloof St, ☎ 021 424 6169, 🖥 www.stayatonce.com, Karte S. 178. Dieses Hostel ist ideal für Langzeit-Freiwilligendienstaufenthalte oder ausländische, in Kapstadt studierende Studenten, die saftige Rabatte bekommen können (R3800 pro Monat, nur Übernachtung). Die Unterbringung erfolgt in modernen 4- oder 2-Bettzimmern, Doppel- oder Familienzimmern, jeweils mit Bad. Im Preis inbegriffen sind WLAN und Frühstück im angeschlossenen, trendigen Coffeeshop, dessen Bänke im Freien bei Passanten heiß begehrt sind, um die Kloof-Street-Atmosphäre zu schnuppern. Dorm R235, DZ R850

Tamboerskloof

The Backpack, 74 New Church St, ☎ 021 423 4530, 🖥 www.backpackers.co.za, Karte S. 178. Ausgezeichnetes Hostel in 4 miteinander verbundenen Häusern. Seine Gemeinschafts- und Outdoorflächen gehören zu den besten in der Stadt, darunter eine Terrasse mit Pool, Aufenthaltsraum, Restaurant, Bar, Innenhof, Reiseveranstalter und Kunstgewerbeladen. Genächtigt wird in reinen oder gemischten Frauen-Dorms (mit 3–8 Betten), darunter einer mit eigenem Bad. Außerdem Privatzimmer und Selberversorgerapartments. Dorm R390, DZ R920

Blencathra, 4 Cambridge Ave, Ecke De Hoop, ☎ 021 424 9571, 🖥 www.blencathra.co.za, Karte S. 178. Eine geräumige, einladende

Privatunterkunft mit sonnigem Garten und traumhafter Aussicht, an den Ausläufern des Lion's Head gelegen, 2 km von der Innenstadt. Die Zimmer sind ruhig und groß. Viele haben ein eigenes Bad, außerdem gibt's einen 4-Betten-Schlafsaal nur für Frauen. Dorm R200, DZ R500

Zebra Crossing, 82 New Church St, ☎ 021 422 1265, 🖥 www.zebra-crossing.co.za, Karte S. 178. Die Backpacker-Herberge ohne Schnickschnack hat einen schattigen Garten und ein paar Parkplätze abseits der Straße – perfekt, wenn man etwas Erschwingliches in Stadtnähe sucht. Es gibt einen Reiseveranstalter, eine Café-Bar und Terrassen unter Weinlaub. Dorm R190, DZ R690

Oranjezicht

2Inn1 Kensington, 21 Kensington Crescent, ☎ 021 423 1707, 🖥 www.2inn1.com, Karte S. 178. Die beiden benachbarten, renovierten Häuser – Zugang über eine breite, ruhige Straße – sind mit schicken, hellen Möbeln eingerichtet, und die sanfte Musik, die durch die Lounge und den Speiseraum schwebt, verleiht dem Ganzen das Ambiente eines heimeligen Privathauses. Hinter dem Gebäude erstreckt sich ein 10 m langer Pool samt Sonnendeck mit Liegen, kostenlosen Sundownern und Bergblick. R1900

Acorn House, 1 Montrose Ave, ☎ 021 461 1782, 🖥 www.acornhouse.co.za, Karte S. 178. Hoch oben am Hang des Tafelbergs steht diese 100 Jahre alte Villa. Mit dem weiten Rasen, Kolonialzeitmöbeln und einem eleganten Foyer hat sie sich ihren alten Glanz bewahrt, jedoch erweitert durch Pool und Sonnenliegen. Jedes Zimmer ist einzigartig; die nach vorn heraus bieten herrliche Stadtsicht, die nach hinten Blick auf den Tafelberg. R1150

Lézard Bleu, 30 Upper Orange St, ☎ 021 461 4601, 🖥 www.lezardbleu.co.za, Karte S. 178. Das Lezard Bleu hat 6 Zimmer mit Bad sowie eigenem Patio oder Balkon in einem geräumigen, großzügig geschnittenen Haus aus den 1960er-Jahren, eingerichtet mit Betten aus Ahornholz. Die gemütliche Lounge mit Schiebetür zur Veranda ist die perfekte

Location, um sich mit einem Buch niederzulassen. R1800

Redbourne Hilldrop, 12 Roseberry Ave,
📞 021 461 1394, 🖥 www.redbourne.co.za,
Karte S. 178. Das kleine, gemütliche B&B mit
ganz wenigen Gästezimmern in einem Haus
von 1928 versprüht Gastfreundlichkeit und
den besonderen Charme eines Privathauses.
Zum Haus gehören ein Planschbecken im
Freien und ein kleines Frühstückszimmer mit
Panoramablick auf die Stadt. R1750

Higgovale

Kensington Place, 38 Kensington Crescent,
📞 021 424 4744, 🖥 www.kensingtonplace.
co.za, Karte S. 178. Das stilvolle Boutiquehotel
in luftiger Höhe oben am Tafelberg hat
8 Zimmer, einen entzückenden kleinen Pool
und weite Ausblicke über die Stadt von der
modernen Lounge mit Kunstwerken und Bild-
bänden. R4200

🏨 **Rosedene Guest House**, 28 Upper
Kloof St, 📞 021 424 3290, 🖥 www.rose
dene.co.za, Karte S. 178. Eine gute Balance
zwischen relativ günstigen Preisen für diese
exklusive Gegend und wunderbarer Aussicht
zeichnet das altbewährte Rosedene aus. In der
Nähe gibt es Restaurants und die Innenstadt
liegt einem zu Füßen. In den Zimmern im Obergeschoss hat man das Gefühl, Welten vom
städtischen Trubel entfernt zu sein. R1850

Südliche Vororte

In den hübschen, an der bewaldeten Seite
des Tafelbergs gelegenen Southern Suburbs
Rosebank, **Claremont**, **Newlands** und **Rondebosch** befinden sich der Kirstenbosch Garden
sowie die gepflegten Cricket- und Rugby-
plätze von Newlands und die Universität von
Kapstadt. Das Bohemeviertel Observatory, mit
seinen angesagten Cafés, ein paar Backpacker-
Lodges und einem munteren Nachtleben, ist
nur ein paar Autominuten von der Innenstadt
entfernt.

African Heart, 27 Station Rd, Observatory,
📞 021 447 3125, 🖥 www.backpackersincape
town.co.za. Das ausgefallen konzipierte
Hostel ist in einem viktorianischen Haus mit
viel Grün, Holzfußböden, behaglichen Sofas,

gewagten Wandgemälden und Mosaiken
untergebracht. Den Gästen stehen mehrere
Chillout-Ecken und ein *braai* im Freien zur
Verfügung. Die Hauptverkehrsstraße Lower
Main Rd ist nur ein paar Straßen entfernt.
Dorm R175, DZ R600

Carmichael Guesthouse, 11 Wolmunster Rd,
Rosebank, 📞 021 689 8350, 🖥 www.carmichael
house.co.za. Um die Ecke vom Irma Stern
Museum vermietet ein schweizerisch-französi-
sches Paar 6 geräumige Zimmer in einem eleganten zweistöckigen viktorianischen Herrenhaus mit Bleiglasfenstern, Douglasfichtenböden
und altem Kamin, stillem Garten, Pool und
abgeschlossenem Parkplatz. R1800

🏨 **Vineyard Hotel**, Colinton Rd, abseits der
Protea Rd, Newlands, 📞 021 683 3044,
🖥 www.vineyard.co.za. Eines der Tophotels
der Stadt mit luxuriösen Zimmern in einem
eleganten, 120 Jahre alten Hotel an der Stelle
eines 1799 für die georgianische Schriftstellerin
Lady Anne Barnard erbauten Cottages. Die
weitläufige Gartenanlage verleiht dem Hotel
das Flair eines idyllischen Landsitzes. Es gibt
organisierte Spaziergänge, Aktivitäten für
Kinder, ein Spa sowie ein Hallenbad und einen
Pool im Freien. R4040

Atlantic Seabord

Sea Point, herkömmlicherweise die bevorzugte
Kapstädter Hotel- und Seafront-Apartment-
blockgegend mit allen möglichen Unterkünften,
ist eine gute Alternative zur City Bowl für alle,
die sowohl in der Nähe der Innenstadt als auch
des Ozeans absteigen möchten. Eine weitere
einladende Option ist **Green Point**, denn dies
ist der Vorort, der am nächsten bei der Waterfront, dem Stadtzentrum und der De Waterkant liegt, allerdings nicht direkt am Wasser.
Der wohlhabende Vorort **Camps Bay** am
Berghang bietet einen herrlichen Blick über
den Atlantik. Mit seinen hübschen Restaurants
und Bars fühlt es sich wie eine gehobenere
Ecke Kaliforniens an und liegt doch nur einen
Katzensprung über Kloof Nek von der Table
Mountain Aerial Cableway und der Innenstadt
entfernt. Das benachbarte **Clifton** hat ein ganz
ähnliches Flair. **Hout Bay** ist die größte Siedlung der unteren Halbinsel; sie bietet einen

Hafen, eine attraktive Uferpromenade und Busverbindungen in die Stadt. Die unterhalb von Chapman's Peak gelegenen Orte **Noordhoek** und **Kommetjie** verbinden Abgeschiedenheit am Meer mit Tafelbergblick.

Green Point

The B.I.G. Backpackers in Green Point, 18 Thornhill Rd, ✆ 021 434 0688, 🖳 www.bigbackpackers.co.za, Karte S. 162–163. Eine helle, saubere, modern-rustikale Backpacker-Lodge, gedacht für Leute, die nicht rund um die Uhr Party machen wollen. Zur Verfügung stehen 3 voll ausgestattete Selbstversorgerküchen, Computerplätze, eine Bibliothek und 2 Spielezimmer mit Großbild-TV, außerdem ein sonniger Garten mit Grillplatz, ein kleiner Pool und Parkplätze. Die Zimmer und 4-Bett-Dorms sind geräumig, stilvoll und mit Bad versehen. Dorm R380, DZ R1200

Dysart Boutique Hotel, 17 Dysart Rd, ✆ 021 439 2832, 🖳 www.dysart.de, Karte S. 162–163. Das luxuriöse Boutiquehotel im Afroschick mit jeder Menge Kunstwerken ist sehr geschniegelt. Draußen gibt's 2 Infinitypools und eine Holzveranda mit Liegen, Sonnenschirmen und Tischen – der perfekte Ort für einen gechillten Cocktail. R2000

Jambo Guest House, 1 Grove Rd, ✆ 021 439 4219, 🖳 www.jambo.co.za, Karte S. 162–163. Das kleine, charmante Haus in einer ruhigen Sackgasse unweit der Main Rd hat 4 individuell gestaltete Luxuszimmer mit Bad und 1 Gartensuite. R1900

Wilton Manor, 15 Croxteth Rd, ✆ 021 434 2572, 🖳 www.wiltonguesthouses.co.za, Karte S. 162–163. Wunderschön renoviertes viktorianisches Guesthouse in einer ruhigen Straße unweit vom Cape Town Stadium und der Waterfront. Es verfügt über eine einladende, geräumige und sonnige Veranda mit Frühstückstischen und ein kleines Badebecken zum Abkühlen. R1800

Sea Point

Blackheath Lodge, 6 Blackheath Rd, ✆ 021 439 2541, 🖳 www.blackheathlodge.co.za, Karte S. 162–163. Vorzügliches Guesthouse in einem stattlichen viktorianischen Haus in einer ruhigen Nebenstraße, aber nicht weit von der Sea-Point-Action, in dem einfach alles stimmt. Die 16 Zimmer sind groß und luftig (einige mit Blick auf den Lion's Head und das Meer) und die großen Betten sind wahrscheinlich die bequemsten von ganz Kapstadt. R3200

Huijs Haerlem, 25 Main Drive, ✆ 021 434 6434, 🖳 www.huijshaerlem.co.za, Karte S. 162–163. Elegantes und gayfreundliches Guesthouse in 2 benachbarten, mit Antiquitäten ausgestatteten Gebäuden. Dazwischen befindet sich ein Pool. R2100

The Villa Rosa, 277 High Level Rd, ✆ 021 434 2768, 🖳 www.villa-rosa.com, Karte S. 162–163. Freundliches Guesthouse in einem rostroten, 2-stöckigen viktorianischen Haus am Ausläufer des Signal Hill, 500 m von der Uferpromenade. Die schlichten geschmackvollen Zimmer verfügen über TV, Telefon und Safe, doch nur einige im Obergeschoss haben Meerblick. R1300

Winchester Mansions Hotel, 221 Beach Rd, ✆ 021 434 2351, 🖳 www.winchester.co.za, Karte S. 162–163. Hotel aus den 1920ern in bester Lage an der Uferstraße und mit einer Atmosphäre wie aus einem Krimi von Agatha Christie – die Zimmer sind allerdings freundlich und modern. Auf das angenehm kühle Restaurant im Innenhof schaut man von efeuüberwachsenen Balkonen herab. R2850

Camps Bay und Bakoven

Boutique@10, 10 Medburn Rd, Camps Bay, ✆ 021 438 1234, 🖳 www.boutique@10.co.za, Karte S. 164. In dem vom Eigentümer geführten Guesthouse fühlt man sich wie zu Besuch im verschwenderisch ausgestatteten Haus von Freunden. Das Holz der hellen, großzügig geschnittenen Lounge und der Flügeltüren zur Veranda wurde beim Abriss eines alten Hotels gerettet. Es gibt Sonnenliegen, einen Pool und eine atemberaubende Sicht auf den Atlantik und den Lion's Head. Flughafentransport kann arrangiert werden. R3295

Camps Bay Retreat, 7 Chilworth Rd, Camps Bay, ✆ 021 437 8300, 🖳 www.campsbayretreat.com, Karte S. 164. Die abgeschiedene Earls Dyke Mansion (Baujahr 1929) auf einem knapp 2 ha großen Gelände ist Teil eines Naturparks und liegt nur 5 Min. zu Fuß vom Strand. Man kann in dem mit noblen Kolonialmöbeln, Lounge, Lesezimmer, Gourmet-Restaurant und Bar versehenen Herrenhaus nächtigen, oder die Schlucht auf einer Hängebrücke überqueren und im modernen Deck House oder in der Villa absteigen. R5000

Ocean View House, 33 Victoria Rd, Bakoven, ☎ 021 438 1982, 🖥 www. oceanview-house.com, Karte S. 164. Ein Bergbach fließt durch das Gelände dieses Boutique-hotels, das zwischen alten Milkwood-Bäumen und Koi-Teichen in einem wunderschönen Garten am Rand eines *Fynbos*-Reservats liegt. R2650

Hout Bay, Noordhoek und Kommetjie
Eco Wave Lodge, 11 Gladioli Way, Kommetjie, ☎ 073 927 5644, 🖥 www.ecowave.co.za. Einen kurzen Fußweg vom Strand entfernt bietet das Eco Wave schlichte, stilvolle Unterkunft für Backpacker in einem 2-stöckigen Haus mit TV-Lounge, einem kleinen Garten und Balkonen, von denen man das Meer sehen kann. R600

Hout Bay Hideaway, 37 Skaife St, Hout Bay, ☎ 021 790 8040, 🖥 www.houtbay-hideaway. com. Ein hervorragendes Guesthouse voller Verwöhn-Details wie Persertteppiche, Art-déco-Sessel, riesige Betten und Holzfenster-läden. Hinterm Haus lockt ein Meerwasser-pool inmitten eines Fynbos-Gartens, der am Rand in die Tafelbergvegetation übergeht. R2100

Houtkapperspoort, 1 Hout Bay Main Rd, Constantia Nek, rund 4 km von Hout Bay und 17 km von der Innenstadt), ☎ 021 794 5216, 🖥 www.houtkapperspoort.co.za. Die rustikalen, aus Ziegelsteinen und Holz erbauten Ferienbungalows für Selbstversorger mit 1 bis 3 Schlafzimmern befinden sich gleich beim Table Mountain National Park in der Talsenke zwischen Hout Bay und Contantia. R1470

Monkey Valley Resort, Mountain Rd, Noord-hoek, ☎ 021 789 8000, 🖥 www.monkeyvalley resort.com. Einladende Ferienbungalows, meist aus Holz und strohgedeckt, auf einem weitläufigen Gelände am Chapman's Peak mit Blick auf den Noordhoek Beach, 40 km südlich der Innenstadt inmitten ursprüng-licher Natur. DZ R1480, Selbstversorger-Cottage R2360

Sunbird Mountain Retreat & Lodge, Bosky-kloof Rd, Hout Bay, ☎ 021 790 7758, 🖥 www. sunbirdlodge.co.za. 4 einladende, geräumige Apartments und ein Guesthouse für Familien, alles in einem Waldstück hoch oben am Berg. DZ R1200, Cabins R800

Tintswalo Atlantic, Chapman's Peak Drive, Hout Bay, ☎ 021 201 0025, 🖥 www.tintswalo. com/atlantic. Luxuslodge in spektakulärer, abgeschiedener Lage auf den Felsen unterhalb vom Chapman's Peak. Sie hat atemberaubende Ausblicke auf die Hout Bay und den Sentinel und ist das einzige Hotel innerhalb des Table Mountain Reserve. Von den im tropischen Strandhauschic konzipierten, großen Schlaf-zimmern schaut man direkt aufs Meer. Und auf dem Weg vom Sonnendeck Richtung Pool, Lounge, Bar und Restaurant lassen sich viel-leicht sogar Wale erspähen. R10 780

False Bay Seaboard
Wer jeden Tag schwimmen, surfen und am Strand spazieren gehen und dazu noch tolle Restaurants besuchen möchte, sollte in dieser Gegend absteigen. **Muizenberg**, 25 km von der Innenstadt entfernt, war früher wegen seiner herrlichen Aussicht auf den Strand und die Bucht sehr beliebt. Jetzt erlebt es nach einer Phase des Niedergangs einen Auf-schwung, und die schäbigen Strandhotels sind Surfschulen und Cafés gewichen. Das Highlight ist jedoch **Kalk Bay** mit seinem Hafen, seinen Antiquitätenläden und künstlerisch ange-hauchten Cafés. Die Unterkunftsmöglichkeiten sind begrenzt, doch bestehen gute Chancen, auf Websites wie 🖥 www.safarinow.com ein Ferienapartment zu finden. **Fish Hoek** weiter Richtung Süden zeichnet sich durch seinen Strand aus, damit hat es sich aber auch schon. Eine bessere Wahl ist das schöne **Simon's Town**, 40 km von der Innenstadt entfernt. Die alte Hafenstadt gehört heute definitiv zum Großraum Kapstadt, wird aber immer noch von vielen Kapstädtern als eigenständige Ortschaft betrachtet.

Homestay in einer afrikanischen Township

Eine der besten Möglichkeiten, um eine Vorstellung vom Alltag in den Townships zu ist eine Übernachtung dort. Zunehmend mehr Township-Bewohner bieten in ihren Privathäusern **B&B** an. Wer bei einer Familie wohnt, nimmt mit ihr das Essen ein und erlebt Ubuntu, die traditionelle afrikanische Gastfreundlichkeit. Oft werden die Gäste in Shebeens, zu Musikveranstaltungen, in die Kirche oder einfach auf ein Schwätzchen zu den Nachbarn mitgenommen.

Mit Doppelzimmerpreisen ab rund R400 sind diese B&Bs weitaus günstiger als die Unterkünfte im Zentrum von Kapstadt, und die Erfahrung an sich ist schon etwas ganz Besonderes.

Manche Township-B&Bs schicken jemanden zum Flughafen, der die Gäste in Empfang nimmt. Autofahrer erhalten wahrscheinlich genaue Wegbeschreibungen oder werden an einem günstigen Treffpunkt abgeholt.

Viele Unterkünfte sind auf **Airbnb** gelistet oder können über Khayelitsha Travel, ✆ 021 361 4505, 🖥 www.khayelitshatravel.com, gebucht werden.

Gugulethu

Liziwe's Guest House, 121 NY 111, ✆ 021 794 1619, 🖥 www.mycapetownstay.com/Liziwe_s_Guest_ House. Wer in einem der sieben Zimmer mit Bad nächtigt, die Liziwe Ngcokoto vermietet, kann „Gugs" von innen kennenlernen. Drei der einfachen Zimmer mit schlichtem afrikanischem Dekor besitzen Balkone mit Aussicht auf den hinter den Dächern der Township aufragenden Tafelberg. Auf Wunsch gibt's traditionelles afrikanisches Essen sowie Townshiptouren und Besuche der Denkmäler von Gugulethu. (S. 173). R700

Khayelitsha

Kopanong B&B, C329 Velani Crescent, ✆ 021 517 4206 oder 082 476 1278, 🖥 www.kopanong-town ship.co.za. Betreiberin eines der dynamischsten B&Bs in Khayelitsha ist die unermüdliche Thope Lekau. Die weitgereiste Tourismusexpertin von Khayelitsha und ihre Tochter erzählen den Besuchern die Geschichte der größten Township Kapstadts, machen sie mit lokaler Musik bekannt und verwöhnen sie mit einem herzhaften Frühstück. Bei rechtzeitiger Anfrage gibt's auch ein traditionelles Abendessen und/oder eine Führung. R780

Majoro's B&B, 69 Helena Crescent, ✆ 021 794 1619, 🖥 www.mycapetownstay.com/MajorosBB. Die sympathische Maria Maile beherbergt Gäste im Haus ihrer Familie, das ein DZ und ein 2-Bettzimmer mit Gemeinschaftsbad und -küche hat und in einem gepflegten Teil der Township steht. Die erfahrene Köchin bereitet das Essen zu, darunter auch traditionelle Gerichte, und anschließend kann man mit der Familie fernsehen oder einer hiesigen *Shebeen* einen Besuch abstatten. R900

Malebo's, 18 Mississippi Way, ✆ 021 361 2391, 🖥 www.airbnb.com/rooms/2156844. Das B&B im einladenden Wohnhaus der Köchin Lydia Masoleng und ihres Ehemanns Alfred besteht aus 5 Zimmern, 3 davon mit eigenem Bad. Das großzügig bemessene Frühstück und die traditionellen Xhosa-Gerichte sind ein Gedicht, *Shebeen*-Besuche, Townshiptouren und sonntägliche Kirchenbesuche lassen sich organisieren. R550

Langa

Nomase's Guesthouse, King Langalibalele/Washington Dr, Ecke Sandile Ave, ✆ 021 694 3904 oder 083 482 8377, 🖥 www.bit.ly/NomaseGuesthouse. Nur ein paar Hundert Meter vom Bahnhof Langa, dem Langa Heritage Museum (S. 173) und dem Guga S'Thebe Arts & Cultural Centre (S. 173) offeriert das von Frauen geleitete Nomase 4 saubere, gemütliche und sichere Zimmer mit Bad plus einer Küche mit Kühlschrank und Mikrowelle. Frühstück gibt's für R30, Abendessen kann arrangiert werden und Minibustaxis fahren auf der Durchgangsstraße vor dem Haus vorbei. R450

Muizenberg

Samhitakasha Cob House Organic B&B, 13 Watson Rd, ☎ 021 788 6613, 🖳 www.cobhouse.co.za, Karte S. 168–169. Das aus Lehm und Stroh erbaute Lehmwellerhaus ist eines der umweltbewusstesten B&Bs in Kapstadt, wird von einem freundlichen Paar betrieben und liegt nur 200 m vom Strand entfernt. In dem gemütlichen Gästezimmer (es gibt nur eins) können bis zu 4 Personen übernachten. Der Preis beinhaltet ein Bio-Frühstück, das aufs Zimmer serviert wird. 2 Pers. R750, Familie R950

Stoked Backpackers, 175 Main Rd, ☎ 082 679 3651, 🖳 www.stokedbackpackers.com, Karte S. 168–169. Stimmungsvolle, gut geführte Backpacker-Herberge neben dem Bahnhof mit vegetarischem Café und einem Reiseveranstalter. Es gibt eine Reihe hochwertiger Schlafsäle mit 4 bis 12 Betten; die besten Zimmer mit Bad befinden sich in den oberen Etagen, sie bieten Ausblick auf den Sonnenuntergang über dem Meer. Wenn es windstill ist, kann man sich auch wunderbar auf der Terrasse oben aufhalten und die grandiose Sicht auf den Strand genießen. Dorm R200, DZ R865

Kalk Bay und Fish Hoek

Chartfield Guest House, 30 Gatesville Rd, Kalk Bay, ☎ 021 788 3793, 🖳 www.chartfield.co.za, Karte S. 168–169. Das gepflegte, weitläufige Haus steht auf halber Höhe am Hang und erlaubt Aussicht über den Hafen, von manchen Zimmern auch sensationellen Meerblick. Einige der fabelhaftesten Restaurants der Halbinsel liegen nur wenige Schritte auf der gepflasterten Straße nach unten bzw. ein paar Treppenstufen entfernt. R900

The Mountain House, 7 Mountain Rd, Clovelly, ☎ 083 455 5664, 🖳 www.themountainhouse.co.za, Karte S. 168–169. Das schöne 2-Zimmer-Selbstversorgercottage im Garten der einheimischen Architektin Carin Hartford hat ringsum Fenster, damit die Bewohner die grandiose Berglage voll auskosten können; an den Wohnbereich schließt sich eine Terrasse an. R1100

Tranquility Guest House, 25 Peak Rd, Fish Hoek, ☎ 021 782 2060, 🖳 www.tranquil.co.za, Karte S. 168–169. Freundliches, einladendes Guesthouse am Berghang mit schönem Meerblick; der Strand liegt in Spaziernähe. Es hat 4 blumige B&B-Zimmer mit Bad, und die Gäste dürfen den Jacuzzi im Freien benutzen. R1800

Simon's Town

Simon's Town Boutique Backpackers, 66 St George's St, ☎ 021 786 1964, 🖳 www.capepax.co.za. Günstige Lage mitten in Simon's Town 1 km südlich vom Bahnhof. Die Boutique-Backpacker-Herberge bietet Dorms mit Stockbetten und ziemlich geräumige DZ. Außerdem gibt's einen großen Balkon mit Hafenblick. Gäste können Fahrräder für einen Ausflug zum Cape Point ausleihen oder eine Kajakfahrt buchen, um an der Pinguinkolonie vorbeizupaddeln. Dorms R220, DZ R660

Whale View Manor, Main Rd, ☎ 021 786 3291, 🖳 www.whaleviewmanor.co.za. In der Gästehausmeile an der Südseite der Stadt steht diese imposante weiße Villa, in der ein 4-Sterne-Boutiquehotel und Spa untergebracht sind. Es ist nur ein Katzensprung bis zum Wasser, und die modernen Gemeinschaftsbereiche sind sonnig und einladend. R1950

ESSEN

Essen gehen ist eins der Highlights bei einem Besuch von Kapstadt, einer kulinarischen Destination von Weltrang, wo unzählige Farmen, Winzereien und Kleinbauern vom mediterranen Klima profitieren. Hier gibt es unendlich viele gemütliche, gut besuchte Restaurants, die fantasievolle und qualitativ hochwertige Gerichte servieren. Verglichen mit westlichen Ländern sind die Preise sehr erschwinglich: in erstklassigen Restaurants sind innovative Gerichte ausgezeichneter Küchenchefs zu einem Preis zu haben, den so mancher zu Hause für ein normales Durchschnittsessen bezahlen muss. Fleisch, von Steaks bis Springbok, ist von bester Qualität, und auch Vegetarier müssen nicht darben.

Es gibt zwar ein paar Restaurants, die auf **kapmalaiische** oder **afrikanische Küche** spezialisiert sind (Kasten S. 186), doch auf andere Küchen spezialisierte Lokale sind meistens besser. Wer **Seafood** liebt, bekommt in jedem Restaurant, das etwas auf sich hält, frischen Fisch vom Kap sowie Meeresfrüchte aus wärmeren Gewässern. Empfehlenswert ist der leckere Kap-Fisch, etwa Yellowtail, der nicht von Überfischung bedroht ist. Außerdem lohnt sich ein Besuch der einladenden **Stadtteilmärkte**, an deren Ständen es Craft-Bier zu trinken und leckere Sachen zu essen gibt (S. 207).

Zentrum

Long Street und Umgebung

95 Keerom, 95 Keerom St, ☏ 021 422 0765, 🖳 www.95keerom.com, Karte S. 138. Angesagtes, teures Restaurant mit frischer und leichter Nouvelle Cuisine nach italienischer Art, etwa gegrilltes Rinderfilet, Butternusskürbis-Ravioli oder marinierter Thunfisch (Hauptgerichte durchschnittlich R250). Der italienische Küchenchef Giorgio Nava hat 2013 bei der World Pasta Championship in Parma die Goldmedaille gewonnen. ◷ Mo–Sa 18.30–22 Uhr.

Addis in Cape, 41 Church St, ☏ 021 424 5722, 🖳 www.addisincape.co.za, Karte S. 138. In dem freundlichen, authentischen Restaurant mit herrlich unaufgeregter Atmosphäre und traditioneller Möblierung wird köstliche äthiopische Küche aufgetischt, zum Beispiel würzige rote Linsen (R137), immer begleitet von leckerem *injera*-Sauerteigfladenbrot, um die Speisen aufzutippen. Gegessen wird mit den Fingern. Festmenüs kosten R105–260. Kaffeezeremonien sind möglich. ◷ Mo–Sa 12–22.30 Uhr.

Africa Café, 108 Shortmarket St, ☏ 021 422 0221, 🖳 www.africacafe.co.za, Karte S. 138. Das altbewährte Touristenrestaurant eignet sich prima um die afrikanische Küche zu probieren. Angesichts eines Festschmauses aus 16 Gerichten und der allabendlich gebotenen Vorstellung mit afrikanischen Liedern und Tänzen ist der Preis von R250 p. P. durchaus angemessen. Reservierung erforderlich. Es gibt auch eine Frühstückskarte und afrikanische Tapas. ◷ Mo–Sa 18–23 Uhr.

Biesmiellah, Wale St, Ecke Pentz St, Bo-Kaap, ☏ 021 423 0850, 🖳 www.biesmiellah.co.za, Karte S. 137. Eines der ältesten Restaurants,

wo nach traditionellen kapmalaiischen Rezepten (S. 37) gekocht wird. Hier gibt's *halal*-Hauptgerichte wie *bobotie* (mit Eiermilch überbackener Rinderhackbraten; R95) und Tomaten-*bredie* (Lammfleischstücke in süß-saurer Tomatensoße gekocht; R99). Alternativ kann man sich auch mit den Einheimischen in die Takeaway-Warteschlange für Samosas und unwiderstehliche Wraps namens *salomes* (R48) einreihen. ◷ Mo–Sa 7.30–22 Uhr.

Café Mozart, 37 Church St, ☏ 021 424 3774, 🖳 www.themozart.co.za, Karte S. 138. Unter Bäumen in der bezaubernden Church St oder im tollen Lokal zwischen bedruckten Tapeten, Porzellan und Antiquitäten kann man sich herzhafte Frühstücksgerichte, Burger (R90), Sandwiches (R75) oder ein Glas Kapwein zu Gemüte führen. Ein bisschen wie eine Mischung aus englischem Teehaus und Künstlerboudoir. ◷ Mo–Fr 8–15.30, Sa 9–15 Uhr.

Charly's Bakery, 38 Canterbury St, East City, ☏ 021 461 5181, 🖳 www.charlysbakery.co.za, Karte S. 137. Seit drei Jahrzehnten werden in dieser witzigen, in einem psychedelisch angemalten Heritage-Gebäude die köstlichsten und am schönsten dekorierten Kuchen von ganz Kapstadt produziert. Lecker sind beispielsweise die Red-Velvet-Cupcakes und die glutenfreien Limonen-Merengue-Cupcakes (beide R30). Außerdem gibt's Frühstück und kleine Mittagsgerichte (ab R50). ◷ Di–Fr 8–17, Sa 8.30–14 Uhr.

Chef's Warehouse & Canteen, 92 Bree St, Heritage Square, ☏ 021 422 0128, 🖳 www.chefswarehouse.co.za, Karte S. 138. Küchenchef Liam Tomlin verkauft nicht nur tolles Küchenzubehör, von Kaffeemaschinen bis pinkfarbenem Himalayasalz, sondern zaubert auch Schlemmer-Tapas (R650 für 2 Pers.), die in legerem Ambiente verspeist werden – bei dem 3-gängigen Bankett aus Leckerbissen in einer Mischung aus französischen und asiatischen Aromen kann das bis zu eine Stunde dauern. Da keine Reservierungen angenommen werden, ist frühes Erscheinen ratsam, oder man vertreibt sich die Wartezeit in der schnuckligen Kellerbar. ◷ Mo–Fr 12–14.30 und 16.30–20, Sa 12–14.30 Uhr.

Eastern Food Bazaar, Longmarket St, ☎ 021 461 2458, 🖥 www.easternfoodbazaar.co.za, Karte S. 138. Quirliger Food Court mit einem Dutzend Ständen, an denen herzhafte Gerichte aus Indien, China, vom Bo-Kaap und anderswo (Hauptgerichte R50) gebruzzelt werden. Erst kauft man eine Marke, dann stellt man sich am gewählten Stand in die Warteschlange, die um die Mittagszeit ziemlich lang ausfallen kann. ⏰ Mo–Sa 11–22 Uhr.

Headquarters, 100 Shortmarket St, Heritage Square, ☎ 021 424 6373, 🖥 www.hqrestaurant.co.za, Karte S. 138. In diesem Lokal steht nur ein einziges Hauptgericht auf der Karte: erstklassiges namibisches Freiland-Beefsteak und Café-de-Paris-Buttersauce mit perfekten Pommes und Salat (R198). Auch kleine Gerichte und Tapas (R100) sind erhältlich, und die Getränkekarte entschädigt für ihr mickriges Speise-Gegenstück. Auf der Website stehen Sonderangebote und Events wie das Montagabendspecial: 2 Steaks für den Preis von einem. ⏰ Mo–Sa 12–24 Uhr.

Jason Bakery, 185 Bree St, ☎ 021 424 5644, 🖥 www.jasonbakery.com, Karte S. 138. Der Bäcker Jason Lilley ist berühmt für köstliches Gebäck. Mittagslieblingsgerichte in diesem angesagten Lokal sind beispielsweise Pulled Pork (R75) und Chalmar-Rind-Burger mit Curry (R90), es stehen aber auch zahlreiche Frühstücksangebote, Salate und Sandwiches zur Auswahl. Einen Besuch lohnt auch Jasons anderes Lokal, das *Bardough*, 33 Loop St. ⏰ Mo–Fr 7–15.30, Sa 8–14 Uhr.

La Parada, 107 Bree St, ☎ 021 426 0330, 🖥 www.laparada.co.za, Karte S. 138. Kapstadt ist im Tapas-Fieber, und in diesem nach vorn offenen Restaurant mit Straßentischen gibt's einige der authentischsten spanischen Häppchen für rund (R55–89), außerdem Hauptgerichte (R300) und Cocktails. Aufgetischt wird an langen, gemeinschaftlichen Holztischen. Filialen befinden sich in Camps Bay und Constantia Nek. ⏰ tgl. 7–2 Uhr.

Mama Africa, 178 Long St, ☎ 021 424 8634, 🖥 www.mamaafricarestaurant.co.za, Karte S. 138. Spezialitäten aus ganz Afrika, darunter ein gemischter Grillteller mit *bobotie*, Springbok-, Kudu-, Straußen- und Krokodilfleisch (Hauptgerichte um R150). Ab 20 Uhr können die Gäste auch an der Snake Bar sitzen und Live-Marimbamusik hören.

Afrikanische Küche

Im Zentrum von Kapstadt finden sich einige Restaurants, die mit afrikanischer Küche werben und dabei vor allem auf Touristen abzielen – denn die meisten Xhosa-Arbeiter würden angesichts der Preise in der Long Street nur den Kopf schütteln. Wer die afrikanische Küche in den **Townships** kennenlernen möchte, quartiert sich am besten in einem der dortigen B&Bs ein (Kasten S. 183) oder nimmt an einer Tour teil, die eine Mahlzeit in der Township oder einen Drink in einem *shebeen* beinhaltet (Kasten S. 214).

Nachstehend einige Möglichkeiten, afrikanische Küche zu probieren:

Dinner at Mandela's Ausgangspunkt 259 Long St oder die eigene Unterkunft, ☎ 021 790 5817, 🖥 www.dinneratmandelas.co.za. Für R395 inkl. Transfers (von der Unterkunft und zurück) bildet dieser Abend mit afrikanischem Gesang, Tanz und Essen in der Township Imizamo Yethu nahe Hout Bay eine unvergessliche Art, um Genaueres über Township-Kultur zu erfahren. Nur mit Buchung. ⏰ Mo und Do 18.15–23 Uhr.

Kaffa Hoist Café, Guga S'Thebe Arts & Cultural Centre, King Langalibalele/Washington Dr, Langa, ☎ 071 120 6345, ✉ kaffa.hoist@gmail.com. Das Kaffa Hoist befindet sich an der Rückseite des Guga S'Thebe Arts & Cultural Centre (S. 173) in Langa, neben einem aus Schiffscontainern gebauten Amphitheater. Der Eigentümer Chris, ein Xhosa, serviert frisch gerösteten Deluxe-Coffeeworks-Kaffee (R19), Muffins (R5), süße und pikante Pfannkuchen (R30), leckere Sandwiches (R30) und Burger (R50). Das Hofcafé hat Gratis-WLAN. ⏰ tgl.: Mai–Sep 8.30–17.30, Okt–April 7–19 Uhr.

🕐 Mo und Sa 18.30–23, Di–Fr 12–15 und 18.30–23 Uhr.

🧳 **Royale Eatery**, 273 Long St, 📞 021 422 4536, 🖥 www.royaleeatery.com, Karte S. 138. Hipper Laden mit preiswerten Gourmet-Burgern z. B. aus Lamm-, Rind- und Straußenfleisch sowie 8 vegetarische Cheeseburger. Ein Renner ist der Miss Piggy Burger mit Schinkenspeck und Guacamole (R92). Besonders wer einen Balkontisch mit Blick auf die Long St haben möchte, sollte reservieren. 🕐 Mo–Sa 12–23.30 Uhr.

🧳 **Truth Café**, 36 Buitenkant St, East City, 📞 021 200 0440, 🖥 www.truthcoffee.com, Karte S. 137. Ein wunderbarer Koffein-kick lässt sich in diesem hippen, im kreativen Industriechic gehaltenen Café mit Handrösterei holen. Es gibt auch Frühstück und Mittag-essen (Hauptgerichte R100), und das „Steam-punk-Dekor" hat den britischen *Telegraph* im Jahr 2016 dazu verleitet, das Truth zu einem der besten Coffeeshops der Welt zu erklären. 🕐 Mo–Fr 7–18, Sa 8–18, So 8–14 Uhr.

V&A Waterfront und De Waterkant

Waterfront

Baia, Upper Level, Quay, Victoria Wharf, 📞 021 421 0935, 🖥 www.baiarestaurant.co.za, Karte S. 150. Auf der Restaurant-Terrasse mit Blick auf den Tafelberg wird meisterhaft zubereiteter Fisch und Seafood aufgetischt, darunter ein paar *kingklip*-Gerichte (R200). 🕐 tgl. 12–23 Uhr.

City Grill, Shop 155, Victoria Wharf, Quay 5, 📞 021 421 9820, 🖥 www.citygrill.co.za, Karte S. 150. Ein exzellentes, wenn auch etwas touristisches und kostspieliges Steakhouse, das sich voll und ganz dem fleischigen Herzen der südafrikanischen Küche verschrieben hat. Von der Vorspeisenplatte mit Biltong und luft-getrockneter Salami (R99) bis zum Straußen-Kebab (R245) werden zahlreiche lokale Speisen angeboten (auf der Speisekarte mit der süd-afrikanischen Flagge gekennzeichnet). 🕐 tgl. 11–23 Uhr.

San Marco, Lower Level, Victoria Wharf, 📞 021 418 5434, 🖥 www.sanmarco.co.za, Karte S. 150. Das Bar-Restaurant mit Tischen im Freien hat eine Frühstückskarte, gute Sandwiches auf italienischem Brot (R85), Wraps und frische Salate. Das Angebot an Hauptgerichten reicht von gegrillten Calamari (R129) bis Filetsteak (R175). 🕐 tgl. 8–23 Uhr.

🧳 **Sevruga**, Quay 5, 📞 021 421 5134, 🖥 www.sevrugarestaurant.co.za, Karte S. 150. Das Sevruga beeindruckt jeden, von einheimischen Sushi-Liebhabern bis zur *New York Times*, die behauptete, dieses Lokal sei „der einzige Grund, um zur V&A Waterfront zu gehen". Am besten reserviert man einen schattigen Tisch draußen, um beim genüss-lichen Verzehren einer Sushi-Platte (R200), *Dim Sum* oder eines Meeresfrüchte-Haupt-gerichts (R200) die Vorbeigehenden begutachten zu können. 🕐 tgl. 12–23 Uhr.

Signal Restaurant, Hotel Cape Grace, West Quay Rd, 📞 021 410 7100, 🖥 www.capegrace.com, Karte S. 150. Im zurückhaltend eleganten Speisesaal des Hotelrestaurants werden Probiermenüs mit 7 Gängen (ab R625, inkl. Wein ab R945) und Abendhauptspeisen wie *bobotie* aus Springbokfleisch (R280) serviert. Zum Mittagessen wird weniger Herzhaftes aufge-fahren (Fish 'n' Chips R95), und in der angren-zenden Bibliothek können Gäste *cream tea* (R75) oder Nachmittagstee mit allem Drum und Dran (R185) einnehmen. 🕐 tgl. 6.30–22.30 Uhr.

Willoughby & Co, Lower Level, Victoria Wharf, 📞 021 418 6115, 🖥 www.willoughby andco.co.za, Karte S. 150. Obwohl es keinen Meerblick hat, ist es nach Ansicht vieler Einheimischer das beste Fischlokal an der Waterfront. Es hat fantastisches Sushi (Teller R85–309) und Seafood (Hauptgerichte um R200). 🕐 tgl. 12–22.30 Uhr.

De Waterkant

Anatoli, 24 Napier St, 📞 021 419 2501, 🖥 www.anatoli.co.za, Karte S. 150. Dieses türkische Restaurant hat eine Lagerhalle aus dem frühen 20. Jh. in eine kulinarische Karawanserei verwandelt. Es ist ein Supertipp für Vegetarier, und die *meze* sind ausgezeichnet, besonders die *dolmades*. Auf der Vorspeisenkarte stehen aber noch mindestens 20 andere Leckerbissen zur Wahl (R26–53). Wer Fleisch mag, sollte sich an die Kebabs halten (R149). 🕐 Mo–Sa 18.30–22.30 Uhr.

Origin Coffee, 28 Hudson St, ☎ 021 421 1000, 🖥 www.originroasting.co.za, Karte S. 150. Hier brauen Baristas Kaffee mit *single-origin*, selbst gerösteten Bohnen aus ganz Afrika. Gleichermaßen ansprechend ist die Auswahl an Tees. Der umgebaute Lagerschuppen ist eine begehrte Adresse bei Büroangestellten aus der Umgebung zum Frühstücken (R60) und Mittagessen (R90). ⏰ Mo–Fr 7–17, Sa und So 9–14 Uhr.

City-Bowl-Vororte
Gardens

Aubergine, 39 Barnet St, Gardens, ☎ 021 465 0000, 🖥 www.aubergine.co.za, Karte S. 178. Unschlagbar für ein nobles 5-Sterne-Abendessen, mit einem Hof, in dem sich wunderbar die afrikanisch-asiatisch-europäische Fusionsküche des deutschen Küchenchefs Harald Bresselschmidt genießen lässt (3-Gänge-Mittagsmenü R445). Hier wird viel Wert auf Frische und Regionalität der Zutaten gelegt und es gibt auch innovative Gerichte für Vegetarier. ⏰ Mo, Di und Sa 19–22, Mi–Fr 12–14 und 18–22 Uhr, Tapas Mo–Sa 17–19 Uhr.

Bardelli's Restaurant, 18 Kloof St, ☎ 021 423 1502, Karte S. 178. Ein bewährter, gut besuchter Italiener in einem kapholländischen Gebäude. Die Holzofenpizzas, beispielsweise die *Pablo* (Bacon, Fetakäse, Rosmarin und frische Tomaten, R95) gehören zu den besten weit und breit. ⏰ tgl. 8–22 Uhr.

Ben Wei, Wembley Square, Solan St, ☎ 021 461 2966, 🖥 facebook.com/BenWeiSushi, Karte S. 178. In dem gemütlichen Lokal mit Sushi und asiatisches Fusionsküche sind einige der frischesten, schmackhaftesten und visuell ansprechendsten Gerichte der City Bowl zu haben. Es gibt Hauptgerichte (um R75), aber am besten teilt man sich zu mehreren verschiedene Häppchenteller wie den „rainbow reloaded" (California Roll mit Lachs, Tunfisch und Avocado, mit 7-Gewürze-Topping, Mayo und Teriyakisauce; R109). ⏰ Mo–Sa 11.30–21 Uhr.

Bombay Bicycle Club, 158 Kloof St, ☎ 021 423 6805, 🖥 www.thebombay.co.za, Karte S. 178. Eine unterhaltsame Option

für den Abend. In jeder Ecke gibt's irgendwas zum Spielen, wie Tische mit Schaukeln oder Faschingshüte zum Aufsetzen. Auf der Speisekarte stehen Grillgerichte, Pasta und köstliche Desserts (Hauptgerichte durchschnittlich R150). Unbedingt reservieren. ⏰ Mo–Sa 18–23 Uhr (Bar 16–16 Uhr).

Carlyle's on Derry, 17 Derry St, ☎ 021 461 8787, 🖥 www.carlyles.co.za, Karte S. 178. Freundliches italienisches Nachbarschaftslokal, wo ein Tisch nur mit Reservierung zu haben ist. Hier erwartet die Gäste eine respektable Auswahl an Gourmet-Pizzas mit dünner Kruste (R65–135), außerdem gute Fleischgerichte (R70–180), Pasta (R80–120) und Salate (R80–92). ⏰ Di–Fr 17.30–22.30, Sa und So 12–22.30 Uhr.

Hudson's The Burger Joint, 69 Kloof St, ☎ 021 426 5974, 🖥 www.theburgerjoint.co.za, Karte S. 178. Der Burgerladen in der Kloof St ist eine gute Wahl für Gourmet-Burger (R44–97). Ein Treff trendiger junger Leute mit lauter Rockmusik, Craft-Bier, ordentlichen Salaten, hausgemachter Limonade und Bar-One-Milchshakes (R49). Filialen in Green Point, Claremont und Stellenbosch. ⏰ tgl. 12–23 Uhr.

Mount Nelson Hotel, 76 Orange St, ☎ 021 483 1000, 🖥 www.mountnelson.co.za, Karte S. 178. Ein kulinarisches Vergnügen der besonderen Art ist der ausgedehnte Nachmittagstee im Kolonialzeitstil bei *smart-casual* Dresscode, der in dieser altehrwürdigen Kapstädter Nobelherberge zelebriert wird. Nach dem Schlemmermahl für R325 kann man das Abendessen vergessen. Online-Reservierung empfohlen. Teatime ist um 13.30 und 15.30 Uhr.

Societi Bistro, 50 Orange St, ☎ 021 424 2100, 🖥 www.societi.co.za, Karte S. 178. In dem begehrten Bistro wird gutes italienisches und südafrikanisches Essen serviert. Untergebracht ist es in einem wunderschön restaurierten Gebäude mit Garten in der Nähe des Mount Nelson Hotel (S. 179) und des Kinos Labia (S. 203); an Winterabenden prasselt ein Feuer im Kamin. An Hauptgerichten stehen beispielsweise Risotto (R66–85), Karoo-Lammschlegel (R206), Burger mit Freilandstraußenfleisch (R94) zur Wahl, normalerweise auch eine vegane Speise. ⊕ Mo–Sa 12–22 Uhr.

Tamboers Winkel, 3 De Lorentz St, ☎ 021 424 0521, 🖳 www.facebook.com/Tamboerswinkel, Karte S. 178. Wie die meisten Bewohner von Gardens tut auch dieses Café so, als wäre es im angesagteren Tamboerskloof daheim. Aber das sei ihm verziehen, denn es hat ganz ausgezeichneten Kaffee und Craft-Bier. Auf der Speisekarte stehen rustikale Sachen vom Kap-*platteland* (Farmland), versehen mit kreativem Pfiff. Daher ist dieser *winkel* (Laden) eine beliebte Adresse bei Bloggern, Medienleuten, Models und Capetonians *in the know*. Frühstück ist für rund R60 zu haben, Mittagshauptgerichte für rund R90. ⊕ Mo und Mi–So 8–22, Do 8–18 Uhr.

Tamboerskloof und Vredehoek

Deer Park Café, 2 Deer Park Drive, Vredehoek, ☎ 021 462 6311, 🖳 www.deerparkcafe.co.za, Karte S. 178. Das am Ausläufer des Tafelbergs gelegene Lokal mit Tischen im Freien und einem umzäunten Spielplatz ist die beste Anlaufstelle im Stadtzentrum für Familien mit Kindern. Auf der Kinderspeisekarte stehen beispielsweise Obstsalat und Spaghetti Bolognese; die preiswerten, frischen Suppen, Salate, Sandwiches usw. schmecken Großen und Kleinen gleichermaßen (Hauptgerichte meist R80). ⊕ tgl. 8–20 Uhr.

Miller's Thumb, 10b Kloof Nek Rd, Tamboerskloof, ☎ 021 424 3838, 🖳 www.millersthumb.co.za, Karte S. 178. Das Restaurant bietet durchweg gute, auf verschiedenste Arten (von Cajun bis marokkanisch) zubereitete Seafoodgerichte. Toll für Fischfreunde, aber es gibt auch saftiges Rumpsteak (R120–185). ⊕ Mo und Sa 18.30–22.30, Di–Fr 12.30–14 und 18.30–22.30 Uhr.

Sidewalk Café, 33 Derry St, Vredehoek, ☎ 021 461 2839, 🖳 www.sidewalk.co.za, Karte S. 178. Dieses moderne, hippe Café besticht durch breite Fenster und ein kreatives Speiseangebot (Hauptgerichte rund R120). Es hat auch eine gute vegetarische Auswahl, von Quinoasalat bis Moussaka mit Aubergine und würzigen Linsen. ⊕ Mo–Sa 8–22.30, So 9–14 Uhr.

Bistro Sixteen, 82 Steenberg Estate, Constantia, ☎ 021 713 2211, 🖳 www.steenberghotel.com. Auf dem wunderschönen alten Weingut Steenberg befindet sich dieses schicke, zeitgenössische Bistro – ein beliebtes Wochenendziel für ein Verwöhn-Frühstück (Hauptgerichte R90), gefolgt vom Besuch im angrenzenden Weinproberaum oder einem Spaziergang entlang der Rasenflächen, auf denen Skulpturen des südafrikanisch-italienischen Künstlers Edoardo Villa stehen. Tapas (Teller R65) gibt's ab 17 Uhr. ⊕ tgl. 9–11, 12–15 und 17–20 Uhr.

Catharina's Steenberg Estate, Constantia, ☎ 021 713 2222, 🖳 www.steenberghotel.com. Eine noble Adresse für eine besondere Gelegenheit ist dieses Restaurant auf dem Weingut Steenberg, wo große Fenster einen wunderbaren Ausblick auf die Weingarten erlauben. Meeresfrüchte und Wild stehen immer auf der Karte, daneben aber auch andere Fleisch- sowie vegetarische Speisen (Hauptgerichte R200). ⊕ tgl. 7–10, 12–15 und 18.30–21.30 Uhr.

Common Ground Café, 23 Milner Rd, Rondebosch, ☎ 021 686 0154. In dem zu einer Kirche gehörenden Café werden erschwingliche Frühstücksgerichte (um R50) und mittags Gourmet-Sandwiches, Vollkornwraps, Burger, Salate und Quesadillas (durchschnittlich R60) serviert. Die Baristas sind echte Künstler, die mit vor Ort gerösteten Bohnen aus Origin Coffee erstklassigen Kaffee brauen, und von der Terrasse eröffnet sich eine atemberaubende Aussicht über Rondebosch Common auf den Devil's Peak. ⊕ Mo–Fr 7–16, Sa 8–14, So 8.30–14 Uhr.

The Dining Room, 117 Sir Lowry Rd, Woodstock, ☎ 021 461 0463, 🖳 www.dining-room.co.za. Die Spezialität dieses Restaurants von Karen Dudley, dem kulinarischen Genie hinter dem berühmten The Kitchen (S. 190) in Woodstock, sind frische Produkte der Saison. Aufgetischt wird in stilvoll altmodischem Ambiente zwischen einer bunten Ansammlung von Spiegeln und Porträts. Lunch R100, 3-Gänge-Abendessen R350. ⊕ Mo, Mi und Fr 8.30–16, Di und Do 8.30–16 und 19–22 Uhr.

KAPSTADT UND DIE KAP-HALBINSEL

Kirstenbosch Tea Room Restaurant, Kirstenbosch National Botanical Garden, Rhodes Drive, Newlands, ℡ 021 797 4883, 🖥 www.ktr.co.za. Die großen Pluspunkte sind die wunderbare Lage in einem der schönsten botanischen Gärten der Welt (S. 158) und die schmackhafte, gutbürgerliche Kapküche. Vegetarier können unter ein paar leckeren Speisen wählen, außerdem gibt's Tea for Two (R280). Wer möchte, kann ein Gourmetpicknick (R210 p. P.) bestellen und sogar eine Picknick-decke ausleihen (R30). Das Lokal liegt gleich hinter dem Gate 2. ⊙ tgl. 8.30–17 Uhr.

The Kitchen, 111 Sir Lowry Rd, Wood-stock, ℡ 021 462 2201, 🖥 www.love thekitchen.co.za. Karen Dudley ist die Chefin dieses fröhlichen Deli-Cafés, das durch den Besuch der ehemaligen US-First Lady Michelle Obama berühmt wurde. Beim Thema Essen versteht man aber keinen Spaß und für die Frühstücks- und Mittagsgerichte werden nur knackfrische Zutaten verwendet. Besonders begehrt sind Karens „Love-Sandwiches" aus selbst gebackenem Brot (R60), außerdem gibt's ein ständig wechselndes Angebot an Salaten (R70). Es ist eins der besten Lokale in Kapstadt zum Mittagessen, besonders für Vegetarier. Man sollte aber früh herkommen – oder sich für die Frühstückszeit entscheiden, wenn es im Laden ruhiger zugeht. ⊙ Mo–Fr 8–16 Uhr.

Pot Luck Club, Biscuit Mill, 375 Albert Rd, Woodstock, ℡ 021 447 0804, 🖥 www. thepotluckclub.co.za. Oben auf einem umge-bauten Silo befindet sich das zweite Restaurant, das der brittische Starkoch Luke Dale-Roberts in Südafrika eröffnet hat. Hier dreht sich alles um innovative, verführerische und *tasty* Tapas (Portion jeweils rund R100). Sie sind auf der Karte nach Geschmackskategorien eingeteilt: süß, sauer, salzig, bitter und *umami*; am besten geht man zu mehreren hin, bestellt von jeder Option etwas und teilt. Wer hier essen will, muss mehrere Wochen im Voraus reservieren und bekommt einen befristeten Essenstermin zugeteilt. ⊙ Mo–Sa 12.30–14.30 und 18–20.30, So 11–12.30 Uhr.

Test Kitchen, Old Biscuit Mill, 375 Albert Rd, Woodstock, ℡ 021 447 2337, 🖥 www.thetestkitchen.co.za. Um einen Tisch

in diesem preisgekrönten zeitgenössischen Top-Feinschmeckerrestaurant zu bekommen, muss Monate im Voraus reserviert werden. Die Gäste erwartet ein überwältigendes kulina-risches Feuerwerk aus Geschmacksrichtungen, Gerüchen und Farben, gezaubert von Küchen-chef Luke Dale Roberts, einem Meister der kreativen Küche. Die Gerichte auf der ständig wechselnden Karte sind innovativ und bestehen aus vielen ungewöhnlichen Zutaten in uner-warteten Kombinationen. Das mit zeitgenös-sischer Kunst geschmückte Lokal ist im Indus-triechic gehalten und das Ambiente erstaunlich unprätentiös. ⊙ Di–Sa 18.30–20.30 Uhr.

Atlantic Seaboard
Green Point
El Burro, 81 Main Rd, ℡ 021 433 2364, 🖥 www. elburro.co.za, Karte S. 162–163. Gutes mexikani-sches Essen (weder zu fettig noch mit zu viel Käse) in lockerer, freundlicher Atmosphäre. Vom Balkon eröffnet sich freie Sicht auf das Green Point Stadium (Hauptgerichte R130). Es gibt auch ein paar vegetarische Sachen. Mo–Sa 12–23.30 Uhr.

Giovanni's, 103 Main Rd, ℡ 021 434 6893, Karte S. 162–163. Das bestens besuchte italienische Deli und Coffeeshop mit Tischen drinnen und draußen liegt direkt gegenüber vom Stadion und hat sogar einen Bildschirm, auf dem man Sportveranstaltungen verfolgen kann. Das gastronomische Angebot umfasst aromatischen Kaffee, leckere Sandwiches mit Belag nach Wunsch, Salate und gute Gerichte zum Mitnehmen (R45–65). ⊙ tgl. 7.30–20.30 Uhr.

Mano's, 39 Main Rd, ℡ 021 434 1090, 🖥 www. mano.co.za, Karte S. 162–163. Bei der Haute-volee vom Kap beliebtes schickes Restaurant, auf dessen schlichter Speisekarte Seafood, Grillgerichte und Pasta stehen: Cesar Salad, *Prego rolls* (Steak mit Knoblauch im Brötchen), Zitronenhähnchen und Lammkoteletts (Haupt-gerichte R100). Nach dem Abendessen geht die Party oben in der Champagner-Bar Jade weiter (S. 200). ⊙ Mo–Sa 12–2 Uhr.

Mouille Point
Café Neo, 129 Beach Rd, ℡ 021 433 0849, Karte S. 162–163. Deli-Essen mit griechischem

Einschlag (Hauptgerichte um R80). Es gibt leckere Frühstücksangebote sowie Meze-platten, Salate und Sandwiches. Auch Vege-tarier können getrost hier einkehren, und von den sonnenbeschirmten Tischen draußen bietet sich Aussicht auf den gestreiften Leuchtturm. ⏱ tgl. 7–19 Uhr.

🧳 **Newport Market and Deli**, Amalfi, 125 Beach Rd, ☎ 021 439 1538, 🖥 www.newportdeli.co.za, Karte S. 162–163. Zwei-geschossiges Deli mit Blick auf die Tafelbucht. Es gibt Kaffee, ausgezeichnete Sandwiches (R80), leckere Salate (R80) und warme Gerichte wie Makkaroni und Käse (R70) und Burger. In den Smoothies stecken jede Menge interessante Zutaten (R38) – genau das Richtige nach einem Spaziergang oder Jogginglauf entlang der Uferpromenade von Sea Point. ⏱ tgl. 6–18.30 Uhr.

Sea Point

La Boheme Wine Bar & Bistro, 341 Main Rd, ☎ 021 434 6539, 🖥 www.labohemebistro.co.za, Karte S. 162–163. Toll für einen angeneh-men und günstigen Abend, mit einer Speise-karte voller interessanter, ansprechend präsen-tierter französischer Gerichte (um R100) wie Kaninchenconfit und gegartem Schweine-bauch. Das Lokal hat auch Tische auf dem Bürgersteig (gut zum Leutegucken), und gleich nebenan befindet sich die Espresso- und Tapas-Bar La Bruixa. ⏱ Mo–Sa 12–23 Uhr.

Mr Chan, 17 Regent Rd, ☎ 021 439 2239, 🖥 www.mrchan.co.za, Karte S. 162–163. Das kantonesische Restaurant beglückt seine Gäste seit vielen Jahren mit ausgezeichnetem Rind-fleisch nach Hongkong-Art, Meeresfrüchten, gebratener Ente und mariniertem Tofu mit gemischtem Gemüse für Vegetarier. Die Haupt-gerichte kosten rund R90, es sind aber auch Abendmenüs erhältlich. ⏱ tgl. 12–14.30, 18–22.30 Uhr.

Camps Bay

Café Caprice, 37 Victoria Rd, Camps Bay, ☎ 021 438 8315, 🖥 www.cafecaprice.co.za, Karte S. 164. Auf der Straßenseite gegen-über dem Camps-Bay-Strand sind die Bürger-steigtische dieses gut besuchten, aber hochnäsigen Mittelmeer-Restaurants heiße Beute, um den noblen Treiben auf der Straße zuzuschauen und die Sonne und den Sonnen-untergang zu genießen. Hier gibt's Snacks (R45), handfestere Fisch-, Pasta- oder Fleisch-gerichte (R90) und sexy Cocktails (R85). ⏱ Mo 12.30–24, Di–So 9–24 Uhr.

Paranga's, Shop 1, The Promenade, Victoria Rd, Camps Bay, ☎ 021 438 0404, 🖥 www.paranga.co.za, Karte S. 164. Populärer Strand-treff zum Sehen und Gesehenwerden, während man sich mit Salaten, Seafood, Pasta, Sushi oder Burgern stärkt (Hauptgerichte R130). Die Gäste haben die Wahl unter zahlreichen Perl- und Schaumweinen, allen erdenklichen Weinen, Single Malts und Cocktails, um genüsslich zuzuschauen, wie die Sonne im Meer untergeht. ⏱ tgl. 9–24 Uhr.

Hout Bay

🧳 **Kitima**, 140 Main Rd, ☎ 021 790 8004, 🖥 www.kitima.co.za. Eines der besten asiatischen Fusionrestaurants in Kapstadt mit deutlichem Thai-Touch, untergebracht in einem entzückenden kapholländischen Herrenhaus. Das Angebot umfasst Sushi und Sashimi, *Dim Sum* und eine Riesenauswahl an Meeresfrüchte- und Fleischgerichten aus der Pfanne sowie Currys. Am bekanntesten ist das Kitima wegen des üppigen Sonntagsbuffets (R250), für das eine Reservierung erforderlich ist. ⏱ Di–Sa 17.30–22.30, So 12–15 Uhr.

La Cuccina, Victoria Mall, Victoria Rd, ☎ 021 790 8008, 🖥 facebook.com/lacuccina. Das hochwertige Deli und Café befindet sich zwar in einer Mall, aber in hübschen, großzügigen Räumlichkeiten. Da es an der Hauptverkehrs-straße durch die Stadt liegt, eignet es sich prima für einen Stopp bei einem gehaltvollen Frühstück (R70), Quiches, Salaten, Lasagne usw. Von 12 bis 15 Uhr ist ein *pay-by-weight*-Mittagbüffet aufgebaut (R195 pro 1 kg). ⏱ tgl. 7.30–17 Uhr.

Wharfette Bistro, The Harbour, Hout Bay, ☎ 021 790 1100, 🖥 www.marinerswharf.com. Ein unaufgeregtes, gutbesuchtes Meeres-früchterestaurant, geschmückt mit alten Passa-gierdampferfotos und Erinnerungsstücken aus vergangenen Zeiten. Der Hafenblick von der

Terrasse aus übertrifft das Essen, aber unterm Strich ist es ein nettes Plätzchen für Seehecht 'n' Chips (R70) und ein kaltes Bier. ⊕ tgl. 10–20.30 Uhr.

Noordhoek

Café Roux, Noordhoek Farm Village, ✆ 021 789 2538, ⌨ www.caferoux.co.za. In dem unaufgeregten Café gibt's gesunde Biokost, gezaubert mit zeitgenössischem Touch und obendrein regelmäßig Livermusik- oder Comedyabende. Frühstücksgerichte kosten (R70), Mittagshauptspeisen wie ein kapmalaisches *roti*-wrap (R85) sowie eine Kinderkarte und einen Garten, wo Kinder spielen können. Hier kann man wunderbar unter Sonnenschirmen bei einem Salat mit Kürbis und Ziegenkäse (R85) sitzen und die Bergkulisse von Noordhoek bewundern. Die Küche schließt um 15.30 Uhr. Eine Filiale befindet sich in der Stadt in der 74 Shortmarket St. ⊕ tgl. 8.30–17 Uhr.

The Foodbarn, Noordhoek Farm Village, ✆ 021 789 1390, ⌨ www.thefoodbarn. co.za. Ausgezeichnete französische und internationale Gerichte vom renommierten Küchenchef Franck Dangereux zu vernünftigen Preisen, verglichen mit den Toprestaurants in der Innenstadt. Als Vorspeise gibt's z. B. Fischtatar (R95), als Hauptspeise (R180) vielleicht Fisch, Vegetarisches, Karoo-Lammhaxe oder marinierte Entenbrust. Wer Lust auf etwas Leichteres hat, inspiziert das Angebot der Deli- oder Tapastheke. ⊕ Mo und So 12–14.30, Di–Sa 12–14.30 und 19–21.30 Uhr.

Kommetjie und Scarborough

Blue Water Café, Imhoff Farm, Kommetjie Rd, gegenüber der Ausfahrt Ocean View, ✆ 021 783 4545, ⌨ www.imhoff farm.co.za. Ein tolles Lokal zum Einkehren auf der Cape-Point-Rundstrecke – es bietet gute Meeresfrüchte (Muscheln R115), Pasta (R100), Holzofenpizzas (R100) und hiesige Weine, außerdem Frühstück und Nachmittagstee. Es ist in einem reizenden kapholländischen Haus untergebracht, wo im Winter ein Feuer im Kamin prasselt, und erlaubt einen hervorragenden Ausblick über die Feuchtgebiete und

den Ozean. Die Bedienung ist zuvorkommend, und man kann einen Tisch im Freien neben einer großen Wiese reservieren, auf der die Kinder spielen können – und auf der Farm gibt's für sie auch noch jede Menge Interessantes zu sehen. ⊕ Di 9–17, Mi–So 9–21 Uhr.

False Bay Seaboard
Muizenberg

Cucina Labia Casa, 192 Main Rd, ✆ 021 788 6068, ⌨ www.casalabia.co.za, Karte S. 168–169. In der Casa Labia (S. 166) werden moderne italienische Küche und englischer Nachmittagstee in Palazzo-Ambiente geboten. Es gibt großzügig bemessene Frühstücksgerichte, und am Wochenende unterstreicht der klassische Pianist Jean-Paul Grimaldi-Lasserre mit seiner Musik das elegante Ambiente. Im Obergeschoss ist normalerweise eine gute Kunstausstellung zu sehen und in dem kleinen Kunstgewerbeladen werden handverlesene Stücke verkauft. ⊕ Di–So 10–16 Uhr.

Empire Café, 11 York Rd, ✆ 021 788 1250, ⌨ www.empirecafe.co.za, Karte S. 168–169. Hier gibt's in Woodstock gerösteten Tribe-Kaffee und frische Backwaren mit Blick auf die vorbeifahrenden Züge und den Ozean dahinter. Sehr beliebt zum Frühstücken; mittags stehen auf der ständig wechselnden Karte Burger, Fish 'n' Chips, Pasta, Salate, Schweinerippchen und *chicken*-Wraps. Das Getränkeangebot reicht von Craft-Bier bis zu Gourmet-Milchshakes. ⊕ Mo–Do und Sa 7–16, Fr 7–21, So 8–16 Uhr.

Kalk Bay

Harbour House Restaurant, Kalk Bay Harbour, ✆ 021 788 4133, Karte S. 168–169; Quay 4, Ground Floor, V&A Waterfront, ✆ 021 418 4744; Hout Bay Rd, Constantia Nek, ✆ 021 795 0688, ⌨ www.harbourhouse.co.za. Das Nobelrestaurant mit Seafood- und Mittelmeerküche (Hauptgerichte um R200) erfreut sich einer märchenhaften Lage am Meer. Das Highlight unter den Meeresfrüchtegerichten sind die gegrillten mosambikanischen Riesengarnelen, aber die Speisekarte gibt auch Lamm- und Rinderbraten sowie Salate her. Die Portionen fallen klein aus, sind aber geschmacklich

top und dazu sehr schön angerichtet. Reservierung ist Pflicht. Filialen befinden sich an der Waterfront und in Constantia Nek. ⏱ tgl. 12–16 und 18–22 Uhr, Waterfront und Constantia Nek tgl. 12–22 Uhr.

Kalky's, am Hafen, ☎ 021 788 1726, Karte S. 168–169. Das einfache Lokal versorgt die Halbinsel seit vielen Jahren mit den besten traditionellen Fish 'n' Chips (R55), Calamari, *snoek*, Krebsen, Garnelen und preiswerten Seafood-Platten (R215). Der Fisch kommt vom Boot direkt in die Pfanne, bevor er auf Bänken verdrückt wird. Wer nichts gegen eine etwas längere Wartezeit hat, kann sich selbst etwas vom frischen Fang aussuchen und braten lassen. ⏱ tgl. 10–20 Uhr.

📖 **Olympia Café & Deli**, 134 Main Rd, ☎ 021 788 6396, 🖥 www.olympiacafe. co.za, Karte S. 168–169. Das Olympia zieht sogar Uptown Capetonians zur False Bay. Dank Hafenlicht, ausgezeichnetem Kaffee und frischer Backwaren herrscht hier immer Hochbetrieb. Die Gourmet-Mittagsmenüs stehen auf der Kreidetafel angeschrieben, darunter oft Fisch der Region und Muscheln (Hauptgerichte rund R100). Da keine Reservierungen angenommen werden, muss man zum Abendessen früh herkommen. In der Hausbäckerei um die Ecke kann man Brot, Gebäck, *coffee to go* und Sandwiches holen. ⏱ tgl. 7–21 Uhr, Bäckerei bis 19 Uhr.

Under the Cypress, 124 Main Rd, in der Etage Kalk Bay Books, ☎ 021 788 2453, 🖥 www. underthecypress.co.za, Karte S. 168–169. Das historische Gebäude, in dem dieses Restaurant (das ehemalige Annex) untergebracht ist, besitzt eine Terrasse mit herrlicher Aussicht über den Hafen und die Bucht dahinter. Es gibt Craft-Biere, Ciders, Weine und Barsnacks wie gebratene Calamari und Kalmarköpfe (R65), oder Hauptgerichte von geangeltem Kalk-Bay-Fisch (R145) bis zu geräuchertem und gegrilltem griechischem Lammfleisch (R125). ⏱ Mo–Sa 8–21, So 8–16 Uhr.

Fish Hoek

C'est La Vie, 2 Recreation Rd, Fish Hoek, ☎ 083 676 7430, Karte S. 168–169. Die Straßentische der schnörkellosen, kleinen Bäckerei im französischen Stil sind eine begehrte Anlaufstelle zum Frühstücken, aber auch für Sandwiches (R55), Muffins, Croissants, Kaffee und Orangensaft. ⏱ Di–So 7.30–15 Uhr.

Simon's Town und weiter südlich

Black Marlin, Main Rd, südlich von Simon's Town, ☎ 021 786 1621, 🖥 www.blackmarlin. co.za. Sehr beliebtes Restaurant an der Straße nach Cape Point, auf dessen Speisekarte alle möglichen Meeresbewohner stehen. Ein kulinarisches Feuerwerk darf nicht erwartet werden, doch die Aussicht von den Tischen draußen auf dem Felsvorsprung ist (möglicherweise auf Wale) unschlagbar. Der *catch of the day* kostet R145 und die Frühstücksgerichte sind preiswert (um R35). ⏱ tgl. 9–22 Uhr.

Salty Sea Dog, 2 Wharf St, Waterfront, Simon's Town, ☎ 021 786 1918, 🖥 www.salty seadog.co.za. Das kleine Lokal am Hafen ist kein bisschen schnieke, aber unschlagbar, wenn´s um die guten alten Fish'n'Chips (R70) geht. Außerdem werden Bier und Wein ausgeschenkt. Mit Sitzgelegenheiten drinnen und draußen eignet es sich prima als Lunchstop während eines Abstechers zum Cape Point. ⏱ Mo–Sa 8.30–21, So 8.30–16.30 Uhr.

Two Oceans, Cape Point, ☎ 021 780 9200, 🖥 www.two-oceans.co.za. Das touristische Restaurant sollte eigentlich „Two Ocean Currents" heißen, denn hier in der Gegend treffen die Benguela- und Agulhas-Strömungen aufeinander, nicht der atlantische und indische Ozean. Aber solche Kleinkrämerei spielt keine Rolle mehr, sobald man die atemberaubende Terrasse betritt und der Blick aufs Meer fällt, über die gesamte False Bay und deren Berge. Zur richtigen Jahreszeit ist es auch ein wunderbares Plätzchen zum Walebeobachten. Auf der Karte stehen Fisch und Meeresfrüchte, außerdem Sushi und ein paar fleischhaltige Optionen (Hauptgerichte ab R145). ⏱ tgl. 9–11 und 12–16.30 Uhr.

Kapstadt ist kein Kind von Traurigkeit – schon gar nicht im Sommer – und hat zahlreiche großartige Lokale und Clubs, besonders an der quirligen und relativ sicheren **Long Street**, wo es außerdem kein Problem ist, ein Taxi für die Fahrt zur Unterkunft zu ergattern. An lauen Sommerabende rockt das Atlantic Seaboard, allen voran **Camps Bay** – besonders toll für einen Sundowner oder zwei. Nach den vorhergehenden Anstrengungen des Wochenendes sind die Sonntagabende merklich ruhiger, aber auch dann gibt's noch ein paar spannende Möglichkeiten zum Ausgehen. Eine ausgezeichnete monatliche Veranstaltung ist der **First Thursday**, 🖥 www.first-thursdays. co.za, mit langen Galerie-Öffnungszeiten und improvisierten Bars. Dann drängen sich die Leute in den Restaurants und Bars der Innenstadt, besonders im Umkreis der Bree St und Shortmarket St. Das Ganze findet – wer hätte es gedacht – am ersten Donnerstag im Monat statt.

Das Theater- und Konzertangebot in Kapstadt ist ganz ordentlich und die Kartenpreise sind im Vergleich zu Berlin oder Wien günstig. Trotz mangelnder staatlicher Subventionen existiert eine kreative, dynamische Kulturszene. Den besten Überblick über das Angebot Kapstadts bieten die großen Veranstaltungsorte **Baxter**, **Artscape und Fugard Theatre**. Dort müsste eigentlich für jeden Geschmack etwas auf dem Programm stehen: ein Theaterstück, ein klassisches Konzert, Oper, zeitgenössischer Tanz oder Comedy. Veranstaltungskalender und Besprechungen findet man in den Tageszeitungen *Cape Times* und *Argus*.

Bars und Clubs

Die meisten **Alkohollizenzen** schreiben zwar vor, dass die letzte Runde morgens um 2 Uhr serviert wird, doch manche Lokale schließen erst um 4 Uhr. Der Verkauf von Alkohol in Geschäften ist samstags ab 18 Uhr und sonntags den ganzen Tag lang gesetzlich verboten. Die **Getränkepreise** richten sich natürlich nach der Art des Etablissements: Ein Bier in einer Sportsbar kostet etwa R25, ein südafrikanisches Craft von R45 aufwärts. In einer schicken Bar schlagen ein Cocktail, ein Glas Kapwein oder Sekt mit weit über R50 zu Buche. In den **Clubs** geht die Party nach 22 Uhr los; es fühlt sich genauso an wie überall in der westlichen Welt und die **DJs** mixen Househits, die einem wahrscheinlich bekannt vorkommen. In den meisten wird **Eintritt** verlangt, normalerweise unter R100; manche Clubs erheben nur Eintritt, wenn es **Livemusik** gibt. Man sollte auf keinen Fall spät abends in der Stadt herumspazieren, sondern immer die Telefonnummer eines **Taxidienstes** (S. 217) parat haben. In vielen Bars und Clubs gibt's auch etwas zu essen. Was Livemusik angeht: Leider werden die bekanntesten südafrikanischen Musiker im Ausland mehr geschätzt und besser bezahlt als im eigenen Land. Welche Stars gerade in der Stadt gastieren, sieht man auf Plakaten und in Stadtmagazinen. Auftritte südafrikanischer Stars wie Abdullah Ibrahim oder Hugh Masekela sollte man sich nicht entgehen lassen. Kapstadt ist für seine besondere Art des Cape Jazz berühmt, aber es gibt keinen bestimmten Veranstaltungsort dafür, obwohl das größte Jazzfestival Afrikas, das **Cape Town International Jazz Festival** jährlich Ende März Künstler von Courtney Pine bis Youssou N'Dor anzieht. Wer gute Musik hören möchte, hat im Baxter oder Artscape (S. 202) gute Chancen.

Doppelt hält besser

Eine lange Tradition in Kapstadt hat das **Tweede Nuwe Jaar** (zweites Neujahr) am 2. Januar – früher ein öffentlicher Feiertag. Früher war dies der einzige Tag im Jahr, an dem die Sklaven frei hatten, und bis heute findet bei dieser Gelegenheit ein rauschendes Fest statt. Wer sich dann in Kapstadt aufhält, kann am Tweede Nuwe Jaar die Cape Minstrels der Coloureds-Gemeinde in den Straßen der Innenstadt tanzen sehen, begleitet von traditionellem Gesang und lautstarken Banjoklängen. Jede Tanzgruppe besitzt ihre eigenen Kostüme, oft in sehr schrillen Farbkombinationen. An diesem Tag werden einige Straßen im Zentrum abgesperrt, damit die fröhliche Prozession, die gewöhnlich an der Grand Parade beginnt, durch die Stadt ziehen kann.

Einer der musikalischen Schätze Kapstadts ist der **Cape Jazz**, eine heimische Variante der Jazzmusik mit stark afrikanischer Färbung. Sein berühmtester Vertreter ist der international gefeierte **Abdullah Ibrahim**, geboren und aufgewachsen im District Six. Ibrahim, der früher unter dem Namen Dollar Brand bekannt war, ist ein begnadeter Pianist und Komponist und kreiert seit Jahrzehnten eine hypnotische Fusion aus afrikanischem, amerikanischem und kap-typischem Sound. Zu seinen bekanntesten Aufnahmen gehören *Mannenberg* und *African Marketplace*, die die schmeichelnden Rhythmen der *ghoema* – traditionelle Karnevalsklänge vom Kap – mit den anund abschwellenden Wechselgesängen der afrikanischen Gospelmusik kombinieren. Zu den Cape-Jazz-Legenden gehört auch ein Triumvirat herausragender Saxofonisten: der verstorbene **Basil Coetzee**, ein phänomenaler Tenorsaxofonist, **Robbie Jansen**, ein Altsaxofonist mit ungestümer und eigenwilliger Spielweise, und **Winston „Mankunku" Ngozi**, Schüler von Coltrane und Wayne Shorter, berühmt für seinen unnachahmlichen Umgang mit afrikanischen Inspirationen. Zum jährlichen **Cape Town International Jazz Festival** (Ende März, 🖥 www.capetownjazzfest.com) reisen stets einige der renommiertesten Musiker der Welt an.

Jazz war der Sound für den Kampf gegen die **Apartheid**, dem Widerstandskämpfer nachts in illegalen Clubs lauschten, und Stars wie Ibrahim, Miriam Makeba und Hugh Masekela ins Exil begleitete. Bei **Townshiptouren** unter dem Motto „Jazz", durchgeführt von Veranstaltern wie Coffeebeans Routes (S. 214), erfährt man Genaueres darüber und bekommt in Häusern von Musikern Kostproben zu hören. Beliebt Jazzlokale sind **The Crypt Jazz Restaurant**, 1 Wale St, ✆ 079 683 4658, 🖥 www.thecryptjazz.com, in stimmungsvoller Lage in der Krypta unter der St George's Cathedral, und **The Piano Bar**, Napier St, Ecke Jarvis St, De Waterkant, ✆ 021 418 1096, 🖥 www. thepianobar.co.za.

Zentrum

Aces 'N' Spades, 62 Hout St, ✆ 076 070 4474, 🖥 www.acesnspades.com, Karte S. 138. Meistens rappelvoll, von der Bar (Craft-Biere R35), wo Chic auf Grunge trifft, bis zur vibrierenden Tanzfläche. Rock 'n' roll (bzw. mittwochs Electronic) bestimmt den Ton; jeden Abend legen DJs auf und donnerstags präsentieren sich Livebands. ⏱ Mi–Sa 18–2 Uhr.

Alexander Bar, Café & Theatre, 76 Strand St, ✆ 021 300 1088, 🖥 www.alexanderbar.co.za, Karte S. 138. Das hübsch im europäischen Stil eingerichtete Lokal eignet sich prima, um sich ruhig zu unterhalten oder für einen Gutenachtdrink. Von den alten Telefonen mit Wählscheibe kann man interessante Leute am Nachbartisch anrufen – oder an der Bar einen Whisky (R40) bestellen. Eine Treppe höher befindet sich ein kleiner Bühnenraum für Musik-, Comedy- und Theatervorstellungen. ⏱ Mo–Sa 11–1, So 15–24 Uhr.

The Beerhouse, 223 Long St, ✆ 021 424 3370, 🖥 www.beerhouse.co.za, Karte S. 138.

Bei einem Angebot von 25 Fass- und 99 Flaschenbieren, die meisten davon lokale Craft-Biere, ist es kein Wunder, dass man einen ganzen Tag in dieser modernen „Bierhalle" verbringen kann, ohne den großen Balkon mit Blick auf die Long St zu verlassen. Die Preise sind recht hoch (Pint R40–70) und einer genüsslichen Bierverkostung nicht dienlich, aber die langen Tische sind perfekt für Treffen in größerer Runde. ⏱ tgl. 12 Uhr bis spät.

Cafe Mojito, 265 Long St, ✆ 021 422 1095, 🖥 facebook.com/Cafe.Mojito.Cpt, Karte S. 138. Das Essen und das Ambiente im Mojito sind kubanisch, lateinamerikanisch und karibisch. Abbildungen von Che Guevara und Ernest Hemingway zieren die Wände über den Tischen, die bis auf den Bürgersteig hinaus reichen. Cocktails (ab R45), Happy Hours (tgl. 16–19 Uhr) und Tapas halten die Genossen bei Laune. ⏱ tgl. 11–2 Uhr.

The Dubliner, 251 Long St, ✆ 021 424 1212, 🖥 www.dubliner.co.za, Karte S. 138. Immer voller, extrem beliebter traditioneller irischer Pub mit Guinness und Pils vom Fass (R30), einer guten Auswahl an Single Malts und Pub-Meals (Burger R80) und jeden Abend ab 22 Uhr Livemusik. Außerdem gibt's Großbildschirme für Sportübertragungen und eine Treppe höher einen Nachtclub. ⏰ tgl. 11–4 Uhr.

Era, 71 Loop St, ☎ 021 422 0202, 💻 www.eracapetown.com, Karte S. 138. Era wurde von *Mixmag* in die Liste der besten Clubs der Welt aufgenommen. Neben arrivierten Künstlern bekommen hier aufstrebende Electronic-DJs eine Chance, heiße Klänge aufzulegen, von House bis Techno. Die Ausstaffierung ist fantastisch und es gibt auch ein Café, in dem Tapas serviert werden. Eintritt R50–100, Getränke R40. Männer müssen über 23 sein, Frauen über 21. ⏰ Do–Sa 22–4 Uhr.

Fiction, 226 Long St, ☎ 021 422 0400, 💻 facebook,com/Fictiondjbar, Karte S. 138. Die Fiction Bar steht seit 2006 für herausragende Electronic-Abende und erstklassige südafrikanische und internationale DJs; hier haben sich schon Größen wie Skrillex und Spoek Mathambo die Ehre gegeben. Unter der Woche gibt es Themennächte, z. B. „Untamed Youth" (Indie) am Dienstag und „It Came from the Jungle" (Drum and Bass) am Donnerstag. Getränke R30, Eintritt R50–70. ⏰ Di–Sa 22–4 Uhr, Eintritt R30–60.

The Gin Bar, 64 Wale St, ☎ 060 606 6014, 💻 www.theginbar.co.za, Karte S. 138. Diese Bar gehört den Betreibern des Honest Chocolate Café, mit dem sie sich auch einen Hof teilt. Sie hat einen ganz klaren Schwerpunkt und bietet 4 selbstgemixte Gincocktails. Echte G&T-Fans können sich auch ihren eigenen Drink anhand einer langen Liste von Gins und Tonicwässern zusammenstellen (ab R50). ⏰ Mo–Sa 17–2 Uhr.

La Parada, 107 Bree St, ☎ 021 426 0330, Karte S. 138. Mit seinen großen Fenstern, der quirligen Atmosphäre und der Speisekarte mit spanischen Tapas drängen sich an den langen, kontaktfördernden Tischen gutbetuchte Kapstädter bis in die frühen Morgenstunden. Cocktails kosten R55–65, ein Glas Wein R35. Eine Treppe tiefen legen zwischen 19 und 2 Uhr

von Mittwoch bis Samstag in der Catacombs Bar DJs auf. ⏰ tgl. 7–2 Uhr.

Long Street Café, 259 Long St, ☎ 021 424 2464, Karte S. 138. Dieses (zum Leutegucken) begehrte Lokal in der Nähe vom oberen Ende der Long St, zu erkennen am Neonschild und den Jugendstilfenstern, ist berühmt für seine preiswerten Cocktails (R40), das Kneipenessen und die Tische im Freien. ⏰ tgl. 12–1 Uhr.

Orphanage Cocktail Emporium, Bree St, Ecke Orphan St, ☎ 021 244 1995, 💻 www.theorphanage.co.za, Karte S. 138. Die Getränke in dieser Concept-Cocktail-Bar sind genauso extravagant wie das Styling im Stil der Roaring '20s. Baselisken wachen über die Gäste, die sich an den handgemixten Zaubertränken, geschüttelten Klassikern und anderen verführerischen flüssigen Rauschmitteln (ab R70) sowie Gourmet-Snacks laben. ⏰ tgl. 16 Uhr bis spät.

Publik Wine Bar, 81 Church St, 💻 www.publik.co.za, Karte S. 138. In dieser Weinbar liegt der Schwerpunkt auf den interessanteren, ungewöhnlicheren Produkten der Kapwinzereien; sie werden auch online verkauft. Zu einem guten Tropfen (Glas R45–85), eventuell einen Roten, passt prima *biltong* aus der Fleischerei Frankie Fenner Meat Merchants nebenan. Auf dem Gelände befindet sich auch das gute Holzkohlegrill-Restaurant Ash. ⏰ Mo–Sa 12–23 Uhr.

ThirtyOne, 31st floor, ABSA Centre, 2 Riebeek St, ☎ 021 421 0581, 💻 https://facebook.com/thirtyone.capetown, Karte S. 137. *On top of the world* fühlt sich, wer mit dem Aufzug in den 31. Stock des ABSA Centre fährt, einem der Hochhaus-Wahrzeichen Kapstadts, und den Panoramablick dieses Clubs auf sich wirken lässt. Eintritt R100, Getränke R50. Männer müssen über 23 sein, Frauen über 21. ⏰ Fr und Sa 22–3 Uhr.

TjingTjing, 165 Longmarket St, ☎ 021 422 4374, 💻 www.tjingtjing.co.za, Karte S. 138. In dieser dezenten Dachgarten-Cocktailbar treffen sich hippe junge Leute nach der Arbeit bei heißem Sound und hinreißenden Cocktails (R50–65) mit so ungewöhnlichen Zutaten wie Fynbos, Zuckerwattenwodka und Balsamico. ⏰ Di–Fr 16–2, Sa 18.30–2 Uhr.

LGBT-Kapstadt

Kapstadt ist nicht nur Südafrikas LGBT-Hauptstadt, sondern die des gesamten Kontinents. Die Stadt hatte schon immer eine lebendige Gay-Szene und zieht schwul-lesbische Besucher aus aller Welt an. Das zentral gelegene Pink Village, wie die gay-freundliche De Waterkant genannt wird, bietet hervorragende LGBT-orientierte Cafés, Nachtleben, Unterkünfte und Saunen; die meisten konzentrieren sich unweit der Hauptverkehrsstraße Somerset Road sowie (nicht ganz so dicht gedrängt) in den miteinander verbundenen Vierteln Green Point und Sea Point. Doch obwohl die südafrikanische Gesetzgebung gleichgeschlechtliche Ehen zulässt, ist die Akzeptanz in den Regionen außerhalb der Stadt gering und es herrscht viel Homophobie. In den afrikanischen Townships werden Homosexuelle immer wieder angefeindet und angegriffen, daher ist außerhalb der Innenstadt Diskretion geboten.

In Kapstadt findet jedes Jahr im Dezember in der Woche vor Weihnachten einen Tag lang ein queeres Kostümfest statt, organisiert von Mother City Queer Projects, 🖳 www.mcqp.co.za. Die Veranstaltung steht jeweils unter einem Motto (ein früheres hieß z. B. „Space Cowboy"), und die Teilnehmer ziehen sich dem Motto entsprechend so verrückt wie nur möglich an. Ende Februar beginnt auch immer ein einwöchiges **Gay Pride Festival**, 🖳 www.capetownpride.org.

Informationen und Anlaufstellen

Reiseinformationen und Anregungen finden sich auf 🖳 www.pinksa.co.za, 🖳 www.gaycapetown4u. com, 🖳 www.mapmyway.co.za/printed-maps, 🖳 www.www.mambaonline.com, 🖳 www.mambagirl. com und 🖳 www.gaysaradio.co.za. Ein interessantes Monatsblatt ist *The Pink Tongue*, 🖳 www.pink tongue.co.za, das in Bars und Restaurants an der De Waterkant ausliegt.

GAP Leisure, 🖳 www.gapleisure.com, ist ein auf Gay-Urlaubsunterkünfte an der De Waterkant und ganz Südafrika spezialisierter Reiseveranstalter. Das Büro liegt an der Ecke Napier St und Waterkant St. Das **Triangle Project**, 🖳 www.triangle.org.za, und **Health4Men**, 🖳 www.health4men.co.za, bieten sexualmedizinische Betreuung für Männer.

Der Eventveranstalter **MISS** (Make It Sexy Sisters), 🖳 www.missmakeitsexysisters.wordpress.com, ist die beste Plattform für lesbische DJs, Performerinnen und Partys. Die Facebookseite 🖳 www. bit. ly/missmakeitsexysisters informiert über bevorstehende Events wie die monatlichen **Unofficial Pink Parties**, 🖳 www.facebook.com/pinkpartyza) und Vorstellungen sowie Kurse der **Rouge Revue Burlesque Company**, 🖳 www.therougerevue.co.za, 🖳 www.facebook.com/TheRougeRevue.

Bars und Clubs

Amsterdam Action Bar, 10-14 Cobern St, abseits der Somerset Rd, De Waterkant, 🖳 www.amster dambar.co.za, Karte S. 150. Eine Old-School-Schwulenbar (Männern vorbehalten) mit etwas älterem

Twankey Bar, Wale St, Ecke Adderley St, ✆ 021 819 2000, 🖳 www.tajcapetown.co.za, Karte S. 138. Die vom benachbarten Taj Hotel gemanagte, elegante Twankey Bar ist auf von erfahrenen Mixern entworfene Cocktails (R85) spezialisiert. Getränke, Sirupe und Verzierungen werden frisch zubereitet und ungewöhnliche Cocktail-Mix-Methoden angewendet, von Holzspanräucherung bis in die Teekanne gebraut. Auch Champagner (R60), Craft-Biere vom Fass (R40) und Snacks werden in den alten, marmorverkleideten Räumlichkeiten kredenzt. 🕐 Mo–Sa 15–23 Uhr.

🧳 **The Waiting Room**, 273 Long St, ✆ 021 422 4536, 🖳 www.facebook.com/ WaitingRoomCT, Karte S. 138. Der altbewährte Club über der Royale Eatery (S. 187) ist eine zuverlässige Adresse für Livemusik und eine flotte Sohle. Am Dienstag, Mittwoch und Donnerstag spielen Bands; Hip-Hop-DJs legen freitags auf, der Samstag gehört House und

Publikum, besonders Leather Men. Billardtisch, diskrete Nischen und ein kleiner Balkon mit Aussicht aufs Pink Village, außerdem Oben-ohne-Bartender und Shower-Shows in der benachbarten Backroom Bar. ⏰ tgl. 16–2 Uhr.

Bar Code, 18 Cobern St, De Waterkant, ☎ 021 421 5305, 🖳 www.facebook.com/BarCode.CapeTown, Karte S. 150. Eine Leder, Gummi-, Uniform- und Jeansbar nur für Männer mit Darkrooms, Accessoire-Shop und Terrasse. Täglich wechselnde Themenabende, von Unterwäsche bis Fetisch. Eintritt R80. ⏰ Mi–So 22–3 Uhr.

Beaulah Bar, Somerset Rd, Ecke Cobern St, De Waterkant, ☎ 021 418 5244, 🖳 www.facebook.com/Beaulahbar, Karte S. 150. Angesagt bei Lesben und (nicht ganz so) bei Schwulen. Die Beaulah Bar zieht alle Register, mit Discobeleuchtung, Tanzfläche, Musikvideos auf Bildschirmen und einem DJ, der die neueste Mucke auflegt. Eintritt R30. ⏰ Fr und Sa 21–4 Uhr.

Crew Bar, 30 Napier St, De Waterkant, 🖳 www.facebook.com/CrewBarCapeTown, Karte S. 150. Stylische Bar mit barbrüstigen Barkeepern und sexy Tabletänzern locken jedes Wochenende Gays und ihre amüsierwilligen Freunde scharenweise an. Im Untergeschoss spielt Pop-, im Obergeschoss härtere Musik. ⏰ tgl. 19–4 Uhr.

Cafés und Restaurants

Beefcakes, 40 Somerset Rd, De Waterkant, ☎ 021 425 9019, 🖳 www.beefcakes.co.za, Karte S. 150. Geniale Burgerbar, in der Capetonians jeglicher sexueller Orientierung einen paillettenbesetzen Cowboyhut aufsetzen und nach Gusto ihren eigenen saftigen Burger (R80) kreieren können. Jeden Abend Live-Entertainment, Eintritt R80–250. ⏰ Mo–Sa 7–23.30 Uhr.

Café Manhattan, 74 Waterkant St, De Waterkant, ☎ 021 421 6666, 🖳 www.manhattan.co.za, Karte S. 150. Seit 1994 eine feste Größe in der Gayszene ist dieses gut besuchte Bar-Restaurant mit einer wunderschönen, von Eichen beschatteten Terrasse. Es hat ein erschwingliches, überwiegend fleischhaltiges Essensangebot (R100) und eine ausgezeichnete Getränkekarte. ⏰ Mo–Fr 16–23, Sa und So 12–23 Uhr.

Sauna

Hot House, 18 Jarvis St, De Waterkant, ☎ 021 418 3888, 🖳 www.hothouse.co.za, Karte S. 150. Luxuriöses, reines Männer-Wellnessetablissement zum Entspannen. Es gibt alle möglichen Whirlpools und Dampfbäder, ein Sonnendeck mit wunderbarer Aussicht, eine Bar und einen Laden für Erwachsene. Eintritt R90–180 je nach Tag und Tageszeit. ⏰ Mo–Mi 12–2, Do 12–4, Fr und Sa 24 Std., So 12–24 Uhr.

Disco. Eintritt R50–70, Getränke kosten R25. ⏰ Di–Sa 19–2 Uhr.

V&A Waterfront

📖 **Bascule Bar Cape Grace**, West Quay Rd, ☎ 021 410 7100, 🖳 www.basculebar.com, Karte S. 150. Die Whiskybar des Hotels Cape Grace gehört zu den bestsortierten südlich vom Äquator. Sehr zu empfehlen sind die Whisky-Verkostungen, aber mit seiner Terrasse neben dem Jachthafen eignet sich die Bar genauso gut für ein Bier oder einen Cocktail (R65). ⏰ tgl. 10–24 Uhr.

📖 **Grand Café & Beach**, Haul Rd, Granger Bay, ☎ 021 425 0551, 🖳 www.grandafrica.com, Karte S. 150. Das Schickimicki-Paradies, zwischen der Waterfront und dem Cape Town Stadium versteckt, hat Liegestühle im Sand und eine ellenlange Karte exquisiter Cocktails (R80). Wer einen Sundowner-Spot in bevorzugter Lage ergattern möchte, reserviert. ⏰ Sep–Juni Mo–Sa 12–2, So 12–17 Uhr.

Quay Four Tavern, Quay Four, ☎ 021 419 2008, 🖥 www.quay4.co.za, Karte S. 150. Die „Taverne" ist ein altbewährter Schuppen für ein Bier vom Fass oder einen Cocktail (R50) auf der Terrasse mit Blick auf die Waterfront. Hier gibt's herzhafte Kneipenkost und jeden Abend kostenlose Livemusik. ⏱ tgl. 7–2 Uhr.

Shimmy Beach Club, 12 South Arm Rd, ☎ 021 200 7778, 🖥 www.shimmybeachclub.com, Karte S. 150. Schöne Menschen bevölkern bei Tag und Nacht den luxuriösen Shimmy Beach Club mit seinem Privatstrand, Outdoordeck und Infinity-Badepool. Vervollständigt wird das schicke Etablissement durch ein nobles Restaurant, eine Tanzfläche, Cocktailkarte (R80) und im Sommer jeden Sonntag durch Live-Electronic-Acts. Eintritt R150–250. ⏱ tgl. 11–2 Uhr.

City Bowl Suburbs

The Power and The Glory, 13d Kloof Nek Rd, ☎ 021 422 2108, Karte S. 178. Das winzige Bar-Restaurant ist ein Magnet für Hipster. Tagsüber wird in dem stilvoll mit Old-School-Metallstühlen und botanischen Zeichnungen an den Wänden eingerichteten Bistro Kaffee ausgeschenkt. Nach 17 Uhr erfolgt dann der Übergang in eine schnucklige Bar, wo Craft-Bier und südafrikanischer Wein (R40) ausgeschenkt werden. ⏱ Mo–Sa 9–1 Uhr.

Yours Truly, 73 Kloof St, ☎ 021 426 2587, 🖥 www.yourstrulycafe.co.za, Karte S. 178. Auf die lange Terrasse des Yours Truly zieht es sowohl Hipster vom Berghang als auch Backpacker aus dem angrenzenden Once in Cape Town (S. 179). Zu Fassbier (R40) und Eiskaffee, Pizzas und Wraps gibt's Aussicht auf die Stadt und garantiert stimmungsaufhellende Musik. ⏱ tgl. 6–23 Uhr.

Südliche Vororte

Foresters' Arms, 52 Newlands Ave, Newlands, ☎ 021 689 5949, 🖥 www.forries.co.za. Sowohl Studenten als auch Familien kommen gern auf ein Bierchen in diesen großen, sehr beliebten, holzvertäfelten Pub von 1852. Er hat einen gemütlichen Hof mit Spielplatz und Bänken – ideal für eine entspannte Nachmittagspizza

(R90) und ein kühles Bier. ⏱ Mo–Sa 11–23, So 9–22 Uhr.

Atlantic Seaboard

Café Caprice, 37 Victoria Rd, Camps Bay, ☎ 021 438 8315, 🖥 www.cafecaprice.co.za, Karte S. 164. Dieser Strandtreff, angesagt bei Schickimickis, echten und Möchtegern-Promis, ist toll zum Cocktailschlürfen (R85). Zum Frühstück und Mittagessen (S. 191) dürfen auch Familien aufschlagen, aber gegen Sonnenuntergang geht's zur Sache und dann sind die Tische im Freien heiß umkämpfte Beute. ⏱ Di–So 9.30–24, Mo 12.30–24 Uhr.

Dunes, 1 Beach Rd, Hout Bay, ☎ 021 790 1876, 🖥 www.dunesrestaurant.co.za. Besonders an sonnigen Wochenendnachmittagen bei Familien beliebtes, weiß getünchtes Ausflugslokal mit *jungle gym* am Strand von Hout Bay. Bei einem Cocktail (R50) oder einem Glas Sekt (R50) lässt sich wunderbar der Meerblick genießen. ⏱ tgl. 9–22 Uhr.

Jade Champagne Bar, 39 Main Rd, über dem Restaurant Manos, Green Point, ☎ 021 758 4008, 🖥 www.jadelounge.co.za, Karte S. 162–163. In der klassischen Cocktailbar mit weichen Sofas, Kerzenleuchtern und Wintergarten zum Relaxen bei einem Cocktail (R80) legen DJs auf. Mindestalter 23 Jahre, Reservierung empfohlen. ⏱ Do und So 22–4 Uhr.

False Bay Seaboard

Brass Bell, Kalk Bay Station, Main Rd, ☎ 021 788 5455, 🖥 www.brassbell.co.za, Karte S. 168–169. Das Brass Bell erfreut sich der wahrscheinlich besten Lage der ganzen Halbinsel, und die Wellen der False Bay schlagen direkt an die Mauern der Terrasse. Von den beiden Decks hat man Aussicht auf einen Strand und ein Kinder-Gezeitenplanschbecken. Es gibt Wein (R40 das Glas), Fassbiere und ordentliche Fish 'n' Chips. ⏱ tgl. 11.30–22 Uhr.

Cape to Cuba, 165 Main Rd, Kalk Bay, ☎ 021 788 1566, 🖥 www.capetocuba.com, Karte S. 168–169. Das verwinkelte Bar-Restaurant bringt kubanisches Flair in die False Bay. Es ist bis unters Dach vollgestopft mit Kerzenleuchtern, Devotionalien und Erinnerungs-

Die südafrikanische Bierproduktion steht zum großen Teil unter dem Monopol der riesigen South African Breweries (SAB), einem der größten Biererzeuger der Welt und die älteste Brauerei Afrikas. Sie kann im Rahmen von Führungen besichtigt werden, ☎ 021 658 7440, 🖥 www.newlandsbrewery. co.za, und zwar Mo um 11 und 14, Di–Sa 10 und 12 Uhr, manchmal auch zusätzliche Führungen, R80. In jüngster Zeit erlebt die südafrikanische Bierlandschaft jedoch – wie viele andere Gegenden der Welt – eine kleine Veränderung. Die globale Renaissance von Mikrobrauereien hat dazu geführt, dass Westkap-Craftbeer-Brauereien wie Jack Black, Boston Breweries, Darling Brew, Mitchell's und Cape Brewing Company aufgetaucht sind. Sie produzieren ausgezeichnete Sorten gefragter amerikanischer und europäischer Biersorten, darunter Weißbier, IPA, Amber Ale und Pale Ale. Ein interessanter Trend sind die probierenswerten Bier-Wein-Hybriden und die versuchsweise in Weinfässern gereiften Biere, produziert von Kapstädter Craftbrauereien wie Devil's Peak und Triggerfish, die sich von den lokalen Weinproduzenten inspirieren lassen.

Viele der Mikrobrauereinen veranstalten Führungen und Verkostungen. Wer in die Welt der südafrikanischen Craft-Biere eintauchen und etwas über die aktuellsten Festivals erfahren möchte, geht auf 🖥 www.brewmistress.co.za. Gute Locations in Kapstadt zum Probieren von **Craft-Bier** sind z. B.:

Banana Jam Cafe, 157 2nd Avenue, Kenilworth, ☎ 021 674 0186, 🖥 www.bananajamcafe.co.za. Dieses Restaurant mit Karibikthema ist zwar nicht zentral gelegen, aber exakt die richtige Location, um entspannt das eindrucksvolle Sortiment an lokalen und importierten Bieren kennenzulernen. (330 ml ab R22). Empfehlenswert ist das Tablett mit sechs Kostproben. In dem Lokal neben dem Bahnhof Kenilworth gibt's karibisches Essen und Rum-Cocktails (Happy Hour tgl. 17–18 Uhr). Zu erreichen mit der Southern Line von/nach Simon's Town. ⊙ Di–So 11–22 Uhr.

Devil's Peak Taproom, 95 Durham Ave, Salt River, ☎ 021 200 5818, 🖥 www.devilspeak brewing.co.za. Die Bandbreite der Devil's Peak-Brauereierzeugnisse lässt sich in diesem wunderbaren Bar-Restaurant verkosten (Biere R21–42), direkt neben dem Brauhaus. Abgesehen von der hervorragenden Speisekarte gibt es auch ein spezielles Angebot an Gerichten mit jeweils darauf abgestimmten Bieren (R110). ⊙ Mo–Sa 11–2, So 12–18 Uhr.

Mitchell's Scottish Ale House, East Pier, Ecke Dock Rd, V&A Waterfront, ☎ 021 419 5074, 🖥 www. mitchells-ale-house.com, Karte S. 150. In dem schlichten Pub werden ein halbes Dutzend Biere der ältesten Mikrobrauerei Südafrikas: Mitchell's of Knysna (1983 eröffnet) ausgeschenkt. ⊙ Mo–Sa 11–14, So 11–24 Uhr.

stücken an Che Guevara und Hemingway. Eine stimmungsvolle Umgebung zum Cocktails (R45) schlürfen und Livemusik hören (Sa und So 16–19 Uhr). ⊙ tgl. 9–24 Uhr.

Tiger's Milk, Beach Rd, Ecke Sidmouth Rd, Muizenberg, ☎ 021 788 1860, 🖥 www.tigers milk.co.za, Karte S. 168–169. Im Küstenableger Kapstädter Coolness mit weitem Blick über den Muizenberg Beach, freigelegten Balken und hohen Decken lässt sich nur mit Glück auf Anhieb ein freies Plätzchen ergattern. Es gibt Burger und Pizzas (R100); Getränke kosten um R40. Filiale im Stadtzentrum in der 44 Long St. ⊙ tgl. 11–2 Uhr.

Klassische Musik und afrikanische Oper

Klassik hat eine relativ kleine, aber treue Anhängerschaft. Sinfoniekonzerte finden in der City Hall und im Baxter Theatre statt. Kostenlose Mittagskonzerte, bei denen die Arbeiten von Studenten und Mitarbeitern des **South African College of Music** der Cape Town University vorgestellt werden, finden donnerstags um 13 Uhr statt; Veranstaltungsort ist die Baxter's Concert Hall oder der nahegelegene, zum College gehörende Chisholm Recital Room, ☎ 021 650 2626, 🖥 www.music. uct.ac.za. Die Organisation **Cape Town Concert Series**, 🖥 www.ctconcerts.co.za, veranstaltet

Aufführungen gastierender Solisten und Kammermusikensembles, und das einzige Kapstädter Barockensemble, die **Camerata Tinta Barocca**, 🖳 www.bit.ly/2rCamJJ, gibt hervorragende Konzerte in verschiedenen Kirchen. Ein besonderer Kunstgenuss ist eine Aufführung der **Cape Town Opera**, 🖳 www.capetownopera.co.za, um schwarze Südafrikaner zu hören, die die Mehrzahl der Opernsänger in Südafrika ausmachen. Sie verleihen den immer noch überwiegend europäischen Opernstücken volltönende neue Stimmen und Energie.

Theater

Eintrittskarten für fast alle aufgelisteten Veranstaltungsorte und Vorstellungen bekommt man bei **Computicket**, ✆ 0861 915 8000, 🖳 www.computicket.com, oder Webtickets, ✆ 086 111 0005, 🖳 www.webtickets.co.za. Die meisten Ticketpreise sind mit R100–200 sehr publikumsfreundlich.

Alexander Bar, Café & Theatre, 76 Strand St, ✆ 021 300 1088, 🖳 www.alexanderbar.co.za, Karte S. 138. In dem intimen Raum mit 45 Sitzplätzen ist die südafrikanische Kunstszene hautnah zu erleben, sei es bei Musik, Comedy, szenischen Lesungen oder Theater. Ab R40.

Artscape, D.F. Malan St, Foreshore, ✆ 021 410 9838, 🖳 www.artscape.co.za, Karte S. 137. Das am zentralsten gelegene und gleichzeitig größte Veranstaltungshaus Kapstadts. Hier gibt's zeitgenössischen Tanz, Ballett, Oper, Orchestermusik, Comedy, Musicals und innovative neue Bühnenstücke.

Baxter Theatre Centre, Main Rd, Rondebosch, ✆ 021 685 7880, 🖳 www.baxter.co.za. Der Mammut-Komplex ist das kulturelle Herz von Kapstadt. Das erlesene Programm umfasst alle erdenklichen Bühnenshows, von modernen Stücken über Comedy-Festivals bis zu Jazz- und klassischen Konzerten sowie Kindertheater.

Fugard Theatre, Caledon St und Buitenkant St, East City, ✆ 021 461 4554, 🖳 www.thefugard.com. Das nach dem größten lebenden Bühnenautor Südafrikas (s. Kasten) benannte Theater begeistert mit einer Vielzahl interessanter Produktionen, aufgeführt im historischen Sacks-Futeran-Gebäude im ehemaligen District Six.

Maynardville Open-Air Theatre, Wolfe St, Wynberg, ✆ 021 410 9838, 🖳 www.maynardville.co.za. Zwischen Ende Januar und Ende Februar kommt unter dem Sternenhimmel im Maynardville Park ein Shakespearestück zur Aufführung. Tickets R80–180. Einen Pick-

Die Besten der Kapstädter Bühnenszene

Der international bekannteste südafrikanische Bühnenautor ist **Athol Fugard**, der nach wie vor innovative Stücke produziert. Er hat sich dem Ziel verschrieben, ein neues afrikanisches oder Fusion-Theater zu schmieden; seine eindrucksvollen, nuancierten Theaterstücke sind aus dem didaktischen Protesttheater erwachsen. Zu Fugards meistgerühmten Anti-Apartheidwerken zählen *Boesman and Lena* (1969) und *„Master Harold" and the Boys* (1982). Regisseur Gavin Hood verwandelte Fugards Roman *Tsotsi* (1980) in den gleichnamigen Oscar-gekrönten Film (2005).

Ungestümer ist der brillante **Brett Bailey**, er kreiert elektrifizierendes, chaotisch visuelles, körperliches Theater mit seine Truppe **Third World Bunfight**, 🖳 www.thirdworldbunfight.co.za. Das Ensemble entwirft Theaterstücke, Installationen, Housemusic-Shows und Opernstücke, die meistens etwas mit der postkolonialen Politlandschaft Afrikas zu tun haben. Der berühmteste Sohn der Stadt ist der in Kapstadt geborene Royal-Shakespeare-Company-Schauspieler **Sir Antony Sher**, der regelmäßig in seine Heimat zurückkommt, um in hochkarätigen Inszenierungen aufzutreten.

Was die **Musicalszene** angeht, so haben **David Kramer** und der verstorbene **Taliep Petersen** mehrere erfolgreiche Shows produziert, darunter *District Six – The Musical* (1987). Kramer, 🖳 www.davidkramer.co.za, ist bekannt für seine Show *Karoo Kitaar Blues* (2001), bei der die einzigartige Zupfgitarrenklänge der marginalisierten Völker der südafrikanischen Hinterlands zu hören sind; Soundtrack auf YouTube, oder DVD kaufen unter 🖳 www.takealot.com.

nickkorb und etwas Warmes zum Anziehen mitnehmen – später am Abend wird es kühl.
Moyo, Filialen im Kirstenbosch Garden und am Strand von Bloubergstrand, ☎ 021 762 9585, 🖥 www.moyo.co.za. Diese Restaurants mit Afrika-Motto bieten als Begleitung zum Essen eine Show mit bemalten Gesichtern, farbenfrohen Kostümen, Gesang und Tanz.
Theatre On The Bay, 1 Link St, Camps Bay, ☎ 021 438 3301, 🖥 www.pietertoerien.co.za/ venues. Bietet an Liberace erinnernde Theaterstücke, Musicals, Comedys, Kabarett-, Musik- und Tanzvorstellungen. Bistro und Bar sorgen für einen gelungenen Abend.

Comedy

Comedy hat eine treue Anhängerschaft, insbesondere unter farbigen Kapstädtern, was die Mischung aus Afrikaansem Slang und kulturellspezifischen Anspielungen für Nichteingeweihte zu einer aufschlussreichen, aber möglicherweise verwirrenden Erfahrung macht. Eine tolle Bühne, um Comedians zu erleben, ist das Baxter Theatre (S. 202), wo von Ende Juli bis Ende August, nationale und internationale Komiker beim Jive Cape Town Funny Festival gastieren. Eine Art Comedy-Gütesiegel sind die Namen Trevor Noah, Evita Bezuidenhout (alias Pieter-Dirk Uys), Marc Lottering, Nik Rabinowitz, Riaad Moosa und Loyiso Gola.

Cape Town Comedy Club, The Pumphouse, 6 Dock Rd, V&A Waterfront, ☎ 021 418 8880, 🖥 www.capetowncomedy. com. Auf dieser Comedy-Bühne (der einzigen ihrer Art in der Stadt; sie hieß früher Jou Ma Se Comedy Club) unter Leitung von Comedian Kurt Skoonraad treten aufstrebende südafrikanische Comedians sowie etablierte Künstler auf. In dem Steingebäude aus dem 19. Jh. kann man ein komplettes Restaurant-Menü bestellen und einen denkwürdigen Abend verbringen.

Evita se Perron, Old Darling Station, 8 Arcadia St, Darling, ☎ 022 492 2831, 🖥 www.evita.co.za. Es lohnt sich, der Stadt Darling, knapp über eine Autostunde nördlich von Kapstadt, einen Besuch abzustatten, genauer gesagt: dem witzig umgebauten Bahnhof, in dem der Satiriker Pieter Dirk Uys

Obwohl Kapstadt ein blühendes Zentrum der Filmproduktion ist, werden kaum einheimische Spielfilme hier gedreht – aber immerhin ausgezeichnete Dokumentarfilme. Außerdem finden in der Stadt mehrere namhafte Filmfestivals statt:

Beim **Cape Town International Animation Festival**, 🖥 www.ctiaf.com, im März laufen Animationsfilme aus aller Welt. Jedes Jahr im Juni zeigt die führende Filmakademie Südafrikas Filme ihrer Studenten beim **AFDA Experimental Film Festival**, 🖥 www.afda.co.za. Beim **Encounters South African International Documentary Festival**, 🖥 www.encounters. co.za, im Juni oder Juli kommen sowohl fesselnde südafrikanische Dokumentarfilme als auch preisgekrönte internationale Filme zur Aufführung. Schwerpunkt des **TRI Continental Film Festival**, 🖥 www.tcff.org.za, im Oktober sind die soziopolitischen Verhältnisse in Entwicklungs- und Schwellenländern. Und Mitte Oktober werden beim **Cape Town International Film Market & Festival**, 🖥 https://filmfestival. capetown, rund 30 neue südafrikanische Kurz- und Dokumentarfilme gezeigt.

alias Tannie Evita auftritt. Der Abstecher mit Show ergibt zusammen einen fabelhaften Tagesausflug. Programm s. Website.

Kinos

Galileo Open Air Cinema, Croquet Lawn, Dock Rd, V&A Waterfront, ☎ 071 471 8728, 🖥 www.thegalileo.co.za. An der Waterfront kann man sich unterm Sternenhimmel einen Filmklassiker zu Gemüte führen. Weitere Locations sind das Castle of Good Hope, der Kirstenbosch Garden und die Cape Winelands. Tickets kosten R80–160. ⏱ Nov–April.

Labia, 68 Orange St, Gardens, ☎ 021 424 5927, 🖥 www.thelabia.co.za. Das nach der italienischen Familie, die es in ein Lichtspielhaus verwandelte, benannte Retrokino Labia zeigt eine durchdachte Mischung aus Art-House, klassischen Kultfilmen und Mainstream. Karten kosten R50.

Pink Flamingo, Grand Daddy Hotel, 38 Long St, ☎ 021 424 7247, ⌨ www.granddaddy.co.za. Der Stadt-Dachgarten mit Bar, auf dem alte Wohnwagen stehen, bildet eine super Kulisse für ein Freiluftkino. Tickets kosten ab R125. ⊙ Mo bei Sonnenuntergang.

Ster-Kinekor Cinema, Nouveau Waterfront, ☎ 086 166 8473, ⌨ www.sterkinekor.co.za. Das bewährte Art-House-Kino, eins der beiden Kinos in der Victoria Wharf Mall, hat Tagesvorstellungen (Eintrittskarten R65–90).

EINKAUFEN

Die beliebteste Einkaufsgegend ist die **V&A Waterfront**. Hier befinden sich zahlreiche Geschäfte in wunderbarer Lage, außerdem gibt es eine große Auswahl an Restaurants. In der Nähe liegt das kleinere und exklusivere **Cape Quarter**, erreichbar über die Somerset Road an der Grenze von De Waterkant und Green Point. Die meisten südafrikanischen Malls sind nach amerikanischem Muster gestrickt und bieten ein geschütztes, steriles Indoor-Umfeld zum Shoppen, Banksachen erledigen und um etwas zu essen. Die Innenstadt dagegen bietet Vielfalt: Die Long Street empfiehlt sich hinsichtlich Kunstgewerbe, Antiquitäten und Secondhand-Büchern, und die Bree Street und Kloof Steet sind perfekte Adressen, um Designerstücke zu erstehen. Etwas ausgefallener ist das Angebot in den zunehmend gentrifizierten Stadtrandbezirken Woodstock (S. 155) und East City. Hier finden sich neben trendigen Designshops und Märkten auch einige der besten Restaurants und Cafés der Stadt. Eine super Infoquelle bezüglich nachhaltigem Einkaufen, Bio-Märkten, Delis und Health Shops ist die **Cape Town's Green Map**, ⌨ www.greenmap.org.

Bücher

Book Lounge, 71 Roeland St, ⌨ www.booklounge.co.za, Karte S. 137. Mit Abstand die einladendste Buchladen im Zentrum. Hier gibt's weich gepolsterte Sofas und im Untergeschoss ein Café, eine herausragende Auswahl einheimischer Literatur sowie ein beachtliches Sortiment importierter Bücher. Obendrein finden Buchvorstellungen und andere spannende Veranstaltungen statt. ⊙ Mo–Fr 8.30–19.30, Sa 9–17, So 10–16 Uhr.

Clarke's Bookshop, 199 Long St, ⌨ www.clarkesbooks.co.za, Karte S. 138. Im besten Buchladen für afrikanische Bücher wird man fachkundig beraten, bezüglich der Riesenauswahl lokaler Titel in den Bereichen Literatur, Geschichte, Politik, Wissenschaft, Kunst und mehr. Im Sortiment sind auch antiquarische Bücher und Sammlerausgaben südafrikanischer Titel. ⊙ Mo–Fr 9–17, Sa 9.30–13 Uhr.

Exclusive Books, Victoria Wharf, V&A Waterfront, ⌨ www.exclus1ves.co.za, Karte S. 150. In den recht gut gefüllten Regalen dieser Ladenkette finden sich Magazine und Bildbände zu Kapstadt und Südafrika. ⊙ tgl. 9–21 Uhr.

Kirstenbosch Shop, Gate 1 und Gate 2, Kirstenbosch National Botanical Gardens, Rhodes Dr, Newlands, ⌨ www.sanbi.org. Ordentliches Sortiment an Naturkunde-, Tier- und Pflanzenbestimmungsbüchern sowie Reiseführern zu Südafrika und auch ein paar Kinderbücher. ⊙ Gate 1 tgl. 9–18, Gate 2 tgl. 9–16.30 Uhr.

Wordsworth Books, Gardens Shopping Centre, abseits der Mill St, Gardens, ⌨ www.wordsworth.co.za, Karte S. 178. Die gute Buchhandlung mit einer ausgezeichneten Literatur- und Reisebuchabteilung hat eine Filiale in Sea Point. ⊙ Mo–Fr 9–19, Sa 9–17, So 9–14 Uhr.

Einkaufszentren und Malls

Blue Route Mall, Tokai Rd, Tokai, ⌨ www.blueroutemall.co.za. Diese Mall liegt günstig für Leute, die in Constantia oder an der False Bay abgestiegen sind und beherbergt Filialen großer Ladenketten und Supermärkte. ⊙ Mo–Sa 9–19, So 9–17 Uhr.

Cape Quarter, 27 Somerset Rd, De Waterkant, ⌨ www.capequarter.co.za, Karte S. 150. In dem schicken Einkaufszentrum gibt es eine Reihe Geschäfte und Boutiquen mit einer bunten Auswahl, von Waren des täglichen Gebrauchs bis zu hochwertigen Souvenirs. Es eignet sich auch gut für eine Kaffeepause in einem der Cafés, darunter eine Filiale der

Kette Bootlegger. ⏱ Mo–Fr 9–18, Sa 9–16, So 10–14 Uhr.

Cavendish Square, Vineyard Rd, Claremont, 🖵 www.cavendish.co.za. Der schicke, mehrgeschossige Komplex ist *der* Shoppingmagnet in den Southern Suburbs. ⏱ Mo–Sa 9–19, So 10–17 Uhr.

Constantia Village, Main Rd, Constantia, 🖵 www.constantiavillage.co.za. In dem exklusiven, kleinen Einkaufszentrum gibt es u. a. 2 Supermärkte, ein Postamt und ein paar Mode- und andere Geschäfte. Eine Tür weiter befindet sich eine ganz ähnliche Mall namens **Constantia Village Courtyard**, 🖵 constanta villagecourtyard.co.za. ⏱ Mo–Sa 9–17, So 9–14 Uhr.

Gardens Centre, abseits der Mill St, Gardens, 🖵 www.gardensshoppingcentre.co.za, Karte S. 178. Das beachtlich große Einkaufszentrum hat eine breite Auswahl an Geschäften für fast jeden Bedarf aufzuweisen, darunter 2 große Supermärkte, eine Buchhandlung und überraschenderweise auch Läden mit südafrikanischem Kunstgewerbe und Textilien. ⏱ Mo–Fr 9–19, Sa 9–17, So 10–14 Uhr.

Victoria Wharf, Breakwater Boulevard, V&A Waterfront, 🖵 www.waterfront.co.za, Karte S. 150. Der moderne Einkaufskomplex beherbergt eine Vielzahl gut sortierter Geschäfte, darunter Filialen aller namhaften südafrikanischen Ladenketten, in denen Bücher, Kleidung, Lebensmittel und Kunsthandwerk verkauft werden. Außerdem gibt's hier 2 Kinos. ⏱ tgl. 9–21 Uhr.

Keramik

Art In The Forest, am Rand des Constantia Nek Circle, Rhodes Drive, Constantia Nek, Watershed, V&A Waterfront, 🖵 www.artin theforest.com. Das an einem Waldstück am Hang mit weitem Ausblick gelegene Studio plus Galerie, geleitet von Keramiker Anthony Shapiro, veranstaltet Workshops und Ausstellungen führender südafrikanischer Töpfer und verkauft Forestware-Waren. Filiale im Watershed an der Waterfront. Constantia Nek ⏱ Mo–Fr 9–16.30, Sa 10–15, Watershed tgl. 10-19 Uhr.

Clementina Ceramics, The Old Biscuit Mill, 375 Albert Rd, Woodstock, 🖵 www.clementina. co.za. Der auf Keramiken aus der Herstellung von Clementina van der Walt und anderer renommierter südafrikanischer Keramikkünstler spezialisierte Laden verkauft auch ungewöhnliche Postkarten und andere Designerstücke. ⏱ Mo–Fr 9–17, Sa 9–15 Uhr.

Kunst- und Kunstgewerbeläden

Africa Nova, 72 Waterkant St, De Waterkant, Karte S. 150, Watershed, V&A Waterfront, 🖵 www.africanova.co.za. Hervorragende Auswahl an afrikanischem Kunsthandwerk sowie zeitgenössischen afrikanischen Textilien und Kunstgegenständen, mit Schwerpunkt auf handgefertigten Einzelstücken. Die Filiale im Einkaufszentrum Cape Quarter eignet sich prima für hochwertige Souvenirs. Eine weitere Filiale befindet sich in der Watershed an der Waterfront. ⏱ beide Mo–Fr 9–17, Sa 10–17, So 10–14 Uhr.

Ethno Bongo, 35 Main Rd, Hout Bay, 🖵 www. andbanana.com. Ein reizendes Geschäft, das zu günstigen Preisen hübsches Kunstgewerbe, Schmuck und Accessoires aus Fallholz und recyceltem Metall sowie Stoffmasken und -taschen verkauft. ⏱ Mo–Fr 10–17.30, Sa und So 10–16 Uhr.

Kalk Bay Modern, 136 Main Rd, Kalk Bay, 🖵 www.kalkbaymodern.co.za, Karte S. 168–169. Zeitgenössische Fotografie, Keramiken und Schmuck sowie Kunstwerke und San-Textilien. ⏱ tgl. 9.30–17 Uhr.

Monkeybiz, 61 Wale St, Bo-Kaap, 🖵 www. monkeybiz.co.za, Karte S. 137. Ein gemeinnütziges, einkommensbildendes Projekt, wo einzigartige, von 450 Perlenkünstlern handgefertigte Waren verkauft werden. Es geht darum, Arbeitsplätze zu schaffen, insbesondere für Frauen. ⏱ Mo–Fr 9–17, Sa 9.30–13 Uhr.

Montebello Design Centre, 31 Newlands Ave, Newlands, 🖵 www.monte bello.co.za. Ein tolles Sortiment südafrikanischen Kunstgewerbes – Schmuck, Perlenarbeiten, Keramiken, Skulpturen und sogar Musikinstrumente – wird hier in kleinen Ateliers hergestellt, darunter zahlreiche Ausbildungsbetriebe für Menschen aus Townships. Es gibt auch ein Restaurant unter den Eichen und manchmal findet ein Nachtmarkt statt. ⊕ Mo–Fr 9–17, Sa 9–16, So 9–15 Uhr.

Streetwires, 77 Shortmarket St, Bo-Kaap, 🖳 www.streetwires.co.za, Karte S. 138. In diesem Laden mit Werkstatt können Besucher selbst etwas aus Perlen basteln, Kunstwerke aus Draht und Perlen kaufen (von Löwenköpfen bis Minibustaxis) oder etwas nach Wunsch anfertigen lassen. ⊕ Mo–Fr 9–17, Sa 9–13 Uhr.

Kunst- und Kunstgewerbemärkte

Greenmarket Square, Burg St, Karte S. 138. Dieser innerstädtische Freiluft-markt auf einem Kopfsteinpflasterplatz ist eine Schatztruhe für Mitbringsel vom ganzen Kontinent. Vor der Geräuschkulisse von Bongo-trommeln preisen Verkäufer alles Mögliche an, von Perlen-Nashörnern bis zu Batikstoffen. ⊕ Mo–Sa 9–16 Uhr.

Pan African Market, 76 Long St, Karte S. 138. Ein dreistöckiges Multikulti-Labyrinth voller Kunstgegenstände, Raritäten und Kunsthand-werk, manches davon aus den Townships. Außerdem gibt es ein auf afrikanische Küche spezialisiertes Café, einen Buchladen, eine Zöpfchenflechterin aus Kamerun und eine westafrikanische Schneiderei. ⊕ Mo–Fr 9–17, Sa 9–15 Uhr.

Victoria Road Market, zwischen Camps Bay und Llandudno, Karte S. 164. Auf diesem Straßenmarkt in sensationeller Felslage mit Blick auf den Atlantik stehen Schnitzereien, Perlen, Textilien und Körbe zum Verkauf. ⊕ keine festen Zeiten, gewöhnlich aber tgl. 9–16 Uhr.

Watershed, Dock Rd, V&A Waterfront, 🖳 www.waterfront.co.za, Karte S. 150. In dem einfallsreich umgebauten Lagerhaus gibt es über 150 Geschäfte und Stände, an denen süd-afrikanische Kunst, Kunstgewerbe, Schmuck u. v. m. verkauft werden. ⊕ tgl. 10–19 Uhr.

Musik

African Music Store, 62 Lower Main Rd, Observatory, 🖳 www.facebook.com/The AfricanMusicStore/. Kleiner, auf afrikanische

Musik vom gesamten Kontinent spezialisierter Laden. Es werden auch kleine Instrumente wie Rasseln und Daumenklaviere verkauft. ⊕ Mo–Sa 10.30–17.30 Uhr.

Mabu Vinyl, 2 Rheede St, Gardens, 🖳 www. mabuvinyl.co.za, Karte S. 178. Hier finden Aficionados eine hervorragende Auswahl an neuen sowie gebrauchten CDs und Schallplat-ten und sogar Kassetten aller Musikrichtungen. Seitdem der Laden in der Oskar-prämierten Doku über Sixto Rodriguez *Searching for Sugar-man* gezeigt wurde, pilgern massenhaft Touris-ten hierher, um live einen Ort zu sehen, der Musikgeschichte geschrieben hat. ⊕ Mo–Fr 9–19, Sa 9–18, So 11–15 Uhr.

Musica, Cavendish Square, Claremont, 🖳 www.musica.co.za. Ein echter Musik-Mega-store für Mainstream-Pop, afrikanische Klassik, Jazz, Rock, DVDs und Videospiele. ⊕ Mo–Sa 9–19, So 9–17 Uhr.

Lebensmittel

Pick 'n Pay, ⊕ tgl. 8–22 Uhr, und **Woolworths**, ⊕ tgl. 9–21 Uhr, beide an der Waterfront und anderswo in der Stadt, sind die am zentralsten gelegenen Supermärkte und haben längere Öffnungszeiten als die meisten anderen Läden.

Delis

Giovanni's Deliworld, 103 Main Rd, Green Point, Karte S. 162–163. Köstliches Brot und hervor-ragende italienische Gerichte zum Mitnehmen. Gäste können sich auch auf einen Kaffee draußen (mit Blick aufs Cape Town Stadium) niederlassen. ⊕ tgl. 7.30–20.30 Uhr.

Melissa's, 94 Kloof St, Gardens, 🖳 www. melissas.co.za, Karte S. 178. Bietet leckere importierte und einheimische Delikatessen, wahlweise zum Verzehr vor Ort oder zum Mit-nehmen. Zu den drei Filialen in den Southern Suburbs gehört eine im Einkaufszentrum Constantia Village Courtyard. ⊕ Mo–Sa 7–19, So 8–18 Uhr.

Organic Zone, Lakeside Shopping Centre, Main Rd, Lakeside, 🖳 www.organiczone.co.za, Karte S. 168–169. Breites Angebot an knack-frischem Bio-Gemüse und -Obst, plus Körner, Honig, Brot und Molkereiprodukte. ⊕ Mo–Fr 9–18, Sa 8–17, So 9–17 Uhr.

Frischer Fisch

Fish Market, Mariner's Wharf, Hout Bay Harbour. Frisches Seafood aus den südafrikanischen Original-Fischhallen, besitzt aber weniger Lokalkolorit als der Kalk Bay Harbour. ⏱ tgl. 10–20.30 Uhr.

Kalk Bay Fish Market, Kalk Bay Harbour, abseits der Main Rd, Kalk Bay, Karte S. 168–169. Die Käufer suchen sich den Fisch direkt beim Fischer aus. Am besten ist das Angebot vormittags, besonders am Wochenende. Allerdings hängt der Fang von mehreren Faktoren ab, nicht zuletzt vom Wetter. Yellowtail schmeckt ausgezeichnet, wenn man ihn auf dem Grill zubereitet. ⏱ tgl. 9–17 Uhr.

Märkte

Bay Harbour Market, 31 Harbour Rd, Hout Bay, 🖥 www.bayharbour.co.za. In den Gewölben einer alten Fischfabrik stehen Stände mit afrikanischem Kunsthandwerk, Textilien hiesiger Designer und hausgemachter Lebensmittel, dazu gibt's Live-Acoustic-Klänge. ⏱ Fr 17–21, Sa und So 9.30–16 Uhr.

Blue Bird Garage Food & Goods Market, 39 Albertyn Rd, Muizenberg, 🖥 www.bluebird garage.co.za, Karte S. 168–169. An Ständen in einem ehemaligen Flughafenhangar neben den Bahnschienen sind Lebensmittel, Wein, Craft-Biere, Kleidung und Schmuck zu haben, oft bei Livemusik. ⏱ Fr 16–22 Uhr.

Hope Street (City Bowl) Market, 14 Hope St, 🖥 www.citybowlmarket.co.za, Karte S. 137. Diese Markthalle ist sowohl ein Treffpunkt auf ein gemütliches Bierchen als auch eine begehrte Adresse für einen Einkaufsbummel. Die Stände sind brechend voll mit allem Möglichen, von Currys bis zu Burgern, und eine Liveband sorgt für Stimmung. ⏱ Do 16.30–20.30 Uhr.

Mojo Market, 30 Regent Rd, Sea Point, 🖥 www.facebook.com/TheMojoMarket, Karte S. 162–163. Unterhalb vom farbenfrohen Mojo Hotel befindet sich dieser Markt mit 45 Kunstgewerbe-, Design- und Bekleidungsständen sowie 20 Lebensmittelverkäufern, einer Abteilung mit frischen Lebensmitteln, einem 24-Std.-Coffeeshop, 3 Bars und Liveunterhaltung. ⏱ tgl. 8–23 Uhr.

Neighbourgoods Market, Old Biscuit Mill, 373-375 Albert Rd, 🖥 www.neigh bourgoodsmarket.co.za, Karte S. 137. Dieser viktorianische Lagerschuppen lässt die Herzen von Foodies höher schlagen. Es empfiehlt sich, vor den Massen früh herzukommen und einen Rundgang durch dieses Schlaraffenland aus selbst gemachtem Käse, Holzofenbrot, Kaffee, Bieren, Schnittblumen, Obst und Gemüse zu machen. Außerdem gibt es ausgefallenes lokales Designer-Kunsthandwerk, Haushaltswaren und Bekleidung. ⏱ Sa 9–15 Uhr.

Oranjezicht City Farm Market, Beach Rd, Granger Bay, 🖥 www.waterfront.co.za/ Shop/markets, Karte S. 150. Der Markt ist vom Berganhang an die Waterfront umgezogen, aber die einheimischen Kunden sind ihm treu geblieben und kaufen hier superfrische Bioprodukte ein und kommen auf einen Kaffee, zum Frühstück oder Mittagessen und ein Glas Bier und genießen den Meerblick. ⏱ Sa 9–14 Uhr; die Lebensmittel sind allerdings schnell ausverkauft.

V&A Food Market, Dock Rd, V&A Waterfront, 🖥 www.waterfrontfoodmarket.com, Karte S. 150. Eine nette, wenn auch kommerzialisierte Anlaufstätte zum Mittagessen. Im ehemaligen Pumpenhaus warten 40 Essensstände auf Abnehmer für alles Mögliche, von Empanadas bis Eiscreme. ⏱ tgl. 10–18 Uhr.

Wein

Caroline's Fine Wines, 62 Strand St, 🖥 www.carolineswine.com, Karte S. 138. Caroline Rillema ist seit Jahrzehnten erfolgreich im Weingeschäft und hat die edelsten Kapweine. ⏱ Mo–Fr 9–17.30, Sa 9–13 Uhr.

Vaughan Johnson's, Dock Rd, V&A Waterfront, 🖥 www.vaughanjohnson.co.za, Karte S. 150. Eines der renommiertesten Weingeschäfte Kapstadts mit südafrikanischen Tropfen, die allerdings ihren Preis haben. ⏱ Mo–Fr 9–18, Sa 9–17, So 10–17 Uhr.

Wine Concepts, Lifestyle on Kloof Centre, 50 Kloof St,Gardens, 🖥 www.wineconcepts. co.za, Karte S. 178. Ausgezeichnetes Angebot an südafrikanischen und ausländischen Weinen; regionale Winzereien bieten hier oft Kostproben an. ⏱ Mo–Fr 10–19, Sa 9–17 Uhr.

AKTIVITÄTEN

Eine der bemerkenswertesten Besonderheiten Kapstadts ist der nahtlose Übergang von der Stadt in den Nationalpark der Kap-Halbinsel; Berge, Wälder und Strände liegen praktisch vor der Haustür. Es gibt wenige Großstädte in der Welt, in denen das Angebot an Outdoor-Aktivitäten so nah und preiswert ist wie hier. Dies gilt z. B. fürs Seakayaking, Abseilen, Paragliding und Schnorcheln – und zwar für erheblich weniger Geld als in westlichen Ländern dafür verlangt wird. Man kann aber auch im Spa relaxen, einen Golfschläger schwingen oder ein Bierchen trinken und dabei ein Cricket-, Fußball- oder Rugby-Spiel verfolgen. Die beste Informationsquelle für große Sportveranstaltungen ist 🖥 www.computicket.com, wo man auch Karten kaufen kann.

Abseilen

Abseil Africa, ☎ 021 424 4760, 🖥 www.abseilafrica.co.za. Halbtägige Abseiltouren am Tafelberg für ca. R995. Eine Wanderung mit Guide die Platteklip Gorge hinauf zum Plateau kostet R495. Canyoning (bzw. *kloofing*) wird ebenfalls geboten.

Cricket

Cricket hat am Kap eine begeisterte Anhängerschaft. Der **Newlands Cricket Ground**, Campground Rd, Newlands, ☎ 021 657 2003, 🖥 www.cricket.co.za, am Fuß des Devil's Peak und von ehrwürdigen Eichen umgeben, gilt als einer der schönsten Cricketplätze der Welt. Hier werden Lokalderbys und Länderspiele ausgetragen.

Fitness

Virgin Active Clubs, ☎ 0860 020 0911, 🖥 www.virginactive.co.za, sind gut organisierte Studios,

Kapstadt für Kinder

Kapstadt und das nahegelegene Weingebiet sind ein hervorragendes Reiseziel für Eltern mit Kindern und wartet mit jeder Menge Aktivitäten an der frischen Luft auf.
Eine gute Infoquelle ist die Website Cape Town Kids, 🖥 www.capetownkids.co.za. Wer einen **Babysitter** oder ein Kindermädchen als Begleitung während der Reise braucht, kann sich an Sitters4U, ☎ 074 656 0469, 🖥 www.sitters4u.co.za, oder Super Sitters, ☎ 021 552 7082, 🖥 www.supersitters.net, wenden. Autoverleiher stellen Kindersitze zur Verfügung; dies muss aber im Voraus arrangiert werden.

Strände und Swimmingpools

Im Sommer gehört ein Familienausflug an den **Strand** zum typischen Wochenendvergnügen der Kapstädter, obwohl das Wasser nicht warm ist. Die meisten Strände sind wenig erschlossen, daher ist es ratsam, genügend Proviant mitzunehmen, auch wenn hier und da mal ein Straßenverkäufer auftauchen kann. Möglichst früh aufbrechen, um gegen 11 Uhr wieder zurückzugehen, denn im Sommer wird die Sonne ab mittags viel zu heiß und auch der Wind kann dann Sturmstärke erreichen.
Boulders Beach (S. 170) an der False Bay ist einer der wenigen Strände, die man auch aufsuchen kann, wenn der Südostwind bläst, denn das von Felsen umrahmte Wasser ist flach, kindersicher und der Strand ist zu jeder Jahreszeit ein nettes Plätzchen. Außerdem gibt es hier eine Pinguinkolonie.
Fish Hoek (S. 168) ist ebenfalls ein schöner Strand auf der Halbinsel mit einem langen Sandstreifen und einem Spielplatz. Der asphaltierte Jager's Walk entlang der felsigen Küste ist auch mit Kinderwagen begehbar. **St James** (S. 167) hat einen zum Planschen geeigneten Gezeitenpool mit einem kleinen Sandstrand und bunten Badehäuschen, ist aber an Sommerwochenenden extrem überfüllt. Von hier kann man auf einem ebenfalls kinderwagentauglichen Küstenpfad bis nach Muizenberg und dem dortigen Wasserpark (S. 166) weiterspazieren.
Zum Schwimmen ist das Wasser am **Atlantic Seaboard** (Atlantikküste) zu kalt, aber hier gibt es einladende Fleckchen mit Sand, Felsen und Pools im Felsen – sowie einer herrlichen Aussicht. An den

die sich in fast allen Gegenden Kapstadts finden, mit großen Schwimmbecken und sauberen Umkleiden. Die Preise unterscheiden sich je nach Club, aber eine einmonatige Mitgliedschaft im Club des Netcare Christiaan Barnard Memorial Hospital kostet R1200.

Fußball

Fußballspiele werden inzwischen fast genauso gut besucht wie die Cricket- und Rugbywettkämpfe. In Kapstadt wimmelt es von Fußballtalenten, und die Sportart hat mit der WM 2010 noch weiteren Auftrieb bekommen. Die staubigen Straßen und Plätze der Cape Flats haben hervorragende Fußballer hervorgebracht – beispielsweise Benni McCarthy (Ajax Amsterdam, Celta Vigo) und Quinton Fortune (Atlético Madrid, Manchester United). Der ambitionierteste Verein ist Ajax Cape Town, 🖥 www.ajaxct.com, der übrigens mehrheitlich Ajax Amsterdam gehört. Die für Zuschauer aufregendsten Spiele sind die zwischen den lokalen Clubs und den Spitzenteams aus Soweto (Orlando Pirates oder Kaizer Chiefs). Spielstätten sind das Cape Town Stadium (Tickets unter 🖥 www.computicket.com/web/sport/soccer) in Green Point, und das Athlone Stadium unweit der Klipfontein Rd (M18) auf den Cape Flats. Näheres siehe 🖥 www.psl.co.za.

Golf

Der **Milnerton Golf Club**, Bridge Rd, Milnerton, 📞 021 552 1047, 🖥 www.milnertongolf.co.za, liegt zwischen einer Lagune und der Tafelbucht vor der klassischen Postkartenaussicht auf den Tafelberg. Ein weiterer gefragter Golfplatz ist der **Westlake Golf Club**, Westlake Ave, Westlake, 📞 021 788 2020, 🖥 www.westlakegolfclub.co.za, an der Südspitze des Constantia

Stränden kann man hervorragend picknicken und an windstillen Sommerabenden den Sonnenuntergang betrachten. Das der Innenstadt am nächsten gelegene Küstenstück ist die **Sea Point Promenade**. Die geteerte Uferpromenade (S. 161) erstreckt sich auf einer Länge von 3 km vom Leuchtturm bei Mouille Point bis zum Sea Point Pavilion. Der Weg ist für Kinderwagen und Rollerblades geeignet und bietet den zusätzlichen Anreiz von Spielplätzen. Dank des Gezeitenpools und kleiner Pools in den Felsen ist der beliebte Strand von **Camps Bay** (S. 161) sehr kinderfreundlich. Er ist vom Stadtzentrum aus gut per Bus oder Auto zu erreichen.

Der 8 km lange weiße Sandstrand zwischen **Noordhoek** und **Kommetjie** (S. 165) mit herrlicher Aussicht auf den Chapman's Peak lädt zum Spazierengehen und Reiten ein. Wer nach Kommetjie unterwegs ist, kann einen Abstecher zum **Imhoff Farm Village** (S. 211) machen und dort auf Kamelen reiten.

Ein kinderfreundliches Schwimmbad ist der **Newlands Pool** (S. 212), der über ein Planschbecken und viel Platz verfügt. Zum herrlichen **Sea Point Pavilion Pool** (S. 212) gehören zwei Kinderbecken und Liegewiesen; wer an warmen Wochenenden den Massen aus dem Weg gehen möchte, geht frühmorgens oder spätnachmittags hin.

Museen und Freizeitparks

Cape Town Science Centre, 370B Main Rd, Observatory, 📞 021 300 3200, 🖥 www.ctsc.org.za. Kinder werden die interaktiven Ausstellungen zu Wissenschaft, neuen Technologien und Erfindungen lieben, denn sie sprechen die natürliche kindliche Neugier an: es gibt jede Menge Bildschirme zum Berühren, Tasten zum Drücken und kreative Betätigungsmöglichkeiten. Zu den Highlights zählen ein Karussell, eine Ausstellung rätselhafter Dinge und ein aufblasbares (mobiles) Planetarium. 🕐 Mo–Sa 9–16.30, So 10–16.30 Uhr, Eintritt R50.

Planet Kids, 3 Wherry Rd, Muizenberg, 📞 021 788 3070, 🖥 www.planetkids.co.za. Tolles, von einem Beschäftigungstherapeuten designtes Indoor-Spielzentrum für Kinder bis dreizehn Jahre; jede Menge

Spaß garantiert, dazu gesunde Snacks und ein ruhigeres Umfeld als in der normalen Plastik- und Zucker-Szene. Eltern können ihre Kinder eine Stunde lang (R30–55) in der Obhut von Betreuern lassen. Wer warten möchte, kann solange eine Tasse Tee trinken. ⏲ Do–So 10–17 Uhr, R35 pro Std., Eltern frei.

Scratch Patch and Mineral World, Dido Valley, unweit der Main Rd, Simon's Town, ☎ 021-786 2020, und Dock Rd, V&A Waterfront, ☎ 021 419 9429, 🖥 www.scratchpad.co.za. In Simon's Town gibt's auch Topstones, 🖥 www.topstones.co.za, eine der größten Edelsteinpoliermaschinen der Welt in Aktion zu sehen, ⏲ nur Mo–Fr. ⏲ Simon's Town tgl. 9–16.45 Uhr, V&A Waterfront tgl. 9–18 Uhr.

South African Museum and Planetarium, S. 144. Das vierstöckige Walbecken, die Dioramen mit afrikanischen Tieren und die Dinosaurierabteilung kommen immer gut an. Im interaktiven Discovery Room sind lebende Ameisen und aufgespießte, konservierte Spinnen sowie eine Ausstellung über Krokodile zu sehen. Im Planetarium werden Vorstellungen zu Themen wie San-Himmelsmythen gezeigt; manche wenden sich ausdrücklich an Kinder. ⏲ tgl. 10–17 Uhr.

Two Oceans Aquarium, S. 149. Dies ist eines der lohnenswertesten Ausflugsziele Kapstadts mit zahlreichen spannenden Sachen für Kinder jeder Altersstufe. Sie können nicht nur viele verschiedene, teils entzückende, teils gruselige Meeresbewohner beobachten, sondern einige auch im Touch Pool anfassen, zum Beispiel Seeanemonen und Krebse. Im Children's Play Centre gibt es meistens Puppentheater, Kinderschminken und Basteln sowie ein Fenster mit Blick aufs Pinguinbecken. ⏲ tgl. 9.30–18 Uhr.

Im Grünen

Blue Train Park, Beach Rd, Mouille Point, ☎ 084 314 9200, 🖥 www.thebluetrainpark.com. Bei der Fahrt mit dem beliebtesten Minibähnchen von Kapstadt (R20) bieten sich Ausblicke aufs Meer, vorbeifahrende Schiffe und Robben Island. Danach gibt es im Park noch eine Menge Aktivitäten für Kinder, darunter Spielgeräte, Kletterfelsen, Outdoor-Hindernisse und einen Dreiradweg für die Kleinen. ⏲ Di–So 9.30–18 Uhr.

Deer Park Café, s. S. 189. Das am zentralsten gelegene Familienausflugsziel im Freien direkt neben einem gut besuchten, eingezäunten Park (leider ohne Rehe) mit mehreren Spielgeräten, Schaukeln usw., alles im Schatten des Tafelbergmassivs. Es gibt Tische im Freien mit leichtem Zugang zum Park sowie eine Kinderspeisekarte. ⏲ tgl. 8–20 Uhr.

Valley, wo die M3 Richtung Süden endet. Nichtmitglieder zahlen in beiden etwa R700 für eine 18-Loch-Runde.

Kiteboarding

Surf Store Muizenberg, ☎ 021 788 5055, 🖥 www.surfstore.co.za. Bietet einen Tageskurs im Surfen (R1290) sowie Stand-up-Paddling. Der beste Kiteboardingspot befindet sich allerdings außerhalb der Stadt bei Langebaan (s. „Windsurfen").

Klettern

High Adventure Africa, ☎ 021 689 1234, 🖥 www.highadventure.co.za, bietet Ausflüge je nach Können und ab 2 Teilnehmern zu ungewöhnlichen und einzigartigen Kletter-

locations für R550 p. P. aufwärts. Ebenfalls ein empfehlenswerter Anbieter ist Mike Wakeford (S. 213). **City Rock**, 21 Anson Rd, Observatory, ☎ 021 447 1326, 🖥 www.cityrock.co.za, hat eine Indoor-Kletterwände.

Laufen

Am angenehmsten joggt es sich entlang der Sea-Point-Promenade und auf dem Pipe Track am Tafelberg. Jedes Jahr am Karsamstag wird der **Two Oceans Marathon**, 🖥 www.two oceansmarathon.org.za, abgehalten, ein Event internationalen Ranges, bei dem Sportler einen Wahnsinns-Marathon auf 56 anstrengenden Kilometern um die Halbinsel laufen. Beliebt sind sowohl *Trailruns*, 🖥 www.trailrunning.co.za, als auch *Parkruns*, 🖥 www.parkrun.co.za.

Green Point Park, Bill Peters Dr, Green Point, ⌨ www.gprra.co.za/green-point-urban-park. In dem Park voller Wiesen mit Aussicht auf die Stadt und das Stadion stehen ein lehrreicher Garten für Biodiversität, Jogging- und Radwege, ein Spielplatz für kleine Kinder und ein Sportplatz im Freien für die Größeren zur Verfügung. Man kann dort ein Picknick abhalten oder sich am Samstag dem 5 km langen Saturday-morning Parkrun anschließen, ⌨ www.parkrun.co.za/greenpoint. Eintritt frei. ⏰ tgl. 7–19 Uhr.

Imhoff Farm Village, Kommetjie Rd, ⌨ www.imhofffarm.co.za. Verschiedene Angebote wie Kamel-reiten, Ausritte auf Pferden am Strand, Paintball, Streichelzoo und Reptilienpark. Außerdem gibt's ein gutes Café, ein Restaurant und einen Hofladen mit köstlichem Käse. ⏰ tgl. 9–17 Uhr.

Kirstenbosch National Botanical Garden, S. 158. Steht ganz oben auf der Liste der beliebtesten Fami-lienausflüge, denn die großen Rasenflächen bieten Platz zum Austoben, und es gibt Bäume und Felsen zum Klettern, Flüsschen, auf denen man Paddelboot fahren kann, und den Baumwipfelweg „Boomslang". Sehr sicher, kein Müll, keine Hunde, und alle Spazierwege sind für Kinderwagen geeig-net; auch herrlich für ein Picknick oder zum Kaffeetrinken an Tischen im Freien. Mit größeren Kindern kann man kurze, ausgeschilderte Wanderwege begehen. ⏰ tgl. 8–18 Uhr.

Noordhoek Farm Village, s. S. 165. Eine kleine grüne Wiese, umgeben von Cafés, einem Feinkostge-schäft, Kunstgewerbeläden und einem Souvenirgeschäft, alles mit dörflichem Charme. Beim Lebens-mittelmarkt am Mittwoch (⏰ 16–20 Uhr) können die Kids herumrennen und auf dem Spielplatz spie-len, während die Eltern sich an einem Stand bei mexikanischem oder italienischem Essen oder auf ein Craft-Bier oder sonst etwas niederlassen. ⏰ tgl. 9–17 Uhr.

Oude Molen Eco Village, Alexandra Rd, Pinelands, ✆ 021 448 9442, ⌨ www.oudemolenecovillage. co.za. Ein bewohntes Öko-Dorf am Stadtrand. Im Millstone Farmstall und Café kann man selbst-gemachte Bioprodukte und im Holzofen gebackenes Brot essen und die Kleinen anschließend zum Sich-Austoben auf den Spielplatz mit Baumhaus und Schaukel schicken. Kinder dürfen die Pferde und Schweine füttern und auf Wunsch werden Ausritte und Naturspaziergänge organisiert. ⏰ Di–So 9–17 Uhr.

Silvermine Nature Reserve, S. 168. Hier kann man gut *Fynbos* aus der Nähe betrachten, mit Klein-kindern um den See spazieren und picknicken. Allerdings ist das Gelände ungeschützt und sollte bei starkem Wind und Nebel gemieden werden. Mit älteren Kindern kann man auch ein paar relativ leichte Bergwanderwege mit wundervollen Ausblicken begehen. ⏰ tgl. 8–17 Uhr.

Paragliding

Die Bedingungen für Paragliding sind in Kapstadt ideal. Am beliebtesten ist der Flug vom Lion's Head hinunter zur Camps Bay.
Cape Town Tandem Paragliding, ✆ 076 892 2283, ⌨ www.paraglide.co.za, veranstaltet Tandemflüge ab R1150.
Wallend-Air School of Paragliding, ✆ 021 762 2441, ⌨ www.wallendair.com. Inhaber Peter Wallenda, ein südafrikanischer Paragliding-Meister, bietet Tandemflüge und veranstaltet Kurse zum Erwerb des Paragliding-Scheins.

Radfahren

Radfahren ist eine fantastische Art, in die Landschaft einzutauchen, allerdings ist Vor-sicht vor rücksichtslosen Autofahrern geboten.

Einmal im Monat beginnt um 21 Uhr am Green Point Circle die größte gemeinschaftliche Radtour Afrikas, die **Moonlight Mass**, ⌨ www. moonlightmass.co.za. Diese ungezwungene Nachtfahrt wurde zuerst auf Twitter verbreitet, um die Leute zum Radeln zu bewegen, und erlebt seither ungebremsten Zulauf. An der spektakulären, 109 km langen Cape Town Cycle Tour rund um die Halbinsel nehmen jedes Jahr 40 000 Leute teil, ✆ 087 820 7223, ⌨ www. capetowncycletour.co.za. Das im März abge-haltene Rennen wird jedoch oft wegen zu starkem Wind abgesagt. **Pedal Power Asso-ciates**, ⌨ www.pedalpower.org.za, organisiert und listet Rad- und Mountainbike-Events am Kap. Mountain- und normale Bikes vermietet **Downhill Adventures**, Shop 1, Overbeek

Building, Kloof St, Ecke Orange St, ℡ 021 422 0388, 🖥 www.downhilladventures.co.za, ab R300 pro Tag. Der Veranstalter bietet auch organisierte Radausflüge an, darunter zum Cape Point.

Reiten

Cape Town Horse Riding, Sea Cottage Dr, Noordhoek, ℡ 021 856 2246, 🖥 www.cape townhorseriding.co.za. Ausflüge hoch zu Ross in spektakulären Landschaften von den Cape Winelands bis zum Noordhoek Beach. **Sleepy Hollow Horse Riding**, Sleepy Hollow Lane, Noordhoek, ℡ 021 789 2341, 🖥 www.sleepy hollowhorseriding.co.za, organisiert ebenfalls Ausritte am Strand von Noordhoek, genauso wie **Imhoff Farm Village**, ℡ 082 774 1191, 🖥 www.imhofffarm.co.za. Die Preise beginnen bei etwa R500 für 2 Std.

Rugby

Das Westkap ist eine der Rugby-Hochburgen in der Welt. Das Spiel wird vom Publikum mit unverbrüchlicher Treue verfolgt. Das Herz des Kapstädter Rugbysports schlägt auf dem heiligen Rasen des **Newlands Rugby Stadium**, Boundary Rd, Newlands, ℡ 021 659 4600, 🖥 www.wprugby.co.za.

Sandboarding

Downhill Adventures (S. 211) ist einer der Vorreiter dieses sandigen Abenteuersports. Bretter, Boots usw. werden gestellt, ebenso erfahrene Lehrkräfte, die Anfängern das Sandboarden beibringen (halber Tag R950, Tag R1100). **Sunscene Outdoor Adventures**, ℡ 021 783 0203, 🖥 www.sunscene.co.za, bietet einen Tag Sandboarding (R1200) und Kombis mit Paragliding (R2500), surfen (R1600) oder Skydiving (R3000).

Schwimmen

Zum Schwimmen im Meer eignen sich am besten die Strände an der wärmeren Seite der Halbinsel: Milnerton, St James und Fish Hoek. Brauchbare Pools bieten die **Long Street Baths**, Long St, ℡ 021 422 0100, mit einem 25 m langen beheizten Hallenbecken, ⏲ tgl. 7–19 Uhr, Eintritt R22, sowie der **Newlands**

Swimming Pool, Main Rd, Ecke San Souci Rd, Newlands, ℡ 021 444 2828, mit seinem 50-m-Becken im Freien, ⏲ im Sommer tgl. 10–17 Uhr, Eintritt R22. Der unbeheizte, direkt am Ozean gelegene **Sea Point Pavilion Swimming Pool**, ℡ 021 434 3341, ist ein gefiltertes Meerwasser-freibad mit Olympiamaßen und Liegewiese. ⏲ Sommer tgl. 7–19, Winter tgl. 9–17 Uhr, Eintritt R20.

Seekajak

Real Cape Adventures, ℡ 082 556 2520, 🖥 www.seakayak.co.za. Bietet von Hout Bay und Simon's Town aus eine ganze Reihe von Halb- und Ganztages-Paddeltouren an, auch längere Pauschaltouren zu entfernteren Zielen. **Downhill Adventures** (S. 211). Veranstaltet Paddeltrips von Mouille Point, Simon's Town und Hermanus ab R650 pro halber Tag. **Kayak Cape Town**, ℡ 082 501 8930, 🖥 www. kayakcapetown.co.za. Organisiert zweistündige Ausflüge von Simon's Town zur Pinguinkolonie am Boulders Beach (R300).

Skydiving

Den ultimativen Blick auf den Tafelberg und Robben Island bietet ein Tandemsprung aus 3000 m Höhe (R2300), veranstaltet von **Skydive Cape Town**, 40 Minuten Fahrt nördlich von Kapstadt, ℡ 082 800 6290, 🖥 www.skydive capetown.za.net.

Surfen

Die Topstrände zum Surfen sind die Big Bay in Bloubergstrand, wo jeden Sommer Wett-kämpfe abgehalten werden, sowie Llandudno, Muizenberg und Long Beach bei Kommetjie und Noordhoek. Zum Lernen eignet sich am besten Muizenberg, z. B. bei Gary's oder Surf Shack (Kasten S. 166). Genauere Auskünfte gibt's auf 🖥 www.wavescape.co.za.

Tauchen

Die Gewässer am Kap sind zwar kalt, locken jedoch mit jeder Menge attraktiver Schiffs-wracks und Korallenbänke. **Scuba Shack**, Kommetje, ℡ 072 603 8630, 🖥 www.scuba shack.co.za, veranstaltet PADI-Kurse sowie Tauchgänge vom Boot oder der Küste aus und Schnorcheln mit Südafrikanischen Seebären vor Kommetjie oder Hout Bay.

Vogelbeobachtung

Die Halbinsel ist das Habitat von mehr als 400 Vogelarten. Bei einer Bootsfahrt draußen auf dem Meer kann man sieben Albatros-spezies zu Gesicht bekommen. Gute Stellen zum Vogelbeobachten sind der Lion's Head, die Kirstenbosch Gardens und das Cape of Good Hope Nature Reserve sowie Kommetjie und Hout Bay. Auskünfte zu Vogelbeobachtungstouren in Kapstadt gibt's bei **Birding Africa**, ℡ 021 531 4592, 💻 www.birdingafrica.com, Infos zu Bootstouren bei **Cape Town Pelagics**, ℡ 021 531 4592, 💻 www.capetownpelagics.com.

Wandern

Die sichersten und am leichtesten erreichbaren Gegenden zum Spazierengehen sind die Kirstenbosch Gardens, der Mountain's Pipe Track entlang der Sea-Point-Promenade und die Strände. Zwecks Wanderungen auf den Tafelberg, in der Silvermine Reserve und der Umgebung des Cape Point wendet man sich an den erfahrenen Bergführer/-steiger **Mike Wakeford** (Halbtagswanderung R1500, ganzer Tag R2200), ℡ 079 772 9808, 💻 www.guidedbymike.co.za, oder an **Margaret Curran**, eine amtlich anerkannte Table Mountain-Führerin, ℡ 021 715 6136, 💻 www.tablemountainwalks.co.za, die für den klassischen Tafelberganstieg R650 p. P. verlangt.

Windsurfen und Kiteboarding

Während sich die meisten Kapstädter im Sommer über den lästigen Südostwind beklagen, kommt dieser den Windsurfern sehr gelegen. Näheres beim 90 Fahrminuten nördlich von Kapstadt gelegenen **Cape Sports Centre**, Langebaan, ℡ 021 772 1114, 💻 www.capesport.co.za, das auch andere Wassersportarten sowie Unterkünfte anbietet. Unterricht kostet R400 pro Std. oder R3550 für 10 Std. **Surfstore Africa**, Muizenberg, ℡ 021 788 5055, 💻 www.surfstore.co.za, veranstaltet Kiteboarding-Kurse (3-Tageskurs R4800; Tandem-

flug R1600) sowie Stand-up-Paddling und Surftrips. **Cabrinha Kiteboarding**, Eden on the Bay Mall, Big Bay, ℡ 021 554 1729, 💻 www.cabrinha.co.za, liegt auf der anderen Seite von Kapstadt und bietet Unterricht und Ausrüstung fürs Kitesurfing, Surfen und Stand-up-Paddling (2 Std. Einführung ins Kitesurfing ab R990).

TOUREN

Organisierte Touren gibt's in Kapstadt wie Sand am Meer, von Standard-Sightseeing-touren zu allen Hauptsehenswürdigkeiten bis zu solchen mit Schwerpunkt auf ganz speziellen Kulturthemen. Besonders beliebt unter Letzteren sind Townshiptouren (S. 214), die gleichzeitig die sicherste Möglichkeit darstellen, die schwarzafrikanischen und farbigen Viertel zu besuchen, die während der Apartheid errichtet wurden.

Stadtspaziergänge

Eine der besten Orientierungsmöglichkeiten bietet ein **Stadtspaziergang** durchs Zentrum. Die beiden unten genannten Veranstalter starten mind. 3x wöchentl. zu einem etwa 3-stündigen Rundgang. Reservierung erforderlich. Alternativ kann man bei **Voice Maps**, 💻 www.voicemap.me, eine App mit Audiospaziergängen durch verschiedene Ecken der Stadt herunterladen, gesprochen von gebürtigen Capetonians, die begeistert und sachkundig über ihre jeweiligen Bezirke berichten. Es werden auch **kostenlose** begleitete Stadtspaziergänge durchgeführt, Näheres auf 💻 www.bit.ly/CapeTownCityWalks. **Kapstadt zu Fuß**, ℡ 086 547 6833, 💻 www.wanderlust.co.za. Die historischen Touren der Schriftstellerin Ursula Stevens erforschen die Innenstadt und das Bo-Kaap und werden auf Englisch und Deutsch angeboten (R250 p. P.). **Footsteps to Freedom**, ℡ 083 452 1112, 💻 www.footstepsfreedom.co.za. Geschichts-und Mandela-bezogene Touren (1 bis 4 Teilnehmer R1760), bei der Sehenswürdigkeiten und Gebäude im Umkreis des Company's Garden besichtigt und lokale Anekdoten zu hören sind.

Schwerpunkt Kultur und Townships

Andulela, ☎ 021 790 2592, 💻 www.andulela.com. Kleine Auswahl interaktiver Abenteuerausflüge, darunter ein Township-Rundgang, Kock- und Gospelmusik-Townshiptouren sowie eine „kapmalayische Kochsafari" im Bo-Kaap.

Awol Tours, ☎ 021 418 3803, 💻 www.awoltours.co.za. Spaziergänge durch Gugulethu oder durch die Gärten von Seawinds (Muizenberg) und eine Radtour nach Masiphumelele (Kommetjie).

Bonani Our Pride, ☎ 021 531 4291, 💻 www.bonanitours.co.za. Veranstaltet Townshiptouren um mit Einheimischen ins Gespräch zu kommen und die bewegte Vergangenheit und zukünftige Erwartungen des Wohngebiets besser zu verstehen. Auch abendliche Township-Touren, sonntagvormittags Gospeltouren zu Xhosa-Kirchen sowie Xhosa-Folkloretouren.

Coffeebeans Routes, ☎ 021 424 3572, 💻 www.coffeebeansroutes.com. Unter der kreativen Leitung von Iain Harris bietet der Pionierveranstalter für Kulturtourismus in den Townships aufschlussreiche, interaktive Ausflüge, darunter eine nächtliche Jazz Safari, Township Futures Tour, plus Touren, die sich um Bier, Essen, Mode, Kunst usw. drehen.

Juma's Tours, ☎ 073 400 4064, 💻 www.townshiparttours.co.za. Der aus Zimbabwe stammende Künstler Juma Mkwela veranstaltet Touren, in deren Mittelpunkt die Straßenkunst von Khayelitsha oder Woodstock steht; die Sonntagstour beinhaltet ein Mittagessen bei einem *shisa nyama* (Township-Braai).

Maboneng Township Arts Experience, ☎ 021 824 1773, 💻 www.maboneng.com. Bei der Langa Home Gallery Tour des Gewinners eines African Responsible Tourism Award 2017 (für sein Engagement für Menschen und Kultur) zu privaten Kunstgalerien in Township-Wohnhäusern werden auch das Guga S'Thebe Arts & Cultural Centre (S. 173), Orte mit Street Art und das Langa Heritage Museum (S. 173) besucht. Das Angebot umfasst 1-stündige, halbtägige und ganztägige Ausflüge; bei den längeren besteht auch die Möglichkeit zum *African home cooking*.

Sonstige Touren

Cape Convoy, ☎ 076 146 8577, 💻 www.capeconvoy.com. Touren mit dem beliebten, enthusiastischen und sehr witzigen Briten Rob Salmon zum Cape Point (R999 inkl. Eintrittsgebühren) und in das Weinland sowie Käfigtauchen zum Besichtigen von weißen Haien.

Day Trippers, ☎ 021 511 4766, 💻 www.daytrippers.co.za. Der exzellente Veranstalter organisiert Tagestouren auf die Kap-Halbinsel und zum Cape Point inklusive Radfahren und Wandern (R850 inkl. Eintrittsgebühren und Picknicklunch). Beide Aktivitäten werden auch weiter entfernt in den Cederbergen, am Ostkap und im Weinland angeboten.

Discovery Tours, ☎ 078 161 7818, 💻 www.discoverytours.co.za. Spezialisiert auf private Touren auf die Kaphalbinsel, die Winelands (2 Pers. R1400) und zur Westküste.

SONSTIGES

Apotheken

Apotheken mit verlängerten Öffnungszeiten gibt es überall in der Stadt. Eine zuverlässige Kette ist **Clicks**, 💻 www.clicks.co.za, mit Filialen in den Einkaufszentren Victoria Wharf, ☎ 021 418 3800, 🕐 tgl. 9–21 Uhr, und im Gardens Centre, ☎ 021 418 3800, 🕐 Mo–Fr 8.30–20, Sa 8–17, So 9–17 Uhr; in beiden Einkaufszentren befinden sich sowohl eine Gesundheitsstation als auch eine Apotheke.

Auto- und Motorradvermietungen

Abgesehen von den bekannten internationalen Firmen wie **Avis**, 💻 www.avis.co.za, **Budget**, 💻 www.budget.co.za, **Europcar**,

Top 5 der Scenic Drives

- **Atlantic Seaboard** Chapman's Peak Drive; S. 165
- **Stadtblick** Signal Hill Road; S. 154
- **False Bay Seaboard** Boyes Drive; S. 166
- **Üppige Vegetation** Rhodes Drive und Constantia Nek; S. 158
- **Bergpass** Kloof Nek; S. 154

www.europcar.com, **Hertz**, 🖳 www.hertz. co.za, und **Thrifty**, 🖳 www.thrifty.co.za, von denen die meisten Schalter am Flughafen haben, gibt es auch zahlreiche nationale Vermieter wie **Around About Cars**, 🖳 www. aroundaboutcars.co.za, **Cheap Motorhome Rental**, 🖳 www.cheapmotorhomes.co.za, **Drive South Africa**, ✆ 061 066 8578, 🖳 www. driveafrica.co.za, **Tempest**, 🖳 www.tempest carhire.co.za, und **Vineyard Car Hire**, 🖳 www.vineyardcarhire.co.za. Viele bringen das Fahrzeug bei Reservierung zum Flughafen oder holen die Kunden dort ab.
Einen Scooter kann man bei **Cape Town Scooter Hire**, 🖳 www.capetownscooter.co.za, für R250 pro Tag mieten. Heißere Maschinen, etwa eine BMW oder Harley Davidson inkl. Schutzkleidung, gibt's bei **Cape Bike Travel**, 🖳 www.capebiketravel.com, ab R1300 pro Tag inkl. Vollkasko und Pannenhilfe.

Geld
Banken findet man überall in den Einkaufsgegenden der Innenstadt. Wer Geld wechseln möchte, kann dies bei:
American Express, 🖳 www.americanexpress forex.co.za, mit Filialen z. B. im Gardens Centre, 🕙 Mo–Fr 9–17.30, Sa 9–14 Uhr, und (nur Geldwechsel) in den Ankunftshallen internationaler Flüge am Town International Airport. 🕙 tgl. 5–23 Uhr.

Informationen
Das Hauptbüro von **Cape Town Tourism** befindet sich in der Innenstadt, an der Kreuzung von The Pinnacle St, Burg St und Castle St, ✆ 086 132 2223, 🖳 www.cape town.travel. Hier lassen sich gut Unterkünfte, Aktivitäten und Ausflüge in Nationalparks buchen und es gibt jede Menge Infomaterial und günstige Stadtpläne. Das Büro hat einen Coffeeshop, Buchverkauf und WLAN. 🕙 Mo–Fr 8–17,30, Sa und So 8.30–13 Uhr. Cape Town Tourism unterhält auch kleinere Büros am Flughafen und an der Waterfront, sowie einen Infokiosk an der Table Mountain Aerial Cableway Station.
Aktuelle Veranstaltungshinweise finden sich auf Websites wie **Cape Town Magazine**,

www.capetownmagazine.com, oder **What's On in Cape Town**, 🖳 www.whatson incapetown.com. Darüber hinaus empfiehlt sich ein Blick in den Unterhaltungsteil der Tageszeitungen oder auf die hervorragenden Tipps in der Freitagsbeilage des *Mail & Guardian*.

Karten und Stadtpläne
Die besten Wander- und Tourenkarten sind die des Kapstädter Verlags **Slingsby Maps**, 🖳 www.slingsbymaps.com, erhältlich bei **Map Studio**, 🖳 www.mapstudio.co.za und in Buchläden. Es gibt Landkarten zur Kap-Halbinsel, den Winelands, der Garden Route und anderen Gegenden. Der südafrikanische Automobilclub **Automobile Association**, 🖳 www.aa.co.za, stellt kostenlos Karten zur Verfügung, die von der Website heruntergeladen werden können.

Konsulate
Deutsches Generalkonsulat, Roeland Park (im selben Gebäude wie e-tv), 4 Stirling St (Eingang: oberes Ende Stirling St), Zonnebloem, ✆ 021 405 3000, 🖳 https://southafrica.diplo.de/sa-de/sa-vertretungen/-kapstadt
Österreichisches Honorargeneralkonsulat, F2 The Courtyard, Central Park on Esplanade, Century City, ✆ 021 912 1351, ✉ austrianconsulcpt@gmail.com
Schweizer Generalkonsulat, 1 Thibault Square, ✆ 021 400 7500, 🖳 www.eda.admin.ch/capetown

Medizinische Hilfe
Die beiden größten privaten Krankenhausgruppen sind **Netcare**, Notruf ✆ 082 911, 🖳 www.netcare.co.za, und **Mediclinic** (Notruf wird von ER24 entgegengenommen), ✆ 084 124, 🖳 www.mediclinic.co.za, die überall auf der Halbinsel Kliniken unterhalten. Die **Cape Town Mediclinic**, 21 Hof St, Oranjezicht, ✆ 021 464 5500, Notfall ✆ 021 464 5555, befindet sich in der Nähe der Innenstadt in der City Bowl.
Das am zentralsten gelegene Privatkrankenhaus von Netcare ist das **Christiaan Barnard**

Memorial Hospital, D.F. Malan, Ecke Rua Bartholomeu Dias Plain, ✆ 021 480 6111. Die **Constantiaberg Mediclinic**, Burnham Rd, Plumstead, Southern Suburbs, ✆ 021 799 2911, Notfall ✆ 021 799 2196, ist das am nächsten beim False Bay Seaboard gelegene Privatkrankenhaus.

Die staatliche **Krankenwagen-Notrufnummer** ist ✆ 10177, vom Handy ✆ 112. Wenn es um weniger dramatische medizinische Versorgung geht, betreibt Netcare übers Westkap verteilt mehr als zwei Dutzend private medizinische Zentren von **Medicross**, 🖳 www.medicross.co.za, zur Verfügung, die zwar nicht 24 Std. am Tag geöffnet sind, aber längere Öffnungszeiten haben als normale Arztpraxen.

Mobiltelefonverleih

Am Flughafen und anderswo bei Mietwagenfirmen sowie bei **B4i.travel**, 🖳 www.b4i.travel, und **Vodacom Rentals**, 🖳 www.vodacomrentals.co.za.

Polizei

Notruf ✆ 10 111, vom Handy ✆ 112. Die zentralste **Hauptwache** befindet sich in der 28 Buitenkant St, ✆ 021 467 8001, 🖳 www.saps.gov.za.

Post

Das **Hauptpostamt** befindet sich an der Plein St, Ecke Darling St. ⊕ Mo, Di, Do und Fr 8–16.30, Mi 8.30–16.30, Sa 8–13 Uhr.

Wäsche waschen

Die meisten Backpacker-Hostels verfügen über Möglichkeiten zum Wäschewaschen. Guesthouses, Hotels und B&Bs haben normalerweise einen gebührenpflichtigen Wäscheservice.

NAHVERKEHR

Die Innenstadt ist zwar kompakt genug, um sie zu Fuß zu erkunden, doch viele Attraktionen befinden sich auf der ausgedehnten Halbinsel und erfordern ein Transportmittel. Zwischen den Sehenswürdigkeiten verkehren der Schnellbus **MyCiTi** und die **Metrorail**,

eine Schmalspurbahn entlang der False-Bay-Seite der Halbinsel. Das sind zwei relativ flächendeckende Hauptverkehrslinien, mit denen man viel von Kapstadt sehen kann. Die beiden Cape Town Sightseeing Bus-Routen dagegen sind praktisch für die Hauptsehenswürdigkeiten der Stadt. Alle Schienenstränge, die meisten Buslinien (sowohl Intercity- als auch Lokalbusse) und die meisten Minibustaxirouten laufen in der Umgebung des Hauptbahnhofs und des Shoppingkomplexes **Golden Acre** an der Kreuzung von Strand Street und Adderley Street im Herzen von Kapstadt zusammen. Dort geht´s ganz schön chaotisch zu, aber im Umkreis von zwei, drei Häuserblocks liegt alles, was man für die nächste Etappe der Reise braucht, darunter die Touristeninformation (S. 215).

Auto und Motorrad

Straßenzustand und Verkehrsregeln

Auf den guten Straßen und mehreren Stadtautobahnen Kapstadts kommt man außer während der Rushhour (7–9 und 16–18 Uhr) zügig voran. Der Tafelberg und die beiden Küsten machen die Orientierung leicht. Allerdings gelten fürs Fahren in und um Kapstadt ein paar Besonderheiten. So besagt z. B. ein ungeschriebenes Verkehrsgesetz, dass Minibustaxis immer Vorfahrt haben. Die nehmen sie sich auch, und wenn die Ampel von gelb auf rot schaltet, geben Minibustaxifahrer automatisch Gas, statt auf die Bremse zu steigen – und viele Kapstädter ebenfalls.

MyCiTi-Bus

Liniennetzplan s. Umschlagklappe Die sicheren Pendlerbusse von MyCiTi-Bus, ✆ 0800 65 64 63, 🖳 www.myciti.org.za, verkehren tgl. von 5–22 Uhr mit Expressbushaltestellen entlang bestimmter Hauptverkehrsstraßen. Die in den kurzen Abständen fahrenden Busse bedienen zuverlässig die Innenstadt, die City Bowl-Vororte, das Atlantic Seaboard und die Northern Suburbs. Sie kommen in der Rushhour (6.45–8 und 15–17.30 Uhr) alle 10–20 Min., außerhalb dieser Zeit und am Wochenende alle 20–30 Min. Wichtig: MyCiTi ist abends das einzige sichere öffentliche

Nr. A01	Airport–Civic Centre
Nr. 101	Vredehoek–Gardens–Civic Centre
Nr. 102	Salt River Rail–Walmer Estate–Civic Centre
Nr. 103	Oranjezicht–Gardens–Civic Centre
Nr. 104	Sea Point–Waterfront–Civic Centre
Nr. 105	Sea Point–Fresnaye–Civic Centre
Nr. 106	Civic Centre–Camps Bay (im Uhrzeigersinn)
Nr. 107	Civic Centre–Camps Bay (gegen den Uhrzeigersinn)
Nr. 108	Hangberg–Hout Bay–Sea Point–Adderley St
Nr. 109	Hout Bay–Imizamo Yethu–Sea Point– Adderley St

Transportmittel. Da nicht mit Bargeld bezahlt werden kann, benötigt man eine aufladbare **myconnect card**. Diese gibt es für R30 an MyCiTi-Haltestellen und bei verschiedenen Verkaufsstellen. Oder man kauft eine einfache Karte an manchen Bahnhöfen (R90 am Flughafen). Falls bei der Abreise noch ein Guthaben drauf ist, gibt's Geld zurück (gegen Kaufbeleg). Beim Betreten des Busses hält man die Karte vor den Bildschirm des Automaten mit der Aufschrift „in", beim Aussteigen gegen „out". Die Fahrpreise betragen rund R10 innerhalb des Zentrums, R20 von der Innenstadt nach Hout Bay oder Table View und R88 zum Flughafen. Aktuelle Informationen zu Preisen, Routen und Fahrplänen sind der benutzerfreundlichen MyCiTi-Website zu entnehmen.

City Sightseeing Bus

Die offenen roten *hop-on, hop-off-*Busse von **City Sightseeing**, ✆ 0861 733 287, 🖥 www.citysightseeing.co.za, fahren am Two Oceans Aquarium an der Waterfront ab (Tageskarte R170, Kinder R90) und bedienen ein paar interessante Strecken. Die Red City Tour deckt die größten Hightlights der Innenstadt ab (sie fährt u. a. auch zur Seilbahnstation des Tafelbergs), und die Blue Mini Peninsula Tour geht zu Sehenswürdigkeiten auf der Halbinsel. Die Busse sind eine praktische, interessante und bei schönem Wetter angenehme Art, die größten Attraktionen zu besuchen. Die Haltestellen der **Blue Mini Peninsula Tour** (tgl. 9–15.25 Uhr, Mai–Ende Sep alle 35 Min., Ende Sep–Anfang Mai alle 25 Min.) sind Long Street, Mount Nelson Hotel, Kirstenbosch, World of Birds, Township Imizamo Yethu, Mariner's Wharf in Hout Bay, Camps Bay und Sea Point. Die **Red City Centre Tour** (tgl. 8.40–16.45 Uhr, Mai–Ende Sep alle 20 Min., Ende Sep–Mai alle 15 Min.) hält in der Long Street, bevor es durch Kloof Nek nach Camps Bay, Sea Point und Green Point geht.

Taxis und Minibustaxis

Taxis mit Taxameter

Taxis mit Taxameter fahren nicht einfach auf der Suche nach Kundschaft durch die Straßen – Fahrgäste müssen sich zu einem der offiziellen Halteplätze begeben, beispielsweise an der Waterfront, am Bahnhof und in der Long Street. Man kann sie auch telefonisch bestellen (s. u.). Der Name und Ausweis des Fahrers sowie der Gebührenzähler müssen im Fahrzeuginneren deutlich erkennbar sein. Der Fahrpreis beträgt etwa R10 pro km bei einem Mindestbetrag von R20; nach Einbruch der Dunkelheit wird es teurer.

Excite Taxis, ✆ 021 448 4444, 🖥 www.excitetaxis.co.za. Der Fahrpreis beträgt zwischen der Innenstadt und den südlichen Vororten R9 pro km. Außerhalb dieses Bereichs muss wahrscheinlich ein Zuschlag bezahlt werden. **Rikkis**, ✆ 0861 745 547, 🖥 www.rikkis.co.za. Das altbewährte Unternehmen verlangt R10 pro km und bietet billigere Sammeltaxifahrten und Flughafenshuttles.

Uber, 🖥 www.uber.com/en-ZA/cities/capetown. Eine populäre und praktische Option, mit Kosten ab ab R7 pro km (und R0,70 pro Min.) bei R5 Grundbetrag und einem Mindestbetrag von R20. Einfach die App aufs Handy laden.

Minibustaxis

Minibustaxis sind billig und befahren ständig in atemberaubendem Tempo die Hauptstraßen.

Man kann sie an der Straße anhalten oder an der zentralen Minibustaxi-Haltestellestelle oberhalb des Kapstädter Bahnhofs einsteigen. Sie machen durch Hupen, laute Musik und Ausrufer auf sich aufmerksam. Bezahlt wird nach dem Einsteigen beim Kopiloten, der neben dem Fahrer sitzt und dem man auch das Fahrziel mitteilt. Der Fahrpreis liegt für die meisten Strecken unter R15. Abgesehen von der riskanten Fahrweise muss man auch auf Taschendiebe gefasst sein.

Stadtbahn

Betreiber der Stadtbahn ist **Metrorail**, ✆ 021 499 6478, 🖥 www.metrorail.co.za. Drei Linien führen vom Hauptbahnhof Kapstadt zu den Northern Suburbs, den Winelands und den Cape Flats. Diese Fahrten sind jedoch nicht zu empfehlen, denn sie führen durch einige weniger sichere Gegenden. Die Southern Line zur False Bay dagegen zählt zu den schönsten Vorortbahnfahrten der Welt und ist ein Erlebnis, das man sich nicht entgehen lassen sollte. Die Trasse erreicht bei Muizenberg die Küste und führt weiter nach Süden bis Simon's Town, manchmal so nah am Meer entlang, dass man die Gischt spürt. Die Züge verkehren regelmäßig, allerdings ohne Gewähr auf Einhaltung der angegebenen Zeiten. Man sollte nur bei Tageslicht fahren und in keinen leeren Wagen einsteigen. Die Züge verkehren oberirdisch. Vorsicht: die Bahnhöfe sind an den Straßen oft nicht ausgeschildert! **Tickets** müssen vor dem Einsteigen am Bahnhof gekauft werden. Am empfehlenswertesten ist die erschwingliche Fahrt in der **MetroPlus** (der sog. 1. Klasse; die einfache Fahrt von Kapstadt nach Muizenberg kostet z. B. R13,50).

TRANSPORT

Busse

Es gibt drei südafrikanische Intercitybusgesellschaften, die fast alle Städte des Landes bedienen: **Greyhound**, ✆ 083 915 9000, 🖥 www.greyhound.co.za, **Intercape**, ✆ 021 380 4400, 🖥 www.intercape.co.za, und **Translux**, ✆ 086 158 9282, 🖥 www. translux.co.za. Die meisten Busse fahren am

Old Marine Drive abseits der Adderley St an der Nordostseite des Hauptzugbahnhofs ab. Eine einfache Greyhound-Fahrkarte von Kapstadt dürfte ungefähr R320 nach Paarl, R430 nach Mossel Bay und R595 nach Port Elizabeth kosten.

Baz Bus

Der Baz Bus, ✆ 0861 229 287, 🖥 www.bazbus.com, verkehrt 5x wöchentl. in beide Richtungen zwischen Kapstadt und PORT ELIZABETH via Mossel Bay, George, Knysna, Plettenberg Bay, Storms River und Jeffrey's Bay; nach Vereinbarung kann auch in anderen Orten entlang der N2 ein- bzw. ausgestiegen werden. Der Service ist für Backpacker gedacht, daher halten die Busse an Hostels. Die einfache Fahrt von Kapstadt bis Port Elizabeth kostet R2330, aber günstiger fährt es sich mit einem Pass, erhältlich für 7 Tage (R2600), 14 Tage (R4100) und 21 Tage (R5100). Reservieren kann man online, telefonisch oder per SMS unter ✆ 076 427 3003.

SA Connection

Schneller und weniger umständlich als mit den großen Intercitybussen ist das Reisen mit **SA Connection**, ✆ 086 110 2426, 🖥 www.saconnection.wozaonline.co.za. Dieser Minibus-Shuttleservice verkehrt tagsüber auf der Garden Route zwischen Kapstadt (Claremont), PORT ELIZABETH und EAST LONDON (4x wöchentl.).

Eisenbahn

Der Kapstädter **Hauptbahnhof** (Town Station) liegt zentral an der Strand St, Ecke Adderley St. Kapstadt ist der End- und Ausgangsbahnhof aller wichtigen Bahnlinien. Züge verkehren zwischen Kapstadt und JOHANNESBURG (5x wöchentl., 27 Std.) über KIMBERLEY; es gibt auch Verbindungen nach Queenstown und East London am Ostkap. Reservierung online bei **Shosholoza Meyl**, 🖥 www.shosholozameyl.co.za, oder zuverlässiger bei einem Reiseveranstalter wie African Sun Travel, 🖥 www.africansuntravel.com. Auch die **Luxuszüge** Blue Train und Rovos Rail, 🖥 www.rovos.com, halten am Bahnhof von Kapstadt (s. o.).

Der **Cape Town International Airport** (CPT), der internationale und nationale Flughafen von Kapstadt, 🖳 www.airports.co.za, befindet sich 22 km östlich der Innenstadt. Alle südafrikanischen Fluggesellschaften sowie zahlreiche internationale fliegen Kapstadt an.

Zu den Einrichtungen zählen ein bei Ankunft internationaler Flüge geöffnetes Wechselbüro, Geldautomaten und ein Touristeninformationsschalter. Auch alle großen Autovermieter sind vertreten. Ein Mietwagen sollte aber im Voraus gebucht werden, besonders unter der Woche und in der Hochsaison zwischen Mitte Dezember und Mitte Januar sowie über Ostern.

Vor beiden Terminals warten die Taxis mit Taxameter, betrieben vom offiziellen Flughafentaxianbieter **Touch Down Taxis**, 📞 082 569 7555. Die Fahrt in die Innenstadt kostet ab R250.

Das billigste Transportmittel von Flughafen in die Innenstadt ist der städtische **MyCiTi-Bus**, 📞 0800 65 64 63, 🖳 www.myciti.org. Er fährt für R88 von 5–21.30 Uhr alle 30 Min. zum Civic Centre am Hertzog Boulevard, nahe Bahnhof und zentraler Busbahnhof, sowie in andere, weniger zentrale Ecken der Stadt (S. 217). Teurer. Erheblich komfortabler sind die **Tür-zu-Tür-Shuttles** wie Backpacker Bus, 📞 082 809 9185, 🖳 www.backpackerbus.co.za.

KAPSTADT UND DIE KAP-HALBINSEL

Westkap

Die gebirgigste und vielleicht schönste Provinz Südafrikas, das Westkap mit seinen guten Straßen und der besten Infrastruktur des Landes, gilt als beliebtestes Touristenziel. Selbst mehrwöchige Aufenthalte reichen kaum aus, um sämtliche Attraktionen, sei es das Weinland, die Garden Route oder die Cederberge, zu bewundern.

Stefan Loose Traveltipps

3 **Das Weinland** Lunch auf einem Weingut – mit den besten Jahrgängen vor idyllischer Kulisse. S. 224

4 **Walbeobachtung an der Whale Coast** Am Kap genügt manchmal schon ein Blick aus dem Fenster, um einen vorbeiziehenden Wal zu sichten. S. 249

5 **De Hoop Nature Reserve** Schönstes Küstenreservat mit gewaltigen Dünen und Unmengen von Walen. S. 260

Rooibostee-Touren Auf einer Plantage an einer Teeprobe teilnehmen. S. 276

Oudrif Ein Aufenthalt in der außergewöhnlichen Ferienanlage im Hinterland der Cederberge. S. 277

Meeressafari Auf einer Rundfahrt um Plettenberg Bay mehr über Wale und Delfine lernen. S. 303

6 **Storms River Mouth** Dramatischer Küstenabschnitt, wo der Storms River aus einer Schlucht in den tosenden Ozean mündet. S. 308

Route 62 Verschlafene Dörfer, spektakuläre Pässe und karge Halbwüste. S. 311

WEINLAND

DE HOOP NATURE RESERVE

Inhalt

Springbok & Namibia

Upington & Augrabies Falls National Park

Niewoudtville

Calvinia

NORDKAP

Vanrhynsdorp

R363

R27

N7

Klawer

R364

R355

Oudrif

Lambert's Bay

Clanwilliam

Pakhuis

R354

R364

Rooibostee-Touren

Wuppertal

R365

N7

Doring

Sutherland

R366

CEDERBERG MOUNTAINS

Citrusdal

St Helena Bay

R303

Paternoster

R399

Piketberg

R356

Cape Columbine

Velddrif

Vredenburg

R354

Saldanha

Great Berg

Saldanha Bay

Langebaan

Moorreesburg

Matjiesfontein

WEST COAST NATIONAL PARK

Gouda

R46

Touwsrivier

WITTEBER

R27

R307

Ceres

HEX RIVER MOUNTAINS

R318

KLEIN KAROO

Darling

Riebeek-Kasteel

R43

Malmesbury

N7

Du Toit's Kloof Pass

Worcester

Cogman's Kloof Pass

SANBON WILDLIFE RESERVE

Atlantis

Wellington

N1

Montagu

Paarl

R60

Ashton

Huguenot Tunnel

Das Weinland

Robertson

ATLANTISCHER OZEAN

Helshoogte Pass

Franschhoek

McGregor

Greyton

BREEDE RIVER VALLEY

Swellendam

KAPSTADT

Stellenbosch

R43

Genadendal

BONTEBOK NATIONAL PARK

Somerset West

Riviersonderend

False Bay

Strand

N2

Betty's Bay

Caledon

R326

R317

R319

Kap der Guten Hoffnung

Gordons Bay

Hermanus

R316

Kleinmond

Walker Bay

Stanford

Napier

Elim

Bredasdorp

DE HOOP NATURE RESE

Gansbaai

GROOTBOS PRIVATE NATURE RESERVE

Danger Point

WHALE COAST

Arniston

Walbeobachtung an der Whale Coast

Cape Agulhas

Westkap

Stefan Loose Traveltipps (Traveltipps s. S. 221)

Map Labels

Kimberley, Johannesburg & Pretoria

Bloemfontein, Johannesburg & Pretoria

R308

R353

R356

R381

R356

Victoria West

Three Sisters

N12

R63

GROSSE KAROO

KAROO NATIONAL PARK

Graaff-Reinet

R356

Beaufort West

N9

WITTEBERG

GROOTRIVI

R332

Leeu-Gamka

N12

SWARTBERG

OSTKAP

...sburg

N1

Prince Albert

R327

R329

WESTKAP

Swartberg Pass

Cango Caves

Meiringspoort Pass

R407

BAVIAANSKLOOF MOUNTAINS

R332

GROENFONTEIN VALLEY

De Rust

R341

KOUGA MOUNTAINS

...ute 62

R62

Calitzdorp

Uniondale

R62

Oudtshoorn

TSITSIKAMMA MOUNTAINS

...rmwaterberg Spa

R328

N12

Keurbooms

...dale

R327

N9

GARDEN ROUTE NATIONAL PARK

GARDEN ROUTE NATIONAL PARK (KNYSNA LAKES)

Storms River Village

Storms

R323

OUTENIQUA MOUNTAINS

Port Elizabeth

LANGEBERG

George

N2

...ys

Bloukrans

N2

Riversdale

Sedgefield

Knysna

N2

Plettenberg Bay

GARDEN ROUTE NATIONAL PARK

Storms River Mouth

Gourits

Meeressafari

...RBERG

Mossel Bay

I N D I S C H E R   O Z E A N

0   50
Kilometer

N

Auffallend ist das fehlende afrikanische Flair von Westkap: Von den neun südafrikanischen Provinzen sind das Westkap und das Nordkap die einzigen, die keine afrikanische Mehrheit aufweisen. Die mit 55 % größte Bevölkerungsgruppe besteht aus „Coloureds", Menschen gemischter Herkunft. Sie stammen von weißen Siedlern, den einheimischen Khoisan und Sklaven aus dem Osten ab.

Hinter der schönen Oberfläche des Weinlandes und der Garden Route verbirgt sich eine harte Realität: Die Armut offenbart sich in den primitiven Hütten am Rande der wohlhabenden Städte und auf Farmen, wo die Arbeiter nur den Minimallohn erhalten.

In jedem Fall üben die schönen Berge, Täler und Strände der Provinz eine unglaubliche Faszination aus. Das **Weinland**, eine kurze Autofahrt von Kapstadt entfernt, erweist sich als Paradies für Gourmets. Hier genießt man vor einer Kulisse von grünen Tälern, dramatischen Bergformationen und hübscher kapholländischer Architektur erlesene Speisen und Weine. Beliebtes Ausflugsziel ist auch die **Walküste** in der Umgebung von Hermanus. Sie gilt in den Wintermonaten als beste Stelle des Landes für **Walbeobachtungen** vom Ufer aus. Östlich des Weinlands erstreckt sich zwischen Cape Agulhas und Mossel Bay die Region **Overberg**, die entlang der Küste und landeinwärts bis Swellendam verläuft. Diese Gegend liegt allerdings verborgen hinter den Bergen.

Die weniger populäre, abgelegene und windige **Westküste** nördlich von Kapstadt wird gerne während der Wildblumenzeit im August und September bereist. Besucher steuern meist den **West Coast National Park** an. Ein weiterer Hauptanziehungspunkt sind die **Cederberge**, 200 km nördlich von Kapstadt an der N7, eine felsige Wildnis mit Wanderwegen und verborgenen Felskunststätten – Werke des einheimischen Volkes der **San**, das im 19. Jh. so gut wie ausgerottet wurde. Bekanntester Anziehungspunkt des Westkaps ist die **Garden Route**, ein Abschnitt der N2 zwischen Kapstadt und Port Elizabeth (S. 381). Sie bietet bessere **öffentliche Verkehrsverbindungen** als irgendein anderer Landesteil. Reiseveranstalter haben diesen gut befahrbaren Autobahnabschnitt inzwischen zum südafrikanischen Mekka für Pauschalangebote im Bereich **Abenteuersport** und **Outdoor-Aktivitäten** gemacht. Mittelpunkt ist die lebendige Stadt **Knysna**, umgeben von herrlichen Wäldern. Die **Route 62**, das Gegenstück zur Garden Route im Hinterland, führt durch die gepflegten Städtchen und die spektakuläre Berglandschaft der **Kleinen Karoo**.

Das Weinland

In den **Winelands** dreht sich alles um den Genuss: essen, trinken und relaxen. Die ältesten europäischen Siedlungsgebiete am Westkap – Stellenbosch, Paarl, Franschhoek und Somerset West – haben alle eine eigene Weinroute voller niederländischer Kolonialgeschichte in Form von bilderbuchwürdigen Bauernhöfen mit weißen Giebeldächern, umgeben von Weinbergen und hohen Schieferbergen. Zu allem Überfluss ist hier auch noch eine unverhältnismäßig große Anhäufung der besten Restaurants in ganz Südafrika.

Die kleinste, romantischste und exklusivste Stadt heißt **Franschhoek** – ein Ort der kulinarischen Spitzenklasse, umwabert von einem liebevoll gepflegten provenzalischen Flair. Ihre attraktive Lage am Ende eines engen Tals übertrifft alles. Wer von Kapstadt aus nach einer schönen Fahrt ein tolles Mittagessen haben will, ist hier richtig. Die Universitätsstadt **Stellenbosch** hat hingegen hübsche historische Straßen sowie ein paar gute Museen und Cafés auf Lager. In zahlreichen Läden lässt es sich wunderbar nach Kunstgegenständen, Kleidung und exklusiven Kuriositäten stöbern. Das Bauernstädtchen **Paarl** liegt eine schöne Autofahrt von Stellenbosch entfernt in einem fruchtbaren Tal mit imposanter Granitfelskulisse. Danach kommt das ausgedehnte Stadtgebiet von **Somerset West** mit nur einer nennenswerten Attraktion: **Vergelegen**, eines der eindrucksvollsten Weingüter.

Die Winelands besucht man am besten mit dem Auto, denn die Fahrt durch die schöne Landschaft ist mindestens die halbe Freude. Eines der absoluten Highlights ist die Fahrt auf der **R310** über den berauschenden **Helshoogte Pass** zwischen Stellenbosch und der R45 von Franschhoek nach Paarl. Alle Weingüter sind an den Hauptverkehrsadern klar beschildert. Wer über keinen fahrbaren Untersatz verfügt, kann problemlos einen der vielen Tagestrips von Kapstadt (S. 214) oder Stellenbosch aus buchen (S. 231).

Stellenbosch

Alleen mit 300 Jahre alten Eichen bestimmen das Bild der 46 km östlich von Kapstadt gelegenen Ortschaft Stellenbosch – daher auch ihr Afrikaans-Spitzname „Die Eikestad" (die Eichenstadt). Mit ihren historischen Fassaden, Straßencafés, Wasserrinnen und einer europäischen Stadtplanung, die den Braak (eine Dorfwiese) zum Mittelpunkt hat, lädt sie zu einer Erkundungstour ein. Die Stadt ist das Herzstück des Weinlands. Sie bietet mehr Attraktionen als

Paarl oder Franschhoek und ist Knotenpunkt der größten und ältesten **Weinrouten** des Kaps.

Außerdem befindet sich hier die Universität von Stellenbosch, doch auch die lebendige Atmosphäre der Stadt kann nicht darüber hinwegtäuschen, dass es sich im Grunde um einen eher konservativen Ort handelt, in dem einige intellektuelle und kultivierte Afrikander-Familien ansässig sind. Er galt einst als Zentrum der Apartheid: Gefördert wurde hier unter anderem Premierminister Dr. H. F. Verwoerd, der die Grand Apartheid ins Leben rief.

Geschichte

Als **Simon van der Stel** 1679 am Kap eintraf, um sein Gouverneursamt anzutreten, begann er, die Gegend entlang des Eerste River („erster Fluss") zu erforschen. Er entdeckte ein reizvolles kleines Tal. Schon einen Monat später war es als Stellenbosch („Stels Busch") auf der Landkarte verzeichnet – der erste von mehreren über das Kap verteilten Orten, darunter auch die Siedlung Simonsberg mit Blick über die Stadt, die er nach der eigenen Familie benannte.

Von der Niederländischen Ostindischen Kompanie wurde van der Stel mit der Erschließung des Hinterlandes des Kaps beauftragt, und schon bald siedelte er die ersten **Free Burghers** („freien Bürger") in Stellenbosch. Binnen acht Jahren nahm er 60 Eigentumsübertragungen vor und innerhalb von zwei Jahrzehnten wuchs Stellenbosch zu einer wohlhabenden, teils feudalistischen, von Großgrundbesitzern dominierten Gemeinde. Zum Ausklang des Jahrhunderts gab es bereits über 1000 Häuser und einige beträchtliche *burgher*-Anwesen in und um Stellenbosch, von denen viele bis heute erhalten geblieben sind.

Village Museum

18 Ryneveld St ▪ 🕐 Mo–Sa 9–17, So 10–16 ▪ Eintritt R25 ▪ 🖵 www.stelmus.co.za/village_museum.htm

Stellenboschs museales Highlight ist das unterhaltsame Village Museum. Anhand einer Vierergruppe von Wohnhäusern aus unterschiedlichen Perioden, wie dem urtypisch kapholländischen **Blettermanhuis** aus dem 18. Jh., gibt es einen repräsentativen Überblick über das architektonische und gesellschaftliche Erbe der Stadt. Die

Stellenbosch

■ ÜBERNACHTUNG

Banghoek Place	3
De Oude Meul	7
Glenconner	5
Knorhoek Country Guest House	2
Natte Vallej	1
Ryneveld Country Lodge	4
Stumble Inn	8
Ten Alexander	6

● ESSEN

Jordan Restaurant	2
Overture	4
Schoon de Companjie	1
Terroir	3

■ BARS

Bohemia Bar	1
The Happy Oak Pub & Grill	2
Wijnhuis Wine Bar & Grill	3

Franschhoek

CLUVER

MERRIMAN

VERREWEIDE

JONKERSHOEK

VAN DER STEL

MARAIS

COETZENBURG

NOORDWAL-OOS

SOETEWEIDE

BANGHOEK

HOFMEYR

CLAASEN

Stellenbosch University Botanical Garden

DIE LAAN

RATTRAY

BOSMAN

VICTORIA

VAN RIEBEECK

THE AVENUE

DE BEER

NEETHLING

UNIVERSITY

JOUBERT

MINISERIE

MERRIMAN

DROSTDY

SUIDWAL

RYNEVELD

RYNEVELD

Village Museum

CHURCH / KERK

HELDERBERG

NOORDWAL-SUID

CROZIER

PLEIN

LOUW

MULLER

ANDRINGA

BIRD STREET

WIL

PIET RETIEF

BORCHERD

JAN CELLIERS

BIRD STREET

The Braak

BLOEM

Rhenish Church

HAMMAN

MOLTENO

PAUL KRUGER

HOFMAN

DENNESIG

DU TOIT

KOETSIER

VOC Kruithuis

ALEXANDER

MARKET

HERTE

DORP

KRIGE

Krige's Cottages

Stadion

ADAM TAS

Oom Samie se Winkel

MARKET

PAPEGAAI

AAN-DE-WAGENWEG

SAFRAAN

HEROLD

STRAND

Bahnhof Stellenbosch

WEIDENHOF

ADAM TAS

Eerste River

Flughafen & Kapstadt

& Paarl

& Somerset West

N

500

Meter

0

Gebäude sind wunderschön erhalten und ausgestattet. Außerdem sieht man Arbeiter in historischer Kleidung.

Dorp Street

Lohnend ist ein Spaziergang entlang der Dorp Street, Stellenboschs schön erhaltener historischer Achse. Zu bestaunen sind hier die Gebäude, Giebel, Eichen und Wasserrinnen am Straßenrand. Die **Krige's Cottages**, ein ungewöhnliches Ensemble historischer Stadthäuser in den Gebäuden Nr. 37-51 zwischen Aan-de-Wagenweg und Krige Street, entstanden in der ersten Hälfte des 19. Jhs. im kapholländischen Stil. Später wurden viktorianische Elemente ergänzt, das Ergebnis sind interessante Mischungen aus Giebeln mit viktorianischen Dachfenstern und Veranden mit filigranem Eisendekor vor schlichten eleganten kapholländischen Fassaden.

ÜBERNACHTUNG

Da in den Sommermonaten viele Unterkünfte ausgebucht sind, sollte man weit im Voraus reservieren. Die Touristeninformation hilft bei der Suche.

Banghoek Place, 193 Banghoek Rd, ✆ 021 887 0048, 🖳 www.banghoek.co.za; Karte S. 226. Das etwas schickere Schwesterhaus des Stumble Inn (s. u.) vermietet extrem preisgünstige DZ und 3-Bett-Zimmer, größtenteils mit Bad, und hat auch 3 kleine Dorms. Günstige Pauschalangebote mit 2 Übernachtungen und Weintour. Dorm R180, DZ R600

De Oude Meul, 10A Mill St, abseits der Dorp St, ✆ 021 887 7085, 🖳 www.deoudemeul.com; Karte S. 226. Mitten in der Stadt an einer belebten Straße. Angenehme Zimmer über einem Antiquitätengeschäft. Wer ruhig schlafen will, sollte eins nach hinten raus nehmen. R1400

Glenconner, Jonkershoek Rd, 4 km vom Zentrum, ✆ 021 886 5120 und 082 354 3510, ✉ glenconner@icon.co.za; Karte S. 226. Hübsche Farm-Cottages mit B&B oder für Selbstversorger. Spektakulär gelegen in einem Tal mit grasenden Pferden in der Nähe der Wanderwege des Jonkershoek Nature Reserve. Frühstück wird auf Wunsch unter einer alten Eiche serviert. R1200

Knorhoek Country Guest House, Knorhoek Wine Estate, abseits der R44, 7 km nördlich der Stadt, ✆ 021 865 2114, 🖳 www.knorhoek.co.za; Karte S. 226. Die alten Farmgebäude in idyllischer Lage sind zu modernen Gästezimmern und Cottages umgebaut. Jedes verfügt über eine sonnige Terrasse mit Rasen und strahlt einen stillen Luxus aus. Gäste können nach Lust und Laune durch Garten und Weinberg flanieren. DZ R1200

Natte Valleij, an der R44, 12 km nördlich der Stadt, ✆ 021 875 5171, 🖳 www.nattevalleij.co.za; Karte S. 226. 1 großes Cottage mit 6 Betten, 1 kleineres, an einen alten Weinkeller angrenzendes mit 1 Schlafzimmer und 1 Zimmer mit Bad und separatem Eingang. Pool. Frühstück wird auf der Veranda serviert. R900

Ryneveld Country Lodge, 67 Ryneveld St, ✆ 021 887 4469, 🖳 www.ryneveldlodge.co.za; Karte S. 226. Elegantes Gebäude aus dem späten 19. Jh. unter Denkmalschutz, mit viktorianischen Antiquitäten möbliert. Makellose Zimmer; die beiden im Obergeschoss mit Zugang zu einer Terrasse. Auch 2 Familien-Cottages für bis zu 4 Pers. und Pool. R1700

Stumble Inn, 12 Market St, ✆ 021 887 4049, 🖳 www.stumbleinnbackpackers.co.za; Karte S. 226. Bestes und ältestes Hostel der Stadt, untergebracht in 2 Häusern unweit der Touristeninformation; freundliches, aufmerksames Personal. Auch bekannt für preiswerte Touren. Dorm R150, DZ R410

Ten Alexander, 10 Alexander St, ✆ 021 887 4414, 🖳 www.10alexander.co.za; Karte S. 226. Funktionales, ruhiges, angenehmes Guesthouse unter der effizienten Leitung eines redseligen Inhabers. Die Zimmer sind klein und makellos sauber, mit Zugang zu einem hübschen Garten mit Pool. Selbstversorgereinrichtungen vorhanden, Mindestaufenthalt 2 Nächte. R1850

ESSEN

Lunch oder Abendessen in den Weinbergen gehören zum kulinarisch Besten, was Südafrika zu bieten hat; fast jedes Weingut hat entweder ein Restaurant oder (vorausgebuchte) Picknicks im Angebot. Mehrere dieser **Weinbergrestaurants** gehören zu den Top Ten Südafrikas.

1971 erkannte Stellenbosch als erste Region in Südafrika das Marketing-Potenzial einer **Weinroute**. Obwohl sie nur einen Bruchteil der südafrikanischen Weinanbaugebiete ausmacht, ist diese Route mit rund 300 Weinkellereien die umfangreichste des Landes.

Eine Weinroute lässt sich gut in Eigenregie zusammenstellen. Sämtliche Weingüter sind von Kapstadt aus bequem in etwa einer Stunde mit dem Auto zu erreichen; wer nicht übernachtet, kann leicht mehrere an einem Tag besuchen. Die einzelnen Güter sind von den Hauptzufahrtstraßen aus gut ausgeschildert. Mehrere laden zum stilvollem Dinieren ein oder bieten Picknickkörbe (im Voraus reservieren), aber die meisten beschränken sich auf Weinproben. Im Winter sind die Öffnungszeiten eventuell kürzer.

Delaire Graff Estate, am Helshoogte Pass, 6 km östlich von Stellenbosch an der R310 nach Franschhoek, ✆ 021 885 8160, 🖥 www.delairewinery.co.za. Das renommierte Delaire Graff Restaurant bietet den vielleicht herrlichsten Panoramablick im ganzen Weinland – zwischen Sumpf-Eichen hindurch auf den Groot Drakenstein, die Simonsig-Berge und das Tal. Hervorragende Weine sind hier nicht schwer zu finden: die sind hauptsächlich weiß, obwohl es auch ein großartiges rotes Cuvée gibt. Die Verkostung von drei Weinen kostet R50. ⊙ Mo–Sa 10–17, So 10–16 Uhr, Restaurant Mo–Sa 12–14 und 18.30–21, So 12–14 Uhr.

Jordan Vineyards, 11,5 km westlich von Stellenbosch in der Nähe der R310, ✆ 021 881 3441, 🖥 www.jordanwines.com. Jordan ist ein Pionier unter den neumodisch gesinnten Weingütern des Kaps, mit Hightech-Keller, modernem Verkostungsraum und freundlichem Service. Schon die Fahrt hierher hat hohen Erlebniswert: Sie führt in eine von Weinbergen gesäumte *kloof* (Schlucht), durch die Meeresbrisen von der False Bay und der Tafelbucht streichen, was den Trauben offensichtlich gut tut, denn das Weingut erzeugt einige herausragende Weine und glänzt außerdem mit einem hoch angesehenen Restaurant (S. 230). Die Verkostung von sechs Premiumweinen kostet R125 (wird beim Einkauf verrechnet). ⊙ tgl. 9–16 Uhr.

Morgenhof, 4 km nördlich von Stellenbosch an der R44, ✆ 021 889 2007, 🖥 www.morgenhof.com. Ein schlossähnlicher Komplex am Hang des Simonsbergs. Der Morgenhof hat eine helle, geräumige Probierstube mit Bar. Draußen wird ein vorzügliches leichtes Mittagessen serviert. Unter ihrem Hauptlabel produzieren sie das hervorragende rote Morgenhof Estate Cuvée sowie einige herausragende Weißweine (darunter Chenin Blanc, Chardonnay und Sauvignon Blanc), während ihre erschwinglichere Produktlinie unter dem Namen Fantail läuft. Die Verkostung von fünf Weinen kostet R35. ⊙ Mo–Fr 9–17, Sa und So 9–16, Restaurant tgl. 9–16 Uhr.

Neethlingshof, 6,5 km westlich von Stellenbosch an der Polkadraai Rd (an der R306), ✆ 021 883 8988, 🖥 www.neethlingshof.co.za. Im Zentrum des Guts steht das wunderschön restaurierte kapholländische Herrenhaus von 1814, das man über eine Schirmkiefernallee erreicht. Die ersten Reben des Neethlingshof wurden schon 1692 angepflanzt. Zu den führenden Weinen gehören der Caracal, ein bordeauxähnliches Cuvée, und der Pinotage Old Poot. Die Verkostung von fünf Weinen kostet R40. ⊙ Mo–Fr 9–16.30, Sa und So 10–16, Restaurant Mo, Di und So 9–17, Mi–Sa 9–21 Uhr.

Overgaauw, 6,5 km westlich von Stellenbosch, in der Nähe der M12, ✆ 021 881 3815, 🖥 www.overgaauw.co.za. Das Weingut mit dem eleganten Verkostungsraum im viktorianischen Stil baute als Erstes des Landes Merlot an und ist bis heute der einzige südafrikanische Produzent von Silvaner, einem ebenso preisgünstigen wie gefälligen trockenen Weißwein. Die Verkostung von fünf Weinen kostet R30 (wird beim Einkauf verrechnet). ⊙ Mo–Fr 9–16 Uhr, nur nach Vereinbarung.

Rustenberg Wines, abseits der Lelie Rd, Ida's Valley, ✆ 021 809 1200, 🖥 www.rustenberg.co.za. Eines der Weingüter, die Stellenbosch am nächsten liegen, und zugleich eins der attraktivsten. Die Anfahrt führt durch lauschige Alleen zwischen Obstplantagen und Schafweiden. Die romantische Bauernhofatmosphäre des bescheidenen Guts steht im faszinierenden Kontrast zum architektonisch eindrucksvollen Hightech-Verkostungsraum in den ehemaligen Stallungen. Seine Renner sind der Peter Barlow

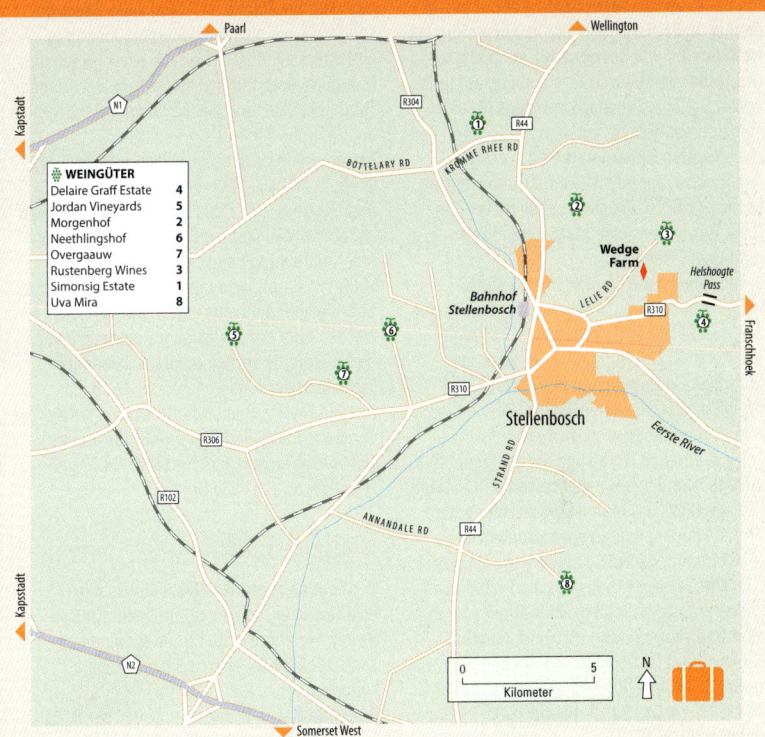

Cabernet Sauvignon und der Five Soldiers Chardonnay. Die Verkostung von sechs Weinen kostet R25 (wird beim Einkauf verrechnet). ⊕ Mo–Fr 9–16.30, Sa 10–15.30, So 10–15 Uhr.

Simonsig Estate, 9,5 km nördlich von Stellenbosch, an der Kromme Rhee Rd, die von der R44 zur R304 verläuft, ✆ 021 888 4900, 🖳 www.simonsig.co.za. Der zwanglose Verkostungsbereich im Freien unter weinberankten Pergolen bietet prachtvollen Blick in Richtung Stellenbosch auf dunstig-blaue Berge und Weingärten. Die Weinkellerei produzierte vor fast 50 Jahren als Erste des Landes einen Sekt mit Flaschengärung, hat aber auch ein großes Sortiment an erstklassigen Weißweinen im Programm. Die Verkostung von fünf Sektsorten kostet R75 und die von drei Weinen R50. ⊕ Mo–Fr 8.30–16.30, Sa 8.30–15.30, So 11.30–14.30 Uhr.

Uva Mira, ca. 8 km südlich von Stellenbosch, an der Annandale Rd, die von der R44 abzweigt, ✆ 021 880 1683, 🖳 www.uvamira.co.za. Die zauberhafte Boutique-Weinkellerei kann sich durchaus gegenüber stärkeren Konkurrenten behaupten und wäre schon für die kurvenreiche Anfahrt den halben Helderberg hinauf einen Besuch wert. Die originelle Probierstube vermittelt den Eindruck sanft gealterter historischer Bausubstanz, obwohl es sich in Wirklichkeit um einen relativ neuen Bau handelt. Von der Terrasse bietet sich ein einzigartiger Blick über die Weinberge zur rund 50 km entfernten False Bay. Besonders gut sind der international preisgekrönte 2006er Chardonnay und das bordeauxähnliche rote Cuvée – ihr Flaggschiff. Die Verkostung von drei Weinen kostet R50. ⊕ tgl. 10–18 Uhr.

Wer dort essen will, muss Wochen oder sogar Monate im Voraus reservieren – vor allem im Sommer. In Stellenbosch gibt es auch hübsche **Straßencafés** und **Restaurants**, vor allem in Dorp Street und Church Street sowie am grünen De Wet Square. Samstags morgens (9–14 Uhr) lohnt sich ein Besuch auf dem großartigen und sehr beliebten **Bauernmarkt**, 🖥 www.slow market.co.za, auf dem Weingut Oude Libertas, abseits der R310 und gleich südlich des Zentrums. Hier gibt es eine gute Auswahl an regionalen Produkten.

Jordan Restaurant, Jordan Wine Estate, 11,5 km westlich von Stellenbosch, abseits der R310, ☎ 021 881 3612, 🖥 www.jordanwines. com; Karte S. 226. Hier schwingt einer von Südafrikas Spitzenköchen den Löffel – und trifft immer ins Schwarze. Essen, Service und Wein sind genauso erstklassig wie der Ausblick auf See und Berge von der Terrasse. Das günstige Menü besteht aus saisonalen Zutaten (2 Gänge R350, 3 Gänge R425); zwischen den Gängen kann man auch einen Besuch im Weinverkostungsraum einlegen. Die Bakery at Jordan, 🖥 www.thebakery.co.za, hat spannendes Frühstück, leichte Mahlzeiten sowie Käse- und Wurstplatten (R200) im Angebot. ⏰ Restaurant im Sommer Mo–Mi und So 12–14, Do–Sa 12–14 und 18.30–20.30 Uhr, im Winter Di und Mi 12–14, Do–Sa 12–14 und 18.30–21 Uhr; Bäckerei tgl. 8–16 Uhr.

Overture, Hidden Valley Wine Estate, Annandale Rd, ☎ 021 880 2646, 🖥 www.dineat overture.co.za; Karte S. 226. Rangiert in doppelter Hinsicht an der Spitze der hiesigen Restaurants: Nicht nur thront es auf einem Hügel mit herrlichem Blick in das Annandale Valley, es wird auch regelmäßig zum besten Restaurant des Landes gekürt. Klassisch-französisch ist die Basis, verfeinert mit einer interessanten modernen Note und aus frischen Zutaten hergestellt; 6-gängiges Degustationsmenü (R690). Weit im Voraus reservieren. ⏰ Mi und So 12–15, Do–Sa 12–14.30 und 19–23 Uhr.

Schoon de Compagnie, Bird, Ecke Church St, ☎ 021 883 2187, 🖥 www.decompanje. co.za; Karte S. 226. Das Café mit Deli hat diverse gemütliche Ecken, die zu einem guten Kaffee

mit Croissant einladen. Im Sommer ziehen nicht nur die Tische im Freien viele Gäste an, sondern auch die hausgemachte Eiscreme und das Stellenbrau-Bier aus einer regionalen Mikrobrauerei. Mittags bieten sich der Quinoa-Tabouleh-Salat und die vielfältigen Sandwiches an. ⏰ Di–Sa 7.30–19, So 8–15 Uhr.

Terroir, Kleine Zalze Wine Estate, Strand Rd (R44), ☎ 021 880 0717, 🖥 www.kleinezalze. com; Karte S. 226. Rund 8 km von Stellenbosch auf einem Weingut mit Golfplatz. In dem überraschend zwanglosen Speisesaal (für ein landesweit gefeiertes Restaurant) und an den Tischen im Freien unter schattigen Eichen werden eher hochpreisige französisch inspirierte Gerichte vorwiegend aus saisonalen Produkten der Region gereicht. Auch die Desserts wie z. B. marinierte Mango mit Kokos-Vanille-Brioche und Banane (R110) können sich sehen lassen. ⏰ Mo–Sa 12–14.30 und 18.30–21, So 12–14.30 Uhr.

UNTERHALTUNG

Gepflegt etwas trinken lässt sich in den Straßencafés, insbesondere in der Church Street, wo abends Studenten für eine entspannte und bisweilen auch wilde Trinkkultur sorgen.

Bohemia Bar, 1 Victoria St, ☎ 021 887 8375, 🖥 www.facebook.com/bohemiabar; Karte S. 226. Mit etwas Glück gibt es hier Livemusik von Bands aus der Gegend, meist alternativer Punk-Rock, üblicherweise am Donnerstag. Tagsüber lädt eine umlaufende Veranda mit Tischen an der Straße ein. Das Essen wie Pizza und getoastete Sandwiches ist überaus preisgünstig; auch das Frühstück mit Ei und Bacon (R30) ist zu empfehlen. ⏰ tgl. 11–2 Uhr.

The Happy Oak Pub & Grill, 62 Andringa St, ☎ 021 882 9672, 🖥 www.thehappyoak.co.za; Karte S. 226. In dieser zentral gelegenen Kneipe mit typischer Pubatmosphäre bekommt man Bier und Cider für wenig Geld. Eine Flasche regionaler Rotwein kostet nur R80 und Essen gibt es schon für R70, z. B. Steak mit Ei. Vegetarier haben hier eher schlechte Karten. Wird viel von Studenten besucht. ⏰ 11–2 Uhr.

Wijnhuis Wine Bar & Grill, Church, Ecke Andringa St, ℘ 021 887 5844, ⌨ www.wijn huis.co.za; Karte S. 226. Hier wird eine erstaunliche Vielfalt an regionalen Weinen und Craft-Bieren (R50) ausgeschenkt. Die Einrichtung ist modern-schlicht und man sitzt an stilvollen Holztischen. Wer Steaks, Bruschetta, Salat, Pasta, Fisch- und Wildgerichte mag, ist hier richtig. ⊙ 8–23 Uhr.

TOUREN

Stadtrundgang

Morgens und nachmittags startet jeweils an der Touristeninformation ein Rundgang – eine tolle Art, die architektonischen Highlights zu sehen und die Stadt kennenzulernen. Nach Vereinbarung mit Sandra Krige, ℘ 021 887 9150; ab 6 Teilnehmern, R100 p. P.

Weintouren

Wer die Weingüter besuchen möchte, fragt am besten bei der Touristeninformation nach. Sie vertritt zahlreiche Tourenanbieter und kann je nach Zeit und Budget den passenden empfehlen. Die Preise liegen zwischen R350 für einen halben und R550 für einen ganzen Tag inkl. Verkostung. Empfehlenswert sind:
Bikes n Wines, ℘ 074-186 0418, ⌨ www.bikes nwines.com. Wer fit ist, kann die Weinberge per Drahtesel kennenlernen (Halbtagestour für R550, alternativ mit Übernachtung für R1950).
Easy Rider Wine Tours, ℘ 021 886 4651, ⌨ www.winetour.co.za. Der Anbieter mit Büro in der Backpacker-Unterkunft Stumble Inn schnürt ein Tourenpaket mit 4 Weingütern (R500) inkl. Mittagessen in Franschhoek.
Equine Sport Centre, ℘ 071 597 2546, ⌨ www. equinesportcentre.co.za. Die Weintouren im Sattel führen in die Weingüter Morgenhof, Knorhoek und Remhoogte. Sie sind für Anfänger wie Fortgeschrittene geeignet. Die kürzeren Ausritte führen zu einem einzigen Weingut (R220), Halbtagesausflüge umfassen zwei (R600) und Ganztagestrips alle drei (R900). Gelegentlich sind auch Weinproben und die großartige Aussicht auf Meer und Tafelberg inklusive.
The Vine Hopper, ℘ 084 492 4992, ⌨ www. vinehopper.co.za. Der praktische Bus mit freiem

Zustieg hält an einem Dutzend Weingütern, darunter Van Ryn's Brandy Cellar. Tage und befahrene Routen variieren je nach Saison und Nachfrage – vorher anrufen! Tagesticket R240.

INFORMATIONEN

Touristeninformation, 36 Market St, ℘ 021 883 3584, ⌨ www.stellenbosch.travel. Reserviert Unterkünfte, die im Sommer wegen des guten Wetters knapp sind und daher weit im Voraus gebucht werden sollten. ⊙ Mo–Fr 8–17, Sa 9–14, So 9–15 Uhr.

TRANSPORT

Busse

Der **Baz Bus**, ⌨ www.bazbus.com, verkehrt tgl. zwischen KAPSTADT und SOMERSET WEST und hält dort an der BP Tankstelle neben dem Lord Charles Hotel. Einige Hostels betreiben von dort einen Shuttledienst, der vorab bestellt werden muss.

Eisenbahn

Die Züge der **Metrorail**, ℘ 0800 65 64 63, ⌨ www.capemetrorail.co.za, fahren tagsüber etwa alle 90 Min. nach KAPSTADT (1–1 1/4 Std.). Die Strecke führt jedoch durch grenzwertige Gegenden in den Cape Flats und ist daher mit Vorsicht zu genießen. Es kann auch zu Verspätungen und Ausfällen kommen.

Somerset West und Umgebung

Die einzigen überzeugenden Gründe, die wenig verlockende Stadt Somerset West, 50 km östlich von Kapstadt, über die N2 anzusteuern, sind **Vergelegen** an der Lourensford Road und das Nachbargut **Morgenster**, die beide offiziell zur Helderberg-Weinroute gehören, sich aber auch problemlos von Stellenbosch aus, nur 14 km weiter nördlich, besuchen lassen.

Vergelegen

⊙ tgl. 9.30–16 Uhr ▪ Eintritt R20 ▪ Verkostung: sechs Weine R50 ▪ ℘ 021 847 2100, ⌨ www. vergelegen.co.za

Vergelegen produziert nicht nur ein eindrucksvolles Weinsortiment, sondern ist zugleich auch ein architektonisches Schmuckstück. Die Entstehungsgeschichte des Anwesens ist exemplarisch für die berüchtigten frühen Herrschaftsjahre der Niederländischen Ostindischen Kompanie am Kap, die von Korruption geprägt waren. Das Gut wurde von Willem Adriaan van der Stel, Gouverneur seit 1699, im Renaissance-Stil erbaut und vermittelte einen prächtigen Eindruck inmitten des wilden rückständigen Kaps um 1700.

Van der Stel erwarb das Land auf illegalem Weg, ließ Vergelegen von Sklaven der Kompanie errichten und bediente sich der Ressourcen der Kompanie, um ausgedehnte Landstriche in der Umgebung zu bebauen. Parallel missbrauchte er seine Macht als Gouverneur, um die meisten bedeutenden Märkte des Kaps zu monopolisieren. Als die Kompanie davon erfuhr, wurde van der Stel gefeuert und man ordnete an, Vergelegen zu zerstören. Man geht davon aus, dass die Zerstörung nicht vollständig erfolgte und dass das heutige Gebäude auf dem Fundament des ursprünglichen steht.

Vergelegen war das einzige Weingut, das von Königin Elizabeth II. während ihres Aufenthalts in Südafrika 1995 besucht wurde. Das **Besucherzentrum** gegenüber dem Geschäft am Gebäudeeingang liefert Hintergrundinformationen zum Anwesen. Das **Weinprobierzentrum** nebenan bietet professionelle Proben mit kurzen Erläuterungen zu jeder Marke. Daneben empfiehlt sich eine Besichtigung des Gehöfts, das 1917 von Lady Florence Phillips, der Ehefrau eines Johannesburger Bergbaumagnaten, restauriert wurde. Dank der vielen Teiche und schönen, mit Kastanien- und Kampferbäumen bepflanzten Flächen gilt Vergelegen als einer der erholsamsten Orte am Kap.

Morgenster

⏲ Mo–Sa 10–17, So 10–16 Uhr ▪ Wein- und Schokoladenverkostung R65, Olivenölverkostung R40 ▪ ✆ 021 852 1738, 🖳 www.morgenster.co.za

Das Nachbargut **Morgenster** besticht durch sein bezauberndes ländliches Ambiente. Von der Veranda des Verkostungsraums schaut man auf einen idyllischen See und die dunstigen Berge

in der Ferne. Neben seinen zwei himmlischen roten Cuvées bietet das Weingut als ungewöhnliche Dreingabe auch Olivenverkostungen – drei Sorten Oliven, drei Sorten Olivenöl und köstliche Olivenpasten.

ESSEN

🍴 **Vergelegen**, ✆ 021 847 2131, 🖳 www. vergelegen.co.za. Die Umgebung in Vergelegen kann man fast nicht schöner genießen als mit einem Gourmet-Picknick (R250 p. P., nur im Sommer), das mit Karotischdecke und Weidenkorb unter Kampherbäumen angerichtet wird. Die Stables bieten Frühstück, Mittagessen und Kaffee in Bistroatmosphäre, während Camphors Restaurant mit die beste Küche der Winelands auf den Tisch zaubert. Auf der saisonalen Speisekarte stehen z. B. Leckerbissen wie Tatar vom eigenen Nguni-Rind (3 Gänge R395). Hier muss man unbedingt weit im Voraus reservieren. ⏲ The Stables tgl. 9.30–16 Uhr, Camphors Restaurant Mi, Do und So 12–14.30, Fr und Sa 12–14.30 und 18.30–21.30 Uhr.

Paarl und Umgebung

Obwohl Paarl attraktiv in ein fruchtbares Tal voller historischer Gebäude eingebettet ist, bleibt es im Grunde ein dorp, das die Kultiviertheit von Stellenbosch oder das Flair von Franschhoek vermissen lässt. Seinen Wohlstand verdankt dieses Farmzentrum den Agrarindustrien – Getreidesilos, Konservenfabriken und Mühlen – an der Nordseite der Stadt sowie einer reichen Auswahl an Trauben, Guaven, Oliven, Orangen und Mais auf den umliegenden Farmen.

Geschichte

Im Jahre 1657, fünf Jahre nach Einrichtung der Siedlung am Kap, fand sich **Abraham Gabbema** mit einer Gruppe von Männern im Berg River Valley ein, um die Handelsmöglichkeiten mit den Khoikhoi zu testen und nach dem legendären Gold von Monomotapa zu suchen. Offensichtlich träumten sie von einem Schatz, denn als sie nach einer regnerischen Nacht erwachten und

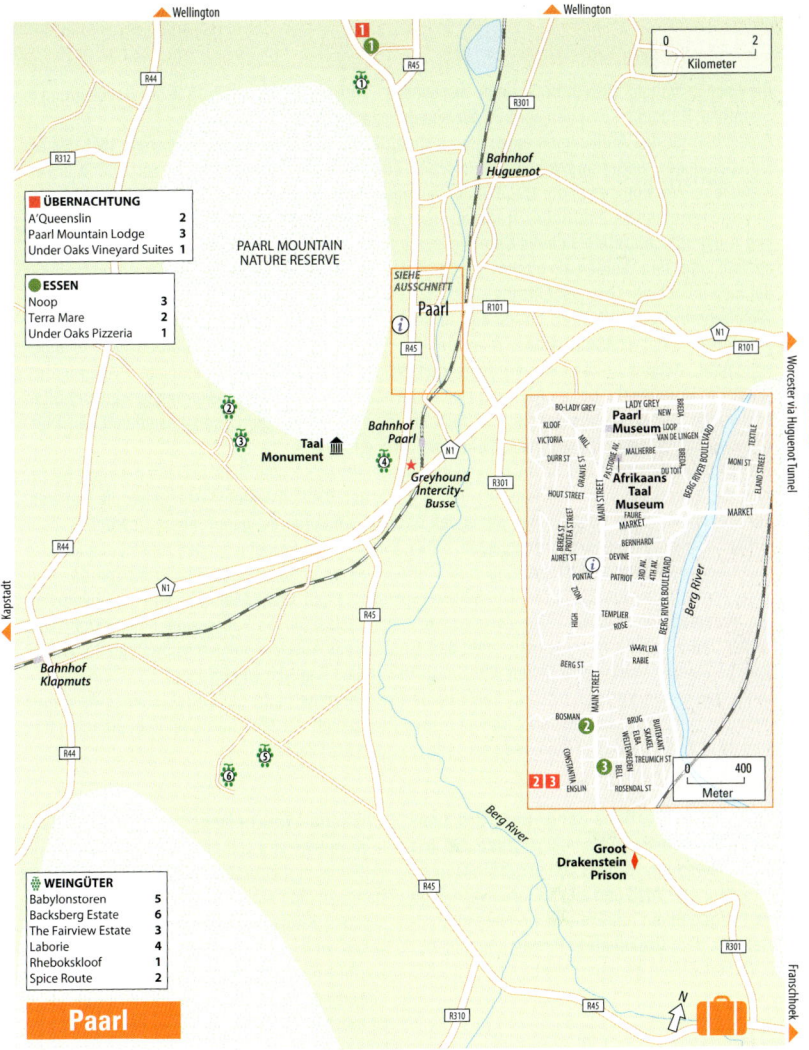

SIEHE
AUSSCHNITT

ÜBERNACHTUNG

A'Queenslin	2
Paarl Mountain Lodge	3
Under Oaks Vineyard Suites	1

ESSEN

Noop	3
Terra Mare	2
Under Oaks Pizzeria	1

WEINGÜTER

Babylonstoren	5
Backsberg Estate	6
The Fairview Estate	3
Laborie	4
Rheboskloof	1
Spice Route	2

Paarl

WESTKAP

Worcester via Huguenot Tunnel

Kapstadt

Franschhoek

Stellenbosch via Helshoogte

---

die Silberkuppel aus Granit über dem Tal erblick-
ten, tauften sie diese Peerlbergh (Perlberg). In
abgewandelter Form – Paarl – wurde dies zum
Namen der Stadt.

30 Jahre später vergab Simon van der Stel,
der Kommandeur des Kaps, Landstriche der
Khoikhoi an den Hängen des Paarl Mountain an

französische Hugenotten und holländische Siedler. Als Paarl 1847 Stadtstatus erhielt, diente es
weiter als Vorposten am Rand der Drakenstein
Mountains, Wagenbauzentrum und letzter Ver-
sorgungsstopp.

Für die beiden gegnerischen politischen Kräfte, die das moderne Südafrika prägten, hat die

Afrikaans

Die nach Zulu und Xhosa dritte Sprache des Landes – Afrikaans – sprechen 15 % der Bevölkerung in Südafrika. Dagegen sprechen nur 9 % der Südafrikaner Englisch.

Anzeichen für das Aufkommen eines neuen südafrikanischen Dialekts gab es bereits 1685, als ein Funktionär der Niederländischen Ostindischen Kompanie aus Europa, die „verzerrte und unverständliche" Version des in der Gegend des heutigen Paarl gesprochenen Holländisch bemängelte. Durch die Aufnahme englischer, französischer, deutscher, malaiischer und einheimischer Wörter und Ausdrücke entfernte sich die Sprache immer mehr vom Hochholländischen. Im 19. Jh. fand sie sowohl unter den Weißen als auch unter den Coloureds des Kaps breite Anwendung, erntete unter der Elite jedoch nur Geringschätzung.

1905 begann **Gustav Preller**, ein junger Journalist aus dem Arbeitermilieu der Buren, Afrikaans als „Sprache der Weißen" wieder zu entdecken. Die Assoziation mit den Coloureds wurde abgeschwächt, indem man die nicht-europäischen Wörter durch holländische ersetzte. Preller veranlasste die Herausgabe der ersten einer Reihe von populistischen afrikaanssprachigen Zeitschriften sowie eine Verherrlichung der Geschichte und Kultur der Buren. Der Druck hinsichtlich der Anerkennung als Amtssprache wuchs, welche dann 1925 erfolgte.

1948 kam die National Party an die Macht. Ihre Apartheidspolitik ging Hand in Hand mit einer Förderung der Interessen ihrer afrikaanssprachigen Anhänger. Bald bekleideten Afrikander die Großzahl der Stellen im öffentlichen Dienst und in den öffentlichen Versorgungsbetrieben. Obwohl es mehr farbige als weiße Afrikaanssprachige gab, entwickelte sich die Sprache schnell zum Fundament des entstehenden **Apartheidsystems**, und in den 1970er-Jahren unternahm die Regierung gar den Versuch, Afrikaans als einzige Sprache in Schulen vorzuschreiben. Diese Maßnahme führte unmittelbar zum **Aufstand von Soweto** (1976). Zur gleichen Zeit veranlassten die Repressionen der 1970er- und 1980er-Jahre und die Vertreibungen unter dem Group Areas Act viele afrikaanssprachige Coloureds, ihrer belasteten Muttersprache den Rücken zu kehren und Englisch vorzuziehen.

Unter der neuen Verfassung sind bestehende **Sprachrechte** nicht gefährdet, sodass Afrikaans genauso weit verbreitet bleiben wird wie bisher. Die Zukunft der *taal* (Sprache) liegt jedoch heute sowohl in den Händen der Coloureds als auch in denen der Weißen.

Stadt historische Bedeutung: Das **Afrikanerdom** betrachtete Paarl als heilige Stätte, wo ihre Sprachbewegung 1875 ins Leben gerufen wurde (s. Kasten). Der **ANC** und alle anderen verbinden Paarl dagegen mit der Entlassung Nelson Mandelas aus dem **Drakenstein Prison** (damals Victor Verster Prison genannt) 1990.

Paarl Museum

303 Main St ▪ ⏱ Mo–Fr 9–16, Sa 9–13 Uhr ▪ Eintritt R5 ▪ ☏ 021 872 2651

Das Paarl Museum ist in einem schmucken kapholländischen Gebäude untergebracht, das ursprünglich ein Pfarrhaus war und 1787 neu aufgebaut wurde. Die Ausstellungsstücke können mit dem äußeren Erscheinungsbild allerdings kaum konkurrieren. Es gibt ein paar repräsentative kapholländische Möbelstücke, eine gut erhaltene Wäschemangel sowie interessante Keramik- und Silbersammlung. All dies gibt Einblicke in das ursprüngliche Leben der Stadt. Daneben sind einige Ausstellungsstücke zur indigenen Khoisan-Bevölkerung der Gegend zu sehen, und auch die Auswirkungen der Kolonisierung durch die Europäer, darunter die Einführung der Sklaverei, werden veranschaulicht. Es werden zudem regelmäßig Wechselausstellungen gezeigt.

Taal Monument

⏱ tgl. 9–17 Uhr ▪ Eintritt frei ▪ Anfahrt über die Main St nach Süden vorbei an der KWV-Zentrale; den Schildern auf der rechten Seite den Hügel hinauf folgen

Die andere Sehenswürdigkeit in Paarl ist das pompöse Taal Monument aus der Apartheid-

Ära, ein Afrikaans-Denkmal unmittelbar vor dem Stadtzentrum auf der Spitze des Paarl Mountain. Das Monument wurde von Architekt Jan van Wijk entworfen und 1975 errichtet. Es besteht aus einer äußerst abstrakten Verbindung aus Kuppeln, Säulen und Obelisken aus Zement und Granit und galt früher als ebenso bedeutsame Pilgerstätte für Afrikander wie das Voortrekker Monument in Pretoria. Vom Coffeeshop und Kuriositätenladen genießt man einen wunderschönen Panoramablick über die Halbinsel und False Bay in der einen und über das Weinland in der anderen Richtung.

Groot Drakenstein (Victor Verster) Prison

Etwa 9 km südlich der N1 auf der Höhe von Paarl an der R301, der südlichen Verlängerung der Jan van Riebeeck St

Das Victor Verster Prison, 2000 in Groot Drakenstein umbenannt, war **Nelson Mandelas** letzter Inhaftierungsort. Durch die Tore von Victor Verster erblickte er am 11. Februar 1990 das Licht der Freiheit und von hier wurden auch die ersten Bilder von ihm nach 27 Jahren um die Welt geschickt – gemäß dem Prisons Act durften während seiner gesamten Inhaftierungszeit nicht einmal alte Aufnahmen von ihm veröffentlicht werden. Mit dem Rugby-Feld an seiner Vorderseite und der Kulisse aus dunstigen Bergen wirkt das Gefängnis eher wie eine Jungenschule. Es gibt keine Führungen. Vor dem Eingang steht seit 2008 eine große Statue von Mandela mit drohend erhobener Faust.

ÜBERNACHTUNG

A'Queenslin, 2 Queen St, ℡ 021 863 1160, 🖥 www.queenslin.co.za; Karte S. 233. In einem ruhigen Stadtteil, umgeben von Weinbergen und überragt vom Paarl Rock. 2 Zimmer mit Du/WC mit eigenem Eingang in einem Familienhaus auf 2 Ebenen mit Garten. Außerdem 3 DZ mit Gemeinschaftsbad. Die Zimmer sind groß und haben jeweils Terrasse oder Veranda, während Kühlschrank und Mikrowelle eine eingeschränkte Selbstverpflegung ermöglichen. R900
Paarl Mountain Lodge, 21 Enslin St, ℡ 021 869 8045, 🖥 www.paarlmountainlodge.co.za;

Karte S. 233. 4 einfache, saubere, weiße Zimmer mit Bad in einem großen Haus an einer ruhigen Straße an den Hängen des Perlbergs, 2 km vom Zentrum. Es gibt einen sicheren Parkplatz, eine Terrasse mit Bergblick, auf der man sein Begrüßungsgetränk genießen kann, und einen Pool. Frühstück in Buffetform. R900
Under Oaks Vineyard Suites, abseits der R45, 8 km nördlich von Paarl, ℡ 021 869 8045, 🖥 www.underoaks.co.za; Karte S. 233. Das funktionelle, moderne Gästehaus hat günstige Luxuszimmer mit bequemen Betten und schönem Bettzeug. Frühstück wird im historischen Esszimmer mit Blick auf Weideland serviert, abends kann man in die hauseigene Pizzeria gehen (S. 236). Nebenan im Boutique-Weinkeller kann man die hauseigenen Spitzenweine Sauvignon Blanc und Cabernet Sauvignon probieren. R1350

ESSEN

Als Arbeiterstadt gibt Paarl im Gegensatz zu Franschhoek oder Stellenbosch nicht vor ein Feinschmeckerparadies zu sein. Dennoch kann man an der Hauptstraße anständig Kaffee trinken oder etwas essen, und in den umliegenden Weingütern gibt es durchaus hervorragende Restaurants.
Noop, 127 Main St, ℡ 021 863 3925, 🖥 www.noop.co.za; Karte S. 233. Supercoole Outdoor-Weinbar und Restaurant in einem historischen Haus mit eindrucksvoller Auswahl offener Weine. Das Lokal ist beliebt wegen seiner Steaks (R140) und seiner Seafood-Gerichte. Auch für Vegetarier gibt es mindestens eine Vorspeise, einen Salat oder ein Hauptgericht. Besonders geschätzt wird das Risotto mit Trüffelöl (R120). ⏰ Mo–Sa 11–21.30 Uhr.
Terra Mare, 90A Main St, ℡ 021 863 4805; Karte S. 233. Italienisch und mediterran beeinflusste Gerichte wie z. B. Risotto mit 3 Pilzsorten (R95) als Vorspeise oder Spezialitäten von der Tageskarte wie Straußenfilet (R170). Das Essen wird mit regionalen Zutaten überaus ansprechend zubereitet und das Restaurant aus Glas und Stahl bietet weite Ausblicke auf den Paarlberg. ⏰ Mo–Sa 11–14, 18–22 Uhr.

Under Oaks Pizzeria, Paarl Main Rd, 8 km vom Ortszentrum entfernt, ☏ 021 869 8962; Karte S. 233. Die Holzofenpizza (R80) ist genauso hervorragend wie der hauseigene Wein. Aber das Allerbeste ist die Lage unter den majestätischen Eichen. Wegen des relaxten Flairs ist das Lokal sehr beliebt bei einheimischen Familien. ⏰ Di–Sa 11.30–20.30, So 12–15.30 Uhr.

SONSTIGES

Informationen

Touristeninformation, 216 Main St, ☏ 021 872 4842, 🖥 www.paarlonline.com. Hat eine gute Auswahl an Karten, u. a. auch für die Weinrouten, und kann bei der Unterkunftsbuchung helfen. ⏰ Mo–Fr 8–17, Sa 9–13, So 10–13 Uhr.

Touren

Wine Valley Horse Trails, auf dem Weingut Rhebokskloof, ☏ 083 226 8735 oder 083 657 5135, 🖥 www.horsetrails-sa.co.za, bietet 1- bis 4-stündige Ausritte durch das Umland für Anfänger und Fortgeschrittene (ab R450 für eine 1-stündige Tour). Für erfahrene Reiter gibt es eine 3-stündige Strandtour in Grotto Bay (ab R1500 p. P.). Sie veranstalten auch Quad-bike-Touren (ab R450 für eine 1-stündige Tour).

TRANSPORT

Busse

Greyhound-Intercity-Busse aus KAPSTADT (tgl., 1 Std.) halten an der Monument Shell-Tankstelle an der Ecke Main Rd und South St, etwa 2 km von der Touristeninformation.

Die Weingüter um Paarl

Es gibt ein paar angesehene Weinkellereien in Paarl selbst, aber die meisten befinden sich auf den Gütern der Umgebung. Eines der beliebtesten Weingüter hier ist Boschendal, das offiziell zur Franschhoek-Weinroute (S. 242) gehört, aber auch von Paarl leicht zu erreichen ist. Die meisten Weingüter haben ein gutes Restaurant, manche verfügen auch über wunderschöne Gästezimmer – oft eine attraktive Alternative zu einer Unterkunft im Zentrum von Paarl.

Babylonstoren, Simondium Rd, ☏ 021 863 3852, 🖥 www.babylonstoren.com; Karte S. 233. Die zu Recht bei Touristen beliebte Unterkunft liegt wunderschön vor der Kulisse der Drakenstein-Berge und hat neben ausgedehnten Weinbergen einen großen Garten mit Enten, Hühnern und Olivenbäumen. Außerdem gibt es noch einen Laden mit südafrikanischen Kochbüchern und hochwertigem Kunsthandwerk. Als Winzer sind sie noch nicht lange auf dem Markt, aber ihr rotes Cuvée Babel und ihr Viognier haben sich schon einen Namen gemacht. Auf dem Gut sind zwei Restaurants: Das Green House ist weniger formell, während das Babel traditionell südafrikanisches Essen serviert. Der Eintritt zum Weingut kostet R20. ⏰ Weingut tgl. 9–17 Uhr (letzter Einlass 16 Uhr), Green House tgl. 10–16 Uhr, Babel Mo und Di 19–20.30, Mi–So 12–15.30 und 19–20.30 Uhr.

Backsberg Estate, 22 km südlich von Paarl an der Simondium Rd (WR1), ☏ 021 875 5141, 🖥 www. backsberg.co.za; Karte S. 233. Das Anwesen tut sich als erstes CO_2-neutrales Weingut Südafrikas hervor und produziert unter dem Markennamen Black Label einige rote Cuvées der Spitzenklasse, insbesondere Cabernet und Merlot, und einen köstlichen Chardonnay. Das gut besuchte Anwesen ist mit seinen Sitzplätzen im Freien, die Blick auf den Rosengarten und den Weinberg an den Hängen des Simonsberg bieten, ein angenehmer Ort, um sich die Zeit zu vertreiben. Außerdem gibt es hier ein Restaurant und einen Irrgarten. Die Verkostung von fünf Weinen kostet R40. ⏰ Verkostung Mo–Fr 8–15, Sa 8.30–16, So 9.30–16.30 Uhr, Restaurant tgl. 11.30–15 Uhr.

The Fairview Estate, Suid-Agter Paarl Rd, am südlichen Stadtrand, ☏ 021 863 2450, 🖥 www. fairview.co.za; Karte S. 233. Eines der unterhaltsamsten Weingüter von Paarl (vor allem für Familien). Die hauseigene Ziegenherde turnt auf der Außenwendeltreppe des Turms am Eingang herum, der auch auf den Weinetiketten zu sehen ist. Ein Feinkostgeschäft verkauft Brot und Eingemachtes. Außerdem kann man hier die Ziegen-, Schafs- und Kuhmilchkäse des Hauses kosten und erwerben;

WESTKAP

Eisenbahn

Metrorail- und **Spoornet**-Züge aus KAPSTADT (18x tgl., 1 1/4 Std.) fahren die Huguenot Station in der Lady Grey St am Nordende der Stadt in der Nähe der zentralen Geschäfte an. Zugreisen sind mit Vorsicht zu genießen.

Franschhoek

Wer ins Weinland kommt, will vor allem schön essen, trinken und schlafen. Und das geht nirgendwo schöner als in Franschhoek. Seine spätviktorianische und neuere, französisch beeinflusste Architektur, die prächtige Lage in einem an drei Seiten von Bergen umschlossenen Tal und die zahlreichen Weingärten machen den Ort zu einem wirklich wunderschönen Anlaufziel.

Zwischen 1688 und 1700 akzeptierten rund 200 **französische Hugenotten** in dem Versuch, der Verfolgung in Frankreich zu entkommen, ein Angebot der Niederländischen Ostindischen Kompanie: Man gewährte ihnen Überfahrten zum Kap und Ländereien. Sie nahmen Kontakt mit frühen Siedlergruppen in der Gegend, den **Khoi-Hirten**, auf und verdrängten sie nach und nach.

Die weiße Hegemonie etablierte sich rasch und bereits 1713 hieß die Gegend **De France Hoek** (Französische Ecke). Die französische Sprache starb allerdings innerhalb einer einzigen Generation aus. Viele Anwesen sind trotzdem heute noch unter ihrem ursprünglichen französischen Namen bekannt. Franschhoek selbst entstand 1833 um eine Kirche herum und umfasst Teile der früheren Farmen La Cotte und Cabrière.

eine Verkostung mit sechs Weinen und Käseplatte kostet R40. Wenn die Tourbusse zur Weinverkostung anrollen, bricht in dem innovativen Familienbetrieb allerdings schon mal Hektik aus. Das Restaurant Goatshed hat eine Käseplatte mit 10 Sorten Käse, Brot und Eingemachtem (R115) und ist bekannt für sein Sonntags-Lunch. ⊕ Verkostung und Restaurant tgl. 9–17 Uhr.

Laborie, Taillefert St, ✆ 021 807 3390, 🖥 www.laboriewines.co.za; Karte S. 233. Eine der eindrucksvollsten Weinkellereien von Paarl befindet sich praktischerweise direkt in der Stadt selbst. Vor dem schönen Herrenhaus liegen ein Rosengarten, weitläufige, penibel gepflegte Rasenflächen, historische Gebäude und Eichen zu Füßen des Taal Monument. Zum wunderbaren Verkostungsraum gehört ein Balkon gleich über den Weingärten, die sich den Paarl Mountain hinaufziehen, außerdem ein tolles Restaurant mit Terrasse und umwerfender Aussicht. Star der Weinpalette ist der Jean Taillefert Shiraz, aber auch der Brandwein ist ein Gläschen wert. Die Verkostung von fünf Weinen kostet R25. ⊕ Mo–Sa 9–17, Sa 11–17 Uhr.

Rhebokskloof, von der R45 ausgeschildert, 11,5 km nordwestlich von Paarl, ✆ 021 869 8386, 🖥 www.rhebokskloof.co.za; Karte S. 233. Das äußerst fotogene Weingut erstreckt sich am Fuß faszinierend modellierter Granit-koppies mit Blick auf einen See, während die schattige Terrasse toll ist für ein Mittagessen oder ein Gourmetessen im Sommer. Spezialität des Hauses ist Fleisch in aufregenden Kombinationen aus Kap- und internationaler Küche. Hier kann man morgens und nachmittags auch sehr schön Tee trinken oder sich auf dem Rasen ein Picknick anrichten lassen (2 Pers. R400). Auch das Mittagsbuffet am Sonntag (R225) lockt viele Gäste. Bei den Weinen ist der Shiraz Spitzenreiter. Die Verkostung von fünf Weinen kostet R20. ⊕ tgl. 9–17 Uhr.

Spice Route, Suid Agter, Paarl Rd, ✆ 021 863 5222, 🖥 www.spiceroute.co.za; Karte S. 233. Die Farm bietet außergewöhnliche Verkostungen diverser Kleinproduzenten in den Gebäuden des Anwesens. Zur Auswahl stehen die Proben der Cape Brewing Company (Bier), der DV Artisan Chocolate (handgeschöpfte Schokolade, R150) und der La Grapperia Pizza and Tapas Bar (regionaler Grappa). Letzteres ist außerdem das einzige Lokal, das nach 17 Uhr noch geöffnet ist. Auf dem Anwesen sind noch eine Kunstgalerie, ein Glasbläser und ein Hofladen. Besuche sind vor allem bei Gruppen beliebt, weswegen es sich empfiehlt, vorher zu buchen. ⊕ tgl. 9–17 Uhr.

Huguenot Memorial Museum und Huguenot Monument

Lambrechts Rd ▪ ⏲ Mo–Sa 9–17, So 14–17 Uhr ▪ Eintritt R10 ▪ ☎ 021 876 2532

Bei der Fahrt durch Franschhoek ist das **Huguenot Memorial Museum** kaum zu übersehen, denn es befindet sich in direkter Nachbarschaft zum **Huguenot Monument** an exponierter Stelle am einen Ende der Huguenot Road, der Hauptstraße durch die Stadt. Das Denkmal symbolisiert mit seinen drei hoch aufragenden und miteinander verbundenen Bögen die Dreifaltigkeit. Davor steht die Statue einer jungen Frau auf einem Globus. Das Museum widmet sich ausführlich der Geschichte und Kultur der Hugenotten sowie deren Beitrag zum modernen Südafrika.

Museum van de Caab

Solms Delta Wine Estate, 12 km nördlich von Franschhoek auf der R45 ▪ ⏲ So–Do 9–17, Fr und Sa 9–18 Uhr ▪ Eintritt frei ▪ 🖥 www.solms-delta. co.za/museums-archaeology

Die Ausstellung des sehr empfehlenswerten Museum van de Caab, die neben dem unaufdringlichen Verkostungsraum im ursprünglichen Weinkeller, einem kapholländischen Giebelbau aus den 1740er-Jahren, untergebracht ist, gibt einen kurzen, faszinierenden Querschnitt durch die Geschichte der Solms-Delta Farm – von steinzeitlichen Fundstücken über die Ankunft der Khoisan, die Kolonisierung durch die Europäer und die Einführung der Sklaverei bis zur Entstehung und schließlich zum Ende des Apartheid-Systems. Im angegliederten Musikmuseum wird anhand von einheimischen Instrumenten, regelmäßigen Aufführungen und Präsentationen die Geschichte der Kap-Musik dokumentiert.

ÜBERNACHTUNG

Generell muss hier etwas tiefer in die Tasche gegriffen werden, aber dafür sind die Zimmer edel und oftmals wunderschön gelegen. Für Sparfüchse gibt es ein paar Selbstversorger-Cottages und eine Backpacker-Unterkunft. Im Sommer sind freie Zimmer Mangelware, also so früh wie möglich im Voraus buchen! Die Weingüter außerhalb der Stadt bieten auch zum Teil Luxuszimmer an.

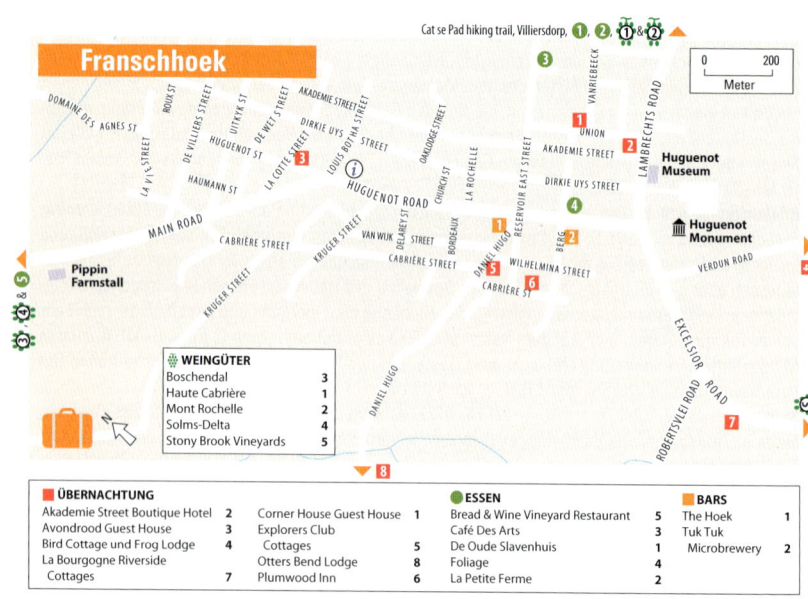

Cat se Pad hiking trail, Villiersdorp

Franschhoek

0 — 200 Meter

🌿 WEINGÜTER

Boschendal	3
Haute Cabrière	1
Mont Rochelle	2
Solms-Delta	4
Stony Brook Vineyards	5

■ ÜBERNACHTUNG				● ESSEN		■ BARS	
Akademie Street Boutique Hotel	2	Corner House Guest House	1	Bread & Wine Vineyard Restaurant	5	The Hoek	1
Avondrood Guest House	3	Explorers Club		Café Des Arts	3	Tuk Tuk	
Bird Cottage and Frog Lodge	4	Cottages	5	De Oude Slavenhuis	1	Microbrewery	2
La Bourgogne Riverside		Otters Bend Lodge	8	Foliage	4		
Cottages	7	Plumwood Inn	6	La Petite Ferme	2		

WESTKAP

Akademie Street Boutique Hotel,
5 Akademie St, ✆ 082 517 0405, 🖥 www.
aka.co.za; Karte S. 238. Luxuriöses Gästehaus
mit geschmackvoll eingerichteten Suiten umgeben von einem herrlichen Garten mit fantastischen Kunstwerken. Privatsphäre wird hier
groß geschrieben. DVDs, Kühlschrank mit
Gratisgetränken und ein Salzwasser-Pool, wo
das üppige Frühstück serviert wird. R5000

Avondrood Guest House, 39 Huguenot St,
✆ 021 876 2881, 🖥 www.avondrood.com;
Karte S. 238. Das Gästehaus im wunderschön
renovierten Wohnhaus hat 6 Zimmer und schon
mehrere Auszeichnungen für seinen Komfort
und seine Schönheit erhalten. Draußen sind
noch ein großer Rasen, ein gepflegter Garten
und ein Pool. R2850

Bird Cottage und **Frog Lodge**, Verdun Rd, 4,5 km
von Franschhoek, ✆ 021 876 2136, ✉ grahamh
@radionet.co.za; Karte S. 238. 2 kunstsinnig
eingerichtete Cottages für 4 Pers. in herrlichem
Garten mit Stausee zum Schwimmen vor Bergkulisse. Abgeschiedener geht es so nahe bei
Franschhoek kaum, das Ganze sehr entspannt
und zu einem Superpreis. R800

La Bourgogne Riverside Cottages, Excelsior
Rd, ✆ 021 876 3245, 🖥 www.labourgogne.co.
za; Karte S. 238. 6 umgebaute Arbeiterhäus-
chen, die schlicht, aber sehr geschmackvoll
eingerichtet sind, umgeben von einem Garten
am Flussufer. Man versorgt sich selbst, aber
im Farmladen gibt es Frühstück und Kaffee. Auf
der Farm werden neben Olivenöl auch Weine
hergestellt, darunter der hoch bewertete
Progeny aus Sémillon-Trauben (R250). Kostenlose Weinproben für Gäste. R900

Corner House Guest House, Ecke Riebeeck und
Union St, ✆ 021 876 4729, 🖥 www.thecorner
house.co.za; Karte S. 238. Das beliebte Guesthouse unter holländischer Leitung gehört zu
den wenigen günstigeren Unterkünften. 6 helle,
makellos saubere Zimmer und ein hübscher
Garten mit Pool. Guter Ausganspunkt für Touren
in der Umgebung. R1400

Explorers Club Cottages, Cabrière St,
✆ 021 876 4229, 🖥 www.explorersclub.
co.za; Karte S. 238. Mehrere zentral gelegene
Häuser für Selbstversorger. Alle sind luxuriös,
modern und geschmackvoll. In jedem Haus

können jeweils 2–10 Pers. untergebracht
werden. Ideal für Paare ist der Map Room
mit Wohnbereich im Obergeschoss und Glas-
falttüren zur Terrasse und zum Weingarten
hinaus inkl. Bergblick. Außerdem gibt es jetzt
Cottages auf dem Weingut La Cotte, 7 km
von Franschhoek entfernt. Gäste können sich
Essen anliefern lassen oder die Dienste eines
Privatkochs in Anspruch nehmen. R2850

Otters Bend Lodge, Dassenberg Rd, ✆ 021
876 3200, 🖥 www.ottersbendlodge.co.za;
Karte S. 238. Rustikale Lodge, 5 Autominuten
vom Zentrum entfernt. Hütten mit 2 bzw.
3 Betten, Dorms und Zeltstellplätze auf dem
Rasen. Die Anlage liegt zwischen Obstbäumen
und Weinbergen, der gemütliche Gemeinschaftsbereich umfasst ein prasselndes Kaminfeuer, eine gut ausgestattete Küche und einen
braai-Bereich im Freien. Camping R200, Dorm
R200, DZ R550

Plumwood Inn, 11 Cabrière St, ✆ 021 876
3883, 🖥 www.plumwoodinn.com; Karte S. 238.
Hervorragendes Boutique-Guesthouse mit
schicker, sauberer, moderner Ausstattung.
Von den maßgeschneiderten Tischdecken über
die Luxusbetten bis zum erstklassigen Service
wird hier auf alle Details geachtet. R3000

ESSEN UND UNTERHALTUNG

In Franschhoek werden vor allem Essen und
Trinken groß geschrieben, und seine **Restau-
rants** machen diesem Motto alle Ehre. Die
meist französisch inspirierte Küche aus regio-
nalen Zutaten gehört zur besten des Landes.
In der Stadt sind die meisten Restaurants an
der Huguenot Road zu finden, aber die umlie-
genden Weingüter haben eine ganze Reihe
Alternativen, die ebenfalls hervorragend sind.
Mehrere bieten auch Picknicks auf dem
Anwesen an. Ohne Reservierung geht gar
nichts, v. a. in den schickeren Lokalen. Im
Winter gelten teilweise kürzere Öffnungszeiten.
Samstags (9–15 Uhr) findet am Friedhof an der
Main Road ein Bauernmarkt statt.

Bread & Wine Vineyard Restaurant, Môreson
Farm, Happy Valley Rd, von der R45 ausgeschil-
dert, ✆ 021 876 3692, 🖥 www.moreson.co.za;
Karte S. 238. Hervorragendes, kinderfreund-

liches Lokal, umgeben von Zitronenplantagen und Weinbergen, das mit Beständigkeit unter den 20 besten Restaurants des Landes rangiert. Die 2- oder 3-Gänge-Menüs wechseln je nach Jahreszeit und Chefkoch Neil räuchert Fleisch und Fisch selbst. Seine Frau Tina backt hervorragendes Brot. ⊕ tgl. 12–15 Uhr.

Café Des Arts, 7 Reservoir St, neben der Bibliothek, ✆ 021 876 2952, 🖥 www.cafedes arts.co.za; Karte S. 238. Bedienung und Essen sind zuverlässig gut, und was auf den Tisch kommt, ist unkompliziert, aber lecker und sämtlich aus frischen Produkten der Region zubereitet. Das relaxte Café ist schön für Kaffee und Leckereien aus der kleinen Bäckerei oder auch für exzellentes Frühstück, z. B. das Rührei mit Trüffel und Babyspinat (R95). ⊕ Mo–Sa 8–15, 18.30–22 Uhr.

De Oude Slavenhuis, Huguenot Museum, Huguenot St, ✆ 021 876 2192; Karte S. 238. Hier kann man das unkomplizierte Essen zu vernünftigen Preisen entweder im Haus oder draußen unter Schirmen genießen. Auf einer ausgedehnten Wiese können Kinder wunderbar herumtollen. Serviert wird z. B. Räucherlachs und Rührei (R65), Salat, Tee und *scones*. ⊕ 8–16 Uhr.

Foliage, 11 Huguenot Rd, ✆ 021 876 2328, 🖥 www.foliage.co.za; Karte S. 238. Normalerweise einfache Gerichte bekommen hier den Gourmet-Touch. Die Philosophie des Kochs heißt: vom Wald auf den Teller, was sich in seinen Zutaten widerspiegelt. Er sammelt sie und legt sie selbst ein, verwendet Fleisch von freilaufenden Tieren, wildes Gemüse und Kräuter. Besonders gut ist der gebratene Skalar mit Wasserpflanzen und Cape-Malay-Veloute (R150). ⊕ Mo–Sa 12–15, 18–21 Uhr.

The Hoek, 36 Huguenot St, ✆ 079 451 3019; Karte S. 238. Kaffeefanatikern bleibt nur diese Espresso-Bar, denn es ist die einzige der Stadt. Es ist auch immer gleich ein doppelter Espresso, wenn man ihn nicht anderes bestellt. Dazu gibt es auch hervorragende Eiscreme und das Ganze wird in freundlicher Atmosphäre an gemütlichen Holztischen serviert. ⊕ Mo–Sa 7–15, So 8–15 Uhr.

La Petite Ferme, Franschhoek Pass Rd, ✆ 021 876 3016, 🖥 www.lapetiteferme.co.za;

Karte S. 238. Das Restaurant mit wunderschönem Blick über Tal und Weinberge ist eine Institution in Franschhoek und bewegt sich auf sehr hohem Niveau. Das langsam gegarte Lamm steht nicht ohne Grund schon seit 30 Jahren auf der Speisekarte (R190). ⊕ im Sommer tgl. 12–16, 19–21 Uhr, im Winter tgl. 12–16 Uhr,

Tuk Tuk Microbrewery, 14 Huguenot Rd, ✆ 021 492 2207, 🖥 www.tuktukbrew.com; Karte S. 238. Hier gibt's leckere Craft-Biere in einem europäisch anmutenden Caféambiente. Dazu passen die mexikanischen Gerichte wie Käse-Quesadillas mit Hühnchen, Tomaten- und Sahnesauce und Guacamole (R100). ⊕ tgl. 11–22 Uhr.

SONSTIGES

Aktivitäten und Touren

Die schönste **Wanderung** in der Umgebung ist der „Cat se Pad" (Katzenpfad), der einen Kilometer nach dem Museum stadtauswärts Richtung Franschhoek Pass links weggeht. Die Wanderung führt zu Fynbos mit Zuckerbüschen *(protea)* direkt in die Berge um das Tal und bietet schöne Ausblicke. Der erste, 2 km lange Abschnitt endet auf der Passhöhe. Danach kann man noch 10 km Richtung Villiersdorp weitergehen (den Ort selbst erreicht man jedoch nicht direkt).

Paradise Stables, Roberstsvlei Rd, ✆ 021 876 2160 oder 084 586 2160, 🖥 www.paradise stables.co.za, bietet Ausritte zu den Weingütern Rickety Bridge und Mont Rochelle (Mo–Sa 8.45 und 13.15 Uhr, 2 1/2 Std. im Sattel mit 1/2–3/4 Std. Aufenthalt pro Weingut für R850 inkl. Verkostung, aber ohne Mittagessen). Für Anfänger gibt es gut erzogene Araber mit Halfter. Die Ausritte beginnen auf einer Farm, die auch ein paar Cottages vermietet (R500).

Informationen

Touristeninformation, gleich nördlich der Kreuzung mit Kruger St, 62 Huguenot Rd, ✆ 021-876 2861, 🖥 www.franschhoek.org.za. Hat hervorragende Karten des Ortes und der umgebenden Weingüter. ⊕ Mo–Fr 8–17, Sa 9–17, So 9–16 Uhr.

WEINGUT IN DEN WINELANDS (S. 224)

WESTKAP

Franschhoeks Weingüter sind klein und nahe genug beieinander, um zwei oder drei davon an einem Vormittag zu besuchen. Vom Huguenot Monument durch die Stadt Richtung Norden sind die meisten Weingüter von der Huguenot Road und ihrer Verlängerung, der Main Road, ausgeschildert. Die übrigen sind über die Excelsior Road und die Franschhoek Pass Road zu erreichen.

Boschendal, Pniel Rd, kurz hinter dem Abzweig der R310 Richtung Stellenbosch von der R45, ☎ 021 870 4274, 🖥 www.boschendalwines.com; Karte S. 238. Angelockt von den kapholländischen Gebäuden, Alleen, hübschen Gärten, Restaurants und Cafés und natürlich den Weinen fallen rund 200 000 Touristen im Jahr in Boschendal ein, das zu den ältesten Weingütern der Neuen Welt gehört. Unter den sechs Weinserien liefern die Pavilion-Weine hochwertige, erschwingliche Tropfen (Shiraz-Cabernet Sauvignon, Rosé und ein Weißwein-Cuvée), während im oberen Segment Edles wie Cecil John Reserve Shiraz und Sauvignon Blanc zu haben ist. Die Verkostung kostet R50. Das berühmte Picknick auf dem Rasen (R360 für 2 Pers.) oder im Sommer das Picknick bei Vollmond sollte man unbedingt probiert haben. 🕓 tgl. 9–16.30 Uhr.

Haute Cabrière, 2 km außerhalb der Stadt über die Franschhoek Pass Rd, ☎ 021 876 8500, 🖥 www.cabriere.co.za; Karte S. 238. Das stimmungsvolle Gut ist bekannt für seine Pinot Noirs und seinen eigenwilligen Winzer Achim von Arnim. Spannend wird es, wenn er oder, inzwischen häufiger, sein Sohn Takuan, die Kunst demonstriert, eine Schampusflasche mit einem Kavalleriesäbel fein säuberlich zu köpfen. Cabrière ist auch bekannt für seine hervorragenden Pierre-Jourdan-Sektsorten. 🕓 Verkostung Mo–Fr 9–17, Sa 10–16, So 11–16 Uhr, 5 Weine R30, 5 Sektsorten R60.

Mont Rochelle, Dassenberg Rd, ☎ 021 876 2770, 🖥 www.montrochelle.co.za; Karte S. 238. Eines der am schönsten gelegenen Weingüter von Franschhoek erstreckt sich vor der Kulisse des Klein Dassenberg. Es ist inzwischen im Besitz von Sir Richard Branson und wurde umfassend modernisiert. Spezialität des Weinguts ist der Chardonnay, sehr gut sind aber auch Sauvignon Blanc und Syrah. Die beste Zeit für einen Besuch ist der Abend, denn der Sonnenunter- oder Mondaufgang machen das Dinner zu einem besonderen Erlebnis (Bar und Restaurant sind bis 22 Uhr geöffnet). Auf dem Anwesen sind außerdem komfortable Unterkünfte und zwei Restaurants. Auch Picknicks werden angeboten (2 Pers. R360). Die Weinprobe mit 5 Weinen kostet R45. 🕓 tgl. 10–18 Uhr.

Solms Delta, 13 km nördlich von Franschhoek über die R45, ☎ 021 874 3937, 🖥 www.solms-delta.co.za; Karte S. 238. Das nette Weingut in ländlicher Idylle produziert ungewöhnliche und konstant herausragende Weine, die man an Sommertagen unter alten Eichen am Rand der Weingärten zusammen mit einem Picknick (2 Pers. R365) verkosten kann. Die Hälfte der Gewinne aus dem Weinverkauf fließt in eine Stiftung, die den Bewohnern des Guts und des Franschhoek Valley zugute kommt. Zu den Solms-Wijn de Caab-Weinen gehört der hervorragende Hiervandaan (ein ungewöhnliches Cuvée aus Shiraz, Carignan, Mourvèdre und Viognier) und der noch höher ausgezeichnete Amalie (an der Rebe getrockneter Grenache Blanc und Viognier). 🕓 Verkostung tgl. 9–17 Uhr, 5 Weine R25.

Stony Brook Vineyards, ca. 4 km von Franschhoek, ab Excelsior Rd, ☎ 021 876 2182, 🖥 www.stonybrook.co.za; Karte S. 238. Das als Familienbetrieb geführte Boutique-Weingut mit nur 140 000 m² Rebenanbaufläche erzeugt zahlreiche erstklassige Weine wie ihr gefeiertes Spitzenprodukt, den Ghost Gum Cabernet Sauvignon, der seinen Namen einem imposanten alten Baum vor dem recht informellen Verkostungsraum verdankt. Hier ist auch der. Die unterhaltsamen Verkostungen werden von den Inhabern selbst und ausschließlich nach Vereinbarung veranstaltet. 🕓 Verkostung Mo–Fr 10–17, Sa 10–13 Uhr, R35.

Das Overberg-Hinterland und die Whale Coast

Östlich des Weinlands erstreckt sich die vage eingegrenzte Region Overberg (in Afrikaans „über dem Berg"). Im 17. Jh., als Stellenbosch, Franschhoek und Paarl noch abgelegene Außenposten waren, betrachteten die holländischen Siedler alles dahinter als Niemandsland, das sich bis in die trockene Halbwüste der Karoo hineinzog.

Von den beiden Hauptrouten durch den Overberg führt die **N2** durch das Hinterland – vier bis fünf Fahrtstunden durch Schafweiden, Weizenfelder und Berge. Ein kleines Stück nördlich der N2 liegt **Greyton**, ein charmantes Dorf mit vielen Eichen, das von Kapstädtern als Wochenendziel genutzt wird und gleichzeitig Anfangspunkt der **Boesmanskloof Traverse** ist: ein sagenhafter zweitägiger Wanderweg über die Berge bis in die Karoo. Die historische Moravian (Herrnhuter) Missionsstation **Genadental**, zehn Minuten von Greyton die Straße hinunter, ist von einem seltsam afro-germanischen Ambiente geprägt. Hier kann man eine Stunde schön spazieren gehen.

Swellendam, das mit schmucken kapholländischen Gebäuden und einem hervorragenden Regionalmuseum glänzt, bietet sich als erster Übernachtungsstopp auf dem Weg zur Garden Route an.

Der Anziehungspunkt der Gegend ist die **Whale Coast**, die nahe genug für einen Ausflug von Kapstadt ist. **Hermanus**, der Hauptort der Region, hat gute Badestrände und ein großes Angebot an Unterkünften, aber seinen Ruhm verdankt er seinem Status als „Walbeobachtungs-Hauptstadt" von Südafrika. In der Tat eignet sich diese gesamte Südküste des Kaps hervorragend zur Walbeobachtung vom Land aus.

An diesem Küstenabschnitt befindet sich auch **Cape Agulhas**, der südlichste Punkt des Kontinents, dessen zerrissene Felsspitze sich unspektakulär im Meer verliert. In der Nähe liegt das lohnenswertere **Arniston**, eines der am besten erhaltenen Fischerdörfer des Landes, und etwas weiter östlich das **De Hoop Nature Reserve**, eine aufregende Wildnis mit gebleichten Dünen, Felsküsten und noch mehr Walen.

Greyton

Der kleine Ort Greyton liegt am Rand der Riviersonderend (wörtl. „Fluss ohne Ende") Mountains und ist ein beliebtes Wochenendziel wohlhabender Kapstädter. Den Ortskern bilden ein paar georgianische und viktorianische Gebäude mit Reetdach und hübschen Gärten, über die sich große alte Eichen erheben. Greyton lockt mit guten Gästehäusern, Straßencafés, Craft-Bier, handgeschöpfter Schokolade, Kunsthandwerksläden und Wanderwegen, ganz besonders mit der wunderbaren **Boesmanskloof Traverse**, die über die Berge zu einem 14 km von McGregor entfernten End- bzw. Anfangspunkt führt. Weniger beschwerlich sind die Spaziergänge im **Greyton Nature Reserve** am Stadtrand.

ÜBERNACHTUNG

Im Winter sollte man sich eine Unterkunft mit Kamin suchen, denn in dieser Bergregion kann es bitterkalt werden. Im Sommer dagegen wird das Tal zu einem Backofen und dann bietet sich eine Unterkunft mit schattigem Garten an. **Anna's Cottages**, 1 Market St, ☎ 084 764 6012, 🖵 www.greyton-accommodation.com. Gäste haben die Wahl zwischen einem Baumhaus mit Bad und Baum im Zimmer und 3 schönen Garten-Cottages für Selbstversorger, alle mit eklektischer Einrichtung. Das große Mark Cottage hat 2 in Nischen eingebaute Doppelbetten, Kochstellen im Haus wie im Freien sowie Kamine und Lichterketten. 2 Nächte Mindestaufenthalt. Cottage R800, Baumhaus R1400 **High Hopes**, 89 Main Rd, ☎ 028 254 9898, 🖵 www.highhopes.co.za. Eines der besten B&Bs in einem schönen Erholungszentrum im Landhausstil. Es gibt 4 Zimmer sowie eine separate Einheit mit Küche (wahlweise Selbstverpflegung oder auf B&B-Basis) mit dem schönen Namen Camellia. Großer Garten mit Pool. Im Angebot sind auch verschiedene Wellness-Behandlungen wie Massage. R1800

ESSEN

Samstags bietet an der Main Rd, Ecke
Market St (gegenüber der Kirche), ein kurzer
(10–12 Uhr) **Markt** Biogemüse, sehr preiswerten
Käse, geradezu dekadenten Kuchen, Brote,
Kekse und Konfitüren an.
Abbey Rose, Main Rd, ℡ 028 254 9470,
🖳 www.abbeyrose.co.za. Hübsch gelegen mit
Tischen im Garten und an der Straße, entzü-
ckendem Rosengarten und herzhaftem, aber
unkompliziertem Essen. Gut sind das Ochsen-
schwanzragout (R150) und der *malva*-Pudding
(R40). ⏰ Mi 18–22, Do–Sa 11.30–15, 18–22,
So 11.30–15 Uhr.
Oak and Vigne Café, DS Botha St, ℡ 028 254
9037. Äußerst beliebtes Restaurant in einem
alten Cottage mit Terrasse unter Eichen. Brot
und Croissants kommen täglich frisch aus dem
Ofen, daneben gibt es noch warmes Frühstück
(R50) und gute Cocktails, etwa den Greyton
Mule (Vodka, Ginger Beer und Limette, R40).
Der Service ist jedoch teilweise recht langsam.
⏰ tgl. 8–17 Uhr.

Peccadillos Bistro, 23 Main Rd,
℡ 028 254 9066, 🖳 www.peccadillos.
co.za. Peccadillos kocht mit stark mediterranem Einschlag und hat den Ruf des besten
Restaurants der Stadt. Gut sind die regionalen
Forellengerichte, der Schweinebauch und die
Holzofenpizza (R100). Wer sich für Weine aus

Caledon Spa

Als netter Ausflug von Kapstadt oder erholsamer Abstecher von der N2 locken die **Thermalquellen** des Caledon Spa and Casino, von der
N2 ausgeschildert, ℡ 028 214 5100. Dort, wo
die Khoi einst Schlammkuhlen hatten, bauten
die Briten in viktorianischer Zeit ein Becken,
das sie mit dampfendem, braunem Wasser füllten. Inzwischen ist daraus eine ganze
Reihe von verschieden temperierten Becken
geworden, in denen man es sich gutgehen lassen kann. Es gibt auch eine Dampf- und Tro-
ckensauna, Handtuch und Bademantel sind
aber selbst mitzubringen. ⏰ Di–So 10–19 Uhr,
Eintritt R150.

---

der Region interessiert, ist hier richtig.
Reservieren ist ratsam. ⏰ Mo und Do–So
12–15, 18–22 Uhr.

INFORMATIONEN

Touristeninformation, 29 Main St, nach dem
Ortseingang an der Hauptstraße, ℡ 028 254
9564 oder 028 254 9414, 🖳 www.greyton.net.
Hilft bei der Unterkunftssuche. ⏰ Mo–Fr 9–17,
Sa und So 10–13 Uhr.

TRANSPORT

Greyton liegt mit dem **Auto** 145 km von
Kapstadt entfernt (ca. 2 1/2 Std.). Man fährt
gleich westlich von Caledon von der N2 ab
und folgt der beschilderten und befestigten
R406 etwa 30 km. Alle anderen Schilder nach
Greyton ignorieren – sie führen über unbefestigte, schwierige Straßen. Es gibt keine
öffentlichen Verkehrsmittel.

Genadendal

Die Ortschaft Genadendal („Tal der Gnade")
liegt 6 km von Greyton entfernt und existiert seit
1737. Gegründet wurde sie von Georg Schmidt,
einem deutschen Missionar der Herrnhuter Brü-
dergemeine. Den Mittelpunkt von Genadendal
bildet der **Church Square**. Beherrscht wird er
von einem germanischen Kirchenbau, der als
dritter an dieser Stelle 1893 vollendet wurde. Die
alte Glocke stammt aus dem 18. Jh. und stand
damals im Zentrum einer heftigen Auseinandersetzung. Damals gründete Georg Schmidt mit
den verarmten Khoi, die unmittelbar vom Niedergang bedroht waren, eine kleine christliche
Gemeinde und bot den schlecht behandelten Arbeitern der hiesigen Farmen Zuflucht. Die Farmer waren erbost, zumal Schmidt den Afrikanern, die sie als unzivilisiert betrachteten, das
Lesen und Schreiben beibrachte, während sie
selbst als weiße Christen Analphabeten blieben. Die Niederländische Reformierte Kirche
unter der Kontrolle der Niederländischen Ostindischen Kompanie griff ein, als Schmidt sich
anschickte, die neuen Anhänger der Religion zu

Die Boesmanskloof Traverse

Die 14 km lange Wanderung über die Boesmanskloof Traverse, 🖳 www.boesmanskloof mcgregor.com, führt von den Straßen von Greyton über die Riviersonderend-Berge bis zum Karoo-Buschland um das Dorf McGregor (S. 314). Die beiden Städte sind nicht direkt durch Straßen miteinander verbunden. Die klassische Route über die Traverse beschreibt eine Wanderung von Greyton zu **Die Galg** (14 km von McGregor entfernt), wo die meisten die Nacht verbringen, um dann am folgenden Tag nach Greyton zurückzukehren. Auf der Strecke sind viele anstrengende Anstiege zu bewältigen; wer die gesamte Länge des Weges scheut, kann ab Greyton 9 km zu den **Oak Falls** marschieren, dem Glanzpunkt des Weges. Vor einem Ensemble mit mehreren Wasserfällen breitet sich ein eindrucksvoller, großer dunkler Pool aus. Hier kann man sich ausruhen oder schwimmen.

Praktische Informationen

Für die ersten 5 km des Wegs und zurück gibt es keinerlei Auflagen. Wer allerdings zu den Oak Falls gehen oder die gesamte Strecke von Greyton zu Die Galg zurücklegen möchte, braucht eine **Erlaubnis** (R50 p. P. und Tag): vorab bei der Touristeninformation in Greyton (S. 244) besorgen.

---

taufen: Sie untersagte der Mission das Läuten der Glocke, das die Gläubigen zum Gebet rief.

1838 errichtete die Mission hier das erste Ausbildungsinstitut des Landes für Lehrer, welches 1926 von der Regierung wieder geschlossen wurde – mit der Begründung, dass Coloureds keinen tertiären Bildungsbereich bräuchten und stattdessen als Arbeiter auf den örtlichen Farmen beschäftigt werden sollten. Diese Politik führte die Gemeinde geradewegs in die Armut. Im Jahre 1995 taufte Nelson Mandela seinen offiziellen Sitz in Kapstadt als Anerkennung für die bildungsrelevante Bedeutung der Mission in „Genadendal" um.

Swellendam

Swellendam präsentiert sich als attraktive historische Stadt am Fuß des Langeberg, 220 km von Kapstadt entfernt. Mit einem der besten Regionalmuseen von Südafrika eignet sich der Ort gut für einen Zwischenstopp entlang der N2 auf halber Strecke zwischen Kapstadt und der Garden Route. Angesichts der reichen Auswahl an Unterkünften und der schönen Lage – zwischen dem De Hoop Nature Reserve und dem Langeberg – stellt er einen guten Ausgangspunkt für ein oder zwei Erkundungstage in dieser Ecke der Overberg-Region dar, z. B. mit Abstecher in

den nicht weit südlich hiervon gelegenen Bontebok National Park.

Die Stadt erstreckt sich zu beiden Seiten einer sehr langen Hauptstraße ohne jede Verkehrsampel. Am attraktivsten sind ihre beiden Enden, während in der Mitte eine nichtssagende Shoppingmeile liegt.

Am Ostende der Straße dominiert der Museumskomplex, der als eine Art Touristenzentrum dient.

Geschichte

Swellendam, Südafrikas **drittälteste weiße Siedlung**, wurde 1745 von Baron Gustav van Imhoff gegründet. Als hoher Vertreter der Niederländischen Ostindischen Kompanie zeigte er sich nach seinem Besuch zutiefst besorgt über die „moralische Degeneration" der *burgher*, die immer weiter von Kapstadt weg und somit aus dem Kontrollbereich der Kompanie zogen. Des Weiteren beunruhigte ihn der Verlust der Einkünfte durch diese „Vagabunden", die keine Steuerabgaben an die Kompanie für ihren Landbesitz zahlten.

Die Stadt wuchs zu einem ländlichen Zentrum heran und war bekannt als Wagenbaustandort sowie als letzter „zivilisierter Hafen" für die Trekburen auf ihrem Weg ins Landesinnere. Mit den erzielten Gewinnen errichteten die Bewohner erhabene Häuser, die jedoch im Jahr 1865 größtenteils einem Feuer zum Opfer fielen.

Oefeningshuis
36 Voortrek St

Das einzige Gebäude im Zentrum, das die Feuersbrunst von 1865 überdauert hat, ist das kapholländische Oefeningshuis. 1838 erbaut, fungierte es zunächst als religiöse Wirkungsstätte, später als Schule für befreite Sklaven. Bemerkenswert sind seine beiden surreal wirkenden Uhren an den Giebelseiten mit ihren herausgemeißelten eingefrorenen Zeigern; auf der einen Seite befindet sich darunter eine echte Uhr.

Niederländische Reformierte Kirche
Voortrek St

Die imposante Niederländische Reformierte Kirche aus dem Jahre 1910 vereint gotische Fenster, eine barocke Turmspitze und kapholländische Giebel zu einem angenehm bunten Stilmix. Im Inneren beeindruckt sie mit einer pompösen Empore und dunklen Holzbänken und zieht sonntags immer noch eine große Gemeinde an.

Drostdy Museum
18 Swellengrebel St ▪ ⏲ Mo–Fr 9–16.45, Sa und So 10–14.45 Uhr ▪ Eintritt R25 ▪ ✆ 028 514 1138, 🖵 www.drostdy.com

Im Osten der Stadt, unweit des Zentrums, liegt das ausgezeichnete Drostdy Museum. Es besteht aus einer Ansammlung historischer Gebäude, die um ein ausgedehntes Gelände angeordnet sind, und einen Kap-Garten aus dem 19. Jh. Kernstück ist die Drostdy selbst, die 1747 als Sitz des Landdrost (eine Art Landvogt) erbaut wurde. Dieser war von der Niederländischen Ostindischen Kompanie entsandt worden, um das Gebiet zu kontrollieren. Das Gebäude entspricht dem getünchten, reetgedeckten und mit Läden versehenen kapholländischen Stil des 18. Jhs. und beherbergt eine interessante Sammlung von Kap-Möbeln aus dem 18. und 19. Jh.

ÜBERNACHTUNG

🧳 **Augusta de Mist**, 3 Human St, ✆ 028 514 2425, 🖵 www.augustademist.co.za. Dieses 200 Jahre alte Anwesen hat 3 liebevoll renovierte Cottages, 2 Gartensuiten und eine Wohneinheit für Familien, alle sehr luxuriös und schick, mit feinem Baumwollbettzeug.

Weitläufiger Terrassengarten und Pool. Angeschlossen ist ein gutes Restaurant, für das reserviert werden muss. R2000

🧳 **Cypress Cottage**, 3 Voortrek St, ✆ 028 514 3296, 🖵 www.cypress-cottage. co.za. 7 reizende Zimmer mit antiken Möbeln. 2 befinden sich im alten Wohnhaus und 5 in den umgebauten Ställen, eines davon eine Familiensuite mit 2 Zimmern. Das Haus ist eines der ältesten der Stadt und gehört einem hervorragenden Gärtner. R900

Eenuurkop Huisie, 8 km außerhalb an der Ashton Rd, ✆ 028 514 1447, 🖵 www.eenuurkop.co.za. 2 Cottages zur Selbstverpflegung mit 1 bzw. 3 Schlafzimmern in atemberaubender Umgebung mit Zugang zu Bergwanderwegen und zum Badeteich. R800

Hermitage Huisies, 3 km außerhalb an der R60 nach Ashton, ✆ 061 660 2138 oder 061 660 2649, 🖵 www.hermitage-huisies.co.za. 2 restaurierte Arbeiter-Cottages für 4 bzw. 5 Pers. sowie 2 Apartments (alle 4 zur Selbstverpflegung) in einer schönen Anlage – einer Beerenfarm mit Ententeich, weidenden Schafen und Pferden. Ideal für Familien. R750

Swellendam Backpackers, 5 Lichtenstein St, ✆ 028 514 2648 oder 082 494 8279, 🖵 www.swellendambackpackers.co.za. Swellendams einziges Hostel liegt günstig zum Marloth Nature Reserve und zum Drostdy Museum. Großer Campingplatz und anständige DZ mit Einzel- oder Doppelbetten. Alleinreisende haben ein Zimmer für sich. Das freundliche Personal organisiert Aktivitäten wie Ausritte und Permits für Wanderungen im Marloth-Reservat. Camping R130, DZ R550

Swellendam Country Lodge, 237 Voortrek St, ✆ 028 514 3629, 🖵 www.swellendamlodge. com. 6 Gartenzimmer mit separatem Eingang, Schilfrohrdecke und elegantem Dekor in gedeckten Tönen. Für Sommertage gibt's eine Veranda, einen Pool und einen gepflegten Garten. R1300

ESSEN

De Companjie, 5 Voortrek St, ✆ 083 399 0299. Das Lokal im schönen historischen Bau ist auch ein Gästehaus. Serviert werden gute Nachmittagsimbisse und herzhaftes Abendessen. Ist bekannt für seine Steaks (R160) und Wild. ⊕ Mo, Di Do und So 16–22 Uhr.

La Belle Alliance, 1 Swellengrebel St, ☎ 028 514 2924. Liegt nahe dem Drostdy Museum bei der N2 und ist günstig für Durchreisende, die etwas Leckeres, aber Unkompliziertes essen möchten. Hier kann man in einem ruhigen Garten am Fluss z. B. Ploughman's Platter (R85) oder Fisch mit Salat (R110) bekommen. ⊕ tgl. 8–17 Uhr.

🧳 **La Sosta**, 145 Voortrek St, ☎ 028 514 1470, 🖥 www.lasostaswellendam.com. Da dieses elegante Lokal zu den besten Restaurants in Westkap gehört, ist eine Reservierung unerlässlich. Das moderne italienische Essen wird in Form von 3 Menüs serviert: eins für Fischesser (R450), eins für Fleischfans und das sog. „Garden"-Menü für Vegetarier (R350). ⊕ Di–Sa 18.30–22 Uhr.

The Old Gaol Coffee Shop, Church Square, 8A Voortrek St, ☎ 028 514 3847. Tolles Lokal mit Milchtorte aus der Kupferform und *roosterkoek* – traditionell auf offenem Feuer zubereitetem Brot mit leckeren Füllungen (R70). Wegen seines Spielbereichs im Freien ideal für Kinder. ⊕ Mo, Di, Sa und So 8.30–17, Mi–Fr 7.30–22 Uhr.

Woodpecker Deli, 270 Voortrek St, ☎ 028 514 2924. Entspanntes, günstiges Restaurant, das leckere Pizza, Pasta, Suppen und Burger auf der Karte hat. Wer nur eine Nacht bleibt und etwas Einfaches möchte, ist hier richtig. ⊕ Mo–Sa 11.30–21, So 11.30–17 Uhr.

SONSTIGES

Informationen

Touristeninformation, 2 Swellengrebel St, im Drostdy Museum, ☎ 028 514 2770, 🖥 www. capetraderoute.co.za. ⊕ Mo–Fr 9–17, Sa und So 9–14 Uhr.

Reitausflüge
Two Feathers Horse Trails, ☎ 082 494 8279, 🖥 www.twofeathers.co.za, bietet kurze Ausritte für Reiter aller Stufen (R400) und zweistündige Touren in die Ausläufer der Langeberg Mountains für erfahrene Reiter (R600).

TRANSPORT

Auto

Swellendam liegt 220 km von Kapstadt (ca. 3 Std. Fahrt auf der N2) und 533 km von Port Elizabeth (7 Std. auf der Garden Route) entfernt.

Busse
Fernbusse, darunter auch die von Baz Bus, verkehren zwischen KAPSTADT und PORT ELIZABETH über Swellendam. Die Haltestelle ist im Zentrum am Swellengrebel Hotel.

Bontebok National Park

6 km südlich von Swellendam ▪ ⊕ tgl. Mai–Sep 7–19, Okt–April 7–18 Uhr ▪ Eintritt R100 ▪ ☎ 028 514 2735, 🖥 www.sanparks.org/parks/bontebok

Der Bontebok National Park, ein kompaktes 28 km² großes Naturschutzgebiet am Fuße der Langebergkette, ist ein erholsamer Übernachtungsstopp zwischen Kapstadt und der Garden Route. Den Park errichtete man 1931, um den schwindenden Bestand der Buntböcke (eine Antilopenart mit braun-weißen Markierungen auf der Stirn und dem Hinterteil) zu schützen. Im Jahre 1930 hatte sich die Zahl der Tiere durch die Jagd in dem Gebiet auf 30 verringert. Ihr Fortbestand wurde inzwischen gesichert und heute leben 300 Buntböcke im Park und noch mehr in weiteren Wild- und Naturparks der Provinz.

Große Katzen kommen hier nicht vor, dafür trifft man unter Umständen auf andere **Säuger**, wie das seltene Kap-Bergzebra, die rote Kuhantilope und die Rehantilope, sowie auf mehr als 120 **Vogelarten**. Auch die **Fynbos-Vegetation** zeigt sich mit nahezu 500 Arten vielfältig, darunter Erika, Gladiolen und Proteen. Neben der **Wildbeobachtung** kann man im Park noch anderen Aktivitäten nachgehen: **Schwimmen** im Breede River, **Wandern** auf einigen kurzen Naturwegen und **Fischen**.

ÜBERNACHTUNG

🧳 **Bontebok National Park**, ☎ 028 514 2735, 🖥 www.sanparks.org/parks/ bontebok. Selbstversorgerunterkunft mit 10 voll ausgestatteten Chalets, die besten mit Flussblick. Auf den schönen Grasflächen sind oft Antilopen zu sehen. Es gibt auch einen Campingplatz mit sehr guten Sanitäranlagen; Stellplätze ohne Elektrizität sind billiger. Vorräte am besten in Swellendam besorgen. Camping R245, Chalet R1100

Pringle Bay und Betty's Bay

Die Fahrt entlang der Küste auf der R44 von Kapstadt nach Hermanus ist wahrlich spektakulär und zählt zu den schönsten Strecken im Land, auch wenn eine Reihe ziemlich unattraktiver, immer weiter wuchernder Bungalowsiedlungen auch in **Pringle Bay** und **Betty's Bay** die Landschaft verschandeln. Hauptgrund für einen Stopp in Betty's Bay sind der botanische Garten (s. u.) und seine Kolonie von Brillenpinguinen (engl. African oder Jackass Penguins) in der **Stony Point Penguin Colony**, die man vom gut ausgeschilderten Holzsteg beobachten kann. ⏱ tgl. 8–16.30 Uhr, Eintritt R20.

Harold Porter National Botanical Garden

Abseits der R44 in Betty's Bay ▪ ⏱ Mo–Fr 8–16.30, Sa und So 8–17 Uhr ▪ Eintritt R25 ▪ ☎ 028 272 9311 ▪ 🖥 www.sanbi.org/gardens/harold-porter
Der Harold Porter National Botanical Garden ist ein Wildschutzgebiet mit Küsten- und Bergfynbos, das sich gut als Zwischenstopp entlang der R44 eignet – und sei es nur, um zu picknicken oder das Café zu besuchen.

Verlockend sind die landschaftlichen Reize und Blicke aufs Meer auf dem Weg die *kloof* hinauf. Der relativ kompakte botanische Garten dehnt sich von den Bergen durch Sumpfland hinunter zu den Dünen an der Küste über 2 km² aus. Je höher man kommt, desto häufiger sieht man das Meer sowie landeinwärts die zerklüftete Bergwelt.

Zwar leben **Antilopen**, **Paviane** und **Leoparden** im Park, zu Gesicht bekommt man sie jedoch nur selten. Lohnenswerter ist es, nach Vögeln und Blumen Ausschau zu halten. Vier Wege zwischen einer und drei Stunden führen durch den Garten. Ebenso empfehlenswert ist ein improvisierter Spaziergang an den rotgefärbten Gewässern (verursacht durch Phenol und Tannin aus dem Fynbos) entlang der Disa Kloof.

Hook, Line and Sinker, ab Pass Rd, Pringle Bay, ☎ 028-273 8688. Hier gibt es das beste Essen weit und breit. Auf der Speisekarte stehen Fisch der Saison und Steak, zubereitet über offenem Feuer vom legendären Stephan. Reservierung und Buchungsbestätigung sind unerlässlich. ⏱ Mo 19–23, Di–So 12–15 und 19–23 Uhr.

🛏 **Moonstruck on Pringle Bay**, 264 Hangklip Rd, Pringle Bay, ☎ 028 273 8162, 🖥 www.moonstruck.co.za. Das romantische und modern-feudale Gästehaus bietet 4 große Zimmer mit Balkon und Meerblick. Vom Haus ist es nur ein kurzer Spaziergang zu einer Bucht mit guten Bademöglichkeiten. R2400

Hermanus

Am Nordzipfel der sich nach Süden hin zur Landspitze Danger Point erstreckenden Walker Bay, 112 km östlich von Kapstadt, liegt **Hermanus**. Hinter dem Städtchen ragt eine eindrucksvolle Bergkulisse empor, und in den wärmeren Gewässern vor der schroffen Felsenküste der geschützten Bucht tummeln sich in den Wintermonaten (ungefähr ab Juli) **Südkaper**, auch Südliche Glattwale genannt (Kasten S. 249) die dort ihre Jungen zur Welt bringen. Daher bezeichnet sich Hermanus stolz als die **Wal-Metropole** Südafrikas und hat zum Beweis dafür den wohl einzigen offiziellen Wal-Ausrufer angestellt, der mit einem Handy und einem Muschelhorn durch den Ort zieht und die Stellen ausruft, an denen gerade Wale gesichtet worden sind. In der letzten Septemberwoche gibt es sogar ein **Walfestival**, wo die Stadt diverse Events veranstaltet – von Umweltvorträgen bis hin zu klassischer Musik.

In der Umgebung der alten Hafenmole ist noch ein Hauch des ehemaligen friedlichen Fischerdorfes zu verspüren, ansonsten hat sich Hermanus fast ganz dem Geschäft mit dem

Das Südkap mit Kapstadt gehört weltweit zu den besten Regionen für Walbeobachtung. Diese wird einem hier besonders leicht gemacht, denn man braucht kein Boot zu mieten oder an einer teuren Tour teilzunehmen. Zur richtigen Jahreszeit sind die Wale oft schon vom Ufer aus zu sehen, insbesondere mit einem Fernglas.

An den Küsten Südafrikas ziehen alle neun Walarten der südlichen Hemisphäre vorbei. Am häufigsten rings um Kapstadt trifft man auf die Southern Right Whales. Die **Südkaper** aus der Antarktis sind schwarz und an ihren hellen, bräunlichen Verhornungen gut zu erkennen. Das Muster dieser Flecken an Kopf und Maul ist bei jedem Tier anders, dies hilft Walforschern, den Werdegang einzelner Wale zu verfolgen.

Die Weibchen suchen geschützte Meeresbuchten auf, wo sie ihre Jungen zur Welt bringen, die sie dort bis zu drei Monate lang säugen und alleine aufziehen. Die beste Zeit zum Walebeobachten ist von **August bis Oktober**, doch die ersten kommen schon im Juni und manche bleiben bis Anfang Dezember. Wenn die Kälber groß genug sind, ziehen die Wale wieder nach Süden, in die kälteren, stürmischeren Gewässer, wo sie Unmengen an Plankton vertilgen, denn während der Säugezeit nehmen die Weibchen keinerlei Nahrung zu sich. Seltener bekommt man hingegen die Männchen zu Gesicht, doch zu Beginn der Saison sieht man manchmal einen, der mit viel Getöse um die Weibchen herum planscht. Männliche Wale gehen keine längerfristige Bindung zu einem Weibchen ein. Wale „verraten" ihre Anwesenheit durch die hohe **Wasserfontäne**, die sie beim Ausatmen kurz vor dem Auftauchen ausstoßen. Wer Glück hat, kann sogar Wale **springen** sehen.

Aussichtspunkte an Land

Den besten Blick bieten die Klippen von **Hermanus**, die die Küste von New Harbour bis Grotto Beach säumen. An den drei begehrtesten Beobachtungsstellen (Gearing's Point, Die Gang und Bientang's Cave) sind Informationstafeln aufgestellt. Wenn es ganz hoch her geht, stehen die Betrachter in Zweier- oder Dreierreihen. Entlang der Küste der Walker Bay gibt es aber noch weitere gute Stellen. Manche Kenner der Szene schwören auf **De Kelders** (S. 255), 39 km östlich von Hermanus, für andere ist das **De Hoop Nature Reserve** (S. 260) östlich von Arniston der ultimative Beobachtungsplatz an der gesamten südafrikanischen Küste.

Bootsausflüge

Wer die Tiere lieber vom Meer aus sehen will, hat in Hermanus mehrere Anbieter zur Auswahl. Die Boote müssen 50 m Abstand zu den Walen halten, schwimmt jedoch ein Wal von sich aus auf das Boot zu, darf es bis zu 20 Minuten stehen bleiben und zusehen. **Hermanus Whale Cruises**, ☎ 028 313 2722, 🖥 www.hermanus-whale-cruises.co.za, nimmt von Juni bis Dezember 87 Passagiere vom New Harbour mit (4x tgl., 2 Std., R800).

Etwas weiter die Walker Bay entlang nahe Gansbaai bieten **Dyer Island Cruises**, ☎ 082 801 8014 oder 076 555 5520, 🖥 www.whalewatchsa.com, in der Geelbek St Fahrten mit einem Meeresbiologen um Dyer Island an (tgl. ab Kleinbaai, Abfahrtszeit je nach Wetter, 2 1/2 Std., R1100). Im Voraus buchen.

Aus der Luft

Dies ist möglicherweise die ultimative Variante der Walbeobachtung.

Evan Austin in Hermanus (**African Wings**, ☎ 082 555 7605, 🖥 www.africanwings.co.za) fliegt im Kleinflugzeug über die Bucht, um Wale, Delfine, Haie und andere Meerestiere zu sehen (max. 3 Pers., 1/2 Std. für R3850, 1 Std. für R7300) und gibt in der Saison eine Sichtungsgarantie mit der Chance, auch Mütter mit Kälbern zu beobachten.

WESTKAP

Waltourismus verschrieben. Vom alten Hafen führt ein Klippenpfad fast 5 km von Küsten-Fynbos begleitet zum Grotto Beach in den östlichen Vororten, und von diesem Pfad kann man Wale beobachten.

Die **Main Road**, die Verlängerung der R43, windet sich durch Hermanus, heißt dort ein Weilchen Seventh Street und geht anschließend wieder in die R43 über. Als Ortszentrum gilt der **Market Square**, der oberhalb des alten Hafens südlich der Main Street liegt und die dichteste Konzentration von Restaurants, Souvenirgeschäften und Flohmärkten aufzuweisen hat.

Old Harbour Museum

Am alten Hafen ▪ ⏲ Mo–Sa 9–16.30, So 12–16 Uhr ▪ Eintritt R20 ▪ ☎ 028 312 1476, 🖥 www.old-harbour-museum.co.za

Die ausgestellten Gerätschaften und Haikiefer machen den Besuch des Museums nicht gerade

zu einem Erlebnis der Extraklasse, ganz hübsch ist es aber draußen, wo im winzigen Hafen ein paar farbenfrohe Boote zu sehen sind, mit denen hiesige Fischer ab Mitte des 18. Jhs. bis zur Mitte des 19. Jhs. aufs Meer fuhren.

New Harbour

Ein paar Kilometer westlich der Stadt an der Westcliff Rd

Der von steilen Felshängen eingerahmte New Harbour ist ein betriebsamer Fischereihafen. Manchmal schwimmen die Wale ins Hafenbecken hinein, und dann gibt es keine angenehmere Aussichtsstelle als die Gecko Bar (S. 252).

Strände

Unterhalb des Marine Hotels am Marine Drive bietet ein herrliches **Meeresschwimmbecken** die einzige Gelegenheit zu einem Bad an der schroffen Küste des Stadtzentrums. Wer einen

Badestrand sucht, muss sich in die östlichen Vororte begeben. Am nächsten zur Stadt liegt die geschützte **Langbaai**, eine kleine Bucht unter Felsüberhängen am unteren Ende der Sixth Avenue. Dort gibt es einen schmalen Strandstreifen und ausgezeichnete Möglichkeiten zum Schwimmen. **Voelklip**, am Fuß der Eighth Avenue, verfügt über Grasflächen (toll für ein Picknick), Toiletten und ein Café. Die angrenzende **Kammabaai** bietet die besten Surfbedingungen rund um Hermanus. 1 km weiter östlich liegt **Grotto Beach** – hier beginnt ein 12 km langer, blendend weißer Sandstreifen, der sich in einem sanften Bogen bis nach De Kelders erstreckt.

Fernkloof Nature Reserve

Am östlichen Ortsrand, von der Main Rd in die Theron St abbiegen ▪ ⏰ tgl. Morgen- bis Abenddämmerung ▪ Eintritt frei ▪ ☎ 028 313 0819, 🖥 www.fernkloof.org.za

Das Fernkloof Nature Reserve erstreckt sich auf 15 km² hügeligem Gelände mit großartigem Ausblick auf die Walker Bay. Das Naturschutzgebiet besitzt ein rund 40 km umfassendes Netz an markierten **Wanderwegen**, darunter einen insgesamt 4,5 km langen Rundweg. Bei einem Spaziergang kann man aus nächster Nähe die Artenvielfalt des Fynbos (im Reservat: rund 1000 Spezies) bewundern, und die zahlreichen Blütenpflanzen ziehen Scharen bunter Vögel an, darunter hier heimische, farbenprächtige Nektarvögel und Honigfresser.

ÜBERNACHTUNG

Hermanus ist der beliebteste Küstenort außerhalb von Kapstadt und bietet daher reichlich Übernachtungsmöglichkeiten. Wer es ländlicher mag, fährt 20 Minuten weiter bis Stanford. Oder man fährt noch ein Stück die Küste entlang bis Gansbaai (S. 255), sucht sich eine Unterkunft mit Blick aufs Meer und beobachtet in der Saison von dort aus die Wale.

Auberge Burgundy, 16 Harbour Rd, ☎ 028 313 1201, 🖥 www.auberge.co.za; Karte S. 250. Zentrale Unterkunft nahe am Wasser im provenzalischen Landhausstil mit Lavendelgarten. Helle, geräumige Zimmer, eingerichtet mit französischen Stoffen. R1870

Eastbury Cottages, 36 Luyt St, ☎ 028 312 1258, 🖥 www.eastburycottage.co.za; Karte S. 250. 4 voll ausgestattete Cottages nahe dem Marine Hotel. Preise je nach Gruppengröße. Frühstück R100 extra. R800

Hermanus Esplanade, 63 Marine Drive, ☎ 028 312 3610, 🖥 www.hermanusesplanade.co.za; Karte S. 250. Unterschiedlich große Apartments für Selbstversorger mit Blick aufs Meer oder den Hof. Es lohnt sich, ein wenig mehr Geld für den Blick auf die Bucht auszugeben. R1000

House on Westcliff, 96 Westcliff Rd, außerhalb des Zentrums beim neuen Hafen, ☎ 028 313 2388, 🖥 www.westcliffhouse.co.za; Karte S. 250. 6 B&B-Zimmer in einem klassischen Gebäude im gemütlichen Kap-Baustil mit geschütztem, ruhigem Garten und Pool. Alle Zimmer mit Bad und eigenem Eingang vom Garten. Es gibt auch noch ein Familienzimmer für 3 Pers. R1000

Robin's Nest, 10 Meadow Ave, ☎ 028 316 1597, 🖥 www.robinsnest-guesthouse.co.za; Karte S. 250. 3 voll ausgestattete, aber schlichte 2-stöckige Selbstversorger-Apartments für 2 Pers. in einem Garten 4 km westlich des Zentrums. Funktional, aber toller Bergblick. Zu erreichen auf dem Weg durch das Hemel-en-Aarde Shopping Village. R700

Windsor Hotel, 49 Marine Drive, ☎ 028 312 3727, 🖥 www.windsorhotel.co.za; Karte S. 250. Das im Stadtzentrum ideal gelegene Hotel (direkt an den Klippen) ist alt, aber durchaus beliebt. Speisesaal, Lounges und fast die Hälfte der Gästezimmer haben Meerblick. R1500

Zoete Inval Traveller's Lodge, 23 Main Rd, ☎ 028 312 1242, 🖥 www.zoeteinval.co.za; Karte S. 250. Ruhiges, entspanntes Hostel ohne Partyrummel mit Dorms, DZ und Familienzimmern. Dazu Extras wie guter Kaffee, Jacuzzi und ein Kamin. Die Betreiber organisieren Beistellbetten für Babys, Touren und Ausflüge. Dorm R225, DZ R600, Familienzimmer R1200

ESSEN UND UNTERHALTUNG

Am Meer ist natürlich Seafood die erste Wahl, wenngleich das Essen hinter der Aussicht meist zurücksteht. Im Weintal Hemel-en-Aarde (S. 253) westlich der Stadt und etwas

weiter in Stanford gibt es ein paar ausgezeichnete Restaurants. Fürs Wochenende und
im Sommer muss weit im Voraus reserviert
werden. Der Hafen von Hermanus ist die
richtige Adresse für Fish 'n' Chips, während es
an den Hermanus Cricket Grounds, 🖥 www.
hermanus.co.za/hermanus-market, tollen Käse
vom Bot River sowie frische Pasta, Pesto,
Muffins, Hummus und Backwaren gibt.
🕐 Sa 8–12 Uhr.

Hermanus

Dutchies on Grotto Beach, 10th Ave, Grotto
Beach, Voelklip, 📞 028 314 1392, 🖥 www.
dutchies.co.za; Karte S. 250. Das einzige Restaurant am Strand ist ziemlich gut. Die Speisekarte ist nicht besonders holländisch, dafür
sind Management und Bedienung tipptopp.
Die Preise sind fair: Ein „Gesundheits-" Frühstück (heißes Getränk, frisch gepresster O-Saft,
Fruchtsalat, griechisches Joghurt und Müsli)
kostet nur R70, ein holländisches Käse-
Schinken-Ciabatta R80. Reservieren ist eine
gute Idee, vor allem, wenn man draußen
sitzen will. 🕐 tgl. 9–21 Uhr.

Gecko Bar, New Harbour, 📞 028 312 2920;
Karte S. 250. Die große, laute Kneipe hat einen
großartigen Meerblick und serviert tolle Cocktails, Pizzas und Burger sowie anderes Pub-
essen. Eignet sich ideal für einen Sundowner
zum Sonnenuntergang (R60). Es gibt Raucher-
bereiche und regelmäßig Livemusik von ansässigen Künstlern. Wer Seafood möchte, geht ins
benachbarte Grillrestaurant Harbour Rock.
🕐 tgl. 12.30–24 Uhr.

Lizette's Bar & Restaurant, 20 8th St,
Voelklip, 📞 028 314 0308, 🖥 www.
lizetteskitchen.com; Karte S. 250. Großes,
renoviertes Haus mit vielen Tischen im Freien,
einem Spielplatz für Kinder, Wasserschüsseln
für Hunde und gemütlichem Interieur. Hier
sorgt die renommierte Küchenchefin Lizette
Crabtree für Furore: Aus Asien hat sie ein
Repertoire an vietnamesischen Garküchen-
speisen (R100) mitgebracht. Es gibt aber auch
Marokkanisches und südafrikanische Favoriten.
Auch zum Mitnehmen. 🕐 tgl. 9–22 Uhr.

Ocean Basket, Village Square, 📞 028 312
1313; Karte S. 250. Das beliebte Restaurant ist

Teil einer günstigen und zuverlässig guten
Seafood-Kette. Neben einer fantastischen
Lage hat es Fish 'n' Chips (R70) und andere
Fischgerichte zu bieten. 🕐 Mo–Sa 12–21,
So 12–20 Uhr.

Paradiso Ristorante Italiano, 83 Marine Drive,
📞 028313 1153; Karte S. 250. Der zuverlässige
Italiener hinter dem Village Square zwischen
diversen Touristenlokalen in Wassernähe bietet
neben leckerer Pizza (R100) und Pasta auch
Meeresfrüchte und Huhn. 🕐 tgl. 11–21.30 Uhr.

Hemel-en-Aarde

Creation Restaurant, Hemel-en-Aarde
Valley, 📞 028 212 1107, 🖥 www.
creationwines.com; Karte S. 250. Fabelhaftes
Restaurant – modern, elegant und trotzdem
informell – bei denen die Tische drinnen wie
draußen auf Fynbos-bewachsene Berge
blicken. Antipasti und Kanapees sind himmlisch
und das Essen ist perfekt auf die Weine abgestimmt (Verkostung mit Wein und Essen R335).
Auch Kinder kommen auf ihre Kosten, mit einem
eigenen Verkostungsmenü, das 5 Gänge mit
passenden Überraschungsgetränken kombi-
niert (R75). Unbedingt reservieren. 🕐 tgl.
11–16 Uhr.

Mogg's Country Cookhouse, Hemel-en-
Aarde Valley, 12 km von Hermanus an
der R320 Richtung Caledon, 📞 076 314 0671,
🖥 www.moggscookhouse.com; Karte S. 250.
In einem Farm-Cottage im Hinterland mit
wunderbarem Blick übers Tal. Gemütlich und
immer voll. Das köstliche Angebot richtet
sich danach, was den Köchinnen Jenny Mogg
und Tochter Julia gerade in den Sinn kommt,
etwa frisch gefangener Bratfisch auf rotem
Paprikarisotto mit Pilzsauce (R125). Auch die
Desserts sind hervorragend. Reservierung
erforderlich. Kinder willkommen. 🕐 Mi–So
12–14.30 Uhr.

INFORMATIONEN

Touristeninformation, im alten Bahnhofsgebäude an der Mitchell St, 📞 028 312 2629,
🖥 www.hermanustourism.info. Das Büro verteilt Landkarten und nützliche Broschüren und
bucht Zimmer, Walbeobachtungstouren und

Hermanus bietet hervorragende Weingüter in einer Landschaft, die sich ziemlich von der um Stellenbosch und Franschhoek unterscheidet. Die Winzer im **Hemel-en-Aarde-Tal** („Himmel und Erde"), 2 km westlich der Stadt, produzieren einige von Südafrikas Spitzenweinen. Die Weingüter lassen sich alle an einem Tag besuchen. Auf einer Strecke von 25 km findet man verlockende Verkostungsräume und einige bemerkenswerte Restaurants. Die Route ist auch als **Wine Route 320** bekannt, da sie entlang der R320 führt. Diese zweigt von der Hauptstraße von Hermanus nach Kapstadt ab und endet in Caledon.

Hamilton Russell Winery, 8 km entlang der R320, ℰ 028 312 3595, ▫ www.hamiltonrussellvineyards.com. Vom ältesten Weingut der Walker Bay kommen einige der kostspieligsten Weine Südafrikas. Am bekanntesten sind der Pinot Noir und der hervorragende Chardonnay. ⊙ Mo–Fr 9–17, Sa 9–13 Uhr.

Bouchard Finlayson, 10 km entlang der R320, ℰ 028 312 3515, ▫ www.bouchardfinlayson.co.za. Dieses Gut genießt ebenfalls einen ausgezeichneten Ruf und hat ein größeres Weinsortiment als seine Nachbarn. Die Reben für den preisgekrönten Galpin Peak Pinot Noir werden an den Hängen des Galpin Peak angebaut. Der Name des trockenen, weißen Cuvées Blanc de Mer spielt auf die Lage an: Der Geschmack der Weine wird weitgehend davon beeinflusst, dass die Trauben nahe am kühlen Meer wachsen. ⊙ Mo–Fr 9.30–17, Sa 9.30–12.30 Uhr.

Ataraxia Wines, 19 km die R320 entlang, ℰ 028 212 2007, ▫ www.ataraxiawines.co.za. Das moderne Weingut ist noch relativ jung und hat seinen Verkostungsraum wie eine Kapelle eingerichtet – ein würdiger Tempel für seine himmlischen Weine, u. a. einen hervorragenden Pinot Noir. ⊙ Mo–Fr 9–16, Sa 10–17 Uhr.

Creation, 23 km von Hermanus entfernt an der R320, ℰ 028 212 1107, ▫ www.creationwines.com. Eines der allerbesten Weingüter hat fantastische Weine und ist bekannt für seine kombinierten Verkostungen mit Wein und Essen (tgl. 11–16 Uhr) oder Schokolade und Tee. Seine Spitzenreiter sind die dunklen, fruchtigen, aromatischen Weine Syrah und Syrah Grenache. Ein Weintutor erklärt Gästen die komplexen, feinen Geschmacksnuancen der in eleganten Importgläsern servierten Tröpfchen. An Wochenenden weit im Voraus buchen. ⊙ tgl. 10–17 Uhr.

WESTKAP

Haifischkäfig-Tauchtrips. ⊙ Mai–Aug Mo–Sa 9–17 und So 9–14, Sep–Apr Mo–Sa 8–18 Uhr. In der letzten Septemberwoche gibt es ein **Walfestival**, wo die Stadt alles auf die Bühne bringt, was auch nur irgendwie mit Walen zusammenhängt. ▫ www.hermanuswhalefestival.co.za.

TRANSPORT

Auto

Von Kapstadt aus führt die direkteste Route nach Hermanus (125 km) über die N2, dann in Bot River auf der R43 Richtung Süden (1 1/2 Std.). Die kurvige Straße verlässt die N2 unmittelbar vor dem Sir Lowry's Pass, folgt ab Strand der Küste und ist eine der schönsten Küstenfahrten in Südafrika (2 Std.).

Busse

Der **Baz Bus**, ℰ 021-422 5202, ▫ www.bazbus.com, von CAPE TOWN und PORT ELIZABETH hält am Bot River, 34 km nordöstlich von Hermanus an der R43, wo man sich von seinem Hostel abholen lassen kann. Zwei Shuttles – **Bernadus**, ℰ 028-316 1093 oder 083-658 7848, und **Splash**, ℰ 028-316 4004 – befahren ebenfalls die Route zwischen HERMANUS und CAPE TOWN (1 1/2 Std.), allerdings nur auf Anfrage, sodass im Voraus gebucht werden muss und das Ganze quasi zu einem Taxiservice wird. Die einfache Fahrt zum Flughafen oder ins Zentrum von Kapstadt kostet R400–800 p. P. je nachdem, wie viele Personen mitfahren. Bernadus bedient auch die 45 km lange Strecke entlang der Küste nach GANSBAAI für ca. R900 p. P.

Stanford

Östlich von Hermanus führt die R43 um die schöne Klein River Lagoon herum landeinwärts, vorbei an dem malerischen, am Flussufer gelegenen Stanford. Trotz seiner Nähe zum hochgejubelten Hermanus ist das alte Dorf aus dem Jahre 1857 zur beliebten Zufluchtsstätte Ruhe suchender Künstler geworden.

Den eigentlichen Reiz von Stanford macht jedoch die schlichte **viktorianische Architektur** des Ortes aus: Entlang der Dorfstraßen reihen sich reetgedeckte, weiß getünchte Häuser und aus Sandstein erbaute Cottages sowie die anglikanische Kirche.

Die nördliche Begrenzung der Stadt bildet der hübsche **Klein River**, wo sich im raschelnden Schilf am Flussufer zahlreiche Vögel tummeln, darunter der farbenfrohe Malachitfischer.

ÜBERNACHTUNG

B's Cottage, 17 Morton St, ✆ 028 341 0430 oder 083 293 5512, ⌨ www.stanford-accommodation.co.za. Häuschen mit Reetdach für Selbstversorger in einem Landgarten im englischen Stil. 2 Betten im Obergeschoss und Schlafsofa im Wohnzimmer. Beliebt, da zentral gelegen, also weit im Voraus buchen! Wochenendbuchungen gelten nur für 2 Nächte. R750

Mosaic Farm, 10 km vom Zentrum, Abzweig von Queen Victoria St, ✆ 028 313 2814, ⌨ www.mosaicsouthafrica.com. Die naturnahe Farm hat 4 km Uferland mit Zugang zu einem unberührten Teil der Lagune. Zur Auswahl stehen reetgedeckte Stein-Cottages für Selbstversorger sowie die **Lagoon Lodge**, eine Luxus-Safarilodge an der Laguna mit Vollpension (R6200). R900

Gourmet-Tour am Klein River

Am Klein River gleich außerhalb von Stanford hat man weitere Möglichkeiten hervorragend zu speisen und zu trinken. Die vier mit der besten Beurteilung sind im Folgenden aufgeführt:

Birkenhead Brewery, gleich hinter dem Abzweig von der R43 in die R326, ✆ 028 341 0013, ⌨ www.walkerbayestate.com. Diese Brauerei nennt sich „craft brewery estate", aber beim Betreten machen die Rohre und Gerätschaften aus rostfreiem Stahl schnell deutlich, dass es sich hier um einen hochmodern Betrieb handelt. Wunderbar geeignet für ein Pub-Mittagessen oder zum Verkosten von hervorragenden Craft-Bieren wie dem malzigen Honey Blonde oder dem Chocolate Stout. Die Brauerei gehört zum Walker Bay Estate, auf dem auch exzellente Weine produziert werden. ⏲ tgl. 10–17 Uhr.

Klein River Cheese Farmstead, 2 km hinter der Birkenhead Brewery und 7 km von Stanford entfernt auf der R326, ✆ 028 341 0693, ⌨ www.kleinrivercheese.co.za. Hier kann man ihre berühmten Greyerzer-, Leiden-, Colby- und Dando-Sorten probieren oder es sich unter den Bäumen am Fluss mit einem Picknickkorb aus dem Picnic Shed gemütlich machen. Die Farmbetreiber haben bei der Aufforstung des Waldes am Fluss mitgeholfen, und wer möchte, kann durch den Erwerb eines Baumes dazu beitragen. ⏲ Mo–Sa 9–16 Uhr.

Raka Wine, 17 km außerhalb der Stadt an der R326, ✆ 028 341 0676, ⌨ www.rakawine.co.za. Hier werden einige der besten Weine der Gegend produziert; der Spitzenwein des Guts ist der überragende rote Quinary. Wer es nicht bis hierher schafft, sollte unbedingt an anderen Orten der Region Raka-Weine probieren. ⏲ Mo–Fr 9–17, Sa 10–14.30 Uhr.

Springfontein Wine Estate, 5 km von Stanford an der Verlängerung der Queen Victoria St, ✆ 028 341 0651, ⌨ www.springfontein.co.za. Auf diesem Weingut lassen sich Weinverkostung und hervorragendes Essen ideal miteinander verbinden. The Barn ist eine Mischung aus Probierstube (R25) und deutscher Kneipe, wo bester Käse, Salat und Würste serviert werden. Daneben gibt es noch ein ausgesprochen gutes Restaurant fürs Mittagessen (Do–So ab 12.30 Uhr) und Abendessen (Mi–So ab 18.30 Uhr). Hier kocht der mit einem Michelin-Stern ausgezeichnete Jürgen Schneider kreative 3- bis 4-Gänge-Menüs. Reservierung notwendig. ⏲ tgl. 11–21 Uhr.

WESTKAP

Stanford River Lodge, 4 km vom Zentrum, Abzweig von Queen Victoria St, ☎ 028 341 0444, 🖥 www.stanfordriverlodge.co.za. Sonnige und geräumige moderne Cottages für Selbstversorger mit Fluss- und Bergblick. Sehr angenehm und gepflegt, der Fluss ist im Sommer ideal zum Baden und Kanufahren. Man kann Frühstückskörbe kaufen, die müssen aber 24 Stunden im Voraus bestellt werden. R900

ESSEN

Neben guten Restaurants gibt es in Stanford samstags von 9 bis 12 Uhr einen Markt auf der Veranda des Stanford Hotel in der Queen Victoria St im Zentrum. Hier kauft man Fertiggerichte, Brot, Kuchen, Quiches und Proviant fürs Picknick und die Selbstversorgung.

 **Madre's Kitchen**, Robert Stanford Estate, 1 km westlich von Stanford, ☎ 028 341 0647, 🖥 www.madreskitchenstanford.co.za. Das am Stadtrand gelegene Restaurant bietet unschlagbares Frühstück! Mittags werden selbstgebackenes Brot, Pasteten und Käse aus eigener Herstellung mit Kräutern und Gemüse aus dem Garten serviert, dazu ein Wein vom eigenen Gut (R130). Viel Spaß haben hier auch Kinder – es gibt jede Menge Rasen, ein Klettergerüst und Enten, die man füttern kann. ⏱ Do–So 8–16 Uhr.

Mariana's at Owls Barn, 12 Du Toit St, ☎ 028 341 0272. Die fantasievolle Landküche zu vernünftigen Preisen in dem viktorianischen Gebäude zieht sogar Feinschmecker aus Kapstadt zu einem gemütlichen Mittagessen an und ist ein kulinarisches Highlight in der Region. Die Zutaten und Weine kommen aus der Umgebung, das Gemüse stammt zum großen Teil aus dem Garten der Inhaber. Diese sind freundlich und engagiert und beraten gern bei den Essens- und Getränkeauswahl. Für Vegetarier gibt es *chèvre tart* oder hausgemachten Ricotta in Weinblättern (R90). Der Ansturm ist so groß, dass man weit im Voraus buchen muss; zur Not kann man auch wieder absagen. Wer gern lange und gemütlich zu Mittag essen möchte, sollte versuchen, einen Tisch auf dem *stoep* zu ergattern. Keine Kinder unter 10 Jahren. ⏱ Do–So 12–16 Uhr.

Aktivitäten

Den Klein River kann man im Rahmen einer Bootsfahrt (R100) erkunden oder selbst ein Kajak mieten. Beides gibt's bei **Ernie**, ☎ 083 310 0952. Eine 2- bis 3-stündige Bootsfahrt kostet R150. Ein Boot zum Mieten gibt's für R100 für den ganzen Tag und sollte, insbesondere am Wochenende, im Voraus gebucht werden.

Informationen

Touristeninformation, an der Main Rd, ☎ 028 341 0340, 🖥 www.stanfordtourism.co.za. Hilft bei der Zimmerbuchung und kann eine Broschüre für einen Rundgang durch den Ort, der an den verschiedenen historischen Häusern vorbeiführt, bereitstellen. ⏱ Mo–Fr 8.30–17, Sa 9–16, So 9–13 Uhr.

TRANSPORT

Mit dem **Auto** fährt man 173 km von Kapstadt nach Stanford. Von der N2 am Abzweig Hermanus abbiegen (etwa 90 km von Kapstadt) und der R43 weitere 33 km durch Hermanus nach Stanford folgen.

Gansbaai und De Kelders

Gansbaai, 39 km von Hermanus entfernt, lebt überwiegend von seiner Fischereiwirtschaft und der Seafood-Konservenfabrik am Hafen, was dem Ort eine etwas robustere Atmosphäre verleiht als die heilen Ferienwelt der Umgebung. Viel Grund, hier zu verweilen, gibt es nicht, es sei denn, man möchte eine Tour zu Weißen Haien unternehmen (Kasten S. 256).

Etwas weiter östlich liegt **De Kelders**, ein Vorort von Gansbaai. An Ferienunterkünften gibt es hier kaum Interessantes, jedoch ist die Felsküste ein fantastischer Ort für Walbeobachtungen, und man hat Zugang zu einem langen Sandstrand („Die Plat") in der Walker Bay Nature Reserve, wo man über die Felsen kraxeln und kilometerweit laufen kann. Baden kann allerdings gefährlich sein, also besser nie mehr als knietief ins Wasser gehen!

ÜBERNACHTUNG

Cliff Lodge, 6 Cliff St, De Kelders, ☎ 028 384 0983, ⌨ www.clifflodge. co.za. Stilvolles Gästehaus auf der Steilküste von De Kelders mit atemberaubender Aussicht von allen 4 Luxuszimmern und der weitläufigen Penthouse-Suite. Von der Terrasse mit Pool lassen sich auch Wale beobachten. R2500

Crayfish Lodge, Killarney St, De Kelders, ☎ 028 384 1898, ⌨ www.crayfishlodge. com. Das prachtvolle Guesthouse ist die beste Unterkunft am Platze. 5 Zimmer mit Meerblick und separater Terrasse oder Veranda. Die Suiten oben haben Jacuzzi (R3000). Ein Pfad führt runter zu einem felsigen Strand mit einem Kanal zum Baden. Außerdem gibt's einen beheizten Pool. R2800

ESSEN

Blue Goose, 12 Franken St, Gansbaai, ☎ 028 384 1106. Frisches Seafood und Fleisch sowie Wein aus der Region. Empfehlenswert sind das würzige Fischcurry (R150) und die Garnelen in Tempurateig. Vegetarier können hier immer auf Pasta zurückgreifen. ⏱ tgl. 7–22 Uhr.

Boat House Restaurant and Pub, Gansbaai Harbour, ☎ 071 657 5421. Hier genießt man traditionelle Fish 'n' Chips (R70) in großen Portionen oder sitzt bei einem kühlen Bier auf der Veranda und sieht den heimkehrenden Fischerbooten zu. ⏱ tgl. 9–17 Uhr.

Coffee on the Rocks, Cliff St, De Kelders, ☎ 028 384 2017, ⌨ www.coffee-on-the-rocks. com. Kleines Bistro mit ausgezeichnetem Kaffee und Kuchen, leichten Gerichten und Terrasse in idealer Lage zum Walegucken. Sonntags traditioneller Braten (R130). Unbedingt reservieren. ⏱ Mi–So 10–17 Uhr.

Grootbos Nature Reserve, 8 km westlich von Gansbaai nahe der R43, ☎ 028 384 8008. Die hübsche Öko-Lodge gehört zu den kulinarischen Highlights der Gegend: exquisite traditionelle Küche mit einer modernen Note. Nur Menüs – allerdings sehr günstig für die Qualität: mittags 3 Gänge R300, abends R460. Wer vor dem Abendessen früh genug da ist, kann bei einem Sundowner die Aussicht genießen. ⏱ tgl. 13–15, 19–21 Uhr.

INFORMATIONEN

Touristeninformation, Great White Junction, Kapokblom St, ☎ 028 384 1439, ⌨ www. gansbaaiinfo.com. ⏱ Mo–Fr 8.30–17.30, Sa 9–16, So 10–14 Uhr.

TRANSPORT

Autofahrer nehmen von der N2 die Abfahrt Hermanus (ca. 90 km von Kapstadt entfernt) und folgen der R43 weitere 85 km durch Hermanus und Stanford.

Dyer Island und Shark Alley

Was genau einen Afroamerikaner zu Beginn des 19. Jhs. auf eine Insel vor Südafrika verschlug, bleibt ein Geheimnis. Jedenfalls wohnte Samson Dyer ab 1806 als Guanosammler auf der Insel, die inzwischen seinen Namen trägt. Heute leben auf **Dyer Island** große Kolonien von Brillenpinguinen und Robben – beide begehrte Leckerbissen für Weiße Haie. Die Wasserstraße zwischen der Insel und dem Festland wimmelt dermaßen von Haien, dass sie **Shark Alley** genannt wird, und ist daher ein ideales Revier für Veranstalter von Tauchtouren mit **Weißen Haien**. Teilnehmer brauchen keinen Tauchschein, sondern sehen die Tiere von der Sicherheit eines Haikäfigs oder eines soliden Bootes aus.

Marine Dynamics and Dyer Island Cruises, Gansbaai, ☎ 028 384 0406, ⌨ www.whalewatchsa.com. Walbeobachtung mit Meeresbiologe an Bord (tgl. um 9.15, 11.45 und 14.15 Uhr, 2 1/2 Std., R900), um Dyer Island sowie Käfigtauchen mit Haien (R1500). Auch im Angebot: Tagesausflüge von Kapstadt (R1850) oder Hermanus (R1600) aus. Buchung und Zahlung im Voraus.

Cape Agulhas und Umgebung

Die felsigen Untiefen entlang der Ostflanke des Danger Point mit ihrer schweren Brandung und den tückischen Unterströmungen zählen zu den gefährlichsten Küsten Südafrikas – hier versanken mehr als 250 Schiffe und rund 2500 Menschen wurden vom Meer verschlungen. Das raue Gelände ist auch der Grund dafür, dass es von Gansbaai und Danger Point keine Küstenstraße nach **Cape Agulhas**, der Südspitze Afrikas, gibt.

Die Ebene um die Südspitze von Südafrika ist zum **Agulhas National Park** ernannt worden. Hier werden auf dem Land, im Meer und in der Gezeitenzone schätzungsweise zweitausend Pflanzen- und Tierarten geschützt sowie ein Kulturerbe, das u. a. Schiffswracks und archäologische Stätten umfasst. Unter anderem hat man hier Steinherde, Tonwaren und Muschelhügel entdeckt.

Die eigentliche Südspitze des Kontinents befindet sich im Agulhas National Park und ist durch einen Fels mit Hinweistafel etwa 1 km vom Leuchtturm Richtung **Suiderstrand** markiert. Hier muss man schon mal Schlange stehen, wenn man sich fotografieren lassen möchte. Die berühmte Stelle ist durchaus sehenswert, aber nicht besonders aufregend; Afrika fällt hier über ein paar Felsen ins offene Meer ab. Die unbefestigte und sehr holprige Straße nach Suiderstrand führt zu mehreren naturbelassenen Stränden und den Strandhütten des Nationalparks.

Der Ort **L'Agulhas** (meist einfach Agulhas genannt) besteht aus einer windzerzausten, baumlosen Ansammlung von Ferienhäusern und Läden in der Nähe des Kaps. Das Zentrum, wenn man es überhaupt so bezeichnen kann, liegt entlang der Main Road, wo es ein paar Restaurants, einen kleinen Supermarkt und einen Kunsthandwerksladen gibt. Kurz vor dem Leuchtturm gibt es linker Hand ein großes Gezeitenbecken, das sich ideal zum Schwimmen eignet.

Struisbaai, 4 km östlich von Agulhas, hat einen hübschen Hafen, ein paar Restaurants und fabelhafte, lange Sandstrände, die durchaus einen Aufenthalt lohnen könnten. Der Rest der Küste um Agulhas ist sehr felsig.

Elim Mission Station

Die 1824 gegründete Herrnhuter Missionsstation **Elim** liegt 40 km nordwestlich von Agulhas und besteht komplett aus reetgedeckten, weiß getünchten Häusern und Feigenbäumen. Der Ortskern mit der alten Architektur ist am hübschesten.

Die Geschichte erschließt sich durch einen Besuch der Kirche, der restaurierten Wassermühle, wo immer noch Weizen gemahlen wird, und des Denkmals zur Erinnerung an die Abschaffung der Sklaverei im Jahre 1834, das Einzige seiner Art in ganz Südafrika. Es ist ein greifbares Andenken daran, dass zahlreiche befreite Sklaven Zuflucht in Missionsstationen wie Elim fanden.

Agulhas Lighthouse

⏲ tgl. 9–16.30 Uhr ▪ Eintritt R40

Vom rot-weißen Leuchtturm von Agulhas, der 1849 in Betrieb ging, eröffnen sich nach steilem Aufstieg über Leitern fantastische Ausblicke. Eine interessante Ausstellung erkundet anhand südafrikanischer Beispiele die Faszination, die von Leuchttürmen ausgeht, die einsam in felsiger Klippenlage nachts Lichtsignale an Schiffe aussenden.

Struisbaai

Das östlich von Agulhas gelegene Struisbaai (ausgesprochen: Straisbai, meist kurz Strais genannt) beeindruckt durch seine endlos langen, weißen Sandstrände. Je weiter man sich von den stereotypen Ferienhäusern und Campingplätzen entfernt, desto schöner wird es. Im herrlichen türkisblauen Wasser lässt es sich wunderbar und sicher schwimmen.

Auch der kleine Hafen lohnt einen Besuch. Hier sieht man oft riesige Stachelrochen, die majestätisch durchs Wasser gleiten und unter den Holzstreben der Helling nach Fischresten suchen. Der in den hiesigen Gewässern heimische Rochen namens Parrie ist der Liebling aller und hat sogar eine eigene Facebook-Seite. Vom Anleger geht ein hölzerner Wanderweg ab; er führt die schöne Küste entlang zu felsigen Stränden, die mit Muscheln übersät sind.

ÜBERNACHTUNG

Agulhas National Park Rest Camp, Suiderstrand, 7 km westlich von Agulhas, ☎ 028
435 6078, 🖳 www.sanparks.org/parks/agulhas.
Wer abgelegene Strände liebt und gern
wandert, sollte sich in einem der Chalets mit
Meerblick in Suiderstrand einmieten. Sie sind
ideal für Selbstversorger eingerichtet. Den
Schlüssel gibt's im Büro des Nationalparks
nahe dem Leuchtturm (bis 18 Uhr in der Woche
und bis 17 Uhr am Wochenende). Hier wird
auch die Umweltschutzgebühr in Höhe von
R150 p. Pers. fällig. Man nimmt am besten alles
Notwendige mit, denn zu den Läden gelangt
man nur über eine holprige Straße. R1100

Cape Agulhas Backpackers, 17 Duiker St,
Struisbaai, ☎ 082 372 3354, 🖳 www.cape
agulhasbackpackers.com. Die einzige Budget-
Unterkunft der Gegend mit Campingplatz, Dorm-
Betten und DZ sowie anständigem Bettzeug,
Pool und Garten. Das Inhaberpaar ist äußerst
hilfsbereit und organisiert Surf-Kurse, Angel-,
Kitesurfing- oder Reittouren. Camping R100,
Dorm R160, DZ R450

Langezandt Fishermen's Village, Murex St,
Struisbaai, ☎ 028 435 7547, 🖳 www.lange
zandt.co.za. Exklusive Strandvillen für Selbstversorger auf einem Anwesen, das den Eindruck
einer Siedlung mit traditionellen weißgetünchten Reetdachhäusern erwecken soll. Die meisten sind für Familien ausgelegt, aber es gibt
auch ein paar kleinere Einheiten. Das „Dorf"
liegt wunderbar am Ortsrand und hat schnellen
Zugang zu langen Sandstränden. R1200

Southermost B&B, Van Breda, Ecke Lighthouse
St, Agulhas, ☎ 028 435 6565, 🖳 www.southerm
ost.co.za. Beliebtes, wenn auch etwas abge-
takeltes historisches Strand-Cottage gegenüber
dem Gezeitenbecken. Im herrlichen Garten, der
bis ans Wasser reicht, wachsen einheimische
Blumen. Zu Fuß ist es nicht weit ins Ortszentrum
und zu einer Mahlzeit am Abend. Im Winter
geschlossen. R800

ESSEN

L'Agulhas Seafoods, Main Rd, Agulhas, ☎ 028
435 7207. Die besten Fish 'n' Chips (R65) der

Gegend – Gäste kommen teilweise sogar aus
Kapstadt. Serviert neben regionalem Fisch auch
Calamari und Sushi sowie ausgesuchte Weine
und Biere. ⏲ Mo–Sa 10–19, So 10–15 Uhr.

Pelican's Harbour Café, Struisbaai Harbour,
☎ 028 435 6526. Fish 'n' Chips-Laden mit
Tischen und Bänken aus Holz. Hier könnte man
aber auch ganz legal gezüchtete Abalonen
(R190) probieren. Diese als Delikatesse geltende Meeresschnecke wird ja normalerweise mit
Wilderei assoziiert. Wem das zu exotisch ist,
der hält sich an Muscheln oder den frisch vor
Ort gefangenen Fisch. ⏲ tgl. 10–21 Uhr.

Twisted Fork Restaurant and Bar, 184 Main Rd,
Agulhas, ☎ 028 435 6291. Hier kann man einen
schönen Pub-Abend verbringen. Das Essen
ist auch nicht schlecht – besonders gut ist das
Thaicurry mit Hühnchen und Garnelen (R120) –
und der fangfrische Fisch wird mit hervorragenden Chips serviert. ⏲ tgl. 11–2 Uhr.

EINKAUFEN

Wine Boutique, Main Rd, Agulhas, ☎ 028
567 7858, 🖳 www.wineboutiqueagulhas.co.za.
Wer regionale Weine verkosten und kaufen
möchte, wird in dieser exquisiten Weinboutique
nie enttäuscht. Sie liegt gegenüber dem Sea-
gulls Pub and Restaurant und hat eine ausgezeichnete Auswahl auf Lager. Es gibt täglich
Weinproben mit hilfreichen Tipps zu den besten
Jahrgängen. Im Winter können die Öffnungszeiten variieren. ⏲ Mo–Fr 9–17.30, Sa 9–17,
So 11-17 Uhr.

INFORMATIONEN

Touristeninformation, im Agulhas Lighthouse,
☎ 028 435 7185, 🖳 www.discovercape
agulhas.co.za. mit hilfsbereiten Mitarbeitern.
Hier bekommt man eine praktische Karte für
Ausflüge mit nützlichen Adressen. ⏲ tgl.
9–17 Uhr.

TRANSPORT

Agulhas liegt 230 km von Kapstadt entfernt.
Anfahrt mit dem **Auto** über die N2 nach Caledon
(115 km), weiter auf der R316 nach Bredasdorp;

von dort führt die Westroute der R319 nach 43 km nach Agulhas. Die Straße führt durch offenes Ackerland, wo sich ziemlich sicher das südafrikanische Wappentier, der elegante, vom Aussterben bedrohte Paradieskranich blicken lässt.

Die **Taxis** von Mrs Marie Johannes fahren täglich von Kapstadt nach Agulhas oder Struisbaai (R350), ☏ 082 691 9075.

Arniston

Nach dem kalten Blau des Atlantiks im Westen stellt das türkisgrüne Wasser des Indischen Ozeans bei Arniston eine echte Überraschung dar – zusammen mit den weißen Sanddünen ein spektakulärer Anblick. Für Besucher, die in erster Linie auf Strandleben aus sind, ist die Kleinstadt im Umkreis des Overberg eine der angenehmsten. Doch trotz der tropischen Farben ist hier, wie überall entlang der Kapküste, häufig mit heulenden Winden zu rechnen. Bei solcher Wetterlage hat der Ort nicht viel zu bieten.

Die Einheimischen kennen das Städtchen eher unter seiner afrikaansen Bezeichnung „Waenhuiskrans" (Planwagen-Klippe), die auf eine große Höhle 1,5 km südlich des Ortes zurückgeht, die nach Ansicht der Voortrekker geräumig genug war, um einen Ochsenwagen samt Gespann aufzunehmen. Der englische Name stammt von dem britischen Schiff Arniston, das 1815 hier auf den Felsen strandete.

Die seichten Gewässer um Arniston, die sich für Schiffe als so tückisch erweisen, bieten gleichzeitig ungefährliche Schwimmgelegenheiten. **Baden** kann man etwa am Bootsslip oder am Roman Beach, dem wichtigsten Badestrand der Küste, vom Hafen Richtung Süden.

Die größte Sehenswürdigkeit von Arniston ist **Kassiesbaai**, eine Reihe wunderschöner, inzwischen unter Denkmalschutz stehender weiß gekalkter Dorfhäuser. In ihnen leben hier seit Generationen „farbige" Fischerfamilien, die viel zu häufig als unfreiwillige Fotomotive herhalten müssen.

Bei Ebbe kann man durch Kassiesbaai nach Norden 5 km weit an einem unbebauten Strand entlang laufen. Wer vom Hafen aus nach Süden wandert, gelangt nach 1,5 km zu der **Höhle**, nach der die Stadt benannt ist. Vom Parkplatz nahe der Höhle führt ein kurzer, markierter Weg zu den mit Fynbos bewachsenen Dünen und der Höhle, die nur bei Ebbe zugänglich ist. Wegen der manchmal schlüpfrigen und stellenweise scharfkantigen Felsen ist es wichtig, feste Schuhe zu tragen.

ÜBERNACHTUNG

Arniston Lodge, 23 Main Rd, ☏ 028 445 9175, 🖳 www.arnistonlodge.co.za. Das B&B hat 4 Zimmer in einem 2-stöckigen Haus mit Reetdach und Pool im Wohngebiet. Die Zimmer im oberen Geschoss haben Ausblick und die besseren Bäder. R1300

Arniston Seaside Cottages, Huxham St, am Ortseingang von Bredasdorp beschildert, ☏ 028 445 9772, 🖳 www.arnistonseaside cottages.co.za. Attraktive, moderne Unterkünfte für Selbstversorger im Stil der traditionellen Fischerhütten mit weiß getünchten Wänden und Reetdach. Sie sind sauber und hell, voll ausgestattet und liegen nur wenige Laufminuten vom Strand entfernt. R760

🧳 **Arniston Spa Hotel**, Beach Rd, ☏ 028 445 9000, 🖳 www.arnistonhotel.com. Das große Wellness-Hotel dominiert in grandioser Lage das Meeresufer und verwöhnt mit allem Komfort und einem Wellness-Programm, das von Massagen bis zu Schönheitsanwendungen reicht. Die besten Zimmer haben einen offenen Kamin oder einen Balkon mit Meerblick. Unter der Woche und im Winter sind die Preise niedriger. R2550

ESSEN

Arniston Spa Hotel, Beach Rd, ☏ 028 445 9000, 🖳 www.arnistonhotel.com. Serviert abends leckeren frischen Fisch (R140) an Tischen im Freien mit Meerblick. Außerdem die einzige Bistro-Bar im Ort, die Burger und Ähnliches serviert und mit Sport-TV lockt. ⏲ tgl. 10–21.30 Uhr.

Willeen's Meals, Arts and Crafts House, C26, Kassiesbaai, ☏ 028 445 9995. Der Familienbetrieb in einer authentischen Fischerkate

WESTKAP

serviert traditionelle kapmalaiische Gerichte. Wie wär's mit *bobotie* (R60) oder gebratenem Fisch? Wer möchte, kann auch nur im Garten bei Tee und Kuchen den Meerblick genießen. ⏲ tgl. 9–21 Uhr.

TRANSPORT

Es verkehren keine öffentlichen Transportmittel regelmäßig. Mit dem **Auto** erreicht man Arniston, 24 km südöstlich von Bredasdorp, über die R316 und vom 220 km entfernten Kapstadt über die N2 und dann weiter auf der R316.

5 HIGHLIGHT

De Hoop Nature Reserve

⏲ tgl. 7–18 Uhr ▪ Eintritt R40

De Hoop ist das **Natur-Highlight** des Westkaps und einer der besten Orte weltweit, um Wale von Land aus zu beobachten. Die Meeressäuger ziehen zwischen Juli und Oktober an der Küste vorbei, die meisten im August und September. Auf eine Bootstour oder ein Fernglas kann man verzichten: Während der Saison braucht man nur die Augen offen zu halten, um Wale prusten und auftauchen, vielleicht auch springen oder mit der Schwanzflosse schlagen zu sehen. Ein Besuch lässt sich von Agulhas, Arniston oder Swellendam aus theoretisch als Tagesausflug absolvieren, doch wer wirklich etwas davon haben möchte, sollte mindestens eine Übernachtung einplanen. Der **Whale Trail** (6 Tage, 54 km) gehört zu Südafrikas schönsten Wandertouren und den eindrucksvollsten Naturerfahrungen der Welt.

Die atemberaubende Küstenlinie säumen bis zu 90 m hohe Sanddünen und Felsformationen, die an einer Stelle ein mächtiges Tor zum Ozean hinaus bilden. Auch die Flora und Fauna dieses herrlichen Landstriches ist beeindruckend. Es werden 86 Säugetierarten gezählt, 260 verschiedene Vögel, 1500 Pflanzenarten. Auf der Ebene in der Nähe der reservatseigenen Unterkünfte grasen die nur noch selten vorkommenden **Bergzebras**, **Bontebok** und andere **Antilopen**.

ÜBERNACHTUNG UND ESSEN

Alle Unterkünfte im Nationalpark müssen über die De Hoop Collection gebucht werden, 🖳 www.dehoopcollection.co.za. Die Auswahl reicht von Camping bis zu Luxus-Cottages. Die Unterkünfte und das Restaurant sind mit dem Auto rund 20 Minuten vom Meer entfernt und liegen an holprigen Schotterstraßen.

De Hoop Cottages, 📞 021 422 4522, 🖳 www.dehoopcollection.co.za. Die unterschiedlichen Unterkünfte sind alle nicht gerade günstig, aber holprig und komfortabel. Wer viel Geld ausgeben möchte, bucht ein B&B inkl. Abendessen im umgebauten Herrenhaus; die Mahlzeiten werden im Restaurant nebenan eingenommen. Am günstigsten ist natürlich Campen. Zusätzlich kann man wählen aus unterschiedlichen Selbstversorger-Unterkünften – vom einfachen Rondavel mit Außendusche bis hin zum voll ausgestatteten Cottage. Camping R375, Rondavel R1050, Cottage R1600, Herrenhaus R3000

Fig Tree, im Reservat, in der Nähe des Empfangs, 📞 021 422 4522. De Hoops einziges Restaurant verwendet regionale Zutaten und hat Elim-Weine und günstige Menüs (oft mit Fisch, R275) sowie ein Kindermenü auf der Karte. Man kann sich auch ein Picknick bestellen (R 275 für 2 Pers.) oder nach einem Tag am Strand einen wunderschönen Sundowner im Freien genießen. Reservierung erforderlich. ⏲ tgl. 8–11, 12–15, 19–21 Uhr.

Verfheuwel Farm, Potberg Rd, Richtung Malgas, 📞 028 542 1038 oder 082 767 0148, 🖳 www.verfheuwelguestfarm.co.za. Die Cottage-Unterkunft neben dem Haupthaus einer Farm wird von einer gastfreundlichen Afrikander-Bauernfamilie vermietet, Schlafzimmer für 2 Pers., mit Betten für Kinder im Wohnbereich. Schöner Garten mit Pool. Auf Vorbestellung wird auch das Abendessen zur Unterkunft gebracht. Wenn hier alles voll ist, empfiehlt Inhaber Matti andere Farmunterkünfte in der Gegend. R850

INFORMATIONEN

Das **Informationsbüro** ist in De Opstel, 20 Autominuten von der Küste entfernt, 📞 028

WESTKAP

542 1114. Nebenan liegen das einzige Restaurant des Reservats sowie ein kleiner Laden, der das Nötigste auf Lager hat. Man sollte also vorher in Swellendam oder Bredasdorp einkaufen. ⊙ tgl. 7–18 Uhr.

TRANSPORT

Von Kapstadt aus ist De Hoop am schnellsten mit dem **Auto** über die N2 zu erreichen und 13 km westlich von Swellendam ausgeschildert. Wer von Overberg kommt, folgt der ausgeschilderten, unbefestigten Straße, die 50 km östlich von Bredasdorp von der R319 abzweigt.

Die Westküste

Die weltabgeschiedene, stürmische Westküste Südafrikas am kalten Atlantik verdient besondere Zuwendung. Viele Jahre lang war sie das Stiefkind des Westkap-Tourismus. Diese Region mit sandiger Erde und Dünen, auf denen die einzigartige **Küstenfynbosvegetation** gedeiht und an deren schroffer Küste es so gut wie keine sicheren Schiffshäfen gibt, hat in erster Linie die Natur geformt.

Westküstenblumen

Im August und September blühen überall in der Westküstenregion Wildblumen – ein Schauspiel, das schon weit im Süden bei der Stadt Darling beginnt. Ein Blumenteppich bedeckt oft auch den West Coast National Park und die Küstenlandschaften rings um **Cape Columbine** und **Lambert's Bay**. Blühende Landschaften finden sich auch im Binnenland im Umkreis von **Clanwilliam**. Sage und schreibe 4000 verschiedene Blumenarten bringt die Region hervor, die meisten davon aus der Familie der Margeriten und Mittags- oder Faserblumen. Aktuelle Informationen und praktische Ratschläge bieten die Touristeninformationsbüros in Darling, Saldanha und Clanwilliam. Hier gelten dieselben Tipps zur Blumenschau wie für Namaqualand im Kasten auf S. 363.

Im Sommer fegen stärkste Südostwinde über das Gelände hinweg, im Winter ist es von Nebelwolken eingehüllt, aber im Frühling schießen überall im veld die märchenhaften **wilden Blumen** in all ihrer Farbenpracht empor. Die südlichen 200 Kilometer der Westküstenregion haben viel mit dem weiter nördlich gelegenen Namaqualand gemeinsam.

Auch außerhalb der Blumenmonate August und September hat die Westküste einiges zu bieten, vor allem im Sommer, wenn eine Meeresbrise weht. Eine ganze Reihe von **Aktivitäten** bieten sich an, die mit Abstand beliebtesten sind Wandertouren und Vogelbeobachtungen (s. Kasten S. 262).

Swartland

Die N7 von Kapstadt nach Norden führt schnell in die fruchtbare Swartland-Landschaft. Swartland bedeutet „schwarzes Land", was wahrscheinlich darauf zurückzuführen ist, dass das Gelände früher dicht mit einem anthrazitfarbenen Busch namens *renosterbos* (Rhinozerosbusch) bewachsen war.

Swartland, im Westen durch das weniger fruchtbare *strandveld* und im Osten von dem hohen Gebirgszug begrenzt, der sich von Wellington zum Cederberg erstreckt, dient in erster Linie als Weizenanbaugebiet. Doch es gibt auch Milchbauernhöfe, Pferdefarmen, Tabakplantagen und Weingärten.

Auf ihrem Weg nach Norden passiert die N7 verschiedene Kleinstädte, darunter auch die größte Stadt der Region, **Malmesbury**, mit gut 35 000 Einwohnern. Wer aus der entgegengesetzten Richtung kommt, kann den Tafelberg aus einer ungewohnten Perspektive erblicken. Bisweilen überqueren auch Schildkröten die Straße – also Vorsicht.

Darling und Umgebung

Die Kleinstadt Darling ist von Kapstadt in einem Tagesauflug über die R27 leicht zu erreichen. Sie ist bekannt für ihre Molkereiprodukte, Weingüter und Frühlingsblumen.

Die Westküste ist ein Traum für Vogelbeobachter, die hier zahlreiche Feuchtgebietsspezies von ihrer Liste abhaken können. Die lohnendste Zeit für einen Besuch ist gleich nach der **Blütensaison** im Frühsommer. Dann treffen rund 750 000 Zugvögel auf ihrer jährlichen Wanderung von der Nordhalbkugel ein; viele kommen sogar aus der Polarkreisregion. Sie mästen sich hier etwa acht Monate an den Leckerbissen der Wattlandschaft, bevor sie sich auf den strapaziösen Rückflug zu ihren Brutgebieten machen.

Langebaan im West Coast National Park ist das beste Ziel des Landes für solche Beobachtungen und gilt als fünftwichtigstes Feuchtgebiet der Welt. Hier tummeln sich über 250 Vogelarten, mehr als ein Viertel der Spezies, die Südafrika insgesamt zu bieten hat. Auch das Mündungsgebiet des Berg River und die Salinen von **Velddrif** sind wichtige Futterplätze für Wattvögel.

Der Küstensee **Verlorenvlei** (der „verlorene Sumpf") gehört ebenfalls zu den bedeutendsten Feuchtgebieten Südafrikas; er erstreckt sich 13,5 km weit von seiner Mündung bei Elands Bay (25 km südlich von Lambert's Bay) bis zu seinem Quellfluss in der Nähe von Redelinghuys. In diesem Gebiet mischen sich auch einige trockenheitsliebendere Arten unter die Watvögel; zu den überraschenderen Sichtungen gehörten beispielsweise ein Glockenreiher und ein Palmgeier. Hier gibt es ansonsten vor allem das farbenprächtige, scheue Purpurhuhn und die Froschweihe zu sehen. Auf **Bird Island**, Lambert's Bay, können Besucher von einem versenkten Beobachtungsposten dem Treiben der Kaptölpel-Brutkolonie zuschauen.

Neben einigen schönen, alten Bauten ist sie auch in ihrer Eigenschaft als **Künstlerkolonie** interessant, aber vor allem ist sie die Heimat eines der beliebtesten Comedians Südafrikas, Pieter Dirk-Uys, der regelmäßig an den Wochenenden auftritt.

Evita se Perron

Im alten Bahnhof im Zentrum ▪ ⏲ Mo 9–13, Di–So 9–16 Uhr ▪ ✆ 022 492 3930, 🖳 www.evita.co.za
Pieter Dirk-Uys, Südafrikas international bekannter Comedian, lässt hier am Wochenende seine beste und beliebteste Figur, Evita Bezuidenhout (Südafrikas Antwort auf Dame Edna Everidge), als Gastgeberin durch ein Showprogramm führen. Unterhaltsamer kann ein Tagesausflug von Kapstadt kaum sein – unbedingt reservieren.

!Khwa ttu San Culture and Education Centre

Rund 20 km westlich von Darling, an der R27, 70 km von Kapstadt ▪ ⏲ tgl. 9–17 Uhr ▪ Eintritt frei ▪ Touren tgl. 10 und 14 Uhr, R195 ▪ ✆ 022 492 2998, 🖳 www.khwattu.org
Wer sich für die Kultur der „Buschmänner" oder die San-Kultur interessiert, kann hier seinen Wissensdurst stillen. Das Center wird zusammen mit einer Schweizer nichtstaatlichen Organisation von Nachfahren von Nordkap-San geleitetet; die Einnahmen kommen den San zugute. Es gibt eine hervorragende Fotoausstellung, authentisches Kunsthandwerk und ein Restaurant, alles schön auf einem Hügel gelegen. Wer etwas mehr Zeit mitbringt, kann sich einer der Touren zum Nachbau eines San-Dorfes anschließen, bei denen auch Techniken im Jagen und Spurenlesen demonstriert werden. Es gibt auch Unterkünfte (s. u.).

ÜBERNACHTUNG

!Khwa ttu San, an der R27, rund 20 km westlich von Darling, ✆ 022 492 2998, 🖳 www.khwattu.org. Zeltcamp mit Gemeinschaftseinrichtung und 1 Haus für Selbstversorger mit Kamin. Das Camp befindet sich auf einem hübschen Farmgelände und ist eine ideale Basis für Ausflüge nach Darling und in den West Coast National Park. Inkl. Frühstück. Zeltcamp R325, DZ R1000

Maison de l'Amour, 21 Mount Pleasant St, ✆ 022 492 3995, 🖳 www.maisondelamour.net. Das romantische Gästehaus im provenzalischen Stil liegt auch noch in Darling! Die beiden Zimmer mit eigenem Bad bieten Himmelbett und Luxusbettwäsche und im Garten wird ein warmes Frühstück serviert. Wer es gern noch intimer haben möchte, zieht ins Gardener's Cottage. DZ R1750, Cottage R1500

ESSEN UND UNTERHALTUNG

Bistro Seven, 7 Main Rd, ☎ 022 492 3626, 🖥 www.bistrosevendarling.com. Kombination aus ländlichem Pub-Restaurant mit Steaks, Fisch, Salaten und malaiischem Rindercurry (R90), Coffeeshop mit Kuchen, Torten, Pasteten und Sandwiches und einer Sport-Bar (s. u.). ◷ Restaurant Mo und Mi–Sa 11 Uhr bis spät, So 11–15 Uhr.

CJ's Sports Bar, 7 Main Rd, ☎ 022 492 3626, 🖥 www.bistrosevendarling.com. Der zum Bistro Seven gehörende Pub mit seiner locker-lebendigen Atmosphäre bietet sich für den einen oder anderen Drink an. Hier ist man häufig unter Rugby-Fans und kommt schnell ins Gespräch. ◷ Mo und Mi–Fr 17–23.30, Sa und So ab 12 Uhr.

The Cloof Kitchen, Cloof Wine Estate, 20 Min. Autofahrt von Darling Richtung Malmesbury auf der R315, ☎ 022 492 2839, 🖥 www.cloof. co.za. Leichte Mittagsgerichte, Salate und ein Kindermenü zu vernünftigen Preisen. Hier gibt es auch den beliebten „Trailblazer", einen Rindfleisch-Burger mit Sauce nach Geheimrezept (R70). Alles wird mit frischen regionalen Zutaten zubereitet. Im Voraus reservieren. ◷ Di–Sa 10–15 Uhr.

Hilda's Kitchen, Groote Post Wine Estate, Darling Hills Rd, abseits der R27, ☎ 022 492 2825, 🖥 www.grootepost. com. Moderne Landküche in einem schönen Haus aus dem 18. Jh. mit passenden Weinen vom eigenen Gut. Zur Auswahl stehen je nach Jahreszeit herzhafte Suppen, asiatisch gewürzte Fischkuchen, vegetarische Gerichte und deftige Fleischspeisen wie langsam gegarter Schweinebauch mit Pflaumensauce und Nudeln (R145). Kinder können sich derweil auf dem weitläufigen Gelände austoben. Buchung erforderlich. ◷ Mi–So 12–14 Uhr.

INFORMATIONEN

Touristeninformation, Pastorie St, ☎ 022 492 3361, 🖥 www.darlingtourism.co.za. ◷ Mo–Fr 9–13, 14–16, Sa und So 10–15 Uhr. Bucht auch Unterkünfte in Darling.

TRANSPORT

Darling ist von Kapstadt aus mit dem Auto leicht im Rahmen eines Tagestrips zu erreichen (75 km über die R27).

Langebaan

Langebaan war früher einmal die größte Walfangstation der südlichen Hemisphäre und eine Weile der entlegene Passagierflughafen Kapstadts – im Zweiten Weltkrieg landeten auf der Lagune die Wasserflugzeuge aus Europa. Heute ist es in gewisser Hinsicht das Tor zum nahe gelegenen **West Coast National Park**. Allerdings ist der Ort inzwischen touristisch völlig überentwickelt. Wer eher eine Kleinstadt sucht, ist in Paternoster (S. 266) besser aufgehoben. Langebaan ist jedoch genau die richtige Basis für alle, die den kleinen, aber zauberhaften West Coast National Park besuchen wollen, der selbst so gut wie keine Übernachtungsmöglichkeiten besitzt. Es bietet auch hervorragende Bedingungen für verschiedene, vom Wind abhängige sportliche Betätigungen, wie Windsurfing, Kitesurfing oder Segeln. Das Wasser direkt

Wasserfreuden in Langebaan

Wer das vielfältige Wassersportangebot in Langebaan nutzen möchte: Das **Cape Sport Centre**, 98 Main St, am Strand am nördlichen Stadtrand, ☎ 022 772 1114, 🖥 www.cape sport.co.za, ist *der* Ort für Wind- und Kitesurf- sowie Hobie Cat-Segelunterricht. ◷ tgl. 8.30–17.30 Uhr.

Ocean Sailing Academy, ☎ 021 425 7837, 🖥 www.oceansailing.co.za. Der Kapstädter Anbieter gibt Segelkurse auf der Lagune von Langebaan.

WESTKAP

vor dem Strand ist seicht, die Brise frisch bis stürmisch und der Wasserspaß normalerweise ziemlich gefahrlos, sofern man nicht gerade einen starken Tidenstrom in den Atlantik hinaus erwischt.

ÜBERNACHTUNG

Friday Island, am Strand neben Cape Sport, ✆ 022 772 2506, 🖳 www.fridayisland.co.za. Perfekt für Wassersportfreunde. Ferienwohnungen mit Küchenzeile, Holzveranda und kleinem Hof (wo man Sachen trocknen kann) und Restaurant. Die Zimmer mit Meerblick kosten etwa R300 Aufpreis. R880
Puza Moya, North, Ecke Suffern St, ✆ 022 772 1114, 🖳 www.capesport.co.za. Freundliche Zimmer mit Bad, Gemeinschaftsküche und Grill im Hof. Eine gute Wahl für Besucher, die nach einem mit Aktivitäten angefüllten Tag ausspannen und Gleichgesinnte treffen möchten. Frühstück gibt's für R90. R880

ESSEN

Die Strandloper Restaurant and Beach Bar, ✆ 022 772 2490 oder 083 227 7195, 🖳 www.strandloper.com. Das Strandlokal gleich hinter dem Cape Sport Centre an der Straße nach Saldanha ist ein gutes Beispiel für die gemütlich-lockere Openair-Seafood-Gastronomie der Westküste und ideal, um die regionalen Fischspezialitäten zu probieren. Das 10-gängige Menü kostet R295, Reservierung erforderlich. ⊕ unterschiedlich je nach Jahreszeit, tgl. in den Spitzenmonaten im Sommer; Details auf der Webseite.
Kalmer Karma Sports Bar, 98 Main Rd, ✆ 022-772 707 9116, 🖳 www.facebook.com/kalmerkarma. Das schön gelegene Strandlokal ist der schönste Ort für einen Sundowner. Neben einer guten Auswahl an Mikrobrauerei-Bieren (R45) gibt es Pub-Essen. ⊕ Mi–So 11–23 Uhr.
Pearly's, am Hauptstrand, Bree St, ✆ 022 772 2734, 🖳 www.pearlys.co.za. Immer gut besucht und prima zum Leutegucken, mit Tischen im Freien und in toller Lage, um den Sonnenuntergang und ein unkompliziertes

Essen mit Pizza, Pasta (R90), Seafood oder gegrilltem Steak zu genießen. ⊕ Mo–Do 9–22.30, Fr und Sa 9–23, So 8.30–22 Uhr.

SONSTIGES

Informationen
Touristeninformation, im Hauptgebäude des West Coast National Park in der Oostewal Rd, ✆ 022 772 1515, 🖳 www.langebaan-info.com. ⊕ Mo–Fr 9–17, Sa 9–14 Uhr.

TRANSPORT

Ein **Elwierda-Bus**, ✆ 021 557 9002, 🖳 www.elwierda.com, verkehrt von KAPSTADT (tgl. um 17, Sa 14 Uhr, 2 Std., vorab buchen).

West Coast National Park

⊕ tgl. April–Aug 7–18, Sep–März 7–19 Uhr
▪ Eintritt außerhalb der Blumensaison R75, in der Blumensaison Aug und Sep R150 ▪ ✆ 012 428 9111 ▪ 🖳 www.sanparks.org/parks/west_coast

Der West Coast National Park ist einer der besten Orte, um den schlichten, unverfälschten Charme der Gegend auf sich wirken zu lassen, der anderswo zunehmend durch Bauorgien bedroht wird. Der Park schützt über 40 % des noch verbliebenen südafrikanischen *strandveld* und 35 % der Salzsümpfe des Landes. Innerhalb seiner Grenzen liegen ein Großteil der Langebaan Lagoon sowie das Gelände beiderseits und unterhalb der Lagune.

Den Reiz des Parks machen vor allem die herrlichen Ausblicke über die stille Lagune, die erfrischende, salzige Luft, die kreischenden Möwen und die sich im grellen Sonnenlicht auflösenden Nebelschwaden aus. „Wilde" Tiere gibt es hier nicht – nur im Postberg-Abschnitt des Parks, der ausschließlich zur Blumenblüte geöffnet ist, kommen einige größere Antilopenarten vor –, dafür aber unzählige **Watvögel**, außerdem Strauße und Schildkröten. Eine Reihe von Naturlehrpfaden führt durch die Dünen zur Küste und bietet Besuchern die Gelegenheit, sich ausführlich über den Fynbos zu informieren.

An der Südspitze der Lagune befindet sich das Parkzentrum, ein großes altes Bauernhaus auf dem Anwesen **Geelbek**. Von dort aus erreicht man auf der westlichen Seite der Lagune den Ortseingang von **Churchhaven**, einem wunderschönen und exklusiven Dörfchen (eingezäunt und für Tagesbesucher nicht zugänglich), und zu zwei ausgeschilderten Stränden mit den Picknickplätzen Priekstool und Kraalbaai.

Etwas weiter liegt die **Postberg Area**, die nur während der Frühjahrsblüte (Kasten S. 261) zugänglich ist. Ein Abstecher ist unbedingt empfehlenswert, und man kann in den Blumenfeldern **Zebras**, **Spießböcke** und **Gnus** sehen.

Die beste **Besuchszeit** ist im Frühling, wenn die Sonne scheint und die Blumen blühen. Dann ist natürlich der Andrang am größten. Im Winter ist es im Park – wie fast überall an der Westküste – kühl und feucht, im Sommer dagegen heiß und windig.

ÜBERNACHTUNG UND ESSEN

Churchhaven Beach Houses, Churchhaven, ☎ 021 790 0972, 🖥 www.perfecthideaways. co.za. Ein Paar atemberaubend schöne (wenn auch nicht ganz billige) Strandhäuschen für 2–10 Selbstversorger bieten modernes Design mit hochwertigen Betten, versteckten Freiluftduschen und Terrassen mit unschlagbarem Ausblick. R5500
Duinepos Chalets, 1 km von Geelbek (ausgeschildert), ☎ 022 707 9900, 🖥 www.duinepos. co.za. 11 umweltfreundliche Chalets im Fynbos für Selbstversorger mit minimalem Wasser- und Stromverbrauch. Auf dem Gelände gibt's einen Pool, die nächsten Möglichkeiten zum Schwimmen in der Lagune bestehen in Priekstool und Kraalbaai, 12 bzw. 15 km entfernt. R1150
Geelbek Restaurant, Geelbek, ☎ 022 772 2134. Zauberhaftes kapholländisches Gebäude in nicht minder reizvoller Lage an der Lagune. Von den Plätzen im Freien kann man mit etwas Glück Flamingos beobachten. Spezialität sind südafrikanische Gerichte wie *bobotie* (R125), Straußenburger, *snoek*-Salat und kapmalaiische Currys – allerdings ist die Umgebung attraktiver als das Essen. Während der Blumensaison ist eine Reservierung erforderlich. ⏲ tgl. 9–17 Uhr.

INFORMATIONEN

Geelbek Information Centre, im kapholländischen Gebäude, ☎ 022 772 2144/45. Mitarbeiter weisen den Weg zu nahen Vogelbeobachtungsstellen und geben Tipps für Wandertungen. ⏲ Mo–Fr 8.30–16, Sa und So 9–13 Uhr.

TRANSPORT

Mit dem **Auto** erreicht man den Park nach 90 km von Kapstadt aus. Er besitzt zwei Eingänge: einen an der R27, rund 10 km nördlich der Abzweigung nach Yzerfontein, und einen südlich von Langebaan. Der Park ist nicht groß – Motorisierte können sämtliche Straßen innerhalb von 2 Std. abfahren.

Vredenburg

Nördlich und landeinwärts von Saldanha liegt Vredenburg, ein charakterloses Agrarzentrum. In den hiesigen Supermärkten können sich Selbstversorger jedoch mit Proviant eindecken und sollten bei der Gelegenheit auch gleich das Auto volltanken, denn viele der nahe gelegenen Ortschaften besitzen keine Tankstelle.

West Coast Fossil Park

10 km südöstlich von Vredenburg, an der R45 ▪ ⏲ Mo–Fr 8–16 Uhr, Sa und So unterschiedlich, vorab anrufen ▪ Eintritt R45 ▪ Führungen zu jeder vollen Std. Mo–Fr 10–15, Sa und So 10–13 Uhr ▪ R80 ▪ ☎ 022 766 1606, 🖥 www.fossilpark.org.za
Etwa 10 km südöstlich von Vredenburg befindet sich an der R45 der interessante West Coast Fossil Park, der 1998 am Standort einer stillgelegten Phosphatmine eingerichtet wurde. Die Arbeiten sind noch nicht ganz abgeschlossen, aber ein Besuch lohnt sich trotzdem. Unter den Ausstellungsstücken sind Tausende von Fossilien und Tierknochen aus der Neuzeit sowie Informationstafeln zu Tieren, die schon seit rund fünf Millionen Jahren ausgestorben sind und deren versteinerte Knochen hier gefunden wurden, darunter Fossilien von Säbelzahnkatzen, zwei Arten von ausgestorbenen Elefanten und

nicht jedermanns Geschmack, aber dennoch eine Art Wahrzeichen von Paternoster. ⊕ tgl. 11–22 Uhr.

Paternoster Hotel, St Augustine Rd, ✆ 022 752 2703, 🖥 www.paternosterhotel.co.za/restaurant. Bekannt für seine Seafood-Platten (R595 für 2 Pers.), auf Vorbestellung auch Seafood-*braai*. ⊕ tgl. 8–21.30 Uhr.

INFORMATIONEN

Touristeninformation, neben dem Fischmarkt am Strand, an der Hauptstraße ausgeschildert, ✆ 022 752 2323, 🖥 www.capewestcoastsa.co.za. ⊕ Mo–Fr 9–17, Sa 9–14 Uhr.

TRANSPORT

Auto

Paternoster liegt an der R27, 15 km nordwestlich von Vredenburg und 160 km von Kapstadt.

Busse

Der tgl. **Elwierda-Bus**, ✆ 021 557 9002, 🖥 www.elwierda.com, von KAPSTADT nach SALDANHA hält im nahe gelegenen Vredenburg (S. 265).

Velddrif

Am Nordende der R27 von Kapstadt, dort wo der Great Berg River ans Meer stößt, liegt der Fischerort Velddrif. An der hiesigen Hafensiedlung Port Owen endet alljährlich der Berg River **Kanumarathon**, der in der Nähe von Ceres, 49 km nördlich von Worcester seinen Anfang nimmt. Seit ein paar Jahrzehnten werden in der Ortschaft zunehmend Pendler-Eigenheime hochgezogen. Der Lage am mäandernden Berg River mit seinen umliegenden Auen sowie der Hartnäckigkeit einiger Einheimischer ist es zu verdanken, dass zumindest ein Teil des historischen Charakters von Velddrif erhalten blieb. Auch der Vogelreichtum entlang der Ufer zu beiden Seiten des Flusses ist aus diesem Grund erhalten geblieben (Kasten S. 262).

In der Nähe der Velddrif-Brücke sind noch immer Fischer zu sehen, die von kleinen Booten aus Meeräschen oder Stachelmakrelen fangen. Aus den getrockneten, gesalzenen Fischen wird **bokkoms** hergestellt, das als Gaumenschmaus gilt, im Grunde jedoch ein billiges, proteinreiches Grundnahrungsmittel armer Fischer und Fabrikarbeiter an der Westküste ist. Wer hinter der Brücke rechts abbiegt, gelangt zum **Pelican Harbour**, wo in einer renovierten Fischfabrik eine Reihe von Cafés und Kunsthandwerksläden untergebracht sind.

ÜBERNACHTUNG

🏨 **Kersefontein Guest Farm**, 25 km südlich von Velddrif am Berg River, ✆ 083 454 1025; 🖥 www.kersefontein.co.za, ist die beste Unterkunft der Gegend. Die noch in Betrieb befindliche Farm, deren Ursprung ins 18. Jh. zurückgeht, ist mit ihren Wildpferden ein echtes Highlight der Westküste. Auf dem Anwesen stehen mehrere hübsche kapholländische Gebäude voller Originalmöbel, von denen einige in komfortable Unterkünfte umgewandelt wurden. Der Besitzer Julian Melck unterhält Gäste mit Geschichten über das Leben auf einem südafrikanischen Bauernhof. Abendessen gibt's für R270. B&B R1220

Kuifkopvisvanger, 5 km außerhalb des Orts am gegenüberliegenden Flussufer, ✆ 022 783 0818, 🖥 www.kuifkop.co.za. 7 reizende, rustikale Fischerhütten mit Ausblick auf den Fluss und die Marschen, wunderbar zur Vogelbeobachtung. Auch Camping ist möglich. Im Sommer stehen Kanus für Erkundungstouren auf dem Fluss zur Verfügung, in dem man dann auch baden kann. Camping R120, Hütte R1000

Riviera, 136 Voortrekker Rd, ✆ 022 783 1137, 🖥 www.eigevis.com. DZ und gut ausgestattete Selbstversorger-Chalets am Wasser mit Platz für 4 Pers., jedes mit Terrasse (ab R950). Es gibt auch ein gutes Restaurant und eine Bar. Flamingos und andere Wasservögel in Sichtweite. R850

ESSEN

The Laaiplek Hotel, Jameson St, ✆ 022 783 1116. Das alte, etablierte Hafenhotel mit Blick auf den Berg River und Boote, Fischfabriken,

WESTKAP

Kräne und Vögel serviert Seafood und Steaks (R130). Das Essen ist solide, aber nicht besonders kreativ. ⊕ tgl. 7–21 Uhr.

Die Vishuis, Vye St, rund 3 km westlich an der ungeteerten Straße, ✆ 022 783 1183, 🖥 www.dievishuis.co.za. Das in einer restaurierten ehemaligen Fischfabrik untergebrachte Lokal hat Tische im Freien mit Blick über die Marschen serviert die besten Fish 'n' Chips (R105) in Velddrif. ⊕ Mo–Sa 8–20 Uhr.

SONSTIGES

Informationen

Touristeninformation, im Municipal Building in der Voortrekker Rd, ✆ 022 783 1821, 🖥 www. velddriftourism.co.za. ⊕ Mo–Fr 8.30–13, 14–17, Sa 10–13 Uhr.

Touren
Der kenntnisreiche Vogelkundler **Dan Ahlers**, ✆ 082 951 0447, organisiert schöne Bootsexkursionen auf dem Berg River (1 Std., R150), außerdem Ausflüge in die Bucht, bei denen man manchmal Meeressäuger sieht.

Elands Bay

Elands Bay (meist zu Elands abgekürzt) ist ein beliebtes Wochenendziel und bietet einige Gästehäuser und Restaurants, ein paar interessante San-Felsbilder an den Küstenfelsen im Süden und außerordentlich gute Bedingungen für Vogelbeobachter in der Umgebung.

Wahrscheinlich sollte man den Ort rechtzeitig besuchen, bevor er touristisch ausgebaut wird. Allerdings ist das Meeresufer hier, wie auf weiten Strecken der Westküste, karg, windgepeitscht und unwirtlich. Die Flut spuckt Berge von Tang, Muscheln und gebleichten Robbenknochen auf menschenleere Strände und das Wasser ist, wie überall an der Westküste, schauderhaft kalt. Aber die Frühlingsblüte in der Gegend ist phänomenal.

Die **Verlorenvlei** („verlorener Sumpf") teilt Elands Bay in eine Nord- und eine Südhälfte. Das Feuchtgebiet beherbergt über 200 Vogelarten. Die hübschere Seite ist die im Süden, wo

sich auch die Wellenreiter herumtreiben. Dahinter ragt der Bobbejaanberg ins Meer. Dort, wo die Straße unterhalb der Küstenfelsen endet, liegt der Hafen. Von hier führt ein Weg hinauf zu einer großen Höhle mit Felskunst, darunter einige große Elenantilopen und Hunderte von kleinen Handabdrücken, die mit Initiationsriten in Verbindung gebracht werden.

ÜBERNACHTUNG

Elands Bay Guest House, 184 Kreef Rd, auf der Südseite von Elands Bay, ✆ 022 972 1755, 🖥 www.elandsbayguesthouse.co.za. Selbstversorger-Unterkünfte ohne Schnickschnack für 4 Pers., primär für Surfergruppen interessant, Gemeinschaftsküche. R1200

Elands Bay Hotel, North Side Beachfront, ✆ 022 972 1640, 🖥 www.elandsbayhotel.co.za. Vernünftig bepreiste Strandunterkunft mit DZ (unbedingt die mit Meerblick nehmen), Backpackerzimmern und Campingplätzen. Camping R250, Dorm R180, B&B-DZ R1490

Vensterklip, 5 km von Elands Bay, ✆ 022 972 1340, 🖥 www.vensterklip. co.za. Die Farm in der *vlei* hat Selbstversorger-Unterkünfte in restaurierten historischen Farmgebäuden und Cottages und Mietzelte zum Campen sowie ein ausgezeichnetes Restaurant. Tagesbesucher können zur Erkundung der Vlei Kajaks leihen (für Gäste kostenlos). Außerdem gibt es geführte Reittouren und einen Pool. Camping R150, Cottage R920

ESSEN

Elands Bay Hotel, North Side Beachfront, ✆ 022 972 1640. Einzige zentrale Option für Seafood, Grillgerichte und Steaks zu vernünftigen Preisen (R125), aber auch gut für einen Drink bei grandioser Aussicht und für ein stärkendes Frühstück nach einer längeren Surfrunde. ⊕ tgl. 8–21 Uhr.

Tin Kitchen Country Restaurant, Vensterklip Farm, 5 km von Elands Bay, ✆ 022 972 1340. Die beste Küche hat leider nur am Wochenende geöffnet. Für die Mahlzeiten werden vorwiegend Bio-Zutaten verwendet, ob Fleisch, regionaler Fisch oder Gemüse. Serviert wird

WESTKAP

in einer 300 Jahre alten Scheune oder im Garten. Freitags finden beliebte und ausgelassene Pizza-Abende statt (R90). ⏲ Fr und Sa 9–22, So 9–15 Uhr.

INFORMATIONEN

Elands Bay hat keine Touristeninformation; die nächste ist in Lambert's Bay, ✆ 027 432 1000, 🖥 www.lambertsbay.co.za.

TRANSPORT

Mit dem **Auto** sind es einsame 70 km von Velddrif nach Elands Bay, aber die Strecke ist durchgehend geteert. Von Kapstadt sind es rund 200 km (2 1/2 Std.).

Lambert's Bay

Die einzige erwähnenswerte Ansiedlung zwischen Velddrif und Port Nolloth, nahe der Grenze zu Namibia, ist das ziemlich einsame Lambert's Bay. Der Ort ist ein bedeutender **Fischereihafen**, doch das geschäftige Treiben der Fischer wird von der **Tölpelkolonie** auf Bird Island, mitten in der Bucht, weit in den Schatten gestellt.

Lambert's Bay Bird Island Nature Reserve

⏲ tgl. 8–16 Uhr ▪ Eintritt R40 ▪ ✆ 021 483 0190, 🖥 www.capenature.co.za/reserves/bird-island-nature-reserve

Wer möchte, kann auf dem Deichweg zur Insel hinaus spazieren und von einem Vogelbeobachtungsposten die dicht aneinander gedrängten Tölpel aus der Nähe beobachten, die unter den missbilligenden Blicken einiger Pinguine und Kormorane ein ohrenbetäubendes Spektakel vollführen. Außerhalb der Brutsaison sind aber nicht immer Tölpel zu sehen.

Zwischen Juli und November halten sich in der Bucht einige **Buckelwale** auf, angeblich sind es immer dieselben Walmütter. Die Gewässer sind auch das südlichste Verbreitungsgebiet der **Heaviside-Delfine** – freundliche kleine Meeressäuger mit keilförmigen Schnäbeln und schwarz-weißer Zeichnung, die derjenigen von

Schwertwalen ähnelt. Mit Glück können Besucher die Tiere bei einer Bootsfahrt vom Fischerhafen aus genauer in Augenschein nehmen.

ÜBERNACHTUNG

Grootvlei Guest Farm, 6 km südlich von Lambert's Bay an der R365, ✆ 027 432 2716 oder 076 592 6541, 🖥 www.grootvleiguestfarm.co.za. Die Farm bietet ganz unterschiedliche Unterkünfte: ein Luxus-Guesthouse in einem zweistöckigen Gebäude oder muschelförmige Zimmer in einem eleganten, umweltfreundlichen B&B in den Dünen, nur einen Schritt vom Meer entfernt. Kinder und Haustiere sind leider nicht erlaubt. R1600
Lamberts Bay Hotel, Voortrekker St, ✆ 027 432 1126, 🖥 www.lambertsbayhotel.co.za. Das etwas altmodische, konventionelle Hotel im Zentrum hat nette Zimmer zu angemessenen Preisen, einen Pool und hilft bei der Organisation von Bootstouren, Ausritten am Strand oder Ausflügen zur Vogelbeobachtung und Blütenschau im Frühjahr. Es gibt ein Restaurant, das fürs Frühstück, Mittag- und Abendessen öffnet, und eine Bar für Damen. R1350

ESSEN

Isabella's Restaurant and Coffee Shop, am Hafen, ✆ 027 432 1177, 🖥 www.isabellas-restaurant.co.za. Vor allem die Lage am Wasser mit Tischen im Freien und die Hafenatmosphäre machen hier den Reiz aus. Das Angebot reicht von Kaffee und Kuchen bis hin zu Fish 'n' Chips, Garnelen und Muscheln, der Renner aber ist das umwerfende Westküstenfrühstück (R80). ⏲ tgl. 8–21 Uhr.

Muisbosskerm, Elands Bay Rd, 5 km von Lambert's Bay, ✆ 027 432 1017, 🖥 www.muisbosskerm.co.za. Das urtypische Openair-Seafood-Restaurant punktet mit seiner Location – direkt am Ozean, an einem einsamen Strand – und zählt für viele zu den Top-Ten-Erlebnissen einer Südafrikareise. Am riesigen Buffet (R250) gibt es Fisch (gebacken, geräuchert oder gegrillt), Kartoffelbrot aus einem Tonofen und traditionelles *water-blommetjie bredie*, dazu im Hintergrund *afrikaanse boere-*

musiek. ⊕ an unterschiedlichen Tagen (vorher telefonisch erfragen), Reservierung erforderlich. Mittagessen ab 12.30, Abendessen ab 18.30 Uhr.

INFORMATIONEN

Touristeninformation, im Medical Centre in der Main Rd, ℡ 027 432 1000, ⌨ www.lambertsbay.co.za. ⊕ Mo–Fr 9–17, Sa 9–12.30 Uhr.

TRANSPORT

Mit dem **Auto** ist Lambert's Bay auf geteerter Straße zu erreichen. Es liegt 27 km nördlich von Elands und 70 km westlich von Clanwilliam.

Die Cederberge

Die Gebirgskette der Cederberge zählt zu den atemberaubendsten Landschaften des Westkaps. Sie beginnt am Ostrand des Olifants River Valley, rund 250 km nördlich von Kapstadt, und die hohen Sandsteinberge und langgestreckten, trockenen Täler bieten Betätigungsfelder für Wanderer, Campingfreunde, Naturliebhaber und Bergsteiger.

Die **Cederberg Wilderness Area**, am Rande der N7 zwischen Citrusdal und Clanwilliam, wurde zum Schutz des sauberen Wassers der Cederberge eingerichtet, ist aber gleichzeitig auch ein Erholungsgebiet mit Wanderwegen, deren Länge insgesamt über 250 km beträgt.

An zahlreichen Stellen hat Erosion den roten Sandstein zu grotesken Formen geschliffen. Im gesamten Berggelände finden sich auch **Felsmalereien der San**, zahlreiche Vertreter der Kap-Gebirgsfauna, wie Paviane, kleine Antilopen, Karakal und Erdwolf, sowie Fynbos-Flora, etwa die knorrige, widerstandsfähige Clanwilliam-Zeder und die seltene Schnee-Protea.

Die Cederberge erreicht man von Kapstadt aus auf der N7. Unweit der Schnellstraße, am Süd- bzw. Nordrand des Gebirgszuges, liegen die beiden wichtigsten, wenngleich sehr kleinen Städte **Citrusdal** und **Clanwilliam**, beides gute

Ausgangspunkte für Wanderungen in die Berge. Die Hauptroute in die Cederberge führt entlang einer unbefestigten Straße mit der Beschilderung „**Algeria**", die zwischen den beiden Orten von der N7 abzweigt und 18 km von der Ausfahrt zum Campingplatz Algeria liegt. Die Ostseite der Berge – **Koue Bokkeveld** – ist nicht von der N7, sondern von der N1 und Ceres aus zugänglich.

Citrusdal

An der N7 nördlich von Piketberg erstreckt sich eine weite Ebene zu den Ausläufern des Gebirgszuges der Olifants River Mountains hin. Autofahrer überqueren die Berge auf dem 1857 in die Felsen gesprengten **Piekenierskloof Pass**.

Citrusdal liegt etwas abseits der N7 in der hügeligen Landschaft des Olifants River Valley, dahinter erhebt sich die dramatische Kulisse der Cederberge. Die ersten holländischen Siedler begegneten hier tatsächlich riesigen Elefantenherden, als sie nach Norden in Richtung Namaqualand (S. 361) vorstießen. Aus dieser Zeit stammt auch der Name des Flusses – *olifant* ist das niederländische Wort für „Elefant".

Zu den Hauptattraktionen der Gegend zählen die 16 km entfernten **Thermalquellen**, wo es ein Hotel gibt (s. u.), man kann sie aber auch in einem Tagesausflug besuchen. Beliebt sind auch die Verkaufsstände an der N7 mit ihrem Angebot an Obst aus der Region. Hier gibt es insbesondere Zitrusfrüchte (wie ja schon der Name nahelegt), aber auch Trockenobst, Gemüse, Biltong, Datteln, Nüsse und Zwieback.

ÜBERNACHTUNG UND ESSEN

The Baths, von der Straße, die von der N7 nach Citrusdal führt, 16 km auf einer guten geteerten Straße nach Süden, ℡ 022 921 8026, ⌨ www.thebaths.co.za. Herrlich altmodische Anlage mit einem großen heißen Thermalbecken (43 °C) sowie mehreren heißen Mineralquellwasserpools umgeben von Bäumen. Tagesbesucher zahlen R100 und müssen 1 Tag im Voraus reservieren, für Übernachtungsgäste ist die Nutzung kostenlos. In idyllischer Lage in einem bewaldeten Tal gibt es Campingplätze,

WESTKAP

Selbstversorger-Zimmer und Chalets in alten Steingebäuden. Das dazugehörige Restaurant serviert passables Essen, die meisten Gäste verpflegen sich aber selbst. Camping R300, DZ R1100

The Grapevine Coffee Shop, 30 Voortrekker Rd, Citrusdal, ☎ 022 921 2190. Die wenigsten Besucher dringen bis ganz nach Citrusdal vor, doch wer es tut, sollte diesen beliebten Laden in zentraler Lage ausprobieren. Das Eierfrühstück ist gut und für ein leichtes Mittagessen bietet sich z. B. geräucherter *snoek* mit Salat für R65 an. Der Kaffee schmeckt super, genau wie der hervorragende Kuchen aus eigener Herstellung. ⏲ Mo–Fr 8–16, Sa 8–13 Uhr.

Hebron B&B, an der N7, 400 m hinter dem Gipfel auf dem Piekenierskloof-Pass, ☎ 022 921 2595 oder 022 921 2581, 🖥 www.hebron.co.za. Schöne alte Farm mit 6 Zimmern mit Bad: 3 (eins davon für Selbstversorger) gehen auf einen ruhigen Hof hinaus und 3 haben eine Veranda mit Talblick. Außerdem gibt es einen großen Garten mit fantastischem Pool und ein Restaurant für Frühstück und Mittagessen. Abendessen muss im Voraus bestellt werden. Alle Gerichte werden mit frischen Bioprodukten, die meisten aus Eigenanbau, zubereitet. DZ R2010

Petersfield Mountain Cottages, auf einer Rooibos- und Zitrusplantage 4 km von Citrusdal, ☎ 022 921 3316, 🖥 www.petersfieldfarm.co.za. Schönere Cottages für Selbstversorger wird man kaum irgendwo finden. Jedes der völlig abgeschiedenen Häuschen für 2–4 Pers. hat seinen eigenen Pool, und die Gäste können nach Lust und Laune herumwandern. Die Wochenenden sind schon ein Jahr im Voraus ausgebucht, unter der Woche kosten die Unterkünfte etwa R300 weniger. Mindestaufenthalt 2 Nächte. R1400

Touristeninformation, 39 Voortrekker St, ☎ 022 921 3210, 🖥 www.citrusdal.info. Verfügt über eine Liste der Selbstversorgerunterkünfte und B&Bs in der Gegend. ⏲ Mo–Fr 9–17, Sa 9–13 Uhr.

Citrusdal liegt rund 2 km abseits der N7 und 170 km von Kapstadt entfernt.

Cederberg Wilderness Area

Die Hauptroute in die Cederberg-Region und zur Algeria Forest Station, die als ihr Zentrum fungiert, zweigt 28 km nördlich von Citrusdal von der N7 nach Osten ab und führt weiter bis nach Ceres im Südosten. Die 710 km² große Cederberg Wilderness Area hat viele markierte **Wanderwege**, unter anderem zu den beiden höchsten Gipfeln, dem **Sneeuberg** (2027 m) und dem **Tafelberg** (1969 m), und zu imposanten Felsformationen wie dem gewaltigen **Wolfberg Arch** und **Cracks** im Südosten des Reservats, und einem 30 m hohen, frei stehenden Felspfeiler namens **Maltese Cross**, weiter südlich.

Algeria Campsite, 18 km nach Osten auf der Algeria Rd, von der N7 ausgeschildert, ☎ 021 483 0190 oder 021 483 0000, 🖥 www.capenature.co.za. Hübsche Flusslage mit tollem Pool und Wandermöglichkeiten in die umgebenden Berge. Während der Schulferien kann es voll und laut werden, aber für Kids ist es toll. Es gibt auch ein paar Selbstversorger-Chalets und einsame Cottages mit Paraffinlampen ein paar Kilometer entfernt. Camping R220, Chalet R580

Jamaka Organic Farm and Resort, die Abzweigung ist kurz vor Algeria an der Algeria Rd ausgeschildert, ☎ 027 482 2801/5, 🖥 www.jamaka.co.za. Der Campingplatz auf einer Zitrus- und Mangoplantage ist bezaubernd gelegen, zum Wandern aber weniger günstig: Die guten Wanderwege beginnen aber alle am Algeria Campsite. Wer lieber ein Dach überm Kopf hat, wählt von den 12 preisgünstigen Cottages am besten das Steinhäuschen direkt am Fluss. Camping R180, Cottage R520

Kromrivier Cederberg Park, 50 km südlich von Algeria, ☎ 027 482 2807, 🖥 www.cederbergpark.com. 10 komplett ausgestattete

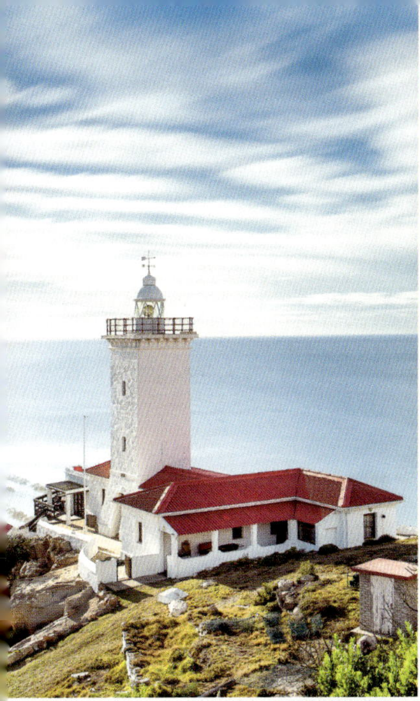
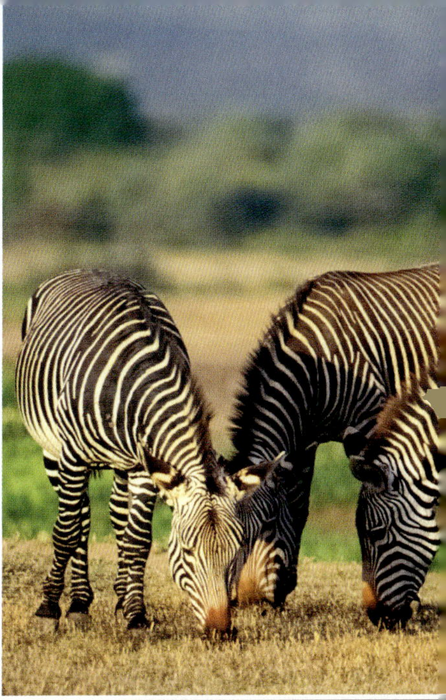
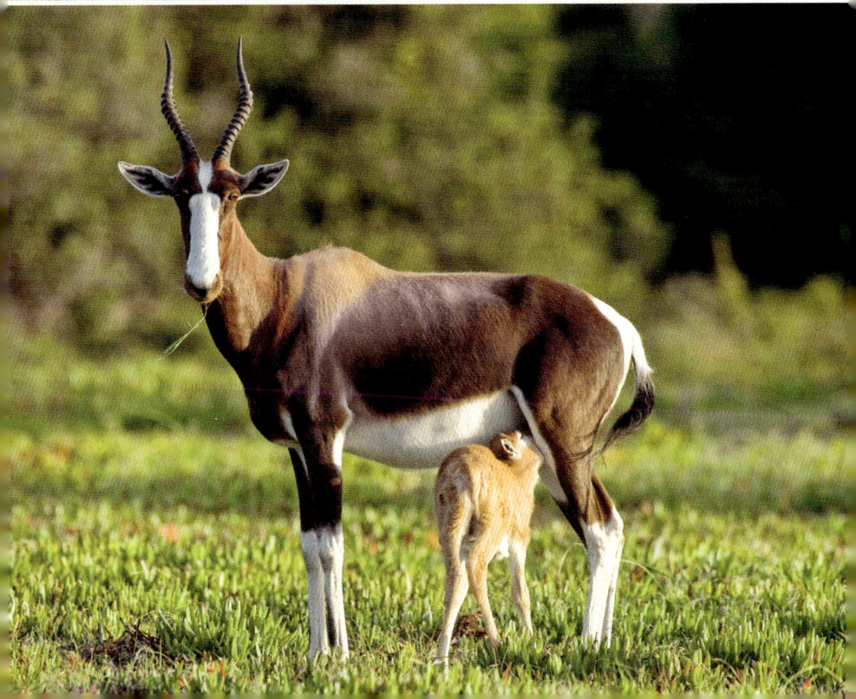

Ausflug in die Berge

Wer die gebirgige Landschaft der Cederberge erkunden will, muss wandern. Es gibt zwar ein paar kürzere Routen, aber für jede echte Wandertour sollte man entsprechend ausgerüstet und erfahren sein, denn das Gelände ist rau und das Wetter kann das ganze Jahr über höchst launisch sein.

Eine der besten Möglichkeiten, die Berge kennenzulernen, bietet der ausgebildete Bergsteiger **Mike Wakeford**, ℅ 079 722 9808, 🖳 www.guidedbymike.co.za, mit inklusiv zugeschnittenen, mehrtägige Trekkingtouren ab Kapstadt. Die zwei- bis fünftägigen Touren kosten R1500 pro Tag.

Chalets für 4 Pers., die teureren mit Bad, sowie 2 Backpacker-Chalets mit Toilette im Freien und zentralem Duschhaus, außerdem Campingplätze nahe der Badestellen am Fluss. Für Kochfaule gibt es auch ein Café, wobei das Abendessen bis spätestens 16 Uhr bestellt sein muss. Es gibt auch Pferde zum Reiten. Camping R200, Chalet R500

📖 **Sanddrif**, ca. 26 km südlich von Algeria auf derselben Schotterstraße, ℅ 027 482 2825, 🖳 www.sanddrif.com. Komplett ausgestattete Chalets mit 1–3 Zimmern auf einer Farm mit Badestellen am Fluss und guten Wandermöglichkeiten sowie Möglichkeiten zum Zelten. Sanddrif verkauft auch Permits für die Wanderrouten auf seinem Gelände: die Wege zum Maltese Cross und Wolfberg Arch und Cracks. Im Angebot sind außerdem Proben des eigenen Weins. Es gibt einen Laden mit dem Nötigsten und ein Observatorium, in dem man am Samstagabend 2 Stunden lang die Sterne beobachten kann. 2 Nächte Mindestaufenthalt am Wochenende. Camping R220, Chalet R920

INFORMATIONEN

Die für Wanderungen erforderlichen **Permits** (R60; Tore sind von 7–19 Uhr geöffnet) können bei CapeNature, ℅ 027 482 2403, 🖳 www.capenature.co.za, ⏰ Mo–Fr 7.30–16 Uhr, in

Algeria erworben oder im Voraus unter ℅ 021 483 0190/0000 bestellt werden. Die unverzichtbare Wanderkarte Exploring the Cederberg, 🖳 www.slingsbymaps.com, ist in allen Wanderläden erhältlich.

TRANSPORT

Die Hauptroute in die Cederberge ist die Algeria Rd (deutlich ausgeschildert), eine raue Schotterpiste, die mit einem normalen **Pkw** bei langsamer Fahrt problemlos zu befahren ist. Von Kapstadt aus sind es etwa 250 km (3 1/2 Std.).

Koue Bokkeveld (Südöstliche Cederberge)

Der Südosten der Cederberge – genannt: **Koue Bokkeveld** – ist einsam und wild und hat ein paar wunderbare Unterkünfte zu bieten. Selbstversorger müssen jedoch vollkommen autark sein: Es gibt hier weder Läden noch Cafés, doch zumindest ein paar Restaurants (s. u.). Die beste Anfahrtsroute führt von Worcester aus über die N1. Von dort folgt man der R303 nach Ceres und biegt bei Op de Berg nach rechts ab auf die unbefestigte Straße Richtung Norden nach Algeria, die schließlich auf die N7 trifft.

ÜBERNACHTUNG

Cederberg Oasis, an der R303, 70 km von Op de Berg entfernt und 62 km östlich von Algeria, ℅ 027 482 2819, 🖳 www.cederberg oasis.co.za. Backpacker-Unterkunft mit schlichten Zimmern, DZ und Dorms sowie Zeltstellplätzen auf dem Rasen. Ebenfalls auf dem Gelände: Ein Restaurant mit riesigen Portionen – man muss allerdings reservieren. Der Inhaber zeichnet seinen Gästen gerne selbst eine Umgebungskarte und hilft beim Besorgen der Permits für die nahe gelegenen Sandsteininformationen und Felsmalereien in den Höhlen von Tanjieskraal und Stadsaal oder anderen Wanderstrecken. Camping R150, DZ R340

Kamma, 52 km von Op de Berg entfernt, abseits der R303, ✆ 021 872 4343, 🖳 www.kaggakamma.co.za. Luxuslodge mit Unterkünften, die z. T. in den Fels hineingebaut sind, und reetgedeckten Chalets mit Veranda und Blick in die Steppe. Zum Angebot gehören Wanderungen, Safarifahrten, ein gutes Restaurant mit Bar und sogar eine Astronomietour: Die Lodge hat ein Hochleistungsteleskop, durch das man die Jupitermonde sehen kann. Auf dem Anwesen befinden sich eindrucksvolle Felsmalereien und -formationen nahe dem großen Pools. Eines der Highlights ist die Sonnenuntergangs-Safari mit Abendessen unter Sternen am Lagerfeuer. Gäste können wählen zwischen einem All-Inclusive-Paket mit allen Mahlzeiten und Aktivitäten (R4140 p. P.) oder B&B. Camping R125, DZ R2900

Mount Ceder, an der R303, 42 km von Op de Berg, ✆ 023 317 0113, 🖳 www. mountceder.co.za. Sehr komfortables Berg-Retreat mit Cottages für Selbstversorger, teilweise mit Jacuzzi. Einige der Cottages für 4 Pers. haben normale Elektrizität, die für 2 Solarzellen. Es gibt auch 3 sehr begehrte Luxusstellplätze für Zelte, jeweils mit eigenen Sanitäranlagen und Solarbeleuchtung. Die Anlage mit Olivenhain und Schwimmstellen am Fluss liegt zwischen schroffen Bergen. Auf dem Gelände befindet sich noch ein Restaurant, außerdem werden Aktivitäten wie Wandern, Angeln und Mountainbiking angeboten. Camping R330, Cottage R800

Felskunst in den Cederbergen

In den Cederbergen gibt es rund 2500 bekannte Felskunststätten, die nach Schätzungen zwischen 1000 und 8000 Jahre alt sind. Es sind Zeugnisse der ersten Südafrikaner, jener Jäger und Sammler, die als San oder Buschmänner bekannt sind und als direkte Nachfahren der frühen Homo sapiens gelten, die vor 150 000 Jahren am Westkap lebten.
Eine lohnende Erkundung auf eigene Faust kann man auf einem 4 km langen Pfad unternehmen, der von der Traveller's Rest Farm (S. 278) dem **Sevilla Trail** folgt und zu zehn Stätten führt.

Clanwilliam

Am Nordrand der Cederberge liegt die hübsche und selbstbewusste Stadt Clanwilliam. Sie wird mühelos ihren verschiedenen Rollen gerecht: als Ausgangsbasis für die Cederberg Wilderness Area, Zentrum der Blumenblüte im Frühling, Versorgungszentrum für die Farmen der Umgebung und Anlaufstelle für Besucher, die interessante **Felskunst** in nicht zu großer Entfernung von Kapstadt suchen.

Clanwilliam wurde Ende des 18. Jhs. gegründet und ist eine der älteren Siedlungen nördlich von Kapstadt. Einige historische Gebäude schmücken bis heute den Ort.

ÜBERNACHTUNG

Blommenberg Guest House, 1 Graafwater Rd, ✆ 027 482 1851, 🖳 www.blommenberg. co.za. Das Guesthouse liegt gegenüber der Autowerkstatt am Ortseingang von Clanwilliam und hat günstige Zimmer mit Fichtenmöbeln um einen angenehm schattigen Innenhof mit Garten und Pool. 4 Familienzimmer an der Veranda können auch von Selbstversorgern genutzt werden. R1090

Clanwilliam Living Landscape Project, 18 Park St, ✆ 027 482 1911. Annehmbare Bleibe und die einzige Backpacker-Unterkunft im Zentrum von Clanwilliam, bietet Dorm-Betten in dem Haus neben einem gemeinnützigen Projekt. Primär gedacht für Schul- und Universitätsgruppen auf Felskunstexkursionen. R150

Ndedema Lodge, 48 Park St, ✆ 027 482 1314, 🖳 www.ndedemalodge.co.za. Romantisches viktorianisches B&B mit edlem Flair, hübschem Garten und Pool. Die 6 stilvoll mit altem Mobiliar und Himmelbetten eingerichteten AC-Zimmer haben Baumwollbettwäsche, dicke Handtücher und Bademäntel. R1300

ESSEN

Nancy's Tea Room, 33 Main Rd, ✆ 027 482 2661. Idyllischer Garten zum Frühstücken oder Mittagessen. Serviert getoastete Sandwiches, überbackenen Hackfleischauflauf (R60) und guten Kaffee, aber auch Deftigeres

Rooibostee

Für die einen ein regelrechter Kult, für die anderen eher ein Witz – Rooibos- oder Rotbuschtee ist in Südafrika ein wichtiges Thema. Der Rooibos, der auf vielen Plantagen immer noch von Hand gesät und geerntet wird, ist eine Fynbos-Pflanze, die nur in der Gebirgsregion um Clanwilliam und Nieuwoudtville gedeiht. Der koffeinfreie Gesundheitsaufguss aus seinen Blättern ist in südafrikanischen Haushalten neben Tee und Kaffee längst fest etabliert und kann jetzt sogar als sogenannter Red Espresso genossen werden. Beliebt ist auch Chai Rooibos, eine leicht gesüßte Sorte mit Gewürzen.

Wer sehen möchte, wie Roiboos angebaut und verarbeitet wird, kann für R175 eine Besichtigungstour mit **Elandsberg Eco Tours**, ✆ 027 482 2022, unternehmen (Reservierung erforderlich). Die Touren starten von der Niederlassung 20 km westlich von Clanwilliam an der Straße nach Lambert's Bay. Ansonsten kann man in Clanwilliam der größten **Rooibos-Fabrik** des Landes im Ou Kaapse Weg, ✆ 027 482 2155, einen Besuch abstatten, wo Videos über die Rooibos-Verarbeitung gezeigt und Rooibos-Produkte verkauft werden. ⊕ Videos Mo–Fr 10, 11.30, 14 und 15.30 Uhr.

wie *bobotie*, eines der wenigen Gerichte ohne Pommes. ⊕ Mo–Sa 8–16 Uhr.
Velskoendraai Farmers Market & Restaurant, Twee Riviere Farm an der Stadteinfahrt von Clanwilliam, ✆ 082 727 1751 oder 027 482 2503, 🖳 www.velskoendraai.co.za. Das hausgemachte Rooibos-Eis und *roostekoek* (auf Kohle zubereitete Sandwiches) lohnen hier einen Zwischenstopp. Außerdem kann man Brot, Eingemachtes und andere Produkte aus eigener Herstellung kaufen. Frühstück gibt es für angemessene R70. ⊕ Mo–Fr 8–17, Sa 8–14 Uhr.

🧳 **Yellow Aloe**, 1 Park Rd, ✆ 027 482 2018, 🖳 www.yellowaloe.co.za. Die Veranda im Garten ist wunderschön für ein warmes Frühstück (R75) oder leichtes Mittagessen.

Auf Vorbestellung auch ein romantisches Dinner unter den Bäumen (3 Gänge R200). ⊕ tgl. 8–15 Uhr.

EINKAUFEN

Netmar, 4 Voortrekker St, ✆ 027 482 1007, 🖳 www.rooibosteahouse.co.za. In diesem Teehaus dreht sich alles um Rooibos. Man kann bis zu 7 Teesorten probieren und mehr als 100 Geschmacksrichtungen sowie andere Rooibosprodukte wie Lebensmittel und Kosmetik kaufen. Der Tee wird in einem schönen Garten serviert. ⊕ Mo–Fr 8–17, Sa 8–14, So 10–16 Uhr.

INFORMATIONEN

Touristeninformation, Main Rd, ✆ 027 482 2024, 🖳 www.clanwilliam.info. Hat Karten und hilft bei der Unterkunftssuche. ⊕ Mo–Fr 8.30–17, Sa 8.30–12.30 Uhr.

TRANSPORT

Der tgl. Intercape-**Bus** von KAPSTADT nach WINDHOEK hält 7 km außerhalb an der Tankstelle an der N7, von dort allerdings keine Verbindung mit öffentlichen Verkehrsmitteln in den Ort.

Boskloof

Rund 1 km östlich von Clanwilliam auf der Pakhuis Pass Road führt eine gute Schotterstraße nach Süden in die Boskloof hinab, eine Schlucht, die der Jan Dissels River gegraben hat. Das Tal liegt zwar weniger als 10 km von der Stadt (und 290 km von Kapstadt) entfernt, doch hat man das Gefühl, weitab von aller Welt zu sein. Das stille Gelände eignet sich zu geruhsamer Naturbetrachtung am Flussufer, einem Bad in einem der Teiche oder einem Fußmarsch entlang der ungeteerten Straße, die sich durch die Berge windet.

Vom Tal kann man auf dem **Krakadouw Hiking Trail** in die Cederberge hinaufwandern. Er beginnt bei den Krakadouw Cottages, wo auch die Permits verkauft werden.

Hier bieten sich Möglichkeiten für bis zu einwöchige Wanderungen, aber auch für Tages- oder Halbtageswanderungen.

ÜBERNACHTUNG

Boskloof Swemgat, Boskloof Rd, 13 km von Clanwilliam, ℰ 027 100 3686, ⌨ www.bosk loofswemgat.co.za. 8 schlichte Selbstversorger-Cottages in offener Graslandschaft direkt am Fluss. Ausgezeichnete Bademöglichkeiten im Fluss, sehr gute Preise. R600

Klein Boschkloof Chalets, Boskloof Rd, 9 km von Clanwilliam, ℰ 027 482 2441 oder 021 100 3597, ⌨ www.kleinboschkloof.co.za. Besteht aus einer Reihe 250 Jahre alter kapholländischer Bauernhäuser, die in hochwertige Ferienwohnungen verwandelt wurden. Die Chalets verfügen über Kochgeschirr, Bettzeug und Handtücher. Auf Wunsch Frühstück und Abendessen. R1000

Die nördlichen Cederberge und der Pakhuis Pass

Nordöstlich von Clanwilliam schlängelt sich die **R364** über den **Pakhuis Pass**, eine Fahrt durch wildromantische Gebirgslandschaft mit spektakulären Ausblicken. Diese Gegend – bekannt als die **Rocklands** – gilt als eins der weltweit besten Reviere fürs **Bouldern** (Felsklettern ohne Hilfsmittel), weshalb hier vor allem in den milderen Wintermonaten jede Menge Kletterer auf dem Weg zu und von den Routen unterschiedlicher Schwierigkeitsgrade unterwegs sind. Neben der reizvollen Landschaft locken hier die schönsten Felsmalereien im Westkap (S. 275).

ÜBERNACHTUNG

Alpha Excelsior Guest Farm and Winery, ℰ 027 482 2700, ⌨ www.alphaexcelsior.co.za. 2 Cottages, am hübschesten ist das Weavers Cottage für 2 Personen in direkter Flussnähe. Außerdem gibt es 3 voll ausgestattete Retro-Caravans sowie DZ in einem eleganten kapholländischen Wohn- und Bauernhaus. Die Farm hat eine eigene kleine Weinkellerei mit Rotwein- und Olivenölverkauf. Caravan R350, Cottage und DZ R700

Bushmans Kloof, ℰ 027 482 2627 oder 021 437 9278, ⌨ www.bushmanskloof.co.za. Vielfach ausgezeichnete Luxuslodge mit stilvollen Zimmern und einer Privatvilla inmitten einer Wildnisregion mit Tierbeobachtungsfahrten und mehr als 125 bekannten Stellen mit Felsmalereien. Preis inkl. Vollpension, Beobachtungssafaris und Führungen zu Felsmalereien. R10 240

De Pakhuys Rocklands, 26 km von Clanwilliam entfernt, ℰ 027 482 1879, ⌨ www.depakhuys. com. Unterschiedlich große Garten-Cottages und Campingeinrichtungen auf einer freundlichen Rooibosfarm in umwerfender Lage. Markierte Wanderwege starten in der Nähe des abgeschiedenen Campingplatzes und des

Ein kleines Paradies am Ende der Welt

Oudrif, 48 km von Clanwilliam entfernt auf unbefestigter Straße, Reservierung erforderlich unter ℰ 027 482 2397, ⌨ www.oudrif.co.za, ist eine außergewöhnliche Ferienanlage im Hinterland der Cederberge in der Übergangszone zwischen den Gebirgsausläufern und der trockenen Karoo, einer Gegend mit roten Sandsteinschluchten und dem breiten Tal des Doring River. Begleitete Spaziergänge durch Fynbos führen zu Felsmalereien, aber es lässt sich auch einfach nur herrlich entspannen. Mitinhaber und Multitalent Mitchell ist unter anderem ein ausgezeichneter Koch und bereitet sämtliche Mahlzeiten zu.

Zur **Unterbringung** dienen fünf aus Stroh und Zement erbaute, stilvoll eingerichtete Häuser am Rand der Schlucht des Doring River. Die cremefarbenen Chalets passen prima in die mit Felsblöcken übersäte Landschaft, jedes verfügt über ein Doppelbett und eine Schlafliege. Die Stromversorgung erfolgt mittels Solarenergie und das Duschwasser ist warm. R2200

eigenen Kletterbereichs. Die bei Kletterern beliebte Unterkunft verkauft auch Permits fürs Bouldern. Camping R80, Cottage R800 **Traveller's Rest**, ☏ 027 482 1824, 🖥 www. travellersrest.co.za. 25 Selbstversorger-Cottages verteilt über eine Farm mit reichlich Gelegenheit für Spaziergänge und zum Schwimmen in Badestellen im Fluss. Mahlzeiten können arrangiert werden und an einem Stand gibt es tagsüber Mahlzeiten. Die Hauptattraktion ist der 4 km lange Bushman Painting Trail, der neben der Farm beginnt. Der Pfad führt an neun verschiedenen Felsmalereien vorbei – eine ausgezeichnete Möglichkeit, die Malereien zu studieren. R500

INFORMATIONEN

De Pakhuys in den Rocklands (S. 277), ☏ 027 482 1879, 🖥 www.depakhuys.com, fungiert als inoffizielles Zentrum der Region. Hier müssen die **Permits** fürs Bouldern (R60 pro Tag) gekauft werden. ⊕ Mo–Fr 7–17.30, Sa 9.30–12 Uhr.

TRANSPORT

Es gibt keine öffentlichen Verkehrsmittel. Sämtliche Unterkünfte der Gegend befinden sich entlang der geteerten Pakhuis Pass Rd (R364), von der hinter Bushman's Kloof Schotterpisten zu Farmen abzweigen.

Wuppertal und das Biedouw Valley

Eine der landschaftlich schönsten Strecken des ganzen Westkaps führt auf der beeindruckenden, teils steilen R364 durch entlegene Täler bis ins historische **Wuppertal**. Die tief im Tra-tra Valley gelegene mährische Missionsstation mit ihren reetgedeckten Katen zählt zu den ältesten des Westkaps und ist eine der am besten erhaltenen in Südafrika.

Die von den Kirchenältesten verwaltete Mission mit ausschließlich farbigen Mitgliedern ist vor allem als Herstellungsort von *velskoene* be-

kannt. Diese kurz *vellies* genannten Wildlederschuhe sind Teil der Afrikander-Nationaltracht. Besucher können bei der Fertigung zusehen und die Schuhe beim kleinen Laden im Zentrum an der Kirche erwerben.

Auf dem Weg nach Wuppertal kann man einen Abstecher ins **Biedouw Valley** unternehmen, das normalerweise nur im Frühjahr Besucher zu sehen bekommt, wenn ein prächtiger Blumenteppich den Talboden überzieht.

ÜBERNACHTUNG

Enjo Nature Farm, Biedouw Valley Rd, ☏ 027 482 2869, 🖥 www.soulcountry.info. Der beste Grund, ins Biedouw Valley zu fahren, ist dieses 200 Jahre alte Farmhaus. Hier bietet ein Paar aus Deutschland reizende Cottages für Selbstversorger. Es gibt auch Zeltstellplätze, die jedoch nicht besonders schön gelegen sind. Hauptattraktion ist die schöne Natur rundum; im Sommer können sich die Gäste im Teich der Farm abkühlen. Da sie so weitab von allem liegt, lohnt sich die Fahrt eher für einen mehrtägigen Aufenthalt als für eine bloße Übernachtung. Zufahrt nur über Schotterstraßen. Abendessen ist auf Vorbestellung erhältlich. Außerdem können über den Inhaber Rundflüge arrangiert werden. Camping R70, Cottage R1180

Die Garden Route

Die Garden Route, ein schmaler, flacher Küstenstreifen zwischen Mossel Bay und Storms River Mouth, gilt als das Paradies von Südafrika – davon zeugen klangvolle Ortsnamen wie **Garden of Eden** und **Wilderness**. Mehrere Flüsse, deren Ursprung in den nördlich gelegenen Bergen liegt, durchschneiden diesen grünen, bewaldeten und rund 200 km langen Landstrich, der nach Süden hin zur Felsküste und zu Sandstränden abfällt.

Das Meer hat sich an drei Stellen der Garden Route einen Weg ins Landesinnere gebahnt. Kapstadt am nächsten liegt **Mossel Bay**, ein nicht uncharmantes Wirtschaftszentrum, das

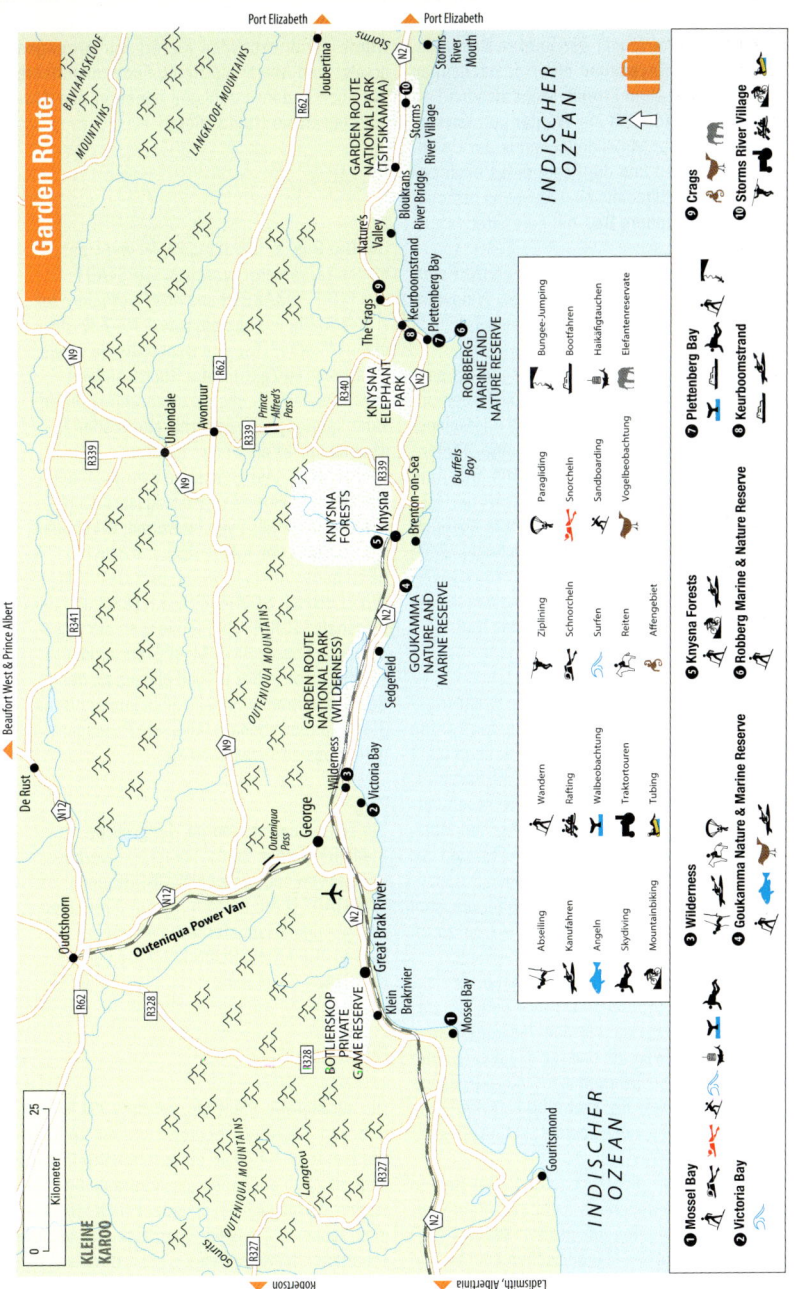

Garden Route

WESTKAP

KLEINE KAROO

INDISCHER OZEAN

Port Elizabeth

Storms River Mouth

GARDEN ROUTE NATIONAL PARK (TSITSIKAMMA)

Storms River Village

Bloukrans River Bridge

Nature's Valley

The Crags

Keurboomstrand

Plettenberg Bay

ROBBERG MARINE AND NATURE RESERVE

Buffels Bay

Brenton-on-Sea

KNYSNA ELEPHANT PARK

Knysna

KNYSNA FORESTS

Prince Alfred's Pass

Joubertina

Avontuur

Uniondale

OUTENIQUA MOUNTAINS

Sedgefield

GOUKAMMA NATURE AND MARINE RESERVE

GARDEN ROUTE NATIONAL PARK (WILDERNESS)

Wilderness

Victoria Bay

George

Outeniqua Pass

Outeniqua Power Van

Great Brak River

Klein Brakrivier

BOTLIERSKOP PRIVATE GAME RESERVE

Mossel Bay

Gouritsmond

De Rust

Oudtshoorn

LANGKLOOF MOUNTAINS

BAVIAANSKLOOF MOUNTAINS

OUTENIQUA MOUNTAINS

Langtou

Gourits

N2 · N9 · R62 · R340 · R339 · R341 · R328 · R327 · W12

Beaufort West & Prince Albert

Robertson

Ladismith, Albertinia

INDISCHER OZEAN

Kilometer 0 25

Legende

❶ **Mossel Bay**

❷ **Victoria Bay**

❸ **Wilderness**

❹ **Goukamma Nature & Marine Reserve**

❺ **Knysna Forests**

❻ **Robberg Marine & Nature Reserve**

❼ **Plettenberg Bay**

❽ **Keurboomstrand**

❾ **Crags**

❿ **Storms River Village**

Abseiling · Wandern · Ziplining · Paragliding · Bungee-Jumping

Kanufahren · Rafting · Schnorcheln · Snorcheln · Bootfahren

Angeln · Walbeobachtung · Surfen · Surfen · Haikäfigtauchen

Skydiving · Traktortouren · Reiten · Sandboarding · Elefantenreservate

Mountainbiking · Tubing · Affengebiet · Vogelbeobachtung

als offizieller Startpunkt der Garden Route gilt. Dahinter folgt **Knysna** mit einer gewachsenen Urbanität, aber ohne Strand. Mehr als eine Entschädigung dafür sind die **Wälder von Knysna**, die einen Teil der Hügellandschaft in der Umgebung überziehen und die Reste eines einst riesigen alten Waldgebiets sind. Knysnas östlicher Nachbar, **Plettenberg Bay**, hat gute Strände zum Schwimmen.

Alle Städte bieten jedoch eine ganze Palette von Outdoor-Aktivitäten von der Waldwanderung über die Meeressafari bis zum Tubing in Schluchten.

Zwischen den Küstenstädten liegen ein paar nicht sehr einladende moderne Feriensiedlungen, aber auch der eine oder andere unerschlossene weiße Sandstrand sowie kleine Höhlenbuchten wie **Victoria Bay**, **Buffels Bay** und **Nature's Valley**. Das Schönste aber ist der **Tsitsikamma-Abschnitt** des **Garden Route National Park**, der alles hat – urafrikanischen Küstenwald, traumhafte Meereskulissen, die aufregende **Mündung des Storms River** und den begehrtesten Wanderweg Südafrikas, den **Otter Trail**.

Geschichte

Das Hirtenvolk der **Khoi**, dessen Nahrungsgrundlage die reiche Natur entlang der Garden Route war, nannte die Gegend Outeniqua („mit Honig beladener Mensch"). Doch ihr Paradies, wo Milch und Honig flossen, wurde rasch verwüstet, als im 18. Jh. die holländischen **Holzfäller** Einzug hielten, um nach der Abholzung der Wälder um Kapstadt Outeniqua seines Baumbestandes zu berauben und gleichzeitig die Khoi und San, die ihnen dabei im Wege waren, zu töten oder zu vertreiben.

Auch die Vögel und Tiere litten unter den europäischen Eindringlingen. Mitte des 19. Jhs. schoss und verspeiste der schwedische Naturforscher Johan Victorin diverse Exemplare jener Spezies, zu deren Erforschung er hierhergekommen war, darunter der bedrohte Narinatrogon, und bemerkte, sie seien sowohl „schön als auch schmackhaft".

Die scheinbar dichte Vegetation der Region ist trügerisch, tatsächlich sieht man heute nur noch die Reste der großen **Wälder** Afrikas. Ein Großteil der einheimischen Laubbäume

wurde durch exotische Kiefernanpflanzungen ersetzt, und Milch und Honig findet man heute nur noch in den unzähligen Läden in den Küstenorten an der Garden Route.

TRANSPORT

Busse

Der **Baz Bus**, ✆ 086 122 9287, 🖥 www.bazbus.co.za, verkehrt zwischen KAPSTADT und PORT ELIZABETH und holt Passagiere tgl. 7.15–8.30 Uhr in Kapstadt bzw. 6.45–7.30 Uhr in Port Elizabeth Mo und Di und Do–Sa sowie unterwegs im Zentrum der Städte entlang der gesamten Strecke bei ihren Unterkünften samt Sportgepäck wie Surfbrettern oder Mountainbikes ab. Sofern genügend Platz ist, können auch unangemeldete Fahrgäste mitfahren, doch eine Reservierung ist ratsam. Die Intercity-Busse von **Intercape**, **Greyhound** und **Translux** von KAPSTADT und PORT ELIZABETH halten nur in MOSSEL BAY, GEORGE, WILDERNESS, SEDGEFIELD, KNYSNA und der Ortschaft STORMS RIVER (nicht an der Flussmündung Storms River Mouth). Für direktere Fahrten sind sie besser und billiger als der Baz Bus, fahren allerdings nicht immer bis ins Stadtzentrum, sondern laden die Passagiere unterwegs an Tankstellen ab.

Flüge

Der Flughafen von **George**, der größten Stadt der Garden Route, hat tgl. Flugverbindungen von/nach JOHANNESBURG und KAPSTADT (1 Std.). CemAir bietet Direktflüge zum winzigen Flughafen von Plettenberg Bay ab JOHANNESBURG (2 1/2 Std.) und KAPSTADT (1 1/4 Std.).

Mossel Bay

Die mittelgroße Stadt Mossel Bay, 397 km östlich von Kapstadt, genießt keinen sehr guten Ruf, was vor allem an der Industriefassade liegt, die sich am Rande der N2 präsentiert. Besucher sollten sich davon jedoch nicht abschrecken lassen – die Stadt besitzt einen noch gut erhaltenen historischen Kern mit Blick auf den kleinen Hafen und die Bucht, ein interessantes Museum und einige ungefährliche Strände zum **Schwimmen**.

Geschichte

In Mossel Bay ereignete sich der erste blutige Zusammenstoß zwischen den einheimischen Khoi-Viehhirten und den Europäern. Portugiesische Seeleute waren im August 1487 unter Kapitän **Bartolomeu Dias** auf der Suche nach einem Wasserweg nach Indien von Portugal aus in See gestochen und umrundeten Monate später das Kap der Guten Hoffnung. Im Februar 1488 setzten sie als die ersten Europäer den Fuß auf südafrikanischen Boden, um ihre Trinkwasservorräte aufzufüllen. Die kleine Bucht, in der sie ankerten, nannten sie Aguado de São Bras (Wasserstelle des Hl. Blasius), das spätere Mossel Bay.

Die **Khoikhoi** waren in verschiedenen Gruppen organisiert, jede mit ihrem Oberhaupt und klar abgegrenzten Weide- und Wasserrechten. Die Portugiesen, die gegen geltendes Gesetz verstießen, waren empört über die „schlechten Manieren" der Khoikhoi, die sie vom Brunnen vertreiben wollten. Die Portugiesen setzten sich mit Armbrüsten zur Wehr und töteten einen Hirten.

Bartholomeu Dias Museum Complex

1 Market St ▪ Maritime Museum ⏰ Mo–Fr 9–16.45, Sa und So 9–15.45 Uhr ▪ Eintritt R20 ▪ Dias' Karavelle R20 extra ▪ 🖥 www.diasmuseum.co.za

Mossel Bays größte innerstädtische Attraktion bildet der in historischen Gebäuden untergebrachte **Bartholomeu Dias Museum Complex**. Alle sind gut in das historische Stadtbild integriert und liegen nur wenige Minuten auseinander.

Das Highlight ist das **Maritime Museum**, eine spiralförmig angelegte Ausstellung zu europäischer, vorwiegend portugiesischer Seefahrtsgeschichte, rings um eine lebensgroße Replik der Karavelle, mit der Dias nach Südafrika kam. Das Schiff wurde in Portugal gebaut und segelte anlässlich des 500. Jahrestages der historischen Seereise im Jahr 1987 von Lissabon nach Mossel Bay.

Beim **Post Office Tree** vor dem Maritime Museum soll es sich um den Milkwood-Baum handeln, unter dem im 16. Jh. Matrosen in einem alten Stiefel Nachrichten für andere vorbeikommende Schiffe zu hinterlassen pflegten. Besucher können ihre Post in einen großen, schiffsförmigen Briefkasten werfen und mit einem Sonderstempel versehen lassen. Ansonsten lohnt noch das **Shell Museum and Aquarium** neben dem Post Office Tree einen Besuch. Dort gibt es faszinierende Muscheln aus aller Welt zu sehen.

The Point und St Blaize Lighthouse

Östlich des Hafens beschreibt die Küste eine sanfte Kurve nach Süden zum **Point**, wo sich mehrere Restaurants und ein populäres Bar/Restaurant (S. 283) mit zum Meer hin gelegener Veranda befinden, von der aus man vielleicht Delfine sehen kann.

Ein paar hundert Meter weiter südlich steht auf einem Felsvorsprung das 1864 erbaute und noch betriebene **St Blaize Lighthouse**. Zu Füßen des Leuchtturms liegt **Cape St Blaize Cave**, ein toller Aussichtspunkt und gleichzeitig eine wichtige archäologische Ausgrabungsstätte. Vorbei an drei Informationstafeln zur Geschichte der Höhle führt ein Plankenweg durch die Höhle hindurch. 1888 wurden bei Ausgrabungen Werkzeuge gefunden, die belegten, dass die Höhle vor rund 100 000 Jahren bewohnt war. Der Pfad hinauf zur Höhle mündet in den Cape St Blaize Trail (s. Kasten S. 282).

ÜBERNACHTUNG

Edward Charles Manor Hotel, 1 Sixth Ave, 📞 044 691 2152, 🖥 www.edwardcharles.co.za. 2-stöckiges, gehobenes Gästehaus mit Pool in zentraler Lage mit Blick auf Santos Beach. 15 Zimmer mit Bad und Shuttleservice in die Stadt für Gäste. R1150

Mossel Bay Backpackers, 1 Marsh St, 📞 044 691 3182, 🖥 www.mosselbayhostel.co. za. Gut geführte Lodge mit blitzsauberen Zimmern für 65 Gäste 300 m vom Meer entfernt. Mit Pool, Garten und Tischfußball. Hier lassen sich auch Abenteueraktivitäten buchen. Dorm R150, DZ R550

Mossel Bay ist ein Sprungbrett für beliebte **Aktivitäten** wie Fallschirmspringen, Sandboarding und Hochseeangeln; alles buchbar über das **Garden Route Adventure Centre** im Mossel Bay Backpackers, ✆ 044 691 3182, 🖳 www.gardenrouteadventures.com. Zwar werden in Mossel Bay Angeltouren angeboten, dennoch man sollte die Betreiber immer fragen, auf welchen Fisch sie abzielen; von einigen weiß man, dass sie bedrohte oder gefährdete Arten fischen.

Tauchen und Schnorcheln

Mossel Bay hat gute Tauch- und Schnorchelreviere, auch wenn es sich hier nicht um tropische Gewässer handelt. Das Wasser ist nicht warm, doch aufgrund einer Sichtweite von ungefähr vier bis zehn Metern bestehen gute Chancen, Tintenfische, Seesterne, Korallen, Pyjamahaie und Schmetterlingsfische zu sehen.

Electro Dive, ✆ 082 561 1259, 🖳 www.electrodive.co.za. Verleiht Ausrüstungen und führt Tauchgänge zu Riffen und Wracks von der Küste sowie vom Boot aus durch (R240–400 inkl. Ausrüstung). Zum Angebot gehören auch geführte Schnorcheltrips (R300) sowie Tauchkurse mit Open-Water-Zertifikat (um R5000).

Wandern

Der **St Blaize Hiking Trail** auf dem Festland ist ein leicht zu begehender, 15 km langer Wanderweg (einfach ca. 4 Std.) entlang der Südküste der Mossel Bay. Er beginnt am Cape St. Blaize Cave, direkt unterhalb des Leuchtturms am Point, und führt begleitet von fantastischen Küstenausblicken nach Westen bis zur Dana Bay. Eine Wanderkarte ist bei der Touristeninformation erhältlich.

Sandboarding und Surfen

Mossel Bay ist einer der besten Orte im Land für Sandboarding: Die Dünen sind groß, der Sand ist feucht und fein, und man zahlt nur etwa die Hälfte dessen, was in Kapstadt dafür verlangt wird.

Billeon Surf, ✆ 082 971 1405, 🖳 www.dragondune.com. Veranstaltet für Anfänger wie Könner Trips zur „Dragon Dune", mit 320 m die längste Sandboarder-Piste des Landes. Diese sind überaus beliebt, also im Voraus buchen (2 Std., R400 p. P.). Von den Hostels gibt es einen Suttleservice zum Treffpunkt an der Engen One-Stop Garage; von dort werden die Teilnehmer im Allradfahrzeug zu den Dünen gebracht.

Fallschirmspringen

Skydive Mossel Bay, Mossel Bay Airfield, ✆ 044 695 1771, 🖳 www.skydivemosselbay.com. Einen Adrenalinkick verspricht ein Tandem-Fallschirmsprung aus 3000 m Höhe (R3000). Geboten werden hier außerdem Kurse für Sprünge mit Aufziehleine und Accelerated Free Fall (AFF).

Walbeobachtung und Bootstouren

Romonza, ✆ 044 690 3101, 🖳 www.romonzaboattrips.co.za. Die mittelgroße Jacht Romonza unternimmt vom Jachthafen aus Bootsfahrten rund um Seal Island, etwa 10 km nordwestlich des Santos Beach, zum Betrachten der Brillenpinguine und Robben. Die Jacht ist außerdem das einzige für Walbeobachtungstouren zugelassene Schiff in Mossel Bay (2–3 Std., Erw. R700). Wie überall entlang dieser Küste ist die Walsaison schwankend; Südkaper tauchen von Juni bis Ende Oktober auf, mit sehr viel Glück sieht man vielleicht auch einen Buckelwal. ⏱ stdl. 10–15 Uhr, Erw. R160.

Park House Lodge, 121 High St, ☎ 044 691 1937, 🖥 www.parkhouse.co.za. Erstklassige Budget-Unterkunft. 20 Zimmer aufgeteilt auf 3 Gebäude, eins davon ein stattliches Sandstein-Herrenhaus. Einige Zimmer mit separatem Eingang vom üppigen Garten. Günstig sind die DZ mit Gemeinschaftsbad; die mit eigenem Bad sind etwas teurer (R780). Dorm R170, DZ R600

Protea Hotel Mossel Bay, Bartholomeu Dias Museum Complex, Market St, ☎ 044 691 3738, 🖥 www.proteahotels.com/mosselbay. Gediegene, zentral gelegene Herberge in einem alten kapolländischen Herrenhaus gegenüber dem Tourismusbüro, mit Blick auf Santos Bay und den Hafen (gehört zur Marriott-Kette). Das Frühstück wird im nahe gelegenen Café Gannet serviert, Mossel Bays nettestem Restaurant (s. Essen). R2020

ESSEN

Mossel Bay ist nicht unbedingt für sein Essen berühmt, aber es gibt ein paar anständige Restaurants mit herrlichem Meerblick. Im Point Village, einem kleinen Einkaufsviertel am nördlichen Ortsrand, findet man günstige bis mittelpreisige Familienrestaurants, die tgl. von morgens bis ca. 23 Uhr geöffnet haben.

Café Gannet, Market St, nahe dem Bartholomeu Dias Museum, ☎ 044 691 1885 oder 044 691 3738, 🖥 www.oldposttree.co.za/café-gannet. Mossel Bays schickstes Restaurant serviert zu moderaten Preisen Fisch aus der Region, Sushi und Spezialitäten wie wilde Mossel-Bay-Austern (R25 das Stück) und die beliebte Seafood-Kasserolle (R240) in einem stilvollen Garten mit Blick über den Hafen. Ein gutes Plätzchen zum Sundowner. ⊙ tgl. 7.30–22 Uhr.

Delfino's Restaurant, Point Village, ☎ 044 690 5247, 🖥 www.delfinos.co.za. Serviert Pasta (R70), Burger und Steaks sowie anständigen Kaffee zu fairen Preisen und mit tollem Blick aufs Meer. ⊙ tgl. 7–23 Uhr.

🧳 **Kaai4**, Mossel Bay Harbour, ☎ 044 691 0056, 🖥 www.kaai4.co.za. Das Strandlokal mit entspannt-rustikalem Flair hat Picknicktische und eine atemberaubende Lage direkt am Strand. Der günstige Fisch auf der kleinen Speisekarte (R90) wird über einem offenen Feuer gegrillt und kommt in großen Portionen. ⊙ tgl. 10–22 Uhr (bei Regen geschlossen).

King Fisher, Point Village, ☎ 044 690 6390, 🖥 www.thekingfisher.co.za. Gemütliches, auf Seafood spezialisiertes Lokal, dessen Palette von einfachen Fish 'n' Chips (R60) bis zu frisch in der Region gefangenem Fisch reicht. Es gibt auch eine Speisekarte für Kinder. Die Lage hoch über dem Delfino's garantiert herrliche Ausblicke. ⊙ tgl. 11.30–23 Uhr.

INFORMATIONEN

Touristeninformation, Church St, Ecke Market St, ☎ 044 691 2202, 🖥 www.visitmosselbay. co.za. Hier gibt es stapelweise Broschüren über Mossel Bay und einen Stadtplan. Die Webseite enthält umfassende Infos zu Unterkünften, Restaurants und Aktivitäten. ⊙ Mo–Fr 8–18, Sa und So 9–16 Uhr.

TRANSPORT

Taxis

In Mossel Bay bekommt man 24 Std. am Tag ein **Taxi**, ☎ 082-932 5809, aber die Stadt ist so klein, dass man fast alles auch zu Fuß erreicht.

Busse

Nur der tgl. **Baz Bus** fährt bis in den Ort und setzt seine Passagiere am Mossel Bay Backpackers und an der Park House Lodge ab. **Intercity-Busse** von Greyhound, Intercape, SA Roadlink und Translux halten an der Shell Voorbaai Service Station, 7 km vom Stadtzentrum, an der Kreuzung der Nationalstraße und der Zufahrtsstraße in die Stadt. Bei Voorbaai Truckport, ☎ 044 695 1172, kann man Plätze für sämtliche Busse reservieren lassen.

Intercity-Busse nach:
GEORGE (1–2x tgl., 3/4 Std.);
KAPSTADT (3x tgl., 6 Std.);
KNYSNA (1–2x tgl., 2 Std.);
OUDTSHOORN (1–2x tgl., 1 1/4 Std.);
PLETTENBERG BAY (1–2x tgl., 2 1/2 Std.);
PORT ELIZABETH (1–2x tgl., 6 1/2 Std.);

Entlang der R328

Ab Mossel Bay führt die R328 Richtung **Oudtshoorn** (S. 319) über die bewaldeten Küstenberge des **Robinson Passes** in die trockene Kleine Karoo. Die Strecke bietet herrliche Landschaft und ist viel schöner als der Weg über George. Tagesbesucher können in der **Botlierskop Private Game Reserve** (s. Übernachtung) an vielfältigen Aktivitäten teilnehmen, die im Voraus buchbar sind.

ÜBERNACHTUNG

Botlierskop Private Game Reserve, 22 km von Mossel Bay entfernt, ☎ 044 696 6055, 🖥 www.botlierskop.co.za. Obwohl man hier nicht gerade von „Wildnis" sprechen kann, so verbreiten die Zelte in dieser Unterkunft doch echtes Safari-Feeling. Von den Sitzgelegenheiten und Terrassen im Freien aus bieten sich schöne Ausblicke. Normalerweise sind im großen Gehege Löwen zu sehen, oft auch Nashörner, Elefanten, Giraffen und Antilopen. Es gibt eine Reihe von professionell zusammengestellten Paketen für Tages- und Übernachtungsgäste. Dazu gehören Aktivitäten wie Safari-Fahrten (3 Std., R450) und Reiten (1 Std., R310). Halbpension inkl. Safari-Fahrt R3100

Eight Bells Mountain Inn, 35 km von Mossel Bay entfernt, ☎ 044 631 0000, 🖥 www.eight bells.co.za. Ein fester Favorit bei gut betuchten Familien auf der Suche nach Urlaub mit Vollpension und Aktivitätspaket für die Kinder – etwa Reiten, Schwimmen, Tennis und Wandern. Die ausgezeichnet geführte Anlage hat eine freundliche Atmosphäre und ist außerhalb der Schulferien ein entspannender Ort mit schönem Garten und großem Gelände auf der Robinson-Passhöhe. R1500

Outeniqua Moon Percheron Stud and Guest Farm, 23 km von Mossel Bay, gleich unterhalb des Robinson-Passes, ☎ 044 631 0093 oder 082 564 9782, 🖥 www. outeniquamoon.co.za. Komfortable, feine Unterkünfte für Selbstversorger, mit B&B oder Vollpension in 4 Kolonial-Cottages auf einer aktiven Farm mit wunderschöner Aussicht

auf die Outeniqua-Berge. Gästen stehen ein Ozon-Pool mit 25 m sowie 100 ha Wald zur Verfügung, und sie können die riesigen, sanften Zugpferde und ihre Fohlen streicheln oder eine Kutschfahrt machen. Zum Essen gehören selbstgebackenes Brot und andere ländliche Leckereien. Die Preise sind angemessen und außerhalb der Schulferien noch günstiger. Selbstversorger-Cottage R1500, Halbpension-Cottage R1980

George

Die einzigen guten Gründe für einen Besuch von George sind seine städtische Infrastruktur – mit Flughafen, Krankenhaus und Geschäften – und seine praktische Lage auf halbem Wege zwischen Kapstadt und Port Elizabeth.

Die große, von Bergen eingerahmte Industriestadt liegt 5 km abseits der N2 und ist 9 km von der Küste entfernt. Leider sind von den Wäldern und dem idyllischen Charakter des Orts, den der britische Schriftsteller Anthony Trollope während eines Besuchs 1877 als das „schönste Dorf auf dem Angesicht der Erde" beschrieb, nur noch ein paar historische Gebäude übrig, von denen die **Dutch Reformed Church** in der Davidson Street das bemerkenswerteste ist.

George war der Parlamentssitz des ehemaligen Staatspräsidenten **P. W. Botha** (s. Kasten S. 285), des letzten überzeugten Vertreters der Apartheidpolitik und Vorgängers von F. W. De Klerk, der den Übergang von der Minderheitszur Mehrheitsregierung aushandelte.

ÜBERNACHTUNG

10 Caledon St, ☎ 044 873 4983, 🖥 www. 10caledon.co.za. Das beste der Mittelklasse-B&Bs liegt in einer ruhigen Straße nur wenige Schritte vom Zentrum. Makellose Zimmer mit Balkon, mit Bergblick und Garten. Hervorragendes Frühstück. R1200

Die Waenhuis, 11 Caledon St, ☎ 044 874 0034, 🖥 www.diewaenhuis.co.za. Haus von der Mitte des 19. Jhs., das sich sein altmodisches Flair bewahrt hat. 11 großzügige Zimmer mit Bad, davon mehrere mit Antiquitäten dekoriert,

WESTKAP

Pieter Willem Botha war der letzte und fanatischste Vollstrecker der Apartheid in Südafrika. 20-jährig in die National Party eingetreten, arbeitete sich Botha mit der Zeit nach oben, wurde 1948 Parlamentsabgeordneter und nutzte sein späteres Amt als Verteidigungsminister, um 1978 den Rücktritt des damaligen Premiers John Vorster zu forcieren. Nun selbst im Amt des Premierministers machte sich Botha an die Reformierung der Apartheid nach seinen Vorstellungen. Anders als ein Premierminister nach britischem Vorbild, der sich vor einem Parlament zu verantworten hat, sah er sich als exekutiver Präsident, der weitreichende Entscheidungen in einem abgeschottet von der Öffentlichkeit tagenden und mit reichlich Armeefunktionären besetzten Präsidentschaftsrat traf.

Als die Generäle ihm darlegten, dass die Apartheid nicht durch eine bloße Politik der Gewalt aufrechtzuerhalten sei, begann Botha mit der Umsetzung seiner „Totalen Strategie", in deren Rahmen er Randaspekte der Apartheid reformierte, während er gleichzeitig eine schwarze Mittelschicht als Puffer gegen den ANC förderte. Er pumpte außerdem Unsummen in den Aufbau einer gewaltigen Militärmaschinerie, die jenseits der Grenzen Südafrikas Nachbarländer unter Druck setzte, die Anti-Apartheid-Aktivisten Unterschlupf gewährten. Im eigenen Land ließ er den Sicherheitskräften freie Hand, Apartheidgegner zu foltern, zu verstümmeln und zu ermorden.

Botha polterte bis in die späten 1980er-Jahre weiter, während sein aufgeblähtes Militär die Staatskasse leerte. Selbst stramme Parteigenossen erkannten, dass seine Politik in den Ruin führte, und als Botha 1989 einen Schlaganfall erlitt, setzte die Partei eilig **F.W. De Klerk** an seine Stelle, der sofort Reformen auf den Weg brachte.

Botha verbrachte seinen Ruhestand in der Nähe von George. Er blieb unbelehrbar und verweigerte jede Entschuldigung für die brutalen Maßnahmen seiner Regierung zur Aufrechterhaltung der Apartheid. Seltsamerweise wurde er nach seinem Tod 2006 völlig kritiklos in einem hochoffiziellen Staatsbegräbnis samt Übertragung im staatlichen Fernsehen beigesetzt, an dem auch Mitglieder der amtierenden Regierung teilnahmen, darunter Präsident Thabo Mbeki.

WESTKAP

und hübscher Garten mit Pool. Warmes englisches Frühstück gibt's im sonnendurchfluteten Speisesaal, der im Winter mit einem Holzofen beheizt wird. R1300

Mount View Resort & Lifestyle Village, York St, ☎ 044 874 5205, 🖥 www.mountviewsa. co.za. Moderner Komplex, dem ein wenig an Charakter fehlt, der aber Chalets und Rondavels mit Bad und 1, 2 und 3 Schlafzimmern sowie Camping zum Top-Preis bietet. Der hübsche Garten ist gut gepflegt, zum Komplex gehören außerdem ein Fitnessraum und ein Innen- und Außenpool. Camping R380, Rondavel R580, Chalet R750

Oakhurst Hotel, Meade, Ecke Cathedral St, ☎ 044 874 7130, 🖥 www.oakhursthotel.co.za. Hübsche, zentrale Villa mit Landhausfeeling, grünem Rasen und ruhigem Garten mit Pool. Auch der Essbereich und der Ausblick auf die Outeniqua-Berge sind wunderschön. R1000

Outeniqua Travel Lodge, 19 Montagu Rd, ☎ 082 316 7720, 🖥 www.outeniqualodge.co.za. Freundliches Hostel in einem hellen und luftdurchfluteten Vorstadthaus mit komfortablen DZ, teilweise mit Bergblick. Es gibt einen Pool und die Gäste werden kostenlos vom Flughafen abgeholt. R430

ESSEN

Fat Fish, 124 York St, ☎ 044 874 7803. In dem zentral gelegenen Laden gibt es Essen zu vernünftigen Preisen von Meze (Einzelportion R85) über Rumpsteaks in verschiedenen Größen (R145) bis zu – wie der Name besagt – diversen ausgezeichneten Fischgerichten. ⏰ 11.30–22 Uhr.

La Capannina, 122 York St, ☎ 044 874 5313, 🖥 www.lacapanninageorge.co.za. Italienisches Restaurant, das neben hervorragender

Pizza und Pasta auch Rinderfilet auf Polenta und höchst Unitalienisches wie Straußen-Jambalaya mit einem Hauch Curry serviert (R160). ◷ Mo–Sa 12–22 Uhr.

The Old Town House, York, Ecke Market St, ☎ 044 874 3663. In diesem historischen Stadthaus kommt gutes Essen in gemütlicher Atmosphäre mit viel Liebe zum Detail auf den Tisch. Rind und Wild stehen im Mittelpunkt, es gibt aber auch vegetarische Gerichte und die überbackene Pasta ist ebenfalls hervorragend (R65). ◷ Mo–Fr 12–15, 18–22, Sa 18–22 Uhr.

INFORMATIONEN

Die **Touristeninformation**, 124 York St, ☎ 044 801 9295, 🖳 www.visitgeorgetourism.org.za, hat Stadtpläne und hilft bei der Unterkunftssuche. ◷ Mo–Fr 7.45–16.30, Sa 9–13 Uhr.

TRANSPORT

Auto

George liegt 531 km von Kapstadt (etwa 6 Std.) und 66 km südöstlich von Mossel Bay entfernt.

Busse

Intercape, **Translux** und **Greyhound** halten am Bahnhof von George, neben dem Railway Museum, und östlich der Stadt auf der N2 an der Station Sasol Garage. Der **Baz Bus** hält auf seiner Last. Fahrt zwischen KAPSTADT und PORT ELIZABETH am Outeniqua Backpackers in der Merriman St.

Busse nach:
JOHANNESBURG (1x tgl., 16 Std.);
KAPSTADT (2x tgl., 7 Std.);
KNYSNA (2x tgl., 1 1/2 Std.);
MOSSEL BAY (6–7x tgl., 3/4 Std.);
OUDTSHOORN (1x tgl., 1 1/4 Std.);
PLETTENBERG BAY (2x tgl., 2 Std.);
PORT ELIZABETH (2x tgl., 5 1/2 Std.);
PRETORIA (1–2x tgl., 16 Std.).

Flüge

Kulula und **SAA** verkehren 6x tgl. (1 3/4 Std.) zwischen JOHANNESBURG und dem kleinen **George Airport**, 10 km westlich an der N2. SAA fliegt George auch 2x tgl. von KAPSTADT (3/4 Std.) aus an.

Victoria Bay

Rund 9 km südlich von George und 3 km abseits der N2 liegt Victoria Bay, einer der schönsten Orte der Garden Route. In der Bucht gibt es einen kleinen, unter einem Felsvorsprung und von Felsblöcken eingerahmten Sandstrand mit einem grasbewachsenen Abschnitt, der sich hervorragend zum Sonnenbaden eignet, und darüber hinaus eine ungefährliche Schwimmgelegenheit in einem abgegrenzten Meerwasserpool bietet. In den Weihnachtsferien und am Wochenende wimmelt es hier von Tagesausflüglern, und außerdem ist dies eine der begehrtesten Anlaufstellen von **Surfern** in ganz Südafrika.

Eisenbahnromantik – Outeniqua Power Van

Leider sind die Tage der Fernzüge in Südafrika gezählt. Die Zugstrecke entlang der Garden Route führte früher durch einige der idyllischsten Flecken des Hinterlands, so dass die Fahrt von Kapstadt bis Port Elizabeth zu den schönsten Bahnreisen der Welt zählte. Doch dem wurde ein Ende gesetzt, als Teile der Gleise weggespült und nicht wieder erneuert wurden.

Glücklicherweise hat der Outeniqua Power Van, eine Diesellok mit einem Wagen, einen Teil dieser Idylle bewahrt. Der Zug fährt in die Outeniqua-Berge bis kurz vor George, macht einen Picknick-Stopp in malerischer Landschaft und kehrt dann in den Ort zurück. Die Fahrt geht durch Wälder, über Pässe und durch Tunnel vorbei an Wasserfällen und Fynbos. Mitnehmen sollte man: Essen, Sonnenbrille, warme Jacke und Kopfbedeckung. Abfahrt ist vom Outeniqua Transport Museum, 2 Mission Rd, George, Mo–Sa auf Anfrage, Reservierung erforderlich, ☎ 082 490 5627. Die Fahrt kostet R140 und dauert 2 1/2 Std.

Aufgrund der bis dicht ans Wasser reichenden Felshänge steht am Strand nur eine einzige Reihe von Gebäuden; darunter befinden sich einige Guesthouses in Spitzenlage (und mit Spitzenpreisen).

ÜBERNACHTUNG

Lands End Self-Catering, The Point, Beach Rd, ✆ 044 889 0123, 🖥 www.vicbay.com. Unterschiedliche Zimmer in einem spektakulär gelegenen Haus. Der Preis richtet sich nach Ausblick und Einrichtung. Man versorgt sich entweder selbst oder geht hinunter ins Strandrestaurant. R1600

Seabreeze Cabanas, an der Hauptstraße zur Siedlung, ✆ 044 889 0098, 🖥 www.seabreeze cabanas.co.za. Verschiedene preiswerte Ferienwohnungen, darunter auch moderne 2-stöckige Ferien- und Holzhäuser mit Platz für 2, 4 oder 8 Pers., nicht alle mit Aussicht aufs Meer, aber in Spaziernähe zum Strand. R900

Surfari, Victoria Bay Rd, ✆ 044 889 0113, 🖥 www.vicbaysurfari.co.za. Die hauptsächlich von Surfern frequentierte Lodge hat Annehmlichkeiten wie DSTV, Küche für Selbstversorger und Grillbereiche. Trampolin, Billardtisch, Tischtennisplatte, Volleyballplatz und Shuttles zum Strand und nach George gehören ebenfalls zur Anlage. Die Lodge bietet ganz in der Nähe ein einfachen, rechtsbrechenden Point Break Surfkurse für alle Könnensstufen an und vermietet Surfbretter und Neoprenanzüge. Dorm R200, DZ R650, Familienzimmer R900

ESSEN

Victoria Bay hat keine Lebensmittelläden und nur ein Restaurant, man sollte also alles selbst mitbringen. Bestelltes Essen aus George sowie Online-Einkäufe von Pick 'n' Pay kann man sich jedoch durch den Lieferservice **Mr Delivery** in George, ✆ 044 873 6677, bringen lassen.

Vikki's @ The Beach, ✆ 044 899 0212. Das Restaurant am Strand mit Tischen und Sonnenschirmen davor ist unübersehbar. Das eher schlichte Essen gibt's zu vernünftigen Preisen, dafür sitzt man hier in angenehmer Umgebung.

Auf der Speisekarte stehen Burger und Fritten (R70), Fish 'n' Chips, Frühstücksmenüs mit Ei und Pizza. Familien sind willkommen. Bei schlechtem Wetter oder wenn die Gäste ausbleiben, ist auch schon mal geschlossen. ⏱ tgl. 9–17 Uhr.

TRANSPORT

Auto

Wer mit dem eigenen Pkw kommt, stößt unten an der Straße auf eine Metallschranke und muss den Wagen auf dem Parkplatz abstellen, der vor allem im Sommer oft voll ist. Wer in einem der B&Bs nächtigt, erhält dort einen Schlüssel zu der Schranke, mit der die private Strandstraße abgesperrt ist.

Busse

Der tgl. **Baz Bus** verkehrt als einziges öffentliches Transportmittel nach Victoria Bay und setzt seine Passagiere an der Victoria Bay Surf Lodge ab.

Wilderness

Der Strand von Wilderness, östlich von Victoria Bay jenseits des Kaaimans River, liegt so nah bei der N2, dass man fast im Vorbeifahren ein schnelles Bad nehmen könnte. Afrikanische Wildnis sucht man hier zwischen den zahllosen Rentnerwohnsitzen, Ferienhäusern und Tausenden von Gästezimmern aber vergebens. Der lange Sandstrand wird von hohen, durch zahlreiche Ferienhäuser verschandelten Dünen gesäumt. Badende sollten in Ufernähe bleiben, denn dieser Küstenabschnitt ist für seine tückischen Strömungen bekannt.

Die Gegend ist zwar gut für die Beobachtung ihrer Vogelwelt, aber der Wilderness-Abschnitt im Garden Route National Park lässt wegen der Nähe zur lauten N2 keine Freude aufkommen.

ÜBERNACHTUNG

Fairy Knowe Backpackers, 6 km vom Dorf entfernt, den Wegweisern an der N2 östlich von Wilderness folgen, ✆ 044 877 1285,

🖳 www.wildernessbackpackers.com. Das älteste Wohnhaus der Gegend (Baujahr 1897) mit einem umlaufenden Balkon liegt im ruhigen Waldgebiet nahe dem Touw River, allerdings fernab vom Meer. In der Hochsaison sehr voll und an der Bar auch laut. Der Baz Bus hält hier. Dorm R160, DZ R600

Island Lake Holiday Resort, Lakes Rd, 2 km von der Abzweigung Hoekwil/Island Lake an der N2, 📞 044 877 1194, 🖳 www.islandlake. co.za. Campingplatz und Rondavels für 4 Pers. in einer der schönsten Ecken an den Seen. Die Rondavels sind schlichte 1-Zimmer-Einheiten mit Küchenzeile, Kochplatten, Mikrowelle und Besteck; Waschräume und Toiletten im Gemeinschaftsbereich. Camping R300, Rondavel R750

Mes-Amis Homestead, Buxton Close, entsprechender Wegweiser an der Küstenseite der N2, direkt gegenüber der National-parkabfahrt gelegen, 📞 044 877 1928, 🖳 www.mesamis.co.za. Es gibt 9 DZ mit eigener Terrasse und wunderbarer Aussicht. Die Ausstattung ist elegant, mit Luxusdetails wie Bademänteln und Espressomaschine im Zimmer. R1700

Wilderness Beach House, Western Rd, 📞 044 877 0549, 🖳 www.wildernessbeach house.com. Diese Backpacker-Unterkunft am Hang bietet einfache Schlafsäle und DZ und einen schönen Ausblick von den Hängematten auf der Terrasse. Es gibt eine Bar und eine Gemeinschaftsküche sowie Surfkurse und Brettvermietung. Dorm R170, DZ R550

Wilderness Bushcamp, Heights Rd (auf der Waterside Rd nach Westen 1600 m den Berg hoch), 📞 044 877 1168, 🖳 www.boskamp. co.za. 6 Selbstversorger-Ferienhütten aus Holz mit Schlafzimmern im Obergeschoss, Reetdach und Meerblick. Das Camp befindet sich am Berg zwischen Fynbos-Sträuchern und ist Teil eines frei zugänglichen Natur-schutzgeländes. R850

ESSEN

The Girls, George Rd, 📞 044 877 1648, 🖳 www.thegirlsrestaurant.co.za. Das zu Recht beliebteste Restaurant im Ort kombi-niert klassisch Französisches wie Tatar mit nordafrikanischen Aromen und nahöstlichen Gerichten. Die Garnelen schmecken fantas-tisch, auch das Steak ist klasse (R150), und selbst Vegetarier müssen nicht leer ausgehen. 🕐 Di–So 17.30–23 Uhr.

Salinas Beach Restaurant, N2, Ecke Zundorf Lane, 📞 044 877 0001, 🖳 www.salinas.co.za. Leicht erreichbarer Boxenstopp an der N2 mit großartigem Blick von der Terrasse auf den Strand. Bekannt ist das Lokal vor allem für frischen Fisch von Mossel Bay oder Knysna (R165), gute Cocktails und herausragenden Käsekuchen. 🕐 tgl. 11–22 Uhr.

🧳 **Serendipity**, Freesia Ave, 📞 044 877 0433, 🖳 www.serendipitywilderness. com. Feines Restaurant am Ufer der Lagune des Touw River, in dem ein Ehepaar fabel-haftes Essen mit asiatischem, mediterranem und südafrikanischem Einschlag auf den Tisch zaubert. Das saisonale 5-Gänge-Menü kostet R550, während Vegetarier mit dem doppelt gebackenen Ziegenkäse-Soufflé oder der Auberginen-Kürbis-Roulade glücklich werden können. 🕐 Mo–Sa 18.30 Uhr bis spät.

INFORMATIONEN

Touristeninformation, in der Milkwood Village Mall, Beacon Rd, Abzweigung von der N2 gegenüber der Caltex-Tankstelle, 📞 044 877 0045, 🖳 www.george.org.za. 🕐 Mo–Fr 7.45–16.30, Sa 9–13 Uhr.

TRANSPORT

Die **Busse** von Greyhound, Intercape und Translux halten auf der Strecke KAPSTADT–PORT ELIZABETH an der Caltex-Tankstelle, Ecke South St und N2. Der tgl. Baz Bus hält am Fairy Knowe Backpackers.

Busse nach:
KAPSTADT (3–4x tgl., 7 3/4 Std.);
KNYSNA (3–4x tgl., 3/4 Std.);
MOSSEL BAY (3–4x tgl., 1 Std.);
PLETTENBERG BAY (3–4x tgl., 1 1/4 Std.);

PORT ELIZABETH (3–4x tgl., 4 1/2 Std.);
SEDGEFIELD (3–4x tgl., 20 Min.);
STORMS RIVER BRIDGE (3–4x tgl., 2 Std.).

Goukamma Nature Reserve

🕐 tgl. 7.30–16 Uhr ■ Eintritt R40 ■
Übernachtungsgäste frei ■ ☎ 044 383 0042

Das bescheidene, rund 220 km² große Reservat
beginnt kurz hinter Sedgefield und erstreckt
sich bis Buffalo Bay (auch Buffels Bay genannt)
im Osten. Neben dem Süßwassersee Groenvlei Lake und 18 km an Stränden am Meer umfasst es die **höchsten bewachsenen Dünen** des
Landes. Die Landschaft bietet schöne **Wanderstrecken** voller Küsten-Fynbos und dichter
Vegetation aus Milkwood-, Yellowwood- und
Candlewood-Bäumen.

Die vielfältigen Küsten- und Feuchtgebiete
sind der Lebensraum von mehr als 220 **Vogelarten**, darunter Fischadler, Federhelmtourakos,
Eisvögel und die äußerst seltenen Afrikanischen
Schwarzen Austernfischer. Abseits des Wassers lässt sich mit viel Glück eins der **Säugetiere**
erspähen, die in diesem Gebiet leben, darunter
Buschbock, Greisbock, Manguste, Grüne Meer-
katze, Karakal und Otter.

ÜBERNACHTUNG

Es gibt 2 voll ausgestattete Buschcamps
auf der Groenvlei-Seite des Reservats und
3 reetgedeckte Rondavels im Osten, alle
über **CapeNature**, ☎ 021 483 0190, 🖥 www.
capenature.co.za, zu buchen. Eine Alternative
ist das private Camp Teniqua Treetops gleich
außerhalb des Parks, das noch nahe genug
liegt, um die Gegend zu erkunden.

🏠 **Teniqua Treetops**, 23 km nordöstlich
von Sedgefield, ☎ 044 356 2868,
🖥 www.teniquatreetops.co.za. Retreat unter
Urwaldbäumen zwischen Sedgefield und
Knysna mit 4 km Waldwanderwegen und
Badestellen am Fluss. Die Luxuszelte stehen
erhöht auf Holzpodesten, eines ist rollstuhlgerecht. Die Unterkunft ist nicht nur sehr
gechillt, sondern auch ein faszinierendes
Beispiel für nachhaltiges Leben: Für den Bau
wurde kein einziger Baum gefällt, weitest-
gehend wurden Recyclingmaterialien
verwendet, die Wasserversorgung funktioniert
per Schwerkraft, die Duschen haben Solar-
heizung und die Toiletten funktionieren nach
einem wassersparenden Trockenkompostie-
rungsprinzip. R1800

TRANSPORT

Mit dem **Auto** gibt es zwei Zufahrtsrouten
von der N2; innerhalb des Reservats fehlen
jedoch öffentlichen Straßen. Der Eingang
des Reservats auf der Buffalo-Bay-Seite ist
über die Buffalo Bay Road zu erreichen,
wo auf halbem Weg das Büro liegt. Auf der
Westseite kommt man auf einer unbefestigten
Straße, die zum Platbank Beach führt, durch
die winzige, hübsche Siedlung Lake Pleasant
am Südufer des Groenvlei Lake, die ein Hotel
und eine Ferienanlage umfasst.

Aktivitäten im Goukamma Nature Reserve

Neben Angeln, Vogelbeobachtung und Schwimmen im Groenvlei Lake bietet sich Goukamma vor
allem zum **Wandern** an. Es gibt mehrere Strecken, die in Tagestouren die unterschiedlichen Natur-
räume des Reservats erkunden. Vom Parkplatz am Platbank Beach ganz im Westen führt eine 14 km
lange Strandroute (einfache Strecke ca. 4 Std.) an Klippen vorbei zum Rowwehoek-Parkplatz im
Osten. Oder aber man wählt die ein Stück landeinwärts verlaufende, etwas längere Route über die
Dünen, um das Reservat vom einen zum anderen Ende zu durchqueren. Ein kürzerer Rundwanderweg beginnt am Büro des Reservats und durchstreift einen Milkwood-Wald.
Als Alternative kann man mit dem **Kanu** auf dem Goukamma River im Osten des Reservats paddeln;
eine begrenzte Anzahl an Einer-/Zweierkanus (R100 pro Tag) gibt es unter der Woche vom Büro des
Reservats zu mieten, an Wochenenden am Eingang.

WESTKAP

Knysna

Knysna („Naissna" ausgesprochen), 102 km östlich von Mossel Bay, wird von vielen Besuchern, die die Garden Route befahren, frequentiert. Den Mangel an Ozeanstränden kompensiert die Stadt durch ihre attraktive Hügellage rund um die **Knysna Lagoon**, ihre schönen Wälder, gute Bedingungen für Abenteuersportarten und die ansprechende Uferpromenade. Wer Ruhe und Abgeschiedenheit sucht, ist hier falsch: Knysna ist lebhaft, aber kultiviert, mit guten Restaurants und ständig wachsenden Bauprojekten.

Der Ort schmiegt sich um die Lagune, das kleine historische Zentrum liegt am Nordufer. Die georgianischen und viktorianischen Gebäude verleihen der Stadt einen besonderen Charakter, der zusätzlich durch Coffeeshops, Kunstgalerien, bunte Straßenstände und ein bescheidenes Nachtleben aufgepeppt wird. Die Lagune öffnet sich an einer schmalen Mündung, flankiert von zwei steilen, „The Heads" genannten Felsen zum Meer. Westlich von diesen erstreckt sich ein privates Naturreservat, östlich dehnt sich in spektakulärer Klippenlage über dem Indischen Ozean eine noble Wohngegend aus, die verwirrenderweise ebenfalls „The Heads" heißt.

In Knysna kann man zwar in der Lagune schwimmen, aber nicht im Meer; der nächste Strand liegt 20 km entfernt bei Brenton-on-Sea.

Geschichte

Zu Beginn des 19. Jhs. bestanden die einzigen „weißen" Siedlungen außerhalb von Kapstadt in einer Handvoll ärmlicher Dörfer. Knysna, eine wahrhaft hinterwäldlerische Siedlung, bildete da keine Ausnahme. Der Name stammt aus der Sprache der Khoi und bedeutet „schwer zu erreichen", und genau das blieb Knysna noch bis weit ins 20. Jh. hinein.

Eine Person ließ sich davon jedoch nicht abschrecken – **George Rex**, ein in Großbritannien geborener Kolonialbeamter, der sich über die moralischen Regeln der Kolonialgesellschaft hinwegsetzte und sich zu seiner farbigen Geliebten bekannte. Das brachte ihn ins gesellschaftliche Abseits, und im frühen 19. Jh. brach er nach Knysna auf, um sein Glück mit der Verschiffung von Bauhölzern aus der Knysna Lagoon zu versuchen. Als Rex 1839 starb, hatte sich Knysna zu einem wichtigen **Holzfällerzentrum** entwickelt, das viele weiße Arbeiter anzog, die sich mit primitiven Geräten für einen Hungerlohn daran machten, den Wald abzuholzen. Nur knapp entging er dank weitsichtiger und effektiver Schutzmaßnahmen, die in den 1880er-Jahren initiiert wurden, der völligen Zerstörung.

Zu Beginn des 20. Jhs. lag Knysna immer noch weitab vom Schuss, und tief in den Wäldern lebten die verarmten Nachkommen der Holzfäller in weltabgeschiedenen, von Inzucht geprägten kleinen Gemeinschaften. Noch bis 1914 musste jeder, der von Knysna nach George reiste, auf der 75 km langen Piste 58 Gatter öffnen und wieder schließen. 15 Jahre später erwiesen sich die Pässe der Region für **George Bernard Shaw** als tückisch. Beim Fahren abseits der Straße krachte er in einen Busch, woraufhin seine Frau mit gebrochenem Bein zwei Wochen im Royal Hotel in Knysna verbringen musste.

In einem so baumreichen Gebiet kommt es leicht zu Waldbränden. Im Juni 2017 wüteten heftige Feuer in der Stadt und den umliegenden Wäldern; viele Häuser und Hotels wurden zerstört und sieben Menschen kamen ums Leben.

Knysna Quays und Thesen's Island

Etwa 500 m südlich von Knysna Tourism, am Ende der Grey St

Die Knysna Quays, die „Waterfront" von Knysna mit dem Jachthafen, entstanden Ende der 1990er-Jahre als elegante, zweistöckige Stahlkonstruktion mit Holzstegen und wirken wie eine Miniversion der Kapstädter V&A Waterfront. Hier findet sich eine gute Mischung aus Hotels, Läden und ein paar guten Esslokalen, teilweise mit Terrasse, von der man die Jachten vorbeiziehen sieht. Weitere schicke Läden und Restaurants sind am Rand der Lagune auf **Thesen's Island**, erreichbar über die Dammstraße am südlichen Ende der Long Street.

Leisure Isle und Eastern Head

Der Hauptgrund für einen Abstecher nach **Leisure Isle** sind die hervorragenden Schwimmgelegenheiten in der Lagune und die Aussicht

Knysna

0 200 Meter

Streets and locations (map labels)

GADINERS RD · BOSBOU ST · THESEN HILL · HILL ST · HIGH ST · NEWTON ST · METCALFE ST · GRAHAM ST · LAKEVIEW · BOND ST · GREY ST · VOORTREKKER · LEAGUE ST · HILL ST · FICHAT · UNITY ST · QUEEN · MAIN STREET · SPRING ST · CHURCH ST · RIDGE DRIVE · SYRINGA ST · KLOOF · UITSIG · FAURE ST · AGNAR HILL · HOSPITAL HILL · PLEDGE SQUARE · GEORGE ST · NELSON ST · PITT ST · CLYDE ST · MARKET ST · STRAND ST · VYGIE · ERICA · FLETCHER · SHORT · MULBERRY SQUARE · MARKET ST · COVE ST · TIDE ST · WESTHILL · HANDEL ST · RAWSON ST · GREY · MORTIMER · LONG STREET · UNION · NEW ST · PRO TEA · LLOYD ST · HEDGE ST · TROTTER ST · GORDON ST · WATERFRONT DRIVE · CIRCLE DR · PARADISE CIRCLE · LLOYD · AZALEA · MAIN STREET · WATERFRONT DRIVE · REMEMBRANCE DRIVE · DRIVE · CIRCLE DRIVE

Woodmill Lane Centre

Sportplatz

Bahnhof

städtischer Schiffsanleger

Fähranleger

Knysna Quays

Knysna Lagoon

WESTKAP

■ ÜBERNACHTUNG

Belvidere Manor	8
Blue Oyster	3
Cunningham's Island Guest House	6
Elephant Hide	5
Island Vibe Backpackers	4
Knysna Backpackers	1
Knysna Manor House	2
The Milkwood Collection	7

● ESSEN

34° South	5
Caffè Mario	5
Chatters Bistro	4
Grain Mill Organic Bistro	3
Ile de Pain	6
The Olive Tree	2
Sailor Sam's	1

■ BARS UND CLUBS

Zanzibar	1

Die Lagune

0 1 Kilometer

Rheenendal

Knysna River

N2

SIEHE AUSSCHNITT OBEN

STADT-ZENTRUM

Knysna Quays

Thesen's Island

Leisure Isle

Knysna Lagoon

BELVIDERE

George

N2

BRENTON-ON-SEA

THE HEADS

INDISCHER OZEAN

Buffels Bay

Plettenberg Bay & Knysna Elephant Park

aufs Meer, die sich zwischen The Heads eröffnet. Die besten Badestellen finden sich am Südufer der Insel, insbesondere im westlichen Abschnitt entlang des Bayswater Drive. Richtig gut schwimmen kann man aber nur bei Flut und das auch nur im Sommer. Auf dem George Rex Drive Richtung Süden liegt ein Straßengewirr, das zu den kleinen Vororten um The Heads führt.

ÜBERNACHTUNG

Die besten Übernachtungsmöglichkeiten sind die weit abseits der Hauptstraße N2, mit Blick auf die Lagune oder The Heads. Außerhalb der Stadt gibt es ein paar ausgezeichnete Unterkünfte, auch recht preiswerte Selbstverpfleger-Cottages im Wald. Wer ein etwas ruhigeres Plätzchen an der Lagune sucht, begibt sich ans Westufer bei Brenton-on-Sea.

Zentrum und Knysna Quays

Island Vibe Backpackers, 67 Main Rd, ☎ 044 382 1728, 🖳 www.islandvibe.co.za; Karte S. 292. Eine Filiale der beliebten Hostelgruppe, die entlang der ganzen Garden Route zu finden ist. Diese schön gelegene Anlage hat einen Pool und eine Terrasse. Die Ausstattung ist nicht luxuriös, aber eine gute, günstige Option und eine hervorragende Basis für Abenteueraktivitäten. Hier fahren Baz-Busse. Dorm R140, DZ R550.

Knysna Backpackers, 42 Queen St, ☎ 044 382 2554, 🖳 www.knysnabackpackers.co.za; Karte S. 292. Blitzblankes, gut organisiertes Hostel in einem denkmalgeschützten viktorianischen Haus in zentraler Lage. Die ruhige Unterkunft hat 5 DZ (in denen aber auch bis zu 4 Pers. unterkommen können) und einen Schlafsaal mit 8 Betten. Liegt auch an der Baz-Busstrecke. Dorm R140, DZ R480.

Knysna Manor House, 19 Fichat St, ☎ 044 382 5440, 🖳 www.knysnamanor.co.za; Karte S. 292. Zentral gelegenes, 100 Jahre altes Haus mit gelbem Holzboden und Kolonialausstattung. Nicht ganz modern, dafür aber preiswert. Es gibt DZ mit Doppelbett oder 2 Betten, Familienzimmer und einen Garten mit Pool. R1190.

Leisure Isle und The Heads

Cunningham's Island Guest House, 3 Kingsway, Leisure Isle, ☎ 044 384 1319, 🖳 www.islandhouse.co.za; Karte S. 292. Funktionelles, 2-stöckiges Gästehaus aus Holz und Glas mit 8 Suiten in blendendem Weiß, aufgelockert durch einen Hauch Blau und etwas Ethno-Flair (gestreifte Kissen und afrikanische Korbmöbel). Jedes der eleganten, komfortablen Zimmer hat eine eigene Tür zum Garten mit Pool unter riesigen Strelitzien; bloß an der Aussicht mangelt es. R1010.

The Milkwood Collection, The Heads, ☎ 044 384 0745, 🖳 www.milkwood.co.za; Karte S. 292. Luxuriöse Anlage für Selbstversorger an der Lagune unterhalb der Knysna Heads. Der Preis richtet sich nach der Lage. Die beste Unterkunft ist Under Milkwood mit 16 Chalets mit jeweils 2 Schlafzimmern. Von hier aus hat man direkten Zugang zum Strand und wunderbaren Blick auf Berge und Wasser. R1459.

Westlich der Stadt

Blue Oyster, Ecke Rio und Stent St, ☎ 044 382 2265, 🖳 www.blueoyster.co.za; Karte S. 292. Einladendes 3-geschossiges B&B mit griechischem Flair am Berghang hinter Knysna, mit großartigem Panoramablick über die Lagune auf The Heads. 4 komfortable

Townshiptouren und Homestays

Einen authentischen Einblick in die Townships Knysnas bietet die ungeschönte Tour von **Eco Afrika**, ☎ 082 558 9104, 🖳 www.eco-afrika-tours.co.za, die in fünf Gegenden führt. Teilnehmer erfahren etwas über den historischen Hintergrund und können bei einem Spaziergang mit den Bewohnern plaudern. Wer möchte, kann auch für R60 bei einer Familie zu Mittag essen. ⏲ Touren tgl. 10 und 14 Uhr, R400, nur mit Reservierung.

Eco Afrika arrangiert auch Homestays in einer der Townships mit Unterkunft bei einer Familie in einer Wellblechhütte (R300); Hintransport und Abholung am nächsten Morgen durch den Veranstalter.

MOSSEL BAY (4–5x tgl., 1 1/4 Std.);
OUDTSHOORN (1–2x tgl., 2 Std.);
PLETTENBERG BAY (4–5x tgl., 1 1/2 Std.);
PORT ELIZABETH (5–6x tgl., 4 1/2 Std.);
PRETORIA (1–2x tgl., 17 Std.);
sowie in alle anderen Städte der Garden
Route entlang der N2.

Die Wälder von Knysna

Der eigentliche Grund für einen Besuch von
Knysna sind seine **Waldgebiete**, auch wenn von
den rauschenden Wäldern – einst Heimat der
Khoi und einer Vielzahl „wilder" Tiere – nur noch
kärgliche Überreste blieben. Jene Wälder waren
Ziel früher europäischer Entdecker und Naturforscher, und ihnen folgten Holzfäller, Goldgräber
und Geschäftsmänner wie George Rex (S. 290),
alle auf der Suche nach dem großen Geld.

Der französische Forschungsreisende **Fran-
cois Le Vaillant** war einer der ersten Europäer, der im Wald einen Elefanten erschossen hat.
Insbesondere vom Geschmack der Elefanten-
füße war er vollkommen hingerissen. 200 Jahre später sind vom Stamm der Khoi nur einige
Ortsnamen geblieben, während die legendären
Knysna-Elefanten ebenfalls kurz vor der Ausrottung stehen.

Die Elefanten von Knysna

Warnschilder entlang der N2 zwischen
Knysna und Plettenberg Bay kündigen Elefanten an, die die Straße überqueren, doch
das entspringt wohl mehr einem Wunschden-
ken als der Realität. Um die Knysna-Elefanten ranken sich viele Mythen und ganz selten kriegen Waldarbeiter mal einen zu Gesicht.
Um 1860 betrug ihre Anzahl noch 500, und um
1920 (zwölf Jahre, nachdem sie von Staats
wegen unter Schutz gestellt worden waren)
war sie auf 20 geschrumpft. Heute leben hier
schätzungsweise nur noch maximal drei Elefanten. Die einzigen Elefanten, die man garantiert zu sehen bekommt, sind die im Elephant
Sanctuary (S. 304) in der Nähe von Plettenberg Bay.

Goudveld State Forest

Rund 30 km nordwestlich von Knysna ▪ ☉ tgl.
Sonnenauf- bis Sonnenuntergang ▪ Eintritt R100 ▪
Von Knysna über die N2 nach Westen Richtung
George fahren, kurz hinter dem Knysna River rechts
in die Rheenendal Rd abbiegen; dieser rund 25 km
und den Wegweisern Richtung Bibby's Koep bis zum
Goudveld-Schild folgen.

Der herrliche Goudveld State Forest besteht aus
einem Mischwald mit importierten und heimischen Bäumen. Sein Name stammt aus der Zeit
des Goldrausches (*goudveld* ist Afrikaans für
Goldfeld), der in den 80er-Jahren des 19. Jhs.
Hunderte von Goldsuchern in das Minenstädt-
chen **Millwood** zog. Der Boom war kurzlebig
und der endgültige Niedergang folgte 1890, als
die meisten Minengesellschaften finanziell am
Boden waren. Heute ist die Stadt völlig überwuchert, nur ein paar alte Straßenschilder stehen noch.

Der Wald mit seinen hohen Bäumen und dem
hübschen Tal ist nach wie vor ein reizvolles Ausflugsziel, das über zahlreiche Bade- und Picknickstellen verfügt.

Wandern im Goudveld

Zahlreiche gut gekennzeichnete Wanderwege
führen durch das Goudveld. Am schönsten (und
einfachsten) ist eine Wanderung entlang des **Jubilee Creek**, die 3,5 km weit am Bachufer durch
den Wald zu einem tiefen Felsenteich führt, wo
man sich mit einem erfrischenden Bad belohnen
kann. Einige der Minenanlagen einschließlich
der alten **Förderanlagen** um die Lorenbahn wurden restauriert und können besichtigt werden.
Am Jubilee Creek bestehen auch gute Chancen,
einen Knysna Lourie zu Gesicht zu bekommen:
Ausschau nach ihren karmesinroten Schwingen
halten, die im Baumgeäst aufblitzen, wenn die
Vögel dort nach Beeren picken!

Eine **Karte** mit einer Wegbeschreibung zum
Creek ist am Eingangstor zum Reservat erhältlich. Da der markierte Pfad an der Badestelle
endet, muss man auf dem gleichen Weg wieder zurück. Am Flussufer, kurz nach Beginn des
Wanderweges, befindet sich eine einladende
Picknickstelle.

Der Rundwanderweg **Woodcutter Walk** ist
anstrengend, es stehen auch eine 3 km oder

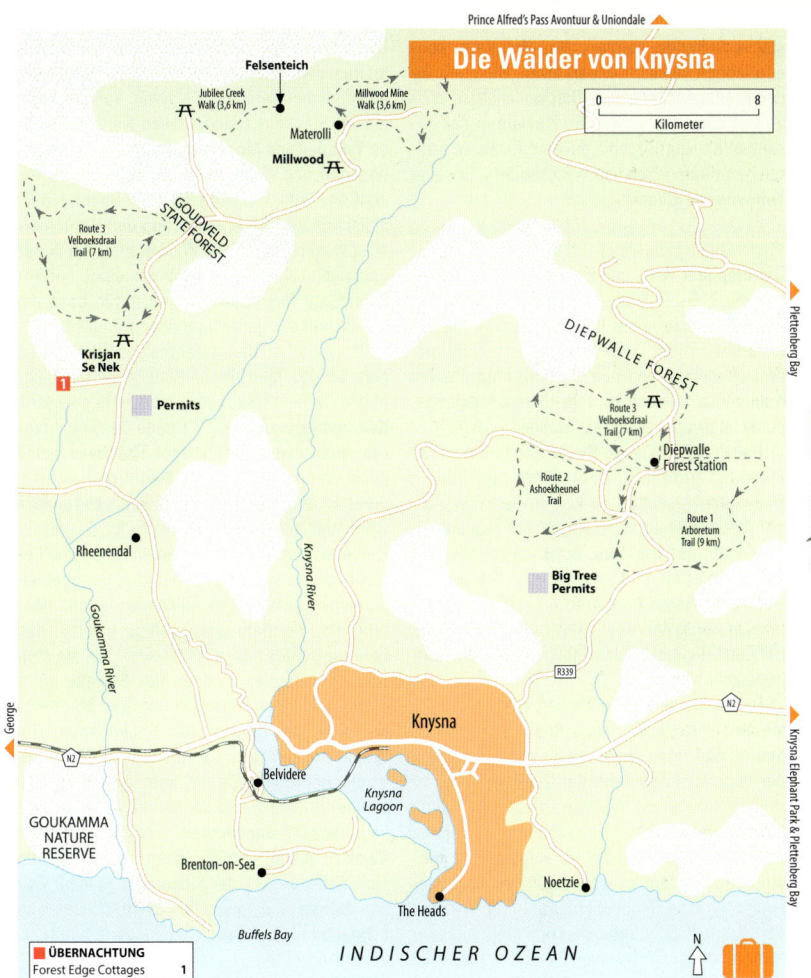

Die Wälder von Knysna

Prince Alfred's Pass Avontuur & Uniondale

0   8
Kilometer

Felsenteich

Jubilee Creek
Walk (3,6 km)

Millwood Mine
Walk (3,6 km)

Materolli

Millwood

GOUDVELD STATE FOREST

Route 3
Velboeksdraai
Trail (7 km)

DIEPWALLE FOREST

Krisjan
Se Nek

Permits

Route 3
Velboeksdraai
Trail (7 km)

Diepwalle
Forest Station

Route 2
Ashoekheunel
Trail

Route 1
Arboretum
Trail (9 km)

Rheenendal

Knysna River

Big Tree
Permits

Goukamma River

Plettenberg Bay

WESTKAP

George

R339

N2

Knysna

N2

Knysna Elephant Park & Plettenberg Bay

Belvidere

Knysna
Lagoon

GOUKAMMA
NATURE
RESERVE

Brenton-on-Sea

Noetzie

The Heads

Buffels Bay

INDISCHER OZEAN

N

ÜBERNACHTUNG
Forest Edge Cottages   1

---

9 km lange Version zur Wahl. Ausgangspunkt ist **Krisjan se Nek**, eine Picknickstelle unweit des Goudveld-Einganges. Dann windet sich der Pfad durch dichten Wald hinunter und wieder hoch zum Anfangspunkt.

Diepwalle Forest

Rund 20 km nordöstlich von Knysna ■ ⏱ tgl. 6–18 Uhr ■ Eintritt R100 ■ Von Knysna auf der N2 nach Osten Richtung Plettenberg Bay fahren, nach 7 km links auf

die R339 abbiegen und auf ihr 17 km weiter in Richtung Avontuur und Uniondale bis zum deutlich ausgeschilderten Abzweig auf der rechten Seite zur Forest Station.

Der Diepwalle Forest ist das letzte Rückzugsgebiet der fast ausgerotteten Elefantenpopulation Knysnas. Garantiert zu Gesicht bekommt man allerdings nur die Elefanten, die auf die Wegweiser gemalt sind und die drei wichtigsten Wanderwege durch das Waldgebiet markieren. Sich still verhaltende, aufmerksame Wanderer können jedoch vielleicht Meerkatzen, Buschböcke und Kronenducker sehen. Diepwalle („tiefe Wälle") ist einer der schönsten Flecken in der gesamten Knysna-Gegend, bekannt für seine zahlreichen Baumriesen und insbesondere für seine **Yellowwood-Bäume**.

Wandern im Diepwalle

Der **Elephant Walk** umfasst drei Wanderschleifen, die 7, 8 und 9 km lang sind und durch flaches, teilweise leicht hügeliges sowie mit Urwald und Fynbos bewachsenes Terrain führen. Wer einigermaßen fit ist, darf pro Pfad drei bis dreieinhalb Stunden veranschlagen. Ausgangspunkt ist jeweils die Forest Station (S. 297).

Die rund 9 km lange **Route 1**, mit schwarzen Elefanten gekennzeichnet, führt durch einen Baumgarten hinunter zu einem von Riesenfarnen bestandenen Wasserlauf. Am jenseitigen Ufer steht der **Big Tree**, ein schätzungsweise 700 Jahre alter Yellowwood-Riese. Die leichte, 8 km lange **Route 2**, markiert mit weißen Elefanten, überquert den Gouna River, wo sich ein großer Teich befindet, der angeblich als Elefantenbadestelle dient.

Der anstrengendste der drei Wege ist die lohnenswerte, 7 km lange **Route 3**, zu erkennen an den roten Elefanten. Er verläuft entlang der hügeligen Ausläufer der Outeniquas. Es ist ratsam, sich an die Wegweiser zu halten, denn streckenweise überschneidet sich der Weg mit dem Outeniqua Trail, der an aufgemalten Fußstapfen zu erkennen ist und für dessen Begehung man eine Genehmigung braucht. Kurz vor der Picknickstelle Velboeksdraai steht ein weiterer mächtiger Yellowwood-Baum – angeblich der schönste Baum im ganzen Wald.

Plettenberg Bay und Umgebung

In den Weihnachtsferien erstürmen Zehntausende wohlhabendere Johannesburger Plettenberg Bay (meistens „Plett" genannt), den angesagtesten Badeort der Garden Route. Dennoch kann es Spaß machen, hier ein, zwei Tage zu verbringen.

Das überwältigende Panorama der Bucht tröstet irgendwie über die wuchernde Bebauung der umliegenden Berghänge hinweg. Von allen Teilen der Stadt aus sichtbar fallen die dunkelblauen **Tsitsikamma Mountains** schroff zur sanft gebogenen, von einem mehrere Kilometer langen, weißen Sandstrand gesäumten Bucht hinab. Zwischen dem Meeresufer und den Bergen erstreckt sich ein dichter Waldstreifen. Dank der günstigen Lage ist das Klima gemäßigt, und regelmäßige Regenfälle sorgen dafür, dass die Landschaft das ganze Jahr über grün bleibt.

Trotzdem ist der Aufenthalt in Plett teuer, denn es gibt keine billigen Hütten oder Campingplätze. Dafür muss man bis ins nahegelegene **Keurboomstrand** an der Ostseite der Bucht fahren. Noch weiter östlich liegen **The Crags** (beide quasi Vororte von Plett) mit mehreren Tierparks, die alle einen Besuch wert sind, besonders wenn man mit Kindern unterwegs ist.

Pletts Zentrum liegt auf einem Hügel und besteht vor allem aus Supermärkten, Badebekleidungsgeschäften, Immobilienmaklern und Restaurants, die mehr oder weniger alle auf das Feriengeschäft ausgerichtet sind. Die meisten Besucher kommen wegen der **Strände** nach Plett – und die Auswahl ist gut. Das Meer eignet sich zum gefahrlosen Schwimmen. Die Wassertemperaturen erreichen natürlich nie tropische Temperaturen, aber zwischen November und April sind sie durchaus angenehm. Es lohnt sich, Bootstouren zu machen oder ein Kajak zu mieten (S. 303). Jeden Winter tummeln sich **Südkaper** vor der Küste, und zu jeder Zeit des Jahres sind spielende oder nach Nahrung schnappende **Delfine** zu sehen, oft in beträchtlicher Anzahl.

Südlich des Stadtzentrums liegt auf einem Felsvorsprung **Beacon Island**. Leider wird die schöne Aussicht durch ein Hotel aus den 1970er-Jahren verschandelt. Glücklicherweise ist der **Robberg Peninsula** ein solcher Bauwahn erspart geblieben; diese herrliche Landzunge bildet den südlichen Rand der Bucht. Die Halbinsel bietet die besten Gelegenheiten für Kurzwanderungen auf der Garden Route. Aber auch für Nichtwanderer ist dieser Teil der Bucht eine Attraktion und lohnt in jedem Fall einen Zwischenstopp in Plett.

Auf Beacon Island gab es früher eine Walverarbeitungsfabrik, die 1806 ihren Betrieb aufnahm. Sie war nur eine von rund einem halben Dutzend solcher Fabriken, die in jenem Jahr entlang der Westkap-Küste errichtet wurden. Auf Walfang ging man in Plettenberg Bay bis 1916. Man machte hauptsächlich Jagd auf die Southern Right Whales, die Südkaper, da sie am meisten Tran und Fischbein lieferten – Letzteres ein wichtiger Bestandteil viktorianischer Korsetts. Im 19. Jh. brachte ein Südkaper ungefähr dreimal so viel ein wie ein Buckelwal, weshalb ihre Bestände schon Mitte des Jahrhunderts stark dezimiert waren.

1913 gab es neben Plettenberg Bay noch 17 weitere Küstenfabriken sowie rund ein Dutzend schwimmende Fabriken, die zwischen Westafrika und Mosambik operierten und in jenem Jahr unglaubliche 10 000 Wale verarbeiteten.

So ging unweigerlich auch der Walbestand rapide zurück und 1918 mussten bis auf vier alle Küstenfabriken schließen. Die verbliebenen Walfänger richteten ihre Aufmerksamkeit fortan auf Finn- und Blauwale, und nachdem Mitte der 1960er-Jahre die südafrikanische Finnwalpopulation auf 20 % zusammengeschrumpft war, machten sie Jagd auf Pottwale.

Als auch dieses Geschäft sich nicht mehr lohnte, verlegten sich die Walfänger auf Zwerg- oder Minkwale, die jedoch mit durchschnittlich 9 m Länge keinen lohnenden Fang darstellten. Zu Beginn der 1970er-Jahre war die südafrikanische Walfangindustrie völlig am Ende; 1979 verbot die Regierung den Walfang endlich komplett.

WESTKAP

ÜBERNACHTUNG

In Plettenberg

Amakaya Backpackers, 15 Park Lane, ☏ 044 533 4010, 🖳 www.amakaya.co.za; Karte S. 300. Die Unterkunft in Zentrums- und Strandnähe ist ideal für Backpacker. Zur Anlage gehören Lounge-Bereiche, Feuerstellen und Hängematten. Im Obergeschoss ist noch eine Veranda mit Bar, und es gibt auch einen Pool mit Blick auf Lagune und Berge. 2 Nächte Mindestaufenthalt am Wochenende. Dorm R170, DZ R480

Anlin Beach House, 33 Roche Bonne Ave, ☏ 044 533 3694, 🖳 www.anlinbeachhouse. co.za; Karte S. 300. Stilvoll und komfortabel ausgestattete Gartenstudios, ein DZ mit Meerblick sowie ein Familienapartment mit 3 Schlafzimmern und Küche in einer gepflegten Grünanlage nahe dem Robberg Nature Reserve. Frühstück R 85 extra. R1800

Fountain Shack, Robberg Nature Reserve, ☏ 021 483 0190, 🖳 www.capenature.co.za/ reserves/robberg-nature-reserve; Karte S. 300. Einsam und wunderschön über dem Meer gelegenes, renoviertes Holz-Cottage für 8 Pers. ohne Elektrizität. Die einzige Unterkunft im Naturpark ist nicht mit dem Auto, sondern nur nach 2 Stunden Fußmarsch erreichbar. Bettzeug, Kochgeschirr und Besteck ist vorhanden, sein Essen muss man mitbringen. R1400

Nothando Backpackers, 5 Wilder St, ☏ 044 533 0220, 🖳 www.nothando.com; Karte S. 300. Erstklassiges, kindefreundliches Hostel in einem Vorstadthaus mit 7 DZ, 3 Schlafsälen und einem Familienzimmer mit 4 Betten. Frühstück und Abendessen sind für R50 bzw. R80 zu haben. Dorm R180, DZ R550, Familienzimmer R990

Robberg Bay Beachfront, 2 Robberg Rd, ☏ 082 809 3931, 🖳 www.robbergbay. com; Karte S. 300. Das fantastisch oberhalb von Robberg Beach gelegene Guesthouse bietet einen tollen Panoramablick auf die Bucht und Entspannung in locker-luxuriöser Atmosphäre. Alle 7 Wohneinheiten haben unverstellten Meerblick und vom Haus führt ein 700 m langer Weg direkt zum Strand. R2800

Treehaven, 45 Hanois Crescent, ☏ 044 533 1989, 🖳 www.treehavenholidays.co.za; Karte S. 300. Ruhige, komfortable Selbstversorger-Suite im Haus des Künstlerehepaars Carol und Feo Sachs. Hier sieht man zwar nicht das

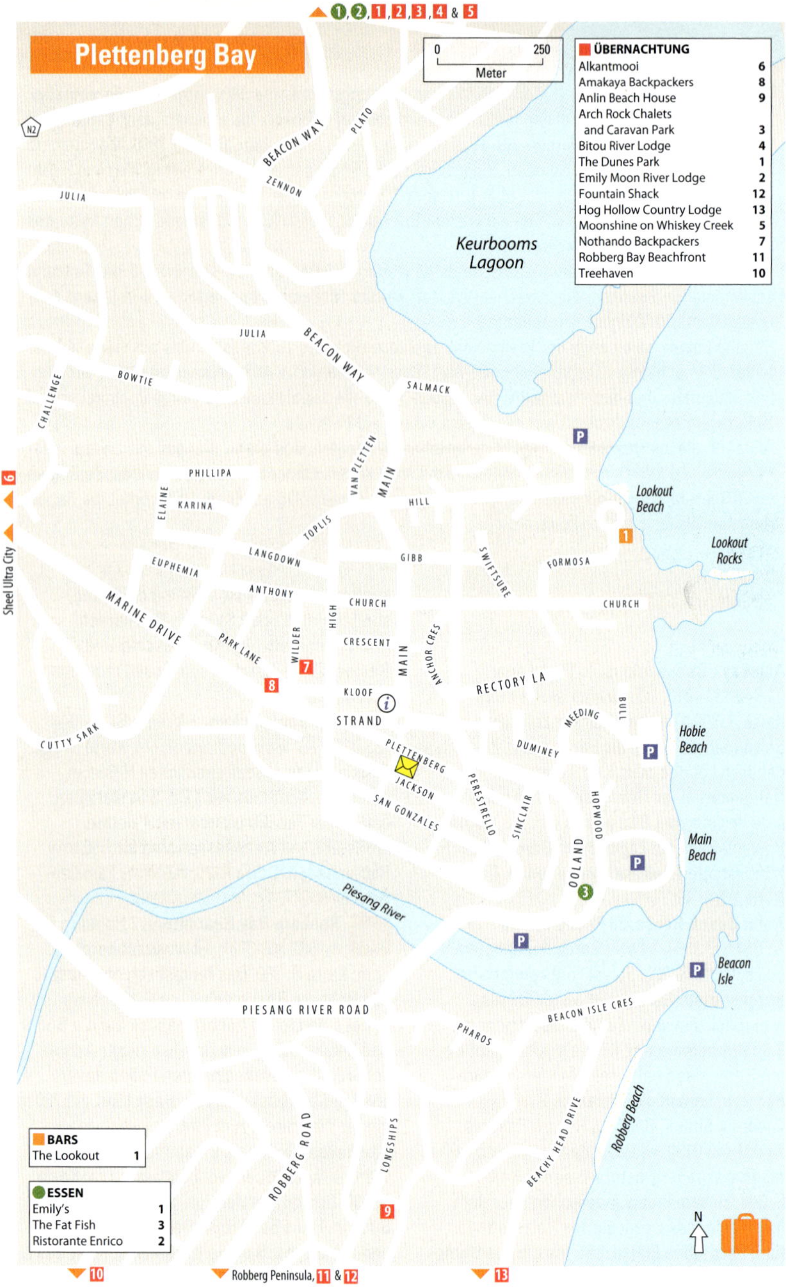

1, 2, 1, 2, 3, 4 & 5
Plettenberg Bay
0 250
Meter
ÜBERNACHTUNG
Alkantmooi 6
Amakaya Backpackers 8
Anlin Beach House 9
Arch Rock Chalets and Caravan Park 3
Bitou River Lodge 4
The Dunes Park 1
Emily Moon River Lodge 2
Fountain Shack 12
Hog Hollow Country Lodge 13
Moonshine on Whiskey Creek 5
Nothando Backpackers 7
Robberg Bay Beachfront 11
Treehaven 10
N2
BEACON WAY
PLATO
ZENNON
JULIA
Keurbooms Lagoon
JULIA
BEACON WAY
BOWTIE
CHALLENGE
SALMACK
VAN PLETTEN
MAIN
PHILLIPA
ELAINE
KARINA
HILL
TOPLIS
LANGDOWN
GIBB
SWIFTSURE
FORMOSA
Lookout Beach
Lookout Rocks
EUPHEMIA
ANTHONY
MARINE DRIVE
HIGH
CHURCH
CHURCH
PARK LANE
WILDER
CRESCENT
MAIN
ANCHOR CRES
RECTORY LA
KLOOF
STRAND
BULL
MEEDING
CUTTY SARK
DUMINEY
Hobie Beach
PLETTENBERG
JACKSON
SAN GONZALES
PERESTRELLO
SINCLAIR
HOPWOOD
OOLAND
Main Beach
Piesang River
Beacon Isle
PIESANG RIVER ROAD
PHAROS
BEACON ISLE CRES
BARS
The Lookout 1
ESSEN
Emily's 1
The Fat Fish 3
Ristorante Enrico 2
ROBBERG ROAD
LONGSHIPS
BEACHY HEAD DRIVE
Robberg Beach
N
Sheel Ultra City 6
10
Robberg Peninsula, 11 & 12
13

Meer, aber das Haus liegt windgeschützt zwischen Bäumen und zum Strand und nach Robberg sind es nur ein paar Minuten mit dem Auto. R900

Keurboomstrand und östlich von Plettenberg

Alkantmooi, Keurboom Rd, Keurbooms River, ✆ 044 535 9245, 🖳 www.alkantmooi.co.za; Karte S. 300. 4 moderne, unterschiedlich gestylte Selbstversorger-Unterkünfte mit 1 bzw. 2 Schlafzimmern und Blick auf die Lagune. Die Küchen sind voll ausgestattet und auf den Veranden ist alles vorhanden, was man zum Grillen braucht. Gutes Preis-Leistungs-verhältnis. R1400

Arch Rock Chalets & Caravan Park, Arch Rock, ✆ 044 535 9409, 🖳 www.archrock.co.za; Karte S. 300. 17 komplett ausgestattete Ferienhäuschen mit 1 oder 2 Schlafzimmern mit bester Lage in Keurbooms direkt am Strand. Chalets und Blockhütten stehen im Wald (R800), alle anderen haben Meerblick. Chalet R1200

Bitou River Lodge, Bitou Valley Rd (R340), ca. 4 km von der N2, ✆ 044 535 9577, 🖳 www.bitou.co.za; Karte S. 300. Tolles Preis-Leistungs-verhältnis mit idyllischer Lage am Bitou River. Die 5 komfortablen, aber schlichten Zimmer der gemütlichen Lodge blicken auf einen hübschen Garten mit Seerosenteich. Kanubenutzung inkl. R1700

The Dunes Park, Keurboomstrand Rd (zweigt von der N2 ab und verläuft an der Küste entlang nach Keurbooms), ✆ 044 535 9606, 🖳 www.dunesresort.co.za; Karte S. 300. Luxushotel und Resort mit luftig-frischen Zimmern, in schlichtem Schick eingerichtet, auch Selbstversorger-Cottages mit 2 Schlafzimmern in Dünenlage mit toller Aussicht und nur einen Steinwurf vom Meer. Es gibt auch ein gutes, familienfreundliches Restaurant. DZ R990, Cottage R1500

🏠 **Emily Moon River Lodge**, Rietvlei Rd (bei Penny Pinchers von der N2 abbiegen), ✆ 044 533 2982, 🖳 www.emilymoon.co.za; Karte S. 300. Die Lodge strotzt nicht nur vor Batonga-Skulpturen und Swasi-Kunst, selbst die Architektur besteht teils aus

Beacon Island Beach, oder **Main Beach**, liegt genau in der Mitte der Bucht. Hier liegen Fischerboote und Katamarane vor Anker. Die niedrigen Wellen am zentralen Abschnitt der Bucht sorgen für ruhiges Schwimmvergnügen – der ideale Platz für Familien. **Lookout Beach** ist einer der schönsten Strandabschnitte zum Schwimmen und Sonnenbaden. Von dem fantastisch gelegenen Restaurant (S. 302) lassen sich häufig **Delfine** in der Bucht beobachten. Von hier aus kann man mehrere Kilometer nach Keurboomstrand und der **Keurbooms-Lagune** laufen. Robberg Beach Richtung Robberg Nature Reserve bietet sich neben Schwimmen auch für ausgedehnte Strandspaziergänge an.

Kunstwerken, wie dem filigranen Rajasthani-Bogengang, der den Eingang zum wunderbar gelegenen Restaurant bildet. Die Chalets thronen am Hang und haben Aussicht auf den gewundenen Bitou, an dem sich manchmal Kleinwild blicken lässt. Es gibt eine Familiensuite für 4 Pers. R3440

🏠 **Hog Hollow Country Lodge**, Askop Rd, 18 km östlich von Plettenberg Bay (am Wegweiser von der N2 nach Süden abbiegen), ✆ 044 534 8879, 🖳 www.hoghollow.com; Karte S. 300. Privatreservat mit Luxusflair. Mit afrikanischen Details eingerichtete Chalets mit Bad oder Dusche, jedes mit eigener Holzterrasse und Blick über den Wald auf die Tsitsikamma-Berge. Auch die gastronomische Versorgung ist spitze. Von hier aus kann man in einer mehrstündigen Wanderung durch die Wälder zum Strand von Keurbooms laufen oder in 15 Min. mit dem Auto hinfahren. R3680

Moonshine on Whiskey Creek, 14 km östlich von Plettenberg Bay über die N2, Wegweiser nördlich der N2, ✆ 044 534 8515 oder 072-200 6656, 🖳 www.whiskeycreek.co.za; Karte S. 300. Voll ausgestattete Bungalows, 3 Blockhäuser und 1 fantasievoll restaurierte Arbeiterhütte (R950) inmitten ursprünglichen Waldes, dazu ein Kinderspielplatz. Das große Plus ist

WESTKAP

der Zugang zu einem verschwiegenen Gebirgsteich und einem Wasserfall am Fuß der nahe gelegenen Schlucht. Keine Kreditkarten! R1440

ESSEN UND UNTERHALTUNG

Die Restaurants kommen und gehen in Plett fast im Rhythmus der Gezeiten, aber das eine oder andere alteingesessene Lokal hat sich doch über Wasser halten können. Zu empfehlen ist fangfrischer Fisch aus der Region. Und da der Ort auf Hügeln erbaut ist, darf man in vielen Lokalen eine großartige Aussicht erwarten.

Emily's, Rietvlei Rd (bei Penny Pinchers von der N2 abbiegen), ☎ 044 533 2982, 🖥 www.emilymoon.co.za/dining-at-emilys; Karte S. 300. Das Restaurant gilt weithin als das beste der Gegend und serviert klassisch französische Küche mit Pep bei toller Aussicht auf das Bitou Wetland. Alles ist nachhaltig, frisch und schmackhaft. Für Vegetarier empfiehlt sich das köstliche Linsen-Dal (R90) oder

Wal- und Delfinbeobachtung

Plettenberg Bay ist ein ausgezeichneter Ort, um in der Zeit zwischen Juni und Oktober die **Südkaper** zu beobachten. Eine besonders empfehlenswerte Aussichtsstelle ist das Gelände zwischen dem Wrack der Athene am Südende des Lookout Beach und dem Keurbooms River. Auch die **Robberg Peninsula** mit ihrem weiten Blick über die Bucht bietet hervorragende Beobachtungsmöglichkeiten.
Weitere gute **Aussichtspunkte** innerhalb der Stadtgrenzen sind die Beachy Head Road bei Robberg Beach; Signal Hill in der San Gonzales Street, hinter der Post und der Polizeiwache; das Beacon Island Hotel auf Beacon Island sowie die Terrasse des Restaurants The Lookout (s. u.) am Lookout Beach. Ebenso gut ist der Kranshoek Viewpoint außerhalb von Plett, und auch vom Kranshoek-Wanderweg aus bestehen hervorragende Beobachtungsgelegenheiten.
Autofahrer gelangen dorthin, indem sie auf der Straße nach Knysna die Abfahrt Harkerville nehmen, Kranshoek ist nach 7 km erreicht.

der Rote-Beete-Salat mit Ziegenkäse (R75). Reservierung muss sein, vor allem, wenn man auf der Terrasse sitzen will. ⏰ Mo 18.30–22, Di–So 12–15, 18.30–22 Uhr.
The Fat Fish, Milkwood Centre, Central Beach, ☎ 044 533 4740; Karte S. 300. Freundliches Restaurant mit Seafood zu vernünftigen Preisen, z. B. Austern in Tapasgröße, Tempura-Garnelen oder Lachs sowie Meze-Platten für mehrere Personen (R85), Steaks und Gerichte für den großen Appetit. Zum Runterspülen steht eine beachtliche Auswahl an Weinen zur Verfügung. ⏰ tgl. 11.30–16, 17.30–22 Uhr.
The Lookout, Lookout Beach, ☎ 044 533 1379, 🖥 www.lookout.co.za; Karte S. 300. Das Bar-Restaurant hat einen fantastischen Blick auf die Bucht und Tische im Freien mit Auf der Speisekarte steht hauptsächlich Seafood, aber es gibt auch ansprechende vegetarische Gerichte. Und hier gibt es definitiv die besten Cocktails der Stadt (R60). ⏰ tgl. 9–22 Uhr.
Ristorante Enrico, Main Beach, Keurboomstrand, ☎ 044 535 9818, 🖥 www.enrico restaurant.co.za; Karte S. 300. Ein informelles Restaurant direkt am Strand mit Urlaubs-Feeling, Essen im Freien und frischer Meeresbrise. Serviert werden mittelteure italienische Standards wie knusprige Pizza, Pasta und Kalbfleisch (R130). ⏰ Di–So 12–21 Uhr.

INFORMATIONEN

Touristeninformation, Shop 35, Mellville, Ecke Main St, ☎ 044 533 4065, 🖥 www.plett-tourism.co.za. Hat Stadtpläne und kann eventuell beim Buchen einer Unterkunft helfen. ⏰ Mo–Fr 9–17, Sa 9–13 Uhr.

TRANSPORT

Auto
Plettenberg Bay liegt 33 km östlich von Knysna, 520 km von Kapstadt und 1140 km von Johannesburg entfernt.

Busse
Der **Baz Bus** bringt Passagiere zur Unterkunft. Die Intercity-Busse von **Intercape**, **Greyhound** und **Translux** halten an der Shell Ultra City-

WESTKAP

Bootstouren

Keurbooms River Ferries, östlich der Keurbooms River Bridge ausgeschildert, ℡ 083 254 3551 💻 www.ferry.co.za. Veranstaltet tägliche Bootsfahrten flussaufwärts (um 11 und 14 Uhr sowie zum Sonnenuntergang, R180, Eintritt in den Park R40) mit fachkundigen Führern, die auf seltene Vögel hinweisen. Der Urwald reicht bis ans Flussufer. Buchung erforderlich.

Bungee-Jumping

Bloukrans Bungy, ℡ 042 281 1458, 💻 www.faceadrenalin.com. Der höchste kommerziell angebotene Bungee-Sprung der Welt von der 216 m hohen Bloukrans River Bridge dauert ganze sieben Sekunden und kostet R950 (ohne Fotos und Video). Buchung mindestens 48 Std. im Voraus.

Kanu fahren

CapeNature, an der N2 östlich der Keurbooms River Bridge. Wer den Fluss selbst erkunden möchte, bekommt hier schlichte Kanus (Zweisitzer R135/Tag).

Klettern und Kloofing (Canyoning)

GoVertical Mountaineering Adventures, ℡ 082 731 4696, 💻 www.govertical.co.za. Kloofing (auch: Canyoning) ist die abenteuerlichste Art, die tiefen Schluchten zwischen Knysna und Plett zu erkunden. GoVertical vermittelt die Grundlagen des Kletterns und führt erfahrene Kletterer. Die Preise hängen von der Größe der Gruppe ab und werden bei Anfrage mitgeteilt.

Fallschirmspringen

Skydive Plettenberg Bay, ℡ 082 905 7440, 💻 www.skydiveplett.com. Einen Adrenalinkick verspricht ein Tandem-Fallschirmsprung aus 3000 m Höhe (auch für völlige Anfänger, R2300, DVD oder Video kosten extra).

Township-Touren

Ocean Blue, Central Beach, ℡ 044 533 5083, 💻 www.oceanadventures.co.za. Organisiert entspannte Touren in Plettenbergs Township mit einem Führer, der von dort stammt. Die R200 Teilnahmegebühr und alle Gewinne fließen in einen Entwicklungsfonds, aus dem unter anderem Lehrergehälter und eine Kinderkrippe finanziert werden.

Wal- und Delfinbeobachtung

Dolphin Adventures, Central Beach, ℡ 083 590 3405, 💻 www.dolphinadventures.co.za. Eine Seekajakfahrt gehört zu den besten Möglichkeiten, Wale zu beobachten. Der Veranstalter bietet unvergessliche Touren mit erfahrenen und kundigen Führern in Zweierkajaks (2–2 1/2 Std., R300). Wer will, kann auch einfach ein Kanu mieten und selbst lospaddeln (2 Std. R150).

Ocean Blue, Central Beach, ℡ 044 533 4897 oder 083 701 3583, 💻 www.oceanadventures.co.za. Der lizenzierte Veranstalter bietet Seekajaktouren (R300) und Schiffstouren zur Walbeobachtung (R750) von Juli bis September.

Ocean Safaris, Shop 3, Hopwood St, ℡ 044 533 4963, 💻 www.oceansafaris.co.za. Lizenzierter Whale-watching-Veranstalter mit maßgeschneiderten Bootstouren. Bei der Walbeobachtung vom Boot (R750) gibt es zwischen Juli und September praktisch Sichtungsgarantie. Außerhalb der Saison lohnt es sich trotzdem wegen der Delfine und Robben (R450).

WESTKAP

Tankstelle, unweit der N2 in Marine Way, 2 km außerhalb der Innenstadt. Da es in der Stadt keine öffentlichen Verkehrsmittel gibt, muss man mit der Unterkunft die Abholung absprechen.

Busse nach:
DURBAN (1x tgl., 16 Std.);
GEORGE (2x tgl., 2 Std.);
JOHANNESBURG (2x tgl., 18 Std.);
KAPSTADT (2x tgl., 9 Std.);
KNYSNA (2x tgl., 1 1/2 Std.);
MOSSEL BAY (2x tgl., 2 1/4 Std.);
PORT ELIZABETH (2x tgl., 3 1/2 Std.).

Robberg Marine and Nature Reserve

Robberg Rd ▪ ⊕ tgl. 8–17 Uhr ▪ Eintritt R40 ▪ 🖳 www.capenature.co.za/reserves/robberg-nature-reserve

Eine der schönsten Wanderungen, die man an der Garden Route unternehmen kann, ist die vierstündige, 9 km lange Rundwanderung um die felsige **Halbinsel Robberg**, die 8 km südöstlich des Zentrums von Plett beginnt. Der unberührte Küstenstreifen bietet ein herrliches Rückzugsgebiet vom Trubel. Ein Großteil des Weges führt an Felsen vorbei, von denen aus man oft Robben und Delfine, im Winter auch Wale sichten kann.

Wer nicht genügend Zeit für den ganzen **Rundwanderweg** hat, kann auch nur einen zwei- oder halbstündigen Spaziergang unternehmen. Eine Wanderkarte ist am Eingangstor zum Reservat erhältlich. Übernachtungsgästen steht die rustikale Hütte **Fountain Shack** (S. 299) zur Verfügung.

Keurboomstrand

Rund 14 km östlich von Plettenberg Bay, jenseits des Keurbooms River, liegt an derselben Bucht der Badeort **Keurboomstrand** (kurz Keurbooms). Er hat ebenfalls gute Strände, die allerdings für Schwimmer gefährlich sind. Die sicherste Stelle zum Schwimmen ist bei **Arch Rock**, vor dem Caravanpark, aber auch bei der **Picnic Rock**

Beach ist ganz gut. Keurbooms, ein nettes, stilles Plätzchen, hat nur wenige Einrichtungen, und wer hier übernachten möchte, sollte sich vorher in Plettenberg Bay mit Proviant eindecken. Zu Keurbooms' besonderen Attraktionen gehören Kanufahrten auf dem Keurbooms River (s. Kasten S. 303).

The Crags

The Crags, 2 km östlich von Keurboomstrand, besteht nur aus einer Reihe von Kleinbauernhöfen an der N2, einem Spirituosenladen und ein paar weiteren Geschäften am Waldrand. Die eigentlichen Besucherattraktionen hier sind das **Elephant Sanctuary, Monkeyland, Birds of Eden** und **Jukani Wildlife Sanctuary**. Die drei Letzteren bilden zusammen die Animal Sanctuary Alliance (SAASA) und können einzeln oder mit einem Kombiticket besucht werden. Um von Keurbooms aus zu allen vier Attraktionen zu gelangen, muss man an der BP-Tankstelle Richtung Monkeyland/Kurland abbiegen und dann 2 km weit den Wegweisern zum Elephant Sanctuary/Monkeyland folgen.

Elephant Sanctuary

Monkeyland Rd, 19 km östlich der Plettenberg Bay, abseits der N2 ▪ ⊕ tgl. 8–17 Uhr, Trunk-in-Hand tgl. 7.30 Uhr ▪ Trunk-in-Hand R580 ▪ Elefant striegeln R705 ▪ 📞 044 534 8145, 🖳 www.elephantsanctuary.co.za

Das Elephant Sanctuary bietet hautnahe Begegnungen mit einem halben Dutzend Dickhäutern, die in Botsuana und im Krüger-Nationalpark vor dem Abschuss gerettet wurden. Beim beliebten einstündigen **Trunk-in-Hand**-Programm erhalten Besucher einen informativen Vortrag über Elefantenverhalten und können mit einem Elefanten „Rüsselspitze in Hand" spazieren gehen und ihn darüber hinaus auch tätscheln und füttern. Zum sonstigen Angebot gehört auch Elefantenstriegeln – ein besonderes Erlebnis!

Monkeyland

400 m hinter der Elephant Sanctuary ▪ ⊕ tgl. 8–17 Uhr ▪ Kombiticket für zwei Sanctuarys R360, für alle drei R450 ▪ 📞 044 534 8906 oder 082 979 5683, 🖳 www.monkeyland.co.za

Monkeyland beherbergt Primaten von mehreren Kontinenten, die allesamt entweder als Waisen aufgelesen oder vor einem jämmerlichen Leben als Haustiere bewahrt wurden. Keines davon stammt aus freier Wildbahn, denn die meisten würden dort nicht überleben. Sämtliche Affen können sich auf dem Gelände ungehindert bewegen, nach Futter suchen und relativ artgemäß leben. Zur eigenen und zur Sicherheit der Tiere dürfen Besucher das Areal nicht allein durchstreifen. Gut informierte Führer leiten „Safaris" durch den überwältigenden Urwald mit seinen malerischen Wasserlöchern. Dabei gibt es Gelegenheit, Geschöpfen wie etwa den madagassischen Kattas oder den südamerikanischen Totenkopfäffchen zu begegnen.

Ein Highlight ist die Hängebrücke im Stil von Indiana Jones, die in Baumkronenhöhe über eine Schlucht führt. Die Bäume bieten verschiedenen Tieren Lebensraum.

Birds of Eden

⊙ tgl. 8–17 Uhr ▪ Eintritt R230 ▪ Kombiticket für zwei Sanctuarys R360, für alle drei R450 ▪ 🖳 www.birdsofeden.co.za

Die meisten Vögel sind Exoten, darunter farbenprächtige Exemplare – etwa der Scharlachsichler aus Südamerika oder der chinesische Goldfasan. Dazwischen finden sich aber auch heimische Spezies wie der Federhelmturako und Südafrikas Nationalvogel, der Paradieskranich. Vorsicht vor den frechen Kakadus, die sich Besuchern gerne auf die Schulter setzen oder auch Knöpfe von ihren Hemden stibitzen.

Jukani Wildlife Sanctuary

⊙ tgl. 9–17 Uhr ▪ Eintritt R230 ▪ Kombiticket für zwei Sanctuarys R360, für alle drei R450 ▪ 🖳 www.jukani.co.za

Wer Großkatzen sehen möchte, fährt bei The Crags von der N2 ab und gelangt 7 km westlich von Monkeyland zum Jukani Wildlife Sanctuary. In großen Gehegen leben afrikanische Wildkatzen sowie exotische Jaguare, Tiger und Pumas und andere Raubtiere wie Hyänen, Wildhunde, Schakale und Schlangen. Alle Tiere wurden in Gefangenschaft geboren oder in der freien Wildbahn gerettet. Es gibt kein Zuchtprogramm und die Löwen werden nicht wie bei einigen an-

deren Privatparks dem Löwenhandel zugeführt. Wie im Monkeyland gehen die Besucher mit höchst kompetenten Guides auf eineinhalbstündige „Safaris".

Tsitsikamma

Der Tsitsikamma-Abschnitt des Garden Route National Park, etwa auf halbem Weg zwischen Plettenberg Bay und Port Elizabeth, ist das absolute Highlight der Garden Route. Er erstreckt sich über einen schmalen Küstenstreifen mit einer atemberaubenden Felsküste, tiefen Schluchten und Urwaldbäumen, die sich an grüne Felswände klammern. Keinesfalls verpassen darf man seine Hauptattraktion, den Storms River Mouth, die spektakulärste Flussmündung an diesem wildromantischen Küstenabschnitt. Der 1964 eingerichtete Tsitsikamma ist auch das älteste Marinereservat Südafrikas. Das rund 5,5 km lange Meeresschutzgebiet umfasst einen **Unterwasserpfad**, den ausgebildete Taucher benutzen dürfen.

Tsitsikamma selbst besteht aus zwei Abschnitten: **Nature's Valley** im Westen und **Storms River Mouth** im Osten. Die beiden Teile sind jeweils nur auf einer kurvenreichen Teerstraße, abgehend von der N2, zu erreichen (dazwischen muss man wandern, es gibt keine Verbindungsstraße innerhalb des Parks). Im Nature's Valley liegt der einzige Ort im Park; hier gibt es einen tollen, 3 km langen Sandstrand. Der ultimative Wanderweg Südafrikas, der fünftägige **Otter Trail** (s. Kasten S. 306), verbindet die beiden Abschnitte des Parks.

Die dem Storms River Mouth nächstgelegene Siedlung, rund 14 km nördlich am oberen Ende einer steilen, kurvigen Straße, ist das irreführend benannte **Storms River Village**, das außerhalb der Parkgrenzen und in einiger Entfernung vom Fluss liegt, aber eine praktische Ausgangsbasis für Abenteueraktivitäten in der Umgebung und Tagesausflüge nach Storms River Mouth ist.

Nature's Valley

Nature's Valley liegt am Westende des Tsitsikamma-Abschnitts des Garden Route National

Dolphin Trail Der Luxuswanderweg der Garden Route – mit Trägern und komfortablen Unterkünften. Dies ist der einzige Trail für Einzelreisende ohne Ausrüstung; die anderen Wanderungen sind für gut ausgerüstete Gruppen aus der Gegend konzipiert. Der atemberaubende Weg durch den Tsitsikamma National Park führt an der rauen Küste entlang und durch den Wald. Er beginnt am Storms River Mouth und endet nach 20 km und dreieinhalb Tagen am Sandrif River Mouth. Im Preis (R5990 p. P.) sind Essen, Unterkunft und Permits sowie ein Guide, eine Bootsfahrt in der Storms River Gorge und eine Geländewagenfahrt über den Storms River Pass enthalten. Buchung über die Fernery, ℘ 042-280 3588, ⌨ www.dolphintrail.co.za.

Otter Trail Südafrikas Vorzeigewanderweg durch unberührtes Küsten- und Waldgebiet ohne Häuser oder Straßen ist einfach unglaublich schön. Hier wandern vorwiegend Einheimische in Gruppen, die schnell ausgebucht sind; wer aber unbedingt dabei sein möchte, sollte kurzfristig auf der Webseite nach Absagen suchen. Die Tour ist allerdings nur trainierten, erfahrenen Wanderern zu empfehlen: von Hütte zu Hütte muss man alles selbst tragen und auch tiefere Flüsse durchqueren können. Die Wanderung beginnt am Storms River Mouth und endet nach 42 km und fünf Tagen in Nature's Valley. Auf dem Weg dürfen maximal zwölf Menschen gleichzeitig unterwegs sein. Buchung mindestens zwölf Monate im Voraus bei South African National Parks, ℘ 042 428911, ⌨ www. sanparks.org, R1150 p. P.

Tsitsikamma Trail (nicht mit dem Otter Trail verwechseln) Hinterlandwanderung durch unberührte Wälder mit langen, offenen Fynbos-Abschnitten sowie durch die Tsitsikamma-Berge. Der Weg hat fünf Übernachtungshütten für 24 Personen und ist recht anstrengend (rund 60 km, sechs Tage); neuerdings gibt es Träger, die das Ganze sehr viel angenehmer machen. Er beginnt in Nature's Valley und endet an der Storms River Bridge (R200 p. P. und Nacht). Buchung über MTO Ecotourism, ℘ 042 281 1712, ⌨ www.mtoecotourism.co.za.

Harkerville Coastal Trail Rundwanderweg näher an den Straßen und nicht so abgelegen wie der Otter Trail. Er ist die zweitbeste Wahl und bietet ebenfalls herrliche Felskünste, unberührten Wald und Fynbos. Auch hier sind Erfahrung und Fitness gefragt, denn es geht häufig über Felsen und schmale Vorsprünge hoch über dem Meer. Die Strecke ist relativ kurz (26,5 km, zwei Tage) und somit geeignet für Wanderer mit nicht allzu viel Zeit. Start- und Endpunkt ist die Harkerville Forestry Station, von der N2 ausgeschildert, 12 km westlich von Plettenberg Bay. Buchung beim SAN Parks Office in Knysna (R260 p. P.), ℘ 044 302 5600, ✉ reservations@sanparks.org.

Park, 29 km östlich von Plettenberg Bay und 204 km von Port Elizabeth (2 1/2 Std. Autofahrt). Es erstreckt sich über ein zerklüftetes, hügeliges Binnenland, durchzogen von schmalen Tälern und einer Reihe von Wanderwegen. Hier befindet sich auch die gleichnamige freundliche, alte Siedlung an der atemberaubend schönen Groot River Lagoon. Die Lagune wird von insgesamt 20 km Strand gesäumt. Außerdem erstreckt sich hier ein riesiges Urwaldgebiet, das viele Naturliebhaber anlockt. Die Umweltauflagen sind hier für Südafrika besonders streng, das bedeutet, es gibt keine auffälligen Ferienhäuser, Siedlungen, Hotels oder Tourbusse, sondern lediglich ein kleines Restaurant und einen Dorfladen.

Wanderungen

Viele der guten **Wanderwege** in Nature's Valley beginnen am 1 km nördlich des Dorfes gelegenen Campingplatz des Nationalparks, wo Wanderkarten und Informationsbroschüren zu Flora und Fauna erhältlich sind. Eines der schönsten Wanderziele ist **Salt River Mouth**, 3 km westlich vom Dorf Nature's Valley. Dort gibt es Bade- und Picknickstellen – allerdings lässt sich der Fluss nur bei Ebbe durchwaten. Die Wanderung beginnt und endet beim Café in Nature's Valley.

WESTKAP

Ebenfalls zu empfehlen ist der 6 km lange Rundwanderweg **Kalanderkloof Trail**, der am Campingplatz seinen Anfang nimmt, zu einem Ausguck hochführt und dann einen Bogen zurück schlägt durch eine schmale Schlucht an einem Wasserlauf, vorbei an riesigen Outeniqua Yellowwood-Bäumen und wilden Bananen.

ÜBERNACHTUNG

Das Übernachtungsangebot in Nature's Valley selbst ist ziemlich begrenzt, was zum Charme des verschlafenen Dorfs beiträgt. Dafür liegen an der Straße, die von der N2 zum Dorf abzweigt, unmittelbar vor Beginn der Serpentinen ein paar gute Quartiere. Zum Strand und zur Lagune muss man allerdings mit dem Auto fahren.

Four Fields Farm. Nature's Valley Rd, 3 km von der N2 an der R102 und 8 km von Nature's Valley, ✆ 044 534 8708, 🖥 www.fourfields. iowners.net. Im Farmgebäude sind 4 schlichte Zimmer für Selbstversorger mit Bad, schönen alten Möbeln und Fenstertüren zu eigenen Terrassen, die an den Garten inmitten von Feldern grenzen. Zusätzliche Ferienwohnungen für 2 Pers. (R660) und 4 Pers. (R1200). R2400

Lily Pond Lodge, 102 Nature's Valley Rd, 3 km von der N2 an der R102 und 6 km von Nature's Valley, ✆ 044 534 8767, 🖥 www.lilypond.co.za. Die Luxuslodge ist wohl die schönste Unterkunft in Nature's Valley. Die 4 Zimmer mit Bad haben Fenstertüren zur eigenen Terrasse, Soundsystem und TV, die beiden geräumigen Luxussuiten außerdem noch Wohnzimmer, Fußbodenheizung und überbreite Betten. Eine Honeymoon-Suite mit privatem Garten und ein großer Garten für alle Gäste runden das Angebot ab. R1980

🏠 **Nature's Valley Restcamp**, 1 km nördlich des Dorfes. Reservierung über SANParks, ✆ 044 531 6700, 🖥 www.sanparks. org, oder beim Camp Supervisor im Nature's Valley, ✆ 044 531 6700. Zeltstellplätze zwischen alten afrikanischen Bäumen und einfache Waldhütten mit Gemeinschaftstoilette für 2 Pers. Camping R205, Hütte R510

Rocky Road Backpackers, 1,5 km von der N2 entfernt auf der R102, 12 km von Nature's Valley entfernt, ✆ 072 270 2114, 🖥 www.rocky roadbackpackers.com. Ruhige Backpacker-Unterkunft in großem Waldanwesen. Das große Plus hier sind die Lage und die Landschaftsgärten, aber es gibt auch einen Pizzaofen im Freien, ein Badezimmer im Wald und ein sehr kontaktfreudiges *braai* am Freitagabend. Die schönste der angebotenen Unterkunftsvarianten sind die Luxuszelte mit weichen Betten und Heizdecken. Liegt an der Baz-Bus-Strecke. Camping R100, Luxuszelt R220, Dorm R190, DZ R500

Tranquility Lodge, 130 St Michael's Ave (neben dem Laden), ✆ 044 531 6663, 🖥 www. tranquilitylodge.co.za. Sofern Nature's Valley überhaupt ein Zentrum hat, liegt diese komfortable Lodge neben dem einzigen Geschäft des Orts mittendrin. Der 2-geschossige Holz-und-Ziegelbau in einem Garten, der praktisch nahtlos in den Wald übergeht, steht nur 50 m vom Strand entfernt. Frühstück wird auf einer Veranda im Obergeschoss zwischen den Baumwipfeln serviert. Alle Zimmer mit Bad, außerdem eine große Honeymoon-Suite (R1800) mit Doppeldusche, offenem Kamin und eigener Terrasse. R1500

Wild Spirit Lodge and Backpackers, Nature's Valley Rd, 8 km von Nature's Valley entfernt, ✆ 044 534 8888, 🖥 www.wildspiritlodge.co.za. Diese Lodge gehört zu den besten an der Garden Route. Es gibt Dorms ohne Etagenbetten in 3 zweistöckigen Garten-Cottages, Safarizelte und eine Küche für Selbstversorger. Das im Namen anklingende alternative Flair bedeutet: ein Yoga- und Meditationsraum, eine Büchertauschbörse, Livemusik und Trommelabende sowie ein großer *braai*-Bereich. Wer dazu keine Lust hat, erkundet einfach den Wald oder entspannt sich im Baumhaus. Liegt an der Baz-Bus-Strecke. Camping R90, Dorm R150, DZ R450

INFORMATIONEN

Nature's Valley Trading Store, Forest St, Ecke St Michael St, ✆ 044 531 6835, 🖥 www.facebook/naturesvalleyrestaurant, ist das einzige Lokal im Ort und fungiert als inoffizielle, aber ausgezeichnete Touristeninformation

TRANSPORT

Auto

Nature's Valley, 29 km östlich von Plettenberg Bay, ist über den gewundenen, herrlichen Groot River Pass zu erreichen.

Busse

Der Baz Bus hält an der Wild Spirit Lodge, 8 km vom Meer entfernt.

6 HIGHLIGHT

Storms River Mouth

55 km östlich von Plettenberg Bay ▪ ⏱ tgl. 7–19.30 Uhr ▪ Eintritt R200 ▪ ☎ 042 281 1607

Im Gegensatz zum sanften Nature's Valley zeigt sich die Garden Route bei **Storms River Mouth** von ihrer wilden Seite. Es ist nicht mit Storms River Village an der N2 zu verwechseln, das ziemlich weit vom Meer entfernt liegt, während Storms River Mouth mitten im Wald ist. Storms River Mouth liegt 18 km südlich der Storms River Bridge an der N2. Die meisten Besucher halten an der Brücke, um in die tiefe Schlucht herabzuschauen und an der Tankstelle mit der landesweit schönsten Lage zu tanken. Auch bei knapper Zeit lohnen sich die 18 km Umweg, und sei es nur für einen Blick auf die Küste.

Beim Besucherzentrum im Restcamp sind **Wanderkarten** erhältlich, auf denen die hier beginnenden kurzen, markierten Küstenpfade eingezeichnet sind. Am schönsten ist der 3 km lange Weg westlich vom Restcamp, der auf dem ersten Abschnitt des Otter Trail zu einem herrlichen **Wasserbecken** führt, das von einem 50 m hohen Wasserfall gespeist wird.

Weniger anstrengend ist der Spaziergang auf dem 1 km langen **Plankenweg** vom Restaurant zur Flussmündung. Der Weg führt an der **Strandloper-Höhle** vorbei, einer der Höhlen, in der vor 5000–2000 Jahren Jäger und Sammler lebten, die sich unter anderem von Meerestieren ernährten.

Einzige **Bademöglichkeit** an der Mündung bietet eine sichere kleine Sandbucht unterhalb des Restaurants mit Umkleidekabine, wo das Wasser aber selbst im Sommer eisig kalt sein kann, wenn Ostwind weht und kaltes Wasser aus den Tiefen vor dem Kontinentalsockel aufwallt.

ÜBERNACHTUNG UND ESSEN

Storms River Mouth Restcamp, ☎ 042 281 1607, 🖥 www.bit.ly/SANParksstormsriver. Das Restcamp liegt auf gepflegten Rasenflächen zwischen von Gischt gepeitschten, schwarzen Felsen und bewaldeter Steilküste. Die verschiedenen Unterkünfte sind alle nicht besonders toll und eher bescheiden und abgenutzt, dafür alle mit Meerblick und dem ständigen Rauschen der Brandung. Vorab reservieren ist absolut notwendig (S. 50), und auch dann muss man nehmen, was man bekommt – das Camp ist wegen seiner Lage beliebt. 2 Einheiten sind rollstuhlgerecht. Camping R390, Waldhütte R755, Chalet R1385

Tsitsikamma Restaurant, ist das einzige Lokal der Gegend und versöhnt mit sensationeller Aussicht für lieblose Bedienung und mittelmäßige Kost in Form von englischem Frühstück, getoasteten Sandwiches, Burger, Pasta und Steak. Es gibt jedoch ein paar anständige Seafoodgerichte (R120), und man kann seinen Drink draußen auf der Terrasse nehmen. tgl. 8.30–22 Uhr.

Storms River Village

Storms River Village liegt rund 1 km südlich der N2. Eine Handvoll Sandpisten durchzieht den stillen Ort mit rund 40 Häusern vor bergiger Kulisse. Interessant ist der Ort primär als Zentrum für Abenteueraktivitäten, wobei die Canopy Tour die große Zugnummer ist. Es ist auch ein wunderbarer – und leicht erreichbarer – Ort für eine Übernachtung auf dem Weg von Kapstadt (579 km westlich) nach Port Elizabeth (179 km östlich).

ÜBERNACHTUNG

The Armagh, Fynbos Ave, ☎ 042 281 1512, 🖥 www.thearmagh.com. Sehr freundliches und komfortables Guesthouse mit

Aktivitäten in Storms River

Bootstouren

SANParks, ☎ 042 281 1607, bietet Touren etwa 1 km den Storms River hinauf an (max. 12 Teilnehmer, 1/2 Std. R180 zzgl. Umweltschutzgebühr). Buchung bei Untouched Adventures im Restcamp Storms River Mouth, nahe dem Bootshaus und gleich unterhalb des Restaurants.

Touren

Woodcutters' Journey, ☎ 042 281 1836, ▯ www.stormsriver.com. Ein entspannter Ausflug in einem Spezialanhänger, der von einem Traktor gezogen wird. Er führt durch den Wald über den alten Storms River Pass zum Fluss (Ausflug mit Teepicknick R300, Ausflug mit Mittagspicknick R400). Storms River Adventures (neben dem Postamt in Storms River Village) organisiert den Trip.

Tubing

Tube 'n Axe Backpackers, ☎ 042 281 1757, ▯ www.tubenaxe.co.za. Die Backpacker-Unterkunft veranstaltet Trips in die Schlucht des Storms River zum Tubing auf dem Fluss und über seine Stromschnellen auf einem kleinen aufblasbaren Etwas (halber Tag R595, ganzer Tag R995).

Ziplining

Storms River Adventures, ☎ 042 281 1836, ▯ www.stormsriver.com. Bei der Canopy Tour (R750) genießt man die Vogelperspektive mithilfe eines Drahtseilsystems, das in 30 m Höhe durch den Wald gleitet. Die Seile wurden ohne einen einzigen Nagel an den Bäumen befestigt.

Tsitsikamma Falls Adventures, ☎ 042 280 3770, ▯ www.tsitsikammaadventure.co.za. Eine rasantere und höhere Alternative für Adrenalinsüchtige überquert mit der Seilrutsche den Kruis River (R380) sowie eine imposante Schlucht und drei Wasserfälle. Streckenweise verläuft das Seil 50 m über dem Boden, wobei die längste Seilstrecke 211 m misst.

schönen Bädern und Bettzeug in einem schönen Garten, der in den Fynbos übergeht. 2 Budget-, 4 Standardzimmer, 1 Gartencottage und 1 superluxuriöse und abgeschiedene Honeymoon-Suite, die alle auf den Garten hinausgehen. Dazu gehört ein hübscher Pool und ein anständiges Restaurant. R1200

At the Woods Guest House, 49 Formosa St, an der Hauptstraße in den Ort, ☎ 042 281 1446, ▯ www.atthewoods.co.za. Das freundliche, moderne Gästehaus ist die netteste Unterkunft des Orts. Große Komfortzimmer mit überbreiten Betten und Fenstertüren zu Gartenveranden oder, im Obergeschoss, Balkons mit Blick auf die Berge. Essen kann man im sehr guten Café und in der hübschen Gemeinschafts-Lounge mit Kamin gibt es für Gäste Internetzugang. R1190

Tsitsikamma Backpackers, 54 Formosa St, ☎ 042 281 1868, ▯ www.tsitsikammaback packers.co.za. Gut geführtes Hostel, das sich als umweltfreundlich versteht und nach Fair-Trade-Prinzipien betrieben wird. Zu den Unterkünften gehören Luxuszelte in einem herrlichen Garten. Auf Wunsch Frühstück und Abendessen zu vernünftigen Preisen; es gibt auch eine Bar. Shuttledienst zu den lokalen Sehenswürdigkeiten und kostenlose Abholung von Gästen von der Storms River Bridge. Dorm R180, Luxuszelt R500, DZ R600

Tsitsikamma Village Inn, Darnell St, von der Straße ins Dorf bei der T-förmigen Kreuzung nach links abbiegen, ☎ 042 281 1711, ▯ www.tsitsikammahotel.co.za. Das reizend altmodische Hotel steht zwischen Bäumen in einer gepflegten Grünanlage. Zur Anlage gehören 49 Zimmer in 11 Cottages sowie ein Pub, eine Mikrobrauerei und ein Restaurant. R1400

Tube 'n Axe Backpackers, Darnell, Ecke Saffron St, ☎ 042 281 1757, ▯ www.tuben axe.co.za. Ziemlich verrückte Backpacker-herberge, die sich große Mühe gibt, mit dem breiten Unterhaltungsangebot von Knysna und Plett zu konkurrieren, u. a. mit Trommelabenden, Billardtisch und Lagerfeuer. Die Anlage liegt an der Baz-Strecke und die Betreiber bringen Gäste zur Haltestelle Storms River Bridge zum Umsteigen in die Fernbusse bzw. holen sie dort ab; außerdem Shuttleservice zu Attraktionen in der Region. Camping R105, Dorm R175, DZ R480

ESSEN

De Oude Martha, Tsitsikamma Village Inn, Darnell St. Annehmbares, aber recht alltägliches Hotelrestaurant, das ganz normales Frühstück, Mittag- und Abendessen serviert (Hauptgerichte um R160). Hauptsächlich interessant wegen des gemütlichen Pubs mit einladendem Kaminfeuer für feuchte Winterabende. ⏰ tgl. 7–21 Uhr.

Rafters, Fynbos Ave. Restaurant des Gästehauses The Armagh. Auf der Karte steht größtenteils regionale südafrikanische Küche, darunter Gartensalate, Fisch aus Plettenberg Bay und Fleisch aus der Gegend. Weitere Hausspezialität: süße und milde kapmalaiische Currys (R130). ⏰ tgl. 8–21 Uhr.

Route 62 und Kleine Karoo

Eine der lohnenswertesten Strecken des Westkaps ist die **Bergroute** von Kapstadt nach Port Elizabeth zumeist über die R62, und daher unter der Bezeichnung **Route 62** bekannt. Sie ist weniger bekannt als die Garden Route an der Küste (S. 278) und führt über einige der dramatischsten Pässe des Landes sowie durch *dorps* und *dryland* (Trockengebiet). Diese „Hintergarten"-Route gibt in vieler Hinsicht sogar mehr her als die Garden Route, da sie weniger touristisch ist und mit spektakulärer Landschaft, ruhigeren Straßen und ein paar ausgesprochen netten Kleinstädten lockt.

Zu den sympathischsten dieser Städte zählen der historische Kurort **Montagu**, das ländliche und bei Künstlern beliebte **Barrydale** und die südafrikanische Hauptstadt des Portweins, **Calitzdorp**. Bei **Oudtshoorn** und den **Cango Caves** treffen Berg- und Küstenstraße zusammen. Über den spektakulärsten Pass des Kaps, den **Swartberg Pass**, führt eine 27 km lange, ungeteerte Strecke in abenteuerlichem Zickzack über die Swartberge ins Karoo-Dorf **Prince Albert**, dessen klare Schönheit und außergewöhnliches Licht viele Künstler anlockt.

Jenseits von Prince Albert öffnet sich das Hinterland der **Großen Karoo**, eine Halbwüste, die ein Drittel der Fläche Südafrikas einnimmt. Die Obstfarmen der **Kleinen Karoo** laufen in baumlose Ebenen aus, in denen niedrige, spindelige Büsche dominieren und sich flache Hügel erheben. Den schönsten Teil der Karoo findet man im **Karoo National Park**, während die klare, saubere Luft in **Sutherland** für ausgezeichnete Bedingungen zum Sternegucken sorgt.

Worcester

Das interessanteste Erlebnis auf der Strecke von Kapstadt nach Worcester, 110 km nordöstlich der Kapmetropole, ist der **Huguenot Toll Tunnel** auf der N1, der durch hohe Berge in ein herrliches Tal führt. Die für diese Weltgegend relativ große Stadt Worcester ist ein landwirtschaftliches Zentrum mit einer Reihe von Fabriken und geruchsintensiven Hühnerfarmen. Sie liegt inmitten eines Weinanbaugebiets, dessen Winzergenossenschaften etwa ein Fünftel der landesweiten Weinmenge herstellen. J. M. Coetzee, der international bekannteste Schriftsteller Südafrikas, ist hier aufgewachsen, es gibt jedoch weder Museen noch irgendetwas, das auf sein Werk hinweist. Der Hauptgrund für einen Aufenthalt hier ist ein Besuch des friedlichen botanischen Gartens.

Karoo Desert Botanical Garden
108 Roux Rd, nahe der N1 ▪ ⏰ tgl. 7–19 Uhr ▪ Eintritt R25 ▪ Restaurant ⏰ Mo–Sa 8.30–21, So 8.30–16 Uhr ▪ ☎ 023 347 0785, 🖥 www.sanbi. org/gardens/karoo-desert/overview
Wer von Kapstadt kommt, findet am Ortseingang von Worcester den Karoo Botanical Gar-

Die Kleine Karoo wird von einem Strang zerklüfteter Bergen und tief eingeschnittener Täler (genannt poorts) umschlossen, die diese Gegend für Radfahrzeuge jahrhundertelang unpassierbar machten. Im 19. Jh. nahmen sich die Briten des Problems an und errichteten Dutzende von Pässen über die Berge des Kaps. 34 davon sind dem herausragenden Straßenbauer Andrew Geddes Bain und seinem Sohn Thomas zu verdanken. In der Tat entschädigen diese thronenden viktorianischen Meisterwerke für den Mangel an Museen und Kunstgalerien der Kleinen Karoo. Nachfolgend einige der schönsten Pässe:

Cogman's Kloof Pass, 5 km lange Strecke zwischen Ashton und Montagu, der dramatischste Teil windet sich durch eine Felswand in das Montagu-Tal.

Gamkaskloof Pass, auch als „Die Hel" („Die Hölle") bekannt, zu erreichen vom Gipfel des Swartberg-Passes. Dieser wohl eindrucksvollste Pass in der Region führt durchweg auf Schotter in ein spektakuläres, einsames Tal (s. Kasten S. 326).

Meiringspoort, eine geteerte Straße durch eine der Swartberg-Schluchten, die für die Fahrt nach Prince Albert genommen werden kann und mehrfach einen hellbraunen Fluss überquert, während zu beiden Seiten riesige gefaltete und gezackte Felsplatten in die Höhe ragen.

Prince Alfred's Pass, auf der R339, zwischen der N2 unmittelbar östlich von Knysna und Avontuur an der R62. Eine abenteuerliche unbefestigte Straße, die sich durch die Berge an ein paar einsamen Farmen vorbeiwindet.

Swartberg Pass, zwischen Oudtshoorn und Prince Albert, Pendant zu Meiringspoort über die Swartberge mit einem Gefälle von 14 % über schmale, ungeteerte und kurvige Straßen.

den ausgeschildert. Die Schwesteranlage des Kirstenbosch in Kapstadt ist vor allem für ihre heimischen Frühlingsblumen und Sukkulenten bekannt. Die beste Zeit für einen Besuch ist zwischen Juli und Anfang September, wenn sich

der Garten in ein Meer aus violetten, orangen und gelben Blumen verwandelt. Drei Wanderwege schlängeln sich durch das wilde Gelände, wo man stachlige Wüstengewächse und Blüten und im Winter die verschneite Kulisse der Hex-River-Berge sieht. Das schöne Restaurant Kokerboom serviert leichte Mahlzeiten mit Blick auf den Garten oder die Berge.

Worcester Museum

Gleich außerhalb des Zentrums in Kleinplasie, Anfahrt über die High St nach Osten, dann rechts in die Straße nach Robertson abbiegen ▪ ⏰ Mo–Sa 8–16.30, So 10–15 Uhr ▪ Eintritt R20

Das fesselnde Worcester Museum dokumentiert das Leben an der Karoo-Grenze zwischen 1690 und 1900. Es setzt sich aus zwei Dutzend nachgebildeten Gebäuden und alten Werkstätten zusammen, in denen Kunsthandwerk hergestellt wird. Bemerkenswert ist vor allem eine Hirtenhütte aus Kragstein, die den einzigartigen volkstümlichen Stil der Karoo veranschaulicht: gewölbte Steindächer und keine Balken- und Sturz-Konstruktionen, aus Mangel an Holz in der baumlosen Weite.

Robertson

Robertson ist die größte Stadt im schönen Abschnitt des Breede River Valley, hierzulande Robertson Valley genannt. Etwa 10 % der südafrikanischen Weinberge liegen im Robertson Valley. Der Boden weist einen für den Traubenanbau idealen Säurewert auf. Zu den besten hiesigen Weinen zählen Chenin Blancs, Colombards und Muskateller. Am bekanntesten ist die Gegend jedoch für ihre preiswerten, trinkbaren Weine, insbesondere die roten.

Neben Wein bietet das Robertson Valley auch prächtige Blumen. Am Rand der Straßen und Weingärten blühen u. a. Scharlachrotes Blumenrohr und Rosen in Hülle und Fülle.

ÜBERNACHTUNG

The Lemontree House, 2 Church St, ☎ 023 626 1384, 🖳 www.lemontreehouse.co.za. Viktorianisches Haus mit komfortablen Zimmern und

Die Weinroute des Robertson Valley reicht bis nach McGregor im Süden und Bonnievale im Osten und führt zu rund 40 Weingütern. Bei allen sind der Besuch und einigen auch die Verkostung kostenlos. Wer keine Zeit hat, sie alle abzuklappern, kann Wein auch in der **La Verne Wine Boutique**, 🖳 www.lavernewines.co.za, kaufen. Sie befindet sich in einem umgebauten Eisenbahnerhaus neben der Robertson Art Gallery, am Ortseingang über die R60 von Westen. La Verne verfügt über eine ungewöhnlich große Auswahl und die meisten regionalen Winzer sind hier vertreten. Besucher können hier Weine probieren und karton- oder flaschenweise erwerben. ⏱ Mo–Do 9–17.30, Fr 9–18, Sa 9–17 Uhr.

Bon Courage, ca. 10 km südöstlich von Robertson an der R317, ✆ 023 626 1384, 🖳 www.boncourage.co.za. Produziert einige hervorragende süße Weißweine, insbesondere Muskateller. In der Probierstube in einem wunderschönen alten Gehöft am Breede River können Weine unentgeltlich verkostet werden. Das dazugehörige Café Maude serviert Frühstück und leichtes Mittagessen. ⏱ Mo–Fr 8–17, Sa 9–15 Uhr.

De Wetshof, etwa 12 km südöstlich der Stadt an der R317, ✆ 023 615 1853, 🖳 www.dewetshof.com. Herrliches Anwesen mit Blick auf fotogene Berge und Weinfelder, produziert einige vorzügliche Weine, etwa den Bateleur Chardonnay. Bei den Proben (R70) können 14 Weine, darunter 2 Sektsorten, verköstigt werden. ⏱ Mo–Fr 8.30–16.30, Sa 9.30–13 Uhr.

Graham Beck, etwa 7 km nördlich von Robertson, ✆ 023 626 1214, 🖳 www.grahambeckwines.co.za. Progressives, ambitioniertes Weingut, das international Furore macht. Große Auswahl an Rot- und Weißweinen. In der hochmodernen Probierstube kann man für R75 5 Sektsorten verköstigen. ⏱ Mo–Fr 9–17, Sa und So 10–16 Uhr.

Robertson Winery, im Ort, in einer Seitenstraße der R60, ✆ 023 626 3059, 🖳 www.robertsonwinery.co.za. Erzeuger einiger ausgesprochen trinkbarer Chardonnays und Colombards, die hier günstiger verkauft werden als in den Geschäften. Probe kostenlos. ⏱ Mo–Fr 9–17.30, Sa 9–15, So 9–13 Uhr.

Springfield, einige Kilometer südöstlich von Robertson an der R317, ✆ 023 626 3661, 🖳 www.springfieldestate.com. Das geniale Weingut erzeugt ein Sortiment wirklich herausragender Rot- und Weißweine, die teils zu Südafrikas absoluten Spitzenreitern zählen. Die Weinproben sind kostenlos. Es gibt kein Restaurant, aber man kann sein mitgebrachtes Picknick auf der Wiese am See genießen. ⏱ Mo–Fr 8–17, Sa 9–15 Uhr.

Van Loveren, 15 km nordwestlich von Bonnievale an der R317, ✆ 023 615 1505, 🖳 www.vanloveren.co.za. Weinproben im hübschen Garten eines Weinguts, berühmt für süffige Tropfen wie den River Red, einen Südafrika-Klassiker. Für R55 kann man 8 Weine probieren, die zusammen mit Schokolade, Käse, Nüssen oder Fleisch kredenzt werden. Es gibt auch ein Restaurant namens Christina's Bistro, das von 10 bis 15 Uhr geöffnet ist. ⏱ Mo–Fr 8–17, Sa 9.30–15.30, So 11–14.30 Uhr.

geschmackvoll ländlicher Einrichtung. Der wunderschöne Garten hat Eichen- und Pecanbäume sowie einen Salzwasser-Pool. Im Winter verbreitet das Kaminfeuer noch zusätzlich eine friedliche Atmosphäre. R800
Robertson Backpackers, 4 Dordrecht Ave, ✆ 023 626 1280, 🖳 www.robertsonbackpackers.co.za. Eines der besten Backpacker-Hostels des Westkaps in einem geräumigen viktorianischen Haus mit Kamin und hübschem

Garten. Das Hostel organisiert eine eigene Weintour zum annehmbaren Preis (R400 p. P.) und im Sommer einen guten Rafting-Ausflug (R550). Camping R100, Dorm R160, DZ R420

INFORMATIONEN

Touristeninformation, Voortrekker St, ✆ 023 626 4437, 🖳 www.robertsontourism.co.za. ⏱ Mo–Fr 8–17, Sa 9–14, So 10–14 Uhr.

Robertson liegt an der R60 etwa 160 km von Kapstadt entfernt und ist mit dem **Auto** am besten über die N1 zu erreichen. Es gibt keine öffentlichen Transportmittel.

McGregor

McGregor ist ein attraktiver Ort mit strahlend weißen Reetdach-Cottages zwischen niedrigem Gestrüpp, Weinstöcken und Olivenbäumen und ruhiger, entspannter Atmosphäre.

Als Ziel für einen Wochenendausflug von Kapstadt hat McGregor einiges zu bieten: ein paar anständige Restaurants, eine Menge erschwingliche Unterkünfte und ein schönes Retreat-Zentrum mit preisgünstigen Massageangeboten. Auch eine Weintour ist sehr verlockend, allerdings nichts für sonntags, denn dann hat hier alles zu.

Im 19. Jh. gelangte McGregor als Zentrum der Peitschenstiel-Industrie zu bescheidenem Wohlstand. Fuhrmänner und Transportreiter kauften hier ihre langen Bambusstöcke zum Antreiben der Ochsen. Heute sind Ochsenwagen rar und neben der Landwirtschaft entwickelt sich der bisher noch begrenzte Tourismus in zunehmendem Maße.

Ein echter Besuchermagnet ist die Wanderstrecke über die **Boesmanskloof Traverse** (s. Kasten S. 245), die 14 km außerhalb von McGregor beginnt und nach Greyton auf der anderen Bergseite verläuft. Von McGregor kann man eine Etappe der Strecke begehen, die bis zum größten Wasserfall und dann wieder zum Ausgangspunkt des Wegs zurückführt – eine zauberhafte drei- bis vierstündige Wanderung durch die Flussschlucht (auf Afrikaans *kloof* genannt).

ÜBERNACHTUNG

Green Gables Country Inn, 7 Smith St, ✆ 023 625 1626, 🖥 www.greengablesmcgregor.co.za. Günstige Landhausunterkunft am Stadtrand, mit Pool, englischem Pub und Restaurant (S. 315). Das Dekor ist gemütlich, wenn auch etwas überladen, und der Service freundlich und persönlich. R900

McGregor Backpackers, Bree St, ✆ 083 206 8007, 🖥 www.mcgregorbackpackers.co.za. In dieser komfortablen Backpacker-Unterkunft können maximal 25 Gäste (Paare oder Gruppen) in unterschiedlichen Räumen unterkommen. Bis auf zwei haben alle Zimmer Bad und man kann seine Wäsche waschen lassen. R500

The Old Village Lodge, Voortrekker St, ✆ 023 625 1692, 🖥 www.oldvillagelodge.co.za. Gehobenes B&B in einem viktorianischen Cottage an der Hauptstraße. Die eleganten, komfortablen Zimmer werden durch einen hübschen Garten mit Pool ergänzt. R1300

Rhebokskraal Farm Cottages, 2 km südlich der Stadt, ✆ 082 896 0429, 🖥 www.rhebokskraal olives.co.za. Abgeschiedene Cottages zwischen Obst- und Olivenbäumen sowie Weingärten. Die Restaurants in der Stadt sind von hier aus gut erreichbar. R700

🧳 **Tanagra Guest Wine Farm**, 45 km nordöstlich von McGregor Richtung Robertson, ✆ 023 625 1780, 🖥 www.tanagra-wines.co.za. Idyllisches Weingut mit 3 stilvollen, hellen, luftigen Cottages, alle mit eigener Veranda und Bergblick. Eines davon ist komplett separat und verfügt über ein eigenes Tauchbecken sowie Hängematten und Kamin. Daneben werden noch 2 Apartments und ein Loft-Studio angeboten. Sämtliche Unterkünfte sind mit allem ausgestattet, was Selbstversorger brauchen. Wanderwege gibt es sowohl auf dem Farmgelände als auch im angrenzenden Naturschutzgebiet Vrolijkheid. R900

🧳 **Temenos Country Retreat**, Ecke Bree und Voortrekker St, ✆ 023 625 1871, 🖥 www.temenos.org.za. Retreat-Zentrum mit Cottages in einer wunderschönen Gartenanlage, einem Schwimmbecken, einer Bibliothek und Meditationsbereichen. Die ausgesprochen sichere und friedliche Anlage ist ideal für allein reisende Frauen. Frühstück inkl. R815

Whipstock Farm, 7 km südwestlich von McGregor Richtung Boesmanskloof, ✆ 073 042 3919, 🖥 www.whipstock.co.za. Farmunterkunft in einem viktorianischen Haus und in 5 weiß getünchten Cottages. Das Essen wird für alle in einem großen Esszimmer mit Kamin serviert. Ideal für Familien auf der Suche nach Natur. Selbstversorgung ist auch möglich. R560

ESSEN UND UNTERHALTUNG

Bemind Wyne, 45 Voortrekker St, ✆ 083 380 1648, 🖥 www.bemindwyne.co.za. In entspannter Atmosphäre kann man hier Weine aus McGregor probieren und sich mit der Winzerin Ilse Schutte unterhalten. Sie produziert seit 2015 Sauvignon Blanc, MCC Brut, Shiraz und Cinsault in kleinen Mengen. Die Qualität ist ausgezeichnet und der Flaschenpreis günstig (R90–170). 🕐 Mi–Fr 10–17 und Sa 10–14 Uhr.

Flora's Eating House & Gallery, 54 Voortrekker St, ✆ 082 070 9004. Frisches und interessantes Frühstück und Mittagessen, das man auf der Vorder- oder Hinterterrasse zu sich nehmen kann. Zu den im Haus zubereiteten Speisen gehören unter anderem türkisches Frühstück, würzige Linsensuppe, Hühnchengerichte mit dem Fleisch von freilaufenden Hühnern, vegane Salate (R75) oder Bockwurst mit Kartoffelbrei. Unbedingt reservieren! 🕐 Mo 6–21, Do–So 9–15 Uhr.

Green Gables Country Inn, 7 Smith St, ✆ 023 625 1626, 🖥 www. greengablesmcgregor. co.za. Abendessen auf der Terrasse mit Blick auf Weinberge und Dorf oder im gemütlichen Speisesaal mit Kamin plus „Dorf-Pub". Zur Auswahl stehen meist drei gute Gerichte, wie Curryhühnchen, Fish and Chips oder Lammkeule (R115). 🕐 Mi und Fr–So 18–22 Uhr.

Karoux Restaurant, 42 Voortrekker St, ✆ 023 625 1421. In diesem verschlafenen Dörfchen ist das preisgekrönte Gourmetrestaurant eine echte Überraschung. Auf der Karte stehen z. B. knusprige Entenbrust mit Blumenkohlpüree, Babyspinat, Confit-Lammkroketten und Leberparfait von freilaufenden Hühnern mit Trüffel-Blaubeer-Vinaigrette (R140). Unbedingt reservieren! 🕐 Mi–Sa 19–22 und So 12–15 Uhr.

Tebaldi's at Temenos, Bree, Ecke Voortrekker St, ✆ 023 625 1871, 🖥 www.temenos.org.za. Das alteingesessene Restaurant verblasst etwas gegenüber den neuen Gourmetlokalen, bietet aber nach wie vor verlässliche Küche. Frühstück und Salate (mittags) werden im friedlichen Garten und auf dem *stoep* an der Straße serviert. 🕐 Di und So 9.30–15.30, Mi–Sa 9.30–15.30, 19–21.30 Uhr.

INFORMATIONEN

Touristeninformation, Voortrekker St, ✆ 023 625 1954, 🖥 www.tourismmcgregor. co.za. Bucht Unterkünfte und stellt Permits für das Begehen der gesamten Boesmanskloof Traverse oder des Abschnitts bis zum Wasserfall aus (R40). Informiert auch über Kunstateliers sowie Massagen und Yogakurse in der Stadt. 🕐 Mo–Sa 9–13, 14–16.30, So 9–13 Uhr.

TRANSPORT

McGregor ist rund 180 km von Kapstadt entfernt und liegt 21 km südlich von Robertson. Mit dem **Auto** folgt man einer kleinen Straße, die von der R60 ausgeschildert ist, bis zum Ende. Die Straße von Süden, die sich als interessanter Umweg anzubieten scheint, sollte man tunlichst meiden – sie ist nur mit Vierradantrieb zu bewältigen. Für die Fahrt von Kapstadt auf der N1 muss man 2 1/2 Std. rechnen und in Worcester nach Robertson abbiegen.

Montagu

Die Anfahrt nach Montagu wird begleitet von hoch aufragenden Bergen, die sich in Form von riesigen Bögen mit Schichten in Rot- und Ockertönen erheben. Der für seinen Obstanbau bekannte Ort ist im Frühling voller Pfirsich- und Aprikosenblüten und mit seiner viktorianischen Architektur und seinem historischen Flair mindestens für eine Übernachtung gut.

Benannt wurde die Stadt 1851 nach dem vorausschauenden britischen Minister des Kaps, **John Montagu**. Dieser erkannte, dass sich die Kolonie ohne vernünftige Verkehrsanschlüsse nie entwickeln würde, und gab die ersten Bergpässe zur Verbindung der abgelegeneren Gegenden mit Kapstadt in Auftrag. Die dankbaren

WESTKAP

Farmer von Agter Cogman's Kloof (übersetzt: „hinter Cogman's Kloof") ergriffen die Chance, ihrem Dorf dem Minister zu Ehren einen neuen Namen zu geben.

Montagu ist vor allem für seine **Thermalquellen** berühmt, doch davon abgesehen kommen auch ernsthafte **Kletterer** an den Felswänden, die zu den anspruchsvollsten des Landes zählen, auf ihre Kosten. Außerdem kann man auf einer Reihe von Wegen die Berge erkunden – die bequemste Option ist eine Traktorfahrt zu einem Gipfel mit atemberaubendem Panoramablick. Montagu dient zudem als guter Ausgangspunkt für Ausflüge entlang der Robertson- und Little-Karoo-**Weinroute** (Kasten S. 313).

Samstagvormittags bietet ein besuchenswerter Bauernmarkt an der Kirche Oliven und Olivenöl, Brot, Käse, Mandeln und Dörrobst an – alles von den Farmen der Umgebung und zu außergewöhnlich günstigen Preisen. Im Sommer werden Pfirsiche und Aprikosen oft sehr günstig am Straßenrand oder in Hinterhöfen verkauft.

Montagu Springs Resort

Rund 3 km nordwestlich der Stadt an der R318 ▪ ⏰ tgl. 8–23 Uhr ▪ Eintritt R100 ▪ ☎ 023 614 1050, 🖥 www.montagusprings.co.za

Die Hauptattraktion von Montagu ist das **Montagu Springs Resort**. Mehrere gechlorte, unterschiedlich temperierte Pools im Freien und Whirlpools liegen spektakulär am Fuße der Kliffs. Die Atmosphäre wird durch die Neonlichter eines Hotelkomplexes und Fastfood-Lokale etwas beeinträchtigt. Das Resort ist für Kinder geeignet, an Wochenenden und in den Schulferien allerdings überlaufen. Etwas ruhiger geht es ganz früh morgens bzw. spät am Abend zu.

Im Winter können die Wassertemperaturen ungemütlich kühl werden. Dann weicht man besser zu den Quellen von Caledon (Kasten S. 244) oder Warmwaterberg (Kasten S. 318) aus, die viel wärmer und ruhiger sind.

ÜBERNACHTUNG

Aasvoelkrans, 1 Van Riebeeck St, ☎ 023 614 1228, 🖥 www.aasvoelkrans.co.za. 4 fantasievoll eingerichtete Gartenzimmer auf einer hübsch gelegenen Farm, wo Araberpferde auf den Feldern grasen. Für Familien und Gruppen gibt's noch ein Selbstversorger-Cottage mit 2 Zimmern. Cottage R900, DZ R1000

De Bos Guest Farm, 8 Brown St, ☎ 023 614 2532, 🖥 www.debos.co.za. Schöne, schattige Zeltstellplätze, Dorms, schlichte DZ mit Bad und Familien-Bungalows auf einer Farm am westlichen Stadtrand. Ganz in der Nähe führen Wanderwege in die spektakulär gewundenen Berge. Bei Kletterern ist die Unterkunft ebenfalls beliebt. Camping R80, Dorm R130, DZ R900

Montagu Rose Guest House, 19 Kohler St, ☎ 023 614 2681, 🖥 www.montagurose.co.za. Gut geführtes Gästehaus in modernem Gebäude voller Gemälde und Nippes. Alle Zimmer mit Bad und Bergblick ausgestattet, eines ist rollstuhlgerecht. Es gibt auch ein Familienzimmer für 4 Pers. R800

Montagu Springs, von der R62 westlich der Stadt ausgeschildert, ☎ 023 614 1050, 🖥 www.montagusprings.co.za. Großes Resort mit voll ausgestatteten Chalets zur Selbstverpflegung für 4 Pers., einige luxuriöser als andere. Besonders geeignet für Familien; Kinder können sich in den Schwimm- und Spielbereichen austoben. Unter der Woche sind die Preise etwa um einen Drittel niedriger. R1300

Squirrel's Corner, Bloem, Ecke Jouberts St, ☎ 023 614 1081, 🖥 www.squirrelscorner.co.za. Günstiges B&B, 2 Blocks von der Hauptstraße entfernt. 4 bequeme, saubere Zimmer mit Bad im Haupthaus, sowie 1 Gartensuite mit Afrika-Dekor. Zur Begrüßung gibt's ein Glas Muskateller aus Montagu. R970

ESSEN UND UNTERHALTUNG

Es lohnt sich, bei der Fahrt durch Montagu an den Ständen entlang der R62 Knabbereien und Produkte aus der Region zu kaufen. Mehrere hübsche Cafés in Long Street laden zu einer Pause ein. Im Sommer werden auf Hinterhöfen und an der Straße oft ganze Tüten mit Pfirsichen oder Aprikosen zu Spottpreisen verkauft. Besonders empfehlenswert ist der samstägliche Bauernmarkt an der Kirche. Hier gibt es Oliven, Olivenöl, Brot, Käse, Mandeln und Trockenobst von den umliegenden Höfen. Zum Abendessen muss man in allen Restaurants reservieren.

Die Stal, 8 km außerhalb der Stadt an der R318, ☎ 082 324 4318. Nettes Café/Restaurant auf einer Farm mit Veranda und Blick auf Obstplantagen und Felder. Serviert Frühstück, Mittagessen und Nachmittagstee. Besonders gut sind das Lammhüftsteak (R130), für Vegetarier die Ploughman's Platter (R85). ⊕ Di–So 9–17 Uhr.

Ma Cuisine, in der Mimosa Lodge, 19 Church St, ☎ 023 614 235, 🖥 www.mimosa.co.za/index.php/dining. Wen es nach einem Dinner mit Kerzenbeleuchtung gelüstet, der sollte in diesem schicken Guesthouse an der R62 reservieren. Serviert wird südafrikanische Küche mit französischem Einschlag, beispielsweise Karoo-Lamm mit Muskateller-Thymian-Jus. Auch Vegetarier finden hier gute Gerichte aus frischen Zutaten. Für R500 ist ein 4-Gänge-Menü (mit Wein R670) zu haben. ⊕ tgl. 18–21 Uhr.

Mystique Tin, 38 Bath St, ☎ 082 572 0738, 🖥 www.themystictin.co.za. Tischdecken, Kerzenlicht und ein offener Kamin schaffen den gemütlichen, informellen Rahmen für die südafrikanischen Spezialitäten, die hier kreativ abgewandelt werden. Das Straußenfilet (R110) ist gut, aber es gibt auch ein paar leckere vegetarische Alternativen. Dazu schmeckt

ein Bier aus der hauseigenen Mikrobrauerei Karoo. ⊕ Mo–Sa 17–21.30 Uhr.

Simply Delicious Restaurant, Four Oaks Guest House, 46 Long St, ☎ 023 614 3483, 🖥 www.four-oaks.co.za. Das Restaurant im schattigen Innenhof eines reetgedeckten Hauses aus dem Jahr 1860 ist ein guter Boxenstopp für ein leichtes Mittag- oder Abendessen, z. B. Steak mit Saisongemüse (R125) und verschiedene Wraps und Salate. ⊕ im Sommer tgl. 12.30–14.30, 19–21 Uhr, im Winter Mo–Sa 12.30–14.30, 18.30–21 Uhr.

INFORMATIONEN

Touristeninformation, 24 Bath St, ☎ 023 614 2471, 🖥 www.montagu-ashton.info. ⊕ Mo–Fr 8–18, Sa 9–17, So 9.30–14 Uhr.

TRANSPORT

Auto
Montagu liegt 190 km von Kapstadt entfernt. Man fährt die N1 bis Worcester und biegt dann auf der R60 nach Südosten ab. Die rund 60 km ab Worcester führen durch Robertson und Ashton.

Shuttlebusse
Danie, ☎ 072 750 3125, betreibt einen günstigen Shuttle-Dienst zwischen MONTAGUE und KAPSTADT (R160). Das Ganze funktioniert auf Anfrage und bei den Abfahrtzeiten und Zwischenhalten muss man flexibel sein.

Aktivitäten in Montagu

Die Touristeninformation in Montagu (s. u.) hat Karten für drei **Wanderwege**, die an der Old Mill am Nordende der Tanner Street beginnen. Zwei sind Ganztageswanderungen, während der **Lover's Walk**, die mit 2 km kürzeste Strecke, durch Bath Kloof (oder Badkloof) am Keisie River entlang bis zu den Thermalquellen führt.

Wer nicht so fit ist, kann die **Langeberg Mountains** per **Traktor** erklimmen (Mi und Sa 10 und 14 Uhr, 3 Std., R110). Abfahrt an der Protea Farm, 29 km hinter Montagu an der R318 nach Koo/Touws River. Im Winter warme Kleidung nicht vergessen. Reservierung unter ☎ 023 614 3012.

Barrydale und Umgebung

Barrydale, 240 km von Kapstadt, ist ideal, um ein paar Tage in das Kleinstadtleben der Kleinen Karoo einzutauchen: Besuch der Thermalquellen in **Warmwaterberg** (Kasten S. 318), Picknick am Tradouw Pass und viele Wanderungen. Im Dorf gibt es ein paar ausgezeichnete Restaurants, gute Unterkünfte zu vernünftigen Preisen und Kunsthandwerksgeschäfte. Die 60 km lange Fahrt von Montagu und die Route von Swellendam über den Tradouw Pass führen durch spektakuläre Berglandschaft. Die Atmosphäre des Orts ist sehr ländlich: Ein großer Weingarten säumt die Hauptstraße, Vieh grast auf großen Weiden hinter Trockenmauern, Feigen-, Pfirsich- und Quittenbäume gedeihen in der ausgedörrten Landschaft. Es überrascht nicht, dass die friedliche Idylle den Ort auch zu einem Mekka für Künstler gemacht hat.

Sanbona Wildlife Reserve

20 km westlich von Barrydale abseits der R62 ■ R16 500 in der Lodge inkl. Mahlzeiten und 2 Safaris ■ ☎ 021 010 0028, 🖥 www.sanbona.com

Das Sanbona Wildlife Reserve umfasst das Land von 21 Farmen, die zusammen eine riesige Wildnisregion bilden. In der eindrucksvollen Landschaft aus schroffen Felsen, Bergen und Halbwüstenvegetation verteilen sich neben einem Campingplatz drei extrem luxuriöse All-inclusive-Lodges. Die spektakulär gelegene **Dwyka Tented Lodge** liegt näher an den tierreicheren Gegenden, während das **Explorer Camp** ein noch größeres Naturerlebnis beschert. Das Camp liegt an einem Fluss, von wo aus Guides die Besucher auf 2-Tagestouren durch die Wildnis führen (R4620 p. P., Altersbeschränkung 16–60 Jahre). Hier gibt es zwar nicht so viele Wildtiere wie im Krüger-Park, dafür ist es das einzige Areal am Westkap mit freilaufenden Löwen und Geparden. Eine Elefantenherde gibt es hier auch.

Am besten bleibt man zwei Nächte. Tagesbesucher haben keinen Zutritt. Die Website informiert über Sonderangebote und günstigere Winterpreise.

ÜBERNACHTUNG

InKaroo Cottage, 2 Bain St, nahe dem Friedhof, ☎ 028 572 1344. Das wunderschön renovierte und modern eingerichtete Karoo-Cottage für Selbstversorger hat 2 Zimmer und bietet Platz für 4 Gäste. Zwischen Trockensteinmauern und Weinreben sitzt man hinter dem Haus mit Blick auf den Sonnenuntergang in den Bergen. Die nächsten Geschäfte liegen nur 5 Min. entfernt. R800

Tradouw Guest House, 46 van Riebeeck St, ☎ 028 572 1434, 🖥 www.tradouwguesthouse.co.za. Das freundliche Gästehaus ist eine der besten Unterkünfte an der R62. 6 einfache, aber gemütliche Zimmer, von denen 4 auf einen schattigen, weinberankten Hof blicken, in dem man frühstücken kann. 2 haben Zugang zum großen hübschen Garten. In der Lounge prasselt im Winter ein Kaminfeuer. R700

ESSEN

Entlang der R62 gibt es eine Reihe von Esslokalen, aber die meisten sind nur tagsüber geöffnet. Zum Abendessen findet man jedoch immer mindestens eins, sollte aber im Voraus reservieren.

Barrydale Cellar, 1 Van Riebeeck St, ☎ 028 572 1012. Die Lage am Fluss ist auch sehr schön, aber hier geht es eher um die Verkostung von Brandy, Bier und Ale aus eigener Herstellung (2 Proben kostenlos, danach

Warmwaterberg Spa

30 km östlich von Barrydale (gleich nach Ronnie's Sex Shop, einem Pub und Wahrzeichen fern ab von allem) liegt das **Warmwaterberg Spa**, ☎ 028 572 1609, 🖥 www.warmwaterbergspa.co.za, eine Karoo-Farm mit heißen Quellen, die zwei ungechlorte Thermalbecken speisen und von üppig grünen Rasenflächen und Palmen umgeben sind. Die Anlage lockt vor allem südafrikanische Besucher und ist während der Schulferien und am Wochenende mitunter ziemlich überfüllt und laut. Am schönsten ist der Besuch nach Einbruch der Dunkelheit, wenn der Dampf in den kalten, sternenübersäten Karoo-Himmel aufsteigt. Die Farm ist hübsch gelegen, mit Bergkulissen und einem fantastischen Reichtum an Vögeln, die diese Oase in der Wüste anziehen. Es gibt schlichte, günstige Unterkünfte für Selbstversorger in Holzhütten oder Zimmern im Farmgebäude, alle mit (Thermal-)Bad (R750), außerdem einige Campingstellplätze (R380 für 2 Pers.), eine Bar und ein Restaurant, das Frühstück und Abendessen serviert. An Wochentagen und außerhalb der Schulferien sind die Preise ermäßigt. Tagesbesucher dürfen für ein Entgelt von R50 hier auch baden.

R30 p. P.). Ein Restaurant serviert mittags Pizza. ⊕ Mo–Fr 9–17, Sa 9–15 Uhr.

Clarke of the Karoo, Mud Gallery, an der R62, 📞 028 572 1017, 🖥 www.clarkeofthekaroo. co.za. Tolles Lokal für herzhafte Landgerichte; die Vorspeise geht aufs Haus. Besonders empfehlenswert sind die Karoo-Lammburger und Curry mit *roti*. Man kann auch in einem schönen von Trockenmauern umgebenen Hof speisen. Abendessen gibt es an 4 Wochentagen (R130 für 2 Gänge). ⊕ So–Di 8–16, Mi–Sa 8–20 Uhr.

Diesel and Creme Vintage Diner, an der R62, 📞 028 572 1008. Das beliebteste Lokal an der R62 und daher immer voll. Es ist im Retrostil eingerichtet und der Ramsch der Inneneinrichtung soll die Romantik der Route 66 in den USA heraufbeschwören. Tolle Milkshakes und Burger (R70). ⊕ tgl. 8–17 Uhr.

🛏 **Mez Karoo Kitchen**, Van Riebeeck St, 📞 082 077 5980. Ausgezeichnete, günstige mediterrane Speisen und Weine wie leichte Tapas-Gerichte und griechisches Lamm (R140). Letzteres ist die Spezialität des Hauses, in dem die Köchin selbst wohnt. Köstlich ist das quietschpinke Rosenwassereis mit Pistazien und frischer Minze und das Honig-Roseneis. Im Sommer bietet sich der Garten für ein lauschiges Abendessen an. Vorab reservieren und die Öffnungszeiten prüfen. ⊕ Di, Do–Sa 18–22, So 11–14 Uhr, im Winter geschlossen.

EINKAUFEN

An der R62 hat Barrydale einige lohnenswerte Weingeschäfte, die auch Weinproben anbieten, sowie Kunsthandwerksläden zum Stöbern.
Magpie Studio, 27 Van Riebeeck St, 📞 028 572 1997, 🖥 www.magpieartcollective.com. Farbenfrohe recycelte Einrichtungsgegenstände und Kronleuchter – sogar Michelle Obama bestellte einen fürs Weiße Haus. ⊕ Di–Fr 10–17, So 9–13 Uhr.

SONSTIGES

Informationen
Touristeninformation, an der R62, 📞 028 572 1572, 🖥 www.barrydale@swellendamtourism.

co.za. Die winzige Touristeninfo liegt zwischen den Geschäften und Restaurants bei Diesel und Cream Diner. Die Mitarbeiter helfen auch bei der Unterkunftssuche. ⊕ Mo–Fr 9–17, Sa und So 9–14 Uhr.

Geld und Post
Beim Supermarkt in der Hauptstraße Van Riebeeck St gibt es einen **Geldautomaten** und eine **Post**.

TRANSPORT

Mit dem **Auto** sollte mit 3 1/2 Std. Fahrzeit von Kapstadt gerechnet werden, entweder über die N1 und R62 über Montagu oder über die N2 und R324, die etwas östlich von Swellendam auf einer herrlichen Strecke durch Suurbrak und über den Tradouw Pass führt. Beide Routen sind gleich empfehlenswert.

Oudtshoorn

Oudtshoorn, 420 km von Kapstadt und 180 ausgedörrte, gebirgige Straßenkilometer von Barrydale, vermarktet sich als „Straußenhauptstadt der Welt". Kein Wunder – in der Umgebung finden sich unzählige Straußenfarmen, von denen man einige besichtigen kann. In den örtlichen Souvenirläden gibt es die Tiere in allen nur erdenklichen Formen. Bei der Fahrt durch die Gegend sieht man auf den Farmen am Straßenrand ganze Herden sich sonnen oder Nahrung vom Boden aufpicken. Glanzpunkte des Ortes sind die viktorianischen und edwardianischen Sandsteinhäuser, einige davon sind für ein Karoodorp überraschend elegant und erhaben. Oudtshoorn eignet sich auch gut als Ausgangsbasis für Ausflüge zu den **Cango Caves** (S. 322).

Geschichte

Seinen Anfang nahm Oudtshoorn als kleines Dorf, das nach Geesje Ernestina Johanna van Oudtshoorn, der Frau des ersten Bürgerbeauftragten im nahe gelegenen George, benannt wurde. In den 60er-Jahren des 19. Jhs. wurden wilde **Strauße** erstmals unter den idealen Bedingungen des Oudtshoorn Valley aufgezogen. Die bizarre viktorianische Vorliebe für lange Federn machte die Strauße zu einer Quelle beachtlichen Wohlstands, und schon um 1880 begann man, Tausende von Kilogramm Federn zu exportieren.

Die Arbeiter rekrutierten sich größtenteils aus farbigen Nachkommen der Outeniqua- und Attaqua-Khoikhoi sowie Trekburen, die trotz des Feder-Booms nur lächerliche, durch Essens-, Wein-, Schnaps- und Tabakrationen aufgebesserte Löhne erhielten. Anfang des 20. Jhs. bauten sich erfolgreiche Farmer und Händler „Federpaläste", prunkhafte edwardianische Gebäude aus Sandstein, die sich zum charakteristischen Merkmal von Oudtshoorn entwickelten.

C.P. Nel Museum

Ecke Baron van Reede St und Voortrekker Rd ■
⏰ Mo–Fr 8–17, Sa 9–13 Uhr ■ Eintritt R15
■ ✆ 044 272 7306, 🖥 www.cpnelmuseum.co.za

Das C.P. Nel Museum ist ein guter Ausgangspunkt für eine Erkundungstour. Das hübsche Sandsteingebäude wurde 1906 als Jungenschule erbaut und beherbergt heute eine außergewöhnliche Sammlung, vorwiegend zum Thema Strauße. Innerhalb des Museums gibt es den Nachbau einer Synagoge aus der Zeit, als jüdische Einwanderer im Federhandel tätig waren.

Le Roux Town House

Ecke Loop und High St ■ ⏰ Mo–Fr 9–17 Uhr
■ Eintritt R15 ■ ✆ 044 272 3676

Das tadellos erhaltene Stadthaus einer Familie bietet die einmalige Gelegenheit, einen Blick ins Innere der viel gepriesenen Federpaläste zu werfen. Der ortsansässige Architekt Charles Bullock entwarf das Haus für den Straußenfarmer John le Roux in einem typisch eklektischen Stil. Es wurde 1910 fertig gestellt und enthält Art Nouveau-Elemente und feine schmiedeeiserne Arbeiten auf den Veranden. Die wunderschönen Einrichtungsgegenstände wurden allesamt zwischen 1900 und 1920 aus Europa importiert und garantieren einen interessanten Rundgang.

ÜBERNACHTUNG

In Oudtshoorn gibt es eine Reihe großer Hotels, die vor allem von Tourenbussen angefahren werden, viele gute B&Bs und Gästehäuser,

einen zentralen Campingplatz mit Chalets und eine der besten Backpacker-Lodges des Landes. Einige der hübschesten Unterkünfte finden sich inmitten der herrlichen Landschaft an der Strecke zu den Cango Caves. Im Winter findet das einwöchige **Klein Karoo Nasionale Kunstfees** (KKNK, 🖥 www. absaknk.co.za, S. 40), ein großes Kunstfest, (hauptsächlich auf Afrikaans) statt. In den darauf folgenden Monaten und nach der Straßenparty in den Osterferien (April) gehen die Preise radikal runter.

Backpacker's Paradise, 148 Baron Van Reede St, ✆ 044 272 3436, 🖥 www.backpackers paradise.net. Gut geführtes 2-stöckiges Hostel an der Hauptstraße; DZ mit Bad und Familienzimmer sowie Dorms. Zum Angebot gehören allabendliche *braais* mit Straußenfleisch und Vegetarieroptionen und ein täglicher Shuttleservice von der Baz-Bushaltestelle in George. Das zum Haus gehörige Adventure Centre organisiert Radtouren auf den Swartberg Pass und einen täglichen Shuttlebus zu den Cango Caves, einer Straußenfarm und der Wildlife-Ranch. Reiten wird auch angeboten. Camping R100, Dorm R160, DZ R520

Buffelsdrift Game Lodge, 7 km außerhalb von Oudtshoorn an der Cango Caves Rd, ✆ 044 272 0106, 🖥 www. buffelsdrift.com. Die exklusivste Unterkunft der Stadt: luxuriöse Safarizelte samt eigenem Bad an einem großen Stausee mit Flusspferden. Das Frühstück ist im Preis enthalten und wird im schicken offenen Restaurant mit Reetdach serviert. Safaris oder Ausritte mit der Chance, Nashörner, Büffel, Elefanten, Giraffen und verschiedene Antilopen zu sehen, können ebenfalls als Paket mitgebucht oder separat gezahlt werden. R2500

De Oue Werf, an der R328 Richtung Cango Caves ausgeschildert, ✆ 044 272 8712, 🖥 www.ouewerf.co.za. Luxuriöse Gartenzimmer zum günstigen Preis auf einer Farm, die bereits von der 6. Generation einer sehr gastfreundlichen Familie betrieben wird. Rasenflächen erstrecken sich bis zu einem großen Teich mit Seilrutsche, Floß und zahlreichen Vögeln. Tolle Basis auf dem Land für einen Ausflug zu den Höhlen. R1300

Gum Tree Lodge, 139 Church St, ☎ 044 279 2528, 🖳 www.gumtreelodge.co.za. Das idyllische B&B mit Pool, Terrasse und gut bestücktem Pub liegt nur ein paar Gehminuten vom Zentrum entfernt an einem Fluss mit vielen Vögeln. Die 5 Zimmer haben moderne Bäder, Klimaanlage und TV. Es gibt auch ein Selbstversorger-Cottage mit 2 Zimmern für 4 Pers. DZ R1150, Cottage R1800

Kleinplaas Holiday Resort, 171 Baron van Reede St, ☎ 044 272 5811, 🖳 www.kleinplaas. co.za. Gut geführter und schattiger Campingplatz und voll ausgestattete Chalets für Selbstversorger in Stadtnähe mit Pool und Waschküche. Die gut informierten Inhaber zeigen ihren Gästen gerne alles und machen auf Wunsch auch Frühstück. Camping R320, Chalet R1300

Lodge 96, 96 Langenhoven Rd, ☎ 044 272 2996, 🖳 www.lodge96.co.za. Einfaches Haus mit sauberen Zimmern und Kiefermöbeln. Es gibt ein Dorm und ein Familienzimmer, einen Garten für Zelte sowie einen Pool, Wäschedienst und eine gute Küche für die Selbstversorgung. Ideal für Preisbewusste, denen normale Hostels zu quirlig sind. Es können auch Aktivitäten in der Umgebung gebucht werden. Camping R100, Dorm R160, DZ R550

ESSEN

Oudtshoorn hat viele Lokale. Die meisten liegen an der Baron van Reede Street und sind auf Touristen ausgerichtet. Und bei fast allen gibt es natürlich auch Straußenfleisch.

Bello Cibo, 145 Baron van Reede St, ☎ 044 272 3245. Günstiges und entspanntes italienisches Restaurant mit Plätzen drinnen und draußen; eine gute Wahl für Reisende mit Kindern. Neben Pizza und Pasta gibt es ein paar interessante Straußengerichte (R90). Reservierung empfohlen. ⏰ Mo–Sa 17–22 Uhr.

Buffelsdrift Game Lodge, 7 km außerhalb der Stadt Richtung Cango Caves, ☎ 044 272 0106. Gutes Frühstücksbuffet oder Mittagessen auf einer Holzterrasse am Stausee, wo es mit Glück einige Vertreter der heimischen Tierwelt zu sehen gibt. Das Restaurant der Lodge bewirtet auch Tagesbesucher, und die Mahl-

zeit lässt sich auf Wunsch mit Elefantentätscheln oder anderen Aktivitäten mit Tieren kombinieren. Zum Frühstücksbuffet gehören lokale Spezialitäten wie *roesterkoek*, ein leckeres Sandwich vom Holzkohlegrill (R90). ⏰ tgl. 10–22 Uhr.

Café Brulé, Queen's Hotel, 5 Baron van Reede St, ☎ 044 279 2414, 🖳 www.queens hotel.co.za. Im herrschaftlichen Kolonialambiente des renovierten Queen's Hotel ist das netteste Café der Stadt. Mit Blick auf die Hauptstraße werden ein großzügiges warmes Frühstück, mittags gute Straußenburger (R70) oder einfach nur ein Cappuccino serviert. Neben Gebäck und Brot aus der hauseigenen Bäckerei gibt es außerdem noch eine Deli-Theke für alle, die ein Picknick planen. ⏰ tgl. 7–17 Uhr.

SONSTIGES

Informationen

Touristeninformation, 80 Voortrekker St, nahe der Bibliothek, ☎ 044 279 2532, 🖳 www.oudtshoorn.com. Gute Informationen zu den Höhlen und Straußenfarmen. ⏰ Mo–Fr 8.30–17, Sa 9.30–12.30 Uhr.

Touren

Backpacker's Paradise (S. 320) vermietet Räder und veranstaltet Abenteuerfahrten den Swartberg Pass hinunter (rauf wird man gebracht).

Cango Ostrich Farm, an der Hauptstraße zwischen Oudtshoorn und den Cango Caves in Schoemanshoek Valley, ☎ 044 272 4623, 🖳 www.cangoostrich.co.za, ist die beste der Showfarmen, die Straußentouren anbieten. Die 45 Min. dauernden Touren starten alle 20 Min. und kosten R100. Hier kann man auch Wein verkosten, essen und im Geschenkeladen einkaufen.

TRANSPORT

Auto

Für die 420 km lange Fahrt auf der R62 von Kapstadt muss man 6 Std. einkalkulieren. Eine Alternativstrecke führt über die N2 an

der Garden Route entlang bis George
und dann auf der N12 landeinwärts bis
Oudtshoorn.

Bus

Intercity-Busse halten an der Queens Mall,
in unmittelbarer Nähe der Voortrekker St,
gegenüber der Hauptstraße Baron Van Reede
St auf der anderen Flussseite. **Intercape**,
⌨ www.intercape.co.za, fährt tägl. von
KAPSTADT um 16.30 Uhr nach Oudtshoorn
(9 Std., Ankunft 1.30 Uhr). Die Abfahrt in die
andere Richtung ist um 22.30 Uhr (Ankunft
6.30 Uhr). Greyhound bietet keinen Dienst
nach Oudtshoorn an.

Minibus

Hilton de Villiers, Divvies Transport, ✆ 082
841 0107 oder 078 209 3866, und **Gysman
Transport**, Leeu Rd, ✆ 044 272 0516 oder
083 946 8862, sind regionale Busgesellschaften,
die zwischen Oudtshoorn und KAPSTADT
auf Anfrage Fahrten von Tür zu Tür anbieten.
Die Fahrt dauert fast den ganzen Tag, da
15 Personen abgeholt und abgesetzt werden
müssen.

Cango Caves

30 km von Oudtshoorn ▪ ⏱ tgl. 9–16 Uhr ▪ Touren
R100 ▪ ✆ 044 272 7410, ⌨ www.cangocaves.co.za
▪ Der Beschilderung auf der hübschen R328 folgen,
die anschließend über den eindrucksvollen Swartberg-
Pass nach Prince Albert weiterführt

Die Cango Caves zählen zu den beliebtesten
Attraktionen von Südafrika. Jährlich kommen
rund 250 000 Besucher, um die fantastischen
Höhlenkammern, tropfenden Felsen und Kalzit-
säulen zu bestaunen. In den letzten zwei Jahrhunderten wurden die Höhlen allerdings durch
menschliche Eingriffe stark in Mitleidenschaft
gezogen. Dennoch bieten sie nach wie vor den
Anblick einer atemberaubenden Landschaft im
Innern der Swartberg-Ausläufer. Wer ein ruhiges, besinnliches Erlebnis erwartet, wird allerdings enttäuscht: Die Höhlen besucht man nur
im Rahmen einer Führung, die im Voraus gebucht werden muss.

Die Standard Tour (zur vollen Stunde, 1 Std.,
R100) besucht die ersten sechs Kammern. Viel
interessanter ist jedoch die Adventure Tour (zur
halben Stunde, 1 1/2 Std., R150), die anschließend noch in tiefere Höhlenabschnitte mit immer
kleineren Öffnungen führt. Das Quetschen durch
enge Gänge mit Namen wie Lumbago Walk,
Devil's Chimney oder Letterbox ist allerdings
nicht empfehlenswert für Klaustrophobiker.

Geschichte

Schon Jahrtausende vor Ankunft der weißen
Siedler suchten San-Jäger und -Sammler in
den Eingangshöhlen Schutz, allerdings sind sie
wohl kaum bis zu den lichtlosen unterirdischen
Kammern vorgedrungen. **Jacobus van Zyl**, ein
Karoo-Farmer, war vermutlich der erste, der
dorthin gelangte, als er sich im Juli 1780 mit einer Lampe bewaffnet in die Dunkelheit hinab-
gleiten ließ. Während der nächsten paar Jahrhunderte fand sich eine wachsende Anzahl von
Höhlenforschern und Plünderern hier ein. Auf
Fotos kann man sehen, wie sie fröhlich ganze Wagenladungen von Kalkstein-Säulen weg-
schleppten.

In den 1960er- und 70er-Jahren wurden die
Höhlen den Massen schmackhaft gemacht – ein
Besucherkomplex entstand, der steinige Boden
wurde betoniert, Leitern und Fußwege wurden
errichtet und die Höhlen verwandelten sich in
eine kitschige Attraktion mit farbigen Lichtern,
Flötenmusik und Erläuterungen.

Unter Premierminister Dr. Hendrik Verwoerd,
dem Erzideologen der Rassentrennung, hackte
man einen separaten „Non-Whites"-Eingang in
die Wand, was zu einem verheerenden Durchzug führte, der die Höhlen auszutrocknen begann. Glücklicherweise haben die schlimmsten
Exzesse inzwischen ein Ende gefunden: Konzerte in den Höhlen sind nicht mehr erlaubt und die
farbigen Lichter wurden auch entfernt.

Calitzdorp

Als wäre es in einer Art Mittagsruhe dauer-
erstarrt, präsentiert sich das kleine Karoo-Dorf
Calitzdorp mit seinen viktorianischen Straßen

und einigen Weingütern. Doch der Ort ist im Kommen. Die malerische Schönheit hat inzwischen viele Künstler hierher gelockt. Das Dorf liegt nur 50 km von Oudtshoorn entfernt, ist aber kleiner, billiger und attraktiver und ein guter, alternativer Ausganspunkt für Erkundungen der Gegend.

In der Queen Street gibt es hübsche Gästehäuser, urige Cafés und Kunstgalerien. Sie liegen alle auf dem Weg zu den drei wichtigen Weingütern, nur ein paar hundert Meter vom Zentrum entfernt. Man biegt von der R62 ab und folgt der Ausschilderung. Hier werden die besten Portweine Südafrikas produziert. Außerdem kann man gut Oliven aus den nahe gelegenen Olivenhainen kaufen.

ÜBERNACHTUNG

Calitzdorp Country House, Besemkop, Calitz St, ℂ 044 213 3760. Luxuriöses und freundliches Guesthouse mit 5 Zimmern, einem Pool und einem Stausee. Jede Einheit hat Blick auf die Weinstöcke und den Swartberg von der eigenen Terrasse aus und ist mit Antiquitäten

Südafrikanischer Port

Im Zentrum von Calitzdorp sind die nur wenige Hundert Meter entfernten Weingüter beschildert. Hier wird zum Teil Südafrikas bester **Portwein** produziert. Wärmstens empfohlen wird das **Die Krans Estate**, ℂ 044 213 3314, 🖥 www.dekrans.co.za, wo man Portweine und andere Weine probieren und sich die Beine bei einem 30-minütigen Spaziergang durch die reizvolle Landschaft vertreten kann. Ihr hervorragender Vintage Reserve Port zählt zu den drei besten des Landes. ⏱ Mo–Fr 9–17, Sa 9–15 Uhr, Eintritt frei.
Ebenfalls gute, preisgekrönte Portweine bringt das **Boplaas Estate**, ℂ 044 213 3326, 🖥 www. boplaas.co.za, hervor. Außerdem lohnt sich hier ein Besuch schon wegen der riesigen reetgedeckten Probierstube, welche an eine Cantina aus einem Spaghetti-Western erinnert, ⏱ Mo–Fr 9–17, Sa 9–15 Uhr, kostenlose Weinproben.

eingerichtet. Das Beste ist das Essen; die köstlichen Dinner (R300) können im Voraus gebucht werden. R1800
Port-Wine Guest House, Queen St, Ecke Station St, ℂ 044 213 3131, 🖥 www.portwine. net, ist die schickste und komfortabelste Unterbringung der Stadt in einem renovierten Gehöft aus dem frühen 19. Jh. mit den Werken lokaler Künstlern an den Wänden sowie einer hübschen Veranda und Blick auf das Boplaas Estate. Hinter dem Haus sind noch ein Pool und ein Rosengarten. R900
Welgevonden Guesthouse, St Helena Rd, ℂ 044 213 3642, 🖥 www.welgevondenguest house.co.za. Gemütliches Gästehaus im Country-Stil auf einem landwirtschaftlichen Kleinbetrieb neben dem Boplaas-Anwesen, 300 m abseits der Hauptstraße. 4 Zimmer mit Bad in einem Nebengebäude aus dem späten 19. Jh. mit Messing- oder Holzbetten, Patchworkdecken und Holzmöbeln. R700

INFORMATIONEN

Touristeninformation, in der Shell-Tankstelle, Voortrekker St, ℂ 044 213 3775, 🖥 www.calitzdorp.co.za. ⏱ Mo–Fr 9–17, Sa 8–13 Uhr.

TRANSPORT

Mit dem **Auto** liegt Calitzdorp 370 km von Kapstadt (etwa 5 Std. inkl. Mittagspause) und 50 km westlich von Oudtshoorn entfernt an der R62. Wer auf der R62 von Kapstadt nach Port Elizabeth unterwegs ist, kann gut in Clitzdorp übernachten.

Groenfontein Valley

Eine kleine Rundstrecke geht direkt hinter Calitzdorp von der R62 ab und führt in das wunderschöne Groenfontein Valley. Die schmale unbefestigte Straße schlängelt sich durch die Swartberg-Ausläufer, über Bäche und an weißen Karoo-Cottages und Farmen vorbei, und trifft schließlich mit der R328 Richtung Oudtshoorn zusammen.

Auf Nebenstraßen lassen sich auch die Cango Caves (S. 322) und Prince Albert (s. u.) erreichen, und die Fahrt durchs Hinterland zählt zu den schönsten, die man in Südafrika unternehmen kann. Viele der Sträßchen sind ungeteert, doch mit einem normalen Pkw gut zu bewältigen, sofern man die Geschwindigkeit drosselt.

ÜBERNACHTUNG

Kruis Rivier Guest Farm, 17 km abseits der R62 (Abzweigung 14 km östlich von Calitzdorp ausgeschildert), ☎ 044 213 3788, 🖥 www.kruisrivier.co.za. Heimelige, schlicht eingerichtete Cottages am Fuß der Berge, mit idyllischen Bächen und Wasserfällen, ausgezeichnet als Stützpunkt für Wanderungen. Die Inhaber bieten auf Wunsch auch Frühstück und *braai*-Pakete, hausgemachtes Brot und Feuerholz. Camping R300, DZ R500

Red Stone Hills, 6 km abseits der R62 (Abzweigung 14 km östlich von Calitzdorp ausgeschildert), ☎ 044 213 3783, 🖥 www.redstone.co.za. 4 liebevoll eingerichtete viktorianische Cottages auf einer Farm in einer Landschaft voller roter Felsformationen. Auf Wunsch Frühstück und Abendessen. Spazier- und Radwege, Vogelbeobachtung, außerdem 4 Pferde für Ausritte. R690

🏨 **The Retreat at Groenfontein**, 20 km nordöstlich von Calitzdorp und 59 km nordwestlich von Oudtshoorn, ☎ 044 213 3880, 🖥 www.groenfontein.com. Das abgelegene viktorianisch-koloniale Gehöft grenzt an das 2300 km² große Swartberg Nature Reserve, ein wunderschönes Wildnisgebiet mit Schluchten, Flüssen und unbefestigten Straßen. Die komfortablen Zimmer verfügen über Bad und Kamin. Vollpension ist im Preis enthalten, auf Wunsch auch vegetarisch. Die überaus gastfreundlichen und hilfsbereiten Besitzer lassen jedes Essen zu einer Dinnerparty werden. R1520

Prince Albert und Umgebung

Aufgrund seiner Abgeschiedenheit hat sich Prince Albert, das auf der Spitze zwischen Kleiner und Großer Karoo liegt, eine traditionelle, ländliche Architektur bewahrt. Die attraktive Kleinstadt 70 km nördlich von Oudtshoorn ist über die Schleifen und Grate des Swartberg-Passes zu erreichen – eine der denkbar dramatischsten Autofahrten – und fest im *thirstland* (Durstland) des südafrikanischen Hinterlandes verankert. Umso erwähnenswerter ist die kleine beständige Quelle des Ortes, deren Wasser durch die Straßen rinnt und zahlreiche Obstbäume und Gärten nährt. Außerhalb von Kapstadt ist Prince Albert mit seinen herrlichen Gästehäusern, Restaurants und Kunsthandwerksgeschäften ohne Zweifel eine der besten Kleinstädte für einen Kurzaufenthalt.

Viele Besucher kommen allein wegen der Anfahrt nach Prince Albert. Diese erfolgt durch die beiden südlichen Zugänge: den bereits erwähnten **Swartberg Pass** auf der R328 und **Meiringspoort** an der N12. Die Stadt selbst ist klein genug, um sie zu Fuß zu erkunden. Alles Wichtige liegt an der Hauptstraße.

Die Besonderheit des Orts liegt in dem typischen Flair eines Karoo-dorp: Der silberne Kirchturm der holländischen Reformierten Kirche ragt vor malerischer Bergkulisse in den tiefblauen Himmel empor, und die Einwohner schlendern durch die Straßen oder bewegen sich gemächlich auf quietschenden Rädern fort.

ÜBERNACHTUNG

Dennehof Guest House, abseits der Christina de Wit St am Stadtrand, ☎ 023 541 1227, 🖥 www.dennehof.co.za. Das zum Nationaldenkmal ernannte Gehöft aus dem Jahr 1835 hat 7 Zimmer und ein Quartier für Selbstversorger. Angeboten werden Wander- und Mountainbiketouren. Gäste können wählen, ob sie sich den Swartberg hochfahren lassen, um die haarsträubenden 18 km auf zwei Rädern herunterzubrettern (R400), oder einfach nur ein Fahrrad mieten, um gemütlich durch die Stadt zu fahren (R200). R1300

Karoo Lodge, 66 Church St, ☎ 023 541 1467 oder 082 692 7736, 🖥 www.karoolodge.com. Geräumige Zimmer zu angemessenen Preisen in einem B&B mit netten Gastgebern. Jede Suite ist mit Baumwollbettzeug und guten Federbetten ausgestattet und geht auf einen Garten mit Bougainvillea und Pool hinaus. R1030

Karoo View, Margrieta Prinsloo Rd, ☎ 023 541 1929, 🖥 www.karooview.co.za. 4 komfortable, gehobene und moderne Cottages für Selbstversorger im Karoo-Stil am Ortsrand mit Blick auf die Swartberge und die umgebende Landschaft. In den Ort kann man zu Fuß laufen. Daneben gibt es noch das Karoo View House mit 3 Zimmern mit Bad und die Stoep Suite für 2 bis 3 Personen. Gestellt werden ein leichtes Frühstück sowie Brennholz für *braais*. R1090

Mai's Guest House, 81 Church St, ☎ 023 541 1188, 🖥 www.maisbandb.co.za. Gemütliche Unterkunft in restauriertem Gebäude aus dem 19. Jh. Alle Zimmer haben Klimaanlage und es gibt einen Pool und viele Katzen. Das leckere Frühstück serviert die quirlige irische Besitzerin unter Weinreben. R1000

 **Onse Rus**, 47 Church St, ☎ 023 541 1380, 🖥 www.onserus.co.za. 5 kühle, reetgedeckte B&B-Zimmer, angeschlossen an ein restauriertes kapholländisches Haus. Die ortskundigen und freundlichen Inhaber begrüßen ihre Gäste mit Tee und Kuchen. Auf Wunsch kann man auch die nahe gelegene Farm der Besitzer mit Labyrinth besuchen. R1040

ESSEN

Gallery Café, 57 Church St, ☎ 023 541 1197, 🖥 www.princealbertgallery. co.za/gallery-cafe. Entspannte Atmosphäre über der Prince Albert-Galerie. Der passionierte Küchenchef Brent Phillips-White zaubert fantasievolle Gerichte auf den Tisch, auch Vegetarier und Veganer kommen nicht zu kurz. Köstliche Vorspeisen, Fleischgerichte (auch Wild) und hausgemachte Eiscreme. ⏲ tgl. 18–21.30 Uhr.

Lazy Lizard, 9 Church St, ☎ 023 541 1379, 🖥 www.lazylizardprincealbert.co.za. Das beste Lokal für ein leichtes Mittagessen oder einen Kaffee in Prince Albert. Der ehemalige Busbahnhof von 1903 hat eine Veranda, auf der man beim Speisen das Internet nutzen kann. Es gibt leckere Salate, Quiches (R60) und Sandwiches. ⏲ tgl. 7.30–17 Uhr.

Simply Saffron, 10 Church St, ☎ 023 541 1040 oder 082 873 9985. In diesem Heilzentrum werden an zwei Abenden die Woche im Esszimmer der Besitzer köstliche Dinner serviert. Die Zutaten, der mit Raffinesse zubereiteten Speisen, stammen aus dem eigenen Küchengarten oder der nahen Umgebung. Bei den 3-Gänge-Menüs hat der Gast die Wahl zwischen zwei Hauptgängen – auch mit diversen vegetarischen Varianten (R190). Wein bringt man selbst mit und sollte weit im Voraus reservieren. ⏲ Fr und Sa 18–21 Uhr.

EINKAUFEN

Prince Albert ist für seine Mohair-Produkte bekannt: prächtige Decken, Läufer und Matten, Socken, Schals und andere Kleidungsstücke. Wer Kunstgegenstände kaufen möchte, fängt am besten in der Prince Albert Gallery in der Church Street an. Weitere Läden gibt es in der Nähe. Neben dem Fransie Pienaar Museum findet am Samstagmorgen ein Markt für die Einheimischen statt. Hier werden hausgemachte und selbst angebaute Produkte verkauft, vor allem Feigen und Oliven, für die Prince Albert bekannt ist. Getrocknet bekommt man die köstlichen Feigen überall, aber im Sommer gibt es sie hier frisch, besonders im Februar. Das Olivenöl dieser Region ist hervorragend.

Gay's Guernsey Dairy, Christina de Wit St, ☎ 023 541 1274, 🖥 www.gaysguernseydairy. com. Die Farm verkauft preisgekrönte selbstgemachte Käse, die man vor dem Kauf probieren kann, sowie Joghurt und Sahne. Besucher dürfen auch gern das Gelände besichtigen. Bei Sonnenaufgang kann man beim Melken zusehen – toll für Kinder. ⏲ Mo–Fr 7–9, 10–12, 16–18, Sa und So 7–10, 16.30–18 Uhr.

Karoo Looms, 55 Church St, ☎ 023 541 1363, 🖥 www.karooweavery.co.za. Das beste Geschäft in Prince Albert zum Kauf von Mohair-Teppichen mit originellen Mustern sowie Badezimmermatten aus Baumwolle. ⏲ Mo–Fr 9–17, Sa 9–13 Uhr.

Prince Albert Gallery, 57 Church St, ☎ 023 541 1057, 🖥 www.princealbertgallery.co.za. Im

Fahr zur Hölle!

Prince Albert ist einer der besten Ausgangspunkte für einen Trip zu „Die Hel" (auch „Hell", „The Hell"oder „Gamkaskloof"), die zum Swartberg Nature Reserve gehört. Das tiefe Tal zwischen den hohen Gipfeln des Swartberg-Gebirges ist 20 km lang und wird vom Gamka River durchflossen. Es bezaubert durch seine Stille, seine Abgeschiedenheit und seinen Vogelreichtum. Straßen gibt es erst seit 1962 und Elektrizität, Benzin, Bankomaten, Handy-Empfang und Läden sind bis heute Fremdwörter.

Obwohl es auf der Landkarte gar nicht so weit aussieht, sind per Auto für die spektakuläre, anstrengende Expedition von Prince Albert aus entlang einer holprigen, unbefestigten Straße in das Tal zweieinhalb Stunden einzuplanen. Ein Allrad ist nicht notwendig, im Dezember und Januar ist eine Klimaanlage allerdings dringend angeraten.

Unterkünfte gibt es in der **Fontein Guest Farm**, ☏ 023 541 1107, 🖥 www.gamkaskloof.co.za, die von einer eingesessenen Bauernfamilie geführt wird. Es gibt 4 Häuser (R350 p. P.) und Zeltstellplätze (R200). Mahlzeiten und Picknickkörbe können bestellt und Abendessen im Voraus gebucht werden. Frühstück gibt es täglich im Restaurant der Farm. Eine Alternative ist direkt in der **Nature Reserve**, ☏ 021 483 0190, 🖥 www.bit.ly/swartbergnature). Hier hat man die Wahl zwischen gepflegten Zeltstellplätzen (ab R150) und restaurierten Cottages (R640).

Laufe der letzten Jahre haben sich wegen der Schönheit der Stadt mehrere Künstler in Prince Albert niedergelassen. Diese ausgezeichnete Galerie, die in einem weitläufigen viktorianischen Gebäude untergebracht ist, verkauft ihre Arbeiten: Bilder, Skulpturen, erschwingliche Perlenstickerei, Schmuck, Keramik und Radierungen. ◷ Mo–Fr 9–17, Sa 9–13, So 10–13 Uhr.

The Watershed, 19 Church St, ☏ 082 938 2531, 🖥 www.watershedprincealbert.co.za. Die Top-Galerie der Stadt befindet in einem restaurierten viktorianischen Haus. Hier werden Drucke des legendären Fotografen Jürgen Schadeberg verkauft. Bekannt wurde er durch seine ikonenhaften Anti-Apartheid-Bilder aus den 1950er- und 60er-Jahren. Außerdem kann man Retromöbel sowie Textilien und Drucke von Künstlern aus der Karoo erwerben. Auf der Website gibt es einen Katalog und Waren werden auch ins Ausland verschickt. ◷ tgl. 10–16 Uhr.

Weltevrede Fig Farm, ausgeschildert ab dem Friedhof auf der Südseite der Church St, ☏ 023 541 1229, 🖥 www.figfarm.co.za. Besuch nur in der Feigensaison von Ende Januar bis Ende April. Die Farm liegt in den Ausläufern des Swartberg und die 25 km lange Fahrt dorthin, meist auf Schotterstraßen, ist atemberaubend.

Es gibt Führungen und natürlich diverse Feigenprodukte zu kaufen. ◷ Mo–Fr 10–12, 14–16, Sa 10–12 Uhr.

SONSTIGES

Aktivitäten

Lazy Lizard, ◷ 7.30–17 Uhr, ☏ 023 541 1379, in der Church St verkauft Cape Nature-Wanderpermits für den Swartberg.

The Showroom, 41 Church St, ☏ 023 541 1563, 🖥 www.showroomtheatre.co.za, ist ein vielseitig genutztes Veranstaltungshaus im Art-déco-Stil, sozusagen eine Kulturoase im Herzen der Karoo. Hier findet auch alljährlich das Indie Karoo Film Festival, 🖥 www.indiekaroofilmfestival.com, statt.

Der Karoo-Himmel ist wahrhaft himmlisch für Sternenkundler, da nur ganz wenige elektrische Lichtquellen mit dem Sternenlicht konkurrieren. Von hier aus bietet sich eine wunderbar klare Sicht auf die Sterne der südlichen Hemisphäre. Eine der lohnendsten Unternehmungen in Prince Albert ist eine Betrachtung des nächtlichen Sternenhimmels in Begleitung der **Astronomen Hans und Tilanie Daehne**, ☏ 072 732 2950, 🖥 www.astrotours.co.za. Weit im Voraus buchen! ◷ Nur bei Neumond, Vortrag und Vorführung R350.

Geld

Kreditkarten werden im Ort nur begrenzt akzeptiert und es gibt keine Wechselstube. Ein Geldautomat befindet sich bei der Absa-Bank in der 29 Church St.

Informationen

Touristeninformation, Church St, ✆ 023 541 1366, 🖥 www.princealbert.org.za, hat Stadtpläne, auf denen Unterkünfte, Restaurants und Kunstgewerbeläden eingezeichnet sind, und informiert über Freizeitangebote in der Gegend, etwa Olivenölverkostung oder Südafrikas größte Feigenfarm. Auf der Website findet man Infos zum Olivenfestival im April und zu Fotokursen. ⏰ Mo–Fr 9–17, Sa 9–12 Uhr.

TRANSPORT

Auto

Von Kapstadt aus muss man für die 420 km 5–6 Std. rechnen. Die schnellste und am wenigsten attraktive Route verläuft entlang der N1 über Laingsburg und führt über keine Bergpässe (auf die Prince Albert Rd abbiegen). Die landschaftlich schönste ist hingegen die R62 nach Calitzdorp oder Oudtshoorn und dann auf der R328 über den Swartberg. Der Bergpass ist ungeteert und kurvenreich, lässt sich aber mit einem normalen Auto und niedriger Geschwindigkeit problemlos befahren. Wer es gemächlicher haben möchte, nimmt die Strecke über Meiringspoort von De Rust aus. Die asphaltierte Straße passiert Flüsse und Täler mit spektakulären Felsformationen und Picknickplätzen. Kontakt bei Pannen ist Benny, ✆ 073 455 1174). Benzin gibt es Prince Albert beim Agri Co-op, 99 Church Street (Sa nur bis 11 Uhr, So ganztägig geschlossen).

Busse

Greyhound-Busse, ✆ 083 915 9000, 🖥 www.greyhound.co.za, halten auf der Strecke KAPSTADT–JOHANNESBURG tgl. am North and South Hotel in der Prince Albert Rd Station (an der N1). Dort muss man sich abholen lassen, um die letzten 45 km bis Prince Albert zurückzulegen (s. „Eisenbahn"). Die Fahrt ab Kapstadt dauert 7–8 Std.

Eisenbahn

Der Zug von KAPSTADT nach JOHANNESBURG hält Mi, Fr und So an der Prince Albert Rd Station, 45 km vom Ort entfernt, ✆ 086 000 8888. Die Züge haben oft Verspätung, und der Bahnhof ist bar jeglicher Einrichtung. Von Kapstadt aus dauert die Fahrt ca. 7 1/2 Std. und von Johannesburg ungefähr 19 Std. (über Nacht). Man sollte die Abholung durch die Unterkunft absprechen oder ein Taxi bei Billy van Rooyen, ✆ 072 337 3149, vorbestellen (R450 für 2 Pers.).

Matjiesfontein

Das kleine, kuriose und viktorianische Dorf Matjiesfontein (Aussprache „maikies-fontein") ist ein Überbleibsel aus der Kolonialzeit und liegt 250 km nordöstlich von Kapstadt. Die Ortschaft bietet kaum mehr als zwei staubige Straßen hinter einem Bahngleis und erinnert eher an eine Filmkulisse als an ein Karoo-*dorp*: Sämtliche Gebäude, auch der großartige Bahnhof, stammen aus alten Zeiten und sind mit Weißblechdächern, pastellfarbenen Wänden, gepflegten Gärten und viktorianischem Beiwerk versehen. Der Glanzpunkt befindet sich am östlichen Ende der Hauptstraße: das Hotel Lord Milner mit Türmchen, Balkonen und Springbrunnen am Eingang.

Die Ursprünge des Ortes liegen in der Tatkraft des jungen schottischen Unternehmers **James Douglas Logan** begründet. Dieser kam nach Kapstadt, um bei der Bahn zu arbeiten. Seine Beförderung zum Distriktleiter der Strecke zwischen Hex River und Prince Albert verschlug ihn in die Karoo. Hier baute er Obstbäume an und wurde durch die Versorgung der Gegend reich. Er errichtete Matjiesfontein als Kurort und warb mit der sauberen Karoo-Luft. So entwickelte sich das Dorf um die Wende des 19. zum 20. Jh. zu einem Treffpunkt für Wohlhabende und Einflussreiche. Heute treibt Matjiesfontein als ehrwürdiges Relikt regen Handel.

ÜBERNACHTUNG

Lord Milner, ✆ 023 551 3011, 🖥 www.matjiesfontein.com. Riesige Porträts an den Wänden,

prachtvolle Treppen und polierte Messing-
armaturen schmücken das Lord Milner. Mit den
Trägern in roten Jacken und den in Schwarz
und Weiß gekleideten Kellnerinnen wird der
viktorianische Imperialismus allerdings etwas
zu sehr auf die Spitze getrieben. Es gibt auch
noch einen schummrig beleuchteten Speisesaal und eine alte, knarrende Bar. Da alles nur
moderat modernisiert wurde, ist viel vom alten
Charme erhalten geblieben. R1740

Sutherland

Der abgeschiedene Ort genießt den grimmi-
gen Ruf, der kälteste Punkt des Landes zu sein
und hat darunter in jedem Wetterbericht zu leiden. Am berühmtesten ist er aber für seinen klaren, unverschmutzten Himmel. Er gehört zu einer
Handvoll Orte auf der Welt, von denen die Wissenschaftler in die Tiefen des Weltraums star-
ren. Schauplatz des Ganzen ist das Observatorium (s. u.) – tatsächlich eine ganze Hügelkuppe
voller mächtiger silberner Kuppeln mit riesigen
Teleskopen darunter, vor denen Experten aus
aller Welt eiskalte Nächte damit zubringen, die
Grenzen des menschlichen Wissens weiter auszudehnen. Das größte von diesen ist das **SALT**
(das **South African Large Telescope**), das zweitgrößte Teleskop in der südlichen Hemisphäre.

Seit ein paar Jahren kommen immer mehr
Besucher in diesen winzigen Ort und damit ist
auch die Zahl der Gästehäuser, Cottages und
Restaurants gestiegen.

Observatorium

18 km östlich von Sutherland ▪ Touren (vorausbuchen und unbedingt pünktlich sein!) Mo–Sa 10.30
und 14.30 Uhr (R60) ▪ Nachttouren Mo, Mi, Fr und
Sa, Uhrzeit jahreszeitenabhängig (R80) ▪ Kurztouren
(stdl., kein Vorausbuchen erforderlich) 9–15 Uhr
(R40) ▪ ☎ 023 571 2436, 🖥 www.salt.ac.za/
about/tours
Am informativen Besucherzentrum beginnen
tagsüber Touren, die unter anderem zum riesigen SALT führen, einem extrem kostbaren, hinter dickem Glas geschützten Teleskop, das mit
seinen 91 sechseckigen Spiegelsegmenten so

leistungsstark ist, dass es eine auf dem Mond
brennende Kerze orten könnte. Das Privileg, einen Blick durch das Teleskop zu werfen, ist allerdings den Wissenschaftlern des Observato-
riums vorbehalten. Nur bei den Abendtouren
erhalten die Teilnehmer Teleskope zum Durch-
schauen sowie einen interessanten Vortrag
über die Sterne.

ÜBERNACHTUNG UND ESSEN

Kambrokind B&B, 19 Piet Retief St, ☎ 023
571 1405. 6 gemütliche und warme Zimmer mit
Bad in einem etablierten Steinhaus, geführt
von Juanita Hutchings, der Tochter des Hobby-
Astronomen Jurg Wagener, und ihrem Mann.
Es gibt auch 2 Gemeinschaftsräume mit
Kamin. R1000
White House Restaurant, 17 Piet Retief St,
☎ 023 571 1444. Das beliebte, zentral gelegene
Restaurant serviert das Übliche: Karoo-Lamm,
Burger, Pasta und Suppen. Wer Lust auf
Rugby im Fernsehen hat, wird in der Mars
Bar fündig. Man bucht am besten ein frühes
Abendessen, bevor die Sternenbeobachtung
losgeht. 🕐 Mo–Sa 8–18, So 8–17 Uhr.

Karoo National Park

Zufahrtstor 2 km südlich von Beaufort West, Rezeption am Restcamp, 10 km hinter der Parkgrenze ■ Eintritt R176 ■ Tor ⏰ im Sommer tgl. 6–22 Uhr, im Winter 7–18 Uhr ■ Rezeption ⏰ tgl. 7–19 Uhr ■ ☎ 023 415 2828, 🖥 www.sanparks.org/parks/karoo

Die Schönheit des Karoo National Parks liegt in seiner bergigen, kargen Landschaft und friedlichen Atmosphäre – zudem ist er ein idealer Zwischenstopp an der langen Strecke zwischen Johannesburg und Kapstadt.

Nahe dem Hauptcamps gibt es ein **Umwelt-Informationszentrum** und drei Wege: eine 11 km lange Tagesroute, einen kurzen, aber informativen Baumweg und einen fantasievollen Fossilienweg (auch für Rollstuhlfahrer geeignet, mit Tafeln in Blindenschrift), der die faszinierende 250 Millionen Jahre alte Geologie der Gegend dokumentiert und Fossilien ungewöhnlicher Tiere zeigt, die hier lebten, als die Karoo ein riesiger Binnensee war. Abgesehen von ein paar vereinzelten **Spitzmaulnashörnern** bleibt der Großwildbestand beschränkt. Allerdings leben hier einige eindrucksvolle Greifvögel wie der **Schwarzadler**.

 **Main Rest Camp**, 10 km hinter der Parkgrenze, ☎ 023 415 2828, 🖥 www.sanparks.org/parks/karoo. 30 komplett ausgestattete Chalets und Cottages, alle mit schöner Aussicht auf die Karoo. In der Nähe gibt es auch einen Pool sowie einen Laden mit den wichtigsten Nahrungsmitteln und ein Restaurant. Übernachtungspreise sind inkl. Frühstück, aber Abendessen muss im Voraus gebucht werden. Der Campingplatz liegt versteckt hinter einer Anhöhe. Camping R260, DZ R1300

Matoppo Inn, Ecke Bird und Meintjies St, Beaufort West, ☎ 023 415 1055, 🖥 www.matoppoinn.co.za. Elegante Zimmer mit Messingbetten und antiken Möbeln, außerdem moderner gehaltene Standardzimmer im ehemaligen *drostdy*, dem Magistratsgebäude des Orts. Der herrliche Garten mit kleinem Spielbereich für Kinder ist eine grüne Oase in der kargen Karoo. Friedvolle Atmosphäre, Swimming Pool und den ganzen Tag über gutes Essen. R1400

WESTKAP

RICHTERSVELD TRANSFRONTIER PARK

Nordkap

Nordkap ist geprägt von Hitze und Trockenheit, endlosen Weiten und riesigen Entfernungen. Doch die Hauptattraktion der Provinz sind die Wunder der Wüste unter dem wolkenlosen, blauen Himmel: unglaublich farbenfrohe Blumenteppiche und Wildtiere, die in den Dünen und im goldenen Gras umherstreifen.

Stefan Loose Traveltipps

The Big Hole Der riesige Krater in Kimberley ist ein Vermächtnis der ersten Diamantenschürfer in Südafrika. S. 336

7 **Kgalagadi Transfrontier Park** Inmitten der versengten, rötlich gefärbten Sanddünen der Kalahari leben Löwen, Spießböcke und Erdmännchen. S. 355

Augrabies Falls Afrikas zweitgrößter Wasserfall, wo der Orange-Fluss mit lautem Echo in eine aus der Wüste gegrabene Schlucht donnert. S. 359

N7 Die schönste Route der Provinz führt von Springbok südwärts durch schroffe Berge und verschlafene *dorps*. S. 362

8 **Blumenschau in Namaqualand** Mit einem fantastischen Blumenmeer schmückt sich das *veld* im August und September, die faszinierende Vielfalt ungewöhnlicher Sukkulenten ist aber das ganze Jahr hindurch zu bewundern. S. 363

Ai-Ais Richtersveld Transfrontier Park Die einzige Bergwüste Südafrikas, eine ausgedörrte Gegend, ist nur im Geländewagen oder auf einer Paddeltour auf dem Orange zu erkunden. S. 372

AUGRABIES FALLS

ERDMÄNNCHEN IM KGALAGADI TRANSFRONTIER PARK

Inhalt

Nordkap

Nordkap, die größte, ausgedehnteste und am dünnsten besiedelte Provinz von Südafrika, macht es Besuchern nicht gerade leicht. Sie erstreckt sich über ein Drittel der Landmasse Südafrikas – von der einsamen Atlantikküste bis zur Provinzhauptstadt **Kimberley** an der östlichen Grenze zum Freistaat.

Der **Orange (Oranje oder Gariep-) River**, der vom Hochland Lesothos zum Atlantik fließt und dabei Südafrikas Grenze zu Namibia markiert, ist die eigentliche Besonderheit. Der Fluss trennt die **Kalahari** von der **Großen Karoo**. Beide sind dünn besiedelte Halbwüsten-Ökosysteme und bilden das Binnenland des Nordkaps. Am Orange liegt auch das abgelegene Zentrum des Nordens, **Upington**, die größte Stadt der Kalahari-Region und das Tor zum wunderbaren **Kgalagadi Transfrontier Park** sowie zum kleineren **Augrabies Falls National Park**.

In **Namaqualand**, im Westen der Provinz, haben die kurzen Regenfälle im Winter eine der prächtigsten Verwandlungen der Natur zur Folge: Im August und September sind weite Teile des Landes mit einem wahren Teppich aus herrlichsten **Wildblumen** überzogen. Ein ähnliches Blütenmeer aus Sukkulenten ist im **Ai-Ais Richtersveld Transfrontier Park** zu bewundern, einer Bergwüste an einer Schleife des Orange River, beiderseits der namibischen Grenze, die nur von wenigen Touristen aufgesucht wird.

Trotz dieses eindrucksvollen Naturschauspiels ist die verkehrsreichste Gegend des Nordkaps seine südöstliche Ecke, denn hier verlaufen die beiden Hauptverkehrsadern, **N1** und **N12**, von Johannesburg nach Kapstadt. Da dieses Gebiet aber touristisch nicht viel zu bieten hat, haben wir den Südosten der Provinz nicht ins Buch aufgenommen.

Eine weniger befahrene Reiseroute führt von Johannesburg nach Kapstadt über die **N14** nach Upington, wobei man unterwegs die urige Missionsstation **Kuruman** passiert, und dann weiter nach **Springbok** und über die landschaftlich schöne **N7**. Diese Route ist rund 400 km länger als die N1 oder N12. Die N14 verläuft zwar auf langen Strecken durch einsame Landschaft, passiert aber interessantere Sehenswürdigkeiten.

Diese Gegend mit **öffentlichen Verkehrsmitteln** zu bereisen, ist kein reines Vergnügen.

Die größeren Städte Kimberley, Springbok und Upington liegen zwar an den Intercape-Busstrecken (mit Anschluss nach Windhoek in Namibia), doch viele Busse fahren nachts, sodass man nichts von der Landschaft sieht. Minibustaxis fahren die meisten Ziele an Werktagen mehrmals täglich an, verkehren aber am Wochenende nur sporadisch oder gar nicht. Zu den Nationalparks verkehren keine Taxis (hier kann man stattdessen eine organisierte Tour buchen). Einzelheiten zu den nützlichsten Routen finden sich im weiteren Text.

Geschichte

Die Geschichte des Nordkaps ist mit den **San**, dem ersten südafrikanischen Volk, eng verknüpft. Sie waren Jäger und Sammler und haben sich in bemerkenswerter Weise an das Leben in der Wüste angepasst. Obwohl die Angehörigen des San-Volkes heute kaum noch auf diese Art leben – nur winzige Inseln in den Wüstenregionen der Kalahari von Namibia und Botsuana existieren noch –, ist ihr Erbe auf zahllosen **Felsmalereien** quer durch die Provinz deutlich sichtbar, wohingegen die uralten San-Legenden und -Ortsnamen heute nicht mehr ganz so verbreitet sind. Die Wanderungen der Afrikaner aus dem Norden und Osten sowie der Europäer aus dem Südwesten vertrieben die San aus ihren Jagdgründen und führten schließlich zu ihrem Untergang. Beide Gruppen von Neuankömmlingen sahen in der Halbwüste der Karoo und der Kalahari zunächst nicht viel mehr als unwirtliche Landstriche.

Doch die Europäer begannen bald, die unterirdischen Reichtümer dieser staubigen Landschaft ungehemmt auszubeuten. Schon 1685, kurz nachdem die Niederländer ihre erste Siedlung am Kap gegründet hatten, führte Governor Simon van der Stel eine Erkundungsexpedition nach Namaqualand, um dort nach Kupfer zu schürfen. Andere Europäer, die ihre Spuren früh in der Provinz hinterließen, waren zum einen die **Trekburen** – niederländische Bürger, die ihre Beschäftigung in der Niederländisch-Ostindischen Kompanie am Kap aufgaben und weit weg von den autoritären Zwängen der Company nach neuem Farmland suchten –, und zum anderen die **Missionare**,

Die Gegend, die heute unter dem Namen **Diamond Fields** bekannt ist, war ursprünglich nur ein karges, von einzelnen *koppies* durchsetztes Farmland, das von frühen Pionieren und den Griquas, einem unabhängigen, gemischtrassigen Volk, bewohnt wurde. Doch 1866 sollte sich die Situation grundlegend und für immer ändern. Ein fünfzehnjähriger Junge fand nämlich am Ufer des Orange nahe Hopetown etwa 120 km südwestlich von Kimberley einen glänzenden, weißen Kieselstein, der sich als Diamant entpuppte. Die Kunde über diesen Fund fing gerade an, die Runde zu machen, als Schalk van Niekerk, ebenfalls ein Einwohner von Hopetown, einen massiven 83,5-karätigen Diamanten von einem Griqua-Hirten erwarb. Diese ersten beiden Steine wurden unter dem Namen **Eureka** und **The Star of South Africa** berühmt. Letzteren nannte der damalige britische Kolonialminister, nicht ganz zu Unrecht, den „Stein, auf dem der zukünftige Erfolg Südafrikas aufgebaut werden wird". Anfangs zogen die Funde einen hemmungslosen Diamantrausch nach sich. Tausende von Diamantschürfern machten sich auf den mörderischen Weg durch die Karoo, um die Alluvialböden an den Ufern des Orange und Vaal zu durchsieben, und schon 1873 lebten bereits rund 50 000 Menschen in der Region.

Obwohl im Einzugsbereich beider Flüsse zahlreiche Diamanten gefunden wurden, begannen die **Schürfer** auch das trockene Land zwischen den Flüssen zu durchkämmen. Angefeuert wurden sie von Geschichten, nach denen sogar in den Ziegeln örtlicher Farmhäuser Diamanten zu finden waren. Zwei besonders vielversprechende Fundstätten befanden sich auf einer Farm der beiden Brüder Johannes Nicolas und Diederick Arnoldus de Beer. 1871 verkauften die Brüder ihre Farm, die sie einst für £50 erworben hatten, für stolze £6300. Aus den beiden Fundstätten entwickelten sich rund um das heutige Kimberley nach und nach das **Big Hole** und die **De Beers Mine**. Am fieberhaftesten wurde zunächst im Big Hole gebuddelt und die Barackenstadt **New Rush**, die um das Big Hole entstand, bildete den Ursprung der heutigen Stadt.

Kimberley war zu jener Zeit ein aufregender, rauer Ort ohne Autoritäten und Strukturen, aber mit großartigen Perspektiven für Männer, die Visionen hatten. Zwei sehr unterschiedliche, aber gleichermaßen ehrgeizige Männer kamen schließlich zu besonderer Berühmtheit. **Barney Barnato**, ein großspuriger Cockney, begründete seine Machtbasis in der Kimberley Mine, während **Cecil Rhodes** (S. 337), der Sohn eines Pfarrers und ursprünglich aus gesundheitlichen Gründen zu seinem Bruder nach Südafrika gereist, sukzessive die Kontrolle über die De Beers Mine übernahm. Der Machtkampf zwischen den beiden Männern kulminierte 1888 schließlich in der Gründung der **De Beers Consolidated Mines Limited**. Vorausgegangen war eine Einigung, nach der Rhodes Mine für fünf Millionen Pfund an Barnato verkauft wurde, eine astronomische Summe für diese Zeit. Diese Fusion legte den Grundstein für De Beers Monopol in der Diamantenindustrie Südafrikas.

die ein Siedlungs- und Kommunikationssystem schufen, das von all den später Kommenden genutzt werden konnte.

Innerhalb nur weniger Jahre nach den ersten **Diamantfunden** in dieser Gegend nahm die Besiedlung des Umlands von Kimberley bis dahin ungekannte Ausmaße an. Und so war die Stadt in puncto Fortschritt in der südlichen Hemisphäre ganz schnell vorn mit dabei: Es gab hier bereits Büchereien, Elektrizitätsversorgung und Straßenbahnen sowie Südafrikas erste städtische „Siedlung" für Afrikaner und Farbige.

Die britischen Behörden am Kap trachteten schnell nach der Annexion der neuen Diamantfelder – sie machten sich damit weder beim Oranje-Freistaat noch beim vorwiegend farbigen Volk der **Griqua** beliebt, die beide dieses ungenau definierte Land für sich beanspruchten. Es war also nicht verwunderlich, dass bei Ausbruch des **Burenkriegs** 1899 das reiche und strategisch günstig gelegene Kimberley zu den ersten Städten gehörte, die von den Burenarmeen belagert wurden. Noch heute sind in dem Gebiet viele Mahnmale an den Krieg zu sehen.

Kimberley

Obwohl **Kimberley** Provinzhauptstadt und historisches Zentrum der Gewinnung eines der wertvollsten Rohstoffe der Welt ist, kann man die Stadt weder groß noch glanzvoll nennen. Zur Zeit des „Diamantenrauschs" wuchs sie rasanter als jede andere Stadt auf der Südhalbkugel, und Cecil Rhodes gebot von hier nicht nur über die märchenhaft reiche Diamantindustrie, sondern auch über die britische Kolonialpolitik im südlichen Afrika.

Doch seither hat Kimberley stetig an Status und Glanz verloren. Selbst die allmächtige **De Beers Group** (die den Spitznamen „Großvater" von Kimberley erhielt, weil sie so vielen Menschen direkt und indirekt Arbeit gab) machte ihre Kimberley-Minen 2005 im Rahmen einer Neustrukturierung des Konzerns dicht. Heute lebt die Stadt in banger Erwartung des Tags, an dem der Diamantensegen endgültig versiegt.

Diamantenfieber

Diamanten haben ihren Ursprung in Kohlenstoffpartikeln im Erdmantel, die dort solch gigantischem Druck und so extremen Temperaturen ausgesetzt sind, dass sie zu Diamanten kristallisieren. Vor Millionen Jahren brach das geschmolzene Gestein oder Magma im Erdmantel in Form von Vulkanen durch schwache Stellen in der Erdkruste, und hier, in den Schloten erkalteten Magmas – genannt Kimberlit, nach Kimberley – findet man Diamanten. Kimberlit-Gestein in Händen zu halten, ist aber nicht automatisch eine Lizenz zum Gelddrucken – in 100 Tonnen finden sich gerade einmal 20 Karat (4 g) an Diamanten.

Der Begriff „Karat" ist dem Wort für den Samen des Johannisbrotbaums entlehnt (griech. *kerátion*) – die getrockneten Samenkörner wurden früher als Gewichtsmaß verwendet (nicht zu verwechseln mit Karat im Zusammenhang mit Gold, wo es die Reinheit des Edelmetalls angibt). Nach Schätzungen von De Beers werden pro Jahr 50 Millionen diamantene Schmuckstücke gekauft.

Trotzdem besitzt Kimberley dank dieser Vergangenheit eine historische Ausstrahlung wie nur wenige andere Städte in Südafrika. Man kann durchaus ein paar interessante Stunden mit der Besichtigung seiner vielen alten Gebäude zubringen, und natürlich sollte man einen Blick in die Tiefen des **Big Hole** westlich des Zentrums werfen, dieses erstaunlichen, in Handarbeit gegrabenen Abgrunds, der es an Größe fast mit dem zentralen Geschäftsviertel aufnehmen kann.

Dass das Big Hole unter Bodenniveau liegt, erschwert die Orientierung etwas. Eine nützliche Orientierungshilfe ist der nüchterne Wolkenkratzer **Harry Oppenheimer House** (oft zu HOH abgekürzt) in der Nähe des Visitor Centre. Viele von Kimberleys anderen größeren Sehenswürdigkeiten liegen an oder nahe der **Du Toitspan Road**, die diagonal durchs Zentrum verläuft und im Südosten als eine der Hauptverkehrsadern aus der Stadt herausführt. Das zentrale Geschäftsviertel (CBD) erstreckt sich am nördlichen Ende der Du Toitspan Road, südlich der Lennox Street.

The Big Hole: das Kimberley Mine Museum

An der Westseite des Kraters an der West Circular Rd ▪ Museum ⏱ tgl. 8–17 Uhr, letzter Einlass 16 Uhr ▪ Eintritt R100 ▪ Tram ▪ R10 ▪ ✆ 053 839 4600, 🖵 www.thebighole.co.za

Obwohl das **Big Hole** gleich westlich des Stadtzentrums mit seinen 463 m Durchmesser weder das einzige noch das größte Loch in Kimberley ist, bleibt es die berühmteste Sehenswürdigkeit der Stadt. 1871, als bereits bekannt war, dass es in der Gegend Diamanten gab, buddelte eine Gruppe von Diamantensuchern, die sogenannte Red Cap Party, am Fuß von **Colesberg Koppie**, einem kleinen Hügel auf der Farm der Gebrüder De Beers. Es heißt, sie hätten einen betrunkenen Koch zur Strafe auf die Hügelkuppe geschickt und ihm aufgetragen, erst wieder herunterzukommen, wenn er einen Diamanten gefunden hätte. Er brachte das Gewünschte tatsächlich vom Hügel herunter, und innerhalb von

Cecil Rhodes kam als kränklicher 18-Jähriger auf die Diamantfelder von Kimberley, nachdem seine Familie ihn aus Gesundheitsgründen aus England zu seinem Bruder Herbert nach Südafrika geschickt hatte. Schon bald machte er Geld, indem er Claims aufkaufte. Dann ging er nach England zurück, um an der Universität Oxford zu studieren, doch dort verschlechterte sich sein Gesundheitszustand so, dass man ihm nur noch sechs Monate zu leben gab. Er kehrte nach Südafrika zurück, wo es ihm gelang, sowohl seine Gesundheit als auch seine geschäftliche Position zu stabilisieren. Schließlich erwarb er 1881 doch noch seinen Abschluss in Oxford. Zu dieser Zeit hatte er bereits die **De Beers Mining Company** gegründet und war Abgeordneter des Parlaments der Kapkolonie geworden.

Innerhalb eines Jahrzehnts brachte Rhodes 90 % der weltweiten Diamantenförderung unter seine Kontrolle und brannte darauf, seine Bergbauaktivitäten und in ihrem Gefolge auch das Britische Reich nordwärts ins übrige Afrika auszudehnen. Im Umgang mit der britischen Obrigkeit und afrikanischen Stammeshäuptlingen setzte er auf Überredungskünste, Einschüchterung, Politpoker und Verschleierungstaktiken, um die Regionen nördlich des Limpopo in den Besitz seiner British South African Company (BSAC) zu bringen. 1895 wurde dieses Gebiet – heute Simbabwe und Sambia – auf den Namen Rhodesien getauft. Im selben Jahr scheiterte eine von Rhodes unterstützte Invasion der Republik Transvaal kläglich. Nach diesem sogenannten Jameson Raid musste Rhodes als Premierminister der Kapkolonie zurücktreten. Das Amt hatte er 1890 im Alter von 37 Jahren angetreten, während die Buren und die Briten allmählich auf den Krieg zuschlitterten. Den ersten Teil des Burenkriegs verbrachte er im belagerten Kimberley, wo er versuchte, die Verteidigung zu organisieren, und sich öffentlich mit dem britischen Kommandanten herumzankte. Ein Jahr nach Kriegsende starb Rhodes, nach wie vor unverheiratet, im Alter von nur 49 Jahren in Muizenberg bei Kapstadt. Er wurde in den Matopo-Bergen in der Nähe von Bulawayo (Simbabwe) beigesetzt.

zwei Jahren wurde die Gegend von mehr als 50 000 Menschen überschwemmt, die den Colesberg Koppie durchwühlten.

In der Boom-Phase wuselten hier Zehntausende von Diamantensuchern gleichzeitig auf ihren je zehn Quadratmeter großen Claims herum. Ein Netz von Seilen und Rohren zog sich kreuz und quer über die Oberfläche, und Tag für Tag gewannen oder verschleuderten Menschen hier ein Vermögen oder verloren gar ihr Leben. Als ein weiterer Abbau im Tagebau unmöglich wurde, trieb man einen Schacht in den Boden, um die Ausbeutung bis in über 800 m Tiefe zu ermöglichen. Doch bis zur unglaublichen Tiefe von 240 m wurde das Loch ausschließlich mit Spitzhacken und Schaufeln ausgeschachtet. Es ist bis heute eine der größten in Handarbeit ausgehobenen Gruben der Welt. Bis De Beers die Mine 1914 stilllegte, wurden hier rund 22,6 Mio. Tonnen Erde an die Oberfläche befördert, die über 13,6 Mio. Karat (2722 kg) an Diamanten enthielten.

Offiziell kann man das Big Hole nur vom Gelände des **Kimberley Mine Museum** aus betrachten. Das Museum informiert umfassend über die Quelle von Kimberleys Ruhm.

Eine historische, an den Seiten offene Tram fährt von der Old Town halb um das Big Hole herum und wieder zurück; die Fahrt dauert ungefähr 15 Minuten. Über dem Big Hole schwebt eine Aussichtsplattform, von der man in die gähnende Tiefe starrt.

Ein Film liefert interessante Hintergrundinformationen, ebenso wie andere Ausstellungsstücke – vom Nachbau eines Minenschachts aus dem 19. Jh. bis zum Tresor voll echter Diamanten.

Old Town

West Circular Rd ▪ ⏰ tgl. 8–17 Uhr ▪ Eintritt frei

Außerhalb des Museums befindet sich die Old Town (die auch ohne Eintritt zugänglich ist), eine Ansammlung **historischer Gebäude**, die zum großen Teil noch aus der Zeit von Rhodes und Barnato stammen. Sie wurden aus dem Zentrum hierher versetzt, um sie vor dem Abriss zu ret-

Kimberley

ÜBERNACHTUNG

Bishop's Lodge	8
Carrington Lodge	10
Cecil John Rhodes Guest House	4
Edgerton House	6
Halfway House Hotel	7
Jungnickel Guesthouse	3
Kimberley Anne Hotel	9
Kimberley Club and Boutique Hotel	2
Milner House	11
Protea Hotel by Marriott Kimberley	1
Sundowner Lodge	5

ESSEN

Angel Heart Coffee Shop	2
Annabell's	4
Palette Tea Room	3
Rhodes Grill Restaurant	1

BARS UND CLUBS

The Half Bar	3
Occidental Bar	2
Star of the West	1

De Beers Mine

Bahnhof

Northern Cape Tourism Authority

Rhodes-Statue

Africana Library

Kimberley Club

City Hall

Taxistand

Market Square

De Beers Head Office

Harry Oppenheimer House

Oppenheimer Memorial Gardens & Diggers' Fountain

Bibliothek

Civic Centre Complex

Pick'n Pay Centre

Shoprite Shopping Centre

Standard Bank

Absa Bank

Newpark Shopping Centre & Checkers supermarket

Spielplatz

William Humphries Art Gallery

Mediclinic

Queen's Park

Rudd House

Dunluce

McGregor Museum

BELGRAVIA

The Big Hole

OLD TOWN

Kimberley Mine Museum

Tramlinie

N

Meter 0 — 300

ten. Hier gibt es alte Läden, Kirchen, eine Kneipe, Banken und diverse andere Institutionen jener Zeit – eine ziemlich vollständige Ortschaft also. Ausstattungs-, Einrichtungs- und Dekorationsgegenstände sind größtenteils echt antik.

Market Square und Umgebung

Im Herzen des Zentrums liegt der Market Square, der von der cremefarbenen und weißen **City Hall** dominiert wird. Sie stammt vom schottischen Architekten F. C. Rogers und wurde 1899 vollendet. In der Frühzeit der Diamantenförderung war der Marktplatz das Zentrum des Diamantenhandels. Die geschäftige Atmosphäre setzt sich auch heute noch rund um einen großen Taxistand und eine Ansammlung verlotterter, aber bunter Verkaufsstände fort. Geht man vom Marktplatz einen Block nach Westen, kommt man zur Zentrale von **De Beers** in der 36 Stockdale Street, einem würdevollen, aber nicht weiter auffälligen Altbau, der nicht öffentlich zugänglich ist.

Africana Library

63-65 Du Toitspan Rd ▪ ⊕ Mo–Fr 8–12.45, 13.30–16.30 Uhr ▪ ✆ 053 830 6247, ⌨ www.african library.co.za

Die kleine, aber fesselnde Africana Library gegenüber dem Kimberley Club widmet sich historischem Material über Kimberley und das Nordkap. Unter den Exponaten finden sich Berichte früher europäischer Reisender sowie eine Dokumentation mit Fotos zum Zweiten Burenkrieg (1899–1902). Vieles in dem Gebäude von 1887 ist noch im Originalzustand erhalten, und wer freundlich fragt, wird von einem der Bibliothekare herumgeführt.

Das zentrale Geschäfts-viertel (CBD)

An der Kreuzung der Du Toitspan Road mit der Lennox Street steht eine Statue von **Cecil Rhodes** hoch zu Ross; er hält eine Afrikakarte in der Hand und blickt in die Ferne. Das zentrale Geschäftsviertel beginnt südlich der Lennox Street, wo die **Oppenheimer Memorial Gardens** mit einer Büste des Bergbaumagnaten Sir Ernest Oppenheimer und der **Diggers' Fountain** aufwarten. Der Brunnen zeigt fünf Bergleute, die ein riesiges Sieb in die Höhe halten, und wird nach Einbruch der Dunkelheit eindrucksvoll illuminiert. Über die Gärten wacht das hoch aufragende **Harry Oppenheimer House** (HOH), das Bürogebäude der De Beers' DTC (Diamond Trading Company; für Besucher nicht zugänglich).

In seinen oberen Stockwerken werden alle in Südafrika geschürften Diamanten des Unternehmens auf Karatgewicht, Farbe, Klarheit und Form begutachtet. Um dafür genügend Tageslicht einfallen zu lassen, wurde das Gebäude nach Süden gebaut, mit speziellen Blendschutz-Fenstern. Die übrigen Fassaden haben keine Fenster, mit Ausnahme kleiner Fensteröffnungen im Treppenhaus.

William Humphreys Art Gallery

1 Cullinan Crescent, auf der gegenüberliegenden Seite der Memorial Gardens vom HOH ▪ ⊕ Mo–Fr 8–16.45, Sa 9–16.45, So 9–11.45 Uhr ▪ Eintritt R5 ▪ ✆ 053 831 1724, ⌨ www.whag.co.za

Die William Humphreys Art Gallery im Civic Centre ist ein Juwel, das man hier nicht erwarten würde, und zählt zu den wenigen erstklassigen Kunstgalerien in Südafrika. Bei ihrer Eröffnung 1952 dominierten noch Europas Alte Meister, doch die Sammlung ist mit der Zeit gegangen und umfasst heute einen beeindruckenden wie ausgewogenen Querschnitt südafrikanischer Kunst. Traditionelle und zeitgenössische Werke gehören ebenso dazu wie moderne Skulpturen. Die Galerie war einer der ersten Orte in der Welt, an dem Felsmalereien der San als Kunstwerke und nicht als anthropologische Museumsstücke ausgestellt wurden. Im hinteren Bereich gibt es einen netten Teesalon (S. 343).

Kimberley Club

72 Du Toitspan Rd ▪ ✆ 053 832 4224, ⌨ www.kimberleyclub.co.za

Der zweigeschossige Kimberley Club etwas südwestlich des Market Square wurde 1881 von den treibenden Kräften der jungen Siedlung nach dem Vorbild der Londoner Gentlemen's Clubs gegründet. Nur sorgte hier die bunte Mischung der tatendurstigen Mitglieder für eine wesentlich schwungvollere und entstaubtere Atmosphäre. Heute befindet sich in dem Gebäude ein schickes Hotel mit vielen originalen Einrichtungsgegenständen wie den Ledersesseln in der Raucherlounge, Marmor im Vorzimmer und reichlich kostbaren Antiquitäten. Besucher können sich umsehen oder im Restaurant speisen (S. 343), um einiges freundlicher fällt der Empfang jedoch aus, wenn man sich an der Rezeption anmeldet und der Kleiderordnung des Clubs Folge leistet, also keine T-Shirts oder Shorts im Restaurant und in der Bar trägt.

Belgravia

Du Toitspan Rd

In dem vornehmen **Wohngebiet** Belgravia rund 1 km südöstlich vom CBD residierte während der Boomjahre die Mehrzahl der wohlhabenderen Familien von Kimberley. Das Zentrum des Viertels liegt um die Kreuzung von Du Toitspan und Egerton Road, wo sich auch das historische **Halfway House Hotel** (S. 342) befindet. Es stammt aus dem Jahr 1872 und wird auch „the Half" genannt. Seinen Namen verdankt es der Tatsache, dass es auf halbem Weg zwischen den Minen von De Beers und Bultfontein lag. Zu Berühmtheit gelangte es als Drive-in-Kneipe. Diese Tradition, die als „Ride-in-Pub" begann, geht angeblich auf Cecil Rhodes zurück, der sich gern ein Gläschen im Sattel genehmigte. Heute ist die Anfahrt mit dem Auto allerdings verboten. Obwohl 1990 der halbe Thekenraum einem Feuer zum Opfer fiel, verleihen Bilder und Fotos aus der guten alten Zeit dem Ort immer noch eine geschichtsträchtige Atmosphäre.

McGregor Museum

Atlas Rd ▪ ⊙ Mo–Sa 9–17 Uhr ▪ Eintritt R25 ▪ ✆ 053 839 2717, ⌨ www.museumsnc.co.za

Das famose McGregor Museum ist nach einem frühen Bürgermeister von Kimberley getauft und in einem prachtvollen viktorianischen Herrenhaus untergebracht. Sein Highlight ist die weitgespannte und kreativ gestaltete Ausstellung

„Ancestors Display". Sie zeichnet anhand archäologischer Funde ein faszinierendes und – in Südafrika immer noch ungewöhnlich – ausgewogenes Bild von den vielfältigen Wurzeln der heutigen Bewohner des Nordkaps, bis hin zu den Spuren der frühesten Hominiden vor Millionen von Jahren. Es gibt auch eine eindrucksvolle Abteilung über die Belagerung von Kimberley. Cecil Rhodes hielt sich während der Belagerung in den beiden, im Stil jener Zeit möblierten Räumen im Erdgeschoss auf.

Duggan-Cronin Gallery

Egerton Rd ▪ ⊙ Mo–Fr 9–17 Uhr ▪ Spende ▪ ✆ 053 839 2700

Die Duggan-Cronin Gallery, ein Fotomuseum in Nachbarschaft zum McGregor Museum, zeigt über 8000 Aufnahmen, die das Leben der indigenen Bevölkerung des Südlichen Afrika porträtieren. Die meisten Fotos wurden von dem Iren Alfred Duggan-Cronin aufgenommen, der als Minenwächter bei De Beers angestellt war. 1904 kaufte er sich eine Boxkamera, mit der er zunächst die Minenarbeiter fotografierte. Er interessierte sich für deren Herkunft und bereiste zwischen den beiden Weltkriegen das ganze Südliche Afrika. Dabei porträtierte er Gesichter und die Lebensweise der Bevölkerung, was ihm den Spitznamen Thandabantu einbrachte; das heißt in der Sprache der Matabele: „einer, der die Menschen liebt".

Häuser an der Lodge Road

Lodge Rd ▪ Führungen zum Rudd House und Dunluce über das McGregor Museum organisieren ▪ R30 ▪ nur Mo–Fr

Ein Trio elegant restaurierter Wohnhäuser an der Lodge Road in Belgravia lässt die Atmosphäre des alten Kimberley aufleben und gibt einen Eindruck vom Reichtum, den die Stadt einst anzog: **Rudd House**, Hausnummer 5, war die Villa des Bergbaumagnaten und Rhodes-Geschäftspartners Charles Dunnell Rudd. Hausnummer 7, 1907 erbaut, wurde ein Jahr später das Geburtshaus von Harry Oppenheimer; es war die letzte Residenz der Familie in Kimberley, bevor sie 1915 nach Johannesburg umzog. **Dunluce**, Hausnummer 10, ist ein eleganter spätviktorianischer Bau und wurde für den Diaman-

Touren in und um Kimberley

Mit den spannenden Touren in aktive unterirdische Diamantenminen ist es seit Stilllegung der De-Beers-Minen leider vorbei, aber Kimberley hat immer noch verschiedene informative und unterhaltsame Touren zu bieten. Das Sol Plaatje Tourist Information Centre (S. 344) hält eine Liste offiziell zugelassener Führer bereit. Ein empfehlenswerter Tourveranstalter ist beispielsweise **Diamond Tours Unlimited**, ☎ 084 645 7754, 🖵 www.diamondtours.co.za.

Gespenstertouren

Wer mutig genug ist, sich die Schauergeschichten von ruhelosen Geistern anzuhören, oder sich bloß gern mal nach Feierabend in einigen von Kimberleys interessanteren Bauten umsehen möchte, kann an einer **Ghost Tour** (R80) durch die Stadt teilnehmen, die zu Schauplätzen unheimlicher Begegnungen führt, etwa zur Africana Library, den Regimental Headquarters und der Spukvilla Rudd House in Belgravia. Die Touren starten um 18 Uhr am Honoured Dead Memorial und dauern drei bis vier Stunden; zu buchen über Diamond Tours Unlimited (s. o.).

Township-Touren

Kimberley richtete als erste Ansiedlung in Südafrika spezielle Quartiere am Stadtrand ein, um die schwarzen und farbigen Minenarbeiter unterzubringen. Eine Führung durch **Galeshewe** (nach einem aufständischen Stammeshäuptling des 19. Jhs. benannt) gibt Einblick in das Leben einer typischen modernen südafrikanischen Township mit ihrem Mix aus Wellblechhütten, einfachen Sozialwohnungshäusern und den schickeren Behausungen einiger zu Wohlstand gelangter Anwohner. Dabei werden auch ein paar alternative historische Sehenswürdigkeiten angesteuert – darunter das Grab von Sol Plaatje (S. 623) und das Haus, in dem Robert Sobukwe (S. 409), der Gründer des Pan Africanist Congress, nach seiner Entlassung von Robben Island 1969 unter Hausarrest lebte. Die meisten Touren besuchen zum Abschluss das Gebäude der **Northern Cape Provincial Legislature** aus der Post-Apartheids-Ära – ein außergewöhnliches Bauwerk, das Elemente der traditionellen afrikanischen Baukunst mit geometrischen, silbrigen Baukörpern kombiniert. Die Führungen können im Sol Plaatje Tourist Information Centre (S. 344) gebucht werden.

tenbaron Gustav Bonas errichtet. Das Haus hieß ursprünglich Lillianville und wurde später vorwiegend von der Familie John Orrs bewohnt. Orr war Kaufhausmagnat und Bürgermeister von Kimberley; er kaufte die Residenz 1907 und gab ihr den neuen Namen. Ein Großteil der Originalausstattung ist bis heute erhalten.

ÜBERNACHTUNG

Die Mehrzahl der Hotels, Gästehäuser und B&Bs befindet sich in den südlichen Vororten, meist 1 oder 2 km von der Innenstadt entfernt. Die reizendsten – in historischen Häusern – liegen im und um den teuren Vorort Belgravia. **Bishop's Lodge**, 9 Bishops Ave, ☎ 053 831 7876, 🖵 www.bishopslodge.co.za; Karte S. 338. Ruhiges, modernes Haus mit makellosen DZ,

preiswerten Apartments und einer rollstuhlgerechten Suite unweit der Touristeninformation. Pool, aber keine Mahlzeiten außer Frühstück (nicht inkl.). DZ R930, Apartments R1150 **Carrington Lodge**, 60 Carrington Rd, Ecke Oliver Rd, ☎ 053 831 6448, 🖵 www.carrington lodge.co.za; Karte S. 338. Freundliches und beliebtes Gästehaus am Rand von Belgravia mit 16 stilvollen Zimmern, umlaufender Veranda im Kolonialstil, einem gepflegten Garten samt Grillplatz und einer Bar mit Billardtisch. Preise sind inkl. Frühstück; auf Anfrage gibt es auch Abendessen. R1400 **Cecil John Rhodes Guest House**, 138 Du Toitspan Rd, ☎ 053 830 2500, 🖵 www.ceciljohn rhodes.co.za; Karte S. 338. Das zentralste der historischen Gästehäuser, Baujahr 1895, mit 7 luftigen, stilvoll eingerichteten B&B-Zimmern

und allen Annehmlichkeiten sowie einem schattigen Gartenlokal zur Straße (⏰ Mo–Fr 9–17 Uhr). Abendessen auf Wunsch. R900

Edgerton House, 5 Egerton Rd, ✆ 053 831 1150, 🖥 www.africastay.com/edgerton-house.html; Karte S. 338. Diese Unterkunft in Belgravia liegt in einem schönen edwardianischen Haus aus dem Jahr 1901 gegenüber dem McGregor Museum. Sie bietet 13 etwas betagte, aber überaus komfortable Gästezimmer, einen Pool und Teegarten. Frühstück inkl. Die Rezeption befindet sich im Halfway House Hotel (s. u.). R750

Halfway House Hotel, Du Toitspan Rd, Ecke Egerton Rd, ✆ 053 831 6324, halfwayhousehotel. co.za; Karte S. 338. 7 große, luftige Zimmer mit Bad um den gepflasterten Biergarten hinter der historischen Kneipe. Eins hat eine Löwen-fußbadewanne und alle sind mit großem Bett und antiken Möbeln ausgestattet. Optional gibt es bei Anabell's (S. 343) ein annehmbares Frühstücksbuffet. R795

Jungnickel Guesthouse, 12 Park Rd, ✆ 053 832 5630, 🖥 www.jungnickel.co.za; Karte S. 338. Das Jungnickel liegt gegenüber dem Queen's Park in Belgravia. Die hübschen B&B-Zimmer befinden sich entweder im viktorianischen Haupthaus von 1885 oder in zwei anderen Häusern in der Park Rd, die genauso gut ausgestattet sind. Es gibt einen Pool und einen Grillbereich. Im Preis inbegriffen sind ausgezeichnete Frühstücksmenüs, Lunchpakete sowie Abendessen können beim Koch bestellt werden. R895

Kimberley Anne Hotel, 60 Mac Dougall St, Royldene, ✆ 053 492 0004, 🖥 www. kimberleyanne.co.za; Karte S. 338. Dieses architektonisch interessante Hotel aus Stein und Glas liegt 4 km vom CBD in den südlichen Vororten. Trotz des bequemen Zugangs zur N12 empfiehlt sich ein Auto für die Stadt-besichtigung. Die modernen Zimmer sind die luxuriösesten in der Stadt, aber dennoch nicht überteuert. Es gibt einen Pool und ein Restaurant für ausgezeichnetes Frühstück (inkl.) und Abendessen. R1250

The Kimberley Club and Boutique Hotel, 72 Du Toitspan Rd, ✆ 053 832 4224, 🖥 www. kimberleyclub.co.za; Karte S. 338. Das Wahr-zeichen der Stadt von 1881 bietet 17 geräumige Gästezimmer im Kolonialstil, teilweise mit Balkon und Bäder mit freistehenden Bade-wannen. Das Beste daran: Übernachtungsgäste haben Zugang zur Mitgliederbar. Für Wochen-tage reservieren. Preise inkl. Frühstück. R1230

Milner House, 31 Milner St, ✆ 053 831 6405, 🖥 www.milnerhouse.co.za; Karte S. 338. Ebenfalls ein Guesthouse in Belgravia, etwas bescheidener und nüchterner als die anderen, mit komfortablen, in Weiß gehaltenen Zimmern und Pool in einem schattigen Garten. Das im Preis enthaltene Frühstück wird an sonnigen Tagen auf der Terrasse serviert. R800

Protea Hotel by Marriott Kimberley, West Circular Rd, ✆ 053 802 8200, 🖥 www.marriott. com; Karte S. 338. Am Rand des Big Hole gelegen, bietet das Protea einen ausgezeich-neten Standard und ist hinter nostalgisch gestaltetem Ambiente – unter anderem Ziegel-mauern und ein Pool in Form eines Viehtrogs – mit allen modernen Annehmlichkeiten ausge-stattet. Das Frühstück ist für R130–195 jedoch etwas teurer. R1760

Sundowner Lodge, 1 Bishops Ave, ✆ 053 831 1145, 🖥 www.sundownerlodgekby.co.za; Karte S. 338. Der freundliche Familienbetrieb in Rufweite der Touristeninformation verströmt dezentes Kolonialflair und vermietet schlicht eingerichtete, aber große Zimmer in Reihen-chalets in einer friedvollen, schattigen Garten-anlage. Frühstück inkl. und Abendessen auf Wunsch. R660

ESSEN UND UNTERHALTUNG

Kettenrestaurants und Imbisse gibt es in Kimberly zu Hauf. Einige davon befinden sich im größten Einkaufszentrum der Stadt, der Diamond Pavilion Shopping Mall nahe der N8, wenn man von Süden kommt.

Restaurants und Cafés

Angel Heart Coffee Shop, 53 Long St, ✆ 053 831 5577; Karte S. 338. Dieses helle, freundliche Café rund 800 m südlich vom Eingang zum Big Hole bietet Spezialkaffeegetränke, warmes Frühstück und zum Mittagessen kreative Salate oder gefüllte Croissants (ab R39). Zur Teatime gibt es Kuchen, z. B. die leckeren Zitronen-Baiser-Pies. Nebenbei wird auch Kunsthandwerk verkauft, u. a. Gemälde, Keramik und Glaswaren. ⏲ Mo–Fr 7.30–16, Sa 8–14 Uhr.

Annabell's, Halfway House Hotel, 229 Du Toitspan Rd, ✆ 053 831 6324; Karte S. 338. Ähnliches Angebot an Kneipenkost wie in der benachbarten Half Bar, die Pizzas und Pastagerichte (ca. R85) werden aber in eleganterer Atmosphäre in Separees mit gepolsterten Ledersofas serviert. Auf dem Gelände befindet sich auch ein Restaurant der beliebten Seafood-Kette Ocean Basket. ⏲ Mo–Sa 18–23 Uhr.

Palette Tea Room, William Humphreys Art Gallery, 1 Cullinan Crescent, ✆ 072 143 5829; Karte S. 338. Kleiner, bescheidener Teesalon hinter der Galerie, in dem es Fruchtshakes, Tees und frische Salate gibt – eine erfrischende Abwechslung zur fleischlastigen Kost andernorts. ⏲ Mo–Fr 8–16.30, Sa 10–14 Uhr.

Rhodes Grill Restaurant, The Kimberley Club, 72 Du Toitspan Rd, ✆ 053 832 4224, 🖥 www.kimberleyclub.co.za; Karte S. 338. Eines der besten Restaurants der Stadt mit einer Mischung aus lokaler und internationaler Küche – von Springbock-Steak bis zu Thai-Curry (R70–140). Dazu gibt's eine umfangreiche Weinkarte. Das Vitello Café in der Vorhalle des Clubs ist ein etwas zwangloserer Ort für kleine Mahlzeiten. ⏲ Restaurant tgl. 6.30–10, 12–14.30, 18–21.30 Uhr, Café tgl. 11–18 Uhr.

Bars und Kneipen

Kimberley bietet kaum Nachtleben, sieht man einmal von ein paar historischen Pubs ab, die zu einem atmosphärischen Drink am Abend einladen. Das Restaurant und die Bar im Flamingo Casino-Komplex gleich außerhalb der Stadt an der Phakamile Mabije Rd, ✆ 053 830 2600, 🖥 www.suninternational.com, haben bis in die frühen Morgenstunden geöffnet. Im Kasino selbst herrscht rund um die Uhr Betrieb.

The Half Bar, Halfway House Hotel, 229 Du Toitspan Rd, ✆ 053 831 6324, Karte S. 338. Cecil Rhodes' ehemaliger Stärkungsstopp ist mit seiner zwanglosen Atmosphäre immer noch sehr beliebt. Hinten gibt es einen Biergarten mit Tischen, die auch von den Gästen des Seafood-Restaurants Ocean Basket benutzt werden. Zu essen gibt es gute traditionelle englische Kneipenkost zu fairen Preisen (Hauptgerichte ab R60). ⏲ Mo–Sa 11–23 Uhr.

Occidental Bar, am Kimberley Mine Museum und Big Hole, West Circular Rd, ✆ 053 831 1269; Karte S. 338. Im Unterschied zu den anderen Museumsgebäuden der Old Town ist dies ein „echtes" Bar-Restaurant und wird von den Einheimischen auch „The Ox" genannt. Es gibt Craft-Bier vom Fass und abwechslungsreiche Kneipengerichte wie Steaks, Schweinebauch oder Karoo-Lammkoteletts sowie Vegetarisches (Hauptgerichte um R70–140). Sonntagmittag oft Livemusik (auch Jazz). ⏲ Mo–Do 12–22, Fr, Sa 12–24, So 12–15 Uhr.

Star of the West, West Circular Rd, Ecke North Circular Rd, ✆ 053 832 6463; Karte S. 338. Der älteste Pub von Kimberley (1870) hält sich hartnäckig als Stammlokal der Einheimischen; ein paar lokale Originale klammern sich hier immer an die Theke. Daneben macht der Laden aber auch ein gutes Geschäft mit Touristen, die auf ein Bier oder ein anständiges, billiges Kneipenessen im Biergarten vorbeischauen (Hauptgerichte ab R50). ⏲ tgl. 10–24 Uhr.

SONSTIGES

Apotheken

Clicks Pharmacy, im Shoprite Shopping Centre, Bultfontein Rd, ✆ 053 831 34842342; ⏲ Mo–Fr 8–18, Sa 8–17, So 9–14 Uhr.
Kimberley Apteek, 16 Market Square, ✆ 053 831 17873035; 2 Mo–Fr 8–17.30, Sa 8–13.30 Uhr

Autovermietungen

Alle großen Autovermietungen sind am Flughafen vertreten:
Avis, ✆ 053 851 1082, 🖥 www.avis.co.za;
First Car Rental, ✆ 053 851 1476, 🖥 www.firstcarrental.co.za;
Hertz, ✆ 053 830 2200.

Geld

Absa, gegenüber von Standard Bank in der Bultfontein Rd.
Standard Bank, Bultfontein Rd, Ecke Long St.

Nach Ausbruch des **Zweiten Burenkrieges** identifizierten die Streitkräfte der Buren das an Diamanten reiche Kimberley als strategisch besonders wichtigen Stützpunkt und belagerten die Stadt, deren Einwohner, darunter Cecil Rhodes, eingeschlossen wurden. Im Gegenzug stellten die Briten unter **Lord Methuen** eine Armee auf, die Kimberley befreien sollte. Die Größe ihres Heeres und mangelnde Kenntnis über die Beschaffenheit des Territoriums zwang die Briten, über die Küste entlang der Eisenbahnlinie vorzurücken. Auf diese Weise konnten auch der Nachschub und die Versorgung mit Nahrungsmitteln, Wasser und Ausrüstung sichergestellt werden.

In Belmont traf Methuen erstmals auf die Buren; weitere Gefechte gab es bei Graspan und am Modder River, von wo aus die Buren einen taktischen Rückzug nach Magersfontein, einer Hügelkette 30 km südlich von Kimberley, einleiteten. Unter dem Kommando von General Cronjé und der taktischen Führung von **Koos de la Rey** beschlossen die Buren, am Fuß des *koppie* Schützengräben auszuheben, anstatt sich von den Hügeln aus zu verteidigen, wie es sonst ihre Taktik war.

In den frühen Morgenstunden des 11. Dezember 1899 rückten die Briten auf Magersfontein vor, in Erwartung, dass die Buren sich von den Hügelkämmen aus verteidigen würden. Die britischen Truppen wurden vom **Highland Regiment**, einer Eliteeinheit, die gerade von Kämpfen in Nordafrika und Indien zurückgekehrt war, angeführt. Kurz vor Morgengrauen, als sich das britische Heer gerade in Angriffsformation aufgestellt hatte, eröffneten 4000 burische Soldaten aus wenigen hundert Metern Entfernung das Feuer. Schützengräbern waren zu jener Zeit eher unbekannt, und so führte dieses Moment der Überraschung zu verheerenden Verlusten unter den Briten. Eine Flucht war in dem weiten Buschland unter der sengenden Sonne unmöglich. Am nächsten Tag konnten sich die Überlebenden zum Modder River zurückziehen. Die Befreiung von Kimberley verzögerte sich dadurch um zwei Monate. Dieses Debakel war eine von drei großen Niederlagen der Briten, die unter dem Namen „Black Week" bekannt wurden. Die Nachrichten über die Niederlagen gingen wie eine Schockwelle durch die britische Öffentlichkeit, die eigentlich erwartet hatte, dass ihre Truppen die „verrückten Farmer" noch vor Weihnachten überrennen würden.

Informationen

Im **Sol Plaatje Tourist Information Centre**, 121 Bultfontein Rd, ☏ 053 832 7298, 🖵 www.solplaatje.org.za, im Civic Centre-Komplex bekommt man Stadtpläne, Listen mit Unterkünften und Karten für einen Stadtrundgang in Eigenregie wie den Belgravia Historic Walk. ⊕ Mo–Fr 8–17, Sa 8–12 Uhr. Der Historic Walk beginnt und endet am McGregor Museum; hier gibt es auch Karten und Listen mit lizensierten Guides für Touren in der Umgebung. **Northern Cape Tourism Authority**, 15 Villiers St, nahe Quinn St, ☏ 053 832 2657, 🖵 http://experiencenortherncape.org.za, hat weitergehende Infos über die Provinz, v. a. über ihre Wildparks und -reservate. ⊕ Mo–Fr 8–16 Uhr.

Medizinische Hilfe

Das beste Krankenhaus für Besucher ist die rund um die Uhr geöffnete **Mediclinic**, 177 Du Toitspan Rd, ☏ 053 838 1111, Notfälle ☏ 053 838 0573, 🖵 www.mediclinic.co.za.

Post

Das **Hauptpostamt** befindet sich auf der Ostseite des Market Square, ☏ 053 831 5100. ⊕ Mo–Fr 8–17, Sa 8–13 Uhr.

NAHVERKEHR

Im Zentrum kommt man zu Fuß gut zurecht, nachts sollte man jedoch ein Taxi nehmen. Der zentrale Taxistand befindet sich am Market Square hinter der City Hall. Alternativ kann man bei **Rikki's Taxis**, ☏ 053 842 1764, 🖵 www.rikkistaxis.co.za, ein Taxi bestellen. Zur besseren Orientierung in der Stadt: Häufig stehen die Straßennamen nicht auf Schildern, sondern auf den Bordsteinen.

Busse

Die Intercity-Busse halten vor dem **Visitor Sol Plaatje Tourist Information Centre**.
Das ist praktisch, wenn man morgens mit dem Nachtbus aus Kapstadt ankommt, aber nicht so sehr, wenn man tagsüber von Kapstadt oder Johannesburg losfährt und nachts hier eintrifft, wenn die Gegend menschenleer ist. Am besten vereinbart man vorher mit dem Hotel einen Abholservice oder lässt sich vom Bus an einem der Hotels an der N12 (Bishops Avenue) gleich südlich des Stadtzentrums absetzen. Alternativ kann man an der Shell Ultra City-Tankstelle 6 km nördlich der Stadt aussteigen – das ist ein viel sichererer Platz, um sich ein Taxi zu bestellen.
Informationen und **Tickets** gibt es im Tickets 4 Africa-Büro im Sol Plaatje Tourist Information Centre, ✆ 053 832 6040, ⏰ Mo–Fr 8–19.30, Sa 8–12.30 Uhr. Auch in den beiden Supermärkten Shoprite und Checkers in der Bultfontein Road nördlich der Touristeninformation können Tickets gebucht werden.
Citiliner, City to City, Intercape, Greyhound und Translux bieten Verbindungen nach Johannesburg und Kapstadt via Bloemfontein. Intercape fahren außerdem nach Upington via Kuruman.

Busse nach:
BLOEMFONTEIN (tgl., 2 1/4 Std.);
JOHANNESBURG (tgl., 5 3/4–7 1/4 Std.);
KAPSTADT (tgl., 11 1/2 Std.);
KURUMAN (3 1/4 Std.);
UPINGTON (tgl., 7 1/2 Std.).

Minibustaxis

Die Minibustaxis starten von der **Pniel Road** (der nördlichen Verlängerung der Bultfontein Rd), 1,5 km von der Touristeninformation. Wer seine Reise bei Tageslicht absolvieren will, sollte um 6.30 Uhr (im Winter um 7 Uhr) dort sein. Zu den meisten Zielen gibt es auch Abfahrten am frühen Nachmittag, doch dann muss man damit rechnen, erst nachts anzukommen. Samstags verkehren auf allen Strecken weit weniger Fahrzeuge, sonntags mitunter gar keine. Die unten angegebene

Häufigkeit gilt für Wochentage. Außer bei Fahrten nach Barkly West (hier wird im Fahrzeug bezahlt) ist der Fahrpreis beim Büro in der Pniel Road neben dem Taxistand für Fernfahrten zu bezahlen.

Minibustaxis nach:
BARKLY WEST (stdl., 1/2 Std.);
KURUMAN (1–2x tgl., 2 1/2 Std.);
UPINGTON (3–4x tgl., 5 Std.).

Eisenbahn

Der **Bahnhof**, ✆ 053 838 2709, 🖥 www.shosholozameyl.co.za, liegt in der Florence St am nordöstlichen Stadtrand. Da die Züge stets nach Einbruch der Dunkelheit abfahren oder ankommen, sollte man grundsätzlich ein Taxi vom oder zum Hotel nehmen. Ein Taxistand ist gleich außerhalb vom Bahnhofsgebäude.

Züge nach:
JOHANNESBURG (4x wöchentl., 7 3/4 Std.);
KAPSTADT (4x wöchentl., 17 3/4 Std.).

Flüge

Der **Flughafen** von Kimberley liegt 7 km südlich des Zentrums an der N8 nach Bloemfonein, ✆ 053 830 7106, 🖥 www.airports.co.za. Da es keine öffentliche Verkehrsverbindung in die Stadt gibt, muss ein Taxi gerufen werden. **South African Airways**, ✆ 053 838 3337, 🖥 www.flysaa.com, hat ein Büro im Flughafen und bietet Flüge nach JOHANNESBURG (4–5x tgl., 1 1/4 Std.) und KAPSTADT (2 tgl. außer Sa, 1 1/2 Std.).

Die Umgebung von Kimberley

Nahe der R31, die von Kimberley nach Kuruman führt, gibt es einige interessante Orte, die einen Abstecher lohnen. **Wildebeest Kuil** bietet faszinierende Felsenkunst der San, während in der Gegend um Barkly West in den 1860er-Jahren einige der ersten **Diamantminen** öffneten. Südlich von Kimberley bildete entlang der N12 die belanglose Landschaft von Magersfontein die Kulisse für einen der dramatischsten Vorfälle im **Zweiten Burenkrieg**, während der **Mokala National Park**, eines der neuesten Wildreservate Südafrikas, die Möglichkeit bietet, in der Nähe von Kimberley wilde Tiere in ihrer natürlichen Buschumgebung zu beobachten.

Wildebeest Kuil

Etwa 15 km von Kimberley an der R31 nach Barkly West ▪ ⏲ Mo–Fr 9–16 Uhr, Sa und So nach Vereinbarung ▪ Eintritt R35 ▪ ✆ 053 833 7069, 🖳 www.wildebeestkuil.itgo.com ▪ In Kimberley kann man eines der häufig verkehrenden Minibustaxis nach Barkly West nehmen und den Fahrer bitten, an der ausgeschilderten Abzweigung zu halten. Die Stätte ist gleich in der Nähe.

Wildebeest Kuil ist ein kleiner *koppie* aus Andesitbasalt. Diese wichtige Felskunststätte besticht durch ihre unüblichen Felsbilder, die nicht gemalt, sondern in den Fels graviert sind. Anders als sonst befinden sich die Zeichnungen auch nicht an Felswänden oder Überhängen, sondern auf den überall herumliegenden losen Fels- und Geröllstücken. Die rund 400 Bilder aus der Jungsteinzeit zeigen Tiere wie Elefanten, Büffel und Antilopen. Die Darstellungsweise könnte auf schamanistischen Visionen beruhen. Eine Reihe von Plankenwegen führt über die Steinbrocken, sodass man die Zeichnungen bewundern kann, ohne etwas zu zerstören. Im Rahmen des südafrikanischen Restitutionsprogramms ist die Stätte an die örtlichen !Xun- und Khwe San-Kommunen zurückgegeben worden, und ausgebildete Fremdenführer (im Eintritt enthalten) führen die Besucher herum. Das Besucherzentrum am Fuß des *koppie* zeigt eine einführende Ausstellung und Videofilme. Außerdem kann man hier Kunsthandwerk der San erwerben.

Magersfontein

32 km südlich von Kimberley; man folgt der Flughafenstraße bis zum Flughafen, anschließend weiter über die Schotterstraße nach Modderrivier oder man fährt die längere, aber schnellere Strecke über die N12 und Modderrivier ▪ ⏲ tgl. 8–17 Uhr ▪ R20 ▪ Kontakt: McGregor Museum, ✆ 053 839 2722, 🖳 www.museumsnc.co.za

Das Schlachtfeld des Zweiten Burenkriegs in Magersfontein ist eine schmerzliche Reminiszenz an die blutgetränkte Vergangenheit der Region. An diesem Ort verschanzten sich die Buren in einem verheerenden Grabenkrieg (Kasten S. 344) gegen die Briten. Wegweiser auf dem Schlachtfeld weisen zum Besucherzentrum und einem kleinen angeschlossenen Museum, das eine bewegende Ausstellung zu den Auseinandersetzungen sowie eine audiovisuelle Rekonstruktion der Schlacht zeigt. Man kann zu verschiedenen Monumenten, die sich am westlichen Ende der Hügellinie befinden, wandern. Auf dem Schlachtfeld selbst – heute eine offene Steppe mit grasenden Springböcken – sieht man Reihen von Schützengräben und andere Stätten, darunter ein Paar Granitkreuze, die die Grabstätte der Skandinavier, die auf Seiten der Buren gekämpft hatten, markieren.

Mokala National Park

⏲ Mai–Aug tgl. 6–17.30, Sep–April tgl. 6–19 Uhr ▪ Eintritt R160 ▪ ✆ 053 204 8000, 🖳 www.sanparks.org/parks/mokala

Der 2007 eröffnete Mokala National Park ist die neue Heimat für den Wildbestand des aufgelösten Vaalbos National Park. Dieser wurde geschlossen, nachdem die lokale Bevölkerung erfolgreich geklagt hatte. „Mokala" ist das Setswana-Wort für den Kameldorn *(Acacia erioloba)*, der hier die hügelige, sandige Landschaft dominiert. Der Park erstreckt sich über eine Fläche 194 km² in der Übergangszone zwischen dem Biom der Karoo und Kalahari. Entsprechend gibt es eine große Vielfalt an Prärietieren wie Breit- und Spitzmaulnashörner, Kaffernbüffel, Leier-, Elan-, Rappen- und Pferdeantilopen, Giraffen, Zebras und Gnus. Es gibt zwar keine Großkatzen oder andere Räuber, aber die Basalt- und Ufervegetation ist der Lebensraum vieler Greifvögel wie Habicht, Kampfadler, Ohren-, Weißrücken- und Kapgeier. Nachts, wenn der Himmel über der Kalahari voller Sterne ist, sollte man im Kameldorn nach dem Kap-Uhu Ausschau halten.

Anfahrt zum Park

Der Park liegt etwa 70 km südwestlich von Kimberley und ist mit dem Auto erreichbar. Über die N12 Richtung Kapstadt kommend, gibt es zwei Zugänge. Den ersten erreicht man von Kimberley kommend nach 37 km, wo eine Abzweigung nach weiteren 16 km zum Lilydale Rest Camp führt. Die zweite Abzweigung befindet sich 57 km von Kimberley an der Heuningskloof-Kreuzung und führt nach 21 km zur zentralen Rezeption und Mosu Lodge. Sowohl Lilydale als auch Mosu sind jeweils 6 km von den Parktoren entfernt. Geführte Safaris am Morgen, Abend und in der Nacht können ab R240 in Mosu arrangiert werden. Im Park verbindet eine 26 km lange Schotterpiste Lilydale und Mosu, und es gibt zahlreiche Strecken zur Wildbeobachtung. Ein normales Auto reicht aus, aber nach heftigen Regengüssen benötigt man ein Allradfahrzeug. Die nächste Tankstelle befindet sich 36 km südlich von Kimberley an der N12.

ÜBERNACHTUNG UND ESSEN

Reservierungen für alle Unterkünfte sollten über South African National Parks in Pretoria, ☎ 012 428 9111, 🖥 www.sanparks.org, getätigt werden. Für kurzfristige Buchungen (unter 48 Std.) und Zeltaufenthalte kann man direkt mit der Parkverwaltung Kontakt aufnehmen, ☎ 053 204 8000. Alle Camps sind rollstuhlgerecht. Es gibt keine Geschäfte, aber die Mosu Lodge hat ein Restaurant, ⏰ tgl. 8–10, 12–14, 18–21 Uhr.
Lilydale Rest Camp, die rustikalere Option im Park mit 12 reetgedeckten Chalets für Selbstversorger in malerischer Umgebung am Riet River im Norden des Parks. In einigen gibt es Matratzen für Kinder. Die Anlage mit Pool ist besonders für Vogelliebhaber interessant. R790
Mosu Lodge, komfortabel, schick und gut durchdacht, besteht das Hauptcamp von Mokala aus 16 strohgedeckten Bungalows. Einige davon mit eigener Küche sind groß genug für Familien, andere sind für 2 Personen geeignet und haben Kühlschrank und Wasserkessel. Zur Ausstattung gehören ein Pool, Aufenthaltsraum mit Kamin, Restaurant und eine Bar. R750
Motswedi Camp Site, rund 10 km von Mosu im Süden des Parks gelegen, bietet Motswedi

attraktive Campingplätze, die in einem Halbkreis um eine Wasserstelle angeordnet sind. Jeder von ihnen verfügt über eigene Waschräume und Kochmöglichkeiten. Essen kann man auch im Restaurant von Mosu, aber das Abendessen muss vorbestellt werden. R400

Die Kalahari

Das Nordkap kann sich über einen Mangel an trockenen, endlosen Weiten nicht beklagen, doch die größten Emotionen löst mit Abstand die Kalahari aus. Schon der Name beschwört unwirtliche, sonnengebleichte Landschaft und das riesige, unbekannte Innere Afrikas herauf, abweisend und doch magisch anziehend.

Der Name stammt von dem Wort *kgala-gadi* (durstiges Land) ab und bezeichnet die Halbwüste, die sich vom Orange-Fluss nördlich bis zum Okavango Delta im Norden Botsuanas, in westlicher Richtung bis nach Namibia und ostwärts bis zum Beginn des *bushvelds* erstreckt, das in den Einzugsgebieten der Flüsse Vaal und Limpopo dominiert.

Im Nordkap ist die Kalahari von erstaunlich hohen, spärlich bewachsenen roten oder orangefarbenen Sanddünen geprägt, durchzogen von ausgetrockneten Flussbetten und riesigen, schimmernden Salzpfannen. Obwohl es sich genau genommen nur um eine Halbwüste handelt, sind die Sommertage glühend heiß und die Winternächte eisig kalt. Nördlich des Orange, Südafrikas längstem Fluss, wird das Land sowohl von zähen, hart arbeitenden Farmern als auch von Gemeinschaften, die größtenteils von den einheimischen Jägern und Sammlern der San und den nomadischen Khoi-Schafhirten abstammen, bewohnt. Vielen Landnutzern hier wird mehr und mehr klar, dass **Öko-Tourismus** wahrscheinlich die einzige Alternative in weiten Gebieten ist, wo Viehzucht und Jagd kaum noch das Überleben sichern.

Upington, die größte Stadt der Gegend, liegt am Nordufer des Orange im Herzen eines bewässerten Landstreifens, in dem intensiver Weizen-, Baumwoll- und vor allem Weintraubenanbau betrieben wird. Am äußersten Rand des

Farmgürtels, etwa eine Stunde weiter östlich, nimmt der Orange an Geschwindigkeit zu und stürzt bei den **Augrabies Falls** schäumend in eine riesige Granitschlucht – ein kraftvolles Spektakel, das der Mittelpunkt eines größer werdenden Nationalparks ist.

Der **Kgalagadi-Gemsbok Transfrontier Park** ist das absolute Highlight in dieser Region. Er ist ein ausgedehntes Wüsten-Schutzgebiet, das mit seinem Reichtum an Wild und einer fantastischen Landschaft mit roten Dünen und robuster Vegetation die weite Anfahrt auf jeden Fall lohnt.

Upington

Als unvermeidbare Durchgangsstation auf Fahrten in die Kgalagadi und Augrabies sowie von und nach Namaqualand und Namibia stellt Upington, gut 400 km westlich von Kimberley, einen günstigen Zwischenstopp dar, um die Vorräte aufzufüllen, eine Tour durch die Parks zu organisieren und die nächste Unterkunft zu buchen.

Am Ufer des Orange, auch Gariep River genannt, gelegen, ist Upington ein freundlicher Ort mit viel Grün als Kontrast zur ausgedörrten Landschaft ringsum – ein Resultat der Bewässerung der umliegenden Weingärten –, obwohl die hohen Sommertemperaturen nicht gerade zum längeren Verweilen einladen. Das Zentrum von Upington ist kompakt und man findet sich leicht zurecht – das meiste spielt sich auf den drei parallel zum Fluss verlaufenden Hauptstraßen ab.

Kalahari Oranje Museum

4 Schröder St ▪ ⏲ Mo–Fr 9–12.30, 14–17, Sa 9–12 Uhr ▪ Eintritt frei ▪ ☎ 054 332 6064

Das **Kalahari Oranje Museum** befindet sich in einer 1875 von Reverend Schröder erbauten Kirche und Missionstation. Upington selbst wurde noun Jahre nach Beginn von Schröders Missionsarbeit im Jahr 1884 gegründet. Die Exponate und Fotos geben einen guten Einblick in das entbehrungsreiche Leben der ersten Siedler, die sich in der überwiegend unwirtlichen Region dieser Halbwüste, die den Großteil von Nordkap ausmacht, niedergelassen haben. Draußen steht die lebensgroße Statue eines Esels, die eine Mühle antreibt. Sie ist ein Symbol für

Touren in die Kalahari

Um die riesigen Entfernungen der Kalahari-Region nicht selbst zurücklegen zu müssen – und um vom Spezialwissen über die heimische Flora, Fauna, die Landschaften und das Klima zu profitieren –, ist die Teilnahme an einer geführten Tour eine Überlegung wert. Die meisten Touren besuchen unter anderem die Augrabies Falls und den Kgalagadi Transfrontier Park; bei manchen lässt sich die Route auch individuell vereinbaren.

Die Preise beginnen bei R5000–7500 p. P. für eine dreitägige Campingtour und hängen von der Anzahl der Teilnehmer und den gebuchten Leistungen ab. Es folgt eine Liste zuverlässiger, kundiger und gut organisierter Tourveranstalter, die eine Auswahl verschiedener Kalahari-Touren anbieten und auch Ausflüge zum Ai-Ais Richtersveld Transfrontier Park organisieren (S. 372):

Kalahari Outventures, Augrabies Village, ☎ 082 476 8213, ⌨ www.kalahari-adventures.co.za.
Kalahari Safaris, Upington, ☎ 087 233 5067, ⌨ www.kalaharisafaris.co.za.
Kalahari Tours & Travel, Upington, ☎ 054 338 0375, ⌨ www.kalahari-tours.co.za.
Tata Ma Tata Tours, Upington, ☎ 082 535 8830, ⌨ www.tatamatata.co.za.

den Beitrag von Eseln für die Bewässerung des unteren Orange River Valley in den 1920er- und 1930er-Jahren.

Am Orange River

Bootsfahrt mit Sakkie se Arkie Sep–April tgl. 17.30 Uhr, im Winter nach Vereinbarung, sofern der Flusspegel ausreichend hoch ist ▪ R100 ▪ ☎ 082 564 5447 oder 575 7285, ⌨ www.arkie.co.za

Upingtons größtes Highlight ist der **Orange River**, doch nur wer in einem der Gästehäuser am Fluss (S. 351) absteigt, kann ihn von der Unterkunft aus sehen. Einen hübschen Blick auf den Orange mit seinen Schwänen hat man von der Terrasse hinter dem O'Hagan's an der Schröder Street (S. 351). Noch empfehlenswerter ist es, eine einhalbstündige **Flussfahrt** bei Sonnenuntergang mit Sakkie se Arkie auf seiner ausgefallenen Barkasse mit zwei Decks zu unternehmen: Abfahrt vom Ufer am Ostende der Park Street.

Die Weingüter

Upingtons Weingüter produzieren hauptsächlich Tafeltrauben, Rosinen und Sultaninen (ein wichtiges Exportgut), aber auch Wein. Weinverkostungen bietet das schicke **Oranje River Cellars Wine Tasting Centre**, 138 Schröder Street/N14 ca. 3 km außerhalb der Stadt, ☎ 054 495 0040, 🖥 www.orangeriverwines.com, ⏱ Mo–Fr 10–18, Sa 10–15 Uhr. Zu fünf (R25) oder sieben (R35) weißen, roten und Dessertweinen werden Oliven, Biltong oder Käse gereicht.

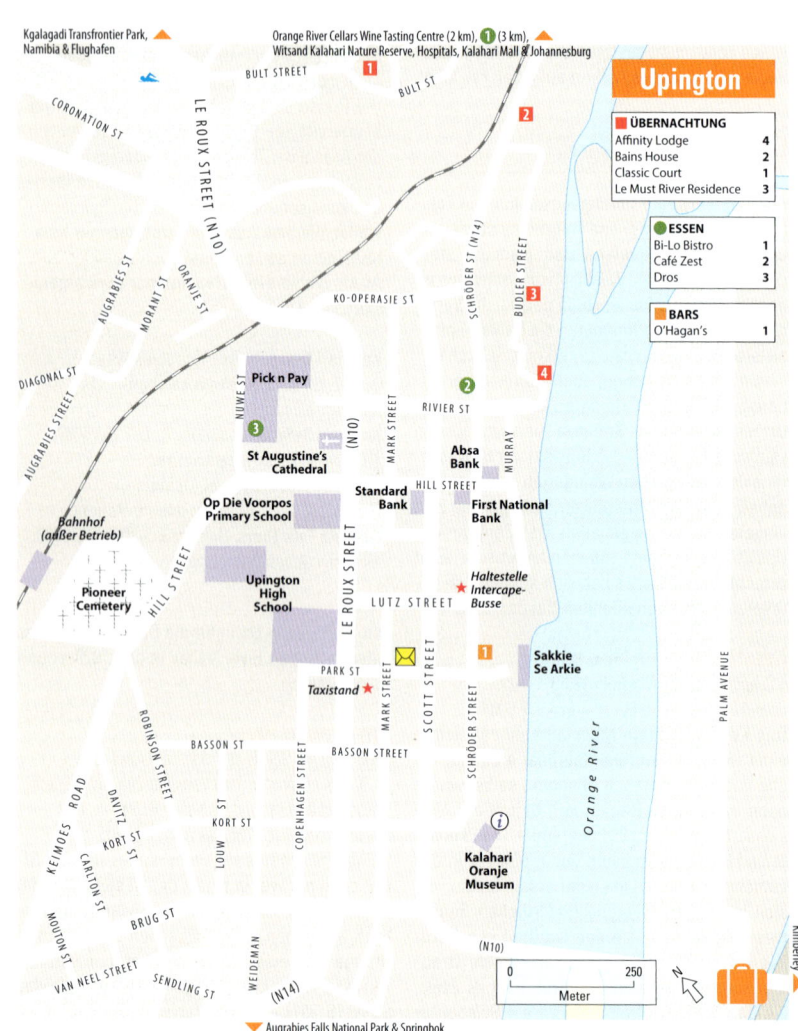

Upington dient meist als Zwischenstopp auf dem Weg zum oder vom Kgalagadi Transfrontier Park (265km). Reservierungen sind das ganze Jahr über sinnvoll, um sicherzugehen, dass jemand da ist, wenn man ankommt, insbesondere, wenn man den Park spät verlässt.

Affinity Lodge, 4 Budler St, ✆ 054 331 2101, 🖳 www.affinityguesthouse.co.za; Karte S. 350. Das größte Gästehaus am Fluss bietet ordentliche AC-Zimmer in einem nüchternen 2-stöckigen Gebäude, viele mit Zugang auf eine Gemeinschaftsbalkon mit Blick auf den Fluss, außerdem kleiner Pool und Grillstelle. R720

Bains House, 80 Schröder St, ✆ 054 332 1333, 🖳 www.bainshouse.com; Karte S. 350. Benannt ist das Gästehaus nach dem früheren Besitzer Major Bain, dem Enkel des Mannes, der im 19. Jh. viele der wichtigen Passstraßen in Südafrika gebaut hat. Die schicke Unterkunft bietet 6 stilvolle Zimmer, eine gemütliche Lounge und Bar mit Feuerstelle, eine Veranda und einen hübschen Garten mit Pool. Das Frühstück ist inklusive und leckeres Abendessen gibt es auf Wunsch. R680

Classic Court, 26 Josling St, ✆ 054 332 6142, 🖳 www.classiccourt.co.za; Karte S. 350. Bewährtes B&B mit hübschen, preiswerten Zimmern mit separatem Eingang. Für Selbstversorger steht eine Küche zur Verfügung. Kein Flussblick, dafür aber ein kleiner Pool und günstig gelegen in der Nähe der Geschäfte und Restaurants in der Kalahari Mall. R900

Le Must River Residence, 14 Budler St, ✆ 054 332 3971, 🖳 www.lemustupington.com; Karte S. 350. Schickes und stilvolles Gästehaus am Flussufer mit 11 eleganten, komfortablen B&B-Zimmern mit antiken Möbeln und z. T. Balkon und separatem Eingang. In den großen Gärten, in denen viele Vögel zu sehen sind, lädt ein ansprechender Pool zum Baden ein. R1700

Da Upington die einzige größere Stadt auf Hunderten von Kilometern ist, erscheint es im Vergleich zu den *dorps* am Weg dorthin wie ein kulinarisches Paradies. Dennoch dominieren

Vom letzten Donnerstag im September bis zum darauffolgenden Samstag wird das Ferienresort **Die Eiland** am gegenüberliegenden Flussufer zum Schauplatz des Kalahari Kuierfees, 🖳 www.kalahari-kuierfees.co.za. Dann kommt die hiesige Afrikander-Gemeinde zusammen, um in einer Kombination aus Floh- und Kunsthandwerksmarkt mit vielen Ständen und Sportveranstaltungen, Livemusik und Tanz ihre Kultur, Sprache und Küche zu feiern.

auch hier die südafrikanischen Kettenrestaurants; viele davon befinden sich in der Kalahari Mall in der Van Reebek St.

Bi-Lo Bistro, 9 Green Point Rd, 3 km nordwestlich der Stadt nahe der N14, ✆ 054 338 0616; Karte S. 350. Ein uriges Restaurant mit Pub, Schnapsladen und Supermarkt. Es gibt eine große Auswahl an Steaks (R120–180), Grillgerichten, vegetarische Pasta und sogar Sushi (ab R40 pro Portion). Schon früh geöffnet für Frühstück, auch der Kaffee ist gut. ⊕ tgl. 8–22 Uhr.

Café Zest, 49 Schröder St, ✆ 054 332 1413; Karte S. 350. Das ansprechende Café ist modern und hell eingerichtet. Auf der Speisekarte stehen Frühstücksmenüs, Sandwiches, Pancakes, Kuchen und Mittagsgerichte wie Hühnchen-Pasta (R50) oder Steak mit Beilagen (R95). Die wechselnden Abendgerichte sind meist südafrikanisch, z. B. Springbock-Carpaccio oder Schweinebauch mit Biltong-Birnensalat. ⊕ Mo–Sa 9–22 Uhr.

Dros, im Pick'n Pay Centre, Hill St, ✆ 054 331 3331; Karte S. 350. Das familienfreundliche Kettenrestaurant wirkt mit seinem Interieur aus Holz und Backstein wie ein typisches Steakhouse. Neben gegrilltem Steak, Lammkeule und Eisbein (Hauptgerichte R100–165) werden Salate, Pizza, Burger und ein paar Tex-Mex-Gerichte angeboten. In der Bar gibt es Bier vom Fass und Fernseher mit Sportübertragungen. ⊕ tgl. 9–23 Uhr.

O'Hagan's, 20 Schröder St, ✆ 054 331 2005; Karte S. 350. In diesem irisch angehauchten Pub gibt's echtes Guinness sowie andere

NORDKAP

Biere vom Fass und eine tolle Terrasse nach hinten raus mit Blick auf den Fluss. Auf der fleischlastigen Speisekarte finden sich Gerichte wie Strauß und Springbock, aber auch leichte Pastavariationen und vegetarische Mahlzeiten (Hauptgerichte R70–150). ⏰ Mo–Sa 8–24, So 9–23 Uhr.

SONSTIGES

Autovermietungen

Am Flughafen befinden sich Büros der wichtigsten Autovermietungen:
Avis, ℡ 054 332 4746, 🖳 www.avis.co.za.
Europcar, ℡ 054 332 2383,
🖳 www.europcar.com.
First Car Rental, w 051 430 0390,
🖳 www.firstcarrental.co.za.

Informationen

Die **Touristeninformation** im Kalahari Oranje Museum (S. 349), ℡ 054 332 6064, informiert über die Stadt und deren nähere Umgebung und hat neben Broschüren und Karten auch ein Bettenverzeichnis sowie Details zu Touren. ⏰ Mo–Fr 9–12.30, 14–17, Sa 9–12 Uhr. Ausführlichere Infos über die Region, u. a. über Augrabies und Kgalagadi, findet man im Netz, z. B. unter 🖳 www.upington.co.za und 🖳 www.greenkalahari.co.za.

TRANSPORT

Busse

Die einzige größere Busgesellschaft mit Verbindungen von/nach Upington ist **Intercape** in der Lutz St, ℡ 054 332 6091, 🖳 www.intercape.co.za. Wer nachts ankommt, sollte bei der Unterkunft eine Abholung am Bus mit dem Taxi vereinbaren.

Busse nach:

BLOEMFONTEIN (tgl., 9 1/4 Std.);
JOHANNESBURG (tgl., 11 1/2 Std.);
KAPSTADT (tgl., 13 1/2 Std.);
KIMBERLEY (tgl., 6 3/4 Std.);
KURUMAN (tgl., 3 1/2 Std.);
SPRINGBOK (tgl., 4 1/4 Std.);
WINDHOEK in Namibia (tgl., 13 1/4 Std.).

Minibustaxis

Minibustaxis verkehren von einem Platz an der Park St, zwischen Le Roux und Mark St, regelmäßig (sonntags seltener) nach KIMBERLEY, KURUMAN UND SPRINGBOK.

Flüge

Der **Upington Airport** liegt 7 km nördlich an der N10 Richtung Kgalagadi Transfrontier Park, ℡ 054 337 7900, 🖳 www.airports.co.za. Es gibt keine öffentlichen Verkehrsmittel zum Flughafen, aber Taxis warten auf ankommende Flugzeuge. Wer von der Stadt zum Flughafen möchte, kann ein Taxi bei Eben Oranje Taxis, ℡ 054 339 0576, vorbestellen.
South African Airways, Büro am Flughafen, ℡ 054 332 2161, 🖳 www.flysaa.com, fliegt nach KAPSTADT (tgl. außer Sa, 1 1/4 Std.) und JOHANNESBURG (2–3x tgl., 1 1/2 Std.).

Kuruman

The Eye ▪ ⏰ tgl. Sonnenauf- bis -untergang ▪ Eintritt R11

Das historische Städtchen Kuruman liegt rund 265 km östlich von Upington, in der Nähe der Grenze zwischen Nordkap und Nordwest-Provinz, und ist eine wichtige Station an der N14, der Hauptverbindungsstraße nach Gauteng. Die Ansiedlung entstand rund um **The Eye** („Die Oog" auf Afrikaans), eine Quelle, die seit Menschengedenken konstant 20 Mio. Liter kristallklares Wasser pro Tag liefert – gleich ob bei Dürre oder Überschwemmung. Sie war der zentrale Bezugspunkt für die ziemlich unstete Tswana-Sippe der **Batlhaping**, deren Häuptling Mothibi im frühen 19. Jh. als Erster Missionare einlud, unter seinem Volk zu leben. Diese Entscheidung führte zum Bau der berühmten **Missionsstation** durch Robert Moffat und zur Begründung von Kuruman als „Tor ins Innere" des dunkelsten Afrikas.

In Kurumans ziemlich heruntergekommenem Zentrum dominieren heute Filialen von Billigketten, anonyme Supermärkte und die müllübersäten Stände der Minibustaxis. Die einzige Sehenswürdigkeit im Ort ist The Eye neben der Touristeninformation. Allerdings gibt die Quel-

NORDKAP

le fürs Auge nicht viel her: eine bemooste Fels-
platte, über die das Wasser sickert, und ein
Seerosenteich mit einem hohen grünen Zaun
rundherum. Ein paar Bänke unter den Weiden-
bäumen laden zum Picknick ein. Interessanter
ist da die Moffat Mission Station rund 5 km außerhalb (s. u.).

Moffat Mission Station

Rund 5 km nördlich der Stadt an der Moffat Lane;
Beschilderung auf der R31 ▪ ⊙ tgl. 8–17 Uhr ▪ Eintritt
R10; wenn niemand da ist, wirft man das Eintrittsgeld
in die „Trust Box" ▪ ✆ 053 712 1352

Kurumans Hauptattraktion ist die **Moffat Mission Station**. Hier errichteten die ruppige, aber
höchst tatkräftige Schotte Robert Moffat und
seine stille, aber ebenso entschlossene Frau
Mary eine Missionsstation, die sie 50 Jahre lang
bewohnten. In dieser Zeit brachten sie die erste Bibel auf Tswana heraus und verheirateten
ihre älteste Tochter, die ebenfalls Mary hieß, mit
dem Missionar und Forschungsreisenden **David
Livingstone**.

Zu dem malerischen alten Dorf, das größtenteils noch so aussieht wie im 19. Jh. und
von schattigen Akazien und Kameldornbäumen überwuchert ist, gehört das Wohnhaus der
Moffats mit der original erhaltenen Druckpresse
und einer Sammlung von Möbeln, Porträts und
einem Wagen, den die Missionare benutzten.
Vor dem Wohnhaus ist die Rinne zu besichtigen,
die Robert grub, um Wasser von The Eye hierher zu leiten.

Witsand Kalahari Nature Reserve

Auf halber Strecke zwischen Kuruman und Upington,
von der N14 bei Olifantshoek nach Süden abfahren
▪ ⊙ tgl. 8–18 Uhr ▪ Eintritt R60; Picknick-/Grillplätze
R100 ▪ ✆ 083 234 7573, 🖥 www.witsandkalahari.
co.za ▪ Touren buchbar über Kalahari Safaris in
Upington (Kasten S. 349)

Das Witsand Kalahari Nature Reserve ist berühmt für seine weißen **„brüllenden" Dünen**
(auch „Brulsand" genannt): Im Sommer entsteht
ein seltsames grollendes Geräusch, wenn man
auf den Sand der 9 km breiten Dünen tritt. Das
Reservat wimmelt nicht gerade von Tieren, beherbergt aber viele Wüstenvogelarten. Mit Geduld bekommt man auch den einen oder anderen

Springbock, Ducker oder ein paar Borstenhörn-
chen zu Gesicht. Im Reservat gibt es auch Unterkünfte (s. u.).

ÜBERNACHTUNG UND ESSEN

Die Mynhuis Guesthouse, 10 Botha St,
✆ 053 712 2546, 🖥 www.diemynhuis.co.za.
6 um einen Garten arrangierte Zimmer mit
eigenem Eingang, jedes nach einer Mine
benannt und danach eingerichtet.
Außer-dem gibt es 2 größere Familien-Suiten;
Mahlzeiten auf Anfrage. R800

Oude Werf Lodge, 12 Winkel St, ✆ 053 712
0117, 🖥 www.oudewerf-lodge.co.za. Moderne
Lodge etwa 1,5 km nördlich vom Zentrum mit
rustikal eingerichteten Budget- und Doppelzimmern. Es gibt Parkmöglichkeiten im Stil
eines Motels sowie einen Pool. Das Frühstück
ist inkl. und das freundliche Pub-Restaurant
ist bei Einheimischen beliebt. R760

Red Sands Country Lodge, in den Kuruman
Hills, 15 km von Kuruman an der N14 Richtung Upington, ✆ 053 712 0033, 🖥 www.
redsands.co.za. Außer an Wochenenden
und in den Schulferien (dann wird es hier
sehr voll) eine nette Unterkunft. Neben guten
Camping-Stellplätzen (einige mit eigenem
Bad, R150) auch niedliche steinerne Rondavels mit Strohdach sowie gemütliche Selbstversorger-Chalets für 4 Pers. Zu der Anlage
gehören ein Pool mit eigener Bar und ein
gutes deutsch-südafrikanisches Restaurant,
das zum Frühstück und Abendessen geöffnet
hat und Sonntags ein reichhaltiges Mittags-
büfett aufführt. Camping R95, Rondavels
und Chalets R1090

Witsand Kalahari Nature Reserve, abseits
der N14 zwischen Kuruman und Upington,
✆ 083 234 7573, 🖥 www.witsandkalahari.
co.za. Wundervolle, klimatisierte Selbstversorger-Chalets mit Platz für bis zu 6 Pers.,
außerdem ein Campingplatz. Es gibt einen
kleinen Kiosk, der Konserven und einige nicht
alkoholische Getränke verkauft, ansonsten
muss die Verpflegung mitgebracht werden.
Verleih von Dune-Boards und Fahrrädern.
Die Gegend bietet zahlreiche Wanderwege.
Camping R110, Chalet R1340

Die kulinarischen Möglichkeiten sind in Kuruman begrenzt, aber es gibt Filialen der Steakhousekette Spur, Wimpy und KFC auf der Main St, wo man auch Supermärkte von Spar und Pick'n Pay findet, die Snacks zum Mitnehmen verkaufen.

Capello, *22* Main St, ☏ 053 712 3956. Eines der besseren südafrikanischen Kettenrestaurants mit einer umfangreichen Speisekarte sowie ordentlichen Auswahl an Weinen und Zapfbieren. Zu den leichten Gerichten gehören Chicken Wings und Burger, und wer größeren Hunger hat, kann auf T-Bone-Steak oder Lammkeule ausweichen. Die Bar ist bei Bedarf bis spät geöffnet. ⊕ tgl. 9–22.30 Uhr.

SONSTIGES

Informationen

Kalahari Tourism Centre an der Ecke Main und Livingstone St, gleich westlich von The Eye, ☏ 053 712 1001, 🖥 www.visitkuruman.co.za. ⊕ Mo–Fr 9.30–13, 14–16 Uhr.

Medizinische Hilfe

Das **Krankenhaus**, ☏ 053 712 8100, befindet sich an der Main St, 1 km östlich der Touristeninformation.

Post

Das **Postamt** ist in der Church St, zwei Straßenecken nördlich und eine Ecke westlich der Touristeninformation.

TRANSPORT

Busse

Die tgl. verkehrenden **Intercape-Busse** nach JOHANNESBURG (7 3/4 Std.) und UPINGTON (3 1/2 Std.) halten am Kalahari Tourism Centre in der Main St und lassen sich unter ☏ 021 380 4400, 🖥 www.intercape.co.za, reservieren. Die Abholung sollte man schon im Voraus bei seiner Unterkunft vereinbaren.

Minibustaxis

Nach KIMBERLEY kommt man nur mit dem Minibustaxi (2–3x tgl., 2 Std.); sie halten in Kuruman am Taxistand auf der Voortrekker St,

gleich südlich der Main St. Minibustaxis nach UPINGTON (1–2x tgl., 2 3/4 Std.) fahren von dem ausgedehnten Taxistand an der Tsening Rd, nördlich der Main St. Samstags sind die Verbindungen auf allen Strecken ausgedünnt, sonntags verkehren oft gar keine Fahrzeuge.

Tswalu Kalahari Reserve

An der R31, 100 km nordwestlich von Kuruman ▪ ☏ 053 781 9311, Reservierungen ☏ 011 274 2299, 🖥 www.tswalu.com

Das Zentrum des exklusiven **Tswalu Kalahari Reserve** bildet eine überaus stilvolle Lodge in der Nähe der winzigen Ortschaft **Sonstraal** nordwestlich von Kuruman. Das Gelände unterhalb der 1500 m hohen Korannaberge ist das größte private Wildreservat in Südafrika. Rund 50 Millionen Rand wurden investiert, um über 9000 Tiere in dieser Wüstenlandschaft anzusiedeln, darunter einige der stark gefährdeten **Wüsten-Spitzmaulnashörner**, Rappen- und Pferdeantilopen sowie Geparden. Das Reservat ist nur für Übernachtungsgäste zugänglich. Im Übernachtungspreis (R26 000 für zwei Personen) enthalten sind Tierbeobachtungstouren, Ausritte und Vollpension.

Wonderwerk (Miracle) Cave

An der R31 Richtung Danielskuil, 43 km südlich von Kuruman ▪ ⊕ Mo–Fr 8–17 Uhr ▪ Eintritt R25 ▪ ☏ 082 222 4777

Die faszinierende Kalksteinhöhle, die 139 m weit in den Hügel hineinreicht, könnte eine der ältesten bewohnten Höhlen der Erde sein. Es wurden hier bedeutende Spuren menschlicher Bewohner aus mehreren Epochen gefunden, die bis 800 000 Jahre in die Vergangenheit zurückreichen, unter anderem Fossilien, Tierzähne, San-Felsbilder und Steine mit Ritzmustern. Einige davon sind im McGregor Museum in Kimberley ausgestellt. Auf dem Gelände befindet sich auch ein kleines Besucherzentrum. Der Zugang zur Höhle erfolgt über einen rollstuhlgerechten Laufsteg.

Kgalagadi Transfrontier Park

⊙ von Monat zu Monat unterschiedlich von Sonnenauf- bis -untergang ▪ Eintritt R328 ▪ ☎ 054 561 2000, ⌨ www.sanparks.org/parks/kgalagadi

Afrikas erster offizieller grenzübergreifender Park, der nach dem alten San-Wort für Kalahari (ausgesprochen „cha-la-chadi", mit ch wie in „Loch") benannte Kgalagadi Transfrontier Park, ist die formale Festschreibung der langjährigen gemeinsamen Verwaltung zweier zusammenhängender Parks: des Kalahari-Gemsbok National Park durch Südafrika einerseits und des benachbarten Gemsbok National Park durch Botsuana andererseits. Die hier ansässigen **Mier** und **San** haben zugestimmt, ihr Land in Zusammenarbeit mit South African National Parks zu verwalten, sodass es Teil des Wildreservats bleibt. Der Park wird als ein zusammenhängendes Ökosystem verwaltet; die Eintrittsgelder werden aufgeteilt. Die touristischen Einrichtungen in Südafrika und Botsuana werden allerdings immer noch unabhängig voneinander betrieben.

Kgalagadi ist mit über 37 000 km² fast doppelt so groß wie der Krüger-Nationalpark. Obwohl der zu Südafrika gehörige Teil der wesentlich kleinere ist, umfasst er immerhin stolze 9500 km². Auf entsprechend weite Fahrtwege sollte man gefasst sein; für die Rundtour zur Wildbeobachtung zwischen dem Parkeingang bei **Twee Rivieren** und dem **Restcamp Mata-Mata** ganz im Westen benötigt man gut zweieinhalb Stunden. Der Park reicht im Westen bis an die namibische Grenze, im Süden bildet der trockene Auob River mit einem parallel zu ihm verlaufenden Streifen Land die Parkgrenze. Die Landesgrenze zu **Botsuana** folgt dem ausgetrockneten Flussbett des Nossob, an dem eine der wenigen Straßen des Parks entlangführt. Da es keinen Grenzzaun gibt, können die Tiere ungehindert auf ihren uralten **Wanderrouten** umherstreifen, was für ihr Überleben in der Wüste von entscheidender Bedeutung ist.

Die Hauptstraßen folgen den **Flussläufen**, und dort ist das Wild samt seiner natürlichen Feinde am ehesten anzutreffen. Die beiden Flussbetten führen nur selten Wasser, doch sind zahlreiche **Löcher** gebohrt worden, um die Tiere mit dem kühlen Nass zu versorgen. Die größeren **Bäume** wie Kameldorn- und Witgatbäume (Schäferbäume) spenden etwas Schatten und Nahrung, und die der Wüste angepassten Pflanzen wie verschiedene Melonen- und Gurkenarten dienen den Tieren als Flüssigkeitsquellen.

Der Park wird von **roten Sanddünen** beherrscht, die – aus der Luft betrachtet – lang, wellenförmig, aneinander gereiht daliegen. Aus dem Auto ist die Perspektive natürlich anders, da man sich in der Vertiefung des Flussbettes befindet, aber dennoch bietet dieser Weg mit die schönsten **Eindrücke** von ganz Südafrika – nicht nur der Tiere, sondern auch der weiten Landschaft wegen, die sich im klaren Morgenlicht unter einem schier endlosen blauen Himmel erstreckt. Die klare Sicht und das wunderbare Licht sind ideal zum **Fotografieren**, wie es beispielsweise die Fotoausstellung im Visitor Centre des Twee Rivieren Rest Camp belegt.

Obwohl die meisten Besucher nur mit dem südafrikanischen Abschnitt, in dem die meisten etablierten Touristeneinrichtungen liegen, Bekanntschaft machen, liegen drei Viertel des Parks auf botsuanischem Gebiet. Mit einem Allradfahrzeug bietet sich die Möglichkeit der Einreise von Twee Rivieren aus. Der Parkeintritt kostet P20, plus P4 pro Fahrzeug (der Botsuanische Pula entspricht rund R1,30). Dank der entsprechenden Einreise- und Zollbestimmungen können Besucher den Park in einem Land betreten und ihn im anderen wieder verlassen. Man kann auch einige Tage ohne weitere Formalitäten auf einem Campingplatz verbringen, wenn man über Twee Rivieren nach Südafrika zurückkehrt.

Reisezeit

An einem Ort, wo die Bodentemperatur im Sommer glühende 70 °C erreichen kann, ist das Timing für einen Besuch das Allerwichtigste. Am besten besucht man den Park zwischen **März** und **Mai**, wenn vom Sommerregen noch etwas Grün geblieben ist und die Sonne nicht mehr so intensiv ist wie im Sommer. Im Winter kann es nachts sehr kalt werden, während das Frühjahr, wenngleich trocken, eine angenehme Zeit vor der brüllenden Hitze im Sommer ist.

NORDKAP

Anfahrt zum Park

Die kürzere, aber zeitaufwendigere Strecke von Gauteng aus führt mit dem **Auto** über die N14 bis Kuruman und dann auf die R31. Die R31 ist nur bis Hotazel asphaltiert – dann folgt eine lange, öde Schotterstrecke, die man nur mit einem robusten Fahrzeug angehen sollte. Hinter Van Zylsrus wird der Weg zu einer schlimmen Buckelpiste. Alternativ kann man auf der N14 weiter nach Upington fahren und dort auf die R360 abbiegen, die bis zum Parkeingang bei Twee Rivieren (265 km) geteert ist. Der Park ist auch von Namibia aus über das Mata-Mata-Tor und von Botsuana aus über die Zugänge Two Rivers, Mabuasehube und Kaa zugänglich. Besucher, die über den Park in eines der beiden Nachbarländer ausreisen wollen, müssen bedenken, dass die Ausreiseformalitäten in Twee Rivieren abgewickelt werden müssen, und dass mindestens zwei Übernachtungen im Park verbindlich sind. Egal auf welcher Strecke – die Fahrt ist auf jeden Fall lang, heiß und beschwerlich. Dafür bekommt man jede Menge der typischen **roten Dünen** der Kalahari zu sehen. Tanken kann man in Andriesvale und Askham an der R360 vor Twee Rivieren und in den Camps von Twee Rivieren, Nossob und Mata-Mata. In den Camps ist das Benzin allerdings deutlich teurer als an den Tankstellen außerhalb.

Die Alternativen zur langen Anfahrt sind eine **Pauschaltour** (Kasten S. 349) oder ein **Flug** nach Upington, wo man einen Mietwagen nehmen kann. In Upington gibt es auch Autovermietungen, die Allradwagen und Campingausrüstung verleihen und so den Ausflug erschwinglicher machen können. Probieren kann man Desert 4x4 Rental, ✆ 082 334 2243, 🖥 www.desert4x4.co.za, oder Kalahari 4x4 Hire, ✆ 054 332 3099, 🖥 www.kalahari4x4hire.co.za.

Unterwegs im Park

Bei den **Parkstraßen** handelt es sich um Schotterpisten. Sie lassen sich zwar mit einem normalen Pkw befahren, doch je mehr Bodenfreiheit, desto besser – ein mit vier Erwachsenen beladenes Auto kann Probleme bekommen. Es ist außerdem sinnvoll, vor dem Aufbruch den Reifendruck um etwa ein halbes Bar zu vermindern und der Lenkung Spiel zu lassen, um die Bodenhaftung nicht zu verlieren. Häufig ist es einfacher, den Spuren anderer Fahrzeuge zu beiden Seiten der „Straße" zu folgen. Wer mit dem Mietwagen unterwegs ist, sollte zudem das Kleingedruckte gut studieren, das manchmal die Versicherungsleistung für Schäden an Rädern, Fahrwerk und Lack ausschließt.

Im Falle einer **Panne** bleibt einem nichts anderes übrig, als zu warten, bis jemand vorbeikommt; auf den meisten Straßen fährt ein Parkfahrzeug täglich Patrouille. Die **botsuanische** Seite des Kgalagadi darf nur mit Allradantrieb befahren werden.

Kgalagadis Tiere

Die offene Landschaft des Kgalagadi Transfrontier Park bietet fast ungehinderte Möglichkeiten der Tierbeobachtung und ist vor allem für die Sichtung von Raubkatzen wie Geparden, Leoparden, Hyänen und Kalahari-Löwen berühmt. Die **Kalahari-Löwen** haben im Allgemeinen viel dunklere Mähnen als ihre Artgenossen im *bushveld*. Untersuchungen haben ergeben, dass ihr Verhalten und ihre Nahrungsgewohnheiten perfekt an die Bedingungen der Halbwüste angepasst sind.

Bekannt ist der Park auch für die saisonalen Wanderungen der großen Herbivoren wie der Streifengnus, Springböcke, Elen- und Kuhantilopen. Unbestrittener Star des Kgagaladis aber ist der Gemsbock (Spießbock), eine schöne, große Antilope mit geraden, V-förmigen Hörnern, den man oft über die Ebenen und über die Dünen galoppieren sieht.

Vogelliebhaber werden sich an den zahlreichen Geiern, Adlern, Bussarden, Straußen und den dramatischen Gauklern, die für ihren akrobatischen Flug berühmt sind, erfreuen.

Außerdem bestehen gute Chancen, ganze Sippen von **Erdmännchen**, Verwandten der Mungos, zu sehen. Sie stehen oft auf den Hinterbeinen Wache und blicken sich nervös nach Anzeichen von Gefahr um.

Die meisten Besucher des Kgalagadi Transfrontier Park unternehmen **Tierbeobachtungs-Rundfahrten** ohne Führer. Es gibt allerdings nächtliche und tagsüber angebotene Tierbeobachtungstouren und Tageswanderungen, die nach Ankunft in den Restcamps in Twee Rivieren, Mata-Mata und Nossob gebucht werden können. Die entsprechenden Veranstaltungskalender hängen in den Büros der Restcamps aus. Die Kosten belaufen sich auf R240–400 je nach Anzahl der Personen und Dauer der Tour.

Twee Rivieren ist das größte **Restcamp**. Hier befinden sich die Verwaltung und die Parkzentrale; außerdem gibt einen Laden, eine Zapfsäule, einen Geldautomaten, ein Restaurant und einen Pool. Es ist das einzige Restcamp mit Mobilfunkempfang. Das **Besucherzentrum**, ✆ 054 561 2000, zeigt interessante Ausstellungen und Dia-Shows.

ÜBERNACHTUNG

Im Park

Die Buchung einer Unterkunft sollte so früh wie möglich über South Africa National Parks in Pretoria, ✆ 012 428 9111, 🖳 www.sanparks.org, erfolgen. Im Park besteht die Auswahl zwischen Cottages und Camping in zwei unterschiedlichen Arten von Camps: **eingezäunte Restcamps** in Twee Rivieren, Mata-Mata und Nossob, die über Elektrizität (auch an den Stellplätzen), Küchen, Ventilator oder AC, Grillstellen, Geschäfte und teilweise über rollstuhlgerechte Zugänge verfügen, sowie 6 wesentlich einfachere, abgeschiedene und **nicht umzäunte Wildernesscamps**, in die man alles Notwendige selbst mitbringen muss. Es lohnt sich, mindestens eine Nacht in einem Park-Restcamp außerhalb von Twee Rivieren zu verbringen, um authentische Wüstenatmosphäre zu erleben.
Bei Zeitknappheit ist das nähere Mata-Mata Camp empfehlenswert, doch das abgelegenere Nossob bietet mehr Atmosphäre und bessere Möglichkeiten zur Tierbeobachtung; hier hört man nachts die Löwen brüllen und dürfte die besten Chancen haben, sie auch zu Gesicht zu bekommen. Die Straßen nach Nossob und Mata-Mata verlaufen an den

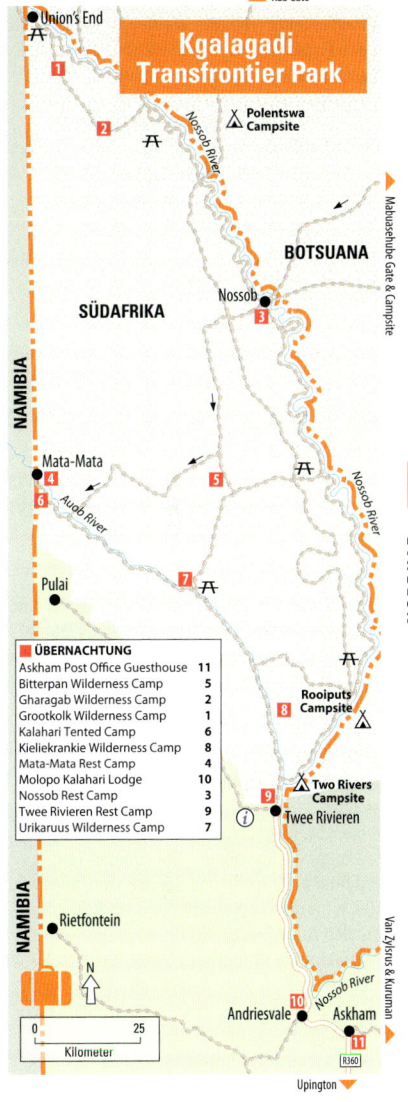

ÜBERNACHTUNG	
Askham Post Office Guesthouse	11
Bitterpan Wilderness Camp	5
Gharagab Wilderness Camp	2
Grootkolk Wilderness Camp	1
Kalahari Tented Camp	6
Kieliekrankie Wilderness Camp	8
Mata-Mata Rest Camp	4
Molopo Kalahari Lodge	10
Nossob Rest Camp	3
Twee Rivieren Rest Camp	9
Urikaruus Wilderness Camp	7

Flussbetten entlang, wo sich besonders viele Tiere herumtreiben.
Die Übernachtungsmöglichkeiten auf der **botsuanischen Seite** sind beschränkt.
Die Campingplätze Mabuasehube, Two Rivers,

Rooiputs und Polentswa werden vom Botswana Department of Wildlife and National Parks geführt. Hier müssen Besucher alles Benötigte selber mitbringen. Für Reservierungen ist das **Botswana Department of Wildlife and National Parks** in Gaborone zuständig (℡ 09 267 318 0774, ✉ dwnp@gov.bw). Es gibt im Norden und Osten des botsuanischen Teils außerdem mehrere privat geführte Campingplätze.

Bitterpan Wilderness Camp; Karte S. 357. Ein idyllischer Flecken nahe dem Zentrum des Parks an einem Geländewagenpfad zwischen Nossob und Mata-Mata (nur mit Allradantrieb zu erreichen) mit 4 Strohhütten am Rand einer Salzpfanne. R1745

Gharagab Wilderness Camp; Karte S. 357. 4 Holzhütten in nicht umzäuntem Gelände im Nordzipfel des südafrikanischen Parkabschnitts (nur mit Allradantrieb), 4 Std. Fahrt von Nossob entfernt, mit erhöhtem Blick auf Dünen und *thornveld*-Savanne. R1745

Grootkolk Wilderness Camp; Karte S. 357. Nahe Union's End am äußersten Nordzipfel des südafrikanischen Teils. Das nicht eingezäute Camp liegt mitten im Raubtiergelände und bietet 4 Chalets, komplett ausgestattet mit Küche, Wäsche sowie Ventilator und normalerweise auf Monate ausgebucht. R1745

Kalahari Tented Camp; Karte S. 357. Das von einem bewaffneten Wächter geschützte, nicht umzäunte Camp hat komfortable, voll ausgestattete Selbstverpfleger-Zelte (darunter ein luxuriöses „Honeymoon Tent"), errichtet aus Planen und Sandsäcken, alle in Wüstenfarben eingerichtet und mit Aussicht auf den Auob River. R1600

Kieliekrankie Wilderness Camp; Karte S. 357. Liegt Twee Rivieren am nächsten (41 km) und ist mit einem normalen Fahrzeug erreichbar. 4 nicht umzäute Hütten, eingebettet in eine rote Sanddüne mit herrlichem Panoramablick auf die Wüste. R1745

Mata-Mata Rest Camp; Karte S. 357. Umzäuntes Restcamp 120 km nordwestlich von Twee Rivieren an der Grenze zu Namibia, am Ende der Straße, die dem Lauf des Auob River folgt. Unterbringung in voll ausgestatteten Familien-Cottages (6. Pers.), einladenden Hütten (2 Pers.) und auf einem Zeltplatz. Weitere Einrichtungen sind eine nachts angestrahlte Wasserstelle und ein Laden. Camping R305, Hütte R1015

Nossob Rest Camp; Karte S. 357. An der Grenze zu Botsuana, 160 km auf der Straße entlang der Nossob River Rd. Dies ist das abgeschiedenste der 3 umzäunten Restcamps, für das sich ein Allradfahrzeug empfiehlt. Es besitzt 15 einfache Ferienhütten und größere, die für eine 4-köpfige Familie geeignet sind; außerdem ein Cottage und Zeltplätze. Auf dem teureren Platz hat man sein eigenes Bad und eine eigene Küche (R600 für 2 Pers.). Gemischtwarenladen, Zapfsäule und Raubtier-Infocenter (das Camp ist für nächtliche Löwenbesuche bekannt). Camping R305, Hütte R1065

Twee Rivieren Rest Camp; Karte S. 357. Das älteste und am besten ausgestattete der 3 eingezäunten Restcamps, liegt gleich am Eingang und bietet mehr als 30 angenehme Chalets für Selbstversorger mit strohgedeckten Dächern und schönen Terrassen. Auch ein ziemlich großer Campingplatz (mit/ohne Strom) steht zur Verfügung. Außerdem gibt es Treibstoff, einen Pool, ein mittelmäßiges Restaurant und ein einfaches Souvenir- und Lebensmittelgeschäft. Camping R265, Chalet R1120

Urikaruus Wilderness Camp; Karte S. 357. Etwa auf halbem Weg zwischen Twee Rivieren und Mata-Mata in schöner Lage zwischen Kameldornbäumen am Auob River. 4 auf Pfählen errichtete und über Stege miteinander verbundene Hütten für 2 Pers. mit Küche und Solarenergie. R1745

Außerhalb des Parks

An der Zufahrtsstraße zum Kgalagadi gibt es mehrere Unterkünfte. Da der Morgen die beste Zeit für Tierbeobachtungen ist, sind diese für Besucher mit wenig Zeit aber eher ungeeignet.

Askham Post Office Guesthouse, 52 Kameeldoring Ave, Askham, 72 km von Twee Rivieren, ℡ 054 511 0025 oder 082 494 4520, ✉ askhamk @mweb.co.za; Karte S. 357. B&B in 3 gepflegten, geräumigen Zimmern mit Bad und einem Vier-Personen-Apartment für Selbstversorger am Standort des alten Postamts. Es gibt einen kleinen Coffee Shop und einen Laden für

Kunsthandwerk. Wer hier übernachtet, kann gegen Vorbestellung auch zu Abend essen. R600

Molopo Kalahari Lodge, 55 km von Twee Rivieren, Andriesvale, ☎ 054 511 0008, 🖥 www.molopolodge.co.za; Karte S. 357. Die schmucke, gut geführte Anlage umfasst über 50 komfortable Chalets rund um einen Pool sowie luxuriöse Safarizelte, Camping-plätze, eine Bar und ein anständiges Restau-rant. Hier gibt es auch eine Tankstelle und einen kleinen Laden, in dem man Getränke, Eis und Grillfleisch bekommt. Guter Pausen-stopp für einen Kaffee auf dem Weg zum Park. Bei allen Unterkünften (sogar beim Camping) ist ein einfaches Frühstück aus Tee/Kaffee und Toast inklusive. Camping R300, Chalet R600

Augrabies Falls National Park

⏲ tgl. 7–18.30 Uhr ▪ Eintritt R192 ▪ ☎ 054 452 9200, 🖥 www.sanparks.org/parks/augrabies

Eines der unbestrittenen Highlights jedes Abste-chers zum Nordkap ist der Augrabies Falls Na-tional Park, 120 km westlich von Upington. Die Wasserfälle, die inmitten der öden Halbwüste mächtige Gischtwolken vor dem dunklen Hori-zont aufsteigen lassen und bis heute unter ihrem Khoikhoi-Namen *Aukoerabis*, „Ort des großen Lärms", bekannt sind, stellen den dramatischs-ten Abschnitt im Verlauf des 2000 km langen Orange River dar. Bei maximalem Wasserstand können die Wassermengen, die hier durch ei-nen schmalen Einschnitt am oberen Ende einer tiefen Granitschlucht stürzen, durchaus mit den zahmeren Perioden der Viktoria- oder Niagara-fälle konkurrieren, auch wenn die Augrabies an Höhe und Großartigkeit nicht mit ihren größeren Rivalen mithalten können. Inmitten der unheim-lichen Wüste und unter dem tiefblauen Abend-himmel bereiten sie jedoch ein bewegendes und unvergessliches Erlebnis. Die schüsselför-mig gewölbten Seiten der Schlucht sind glatt gewaschen, und es kursieren viele Geschich-ten von Besuchern, die in ihrem Eifer, die Fäl-le aus nächster Nähe zu sehen, in die brodeln-den Wassermassen abgerutscht sind. Es gab ein paar wundersame Rettungen, doch seit Einrich-tung des Nationalparks 1966 kamen hier schon mehrere Dutzend Menschen ums Leben.

Unterwegs im Park

Am Aussichtspunkt steht ein hoher Zaun zwi-schen Besuchern und den **Wasserfällen**. Ein Holzsteg mit Geländer erlaubt auch Rollstuhl-fahrern den Zugang. Ein besserer Blick über die **Schlucht** eröffnet sich, wenn man den kurzen Weg vom Rest Camp zum **Arrow Point** läuft oder die Verbindungsstraßen nach Ararat oder Echo Corner fährt. Am schönsten ist die Atmosphäre bei **Sonnenuntergang**, wenn die Westseite der Schlucht in ein weiches Licht getaucht wird.

Der recht unwirtliche **nördliche Abschnitt** des Parks erstreckt sich über eine Fläche von 184 km^2 zu beiden Seiten des Flusses. Das Land ist öde und trocken mit nur spärlichem Pflanzen-bewuchs, wie *kokerboom* (Köcherbaum), Ka-meldorn und Namaqua-Feige. Verschiedene be-merkenswerte Felsformationen durchsetzen die Landschaft, allen voran der **Moon Rock**, eine riesige Kuppe aus glattem, bröckelndem Granit, die sich mitten aus der Ebene erhebt.

Wer auf den (ungeteerten) Parkstraßen un-terwegs ist, dürfte einige Vertreter der heimi-schen Tierwelt wie Elenantilopen, Klippspringer und Springbock zu Gesicht bekommen. Beim Spaziergang um die Fälle und durchs Camp sieht man häufig kleinere Tiere wie Klippschliefer, Mangusten und Eidechsen.

Die **beste Zeit** für einen Besuch des Augra-bies ist von März bis Mai, wenn die Temperatu-ren etwas niedriger sind und der Fluss nach den sommerlichen Regenfällen in seinem Einzugs-gebiet in Lesotho am meisten Wasser führt. Mit einem eigenen Fahrzeug sind die Wasser-fälle von Upington aus problemlos an einem Tag zu besuchen. Es sind aber auch im Park und in seiner Nähe zahlreiche ordentliche Übernach-tungsmöglichkeiten vorhanden.

Keimoes und Kakamas

Die Route nach Augrabies von Upington führt westwärts über Keimoes und Kakamas die **N14** am Orange entlang, der hier von üppigen Wein-gärten, Obstplantagen und Luzernefeldern ge-säumt wird. 30 km hinter Upington empfiehlt sich

Die einfache Rundwanderung auf dem **Dassie Nature Trail** ist 5 km lang und beginnt am Hauptcamp. Kartenbekommt man an der Rezeption. Eine größere Herausforderung ist der dreitägige **Klipspringer Trail** (nur April–Sep, R280), der zwei Übernachtungen in einfachen Hütten umfasst und auf jeden Fall reserviert werden muss. Außerdem gibt es **nächtliche Tierbeobachtungstouren** (R260), die an der Rezeption gebucht werden können sowie eine 94 km lange, auf eigene Faust zu bewältigende **Route** (nur mit Allradantrieb, 6 Std.) in die Nordwestecke des Parks, um Savannenfauna zu sehen.

Spannender ist vielleicht der „**Augrabies Rush**", eine halbtägige Tour mit kleinen Schlauchbooten über einen rund 9 km langen, zunehmend wilder schäumenden Flussabschnitt unmittelbar oberhalb der Fälle, die das Kalahari Outventures veranstaltet (S. 349, R450 p. P. für Gruppen ab 4 Pers.). Das Adventure Centre organisiert auch eine Rafting-Tour mit Übernachtung (R1795) sowie den viertägigen Augrabies Canoe Trail, eine Schlauchboottour tief in die leere, einsame Landschaft stromaufwärts der Wasserfälle und mit einfachen Camps am Ufer (R4495).

ein Stopp beim **Bezalel Wine & Brandy Estate**, ⏰ Mo–Fr 8.30–17, Sa 8.30–13 Uhr, Weinprobe R15, ☎ 054 491 1325, 🖥 www.bezalel.co.za. Hier werden diverse alkoholische Getränke hergestellt, u. a. ein speziell destillierter Brandy, Schokoladen- und Kaffeelikör sowie die traditionellen Schnäpse Mampoer und Witblits, alle erhältlich im Probenraum. Im Laden-Café gibt es Marmelade aus der Region, Zwieback und Kekse. Kaffee kann man auf dem *stoep* sitzend zu sich nehmen. Wer vorher anruft, wird kostenlos durch die Anlage geführt.

Keimoes, 40 km von Upington entfernt, ist ein hübsches Dorf mit einer Kirche der niederländisch-reformierten Mission von 1889 und einem restaurierten Wasserrad, mit dem Wasser aus dem Orange-Fluss auf die umliegenden Farmen verteilt wird. Keimoes liegt an der Kreu-

zung mit der R27. Die führt zunächst auf einer malerischen Brücke 2 km südlich über den Orange-Fluss und dann weiter bis Calvinia und Vanrhynsdorp und schließlich auf die N7 nach Kapstadt. Die Straße ist in gutem Zustand und geht durch recht einsame, aber schöne Landschaft. Die Verbindung von und nach Süden ist schneller als über Springbok.

80 km südwestlich von Upington liegt **Kakamas**, der letzte Ort vor dem Augrabies Falls National Park und ein guter Stützpunkt für einen Besuch, sofern man einen fahrbaren Untersatz hat. Die Ansiedlung wurde 1897 von der niederländisch-reformierten Kirche als Kolonie für die Viehfarmer gegründet, die durch eine anhaltende Dürre vor dem Ruin standen. Jeder Farmer steuerte Arbeitskraft zum Bau eines Netzes von Bewässerungskanälen und -tunneln bei und erhielt zum Lohn ein Stück bewässertes Land. Ihr Werk mag primitiv erscheinen, versorgt das Land aber heute noch mit Wasser. Einige der noch immer arbeitenden Wasserräder verteilen sich rund um den Ort.

ÜBERNACHTUNG

Die Übernachtungsmöglichkeiten im Park sind durchaus angemessen, aber in einem Umkreis von 10 bis 20 km gibt es auch gute Alternativen. Hauptattraktion sind ja die Wasserfälle, und daher ist es kaum notwendig in aller Herrgottsfrühe zur Wildbeobachtung vor Ort zu sein.

Augrabies Backpackers, im Dorf Augrabies, 11 km vor dem Parkeingang, ☎ 072 515 6079, ✉ augrabiesbackpackers@gmail.com. Rustikales, entspanntes Haus auf dem Land, von der Hauptstraße 2 km auf einer Sandpiste entfernt (den Schildern folgen). Die 6 Zimmer sind schlicht (nur eins hat ein eigenes Bad), dafür kann man hier jede Menge Infos und Tipps bekommen. Dorm R195, DZ R440

Augrabies Falls Lodge & Camp, 3 km vor dem Parkeingang, ☎ 054 451 7203, 🖥 www.augfalls lodge.co.za. Diese modernisierte Lodge bietet AC-Doppelzimmer und Chalets für Selbstversorger und liegt auf einem palmenbewachsenen Grundstück mit Pool nahe der Wasserfälle. Zusätzlich gibt es einen Campingplatz mit Privatbädern sowie ein Restaurant und eine nette Bar. Camping R250, DZ R620

The Falls Guest House, 2 km vor dem Parkeingang an der R359, ✆ 082 928 7938, 🖳 www.thefallsaugrabies.com. Eine der luxuriöseren Unterkünfte der Gegend in Gestalt eines renovierten Farmhauses mit 4 großen, kühlen Zimmern und einem Familien-Cottage, netter Einrichtung und einer großzügigen Veranda mit Blick auf Rebgärten. Englisches Frühstück ist inkl., Abendessen und *braais* können arrangiert werden. R1015

Ikaia River Lodge, abseits der R27 auf der Südseite der Brücke über den Orange-Fluss, 2 km entfernt von Keimoes, ✆ 082 337 7575, 🖳 www.ikaia.co.za. Dank seiner herrlichen Lage am Orange bietet diese ruhige Lodge spektakuläre Ausblicke und eignet sich bestens zum Beobachten von Fischadlern, Goliathreihern und anderen Vögeln. Es gibt komfortable Zimmer, Chalets für Selbstversorger und vier Campingstellen mit Privatbad. Frühstück wird im Restaurant serviert (R80); die Auswahl am Abend ist nicht üppig, aber zufriedenstellend. Camping R300, Zimmer und Chalets R750

Kalahari Gateway Hotel, 19 Voortrekker St, Kakamas, ✆ 054 431 0838, 🖳 www.kalaharigateway.co.za. Groß, etwas betagt und mit der muffigen Atmosphäre eines Konferenzhotels, die Zimmer sind jedoch völlig ausreichend. Es gibt auch ein paar Selbstversorger-Apartments. Außerdem ein Pool, 2 Bars und ein Restaurant. R970

National Park Chalets, an der Parkrezeption, Reservierung über SANParks in Pretoria, ✆ 012 428 9111, 🖳 www.sanparks.org. Wer zelten oder kurzfristig buchen möchte, kann sich direkt an die Rezeption, ✆ 054 452 9200, wenden. Großes Camp mit komfortablen Ziegel-Chalets und Ferienhäuschen für Familien (3 davon rollstuhlgerecht), alle in Laufnähe zu den Wasserfällen und mit Zugang zu 3 Pools. Auch Campingplätze. Man kann sich entweder selbst versorgen (der nächste Supermarkt befindet sich in Kakamas) oder im Restaurant essen. Camping R250, Chalet R1095

Vergelegen Guesthouse & Restaurant, an der N14 rund 3 km östlich von Kakamas, ✆ 054 431

0976, 🖳 www.augrabiesfalls.co.za. Eine der attraktivsten Unterkünfte in der Region mit 16 gepflegten Zimmern (2 davon für Selbstversorger) auf einer Farm an der Hauptstraße. Es gibt auch einen Pool und ein hervorragendes Restaurant, dessen Speisekarte interessante lokale Spezialitäten wie Lammkeule, *biltong*-Suppe oder Springbock-Carpaccio umfasst. Inkl. Frühstück. R980

INFORMATIONEN UND ESSEN

Die **Parkzentrale**, ✆ 054 452 9200, liegt ein Stückchen hinter dem Eingang, 🕐 tgl. 7–19 Uhr. Hier gibt es einen Laden, eine Snackbar und ein **Restaurant** mit Blick zur Schlucht.

TRANSPORT

Die ausgeschilderte Abzweigung zum Park befindet sich 10 km westlich von Kakamas in **Alheit** an der N14. Von Alheit sind es noch 39 km entlang der R359 zum Park. Öffentliche Verkehrsmittel fahren nicht zum Park, aber die meisten Kalahari-**Touren** (S. 349) schließen den Besuch des Wasserfalls ein.

Namaqualand

Eine weitere Region des Nordkaps, deren Name Bilder von absoluter Einsamkeit und magischem Zauber heraufbeschwört, ist das Namaqualand (auf Afrikaans: Namakwaland). Dies ist das Land eines Khoikhoi-Hirtenvolks namens **Nama**: Die Kleinen Nama lebten südlich des Orange, die Großen Nama nördlich des Flusses im heutigen Namibia. Das Gebiet ist dünn besiedelt und erstreckt sich südlich des Orange bis zu den leeren **Knersvlakte**-Ebenen um Vanrhynsdorp, sowie von der **Atlantikküste** nach Osten bis zum Rande der Großen Karoo.

Namaqualand – das ist aber vor allem das Synonym für das sagenhaft schöne, farbenprächtige **Wildblumenmeer**, das jedes Jahr im August und September das Land überzieht und zu Südafrikas verlockendsten Naturwundern gehört. Auch außerhalb der Hauptblumensaison erblühen stellenweise Teppiche aus orangefarbenen, lila und weißen Korbblütenpflanzen, und die trockene, leere Landschaft aus Bergwüste, mineralhaltigen Granitfelsen und der Dürre trotzenden Sukkulenten besitzt eine ganz eigene karge Schönheit.

Die N7 von Namibia nach Kapstadt, die quer durchs Namaqualand führt, ist eine der landschaftlich eindrucksvollsten Strecken des Landes. An ihrem Nordende liegt an der Abzweigung der staubigen N14 Richtung Upington und Kalahari die Regionalhauptstadt Springbok. Sie ist der beste Ausgangspunkt zur Blumenschau – im Gegensatz zu anderen Gebieten garantiert der nahe gelegene Namaqua National Park selbst in regenarmen Jahren ein prachtvolles Blütenschauspiel – und zum Besuch des entlegenen Nordwestzipfels der Provinz: Hier erstreckt sich die Diamond Coast von Port Nolloth bis zur namibischen Grenze. Im Hinterland lockt der schroffe, aber spektakuläre Ai-Ais Richtersveld Transfrontier Park, durch dessen Mitte die Orange fließt. Kanutouren auf dem Grenzfluss gehören zu den Hauptattraktionen der Region.

Springbok

Im Halbwüstenausläufer des nördlichen Namaqualand geht die Karoo in die Kalahari über, und beide grenzen an den Ozean. Ohne die Entdeckung von **Kupfervorkommen** im 17. Jh. und in jüngerer Zeit von **Diamanten**, die der Orange River aus der Gegend um Kimberley anschwemmt, wäre in dieser Region wahrscheinlich überhaupt keine Stadt entstanden. Süßwasser ist hier eine Rarität, und nur sein Vorhandensein hat Springbok, der Hauptstadt der Gegend, das Überleben gesichert, nachdem die Kupferminen erschöpft waren.

Das attraktiv von Bergen umrahmte Springbok ist das größte Handels- und Verwaltungszentrum in Namaqualand und gleichzeitig eine wichtige Durchgangsstation am Kreuzungspunkt von N7 und N14. Es liegt 381 km südwestlich von Upington und 119 km südlich der Grenze zu Namibia in Vioolsdrift. Die Stadt bildet im August und September eine angenehme Ausgangsbasis zu den Blumenfeldern des nördlichen Namaqualands (Kasten S. 363), für Touren in den Ai-Ais Richtersveld Transfrontier Park (S. 372) und für Abstecher zur Küste.

Springboks Sehenswürdigkeiten konzentrieren sich auf dem Hügel mit Granitblöcken neben dem Taxistand im Stadtzentrum. **Klipkoppie** („Felsenhügel") genannt, war dies der Standort eines britischen Forts gewesen, das von General Jan Smuts' Burentruppen während des Zweiten Burenkrieges zerstört wurde. Jenseits der Stadt, einige hundert Meter hinter Klipkoppie, markiert ein Einschnitt in den Hügeln die **Blue Mine**, die erste kommerzielle Kupfermine in Südafrika, die 1852 unterging. Zuletzt wurden hier Zink und Edelsteine, die man auf der wilden Suche nach Kupfer glatt übersehen hatte, gesucht. Eine kurzer Weg windet sich hinauf zu einem guten **Aussichtspunkt** über die Stadt, wo es in der Springbok Lodge eine gute Auswahl an Edelsteinen und eine ausgezeichnete Ausstellung von Mineralien aus aller Welt gibt.

Goegap Nature Reserve

Eingang an der R355, 15 km östlich von Springbok ▪ ⏲ während der Blumensaison tgl. 8–18, sonst 8–16 Uhr ▪ Eintritt R30 ▪ ☎ 027 718 9906

Das **Goegap Nature Reserve** betitelt sich gerne selbst als „Namaqualand en miniature". Es ist von Springbok aus nach Osten auf der N7 leicht zu erreichen und mit seinen fast 600 heimischen Blütenpflanzenarten in der Blumensaison ein beliebtes Touristenziel. Es gibt zudem einige der teilweise recht bizarren Sukkulenten zu bestaunen, die nur in dieser Gegend wachsen, was einen Besuch des Parks ganzjährig zu einem lohnenden Erlebnis macht. Auch Tiere sind hier heimisch, darunter Nama-Flughuhn, Löffelhund und Erdwolf. Eine 17 km lange Schotterpiste führt in einer Schleife vom und zum Parkeingang; alternativ lässt sich das Areal zu Fuß auf kurzen Wanderwegen erkunden.

ÜBERNACHTUNG

An Gästezimmern mangelt es in Springbok nicht, aber während der Blumenblüte (Aug–Sep), wenn die Übernachtungspreise

Die Samen der bunten Margeriten, Aloen, Gladiolen und Lilien – der wunderschönen Blumen des Namaqualands – ruhen während der Dürreperioden des Sommers in der Erde und warten auf den Regen, der unter Umständen jahrelang ausbleiben kann. Rund 4000 Blütenpflanzen gedeihen in dem Gebiet, ein Viertel davon nirgendwo sonst auf der Erde. Vorhersagen zu den jeweils schönsten Gegenden sind zwar schwierig, mehr oder weniger garantiert ist die Blütenpracht aber im Skilpad-Teil des **Namaqua National Park** (S. 365) und im **Ai-Ais Richtersveld National Park** (S. 372) mit seinen vom Meeresdunst profitierenden Sukkulenten.

Ein Faktor für eine lohnende Blütenschau sind die winterlichen **Regenfälle**: Die Blumen richten sich nach dem Regen, blühen also zuerst in Küstennähe und dann immer weiter landeinwärts. Der andere Faktor ist die **Temperatur**: An kühlen oder bewölkten Tagen öffnen sich viele Blüten erst gar nicht.

Praktische Tipps

Ein Ausflug zur Blumenschau in Namaqualand bedeutet, dass man viel Zeit in einem **Fahrzeug** verbringt, da die Entfernungen in dieser Region riesig sind.

Unterkünfte sollten weit im Voraus reserviert werden, sei es auf einer Farm (ideal, wenn man kein eigenes Fahrzeug hat, da man hier über die farmeigenen Blumenfelder spazieren kann) oder in einer Stadt wie Springbok. Die Übernachtungspreise können während der Blumensaison allerdings deutlich anziehen. Hier ein paar **taktische Ratschläge**:

- Die Fahrtroute vor Aufbruch planen. Oft haben die Gastgeber die besten Informationen über die aussichtsreichsten Ziele an einem bestimmten Tag.
- Die Blüten öffnen sich nur bei Sonne ab einer Temperatur von mindestens 18 °C. Bei Regen oder Bewölkung bleiben sie geschlossen. Da sich die Blütenköpfe zur Sonne ausrichten, fährt man morgens am besten Richtung Westen und nachmittags Richtung Osten.
- Die Blüten öffnen sich zwischen ca. 11 bis 15 Uhr, es bleibt also reichlich Zeit für ein gutes Frühstück.
- Fotos schießen, und zwar jede Menge, aber keine Blumen pflücken!

Tourveranstalter

Mehrere Veranstalter bieten in der Blumensaison drei- bis fünftägige Touren von Kapstadt nach Namaqualand an. Man kann sich vor Ort abholen lassen. Einige halten auch in bestimmten Fischerdörfern an der Westküste. Für eine viertägige Tour mit drei Übernachtungen ab Kapstadt muss man p. P. mit R7000 rechnen; das beinhaltet Unterbringung in B&Bs, aber kein Abendessen.

Namaqualand Flower Tours, Stellenbosch, ☎ 082 443 6480, 🖥 www.flower-tours.co.za.

Namaqua Tours, in der Namaqualand Lodge (S. 366), ☎ 027 219 1377, 🖥 www.namaquatours.com.

---

etwas höher sind, ist eine Reservierung durchaus ratsam.

Annie's Cottage, 4 King St, ausgeschildert von Klipkoppie, ☎ 027 712 1451, 🖥 www.anniescottage.co.za. Extrem komfortable, geschmackvolle und farbenfrohe B&B-Zimmer in einem restaurierten, mit einheimischer Kunst ausstaffierten Kolonialgebäude. Dazu gibt es einen lauschigen Pool unter

Jacarandabäumen sowie Wanderwege in der Umgebung. Die zuvorkommende Inhaberin hat gute Tipps für die besten Orte zur Blumenschau. R1010

Elkoweru Guest House, 1 King St, ☎ 027 718 1202, 🖥 www.elkoweru.co.za. Modernes, 2-stöckiges Gästehaus mit mediterranem Flair und einer Auswahl von AC-Zimmern – von sehr kleinen Budget-Zimmern (ab R500)

bis hin zu größeren DZ und Selbstversorger-Familienapartments. Alle haben Tee- und Kaffeekochmöglichkeiten. Das Frühstück ist inbegriffen, das Abendessen gibt es auf Anfrage. R820

Mountain View Guest House, 2 Overberg Ave, von der Abzweigung 100 m südlich der Touristeninformation geht es noch 1 km die Overberg Ave hinunter, ☏ 027 712 1438, 🖵 www.mountview.co.za. 10 bunt, aber sehr geschmackvoll eingerichtete Zimmer mit afrikanischem Flair (2 davon für Selbstversorger) in einem stilvollen Guesthouse in hübscher Stadtrandlage gleich bei einem kurzen Wanderweg mit Aussicht auf Springbok. R1000

Naries Namaqua Retreat, 27 km westlich der Stadt an der Kleinzee Rd (R355), ☏ 027 712 2462, 🖵 www.naries.co.za. Komfortable, anheimelnde Unterkunft mit stilvoll eingerichteten Zimmern in einem kapholländischen Farmhaus, außerdem 1 Cottage für Selbstversorger und 3 luxuriöse Suiten in kuppelförmigen Bauten, eingebettet zwischen den nahen Felsen. Im Farmhaus und den Suiten werden keine Kinder unter 12 Jahren beherbergt. Ein besonderes Bonbon sind die Candle-Light-Dinners. Auf Wunsch können Wandertouren und Ausritte organisiert werden. Halbpension R2430

Springbok Caravan Park, 2 km südöstlich der Stadt an der R355 Richtung Goegap, ☏ 027 718 1584, 🖵 www.springbokcaravanpark.co.za. Der Caravanpark liegt an der N7, ist sehr gepflegt und von hübschen Köcherbäumen umgeben. Neben Stellplätzen für Zelte gibt es 2-Bett-Rondavels (man teilt sich Küche und Bäder), Selbstversorger-Chalets und einen Pool. Camping R220, Chalet R370

Springbok Lodge, 37 Voortrekker St, Eingang an der Kerk St, ☏ 027 712 1321, 🖵 www.springboklodge.com. Die 48 Zimmer, mit oder ohne Küche, in gelb und weiß gestrichenen Cottages sind einfach, aber charaktervoll und auf alle Fälle ihr Geld wert. Alle Gebäude befinden sich in Laufweite zur Rezeption inkl. Curio Shop. Das zuverlässige Restaurant serviert die üblichen Gerichte wie Fish & Chips, Burger und Pizza. R620

Herb Garden, Voortrekker St/Ecke Kruis Rd, ☏ 027 712 1247, 🖵 www.herb-garden.co.za. In diesem luftigen Coffeeshop neben einem Gewächshaus stellt man sich sein Frühstück selbst zusammen (ab R30). Außerdem werden tagsüber Pizza, Sandwiches und Nachtische wie z. B. *malva pudding* (R35) serviert. Abends gibt es u. a. Lammkoteletts oder Steaks (ab R110). ☉ Mo–Sa 8–21.30, So 8–15 Uhr.

Pot & Barrel Pub and Restaurant, 39 Voortrekker St, südlich der Springbok Lodge, ☏ 027 718 1475. Pub ohne Schnickschnack und die beste Möglichkeit, um sich einen Schluck zu genehmigen. Es treten häufig Bands aus der Gegend auf und machen Afrikaans-Livemusik. Auf der Speisekarte stehen vorwiegend Fleischgerichte wie Schweinekoteletts oder Lammcurry sowie Pizza (Hauptgerichte R50–100). ☉ Mo–Sa 8–14, So 11–14 und 17–22 Uhr.

Springbok Lodge Restaurant, 37 Voortrekker St, Eingang an der Kerk St, ☏ 027 712 1321. Erinnert vage an ein amerikanisches Diner aus den 50ern und serviert eine große Auswahl an Burgern, Steaks und Fischgerichten sowie einheimische Spezialitäten wie Karoo-Lamm und *beef bobotie* (Hauptgerichte R50–100). Oder man kommt nur auf einen Kaffee, Milkshake oder eine große Portion Fritten, die hier „slap-chips" heißen. ☉ Mo–Sa 7–22, So 8–22 Uhr.

Tauren Steakranch, Hospital St, gleich nördlich vom Taxistand, ☏ 027 712 2717. Das ansprechend afrikanisch eingerichtete Restaurant serviert Steak in abenteuerlichen Varianten – mit draufgepackten Schnecken etwa, oder in Brandy flambiert. Hauptgerichte um R100. ☉ Mo–Fr 11.30–22, in der Blumensaison So 18–23 Uhr.

Informationen

Die hilfreiche **Touristeninformation** befindet sich in 40 Voortrekker St, 700 m südlich vom Taxistand, ☏ 027 712 8034/5, 🖵 www.namakwa-dm.gov.za. ☉ Mo–Fr 8–16.45 Uhr, in der Blumensaison auch Sa und So 8.30–16 Uhr. Sie betreibt im Frühjahr die Namakwa Flower

Line (tgl. 8–20 Uhr), ☎ 079 294 7260, eine Telefonauskunft mit Informationen vom Band zu Blumen-„Sichtungen".

Weitere ortskundige Ratschläge gibt es bei **Springbok Lodge & Restaurant** an der Voortrekker, Ecke Kerk St. Der Laden in der Empfangshalle, ein beliebter Treffpunkt für Besucher und Einheimische, verkauft Souvenirs und führt auch ein ausgezeichnetes Büchersortiment, darunter viele Titel über das Namaqualand und seine Blumen, die Nama, die Geschichte des Kupferbergbaus, das Richtersveld und die Felsbilder.

TRANSPORT

Busse

Intercape-Busse haben ihren Abfahrts- und Ankunftspunkt neben der Engen-Tankstelle an der Voortrekker St. Reservierungen unter ☎ 021 380 4400, 🖥 www.intercape.co.za. Tickets gibt es auch bei Shoprite, 200 m zurück Richtung Stadt. Tgl. Verbindungen bestehen nach KAPSTADT (9 Std.), UPINGTON (4 3/4 Std.) und WINDHOEK (14 1/4 Std.).

Minibustaxis
Die meisten Minibusse starten vom Taxistand Klipkoppie und fahren tgl. außer Sa gegen 11 Uhr nach KAPSTADT (6–8 Std.). Dabei halten sie auch an weiteren Städten entlang der N7.

Namaqua National Park

21 km nordwestlich von Kamieskroon ▪
🕐 tgl. 8–17 Uhr ▪ Eintritt R80 ▪ ☎ 027 672 1948,
🖥 www.sanparks.org/parks/namaqua

Während der Blumensaison lohnt sich selbst auf der Durchfahrt ein Abstecher zur **Skilpad-Sektion** in der südlichen Hälfte des Namaqua National Park. Die Anfahrt erfolgt über eine ausgeschilderte Schotterstraße vom 70 km südlich von Springbok gelegenen Dorf Kamieskroon aus. Wegen seiner Tankstelle, kleinen Läden und seines Hotels (s. u.) bietet sich das Dorf auch für einen kurzen Zwischenstopp an. Die Wahrscheinlichkeit der Blumenblüte, mit weiten, in Orangetönen leuchtenden Flächen, ist in die-

sem Park größer als anderswo, selbst in Jahren mit spärlichem Niederschlag. Auch für Schmetterlingfans und Vogelbeobachter kann es sich lohnen. Außerdem sieht man öfter kleine Antilopen wie Klippspringer, Steinböckchen und Ducker. Durch das Reservat führt ein 5 km langer Rundfahrweg, außerdem gibt es zwei kurze Spazierwege und eine hübsche Picknickstelle.

ÜBERNACHTUNG

Kamieskroon Hotel, von der N7 kommend rechter Hand, ☎ 027 672 1614, 🖥 www.kamieskroonhotel.com. Gut geeignet als Übernachtungsmöglichkeit auf dem Weg zum Park oder als Zwischenhalt auf der N7. Die Zimmer sind komfortabel, einige sind für Selbstversorger eingerichtet, und es gibt einen Caravanpark, Zeltplatz und Pool. Im Restaurant wird deftiges Frühstück (R95) serviert (Abendessen vorbestellen). In der Blumensaison veranstalten die Besitzer Fototouren. Camping R200, DZ R680

Skilpad Rest Camp, im Parkabschnitt Skilpad, Reservierung über South African National Parks in Pretoria, ☎ 012 428 9111, 🖥 www.sanparks.org. Für Campingaufenthalte und kurzfristige Buchungen wendet man sich direkt an die Rezeption, ☎ 027 672 1948. Vier 3-Bett-Chalets mit geschützter Veranda in den felsigen Hügeln des Parks, alle sind komfortabel mit Kamin und Kochutensilien ausgestattet. Man kann hier auch zelten, aber es gibt weder Strom noch Duschen. Einfache Toiletten sind vorhanden. Verpflegung und Feuerholz müssen selbst mitgebracht werden. In der Blumensaison (August und September) betreibt SAN-Parks zwei „Blumencamps" in diesem Parkabschnitt; die Besucher werden in Kuppelzelten untergebracht und sämtliche Mahlzeiten werden gestellt (ab R1650 p. P.). Camping R145, Chalet R870

Vanrhynsdorp

Auf dem Weg von Kamieskroon nach Süden weichen die Berge allmählich der eintönigeren Landschaft der kiesigen Halbwüste **Knersvlakte** – der „knirschenden Ebene", nach

NORDKAP

dem Geräusch, das die Wagenräder auf der Fahrt über dieses schroffe Terrain verursachten. 196 km von Kamieskroon liegt die ländliche Kleinstadt **Vanrhynsdorp**, die südlichste Ortschaft von Namaqualand. Obwohl sie offiziell zur Provinz Westkap gehört, fungiert sie für Besucher, die aus dem 307 km südlich gelegenen Kapstadt kommen, als Tor zur Region. Sie liegt an der Kreuzung von N7 (der Hauptstraße zwischen Kapstadt und Namibia) und R27, der Verkehrsverbindung durch das herrliche Bokkeveld Escarpment nach Calvinia und schließlich Upington am Nordrand der Großen Karoo. Die am Fuß des tafelförmigen Maskam Mountain gelegene Stadt ist außerhalb der Blumensaison ziemlich ausgestorben.

Museen und historische Stätten

Der vom hohen Kirchturm dominierte Ort besitzt für seine Größe überraschend viele historische Stätten und Museen mit lokalem Bezug. Das kurzweilige **Van Rhijn Museum** in der Van Riebeeck Street etwa zeigt alte Gegenstände und Haushaltsutensilien der frühen burischen Einwohnerschaft. ⏰ Mo–Fr 9–18, Sa und So 9–13 Uhr, Eintritt frei.

Das verschrobene **Latsky Radio Museum** hinter der Kirche in der 4 Church Street, 📞 027 219 1032, wiederum pflegt eine Sammlung von rund 200 Röhrenradios, die bis in die 1920er-Jahre zurückreichen. ⏰ während der Blumensaison Mo–Sa 9–12 und 14–17 Uhr, sonst auf Anfrage, Eintritt frei.

Auf der Troe Troe Street stadtauswärts erreicht man nach rund 500 m den kleinen **Friedhof** von Vanrhynsdorp mit einer Reihe dem Verfall preisgegebener Gräber von Opfern aus dem Zweiten Burenkrieg, manche mit nicht mehr als einem Haufen aufgetürmter Steine markiert.

Kokerboom Kwekery

74 Voortrekker St, fünf Straßen östlich der Kirche ▪ ⏰ Mo–Fr 8–17 Uhr, tgl. Aug–Sep ▪ Eintritt während der Blumensaison R10, sonst frei ▪ 📞 027 219 1119, 🖥 www.kokerboom.co.za

Diese **Gärtnerei** ist sowohl während als auch außerhalb der Blumensaison einen Besuch wert. Sie ist auf Sukkulenten spezialisiert und zeigt Besuchern Dutzende ausgefallenerer Arten.

Etwa ein Drittel aller Sukkulentenarten der Welt kommt in dieser Region vor, viele von ihnen sogar ausschließlich in diesem Gebiet. Zur Gärtnerei gehören auch ein kleines Café und ein Laden.

ÜBERNACHTUNG

Letsatsi Lodge, nahe der R27 westlich der N7, 2 km vom Zentrum von Vanrhynsdorp, 📞 027 219 2828, 🖥 www.ncfamouslodges.co.za. Neue, attraktive Lodge mit Steinhäusern für Besucher, die an der N7 Zwischenstation machen. Es gibt schicke DZ und Familienzimmer, einige mit Grillstelle und Außendusche, sowie Selbstversorger-Chalets in Gärten mit Aloen und Sukkulenten und Pool. Das Buffet-Frühstück kostet R95 und das Red Ox Steakhouse empfängt auch Durchreisende. R1100

Namaqualand Lodge, 22 Voortrekker St, neben der Kirche, 📞 027 219 1633 oder 082 896 6444, 🖥 www.namaqualodge.co.za. Die familiengeführte Lodge ist seit über einem Jahrhundert im Geschäft und pflegt etwas altmodischen Charme (Stichwort präparierte Tiere und die größte Krawattensammlung des Landes). Es gibt einen Pool und nebenan das Restaurant Mikie's (S. 367). Die Familie veranstaltet auch Blumentouren ab Vanrhynsdorp oder Kapstadt (S. 363). R550

Van Rhyn Guest House, Van Riebeeck St, 📞 027 219 1429, 🖥 www.vanrhyngh.co.za. Ruhige, gastfreundliche und kunstbeflissene Unterkunft. Die 9 Zimmer mit hohen Decken bleiben selbst in der Sommerhitze schön kühl. Sie verteilen sich auf ein viktorianisch gestaltetes Haupthaus und Nebengebäude. Frühstück ist im Preis inbegriffen und auf Anfrage gibt es auch hervorragende Abendmahlzeiten. R600

Vanrhynsdorp Caravan Park, 800 m entlang der Troe Troe St (die zur Gifberg Rd wird), 📞 027 219 1287, 🖥 www.vanrhynsdorp caravanpark.co.za. Außerhalb der Saison ist es hier einigermaßen ruhig. Die Anlage besteht aus einem preiswerten **Campingplatz** und schlichten Chalets mit Kochnische und Grill-stelle. Kleiner Aufpreis für DSTV und AC. Es gibt auch ein Restaurant mit Alkoholausschank. Camping R170, Chalet R500

Abgesehen von den unten genannten haben die Shell- und Caltex-Tankstellen brauchbare Restaurants, die hauptsächlich durchreisende Autofahrer an der N7 bewirten.

Mikie's Restaurant & Grill, in der Namaqualand Lodge, 22 Voortrekker St, ☏ 027219 1633. Kein aufregender Ort, aber eins der wenigen richtigen Restaurants im Ortszentrum. Recht durchschnittliches Angebot an Steaks, Burgern und anderen Fleischgerichten ab R70. In der Bar gibt es Billardtische und Fernseher mit Sportprogramm. ⊕ Mo–Sa 8–22 Uhr.

Red Ox Steakhouse, in der Letsatsi Lodge (S. 366), nahe der R27 westlich von der N7, ☏ 027 219 2828. Das stilvolle, moderne Restaurant bietet Steaks und andere Grillgerichte, wobei sich die Gäste die Art der Fleischstücke selbst aussuchen können (ab R120). Daneben stehen Seafood, Vegetarisches und eine gute Auswahl an Kapweinen auf der Karte. Natürlich gibt es Kaffee, aber auch Morning und Afternoon Tea. ⊕ 6.30–22 Uhr.

ZAR (Zuid Afrikaanse Restaurant), im Vanrhynsdorp Caravan Park, 800 m entlang der Troe Troe St, ☏ 027 219 1287. Das beste Restaurant der Stadt serviert ordentlich zubereitete Steaks mit Schnecken, Muscheln und andere interessante Kombinationen in überraschend kultiviertem Ambiente (Hauptgerichte R60–120). ⊕ Mo–Do 6–22, Fr & Sa 6–23 Uhr.

Die **Touristeninformation** befindet sich im Museum in der Van Riebeek St, ☏ 027 219 2935, ⌨ www.namaquawestcoast.com. ⊕ Aug–Sep Mo–Fr 8–17, Sa 9–13, in der übrigen Zeit Mo–Fr 8–17 Uhr.

Die meisten Busse und Taxis von und nach KAPSTADT, SPRINGBOK oder UPINGTON halten entweder an der Shell-Tankstelle oder an der Caltex-Tankstelle am Anfang der Van Riebeek St gleich nach der Abzweigung von der Schnellstraße N7.

Intercape-Busse, (Reservierung ☏ 021 380 4400, ⌨ www.intercape.co.za), verkehren tgl. nach KAPSTADT (5 1/2 Std.), SPRINGBOK (3 Std.), UPINGTON (8 1/4 Std.) und nach WINDHOEK (17 1/4 Std.). Einige davon passieren Vanrhynsdorp mitten in der Nacht!

Minibustaxis nach KAPSTADT und SPRINGBOK fahren in der Regel am frühen Nachmittag in Vanrhynsdorp ab, wenn sie auf ihrem Weg entlang der N7 durch die Stadt kommen. An den Wochenenden sind nur wenige Taxis unterwegs.

Nieuwoudtville

Wer die R27 von Vanrhynsdorp in östlicher Richtung nach Calvinia befährt, erkennt sehr gut, wie sich das Land plötzlich von den Ebenen zum Steilabbruch des Bokkeveld erhebt, den die Straße am **Van Rhyn's Pass** mit ein paar haarsträubend engen Haarnadelkurven in der Nähe des Gipfels überquert. Kurz nach Erreichen des Plateaus weist ein Schild zu einem fantastischen Aussichtspunkt mit Blick über die Ebene.

8 km nach dem höchstgelegenen Abschnitt des Van Rhyn's Pass, knapp über 50 km von Vanrhynsdorp, verläuft die R27 nur wenig nördlich des malerischen *dorps* Nieuwoudtville mit seinen reizvollen honigfarbenen, blechgedeckten Sandsteinhäusern und den traurigen **Ruinen** der ersten Siedlerhäuser am Stadtrand.

Dank ihrer Lage an der Großen Randstufe bekommt die Gegend um Nieuwoudtville ungewöhnlich viel Niederschlag ab und kann daher mit über 300 verschiedenen Arten von Blütenpflanzen aufwarten. Die Blütezeit beginnt nach den ersten Regenfällen im April oder Mai und erreicht ihren Höhepunkt im August und September. Aber auch zu übrigen Zeiten kann die Landschaft faszinieren und selbst zwischen März und Oktober steht die eine oder andere Pflanze in Blüte.

Fährt man auf der R357 Richtung Loeriesfontein, trifft man rund 7 km nördlich von Nieuwoudtville auf die Vereinigung der beiden Flüsse

Köcherbäume

Der von den Einheimischen *kokerboom* genannte Köcherbaum *(Aloe dichotoma)* ist in der ganzen Provinz Nordkap und in Namibia verbreitet. Da er in seinem Stamm Wasser speichert, kann der Köcherbaum bis zu 400 Jahre alt werden und ist bestens an die Trockenheit der Gegend angepasst. 1685 entdeckte Gouverneur Simon van der Stel den Baum während einer Expedition ins Namaqualand auf der Suche nach Kupfer. Der Baum mit seinen grün-grauen Blättern und leuchtend gelben Blüten ist genauer gesagt eine Aloe. Er kann bis zu 9 m hoch werden und sein glatter Stamm kann am Boden einen Durchmesser von bis zu 1 m erreichen. Köcherbäume wachsen häufig an höchst gefährlichen Stellen wie z. B. am Rand von Schluchten, wo sich die Wurzeln im Gestein verankern. Der Name geht auf die Köcher zurück, die die San für ihre Giftpfeile aus den ausgetrockneten hohlen Zweigen herstellten. Am besten fotografiert man die skulpturähnlichen Bäume, wenn sie Blüten treiben – meist von Mai bis Juli. Der größte Köcherbaum-„Wald" in Südafrika befindet sich auf der Gannabos Farm, ☏ 027 218 1249 oder ☏ 087 150 8101, 🖵 www.gannabos.co.za, 35 km nördlich von Nieuwoudtville, nahe der R357 in Richtung Loeriesfontein. Der Besuch des Waldes ist kostenlos. Besucher, die die Bäume in der Morgen- oder Abenddämmerung fotografieren möchten, können sich in kleinen Farmhäusern einmieten.

Willems und Grass. Sie bilden den Doring River, der als **Nieuwoudtville Waterfall** 100 m tief in das Maaierskloof hinabstürzt. Dieser ist besonders im Frühjahr beeindruckend, wenn er von den Regenfällen des Bokkeveld Escarpment gespeist wird. Um die steilen Felswände kreisen manchmal große Raubvögel wie z. B. Kaffernadler. Der Wasserfall ist nur ein paar Gehminuten vom Parkplatz an der R357 entfernt.

Hantam National Botanic Garden

Oorlogskloof Rd ▪ 🕓 In der Blütezeit, gewöhnlich Aug–Okt, tgl. 8–17 Uhr ▪ Eintritt R18 ▪ Übriges Jahr Mo–Fr 7.30–16.30 Uhr ▪ Eintritt R20 ▪ ☏ 027 218 1200, 🖵 www.sanbi.org/gardens/hantam

Landesweit einer der schönsten Orte zum Betrachten von Wildblumen ist der Hantam National Botanic Garden. Auf dieser ehemaligen Farm war schon zweimal Sir David Attenborough mit einem Filmteam zu Gast, um für seine Dokumentarfilmreihe *Das geheime Leben der Pflanzen* Aufnahmen von der außergewöhnlichen Flora des Gartens zu machen. Das Frühjahr ist natürlich die ideale Zeit für den Besuch, eine Reihe von Frühblühern macht aber auch den Winter interessant, und im Herbst sorgen pinkfarbene Brunsvigien (*hantam* bedeutet auf Khoi: „wo die roten Zwiebelblumen wachsen") und gelbe Crossyne-Blüten (beides Amaryllisgewächse) für leuchtende Farbtupfer. Über 150 Vogelarten

wurden hier schon registriert, u. a. der Sekretär, der gefährdete Paradieskranich und die selten gewordene Schwarzweihe.

ÜBERNACHTUNG UND ESSEN

Papkuilsfontein Guest Farm, 23 km südlich von Nieuwoudtville, abseits der Schotterpiste nach Clanwilliam, ☏ 027 218 1246, 🖵 www. papkuilsfontein.com. 6 liebevoll restaurierte, weißgekalkte Cottages für Selbstversorger rund um die Farm. Einige stammen noch aus den 1800er-Jahren und bieten eine unvergleichliche Atmosphäre. Es gibt schmackhafte hausgemachte leichte Mahlzeiten, Kuchen und Kaffee im Restaurant Die Waenhuis, 🕓 tgl. 10–16 Uhr, auf der Farm und gegen Vorbestellung auch Abendessen. An Aktivitäten stehen Wandern, Vogelbeobachtung und Schwimmen in den Stauanlagen der Farm zur Wahl. R1000

Van Zijl Guesthouses and Carava Park, 1 Neethling St, ☏ 027 218 1535, 🖵 www.nieuwoudtville.co.za. Eine Ansammlung von 6 attraktiven Gästehäusern für Selbstversorger (2–6 Pers.), die sich um das Smidswinkel Restaurant gruppieren. Die meisten Zimmer befinden sich in restaurierten traditionellen Sandsteinhäusern und haben gemütliches altes Mobiliar und einen Kamin. Der gut ausgestattete Caravanpark und der Campingplatz befinden sich in der Kerk St. Sämtliche Stellplätze haben Stromanschluss und Warmwasserdusche; es gibt auch einen großen Grillplatz. Camping R180, DZ R680

Smidswinkel Restaurant, 1 Neethling St, ℘ 027 218 1535. Eine bessere Wahl kann man nicht treffen. Besonders gut schmeckt hier die weithin berühmte Lammkeule mit einem Wein aus der Region. Weniger oft nachgefragte Afrikander-Spezialitäten wie gebackene Schafsköpfe oder gefülltes Herz sollte man einen Tag im Voraus bestellen. Die Hauptgerichte kosten um R100 und leichte Gerichte und Tee werden im Garten serviert. ⏲ tgl. 7–22 Uhr.

INFORMATIONEN

Die **Touristeninformation**, ℘ 027 218 1336, 🖥 www.nieuwoudtville.com, befindet sich im Kirchengebäude an der Kerk Rd. ⏲ Mitte Juli–Sep Mo–Sa 9–17, So 9–14 Uhr, sonst Mo, Mi und Fr 9–14 Uhr.
Hier gibt es auch Karten und Informationen zu den **Blumenrouten** der Gegend. Die 7 km lange Matjiesfontein-Route führt kreuz und quer über die Felder der gleichnamigen Farm 14 km südlich von Nieuwoudtville. Die Rondekop/Naressie-Route ist eine Rundfahrt über eine Strecke von 42 km ab Nieuwoudtville und führt durch riesige Gänseblümchen- und Mittagsblumenwiesen.

TRANSPORT

Die öffentliche Transportmittel nach Nieuwoudtville beschränken sich auf die unregelmäßigen Minibustaxis, die tgl. von und nach VANRHYNSDORP (3/4 Std.) verkehren. Die Haltestelle befindet sich 700 m östlich der Touristeninformation.

Calvinia

Ungeachtet seines streng klingenden Namens, den der Ort von einem frühen Pastor erhielt, liegt Calvinia, 70 km östlich von Nieuwoudtville,

recht idyllisch zu Füßen der Hantam Mountains. Das Städtchen dient als Versorgungszentrum für den Westteil der Großen Karoo, doch man möchte hier nicht unbedingt mehr Zeit als nötig verbringen, es sei denn, man kommt wegen der Blumen in der Umgebung. Calvinia bietet sich allerdings als Zwischenstopp auf der guten, landschaftlich schönen und ruhigen R27 Richtung Upington an; auf der N14 sind es 370 km von Calvinia nach Keimoes.

ÜBERNACHTUNG UND ESSEN

Carmel Villa, 19 Pastorie St, ℘ 027 341 1446, 🖥 www.carmel-calvinia.co.za. Dieses reizende Gästehaus in einer kürzlich restaurierten edwardianischen Villa verfügt über drei große B&B-Zimmer und zwei Gartenchalets für Selbstversorger sowie ein Planschbecken. Die Restaurants in der Stadt lassen sich allesamt leicht zu Fuß erreichen. R720
Die Blou Nartjie, 35 Water St, ℘ 027 341 1263, 🖥 www.nartjie.co.za. Schickes Gästehaus mit 10 B&B-Zimmern mit eigenem Eingang in einem Garten mit kleinem Pool und gemütlichem Grillplatz. Das exzellente Restaurant und die Bar befinden sich in einer ehemaligen Synagoge und sind beliebte Treffpunkte der Stadt, nicht zuletzt wegen der leckeren Karoo-Lammgerichte, ⏲ Mo–Sa 18.30–21 Uhr. R710
Hantam Huis, 42-44 Hoop St, ℘ 027 341 1606, 🖥 www.calvinia.co.za. Malerische Ansammlung restaurierter alter Wohnhäuser, die zu Gästehäusern umfunktioniert und mit antikem Mobiliar eingerichtet wurden. Selbstversorgung ist möglich, es gibt aber auch ein Restaurant, das Afrikander-Kost serviert und frisch gebackenes Brot, Kuchen und Kaffee anbietet. Einen Besuch wert ist übrigens die Rezeption mit ihrem Kunsthandwerksgeschäft und einer interessanten, bunten Ausstellung an Sammlerstücken. R790

INFORMATIONEN

Touristeninformation, 44 Church St, ℘ 027 341 8100/1043. Untergebracht in einer alten Synagoge aus dem Jahr 1920, die außerdem eine Ausstellung von Farmgeräten und alten Fotografien beherbergt, gibt es hier Auskunft über die Blumenrouten im Hantam-Distrikt sowie verschiedene Geländewagen- und Wanderpfade in derselben Gegend. ⏰ Mo–Fr 8–13, 14–17, Sa 8–12 Uhr.

Die Westküste und das Richtersveld

Nördlich von St Helena Bay, der gekrümmten Landspitze rund 100 km nördlich von Kapstadt, erstreckt sich die lange einsame Westküste von Südafrika – kalter, grauer Atlantischer Ozean und die vorherrschende robuste Sandveld-Vegetation auf dem unfruchtbaren Boden. Viel mehr hat die Region nicht zu bieten.

Zwischen der Mündung des Olifants River nahe Vanrhynsdorp und des Orange, gut 400 km nördlich, befindet sich mit **Port Nolloth** die einzig nennenswerte Siedlung. Aber es gibt Teerstraßen, die von der N7 zur Küste führen.

1925 wurden die ersten **Diamanten** in Namaqualand entdeckt. Die Funde belegten, dass die Steine den ganzen Orange hinuntergetragen und dann in den Ozean hinausgespült wurden, wo sie sich durch Strömungen und Sedimenttransport entlang der Küste verteilten. Anfänglich konzentrierte sich die Diamantensuche auf den Lauf des Orange und die Küstendünen, doch seitdem hat sich das Interesse auf die Diamanten verlagert, die vor der Küste auf dem Meeresboden liegen. Sie werden vorwiegend von Schiffen gefördert, die gewaltige Unterwasser-„Staubsauger" einsetzen, und von Tauchern, die häufig unter gefährlichen Bedingungen arbeiten. Während ein Großteil der Küstenregion von Namaqualand aufgrund der Diamantvorkommen *off-limits* ist, darf die **„Diamond Coast"** von Port Nolloth bis Alexander Bay, der Mündung des Orange River, besucht werden. Springbok ist ein geeigneter Ausgangspunkt für einen Ausflug hierher.

Die ersten Niederschläge der Blütezeit fallen im Küstengebiet. Die Blütenpracht beginnt

oft ab etwa 20 km landeinwärts, weshalb die wenigen Straßen von der N7 zur Küste den einen oder anderen Abstecher wert sind. Die geteerte R355 über den **Spektakel Pass** zwischen Springbok und Kleinzee gehört zu den beeindruckendsten Straßen von Namaqualand, und auch der **Anenous Pass** auf der geteerten R382 zwischen Steinkopf an der N7 und Port Nolloth ist unvergesslich.

An dieser Straße sieht man die Ziegenherden des heimischen Hirtenvolks der Nama und die Berge und Täler des **Ai-Ais Richtersveld Transfrontier Park**, der die unmittelbar südlich des Orange liegende Bergwüste einnimmt.

Port Nolloth

Port Nolloth, 136 km nordwestlich von Springbok, ist ein seltsamer und doch reizvoller Ort. Hier herrscht häufig diesiges Wetter, sodass die Horizonte nie wirklich deutlich zu erkennen sind. Die Morgennebel hüllen die Stadt in eine fast unheimliche Ruhe. Die Einwohner der Stadt sind eine bunte Mischung aus Fischern und Diamantbootbesitzern.

Port Nolloth ist geheimnisvoll und aufregend, und viele Geschichten ranken sich um den illegalen Diamanthandel – IDB („Illegal Diamond Buying"). Sehenswertes ist rar und der Atlantik für ein Bad zu kalt, doch ein Spaziergang zum **Hafen** lohnt sich immer. Touren auf Diamantbooten werden nicht angeboten, aber die Gästehäuser von **McDougall's Bay**, etwa 5 km weiter südlich, halten Kanus und kleine Boote bereit.

ÜBERNACHTUNG

Bedrock Lodge, 2 Beach Rd, Port Nolloth, 📞 027 851 8865, 🖥 www.bedrocklodge.co.za. Schicke, entspannte Unterkunft in einem alten Strandhaus mit Stilmöbeln und eine gute Informationsquelle obendrein. Man wohnt entweder in B&B-Zimmern im Haupthaus oder in einem der 6 unterschiedlich großen Strandhäuschen (drei davon für Selbstversorger), alle mit Meerblick. Und einen Pool gibt es auch. R850

McDougall's Bay Beach House Accommodation, Voetbay St, McDougall's Bay, ✆ 082 535 9411 oder 027 851 8064, 🖥 www.beachhouseportnolloth.co.za. Große Anlage mit modernen Strandhäusern für Selbstversorger in McDougall's Bay. Die Zimmer sind schlicht, aber die meisten haben Meerblick und sind eine gute Wahl für Gruppen und Familien. Man checkt an der Rezeption ein, wo man auch Feuerholz für ein *braai* erhält, und wird dann zur Unterkunft gefahren. R725

Port Indigo, Kamp St, McDougall's Bay, ✆ 027 851 8012, 🖥 www.portindigo.co.za. 1 DZ mit Bad in einem B&B, außerdem diverse Selbstversorger-Strandhäuser mit 1–4 Schlafzimmern. Auf Wunsch gibt es Hilfe bei der Organisation von Touren in die Umgebung. DZ R500, Selbstversorger R1080

ESSEN

Anita's Tavern, neben der First National Bank, Coastal Rd, ✆ 084 726 7090. Die rustikale, gemütlich maritim eingerichtete Fischerhütte am Strand ist die beste Adresse im Ort für eine Mahlzeit. Aufgetischt werden guter Fisch, Muscheln, Calamares sowie Fleisch und Pasta (Hauptgerichte ab R70). Kreditkarten werden nicht akzeptiert, aber gleich nebenan ist ein Geldautomat. ⊕ tgl. 12–23 Uhr.

Vespetti, 2099 Coastal Rd, ✆ 027 851 7843. Freundlicher Ort direkt am Strand, der rund um das Thema Vespa (die Inhaber sind Vespa-Fans) eingerichtet ist. Das Menü ist italienisch angehaucht, entsprechend gibt es Pasta und Pizza (R50–90), aber auch teurere Seafood-Gerichte. Auch Gerichte zum Mitnehmen. ⊕ Mo–Fr 10–2, So 10–15 Uhr.

TRANSPORT

Das einzige öffentliche Verkehrsmittel nach Port Nolloth ist das sporadisch verkehrende **Minibustaxi**, das Mo–Sa zwischen SANDDRIF an der namibischen Grenze und SPRINGBOK (Abfahrtszeiten am Vortag beim Taxistand in Springbok erfragen) verkehrt. Die Haltestelle in Port Nolloth befindet sich neben der Port

Nolloth Pharmacy auf der Main Road, die parallel zur Beach Street verläuft. Infos zur Rückfahrt erhält man bei den Fahrern.

Alexander Bay

Der westlichste Punkt von Südafrika ist Alexander Bay 84 km nördlich von Port Nolloth an der Mündung des Orange, nur einen Steinwurf von Namibia entfernt. Benannt ist sie nach Sir James Edward Alexander, der hier in den 1860er-Jahren begann, Kupfer zu exportieren. Aber erst 1926, als die ersten Diamanten gefunden wurden, erwachte der kleine Ort zum Leben. Der größte hier gefundene Stein war der 1944 entdeckte Merensky-Diamant, der stolze 211,5 Karat auf die Waage brachte. Hier dreht sich bis heute alles um **Diamanten**. Die staatliche Bergbaugesellschaft **Alexkor** hat die meisten geschäftlichen Aktivitäten in der Stadt und ihrer Umgebung unter ihrer Kontrolle. Unter ✆ 027 831 8300 oder 🖥 www.alexkor.co.za kann man eine Tour durch die Diamantenfelder buchen. Die Touren finden jeden Donnerstag um 8 Uhr statt und müssen mindestens eine Woche im Voraus unter Vorlage einer Passkopie gebucht werden. Die Preise liegen bei R200, hängen aber letztendlich von der Gruppengröße ab.

TRANSPORT

Es ist nicht möglich, die Grenze nach Oranjemund an der Küste Namibias zu überqueren. Die Grenzübergänge nach Namibia befinden sich in Vioolsdrift an der N7 oder der Pontonbrücke über den Orange in Sendelingsdrift im Ai-Ais Richtersveld Transfrontier National Park (S. 372). Einziges öffentliches Verkehrsmittel nach Alexander Bay ist das unregelmäßig verkehrende **Minibustaxi**, das von Mo–Sa zwischen SANDDRIF an der namibischen Grenze und SPRINGBOK verkehrt (Abfahrtszeiten am Vortag beim Taxistand in Springbok erfragen). In Alexander Bay halten sie bei Pep Stores auf der Oranje Street – die Fahrer fragen, um welche Zeit die Rückfahrt erfolgt.

Ai-Ais Richtersveld Transfrontier National Park

⊕ tgl. Mai–Sep 7–18, Okt–April 7–19 Uhr, Rezeption 8–16 Uhr ▪ Eintritt R230 ▪ ✆ 027 831 1506, 🖥 www.sanparks.org

Der **Ai-Ais Richtersveld Transfrontier National Park** im nordwestlichen Namaqualand – allgemein als **Richtersveld** bekannt – dehnt sich im Norden bis zum Orange aus, im Osten bis zur N7 und im Süden bis zur R382 nach Port Nolloth. Der traumhaft schöne Park entstand 2003 durch die Zusammenlegung des südafrikanischen Richtersveld National Park (in Südafrika ist dieser Name für den neuen Park noch gängig) mit dem namibischen Ai-Ais Hot Springs Game Park.

Der Park liegt an einer Schleife des Orange River, und die Landschaft ist wild und zerklüftet. Namen wie Hellskloof, Skeleton Gorge, Devil's Tooth und Gorgon's Head zeugen von der Rauheit der unwirtlichen Berglandschaft, die nur durch die Vielfalt an robusten Sukkulenten, die mächtigen Felsformationen, das wunderschöne Abend- und Morgenlicht und den glitzernden Sternenhimmel bei Nacht aufgeheitert wird. In manchen Teilen des Parks liegt die jährliche Regenmenge nur bei 50 mm, womit dies die einzige wirkliche Wüste in Südafrika ist – und dazu noch eine Bergwüste. Im Sommer kann die Hitze unerträglich werden, es wurden schon über 50 °C gemessen. Dagegen können die Wintertemperaturen bei Nacht unter den Gefrierpunkt fallen.

Die **beste Zeit** für einen Besuch sind die Monate August und September, wenn die Sukkulenten, die fast ein Drittel aller südafrikanischen Spezies umfassen, blühen. Außer Eidechsen und Klippspringern, Springböcken und Zebras, die sich meist in der dichteren Vegetation am Orange-Fluss aufhalten, gibt es im Park kaum Tiere. Es gibt zwar auch Leoparden, aber die sind natürlich äußerst scheu. Zu den über 200 hier vorkommenden Raubvogelarten gehören u. a. Felsen- und Kampfadler.

ÜBERNACHTUNG

Es ist ratsam, die Unterkünfte im Voraus bei South African National Parks in Pretoria, ✆ 012 428 9111, 🖥 www.sanparks.org, zu reservieren. Wer zelten oder kurzfristig buchen möchte, wendet sich direkt an die Rezeption, ✆ 027 831 1506. Im Park gibt es weder einen Laden noch ein Restaurant, aber im Hauptquartier in Sendelingsdrift, 93 km von Alexander Bay, bekommt man Benzin, ⊕ tgl. 8–16 Uhr. Die nächsten Geschäfte gibt es in Alexander Bay, aber die Auswahl in den Supermärkten von Springbok ist deutlich besser.

Campingplätze, 4 sehr einfache Campingplätze in Kokerboomkloof, Potjiespram, Richtersberg und De Hoop. Außer in Kokerboomkloof gibt es überall kalte Duschen. Trinkwasser muss mitgebracht werden, Benzinkanister sollte man in Sendelingsdrift auffüllen. R265

Sendelingsdrift Rest Camp, beim Parkeingang in Sendelingsdrift. 10 klimatisierte, ordentliche Chalets mit Platz für 2–4 Pers., alle mit Kühlschrank und Herd, von der Veranda vorne Blick auf den Orange. Es gibt auch einen Pool und einen Campingplatz. Camping R265, Chalet R960

Gannakouriep Wilderness Camp, spektakulär zwischen Felsen im Südteil des Parks gelegen. Es gibt vier malerische Strohhütten für jeweils zwei Personen mit Kochgelegenheit und Dusche. Trinkwasser muss mitgebracht werden. Ein ansässiger Wärter kümmert sich um den Zustand der Anlage. R960

Tatasberg Wilderness Camp, mit Blick auf den Orange und die Berge auf der namibischen Seite. Ähnliche Anlage wie in Gannakouriep mit vier Strohhütten für jeweils zwei Personen und Wärter. R960

TRANSPORT

Wegen seiner Abgeschiedenheit ist Richtersveld nicht im Rahmen eines Tagesausfluges zu erreichen und es fahren auch **keine öffentlichen Verkehrsmittel** hierher. Wer kein geländeerprobter Autofahrer ist, sollte den Park besser im Rahmen einer **Tour** (s. Kasten S. 373) besuchen.

Auto

Der direkteste Weg in den Nationalpark führt von Springbok auf der N7 nach Steinkopf (49 km). Ab hier folgt man der R382 über den

Zwischen April und September kann man an **geführten Wanderungen** auf drei ausgewiesenen Pfaden im Park teilnehmen: dem Vensterval Trail (vier Tage, drei Nächte), Lelieshoek–Oemsberg Trail (drei Tage, zwei Nächte) und dem Kodaspiek Trail (zwei Tage, eine Nacht). Die Touren haben einen hohen Schwierigkeitsgrad und sollten nur von erfahrenen Wildniswanderern angegangen werden. Die Übernachtungen erfolgen überwiegend im Hiking Trails Base Camp im Ganakouriep Valley innerhalb des Parks. Ausgestattet ist es mit Etagenbetten, Gasöfen und heißen Duschen. Für weitergehende Informationen und Buchungen wendet man sich an South African National Parks in Pretoria, ☎ 012 428 9111, 🖥 www.sanparks.org.

Zahlreiche Veranstalter sowohl auf der südafrikanischen als auch der namibischen Seites des Orange bieten mehrtägige **Kanutrips** an. Sie werden mit aufblasbaren Flößen oder Kanus aus Fiberglas durchgeführt, und übernachtet wird in Zelten unter funkelndem Sternenhimmel am Ufer. Diese Touren sind ziemlich entspannt und erfordern keine besonderen körperlichen Voraussetzungen. Mitfahren kann jeder ab 6 Jahren. Eine Tagestour kostet ab R450 p. P. und ein viertägiger Trip R2750 p. P. Ein empfehlenswerter südafrikanischer Veranstalter ist **Bushwhacked Outdoor Adventure**, ☎ 027 761 8953, 🖥 www.bushwhacked.co.za, auf dem Fiddler's Creek-Campingplatz, 12 km entlang des südlichen Flussufers von Vioolsdrif. Hier campt man (R85) oder wohnt in Kuppelzelten unter Strohüberdachungen (R300 für zwei Pers.). Es gibt eine Bar und sämtliche Mahlzeiten werden gestellt. Man kann sich von der Grenze abholen lassen (R300 für bis zu vier Personen).

Ein ähnliches Angebot gibt es bei **Umkulu Adventures** in Kapstadt, ☎ 082 082 6715, 🖥 www.umkulu adventures.com. Die Unterbringung ist im Growcery Camp, 22 km von der Grenze entfernt am Fluss, in einfachen Hütten für R350 oder man zeltet (R120). Auch hier wird für die Mahlzeiten und den Transport von der Grenze gesorgt.

Annenous-Pass nach Port Nolloth und weiter nach Alexander Bay. Von nun an ist der Park ausgeschildert. Von Alexander Bay fährt man 93 km auf einer Schotterpiste bis zum Parkbüro in Sendelingsdrift, das man vor 16 Uhr erreichen muss. Wer aus Namibia kommt, fährt an der Grenze bei Vioolsdrift über die N7 via Kotzehoop, Eksteenfontein und passiert dann die Pontonbrücke bei Sendelingsdrift, 🕒 tgl. 8–16 Uhr, über den Orange, der hier die Grenze zwischen Südafrika und seinem Nachbarn markiert. Hier befindet sich auch die Einreisestelle. In der Hochwasserzeit von Dezember bis April sollte man im Voraus telefonisch erfragen, ob der Park in Betrieb ist. Achtung: Normale Pkw sind im Park nicht erlaubt und man muss bis zum Einbruch der Dunkelheit im Camp angekommen sein, d. h., bis spätestens 16 Uhr.

Für eine Erkundungstour braucht man einen Pick-up oder ein Fahrzeug mit Allradantrieb mit ausreichend Bodenfreiheit, um die sandigen Flussbetten und holprigen Bergpässen zwischen den ausgewiesenen Campingplätzen bewältigen zu können. Besondere Vorsicht ist auf der Piste zwischen den Campingplätzen Richtersberg und De Hoop geboten, unter deren dicker Sanddecke sich gefährlich scharfe Steinzacken verbergen. Besucher mit eigenem Fahrzeug sollten im Konvoi mit mind. einem anderen Wagen fahren. Fahrer in Einzelfahrzeugen müssen sich schriftlich bereit erklären, sich bei der Ausfahrt wieder bei der Parkzentrale zu melden. Nachts herrscht Fahrverbot.

AUSBLICK IN DIE KAROO

Ostkap

In Ostkap findet man noch traditionelle afrikanische Dörfer, und allein schon die 1000 km lange unerschlossene Küste, wo sich bewachsene Dünenfelder in enormen Wogen landeinwärts erstrecken, rechtfertigt einen Besuch. Für all jene, die lieber abseits der Touristenpfade unterwegs sind, gehört die Provinz zu den reizvollsten Gegenden Südafrikas.

Stefan Loose Traveltipps

Township-Tour in Port Elizabeth Eine gute Möglichkeit, die Schauplätze des Anti-Apartheids-Kampfs zu besichtigen. S. 386

9 Addo Elephant National Park Elefanten, aber auch die übrigen vier der Big Five, bevölkern das überwältigende Tierschutzgebiet. S. 388

Grahamstown Festival Afrikas größtes Kunstfestival. S. 402

The Tuishuise Eine Übernachtung im geschichtsträchtigen Cradock in einem wunderschönen viktorianischen Haus. S. 407

Farmstay in der Karoo Klare Luft und weite Panoramablicke. S. 414

10 Die Wild Coast Ruhe und Abgeschiedenheit an einer einsamen und spektakulären subtropischen Küste. S. 424

Bulungula Backpacker Lodge Eine erstklassige Ausgangsbasis an der Wild Coast, um Xhosa-Kultur kennenzulernen. S. 431

Nelson Mandelas Geburtsort Qunu Auf den Spuren des größten Helden Südafrikas: In diesem Dorf wurde Nelson Mandela geboren und 2013 beigesetzt. S. 434

TÄNZERINNEN BEIM GRAHAMSTOWN FESTIVAL

DIE WILD COAST

Inhalt

Kimberley

Bloem-
fonttein

Upington

NORDKAP

FREISTAAT

N12

R369

R717

N1

R715

R384

De Aar

R389

R405

R391

R10

R58

N12

R403

R388

R398

R390

R391

N1

N9

R398

R56

R391

Middelburg

R401

SNEEUBERG

N9

R401

R390

Nieu Bethesda

N10

Three
Sisters

R63

R61

R61

Farmstay in der Karoo

CAMDEBOO
NATIONAL
PARK

Graaff-Reinet

Cradock

The Tuishuise

N1

MOUNTAIN ZEBRA
NATIONAL PARK

Beaufort West

WINTERBE

R61

Aberdeen

R337

Bedford

R63

Adelaide

WESTKAP

R338

R75

R63

R332

R337

Somerset East

R350

N9

SWARTBERG

R337

ADDO ELEPHANT
NATIONAL PARK

N10

R400

Grahar

Meringspoort
Pass

BAVIAANSKLOOF

R329

MOUNTAINS

R75

R400

Grahamsto
Festiva

R62

Kirkwood

R407

De Rust

R341

Uniondale

KOUGA MOUNTAINS

Sundays

R336

Paterson

SHAMWARI
GAME
RESERVE

R342

R63

Addo

R72

Alexandr

Kapstadt

TSITSIKAMMA
MOUNTAINS

R62

Uitenhage

R335

N2

Colchester

Cannon P

N9

N2

Port Elizabeth

Knysna

Plettenberg
Bay

Storms
River
Village

N2

Jeffrey's Bay

Township-Tour in Port Elizabeth

TSITSIKAMMA
NATIONAL PARK

0   50
Kilometer

N3, Pietermaritzburg & Durban

KWAZULU-NATAL

LESOTHO

R26

R56
R33

Ixopo
uMzimkhulu

Durban

Lady Grey

wal North

R58

Naudesnek
Pass

Rhodes

R396

N2
Port Shepstone

Barkly East

R393

R61
Margate

Maclear

N6

R58

R396

N2

Port
Edward

Dordrecht

R56

Mzimvubu

Lusikisiki

MKAMBATI
NATURE RESERVE

R393

Mthatha

R61

Port St Johns
SILAKA NATURE RESERVE

Queenstown

R61

Nelson Mandelas Geburtsort Qunu

Umtata

HLULEKA NATURE RESERVE

Maqanduli

Coffee Bay

Bashee

R67

N6

R351

Bulungula Backpacker Lodge

CWEBE NATURE RESERVE

THE WILD COAST

DWESA NATURE RESERVE

Cathcart

R352

N2

Kei

Wild Coast

R345

Hogsback

R63

Qora Mouth
Mazeppa Bay

aufort

Kei Road

Kei Mouth

Bisho

N6

Morgan Bay

King William's Town

Haga-Haga

GREAT FISH RIVER
RESERVE COMPLEX

Gonubie

East London

Great Fish

N2

Kidd's Beach

Kowie

Hamburg

R72

Bathurst

Port Alfred

on-Sea

I N D I S C H E R   O Z E A N

Stefan Loose Traveltipps (Traveltipps s. S. 375)

Ostkap

Zwischen Westkap und KwaZulu-Natal, den beiden beliebtesten Küstenprovinzen Südafrikas, liegt Ostkap. **Port Elizabeth** ist das Handels- und Verkehrszentrum, das in erster Linie als Start oder Ziel für die Reisen entlang der Garden Route genutzt wird. **Jeffrey's Bay**, 75 km westlich, hat wegen seiner Wellen unter Surfern einen legendären Ruf. Nach etwa einer Stunde Fahrt ins Landesinnere gelangt man in einige der namhaftesten Tierschutzgebiete der Provinz. Zu ihnen gehört beispielsweise der **Addo Elephant National Park**, ein Big-Five-Reservat, wo der Anblick von Elefanten praktisch garantiert ist.

Der Addo und die Privatreservate in der Nähe sind die einzigen Tierreservate Südafrikas, in denen keine Malariagefahr besteht. Zum Hinterland in nördlicher Richtung gehören Gebiete, die sich englische Immigranten aneigneten, die in den 1820er-Jahren per Schiff für die neue britische Kolonie hergebracht wurden. **Grahamstown** sonnt sich in seiner Doppelrolle als spirituelle Heimat des englischsprachigen Südafrika und als Gastgeber für Afrikas größtes Kunstfestival.

Den Nordwesten prägt die karge Schönheit der **Karoo**, die dornige Halbwüste, die große Teile des zentralen Südafrika bedeckt. Der wilde **Mountain Zebra National Park**, 200 km nördlich von Port Elizabeth, beeindruckt mit einer Landschaft aus Tafelbergen und ariden Ebenen, die sich über Hunderte von Kilometern erstrecken. Ein kurzer Abstecher in Richtung Westen bringt den Besucher nach **Graaff-Reinet**, den Inbegriff der kapholländischen Karoo-Stadt des 18. Jhs.

Der östliche Teil der Provinz, der weitgehend das Gebiet der ehemaligen Transkei (und oft auch noch mit diesem Namen bezeichnet) mit ihren ländlichen Xhosa-Siedlungen umfasst, ist von allen am wenigsten entwickelt. **East London**, das zweite nennenswerte Zentrum der Provinz, gilt als günstiger Ausgangspunkt für Reisen in die Transkei, die vor allem politisch und kulturell Interessierte anlockt. **Steve Biko** wurde hier geboren, sein Grab kann in **King William's Town** besucht werden. Westlich davon befindet sich die **Universität Fort Hare**, in der viele führende Persönlichkeiten des heutigen Afrika studierten. Die einzigen etablierten Ferienorte dieser Gegend – an erster Stelle Hogsback – liegen in den **Amatola Mountains**, deren Wälder und moosbedeckte Kühle eine erfreuliche Abwechslung zum trockenen Buschland in den Ebenen darstellen.

In der nordöstlichsten Ecke der Provinz erheben sich am Rand der Karoo die steilen Hänge der **Eastern Cape Highlands**. Dort kann man Forellen angeln und uralte San-Felskunst entdecken. Im Mittelpunkt dieser Gegend steht das abgeschiedene, reizende Dörfchen **Rhodes**.

Die weiter östlich gelegene **Wild Coast-Region** gehört nach wie vor zu den am wenigsten erschlossenen und gleichzeitig aufregendsten Gegenden des Landes. Zudem ist dies der ärmste Teil der ärmsten Provinz. Dessen ungeachtet ist die Region mit einer unsagbar schönen subtropischen Küste gesegnet. Grüne Hügel ziehen sich bis zu den besten Stränden des Landes hinab. Diese sind, abgesehen von langhornigen Nguni-Rindern, die es sich auf dem Sand bequem machen, zumeist völlig verlassen. Von hier bis zur Grenze von KwaZulu-Natal führen unbefestigte Straßen von der N2 hinunter zur Küste mit ihren abgelegenen, an einen Hang geschmiegten und jeweils von einem Familienhotel beherrschten Ferienanlagen. In der Transkei gibt es auch einige der besten Backpacker-Lodges des Landes, insbesondere für Besucher, die schwarzafrikanischen Alltag und wilde Strände suchen. Das größte und bekannteste der Resorts ist **Port St Johns**, gefolgt von Coffee Bay. In beiden Orten sind die Straßen durchgehend asphaltiert.

Im rauen Binnenland mit seinen grasenden Ziegen leben die Angehörigen der Xhosa in ihren Hütten, sie hüten Vieh und bauen Getreide an. Die meisten Besucher fahren so schnell es geht durch **Mthatha** (früher: Umtata), die ehemalige Hauptstadt der Transkei – folgt man allerdings den Spuren von Nelson Mandela, so gehören das **Nelson Mandela Museum** im Zentrum von Mthatha und **Qunu**, sein Geburts- und Begräbnisort westlich des Städtchens, ganz klar zum Programm. Allerdings präsentiert sich das Museum derzeit leider enttäuschend vernachlässigt.

Geschichte

Im Ostkap war die Trennung von schwarzen und weißen Territorien unter dem Apartheidsregime strenger als irgendwo sonst im Land. Den Grundstein für die krassen Gegensätze zwischen Reich und Arm legten die **Briten** im

19. Jh., als sie die Grenze der Kapkolonie entlang des Great Fish River zogen, 1000 km östlich von Kapstadt. Sie mussten ganze neun Schlachten schlagen (die sogenannten Grenzkriege), um die **Xhosa** auf Dauer auf dem Ostufer des Flusses zu halten. In den 1820er-Jahren dann schifften die Briten Tausende von Siedlern ein, um den Bevölkerungsanteil der Weißen in die Höhe zu treiben und die Grenze zu verstärken. Selbst in einem Land, das ohnehin von politischer Brisanz erfüllt ist, sticht das Ostkap durch seine extrem von der Politik geprägte Identität hervor. Hier sind die schwarzen Gewerkschaften Südafrikas tief verwurzelt, und von hier stammen viele Anführer der Anti-Apartheid-Bewegung, darunter auch der frühere Präsident **Nelson Mandela**, sein Nachfolger **Thabo Mbeki** und der Anführer der Black-Consciousness-Bewegung, **Steve Biko**, der 1977 in Port Elizabeth von der Sicherheitspolizei ermordet wurde.

Die Transkei bzw. Wild Coast, die zwischen dem Kei River und KwaZulu-Natal eingezwängt liegt, war eine Art „Versuchsgelände" für die groß angelegte Apartheidpolitik, als sie 1963 Prototyp des Bantustan-Systems der Rassentrennung wurde. Im Jahre 1976 wurde ihr von der südafrikanischen Regierung die symbolische „Unabhängigkeit" zugesprochen. Somit hoffte man, dass die mehreren Millionen Xhosa-sprachigen Südafrikaner, die in der Industrie nicht gebraucht wurden, in dieses Gebiet verbannt werden könnten. Bei ihrer Wiedereingliederung in Südafrika im Jahre 1994 wurde die Transkei zu einem Teil der neuen Provinz Ostkap, die noch heute unter der Last des Erbes der Apartheid-Ära und unter der zusätzlichen Belastung durch die weitverbreitete Korruption um ihr wirtschaftliches Überleben kämpft.

Port Elizabeth und die westliche Region

1820 kamen hier 4000 britische Siedler an, die die englischsprachige Bevölkerung von Südafrika schlagartig verdoppelten und die Architektur der Innenstadt unübersehbar prägten. Die Fabrikschornsteine entlang der N2 erinnern daran, dass sich hier das industrielle Zentrum des Ostkaps befand. Zu verdanken war dies den billigen afrikanischen Arbeitskräften, und das erklärt auch die tief verwurzelte Gewerkschaftsbewegung und den hier traditionell vorherrschenden afrikanischen Nationalismus. Als Ausgleich für den Industriehafen bietet die Stadt ein paar hervorragende Strände. Am Rand von Port Elizabeth lassen sich wunderbare, kilometerlange **Küstenspaziergänge** entlang der Nelson Mandela Bay unternehmen, und die kleine **Altstadt**, wo es ein paar hervorragende Esslokale gibt, eignet sich prima für einen gemütlichen Bummel.

Doch der Hauptgrund, aus dem die meisten Besucher sich hier einfinden, ist die günstige Lage der Stadt als Ausgangs- oder Endpunkt für eine Reise entlang der **Garden Route** oder auf dem Wege in den **Addo Elephant National Park** (S. 388), dem aufregendsten Tierschutzgebiet in der Südhälfte des Landes. Außerdem liegen in erreichbarer Nähe auch mehrere kleinere und äußerst luxuriöse private Reservate.

Östlich von Port Elizabeth gibt es ein paar Erholungsorte an der **Küstenstraße R72** Richtung East London, wo die tosenden Wellen auf enorm breite Sandstrände treffen. Die durch das Landesinnere führende Straße nach East London entfernt sich von der Küste und passiert **Grahamstown**, eine attraktive, wenn auch ein wenig mitgenommene Universitätsstadt, wo jedes Jahr im Juli das National Arts Festival abgehalten wird. Hier gibt es private Farmen und Reservate, in denen man ausgezeichnet wilde Tiere beobachten kann.

Ein paar Hundert Kilometer nördlich von Port Elizabeth eröffnet sich ein Gebiet mit Tafelbergen und baumlosen Ebenen: die halbtrockene **Karoo**. Der älteste und bekannteste Ort der Gegend ist die Postkartenstadt **Graaff-Reinet**, ein fester Bestandteil aller Bustouren. Nur wenige Kilometer weiter liegen das atemberaubende **Valley of Desolation** und das Dorf **Nieu Bethesda**, das sich durch sein ausgefallenes Owl House Museum einen Namen gemacht hat.

Fast so bezaubernd wie Graaff-Reinet ist die östlich davon gelegene Stadt **Cradock**; zudem lockt sie mit Attraktionen wie dem wilden **Mountain Zebra National Park**.

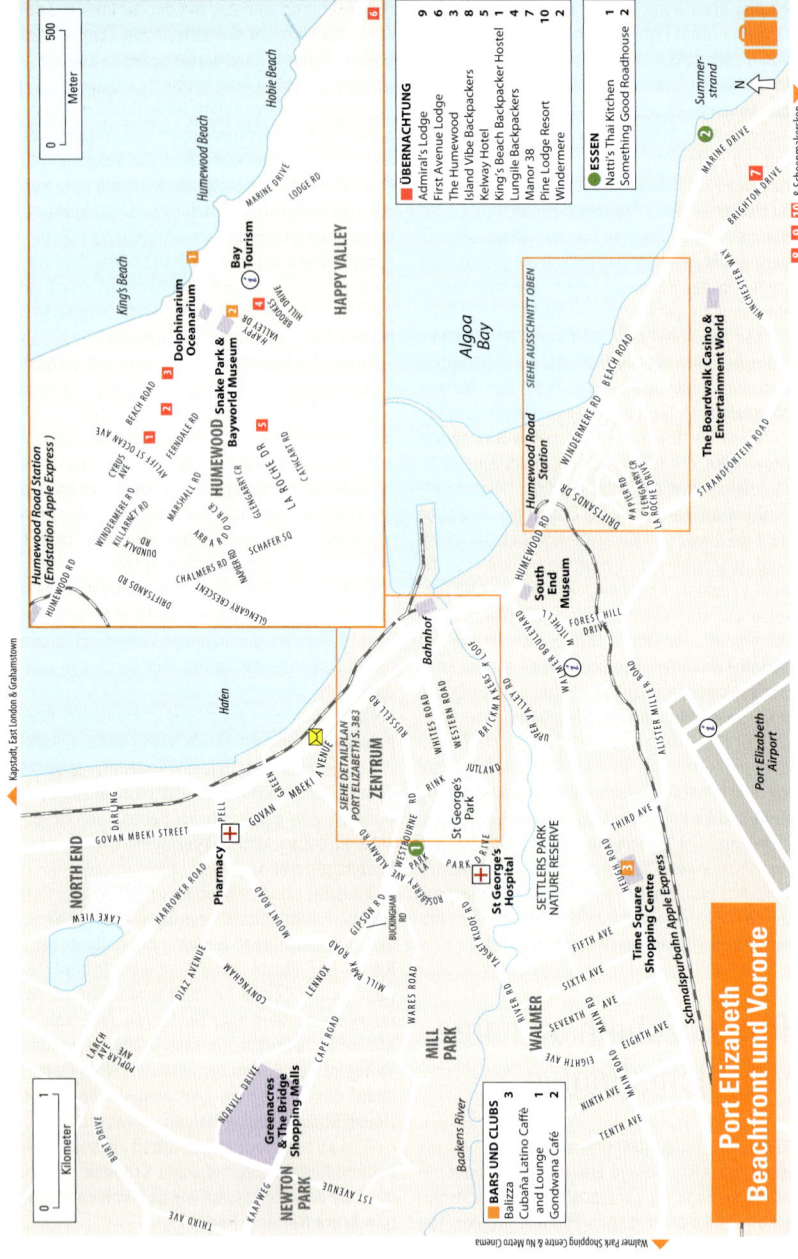

Kapstadt, East London & Grahamstown

**Port Elizabeth
Beachfront und Vororte**

ÜBERNACHTUNG

Admiral's Lodge	9
First Avenue Lodge	6
The Humewood	3
Island Vibe Backpackers	8
Kelway Hotel	5
King's Beach Backpacker Hostel	1
Lungile Backpackers	4
Manor 38	7
Pine Lodge Resort	10
Windermere	2

ESSEN

Natti's Thai Kitchen	1
Something Good Roadhouse	2

BARS UND CLUBS

Balizza	3
Cubaña Latino Caffé and Lounge	1
Gondwana Café	2

Humewood Road Station
(Endstation Apple Express)

HUMEWOOD

Dolphinarium
Oceanarium

Snake Park &
Bayworld Museum

Bay
Tourism

HAPPY VALLEY

King's Beach

Humewood Beach

Hobie Beach

Algoa
Bay

SIEHE AUSSCHNITT OBEN

Humewood Road
Station

The Boardwalk Casino &
Entertainment World

Summer-
strand

MARINE DRIVE

BRIGHTON DRIVE

& Schoenmakerskop

South
End
Museum

Bahnhof

Hafen

SIEHE DETAILPLAN
PORT ELIZABETH S. 383

ZENTRUM

St George's
Park

Pharmacy

St George's
Hospital

SETTLERS PARK
NATURE RESERVE

Time Square
Shopping Centre

Schmalspurbahn Apple Express

NORTH END

LAKE VIEW

**NEWTON
PARK**

Greenacres
& The Bridge
Shopping Malls

**MILL
PARK**

WALMER

Baakens River

Port Elizabeth
Airport

Walther Park Shopping Centre & Nu Metro Cinema

Port Elizabeth

Am westlichen Ende der Nelson Mandela Bay (früher Algoa Bay) liegt **Port Elizabeth**, weithin kurz PE genannt. Der Ort war lange Zeit ein beliebtes Ferienziel für weiße Familien. Port Elizabeth ist zwar keine Schönheit, doch die Beachfront der Stadt, die sich kilometerweit entlang der Humewood Road hinzieht, lockt mit einigen der landesweit sichersten **Stadtstrände**. Und an den Stränden südlich von PE lassen sich ausgezeichnete Spaziergänge und Wanderungen unternehmen. Vom Beinamen der Stadt „Windy City" darf man sich nicht abschrecken lassen, denn hier ist es auch nicht windiger als in Kapstadt, wo im Sommer ebenfalls ab und zu eine steife Brise weht.

Als Stadt ist PE recht unscheinbar, hat aber einige tolle Unterkünfte und ganz gute Restaurants. Obwohl die Stadt durch Industrialisierung und gedankenlose Modernisierung ziemlich verunstaltet worden ist, heben sich doch ein oder zwei Gebäude aus dem sonst eher unspektakulären **Stadtzentrum** ab. Auch im Bezirk **Central** haben ein paar schöne traditionelle viktorianische Reihenhäuser überlebt. In die sind inzwischen trendige Cafés und Restaurants eingezogen.

Urlauber zieht es zu den Strandorten **Humewood** und **Summerstrand**, wo es jede Menge Unterkünfte sowie Bars und Restaurants gibt.

Central

Central, die Gegend an den Hängen oberhalb der eigentlichen Innenstadt, erlebte in den letzten Jahren eine erfreuliche Neubelebung. Eine Reihe Kreativbetriebe haben sich angesiedelt und einige vornehme alte Hotels werden restauriert – außerdem gibt es verschiedene gute Esslokale in Richmond Hill.

Die Hauptstraße von Port Elizabeth verläuft parallel zur Schnellstraße, die in die Stadt hineinführt. Zu Ehren des 2001 verstorbenen ANC-Aktivisten wurde sie in **Govan Mbeki Avenue** umbenannt. Das symbolische Herz der Stadt ist die City Hall, die mitten auf dem **Market Square** steht und von einigen wunderschönen viktorianischen Bauten umgeben ist.

Unmittelbar nördlich des Platzes steht das eindrucksvolle **Campanile Memorial**, ein hoher

Glockenturm, der 1920 anlässlich der Hundertjahrfeier zu Ehren der ersten britischen Siedler errichtet wurde. Einen Block weiter östlich befindet sich das ehemalige Sanlam Building, wo der junge Aktivist Steve Biko (S. 418) brutal gefoltert wurde; er starb später an seinen Verletzungen, nachdem man ihn noch nach Pretoria transportiert hatte. Heute ist das Gebäude völlig verwahrlost und kann nicht besucht werden. Allerdings bestehen Pläne, es als politische Gedenkstätte zu restaurieren.

Ein steiler Anstieg vom Campanile führt zum **Donkin Reserve**, einem offenen Gelände, überragt von einem Leuchtturm (Baujahr 1861) und einer Steinpyramide: ein Denkmal für **Elizabeth Donkin**. Sie war die verstorbene Frau des amtierenden Kapgouverneurs Sir Rufane Donkin, der die Siedlung nach ihr benannte. Der Spaziergang ist auch reich an Anti-Apartheidgeschichte: Man passiert Informationstafeln mit Bezug auf Nelson Mandela und mehrere Skulpturen, darunter eine Reihe Stahlfiguren, die Wähler bei den Wahlen 1994 darstellen. Vom Park eröffnen sich wunderbare Ausblicke auf den Hafen, die Strände und die Bucht.

Nelson Mandela Metropolitan Art Museum

1 Park Drive ▪ 🕐 Mo und Mi–Fr 9–17, Di 14–17 Uhr ▪ Eintritt frei ▪ 🖳 www.artmuseum.co.za

Das Museum ist in zwei Gebäuden rechts und links vom Eingang zum St George's Park untergebracht. Es beherbergt eine Sammlung von Kunstwerken ab 1800 bis heute, die überwiegend Bezug auf Port Elizabeth und Ostkap nehmen. Normalerweise gibt es interessante südafrikanische Wanderausstellungen und auch einen kleinen Laden, wo Postkarten und lokales Kunsthandwerk verkauft werden. Interessant sind die Abteilungen für Ostkap-Kunst sowie die Gemälde- und Skulpturensammlung, darunter Werke der renommierten, aus Port Elizabeth stammenden Malerin George Pemba; auch erlesene Nguni-Perlenarbeiten gibt es. Daneben sind noch verschiedene weniger bedeutende, aber durchaus betrachtenswerte europäische und asiatische Kunstwerke vertreten.

Aus Platzgründen kann leider immer nur ein kleiner Teil der Sammlung gezeigt werden, und aus Geldmangel muss das Museum am Wochenende geschlossen bleiben.

South End Museum

Humewood Rd, Ecke Walmer Boulevard ▪ ⏲ Mo–Fr 9–16, Sa und So 10–15 Uhr ▪ Eintritt frei ▪ 🖥 www.southendmuseum.co.za

Das im alten Seamen's Institute residierende Museum hält die Vergangenheit des South End lebendig, eines pulsierenden, multikulturellen Viertels, das seine Entstehung dem früher immens wichtigen Hafen von PE verdankte. Nach Verabschiedung des Group Areas Act wurde es in den 1960er-Jahren Straßenzeile für Straßenzeile dem Erdboden gleichgemacht; nur eine Handvoll Kirchen und Moscheen blieben verschont. Heute stehen hier überall kostspielige Miethäuser.

The Beachfront

Die sandigen **Strände** sind die Hauptattraktion von PE. Durch die geschützte Lage in der Nelson Mandela Bay kann man hier sicher ba-

Art Route 67

Die **Art Route 67** zum Gedenken an Nelson Mandelas 67 Jahre langen Kampf um Demokratie ist ein Rundgang durch die Innenstadt von Port Elizabeth, dessen Meilensteine diverse von Ostkap-Künstlern geschaffene Kunstwerke bilden. Es handelt sich um Werke unterschiedlicher Größe, von kleinen Keramikmosaiken über Straßenaufkleber aus Vinyl, Perlenarbeiten, 30 m langen Wandgemälden und Metallinstallationen bis zu 2 t schweren und bis zu 6 m hohen Skulpturen.

Ein guter Ausgangspunkt ist das 52 m hohe **Campanile Memorial** in der Strand Street, Central, von dessen Spitze sich ein grandioser Blick auf den Hafen und Umgebung bietet. Vom Fuß des Campanile geht es immer den Wegweisern nach die Stufen hoch zum Vuyisile Square, dann über die Freitreppe der St Mary's Terrace und schließlich im Zickzackkurs durch das Donkin Reserve bis zu einer riesigen Flagge oben auf dem Hügel. ⏲ Di–So 9–12.30, 13–14 Uhr, Eintritt frei.

den (aber am besten zwischen den beiden Rettungstürmen bleiben!), und die Sauberkeit lässt **Strandgutsammeln** zum Vergnügen werden. Der Strandabschnitt ist durch eine große Mauer vom Hafen getrennt und beginnt etwa 2 km südlich des Stadtzentrums. Der erste der Strände ist der **King's Beach**, allerdings etwas beeinträchtigt durch die dahinter befindlichen Kohlehaufen und Öltanks. Südöstlich davon erstreckt sich der **Humewood Beach**, an der Straße gegenüber liegt die Bayworld mit dem **Bayworld Museum and Snake Park**, 🖥 www.bayworld.co.za, ⏲ tgl. 9–16.30 Uhr, Eintritt R40.

Daneben befinden sich **Brookes on the Bay und Dolphin's Leap**, zwei Komplexe voller Restaurants, Pubs und Clubs, alle mit tollem Ausblick. Dahinter, in südlicher Richtung, erstrecken sich **Hobie Beach** und **Summerstrand**, wo man wunderbar spazieren gehen und sonnenbaden kann.

Im **Boardwalk Casino Complex**, 🖥 www.suninternational.com/boardwalk, in Summerstrand sind ein Hotel, ein Kongresszentrum, ein Casino, Esslokale, Geschäfte, ein Kino sowie ein Minigolfplatz und eine Bowlingbahn untergebracht. Der Komplex ist ein beliebter Treff, vor allem im Sommer, und eignet sich gut für einen Tagesausflug mit Kindern. Hier kann man sich auch abends sicher fühlen.

Schoenmakerskop und Sardinia Bay

Der schönste Küstenabschnitt von Port Elizabeth liegt südlich der Stadt. Ab Summerstrand führt der Marine Drive 15 km an der idyllischen Küste (eine Mischung aus Felsen und Sandstränden) entlang bis zum friedlichen Küstenvorort **Schoenmakerskop** (bei den Einheimischen kurz und knackig: „Schoenies" genannt). In Schoenies befindet sich auch das einzige Café der Gegend. Von Schoenies aus kann man den 8 km langen **Sacramento Trail** begehen, einen Küstenpfad, der an den hohen Dünen von **Sardinia Bay** endet, dem wildesten und faszinierendsten Küstenabschnitt in dieser Ecke des Landes. Wer mit dem Auto nach Sardinia Bay fahren möchte, biegt an der Schoenmakerskop-Kreuzung rechts ab und folgt der Straße solange, bis auf der linken Seite das Hinweisschild „Sardinia Bay" auftaucht. Man darf

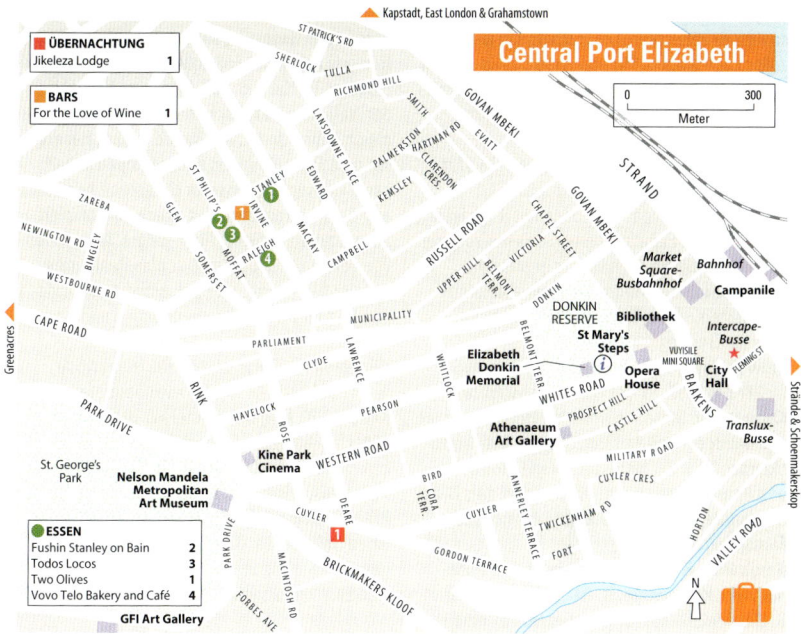

ÜBERNACHTUNG
Jikeleza Lodge 1

BARS
For the Love of Wine 1

0 · · · · · 300
Meter

ST PATRICK'S RD
SHERLOCK TULLA
RICHMOND HILL
GOVAN MBEKI
SMITH
ST PHILIP'S ST
PALMERSTON EVATT
HARTMAN ST
CLARENDON CRES
KEMSLEY
ZAREBA
NEWINGTON RD
GLEN
STANLEY
IRVINE
EDWARD
MAKKAY
CAMPBELL
RUSSELL ROAD
UPPER HILL
VICTORIA ST
BELMONT TERR
CHAPEL STREET
GOVAN MBEKI
STRAND

Market Square–Busbahnhof
Bahnhof
Campanile

WESTBOURNE RD
BINGLEY
SOMERSET
RALEIGH
MOFFAT
MUNICIPALITY
DONKIN
RESERVE
DONKIN
St Mary's Steps
Bibliothek
Intercape-Busse

CAPE ROAD
Greenacres
PARLIAMENT
CLYDE
LAWRENCE
Elizabeth Donkin Memorial
WHITES ROAD
Opera House
VUYISILE MINI SQUARE
City Hall
FLEMING ST
BAAKENS

PARK DRIVE
RINK
HAVELOCK
ROSE
PEARSON
WHITLOCK
BELMONT TERR
Athenaeum Art Gallery
PROSPECT HILL
CASTLE HILL
Translux-Busse
Strände & Schoenmakerskop

St. George's Park
Nelson Mandela Metropolitan Art Museum
Kine Park Cinema
WESTERN ROAD
BIRD
CORA TERR.
MILITARY ROAD
CUYLER CRES
HORTON
VALLEY ROAD

ESSEN
Fushin Stanley on Bain 2
Todos Locos 3
Two Olives 1
Vovo Telo Bakery and Café 4

CUYLER
DEARE
PARK DRIVE
MACINTOSH RD
BRICKMAKERS KLOOF
GORDON TERRACE
CUYLER
ANNERLEY TERRACE
TWICKENHAM RD
FORT
FORBES AVE

GFI Art Gallery

OSTKAP

aber auf keinen Fall allein auf dem Sacramento Trail herumspazieren, sondern sollte immer nur in einer Gruppe losgehen.

ÜBERNACHTUNG

Als Übernachtungsgegend bietet sich zunächst die Beachfront bei Summerstrand oder Humewood. Während der Hochsaison im Dezember und Januar sind die Preise am höchsten. Wer nicht unbedingt am Strand absteigen möchte, findet im netten Stadtbezirk Walmer sowie in der Nähe des Flughafens und der Einkaufsmeilen ein paar ordentliche B&Bs. Das Viertel Central dagegen, der älteste Teil von PE mit viktorianischen Häusern, bietet diverse gute Restaurants und ist nur ein kurzes Stück vom Strand entfernt.

Admiral's Lodge, 47 Admiralty Way, Summerstrand, ☎ 041 583 1894 oder 083 455 2072, ⌨ www.admiralslodge.co.za; Karte S. 380. Geräumige und elegante Zimmer in einem guten B&B am äußersten Ende von Summerstrand, rund 7 km von der Innenstadt. Es werden Transfers zum Flughafen angeboten. Zur Anlage

gehören eine Grillstelle, eine Gemeinschaftslounge, ein Pool und – für die Kids – ein Trampolin. R1090

First Avenue Lodge, 3 First Ave, Summerstrand, ☎ 041 583 5173, ⌨ www.firstavenuelodge.co.za; Karte S. 380. Vermietet 16 Zimmer mit Bad und eigenem Eingang auf B&B- oder Selbstversorger-Basis (R900). Die gefragte, einladende Unterkunft in Strandnähe hat einen Pool samt Liegewiese und eine Chill-out-Ecke. B&B R1200

The Humewood, 33 Beach Rd, Humewood, ☎ 041 585 8961, ⌨ www.humewoodhotel.co.za; Karte S. 380. Die Zimmer in dem altmodischen Hotel sind groß und mit Korbmöbeln eingerichtet. Der Service ist hervorragend, eine gute Bar, ein Restaurant und ein Sonnendeck sind vorhanden, ein Babysitter kann organisiert werden. Außerdem gibt's Flughafentransfer und Wäscheservice. R1120

Island Vibe Backpackers, 4 Jenvey Rd, Summerstrand, ☎ 041 583 1256, ⌨ www.islandvibe.co.za; Karte S. 380. Ideal für Rucksackreisende, die etwas mehr Komfort möchten, ohne ganz auf die gesellige Backpackeratmosphäre zu verzichten. Die Herberge in wundervoller Lage wenige Minuten vom Strand und der Restaurantmeile hat 4-Bettzimmer mit hölzernen Stockbetten, einen Pool, Jacuzzi und Kicker. Dorms R180, DZ R650

Jikeleza Lodge, 44 Cuyler St, ✆ 041 586 3721, 🖥 www.highwinds.co.za; Karte S. 383. Freundliche Backpacker-Lodge mit Schlafsälen, DZ und einem Familienzimmer. Das hauseigene Adventure Centre High Winds organisiert Touren durch den Addo-Park sowie empfehlenswerte Kombo-Ausflüge zum Addo und Schotia. Dorms R140, DZ R360

Kelway Hotel, Brookes Hill Drive, Humewood, ✆ 041 584 0638, 🖥 www.thekelway.co.za; Karte S. 380. Stilvolles Hotel mit Holzvertäfelung und handgeschnitzten Holztischen. Vom entzückenden Pool mit Natursteinwand, Holzdeck und Sonnenliegen schaut man direkt aufs Meer. Zur Auswahl stehen Standard-, Luxus- und Familienzimmer. R1180

King's Beach Backpacker Hostel, 41 Windermere Rd, Humewood, ✆ 041 585 8113; Karte S. 380. Makelloses, etabliertes Hostel, einen Block vom Strand, mit Bar im Freien und Grillstelle. Obwohl das Hostel eigentlich für Selbstversorger gedacht ist, werden morgens Tee, Kaffee, Brot und Marmelade aufgetischt. Es gibt auch einen Reiseschalter, der Touren in Townships, Wildparks etc. bucht. Camping R100, Dorms R160, DZ R500

Lungile Backpackers, 12 La Roche Drive, Summerstrand, ✆ 041 582 2042, 🖥 www.lungile backpackers.co.za; Karte S. 380. Das große, beliebte Hostel am Strand mit Partyflair liegt mitten im Zentrum des nächtlichen Strandpartygeschehens von PE. Es steht auf einer Anhöhe und verfügt über Campingmöglichkeiten und eine große Liegewiese, 2-Bettzimmer, einen Pool sowie Dorms im Haupthaus. Camping R100, Dorms R160, DZ R500

Manor 38, 38 Brighton Drive, Summerstrand, ✆ 083 270 7771, 🖥 www.manorcollection. co.za; Karte S. 380. Modernes, makellos sauberes Boutiquehotel in erstklassiger Lage nahe Summerstrand und Boardwalk. Es hat ein hübsches Poolgelände, 2 Gemeinschaftslounges sowie Gästeparkplätze abseits der Straße. R1320

Pine Lodge Resort, abseits vom Marine Drive, Humewood, ✆ 041 583 4004, 🖥 www.pine lodge.co.za; Karte S. 380. Direkt am Strand in der Nähe des historischen Leuchtturms und gleich neben dem Cape Recife Nature Reserve, wo man Eulen, Mungos und Antilopen sehen kann. Die superpreiswerte Unterkunft besteht aus Blockhütten, darunter einige mit komplett ausgestatteter Küche, für 4–8 Pers. Abgesehen von einer gut besuchten Bar plus Restaurant punktet das Resort mit Pool, einem bescheidenen Spa für Kosmetikanwendungen und einem Spielezimmer. R1075

Windermere, 35 Humewood Rd, Humewood, ✆ 041 582 2245, 🖥 www.thewindermere.co.za; Karte S. 380. Elegantes Hotel mit 10 großen, hübsch gestalteten Gästezimmern und zuvorkommenden Mitarbeitern. Es bietet einen kleinen Pool, Wäscheservice, sichere Parkplätze und Preisermäßigung für die Benutzung des Humewood Golf Course. Da die Zimmer mit Meerblick genauso viel kosten wie die ohne, sollte man sich eins *with a view* geben lassen. R1900

ESSEN

Das Viertel Richmond Hill ist sowohl tagsüber als auch abends eine prima Adresse für trendige Cafés und Restaurants mit Tischen im Freien. Für eine Mahlzeit oder einen Drink bietet sich natürlich auch die Strandpromenade an – beim Herumspazieren findet sich bestimmt etwas Geeignetes.

Fushin Stanley on Bain, 15 Stanley St, Richmond Hill, ✆ 041 811 7874, 🖥 www.fushin. co.za; Karte S. 383. An der langen Theke oder an Tischen auf dem Bürgersteig können die Gäste das köstlichste Sushi der Stadt schlemmen. Es gibt aber auch Salate und asiatisch angehauchte Tapas. ⏰ Mo–Sa 10–22, So 11–21 Uhr.

Natti's Thai Kitchen, 5 Park Lane, Central, ✆ 041 373 2763; Karte S. 380. Ein altbewährtes, zuverlässig gutes Restaurant mit authentischer Thai-Küche. Entspannte Atmosphäre und BYO. Hauptgerichte kosten durchschnittlich R90. ⏰ Mo–Sa 18.30–22 Uhr.

Something Good Roadhouse, Marine Drive, Summerstrand, ✆ 041 583 6986; Karte S. 380. In der schlichten Surferstrandbar am Meer bekommt man Frühstück (bis 11 Uhr; R70), Pizzas, Burger, ellenlange Sandwiches und andere klassische Roadhouse-Kost. Gegessen wird draußen auf der von Kundschaft wimmelnden Veranda mit herrlichem Meerblick. ⏰ tgl. 7–23 Uhr.

Todos Locos, 32 Bain St, Richmond Hill, ✆ 041 582 2914; Karte S. 383. Ana, die sympathische Eigentümerin dieses erstklassigen spanischen Restaurants, ist eine sagenhafte Köchin. Es gibt eine Tafel, auf der die Spezialgerichte angeschrieben stehen, Tapas und die üblichen Verdächtigen wie Paella (R80), Sangria und spanische Tortilla. ⏰ Di–Sa 12–15 und 18–22 Uhr.

🧳 **Two Olives**, 1a Stanley St, Richmond Hill, ✆ 041 585 0371, 🖥 www.twoolives. co.za; Karte S. 383. Das Restaurant mit seinem umlaufenden Balkon ist eines der besten unter den angesagten Esslokalen der Stadt und eignet sich wunderbar für einen gelungenen Abend. Gekocht wird im mediterranen Stil: die köstlichen, reichlich bemessenen und vielfältigen Tapas (R60) kommen in Begleitung von Kapweinen daher, und es besteht eine ansehnliche Auswahl für Vegetarier und Seafood-Fans. Auch die Steaks und Pizzas können wir empfehlen. ⏰ Mo–Sa 11.30–22.30, So 12–22 Uhr.

Vovo Telo Bakery and Café, 16 Raleigh St, Richmond Hill, ✆ 041 585 5606, 🖥 www.vovo telo.co.za; Karte S. 383. Eine prima Adresse für Frühstück und Mittagessen: frisch gebackenes italienisches und französisches Brot und Gebäck (R40), Bohnenkaffee und Tische auf der Veranda. ⏰ Mo–Sa 7–15 Uhr.

UNTERHALTUNG UND KULTUR

Bars und Clubs

Balizza, Times Square Shopping Centre, Heugh Rd, Ecke Fifth Ave, Walmer; Karte S. 380. In diesem großen Nachtclubkomplex gibt's 2 Bars, 3 Lounges und 2 Dancefloors. DJs mixen aktuelle House und Old-School-Tunes und die Barkeeper verschiedene Cocktails und Shooters (Cocktails ab R56). ⏰ tgl. 11–2 Uhr.

Cubaña Latino Caffè and Lounge, 49 Beach Rd, Humewood, ✆ 041 582 5282; Karte S. 380.

Tagsüber Café, abends und nachts Zigarren-Lounge mit umfangreicher Cocktailkarte (ab R50) und mexikanisch inspirierter Küche. Außerdem Veranda mit Meerblick und am Wochenende kubanische Musik und DJs. Abends den *smart casual*-Dresscode beachten (Sportschuhe und Shorts sind tabu). ⏰ Mo–Mi und So 8–24, Do 8–2, Fr und Sa 8–4 Uhr.

For the Love of Wine, 1st Floor, 20 Stanley St, Richmond Hill, ✆ 072 566 2692, 🖥 www.ftlow. co.za; Karte S. 383. Die schicke kleine Bar hat ringsum einen Balkon mit Blick auf die Stanley St. Obwohl es sich um die einzige Weinbar von PE handelt, die diese Bezeichnung verdient, sind die Preise fair und die Auswahl ist groß. Man kann den guten Tropfen (ab R45 pro Glas) entweder im Lokal trinken oder im Weinladen einen interessanten Boutiquewein kaufen und mitnehmen. ⏰ Di–Sa 12–22 Uhr.

Gondwana Café, 2 Dolphin's Leap, Humewood, ✆ 041 585 0990; Karte S. 380. Ein angenehm unaufgeregter Schuppen mit ordentlichen Cocktails, Livemusik am Sonntagabend und an allen anderen Abenden DJs (Bier ab R26). Am besten informiert man sich im Vorfeld, was an welchem Abend auf dem Programm steht. ⏰ tgl. 16–4 Uhr.

Kino

Das **Nu Metro** hat Lichtspielhäuser im Walmer Park Shopping Centre und im Boardwalk Complex.

AKTIVITÄTEN

Bootsfahrten

PE zählt zwar nicht zu den berühmten Walbeobachtungs-Destinationen, doch **Raggy Charters**, ✆ 073 152 2277, 🖥 www.raggy charters.co.za, führt vom Algoa Yacht Club im Hafen von PE aus Bootsfahrten (R1400) durch, bei denen Buckelwale, Südkaper (Juli–Nov) und Delfine (ganzjährig) beobachtet werden können. Außerdem geht es zu der riesigen Pinguinkolonie von St Croix Island.

Reiten

Heavenly Stables, 431 Sardinia Bay Rd, ✆ 081 890 7080, 🖥 www.heavenlystables.co.za. Hat gutmütige, hervorragend erzogene Pferde für Leute, die zum ersten Mal im Sattel sitzen, und natürlich auch für solche mit Reiterfahrung (R450 pro Std.). Die Ausritte führen durch bewaldete Dünen entlang der Küste und enden in Sardinia Bay.

Wassersport

Obwohl der Ozean bei PE nicht tropisch klar und warm ist, eignet er sich gut zum Tauchen, besonders nach Weichkorallen, und zudem besteht die Möglichkeit, mit Sandhaien zu tauchen. Zwecks Tauchkursen sowie Schnorcheln, Kiteboarding, Stand-up-Paddeln und Kajak fahren wendet man sich an **Pro Dive**, 189 Main Rd, Walmer, ✆ 041 581 1144, 🖳 www.prodive.co.za.

TOUREN

Die verschiedenen historischen Sehenswürdigkeiten von Central lassen sich zu Fuß abklappern, aber Port Elizabeth insgesamt schaut man sich am besten bei einer der ausgezeichneten Bustouren an, die in die wechselvolle Geschichte der Stadt einführen.

Calabash Tours, ✆ 041 585 6162, 🖳 www. calabashtours.co.za, veranstaltet tagsüber „Real City Tours", abends *shebeen*-Touren und außerdem Tagesausflüge in den Addo Elephant National Park.

SONSTIGES

Apotheke

Mount Road Pharmacy, 559 Govan Mbeki Ave, ✆ 041 484 3838. ⏰ tgl. 8.15–23 Uhr.

Diplomatische Vertretungen

Deutsches Honorarkonsulat, Ecke William Moffat Express Way und Circular Drive, Walmer, ✆ 041 397 4700, ⏰ Mo–Fr 8–12 Uhr. **Österreichisches Honorarkonsulat**, zur Zeit der Recherche war das Büro geschlossen. Weitere Informationen bekommt man unter 🖳 www.bmeia.gv.at/oeb-pretoria/bilaterales/ oesterreichische-stellen/.

Geld

American Express Foreign Exchange, Boardwalk Casino Complex, ✆ 041 583 2025, ⏰ Mo–Fr 9–20, Sa und So 10–16 Uhr. Geldautomaten gibt es in jedem Einkaufszentrum.

Informationen

Nelson Mandela Bay Tourism, 🖳 www.nmbt. co.za, unterhält mehrere Büros in PE, darunter einen Schalter am Flughafen, Port Elizabeth Airport Arrivals Hall, ✆ 041 581 0456, ⏰ Mo–Fr 7–19, Sa 7–18, So 8–18 Uhr, im Shop 48 am Boardwalk, Marine Drive, Summerstrand, ✆ 041 583 2030, ⏰ Mo–Fr 8–19, Sa und So 10–19 Uhr, und im Donkin Reserve Lighthouse Building, Belmont Terrace, Central, ✆ 041 582 2575, ⏰ Mo–Fr 8.30–16 Uhr.

Medizinische Hilfe

St George's (Privatklinik), 40 Park Drive, Settlers Park, ✆ 041 392 6111.

Post

259 Govan Mbeki Ave, ✆ 041 508 4039. ⏰ Mo–Fr 8–17, Sa 8.30–13 Uhr.

NAHVERKEHR

Auto

Zur Fortbewegung in PE und für einen Besuch des Addo-Parks (begehrtestes Ausflugsziel von PE aus) ist ein am Flughafen gemieteter Leihwagen (S. 388) die beste Option. Leute, die nicht selbst fahren möchten, können eine Tagestour in den Addo bei verschiedenen Veranstaltern buchen (S. 391).

Minibustaxis

Minibustaxis verkehren regelmäßig zwischen Stadt und Strand. In puncto Sicherheit sind sie jedoch das am wenigsten empfehlenswerte Fortbewegungsmittel.

Taxis

Es sind zwar ein paar Taxis mit Taxameter unterwegs, aber ratsamer ist es, bei **King Cab**, ✆ 041 368 5559, oder Uber eins zu bestellen.

Busse

Die Fernbusse von **Greyhound**, **Intercape** und **Translux** halten am Einkaufszentrum **Greenacres** im Vorort Newton Park einlaufen, 3 km vom Zentrum.
Während der Geschäftszeiten (S. 386) stehen dort Taxis, aber es ist am besten, eine Abholung seitens der gebuchten Unterkunft zu vereinbaren. Von PE weiterfahrende Busse halten in jeder größeren Stadt entlang der Garden Route Richtung Kapstadt; Richtung Osten halten sie in Mthatha und Durban.

Busse nach:
DURBAN (1x tgl., 12 1/2 Std.);
JOHANNESBURG (1x tgl., 14 1/2 Std.);
KAPSTADT (6–7x tgl.,12 Std.);
KNYSNA (1x tgl., 5 Std.);
MTHATHA (1x tgl., 8 3/4 Std.).

Eisenbahn

Vom zentral am The Strand gelegenen **Bahnhof**, ✆ 041 507 2662, fährt der Shosholoza Meyl, 🖳 www.shosholozameyl.co.za, 3x wöchentl. (Mi, Fr und So, 20 1/2 Std.). nach JOHANNESBURG.
Wer hier ankommt, muss sich im Vorfeld um eine Abholung durchs Hotel oder ein Taxi (S. 386) kümmern, denn diese Ecke der Innenstadt ist gefährlich.

Flüge

Der **Flughafen**, ✆ 041 581 2984, liegt günstig am Rand des Vororts Walmer, nur 4 km südlich des Zentrums. Angeflogen wird er von **Safair**, ✆ 087 135 1351, 🖳 www.safair.co.za, **Kulula**, ✆ 0861 585 852, 🖳 www.kulula.com, **SAA**, ✆ 041 507 1111, 🖳 www.flysaa.com, und **Mango**, ✆ 086 100 1234, 🖳 www.flymango. com. Vor dem Flughafen befindet sich ein Taxistand, und auch sämtliche großen Autoverleiher sind hier vertreten.

Flüge nach:
DURBAN (3x tgl., 1 1/4 Std.);
KAPSTADT (3x tgl.,1 1/4 Std.);
JOHANNESBURG (6–7x tgl., 1 1/2 Std.).

9 HIGHLIGHT

Addo Elephant National Park

73 km nordöstlich von Port Elizabeth ▪ 🕐 tgl. 7–19 Uhr ▪ Eintritt R248 ▪ 🖳 www.addoelephantpark.com

Der Addo Elephant National Park ist ein Big-Five-Reservat und sollte die erste Wahl für einen Abstecher von Port Elizabeth sein – für einen Tagesausflug oder für mehrere Tage. Man kann auch in einem der nahe gelegenen **privaten Reservate** absteigen – vor allem wenn man sich verwöhnen lassen möchte. Allein an der N2 zwischen PE und Grahamstown gibt es drei davon: **Shamwari**, **Amakhala** und **Lalibela**. Das **Schotia**, 1 km abseits der Kreuzung N10/N2, dagegen bietet aufregende nächtliche Tierbeobachtungsfahrten und ist nicht ganz so nobel wie die anderen. Ein ganz großes Plus des Addo und der Privatreservate ist, dass sie **malariafrei** sind. Auch außerhalb des Addo, in der Gegend von Grahamstown, lassen sich viele wilde Tiere beobachten (Kasten S. 404), doch so viele Elefanten wie im Addo gibt es sonst nirgendwo.

Der **Addo Elephant National Park** ist obendrein das einzige direkt am Meer gelegene Reservat in Südafrika. **Elefanten** bilden immer noch die größte Attraktion, doch nachdem erneut einige **Löwen** im Park angesiedelt wurden und auch die übrigen Big Five – **Büffel**, **Spitzmaulnashorn** und **Leopard** – hier anzutreffen sind, entwickelte er sich zu einem echten Safaripark. Im Zuge des Wiederbelebungsprogramms wurden auch **Tüpfelhyänen** ausgesetzt, damit das Ökosystem in seiner Ursprünglichkeit, einschließlich Raubtieren, wiederhergestellt werden konnte. Zu den anderen Tieren, nach denen man Ausschau halten kann, gehören **Elenantilopen**, **Kudus**, **Büffel**, **Rote Kuhantilopen**, **Schimpansen**, **Flusspferde**, **Warzenschweine** und **Strauße**.

Safaris

Tagesfahrt: bei Sonnenaufgang, 9, 12 und 15 Uhr, R370 ▪ Sonnenuntergangsfahrt (inkl. Getränke und Snacks) R470 ▪ Nachtfahrt R370 ▪ Nur mit Reservierung unter ✆ 042 233 8657 ▪ 🖳 www.sanparks. co.za/parks/addo/tourism/activities

Der Addo-Busch ist dicht, trocken und dornig und macht es zuweilen nicht leicht, die rund 600 Elefanten und andere Tiere zu erspähen; sieht man aber doch welche, dann häufig in greifbarer Nähe. Am besten fragt man an der Rezeption des Parks, wo zuletzt Tiere gesichtet wurden, und steuert die **Wasserstelle** vor dem Restaurant an, von wo man in aller Ruhe den Busch nach den gemächlich dahinziehenden grauen Riesen absuchen kann. Empfehlenswert sind auch **Beobachtungsfahrten** mit einem kompetenten Nationalpark-Ranger. Solche Fahrten werden in offenen Jeeps angeboten, die aufgrund ihrer Höhe eine bessere Sicht erlauben als normale Pkw.

ÜBERNACHTUNG

Innerhalb des Parks

Wichtig: In der Hochsaison läuft ohne Reservierung nichts. Diese kann über SANParks, ℡ 012 428 9111, 🖥 www.sanparks.org/parks/addo/, oder, weniger als 72 Std. im Voraus, direkt beim Addo, ℡ 042 233 8600, vorgenommen werden. Höchstwahrscheinlich muss man nehmen, was man kriegt, denn der Addo ist ein hochbegehrtes Besuchsziel. Da es in der Umgebung nur ein paar Dörfer gibt, muss alles für Selbstverpfleger Notwendige in PE oder Colchester eingekauft werden.

Addo Rest Camp, Karte S. 390, auch Main Camp genannt, ist das älteste und größte der Nationalparkcamps. Es bietet Campingmöglichkeiten, Waldhütten mit 2 Betten und Gemeinschaftsküche sowie luxuriösere 2-Personen-Chalets mit Küchenzeile. Einige bieten Platz für bis zu 4 Pers. (selbst bei Belegung mit nur 1 Pers. muss für 2 Pers. bezahlt werden). Am billigsten ist die Unterbringung in den geräumigen Safarizelten mit Veranden direkt neben dem Absperrzaun – in den Sommermonaten die perfekte Wahl. Camping R330, Safarizelt R830, Waldhütte R1010, Chalet R1160

Mathyolweni Rest Camp, Karte S. 390. Nationalpark-Unterkunft mit 12 voll ausgestatteten Selbstversorger-Chalets mit Dusche, 2 Betten und Aussichtsdeck. Sie liegen in einem abgeschiedenen Tal und sind von Dickicht umgeben, in dem zahlreiche Vögel leben. R1300

Narina Bush Camp, Karte S. 390. Ein wunderschönes Nationalpark-Buschcamp im hügeligen Zuurberg-Abschnitt. Es hat 4 Safarizelte mit Platz für 4 Pers., Gemeinschaftswaschraum und -küche; Verpflegung muss mitgebracht werden, da es kein Restaurant gibt. R1410

Nyathi Rest Camp, Karte S. 390. Unweit vom Fuß der Zuurberg Mountains liegt das neueste und eines der luxuriösesten Addo-Camps mit sagenhafter Aussicht und einer Grillstelle. Es verfügt über 11 Rundhütten mit eigenen Badebecken: 8 für 2 Pers., 1 für 4 Pers. Und 2 für 6 Pers. R1650

Spekboom Tented Rest Camp, Karte S. 390. In der rustikalsten Parkunterkunft stehen 5 feste Zelte auf Holzböden mit je 2 Betten zur Verfügung. Jedes Zelt ist mit Campingstühlen, einem Tisch und Solarleuchten ausgestattet; die Gemeinschaftsduschen und -toilette liegen ein paar Schritte weiter. Es gibt keinen Strom, deshalb muss eine Taschenlampe mitgebracht werden. Grillstelle sowie Gas-

OSTKAP

Kühlschrank und Gasherd mit Kochstellen zur gemeinschaftlichen Nutzung vorhanden. R1010

Außerhalb des Parks

Außerhalb des Parks, jedoch in unmittelbarer Nähe, gibt es zahlreiche private B&Bs und Gästehäuser, vor allem zwischen den Zitrusplantagen des Sundays River Valley. Viele veranstalten Tagesausflüge und Nachtfahrten in den Park.

Avoca River Cabins, 13 km nordwestlich vom Dorf Addo an der R336, ☎ 082 677 9920, 🖥 www.avocarivercabins.co.za; Karte S. 390. Preiswerte B&B- und Selbstversorger-Unterkünfte auf einer Farm im Sundays River Valley. Die Bandbreite der Hütten reicht von Budget-Cabins (mit 4/5 Schlafgelegenheiten) bis zu besser ausgestatteten, reetgedeckten Ferienhütten (manche am Flussufer). Auf der Zitrusfarm gibt es einen Pool, einen Baumwipfel-Parcours für Kinder und Kanuverleih, außerdem lassen sich ein paar herrliche Spaziergänge unternehmen. 4-Pers.-Cabin R700

Camp Figtree, 30 km nordwestlich vom Dorf Addo an der R335, ☎ 082 611 3603, 🖥 www.campfigtree.co.za; Karte S. 390. Die luxuriöse Berglodge an der Flanke des Zuurberg bietet traumhafte Ausblicke und erfüllt auch sonst jeden romantischen Afrikatraum. Im Preis enthalten ist erstklassige Verpflegung und die erhältlichen Pauschalpakete umfassen einen 3-stündigen Game Drive in den Park. Die höchste Punktzahl gibt es für hügelige Landschaft und absolute Entschleunigung. Camp Figtree liegt allerdings nicht so nah beim Hauptteil des Parks, dass man schnell rein- und wieder raushuschen könnte: Um dahin zu kommen, ist eine 15 km lange Fahrt auf einer Schotterpiste notwendig, die sich kurvenreich den Berg hochquält. R3692

Chrislin Africa Lodge, 12 km südlich des Addo-Haupttors, abseits der R336, ☎ 042 233 0022 oder 082 783 3553, 🖥 www.chrislin.co.za; Karte S. 390. Quirliges B&B mit Unterbringung in reetgedeckten, im traditionellen Xhosa-Stil erbauten Hütten. Es gibt einen entzücken-

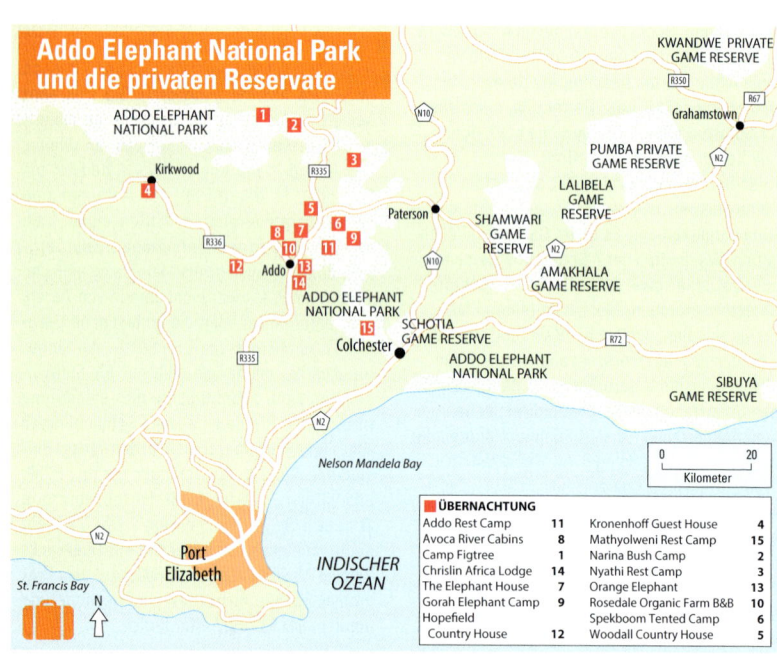

Addo Elephant National Park und die privaten Reservate

ÜBERNACHTUNG			
Addo Rest Camp	11	Kronenhoff Guest House	4
Avoca River Cabins	8	Mathyolweni Rest Camp	15
Camp Figtree	1	Narina Bush Camp	2
Chrislin Africa Lodge	14	Nyathi Rest Camp	3
The Elephant House	7	Orange Elephant	13
Gorah Elephant Camp	9	Rosedale Organic Farm B&B	10
Hopefield		Spekboom Tented Camp	6
Country House	12	Woodall Country House	5

den *lapa* (Innenhof) und einen Pool. Deftiges Landfrühstück und Abendessen auf Wunsch. R1440

The Elephant House, 5 km nördlich vom Dorf Addo an der R335, ☎ 042 233 2462 oder 083 799 5671, 🖥 www.elephant house.co.za; Karte S. 390. Die wunderschöne, reetgedeckte Lodge, nur ein paar Minuten vom Addo entfernt, ist eine der Top-Unterkünfte des Ostkaps. Perserteppiche und antike Möbel schaffen eine perfekte Kombination aus Luxus und entspannter Atmosphäre. Die 8 Gästezimmer und 6 Gartenhäuschen (ideal für Familien und nur halb so teuer) gehen alle auf einen Rasen hinaus. Dinner bei Kerzenlicht wird ebenso angeboten wie Touren in den Addo und in die Tierschutzgebiete der Umgebung (R1000 p. P.). Haupthaus R3700, Stable Cottage R1450

Gorah Elephant Camp, auf der Addo Heights Rd, die von der N10 zum Dorf Addo führt, 9 km Richtung Westen, ☎ 044 501 1111, 🖥 www. gorah.hunterhotels.com; Karte S. 390. Ultraluxuriöse Unterkünfte mit in die Landschaft integriertem Pool rund um ein viktorianisches Gästehaus mit allem Pipapo, darunter Antilopengeweihe über dem Kamin. Die Verpflegung ist genauso im Preis enthalten wie die Tierbeobachtungsfahrten. R17 543

Hopefield Country House, 20 km südwestlich vom Haupttor des Addo, ☎ 042 234 0333, 🖥 www.hopefield.co.za; Karte S. 390. Farmhaus aus den 1930ern mit dem gewissen Etwas, auf einer Zitrusplantage inmitten von gepflegten Rasenflächen und Blumenrabatten. Die 9 Gästezimmer sind fantasievoll mit antiken Möbeln eingerichtet. Den Stil bezeichnen die Besitzer (Klassikmusiker, die für ihre Gästen manchmal ein Konzert organisieren) als „farmhouse eclectic". R1300

Kronenhoff Guest House, an der R336 am Ortseingang von Kirkwood, ☎ 042 230 1448, 🖥 www.kronenhoff.co.za; Karte S. 390. In einem kleinen Bauerndorf gelegenes, freundliches kapholländisches Gästehaus mit geräumigen Suiten und einem ordentlichen Restaurant. Im Sommer weht Orangenblütenduft von den umliegenden Zitrushainen herein. R1300

Orange Elephant, an der R335, 8 km vom Nationalpark-Tor, ☎ 042 233 0023, 🖥 www.

addobackpackers.com; Karte S. 390. Budgetunterbringung in einem gut ausgestatteten Hostel, dessen Manager beim Organisieren von Ausflügen in die umliegenden Tierreservate behilflich ist. Eine Halbtagstour in den Addo mit einem ausgezeichneten Guide kostet R1200. Die belebte Bar ist für ihre reichlichen Portionen Kneipenkost berühmt. Dorms R130, DZ R400

Rosedale Organic Farm B&B, an der R335, 1 km nördlich vom Dorf Addo, ☎ 042 233 0404, 🖥 www.rosedalebnb.co.za; Karte S. 390. Sehr preiswerte Unterbringung in 8 Cottages auf einer Biofarm, von der Zitrusfrüchte in die EU exportiert werden. Gastgeber Keith und Nondumiso Finnemore nehmen es ernst mit nachhaltiger Landwirtschaft und Tourismus – das Wasser für die Cottages wird sonnengewärmt und zum Frühstück gibt's Bio-Orangen und -saft. Keith nimmt Gäste auf eine kostenlose, einstündige Wanderung über das Farmgelände mit. Gästen, die sich lieber selbst verpflegen, steht eine Küche zur Verfügung. R950

Woodall Country House, rund 7 km westlich vom Addo-Haupttor, ☎ 042 233 0128, 🖥 www. woodall-addo.co.za; Karte S. 390. Hervorragendes, luxuriöses Gästehaus auf einer Zitrusplantage mit 11 Apartments für Selbstversorger sowie Zimmern. Pool, Fitnessraum, Spa und Sauna (Massagen, Kosmetikerin). Hübsche Terrasse (v. a. bei Sonnenuntergang) mit Blick auf einen kleinen See mit Schwänen und anderen Wasservögeln. Das Restaurant, das für seine hervorragende rustikale Küche bekannt ist, serviert 3- bis 6-Gänge-Menüs. R3250

ESSEN

Im Restaurant im Main Camp gibt's Frühstück, Mittag- und Abendessen, 🕐 tgl. 7.30–22 Uhr. Außerdem gibt es einen Laden mit einem ordentlichen Sortiment an Lebensmitteln und Getränken.

TOUREN

Touren kann man im Voraus übers **Main Camp** oder die Website des Parks buchen. Tagsüber werden 2-stündige Game Drives für R370 p. P. veranstaltet; Sonnenuntergangsfahrten kosten R470 p. P. (inkl. Snacks und Getränke) und Nachtfahrten R370 p. P. Die Achsen der Safarifahrzeuge liegen höher über dem Boden als die eines normalen Pkw, um eine bessere Sicht zu ermöglichen. Zum Main Camp gehören auch ein Vogelbeobachtungsversteck und ein Museum, in dem fast durchgehend Tierfilme gezeigt werden.

Calabash Tours in PE (S. 386) führt Tagestouren in den Addo durch, ebenso die meisten Backpackerhostels. Wer im eigenen Fahrzeug unterwegs ist, kann auch einen persönlichen Guide anheuern (R210), der einen 2 Std. lang begleitet und zu den besten Tierbeobachtungsstellen dirigiert.

SONSTIGES

Landkarten
Landkarten, auf denen Grill- und Picknickstellen eingezeichnet sind, gibt es an der Rezeption des **Main Camp**.

TRANSPORT

Das Südtor des Addo liegt rund 5 km vom Matyholweni Camp entfernt, per **Auto** zu erreichen über eine Abzweigung von der N2 im Dorf Colchester, 43 km nordöstlich von Port Elizabeth. Vom Tor aus kann man entweder mindestens eine Stunde lang auf ungeteerten, aber gut in Schuss gehaltenen Straßen gemächlich durch den Park zum Main Camp (der älteren und bekannteren Niederlassung im Addo) fahren und unterwegs die Landschaft betrachten. Um die meisten der Unterkünfte außerhalb des Parks zu erreichen, folgt man dagegen der R335, die am Westrand des Parks entlangführt – auf der N2 von Port Elizabeth nach Osten 5 km weit Richtung Grahamstown fahren und am Wegweiser Addo/Motherwell/Markman auf die durchs Dorf Addo führende R335 abbiegen. Um zur Zuurberg-Sektion mit dem Narina Bush Camp und den Zuurberg-Reitpfaden zu gelangen, biegt man 1 km vor dem Main Camp ab und folgt 21 km lang einer guten Schotterstraße.

Die privaten Tierreservate

Mit etwas Glück kann man bei einer in Eigenregie unternommenen Fahrt durch den Addo eine ganze Menge Tiere sehen, aber nichts geht über die Erkundung der Wildnis mit einem ausgebildeten Guide in einem offenen Fahrzeug – und das ist die Spezialität der privaten Reservate. Eine gute Option für Besucher mit wenig Geld oder Zeit ist eine Ganz- oder Halbtagssafari im **Schotia** oder **Amakhala**, die ab R950 p. P. angeboten werden. Wer das Komplettpaket will – Tierbeobachtungstouren, köstliches Essen, absoluter Luxus und erstklassige Unterbringung – bekommt es im **Shamwari**, muss dafür aber mehr als R5500 p. P. und Tag hinblättern.

ÜBERNACHTUNG

Amakhala Game Reserve, 67 km nördlich von Port Elizabeth an der N2, ☎ 041 502 9400 oder 082 659 1796, 🖥 www.amakhala.co.za. Ein fantastisches, familienfreundliches Schutzgebiet, wo sowohl die Big Five als auch Giraffen, Zebras, Gnus und Antilopen leben. Der Bushman's River schlängelt sich durch das Reservat, und Besucher können Kanusafaris und Bootsfahrten bei Sonnenuntergang unternehmen. Eine **Safari für Tagesbesucher** (R980), bestehend aus einem 3-stündigen Game Drive plus Mittagessen (R950; muss vorab gebucht werden). Die Unterbringung erfolgt in bezaubernden Farmhäusern oder in einem Camp, wo umgebaute Ochsenwagen mit Betten stehen. Die Aussicht ist überall traumhaft. R9660

Lalibela Game Reserve, 90 km nordöstlich von Port Elizabeth an der N2 Richtung Grahamstown, ☎ 041 581 8170, 🖥 www.lalibela.co.za. Eine ausgezeichnete Wahl in der mittleren Preislage. Es beherbergt die Big Five und eine Riesenvielfalt anderer Tiere und Pflanzen. Safaris sind im Preis enthalten, ebenso alle Mahlzeiten – köstliche Ostkapküche – und Getränke. Für große Gruppen wird eine afrikanische Trommel- und Tanzdarbietung gezeigt. Es gibt 3 überwältigende Lodges mit privaten Aussichtsveranden, Pools und *bomas*. R9900

Schotia Game Reserve, am Ostrand des Addo, ☎ 042 235 1436, 🖥 www.schotiasafaris.co.za.

Das Schotia ist das kleinste und wegen seines ausgezeichneten Preis-Leistungsverhältnisses meistbesuchte der privaten Reservate. Zu einem 100%-igen Big-Five-Reservat fehlen ihm nur die Elefanten, und um diesen Mangel wettzumachen, nehmen die Mitarbeiter die Gäste auf Rundfahrten durch den Addo Elephant National Park mit. Tagesbesucher werden in Port Elizabeth oder an jedem beliebigen Ort in der Nähe des Addo abgeholt. Eine ganztägige Safari (R2500 p. P.) umfasst eine Tierbeobachtungsfahrt durch den Addo und eine abendlichen Game Drive, Mittag- und Abendessen. Wer möchte, kann auch nur eine nachmittägliche Tierbeobachtungsfahrt (R1500 p. P.) durch Schotia unternehmen. Die Übernachtung in einer der 3 Busch-Lodges oder einem der 8 DZ fällt billiger aus als in allen anderen Privatreservaten; im Preis enthalten ist eine Beobachtungstour in den Addo. R4000

Shamwari Game Reserve, 65 km nördlich von Port Elizabeth an der N2, ☎ 042 203 1111, 🖥 www.shamwari.com. Das größte und bekannteste private Big-Five-Reservat pflegt sein Jetset-Image. 2013 wurde es bei den World Travel Awards als The World's Leading Eco Lodge ausgezeichnet. Die Auszeichnung trägt der faszinierenden unterschiedlichen Landschaft ebenso Rechnung wie der Anzahl wilder Tiere und dem hohen Standard der Safaris. Übernachten kann man in der familienfreundlichen Kolonialvilla Long Lee Manor oder in attraktiven und mit jedem erdenklichen Luxus eingerichteten Lodges. R5434

Alexandria State Forest

Reservierung für den Alexandria Hiking Trail unter ☎ 041 468 0916 ▪ Eintritt R190

Ein 50 km langer Teil des Ostkaps und der einsamste Teil dieses Küstenabschnitts steht im Schutze des Alexandria State Forest. Er ist Teil des **Woody Cape**-Abschnitts des Addo Elephant National Park und kann auf der zweitägigen Rundwanderung **Alexandria Hiking Trail** durchstreift werden. Dieser gehört landesweit zu den schönsten **Küstenwanderwegen** und windet sich durch ursprüngliche Waldgebiete und eine

Wüstenlandschaft gewaltiger Sanddünen bis hin zum Ozean.

Die 35 km lange Wanderroute, die reserviert werden muss, beginnt am Woody Cape Office, 8 km von der R72 entfernt (und nicht mit öffentlichen Verkehrsmitteln erreichbar), wo das Permit abgeholt werden muss. Wenn man nach Osten fährt, geht der ausgeschilderte Abzweig kurz vor Alexandria rechts ab, 86 km von Port Elizabeth entfernt. Wer lieber einen Picknickausflug als eine Wanderung machen möchte, kann auf dem 7 km langen Tree Dassie Trail vom Woody Cape Office in den Wald und zurück spazieren.

Jeffrey's Bay

Etwa 75 km westlich von Port Elizabeth, abseits der N2, liegt **Jeffrey's Bay**, oder J Bay, wie man es hier nennt. In der Feriensaison stapeln sich die Urlauber am Strand und bevölkern in Massen die Surfläden und Fastfood-Restaurants. Die Vororte und Ferienhaussiedlungen sind zwar keine Augenweide, aber dafür gilt J Bay bei manchen als eines der drei besten **Surf-reviere** der Welt. Wer zum Surfen hergekommen ist, begibt sich am besten zum Strandabschnitt **Super Tubes**, östlich vom Haupt-badestrand. Dort gibt es eine tolle, konstante rechtsdrehende Welle, die das ganze Jahr über Surfer aus aller Welt anlockt. Ein Ritt auf dieser Welle ist aber nur etwas für Surfexperten. Weitere begehrte Surfspots sind Kitchen Windows, Magna Tubes, Point und Albatross. Surfausrüstung kann in den zahlreichen Surfgeschäften an der Da Gama Road ausgeliehen werden. Und in der Stadt selbst sind alle internationalen Surfbekleidungslabels mit Fabrik-Outlets vertreten, in denen fette Rabatte gewährt werden.

Delfine ziehen hier regelmäßig ihre Runden, und zwischen Juni und Oktober gibt es manchmal auch **Wale** zu bestaunen. Die großen **Badegebiete** sind Main Beach (in der Stadt) und Kabeljous-on-Sea (einige Kilometer nördlich), Muscheln findet man zwischen Main und Surfer's Point. Wer am Strand etwas essen oder trinken möchte, begibt sich am besten zur Marina Martinique. Dort findet man auch Angebote für Bootsrundfahrten und kindgerechte Aktivitäten.

ÜBERNACHTUNG

Mit jeder Menge Hostels zählt J Bay eindeutig zum Backpacker-Gebiet – doch es stehen auch viele gute B&Bs und ein paar Selbstversorger-Unterkünfte bereit. Wer im Dezember, Januar, über Ostern oder während der Billabong-Weltmeisterschaft im Surfen, die normalerweise im Juli ausgetragen wird, hier unterkommen möchte, muss unbedingt vorbuchen. Außerhalb der Saison ist praktisch nichts los.

A1 Knyaston, 23 & 27 Chestnut Ave, ☎ 084 900 30-06, 08, 🖥 www.a1kynaston.co.za. Die freundliche Unterkunft hat sowohl B&B-Zimmer als auch ein gemütliches, gut ausgestattetes Selbstversorger-Apartment. Sie liegt in einer ruhigen Wohngegend, nicht weit vom Strand und von der Innenstadt entfernt. Die Preise für Selbstversorger sind etwas günstiger und unterscheiden sich von Zimmer zu Zimmer. R950

African Perfection B&B, Pepper St, ☎ 042 293 1401, 🖥 www.africanperfection.co.za. Es stehen 3 Unterkünfte zur Wahl: ein B&B mit preiswerten, luxuriösen Zimmer mit Bad und eigenem Balkon mit Blick auf die Supertubes Beach; ein Haus auf der gegenüberliegenden Straßenseite mit ähnlichen Preisen, aber inklusive einer Küche für Selbstverpfleger, und die billigere, ausschließlich für Selbstversorger taugliche Aloe Again. Selbstversorger R650, B&B R1300

African Ubuntu Backpackers, 8 Cherry St, Wavecrest, ☎ 042 296 0376. Das Hostel liegt nur 100 m vom Strand und bietet eine tolle Aussicht, einen üppig grünen Garten mit vielen Hängematten, Filmabende und Freitagabendpartys mit Fisch-Grillen. Camping R110, Dorms R130, DZ R350

Cristal Cove, 49 Flame Crescent, gegenüber dem Spar Shopping Centre in der Da Gama Rd, ☎ 042 293 2101, 🖥 www.cristalcove.co.za. Ein Backpackertreff, bloß ein paar Schritte vom Strand entfernt, mit Dorms und DZ, großen, supergünstigen Selbstverpfleger-Apartments und einem gemütlichen Pub. Dorms R130, DZ R350, DZ mit Bad und Meerblick R600

Island Vibe, 10 Dageraad St, ☎ 042 293 1625, 🖥 www.islandvibe.co.za. Backpacker-Lodge auf einer Düne mit Holzsteg zum Strand und einem umfassenden Freizeitangebot. Camping, Schlafsäle, DZ, alle mit toller Aussicht, Lounge, Bar, Billardtisch und Selbstversorger-Einrichtungen. Camping R100, Dorms R150, DZ R500

Super Tubes Guest House, 12 Pepper St, ☎ 042 293 2957, 🖥 www.supertubesguesthouse.co.za. In dem Strandhaus stehen schlichte Zimmer mit Bad, schönen alten Holzbetten und Zugang zu einer Terrasse oder Garten sowie luxuriöse Zimmer mit Bad (R2100), Meerblick, Balkon und DSTV zur Verfügung. Der Super Tubes Beach liegt praktisch vor der Tür. R1380

Ausritte am Strand: Von J Bay nach Port Alfred

Die Ostkapstrände sind die besten Reitstrände Südafrikas; die Strände der Wild Coast sind sogar noch einsamer. Da sie per Fahrzeug nicht zugänglich sind, lassen sie sich am besten auf dem Pferderücken (oder zu Fuß) erkunden.

Papiesfontein Farm, 65 km westlich von Port Elizabeth, nahe Jeffey's Bay, ☎ 079 299 8080, 🖥 www. horsetrails.co.za. Hier kann man auf guten Pferden einen 13 km langen Ritt durch Busch, über einen Fluss und am Strand unternehmen, geeignet für mittelmäßige bis erfahrene Reiter (R400 für 2 Std.). Im Angebot ist auch ein weniger anstrengender Ausritt für Anfänger. Papiesfontein ist deutlich an der Abfahrt der R102 von der N2 ausgeschildert, nachdem man von der N2 die Ausfahrt Jeffrey's Bay genommen hat.

Three Sisters Horse Trails, 14 km östlich von Port Alfred, an der R72, ☎ 082 645 6345, 🖥 www.three sistershorsetrails.co.za. Bei den zweistündigen Strandritten für Anfänger und Fortgeschrittene geht es von einer Farm aus durch Küstendünengestrüpp, im Galopp an einem traumhaft einsamen Strand entlang und zurück am Riet River vorbei, wo es von Vögeln wimmelt (R450). Man kann sich aber auch für einen Ausritt mit einer Übernachtungen in einem reizenden Baumhaus entscheiden (R1500 p. P.).

Die Walskipper, Marina Martinique, ☏ 042 292 0005, 🖥 www.walskipper.co.za. In diesem verwitterten Holzschuppen im Marina Martinique Harbour wird am Strand gegessen (das Lokal hat Bänke und Tische im Sand) und aus Blechtassen getrunken. Die Hauptspeisen – darunter Seafood (R195) – brutzeln im Freien auf dem offenen Feuer, und es gibt köstliche hausgemachte Brote, Pâtés und Marmelade. ◷ Di–So 12–20, So 12–15 Uhr.

The Greek Restaurant & Wine Bar, Da Gama Rd, Ecke Beverland St, ☏ 083 287 6406. Ein mediterranes Restaurant in Strandnähe mit Meerblick und griechischer Musik. Hier gibt's griechisch angehauchte Speisen aus dem Lehmofen oder vom offenen Kohlengrill – Tipp: das Kilo Riesengarnelen (*tiger prawns*, R350 für 2 Pers.) Einige Meze und andere Speisen sind auch für Vegetarier geeignet. ◷ tgl. 11–22 Uhr.

Infood Bakery & Deli Restaurant, Schelde St, Ecke Jefferies St, ☏ 042 293 1880, 🖥 www. infood.co.za. Das helle, luftige Café ist für seinen köstlichen Kaffee und selbstgemachtes Brot bekannt. Die Salate sind frisch, die Bedienung ist zuvorkommend und es wird schon früh Frühstück serviert – ideal nach einer morgendlichen Schwimmrunde. ◷ Mo–Sa 7–17 Uhr.

J Bay Bru, 10 Da Gama Rd, ☏ 042 940 0165, 🖥 www.jbaybruco.co.za. In dem einladenden Lokal stehen den Gästen viele gesunde Sachen zur Auswahl, außerdem Wraps, Toasties und Pizzas. Am Freitagabend ist Livemusik angesagt und am Dienstag ist Pasta- plus Kinoabend (R70). ◷ Mo–Sa 8–23, So 8–17 Uhr.

Kitchen Windows, 80 Ferreira St, ☏ 042 293 4230, 🖥 www.kitchenwindows.co.za. Das perfekte Plätzchen für Sundowner und Cocktails, Seafood-Mittag- und Abendessen: das Küchenfenster liegt direkt am Main Beach mit grandiosem Meerblick. Die Weinkarte kann sich sehen lassen und wer mag, darf im Keller nach einem guten Tropfen eigener Wahl stöbern. Auch hervorragende südafrikanische Brandys und Craft-Biere sowie Perlweine (Glas R45) sind zu haben. Ein Shuttle kann organisiert werden, um die Gäste sicher nach Hause zu bringen. ◷ Mo–Sa 11–22, So 11–15 Uhr.

Touristeninformation, im Shell Museum Complex, Da Gama Rd, Ecke Dromedaris Rd, ☏ 042 293 2923, 🖥 www.jeffreysbaytourism. org. ◷ Mo–Fr 9–17, Sa 9–14 Uhr.

Der **Baz Bus** hält in J Bay auf seiner tgl. Fahrt zwischen KAPSTADT und PORT ELIZABETH, ebenso die Busse von **Greyhound** und **Intercape**.

Kenton-on-Sea

Rund 115 km östlich von Port Elizabeth und 56 km von Grahamstown liegt an zwei Flusstälern der Urlaubsort **Kenton-on-Sea**, der sich für einen kurzen Strandurlaub perfekt eignet. Mit seiner Ansammlung von Ferienhäusern, wenigen Geschäften und Lokalen ist Kenton eine gute Wahl, wenn man etwas nicht allzu Anspruchsvolles und doch sehr Schönes sucht. Viel mehr als sich der Brandung, der Sandstrände, Felshöhlen und Dünen zu erfreuen, in seichten Gezeitenpools zu liegen oder in den Flüssen zu baden, gibt es hier nicht zu tun, doch sollte man sich wegen der oft starken **Rückströmung** nicht zu nah an die Mündung begeben. Es sind schon mehrere Menschen dort ertrunken.

Dunwerkin, 5 Park Rd, ☏ 046 648 1173, 🖥 www.dunwerkin.co.za. In sensationeller Lage und nur 2 Min. zu Fuß vom Strand. Die erschwingliche Selbstversorger-Unterkunft von Kenton hat Platz für 1–2 Familien in einem gut in Schuss gehaltenen Haus mit 4 Schlafzimmern oder für ein Paar (bzw. eine Einzelperson) in einer kleinen Wohnung. R650

Oribi Haven, Kasouga Farm, 9 km von Kenton, an einer Schotterstraße, die von der R72 abgeht (am ersten Viehgitter nach rechts abbiegen), ☏ 084 477 1166, 🖥 www. oribihaven.co.za. Die Kasouga Farm liegt an einem Berghang mit Blick auf die schönsten und unberührtesten Strände des Landes. Die Farm, die aufgrund der zahlreichen auf dem Gelände heimischen Oribi-Antilopen unter Naturschutz steht, bietet 2 gut ausgestattete Ferienhäuser mit je 2 Schlafzimmern; wahlweise B&B oder Selbstverpflegung. Zu den Angeboten für Gäste gehören Tierbeobachtungstouren auf dem Farmgelände, Sundowners am Strand und Sandboards für die Dünen. R700

The Oysterbox Beach House, ✆ 046 648 3466, 🖥 www.theoysterboxbeachhouse.co.za. Besteht aus 6 luxuriösen Strandhäusern unterschiedlicher Größe in Spaziernähe zum Strand und der Lagune. Alle sind im attraktiven, zeitgenössischen Strandhausstil gehalten und besitzen eine Terrasse und traumhafte Aussicht. Zwei Häuser können auf Selbstversorger-Basis (ab R1880) gemietet werden. DZ R2500

River Roost, Grahamstown Rd, 1 km landeinwärts von Kenton an der R343, ✆ 046 648 2850, 🖥 www.riverroost.co.za. Das River Roost steht auf einer Anhöhe über dem Bushman's River. Abgesehen vom Panoramablick, einem Pool und der Flussanlegestelle bietet es luxuriöse Selbstversorger-Cottages (R3500) oder B&B in dem im französisch-provenzalischen Stil gehaltenen Haupthaus mit Bauernküche und Lesezimmer. Zum Strand sind es nur ein paar Autominuten. R1400

Woodlands Cottages & Backpackers, 2 km vom Zentrum an der R343 nach Grahamstown, ✆ 046 648 2867 oder 082 808 5976, 🖥 www.woodlandscottages.co.za. Schönes großes Anwesen mit weitläufigen Gärten und Busch bis hinunter zum Bushman's River mit kleinen Cottages an Pfaden durch dichte Vegetation. Die Unterbringungsmöglichkeiten für Backpacker reichen von Familienzimmern bis zu gemütlichen 8-Bett-Schlafsälen. Es gibt auch ein Buschbistro, das The Goat Shed – ein Dauerbrenner bei Einheimischen, wo angeblich die besten Pizzas, Steaks und Calamari der Gegend zu haben sind (R110). Dorms R175, Paare R350

ESSEN

Homewoods, 1 Eastbourne Rd, ✆ 046 648 2700. Das am nächsten beim Strand gelegene Lokal von Kenton ist ein Restaurant und Pub an der Mündung des Kariega River mit herrlicher

Aussicht, aber eher durchschnittlichem Speiseangebot: Burger, Fish 'n' Chips, Sandwiches und Steaks (R130). ⏱ Di–Fr 11–15, 18–21, Sa 10–16, 18 Uhr bis spät, So 9–16 Uhr.

Sandbar Floating Restaurant, River Bend, Bushmans River, ✆ 046 648 2450. Das in der Lagune festgemachte Bootsrestaurant/Pub ist ein tolles Plätzchen für einen Sundowner (Bier R30). Auch Kneipenkost wie Burger oder Fish 'n' Chips ist erhältlich. Die Lage am Fluss ist märchenhaft, aber mit schneller Bedienung darf nicht gerechnet werden. Reservierung unumgänglich. ⏱ tgl. 11 Uhr bis spät.

Stanleys Restaurant, gleich hinter Kenton an der R343, Grahamstown Rd, ✆ 082 774 9326. Das beste Essen von ganz Kenton wird in diesem ungezwungenen Restaurant produziert: saftige Steaks (R120) und frische Meeresfrüchte, die im Freien mit Blick auf subtropische Grünanlagen und den Kariega River verzehrt werden können. Reservierung erforderlich. ⏱ Mo 17–21.30, Di–Sa 11 Uhr bis spät, So 11.30–15.30 Uhr.

The House Kitchen Restaurant, 42 Kenton Rd, ✆ 046 648 1786, 🖥 wwww.housequarters.co.za/the-house-kitchen. Ein Café mit Meer- und Flussblick, das Gerichte im mediterranen Stil serviert, darunter auch glutenfreie (R140) und gute Frühstücksspeisen mit richtigem Kaffee. Unten befinden sich ein Spa und ein Laden, in dem man während der Wartezeit herumstöbern kann. ⏱ Mo–Fr 8–17 (Di kein Mittagessen), Di–Fr 18.30–21, Sa 8–21, So 8–15 Uhr.

INFORMATIONEN

Touristeninformation, an der Hauptstraße ausgeschildert, ✆ 046 648 2411, 🖥 www.kenton.co.za. Das Tourismusbüro koordiniert auch verschiedene interessante Gemeindeprojekte von Xhosa-Frauen. ⏱ Mo–Fr 9.30–17, Sa 9.30–13 Uhr.

Port Alfred

Port Alfred ist der einzige Ort zwischen Port Elizabeth und East London, einem ziemlich unerschlossenen Küstenlandstrich mit beachtlichen

Der **Bushman's River Trail** ist eine zwei- bis fünfstündige Paddeltour, die an Zykaden und Euphorbien vorbei 15 km flussaufwärts führt. Kanus (R260 für 8 Std.) verleiht die Kenton Marina, von der R72 (gut ausgeschildert) 300 m auf der R343 Richtung Grahamstown, ☎ 046 648 1223. ⏱ tgl. 8–16 Uhr.

Der **Kowie Canoe Trail**, eine 21 km lange Paddeltour von Port Alfred den Kowie River hoch, gehört zu den wenigen Paddel- und Wanderwegen Südafrikas, die in Eigenregie zurückgelegt werden können. Einen großen Teil ihres Reizes machen die trällernde und zwitschernde Vogelwelt sowie die Landschaft aus: dicht mit Busch überzogene Hügel, die bis zum Ufer hinabreichen. Übernachtet wird in einer Hütte im Horseshoe Bend Nature Reserve. Von dort aus kann man den Wald zu Fuß erkunden und den Steilhang hochklettern, um die spektakuläre Aussicht zu genießen. Da diese Exkursion sehr begehrt ist, sollte sie rechtzeitig reserviert werden unter ☎ 046 624 2230 oder 082 491 0590, 🖥 www.kowiecanoetrail.co.za; R200 p. P.

Dünen und toller Brandung, der auch außerhalb der Urlaubssaison ein gewisses Stadtleben aufzuweisen hat. Ein paar Wochen im Jahr jedoch platzt das kleine Stadtzentrum aus allen Nähten. Genau wie viele andere Orte entlang der Küste wird auch Port Alfred allmählich weiter ausgebaut. An den ehemals einsamen Stränden sprießen neue Wohn- und Mietshäuser aus dem Boden. Außer zu Strandspaziergängen und Badespaß lädt die Gegend auch zu **Kanutouren,** zum **Tauchen,** Wasserskifahren, Abseiling, Hochseefischen und Reiten ein. Port Alfred (Spitzname „Kowie" wegen des Flusses) bekam seinen Namen zu Ehren des zweiten Sohnes von Königin Victoria, der allerdings nie hier war.

Nach Port Alfred fährt man wegen der Strände und des Kowie River. Ansonsten hat die Stadt wenig zu bieten. Das unübersehbare Halyards Hotel und das Restaurant Spur kennzeichnen Marina, ein Erschließungsgebiet mit einem künstlichen See, auf dem Boote und schicke Hausboote dümpeln; erheblich authentischer ist die Uferpromenade an der Wharf Street neben der alten Brücke, die samt ihrer viktorianischen Häuserreihe saniert und renoviert wurde.

Die Strände

Ein prima Ausgangspunkt für die Erkundung von Port Alfred ist **West Beach**, wo der Fluss ins Meer mündet und die Wellen hereinbrechen. Vom Steinpier aus kann man die Surfer beobachten und auch die Fischerboote, wie sie von der offenen See auf spektakuläre Weise in den Fluss einfahren. 15 Gehminuten westlich liegt der mit Abstand begehrteste Strandabschnitt **Kelly's Beach**, wo eine sanfte Bucht für ungetrübte Badefreuden sorgt.

Über die Straße neben dem Halyards Hotel erreicht man **East Beach** (ausgeschildert), wo man vor dem Hintergrund sich bis zum Horizont auftürmender Dünen – beliebt bei Sandboardern – wandern kann. Kleine Kinder sind am **Children's Beach** in der Nähe des Zentrums am besten aufgehoben, einem sanften Flussabschnitt, der über die Beach Road, einige Hundert Meter von der Bogenbrücke entfernt, erreichbar ist.

ÜBERNACHTUNG

Coral Guest Cottage, Jack's Close, ☎ 046 624 2849, 🖥 www.coralcottages.co.za; Karte S. 398. Recht preiswertes B&B an einem Hügel der East Bank in einem saftig grünen Garten, 5 Autominuten vom Strand. Komfortable Zimmer mit Bad in einer restaurierten Hütte der früheren Siedler (die Wände sind nicht schalldicht) und eine etwas privatere 2-stöckige Selbstversorger-Ferienwohnung mit Schlafzimmer oben und Wohn-/Esszimmer unten. R750

Kelly's Self-Catering Apartments, West Beach Drive, gegenüber von Kelly's Beach, ☎ 082 657 0345, 🖥 www.kellys.co.za; Karte S. 398. Nahe des Hauptbadestrands. Die ordentlichen und sauberen Selbstversorger-Apartments in einem großen Haus mit Backsteinfassade sind preiswert, jedoch sind keine Kinder zugelassen. R800

Sheilan House, 27 Prince's Ave, ☎ 046 624 4076 oder 082 894 1851, 🖥 www.sheilanhouse.

co.za; Karte S. 398. Das einladende und gut geführte Guesthouse hat 4 Zimmer mit Bad. Auf Anfrage gibt's Abendessen, und die Eigentümer organisieren begeistert alle möglichen Aktivitäten. R990

Spinning Reel Cottages, 4 km von der Innenstadt, ☎ 046 624 4281, 🖥 www.spinningreel.co.za; Karte S. 398. Eine ruhige Strandanlage in einem Küstenwaldstück mit 4 vollausgestatteten und ausgesprochen preiswerten Selbstversorger-Cottages, von denen einige neuer und größer und andere älter und kleiner sind. Von allen führt ein Pfad zum Strand, der zwar überwiegend steinig ist, aber gut zum Muschelsammeln und Spazierengehen. Im Haupthaus werden auch B&B-Zimmer vermietet. R800

ESSEN
Decadent	5
Graze by the River	1
Guido's	6
Ocean Basket	2
Wharf Street Brew Pub	4
Zest Café	3

ÜBERNACHTUNG
Coral Guest Cottage	2
Kelly's Self-Catering	4
Sheilan House	3
Spinning Reel Cottages	5
Wanderlust Adventures	1

Port Alfred

0   500   Meter

OSTKAP

INDISCHER OZEAN

Wanderlust Adventures, 11 Stocks Ave, ☎ 046 624 1659, 🖥 www.wanderlustadventures.co.za; Karte S. 398. Saubere, erschwingliche und freundliche Backpackerherberge in einem Haus unweit vom Fluss am West Bank, 20 Min. zu Fuß vom Meer. Die Mitarbeiter organisieren mehrere Wanderungen in die Umgebung. Dorms R200, DZ R600

ESSEN

Decadent, Postmasters Village, 20 Stewart Rd, ☎ 046 624 8282; Karte S. 398. In dem einladenden, nur bis nachmittags geöffneten Coffeeshop kommen Salate (R60), süße und pikante belgische Waffeln und Crepes sowie Smoothies auf den Tisch. Das schöne, ruhige Lokal mit vielen Pflanzen befindet sich in einem kleinen Komplex, der ein ganzes Stück vom Strand und der Innenstadt liegt. ⏰ Mo–Fr 9–16, Sa 9–14 Uhr.

Graze by the River, 38 Van der Riet St, ☎ 046 624 8095; Karte S. 398. Dieses Lokal mit Biergarten ist eine prima Adresse für frischen Fisch (R140), Salate und ein paar asiatische Gerichte. ⏰ Mo–Sa 8.30–17, So 9.30–16 Uhr.

Guido's, West Beach, ☎ 046 624 5264; Karte S. 398. Das seit 1985 existierende Guido's ist das einzige direkt am Strand gelegene Restaurant von Port Alfred. Die Aussicht ist überwältigend; auf der Veranda kann man bei einem Getränk die Flussmündung und den East Beach betrachten. Toll für Sundowner, aber der Service lässt manchmal zu wünschen übrig und die Pizza erst recht. ⏰ tgl. 11–21 Uhr.

Ocean Basket, im Port Frances House an der Van der Riet St, ☎ 046 624 1727; Karte S. 398. Traumhaft schön am Fluss gelegenes Lokal mit Tischen drinnen und draußen. Besonders zu empfehlen sind die Fish 'n' Chips (R60), aber es gibt auch Sushi und Meeresfrüchteteller. ⏰ tgl. 11.30–21 Uhr.

Wharf Street Brew Pub, 18 Wharf St, ☎ 046 624 4947; Karte S. 398. Diese Mikrobrauerei in einer Reihe historischer Gebäude am Flussufer produziert ausgezeichnete Craft-Biere (R90) und das Essen ist genauso gut (der Besitzer ist Koch von Beruf). Gutes Ambiente; die Wände zieren interessante historische Fotos. ⏰ Di–Sa 12–22, So 12–16 Uhr.

 **Zest Cafe**, 48 Van der Riet St, ☎ 046 624 5783; Karte S. 398. Im besten zentral gelegenen Coffeeshop vom Port Alfred gibt's leckere Kuchen und verführerische, fantasievoll-moderne Mittagsgerichte (R90). Produziert werden sie in einer Küche in einem Holzkiosk, der früher einmal am Bahnhof von Grahamstown stand, und gegessen wird im Freien. ⏰ Mo–Fr 8–17, Sa 8–15 Uhr.

SONSTIGES

Aktivitäten

Outdoor Focus, neben dem Children's Beach, Beach Rd, an der West Bank, ☎ 046 624 4432, 🖥 www.outdoorfocus.co.za. Hier kann man Kurse in allen möglichen Wassersportarten machen, darunter Tauchen und Segeln. Wer die Sanddünen am East Beach runterbrettern möchte, kann bei Outdoor Focus Sandboards mieten sowie Reitausflüge und andere Outdoor-Aktivitäten buchen.

Informationen

Touristeninformation, am Fluss bei der Brücke an der Main-St, ☎ 046 624 1235, 🖥 www.sunshinecoasttourism.co.za. ⏰ Mo–Fr 8–17, Sa 8.30–12 Uhr.

TRANSPORT

Der preisgünstige Minibus von **SA Connection**, ☎ 043 722 0284, oder 086 110 2426, 🖥 www.saconnection.co.za, hält vor dem Beavers-Laden bei der Tankstelle an der R72 am Westrand der Stadt auf der Strecke zwischen PORT ELIZABETH und EAST LONDON (Mo, Mi, Fr, Sa und So) sowie zwischen KAPSTADT und EAST LONDON (Di, Mi, Fr, Sa und So).

Der **Minilux-Busservice**, ☎ 043 741 3107, der PORT ELIZABETH mit EAST LONDON über GRAHAMSTOWN verbindet, hält Do, Fr und So am Halyards Hotel, abseits der großen Küstenstraße östlich des Kowie River.

Wayne's Transport, ☎ 046 624 2358 oder 084 644 6060, bietet einen nach individuellen Kundenwünschen buchbaren Shuttleservice vom und zum Flughafen Port Elizabeth.

Grahamstown

Gut 50 km landeinwärts von Port Alfred liegt Grahamstown. Es präsentiert sich als kultur- und geschichtsträchtige Stadt, durch und durch englisch, mit architektonischen Zeugnissen der kolonialen Vergangenheit. Grahamstown wird von der Kathedrale, prestigeträchtigen Privat- schulen und einer der renommiertesten Uni- versitäten Südafrikas dominiert und lädt vor der Kulisse gut gepflegter georgianischer und vikto- rianischer **Kolonialbauten** und hübscher Vorort- gärten zu angenehmen Erkundungsspaziergän- gen ein. In den letzten Jahren ist jedoch leider ein gewisser Verfall zu beobachten. Alljährlich im Juli richtet die Stadt eines der größten **Kunst- festivals** der Welt aus (Kasten S. 402).

Wie überall im Land sind auch hier die Spu- ren von Eroberung und Enteignung nicht zu übersehen. Vom Gipfel des Gunfire Hill, wo das festungsähnliche **Settlers Monument** die Sied- ler von 1820 und die Errungenschaften der eng- lischsprachigen Einwanderer Südafrikas feiert, sieht man Makanaskop, den Hügel, auf dem die **Xhosa** ihre letzte Stellung gegen die britischen Eindringlinge bezogen hatten. Ihre Nachkom- men leben in den Ghettos in bitterster Armut, in einer Stadt fast ohne Industrie, die in jüngster Zeit sogar Probleme hat, ihre Bürger mit genü- gend sauberem Trinkwasser zu versorgen.

Dennoch bietet sich Grahamstown als Zwi- schenstopp und Ausgangspunkt für Exkursionen an: **Historische Dörfer** liegen in greifbarer Nä- he, **Wildparks** laden zum Tages- oder Wochen- endausflug ein und kilometerlange **Küstenstrei- fen** sind nur 45 Autominuten entfernt.

Geschichte

Die beschauliche Schönheit täuscht über den Ursprung von Grahamstown als **militärischer Außenposten** (1811) hinweg. **Colonel John Gra- ham** machte sich hier einen Namen (den er auch dem Ort gab), indem er die Xhosa aus dem Zuurveld – einem Gebiet zwischen Bushman's und Fish River – vertrieb. Letzterer (60 km östlich der Stadt) fungierte dann als Grenzlinie in dem Grenzland, dessen Hauptstadt Grahamstown war. Die gnadenlose Vertreibung der Xhosa lös- te im 19. Jh. eine Reihe von **Grenzkriegen** aus.

Die Briten entschlossen sich, zur Sicherung der Grenze eine „menschliche" Pufferzone ein- zurichten. Mit Versprechungen von kostenlosem Land lockten sie die Besitzlosen aus dem Not leidenden Großbritannien in die Gebiete west- lich des Fish River. In der Migrationsmytholo- gie der englischsprachigen Weißen sind diese viel gerühmten **Siedler von 1820** zu einem über- menschlichen Ansehen gekommen – als jene Vorfahren, von denen viele der heutigen Bewoh- ner abstammen.

Die schlecht ausgerüsteten Siedler fanden sich aber anstatt im erhofften Paradies in einem absoluten Albtraum wieder. Denn die Grund- stücke im rauen Ostkap wurden von Dürre, Über- schwemmungen und Krankheiten heimgesucht, und ständig bestand die Gefahr von Xhosa- Angriffen.

Da überrascht es kaum, dass viele Siedler zu Beginn der 1820er-Jahre ihr Land wieder verlie- ßen und nach Grahamstown gingen. So kamen Wohlstand und Wachstum in die Stadt, die 20 Jahre später einen Boom erlebte und zum Han- delszentrum des Grenzlands wurde.

High Street

Reihen eleganter Gebäude aus dem 19. Jh. säumen die High Street, die bescheidene Ge- schäftsstraße von Grahamstown. Vom Bahnhof an ihrem etwas heruntergekommenen östlichen Ende verläuft sie vorbei an der Kathedrale an der Kreuzung mit der Hill Street bis zum 150 Jahre alten Drostdy Arch, dem weiß getünchten Ein- gangstor zur prestigeträchtigen Rhodes Univer- sity, die nach Cecil John Rhodes benannt wur- de (Kasten S. 337). In der Mitte der Straße steht die anglikanische **Cathedral of St Michael and St George**, die 1830 eingeweiht, anschließend aber mehrmals umgebaut wurde.

In der **Pepper Grove Mall**, die von einem rie- sigen Pick 'n' Pay-Supermarkt dominiert wird, kann man gut einkaufen. Das Einkaufszentrum liegt fünf Gehminuten nördlich der High Street mit Eingängen in die African und Allen Street.

Natural Science Museum

Somerset St ▪ ⊕ Mo–Fr 9–16.30 Uhr ▪ Eintritt R20
Reicht die Zeit nur für ein einziges Museum, wählt man am besten das Natural Science Mu-

ESSEN
Haricot's Deli & Bistro	2
Red Café	3
Revelations Coffee Shop	1
The Cock House	4

EINKAUFEN
African Musical	1

SPEKE STREET

ESSEN
Haricot's Deli & Bistro
Red Café
Revelations Coffee Shop
The Cock House

Bahnhof

SA Institute
of Aquatic
Biodiversity

Pepper Grove
Mall

Haltestelle
Intercity-
Busse

Observatory
Museum

Kathedrale

International
Library of
African Music
(ILAM)

MARKET
SQUARE

Minibus-
Taxistand

Drostdy
Arch

Rhodes
University

Natural
Science Museum

History
Museum

Old Provost

Botanischer
Garten

BARS
Rat & Parrot	1

Fort
Selwyn

1820 Settlers
National Museum

ÜBERNACHTUNG
Castle Backpackers	2
The Cock House	4
High Corner	3
Hotel Victoria	1

0   200
Meter

Grahamstown

OSTKAP

N2, Port Elizabeth & 1820 Settlers Monument

seum in der Somerset Street unmittelbar südlich der Universität. Hier ist eine Ausstellung der Flora und Fauna des Ostkaps von vor 250 Millionen Jahren zu sehen, mit Pflanzenfossilien und Knochen von Dinosauriern, die einst hier lebten.

Das **History Museum** nebenan zeigt verstaubte Memorabilien der Siedler von 1820, Gemälde aus dem 19. Jh., alte Feuerwaffen, Xhosa-Perlenarbeiten und traditionelle Kleidungsstücke.

International Library of African Music

Somerset St, Ecke Prince Alfred St ▪ ⏱ Mo–Fr 8.30–12.45, 14.15–16.45 Uhr ▪ Eintritt frei, Spende willkommen ▪ ☎ 046 603 8557, 🖥 www.ilam.ru.ac.za
Hinter dem Drostdy Arch liegt zwischen Gebäuden versteckt die International Library of African Music (ILAM), eine wahre Fundgrube für traditi-

onelle afrikanische Musikaufnahmen sowie seltene Musikinstrumente aus 18 subsaharischen Ländern.

SA Institute of Aquatic Biodiversity

Somerset St ▪ ⏱ Mo–Fr 8.30–13, 14–17 Uhr ▪ Eintritt frei ▪ 🖥 www.saiab.ru.ac.za
Das SA Institute of Aquatic Biodiversity war früher nach dem Wissenschaftler J. L. B. Smith von der Rhodes University benannt, der 1939 schlagartig Ruhm erlangte, nachdem er den **Quastenflosser** *(Coelacanth)* entdeckt hatte, den Urfisch, der das „fehlende Glied" in der Evolutionskette darstellte. Der Fisch war vor der Küste von East London gefangen worden und galt seit 50 Millionen Jahren als ausgestorben. Im Foyer sind zwei riesige Exemplare ausgestellt mit Flossen,

Jedes Jahr im Juli platzt Grahamstown zehn Tag lang aus allen Nähten, denn anlässlich des jährlichen National Arts Festival (meist **Grahamstown Festival** genannt) verdoppelt sich die Einwohnerschaft. Jedes Wohnhaus scheint sich dann in ein B&B zu verwandeln und farbenfrohe Stände füllen die Straßen. Gemeindesäle, Parks und Sportplätze werden zu Flohmärkten und Hunderte Aufführungen der unterschiedlichsten Richtungen kommen auf die Bühne.

Das Grahamstown Festival ist das größte Kunstevent Afrikas und hat sogar sein eigenes Nebenfestival. Außerdem öffnen dann die Museen und kleinere Ausstellungsräume für kostenlose Kunstausstellungen. Zentraler Veranstaltungsort ist das Settlers Monument von 1820, in dessen Sälen nicht nur die großen Theater-, Tanz- und Musikproduktionen präsentiert werden, sondern auch Kunstausstellungen und kostenlose Abendkonzerte. Afrikanische Künstler sind gut vertreten und ihre Arbeiten und Auftritte stellen für Touristen möglicherweise die interessanteste Seite des Festivals dar. Aber die Mehrheit der Festivalbesucher und Künstler sind immer noch Weiße.

Das immense **Festivalprogramm** reicht von Jazz und klassischer Musik über Theater, Tanz, Kabarett, Oper und Film bis hin zu bildender Kunst und Kunstgewerbe und bietet sogar eine Buchmesse. Unverzichtbar ist hier das dicke Programmheft, um nicht ziellos durch die im Juli oft kalten Straßen zu irren, ohne viel vom eigentlichen Festival mitzukriegen. Allerdings pendelt ein Festival-Shuttlebus zwischen den verschiedenen Veranstaltungsorten. Wer keine Lust auf eine Bühnenschau hat, findet bestimmt etwas Spannendes unter den kostenlosen Ausstellungen in den Museen, im Monument und anderen, kleineren Veranstaltungsorten. Nähere **Informationen und Reservierungsmöglichkeiten** bei National Arts Festival, ✆ 046 603 1103, 🖥 www.natonalartsfestival.co.za.

die wie angehende Arme und Beine aussehen. Schon allein für den Anblick der Quastenflosser lohnt sich der Besuch des Museums.

Observatory Museum

Bathurst St ▪ ⏱ Mo–Fr 9–13, 14–17, Sa 9.30–13 Uhr ▪ Spende erbeten

Das Observatory Museum befindet sich im restaurierten einstigen Wohn- und Geschäftshaus eines Uhrmachers und Juweliers aus der Mitte des 19. Jhs. Absolutes Highlight ist die viktorianische **Camera Obscura** auf dem Dach, die vergrößerte Bilder von der Straße unterhalb an eine Wand projiziert – am besten bei klarem Wetter hingehen, wenn die Bilder besonders deutlich zu sehen sind.

ÜBERNACHTUNG

Grahamstown hat eine gute Auswahl an Hotels, aber die feinsten Unterkünfte sind die in den historischen Häusern der Stadt. Während des Festivals im Juli können die Zimmer knapp werden; für diesen Zeitraum sollte möglichst schon im März ein Zimmer reserviert werden.

Unterstützung bei der Festival-Zimmersuche leistet auch das Tourismusbüro.

Castle Backpackers, Belmont Valley Drive, ✆ 082 813 1611; Karte S. 401. Das gut ausgestattete, umweltfreundliche Hostel mit Dorms und Doppelzimmern liegt auf einem kleinen Gehöft am Stadtrand. Es ist nicht nur bei Rucksackreisenden beliebt, sondern auch bei Benutzern des nahegelegenen Golfplatzes und Eltern, die ihre studierenden Kinder besuchen. Selbstversorgern stehen 2 Gemeinschaftsküchen zur Verfügung. Dorms R150, DZ R550

The Cock House, 10 Market St, ✆ 046 636 1295, 🖥 www.cockhouse.co.za; Karte S. 401. Exklusive Zimmer in einem schönen viktorianischen Haus, das auch das hervorragende Restaurant Norden's beherbergt. Allerdings nicht in bester Lage, da weit entfernt von der Universität und der Innenstadt. Das Gebäude gehörte früher einmal dem berühmten südafrikanischen Schriftsteller Andre Brink, der ein gutes Auge für erlesene Architektur hatte. R1120

High Corner, 122 High St, ✆ 046 622 8284, 🖥 www.highcorner.co.za; Karte S. 401. Entzückendes altehrwürdiges Wohnhaus in

schöner Lage ggü. der Universität. Die 6 Gästezimmer sind mit Kap-Antiquitäten und echten
Kunstwerken eingerichtet. Es handelt sich
um das ehemalige Wohnhaus des renommierten südafrikanischen Autors und Intellektuellen
Guy Butler, der auch ein begabter Tischler war,
wie diverse Einrichtungsgegenstände aus Stein-
eibenholz beweisen. Auch zwei gemütlich eingerichtete Ferienhütten stehen zur Verfügung.
Cottages R960, DZ R1180

Hotel Victoria, 8 New St, ✆ 046 622 72-08,
-61, 🖳 www.hotelvictoria.co.za; Karte S. 401.
Das 1849 erbaute, zentral gelegene Hotel hat
15 Zimmer mit Bad, einen Pool hinter dem
Haus, einen Garten und sichere Parkplätze.
Im hauseigenen italienischen Restaurant
Gino's (🕐 tgl. 12–-23 Uhr) gibt's erstklassige
Pizza (R90). R1150

ESSEN

🧳 **Haricot's Deli & Bistro**, 34 New St,
✆ 046 622 2150, 🖳 www.haricots.co.za;
Karte S. 401. Französische und Mittelmeerküche ist Trumpf in dem unaufgeregten, etwas
versteckt, aber zentral gelegenen Lokal mit
zeitgenössischem Dekor. Prima Frühstück aus
Müsli und Croissant (R60) und ebenso leckere
südafrikanische Fleischgerichte wie Lammkoteletts mit Salsa (R120). 🕐 Mo–Sa 9–21.30 Uhr.

Rat & Parrot, 59 New St, ✆ 046 622 5002;
Karte S. 401. Unweit der Uni kann man in dieser
altbewährten Gastrokneipe unglaublich günstigen Wein (R20) trinken und bis in die frühen

Township-Touren

Der empfehlenswerte Guide Otto Ntsheve,
✆ 082 214 4242, begleitet Interessierte, die
über ein eigenes Auto verfügen, auf eine
Township-Tour (2 1/2–3 Std.; R380). Sie beinhaltet einen Besuch beim Selbsthilfeprojekt Umt-
hathi, wo praktische Fertigkeiten wie Gemü-
seanbau vermittelt werden, sowie im Kunst-/
Kunstgewerbeprojekt Egazini Outreach Project in der Township Joza. Wer möchte, kann
zusätzlich ein traditionelles Xhosa-Mittagessen
buchen (R100).

Morgenstunden mit Studenten abhängen. Allerdings ist die Atmosphäre definitiv besser als
das Essen. 🕐 Mo–Sa 11–24, So 11–22 Uhr.

Red Café, 127 High St, ✆ 046 622 8384, 🖳 www.
bit.ly/redcafegrahamstown; Karte S. 401. Das
zentral in der Nähe des Campus gelegene Lokal
ist beliebt bei Studenten und Hipsters, denn
hier gibt's tagsüber günstige Frühstücksmenüs
(R50), Wraps und Sandwiches, abends eine
kleine Speisenauswahl im Bistro-Stil und sonntags Mittagessen. 🕐 Mo–Fr 7–21, Sa 9–14 und
17–21, So 10–15 Uhr.

Revelations Coffee Shop, Pepper Grove Mall,
African St, ✆ 046 636 2433, 🖳 www.revelations
coffeeshop.co.za; Karte S. 401. Das beste Esslokal in diesem Einkaufszentrum, mit Tischen
im Freien und einem umfangreichen Speisenangebot, darunter warme Frühstücksgerichte
und Tagesspezialitäten wie Kürbis-Orangen-
Suppe sowie eine Reihe Budget-Lunches (R50).
An drei Abenden die Woche werden auch
einfache Abendspeisen gereicht. 🕐 Mo–Sa
7–17, Mi, Fr und So 7–21, So 9–16 Uhr.

SONSTIGES

Einkaufen

🧳 **African Musical**, Cloncore St, Ecke
Jarvis St, ✆ 046 622 6252, 🖳 www.
kalimba.co.za; Karte S. 401. Der beste Laden
von ganz Südafrika, wenn es um den Kauf
hochwertiger, handgemachter afrikanischer
Musikinstrumente geht. Am bekanntesten ist
er für seine Percussioninstrumente, insbesondere Kalimbas, die in der eigenen kleinen
Fabrik aus allerbestem Holz gefertigt werden.
🕐 Mo–Fr 8–16.30 Uhr.

Informationen

Touristeninformation, 63 High St, neben der
City Hall, ✆ 046 622 3241, 🖳 www.grahams
town.co.za, 🕐 Mo–Fr 8.30–17, Sa 9–12 Uhr.

NAHVERKEHR

In Grahamstown lässt sich eigentlich alles
zu Fuß erreichen. Aber ein verlässliches
Taxiunternehmen für den Fall der Fälle ist
JC Shuttles, ✆ 083 590 2169.

OSTKAP

Das Ostkap wird immer mehr als Safariregion erschlossen. In der Nähe von Grahamstown gibt es diverse ausgezeichnete Reservate, und viele haben sowohl Tagesexkursionen als auch Übernachtungspakete im Angebot.

Great Fish River Reserve Complex. An der R67, 34 km nördlich von Grahamstown, ✆ 087 286 6545, 🖥 www.visiteasterncape.co.za, ⏱ Büro tgl. 8–16.30 Uhr, Eintritt für Tagesbesucher R20. Dies ist ein Zusammenschluss von drei Reservaten an den Ufern von Fish und Kat River auf 430 km², erreichbar über holprige Pisten. Hier leben zwar viele wilde Tiere, aber sie sind nur schwer ausfindig zu machen. Wer also unbedingt jede Spezies der Big Five gesehen haben muss, ist hier am falschen Ort. In dem Grahamstown am nächsten gelegenen Südwestabschnitt, Mvubu, stehen Chalets mit Platz für bis zu vier Personen bereit. R2190

Kwandwe Private Game Reserve. An der R67, 41 km nördlich von Grahamstown und 160 km von Port Elizabeth, ✆ 046 603 3400, 🖥 www.kwandwe.com. Kwandwe ist die Top-Destination des Ostkaps für Tierbeobachtung. Hier sind die Big Five anzutreffen, und durch das Reservat führt auf einer Länge von 30 km der Great Fish River. Die Safariangebote umfassen abgesehen von zweimal täglich stattfindenden Beobachtungsfahrten begleitete Wanderungen am Flussufer, Paddeltouren auf dem Great Fish River und *rhino tracking*. Außerdem werden kulturelle Führungen unter Leitung eines Historikers veranstaltet, die die faszinierende gesellschaftliche und archäologische Vergangenheit der Gegend zum Thema haben. Es gibt spezielle Freizeitangebote für Kinder, darunter Game Drives nur für Familien, kurze Buschwanderungen und Froschsafaris. Zur Unterbringung stehen vier Lodges zur Verfügung, von einer Luxuslodge mit neun Suiten und Reetdächern, Plankenwegen und Fenstern mit Panoramablick bis zu einem schicken Boutiquehotel im Busch mit Glaswänden, die das Gefühl vermitteln, sich mutterseelenallein mitten in der Wildnis aufzuhalten. R23 700

Pumba Private Game Reserve. 22 km westlich von Grahamstown abseits der N2, ✆ 041 502 3050, 🖥 www.pumbagamereserve.co.za. Eine gute Wahl, wenn man Löwen und andere Tiere aus nächster Nähe sehen möchte – sie werden einem bei den täglichen Game Drives praktisch vor die Kamera geschubst. Zur Tierbeobachtungstour um 7 Uhr gehört das Frühstück im Camp, zur Fahrt um 16 Uhr ein Abendessen. Beide Touren kosten R1060 p. P., Abholung in Grahamstown ist möglich. Die Safarifahrzeuge sind zehnsitzige Land Rover, Kinder unter acht Jahren dürfen nicht mitfahren. Das komplette Safarierlebnis inkl. luxuriöser Unterbringung, Mahlzeiten, Getränke und Tierbeobachtungstouren ist für R13 880 zu haben.

Sibuya Game Reserve. Nur per Boot zu erreichen, ✆ 046 648 1040, 🖥 www.sibuya.co.za. Gehört zu den billigeren Reservaten, weil es hier keine Löwen gibt. Aber bei den empfehlenswerten Tagestouren sind Zebras, Giraffen, Büffel und Nashörner zu sehen. Die Safariteilnehmer werden per Boot von Kenton-on-Sea abgeholt. Neben einer Rundfahrt auf dem Kariega River umfasst das Ausflugspaket Game Drive und Lunch (R1379). Wer über Nacht in einem der luxuriösen Zeltcamps bleibt, zahlt R9038 für Vollpension, Aktivitäten, Kanufahrten und Wanderungen.

TRANSPORT

Grahamstown liegt an der N2, 127 km landeinwärts von Port Elizabeth, etwa 12 Std. Busfahrt von KAPSTADT, JOHANNESBURG oder DURBAN entfernt. Die Busse von **Translux**, **Intercape**, **City to City** und **Greyhound** halten vor dem **Frontier Country Hotel** an der Bathurst St, Ecke High St. Reservierung direkt bei der jeweiligen Gesellschaft oder (Greyhound ausgenommen) über das Tourismusbüro (s. „Touristeninformation"). Der **Minilux Minibus** ✆ 043 741 3107, hält am Wimpy in der Pepper Grove Mall, dort besteht Anschluss nach PORT ELIZABETH, zum PORT ELIZABETH AIRPORT, nach PORT ALFRED (Di und Do) und EAST LONDON (Di, Do, Fr und Sa).

OSTKAP

Bathurst

Im 19. Jh. war Bathurst, 45 km südlich von Grahamstown, ein bedeutendes Zentrum. Heute ist es kaum mehr als eine kleine malerische Siedlung mit Gärten und Kunstgewerbeläden. Den zentralen Ankerpunkt bildet der viktorianische Gasthof Pig and Whistle.

In einigen der Kunstgewerbegeschäfte kann man gut Keramiken, Perlenarbeiten, Gemälde, Wollsachen und Cremes aus Bienenwachs und Kräutern der Umgebung einkaufen. An der Main Road wird sonntags im Freien ein kleiner Bauernmarkt abgehalten (🕐 9–12 Uhr). An den Ständen gibt's fantastische regionaltypische Backwaren und Lebensmittel sowie Kräuterlotionen aus regionalen Ingredienzen. Wer möchte, kann an Ort und Stelle unter Korallenbäumen Eierpfannkuchen oder Kurzgebratenes verspeisen.

ÜBERNACHTUNG UND ESSEN

Kingston Farm, an der R67 zwischen Port Alfred und Grahamstown, ✆ 046 625 0129, 🖥 www.kingstonfarm.co.za. Auf dieser Appaloosa-Pferdezuchtfarm werden 3 gemütliche Selbstversorger-Apartments in einem großen edwardianischen Haupthaus vermietet. Außerdem gibt's ausgezeichnetes Abendessen, auch für Nichtgäste. Reservierung erforderlich. R1000

Morley House, an der R67, ✆ 078 353 6181, 🖥 www.morleyhouse.com. Ein malerisches Siedlerhaus mit Tea Garden und einem der ältesten Steinhäuser der Region, das an Selbstversorgergruppen vermietet wird (R1200). Paare oder Einzelpersonen können entweder das reetgedeckte Rondavel (R800) beziehen oder ein Zelt im Safaristil – in jedem Fall ist ein ausgezeichnetes Frühstück inkl. R600

Lara's Eatery & Deli, York Rd, ✆ 071 370 1019. In dem sehr rustikalen Café in einem wunderschönen Garten erwartet die Gäste eine gute Auswahl an Fusionsküche. Besonders gefragt sind die Salate aus knackigen Zutaten der Region (R75). 🕐 Mo und Mi–Sa 9–15 und 18.30-22, So 9–15 Uhr.

Pickwick's Oven, York St, Ecke Trappes St, ✆ 046 625 0350. In dem gemütlichen Café-Restaurant gibt es Pasta, Salate und Holzofenpizza (R80), außerdem Kaffee und Kuchen. Eine Tür weiter befindet sich eine Bar. Im Sommer kann man im Garten sitzen, im Winter nett am Kamin. 🕐 Di–Sa 11–21, So 11–16 Uhr.

Pig and Whistle, an der R67 an der Kreuzung der Straßen nach Grahamstown und Port Alfred, ✆ 046 625 0673, 🖥 www.pigandwhistle. co.za. Ein kolonial-viktorianischer Dorfgasthof und einer der ältesten Pubs von Südafrika, der immer noch als eigentliches Gemeindezentrum Bathursts fungiert (und wo immer noch geraucht werden darf); am besten sind die alten, mit Stilmöbeln eingerichteten Zimmer im Obergeschoss. Auf der Veranda kann man nett bei einem Bier (R30) sitzen; im Restaurant wird traditionelles Kneipenessen aufgetischt: Steak und Pommes oder getoastete Sandwiches. 🕐 tgl. 11–23 Uhr.

INFORMATIONEN

Im **Pig and Whistle** (s. „Übernachtung und Essen") darf man Karten aus der Privatsammlung der Betreiber von historischen Stätten einsehen.

Port Alfred Tourist Information Office, ✆ 046 624 1235, 🖥 www.sunshinecoasttourism. co.za. Hat Karten und Broschüren zur Region Bathurst, 🕐 Mo–Fr 8–17, Sa 8.30–12 Uhr.

TRANSPORT

Der **Minilux-Bus** verkehrt Di, Do, Fr und So zwischen GRAHAMSTOWN und PORT ALFRED und hält am Pig and Whistle (s. „Übernachtung und Essen").

Die Ostkap-Karoo

Zwischen Grahamstown und den meistbesuchten Karoo-Städten Cradock und Graaff-Reinet liegt das Land der **Schafzucht**, in dem hin und wieder ein *dorp* am Horizont erscheint. Hier kommt noch heute das Gefühl auf, in einen der ersten Außenposten des Ostkaps geraten zu sein. Die Straßen durch diese unendliche Leere sind verlassen. Graubraune Schafe, Angora-ziegen und hier und da ein Springbock grasen auf den braunen Stoppelfeldern, und nicht selten tauchen Gruppen schwarzgrauer Strauße im Veld auf. In dieser Gegend befinden sich einige der traumhaftesten Farm Stays mit ausgesprochenem Outback-Flair (s. u.).

240 km nördlich von Port Elizabeth liegt mitten in der Karoo **Cradock**, das sich als Zwischenstopp auf dem Weg von Port Elizabeth nach Johannesburg anbietet, nicht zuletzt wegen der erstklassigen Unterkünfte und dem schönen **Mountain Zebra National Park**. Das 100 km westlich von Cradock gelegene, vom **Camdeboo National Park** eingerahmte **Graaff-Reinet** ist eine der ältesten Städte Südafrikas und besitzt eine noch fast intakte Altstadt. Wer die trockene Karoo in ihrer ganzen zeitlosen Schönheit erleben möchte, fährt nach **Nieu Bethesda**, 50 km nördlich von Graaff-Reinet.

ÜBERNACHTUNG

Cavers Country Guest House, am Ortsrand von Bedford, rund eine Autostunde nördlich von Grahamstown, ☎ 046 685 0619, 🖥 www.cavers.co.za. Eine der besten Farmunterkünfte auf einem bewirtschafteten Hof in der Region ist das stattliche, 1850 umgebaute, 2-stöckige steinerne Gutshaus mit wunderbaren, von Gebirgsquellen bewässerten Gärten vor atemberaubender Bergkulisse. Die freundlichen Gastgeber kochen tolles Abendessen. R1400

Cradock

Am Rand der Einfallstraßen von **Cradock** verkaufen Xhosa-Händler aufwendig gearbeitete Modellwindmühlen aus Draht: Die silbrig schimmernden Windmühlen auf den Schaffarmen der Umgebung sind zum inoffiziellen Wahrzeichen der Stadt geworden. Sie hat das eine oder andere sehenswerte Kolonialgebäude zu bieten, dominantes Bauwerk an der Hauptstraße ist die 1868 nach dem Vorbild der Londoner St Martin-in-the-Fields-Kirche erbaute **Niederländisch-Reformierte Kirche**. Jedes Jahr im März wird hier das **Karoo Food Festival** abgehalten:

eine super Gelegenheit, um sich Spezialitäten aus der Region schmecken zu lassen.

Seit den Grenzkriegen des 19. Jhs. und der Unterjochung der Xhosa ist Armut das bestimmende Thema von Cradock. Aber sie war ein fruchtbarer Boden für den Widerstand: In der Stadt und im Umland wirkten einige **ANC-Mitglieder**, die es in den 1930er-Jahren fast ganz allein schafften, die Organisation am Leben zu halten. 1985 machte Cradock grausige Schlagzeilen, als der Anti-Apartheid-Aktivist **Matthew Goniwe** und drei seiner Mitstreiter ermordet wurden. Erst 1997, bei den Anhörungen der **Truth and Reconciliation Commission**, kamen die Namen von fünf dafür verantwortlichen Wachpolizisten aus Port Elizabeth ans Licht. Im vernachlässigten Stadtpark am Ufer des Fish River, unweit der Middelburg Road, steht ein unauffälliges **Denkmal** für die *Cradock Four*. Und auf einem Hügel in der Nähe der Township, wo Goniwe lebte, steht ein unvollendetes und heruntergekommenes Denkmal aus vier riesigen Steinplatten – unübersehbar, wenn man von Port Elizabeth in die Stadt hinein fährt.

Schreiner House

9 Cross St ▪ ⏰ Mo–Fr 8.30–16.30 Uhr, am Wochenende nach Vereinbarung ▪ Spende erbeten ▪ ☎ 048 881 5251

Das Schreiner House ist dem Leben der Schriftstellerin und Autorin des wegweisenden Romans *The Story of an African Farm* (1883), **Olive Schreiner**, gewidmet. Nicht genug, dass im konservativen Ostkap des 19. Jhs. eine Frau ein Buch schrieb – sie setzte sich zudem für radikale Ideen ein: Ihr Leben lang kämpfte sie für Gleichberechtigung, insbesondere für gleiches Wahlrecht für alle, ungeachtet des Geschlechts und der Rasse. Nach ihrem Tod 1921 wurde sie auf dem Buffelskop Peak in der Nähe von Cradock beigesetzt, ihr **Grab** ist eine Art Wallfahrtsort geworden. Wegbeschreibung (ein langer Anstieg erforderlich) und Informationen gibt es im Schreiner House, das auch eine interessante Ausstellung zum berühmten Sohn der Stadt, dem Schriftsteller, Intellektuellen und Dichter Guy Butler, zeigt.

Der kleine Buchladen im Haus verkauft Bücher von Schreiner und anderen südafrikani-

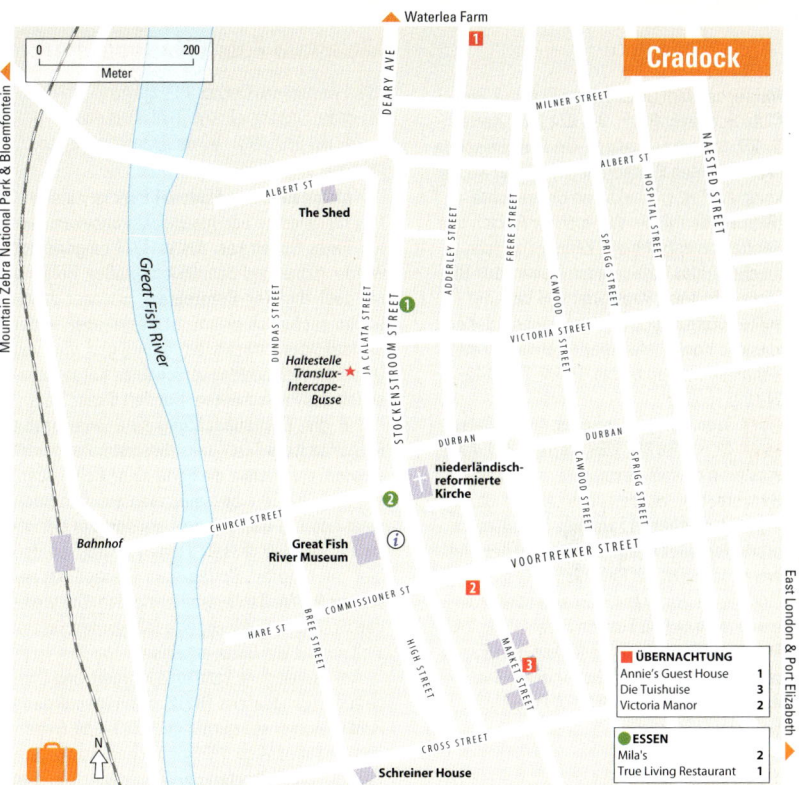

Map labels:
- Waterlea Farm
- **Cradock**
- DEARY AVE
- MILNER STREET
- ALBERT ST
- NAESTED STREET
- HOSPITAL STREET
- ALBERT ST
- The Shed
- ADDERLEY STREET
- FRERE STREET
- SPRIGG STREET
- CAWOOD STREET
- DUNDAS STREET
- JA CALATA STREET
- STOCKENSTROOM STREET
- VICTORIA STREET
- Haltestelle Translux-Intercape-Busse
- DURBAN
- DURBAN
- niederländisch-reformierte Kirche
- CAWOOD STREET
- SPRIGG STREET
- Bahnhof
- CHURCH STREET
- Great Fish River Museum
- VOORTREKKER STREET
- COMMISSIONER ST
- HARE ST
- BREE STREET
- HIGH STREET
- MARKET STREET
- CROSS STREET
- Schreiner House
- Grab von Olive Schreiner
- Great Fish River
- Mountain Zebra National Park & Bloemfontein
- East London & Port Elizabeth
- **OSTKAP**
- 0 — 200 Meter

Legend:
ÜBERNACHTUNG
- Annie's Guest House 1
- Die Tuishuise 3
- Victoria Manor 2

ESSEN
- Mila's 2
- True Living Restaurant 1

---

schen Schriftstellern und jedes Jahr im Juli findet hier das **Schreiner Karoo Writers' Festival**, ⌨ www.karoowritersfestival.weebly.com, statt.

ÜBERNACHTUNG

Annie's Guest House, 112 Adderley St, ✆ 048 881 5241, ⌨ www.anniesguesthouse.co.za; Karte S. 407. Bewährtes, sauberes und gut gemanagtes B&B in einem viktorianischen Haus mit 12 einladenden Gästezimmern, Swimmingpool und Garten. Auf Wunsch Transport von/zur Bushaltestelle. R1200

Die Tuishuise, Market St, ✆ 048 881 1322, ⌨ www.tuishuise.co.za; Karte S. 407. Wer in dieser Straße mit gediegenen, stilvollen viktorianischen Häusern mit 1–4 Schlafzimmern und gestreiften Verandadächern absteigt, fühlt sich in den Kolonialalltag der 1850er zurückversetzt. Angesichts der Tatsache, dass man praktisch in einem privaten Minimuseum mit antiken Einrichtungsgegenständen wohnt, sind die Preise äußerst moderat. Frühstück inkl. R1120

Victoria Manor, 36 Market St, ✆ 048 881 1650, ⌨ www.tuishuise.co.za; Karte S. 407. Charmantes, altmodisches Hotel Baujahr 1848 mit hervorragendem Service, jeder Menge Charakter und antiken Möbeln. Alle Zimmer haben ein eigenes Bad. Zum Dinner wird mit Tafelsilber gedeckt, und das Frühstück ist erstklassig. Es ist auch das einzige Lokal am Ort, das jeden Abend zum Essen geöffnet hat. R950

Mila's, auf dem Gelände des Cradock Golf Club, Hofmeyer Rd, ✆ 073 924 1563; Karte S. 407. In dem heimeligen, bei Einheimischen sehr beliebten Restaurant mit offener Küche kommen Pasta, Steaks und Grillgerichte (R95) auf den Tisch. Wer sich für Fleisch aus der Region entscheidet, kann nichts falsch machen – das Karoo-Lamm stammt aus Bio-Freilandhaltung. Vegetarier und Veganer sollten vorher anrufen, dann zaubert der erstklassige Koch Pieter speziell etwas für sie. Schanklizenz vorhanden. ⊕ Mi–Sa 18.30–21 Uhr.

True Living Restaurant, 44 J A Calata St, ✆ 048 881 3288; Karte S. 407. Alles, was es in diesem Restaurant mit Deli und Bäckerei gibt, wurde auf der außerhalb von Cradock gelegenen Farm des Eigentümers produziert oder erlegt. Lecker sind beispielsweise der Salat mit Rehfleisch (R80) oder die Lammleber. Hier kann man sich obendrein prima mit frischen Zutaten für ein Picknick im Mountain Zebra Park eindecken. Das Essen wird im schattigen Hof hinter dem Haus aufgetragen. ⊕ Mo–Do 8–17, Fr 8–21, Sa 8–13 Uhr.

INFORMATIONEN

Touristeninformation, JA Calata St, ✆ 048 881 1137, ⌨ www.cradockmiddelburg. co.za. Unterbesetzt und nicht sehr zuverlässig. Auf der Website finden sich ein paar Infos für Touristen, ebenso unter ⌨ www.cradock-info.co.za.

TRANSPORT

Busse

Busse von **Translux** und **Intercape** aus PORT ELIZABETH und JOHANNESBURG halten tgl. am **Shoprite Checkers** in der Voortrekker St.

Eisenbahn

Tgl. halten Züge der Strecke PORT ELIZABETH–JOHANNESBURG am **Bahnhof** am Westufer des Great Fish River.

Mountain Zebra National Park

26 km westlich von Cradock ▪ ⊕ tgl. April–Sep 7–18, Okt–März 7–19 Uhr ▪ Eintritt R176, Kinder R88 ▪ ✆ 048 801 5700/5701, ⌨ www.sanparks.org/parks/mountain_zebra

Der **Mountain Zebra National Park** ist einer der faszinierendsten und gleichzeitig unbekanntesten Parks Südafrikas. Als er 1937 eingerichtet wurde, gab es auf dem 65 km² großen Gelände nur noch fünf **Kap-Bergzebras** – und vier davon waren auch noch männlich! Heute leben in der spektakulären trockenen, gebirgigen und von Umweltverschmutzung verschonten Karoo-Landschaft des Parks mehrere Hundert dieser Tiere.

Für die **Tierbeobachtung** sind zwei große Schleifen (teils Teer-, teils Kiespisten) angelegt worden, die in etwa die Form einer Acht bilden. Die meisten Tiere bekommt man auf dem Rooiplaat Loop zu Gesicht, weil sie dort auf der offenen Savanne grasen. Neben Zebras weiden hier auch Büffel, Spring- und Blessböcke sowie große Weißschwanzgnu-Herden. Die wenigen Großkatzen, die angesiedelt wurden, lassen sich nur mit viel Glück erspähen.

Am Parkeingang kann man Morgen- und Sonnenuntergangssafaris (R212, Sonnenuntergang R282), Morgenspaziergänge (R303) und Geparden-Spähausflüge (R364) buchen sowie außerdem die Saltpeterkop-Wanderung, um den atemberaubenden Blick über den Park zu genießen (3 Std., R359) oder Besuche bei San-Höhlenmalereien. Für Leute, die lieber auf eigene Faust losziehen, wurden zwei Bushwalk-Pfade angelegt. Sie beginnen am Swimmingpool und liegen innerhalb eines umzäunten Geländes.

ÜBERNACHTUNG UND ESSEN

Parkunterkünfte, ✆ 012 428 9111 oder 082 233 9111, ⌨ www.sanparks.org/parks/mountain_zebra. Zur Wahl stehen gemütliche Cottages mit 2 Schlafzimmern, toller Aussicht auf die Berge, eigener Küche und Bad, oder idyllische Campingplätze. Auf jeden Fall muss die Unterkunft einen Tag vor Ankunft bis spätestens 18 Uhr gebucht sein. Camping R295, Cottages R1000 In dem kleinen **Laden** an der Rezeption werden Waren des täglichen Bedarfs, Souvenirs,

Erfrischungsgetränke und Alkohol verkauft. Wer mehrere Tage bleibt, sollte sich besser in Cradock mit Verpflegung eindecken. Es gibt auch ein passables **Restaurant**, ⏱ tgl. 7.30–21 Uhr, eine Post, eine Tankstelle, einen Pool.

TRANSPORT

Um zum 26 km außerhalb der Stadt gelegenen Park zu gelangen, verlassen **Selbstfahrer** Cradock in nördlicher Richtung auf der N10, der Middelburg Rd, und folgen den Wegweisern zum Haupteingang (Main Gate). Von dort sind es rund 12 km bis zu den Unterkünften; die Fahrt dorthin ist an sich schon eine kleine Safari. Von Port Elizabeth sind es 256 km auf der N10.

Graaff-Reinet

Graaff-Reinet ist nicht nur ein wunderschönes Städtchen, sondern auch einer der wenigen Orte des Ostkaps, in denen man Tag und Nacht umherschlendern möchte, um historische Gebäude und ein paar Museen zu besichtigen und irgendwo etwas zu essen und zu trinken. Den Mittelpunkt der Stadt bildet die imposante, 1886 erbaute **Niederländisch-Reformierte Kirche** in der Church Street, der Hauptstraße. Von hier gehen sternförmig kleine Nebenstraßen ab, gesäumt von weißgetünchten kapholländischen, georgianischen und viktorianischen Gebäuden.

Die kargen Berge in der Umgebung der Stadt gehören zum **Camdeboo National Park**, dessen Hauptattraktion das **Valley of Desolation** ist. Es handelt sich um einen beliebten Stopp an der Straße zwischen Johannesburg und der Küste, mit ein paar ausgezeichneten Gästehäusern und zwei ordentlichen Restaurants. Die Stadt ist mindestens zwei Tage Aufenthalt wert, um sämtliche historische Stätten, Fossiliensammlungen, Felsmalereien und Naturschutzgebiete zu besuchen.

Geschichte

Gegen Ende des 18. Jhs. hatten die holländischen Bürger das Grenzland des Kaps bis hoch in die Sneeuberge ausgedehnt, die ursprünglich zum Land der Khoi-Hirten und der Jäger und Sammler der San gehörten. Die Siedler stahlen den Khoi das Vieh, überfielen San-Gruppen, töteten Männer und entführten Frauen und Kinder, die dann auf den Farmen und in den Häusern zur Arbeit gezwungen wurden. Die Lage eskalierte, als die Khoi und San 1786 zurückschlugen, sodass die Kapbehörden einen *landdrost* (eine Art Richter) schickten, um Graaff-Reinet zu gründen, das Gebiet zu verwalten und für Ruhe und Frieden im Grenzland zu sorgen.

Die koloniale Kontrolle über den Distrikt konnte langsam gefestigt werden. Weite Teile des Landes wurden Schafweidegebiet und der **Woll-Boom** der 1850er-Jahre brachte der Stadt Wohlstand und schuf ein System aus Landwirtschaft und Grundbesitz, das bis heute Gültigkeit besitzt. Heute leben in Graaff-Reinet zahlreiche Afrikaans-sprachige Coloureds. Die meisten wohnen im Süden der Stadt. Einige sind Nachfahren von Sklaven, die übrigen stammen von den indigenen Khoi und San ab.

Old Library Museum

Church St ▪ ⏱ Mo–Do 8–16.30, Fr 8–16, Sa und So 9–13 Uhr ▪ Eintritt R30 ● 🖥 www.graaffreinet museums.co.za

Das Highlight des Old Library Museum, einen Block südlich der holländisch-reformierten Kirche, ist die erstklassige Sammlung **fossiler**

Robert Sobukwe

Einer der brillantesten und doch immer wieder in Vergessenheit geratenen Söhne von Graaff-Reinet ist **Robert Managaliso Sobukwe** (1923–78), der charismatische Gründer des Pan Africanist Congress (PAC). Am bekanntesten wurde er als Initiator der landesweiten **Anti-Pass-Proteste**, die mit dem Blutbad von Sharpeville und seiner Isolierungshaft auf Robben Island für neun Jahre endeten. 1969 wurde er mit der Auflage entlassen, sich nicht aus Kimberley zu entfernen, wo er 1978 starb. Sobukwes Haus und sein Grab können auf einer **Township-Tour** besichtigt werden, außerdem ist ein Museum mit Erinnerungsstücken an Sobukwe geplant. Karoo Connections, ✆ 049 892 3978, 🖥 www.karooconnections.co.za, ist ein bewährter Veranstalter für Townshiptouren.

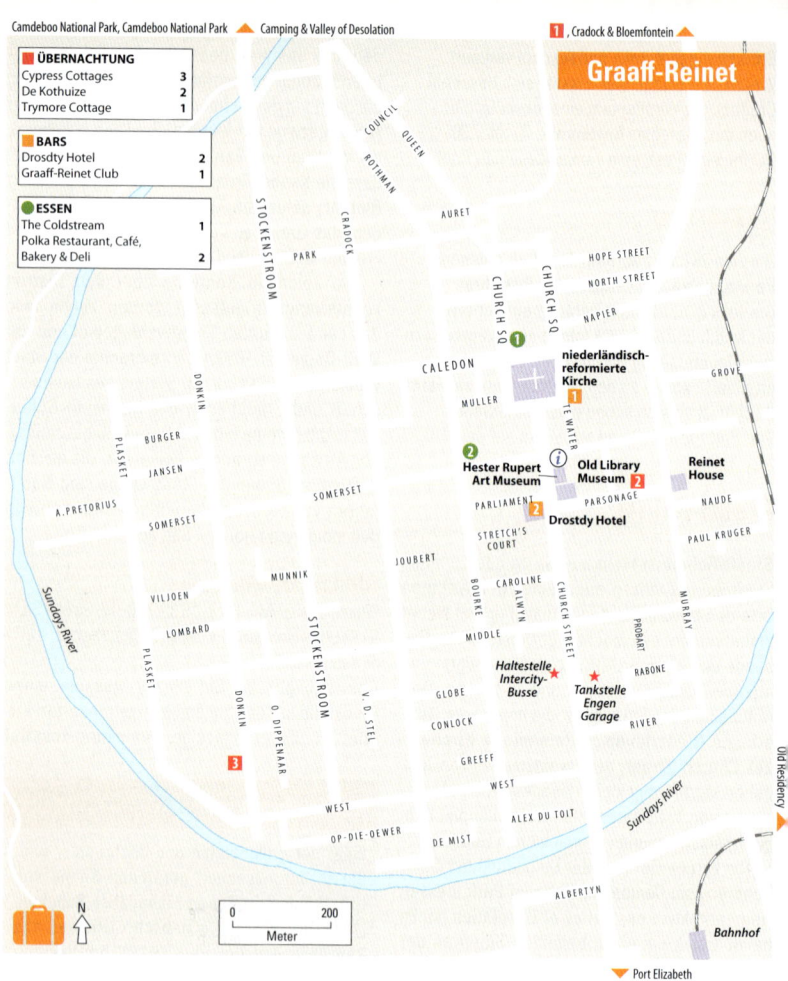

Graaff-Reinet

🟥 **ÜBERNACHTUNG**
Cypress Cottages	3
De Kothuize	2
Trymore Cottage	1

🟥 **BARS**
Drosdty Hotel	2
Graaff-Reinet Club	1

🟢 **ESSEN**
The Coldstream	1
Polka Restaurant, Café, Bakery & Deli	2

OSTKAP

niederländisch-reformierte Kirche

Hester Rupert Art Museum
Old Library Museum
Reinet House
Drostdy Hotel

Haltestelle Intercity-Busse
Tankstelle Engen Garage

Bahnhof
Port Elizabeth

Sundays River

Schädel und Skelette von Reptilien, die die prähistorische Karoo vor etwa 230 Millionen Jahren bevölkerten. Außerdem gibt es Ausstellungen zur Sklaverei, zum ersten Präsidenten des Pan African Congress Robert Sobukwe (S. 409) und wunderschöne alte Bücher zum Thema Afrika.

Hester Rupert Art Museum
Church St 🖥 www.rupertartmuseum.co.za ▪ 🕐 Mo–Fr 9–12.30, 14–17, Sa und So 9–12 Uhr ▪ Eintritt R30

Das Hester Rupert Art Museum ist in einer restaurierten Missionskirche von 1821 untergebracht. Es zeigt eine repräsentative Auswahl von Werken (vorwiegend weißer) südafrikanischer Künstler aus der Mitte des 20. Jhs.

Reinet House und Old Residency
Reinet House 🕐 Mo–Do 8–16.30, Fr 8–16, Sa und So 9–13 Uhr ▪ Eintritt R30 ▪ **The Old Residency** 🕐 Mo–Do 8–13 und 13.45–16.30, Fr 8–13 und 13.30–16, Sa und So 9–12 Uhr

Das schmucke historische Drostdy Hotel in der 30 Church Street war früher der Wohnsitz des *land-drost*. Von der Eingangstreppe der Drostei eröffnet sich der Blick in die Parsonage Street mit ihren kapholländischen Häusern bis zum **Reinet House**, dem lohnendsten Museum der Stadt. Das ehemalige Pfarrhaus wurde 1812 erbaut und ist mit seinem wertvollen Mobiliar und den interessanten Haushaltsgegenständen im Grunde ein Heimatmuseum.

Gegenüber dem Reinet House steht die **Old Residency**, ein gut erhaltenes Beispiel eines H-förmigen kapholländischen Hauses aus dem frühen 19. Jh.

Camdeboo National Park

5 km nördlich von Graaff-Reinet, an der Straße nach Murraysburg ▪ ✆ 049 892 3453, ⌨ www.sanparks. org/parks/camdeboo ▪ Eintritt R100 ▪ ⏲ tgl.: Winter/ Sommer 6/7–18/20.30 Uhr

Der **Camdeboo National Park** umgibt die Stadt auf allen Seiten. Sein Eingang befindet sich 5 km nördlich des Zentrums von Graaff-Reinet. Das Highlight ist das tief eingeschnittene **Valley of Desolation** („Tal der Trostlosigkeit"). Mit dem Auto folgt man der schmalen Teerstraße vom Eingang aus, die an den mit Buschwerk bewachsenen Hängen aufsteigt und, vorbei an mehreren Aussichtspunkten, zu den Klippen führt, die das Tal überblicken.

Der Blick vom Rand des Canyons in die Ebenen von Camdeboo ist schlicht überwältigend und bekommt noch mehr Zauber, wenn schwarze Adler kreischend über den Doleritttürmen kreisen. Es gibt zwei gute Wanderwege: den mit einem Eidechsensymbol gekennzeichneten Rundwanderweg **Crag Lizard Walk** (3/4 Std.) am Rand der Klippen entlang, und den **Eerstefontein Day Walk**, der am Spandaukop-Gate beginnt und endet; man kann ihn in Abschnitten von 5 km, 11 km und 14 km zurücklegen. Im Park gibt es sechs ausgewiesene Picknickplätze.

ÜBERNACHTUNG

B&Bs und Selbstversorger

Cypress Cottages, 76 Donkin St, ✆ 049 892 3965 oder 083 456 1795, ⌨ www.cypresscottage.co. za; Karte S. 410. 2 restaurierte Karoo-Cottages

mit 3 DZ mit Bad, Lounge und Speisezimmer. Außerdem gibt es 4 Ferienwohnungen namens River Bend, ebenfalls in renovierten historischen Cottages. Alle Cottages sind geschmackvoll mit antiken Möbeln und Naturtextilien eingerichtet und einen Pool gibt es auch. B&B R1300

De Kothuize, 6 Parsonage St, ✆ 082 339 1680, ⌨ www.dekothuize.co.za; Karte S. 410. De Kothuize besteht aus 8 wunderschön restaurierten, zumeist denkmalgeschützten Karoo-Cottages in 3 der ältesten Straßen im Stadtkern. 5 sind in der Parsonage St, 2 in der Cradock St und 1 in der Middle St. Alle sind für Selbstversorger eingerichtet, gut ausgestattet, haben Klimaanlage und befinden sich in Spaziernähe der Museen und Restaurants. R1000

Trymore Cottage, Wellwood Farm, 31 km nördlich von Graaff-Reinet an der Straße nach Nieu Bethesda, ✆ 049 840 0302, ⌨ www.wellwood.co.za; Karte S. 410. Gut ausgestattetes Ferienhaus für Selbstversorger mit 4 Schlafzimmern auf einer wunderschönen alten Farm. Die Gäste bekommen *braai*-Pakete oder auf Wunsch Abendessen mit Karoo-Lamm oder Rehfleisch. Ein zusätzlicher Bonus ist die sagenhafte Sammlung von Karoo-Reptilienfossilien, die Hausgästen offensteht. R1400

Camping

Camdeboo National Park, nur mit Reservierung über das Nationalparkbüro in Port Elizabeth, ✆ 041 583 2030. Im Park befinden sich 2 Übernachtungscamps mit Gemeinschaftsküchen und Du/WC: der Campingplatz Nqweba (15 Stellplätze) und das Lakeside Tented Camp mit 4 rustikalen, möblierten Zelten. Nqweba R225, Lakeside R650

ESSEN

The Coldstream, 3 Church Square, ✆ 049 891 1181; Karte S. 410. Das Lokal ist in einem Flügel des kolonialzeitlichen ehemaligen Graaff-Reinet Club untergebracht. Es gibt auch Tische auf der Veranda mit Aussicht auf den Garten. Auf dem Speiseplan stehen Karoo-Lammkoteletts (R130), verschiedene andere Fleischgerichte sowie großzügig bemessene Vorspeistenteller. ⏲ Mo–Sa 9–21 Uhr.

Drosdty Hotel, 30 Church St, ℘ 049 892 2161; Karte S. 410. Abgesehen von einem guten Restaurant besitzt das schönste – und ausgesprochen noble – historische Gebäude der Stadt auch den besten Biergarten. Wenn es zum Draußensitzen zu kalt ist, kann man auch schick drinnen an der Bar einen Gin and Tonic (R40) schlürfen. ⏰ tgl. 11–23 Uhr.

Polka Restaurant, Café, Bakery & Deli, 52 Somerset St, ℘ 087 550 1363; Karte S. 410. In dem Cottagerestaurant in einer stillen, schattigen Seitenstraße erwartet die Gäste ansprechend präsentierte und schmackhafte Karoo-Küche, darunter auf außergewöhnliche Art zubereitete Lammkeule (R130) und *bobotie*. ⏰ Mo–Sa 7.30–21 Uhr.

The Graaff-Reinet Club, 3 Church Square, ℘ 049 892 4248; Karte S. 410. In dem 1875 gegründeten Club lässt sich toll Kolonialatmosphäre schnuppern, z. B. bei einem Glas Whisky (R60), während man die historischen Fotos, eine umfangreiche Waffensammlung, Karikaturen verstorbener Mitglieder und sieben Einschusslöcher in der Bartheke studiert. ⏰ tgl. 11–22 Uhr.

SONSTIGES

Informationen
Touristeninformation, 13 Church St, ℘ 049 892 4248, 🖥 www.graaffreinet.co.za. Bietet Karten und ein Unterkunftsverzeichnis. ⏰ Mo–Fr 8–17, Sa 9–12 Uhr.

Touren
Karoo Connections, ℘ 049 892 3978, 🖥 www.karooconnections.co.za. Veranstaltet eine Reihe empfehlens- und ihren Preis werter Touren, darunter Besuche historischer Stätten in Graaff-Reinet und der nahegelegenen Nationalparks sowie Ausflüge zu Bushman-Felskunststätten und Gondwanaland-Fossilienlagern.

TRANSPORT

Translux-Busse zwischen JOHANNESBURG und PORT ELIZABETH sowie **Intercape**-Busse zwischen Johannesburg und den Städten der

GARDEN ROUTE halten tgl. bei der Tankstelle **Engen** in der Church St. Tickets und Fahrpläne gibt es im Büro der Touristeninformation (s. o.) oder auf den Websites der Busgesellschaften.

Nieu Bethesda

Der vor allem in der gnadenlosen Hitze der grellen Hochsommersonne trockene und staubige Ort **Nieu Bethesda** (🖥 www.nieubethesda.info) liegt weitab der üblichen Touristenroute, in den Bergen nördlich von Graaff-Reinet. Es gibt keine Straßenlaternen, und in Winternächten können die Temperaturen bis auf den Gefrierpunkt fallen. Dennoch besitzt das weißgetünchte **Dorf** mit seinem Krämer- und Fleischerladen an der Hauptstraße eine Menge Charme. Das ehemalige typisch erzkonservative Karoo-*dorp* hat sich eine neue Identität als Künstlerkolonie geschaffen, die eine wachsende Zahl von Besuchern anlockt. Ganz in der Nähe schaffen es einige Hundert farbige Südafrikaner irgendwie, dem kargen Umfeld eine Existenz abzuringen. Immerhin hat die gemeinnützige Organisation Bethesda Arts Centre einige Ausbildungsplätze und Verkaufsmöglichkeiten für Kunsthandwerker und Künstler geschaffen.

Bethesda Arts Centre
Muller St, gegenüber der Polizeiwache ■ ℘ 073 028 8887, 🖥 www.bethesdafoundation.org ■ **Tower Restaurant** ⏰ tgl. 8.30–20 Uhr Im gemeinnützigen Bethesda Arts Centre wurden früher Kunsthandwerker, Künstler und Schauspieler ausgebildet. Heute sind hier eine Kunstgalerie, Ateliers und ein Freilufttheater untergebracht. Ein Besuch lohnt sich, um nachzuschauen, was gerade auf dem Programm steht, oder um im urigen Tower Restaurant ein Curry mit Reis (R90) oder ein anderes leichtes Gericht zu verspeisen.

The Owl House
River St ■ ⏰ tgl. April–Sep 9–17, Okt–März 8–17 Uhr ■ Eintritt R85 Owl House und Fossil Museum ■ ℘ 049 841 1733, 🖥 www.theowlhouse.co.za Die meisten Besucher von Nieu Bethesda besichtigen das **Owl House**. Es war einst Wohnsitz

OBEN DIE TUISHUISE, CRADOCK (S. 407); UNTEN XHOSA-FRAU, COFFEE BAY (S. 428)

OSTKAP

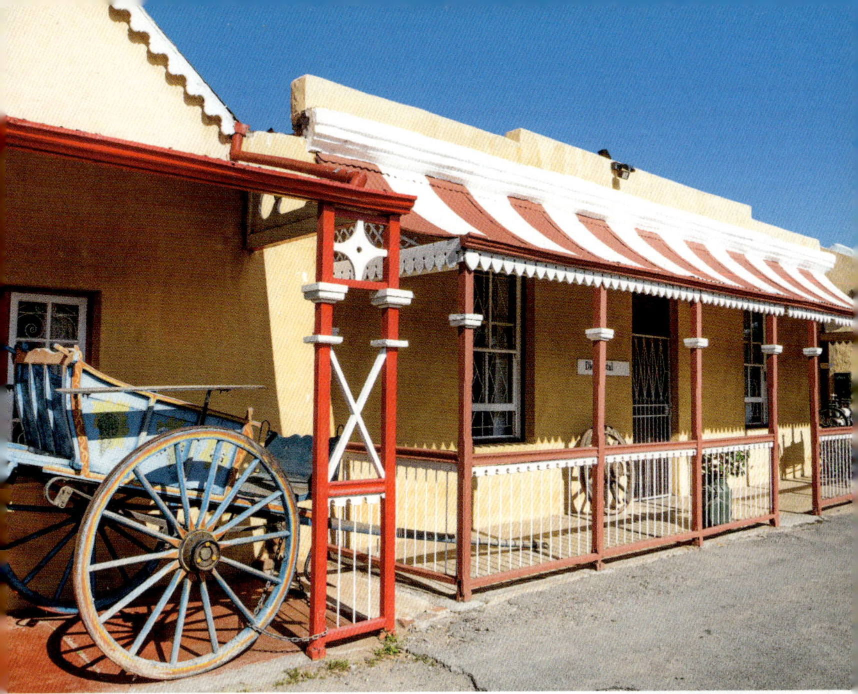
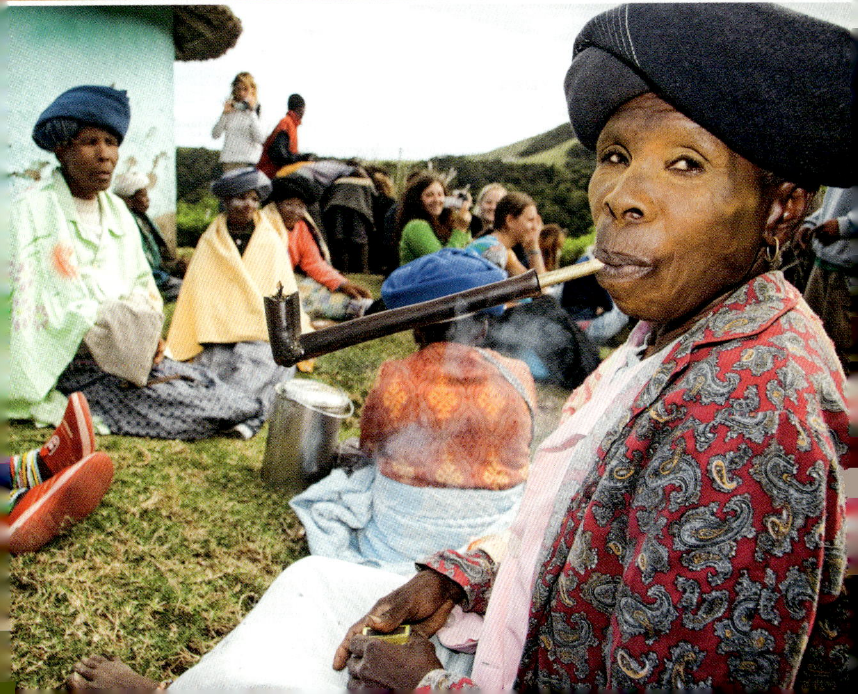

von Helen Martins, einer einsiedlerisch lebenden Künstlerin, deren eigenwillige und faszinierende innere Welt in ihren Werken Ausdruck fand. Haus und Garten sind durchweg nach ihren Visionen eingerichtet, die Innenwände glitzern von Glassplittern. Hinter dem Haus stehen hunderte Skulpturen aus Glas und Zement: Kamele, Lämmer, Sphingen und Menschengestalten. Von der Veranda mit dem Blechdach glotzen Eulen mit großen Augen herab. Neben dem Haus befindet sich das Fossil Museum and Art Gallery, das einen Besuch lohnt, es sei denn, man hat schon die umfangreiche Fossiliensammlung in Graaff-Reinet gesehen.

ÜBERNACHTUNG

Doornberg Farm, 9 km nördlich von Nieu Bethesda, ☎ 049 841 1401, 🖥 www.nieu bethesda.co.za. Auf dem freundlichen, bewirtschafteten Ferienbauernhof ist sowohl B&B als auch Selbstverpflegung möglich. Es stehen 5 Unterkünfte zur Verfügung; am hübschesten ist Die Vleihuisie, ein kleines Cottage in 4 km Entfernung vom Haupthaus. R750

Ganora Farm, abseits der N9, 7 km östlich von Nieu Bethesda, ☎ 049 841 1302 oder 082 698 0029, 🖥 www.ganora.co.za. Die Besitzer dieser Schaffarm organisieren alle möglichen Aktivitäten, darunter Besichtigungen von San-Felskunststätten, eine Medizinpflanzenexkursion und Besuch der eigenen Fossiliensammlung. Es gibt auch einen Pool sowie Wander- und Radwege. Abendessen auf Vorbestellung (R160). B&B R970

Ibis Guest House, Martin St, ☎ 072 110 6254, 🖥 www.theibislounge.co.za. 3 bequeme, modern eingerichtete Zimmer mit Bad, und auf dem Gelände einen Pool zum Abkühlen sowie ein gutes Restaurant. Die Besitzer sind sehr freundlich, lassen jedoch keine Kinder unter 12 J. zu. R1300

Owl House Backpackers Lodge, Martin St, ☎ 049 841 1642 oder 072 742 7113, 🖥 www. owlhouse.info. Das „Eulenhaus", die einzige Backpacker-Lodge am Ort, ist freundlich, ruhig und gut organisiert. Sie hat Dormbetten, Zimmer mit Bad (B&B oder Selbstverpflegung) und 2 Selbstversorger-Cottages. Bei rechtzeitiger Anmeldung werden Gäste für R200 in Graaff-Reinet abgeholt. Camping R125, Dorms R150, DZ R550

ESSEN

Auntie Evelyne se Plek, 4 Kloof St (genau auf der Anhöhe am Ortseingang von Pienaarsig), ☎ 083 873 5526. Auntie Evelyne wohnt in der Township Pienaarsig und bekocht ihre Gäste zu Hause auf traditionelle Township-Art. Im Sommer wird das Essen auf der Stoep aufgetragen, im Winter sitzt man in einer bemalten Blechhütte, die mit einem Heizlüfter sowie einem Ofen vor der Tür beheizt wird. Der Speisezettel ändert sich ständig und könnte traditionelle *bredies*, Mais-und-Bohnen (R70), roosterkoek und *lekker poeding* enthalten. (3-Gängemenü R120). Nur mit Voranmeldung, Öffnungszeiten telefonisch erfragen.

Ibis Lounge, Martin St, ☎ 072 110 6254, 🖥 www.theibislounge.co.za. Ein behagliches Plätzchen zum Relaxen mit einem Riesenangebot an Kaffeespezialitäten. Die Gäste können sich draußen im Schatten der großen *stoep* niederlassen, oder drinnen auf Ledersofas, im Winter bei Kaminfeuer. Zu essen gibt es z. B. hausgemachte Pasteten und Brot, saisonales Gemüse aus dem eigenen Garten und sonntagmittags köstlichen Karoo-Lammbraten (R90). ⏱ tgl. 8–20 Uhr.

Two Goats Deli & The Brewery, Pienaar St, ☎ 049 841 1602, Eine gute Anlaufstelle für ein gemütliches Mittagessen, bestehend aus einem großen Teller mit Käse aus eigener Herstellung, Brot, Oliven und Salami (R75), dazu eine Auswahl aus 3 hausgebrauten Bieren: Karoo, Honey und Roasted Ale (R15). ⏱ tgl. 9–17 Uhr.

TRANSPORT UND SONSTIGES

Nieu Bethesda liegt 23 km abseits der N9 zwischen Graaff-Reinet und Middelburg an einer neuerdings asphaltierten Straße mit nur noch 5 km Schotterstraße und ist mit öffentlichen Verkehrsmitteln nicht erreichbar. Von Graaff-Reinet sind es rund 60 km, von Port Elizabeth rund 308 km. In Nieu Bethesda gibt es weder einen Geldautomaten noch eine

Tankstelle, deshalb sollte man tunlichst in Graaff-Reinet tanken. Zudem werden nirgendwo Kreditkarten angenommen, also genügend Bargeld einstecken.

East London und die Zentralregion

Zwischen Port Alfred und East London liegt einer der am wenigsten erschlossenen Küstenabschnitte des Ostkaps, jedoch finden sich auch hier die in Südafrika üblichen Ferienhäuserenklaven. **East London**, die größte Stadt der Zentralregion der Provinz, ist an sich keine Reise wert, hat aber ein paar fantastische Strände zum Surfen und Baden und gute Verkehrsverbindungen nach Johannesburg und zu den Küstenorten. Im Hinterland, in der Nähe der Stadt Alice, liegt die **Fort Hare University**, in der führende Persönlichkeiten des ganzen Subkontinents, darunter Nelson Mandela, ihre Ausbildung genossen haben und die die landesweit beste Sammlung zeitgenössischer, schwarz-südafrikanischer Kunst ihr Eigen nennt. Aus dem Tal von Fort Hare gehen die nebligen, bewaldeten **Amatola Mountains** in die weltabgeschiedene Landschaft der **Ostkap-Drakensberge** über, in denen man wandern und Forellen angeln kann. Bevor die weißen Siedler (und auch die Xhosa) hier einwanderten, waren die Berge von Jägern und Sammlern der San bewohnt, die die Felswände mit Tausenden ritueller Bilder bemalten, von denen einige noch erstaunlich lebendig wirken.

East London

Als zweitgrößte Stadt des Ostkaps ist **East London** der ideale Ausgangspunkt für Erkundungen der Transkei. **Surfer** sind am **Nahoon Beach** am besten aufgehoben. Langsam entwickelt sich der Ort auch zum Ferienziel für schwarze Urlauber – ein Phänomen der Post-Apartheid-Ära. Die östlich der Stadt gelegenen, gut zum Schwimmen geeigneten Strände sind mit ihren hohen Dünen und der üppigen Vegetation traumhaft schön.

Das etwas triste Stadtzentrum von East London erstreckt sich rund um die **Oxford Street**, die einstige Einkaufsmeile, die parallel zur Station Street und zum Bahnhof verläuft. Tagsüber ist sie eine der großen Durchfahrtsstraßen, abends sollte man hier nicht allein herumspazieren, denn dann ist sie wie ausgestorben. Das **Vincent Park Centre** an der Devreux Avenue ist ein beliebtes Einkaufszentrum mit Kinos und Restaurants. Es liegt 5 km nördlich des Zentrums zwischen den vornehmen Vororten Vincent und Stirling (die Oxford Street stadtauswärts fahren und gleich hinter dem Museum rechts abbiegen). Dies ist die beste Ecke zum **Einkaufen** und für praktische Dinge wie Banken und Post. Vom viktorianischen Herzen der Stadt sind nur ganze zwei ansehnliche Gebäude übrig geblieben. Doch immerhin wurde das größte Wahrzeichen der Innenstadt, die wunderbare cremeweiße und terrakottafarbene **City Hall** von 1899 vom Abriss verschont. Auf der anderen Straßenseite befindet sich eine Statue des Anführers der Black-Consciousness-Bewegung, **Steve Biko** (Kasten S. 418).

Abseits des Urlauberviertels wird East London von seiner Industrie geprägt, in der viele Bewohner von **Mdantsane** beschäftigt sind, einer riesigen afrikanischen Township, die 20 km von der Stadt entfernt in Richtung King William's Town liegt.

Geschichte

Vor den Briten und den Xhosa lebte hier das Volk der **Khoikhoi**, die das Gebiet „Land der Büffel" nannten. Einst wimmelte es am Buffalo River nur so von Wild, das jedoch nach der Ankunft der britischen Jäger nach und nach abgeschlachtet wurde. Während der **Grenzkriege** des 19. Jhs. war East London eine dauerhafte britische Siedlung, in deren Hafen der militärische Nachschub ankam. Wegen dieses strategischen Potenzials nannte der britische Gouverneur Sir Harry Smith den Ort 1848 optimistischerweise London. Später hieß es East London, weil sich der Hafen am Ostufer des Buffalo River befand. Nicht weit von East London liegen auch die winzigen Ortschaften Hamburg und Berlin – Überbleibsel deutscher Siedler, die abgesehen von den Namen ihrer Herkunftsstädte wenig Bleibendes hinterlassen haben.

East London Museum

Upper Oxford St ■ ⏰ Mo–Fr 9–16 Uhr ■ Eintritt R15 ■ 📞 043 743 0686

Ein paar Kilometer nördlich des Zentrums zeigt das East London Museum eine fantastische Sammlung von Perlenarbeiten der South Nguni und zeitgenössische Drahtskulpturen. Der ganze Stolz des Museums ist sein ausgestopfter Coelacanth (S. 401), der in den 1950er-Jahren vor der Küste gefangen wurde – ein wahres Wunder in der Geschichte der Meeresbiologie, denn bis dato war man davon ausgegangen, dass er seit 70 Mio. Jahren ausgestorben war.

Im Museum gibt es ein großes Felsstück aus der Nahoon's Bat Cave, das 1964 entdeckt wurde und Fußabdrücke eines Kindes aufweist. Die Abdrücke sind rund 124 000 Jahre alt und möglicherweise die ältesten der Welt. Neueren Datums ist ein Fußball-Diorama mit Szenen der Fußballweltmeisterschaft 2010. Allerdings ist das Ostkap eine der wenigen Regionen, in denen die schwarzen Südafrikaner lieber Rugby spielen.

Stadtstrände

Die Strände, die man aufsuchen (und in deren Nähe man bleiben) sollte, sind Nahoon und Bonza Bay, beide östlich der Innenstadt. Die am nächsten des Stadtzentrums gelegenen Strände sind weniger einladend. Die Esplanade von East London schlägt vom industriell geprägten Orient Pier einen landschaftlich reizvollen, weiten Bogen aus Felsen, Strand und Sanddünen bis zum Eastern Beach. Einen kleinen Wermutstropfen stellen nur die Ferienapartments, Hotels und Restaurants dar, die das Ufer säumen.

Ein Spaziergang entlang der Promenade lohnt sich trotzdem, um ein Gefühl für die Stadt zu bekommen, besonders wenn man eine Unterkunft an der Esplanade bezogen hat oder dort essen gehen möchte. Nach Einbruch der Dunkelheit ist es dort aber nicht mehr sicher.

Nahoon Point Nature Reserve und Nahoon Beach

Visitor's Centre, ausgeschildert an der Epson Rd, Nahoon ■ ⏰ tgl. 8.30–16 Uhr ■ Eintritt frei ■ ⏰ Reef Café Di–So 9–16 Uhr

Wenn die Zeit nur für eine Sehenswürdigkeit reicht, sollte die Wahl auf das **Nahoon Point**

Nature Reserve fallen, 5 km vom Zentrum East Londons entfernt. Dort kann man von einer Aussichtsstelle den Blick auf das Meer genießen, das Museum besuchen und einen Kaffee trinken. In einem Gebäude in Form des berühmten fossilierten Fußabdrucks der Gegend (s. o.) ist das Coastal Education and Visitor Centre untergebracht. Es besitzt ein spannendes Museum mit Ausstellungen zur Surfgeschichte der Stadt sowie eine hervorragende Abteilung mit archäologischen Fundstücken der Gegend, darunter auch der Fußabdruck. Vom Museumsparkplatz kann man auf Plankenwegen am Meeresufer entlang spazieren oder längere Küstenwanderungen unternehmen.

Nahoon Beach, östlich von Nahoon Point, ist ein langer, von Dünen gesäumter Sandstreifen. Er ist toll zum Schwimmen und Surfen und gehört zu den Top-Surfdestinationen Südafrikas.

Bonza Bay und Gonubie Beach

Östlich des Nahoon River und 10 km vom Stadtzentrum liegt **Bonza Bay** mit kilometerlangen Strandwandermöglichkeiten und einer lauen Lagune an der Mündung des Quinera River. Noch etwas weiter entfernt befindet sich, rund 18 km nordöstlich des Zentrums am Gonubie River Mouth, der **Gonubie Beach**. Er kann gerade noch zu East London gezählt werden, bietet gute Unterkünfte, einen schönen Strand und Wanderwege.

ÜBERNACHTUNG

Die Beachfront von East London prägen Ferienapartmenthäuser und funktionale Hotels mit tollem Meerblick. Wer es lieber ruhiger hat, kann auf die Vororte Nahoon Mouth am Ende der Beach Rd, Beacon Bay, Bonza Bay oder Gonubie ausweichen, die nah am Fluss und am Meer liegen und über die N2 östlich der Stadt erreichbar sind. Wer kein eigenes Fahrzeug hat, muss ein Taxi nehmen oder gleich schon bei der Hotelreservierung die Abholung arrangieren.

Beachfront und nördliche Vororte

Blue Lagoon, Blue Bend Place, Beacon Bay, 📞 043 748 4821, 🖥 www.bluelagoonhotel.

co.za; Karte S. 417. Angenehme Unterkunft inmitten von Palmen in Strandnähe. Ruhige und geräumige Zimmer mit Balkon und Blick auf den Fluss. R1800

Gonubie Hotel, 141 Main Rd, Gonubie, ✆ 043 740 4010, 🖳 www.gonubiehotel.co.za; Karte S. 417. Das Familienhotel am Meeresufer von Gonubie ist gut ausgestattet, hat herrliche Ausblicke über die Bucht und liegt nur einen kurzen Fußweg vom Badestrand entfernt. Es hat B&B-Zimmer im Hotelgebäude und Ferienapartments im Bayview-Gebäude, außerdem ein Restaurant und 2 Bars. Hotel R875, Ferienwohnung R1200

Little Villa, 6 Claremont Rd, Nahoon, ✆ 043 735 1128 oder 082 673 2083, 🖳 www.littlevillabnb.com; Karte S. 417. Eine entzückende, gemütliche, schön möblierte B&B-Unterkunft für Paare in einem zweistöckigen Cottage mit Kitchenette oder einem Gartenzimmer mit hübschem Patio. Cottage R1800, Gartenzimmer R695

The Loerie Hide B&B, 2B Sheerness Rd, abseits der Beach Rd, Nahoon, ✆ 043 735 3206, 🖳 www.loeriehide.co.za; Karte S. 417. 7 Zimmer unterschiedlicher Preislage mit Bad in der Nähe des Nahoon Beach; alle befinden sich am Saum eines Gartens, der in Buschland übergeht. Rondavel R1000, DZ R1300

Meander Inn, 8 Claredon Rd, Selborne, ✆ 043 726 2310, 🖳 www.wildcoastholidays. co.za; Karte S. 417. 10 geräumige, geschmackvoll eingerichtete Zimmer mit Deckenventilator, 5 davon im luxuriösen Hauptgebäude, die anderen im Garten und Anbau. Mit Pool, Terrasse und Bar, Flughafentransfer ist möglich. R1550

Quarry Lake Inn, Quartzite Drive, abseits Pearce St, The Quarry, ✆ 043 707 5400, 🖳 www.quarrylakeinn.co.za; Karte S. 417. Große, hübsch geschnittene Zimmer in großartiger Umgebung am Rande eines gefluteten Steinbruchs mit bunter Pflanzen- und Vogelwelt. R1836

ESSEN UND UNTERHALTUNG

Buccaneers Sports Pub and Grill, Eastern Beach, ✆ 043 743 5171, 🖥 www.buccaneers. co.za; Karte S. 417. In der munteren Bar (Bier R20) herrscht Action bis in die frühen Morgenstunden. Manchmal wird Livemusik geboten, für gewöhnlich am Sonntagnachmittag. Tagsüber lassen sich von den Holztischen und -bänken aus die tollkühnen Wellenreiter beobachten. Zu essen gibt's Kneipenkost wie Fish 'n' Chips und Burger (R70) und auch ein paar für Kinder gedachte Gerichte. ⏰ tgl. 10–2 Uhr.

The Cowshed, 54 Beach Rd Shopping Centre, Nahoon, ✆ 043 735 1513; Karte S. 417. Die Hauptspeise des Restaurants mit dem komischen Namen sind natürlich Steaks (R170), aber auch Lammkeule und Schweinebauch sowie vegetarische Gerichte kommen auf den Tisch. Eine Tür weiter liegt eine Bar: The Milk Shed. ⏰ Mo–Sa 18–22 Uhr.

Grazia, Upper Esplanade, Beach Front Rd, ✆ 043 722 2009, 🖥 www.graziafinefood.co.za; Karte S. 417. Helles, luftiges Restaurant am Meer mit spektakulärer Aussicht. Das Speisenangebot ist italienisch ausgerichtet. Besonders zu empfehlen sind die *Linguini alla marinara* und die Gemüse-Gnocchi (R140). ⏰ tgl. 12–22 Uhr.

Lavender Blue Market & Coffee Shop, Ocean Way Drive, Beacon Bay, ✆ 043 732 1172; Karte S. 417. Samstags gibt es an den Marktständen leckere Sachen direkt vom Erzeuger. Unter der Woche kann man sich drinnen oder an Gartentischen im Freien aromatischen Kaffee und Salate schmecken lassen. Eine tolle Adresse zum Frühstücken; wer keine Lust auf Muffins hat, kann mal das *hot chick* oder

Steve Biko und die Black-Consciousness-Bewegung

Die brutalen Verhöre von Steve Biko und sein Tod in Polizeigewahrsam lösten internationale Empörung aus und ließen den Druck auf das Apartheid-Regime wachsen. Steven Bantu Biko wurde 1946 in King William's Town geboren. Durch seine Redegewandtheit, sein Charisma und die klaren Visionen nahm seine politische Karriere einen raschen Aufstieg. Gegen Ende der 1960er-Jahre, als er noch Medizinstudent an der Natal University war, wurde er zum Präsidenten der ausschließlich schwarzen **South African Students' Organization** (SASO) gewählt und veröffentlichte Artikel, die den weißen Liberalismus, den die SASO als Bevormundung und als konterrevolutionär betrachtete, scharf angriffen. In einer Zeit der Unterdrückung setzte sich Bikos Idee von **Black Consciousness** rasch durch. Er rief die Schwarzen dazu auf, ihr Schicksal in die eigenen Hände zu nehmen, sich zusammenzuschließen und sich von den „Ketten, die sie an ewige Knechtschaft fesseln" zu befreien. Ab 1973 bekämpfte der Staat Biko mit Verboten, Inhaftierungen und anderen Schikanen. 1974 verteidigte sich Biko auf brillante Art und Weise selbst vor Gericht, wodurch sein internationales Ansehen erheblich stieg.

In der Zeit, als es ihm verboten war, King William's Town zu verlassen, arbeitete und schrieb Biko weiter; oft gelang es ihm sogar, aus dem Arrest zu fliehen. Im Jahr 1977 wurde er festgenommen, nach Port Elizabeth gebracht, verhört und gefoltert. Einen Monat später starb er an einer Hirnblutung, nachdem er von der Sicherheitspolizei verprügelt worden war. Niemand wurde dafür zur Verantwortung gezogen.

Steves Grab befindet sich im **Steve Biko Garden of Remembrance** in King William's Town. Der Garten ist Teil einer Gedenkstätte mit diversen anderen Biko-Erinnerungsstätten, darunter das Wohnhaus seiner Mutter in Ginsberg, Bikos Büro in King William's Town und die Steve Biko Bridge über den Buffalo River.

Eine Besichtigungstour der Gedenkstätten lässt sich im **Steve Biko Centre** mit Museum organisieren, 1 Zotshie St, Ginsberg, King William's Town, ✆ 043 605 6700, 🖥 www.sbf.org.za. ⏰ Mo–Fr 8.30–16.30, Sa 9–13 Uhr, Eintritt R25. Das Centre ist an der Hauptstraße nach Westen Richtung Alice und Fort Beaufort ausgeschildert und leicht zu finden.

peri-peri-Hähnchenleber probieren (R60).
🕐 tgl. 8–15.30 Uhr.
Sanook Café, 11 Chamberlain Rd, Berea, ✆ 043
721 3215; Karte S. 417. Wer nur eine Nacht in
East London bleibt, kann sich zum Essen ver-
trauensvoll ins Sanook begeben. Empfehlenswert sind die Holzofen-Knusperkrustenpizzas
ebenso wie die Tagesspecials wie Rinderfilet
mit Oreganobutter an marinierten Kirschtomaten
(R135). Es verfügt auch über eine Filiale, die
Sanook Eatery, in der Bonza Bay Rd, Beacon
Bay. 🕐 Mo–Sa 9–22 Uhr.

SONSTIGES

Einkaufen
Geschäfte finden sich in der **Devereux Avenue**,
5 km nördlich der Innenstadt, in den gepflegten
Vororten Vincent und Stirling. Hier liegt das
Vincent Park Centre, 🖥 www.vincentpark.co.
za, ein beliebtes Einkaufszentrum mit Restaurants. Die **Hemingway Mall**, 🖥 www.heming
waymall.co.za, befindet sich ein Stückchen
weiter nördlich direkt am Rand der N2. Der
Eastern Cape Craft Collection Shop, ✆ 043 735
1306, Karte S. 417, im Nahoon Shopping Centre
an der Old Transkei Rd ist der beste Souvenir-
shop der Stadt. Er hat authentisches Xhosa-
Kunsthandwerk: wunderschöne Perlentaschen,
Kunstwerke aus Draht, Schmuck, Webarbeiten
und Keramiken.

Informationen
Touristeninformation, am Flughafen, ✆ 043 736
3019, oder in der Stadt in der Feuerwehrstation,
2. Stock, Fleet St, ✆ 043 736 3019, 🖥 www.
bctourism.co.za. 🕐 Mo–Fr 8–16.30 Uhr.
Das Büro des **Eastern Cape Tourism Board**,
✆ 043 701 9600, 🖥 www.ectourism.co.za, wo
es Infobroschüren über die restliche Provinz
gibt, befindet sich weit außerhalb von East
London im Ironwood House, Palm Square
Business Park, Bonza Bay Rd.

Touren
Imonti, ✆ 043 741 3884 oder 083 487 8975,
🖥 www.imontitours.co.za, veranstaltet ausgezeichnete, erstklassig organisierte Township-
und Stadttouren (halber Tag ab R350) sowie

Tagestouren nach Mthata und Qunu zu den
Nelson-Mandela-Sehenswürdigkeiten.
Das ist wahrscheinlich die einfachste Art, die
Orte zu besuchen, wo Mandela seine Kindheit
verbrachte; Lunchpause ist im Country Club
in Mthatha (R850).

NAHVERKEHR

Auto
Wie viele andere südafrikanische Städte ist
auch das Zentrum von East London als gitter-
förmiges Straßennetz aufgebaut. Mit seinen
relativ leeren Straßen und vielen Parkplätzen
ist es mehr auf Autofahrer als auf Fußgänger
ausgerichtet.

Taxis
Dean's Taxi Services, ✆ 073 194 6367 oder
✆ 079 293 5132, verkehrt Tag und Nacht und
bietet Flughafentransfers zu fairen Preisen.

TRANSPORT

Busse
Alle drei Intercity-Busse, **Translux**, ✆ 0861
589 282, 🖥 www.translux.co.za, **Intercape**,
✆ 0861 287 287, 🖥 www.intercape.co.za, und
Greyhound, ✆ 083 915 9000, 🖥 www.grey
hound.co.za, unterhalten zahlreiche preiswerte
Verbindungen zu allen größeren Städten des
Landes. Sie halten am Intercity-**Busbahnhof**
am Windmill Park in der Moore St, unweit vom
Strand. Der **Minilux Minibus**, (T043 741 3107),
der tgl. zwischen GRAHAMSTOWN und dem
Flughafen von PORT ELIZABETH verkehrt, fährt
Di und Do weiter nach PORT ALFRED und Mo,
Di, Do und Fr nach East London.

Eisenbahn
Der **Bahnhof**, ✆ 086 000 8888, liegt am östlichen Rand des kleinen Geschäftsbezirks von
East London. Vor dem Bahnhof warten Taxis
mit Taxameter für den Transport zur Unterkunft.

Flüge
Der kleine **Flughafen** von East London,
✆ 043 706 0306, einige Kilometer westlich des
Zentrums an der R72, verbindet die Stadt mit

allen großen Städten Südafrikas. **Imonti Tours**, ☎ 043 741 3884 oder 083 487 8975, übernimmt auch Transfers vom Flughafen in die Innenstadt, ebenso **Dean's Taxi Services**, ☎ 073 194 6367.

Amatola Mountains

Die meisten Besucher sehen zu, dass sie möglichst schnell durch das struppig trockene und verarmte Gebiet zwischen East London und den Amatola Mountains fahren, um endlich die kühlen Wälder und Ferienanlagen von **Hogsback** zu erreichen. Ein Abstecher lohnt sich jedoch, schon um die schöne Sammlung afrikanischer Kunst in der **Fort Hare University**, am Rand des vernachlässigten kleinen Städtchens Alice, zu besuchen.

Hogsback

Das Städtchen Hogsback in den Amatola Mountains, 32 km nördlich von Alice und 145 km von East London entfernt, bietet angenehme Abwechslung nach dem dornigen und überweideten Land. Der Name „Hogsback" bezeichnet sowohl die Gegend als auch das Dorf und leitet sich von dem hohen felsigen Gebirgskamm dreier Berge ab, der dem Rücken eines Buschschweins ähnelt.

Hogsback erinnert an eine Landschaft in England – eine Traumwelt im Nebel mit Pinien plantagen und „exotischen" Bäumen wie Eichen, Walnussbäumen und Azaleen sowie Schneefall im Winter. Die eigentliche Attraktion des Ortes ist der **Afrikanische Bergnebelwald** voller Vogelgezwitscher und Wasserfälle. Er ist Lebensraum der vom Aussterben bedrohten Kap-Papageien, farbenfroher Turakos und vereinzelter Gruppen von **Weißkehlmeerkatzen**. Auf dem kurvenreichen Weg in die Berge aus Richtung Alice eröffnen sich fantastische Blicke auf Yellowwood- und Stinkwoodbäume sowie Kapkastanien. In Hogsback kann es nass und kalt sein, auch im Sommer, also empfehlen sich warme Pullover, festes Schuhwerk und Regenkleidung.

Der Ort selbst liegt an einer 3 km langen Schotterstraße, von der auf beiden Seiten Wege zu den Hotels und Cottages abgehen. Wenn man

überhaupt von einem Zentrum sprechen kann, so ist das wohl der kleine Platz mit dem Gemischtwarenladen, der Post und der Tankstelle drum herum. In Hogsback gibt es eine **indigene Handwerkskunst**, die einzigartig im Land ist. Besucher sollten sich darauf vorbereiten, von hartnäckigen Verkäufern umstellt zu werden, die die charakteristischen und recht hübschen Pferde und Schweinchen aus ungebranntem Lehm mit weißer Bemalung an den Mann bringen wollen.

Die Trails

Hogsback ist in erster Linie ein **Wandergebiet** mit kurzen, relativ einfachen Routen, die durch Schweinchen-Symbole an den Bäumen gekennzeichnet sind. Wer echte Urwaldluft schnuppern möchte, begibt sich zum Arboretum und nimmt den Pfad hoch zum **Tor Doone**, wo sich ein guter Ausblick über die Ortschaft bietet. Trotz des steilen Anstiegs ist dies der am leichtesten zu besteigende Gipfel der Gegend. Alternativ kann man auch dem Weg zum Tor Doone folgen und dann rechts in den Rundwanderweg einbiegen, der innerhalb einer Stunde zurück zum Arboretum führt. Eine der schönsten Wasserfall-Wanderungen ist die einstündige, steil abwärts führende zu dem bezaubernden **Wasserfall** Madonna and Child. Wanderrouten sind in den preiswerten **Wanderführern** verzeichnet, die bei der Touristeninformation erhältlich sind.

Eine der besten Backpacker-Bergwanderungen Südafrikas ist der 105 km lange **Amatola Trail**, vorbei an zahlreichen Wasserfällen, Flüssen und Badestellen, über Steppen, Hochebenen und die Hogs selber. Dabei handelt es sich allerdings um eine sehr anstrengende Sache, die man am besten nur zusammen mit einer Gruppe erfahrener Bergwanderer oder im Rahmen einer organisierten Tour unternimmt.

ÜBERNACHTUNG

Away With The Fairies, Hydrangea Lane, bei der Einfahrt nach Hogsback die erste Abzweigung rechts und dann den Schildern folgen, ☎ 045 962 1031, 💻 www.awaywiththefairies. co.za. Geselliges großes Hostel mit kleinen Dorms für 5–8 Pers. sowie mehreren DZ und 2-Bett-Zimmern, manche mit Bad, 1 DZ mit

Kamin. Besonders nett ist die Badewanne am Klippenrand. Die zentrale Lage macht es zum idealen Ausgangspunkt für Mountainbike-Touren und Wanderungen im Hogsback. Das Hostel unterhält auch einen nützlichen Shuttle-service nach und von Chintsa und East London. Camping R70, Dorms R120, DZ R340

🧳 **Back O' The Moon Holiday Cottage**, Trewennan Lane, ☎ 045 962 1017, 🖥 www.backofthemoon.hogsback.co.za. Ein wunderbar altmodisches, reetgedecktes und makellos sauber gehaltenes Haus mit sonniger Verandas und einem traumhaften, ausgedehnten Garten. Es hat insgesamt 3 gemütliche Schlafzimmer mit hochwertigen warmen Bettdecken, ein Wohnzimmer mit Kamin, DSTV und voll ausgestattete Küche für Selbstversorger. R750

The Edge, an der Main Rd ausgeschildert, ☎ 045 962 1159, 🖥 www.theedge-hogsback. co.za. Die beste Selbstversorger-Unterkunft liegt wenige Kilometer vom Dorfkern entfernt an einer holprigen Sandpiste und besitzt 20 komfortable und geschmackvoll eingerichtete Cottages sowie 10 B&B-Zimmer. Von hier bietet sich ein großartiger Blick über Wald und Täler; außerdem gibt es Wandermöglichkeiten, eine spirituelle Irrgarten-Anlage, ein gutes Restaurant und eine Bar. Für die Cottages ist eine Reservierung erforderlich. Die Preise richten sich nach der Lage; am besten sind die Cottages direkt am Rand der Schlucht. B&B R900, Cottages R800

Lowestoffe Country Lodge, abseits der Cathcart Rd, ☎ 045 843 1716 oder 083 654 5935, 🖥 www.lowestoffecountrylodge.co.za. 3 ziemlich moderne Selbstversorger-Cottages auf einer Farm, wo die Gäste ausreiten oder Forellen angeln können. Die bewirtschaftete Farm mit freundlichen Besitzern liegt 24 km außerhalb an der ungeteerten Straße nach Cathcart. Ihr Reiz besteht in der wildromantischen Berglandschaft. Hier gibt es Dämme und Teiche, in denen man schwimmen kann, und so mancher Gast möchte am liebsten für immer hierbleiben. R900

🧳 **Terra-Khaya**, abseits der Plaatjieskraal Rd, ☎ 082 897 7503, 🖥 www.terrakhaya. co.za. Diese wunderbare, effizient geleitete

Trotz jahrzehntelanger Vernachlässigung der sogenannten „Stammesuniversität" unter dem Apartheidregime hat Fort Hare, 2 km östlich von Alice an der R63, einen festen Platz in der Geschichte Südafrikas eingenommen. Es wurde 1916 von Missionaren als gemischtrassiges College gegründet und war somit die erste Institution des Landes, an der Schwarze einen höheren Abschluss machen konnten. Viele prominente afrikanische Führungspersönlichkeiten haben hier studiert. Der berühmteste ehemalige Student war **Nelson Mandela** (Kasten S. 436).

Die **De Beers Art Gallery** von Fort Hare birgt einen wahren Schatz an zeitgenössischer **schwarzer Kunst** aus dem südlichen Afrika – eine der bedeutendsten Sammlungen weltweit, leider wenig bekannt. In der Galerie ist auch die **ethnografische Sammlung** von Fort Hare untergebracht, mit traditioneller Handwerkskunst und Artefakten. Viele der Stücke sind selten und äußerst wertvoll.

Unter der Woche finden Führungen durch die Universität, die Kunstgalerie und die ANC-Archive statt, ☎ 040 602 2277, 🖥 www.ufh. ac.za. Sie müssen im Voraus vereinbart werden. ⊙ Mo–Do 8–16.30, Fr 8–15.30 Uhr.

Backpacker-Unterkunft mit Biobauernhof liegt versteckt im Wald. Hier gibt es einen hübschen gemeinschaftlichen Aufenthalts- und Küchenbereich, wo die Gäste leckere, auf einem Holzofen zubereitete Mahlzeiten bekommen. Terra-Khaya ist perfekt, um draußen am Lagerfeuer zu chillen, die grandiose Aussicht von der sonnigen Veranda zu genießen oder mit Shane (S. 422) Ausritte zu machen. Es gibt freie Verpflegung als Gegenleistung fürs Fällen eingeschleppter Baumarten, die das kostbare Grundwasser verbrauchen. Die Wegbeschreibung bitte telefonisch erfragen; das Hostel liegt ein paar Kilometer abseits der Main Rd. Das letzte Straßenstück bis zur Lodge ist etwas schwierig, aber ausgeschildert – es ist ratsam, bei Tageslicht anzukommen. Camping R85, Dorms R135, DZ R325

OSTKAP

ESSEN

Butterfly's Bistro, Main Rd, neben der Touristeninformation, ☎ 045 962 1326. Das Bistro ist berühmt für seine Holzofenpizza (R90), Pasta und Salate. Wer ein Picknick plant, kann hier auch verschiedene Leckereien einkaufen und mitnehmen. Jeden Samstagmorgen findet hier unter der Eiche ein kleiner Erzeugermarkt statt. An den Ständen werden Brot, Eingemachtes und vegetarische Mahlzeiten sowie frisch geräucherte Forellen angeboten. ⏰ tgl. 9–17 Uhr.

Happy Hogs Restaurant & Bar, Main Rd, ☎ 082 872 7705, 🖳 www.happyhogs.co.za. Das beste unter den Lokalen entlang der Main Road und gut geeignet für ein Abendessen oder einen Drink. Man kann auch einfach auf ein oder mehrere Biere (R25) und ein Schwätzchen mit den Einheimischen herkommen. ⏰ tgl. 10–14.30 und 18–21 Uhr.

The Edge, an der Main Rd ausgeschildert, ☎ 045 962 1159, 🖳 www.theedge-hogsback. co.za. Die beste Adresse am Ort zum Mittag- oder Abendessen, mit grandioser Aussicht von der Abbruchkante. Die knusprige Ente (R135) ist echt lecker, außerdem gibt's ein oder zwei vielversprechende vegetarische Speisen. Der Abstecher zum Lokal lässt sich prima mit einem Spaziergang in der märchenhaften Umgebung oder entlang des ausgeklügelten Labyrinths verbinden. ⏰ tgl. 8–20 Uhr.

SONSTIGES

Informationen

Touristeninformation, Main Rd, ☎ 045 962 1245, 🖳 www.hogsback.com. Hier kann man Unterkünfte buchen, zumeist für Selbstversorger. ⏰ Mo–Sa 9–15, So und feiertags 9–13 Uhr.

Vor der Anreise muss in einer größeren Ortschaft alles Notwendige eingekauft werden, vor allem frische Lebensmittel, denn das Sortiment im kleinen Dorfladen ist sehr beschränkt. Außerdem sollte man Bargeld und einen vollen Tank mitbringen, denn auf den einzigen Geldautomaten und die einzige Zapfsäule ist kein Verlass.

Reiten

Lowestoffe Country Lodge, ☎ 045 843 1716 oder 083 654 5935, veranstaltet **Ausritte** (R350) für Anfänger und Fortgeschrittene. Bei den Ausflügen geht es durch ein breites Tal und an Berghängen hoch. Im Angebot sind auch Tages- und Mehrtagesritte. Wer durch den **Wald** bei Hogsback galoppieren möchte, kann sich an Shane vom **Terra-Khaya Backpackers** (S. 421) wenden. Der großartige Pferdekenner veranstaltet auf hervorragend ausgebildeten Pferden die besten Ausritte weit und breit (R350). Seine Tagesausritte in die Umgebung und die längeren Ausflüge mit Übernachtung sind zu empfehlen.

TRANSPORT

Das Backpacker-Hostel Away With The Fairies (S. 420) betreibt einen **Shuttle** zwischen Hogsback und East London (R160) sowie zwischen Hogsback und Chintsa (R190) am Di, Mi, Fr und So. Er holt auch Passagiere der Baz-Bus-Linie Port Elizabeth–Durban beim Backpacker-Hostel The Sugarshack in East London ab.

Das Ostkap-Hochland

Das **Ostkap-Hochland** ist der südlichste Teil der höchsten und ausgedehntesten Gebirgskette Südafrikas, der Drakensberge, die sich nach Osten durch Lesotho und an der Westseite von KwaZulu-Natal bis nach Mpumalanga erstrecken. Dies ist eine der abgeschiedensten Regionen des gesamten Landes, weit weg von irgendwelchen größeren Städten, doch die Landschaft ist von atemberaubender Majestät. Das offensichtlichste Ziel in dieser Gebirgswelt sind **San-Felsmalereien**, **Sandstein-Höhlen** und zerklüftetes Schaffarmen ist **Rhodes**, das zu den am besten erhaltenen und schönsten viktorianischen Dörfern des Landes gehört. Da die Gegend nicht zum Nationalpark erklärt worden sind, organisieren Privatfarmen die Aktivitäten.

Rhodes und Umgebung

Rhodes ist fast zu schön, um wahr zu sein – ein abgeschiedenes und entzückendes Dorf in den Bergen. Hier leben nur noch wenige Menschen: Wie auch andere Dörfer der Region erlebte Rhodes eine starke Abwanderung, weil es die Einwohner in die Städte zog, wo sie ihren Lebensunterhalt besser verdienen konnten. Zurück ließen sie eine viktorianische Blechdacharchitektur, die einen Eindruck von früheren Zeiten erahnen lässt. Heute zieht der Ferienort Besucher an, die seine Abgeschiedenheit, seine Holzöfen und restaurierten Häuschen schätzen. Obwohl die Elektrizität das Dorf vor einigen Jahren erreicht hat, dienen als Beleuchtung oft noch Öllampen und Kerzen.

Obwohl es von Rhodes aus nicht wirklich irgendwohin geht (auf einigen Karten ist es gar nicht eingetragen), ist es ein Ort, der zum längeren Aufenthalt einlädt. Da die Nächte schon im Sommer kühl, im Winter sogar klirrend kalt werden und keine Zentralheizungen vorhanden sind, gehört warme Kleidung ins Reisegepäck.

Das Dorf besteht im Grunde nur aus ein paar sich kreuzenden, von Pinien gesäumten Schotterstraßen. Mitten drin befinden sich das Rhodes Hotel (zurzeit geschlossen); es gibt weder einen Laden noch eine Bank.

Felsmalereien

Buchung im Rhodes Info Centre, ☎ 045 971 9003
Von Rhodes aus lassen sich die jahrtausendealten **Felsmalereien der San** erkunden, von denen die meisten auf den Privatfarmen der Umgebung zu finden sind und mit Erlaubnis der jeweiligen Besitzer besichtigt werden können. Die Bewohner von Rhodes können zwar Besuchern den Weg zu nahe gelegenen Farmen zeigen, auf deren Gelände es Felsmalereien gibt, aber am besten bucht man einen Besuch über das Rhodes Info Centre.

Rhodes am nächsten (14 km westlich) liegt die **Martindell Farm**, die definitiv einen Besuch lohnt. Nicht nur wegen der Malereien, die zu den am besten erhaltenen der Provinz Ostkap zählen, sondern auch wegen des zauberhaften, einsamen Tals, das man auf dem Weg dorthin durchfährt. Nach Absprache mit Russie oder Lookie

Schmidt, ☎ 045 974 9201, steht sie Besuchern offen. Der Abzweig mit dem Schild „Martin's Dell" liegt 8 km vor Rhodes an der Straße nach Barkly East. Von dort sind es noch 8 km zu der Stätte, wo es Parkplätze und Picknicktische gibt.

Im nahen Buttermead gibt es ebenfalls sehenswerte Felskunst, ebenso in Chamisso (auf halbem Wege zwischen Rhodes und Maclear) und Craigmore (westlich von Maclear), doch die beiden Letztgenannten sind schwieriger erreichbar.

Die **Felsmalerei** diente in erster Linie religiösen Zwecken und meistens drückten sich darin Trance-Erlebnisse aus (S. 27). In den Visionen der Schamanen kamen oft kraftvolle Tiere wie die Elenantilope vor, die auf dem Felsen von Martindell abgebildet ist.

ÜBERNACHTUNG

Gateshead Lodges, ☎ 045 974 9303, 🖥 www.gateshead.co.za. Besteht aus 2 wunderschönen Cottages und einem Bauernhaus aus Sandstein in einer abgeschiedenen, zerklüfteten Region in der Nähe von Rhodes und Barkly East. Die Zufahrt auf den Holperpisten ist allerdings schwierig, und einige der Cottages lassen sich nur mit geländegängigen Fahrzeugen erreichen. Die Gastgeber Basie und Carien organisieren Forellenfischen und Ausritte. R600

Rubicon Flats, Old School House, an der Main Rd ausgeschildert, ☎ 083 659 3271, 🖥 www.rubiconflats.co.za. Die beste Wahl und die gemütlichste Unterkunft der Stadt. Das reizende ehemalige Schulhaus wurde von Sir Herbert Baker (Kasten S. 562) entworfen und in Zimmern für Selbstversorger umgewandelt, jeweils mit Steinkohleofen, außerdem gibt es einfache Schlafsäle. Auf Wunsch gibt es für Gäste solide südafrikanische Bauernkost (3-Gänge-Menü R150). R600

Walkerbouts Inn, an der Hauptstraße ausgeschildert, ☎ 045 974 9290, 🖥 www.walkerbouts.co.za. Entspannte Atmosphäre, 6 Gästezimmer mit Bad. Der sehr nette Besitzer Dave Walker kennt sich gut in der Gegend aus und kann verschiedene Aktivitäten organisieren, darunter Angeln, Vogelbeobachtungen und Wanderungen. R330

ESSEN

Walkerbouts, im Walkerbouts Inn, Wegweiser an der Hauptstraße folgen, ☏ 045 974 9290. Im besten Esslokal von Rhodes wird alles frisch zubereitet. Es gibt Frühstück (R95), Pizza zum Mittagessen und abends ein 3-gängiges Festmenü (R195). Nur mit Reservierung, Öffnungszeiten telefonisch erfragen.

INFORMATIONEN

The Rhodes Information, 166 Muller St, ☏ 045 971 9003, 🖳 www.rhodesinfo.co.za. Bucht Unterkünfte und Aktivitäten – die Gegend ist für Forellenangeln berühmt.

TRANSPORT

Rhodes ist nur mit einem **eigenen Fahrzeug** von Barkly East (130 km von dem an der N6 liegenden Aliwal North entfernt) aus erreichbar. Die 60 km lange Fahrt auf der Holperpiste von Barkly East nach Rhodes ist echt anstrengend, dauert gute 1 1/2 Std. und führt an gähnenden, unbefestigten Abgründen vorbei. Rhodes hat keine Tankstelle, deshalb sollte man in Barkly East volltanken und sicherheitshalber den Wetterbericht konsultieren.

Naude's Nek

Die reizvollste Strecke aus Rhodes hinaus führt auf der R396 entlang **Naude's Nek**, der höchsten Passstraße Südafrikas, die Rhodes mit **Maclear** im Süden verbindet. Vorsicht: Das Auto entgegen der Windrichtung parken, damit einem die Autotür beim Aussteigen nicht aus der Hand gerissen wird – der Wind weht hier zuweilen mit Orkanstärke. Da es keinen Handyempfang gibt und nur wenige Autos auf dieser Strecke unterwegs sind, müssen Reisende auf Notfälle eingerichtet sein, also Lebensmittel, Wasser und Schlafsäcke dabeihaben.

Es sind zwar nur 30 km von Rhodes bis Naude's Nek, doch die Fahrt dauert schon ein paar Stunden, da die vielen schönen Aussichten einen immer wieder zum Halten einladen. Man

braucht einen Wagen mit hoher Bodenfreiheit (und im Winter einen mit Vierradantrieb), da die Straße schlecht und nach Schneefall sogar unpassierbar ist.

ÜBERNACHTUNG

Tenahead Lodge and Spa, 33 km von Rhodes an der R396, ☏ 086 174 8374, 🖳 www.bit.ly/tenaheadlodge. Das luxuriöse Fünfsternehotel in grandioser, abgeschiedener Lage oben auf dem Pass hat 7 Zimmer mit Bad, Kamin und DSTV und erfreut sich sämtlicher Annehmlichkeiten, die man von einem Etablissement dieser Klasse erwarten darf. Es gibt kein Geld zurück für Gäste, die wegen Schlechtwetter nicht auftauchen können. R5990

Woodcliff Country House, 16 km vor Maclear, ☏ 045 932 1550, 🖳 www.woodcliffe.co.za. Eine Selbstversorger-Unterkunft auf einer Farm weit unterhalb vom Naude's Nek an den traumhaften Ausläufern der Drakensberge. Zur Auswahl stehen Zimmer im Farmhaus, ein 3-Bett-Cottage und ein Ferienapartment. Auf Anfrage ist Verpflegung möglich und Guides (sofern verfügbar) bieten Führungen zu Felsmalereien und auf Orchideenpfaden. R660

10 HIGHLIGHT

Die Wild Coast

Die Wild Coast macht ihrem Namen alle Ehre: Sie ist eine der unberührtesten Gegenden von Südafrika – ein riesiges Gebiet mit sanft geschwungenen Hügeln, üppig grünen Wäldern und endlosen Stränden am Indischen Ozean. Die unerschlossenen Sandstrände ziehen sich Hunderte von Kilometern dahin, hie und da von Flüssen, erschwinglichen Familienhotels und fantastischen Backpacker-Lodges unterbrochen.

Doch der wilde Charakter bezieht sich nicht nur auf die Landschaft – dies ist das ehemalige „Homeland" **Transkei**, eine arme Region, die in den Jahren der Apartheid vollkommen entrechtet war. Noch heute ist dies eine der ärmsten Gegenden des Landes mit mangelhafter Infrastruktur; viele ehemalige Bewohner sind nach Kapstadt emigriert, um Arbeit zu suchen.

Im Gebiet der Wild Coast leben vorwiegend Xhosa, auf dem Land zumeist in traditionellen Rondavels, mit denen die Landschaft übersät ist. Die **N2** führt mitten durch die Region und die ehemalige Hauptstadt der Transkei, **Mthatha**, sowie einige marode, aber betriebsame kleinere Orte. Südlich der N2 erstreckt sich die **Küstenregion** von East London bis zur Mündung des **Mtamvuna River**. Hier liegen tolle Strände, verborgene Riffe, Flecken subtropischen Walds, bäuerliche Xhosa-Siedlungen und die zauberhaften Städtchen **Coffee Bay** und **Port St Johns** (beide beliebte Backpacker-Destinationen). In dieser Ecke befinden sich die einsamsten und unerschlossensten Strände von ganz Südafrika.

Im Gegensatz zur Western Cape Garden Route lässt sich die Wild Coast nicht leicht mit dem **Auto** befahren. Es gibt weder eine Küstenstraße noch direkte Verbindungen zwischen den Badeorten. Doch gerade in dieser Abgeschiedenheit liegt der Zauber dieser Region. Die einsamen Urlaubsorte sind über lange und kurvenreiche Schotterstraßen voller Schlaglöcher und Bodensenken zu erreichen, die von der N2 abgehen. Am besten sucht man sich eine oder zwei nette Unterkünfte aus und gönnt sich ein paar entspannte Tage. Die meisten Ortschaften an diesem Küstenstreifen sind nur unter dem Namen des dort befindlichen Hotels bekannt. Auf zahlreichen Landkarten ist aber auch der Xhosa-Name der Flussmündung eingetragen, an der die jeweilige Hotelanlage liegt.

Wer an der Wild Coast unterwegs ist, braucht unbedingt eine gute Landkarte, denn die Straßenführung ist verwirrend und ohne Karte sind die Verbindungen zwischen den Ortschaften rätselhaft.

Chintsa

Chintsa ist eines der besten unten den zahlreichen Ferienresorts zwischen East London und dem Kei River. Hier erstrecken sich endlose

Wild Coast

◼ ÜBERNACHTUNG

Buccaneer's Backpackers	17	
Bulungula Backpacker Lodge	10	
Coffee Shack	6	
Crawford's Lodge & Cabins	18	
Drifters Lodge	1	
Freedom "o" Clock Backpackers	2	
Friends Wild Coast Backpackers	4	
Haga Haga	16	
Kob Inn	11	
Mazeppa Bay	12	
Mbolompo Homestay	9	
Mdumbi Backpackers	3	
Morgan Bay Hotel	15	
Ocean View	5	
Trennery's	14	
Wavecrest	13	
White Clay	7	
Wild Lubanzi Backpackers	8	

East London

Sandstrände vor der Kulisse bewaldeter Dünen, durchzogen von Lagunen und Flussläufen. Chintsa besteht eigentlich aus zwei Orten, die durch einen Fluss getrennt sind. **Chintsa East**, 45 km von East London, ist ein schickes Feriendorf mit rund 200 Häusern und **Chintsa West** ist für seinen herrlichen Gezeitenpool bekannt.

Das große Rinderschlachten

Die 1850er-Jahre markierten einen Tiefpunkt für das Volk der Xhosa: Ein Großteil ihres Landes war von den Briten erobert worden, die Dürre ließ ihre Ernte vertrocknen und eine Rinderkrankheit hatte ihre wertvollen Viehbestände erheblich reduziert. 1856 behauptete die junge Frau **Nongqawuse**, dass die Geister der Ahnen ihr am Gxara River gesagt hätten, dass die Xhosa all ihr Vieh und Getreide zerstören sollten. Sodann würden nicht nur neues Vieh und Getreide kommen, sondern auch neue Menschen, die die weißen Menschen ins Meer jagen würden.

Nicht alle Xhosa glaubten dieser **Prophezeiung** – diejenigen, deren Herden besonders schlimm unter der Seuche gelitten hatten, waren am ehesten geneigt, sie für wahr zu halten. Doch als das Oberhaupt der Gcaleka, Sarili, seinen Untertanen befahl, ihr zu folgen, begann das große Schlachten. Die „neuen Menschen" erschienen allerdings nicht wie erwartet, also gab man die Schuld denen, die sich widersetzt hatten, und setzte einen neuen „Termin" an. Als sie im Februar 1857 abermals ausblieben, waren über 200 000 Rinder getötet worden, und für viele Xhosa gab es keine Überlebenschance mehr. Bis Juli desselben Jahres hatte die verheerende **Hungerkatastrophe** 30 000 der etwa 90 000 Xhosa das Leben gekostet.

Die Briten nutzten diese Hungersnot und zwangen die Xhosa zur Arbeit auf ihren Farmen. Der Kapgouverneur Sir George Grey schloss gar die Versorgungseinrichtungen der Missionsstationen, gab den Xhosa-Häuptlingen die Schuld und ließ viele von ihnen auf Robben Island inhaftieren.

Haga-Haga

Unmittelbar nordöstlich von Chintsa liegt **Haga-Haga**, 72 km von East London entfernt. Der Ort wird von dem kastenförmigen, aber perfekt gelegenen Haga-Haga Resort (S. 429) dominiert. Zum Sandstrand gelangt man auf dem 2 km langen Pfad in Richtung Pullens Bay. Rund 4 km weit ist der Weg zum Bead Beach, wo Einheimische **Perlen** aus Carneol sowie Keramiksachen verkaufen.

Morgan Bay

Morgan Bay, 90 km von East London entfernt, liegt eindrucksvoll in einem Mündungsgebiet, in dem zwei Flüsse aufeinandertreffen. Eine Wanderung vom Morgan Bay Hotel (S. 429), einer der besten Urlaubsanlagen an der Wild Coast, führt über grasbewachsene Anhöhen zu den 50 m hohen Morbay Cliffs, einem Punkt, von dem aus man Delfine und, zur richtigen Jahreszeit, auch Wale beobachten kann. In der Bucht brechen sich gewaltige Wellen, doch im Mündungsgebiet ist es ruhig und sicher genug für Kleinkinder zum Herumplanschen.

Kei Mouth und Trennery's (Qolorha Mouth)

Fähre tgl. Sommer 6–18, Winter 7–17.30 Uhr

Von Morgan Bay ist es nur eine kurze und holprige Fahrt bis zum Dörfchen **Kei Mouth**, aber unterwegs lädt kein bestimmter Ort unbedingt zum Bleiben ein. Nur 6 km Luftlinie weiter am Strand, aber auf dem Straßenweg erheblich weiter entfernt, liegt jedoch das bezaubernde **Trennery's**. Um es zu erreichen, muss der Kei River auf einer kleinen Fähre (auch das Auto, Pferd oder Rind kommen mit) überquert werden. Am jenseitigen Ufer angekommen, sind noch weitere 17 km Fahrt bis zum Trennery's Hotel ausgeschildert (S. 429). Vom Hotel führt ein steiler Fußweg durch üppige Vegetation zum spektakulären Strand, wo Kanus und Ruderboote vermietet werden.

In Ermangelung einer Küstenstraße lassen sich bestimmte Abschnitte der Wild Coast nur zu Fuß oder auf dem Pferderücken erkunden.

Strandloper Coastal Hiking Trail, ℡ 043 841 1046, 🖥 www.strandlopertrails.org.za. 4 Tage und 3 Nächte braucht man für den 58 km langen Wanderweg zwischen Kei Mouth und Gonubie (R6500 p. P.). Abwechslungsreiches Gelände, kleine Küstendörfer und freundliche Pubs entlang der Strecke machen diese Route zu einer sehr beliebten Wanderstrecke, gut geeignet für Familien. Übernachtet wird unterwegs in gut ausgestatteten Selbstversorger-Hütten mit zwölf Stockbetten.

Wild Coast Holiday Reservations, ℡ 043 743 6181, 🖥 www.wildcoastholidays.co.za. Bietet Pauschalpakete inkl. Träger und Transfers von East London, Hotelunterbringung und Vollpension auf drei Trails: Der 55 km lange Wild Coast Hotel Meander führt an der unberührten, wilden Küsten vom Kob Inn nach Morgan Bay (5 Nächte, R9290). Der 56 km lange Wild Coast Amble beginnt meilenweit nördlich von Kei River, endet in Chintsa und verläuft durch mittelschwer zu bewältigendes Terrain (4 Nächte, R8685). Und schließlich der Wild Coast Pondo Walk mit fünf Übernachtungen im „Basislager" Mboyti River Lodge nahe Lusikisiki; von dort aus werden zwei Küstenwanderungen und zwei Binnenlandwanderungen durchgeführt, bei denen pro Tag zwischen 13 und 26 km zurückgelegt werden (R885 pro Tag).

🧳 **Wild Coast Horseback Adventures**, ℡ 082 560 972, 🖥 www.wildcoasthorsebackadventures. com. Der renommierte Veranstalter mit Sitz auf der Sunray Farm in der Nähe von Kei Mouth hat gepflegte Reitpferde und bietet Ausritte für Reiter aller Fertigkeitsstufen auf Reitwegen, die an einigen der unberührtesten Strände Südafrikas verlaufen: an langgestreckten Sandbuchten und warmen Lagunen vorbei, über Flüsse, durch traditionelle Bauernsiedlungen und Urwald, über Weiden und grüne Hügel. Die Ausflüge sind jeden Cent wert und es stehen mehrere zur Auswahl, darunter eine Safari auf dem Pferderücken. Kei-River-Reitausflüge reichen von Ausflügen mit 2 Übernachtungen (R2070) bis zu mehrtägigen Trips entlang der Küste, übernachtet wird in Hotels – schönere Strandritte lassen sich wohl in keinem anderen Land der Welt unternehmen.

Trevor's Trail

Start tgl. 9 Uhr ▪ Buchung unter ℡ 073 575 7223 oder übers Hotel ▪ R155

Ein empfehlenswerter Ausflug von Trennery's ist der Trevor's Trail, eine rund dreistündige Wander- und Bootstour zu „The Gates", einem kurzen Korridor von Felswänden, die sich über dem Qholorha River erheben. Veranstalter ist der ortsansässige Trevor Wigley. Er bietet auch noch andere Ausflüge an, unter anderem einen Besuch bei einem **traditionellen Heiler**.

Wavecrest (Nxaxo Mouth)

Wavecrest, unmittelbar nördlich von Trennery's gelegen (von dort aber nicht auf dem Landweg zu erreichen), ist ein ruhiger Ort mit Mangrovensümpfen, die von Tieren nur so wimmeln – ideal zum Wandern, Angeln und Entspannen, aber auch gut für **Aktivitäten** wie Paddeln, Wasserski

und Hochseefischen. Arrangiert werden sie von der einzigen **Unterkunft** des Ortes, dem Wavecrest (S. 429).

Mazeppa Bay

Mazeppa Bay ist einer von zwei Orten an der Wild Coast, die sich hervorragend zum Angeln und ganz allgemein zum Chillen eignen (der andere ist Kob Inn). Mazeppa Bay liegt nordöstlich von Wavecrest und ist ein herrliches Plätzchen zwischen Dünen und Küstenwald. In der Bucht kann man gefahrlos baden und weiter draußen gibt es legendäre Surferwellen.

Kob Inn (Qora Mouth)

Unmittelbar nordöstlich von Mazeppa direkt am Meer am Qora River Mouth liegt **Kob Inn**. Die

Ortschaft besteht im Grunde nur aus der Hotelanlage (S. 431). Eine kleine Fähre setzt über die Mündung und bringt die Besucher zu herrlichen Küstenwanderwegen durch Grasland und Wälder.

Bulungula (Nqileni)

Das weitläufige, idyllisch an der Mündung des Bulungula River gelegene Dorf **Nqileni** rings um die Bulungula Lodge (S. 431) bietet Gelegenheit, Einblick ins ländliche Leben der Transkei zu gewinnen. Der Fluss schlängelt sich durch sanfte grüne, mit Rondavels gesprenkelte Hügel, Maisfelder und Viehweiden und mündet an einer stillen Stelle ins Meer. Dichter Wald überzieht hier die Küste, gesäumt von kilometerlangen schneeweißen Stränden.

Coffee Bay und Umgebung

Die dicht besiedelten, sanften Hügel von **Coffee Bay**, bei den Xhosa nach einem dichten Holz aus der Gegend *Tshontini* genannt, stellen die traditionelle Grenze zwischen den Clans der Bomvana und der Pondo dar. Coffee Bay lockt mit seiner gelassenen Atmosphäre immer mehr Besucher an – und konnte sich trotzdem ein idyllisches Flair bewahren.

Die **Landschaft** schafft einen Kontrast zum Grasland und zu den bewaldeten Sanddünen und Lagunen weiter südlich: Hier fallen spektakulär hohe Klippen auf Sandstrände herab, die von schwarzem Kiesel durchsetzt sind. Die **Wohnhütten** in der Gegend sind einzigartig. Viele sind strohgedeckt und oben mit einem Abschluss aus Reifen, Buntglas oder einer stachligen Aloe-Pflanze versehen. Das soll die als Unheilsbringer geltenden Eulen davon abhalten, auf den Dächern zu brüten. Das Highlight sind jedoch die **Küstenwanderungen** – die Wanderung zum Hole in the Wall ist sensationell, ebenso die zweitägige Küstenwanderung nach Bulungula mit Übernachtung im Wild Lubanzi Backpackers (S. 431). Guides (R400 pro Tag) und kostenlose Gepäckbeförderung vermitteln sowohl der Coffee Shack (S. 432) als auch die Bulungula Lodge (S. 431).

Dorfbesuche

Eine vortreffliche, kommunal betriebene **Dorfführung** kann bei der Veteranin der ANC Women's League, Betty Madlalisa, ✆ 083 339 0454, gebucht werden (R85). Da werden Wohnhäuser besucht und das Masizame Women's Project vorgestellt, das in einem farbenfrohen Gebäude gegenüber vom Bayview Store, 5 km vor Coffee Bay an der Straße nach Mthatha, untergebracht ist. Das Projekt ist eine der sehr wenigen Verkaufsstellen in Südafrika, in denen traditionelles Xhosa-Handwerk angeboten wird, darunter perlenbesetzte Taschen und Gürtel, traditionelle Kleidung, Körbe, Matten und Decken. Auf Anfrage werden auch Xhosa-Speisen (R65) zubereitet, die mit einem traditionellen Bier heruntergespült werden.

Hole In The Wall

Die Siedlung **Hole in the Wall** („Loch in der Wand"), 9 km nordwestlich von Coffee Bay, liegt in der Nähe der riesigen, aus dem Meer ragenden Klippe, von der es seinen Namen hat. Durch die Klippe führt ein Tunnel, durch den bei rauer See die Wellen donnern. Hier lässt es sich gut angeln, sicher baden und schnorcheln und faszinierende Wanderungen unternehmen.

Mthatha River Mouth

Der Mthatha River fließt 6 km nördlich von Coffee Bay in eine ruhige Lagune (eine von vielen). Eine reizvolle Art, die sanft gewellten Hügel, Küstenwälder und das Meeresufer der Region zu erkunden, ist auf dem Rücken eines Pferdes.

ÜBERNACHTUNG

Die **Hotels** an der Wild Coast funktionieren noch wie zu Kolonialzeiten: Festmenüs, Nachmittagstee und ein gut besuchtes Pub. Die meisten bieten Vollpension, denn mit Ausnahme von Chintsa, Port St Johns und Mthatha gibt es keine Restaurants, abgesehen von jenen in den Hotelanlagen. Viele Hotels bieten auch ganztags oder auch nur stundenweise Kinderbetreuung an. Entlang der Küste liegen einige ausgezeichnete **Backpacker-Lodges** und Campingplätze, aber Camping in ländlichen Gegenden ist nicht ratsam: selbst wenn ein

Strand idyllisch und verlassen aussieht, muss mit Dieben gerechnet werden. Eine **Buchung** der Unterkunft wird dringend empfohlen, am besten bei Wild Coast Holiday Reservations, ✆ 043 743 6181, 🖥 www.wildcoastholidays. com, in East London, das darüber hinaus **Aktivitäten** in der Region organisieren kann.

Chintsa

Buccaneer's Backpackers, Chintsa West, ✆ 043 734 3012, 🖥 www.cintsa.com; Karte S. 425. Eins der beliebtesten Hostels Südafrikas. Seinen Ruf hat es seiner exzellenten Backpacker-Unterkunft in 10 Cottages verschiedener Größen zu verdanken, von denen sich fantastische Blicke auf das Meer und die Lagune eröffnen. Die Gäste können sich selbst versorgen oder das preiswerte Frühstück und Abendessen im Café und im Pub einnehmen. Die Betreiber veranstalten auch Ausflüge zu einer benachbarten afrikanischen Schule und Township. Dorms R170, DZ R430
Crawford's Lodge & Cabins, Chintsa East, 42 Steenbras Dr, ✆ 043 738 5000, 🖥 www.crawfordsbeachlodge.co.za; Karte S. 425. Nur ein paar Minuten zu Fuß vom Strand entfernte Guesthouse-Unterbringung mit B&B. Ein Zimmer mit grandioser Aussicht kostet R2542. R1642

Haga-Haga

Haga-Haga, ✆ 043 841 1670 oder 082 659 8881, 🖥 www.hagahagahotel.co.za; Karte S. 425. Das einladende Hotel bietet Zimmer mit Vollpension, Bad und Balkon oder 8 Selbstversorger-Chalets mit 2 oder 4 Betten. In das felsige Meeresufer vor dem Hotel ist ein Gezeitenpool eingelassen. Pluspunkt: Haga-Haga liegt nur 70 km von East London entfernt und ist schon nach 13 km Schotterstraße erreicht. Chalets R1700, DZ R1820

Morgan Bay

🏨 **Morgan Bay Hotel**, 41 Beach Rd, Morgan Bay, ✆ 043 841 1062, 🖥 www.morgan bayhotel.co.za; Karte S. 425. Dieses freundliche, gut gemanagte Hotel mit Blick auf einen Traumstrand zählt zu den besten an der Wild Coast, vor allem für einen Familienurlaub. Die Verpflegung ist gut und die Zimmer sind frisch

Im Ostkap gibt es drei faszinierende, noch kaum erschlossene **Küstenreservate**: Dwesa, Hluleka und Mkhambathi. Die Unterkünfte sind alle auf Selbstversorger-Basis und es gibt weder Geschäfte noch andere Einrichtungen in den Reservaten. Alles Notwendige muss also mitgebracht und vor der Abfahrt von der N2 eingekauft werden. Die Reservate sind nur auf ziemlich strapaziösen Pisten zu erreichen und eignen sich nicht für einen Tagesausflug – lieber ein paar Tage dafür einplanen. Allerdings genießen die Küstenreservate nicht gerade den besten Ruf für effizientes Management. Buchungen erledigt das Eastern Cape Parks Board, ✆ 043 705 4400, 🖥 www.visiteastern cape.co.za.

und luftig. Wohnwagenparkplatz ist vorhanden. Frühstück und Abendessen sind im Preis enthalten. Ein weiteres Plus: von East London nach nur 76 km Teerstraße zu erreichen. Camping R265, DZ R2030

Trennery's (Qholorha Mouth)

🏨 **Trennery's**, ✆ 047 498 0095 oder 082 908 3134, 🖥 www.trennerys.co.za; Karte S. 425. Das 1928 eröffnete Trennery's strömt zwar altmodisches Flair aus, doch es ist nach wie vor ein heiß begehrtes Familienurlaubshotel. Uniformierte Nannys begleiten die Kinder zum Pool und in den separaten Kinderspeisesaal. Der traumhafte Strand liegt nur einen Katzensprung durch den Wald entfernt, und es werden alle möglichen Aktivitäten geboten. Die gepflegten Grünflächen und blühenden Bäume verstellen zwar den Blick aufs Meer, bieten dafür aber willkommenen Schutz vor dem Wind. Die Gästezimmer im Hotel sind geräumig und die reetgedeckten Chalets haben ein eigenes Bad, außerdem gibt es 10 Campingstellplätze. Camping pro Stellplatz R450, Vollpension R1780

Wavecrest (Nxaxo Mouth)

🏨 **Wavecrest**, ✆ 047 498 0022, 🖥 www. wavecrest.co.za; Karte S. 425. Die Ansammlung hübscher reetgedeckter Bunga-

OSTKAP

lows und Familienzimmer ist die vielleicht am bezauberndsten gelegene Hotelanlage der gesamten Wild Coast. Sie liegt am Rand eines mangrovengesäumten Meeresarms. Gäste können ein Kanu nehmen und in der Meeresmündung Vögel beobachten, oder ans andere Ufer paddeln, um die den endlosen Sandstrand säumenden Waldgebiete zu erkunden. Das alles lässt sich von der Bar und der Terrasse aus überblicken, und hat man sich sattgesehen, kann man sich im bescheidenen Wellness-Zentrum eine Massage gönnen. Vollpension R1500

Mazeppa Bay

Mazeppa Bay, ℡ 047 498 0033, 🖵 www. mazeppabayhotel.co.za; Karte S. 425.
In dem charmanten Hotel gibt's Vollpension

Xhosa-Traditionen

Die Wild Coast ist weitgehend von auf dem Lande lebenden Xhosa bevölkert, die ihren Traditionen und Bräuchen anders als in den Städten noch heute treu sind. So glauben viele, das Meer sei von Wesen bewohnt, die nicht alle Besucher willkommen heißen. Das erklärt, dass sie relativ selten am Wasser anzutreffen sind und für Küstenbewohner typische Tätigkeiten wie Fischen oder Tauchen kaum ausführen.

Der **Initiationsritus** ist bei Jungen noch immer an der Tagesordnung, und leider kommt es jedes Jahr zu Todesfällen, die auf Infektionen im Zusammenhang mit der Beschneidung zurückzuführen sind. Die Haupt-Beschneidungszeit fällt in die Dezemberferien. Dann sieht man manchmal am Straßenrand mit weißer Farbe bemalte junge Männer, oder Männer mit ockerfarbenen Gesichtern und „englischen" Tweedmützen. Sie verlassen ihr Zuhause, um eine Zeit lang in den „Beschneidungshütten" zu leben, sie schmücken sich mit weißer Farbe und Kostümen und erlernen die Bräuche ihres Clans. Bei der Beschneidungszeremonie erwartet man von ihnen keinen Laut des Schmerzes, während die Vorhaut (ohne Betäubung) abgetrennt wird. Nach der Zeremonie waschen sie die Farbe ab, hüllen sich in neue Tücher, und all ihre Habe wird verbrannt. Es folgen ein Festmahl und der Beginn einer einjährigen Übergangsphase, während der sie ockerfarbenen Ton im Gesicht tragen. Danach werden sie als Männer betrachtet.

Wie andere afrikanische Völker glauben viele Xhosa, dass ihre **Vorfahren** ihr Leben aktiv beeinflussen. Für die Entschlüsselung der Botschaften wird die Hilfe von Spezialisten (**amagqira**) gebraucht. Xhosa glauben nur an den einen großen Gott **uThixo** bzw. uNhkulukhulu.

Die Xhosa sind traditionell patriarchalisch, der untergeordnete Status der Frauen wird durch **lobola** symbolisiert, die **Mitgift** aus Vieh und Geld, die ein zukünftiger Ehemann den Eltern der Braut zahlen muss. Ist diese keine Jungfrau mehr, zahlen die Männer weniger. Verheiratete Xhosa-Frauen haben ebenso wie die Männer das Recht, Tabak in **Pfeifen** zu rauchen, was sie auch manchmal tun, allerdings mit langem Pfeifenstiel, damit die Asche beim Stillen nicht auf die Babys fällt.

Bevor die Europäer kamen, trugen die Xhosa keine Kleidung. Was man heute als traditionellen **Xhosa-Stoff** ansieht, wird meist von Frauen getragen, oft in Form von Röcken mit schwarzen Querstreifen. Die Brüste unverheirateter Frauen waren traditionell unbedeckt, die der verheirateten wurden mit Perlen passender Farben geschmückt. Heute tragen die Frauen T-Shirts, doch in ländlichen Gebieten bedecken noch immer fast alle den Kopf mit einem Tuch und kleiden sich zurückhaltend. In den Städten dagegen tragen die jungen Xhosa-Frauen Jeans und Make-up. Xhosa, die vom Ostkap wegziehen mussten, bewahren sich bis heute eine enge Bindung zu ihrem Herkunftsort. So werden beispielsweise Xhosa, die in Kapstadt gestorben sind, immer noch am Ostkap bei ihren Familien und Ahnen begraben. Jeden Freitagabend verlassen Scharen von Minibussen Kapstadt, um Trauergäste und Verstorbene zu den samstags stattfindenden **Begräbnissen** ans Ostkap zu bringen, eine Reise von immerhin 12–17 Stunden. Beerdigungen sind die allerwichtigsten Rituale im Leben von Xhosa-Familien – und der einzige Anlass, bei dem richtig viel Geld ausgegeben wird.

---

in komfortablen Cabanas oder Familienzimmern. 39 Stufen führen zum Strand hinunter.
Die reetgedeckten Ferienbungalows stehen
zwischen Palmen und tropischen Pflanzen.
Zusätzlicher Reiz der Anlage: Sie liegt auf einer
eigenen Insel (über eine Brücke zu erreichen)
und bietet hervorragende Bedingungen zum
Angeln und Surfen. R1930

Kob Inn (Qora Mouth)

Kob Inn, ☎ 083 452 0876, 🖥 www.kobinn.
co.za; Karte S. 425. Das begehrte Kob Inn bietet
Zimmer mit Bad und Meerblick sowie eine
Bar direkt auf der felsigen Anhöhe in der Nähe
des breiten Mbashe River. Die reetgedeckten
Bungalows sind komfortabel und geräumig,
und das Hotelrestaurant wird für seine Meeresfrüchte gerühmt. Zur Hotelanlage gehören ein
in die Felsen gehauener Gezeitenpool, ein
Tennisplatz und ein Trampolin. Die Angestellten
organisieren bei Bedarf ein Boot samt Angel-
ausrüstung oder versorgen die Gäste mit allem
Notwendigen zum Paddeln, Wasserskifahren
und Boardsailing. Vollpension R1840

Bulungula (Nqileni)

Bulungula Backpacker Lodge, ☎ 047
577 8900 oder 083 391 5255, 🖥 www.
bulungula.com; Karte S. 425. Die Öko-Lodge an
der Flussmündung ins Meer umfasst 10 leuchtend bunt gestrichenen Rondavels (mit 2 bis
6 Schlafplätzen), luxuriöse Safarizelte (Doppelbett oder 2 Betten) mit Stromversorgung, auf
Holzplattformen im Wald, und einem Campingplatz mit Gemeinschaftsduschen. Bulungula
ist ein Joint Venture zwischen der Gemeinde
und dem weitgereisten Dave Martin. Wer
Entspannung und darüber hinaus eine authentische Kulturerfahrung sucht, ist hier absolut
richtig. Nur mit Reservierung. Camping R100,
Dorms R190 Luxuszelto R420

Mbolompo

Mbolompo Homestay, in der Nähe des Zithulele
Mission Hospital, ☎ 083 542 5561, 🖥 www.
mbolompohomestay.weebly.com; Karte S. 425.
Xhosa-Dorf-Unterkunft in einem Waldstück
mit Sicht auf die Flussmündung des Mncwasa.
Die Unterbringung erfolgt in einer reetgedeck-

ten Lehmhütte mit sauberer Bettwäsche,
Dusche und Biotoilette. Abendessen gibt's auf
Anfrage (R50). Folgende Aktivitäten sind mög-
lich: Tubing auf dem Fluss, Klippenspringen,
Fischen, Vögel beobachten und bei Gemeinde-
projekten mithelfen. Dorms R120

Mdumbi

Mdumbi Backpackers, ☎ 083 461 1834,
🖥 www.mdumbi.co.za; Karte S. 425.
Die gemeindebasierte Ökotourismus-Initiative
Mdumbi bietet Unterbringung in Rondavels,
einen Campingplatz und ein Café mit gutem
hausgemachtem Essen. In der Nähe befindet
sich eine *shebeen*, eine Kneipe, in der Alkohol
ohne Lizenz ausgeschenkt wird. Mit seiner
wunderbaren Aussicht und in Spaziernähe vom
Strand ist diese Herberge eine prima Wahl für
Rucksackreisende, die das ländliche Xhosa-
Leben erfahren möchten. Camping R80,
Dorms R155, DZ R330
Freedom "o" Clock Backpackers, ☎ 082 7
95 3944 oder 071 192 6031, 🖥 www.freedom
oclock.co.za; Karte S. 425. In einem kleinen
Pondo-Dorf an der landschaftlich reizvollen
Mündung des Mdumbi River bietet das
schlichte Freedom jede Menge Natur und
ausgezeichnete Surfmöglichkeiten. Die ein-
fachen, rustikalen Selbstversorger-Unterkünfte
und Zeltplätze verfügen über gemeinsame
Sanitäranlagen. Bei der Reservierung kann
Verpflegung mitgebucht werden (Abendessen
R75, Frühstück R45). Camping R80, DZ R350

Lubanzi Village

Wild Lubanzi Backpackers, ☎ 078
530 8997, 🖥 www.wildlubanzi.co.za;
Karte S. 425. Bezaubernde, selbstgezimmerte
Häuschen in atemberaubender Hügel- und
Strandlage mit Solarenergie und geselliger
Atmosphäre. Die Zutaten für die hausgemach-
ten Mahlzeiten stammen aus dem eigenen
Gemüsegarten (Abendessen R75). Internet-
zugang. Dorms R150, DZ R350

Coffee Bay

Friends Wild Coast Backpackers, Main St,
☎ 073 077 1735, 🖥 www.friendswildcoast.com;
Karte S. 425. Am bewaldeten Flussufer des

Bomvu können die Gäste vom Friends abends am Lagerfeuer an *drumming sessions* teilnehmen. Außerdem im Angebot: Massagen, Yoga, Surfunterricht und Ausflüge ins Dorf. Alle Mahlzeiten, darunter auch selbstgebackenes Brot und Kuchen, sind im Sea View Café erhältlich; zum Trinken geht's in die Paradise Bar. Camping R50, Dorms R150, DZ R450

Coffee Shack, schön gelegen am Bomvu River, ℡ 047 575 2048 oder 083 656 4350, 🖥 www. coffeeshack.co.za; Karte S. 425. Die begehrteste Backpacker-Lodge von Coffee Bay hat Schlafsaalbetten, DZ und Zeltplätze. Im Restaurant kostet ein 2-gängiges Abendessen nur R55. Der hauseigene Shuttlebus verkehrt zwischen Mthatha und Coffee Bay und fährt bei Bedarf auch zur Haltestelle des Baz Bus. Camping R90, Dorm R150, DZ R400

Ocean View, direkt am Sandstrand, ℡ 047 575 2005/06, 🖥 www.oceanview.co.za; Karte S. 425. Die nobelste Herberge im Ort ist freundlich und gut geführt, mit hellen Zimmern, terrassiertem Garten, Poolbereich und Spielplatz. Im Restaurant mit Bar wird englisch angehauchtes Essen serviert. Vollpension R2100

White Clay, ℡ 083 262 5239 oder 083 979 4499, 🖥 whiteclayresort.co.za; Karte S. 425. Eine Bucht westlich von Coffee Bay, thront das White Clay in spektakulärer Lage hoch oben auf einer Klippe und hat DZ mit Bad, 12 Selbstversorger-Chalets sowie einen Campingplatz. Die Bucht gehört den Gästen des Hauses ganz allein, denn hier wohnt sonst niemand. Zwischen Aug und Nov tauchen manchmal Wale auf; Delfine lassen sich das ganze Jahr hindurch beobachten. Im Restaurant mit Schanklizenz kommen Seafood-Spezialitäten auf den Tisch. Camping R110, DZ R160 DZ mit VP R1590

Lambazi Bay

Drifters Lodge, ℡ 011 888 1160, 🖥 www. drifters.co.za; Karte S. 425. Die Lodge liegt in einem Küsten-Milkwoodhain versteckt an einem grandiosen unberührten Küstenabschnitt, keine 100 m vom Strand entfernt. Die Zimmer mit Bad verteilen sich auf 12 reetgedeckte, nach Pondo-Tradition erbaute Hütten, und in der Mitte der Anlage befindet sich ein Restaurant mit Bar. Vollpension R1950

ESSEN

Alle Hotelanlagen verfügen über ein Restaurant, und die Verpflegung ist oft im Preis enthalten. Selbstversorger sollten sich vorher in einer Stadt unbedingt ausreichend mit Lebensmitteln eindecken. Notfalls bekommt man vielleicht auch an einem Verkaufsstand unterwegs noch etwas, aber verlassen sollte man sich darauf nicht.

SONSTIGES

Außer in Port St Johns gibt's in den Küstenorten weder **Banken** noch Geldautomaten, deshalb sollte man aus East London oder Mthatha ausreichend Geld mitbringen. **Benzin** ist in Coffee Bay und Port St Johns erhältlich.

TRANSPORT

Auto

Es ist wichtig, sich im Vorfeld beim Hotel nach dem besten Anfahrtsweg zu erkundigen, denn Straßenführung und -zustand können sich ändern. Auf jeden Fall muss alles Notwendige mitgebracht und der Wagen vor Verlassen der N2 aufgetankt werden. Zwar bekommen einige der Wild-Coast-Straßen im Rahmen eines Straßenbauprojekts eine Asphaltdecke verpasst, doch die meisten sind nach wie vor ungeteert. Sie lassen sich in der Regel mit einem normalen Pkw bewältigen, aber in den Kofferraum gehören ein Werkzeugkasten und ein Reserverad. Langsam fahren, denn viele Straßen sind sehr rau und voller Schlaglöcher! Überall an der Wild Coast muss jederzeit mit Tieren auf der Fahrbahn gerechnet werden, auch auf der N2. Fahrten bei Regen und in der Nacht sind nicht ratsam. Über Nacht sollte man das Auto nur an bewachten Stellen parken.

Chintsa

Nach **Chintsa East** fährt man von East London 30 km auf der N2 und dann über eine 15 km lange Teerstraße (N2-Abfahrt East Coast Resorts Rd), nach 8 km biegt man an dem Schild nach Cefane Mouth links ab; nach weiteren 7 km ist das Dorf erreicht. **Chintsa West** liegt an der Strecke des Baz Bus, der am Buccaneer's Backpackers (S. 429) hält.

Haga-Haga

Haga Haga, an der N2 ausgeschildert, ist 72 km von East London (davon führen 27 km über eine Piste) und 210 km von Mthatha entfernt.

Wavecrest (Nxaxo Mouth)

Die Anfahrt führt von der N2 bei Butterworth über 34 km Teerstraße nach Centani, dort nimmt man die ausgeschilderte Straße (links) Richtung Nxaxo, folgt dieser 8 km und biegt dann rechts auf die Schotterstraße nach Wavecrest, das 24 km entfernt liegt.

Mazeppa Bay

Zur Bucht geht es von der N2 bei Butterworth 34 km Teerstraße nach Centani, dort folgt man dem Wegweiser zur weiteren 45 km entfernten Mazeppa Bay.

Kob Inn (Qora Mouth)

Um von der N2 nach Kob Inn zu kommen, nehmen Autofahrer die 34 km lange, ausgeschilderte Schotterpiste von Idutywa Richtung Osten.

Bulungula (Nqileni)

Die Abfahrt nach Bulungula erreicht man nach 50 km auf der Straße, die von der N2 Richtung Coffee Bay abgeht – bei der Zimmerbuchung für die Bulungula Lodge (S. 431) gibt's auch eine detaillierte Wegbeschreibung. Man sollte darauf achten, möglichst vor Einbruch der Dunkelheit anzukommen. Die Lodge bietet am Di, Do, Fr und So auch einen Shuttleservice (R90) von der Shell Ultra City in Mthatha (beim Reservieren entsprechende Absprache treffen). Gäste, die von Coffee Bay her kommen, werden von einem Mitarbeiter der Lodge an der Abzweigung Bulungula/Coffee Bay („Lutubeni" genannt) abgeholt, müssen also nicht bis Mthatha zurückfahren.

Mdumbi

Auf der N2 bis Mthatha, dann 70 km auf der Straße Richtung bis zur Abfahrt nach links auf die Schotterpiste Richtung Umdumbi und 23 km weit immer den Wegweisern mit der Aufschrift „Mdumbi Backpacker" nach. Die Abholung in Coffee Bay mit dem Mdumbi-Shuttle kostet R50.

Freedom "O" Clock

Sobald die Buchung bestätigt ist, werden die detaillierten GPS-Koordinaten zugeschickt. Man kann sich auch in Mthatha abholen lassen.

Lubanzi Village

Lubanzi Village liegt in der Gegend des Zithulele Mission Hospital, abseits der Straße nach Coffee Bay, 2 Autostunden von der N2 entfernt. Zwecks genauer Anfahrtbeschreibung wendet man sich an Lubanzi Backpackers. Es gibt auch einen Lubanzi-Shuttle (R15 p. P.) vom/zum Zithulele Hospital; Reservierung einen Tag im Voraus bei Lubanzi Backpackers.

Coffee Bay

Von der N2 ist Coffee Bay gut über eine geteerte Straße erreichbar, die 14 km südlich der Shell Ultra City in Mthatha abgeht.

Hole In The Wall

Eine 9 km lange Schotterstraße verbindet Coffee Bay mit Hole In The Wall – eine landschaftlich reizvolle Fahrt durch afrikanische Dörfer und an Felsklippen mit Meerblick vorbei.

Lambazi Bay

Erst folgt man der Teerstraße, die von der R61 abgeht (1 km südlich von Lusikisiki), dann geht es noch rund 40 km weiter auf Schotterpisten Richtung Port Grosvenor: immer den Schildern mit der Aufschrift „Drifters" nach bis Lambazi Bay.

Busse

Der **Baz Bus** hält in Chintsa West und Mthatha. Wer sich anmeldet, wird in Port St Johns und Coffee Bay oder in Butterworth (Ausgangspunkt nach Mazeppa) von Hostelmitarbeitern abgeholt. **Greyhound** und andere Busse verkehren auf der N2 zwischen DURBAN und EAST LONDON und halten in MTHATHA. **Minibustaxis** sind auf allen

Strecken unterwegs, damit kommt man von Mthatha gut nach Coffee Bay oder Port St Johns.

Flüge

Wer nach EAST LONDON fliegt und ein bestimmtes Ferienhotel ansteuert, kann mehrere **Shuttleservices** in Anspruch nehmen, darunter den East Coast Shuttle Service, ☎ 043 740 3060 oder 083 282 8790. Der Preis richtet sich nach der Anzahl der Fahrgäste.

Mthatha und Umgebung

Zu beiden Seiten der N2 und des Mthatha River, 235 km von East London entfernt, liegt **Mthatha** (das ehemalige Umtata), die vormalige Hauptstadt der Transkei und die größte Stadt der Wild Coast. Mit ihren vermüllten, chaotischen Straßen, gesäumt von monotonen 1970er-Jahre-Bauten (dazwischen das eine oder andere, leider heruntergekommene ältere architektonische Schmuckstück) ist sie alles andere als eine Schönheit. Doch am Stadtrand von Mthatha können Reisende sich mit allem Nötigen versorgen und Geld ziehen, und zwar gleich am Stadtrand im Spar Centre oder an der Shell Ultra City. Ein Besuch der Innenstadt lohnt sich nur wegen des **Nelson Mandela Museum**.

Nelson Mandela Museum

Owen St, Ecke Nelson Mandela Drive ▪ ⏰ tgl. 9–16 Uhr ▪ Eintritt frei ▪ ☎ 047 532 5110, ▭ www.mandelamuseum.org.za

Das **Nelson Mandela Museum** im alten, 1927 erbauten **Parlamentsgebäude** *(bungha)* wurde 2014 renoviert. Am interessantesten ist die Abteilung, die anhand von Fotos und anderem Anschauungsmaterial das Leben des großen Mannes nachzeichnet. In Zusammenarbeit mit seinem Schwestermuseum, dem Youth and Heritage Centre in Qunu (s. u.) organisieren die Mitarbeiter des Nelson Mandela Museum geführte Touren nach **Qunu** und **Mveso**, wo Nelson Mandela seine frühe Kindheit verbrachte. Allerdings ist es möglicherweise besser, bei Imonti Tours (S. 419) in East London einen organisierten Tagesausflug zu diesen Orten zu buchen.

Qunu und Nelson Mandela Youth and Heritage Centre

500 m abseits der N2, 30 km westlich von Mthatha ▪ ⏰ tgl. 9–16 Uhr ▪ Eintritt frei ▪ Führung nach Anmeldung ▪ ☎ 047 532 5110, ▭ www.mandelamuseum.org.za

Rund 30 km von Mthatha Richtung East London liegen die weit verstreuten Behausungen von **Qunu**, wo Nelson Mandela aufgewachsen ist. Auf der N2 ist man im Nu durch Qunu hindurchgefahren. Aber das große, recht schlichte Wohnhaus von Mandela (das fotografiert, aber nicht betreten werden darf) ist von der Straße aus gut zu sehen. Von der N2 weisen Schilder zum **Nelson Mandela Youth and Heritage Centre**. Dort können Besucher das Kunsthandwerkszentrum anschauen und sich einen Guide zuteilen lassen, der sie kostenlos in ihrem Mietwagen begleitet. Zum Besichtigungsprogramm gehören die Überreste von Mandelas Grundschule und der Felsen, den er mit seinen Freunden als Rutschbahn benutzte. In der Ferne ist Mandelas Grab zu sehen. Es liegt allerdings auf einem Privatgelände, das zurzeit nicht zugänglich ist. Hier soll jedoch ein Besucherzentrum entstehen.

ÜBERNACHTUNG

Mthatha

Palm Lodge, 19 Blakeway Rd, ☎ 072 707 9847, ▭ www.palmlodgemthatha.co.za; Karte S. 435. In der Nähe des Golfplatzes. 10 Zimmer mit Bad und eigenem Eingang, außerdem Pool, Garten und Grillecke. Auf Wunsch auch Abendessen erhältlich. R930

The White House, 5 Mhlobo St, South Ridge Park, ☎ 047 537 0580 oder 083 458 9810, ✉ whitehouse@indepco.co.za; Karte S. 435. 25 Zimmer, 8 davon mit Bad in 2 nebeneinanderliegenden Vorstadtvillen. Ruhige Gegend abseits der N2, gegenüber Shell Ultra City. Abendessen auf Vorbestellung. R1100

ESSEN

Die meisten Unterkünfte in Mthatha verfügen über ein Restaurant. Die Stadt hat ein reges Nachtleben, es gibt Bars und *shebeens*, doch

OSTKAP

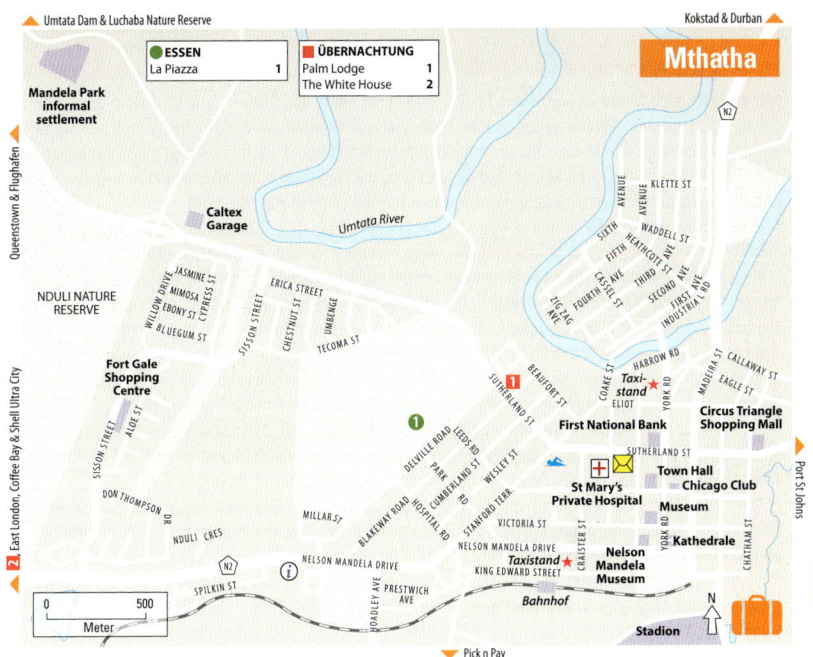

Mthatha

● ESSEN		■ ÜBERNACHTUNG	
La Piazza	1	Palm Lodge	1
		The White House	2

Mandela Park
informal
settlement

Caltex
Garage

Umtata River

Queenstown & Flughafen

NDULI NATURE
RESERVE

JASMINE ST
WILLOW DRIVE
MIMOSA ST
CYPRESS ST
EBONY ST
BLUEGUM ST

ERICA STREET

SISSON STREET

CHESTNUT ST

UMBERGE

TECOMA ST

Fort Gale
Shopping
Centre

SISSON STREET

ALOE ST

DON THOMPSON DR

NDULI CRES

MILLAR ST

SPILKIN ST

DELVILLE ROAD

LEEDS RD

BLAKEWAY ROAD

PARK ST

CUMBERLAND ST

HOSPITAL RD

STANFORD TERR

WESLEY ST

SUTHERLAND ST

BEAUFORT ST

East London, Coffee Bay & Shell Ultra City

0   500
Meter

NELSON MANDELA DRIVE

HOADLEY AVE

PRESTWICH
AVE

VICTORIA ST

NELSON MANDELA DRIVE
KING EDWARD STREET

KLETTE ST

AVENUE

AVENUE

WADDELL ST

SIXTH
FIFTH
FOURTH ST

HEATHCOTE AVE

THIRD AVE

CASS AVE
CASSEL ST

SECOND AVE

FIRST AVE
INDUSTRIA RD

ZIG ZAG
AVE

HARROW RD

CALLAWAY ST

MADEIRA ST
EAGLE ST

COAKE ST

YORK RD

ELIOT

Taxi-
stand ★

First National Bank

Circus Triangle
Shopping Mall

SUTHERLAND ST

SUTHERLAND ST

St Mary's
Private Hospital

Town Hall

Chicago Club

Museum

Kathedrale

CRAISTER ST

YORK ST

CHATHAM ST

Taxistand ★

Nelson
Mandela
Museum

Bahnhof

Stadion

N

Pick n Pay

OSTKAP

Port St Johns

---

ohne ortskundigen Begleiter sollte man dort
nicht hingehen – es ist viel zu gefährlich.
La Piazza Restaurant, Country Club, Delville Rd,
☏ 047 531 0795; Karte S. 435. Das Restaurant
im Country Club steht jedermann offen und
hat eine reetgedeckte Veranda mit Aussicht
auf den Golfplatz. Definitiv das beste Lokal am
Ort zum Mittag- oder Abendessen oder auf
einen Drink (Hauptgerichte R160). ⏱ Mo–Fr
11 Uhr bis spät, Sa 12.30–22 Uhr.
Selbstversorger bekommen Lebensmittel im
Spar Centre, 2,5 km außerhalb der Stadt an
der N2 (neben Wimpy), oder **Pick 'n' Pay**, im
Southernwood Shopping Centre an der Errol
Spring Ave. ⏱ tgl. 7–21 Uhr bzw. Mo–Fr 8.30–19,
Sa und So 9–16 Uhr.

SONSTIGES

Informationen
Mthatha Visitors Information Centre, auf
dem Gelände der Raststätte Shell Ultra City
(s. Busse).

Geld
In der Shell Ultra City gibt es einen
Geldautomaten.

Einkaufen
Alles Notwendige für Selbstversorger gibt
es 2,5 km außerhalb der Stadt an der N2
im **Spar Centre** (neben dem Restaurant Wimpy)
oder im **Pick 'n'Pay** (⏱ Mo–Fr 8–16.30 Uhr)
im Southernwood Shipping Centre an der
Errol Spring Ave.

TRANSPORT

Busse
Die Busse von **Greyhound** und **Translux**
halten bei **Shell Ultra City**, rund 6 km außerhalb des Zentrums an der N2 in Richtung
East London. Hier hält auch der **Baz Bus**,
und hier nehmen Backpacker ihren
vorher reservierten Shuttle nach PORT ST
JOHNS. Von hier aus fahren Minibusse in
die Stadt.

Nelson Rolihlahla Mandela wurde am 18. Juli 1918 in der Nähe des Dorfes Qunu (S. 434) in dem noch winzigeren Dörfchen **Mveso** geboren. Sein Vater war ein Angehöriger des Königshauses der Xhosa und das Oberhaupt von Mveso, bis er sich mit dem weißen Friedensrichter wegen eines geringfügigen Streites überwarf. Nach seiner „Entlassung" zog die Familie in einen kleinen Kraal in Qunu, der, wie Mandela sich erinnerte, aus mehreren Hundert armen Haushalten bestand.

Mandela wird oft **Madiba** genannt – das ist der Name seines den Thembu untergeordneten Familienclans. Der Name Nelson wurde ihm von einem Lehrer gegeben, Rolihlahla bedeutet so viel wie „Unruhestifter". Mandela durfte zu Hause nie Fragen stellen, sondern sollte alles durch Beobachtung lernen. Später beobachtete er entsetzt, wenn er bei weißhäutigen Menschen zu Gast war, wie deren Kinder ihre Eltern mit Fragen bombardierten und auch noch Antworten erwarteten. Kurz nach dem Tod seines Vaters wurde Mandela aus Qunu zum Königspalast in Mqhakeweni gerufen, wo er Auseinandersetzungen vor Gericht beobachtete. Mit 16 schrieb er sich im Clarkebury ein, einem College der Thembu-Elite, dann im Healdtown in Fort Beaufort und schließlich im berühmten **Fort Hare** in Alice (Kasten S. 421), wo mehrere Generationen führender Afrikaner ihre Ausbildung erhielten. Nachdem er mit der College-Leitung aneinander geraten war, ging er zurück nach Mqhakeweni. 1941 floh er vor einer arrangierten Heirat nach Johannesburg und fing an, sich politisch zu engagieren.

Erst im Jahr 1990 (mit 72 Jahren und nach fast drei Jahrzehnten Gefängnishaft) konnte er wieder nach Qunu zurückkehren und das Grab seiner Mutter besuchen, die zwischenzeitlich verstorben war. Wie er in seinen Memoiren schrieb, erschien ihm der Ort ärmlicher als früher, und ihm fiel auf, dass die Kinder jetzt Lieder über AK47er-Maschinengewehre und den bewaffneten Kampf sangen. Doch zu seiner Erleichterung stellte er auch fest, dass immer noch die gleiche Wärme wie früher und der alte Gemeinschaftsgeist herrschten, daher ließ er sich dort ein großes Haus bauen. Nach seinem Tod im Dezember 2013 wurde er in Qunu beerdigt.

Flüge

Vom kleinen **Mthatha Airport**, 10 km westlich der Stadt an der Straße nach Queenstown, ✆ 047 536 0121, starten tgl. teure Flüge von **SA Airlink**, ✆ 047 536 0023, nach JOHANNESBURG und EAST LONDON. Zum Flughafen fahren keine öffentlichen Transportmittel, aber man kann hier bei Avis oder Budget ein Auto mieten.

Port St Johns

Die 90 km lange Fahrt auf der R61 von Mthatha nach **Port St Johns** gehört zu den schönsten und atemberaubendsten Strecken der Wild Coast – allerdings sollte man lieber nicht in die Abgründe blicken, wo Fahrzeuge liegen, die es nicht geschafft haben, und die Fahrt so timen, dass man nur bei Tageslicht unterwegs ist. Sobald das winzige Dorf **Libode** hinter einem liegt, beginnt die spektakuläre Abfahrt vorbei an Felsenschluchten zur Küste, mit abenteuerlichen Blicken über die Wälder und das mit Rondavels gespickte Grasland. Die letzten Kilometer führen dann am Mzimvubu River entlang, bevor man den Stadtplatz und die Taxistand erreicht. Wer aus den kargen Hügeln von Mthatha kommt, kann kaum fassen, wie üppig grün und feuchtwarm es hier ist.

Zunächst wirkt die Stadt etwas verwirrend – sie teilt sich in drei verschiedene Gegenden, die kilometerweit voneinander entfernt sind. Am **First Beach**, vom Postamt die Hauptstraße entlang, mündet der Fluss ins Meer. Es gibt gute Angelmöglichkeiten, Baden ist aber unsicher. Ganz in der Nähe liegt das ziemlich heruntergekommene Stadtzentrum, wo es Geschäfte und Minibustaxis gibt. Am **Second Beach**, auf dem rechten Abzweig hinter dem Postamt etwa 5 km entlang der Teerstraße nach Westen, lässt es sich fabelhaft schwimmen, dort ist auch eine Lagune. Nicht weit von hier finden Besucher ein paar nette Unterkünfte. Weitere Übernachtungsmöglichkeiten, besonders für Angelfreunde, gibt es am Fluss in der Nähe der **Pondoland Bridge**.

Port St Johns ist vor allem bei **Rucksackreisenden** ein beliebtes Reiseziel, nicht nur wegen seiner sensationellen Lage an der Mündung des Mzimvubu River zwischen dem Mount Thesiger am Westufer und dem Mount Sullivan im Osten. Einige Besucher werden sicherlich auch von dem in der Gegend angebauten Cannabis angezogen, und die berühmte entspannte Atmosphäre des Ortes veranlasst so manchen, länger als geplant hier zu verweilen. Port St Johns kann mit guten Angelplätzen und Badestränden locken, einer größeren Auswahl an Unterkünften als anderswo an der Wild Coast und nicht zuletzt einer Teerstraße, die bis in die Stadt hineinführt.

Wer einen Aufenthalt an der Wild Coast einlegen möchte, ist mit Port St Johns besser bedient als mit Mthatha. Allerdings liegt es 90 km vom N2 entfernt.

Gates of St John

Beide Berge der **Gates of St John** lohnen den steilen Aufstieg zum Gipfel, von wo sich Blicke über die saftig grüne Umgebung eröffnen. Mit dem Auto kommt man bis zu dem Flugzeuglandeplatz oben auf Mount Thesiger und kann nach Raubvögeln Ausschau halten, die sich die Aufwärtsströmungen zunutze machen.

ÜBERNACHTUNG

Cremorne Estate, etwa 5 km vom Zentrum am Mzimvubu River, an der Pondoland Bridge ausgeschildert, ☎ 047 564 1110 oder 076 430 2194, 🖥 www.cremorne.co.za; Karte S. 438. Eine der wenigen edleren Unterkünfte der Stadt, elegante Holz-Cottages auf Stelzen für Selbstversorger, die Rasenflächen fallen zum Mzimvubu River hin ab, der Blick auf die Klippen des Mount Thesiger. Die Cottages für 3–4 Pers. haben je 2 Schlafzimmer mit Bad. Billiger sind die kleinen B&B-DZ mit derselben Aussicht. Noch preiswerter sind die winzigen Hütten mit Doppelliegen. Sehr gutes Restaurant, Bar und Pool-Bereich. R1280

Delicious Monster, nahe Second Beach, ☎ 083 997 9856, 🖥 www.deliciousmonsterpsj. co.za; Karte S. 438. Gemütliche Unterbringung

in einer reetgedeckten Hütte oder einem Loftzimmer auf dem Gelände, wo auch das kleine, freundliche gleichnamige Restaurant beheimatet ist, in dem man sich komplett verköstigen kann. R600

Jungle Monkey, Berea Rd, zweite Abfahrt rechts von der Hauptstraße hinter der Post, ☎ 047 564 1517, 🖥 www.junglemonkey.co.za; Karte S. 438. Hostel in einem umgebauten Haus in Zentrumsnähe mit Camping, Dorms und DZ in Blockhütten im Wald. Verpflegung ist im Übernachtungspreis nicht enthalten, es gibt aber ein Restaurant und am Wochenende auch eine Bar und Livemusik. Die Besitzer arrangieren Führungen in die Dörfer und Übernachtungen bei einem traditionellen Heiler sowie den Transport zum Silaka Nature Reserve. Der Baz Bus hält in Mthatha, Abholung von dort ist möglich. Camping R80, Dorms R120, DZ R450

🧳 **Mbotyi River Lodge**, gleich nördlich von Port St Johns, an der R61 ausgeschildert, kurz vor Lusikisiki. Selbstfahrer fahren 7 km weit auf der betonierten Straße bis zum Ende, biegen dann am Wegweiser nach Mbotyi rechts ab und fahren noch 19 km auf der Piste weiter, ☎ 082 674 1064 oder 039 253 7200, 🖥 www. mbotyi.co.za; Karte S. 438. Die Lodge liegt an der Mündung des Mbotyi River mitten in der Wildnis, umgeben von sanften grünen Hügeln, Feuchtgebieten, goldenen Stränden, Wäldern und schroffen Felsen. Unterbringung in Holzbungalows mit Balkonen, die auf eine stille Lagune hinausgehen. Zur Lodge gehört ein Pub. Umfangreiches Angebot an Aktivitäten, u. a. Reiten, Kanutrips, Mountainbikes, Angeln, Wandern und Safaris. In der Nähe gibt es einen Campingplatz des Mbotyi Campsite Trust, der in Zusammenarbeit mit der hiesigen Gemeinde betrieben wird. Reservierung bei der Mbotyi Lodge. Neben Stellplätzen (R95) gibt es 3 Pondohütten mit 6 Schlafzimmern (R700). Der rund um die Uhr bewachte Campingplatz hat Strom und fließendes Wasser. Vollpension R1400

Ntaba River Lodge, am Ufer des Mzimvubu River, an der R61 von Mthatha her ausgeschildert, direkt am Stadtrand von Port St Johns, ☎ 047 564 1707, 🖥 www.intabariverlodge.co. za; Karte S. 438. Besteht aus einer Reihe Chalets und einem Restaurant, wo es *idombolo*

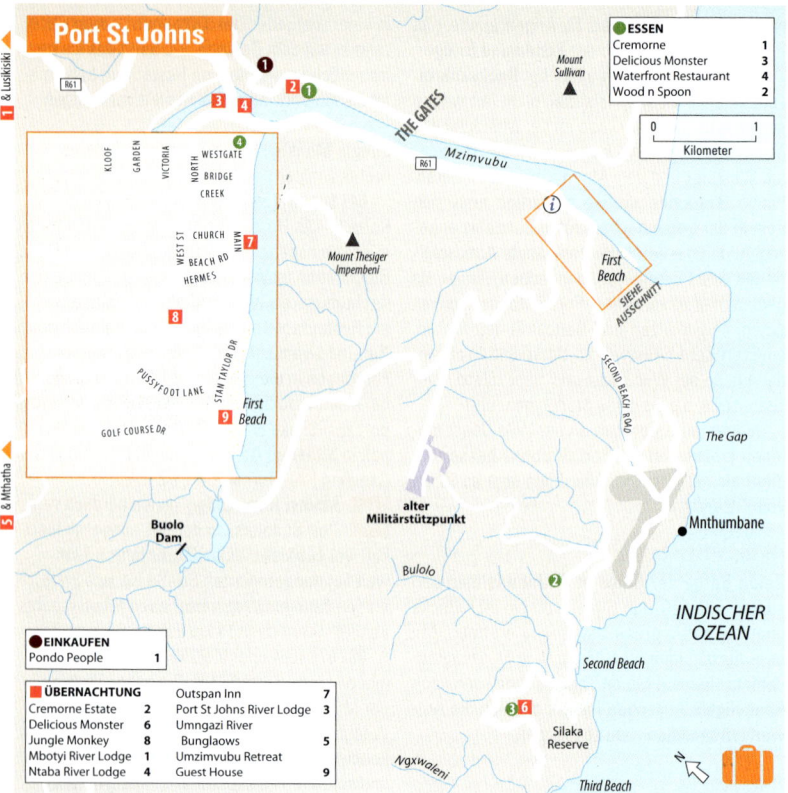

Port St Johns

● **ESSEN**
Cremorne	1
Delicious Monster	3
Waterfront Restaurant	4
Wood n Spoon	2

Mount Sullivan

THE GATES

Mzimvubu

R61

First Beach

SIEHE AUSSCHNITT

SECOND BEACH ROAD

The Gap

Mnthumbane

INDISCHER OZEAN

Second Beach

Silaka Reserve

Third Beach

Ngxwaleni

alter Militärstützpunkt

Bulolo

Buolo Dam

GOLF COURSE DR

First Beach

PUSSYFOOT LANE

STAN TAYLOR DR

KLOOF

GARDEN

VICTORIA

NORTH

WESTGATE

BRIDGE

CREEK

WEST ST

CHURCH

MAIN

BEACH RD

HERMES

Mount Thesiger Impembeni

R61

● **EINKAUFEN**
Pondo People	1

■ **ÜBERNACHTUNG**
Cremorne Estate	2	Outspan Inn	7
Delicious Monster	6	Port St Johns River Lodge	3
Jungle Monkey	8	Umngazi River	
Mbotyi River Lodge	1	Bunglaows	5
Ntaba River Lodge	4	Umzimvubu Retreat	
		Guest House	9

OSTKAP

1 & Lusikisiki

5 & Mthatha

(„Dampfnudeln") gibt. Der freundliche Service ist makellos, und es sind jede Menge Aktivitäten im Angebot. B&B R1600

Outspan Inn, im Zentrum, hinter der Town Hall an der Straße zum First Beach, ☎ 047 564 1057, 🖥 www.outspaninn.co.za; Karte S. 438. 2-stöckiges ockerfarbenes B&B in einem bezaubernden großen Garten mit Zimmern mit Bad, von den Betten z. T. Blick auf den First Beach. Restaurant und Pub (🕐 tgl.), Pool. R850

Port St Johns River Lodge, Mthatha Tar Rd, ☎ 047 564 0005, 🖥 www.portstjohnsriverlodge. co.za; Karte S. 438. Selbstversorger-Cottages aus Holz am Flussufer (R770) oder B&B-Zimmer mit Bad in der Lodge. Auf dem Gelände gibt es auch einen Pool, eine Bar und ein Restaurant. R1000

Umngazi River Bungalows, an der Mündung des Umngazi River, westlich von Port St Johns, ☎ 047 564 1115, 🖥 www.umngazi.co.za; Karte S. 438. Das Umngazi ist mit Abstand das beste Urlaubsresort der Wild Coast und ein Garant für einen traumhaften Familien-Strandurlaub, auch wenn man hier tiefer in die Tasche greifen muss als in den anderen Familienhotels weiter südlich. Es ist oft ausgebucht, gerade während der Schulferien, also rechtzeitig buchen. Ausgeschildert an der R61, ca. 10 km vor Port St Johns, von Mthatha kommend. Vollpension R2770

Umzimvubu Retreat Guest House. Der Straße zum First Beach folgen; der Eingang ist am Ende der Teerstraße deutlich ausgewiesen, ☎ 047 564 1741, 🖥 www.umzimvuburetreat. co.za; Karte S. 438. Schickes, aber trotzdem heimeliges Gästehaus in einem großen natur-belassenen Garten mit herrlicher Aussicht. Alle Zimmer verfügen über ein Bad; auch Unter-bringung für Selbstverpfleger oder Familien möglich. Das Abendessen im Restaurant (R110) muss vorgebucht werden. R1100

ESSEN

Selbstverpfleger können sich oft an Straßen-ständen mit Obst der Region eindecken. Fliegende Händler verkaufen frischen Fisch und Meeresfrüchte. Der **Boxer Supermarket** im Zentrum so alle notwendigen Lebensmittel. **Cremorne**, Mzimvubu River, den Schildern an der Pondoland Bridge folgen, ✆ 047 564 1110. Im vornehmsten Lokal der Stadt gibt's ausge-zeichneten Fisch, Steaks (R100) und Desserts, außerdem einen Pizzaofen (Pizza nur am Mi, Fr und Sa) und einen gut sortierten Pub. ⊕ tgl. 18–22 Uhr.
Delicious Monster, nahe Second Beach, ✆ 083 997 9856, 🖳 www.deliciousmonsterpsj. co.za; Karte S. 438. Ein Gartenlokal mit Schank-lizenz, in dem Frühstück, Mittag- und Abend-essen zu haben ist: Seafood, Schawarma und leckere vegetarische Gerichte, alles mit frischen Kräutern aus dem eigenen Garten zubereitet. Zum Tee (R60) wird selbstgemachtes Gebäck gereicht. ⊕ Mo–Sa 9–10 und 18–21 Uhr.
Waterfront Restaurant, The Knoll, ✆ 047 564 1234; Karte S. 438. Traditionelle südafrika-nische Gaumenfreuden, zum Verzehr entweder unter dem Reetdach des reizenden *lapa* oder draußen auf einer hölzernen Veranda über dem Umzimvubu River. Wer sich nicht recht ent-scheiden kann, ist mit einem großen T-Bone-steak (R110) bestimmt gut bedient. ⊕ Mo–Sa 11–21 Uhr.
Wood n Spoon, Second Beach, ✆ 083 532 8869; Karte S. 438. Die Küche dieses fantas-tischen kleinen Lokals ist in einem Wohn-wagen untergebracht. Es gibt ausgezeichnete Frühstücksgerichte, traditionelle afrikanische Gerichte, Burger, Currys und Sandwiches (R85). Gegessen wird draußen in rustikaler Umgebung mit Blick auf den Strand und die dort herumspazierenden Kühe. ⊕ Do–Di 10.30–21 Uhr.

Einkaufen

Pondo People, am Ostufer des Mzimvubu River, jenseits der Pondoland Bridge, ✆ 047 564 1274; Karte S. 438. Pondo People ist mit Abstand der beste Kunstgewerbeladen an der Wild Coast. Er hat sich zum Ziel gesetzt, die Tradition der Perlenarbeiten in der Transkei aufrecht zu erhalten und verkauft wunderschön mit Perlen verzierte Kleidung. ⊕ Mo–Fr 8.30–16.30, Sa 8.30–13 Uhr.

Informationen

Touristeninformation, in dem auffälligen Bau am Kreisverkehr auf dem Weg stadteinwärts, ✆ 047 564 1187, 🖳 www.portstjohns.org.za/ torism.htm. Hier gibt's Karten sowie Informatio-nen über die Unterbringung bei örtlichen Xhosa-Familien. ⊕ tgl. 8–16.30 Uhr.

Touren

Jimmy Gila und sein Bruder, ✆ 082 507 2256, 🖳 www.wildcoasthikes.com, veranstalten erstklassige Wandertouren in der Region mit Übernachtung in Hütten oder Xhosa-Dörfern. Ein Guide kostet R350 pro Tag, die Übernach-tung R300 pro Nacht (inkl. Verpflegung) und die Flussüberquerung R80.

TRANSPORT

Auto

Von Durban nimmt man die Küstenstraße R61 über Port Edward, Bizana und Lusikisiki.

Busse und Minibustaxis

Der **Baz Bus** hält an der Shell-Tankstelle. Von dort fährt ein Shuttlebus zum Jungle Monkey Hostel (Reservierung unter ✆ 047 564 1517). Man muss aber nicht dort über-nachten: Die Mitarbeiter rufen bei den anderen Unterkünften an, dass sie jemanden schicken, um die (angemeldeten) Gäste abzu-holen. Wer mit öffentlichen Transportmitteln von KwaZulu-Natal nach Port St Johns fährt, kann als Alternative auch ein Minibustaxi via Port Edward, Bizana und Lusikisiki über die R61 nehmen.

OSTKAP

KwaZulu-Natal

KwaZulu-Natal hat alles zu bieten, was man gemeinhin mit Afrika verbindet: Strände, wilde Tiere, Berge und eine aufgeschlossene, multikulturelle Bevölkerung. Die Südafrikaner selbst wissen sehr gut, welche Attraktionen KwaZulu-Natal zu bieten hat. Nur die ausländischen Besucher scheinen noch nicht so recht gemerkt zu haben, was für ein unglaubliches Potenzial in dieser schönen Region steckt.

Stefan Loose Traveltipps

11 **Durban** In den indischen Restaurants kann man die pikante Küche der zweitgrößten ethnischen Gruppe KwaZulu-Natals kennenlernen. S. 444

12 **uKhahlamba Drakensberge** Das Gebirge und die uralten Felsmalereien der San sind eine der Welterbestätten von KwaZulu-Natal. S. 481

13 **Hluhluwe-iMfolozi Park** Einer der besten Orte der Welt, um Nashörner zu beobachten. S. 497

Lake St Lucia Das Highlight des iSimangaliso Wetland Parks umfasst fünf Ökosysteme mit unzähligen Tieren. S. 500

Sodwana Bay Im besten Tauchrevier Südafrikas tummeln sich Haie, Meeresschildkröten und Tropenfische. S. 509

Zulu-Kultur in Eshowe Gelegenheit, an einer Zulu-Zeremonie teilzunehmen und fantastische Flechtarbeiten im Vukani Zulu Cultural Museum zu sehen. S. 519

Battlefield-Touren Wortgewandte Guides vermitteln das Drama der Kriege zwischen Engländern, Buren und Zulu. S. 525

HINDU-TEMPEL, DURBAN

ECHTE KARETTSCHILDKRÖTE, SODWANA BAY

Inhalt

Die Stadt **Durban** ist das wirtschaftliche Zentrum der Provinz KwaZulu-Natal und wichtigster Hafen des Landes. Die Ursprünge der Metropole sind britisch, doch das einzigartige kulturelle Flair verdankt sie einer Mischbevölkerung aus Zulu, Indern und Weißen. Nördlich und südlich von Durban liegen die am besten erschlossenen Strände Südafrikas: die **Nordküste** (North Coast) und **Südküste** (South Coast). Von der Ostkap-Grenze im Süden bis zum Tugela River im Norden säumen an einem 250 km langen Küstenstreifen Hotels und Ferienwohnungen die beliebtesten Strände des Landes.

Stefan Loose Traveltipps   (Traveltipps s. S. 441)

KwaZulu-Natal

Diese Region bildet ein Mosaik aus Feuchtgebieten, Süßwasserseen, Wildnisgebieten und Zulu-Dörfern, es findet seine Nahtstelle zum Meer in einem praktisch durchgehenden Sandstrand, der sich von der St-Lucia-Mündung bis über die Grenze hinaus nach Mosambik hinzieht. Abgesehen vom touristisch einigermaßen erschlossenen **Lake St Lucia** zählt die **Elephant Coast** zu den isoliertesten Regionen des Landes, doch die Korallenriffe der **Sodwana Bay** bilden das beste Schnorchel- und Tauchrevier Südafrikas.

Die beeindruckende Unterwasserwelt KwaZulu-Natals findet ihr Pendant an Land in den **Wildschutzgebieten**: Nirgends auf dem Kontinent kann man besser Spitz- und Breitmaulnashörner beobachten. Die Tierschutzgebiete konzentrieren sich im Norden der Provinz und bieten Unterkünfte, die zu den stilvollsten Südafrikas gehören. Das berühmteste und größte Reservat ist der **Hluhluwe-iMfolozi Park**. Hier ist eine beachtliche Vielfalt an wilden Tieren anzutreffen, darunter auch die Big Five, also die Großwildarten Löwe, Leopard, Elefant, Nashorn und Büffel.

Seit dem 19. Jh., als die Region erstmals von christlichen Missionaren ins Visier genommen wurde, haben die **Zulu** die Fantasie der westlichen Welt angeregt, sie zählen auch heute noch zu den wichtigsten touristischen Magneten der Provinz. Überall finden sich Erinnerungen an das Zulu-Königreich und seinen Gründer Shaka, darunter eine Rekonstruktion des aus Bienenkorbhütten bestehenden Zuludorfes **Ondini** und das eher touristisch ausgerichtete **Shakaland** in der Nähe von **Eshowe**.

Im Landesinneren liegen nördlich des Tugela River die **KwaZulu-Natal Battlefields**, das Kernland des Zulu-Königreiches im 19. Jh. und Schauplatz schauriger Schlachten zwischen Buren und Zulu, Engländern und Zulu sowie Buren und Engländern. Heute erwecken Fremdenführer die historischen Kampfschauplätze wieder zum Leben.

Von den Midlands aus erheben sich Richtung Westen die höchsten Gipfel Südafrikas. Sie erreichen ihren Höhepunkt in den **uKhahlamba Drakensbergen**, einem gewaltigen Gebirgsmassiv. Die Bergwelt wird durch eine Reihe von Tierreservaten geschützt. Die Restcamps der Gegend eignen sich ideal als Ausgangspunkt für Wanderungen in die Berge oder eine anspruchsvolle Kletterpartie in die Hochgebirgswelt. So lässt sich erleben, wie kristallklare Flüsse in marmorartige Felsbecken stürzen oder wie das Volk der San seine uralten Zeichnungen auf Steinen und Felswänden verewigte.

Das **Klima** KwaZulu-Natals ist erheblichen Schwankungen unterworfen. Im Winter kann es in den uKhahlamba Drakensbergen zu Schneestürmen kommen, während an der subtropischen Küste ganzjährig mildes und sonniges Badewetter herrscht. Die Region ist daher ein beliebtes Ferienziel, während die Hochsommer in den tiefer gelegenen Gebieten einschließlich Durban, im Küstengürtel und in den Wildreservaten eine unangenehm hohe Luftfeuchtigkeit mit sich bringen kann.

Geschichte

Obwohl sie im 19. Jh. in Kämpfen gegen die Buren und Briten unterlagen, spielen die Zulu auch heute noch eine wichtige Rolle in der südafrikanischen Politik, besonders in KwaZulu-Natal. Die Inkatha Freedom Party (IFP), 1975 vom ehemaligen ANC Youth League-Mitglied **Mangosuthu Buthelezi** gegründet, galt lange als Symbol für Zulu-Nationalismus und wird überwiegend von Zulu-Sprachigen gewählt. Anfangs waren die IFP und der ANC Verbündete im Antiapartheidkampf. Aber bald stellte sich heraus, dass der leidenschaftliche Nationalismus der IFP einen erheblichen Nachteil für den ANC darstellte. Es kam zu Übergriffen von ANC-Anhängern auf IFP-Mitglieder. Darauf folgte ein blutiger Konflikt zwischen den beiden Parteien in den 1980er- und 1990er-Jahren, der bis zu 20 000 Menschenleben forderte.

Auf politischer Ebene setzt sich die Rivalität fort, aber in KwaZulu-Natal hat inzwischen der ANC die Oberhand gewonnen. **Jacob Zuma**, der im Februar 2018 zurückgetretene Staatspräsident Südafrikas, stammt aus KwaZulu-Natal und hat sich für ein Ende der Gewalt zwischen ANC und IFP eingesetzt. Er hielt oft Ansprachen auf Zulu und genoss trotz einer umstrittenen politischen Karriere großen Rückhalt in seinem Volk.

Durban

Bis in die 1970er-Jahre galt Durban – drittgrößte Stadt Südafrikas und größter Hafen des Kontinents – als Inbegriff eines exklusiven Meerbades für die weiße Bevölkerung Südafrikas. Die tropischen Farben und die zahlreichen Urlauberfamilien aus Johannesburg unterstrichen dieses Bild. Aber in den 80er-Jahren kam es zu tiefgreifenden Veränderungen: Nach dem Ende der Apartheid strömten Schwarzafrikaner aus den ländlichen Gebieten KwaZulu-Natals nach Durban und errichteten Shantytowns und Hütten aus Pappkarton. Damit kehrte hier die schwarzafrikanische Realität ein. Die zweitgrößte ethnische Gruppe der Stadt sind die **Inder**. Ihre Tempel, Basare und Moscheen bilden einen starken Kontrast zu den viktorianischen Gebäuden des von der Kolonialzeit geprägten Zentrums.

Zwar ziehen die **Strände** der Stadt alljährlich Tausende von Jo'burgern nach „Durbs", das Interessanteste an Durban ist jedoch seine quirlige Betriebsamkeit. Die Stadt scheint unermüdlich damit beschäftigt, die verschiedenen Kulturen miteinander in Einklang zu bringen. Durban bietet sich zudem als Sprungbrett für Abstecher in die Umgebung an: Die Stadt verfügt über eine sehr gute Verkehrsanbindung innerhalb Südafrikas und ist über den King Shaka International Airport auch mit einigen Städten im Ausland verbunden.

Man kann hier hervorragend mehrere Tage verbringen. Das von Menschen wimmelnde Gewirr der Basare, Gässchen und Moschee des **indischen Viertels** rund um die Dr Yusuf Dadoo Street lädt zu ausgedehnten Streifzügen ein und das geschäftige **Hafengebiet** ist immer ein dankbares Fotomotiv. Die schicken **nördlichen Vororte** wie **Berea** warten mit üppigen Gärten und trendigen Cafés, Restaurants und Bars auf. Durbans **Stadtzentrum** entwickelte sich um die Niederlassung der ersten weißen Siedler herum. Das, was vom historischen Stadtkern noch übrig ist, konzentriert sich um den **Francis Farewell Square**.

Durbans ausgedehnte **Beachfront** am östlichen Rand des Stadtzentrums säumen vielstöckige Hotels und anspruchslose Familien-Freizeitparks, die breite Promenade eignet sich jedoch wunderbar für Spaziergänge. Viel weiter außerhalb liegen Schlafstädte der schwarzen Pendler, darunter die Apartheid-Ghettos KwaMashu und Inanda im Nordwesten. **Cato Manor**, die der Stadt am nächsten gelegene Township, ist ein anschauliches Beispiel für die urbanen Widersprüche Südafrikas.

Geschichte

Vor weniger als 200 Jahren war Durban den Europäern noch als **Port Natal** bekannt und eine mangrovenüberwucherte Lagune, in der weiße Abenteurer profitable Geschäfte mit Elfenbein und Fellen witterten. 1824 überredete eine britische Abordnung unter Führung von **Francis Farewell** den Zulu-König **Shaka** zur Herausgabe eines Stück Landes. Die Engländer nannten ihre neue Siedlung Durban, nach dem Gouverneur der Kapkolonie, Sir Benjamin D'Urban. Sie waren der Ansicht, dass sie dessen Unterstützung irgendwann einmal gut gebrauchen könnten.

1839 sah sich Großbritanniens zerbrechlicher kolonialer Außenposten einer ernsten Bedrohung ausgesetzt, als die **Buren** mit ihren Ochsenkarren über die uKhahlamba Drakensberge gezockelt kamen, um in bedrohlicher Nähe ihre neue Republik Natalia auszurufen. Im darauf folgenden Jahr machten einige inzwischen feindlich gesinnte Zulu die junge englische Siedlung dem Erdboden gleich und zwangen die britischen Kolonialisten, auf ihrem Segelschiff *Comet* das Weite zu suchen. Aus dieser Situation wusste eine Gruppe von Buren Kapital zu schlagen, indem sie Durban annektierte. Später belagerten die Buren ein inzwischen eingetroffenes Kontingent der Engländer – eine Episode, die den Stoff zu einem der großen viktorianischen Melodramen lieferte: Der junge **Dick King** legte damals heldenhaft die 1000 km von Durban nach Grahamstown zu Pferde in nur zehn Tagen zurück, um die dortige Garnison zu alarmieren, die ein Kommando zur Befreiung Durbans auf den Weg schickte.

Während Kapstadt sich schon in den 1840er-Jahren zu einem kosmopolitischen Zentrum ent-

KWAZULU-NATAL

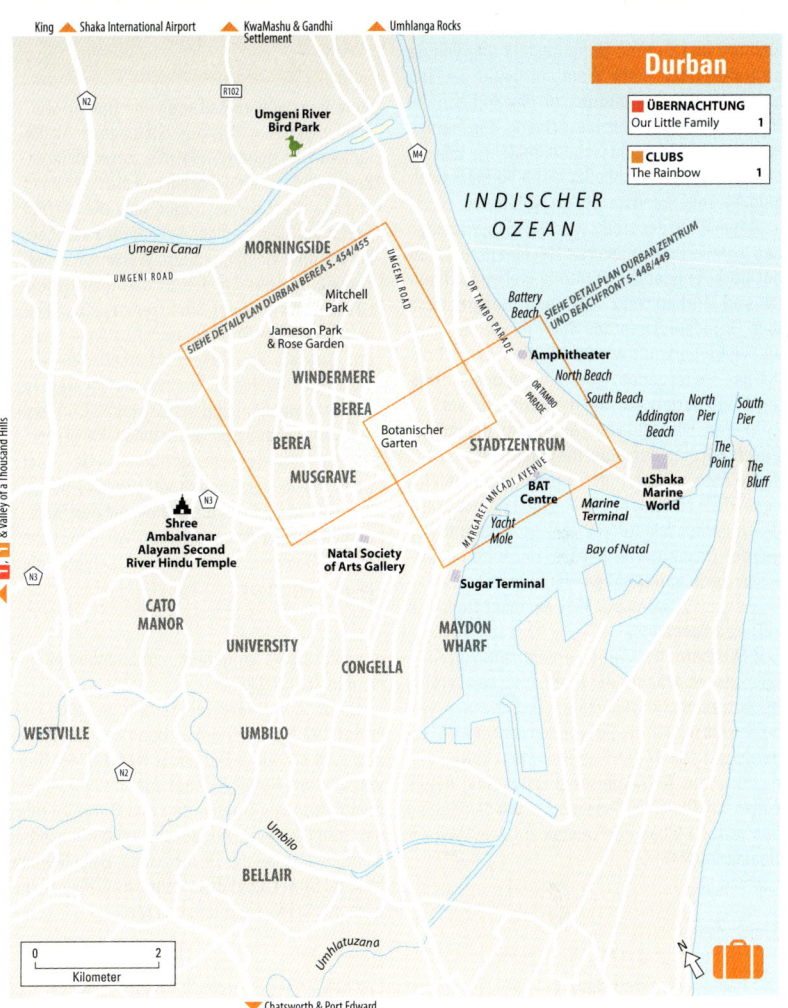

King ▲ Shaka International Airport
KwaMashu & Gandhi Settlement
Umhlanga Rocks

Durban

ÜBERNACHTUNG
Our Little Family   1

CLUBS
The Rainbow   1

N2
R102

Umgeni River Bird Park

M4

INDISCHER OZEAN

Umgeni Canal

MORNINGSIDE

UMGENI ROAD

UMGENI ROAD

SIEHE DETAILPLAN DURBAN BEREA S. 454/455

Mitchell Park

Battery Beach

SIEHE DETAILPLAN DURBAN ZENTRUM UND BEACHFRONT S. 448/449

Jameson Park & Rose Garden

OR TAMBO PARADE

Amphitheater

ONTAMBO PARADE

North Beach

WINDERMERE

BEREA

South Beach

Addington Beach

North Pier

South Pier

BEREA

Botanischer Garten

STADTZENTRUM

The Point

The Bluff

MUSGRAVE

MARGARET MNCADI AVENUE

BAT Centre

uShaka Marine World

N3

Yacht Mole

Marine Terminal

Shree Ambalvanar Alayam Second River Hindu Temple

Natal Society of Arts Gallery

Bay of Natal

N3

Sugar Terminal

CATO MANOR

MAYDON WHARF

UNIVERSITY

CONGELLA

N2

WESTVILLE

UMBILO

Umbilo

BELLAIR

Umhlatuzana

0   2
Kilometer

N

Chatsworth & Port Edward

▲ & Valley of a Thousand Hills

KWAZULU-NATAL

---

wickelt hatte, teilten sich die knapp 1000 Einwohner Durbans ihre bescheidene Existenz mit Löwen, Leoparden und Elefanten. Das änderte sich, als Großbritannien 1843 die **Kolonie Natal** offiziell annektierte. Die zweite Hälfte des 19. Jhs. war geprägt von einer beträchtlichen industriellen Entwicklung und dem Zustrom anderer ethnischer Gruppen. Zwangsverpflichtete **indische Arbeitskräfte** trafen ein, um auf den Zuckerrohrplantagen KwaZulu-Natals zu schuften. Sie legten den Grundstein für Südafrikas profitable **Zucker-industrie** und die inzwischen beträchtlich angewachsene indische Gemeinde der Stadt.

Nachdem sie 1879 von den Briten geschlagen worden waren, zogen viele Zulu nach Süden, in den expandierenden Wirtschaftsraum Durban. 1895 wurde die Eisenbahnlinie zwischen Johannesburg und Durban fertig gestellt und von da an trafen noch mehr Wanderarbeiter ein. Die neue Verkehrsverbindung in das industrielle Herz des Landes und die Öffnung des Hafens von Durban für große Schiffe im Jahre 1904 sicherten der Stadt schließlich ihre Vormachtstellung als bedeutendster Hafen Südafrikas.

Angesichts der stetig wachsenden indischen und schwarzafrikanischen Bevölkerung erließ der unter englischer Kontrolle stehende Stadtrat von Durban 1922 ein **neues Gesetz**, nach dem Grundstücke in der Stadt fortan nur noch an Weiße verkauft werden durften. Er griff damit der später unter Federführung der Afrikander eingeführten Apartheid um 26 Jahre vor.

In den 50er-Jahren resultierte die strikte Durchsetzung der **Apartheidgesetze** in zehn Jahre lang andauernden **Protesten**, angeführt vom ANC. Nachdem die Partei 1960 verboten worden war, bildete sich ein bewaffneter Flügel der Organisation heraus, der eine landesweite **Serie von Bombenanschlägen** ankündigte, die am 15. Dezember 1961 mit einer Explosion in Durban begann.

1973 übernahm Durban erneut eine Vorreiterrolle, als die Arbeiter der Stadt, trotz des Verbots arbeitsrechtlicher Aktivitäten für Schwarze, wilde Streiks initiierten. Es war das Signal zur Wiedergeburt von Südafrikas **Gewerkschaften** und hauchte der Anti-Apartheid-Bewegung neues Leben ein. Die Ereignisse markierten den Beginn der letzten Etappe des Landes auf dem Weg zur Demokratie.

Das Zentrum

Der **Francis Farewell Square**, begrenzt von den beiden Hauptdurchgangsstraßen des Zentrums, Dr Pixley Kaseme Street (früher West Street) und Anton Lembede Street (früher Smith Street), bildet das Herz des kolonialen Durban. Im Mittelpunkt des palmengesäumten Platzes zieht im Schatten einiger schöner alter Gebäude das Gelb und Blau des **Kenotaphs**, eines wunderschönen Art-déco-Denkmals zu Ehren der Gefallenen des Ersten Weltkriegs, die Blicke auf sich. Dies war der Ort, wo einst die englischen Abenteurer Francis Farewell und Henry Fynn das ers-

te weiße Camp aufbauten, um Elfenbeinhandel mit den Zulu zu treiben.

Nördlich des Farewell Square befinden sich in der 160 Monty Naicker Road die Überreste des 1894 erbauten Bahnhofs **Natal Great Railway Station**. Hundert Jahre später wurde er mit dem Einzug von Geschäften und Büros zu neuem Leben erweckt. Auf der gegenüberliegenden Straßenseite, an der Dr A B Xuma, Ecke Samora Machel Street, liegt das wichtigste Einkaufszentrum der Stadt, die Workshop Mall.

City Hall

City Hall Dr Pixley Kaseme St ▪ **Natural Science Museum** ⏰ Mo–Sa 8.30–16, So 11–16 Uhr ▪ Eintritt frei ▪ ✆ 031 311 2256 ▪ **Durban Art Gallery** ⏰ Mo–Sa 8.30–16, So 11–16 Uhr ▪ Eintritt frei ▪ ✆ 031 311 2264

Die 1910 im neubarocken Stil erbaute City Hall bildet das monumentale Herzstück des Stadtzentrums. Heute ist im Erdgeschoss des ehemaligen Rathauses das naturwissenschaftliche **Natural Science Museum** untergebracht. Es zeigt die üblichen ausgestopften Tiere und lohnt nur einen kurzen Blick.

Interessanter ist ein Besuch der **Durban Art Gallery** im oberen Stockwerk. In den Hauptsälen werden wechselnde Ausstellungen gezeigt; im zentralen Flur ist eine Dauerausstellung mit afrikanischer Malerei, Drucken und Schnitz- und Flechtarbeiten untergebracht.

Old Courthouse Museum

99 Samora Machel St ▪ ⏱ Mo–Sa 8.30–16,
So 11–16 Uhr ▪ Eintritt frei ▪ ☎ 031 311 2226

Das Old Courthouse Museum war das erste zweistöckige Gebäude Durbans. Es wurde 1866 im Natal-Veranda-Stil errichtet, gekennzeichnet durch die breiten Dachtraufen zum Ableiten heftiger subtropischer Regengüsse. In etwas nüchtern gestalteter Umgebung befindet sich hier eine Rekonstruktion der aus Flechtwerk und Lehmbewurf gestalteten Hütte von Henry Francis Fynn – sie war das erste europäische „Bauwerk" Durbans.

KwaMuhle Museum

130 Braam Fischer Rd ▪ ⏱ Mo–Sa 8.30–16,
So 11–16 Uhr ▪ Eintritt frei ▪ ☎ 031 311 2237

Den Nordteil der Innenstadt beherrscht die Grünanlage **Central Park**, in deren Mitte ein bezaubernder Mosaikbrunnen plätschert. Im Nordteil befindet sich das KwaMuhle Museum, auch als „**Apartheid-Museum**" bekannt. Es ist ein Muss für all diejenigen, die nur einen Funken Interesse daran haben, das moderne Südafrika zu verstehen. Zu den ständigen Ausstellungen gehört eine über das „Durban System". Sie erklärt, wie der Stadtrat die Verwaltung der schwarzafrikanischen Bevölkerung finanzieren konnte, ohne einen einzigen Rand des weißen Steuerzahlers dafür aufzuwenden: Man räumte den Weißen ein Monopol auf das Brauen von Sorghum-Bier ein und schenkte es in riesigen städtischen Bierhallen aus, die Schwarzen vorbehalten waren. Mit dem Erlös wurde sichergestellt, dass die Schwarzen ein „ordentliches" Leben führten.

Die Ausstellung beschäftigt sich auch mit dem verhassten Pass-System. Ebenfalls aufschlussreich sind die Fotos vom Alltag in den Arbeiterherbergen. Diese Unterkünfte waren nach Geschlechtern und Stammeszugehörigkeit getrennt, um gezielt Zwietracht zwischen den verschiedenen Stämmen zu säen – ein Umstand, der auch zur Entwicklung der gegenwärtigen sozialen Spannungen in Südafrika beitrug.

Das indische Viertel

Am westlichen Rand des Zentrums, dort wo die **Dr Yusuf Dadoo Street** in Nord-Süd-Richtung die Stadt durchschneidet, nimmt das Tempo merklich zu. Hier beginnt das dicht bevölkerte Labyrinth aus Läden und Restaurants im indischen Viertel der Innenstadt Durbans. Die Gebäude im Architekturstil der Union (nach 1910) sind hier gut erhalten und verleihen dem Viertel im Verbund mit Minaretten und Kirchtürmen eine abwechslungsreiche Silhouette.

Auf den Straßen herrscht ein buntes Durcheinander. Am Straßenrand vor den indischen Gemischtwarenläden und Gewürzhändlern bieten Händler Kräuter, Obst und Schmuck an. Wem angesichts der Menschenmengen in diesem Viertel nicht ganz wohl ist, kann die Gegend im Rahmen eines der **geführten Spaziergänge** besichtigen, die täglich am alten Bahnhof, 160 Monty Naicker Road, starten und über Durban Tourism gebucht werden können (Kasten S. 464).

Juma Musjid und Madressa Arcade

Dr Yusuf Dadoo St, Ecke Dennis Hurley St

Hier erhebt sich die 1927 erbaute **Juma Musjid** mit ihren Minaretten und vergoldeten Kuppeln, die größte Moschee der südlichen Erdhalbkugel. Sie ist Mittelpunkt des Viertels, wenngleich die Muslime unter der vorwiegend hinduistischen indischen Bevölkerung Durbans lediglich eine Minderheit bilden. Die Moschee ist öffentlich zugänglich, man sollte aber nicht vergessen, vor der Tür die Schuhe auszuziehen. Die äußeren Säulengänge gehen in die **Madressa Arcade** über, wo indische Händler alles Mögliche feilbieten. Die Gasse mündet in die Cathedral Street, die von der 1902 im gotischen Stil erbauten **Emmanuel Cathedral** beherrscht wird.

Victoria Street Market

Dennis Hurley St, Ecke Joseph Nduli St

Der in einem hellrosa Gebäude untergebrachte Victoria Street Market (S. 463) ist bei Touristen

Berea

M12

Minibusse/
Taxistand

Bahnhof
New Durban

Bus-
bahnhof

MASABALA YENGWA AVENUE

MITCHELL ROAD

FYNN

NORTH

FIRST AVENUE

MAY

NEWMARKET

UMGENI ROAD

ASCOT

EPSOM RD

JELF TAYLOR CRES

ARCHIE GUMEDE

(OLD FORT) PLACE

Botanischer Garten

Flughafen & A3

(WARWICK) AVENUE

M L SULTAN ROAD

CARLISLE

VICTOR LANE

ISMAIL C MEER (LORNE) STREET

MAUD LANE

CHARLOTTE MAXEKE
(BEATRICE) ROAD

FOUNTAIN LANE

CROSS

INGCUCE (ALBERT) ROAD

K E MASINGA (OLD FORT) ROAD

Kwa Muhle
Museum

BRAAM FISCHER (ORDINANCE) ROAD

JOHANNES NKOSI STREET

DAVID WEBSTER LEOPOLD STREET

JOSEPH NDULI (RUSSELL) STREET

CROSS

BOND

DR YUSUF DADOO STREET

DR GOONAM
(PRINCE EDWARD)
STREET

BERTA MKHIZE
STREET

INGCUCE (ALBERT) ROAD

JOE SLOVO (FIELD) STREET

SOLDIERS' WAY

Central
Park

Workshop
Mall

Nahverkehrs-
busse

Fisch- und
Fleischmarkt

Juma Musjid

Madressa
Arcade

DENNIS HURLEY (QUEEN) STREET

DR A B XUMA STREET

Pine Arcade-
Parkplätze

MARK LANE

City
Hall

FRANCIS
FAREWELL
SQUARE

Bahnhof
Berea Road

BROOK

JOSEPH NDULI
(RUSSELL) STREET

CATHEDRAL
ROAD

MADRESSA ARCADE

Emmanuel
Cathedral

West Street
Cemetery

RUSSELL

DAVIS LANE

SAVILLE

THEATRE LANE

DR PIXLEY KASEME (WEST) STREET

FOUNDRY
LANE

PLOWRIGHT
LANE

SCHOOL
LANE

HOOPER
LANE

CHANCERY
LANE

GREEN-
PASS

MURCHIES
PASSAGE

JOE SLOVO (FIELD) STREET

MERCURY
LANE

DEVONSHIRE
PLACE

DOROTHY NYEMBE (GARDINER) STREET

LESLIE

BEACH WALK

WARWICK
TRIANGLE

MARKET

CANONGATE ROAD

JULIUS NYERERE

BROOK

ROAD

CONVENT LANE

RUSSELL

ANTON LEMBEDE (SMITH) STREET

DULLAR OMAR (MASONIC)
GROVE

J N SINGH
(BAKER) STREET

BEACH GROVE

FENTON RD
SALMON GROVE

HERMITAGE

PARRY ROAD

DR PIXLEY KASEME (WEST) STREET

ANTON LEMBEDE (SMITH) STREET

COLLEGE LANE

ALEXANDRA

PARK

MAUD MFUSI (ST GEORGES) STREET

MCARTHUR

DIAKONIA STREET

Old House
Museum

MARGARET MNCADI AVENUE

Yacht
Mole

Albert Park

Wilson's
Wharf

0	250

Meter

Durban
Stadtzentrum & Beachfront

KWAZULU-NATAL

& Berea Road

Dalton Road

Sugar Terminal

M4 ▲

▲ **1** Battery Beach & Suncoast Casino

Mini Town

SOMTSEU ROAD

SOMTSEU ROAD

Amphitheater

OR TAMBO (SNELL) PARADE

SYLVESTER NTULI (BRICKHILL) ROAD

MOLYNEUX ROAD

PLAYFAIR ROAD

PAVILION TERR.

STALWART SIMELANE STREET

Kingsmead Cricket Ground

K E MASINGA (OLD FORT) ROAD

GRESHAM PLACE

ⓘ

LOWER MARINE PARADE

Bay of Plenty Beach

INDISCHER OZEAN

North Beach

❶

SYLVESTER NTULI (BRICKHILL) ROAD

BAUMANN ROAD

Rachel Finlayson Baths

Dairy Beach

International Convention Centre

FLORENCE NZAMA (PRINCE ALFRED) STREET

NORTH LANE

MORRISON

WEST LANE

HUNTER

EAST LANE

MILNE

SOUTH LANE

BOSCOMBE PLACE

OR TAMBO (MARINE) PARADE

LOWER MARINE PARADE

✚ **Travel Doctor**

WALNUT ROAD

SAMORA MACHEL (ALIWAL) STREET

Exhibition Centre

JOHN MILNE ROAD

Safari Surf Shop

SEA VIEW

3
4

PINE TERRACE

DR A B XUMA STREET

MONTY NAICKER (PINE) ROAD

MONTY NAICKER (PINE) ROAD

UNION

PALMER

5

STALWART SIMELANE STREET

PALMER

DR PIXLEY KASEME (WEST) STREET

PECK RD

TYZACK

MAHATMA GHANDI ROAD

GILLESPIE

South Beach

Natural Science Museum & Durban Art Gallery

Old Courthouse Museum

ANTON LEMBEDE (SMITH) STREET

CATO SQ

CATO

TIMBER

ROY RD

CREEK

GILLIGAN

MILLS LANE

MAZEPPA

GULL

MASOBIYA MDLULI (FISHER) STREET

PICKERING

DR LANGALIBALELE DUBE (WINDER) STREET

BAY TERRACE

ROCHESTER

RUTHERFORD

OR TAMBO (MARINE) PARADE

OCEAN WALK

ERSKINE TERRACE

Addington Beach

ACUTT

ALBANY GROVE

SAMORA MACHEL (ALIWAL) STREET

JONSSON LANE

MONA ROAD

3

MARGARET MNCADI AVENUE

5 2 4

BAT Centre

SHEARER RD

MASONIC RD

MAHATMA GHANDI ROAD

✚ **Addington Hospital**

HOSPITAL ROAD

SOUTH BEACH AVENUE

PRINCE

7

BELL ST

uShaka Marine World

Bay of Natal

QUAYSIDE ROAD

Ocean Terminal

The Point ▼ **8** ▼ **3**, **5** & **6** ▼

N ↑

KWAZULU-NATAL

Addington Beach

auf Schnäppchenjagd beliebt. Auf dem hektischen Fisch- und Fleischmarkt gegenüber spielen sich teilweise unterhaltsame Szenen ab. Beide lassen sich auf eigene Faust erkunden, aber aufschlussreicher ist wahrscheinlich die Teilnahme an einer organisierten Tour von Veranstaltern wie z. B. Markets of Warwick (Kasten S. 464).

Joseph Nduli Street und West Street Cemetery

Westlich vom Victoria Street Market konzentrieren sich in der **Joseph Nduli Street** (früher Russell Street) afrikanische Straßenhändler, deren *umuthi* (traditionelle Heilkräuter) reißenden Absatz finden.

Westlich davon, eingezwängt zwischen den Bahngleisen und der N3, liegt der **West Street Cemetery**. Hier ruhen, nach Religionszugehörigkeit getrennt, zahlreiche Persönlichkeiten aus der Kolonialzeit, darunter auch George Cato, Durbans erster Bürgermeister. Die Grabsteine im muslimischen Abschnitt tragen die Aufschriften „Hagee" (eine Person, die in Mekka war) oder „Hafez" (eine Person, die den Koran auswendig kannte).

KWAZULU-NATAL

Warwick Triangle

Westlich der Dr Yusuf Dadoo Street schlägt das wirkliche urbane Herz Durbans. Schnellstraßen auf Betonpfeilern überziehen ein chaotisches Gewirr aus Straßen, Minibus-Halteplätzen, Verkaufsständen, Bruchbuden und Shebeens. Wer dieses zwischen **King Dinizulu Road**, **Brook Street** und **Canongate Road** gelegene, als Warwick Triangle bezeichnete Viertel auf eigene Faust erkunden will, muss schon eine Portion Unerschrockenheit mitbringen. Aber wer selbstsicher auftritt und nichts bei sich hat, was leicht geklaut werden kann, dürfte eigentlich keine Probleme bekommen.

Der Weg ins Warwick-Dreieck führt über die Brook Street, weiter durch die chaotische, geräuschvolle Halle des Berea-Bahnhofs und auf der Fußgängerbrücke über die Market Road zu Durbans **größtem Markt** (S. 463) zwischen Julius Nyerere Avenue und Market Road.

Das Hafengelände

Die Margaret Mncadi Avenue (früher Victoria Embankment), auch „Esplanade" genannt, verläuft am betriebsamen Hafen, Durbans ökonomischer Lebensader. Durban ist eine der wenigen Städte der Welt, deren Hafen nur eine Querstraße vom Zentrum entfernt liegt – begrenzt allerdings von einem schäbigen Grünstreifen. Am östlichen Ende bietet das BAT Centre eine lebendige Kulturszene und eine prima Aussicht auf das schimmernde Wasser und die vorbeischaukelnden Jachten und Frachtschiffe.

Sugar Terminal

51 Maydon Wharf Rd ▪ Führungen Mo–Do 8.30, 10, 11.30 und 14 Uhr ▪ R16 ▪ Reservierung beim SA Sugar Association Tour Centre oder telefonisch ▪ ☏ 031 365 8100

In der Westecke des Hafens, wo die Margaret Mncadi Avenue auf die Maydon Wharf Road trifft, steht ein fotogener Komplex funktionaler Industriearchitektur. Die bemerkenswertesten Bauten sind die drei Zuckersilos am Sugar Terminal an der 51 Maydon Wharf Road. Bei einer einstündigen Führung durch den Terminal, dessen Design patentiert wurde, erfährt man alles über die Geschichte des Zuckers und sieht eine halbe Million Tonnen davon.

Old House Museum

31 Diakonia St ▪ ⏰ Mo–Fr 8.30–16, So 11–16 Uhr ▪ Eintritt frei ▪ ☏ 031 311 2261

Die Margaret Mncadi Avenue und ihre Nebenstraßen waren die ersten Wohnviertel, die zu den Anfangszeiten der Stadt im 19. Jh. entstanden. Hier findet sich ein Erinnerungsstück aus der Durbaner Kolonialzeit in Form des Old House Museum, einen Häuserblock nördlich der Margaret Mncadi Avenue. Es war früher einmal das Wohnhaus von Sir John Robinson, der 1893 zum ersten Premierminister von Natal gewählt wurde. Die beiden Zimmer des renovierten Siedlerhäuschens sind mit Mobiliar jener Zeit und zahlreichen tickenden Uhren vollgestopft.

Yacht Mole und BAT

BAT-Büro ⏰ Mo–Fr 8–16, Sa 8–14 Uhr ▪ ☏ 031 332 0451, ▭ www.batcentre.co.za

Am Hafen liegt die **Yacht Mole**, ein schmaler, in die Bucht hineinragender Wellenbrecher und Liegeplatz für unglaublich viele Boote der Jacht-Clubs Point und Royal Natal. Hier befindet sich auch der Zugang zum Dreh- und Angelpunkt der Kunstszene, dem **BAT (Bartle Arts Trust) Centre**. Das Kunstförderungs- und Gemeindezentrum im industriellen Chic umfasst eine Konzerthalle, Galerien, Workshops für darstellende Künste und Unterrichtsräume. Das BAT Music Café (S. 459) im Obergeschoss bietet eine schöne Aussicht auf die Hafenszenerie.

Ocean Terminal Building

Das Ocean Terminal Building aus romantischen Seefahrtszeiten ist eines der architektonischen Meisterwerke Durbans. Es darf zwar nicht betreten werden, bietet jedoch nachts, mit der Stadt im Rücken, einen spektakulären Anblick. Wegbeschreibung: Auf der Margaret Mncadi Avenue nach Osten Richtung Kreuzung mit der Stalwart Simelane Street, am *Port Entrance* Nr. 3 zum Hafen einbiegen und dann immer den Wegweisern nach.

Die Beachfront

Durbans Beachfront, eine recht quirlige Urlaubermeile unmittelbar östlich vom Stadtzentrum, ist der am dichtesten bebaute Strandabschnitt Südafrikas. Der 6 km lange Strandbereich hieß traditionellerweise **Golden Mile** („Goldene Meile"), aber die weit verbreitete Kriminalität brachte ihm den Spitznamen „Mugger's Mile" („Straßenräubermeile") ein.

Jedoch wurden anlässlich der Fußball-WM 2010 umfangreiche Maßnahmen eingeleitet, die Beachfront sicherer zu machen, etwa die Erhöhung der Polizeipräsenz und die Installierung neuer Überwachungskameras. Besucher sollten dennoch vorsichtig sein – beispielsweise keine Wertsachen am Strand liegen lassen und die Beachfront abends und nachts meiden.

uShaka Marine World

Direkt südlich vom Addington Beach ▪ ⏲ Wet 'n Wild Mi–Fr 10–17, Sa und So 9–17 Uhr, Sea World tgl. 9–17 Uhr ▪ Eintritt: Sea World R168, Wet 'n Wild

R175, R209 für beide ▪ ✆ 031 328 8000, ▪ 🖥 www.ushakamarineworld.co.za

Die Attraktion des Addington Beach – und die einzige lohnende an der Beachfront – ist uShaka Marine World. Das Wasserabenteuer-Wunderland ist ein tropischer afrikanischer Themenpark mit Palmen, künstlichen Felsen und strohgedeckten *bomas*. Der schönste Bereich ist **uShaka Sea World**, angelegt um die ausgezeichnete Nachbildung eines gesunkenen Handelsschiffes aus den 1920ern. Der Haupteingang führt in den abgedunkelten Schiffsrumpf mit zersplittertem Holz, dem halb in Trümmern liegenden Maschinenraum und abschüssigen Bodenplanken. Die Wände dienen als Fenster auf den „Ozean" (mehrere große Aquarien), wo sich Wasserschildkröten, Haie, Tintenfische und anderes Meeresgetier tummeln.

Zum Komplex gehören ein Pinguin- ein Delfin- und ein Robbenbecken, wo siebenmal täglich Delfin- und Robbenshows veranstaltet werden. Außerdem befindet sich hier **uShaka Wet 'n Wild**, eine Reihe von Pools und Wasserrutschen, darunter die Drop Zone, die höchste Wasserrutsche der südlichen Hemisphäre. Am **uShaka Village Walk** gibt es zahlreiche Restaurants, deshalb kann man hier abends angenehm (und sicher) herumschlendern.

South Beach

Nördlich von uShaka Marine World schließt South Beach an, der vielleicht belebteste Strand Südafrikas, an dem eine endlose Reihe von Souvenirständen beginnt. Am Wochenende und an Feiertagen wimmelt es auf der asphaltierten Promenade von Surfern, Skateboardern und Straßenhändlern. Im weiteren Verlauf der OR Tambo Parade warten Paddelteiche, Springbrunnen, Brücken, eine Seilbahn und Rummelplatzbuden auf Besucher.

Dairy Beach und Rachel Finlayson Baths

OR Tambo Parade ▪ **Rachel Finlayson Baths** ▪ ⏲ Okt–April Mo–Fr 5.30–18, Sa und So 6–18, Mai–Sep tgl. 6–17 Uhr ▪ Eintritt R9

Dairy Beach ist nach der Molkerei benannt, die hier früher stand. Er gilt als einer der besten Surfstrände der Welt und beherbergt das

Salzwasserbad **Rachel Finlayson Baths**, wo man wunderbar in bewachten Bereichen schwimmen und auf dem Rasen sonnenbaden kann. Das Salzwasserbad wurde zum Zeitpunkt der Recherche anlässlich der Commonwealth Games 2022 renoviert, mit ungewissem Wiedereröffnungsdatum.

North Beach und Bay of Plenty

Sowohl der **North Beach** als auch die benachbarte **Bay of Plenty** sind regelmäßig Austragungsort lokaler und internationaler Meisterschaften von Profi-Surfern. Zwischen OR Tambo Parade und der Fußgängerpromenade an der Bay of Plenty befindet sich das schön gestaltete **Amphitheater**; gleich südlich davon findet schon seit Jahren sonntags ein Flohmarkt statt (S. 463).

Mini Town

141 OR Tambo Parade ▪ ⏱ tgl. 9.30–16.30 Uhr ▪ Eintritt Erw./Kinder R25/20 ▪ ✆ 031 337 7892

Mini Town, eine maßstabsgetreue Nachbildung der Wahrzeichen Durbans, steht nahe der Kreuzung OR Tambo Parade und KE Masinga Road. Auf Stegen geht es an Hotels, Stränden und dem Flughafen vorbei; vor allem Kindern wird das gefallen.

Battery Beach und Suncoast Casino

1 km nördlich der Innenstadt an der Marine Parade, hinter dem Battery Beach (wo man gut schwimmen kann), befindet sich das massive Suncoast Casino. Der im Pseudo-Jugendstil erbaute Unterhaltungskomplex umfasst Restaurants, Spieltische, acht Kinosäle und einen unberührten Privatstrand.

Berea

Auf einem Höhenzug mit Blick über die Stadt liegt Berea, Durbans ältester und begehrtester Wohnbezirk, dessen Villen und Apartmentblocks schöne Blicke auf Hafen und Ozean genießen. Die Unterkünfte, Restaurants und Unterhaltungsangebote sind eine Alternative zu denen im Stadtzentrum und an der Beachfront. Der Name „Berea" bezeichnet eigentlich zwei Orte: die Vorstadt, die sich nördlich und west-

lich an das Zentrum von Durban anschließt, aber auch ein separates Viertel innerhalb dieses Gebiets, zu dem Morningside und Musgrave gehören.

KwaZulu-Natal Society of Arts Gallery

166 Bulwer Rd ▪ ⏱ Di–Fr 9–17, Sa 9–16, So 10–15 Uhr ▪ Eintritt frei ▪ ✆ 031 277 1705, 🖥 www.kznsagallery.co.za

Die KwaZulu Natal Society of Arts Gallery (KZNSA) bietet eine breite Palette an Wechselausstellungen einheimischer Künstler. Der geräumige Komplex besteht aus miteinander verbundenen Räumen; eine Trennwand aus Holz grenzt Ausstellungs- und Außenbereich voneinander ab. Zur Galerie gehören ein interessanter Kunstgewerbeladen (S. 463) und ein entspanntes Café.

Botanic Gardens

John Zikhali Rd, Eingang in der St Thomas Rd ▪ ⏱ Garten tgl. 7.30–17.15 Uhr, Orchideenhaus 9–17 Uhr ▪ Eintritt frei ▪ ✆ 031 309 9240, 🖥 www.durbanbotanicgardens.org.za

Nordwestlich des Zentrums liegt der 1849 angelegte Botanische Garten. Er ist berühmt für seine Zykadeen (Palmfarne), darunter auch *Encephalartos woodii*, eine der seltensten Arten der Welt. Es gibt auch hübsche Picknickstellen, ein wunderbares *teahouse* und eine artenreiche Orchideensammlung.

Muckleneuk und Campbell Collections

220 Gladys Mazibuco Rd, Ecke Steven Dlamini Rd ▪ **Campbell Collections** ⏱ Mo, Di und Fr 9–15 Uhr ▪ Führungen nach Vereinbarung R20 ▪ ✆ 031 260 1720 ▪ **Killie Campbell Africana Library and Museum** ⏱ Mo–Fr 8.30–16.30, Sa 9–12 Uhr ▪ Eintritt frei ▪ **Mashu Museum of Ethnology** ⏱ Mo–Fr 8.30–16.30 Uhr ▪ Eintritt frei ▪ 🖥 www.campbell.ukzn.ac.za

Muckleneuk, die im kapholländischen Stil errichtete ehemalige Residenz des Zuckerbarons Sir Marshal Campbell, beherbergt eine der schönsten privaten Sammlungen zur Kulturgeschichte Afrikas in ganz Südafrika, darunter Stücke zur Kultur von KwaZulu-Natal. Die **Campbell**

Collections umfassen Kunstwerke und kapholländische Möbel.

Die benachbarte **Killie Campbell Africana Library and Museum** ist bekannt für ihre umfangreiche Sammlung von Büchern, Manuskripten und Fotografien. Das ebenfalls hier befindliche **Mashu Museum of Ethnology** zeigt eine hervorragende Sammlung von Zulu-Gegenständen. Den Komplex umgibt ein wunderschöner, von Campbell selbst entworfener Garten.

Cato Manor

Nach kurzer Fahrt vom Stadtzentrum Richtung Westen gelangt man in den Vorort Cato Manor. Er bietet einen anschaulichen Querschnitt durch Durbans Geschichte im 20. Jh. Inmitten unbezähmbarer Vegetation mischen sich Squatter Camps und Hindu-Tempel unter den zentralen Vorort der weißen Mittelschicht. Cato Manor liegt in einem Tal unterhalb Bereas ein und wurde nach **George Cato** benannt, der 1839 in Durban eintraf und erster Bürgermeister der Stadt wurde. In der ersten Hälfte des 20. Jhs. wohnte hier ein Großteil der indischen Gemeinde Durbans. Später gesellten sich Schwarzafrikaner hinzu. 1949 griff ein indischer Händler einen Zulu an. Daraus entwickelten sich die schlimmsten **Ausschreitungen**, die Durban je erlebte. Am Ende waren 142 Menschenleben zu beklagen.

Da Cato Manor inmitten der weißen Vorstädte lag, begann die Apartheid-Regierung in den 1960er-Jahren hier mit der Durchsetzung des Gesetzes über getrennte Wohngebiete („Group Areas Act"), indem sie die schwarze Bevölkerung nach KwaMashu im Norden und die Inder nach Chatsworth im Süden umsiedelte. Zurück blieb heruntergekommenes Ödland mit einer Hand voll Hindu-Tempeln.

Erst Ende der 1980er-Jahre zogen wieder Schwarzafrikaner nach Durban und errichteten in der Umgebung der **Vusi Mzimela Road** (früher Bellair Road) im Tal von Cato Manor ihre dicht an dicht stehenden Wellblechhütten. Eine Fahrt auf dieser Straße ist echt faszinierend, aber nicht ungefährlich – man muss mit *carjacking* rechnen.

Shree Ambalvanar Alayam Second River Hindu Temple

890 Vusi Mzimela Rd ▪ Gefahrlos im Rahmen einer Tour (Kasten S. 464) zu besichtigen ▪ Stadtzentrum auf der M13 verlassen, Abfahrt Felix Dlamini Rd (früher Brickfield Rd) nehmen, dann links auf die M10, spätere Vusi Mzimela Rd abbiegen; von der Stadt her kommend steht der Tempel rechter Hand, direkt vor dem Solomon Mahlangu Drive

Der Shree Ambalvanar Alayam Second River Hindu Temple ist ein Nationaldenkmal. Das Bauwerk von 1947 ist eine Rekonstruktion des ersten afrikanischen Hindu-Tempels, der 1875 am Ufer des Umbilo River errichtet und in der Folge durch Hochwasser zerstört wurde. Die Fassade ist mit einem Pantheon aus Hindu-Gottheiten verziert, die mit Schnitzarbeiten versehenen Eingangstüren sind noch original und wurden vor der Flut gerettet. Jedes Jahr um Ostern findet in dem Tempel ein **Firewalking Festival** statt, bei dem barfüßige Gläubige über glühende Kohlen schreiten, ohne sich zu verbrennen. Besucher dürfen sich gern unter die Tausende von Gläubigen mischen, die dann hierher strömen, um der Göttin Draudpadi ihre Ehrerbietung zu erweisen.

Umgeni River Bird Park

490 Riverside Rd, Durban North ▪ ⏰ tgl. 9–17 Uhr; Vogelshows Di–So 11 und 14 Uhr ▪ Eintritt R52 ▪ ☎ 031 579 4601, 🖥 www.umgeniriverbirdpark.co.za

Das ruhige Plätzchen lohnt einen Besuch, denn hier finden fantastische Vogelflugshows statt, teils mit vom Aussterben bedrohten Vogelarten wie dem Klunkerkranich. Der Park liegt in einem alten Steinbruch und besteht in erster Linie aus begehbaren Volieren und offenen Gehegen. Hier leben über 200 Spezies einheimischer und exotischer Vögel, darunter Flamingos, Finken, Elstern und Aras.

KwaMashu, Shembe und Inanda

Nördlich der Stadt finden sich entlang der R102 (später M25) zahlreiche Ziele, die man als „typisch Durban" einordnen kann: Man kann z. B.

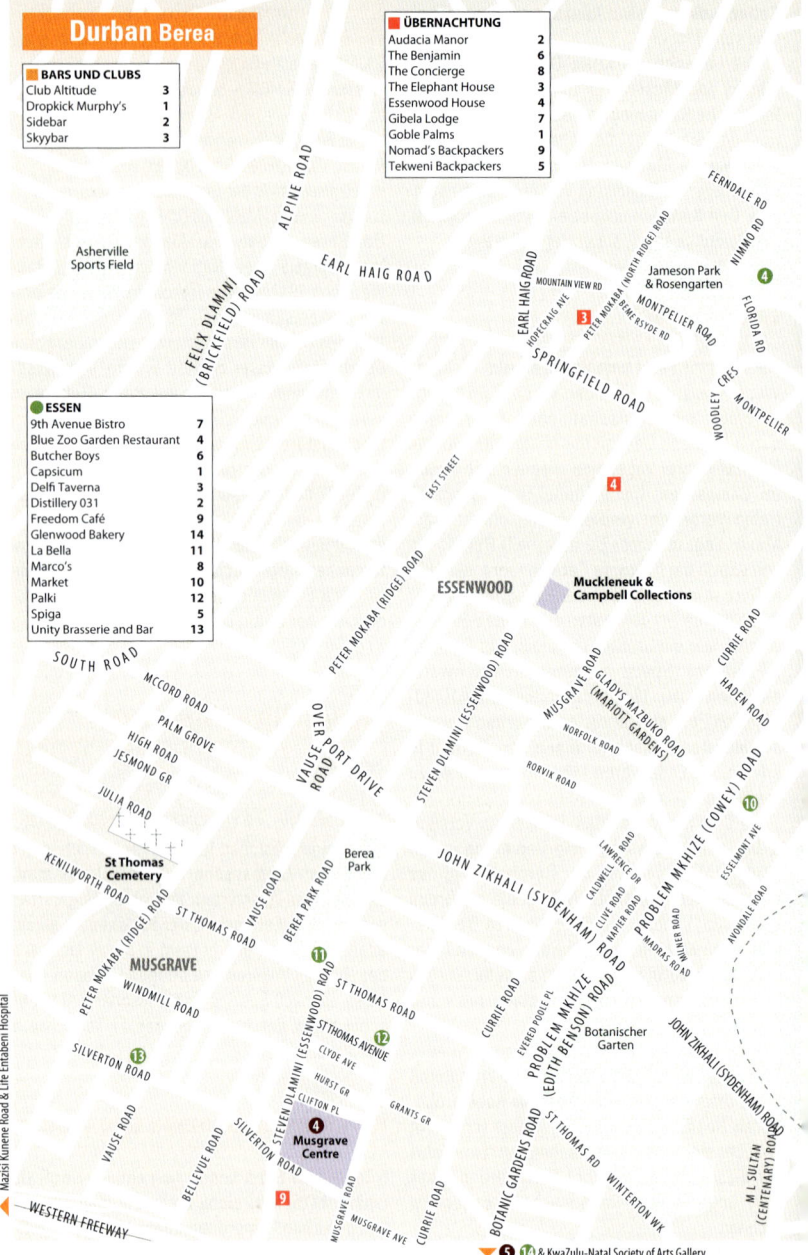

Durban Berea

BARS UND CLUBS
Club Altitude	3
Dropkick Murphy's	1
Sidebar	2
Skyybar	3

ÜBERNACHTUNG
Audacia Manor	2
The Benjamin	6
The Concierge	8
The Elephant House	3
Essenwood House	4
Gibela Lodge	7
Goble Palms	1
Nomad's Backpackers	9
Tekweni Backpackers	5

ESSEN
9th Avenue Bistro	7
Blue Zoo Garden Restaurant	4
Butcher Boys	6
Capsicum	1
Delfi Taverna	3
Distillery 031	2
Freedom Café	9
Glenwood Bakery	14
La Bella	11
Marco's	8
Market	10
Palki	12
Spiga	5
Unity Brasserie and Bar	13

KWAZULU-NATAL

Mazisi Kunene Road & Life Entabeni Hospital

Asherville
Sports Field

FELIX DLAMINI (BRICKFIELD) ROAD

ALPINE ROAD

EARL HAIG ROAD

EARL HAIG ROAD

MOUNTAIN VIEW RD

HOPECRAIG AVE

PETER MOKABA (NORTH RIDGE) ROAD

BEMERSYDE RD

MONTPELIER ROAD

SPRINGFIELD ROAD

FERNDALE RD

NIMMO RD

FLORIDA RD

WOODLEY CRES

MONTPELIER

Jameson Park
& Rosengarten

EAST STREET

ESSENWOOD

Muckleneuk &
Campbell Collections

CURRIE ROAD

HADEN ROAD

SOUTH ROAD

MCCORD ROAD

PALM GROVE

HIGH ROAD

JESMOND GR

JULIA ROAD

KENILWORTH ROAD

St Thomas
Cemetery

PETER MOKABA (RIDGE) ROAD

VAUSE ROAD

OVERPORT DRIVE

STEVEN DLAMINI (ESSENWOOD) ROAD

MUSGRAVE ROAD

GLADYS MAZBUKO ROAD (MARIOTT GARDENS)

NORFOLK ROAD

RORVIK ROAD

PROBLEM MKHIZE (COWEY) ROAD

ESSELMONT AVE

AVONDALE ROAD

MUSGRAVE

WINDMILL ROAD

ST THOMAS ROAD

Berea
Park

JOHN ZIKHALI (SYDENHAM) ROAD

LAWRENCE ROAD

CALDWELL DR

CLIVE ROAD

NAPIER ROAD

MADRAS ROAD

JOHN ZIKHALI (SYDENHAM) ROAD

SILVERTON ROAD

VAUSE ROAD

BELLEVUE ROAD

SILVERTON ROAD

STEVEN DLAMINI (ESSENWOOD) ROAD

ST THOMAS ROAD

ST THOMAS AVENUE

CLYDE AVE

HURST GR

CLIFTON PL

GRANTS GR

Musgrave
Centre

CURRIE ROAD

EVERED POOLE PL

PROBLEM MKHIZE (EDITH BENSON) ROAD

Botanischer
Garten

BOTANIC GARDENS ROAD

ST THOMAS RD

WINTERTON WK

M L SULTAN (CENTENARY) ROAD

& KwaZulu-Natal Society of Arts Gallery

WESTERN FREEWAY

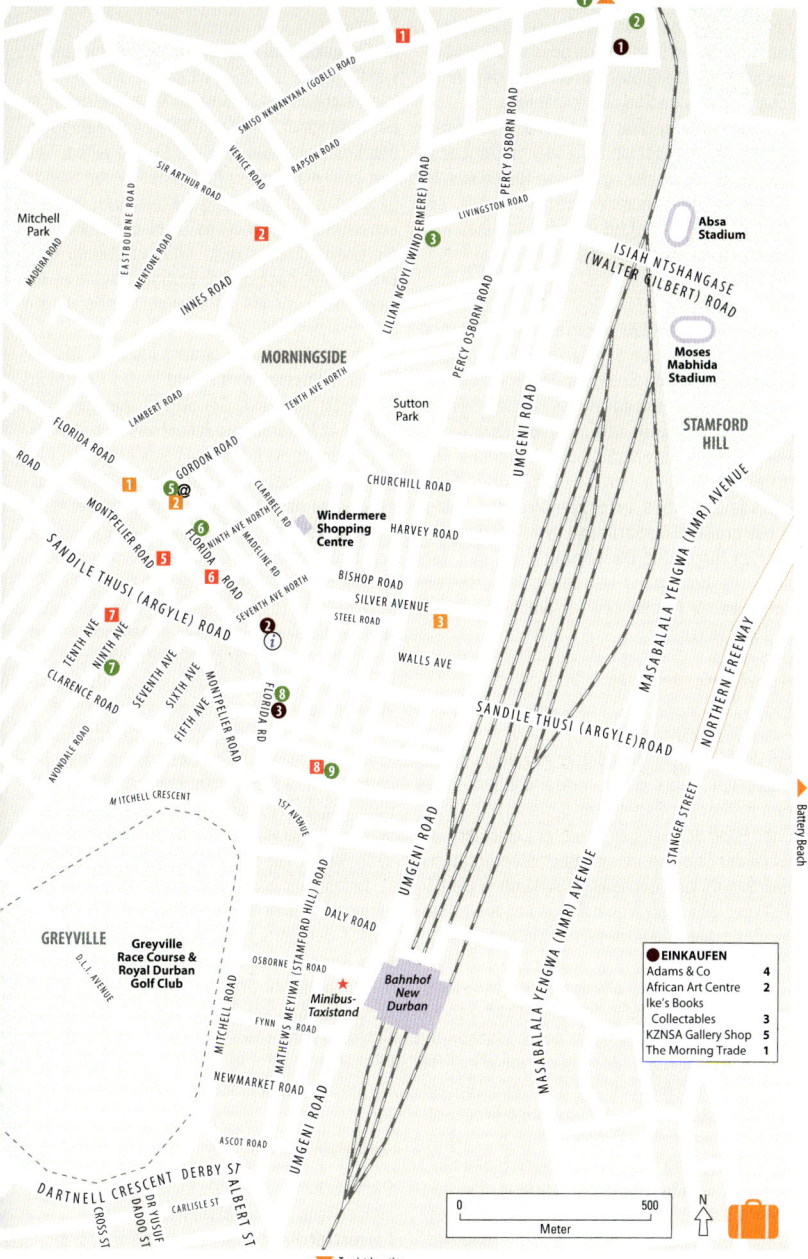

KWAZULU-NATAL

Mitchell Park

MORNINGSIDE

Sutton Park

Absa Stadium

ISIAH NTSHANGASE (WALTER GILBERT) ROAD

Moses Mabhida Stadium

STAMFORD HILL

Windermere Shopping Centre

GREYVILLE

Greyville Race Course & Royal Durban Golf Club

Bahnhof New Durban

Minibus-Taxistand

Battery Beach

●EINKAUFEN	
Adams & Co	4
African Art Centre	2
Ike's Books Collectables	3
KZNSA Gallery Shop	5
The Morning Trade	1

0   500
Meter

N

Tourist Junction

den Ort besuchen, wo Gandhi seine Idee vom passiven Widerstand ersann oder an den außergewöhnlichen religiösen Zeremonien der christlichen Zulu-Sekte Shembe teilnehmen.

Eine **Warnung**: Wer auf eigene Faust durch die in diesem Abschnitt behandelten Gegenden fährt, setzt sich einem gewissen Risiko aus. Es ist besser, sich jemandem anzuschließen, der mit der Gegend vertraut ist, oder an einer Tour teilzunehmen (Kasten S. 464).

KwaMashu

Weiter auf der M25 nach Norden Richtung Inanda liegt links die schwarze Township KwaMashu. Sie wurde Ende der 1950er-Jahre gegründet, um die zwangsumgesiedelten Bewohner von Cato Manor aufzunehmen. KwaMashu zeichnet sich durch sämtliche Merkmale fantasieloser Planung aus, die für derartige Siedlungsbauvorhaben unter der Prämisse möglichst großer Einsparungen typisch sind. Die sanften Hügel und die vegetationsreiche, farbenfrohe Umgebung verführen dazu, die erschreckende Ärmlichkeit der Siedlung einfach zu „übersehen".

Gandhi Settlement

⊕ Mo–Fr 8–16, Sa 9–14 Uhr ▪ Spende ▪
℡ 031 373 5486

Ein deutlich ausgeschilderter Abzweig von der M25 nach rechts führt zum Gandhi Settlement (auch Phoenix Settlement genannt) am östlichen Rand des riesigen Squatter Camps Inanda. Es ist der Standort eines Selbsthilfeprogramms, das Gandhi kurz nach seiner Ankunft in Durban 1903 ins Leben rief. Von hier aus begann er, seine Philosophie des passiven Widerstands zu verbreiten.

Die Ironie des Schicksals wollte, dass ausgerechnet diese Siedlung 1985 gewaltsam zerstört wurde, als Landbesetzer aus dem benachbarten Camp hier einfielen. Mit Hilfe der indischen Regierung wurde die Siedlung rechtzeitig zur Hundertjahrfeier wieder aufgebaut. Eine Bronzestatue von Gandhi ziert jetzt den Eingang zu seinem Haus **Sarvodaya** („Ort der geistigen Erbauung"). Darin ist ein **Museum** untergebracht, das Gandhis Zeit in Südafrika und den indischen Widerstand gegen die Rassentrennung dokumentiert.

Shembe

In **Ekupakumeni** („Ort der Hochstimmung"), westlich des Gandhi Settlement an der M25, kennzeichnen zwei Sterne im Stein die Stellen in der Landschaft, an denen 1906 zwei Meteoriten des Kometen Halley auf die Erde prallten. Von hier kann man bis zur Polizeistation von Inanda ganz oben auf dem Berg weiterfahren und anschließend links ab in das Tal hinunter und über die den Umhlanga River überspannende Brücke. An der nächsten Kreuzung biegt man erneut links ab auf die unbefestigte Straße, die am Sportplatz vorbeiführt.

Danach biegt man wieder links ab, bis die Siedlung **Shembe Settlement** im Dorf **Ebuhleni** ins Blickfeld rückt. Sie wurde von der Holy Church of Nazareth als Zufluchtsort für Schwarze gegründet, die durch das Landgesetz von 1913 enteignet worden waren. Gemäß der Gründungsgeschichte der Kirche wurde ihr Prophet Isaya Shembe 1910 auf den Gipfel eines Berges vor den Toren von Durban „gerufen", wo er vor Gott schwor, den Zulu das Evangelium zu verkünden.

Die Kirche rekrutierte ihre mittlerweile mehrere zehntausend Personen umfassende Anhängerschaft aus der ländlichen Bevölkerung, die einerseits bereit waren, den christlichen Glauben anzunehmen, andererseits aber ihre traditionellen Bräuche nicht aufgeben wollten. Shembe schuf eine religiöse Synthese, nach deren Regeln Alkoholkonsum, Rauchen und kultische Handlungen verboten waren. Im Gegenzug förderte er die Arbeitsmoral, die sich auf verschiedene Formen des Kunsthandwerks konzentrierte.

Jedes Jahr versammeln sich im Juli die Anhänger der Holy Church of Nazareth zu einem Monat der Gottesverehrung in Ebuhleni. Wer beim Verlassen von Ebuhleni den Abzweig auf die unbefestigte Straße links liegen lässt, gelangt zum Stausee Inanda Dam. In der tiefen Schlucht zur Linken befinden sich die **Inanda Falls**. Hier halten die Shembe Taufzeremonien ab, bei denen auch Besucher willkommen sind.

ÜBERNACHTUNG

Durbans Hochhaushotels konzentrieren sich entlang der **Beachfront** und in der **Innenstadt**. Beides sind günstige Locations zum Übernachten, aber abends und nachts sollte man sich von einem Taxi bis direkt vor die Tür bringen lassen. Als populärere Alternative bietet sich das Wohngebiet **Berea** westlich und nördlich des Zentrums an. Dort befinden sich die besten Backpacker-Hostels sowie Guesthouses und B&Bs in liebevoll renovierten alten Wohnhäusern. Durban besitzt auch eine Reihe von **Township-Unterkünften**, in denen Zulu-Gastlichkeit geboten wird. Durban Tourism (S. 465) arrangiert Unterkunft und Transport in die Townships.

Zentrum

Curiocity, 61 Monty Naicker Rd, 1. Stock, Ambassador House, ℡ 031 266 0025, 🖥 www. curiocityhostels.com; Karte S. 448–449. Lebhafte Backpacker-Unterkunft in einem Altbau in Strandnähe. Die geräumigen Zimmer sind minimalistisch schick, im Innenhof finden wöchentlich Filmabende, Yoga, Salsakurse und anderen Aktivitäten statt. Verleiht Fahrräder und Surfbretter (beides R60/Std.), außerdem gibt es noch eine Bar, eine Lounge und eine kleine Bibliothek. Dorm R209, DZ R690

The Royal Hotel, 267 Anton Lembede St, ℡ 031 333 6000, 🖥 www.theroyal.co.za; Karte S. 448–449. War früher Durbans beste Adresse, wirkt inzwischen aber eher staubig und liegt längst weit abgeschlagen hinter der Luxuskonkurrenz an der Beachfront. Dafür liegt es sehr zentral und ist recht günstig. R952

Sun 1, direkt gegenüber dem Busbahnhof in der Nähe der Kreuzung von Masabalala Yengwa Ave und Jeff Taylor Crescent, ℡ 031 301 1551, 🖥 www.tsogosun.com; Karte S. 448–449. Das Kettenhotel ohne Schnickschnack liegt supergünstig für Besucher, die spätabends per Bahn oder Bus ankommen. In den Zimmern können bis zu 3 Pers. nächtigen. R522

Beachfront

Blue Waters, 175 OR Tambo Parade, ℡ 031 327 7000, 🖥 www.bluewatershotel.co.za; Karte S. 448–449. Das entzückende Durbaner Urgestein aus den 1950er-Jahren in einem Gebäude mit gekachelter Fassade ist heute ein Highend-Hotel. Es liegt gegenüber vom Battery Beach und erlaubt einen tollen Aus-

blick auf den Ozean. Von dem netten Café auf der Holzveranda aus lässt sich wunderbar das Strandtreiben beobachten. R1094

Garden Court – Marine Parade, 167 OR Tambo Parade, ℡ 031 337 2231, 🖥 www.tsogosun. com; Karte S. 448–449. Hotelhochhaus mit erfrischendem Durchzug. Alle Zimmer in diesem modernen Hotel haben Blick aufs Meer. Der Ausblick vom Pool im 30. Stock ist überwältigend. Ein Hintereingang gegenüber vom Victoria Park führt auf schnellem Weg ins Stadtzentrum. R1405

Happy Hippo Backpackers Lodge, 222 Mahatma Ghandi Rd, ℡ 031 368 7181, 🖥 www.happy hippodurban.co.za; Karte S. 448–449. Äußerst geräumiges Hostel einen Katzensprung von der uShaka Marine World und vom Strand entfernt, untergebracht in einer renovierten alten Fabrik mit Industrie-Flair. Tolle Dachbar für Publikum in Partylaune. Dorm R185, DZ R520

Protea Hotel Edward, OR Tambo Parade, ℡ 031 337 3681, 🖥 www.protea.mariott.com; Karte S. 448–449. Kristallkronleuchter, Kolonialstil-Ambiente, Balkone mit Meerblick, Ladies' Bar und Veranda machen diese Art-déco-Villa zur Grande Dame an der Beachfront. R1330

Silversands, 16 Erskine Terrace, South Beach, ℡ 031 332 1140; Karte S. 448–449. Die sauberen, geräumigen gut ausgestatteten Selbstversorger-Apartments für 4–8 Pers. gehören zu den preiswertesten Unterkünften am Strand, besonders für Familien. R1140

Berea

Audacia Manor, 11 Sir Arthur Rd, ℡ 031 303 9520, 🖥 www.mariott.com; Karte S. 454–455. Luxuriöses Guesthouse in einer restaurierten Kolonialvilla. Fantastischer Meerblick vom Restaurant und der Bar auf der Veranda; manche Zimmer mit Whirlpool und Dusche im Freien. R2303

The Benjamin, 141 Florida Rd, ℡ 031 303 4233, 🖥 www.benjamin.co.za; Karte S. 454–455. Ein Boutiquehotel in einem eleganten alten Haus, das Geschäftsleute anzieht. Dank seiner Lage ist es aber auch perfekt für Touristen. Das Benjamin verfügt über einen Pool und bewachte Parkplätze. Die Zimmer zum Hof sind etwas ruhiger als die anderen.

Am Wochenende gibt es teilweise Preis-
ermäßigungen. R1255

The Concierge, 37–43 St Mary's Ave, Greyville,
☎ 031 309 4453, ⌨ www.the-concierge.co.za;
Karte S. 454–455. Die Cottages aus den 1920er-
Jahren teilen sich ein Grundstück mit dem
Freedom Café (S. 460) und bieten insgesamt
12 individuell und modern eingerichtete Zimmer
mit wunderbarer Lage mitten in der Bar- und
Restaurantszene von Berea. R1200

The Elephant House, 745 Peter Mokaba
Rd, Berea, ☎ 031 208 9580 oder 082
4522 574, ✉ elephanthouse@mweb.co.za;
Karte S. 454–455. Eines der besten B&Bs von
Südafrika ist in Durbans ältestem Haus (1847
als Jagdhütte erbaut) in einer ruhigeren Ecke
des Viertels untergebracht. Die superfreund-
lichen Hausherren freuen sich, wenn sie ihren
Gästen die Gegend zeigen und Geschichten
erzählen dürfen. Sehr gutes Preis-Leistungs-
verhältnis, v. a. für Singles, denn abgerechnet
wird pro Person. R1000

Essenwood House, 630 Steven Dlamini Rd,
☎ 031 207 4547, ⌨ www.essenwoodhouse.co.
za; Karte S. 454–455. Stattliches Haus mit
üppigem Garten und 7 großen, komfortablen
Zimmern (die oben gelegenen mit Meerblick).
Schöner Pool und netter Gastgeber. R1150

Gibela Lodge, 119 Ninth Ave, Morningside,
☎ 031 303 6291, ⌨ www.gibelabackpackers.
co.za; Karte S. 454–455. Ruhiges, makellos
geführtes Hostel mit entspannter Atmosphäre,
geschmackvoll eingerichteten Zimmern und
nach Geschlechtern getrennten Schlafsälen;
sogar ein kleiner Pool ist vorhanden. Der
Betreiber kennt sich in Durban und der gesamten Provinz bestens aus. Striktes Rauchverbot,
kein Einchecken nach 20 Uhr. Gutes Frühstück inkl. Dorm R300, DZ R825

Goble Palms, 120 Smiso Nkwanyana Rd,
☎ 031 312 2598, ⌨ www.goblepalms.co.za;
Karte S. 454–455. Das Haus von 1900 bietet
einen sonnigen Innenhof mit Seeblick, einen
Pool und eine heimelige Kneipe im englischen
Stil, sowie außerdem hübsche und ruhige
Zimmer. R1190

Nomad's Backpackers, 70 Steven Dlamini Rd,
☎ 031 202 9709, ⌨ www.nomadsbp.com;
Karte S. 454–455. Lockeres Hostel mit Bar und

Pool. Die Schlafsäle sind sauber und
hübsch eingerichtet, aber die Lounge ist ein
wenig dunkel, und manche Betten sind
dreistöckig. Mahlzeiten erhältlich. Dorm R180,
DZ R475

Tekweni Backpackers, 169 9th Ave, ☎ 031
303 1433, ⌨ www.tekweniecotours.co.za;
Karte S. 454–455. Großes Hostel nahe der
Florida Rd mit Gemeinschaftsbereichen, Pool
und Bar. *Braais* und andere Events für ein
junges Publikum. Auch Aufenthalt auf
Wochenbasis möglich. Dorm R180, DZ R600

Westville

Our Little Family, 35 Menston Rd, 10 Autominuten von der Stadt, ☎ 083 777 1245,
⌨ www.ourlittlefamily.co.za; Karte S. 445.
In dem Wohnhaus einer Familie, einem alten
Bauernhaus voller historischer Landkarten
und faszinierender Militaria aus den Buren-
kriegen, werden 7 behagliche Zimmer unterschiedlicher Größe vermietet. Die meisten
sind für Selbstversorger gedacht. Auf dem
Gelände gibt es mehrere *braai*-Stellen; die
freundlichen Gastgeber bereiten auf Wunsch
aber auch Mahlzeiten zu. R860

ESSEN

In Durban gibt es nationale und internationale
Spezialitäten, herausragend ist jedoch die
indische Küche. Schließlich ist hier eine
der größten indischen Gemeinden außerhalb
Asiens zu Hause. Die indischen Imbisse verkaufen *bunny chow* – Durbans bedeutendster
Beitrag zur südafrikanischen Fastfoodszene –
und die mit Currys gefüllten *rotis* (indisches
Brot). An Ständen auf den afrikanischen
Märkten und in der Umgebung von Taxihalte-
plätzen wird *shisanyama* angeboten: über
offenem Feuer gebratene Fleischstücke. Downtown Durban ist überwiegend in den Händen
der allgegenwärtigen südafrikanischen Schnell-
restaurantketten, doch ein paar gute Lokale
haben überlebt und laden zum längeren
Verweilen ein. Wenn's ein wenig ausgefallener
sein soll: In Berea haben sich die besten und
unterschiedlichsten Restaurants der Stadt
niedergelassen.

Beachfront

Cargo Hold, uShaka Marine World, ☎ 031 328 8065, 🖥 www.ushakamarineworld.co.za; Karte S. 448–449. Nicht besonders aufregende internationale Gerichte, die Hälfte davon mit Seafood wie Garnelen und Afrikanischem Aal (R165) – das Besondere besteht darin, an Tischen mit Blick aufs Aquarium, sozusagen Auge in Auge mit den Riesenfischen, zu speisen (diese Tische sehr frühzeitig reservieren!). Als Dresscode wird gehobene Freizeitkleidung erwartet – d. h. keine Sandalen! ⊕ Mo–Sa 12–15, 18–21, So 12–17 Uhr.

Moyo, uShaka Marine World, ☎ 031 332 0606, 🖥 www.moyo.co.za; Karte S. 448–449. In dem großen Speisesaal mit Meerblick gibt es afrikanische Spezialitäten, von marokkanischen *tajines* und mosambikanischen *peri-peri*-Garnelen bis zu senegalesischem Fisch mit Kokos, Mango und Erdnüssen. Am Ende des Piers gegenüber vom Restaurant sind leichte Gerichte und Getränke erhältlich – sehr schön zum Sonnenuntergang. ⊕ tgl. 8–23 Uhr.

Hafengegend

BAT Music Café, BAT Arts Centre, Small Craft Market, Margaret Mncadi Ave, ☎ 031 332 0451, 🖥 www.batcentre.co.za; Karte S. 448–449. In dem gut besuchten Lokal bekommt man panafrikanische Kreationen wie *samp and beans* und Ochsenkutteln mit Brot nach Zulu-Art sowie Burger (R45). Es hat eine tolle Terrasse mit Blick auf den Hafen, und sonntags wird regelmäßig Jazz geboten. Ein toller Ort, um Einheimische kennen zu lernen. ⊕ tgl. 10 Uhr bis spät.

Roma Revolving Restaurant, John Ross House, Margaret Mncadi Ave, ☎ 031 337 6707, 🖥 www.roma.co.za; Karte S. 448–449. Den Blick aus dem sich hoch über Durban drehenden Roma sollte man sich keinesfalls entgehen lassen. Die internationale Speisekarte bietet u. a. schmackhafte Muschel-Vorspeisen (R69) und italienische Spezialitäten, die mal mehr, mal weniger gelungen ausfallen. Der Ausblick hat natürlich seinen Preis. Reservierung erforderlich. ⊕ Mo–Do 18–22.30, Fr und Sa 12–14.30, 18–22.30 Uhr.

Berea

9th Avenue Bistro, Shop 2, Avonmore Centre, Ninth Ave, Morningside, ☎ 031 312 9134, 🖥 www.9thavenuebistro.co.za; Karte S. 454–455. Eines der renommiertesten Restaurants in Durban mit raffinierter, französisch inspirierter Küche, etwa Ente mit gehacktem Ingwer (R195). ⊕ Mo und Sa 18–21.30, Di–Fr 12–14.30, 18–21.30 Uhr.

Blue Zoo Garden Restaurant, 6 Nimmo Rd, Morningside, ☎ 031 303 2265, 🖥 www.bluezoo.co.za; Karte S. 454–455. Die Gerichte – z. B. Lammkeule in Portweinsoße (R140), Steaks und Salat mit Mango-Chili-Dressing – sind eher mittelmäßig. Dafür ist die tolle Gartenlage im Mitchell Park unschlagbar. ⊕ tgl. 8–16.30 Uhr.

Butcher Boys, 170 Florida Rd, ☎ 031 312 8248, 🖥 www.butcherboysgrill.co.za; Karte S. 454–455. Das Grillrestaurant in Berea ist für seine Steaks bekannt, hat aber auch jede Menge Fleisch in anderen Zubereitungsarten auf Lager, etwa Lammkeule (R196), gebackene Markknochen und Bratenstücke vom Wild (sofern auf dem Markt erhältlich). ◷ Mo–Do 12–14.30, 18–22, Fr und Sa 12–15, 18–22.30, So 12–15, 18–21.30 Uhr.

Delfi Taverna, 386 Lilian Ngoyi Rd, Morningside, ☎ 031 312 7032; Karte S. 454–455. Gemütliches Restaurant mit hervorragender, authentischer griechischer Küche wie *Kleffiko* (Lammkeule) und *Moussaka* (R95). Zahlreiche Stammgäste verbreiten Wohlfühlatmosphäre. ◷ Mo und Mi–So 11–15, 18 Uhr bis spät.

Distillery 031, 43 Station Drive, ☎ 079 185 9353, 🖥 www.distillery031.com; Karte S. 454–455. Die feine Mikrobrennerei in einer alten Jeansfabrik produziert eigenen Gin, Wodka, Absinth und Tonic und ist stolz auf ihre klassischen Cocktails (ab R40) aus eigenen Zutaten. Es gibt auch eine kreative Speisekarte mit großartigen Gerichten wie koreanischen Hühnerburger (R95), getrüffelten *bilton*-Burger oder Schokomousse mit Knallzucker. ◷ Mi–Fr 17 Uhr–spät, Sa 12 Uhr–spät, So 10–16 Uhr.

Freedom Café, 37-43 St Mary's Ave, Greyville, ☎ 031 309 4453, 🖥 www.tastefreedom.co.za; Karte S. 454–455. In einem kreativ umgebauten Überseecontainer sowie unter einem großen Baum vor der Tür befindet sich ein künstlerisch angehauchtes Café mit greifbarem Hipster-Flair. Die Gäste schlürfen ihren Milchshake aus Marmeladengläsern und knabbern ofenfrische Backwaren. Was in der Küche gezaubert wird, darunter Quinoa-*tabbouleh* (R95) und Pulled-Pork-Sandwiches (R60), ist himmlisch. Gutes Frühstück. ◷ Di–So 7–16 Uhr.

Glenwood Bakery, 398 Esther Roberts Rd, Glenwood, ☎ 031 205 0217, 🖥 www.glenwoodbakery.co.za; Karte S. 454–455. Durbans bekanntester handwerklicher Bäcker produziert Brotwaren, die sich verkaufen wie die sprichwörtlichen warmen Semmeln. Besonders gut: Focaccia mit Röstaubergine und Oliven (R20 pro Scheibe). Auch toll für ein Mittagessen, mit täglich wechselnder Karte. ◷ Mo–Fr 6–15.30, Sa und So 6–13 Uhr.

La Bella, Steven Dlamini Rd, Ecke St Thomas Rd, ☎ 031 201 9176, 🖥 www.labellacafe.co.za; Karte S. 454–455. Das Lokal in einem ehemaligen Umspannwerk mit Tischen im Freien ist toll zum Kaffeetrinken und hat ungewöhnlich belegte Steinofenpizza, z. B. mit Banane und Avocado (R98). Am Freitagabend dient der hintere Bereich als Pub und sonntags gibt's einen Braten. ◷ tgl. 7–21 Uhr.

Marco's, 45 Lilian Ngoyi Rd, ☎ 031 303 3078; Karte S. 454–455. Die Betreiber des farbenfrohen, authentischen kleinen italienischen Restaurants preisen stolz ihre hausgemachten Pastagerichte, Holzofenpizzas und köstlichen Gnocchi (ab R80) an, und das Lokal ist nicht umsonst ein Renner bei den Einheimischen. Im gleichen Gebäude befindet sich auch das Schwester-Restaurant Mama Luciana's, Eingang in der Florida Rd. ◷ tgl. 12–22.30 Uhr.

Market, 40 Gladys Mazibuko Rd, ☎ 031 309 8581, 🖥 www.marketrestaurant.co.za; Karte S. 454–455. Mit seinem schattigen, abends romantisch von Kerzen beleuchteten Patio ist dieses trendige Bistro die perfekte Location für ein verschwenderisches Frühstück oder eine frisch zubereitete, ernährungsbewusste Mahlzeit wie Couscous-Salat mit gebackenem Gemüse oder einen Sesam-Linsen-Burger (R95). ◷ Mo 7.30–16, Di–Sa 7.30–21.30, So 8.30–15.30 Uhr.

Palki, 225 Musgrave Rd, Musgrave, ☎ 031 201 0019, 🖥 www.palki.co.za; Karte S. 454–455. Die südafrikanische Niederlassung einer im asiatischen Raum beheimateten Restaurantkette ist in Durban berühmt für authentische Gerichte aus Südindien wie *pooris* und *dosas* (R62). Die Currys gehören zu den besten der Stadt. Auch Vegetarier kommen nicht zu kurz. ◷ tgl. 11–15, 18–22 Uhr.

Spiga, 200 Florida Rd, Morningside, ☎ 031 303 9511, 🖥 www.spiga.co.za; Karte S. 454–455. Aus gutem Grund beliebtes italienisches Restaurant mit den klassischen Pastagerichten (rund R90) und Pizzas und Tischen draußen an der Florida Rd. Freundlicher, effizienter Service. ◷ So–Mi 7–22, Do–Sa 7–24 Uhr.

Unity Brasserie and Bar, Silverton Rd, Ecke Vause Rd, ☎ 031 201 3470, 🖥 www.unitybar.co.za; Karte S. 454–455. In dem gefragten Gastro-Pub werden herzhafte, aber edle Speisen aufgetragen, etwa Knochenmark auf Toast oder abgehangenes Lendensteak. Außerdem gibt's Craft-Biere vom Fass. ◷ Mo–Sa 12 Uhr bis spät.

Durbans reges Nachtleben spiegelt sich in der stattlichen Anzahl von Bars und Clubs. Viele konzentrieren sich um die Florida Road in Berea, Studenten bevorzugen jedoch oft das Industriegebiet.

Bars und Clubs

Dropkick Murphy's, 219 Florida Rd, ☏ 031 825 1858, ⊑ www.dropkickmurphys.co.za; Karte S. 454–455. In dem einladenden Pub drängen sich die Bierkenner, angezogen von der ansehnlichen Auswahl an Craft-Bieren, von denen viele in und um Durban gebraut werden (R39 pro Pint). Auch feste Nahrung wird angeboten, darunter eine Pastete aus Guiness und Rindfleisch (R99), aber die Hauptrolle spielt der Gerstensaft. ⊙ Mo–Do 12–24, Fr–So 12–2 Uhr.

The Origin, 9 Clark Rd, ☏ 031 201 9959, ⊑ www.theorigin.co.za; Karte S. 448–449. Dieser Nachtclub in einem Industriegebiet nahe der Universität ist seit langem Hotspot der Durbaner Clubszene. Seine diversen Dancefloors, jeweils mit eigenem DJ und Genre, ziehen Tanzvolk mit Durchhaltevermögen an. Nachts ist die Gegend nicht sicher, daher unbedingt ein Taxi nehmen. ⊙ Sa 20.30 Uhr bis spät, manchmal auch am Fr, Eintritt meist um R70.

Sidebar, 200 Florida Rd, ☏ 031 303 9511; Karte S. 454–455. Die minimalistische, aber gemütliche Backsteinbar quetscht sich neben das Spiga und ist beliebt wegen seiner Craft-Biere und des hübschen Gartens im Innenhof. Beengte Verhältnisse fördern die Kontaktaufnahme mit den Einheimischen. ⊙ Di–Do 4–23, Fr und Sa 11–1.30, So 11–23 Uhr.

Skyybar, 25 Silver Ave, Morningside, ☏ 031 313 7424; Karte S. 454–455. Der trendige Club hat eine märchenhafte Terrasse mit Aussicht auf die Stadt. Meist wird House Music gespielt; das Publikum stammt überwiegend aus der schwarzen Mittelschicht. ⊙ Fr und Sa 20–4 Uhr, Eintritt meist um R70.

Livemusik

Durban bietet ein reichhaltiges Angebot an Live-Konzerten aus dem Bereich **Independent Music**. Interessanter, aber auch schwerer zugänglich sind die **Zulu-Musikrichtungen** wie *isicathamiya* und *maskanda*. Beim **Jazz** besteht das originellste Angebot in einer würzigen Mischung aus amerikanischem Stil und den Interpretationen der Zulu-Musik aus den Townships. Die beste Gelegenheit, um Klassik-Konzerte des **Natal Philharmonic Orchestra**, ☏ 031 369 9438, ⊑ www.kznphil. co.za, zu hören, sind die Abendkonzerte im Botanischen Garten (S. 452). Termine sind der Website zu entnehmen.

BAT Centre, neben dem Hafen, 42 Maritime Place, ☏ 031 332 0451, ⊑ www.batcentre. co.za; Karte S. 448–449. Die beste Anlaufstelle für Livekonzerte. Im zugehörigen Café (S. 459) wird sonntagnachmittags „Sundowner"-Jazz gespielt.

Moyo, uShaka Marine World, ☏ 031 332 0606, ⊑ www.moyo.co.za; Karte S. 448–449. In dem Strandlokal (S. 459) tritt am Freitag- und Samstagabend eine afrikanische Musik- und Trommelgruppe auf.

The Rainbow, 23 Stanfield Lane in Pinetown, nordwestlich von Durban, ☏ 031 702 9161, ⊑ www.therainbow.co.za; Karte S. 445. In dem altbewährten Restaurant wird einmal im Monat sonntags um die Mittagszeit Livemusik geboten, von Afro-Fusion bis Jazz. Unter der Woche gehört die Bühne aufstrebenden Nachwuchsbands.

Theater und Kinos

Multiplex-Lichtspielhäuser gibt es im Musgrave Centre, in der Workshop Mall im Zentrum und im Suncoast Casino an der Uferpromenade. Art-house-Filme werden nur in der Gateway Mall in Umhlanga Rocks gezeigt.

Das schwul-lesbische Durban

Durban besitzt eine ansehnliche LGBT-Szene, die sich aber nicht mit der in Kapstadt messen kann. Es gibt eine ganze Reihe schwuler/schwulenfreundlicher Clubs; beliebt ist z. B. **Club Altitude**, 25 Silver Ave, Morningside, ⊑ www.clubaltitude.co.za; Karte S. 454–455, im gleichen Gebäude wie die Skyybar (s. o.). Außen ist jedoch kein Schild.

Mit seiner Riesenauswahl an Kunstgalerien, Kunstgewerbeläden und Märkten zählt Durban zu den besten Orten des Landes, um Kunsthandwerk der Zulu einzukaufen. Traditionelle Stücke sind Gebrauchsgegenstände wie gewobene Biersiebe und Strohbesen sowie (teilweise wunderschöne) Korbwaren. Traditionell sind außerdem Perlenarbeiten, Töpferwaren und Zulu-Ausstattungsgegenstände, etwa *assegais* (Speere), Schutzschilde, Lederschurze und Trommeln.

Aufgrund der weiten Verbreitung von billigem Plastikgeschirr und emaillierten Gegenständen ist die Produktion traditioneller Keramik- und Webbehälter für den Hausgebrauch fast zum Erliegen gekommen. Doch die Urbanisierung hat auch zum Gebrauch neuer Materialien oder neuer Verwendungsarten alter Materialien geführt. So findet man heutzutage wunderschön verzierte schwarzweiße Sandalen aus recycelten Autoreifen, farbenfrohe Körbe, die aus Telefonkabeln geflochten wurden, und mit buntem Isolierband geschmückte *sjamboks* (Peitschen). Und nicht zuletzt sind industriell gefertigte Materialien manchmal auch eine durchaus gelungene Verbindung mit dem ländlichen Leben eingegangen. Hübsche Metallkästchen aus plattgewalzten Ölkanistern und Hühnerfiguren aus Kunststoffen sind nur einige der Ergebnisse.

Elizabeth Sneddon Theatre, University of KwaZulu-Natal, Mazisi Kunene Rd, ✆ 031 260 2296, 🖥 www.sneddontheatre.co.za. Moderne Bühne für Produktionen des studentischen Ensembles und von Gastgruppen.

Playhouse Drama Theatre, 231 Anton Lembede St, ✆ 031 369 9555, 🖥 www.playhouse company.com. Eins von zwei großen Theatern in Durban. In den 1920er-Jahren als Kino erbautes Gebäude im-Tudor-Stil, in dem meistens Durchschnittsproduktionen aufgeführt werden, aber auch Vorstellungen der hier heimischen, progressiven Playhouse Dance Company zu sehen sind.

EINKAUFEN

Durban ist eine der größten Städte Südafrikas, daher kann man hier gut Waren des täglichen Bedarfs, südafrikanische Bücher einkaufen. Besonders bemerkenswert ist aber das Angebot an Kunsthandwerk und Souvenirs, darunter eine sagenhafte Auswahl an Zulu-Handwerk (s. Kasten). Die ergiebigsten Fundgruben für Kunstgewerbe sind die Innenstadtmärkte, die Wochenend-Flohmärkte und die über die Stadt verteilten Spezialgeschäfte. In Durban wimmelt es von Shopping Malls aller Größen; die zwei größten sind die zentral gelegene Workshop Mall (S. 446) und das noblere Musgrave Centre in Musgrave.

Bücher

Adams & Co, Shop 223, Musgrave Centre, Musgrave, ✆ 031 303 9214, 🖥 www.adams books.co.za; Karte S. 454–455. Durbans älteste Buchhandlung hat eine tolle Auswahl an Büchern zur Geschichte der Stadt und über KwaZulu-Natal. Filiale in der Innenstadt, 341 Dr Pixley Kaseme St; Karte S. 448–449. ⏰ Mo–Sa 9–18, So 9–17 Uhr.

Ike's Books and Collectables, 48a Florida Rd, Morningside, 🖥 www. ikesbooks.com; Karte S. 454–455. Faszinierendes Buchantiquariat mit Titeln zur Geschichte KwaZulu-Natals. Zu den Besonderheiten zählen afrikanische Themen, der Burenkrieg, Forschungs- und Reisebücher sowie Bücher über südafrikanische Politik. ⏰ Mo–Fr 10–16, Sa 9–14 Uhr.

Kunsthandwerk und Souvenirs

African Art Centre, Tourist Junction, 160 Pine St, ✆ 031 312 3804, 🖥 www.afriart.org.za; Karte S. 454–455. Galerie und Shop warten mit schönen traditionellen und modernen Arbeiten der Zulu und Xhosa auf, darunter Perlenarbeiten, Puppen, Drahtskulpturen, Holzplastiken und Wandteppiche. ⏰ Mo–Fr 8.30–17, Sa 9–15 Uhr.

BAT Centre, abseits der Margaret Mncadi Ave, City Centre, ✆ 031 332 0451, 🖥 www.batcentre. co.za; Karte S. 448–449. Verschiedene Geschäfte verkaufen Zulu- und anderes

Kunsthandwerk, darunter Kleidung und Schmuck. ⊕ Mo–Fr 8.30–16, Sa 9–14 Uhr.
KZNSA Gallery Shop, KZNSA Gallery, Bulwer Rd, Berea, ✆ 031 277 1700, 🖳 www.kznsa gallery.co.za; Karte S. 454–455. Ein Sammelsurium handgefertigter Waren, z. B. Radierungen und Zinnbesteck. Zum Komplex gehört ein Café mit Freiterrasse. ⊕ Di–Fr 9–17, Sa 9–16, So 10–15 Uhr.

Märkte

Amphitheatre Fleamarket, OR Tambo Parade, Beachfront, südlich des Amphitheaters; Karte S. 448–449. Kunsthandwerk und Perlenarbeiten. Hier verkaufen nicht nur südafrikanische Händler – einige kommen sogar aus Simbabwe, Malawi oder Kenia. ⊕ So 8–17 Uhr.
City Market, zwischen Julius Nyerere Ave und Market Rd, Warwick Triangle; Karte S. 448–449. Das billigste Obst und Gemüse der Stadt; Betelnüsse sorgen für rote Lippen und ein 2-Minuten-High. ⊕ tgl. von Sonnenauf- bis -untergang.
The Morning Trade, 15 Station Dr, Morningside, 🖳 www.themorningtrade.co.za; Karte S. 454–455. Der wöchentliche Lebensmittelmarkt ist Teil der kreativen städtischen Erneuerung in Durbans altem „Jeansviertel" und der beste Ort, um handwerkliches Brot, Bio-Kakao, hervorragenden Kaffee und Gourmet-Burger zu probieren. ⊕ So 8–13 Uhr.
Victoria Street Market, Dennis Hurley St, Ecke Joseph Nduli St, City Centre; Karte S. 448–449. Hier wird alles Mögliche verkauft, von Souvenirs und Schmuck bis zu Gewürzen. Touristisch, aber trotzdem witzig. ⊕ tgl. von Sonnenauf- bis -untergang.

AKTIVITÄTEN

Golf

Das Besondere am **Royal Durban Golf Club** ist seine ungewöhnliche Lage, ✆ 031 309 1373, 🖳 www.royaldurban.co.za, R275 für 18 Löcher, auf dem Gelände des Greyville Race Course, Avondal Rd, Greyville. Und den **Durban Country Club** in der Isiah Ntshangase Rd, ✆ 031 313 1777, 🖳 www.dcclub.co.za, R385 für 18 Löcher, halten manche für den schönsten Golfplatz von ganz Südafrika.

Pferderennen

Die Pferderennsaison läuft von Mai bis August und findet rund um den **Greyville Race Course**, Avondale Rd, Greyville ✆ 031 314 1651, statt.
Vodacom Durban July, 🖳 www.durbanjuly.info, das wichtigste Pferderennen Südafrikas, findet alljährlich im Juli statt; im ganzen Land werden Wetten darauf gesetzt.

Schwimmen

King's Park Olympic Swimming Pool, Masabalala Yengwa Ave, zwischen Sandile Thusi Rd und Battery Beach Rd, Stamford Hill, ✆ 031 312 0404, Eintritt R14. Durbans größtes Schwimmbad lädt zu ein paar Bahnen im beheizten Wasser ein.
Rachel Finlayson Baths, OR Tambo Parade, ✆ 031 337 2721, Eintritt R9. Das Meerwasserbecken bietet sich für diejenigen an, die in der Nähe der Beachfront wohnen, wurde zum Zeitpunkt der Recherche aber renoviert.

Surfen

Da Durban direkt am Meer liegt, ist Surfen sehr populär, Surfwettbewerbe unter Flutlicht

---

Adrenalinschub garantiert

Das neueste architektonische Wahrzeichen Durbans, das **Moses Mabhida Stadium**, verdankt seine Entstehung zwar der Fußballweltmeisterschaft 2010, doch die Stadtverwaltung scheint entschlossen, es keinen Rost ansetzen zu lassen. Diverse Aktivitäten werden in dem Stadion angeboten, darunter eine **Seilbahnfahrt** auf dem imposanten 106 m langen Stahlbogen, der die Mitte der Anlage überspannt und auf dem höchsten Punkt einen 360-Grad-Blick über die Stadt erlaubt (tgl. 9–17 Uhr, R60). In Schutzkleidung und sicher befestigt kann man den Bogen auch zu Fuß überqueren (Sa und So 10, 13 und 15 Uhr, R90). Adrenalinjunkies dürfen sich zudem auf die **Big Rush Big Swing** freuen, den angeblich höchsten Bungeejump der Welt, der einen 220 m langen Halbkreis durch die Arena beschreibt (Mo–Fr 9.30–18, Sa und So 8–18 Uhr, R695, 🖳 www.bigrush.co.za). Näheres unter 🖳 www.mmstadium.com.

erfreuen sich enormer Beliebtheit. Der beliebteste Surfstrand ist der North Beach.

Safari Surf Shop, 6 Milne St, ℰ 031 337 4230, ▢ www.safarisurf.com. In diesem Laden für Surfzubehör fertigt Südafrikas führender Surfbrettschleifer, Spider Murphy, maßgeschneiderte Weltklassebretter an, die billiger sind als alles, was man in Europa bekommt.

Ocean Ventures, uShaka Marine World, ℰ 086 100 1138, ▢ www.oceanventures.co.za. Bietet eintägigen Surfunterricht bei erfahrenen Lehrern (R200 pro Std. plus R120 Brettmiete).

Tauchen

In den subtropischen Gewässern KwaZulu-Natals ist Tauchen eine wunderschöne Aktivität, der man in Durban nur mit Einschränkungen nachgehen kann. Die besten Tauchreviere in Stadtnähe sind Vetches Pier an der Südspitze der Beachfront und Blood Reef an der Spitze der Landzunge The Bluff, gegenüber von The Point.

Underwater World, 251 Mahatma Gandhi Rd, ℰ 031 332 5820, ▢ www.underwaterworld. co.za. Ein vollständiger, 6-tägiger international anerkannter PADI-Kurs kostet R3250 einschließlich Ausrüstung.

Vogelbeobachtung

Im Rahmen des Projekts „Durban Metropolitan Open Space System" (DMOSS) wurden alle Stadtparks durch schmale Grünstreifen miteinander verbunden, in denen viele Vögel nisten. Zu den lohnenswerten Revieren für Vogelliebhaber zählen die Gegend um Manor Gardens, der Botanische Garten, Berea, Burman Bush (im Norden der Stadt), Pigeon Valley (unterhalb der University of Natal), die Mündung des Umgeni River, Virginia Bush (an der Straße nach Umhlanga Rocks) und das Waldgebiet Hawaan Forest in Umhlanga, wo sich ab und zu die Singdrossel *Zoothera guttata guttata* und der Erzkuckuck sehen lassen.

Stadt- und Hafenrundfahrten

So ziemlich die sicherste und einfachste Art, die verschiedenen Ethnien Durbans näher kennenzulernen, ist die Teilnahme an einer **Tour**. Dreistündige Standardtouren sind für rund R450 p. P. zu haben, ganztägige ab R1100.

Curiocity, 61 Monty Naicker Rd, 1. Stock, Ambassador House, ℰ 031 266 0025, ▢ www.curiocity hostels.com. Sowohl tagsüber als auch nachts starten an dieser Backpacker-Unterkunft an der Monty Naicker Rd (S. 457) Fahrradtouren der Stadt, die durch Berea, am Strand entlang und meist auch durch ein Pub führen. Ab zwei Teilnehmern finden die Touren täglich statt (R200).

Isle of Capri Cruises, ℰ 031 305 3099, ▢ www.isleofcapri.co.za. Die Hafenrundfahrten beginnen jeweils zur vollen Stunde (10–16 Uhr) an der Wilson's Wharf (R150).

Markets of Warwick, ℰ 031 309 3880, ▢ www.marketsofwarwick.co.za. Hat eine ganze Reihe faszinierender Stadtspaziergänge zu den zahlreichen Märkten in der Umgebung des Warwick Triangle im Angebot, darunter der Frühmorgenmarkt, der Perlenmarkt, der Rinderkopfmarkt (wo man diese Zulu-Delikatesse probieren kann) und viele andere.

Street Scene Tours, ℰ 031 321 5079, ▢ www.streetscenetours.co.za. Tagestouren und Touren mit Übernachtung in einer Township sowie Durban-Besichtigungen mit Schwerpunkt auf *local experience*: Das kann alles Mögliche sein, von Fußballspielen mit Townshipkids über eine Shoppingtour durch hippe Secondhand-Klamottenläden bis zu eigenhändigem Bierbrauen.

Tekweni Eco Tours, ℰ 082 303 9112, ▢ www.tekweniecotours.co.za. Stadttouren in Durban sowie Ausflüge zu Zulu-Dörfern im Valley of a Thousand Hills inkl. Zulu-Mahlzeit und Bier, traditionellem Tanz und Begegnung mit einem traditionellen Heiler.

Walkabout Tours, Buchung über Durban Tourism. Wer die indischen Viertel von Durban erkunden möchte, ist bei einem der von der Touristeninformation veranstalteten Stadtrundgänge (R100 p. P.) gut aufgehoben.

Apotheken

Sparkport, Anton Lembede St, Ecke Dr Yusuf Dadoo St, ✆ 031 304 9767. ⏲ Mo–Sa 7.30–20.30, So 9–17 Uhr.

Autovermietung

Es gibt mehrere Mietwagenfirmen in Durban, z. B. **Avis**/**Budget**, ✆ 032 436 7800, **Europcar**, ✆ 032 436 9500, **Hertz**, ✆ 032 436 0300, und **Tempest**, ✆ 032 436 9800. Alle haben ihre Zentrale am Flughafen. Avis/Budget besitzt auch ein Büro in der Innenstadt, im Royal Hotel, ✆ 031 310 9700, und **Europcar** hat eins in der 50 Florence Nzama St, ✆ 031 337 3731. **Hertz** hat eine Vertretung im Durban Hilton, 12–14 Walnut Rd, ✆ 031 561 1582, und **Tempest** ist unter 47 Victoria Embankment, ✆ 031 368 5231 zu finden.

Diplomatische Vertretungen

Deutschland

Honorarkonsulat, 9 Kensington Drive, Westville, 🖳 https://southafrica.diplo.de/sa-de/addr-cons-durban/498462, ✆ 031 266 3920.

Österreich

Honorarkonsulat, 390 Ridge Rd, Berea, 🖳 https://www.bmeia.gv.at/oeb-pretoria/bilaterales/oesterreichische-stellen/; ✆ 031 242 5117.

Schweiz

Konsulat, 111 Helen Joseph Road, Glenwood, 🖳 www.eda.admin.ch/countries/south-africa/de/home/vertretungen/konsulat-durban.html, ✆ 031 201 7113.

Geld

Am internationalen Terminal des **Flughafens** gibt es Geldautomaten von Absa und Nedbank.
Devisen wechseln kann man im Geldwechselbüro der **First National Bank**, 359 Dr Pixley Kaseme St, City Centre, ⏲ Mo–Fr 9–15.30, Sa 8.30–12.30 Uhr, und bei **American Express**, Musgrave Centre, Musgrave, ✆ 031 202 8733, ⏲ Mo–Fr 8.30–16.30, Sa 8.30–12 Uhr.

Informationen

Durban Tourism, 90 Florida Rd, ✆ 031 322 4164, 🖳 www.durbanexperience.co.za. Städtische Touristeninformation in Berea. ⏲ tgl. 8–17 Uhr. Gut ausgestattete Touristeninformationen befinden sich außerdem am Strand im **uShaka Marine World**, ✆ 031 337 8099, ⏲ Mo–Do und So 9–18, Fr und Sa 9–19 Uhr, am North Beach an der **Marine Parade**, ✆ 031 322 4205, ⏲ tgl. 8–16.30 Uhr sowie im Ankunftsterminal des **King Shaka International Airport**, ✆ 031 322 6046, ⏲ tgl. 6.30–21 Uhr. Mit Ausnahme des Büros in der Florida Road sind alle gemeinsam untergebracht mit dem hervorragenden Provinztouristenbüro **Tourism KwaZulu-Natal**, 🖳 www.zulu.org.za, das Infos für weitere Ausflüge bietet.

Internet

City Zen, 161 Garden Rd, Berea. ⏲ tgl. 8–22 Uhr.

Medizinische Hilfe

Addington Hospital, Erskine Terrace, South Beach, ✆ 031 327 2000. Das größte staatliche Krankenhaus ist zentral gelegen und hat eine Notaufnahme mit 24-Std.-Bereitschaft.
Life Entabeni Private Hospital, 148 Mazisi Kunene Rd, Berea, ✆ 031 204 1300. Eine bessere Alternative mit Notaufnahme und Behandlungsmöglichkeiten für kleinere Beschwerden. Bei der Aufnahme muss eine Anzahlung geleistet werden.
Travel Doctor, 45 Braam Fischer Rd, International Convention Centre, City Centre, ✆ 031 360 1122, 🖳 www.durbantraveldoctor.co.za. Die Angestellten der Klinik informieren und beraten in Reise-Gesundheitsfragen (z. B. hinsichtlich Malaria oder Impfungen für die Weiterreise in andere afrikanische Länder).

Notruf

Feuerwehr und Krankenwagen, ✆ 031 361 0000. **Bereitschaftsdienst der Polizei**, ✆ 10111.

Post

Hauptpost, Dorothy Nyembe St, Ecke Dr Pixley Kaseme St, mit Aufbewahrungsstelle für postlagernde Sendungen und Infoschalter. ⏲ Mo–Fr 8–17, Sa 8–13 Uhr.

KWAZULU-NATAL

Auto

Durban lässt sich am einfachsten per
Pkw erkunden: Die Hauptstraßen sind gut
beschildert, und es braucht nichts weiter als
einen guten Stadtplan und etwas Planung.
Die zentralsten **Parkplätze** liegen an der
Pine Arcade (am westlichen Ende der Monty
Naicker Rd) und im Einkaufszentrum Work-
shop Mall.

Fahrrad

An der Uferpromenade kann man gut Rad
fahren, aber auf allen größeren Straßen ist
es gefährlich und alleine fahren ist nicht
wirklich ratsam. Das Curiocity Hostel bietet
jedoch geführte Fahrradtouren an (S. 464).

Stadtbusse

Das nützlichste öffentliche Transportmittel
von Durban sind die billigen und regelmäßig
verkehrenden Busse der Gesellschaft
Mynah. Sie decken die zentralen Bezirke inkl.
Innenstadt, Beachfront und Berea sowie die
Florida Road ab. Wer in die Vorstädte möchte,
nimmt die verlässlichen Stadtbusse von
Durban Aqualine, muss sich aber auf alters-
schwache Busse und seltenere Verbindungen
einstellen. **Informationen** zu Abfahrtszeiten
und Strecken unter ✆ 031 309 3250 oder im
Busdepot an der Monty Naicker Road neben
der Workshop Mall, gleichzeitig Abfahrtsort
der meisten Regionalbusse. Busfahrpläne
liegen auch im Tourismusbüro in der uShaka
Marine World aus.
Nützlich sind beispielsweise Mynahs
Musgrave-/Mitchell Park Circle-Busse, die
auf der Florida Road (Mitchell Park Circle)
oder der Musgrave Road (Musgrave) verkehren. Für Fahrten innerhalb des Zentrums
unterhält **Durban People Mover**, moderne
Busse, die auf drei Strecken zwischen der
Beachfront (vom Moses Mabhida Stadium bis
zur uShaka Marine World) und dem Zentrum
Richtung Westen bis zum Botanischen Garten
verkehren. Eine Fahrt mit dem People Mover
kostet R5,50, eine Zehnerkarte für den Mynah-
Bus R28.

Minibustaxis

Minibustaxis verkehren in der gesamten Stadt,
häufiger als normale Busse. Im Zentrum kann
man Minibustaxis zur Florida Road an der
Field Street zwischen Anton Lembele Street
und Dr Pixley Kaseme Street bekommen.

Taxis

In Durbans Innenstadtgebiet gibt's mehrere
zuverlässige Taxigesellschaften, z. B.
Eagle Taxis, ✆ 031 337 8333, **East Coast Cabs**,
✆ 082 632 7410, **Mozzies**, ✆ 031 303 5787,
und **Zippy**, ✆ 031 202 7067.

Busse

Intercape, ✆ 021 380 4400, **Greyhound**,
✆ 031 334 9702, **Translux**, ✆ 031 361 7670,
und andere Intercitybusse nutzen den zum
Bahnhofskomplex New Durban Station
gehörenden **Busbahnhof**.
Der **Margate Mini Coach**, ✆ 039 312 1406,
🖥 www. margatecoach.co.za, von der South
Coast kommend, hält ebenfalls hier sowie
vor dem Abflugterminal für Inlandflüge am
King Shaka International Airport.

Busse nach:
BALLITO (1x tgl., 3/4 Std.);
BLOEMFONTEIN (4x tgl., 9 Std.);
EAST LONDON (2x tgl., 10 Std.);
EMPANGENI (1x tgl., 2–3 Std.);
GRAHAMSTOWN (3x tgl., 12 Std.);
HARRISMITH (9x tgl., 4 1/2 Std.);
JEFFREY'S BAY (3x tgl., 15 3/4 Std.);
JOHANNESBURG (21x tgl., 10 Std.);
KAPSTADT (4x tgl., 22 Std.);
KNYSNA (4x tgl., 18 1/2 Std.);
KWADUKUZA (1x tgl., 1 Std.);
LADYSMITH (3x tgl., 3 Std.);
MARGATE (4x tgl., 2 Std.);
MELMOTH (1x tgl., 4 Std.);
MOSSEL BAY (5x tgl., 19 3/4 Std.);
PIETERMARITZBURG (18x tgl., 2 1/4 Std.);
PLETTENBERG BAY (4x tgl., 16 1/2 Std.);
PORT ELIZABETH (3x tgl., 14 1/2 Std.);
PORT SHEPSTONE (7x tgl., 1 1/2 Std.);
PRETORIA (12x tgl., 9 1/2 Std.);

RICHARDS BAY (1x tgl., 2 1/2 Std.);
SEDGEFIELD (5x tgl., 19 Std.);
UMTATA (5x tgl., 6 Std.);
VRYHEID (1x tgl., 6 Std.).

Der **Baz Bus**, ✆ 021 439 2323, 🖥 www.
bazbus.com, hält auf seiner regulären Route
4x wöchentlich an den meisten Backpacker-
Hostels von Durban (S. 456).

Baz Bus nach:
AMPHITHEATRE (5 Std.);
CINTSA (10 Std.);
COFFEE BAY (7 Std.);
EAST LONDON (11 Std.);
JOHANNESBURG (10 Std.);
KOKSTAD (4 Std.);
MTHATHA (7 Std.);
PIETERMARITZBURG (2 Std.);
PORT ALFRED (11 Std.);
PORT ELIZABETH (15 Std.);
PORT SHEPSTONE (3 Std.);
PRETORIA (1 Std.);
UMTENTWENI (3 Std.);
UMZUMBE (2 Std.).
WARNER BEACH (1 Std.).

Eisenbahn

Trans-Natal-Züge von Johannesburg halten
am trostlosen Hauptbahnhof **New Durban
Station**, abseits der Masabalala Yengwa
Avenue, nördlich der Haupteinkaufsgegend.
Für die Fahrt ins Zentrum ist ein offizielles
Taxi mit Taxameter zu empfehlen, die vor dem
Busterminal, der das Erdgeschoss der Bahn-
hofsanlage in Beschlag nimmt, auf Fahrgäste
warten. Eine Fahrt zur Beachfront oder zur
Florida Road kostet rund R50–60.

Züge nach:
JOHANNESBURG (3x wöchentl., 14 1/2 Std.);
PIETERMARITZBURG (3x wöchentl.,
2 1/2 Std.).

Flüge

Durbans **King Shaka International Airport**,
✆ 032 436 6585, liegt 35 km nördlich der Stadt
im Dorf La Mercy. Folgende Fluggesellschaften
haben Büros am Flughafen: **Air Mauritius**,

✆ 032 436 0007, **British Airways**, ✆ 011 441
8600, **Emirates**, ✆ 086 160 6606, **Fly Safair**,
✆ 087 135 1351, **Kulula**, ✆ 086 158 5852, **Mango**,
✆ 086 116 2646, **Skywise**, ✆ 086 191 1435,
und **South African Airways**, ✆ 086 160 6606.
Ein Shuttleservice, ✆ 031 465 1660, bringt
Fahrgäste zu ihren Unterkünften in Durban
(tgl. 5–20 Uhr, alle 45 Min., R80).
Die Fahrt in die Stadt mit einem Taxi, das einen
Gebührenzähler hat, dürfte nicht mehr als R450
kosten. Hier sind mehrere **Mietwagengesell-
schaften** angesiedelt (S. 465). In der Ankunftshalle sind Geldautomaten der **Absa Bank** und
Nedbank.

Flüge nach:
BLOEMFONTEIN (1x tgl., 1 Std.);
DUBAI (1x tgl., 8 1/4 Std.)
EAST LONDON (1x tgl., 1 1/4 Std.);
GABORONE (1x tgl., 1 1/2 Std.);
GEORGE (1x tgl., 1 3/4 Std.);
JOHANNESBURG (häufig, 1 1/4 Std.);
KAPSTADT (11x tgl., 2 1/4 Std.);
LANSERIA (6x tgl., 1 1/4 Std.);
MAPUTO (1x tgl., 1 1/4 Std.);
MAURITIUS (1x tgl., 3 3/4 Std.);
NELSPRUIT (2x tgl., 1 1/4 Std.);
PORT ELIZABETH (4x tgl., 1 1/4 Std.).

Die Südküste

Die Südküste umfasst den 160 km langen Küstenabschnitt von Durban bis Port Edward an
der Grenze zum Ostkap. Es handelt sich um einen Streifen aneinander gereihter Urlaubsorte
am Meer (fast auf ganzer Länge durch die parallel verlaufenden Straßen **N2** und **R102** verbunden). In den Wintermonaten ist es an der Südküste wärmer und sonniger als an irgendeinem
anderen Küstenabschnitt zwischen Durban und
Kapstadt. Vorsicht: Viele Strände fallen steil zur
mächtigen Brandung ab. Deshalb sollte man
sich nur dort ins Wasser wagen, wo Schilder
darauf hinweisen, dass das Schwimmen sicher
ist. Landeinwärts beherrschen Zuckerrohrfelder, Bananenplantagen und Pekannussbäume
die hügelige und grüne Landschaft.

Die 133 km südlich von Durban gelegene Stadt **Margate** ist das Verkehrs- und Urlaubszentrum der Region mit weiteren Ferienorten in der Umgebung. Das Highlight der Gegend jedoch ist das nicht weit landeinwärts gelegene Naturschutzgebiet **Oribi Gorge Nature Reserve**, das mit Buschwanderungen, atemberaubenden Ausblicken und preisgünstigen Unterkünften aufwartet.

TRANSPORT

Auto

Autofahrer steuern die N2 an, die von Durban Richtung Süden bis Port Shepstone führt. Dort biegt man landeinwärts nach Kokstad ab. Noch schneller geht es auf der weniger befahrenen South Coast Toll Road von Port Shepstone nach Southbroom.

Busse

Ein Bus von **Margate Mini Coach**, ☎ 039 312 1406, fährt 2–4x tgl. vom KING SHAKA INTERNATIONAL AIRPORT (Domestic arrivals) via Busbahnhof in DURBAN (Greyhound-Busterminal), AMANZIMTOTI (nur nach Voranmeldung), SCOTTBURGH (nur nach Voranmeldung), HIBBERDENE, PORT SHEPSTONE (Shell-Tankstelle), MARGATE (Mareola Flats an der Marine Parade), SAM LAMEER (nur nach Voranmeldung), Port Edward (nur nach Voranmeldung) und WILD COAST SUN CASINO (nur nach Voranmeldung) an die South Coast.
Der zwischen PORT ELIZABETH und DURBAN verkehrende **Baz Bus** hält 4x wöchentl. in UMZUMBE, UMTENTWENI und PORT SHEPSTONE.

Aliwal Shoal

Die Badeorte, die sich auf 50 km Küstenlinie südlich von Durban aneinanderreihen, wie etwa **Amanzimtoti**, 27 km von Durban, gleichen eher Strandvororten als eigenständigen Städten. Für Tauchfans ist das farblose Städtchen **Umkomaas**, 20 km hinter Amanzimtoti, der perfekte Ausgangspunkt zum Aliwal Shoal. Dieses Riff in Küstennähe ist eine der traumhaftesten Tauchstellen Südafrikas. Erfahrene Taucher können

hier Sand- und Tigerhaien begegnen. Außerdem gibt es drei wunderbare Stellen zum Wracktauchen. Die ideale Jahreszeit zum Tauchen mit der besten Sicht ist zwischen Juni und Oktober.

ÜBERNACHTUNG

Agulhas House, 30 Barrow St, Umkomaas, ☎ 039 973 1640, 🖥 www.agulhashouse.com. Zentral gelegenes B&B mit schlichten Zimmern rings um einen hübschen Pool. Ausgestattet sind sie mit Bad, Kühlschrank und eigenem Eingang. Die Betreiber bieten Tauch-Pauschalpakete an. Inkl. Vollpension R1450
Aliwal Dive Centre and Lodge, 2 Moodie St, Umkomaas, ☎ 039 973 2233, 🖥 www.aliwalshoal.co.za. Bietet praktischerweise direkt über dem Tauchcenter Doppelzimmer und Backpackerunterkünfte. Alle Zimmer haben einen Balkon und teilweise Meerblick. Einen Pool gibt's auch. Dorm R252, DZ R920

AKTIVITÄTEN

Tauchen

Verschiedene Tauchzentren veranstalten Trips zum Aliwal Shoal (R420) sowie viertägige Open-Water-Tauchkurse für etwa R4750 (alle Preise inkl. Ausrüstung) mit PADI-Zertifikat. Anbieter sind z. B. das **Meridian Dive Centre**, ☎ 082 894 1625, 🖥 www.meridiandive.com, und das **Aliwal Dive Centre**, ☎ 039 973 2233, 🖥 www.aliwalshoal.co.za.

TRANSPORT

Die Minibustaxis von **Margate Mini Coach** halten nicht in Umkomaas. Wer öffentlich anreist, nimmt am besten in Durban einen Minibus Richtung Süden und lässt sich unterwegs absetzen.

Oribi Gorge Nature Reserve

⊕ tgl. Okt–März 5–19, April–Sep 6–18 Uhr ▪ Eintritt R10 ▪ ☎ 072 042 9390, 🖥 www.kznwildlife.com

Das sensationellste Reiseziel der South Coast ist das an der N2 ausgeschilderte Naturschutz-

Das Sardinenrennen

Im Juni oder Juli ist die South Coast Schauplatz der spektakulären jährlichen Migration von Millionen **Sardinen**, die in riesigen Schwärmen an der Küste entlang nach Norden ziehen. Sie verlassen ihre Nahrungsgründe im Meer vor dem Südkap und schwimmen Richtung Mosambik – in ihrem Gefolge ungefähr 23 000 Delfine, 100 000 Kaptölpel und Tausende Haie und andere Raubfische. Das Spektakel zieht Fischer aus der ganzen Provinz an. Die Sardinenschwärme erscheinen als dunkle Strudel im Wasser, und wenn sie von Raubfischen eingekreist und ans Ufer getrieben werden, werfen sich Hunderte Leute ins Meer, um die Sardinen entweder mit der Hand oder in Netzen herauszufischen. Aktuelle Hinweise zu den Schwärmen und weitere Informationen zum Sardinen-Spotting gibt's unter der Sardine Hotline ☎ 083 913 9495 oder auf 🖥 www.shark.co.za.

gebiet **Oribi Gorge Nature Reserve**, 27 km landeinwärts von Port Shepstone. Durch das landschaftlich reizvolle Gebiet mit seinen Felsspalten, steil aufragenden Klippen und Wäldern fließen der Umzimkulu und Umzimkulwana. Vom Baden in diesen Flüssen ist jedoch dringend abzuraten, da sie Bilharziose-Parasiten enthalten.

An ihren Ufern gibt es aber zahlreiche markierte **Wanderwege** und idyllische Picknickplätze, vom halbstündigen Spaziergang bis zu ganztägigen Wanderungen, durch dichten Busch und zu Schwindel erregenden Aussichtspunkten. Ein schöner, einstündiger Spaziergang beginnt am Parkplatz Umzimkulu und führt nach Überquerung des Flusses über mehrere Stufen in die hügelige Waldlandschaft. Der Fluss rückt dann erst wieder ins Blickfeld, wenn der spektakuläre Wasserfall **Samango Falls** mit seinem perfekten, von Felsen gesäumten Sandstrand erreicht ist.

Natürlich sind in dem Naturschutzgebiet auch **wilde Tiere** beheimatet, darunter Schirrantilopen, Riedböcke, Blau- und Kronenducker – allerdings keine Oribis, denn die Bleichböckchen haben dem Ort inzwischen zugunsten der saftigeren Triebe auf den umliegenden Zucker-

rohrplantagen den Rücken gekehrt. Schwieriger zu Gesicht zu bekommen sind die Leoparden und auch die Weißkehlmeerkatzen, weil sich die scheuen Affen unter dem hohen Baldachin des Waldes verbergen.

ÜBERNACHTUNG

KZN Wildlife Huts, ☎ 072 042 9390, zu buchen über KZN Wildlife, ☎ 033 845 1000, 🖥 www.kznwildlife.com. Campen kann man auch, aber besonders spektakulär sind diese Hütten mit 2 bis 8 Betten und Blick in den gähnenden Abgrund der Oribi-Schlucht. Sie befinden sich im KZN Restcamp am oberen Ende der Umzimkulwana Gorge. Geschirr, Besteck und Bettzeug wird gestellt. Camping R90, Hütten R420

Oribi Gorge Hotel, ☎ 039 687 0253, 🖥 www.oribigorge.co.za. Das in den 1890er-Jahren erbaute Hotel im Kolonialstil, rund 16 km vom Restcamp entfernt an der Oribi Flats Rd, hat spektakuläre Ausblicke, u. a. auf den berühmten überhängenden Felsen, geräumige Zimmer, günstige Mahlzeiten und eine Terrasse. R1190

SONSTIGES

Aktivitäten

Das Reservat bietet verschiedene Abenteueraktivitäten, alle organisiert von **Wild 5**, ☎ 082 566 7424, 🖥 www.wild5adventures.co.za, einem Veranstalter mit Sitz im Oribi Gorge Hotel (s. o.). Zur Auswahl stehen Abseilen mit einem anschließenden, schweißtreibenden halbstündigen Fußmarsch aus der Schlucht (R400), ein Gorge Swing, bei dem man an einem Seil vom Rand der Lehrs Falls springt (R550) und eine Fahrt am Drahtseil, 160 m über dem Boden der Schlucht (R250). Auch Raftingtrips auf dem Umzimkulu River (R550) werden angeboten. Auch eine Reihe geführter Wanderungen stehen im Reservat zur Auswahl (R20).

Informationen

KNZ Wildlife unterhält ein Büro am Haupteingang, ☎ 072 042 9390, 🕐 tgl. 8–12.30, 14–16 Uhr.

Auto und Minibustaxis

Zur Oribi-Schlucht fahren keine öffentlichen Verkehrsmittel. Wer kein Auto hat, nimmt einen Minibus bis Port Shepstone und ein privates Taxi für die letzten 27 km. Für Selbstfahrer ist das Naturschutzgebiet auf der N2 etwa 3 km südlich von Port Shepstone klar beschildert.

Hibiscus Coast

Wegen seiner üppig blühenden Gärten trägt der 44 km lange Küstenabschnitt zwischen Port Shepstone und Port Edward den Namen „Hibiskusküste". Der von begüterten Wohnsiedlungen, intensiver Strandbebauung und Caravan Parks geprägte Landstrich ist unter dem Namen „Golf Coast" bekannt, denn an diesem kurzen Küstenstreifen gibt es neun erstklassige Golfplätze.

Margate und Ramsgate

Rund 14 km südlich von Port Shepstone liegt der Ferienort **Margate**. Hier gibt es keine versteckten Buchten oder einsamen Strände mehr, dafür jede Menge Hochhaus-Apartments, Fastfood-Restaurants und Eisdielen. Margate ist der munterste Ort an der Südküste.

Richtung Süden schließt sich das ruhigere **Ramsgate** an. In der Gaze Gallery, ☎ 039 314 4011, aus Richtung Margate kommend direkt hinter der Lagune, sind Arbeiten einheimischer Künstler ausgestellt. ⏲ tgl. 8–17 Uhr, Eintritt frei.

Southbroom und Port Edward

Rund 7 km südlich von Margate liegt **Southbroom**, eine Aneinanderreihung luxuriöser Ferienhäuser rund um den **Southbroom Golf Course**, ☎ 039 316 6026, 🖥 www.southbroom golfclub.co.za, R395 für 18 Löcher. Riesige Dünen senken sich zum Meer ab. Der beste Ort zum Schwimmen ist **Marina Beach**, 3 km südlich vom Southbroom Beach.

Port Edward, 10 km weiter südlich an der Grenze zum Ostkap, hat schöne Sandstrände. Hauptattraktion ist jedoch seine Nähe zum Naturschutzgebiet Umtamvuna Nature Reserve (S. 472).

Umtentweni

The Spot Backpackers, 23 Ambleside Rd, 4 km nördlich von Port Shepstone, ☎ 039 695 1318, 🖥 www.spotbackpackers.com. Einfache, gemütliche Dorms und Cottages direkt am Strand. Liegt an der Baz-Bus-Strecke. Dorm R180, DZ R450

Ramsgate

Beachcomber Bay, 75 Marine Drive, ☎ 039 317 4473, 🖥 www.beachcomberbay.co.za. Komfortables Guesthouse mit 6 Zimmern, Meerblick, Sauna, Whirlpool und Privatzugang zum Strand. R950

BillsBest, Marine Dr, Ecke Penshurst Rd, ☎ 039 314 4837, 🖥 www.billsbest.co.za. Im Angebot sind eine Reihe gepflegter Hütten und Unterkünfte für Selbstversorger für 2–6 Pers., alle in Strandnähe und gut bewacht. R255

Southbroom

Bushbuck Lodge, 720 Tavistock Rd, ☎ 039 316 6399, 🖥 www.bushbuck-lodge.co.za. Polnische Inhaber betreiben am nördlichen Stadtrand eine von üppiger Waldlandschaft und Wildtieren umgebene Lodge mit einfach ausgestatteten, günstigen Selbstversorger-Cottages für 4–5 Gäste. Im Garten sind ein Pool und *braai*-Stellen. R500

Coral Tree Colony, 593 Mandy Rd, ☎ 039 316 6676, 🖥 www.thecoraltree.com. Das hübsche Herrenhaus mit umlaufender Veranda, großen Flammenbäumen und Korbmöbeln bietet 6 Zimmer. Es steht direkt am Golfplatz und hat einen freundlichen Inhaber, der gerne über das Gebiet informiert. R1550

Port Edward

Kuboboyi River Lodge, Old Main Rd, Leisure Bay, ☎ 072 222 7760, 🖥 www.kuboboyi. co.za. Schönes Backpacker-Hostel auf einem Hügel mit Meerblick, entspannter Atmosphäre und Pool. Angesichts des Angebots sind die Doppel-, Dreibett- und Familienzimmer (mit Platz für bis zu 6 Personen) besonders günstig. Auf Wunsch gibt's auch Verpflegung. DZ R350

KWAZULU-NATAL

Margate

Larry's, O'Connor, Ecke Panorama Parade, gegenüber der Touristeninformation, ℡ 039 317 2277, 🖵 www.larrys.co.za. Das urige kleine Strandlokal darf als feste Institution von Margate betrachtet werden. Seit Jahrzehnten wird hier leckere Strandkost wie Burger (R65) und Meeresfrüchteteller produziert. Larry's Patio ist ein geniales Plätzchen, um das Strandtreiben zu beobachten. ⊕ tgl. 10 Uhr bis spät.

Ramsgate

Flavours, The Bistro Village, 1303 Marine Drive, ℡ 039 314 4370. Eines der renommiertesten Restaurants der Gegend mit guten Garnelen-gerichten, Steaks und marokkanischem Lamm (R140). ⊕ Di–Sa 12–14, 18–21, So 12–14 Uhr.

Pistols Saloon, Old Main Rd, ℡ 039 316 8463, 🖵 www.pistolssaloon.co.za. Leicht surreale Bar (R25 für ein Pint Bier), mit Cowboymotto am Südrand von Ramsgate; freitagabends Livemusik. ⊕ tgl. 10–24 Uhr.

Waffle House, Marine Drive, ℡ 039 314 9424, 🖵 www.wafflehouse.co.za. Die besten Waffeln der Provinz mit ungewöhnlichen Belägen wie Zitronenbaiser oder Hummus und Avocado (R82) und *chicken a la king*. Am besten schmecken sie auf der Holzveranda zwischen Schilf über der Lagune. ⊕ tgl. 8–17 Uhr.

Southbroom

Trattoria La Terrazza, Outlook Rd, ℡ 039 316 6162, 🖵 www.trattoria.co.za. Solide italienische Küche, z. B. Linguine mit Zucchini und Artischocke (R92), wird in diesem hübsch an einer Lagune gelegenen Lokal serviert; zum Sonnenuntergang kehren hierher Tausende Schwalben in ihre Nester zurück. ⊕ Di–Do 18.30–22, Fr und Sa 12.30–14.30, 18.30–22, So 12.30–14.30 Uhr.

Touristeninformation, an der Beachfront in Margate, ℡ 039 312 2322, 🖵 www.tourism southcoast.co.za. Hat Bettenverzeichnisse und Informationen zur gesamten South Coast. ⊕ Mo–Fr 8–17, Sa 8–13, So 9–13 Uhr.

Busse und Minibustaxis

Der **Margate Mini Coach** (S. 466) verkehrt 2–4x tgl. zwischen DURBAN und MARGATE (1 1/2 Std.) und Minibustaxis verbinden Margate mit PORT SHEPSTONE, RAMSGATE, SOUTHBROOM und PORT EDWARD. Wer mit öffentlichen Verkehrsmitteln von Port Edward Richtung Ostkap weiterreisen möchte, ist auf eines der Minibustaxis angewiesen, die am Stadtrand an der R61 warten.

Umtamvuna Nature Reserve

Rund 8 km nördlich von Port Edward, an der R61 nach Izingolweni ausgeschildert ▪ ⊕ tgl. 6–18 Uhr ▪ Eintritt R15 ▪ ℡ 039 311 2383

Im **Umtamvuna Nature Reserve** befinden sich einige der besten Naturwanderwege der gesamten Provinz KwaZulu-Natal. Das Naturschutzgebiet erstreckt sich über 19 km flussaufwärts des tropischen Umtamvuna River mit seinen bewaldeten Klippen. Es ist für seine Frühlingsblumen bekannt, aus denen die Nektar- und Zuckervögel ihren Blütenhonig saugen. Hier leben 300 Vogelarten, darunter auch der seltene **Kapgeier**. Deren Nistplätze bekommt allerdings nur zu Gesicht, wer bereit ist, eine ganze Tageswanderung in Angriff zu nehmen. Im Schutzgebiet sind zahlreiche Wanderwege ausgewiesen.

Umtamvuna River Lodge, Holiday Rd, im Reservat, ℡ 039 313 1261, 🖵 www.the riverlodge.co.za. 8 Zimmer in friedlicher, waldiger Umgebung am Flussufer, alle ruhig und geschmackvoll eingerichtet. Das hauseigene Restaurant hat einen wunderbaren Flussblick. Auch Möglichkeiten zum Wakeboarden. R1290

Vuna Valley Ventures, 9/10 Michelle Rd, 50 m vom Reservatseingang, ℡ 083 503 5056. Das familienfreundliche Budget-Gästehaus liegt günstig für Abstecher ins Reservat. Es hat einladende Zimmer mit 2–4 Betten sowie Selbstversorger-Chalets für 6–10 Pers. R550

KWAZULU-NATAL

Die Nordküste

Die Nordküste von KwaZulu-Natal, d. h. der 80 km lange Küstenabschnitt nördlich von Durban, der sich von Umhlanga Rocks bis zur Mündung des Tugela River ausdehnt, wird auch als „Delfinküste" bezeichnet. Dieser schmale Kontinentalschelf bietet in Verbindung mit den warmen, seichten Küstengewässern ideale Bedingungen für den Großen Tümmler, der sich hier das ganze Jahr über einfindet und für die Namensgebung verantwortlich ist.

Die im Vergleich zur Südküste reizvollere und weniger bebaute Nordküste lockt im Allgemeinen besser betuchte Urlauber an, besonders **Umhlanga Rocks**. Während sich die Dolphin Coast noch immer überwiegend in weißer Hand befindet, besteht ein Großteil der Bevölkerung der etwas abseits der Küste gelegenen, auf der R102 miteinander verbundenen Städte **Tongaat** und **KwaDukuza** aus Zulu und Indern. In Tongaat gibt es indische Tempel, in KwaDukuza das Shaka-Denkmal. Ebenfalls an der R102 liegt in **Groutville** das Grab eines der meistverehrten ANC-Führers: die Grabstätte von Albert Luthuli.

Umhlanga Rocks

Der rund 17 km von Downtown Durban entfernte, schicke Ferienort Umhlanga Rocks ist eine immer enger mit dem Vorort Durban-Nord zusammenwachsende Stadt mit immerhin bereits 100 000 Einwohnern und eignet sich gut für einen Tagesausflug. Die Einkaufszone am Chartwell Drive wartet mit mehreren Einkaufszentren auf. Diese verblassen allerdings angesichts des gigantischen **Gateway Theater of Shopping** mit 400 Geschäften, Wellenschwimmbad, Indoor-Kletterfelsen und 27 Kinos.

KwaZulu-Natal Sharks Board

1a Herrwood Drive, an der N2 ausgeschildert ▪ Hai-Sezierung Di, Mi und Do 9 und 14 Uhr ▪ R50 ▪ ✆ 031 566 0400 ▪ Bootsfahrten Mo–Fr um 6.30 Uhr ▪ Reservierung erforderlich ▪ R350 ▪ ✆ 082 403 9206, ⌨ www.shark.co.za

Ein paar Kilometer nördlich des Zentrums von Umhlanga liegt das Haifisch-Institut **Natal Sharks Board**. Neben einer Audioshow zum Thema Haie auf mehreren Bildschirmen wird hier auch regelmäßig ein frisch gefangener Hai seziert. Dabei wird mit sämtlichen Vorurteilen über Haie aufgeräumt und über die Arbeit des Instituts bei der Instandhaltung der Haifischnetze informiert. Die zum Schutz von Schwimmern überall vor der Küste angebrachten Netze sind umstritten, weil auch gefährdete Meeresschildkröten und Delfine in ihnen verenden und das natürliche Gleichgewicht des Ökosystems in Küstennähe ins Wanken gerät. Das Institut beschäftigt sich derzeit mit den Möglichkeiten einer elektronischen Haifischbarriere, die momentan in Kapstadt getestet wird. Außerdem veranstaltet es von der Wilson's Wharf in Durban aus **Bootsausflüge** zum Beobachten von Delfinen und Walen. Unterwegs werden die Hainetze geprüft.

Anchor's Rest, 14 Stanley Grace Crescent, ✆ 031 561 7380, ⌨ www.anchorsrest.co.za. Zentral gelegenes, elegantes Guesthouse im Mittelmeerstil mit geräumigen, hübsch eingerichteten Ferienapartments (einige für Selbstversorger), alle mit eigenem Eingang und Terrasse. Außerdem gibt es noch eine breite Veranda mit Blick auf den Pool. R1150
Beverly Hills Hotel, Lighthouse Rd, ✆ 031 561 2211, ⌨ www.tsogosun.com. Das altehrwürdigste unter den Luxus-Strandhotels von Umhlanga in vorzüglicher Innenstadt-Strandlage ist immer noch eine sehr komfortable Option. Alle Zimmer mit Meerblick, ebenso das Restaurant – genial für einen Sundowner. R5265
Honeypot, 11 Hilken Drive, nördlich der M4, ✆ 031 561 3795, ⌨ www.honeypotguesthouse. com. Attraktives, rustikal gehaltenes B&B in einem Wohnviertel. Jedes der 6 heimeligen Zimmer verfügt über einen eigenen Patio und Außenkamin. Außerdem steht ein Selbstversorger-Apartment mit 4 Schlafgelegenheiten zur Verfügung. Alle gehen auf einen kleinen Pool hinaus. R1000
The Oyster Box, 2 Lighthouse Rd, ✆ 031 514 5000, ⌨ www.oysterboxhotel.com. Die wunder-

schöne Unterkunft wurde im Stil des Hotels aus den 1950er-Jahren, das früher hier stand, restauriert und hat die schicksten Zimmer der Stadt. Palmenbeschattetes Atrium, Luxus-Spa, schicke Restaurants und *high tea* mit Blick auf den Leuchtturm von Umhlanga machen die Oyster Box definitiv zur besten Adresse. R6896

ESSEN

Catch 14, Chartwell Dr, ℡ 031 561 2303. Zuverlässige Adresse für gute Meeresfrüchte, darunter frische Austern, die man selbst aus dem Aquarium wählen kann (je R18), Sushi und verschiedene Platten (ab R140). Dazu passt ein guter Cocktail. ⏰ tgl. 10–22 Uhr.

Ile Maurice, 9 McCausland Crescent, ℡ 031 561 7609, 🖥 www.ilemaurice.co.za. Das französisch/mauritische Restaurant mit tropischem Flair wird von einem mauritischen Küchenchef geführt. Auf der Karte stehen z. B. in Rotwein gekochtes Kaninchen und Tintenfischcurry (R185). ⏰ Di–So 12–14.30, 18.30–21.30 Uhr.

Little Havana, 16 Chartwell Drive, ℡ 031 561 7589, 🖥 www.littlehavana.co.za. Umhlangas bestes Steakhaus ist elegant und spezialisiert auf saftiges Fleisch freilaufender Rinder aus Getreidemast (ab R150) und raffinierte Vorspeisen wie gebratene Markknochen oder dreierlei Schnecken. ⏰ tgl. 12–15 und 18–22 Uhr.

INFORMATIONEN

Touristeninformation, 1A Chartwell Drive, ℡ 031 561 4257, 🖥 www.umhlangatourism. co.za. ⏰ Mo–Fr 8.30–17, Sa 9–13 Uhr.

TRANSPORT

Auto
Von Durban aus folgt man der M4 Beach Highway direkt ins Zentrum oder biegt ab auf die M41, um nach Gateway zu gelangen.

Taxi und Minibustaxi
Der **Umhlanga Explorer Shuttle Service**, ℡ 031 561 1846, betreibt eine Flotte privater Taxis, die auf Anfrage zwischen Durban

und Umhlanga fahren (R250). **Minibustaxis** fahren von der Haltestelle in der Johannes Nkosi St zur Gateway Mall.

Tongaat

Nur wenige Kilometer von Umhlanga Rocks liegt **Tongaat** abseits der Fernstraße N2, die das Feriengebiet an der Küste von den Fabrikanlagen der Zuckerindustrie im Landesinneren trennt. Das Städtchen ist eng mit der indischen Gemeinde Südafrikas verbunden und besitzt eine Hand voll Tempel.

Der auffälligste ist der kleine, weiß getünchte und denkmalgeschützte **Shri Jugganath Puri Temple** in der Catherine Street, Ecke Plane Street. Er ist dem Hindugott Vishnu gewidmet und wurde zur Jahrhundertwende von dem Sanskrit-Schüler Pandit Shrikishan Maharaj gebaut. Anfahrt: über die R102 Richtung Durban, hinter der Polizeistation rechts in die Ganie Street, anschließend nach links in die Plane Street und wieder links in die Catherine Street.

Ballito

Nicht besonders afrikanisch kommt Ballito daher, ein 10 km nördlich von Umhlanga Rocks an der Küste gelegener Ferienort, der mit seiner Flut von Ferienwohnungen, Apartmentburgen und Einkaufszentren in Strandnähe Erinnerungen an die Mittelmeerküste weckt. Ballito ist ein nettes Plätzchen; der Strand eignet sich gut zum Baden und wird von Rettungsschwimmern überwacht.

ÜBERNACHTUNG UND ESSEN

Dolphin Holiday Resort, Compensation Beach Rd, Ecke Hillary Drive, ℡ 032 946 2187, 🖥 www.dolphinholidayresort.co.za. Gute Budget-Option, bestehend aus einem schattigen Wohnwagenpark (auf dem man auch Zelte aufbauen darf) sowie mehreren Ferienbungalows, Holzhütten und Rondavels für Selbstversorger. Nur 5 Min. Fußweg zum Strand. Wohnwagen R495, Bungalow R940

Zimbali Lodge, 1 km südlich von Ballito, ✆ 032 538 5000, 🖳 www.fairmont.com/zimbali-lodge. Die exquisiteste Unterkunft der Umgebung liegt in einem subtropischen Küstenwald im Herzen der Feuchtgebiete. Wer sich die Unterkunft nicht leisten kann, sollte wenigstens zum Essen einkehren, oder auf einen Drink bei Sonnenuntergang. Die Bar mit Blick auf den Indischen Ozean ist auf Pfählen errichtet und überblickt den Golfplatz. R1800

TRANSPORT

Ein **Greyhound-Bus** der Strecke Durban–Johannesburg kommt durch Ballito (1x tgl., 3/4 Std. bis DURBAN, 11 3/4 Std. bis JOHANNESBURG). Davon abgesehen fahren auch **Minibustaxis** von Durban die Küste hoch.

KwaDukuza und Umgebung

Rund 30 km von Ballito auf der R102 landeinwärts Richtung Norden ▪ KwaDukuza Interpretative Centre ⏰ Mo–Fr 8–16, Sa und So 9–16 Uhr ▪ Eintritt R10 ▪ ✆ 032 552 7210

Die Stadt **KwaDukuza** wird auch heute noch häufig als „Stanger" bezeichnet, obwohl sie diesen Namen seit den Wahlen von 1994 offiziell nicht mehr trägt. Im Kosmos nationalistisch gesinnter Zulu kommt KwaDukuza eine besondere Bedeutung zu, denn dies war Standort des letzten Kraals von König Shaka. Hier wurde er 1828 heimtückisch von seinem Halbbruder Dingane ermordet, der sein Nachfolger auf dem Zulu-Thron wurde. Der Kriegerkönig wurde angeblich aufrecht in einer Kammer begraben. Shaka zu Ehren wurde in der King Shaka Street ein kleiner Park mit einem Denkmal errichtet, das aus einem großen Stein mit einer Rille besteht, in der Shaka der Überlieferung nach seine Speere schärfte.

Am Rand des Parks befindet sich das **KwaDukuza Interpretative Centre** mit einer Ausstellung zu König Shaka und einer 15-minütigen audiovisuellen Präsentation. Im Park wird jedes Jahr am 24. September der **King Shaka Day** gefeiert (Kasten S. 521) – der 24.9. ist gleichzeitig ein Nationalfeiertag, der Heritage Day.

Groutville

8 km südwestlich von KwaDukuza an der R102, direkt hinter einer Brücke über den Mvoti River

Bemerkenswert ist der kleine Ort Groutville vor allem als letzte Ruhestätte von **Albert Luthuli**, einem der größten politischen Führer Südafrikas. Er arbeitete zunächst als Lehrer, wurde dann Häuptling der Zulu in Groutville und 1952 Präsident des ANC. Für seine führende Rolle im gewaltlosen Kampf gegen die Apartheid erhielt Luthuli 1960 den Friedensnobelpreis, für den er in seinem Heimatland allerdings mit Hausarrest „belohnt" und in die Gegend von KwaDukuza verbannt wurde.

Luthuli starb 1967 unter mysteriösen Umständen in KwaDukuza. Sein Grab befindet sich neben einer weiß getünchten, im 19. Jh. errichteten Missionskirche aus Wellblech. Über sein Leben berichtet Luthuli in seiner Autobiografie *Let My People Go* (dt. *Mein Land, mein Leben*).

ÜBERNACHTUNG

Der beste Übernachtungsort in der Nähe von KwaDukuza ist Blythedale. Hier befindet sich der am nächsten gelegene Sandstrand, wo keine Hochhäuser gebaut werden dürfen. **Mini Villas**, 52 Umvoti Drive, ✆ 032 551 1277, 🖳 www.minivillas.co.za. Schmucklose, aber dennoch gut ausgestattete Selbstversorger-Bungalows für 4–6 Pers., manche mit Gartenzugang. In der Nähe führt ein Pfad zum Strand. R630
Palm Dune Beach Lodge, 9 Umvoti Drive, ✆ 032 552 1588, 🖳 www.palmdune.co.za. Die noble Ferienanlage hat Chalets mit 1, 2 oder 3 Schlafzimmern. Den Gästen werden zahlreiche Aktivitäten geboten, von Jetskiing bis Beachvolleyball. R2178

Harold Johnson Nature Reserve

24 km nördlich von KwaDukuza an der N2 ausgeschildert: die Abfahrt Zinkwazi nehmen und in Darnall nach links abbiegen ▪ ⏰ tgl. April–Sep 6–18, Okt–März 5–19 Uhr ▪ Eintritt R30 ▪ Camping R180 pro 2 Pers. ▪ ✆ 032 486 1574, 🖳 www.kznwildlife.com

Das unter Verwaltung von KZN Wildlife stehende Harold Johnson Nature Reserve erstreckt sich beiderseits des Tugela River. Mit seinem intakten Küstenwald, den steilen Felshängen und Schluchten stellt es ein wunderbares Ziel für einen Tagesausflug oder einen längeren Abstecher mit Übernachtung auf dem Campingplatz des Reservats dar. Allerdings sind weder Läden noch andere Versorgungsmöglichkeiten vorhanden, daher muss alles Notwendige mitgebracht werden. Mehrere Wanderwege durchziehen das Schutzgebiet. Sie führen an diversen Stätten von historischer Bedeutung vorbei, die zumeist etwas mit dem Zulu-Krieg von 1879 zu tun haben. Eine davon ist der **Ultimatum Tree**, der Wildfeigenbaum, unter dem die Briten König Cetshwayo im Jahr 1878 ihr Ultimatum vorlegten, das unter anderem eine Auflösung des stehenden Zulu-Heeres verlangte.

Valley of a Thousand Hills

Das „Tal der Tausend Hügel" lädt zu einer malerischen Autofahrt entlang der Hügelkette ein, wo die Zulu noch in ihren traditionellen Behausungen leben. Die Fahrt lohnt allerdings nur, wenn man nicht vorhat, ins Landesinnere KwaZulu-Natals vorzudringen. Dort eröffnet sich nämlich hinter jeder Straßenbiege eine derartige Szenerie.

Am einfachsten erkundet man das Tal 45 km von Durban mit dem eigenen Fahrzeug (auf der N3 von Durban immer den Pinetown-Wegweisern nach). Alternativ bietet Tekweni Eco Tours (Kasten S. 464) täglich **Touren** von Durban aus an, bei denen die Hauptattraktionen angefahren werden.

Fahrt im Vintage-Train

Am zweiten und letzten Sonntag im Monat, manchmal auch zusätzliche Fahrten, s. Website ▪ Abfahrt 8.30 und 12.30 Uhr von der Kloof Station, Stockers Arms, Old Main Rd ▪ R170 ▪ ☎ 082 353 6003, 🖥 www.umgenisteamrailway.co.za

Wer sich in Durban aufhält, kann eine Fahrt in der **historischen Eisenbahn** mit Umgeni Steam Railways unternehmen. Das Unternehmen besitzt eine der größten Sammlungen historischer

Lokomotiven und Waggons auf der Südhalbkugel. Der Zug zockelt 45 Minuten lang am Rand des Valley of a Thousand Hills entlang bis zur Inchanga Station mit Kunstgewerbemarkt.

Phezulu Safari Park

Old Main Rd ▪ ⏲ tgl. 8–16.30 Uhr ▪ Eintritt Reptilienpark R55 ▪ Zulu-Tanzvorführung tgl. um 10, 11.30, 14 und 15.30 Uhr, R120 ▪ ☎ 031 777 1205, 🖥 www.phezulusafaripark.co.za

Unmittelbar südlich des Tals liegt der Phezulu Safari Park, wo man neben diversen Antilopen, Zebras und Giraffen auch tödlich giftigen Schlangen – allerdings sicher verwahrt in engen Glaskästen – und Krokodilen nah kommen kann, darunter ein 90 Jahre altes Nilkrokodil und ein 42 kg schwerer Tigerpython

Außerdem befindet sich hier ein nachgebautes Zulu-Dorf aus präkolonialen Zeiten, in dem vor der dramatischen Talkulisse Zulu-Tänze vorgeführt werden. Sie sind zwar für Touristen gedacht, entbehren aber trotzdem nicht einer gewissen Authentizität.

Pietermaritzburg und Umgebung

Pietermaritzburg (oft „Maritzburg" genannt), die Hauptstadt der Provinz KwaZulu-Natal, vermarktet sich gern als die am besten erhaltene **viktorianische Stadt** Südafrikas und ist stolz auf seine enge Verbindung zu Großbritannien. In Wirklichkeit ist vom kolonialen Erbe nicht mehr viel zu sehen. Vielmehr präsentiert sich Pietermaritzburg als typische südafrikanische Stadt: Die Zulu bilden die größte ethnische Gruppe, gefolgt von Einwohnern indischer Abstammung. Der Bevölkerungsteil britischer Herkunft bildet lediglich eine – allerdings sehr einflussreiche – Minderheit. Aufgrund dieser multikulturellen Mischung und einer beträchtlichen Zahl von Studenten ist Pietermaritzburg eine recht lebendige Stadt, die auch relativ sicher ist und sich gut zu Fuß erkunden lässt.

Pietermaritzburg liegt nur 80 km westlich von Durban und ist über die Schnellstraße N3 zu erreichen, sodass ein Tagesausflug von der Küste aus ohne Weiteres machbar ist. Außerdem bildet Maritzburg eine günstige Zwischenstation auf dem Weg in die uKhahlamba Drakensberge (S. 481) oder zu den Battlefields bei Ladysmith (S. 528).

Geschichte

Bereits der Name Pietermaritzburg spiegelt den burischen Ursprung der Stadt wider. Nachdem die Voortrekker in der Schlacht am Blood River 3000 Zulu niedergemetzelt hatten, gründeten sie 1839 die neue Republik Natalia, deren Hauptstadt sie nach den Burenführern Piet Retief und Gerrit Maritz benannten. Die Unabhängigkeit der Republik war jedoch nur von kurzer Dauer: Bereits vier Jahre später wurde sie von Großbritannien annektiert.

Im letzten Jahrzehnt des 19. Jhs. bildete Maritzburg mit einer Einwohnerzahl von 10 000 (mehr als Durban zur damaligen Zeit) das bedeutendste Zentrum der Kolonie Natal. Zu Beginn des 20. Jhs. kamen zahlreiche Inder in die Gegend, die meisten als Vertragsarbeiter. Unter ihnen befand sich ein junger Rechtsanwalt namens Mohandas Gandhi. Rückblickend verfolgte Gandhi die Keimzelle seiner Philosophie des passiven Widerstands auf einen Zwischen-

fall im Jahre 1893 zurück, als er am Bahnhof von Pietermaritzburg wegen seiner Hautfarbe aus dem 1.-Klasse-Abteil eines Zuges geworfen wurde.

Tatham Art Gallery

Chief Albert Luthuli St, Ecke Langalibalele St ▪ ⊙ Di–So 9–17 Uhr ▪ Eintritt frei ▪ ☎ 033 392 2801, 🖥 www.tatham.org.za

Gegenüber vom **Rathaus** (City Hall), einem spätviktorianischen Backsteinbau mit einem 15 m hohen Uhrturm, steht die Tatham Art Gallery. Der Backsteinbau ist das Highlight Pietermaritzburgs. Das ehemalige Gebäude des obersten Gerichtshofs der Kolonie Natal beherbergt eine der landesweit besten Kunstsammlungen. Hier sind neben Werken von Marc Chagall, Georges Braque und Henri Matisse Arbeiten südafrikanischer Künstler wie Zwelethu Mthethwa und Sam Nhlengethwa ausgestellt. Am Mittwochnachmittag findet in der Galerie oft ein kostenloses Klassikkonzert statt.

Old Natal Parliament Building, First National Bank und The Lanes

Südlich der Tatham Art Gallery stehen an der Langalibalele Street eine Reihe historischer Gebäude. Darunter das **Old Natal Parliament Building**, ein typisches Beispiel für die Architektur des British Empire, und die **First National Bank** von 1903. Sie ist mit einer Fassade versehen, die aus einem edwardianischen Katalog ausgewählt und aus England hierher verschifft wurde.

Gegenüber der First National Bank liegt auch das engmaschige, als **The Lanes** bekannte Labyrinth aus schmalen Gassen, das zum größten Teil Fußgängerzone ist. Tagsüber macht es Spaß, durch die engen Gassen zu schlendern, doch als berüchtigtes Revier für Taschendiebe ist das Viertel nach Einbruch der Dunkelheit zu meiden.

Msunduzi Museum

Langalibalele St ▪ ⏰ Mo–Fr 9–16, Sa 9–13 Uhr ▪ Eintritt R8 ▪ ☎ 033 394 6834, 🖥 www.voortrekker museum.co.za

Das beste Museum der Stadt ist das Msunduzi Museum. Es konzentriert sich um die original erhaltene Church of the Vow – 1838 von den Buren errichtet anlässlich ihres Sieges über die Zulu drei Jahre zuvor in der Schlacht am Blood River. Die Kirche war, der Legende nach, Teil

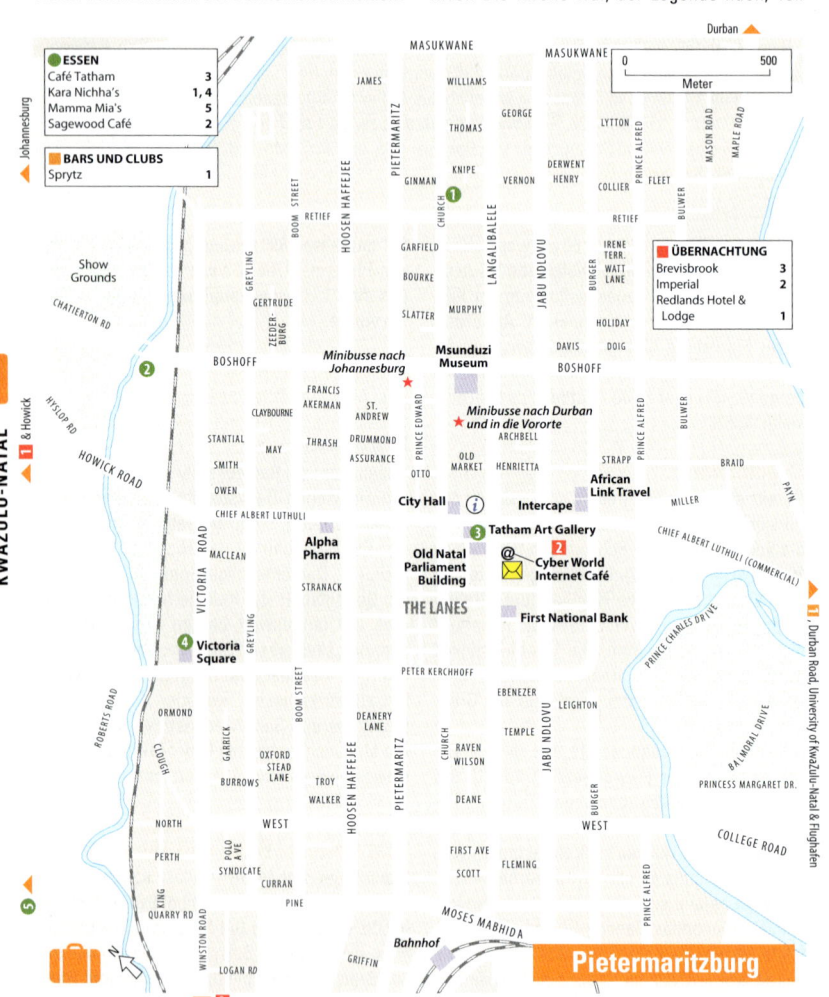

des Paktes, den die Buren mit Gott geschlossen hatten (S. 527).

Das Museum widmet sich den Wurzeln der Voortrekker von Pietermaritzburg und lohnt einen Abstecher, um sich ein Bild vom Leben der Planwagensiedler zu verschaffen. In den Grünanlagen des Innenhofes befindet sich der Nachbau des ursprünglich 1846 gebauten, strohgedeckten Hauses von **Andries Pretorius**, Anführer der Voortrekker bei Blood River und treibende Kraft bei der Gründung der Buren-Republik Natalia.

ÜBERNACHTUNG

Brevisbrook, 28 Waverleydale Rd, Boughton, 5 km vom Zentrum, ☎ 033 344 1402, 🖥 www.brevisbrook.co.za; Karte S. 478. Alle fünf Zimmer in dem schnuckligen, freundlichen B&B haben eine Badewanne und einen separaten Eingang. Außerdem gibt's eine herrlich schattige Grillecke und einen Pool. Wer mag, kann sich selbst verpflegen. R880

Imperial, 224 Jabu Ndlovu St, Innenstadt, ☎ 033 342 6551, 🖥 www.imperialhotel.co.za; Karte S. 478. Verfügt über sämtliche modernen Annehmlichkeiten, die man von einem Haus dieser Kette erwartet und ist in einem reizenden 19.-Jahrhundert-Gebäude mit historischem Flair untergebracht: Prinz Louis Napoleon war 1879 hier abgestiegen, bevor er im Zulu-Krieg ums Leben kam; manche Einrichtungsgegenstände erinnern an jene Zeiten. Das Hotel ist oft ausgebucht, daher früh reservieren. R1110

Redlands Hotel & Lodge, 1 George MacFarlane Lane, Wembley, 3 km vom Zentrum, ☎ 033 394 3333, 🖥 www.redlandshotel.co.za; Karte S. 478. Elegantes Boutiquehotel mit Pool und Tennisplatz. Zimmer und Selbstversorger-Apartments mit 1 oder 2 Betten. R1420

ESSEN

Pietermaritzburg hat eine gute Auswahl an Restaurants, wenn auch die südafrikanischen Restaurantketten nicht zu übersehen sind. Um die Boshoff Street herum, im Herzen des indischen Viertels, gibt es in zahlreichen Fastfood-Läden preiswerte, scharfe Snacks wie *roti* und *bunny chow*.

Café Tatham, Tatham Art Gallery, Chief Albert Luthuli St, ☎ 033 342 8327, 🖥 www.tatham.org.za; Karte S. 478. Das beste Plätzchen für einen Imbiss ist der farbenfrohe kleine Coffeeshop, wo Sandwiches, Suppen und Specials wie Ochsenschwanz- (R99) oder kalte Rote-Beete-Suppe zu haben sind. ⏲ Di–Fr 9–16.30, Sa 9–15 Uhr.

🏠 **Kara Nichha's**, 470 Church St, ☎ 033 345 0228; Karte S. 478. Ausgezeichnete, sehr billige vegetarische indische Speisen zum Mitnehmen (Currys für R9,50). Besonders empfehlenswert sind die gefüllten *rotis* und die indischen Süßigkeiten. Filiale in der 151 Victoria Rd, ☎ 033 345 0228. ⏲ Mo–Fr 7.15–17.15, Sa 7.15–15 Uhr.

Mamma Mia, 101 Roberts Rd, Wembley, ☎ 033 342 4130; Karte S. 478. Ein ordentliches italienisches Restaurant mit den üblichen Klassikern sowie ein paar ungewöhnlichen Gerichten wie Pizza mit gebackenem Lammfleisch und Minz-Chutney (R100). ⏲ tgl. 13–22 Uhr.

Sagewood Café, Blackwood's Home of Gardening, Chatterton Rd, ☎ 063 483 1950; Karte S. 478. Das rustikal gestylte Lokal in ruhiger und schattiger Lage am Fluss ist v. a. mittags beliebt. Die Karte ist auf saisonale Zutaten fokussiert, darunter ein herzhaftes Frühstück mit Waffeln (R65). Auch Veganer kommen mit Brokkoli-Cashew-Curry (R110) gut auf ihre Kosten. Zu erreichen ist das Lokal durchs Gartencenter. ⏲ Mo–Sa 8–16, So 8–15 Uhr.

UNTERHALTUNG

Die Clubszene in Pietermaritzburg ist schon seit Jahren auf dem Absteigenden Ast, aber ein paar gute Pubs sind noch übrig. Für einen nächtlichen Zug um die Häuser bietet sich das Universitätsviertel Scottsville auf der anderen Seite des Flusses an.

Sprytz, 40 Alan Paton Ave, Scottsville, ☎ 033 342 3206, 🖥 www.sprytz.co.za; Karte S. 478. Die schicke Cocktailbar wird vor allem von gut betuchten Schwarzen frequentiert. Das Cocktailangebot reicht von klassisch bis innovativ, und die Preise pro Drink bewegen sich um R40. ⏲ Di–Do 12–23, Fr und Sa 12–2, So 14–24 Uhr.

KWAZULU-NATAL

SONSTIGES

Apotheke
Alpha Pharm, Victoria Mall, 62 Chief Albert Luthuli St, ☎ 033 342 4218. ⏱ Mo–Fr 8–17, Sa 8.30–12.30 Uhr.

Informationen
Touristeninformation. Publicity House, Langalibalele St, Ecke Chief Albert Luthuli St, ☎ 033 345 1348, 🖥 www.pmbtourism.co.za. Bietet Bücher sowie Infos zu den Ukhahalamba Drakensbergen und anderen Attraktionen. ⏱ Mo–Fr 8–17, Sa 8–13 Uhr.

Internet
Cyber World Internet Café, 204 und 258 Langalibalele St, ☎ 074 712 5450. ⏱ Mo–Sa 7.30–18, So 10–14 Uhr.

Medizinische Hilfe
Pietermaritzburg Mediclinic, 90 Payn St, ☎ 033 845 3700.

Notruf
AA (Automobile Association), ☎ 083 84322.

NAHVERKEHR

Taxis mit Taxameter sollten vorbestellt werden. Eines der größten Unternehmen ist **Metro Taxis**, ☎ 033 397 1910; ansonsten kann man es auch bei **Wilkens Taxi**, ☎ 033 391 4462, versuchen.

TRANSPORT

Busse
Alle Intercitybusse halten beim McDonald's an der Burger St, Ecke Chief Albert Luthuli St. Das Büro von **Intercape**, ☎ 086 128 7287, liegt direkt gegenüber vom McDonald's-Parkplatz, auf der Burger Street. Fahrkarten für **Greyhound** verkauft African Link Travel direkt neben Intercape, ☎ 033 345 3175.

Busse nach:
BLOEMFONTEIN (1x tgl., 9 Std.);
DURBAN (12x tgl., 2 1/4 Std.);
JOHANNESBURG (11x tgl., 6 Std.);
KAPSTADT (2x tgl., 20 3/4 Std.);
LADYSMITH (3x tgl., 1 3/4 Std.);
PRETORIA (11x tgl., 6 3/4 Std.).

Minibustaxis
Minibusse nach DURBAN und JOHANNESBURG fahren von Haltestellen in der Nähe des Msunduzi Museums im Zentrum ab.

Eisenbahn
Der **Bahnhof**, ☎ 033 897 2350, befindet sich am den zwielichtigen Südwestende der Langalibalele Street, einer der Hauptdurchgangsstraßen der Stadt. Man sollte bereits im Voraus eine Abholung arrangieren. Das gilt vor allem bei Ankunft nach Einbruch der Dunkelheit.
Züge fahren jeweils 3x wöchentl. nach DURBAN (um 6.32 Uhr, 2 3/4 Std.) und nach JOHANNESBURG (um 21.53 Uhr, 11 3/4 Std.).

Flüge
Der **Oribi Airport**, ☎ 033 392 3100, befindet sich etwa 6 km südlich des Stadtzentrums, das von hier aus nur mit dem Taxi zu erreichen ist. Es gibt Flüge nach JOHANNESBURG (3x tgl., 1 Std.).

Die Midlands

Die meisten Reisenden erleben das grüne Weideland der Midlands als Bilderbuchlandschaft, die während der zweistündigen Fahrt von Durban oder Pietermaritzburg in die uKhahlamba Drakensberge an ihrem Fenster vorbeirauscht. Es besteht auch nicht viel Anlass, länger zu verweilen – es sei denn, man fühlt sich von den urigen Landgasthäusern und Teestuben oder den Kunsthandwerksläden der Region angezogen. Mehrere davon liegen am Midlands Meander. Das ist eine Strecke, die sich auf Nebenstraßen im Umkreis der N3 zwischen Pietermaritzburg und dem Mooi River 60 km Richtung Nordwesten windet.

Wer von Pietermaritzburg aus über die N3 durch die Midlands fährt, befindet sich in etwa auf der Route von **Nelson Mandelas** letzter Reise als freier Mann, bevor er 1962 verhaftet wur-

Die Midlands halten zwei **Abenteueraktivitäten** für all jene parat, die hoch hinaus wollen. Bulwer, südwestlich von Pietermaritzburg, gehört zu Südafrikas besten Gleitschirm-Hotspots, und Wild Sky Paragliding, ℡ 082 395 3298, 🖳 www.wildsky.co.za, bietet zweitägige Einführungskurse für R2900 oder Tandemflüge für R950. Und nördlich von Howick, im Karkloof Nature Reserve, besteht die Gelegenheit, mit Karkloof Canopy Tours, ℡ 033 330 3415, 🖳 www.karkloofcanopytour.co.za, eine **Canopytour** zu unternehmen (R595 inkl. Mittagessen). Dabei werden die Teilnehmer in einen Schutzanzug gesteckt und gleiten an Stahlseilen zwischen hoch über dem Waldboden errichteten Plattformen durch die Lüfte.

de. 18 km nordwestlich von Pietermaritzburg liegt Howick, das als der Ort in die Geschichte einging, an dem Mandela festgenommen wurde. Die genaue Stelle befindet sich an der R103, 2 km nördlich einer Nebenstraße, die zur Kreuzung nach Tweedie führt. Selbst auf der Flucht vor der Polizei hatte Mandela seine politischen Aktivitäten fortgesetzt, wobei er sich verschiedener Tarnungen bediente. Am Tag seiner Verhaftung war er als Chauffeur eines weißen Freundes verkleidet. Der Wagen wurde auf der alten Landstraße nach Howick angehalten – die Polizei hatte vermutlich einen anonymen Hinweis erhalten. Ein 1996 von Mandela enthülltes Denkmal markiert die Stelle.

ÜBERNACHTUNG UND ESSEN

Eine Liste mit Optionen für Selbstversorger kann von KZN Wildlife oder der Midlands Meander Association, ℡ 033 330 8195, 🖳 www.midlandsmeander.co.za, angefordert werden. Letztere erledigt auch Buchungen.
Granny Mouse Country House, Old Main Rd, Balgowan, 28 km nordwestlich von Howick an der R103, ℡ 033 234 4071, 🖳 www.grannymouse.co.za. Stilvolle Zimmer in strohgedeckten Cottages. Mit Restaurant, Spa und Sitzecken. R2475

Loxley House, in Nottingham Rd, südlich der Lonteni/Sani Pass Rd, 30 km nordwestlich von Howick an der R103, ℡ 033 266 6362, 🖳 www.loxleyhouse.com. Hübsche Zimmer in kleinem B&B mit Restaurant. Bei Bedarf werden Gäste mit Heizdecken versorgt. R1590
Rawdon's, Old Main Rd, Nottingham Rd, ℡ 033 266 6044, 🖳 www.rawdons.co.za. Die Unterkunft befindet sich auf einem bezaubernden, reetgedeckten Gutshof mit Forellenteich, gemütlichem Pub und hauseigener Brauerei. An kühlen Tagen prasselt ein Feuer im Kamin; im Sommer lässt es sich auf den Veranden gut aushalten. R1900

INFORMATIONEN

Eine kostenlose Karte, auf der die Sehenswürdigkeiten des Midlands Meander eingezeichnet sind, gibt es bei den meisten Tourismusbüros der Region.

12 HIGHLIGHT

Die uKhahlamba Drakensberge

Das Bergmassiv erstreckt sich entlang der Grenze zu Lesotho und wird zum Großteil in einem riesigen Nationalpark geschützt, der die Bezeichnung **uKhahlamba-Drakensberg Park** trägt. Die „Drachenberge" (in der Zulu-Sprache „Barriere aus aufgestellten Speeren") bilden die höchste Bergkette im südlichen Afrika und erreichen ihre höchste Erhebung an der Grenze zu Lesotho.

Die uKhahlamba Drakensberge bilden eine einzigartige Landschaft aus massiven Felstürmen und bizarren Steinsäulen, ausgedehntem Grasland, Wasserfällen, Flüssen, Wasserbecken und mit Farnteppichen bedeckten Wäldern. Die wilde und unbewohnte Landschaft ist ein Paradies zum **Wandern**. Hier findet sich die weltweit reichhaltigste Anzahl von San-Felsmalereien, und mit mehr als 600 registrierten, überall

KWAZULU-NATAL

uKhahlamba Drakensberge

in den Bergen verstreut gelegenen Stätten wurden die uKhahlamba Drakensberge dann auch zum Unesco-Weltkulturerbe ernannt. Drei leicht zugängliche befinden sich bei Giant's Castle, Injisuthi und Kamberg. Insgesamt umfassen diese Stätten über 22 000 einzelne Kunstwerke, die von den ursprünglichen Bewohnern der Region angefertigt wurden.

Von Schwarzafrikanern bewohnte Agrargebiete umschließen den Park – einstiges „Homeland", unausgeschildert und auf vielen Landkarten gar nicht eingetragen. Die Fahrt durch diese Landstriche ist trotzdem sehr interessant und erlaubt einen flüchtigen Einblick in das traditionelle Zulu-Leben mit Bienenkorbhütten und allem, was sonst noch dazugehört.

An Übernachtungsmöglichkeiten stehen in den uKhahlamba Drakensbergen die Selbstversorger- und Campingunterkünfte von KNZ Wildlife zur Auswahl, außerhalb des Parks gibt es Hotels und Backpacker-Lodges – ohne eigenes Transportmittel sind Letztere die praktischere Option. Das Wetter ist im **Sommer** warm und feucht, mit gelegentlichen heftigen Gewittern und nebelverhangenen Tagen. Die **Winter** sind im Allgemeinen trocken, sonnig und kühl, mit nächtlichen Temperaturen unter dem Gefrierpunkt und gelegentlichem Schneefall in großer Höhe. Die besten Jahreszeiten zum Wandern sind Frühling und Herbst. Das Wetter kann zu jeder Jahreszeit urplötzlich umschlagen, daher ist es wichtig, genügend warme Kleidung und Proviant dabeizuhaben.

TRANSPORT

Auto
Die südlichen Drakensberge lassen sich entweder über die **R626** oder **R612/R617** erreichen, die in die unmittelbare Nähe des Sani-Passes führen. Die meisten Zufahrtstraßen in die zentralen und nördlichen Drakensberge zweigen in westlicher Richtung von der N3 zwischen Pietermaritzburg und der Gegend um Ladysmith ab. Sie führen zu verschiedenen, von KZN Wildlife verwalteten Camps. Da keine durchgängige Straße durch die uKhahlamba Drakensberge verläuft, ist es nicht möglich, von einem Ende bis zum anderen zu fahren.

Busse
Die Zahl der öffentlichen Verkehrsmittel ist begrenzt. Viele Hotels in der Region bieten ihren Gästen den Transfer von den Busbahnhöfen in Estcourt, einem Versorgungszentrum 88 km nördlich von Pietermaritzburg an der N3, oder Ladysmith an. Der Shuttleservice von Underberg Express (S. 486) verkehrt täglich zwischen Durban und der Sani Lodge (S. 485). Der **Baz Bus** hält auf der Strecke Durban–Johannesburg bei Amphitheatre Backpackers, S. 493 (für die Weiterfahrt Richtung nördliche Drakensberge).

Südliche Drakensberge

Die Landschaft im südlichen Abschnitt der uKhahlamba Drakensberge präsentiert sich zwar nicht ganz so dramatisch und abwechslungsreich wie die weiter nördlich, besitzt jedoch ein unübertroffenes Highlight: den Sani Pass. Dieser Pass, über den es nach Lesotho geht, besteht aus einer Reihe Haarnadelkurven, die sich zum Bergkamm hochwinden, dem höchsten, mit einem Auto erreichbaren Punkt Südafrikas. Die Fahrt zählt zu den allerschönsten, die man im Land unternehmen kann. An klaren Tagen eröffnen sich von oben unvergessliche Ausblicke. In der Gegend bestehen zahlreiche gute Wandermöglichkeiten, und mehrere ortsansässige Veranstalter organisieren gleich jenseits der Grenze Pony-Trekking in den Bergen.

Underberg und Himeville
Von Pietermaritzburg und der N3 aus führt die Hauptzufahrt zum Southern Berg über die R617 – die Abfahrt Bulwer/Underberg nehmen, die von der N3 nach Westen abzweigt. Das Haupttor zu den südlichen Drakensbergen ist **Underberg**, 150 km westlich von Pietermaritzburg an der R617. Hier gibt es einen guten Supermarkt, wo man Proviant einkaufen kann.

4 km nördlich von Underberg liegt **Himeville**, der letzte Ort vor dem Aufstieg zum Sani Pass. Er eignet sich gut als Übernachtungsstopp. Das **Himeville Museum** in der Arbuckle Street gegenüber vom Himeville Arms, ✆ 033 702 1184, ist ein interessantes Ziel für einen Abstecher. Der

1896 als Festung entstandene Bau diente später als Gefängnis und zeigt anschaulich und detailliert, wie das tägliche Leben der Siedler des 19. und frühen 20. Jhs. aussah. ⊕ Di–Sa 9–21, So 9–12.30 Uhr

Der Sani Pass

Der Sani Pass stellt die einzige Möglichkeit in den KwaZulu-Natal uKhahlamba Drakensbergen dar, tatsächlich mit einem Fahrzeug in die Berge hinaufzufahren – und zwar auf der einzigen Straße von KwaZulu-Natal nach Lesotho, die zur kleinen Gebirgsgrenzstation **Mokhotlong** führt. Die eigentliche Attraktion jedoch ist der Pass selbst.

Lotheni und Kamberg

Fernab ausgetretener Touristenpfade liegen an unbefestigten Straßen die beiden nur selten von ausländischen Besuchern beachteten **KZN Wildlife Camps** in Lotheni und Kamberg. Der Abstecher in diese weltabgeschiedene Wildnis wird mit guten Möglichkeiten zum Forellenangeln und Felszeichnungen der San belohnt.

In einem Tal in den unteren Ausläufern der Berge liegt, von Wasserfällen und Grasland umgeben, das wunderschöne, ruhige **Lotheni**. Die Anfahrt nach Lotheni führt entweder über Nottingham Road von Nordosten oder Himeville von Südosten. Durch das Schutzgebiet fließt der gleichnamige Fluss, ein Paradies für Forellenangler.

Neben den hervorragenden Bedingungen für Angler ist es vor allem die Felskunst, die den Weg ins 42 km westlich von Rosetta gelegene **Kamberg** lohnt. Die **Game Pass Cave** – eine von drei in den uKhahlamba Drakensbergen öffentlich zugänglichen Höhlen, auch unter der Bezeichnung Shelter Cave bekannt – birgt Abbildungen stilisierter Figuren im Trance-Zustand und großer, mehrfarbiger Elenantilopen, die über die Wände tanzen. Die Felszeichnungen können nur in Begleitung eines Fremdenführers (im Vorfeld zu arrangieren) besichtigt werden. Die Wanderung dorthin dauert rund drei Stunden und folgt einem kurvenreichen, hügeligen Pfad durch Savanne. Man kann sich aber auch einer der geführten Touren anschließen, die täglich um 9 Uhr am Kamberg-Restcamp beginnen

(R75), das übrigens auch ein eigenes, sehenswertes Rock-art-Centre besitzt.

In der Nähe des Wasserfalls sind weitere Malereien kostenlos zu besichtigen. Die von Kamberg ausgehenden **Wanderungen** stellen keine übermäßigen Anforderungen an die Fitness und sind landschaftlich sehr reizvoll. Es gibt auch einen 4 km langen Wanderweg mit Handgeländer für Rollstuhlfahrer und Sehbehinderte.

Lotheni, ☎ 033 702 0540, und Kamberg, ☎ 033 267 7251, haben tgl. geöffnet: April–Sep 6–18 Uhr und Okt–März 5–19 Uhr.

ÜBERNACHTUNG

Himeville

Himeville Arms, Arbuckle St, ☎ 033 702 1305, 🖥 www.himevillehotel.co.za; Karte S. 482. Das gediegene Landgasthaus ist seit 1904 in Betrieb bietet sich als Stopover vor der letzten Etappe der Reise in die Berge an. Die Zimmer sind einfach, aber komfortabel; ein eigener Flügel bietet auch Schlafsäle für Backpacker. Die gemütliche, altmodische Bar hat einen offenen Kamin und wer will, bekommt auch Mahlzeiten. Dorm R220, DZ R790

Yellowwood Cottage, 8 Mackenzie St, ☎ 033 702 1065, ✉ rays@tiscali.co.za; Karte S. 482. Eins der einladendsten B&Bs der Gegend, mit freundlichen, hilfsbereiten Gastgebern und spektakulärem Garten mit märchenhaftem Bergblick. Es verfügt über 4 Zimmer mit Bad, Heizdecken für kalte Nächte und voll ausgestatteter Küchenzeile. R700

Underberg

Cedar Garden, 1 Polo Way, ☎ 033 701 1153 oder 083 648 4111, 🖥 www.cedargarden.co.za; Karte S. 482. Ein stattliches altes Gebäude mit eleganten, hellen Zimmern, von denen manche im Hauptgebäude untergebracht sind, andere in einem Selbstversorger-Cottage für 4 Pers. oder einem separaten Haus für Selbstverpfleger. Die besten Zimmer sind die mit Aussicht auf den Garten. Behagliche Lobby mit Kamin. R900

Sani Pass

Die meisten Unterkünfte befinden sich am Fuß der Berge.

Der 60 km lange, fünf Tage beanspruchende Giant's Cup Hiking Trail führt zum Teil durch eine große Senke (daher der Name) und ist der einzige angelegte Wanderweg in den uKhahlamba Drakensbergen. Er beginnt an der Sani Pass Road und führt durch die niedrigeren Ausläufer der südlichen Drakensberge mit erodierten Sandsteinformationen, Felsüberhängen mit San-Malereien, grasbewachsenen Ebenen und schönen Tälern mit Flussbecken zum Schwimmen. Keine der einzelnen Tagesetappen ist länger als 14 km, und vom Schwierigkeitsgrad her ist der Trail trotz einiger steiler Passagen nicht übermäßig anspruchsvoll. Die Benutzung des Trails kostet R100 p. P. und Nacht und schließt das einmalige Eintrittsgeld zum Reservat ein.

Die **Berghütten** an den fünf Übernachtungsplätzen verfügen über fließend Wasser, Toiletten, Tische, Bänke und Schlafkojen mit Matratzen. Unbedingt mitzubringen sind Campingkocher, Lebensmittel und ein Schlafsack. Die Wanderung lässt sich verkürzen, indem man den ersten Tag weglässt und erst an der Pholela Hut beginnt, einem ehemaligen, zur Unterkunft für Wanderer umfunktionierten Farmhaus. Wer diese Variante wählt, kann dort die erste Nacht verbringen und beendet die Route einen Tag früher an der Swiman Hut in der Nähe des Büros von KZN Wildlife in Garden Castle. Für Unermüdliche lässt sich die Wanderung auch verlängern, und zwar in Form einer zusätzlichen Übernachtung in der Bushman's Nek Hut, in deren Umgebung sich zahlreiche Höhlen und Stätten mit Felsmalereien befinden.

Der Wanderweg ist auf 30 Personen pro Tag beschränkt und während der Ferienzeit häufig ausgebucht. Die **Reservierung** muss über KZN Wildlife (🖥 www.kznwildlife.com), erfolgen, wo neben einer Gebietskarte auch eine Routenbeschreibung erhältlich ist.

Khotso, Drakensberg Gardens Rd, 9 km nordwestlich von Underberg, ✆ 082 412 5540, 🖥 www.khotso.co.za; Karte S 482. Die freundliche Unterkunft bietet Pferdetrekking, Zimmer, Rondavels und Betten in einem Schlafsaal sowie Zeltstellplätze im schattigen Garten. Die Palette der Ausritte reicht vom kurzen Ausflug bei Sonnenuntergang bis zum mehrtägigen Trip ins benachbarte Lesotho (R680 p. P. für einen ganzen Tag). Auf vorherige Reservierung auch mit Mahlzeiten. Camping R120, Dorm R160, DZ R500, Rondavel R800

Mkomazana Mountain Cottages, 25 km nordwestlich von Underberg an der Sani Pass Rd, ✆ 082 521 6343, 🖥 www.mkomazana.co.za; Karte S. 482. Dort, wo heute die 5 Selbstverpfleger-Cottages für 2–6 Pers. stehen, war früher ein Handelsposten. Ganz in der Nähe liegt der Ausgangspunkt des Giant's Cup Hiking Trail. Vom Anwesen selbst, zu dem auch ein Fluss mit Wasserfall und ein privater Forellenstausee gehören, führen kürzere und weniger anspruchsvolle Wanderwege in die Berge. R850

🧳 **Sani Lodge**, 19 km nordwestlich von Underberg an der Sani Pass Rd, ✆ 033 702 0330, 🖥 www.sanilodge.co.za; Karte S. 482. Das beliebte Backpacker-Hostel bietet Unterkunft in Schlafsälen, DZ und Selbstversorger-Cottages, manche davon in malerischen, strohgedeckten Rondavels. Die Aussicht von der Veranda ist umwerfend, und im Café nebenan gibt's sensationelle, hausgemachte Leckerbissen. Die Lodge stellt eine prima Ausgangsbasis für Wanderungen zu Wasserfällen und Felsmalereien dar – auf Anfrage Lunchpakete zum Mitnehmen. Außerdem werden Touren auf den Sani Pass, begleitete Wanderungen und 4WD-Exkursionen angeboten. Camping R90, Dorm R165, DZ R460

Sani Mountain Lodge, oben auf dem Sani Pass, direkt hinter der Grenze zu Lesotho, ✆ 078 634 7496, 🖥 www.sanimountain.co.za; Karte S. 482. Die Lage am Felsrand ist schwer zu toppen und erlaubt atemberaubende Ausblicke nach KwaZulu-Natal. Es gibt auch ein Pub mit deftiger Verpflegung, und abends kann man auf dem Balkon sitzen und den Sonnenuntergang hinter den Berggipfeln betrachten.

KWAZULU-NATAL

Die attraktiven Rondavels haben einladende Zimmer mit offenen Kaminen und Platz für bis zu 6 Gäste. Alternativ gibt es einen Campingplatz und Backpacker-Unterkünfte. Geführte Wanderungen und Reitausflüge können organisiert werden. Camping R105, Dorm R275, DZ R589

Lotheni und Kamberg

Lotheni Camp. Das Camp liegt in einer abgeschiedenen Ecke des Parks nördlich des Sani-Passes, Reservierung über KZN Wildlife, ☎ 033 845 1000, 🖥 www.kznwildlife.com; Karte S. 482. Es besteht aus einem kleinen Campingplatz plus 14 einladenden Selbstversorger-Chalets mit 2–6 Betten und komplett ausgestatteter Küche. Außerdem gibt es das Simes Cottage (R2800), ein aus Stein gebautes Bauernhaus mit majestätischem Ausblick. Es besitzt seinen eigenen See voller Forellen, und auf dem Gelände tummeln sich Schirr- und Elenantilopen. Im Cottage gibt es Schlafgelegenheiten für 10 Pers., man muss aber das ganze Haus mieten. Alles Notwendige wie Proviant, Bettwäsche usw. muss mitgebracht werden. Camping R180, Chalet R560

Kamberg Camp. In den Ausläufern der Drakensberge, zwischen Lotheni und Giant's Castle. Reservierung über KZN Wildlife, ☎ 033 845 1000, 🖥 www.kznwildlife.com; Karte S. 482. Das Restcamp umfasst Chalets mit 2–6 Betten. Es gibt eine Gemeinschaftsküche, aber keinen Zeltplatz. In der Nähe gibt es Möglichkeiten zum Forellenangeln und in der Umgebung Wanderwege in wunderbarer Landschaft. R780

ESSEN

In **Lotheni** gibt es etwa 10 km vor dem Restcamp eine Gemischtwarenhandlung.
In **Kamberg** dagegen befindet sich die nächste Versorgungsmöglichkeit in Rosetta, deshalb müssen Nahrungsmittel und Getränke mitgebracht werden.

SONSTIGES

Informationen

Southern Drakensberg Tourism, Ortsmitte von Underberg, ☎ 033 701 1471, 🖥 www.

drakensberg.org. Dies ist die beste Informationsquelle zur Region. ⏰ Mo–Fr 7.45–16.15, Sa und So 9–13 Uhr.

Touren

Roof of Africa Tours, in Himeville, ☎ 073 696 6782, 🖥 www.roofofafricatours.co.za, veranstaltet Touren über den Sani Pass und nach Lesotho hinein, unterwegs wird ein Basotho-Dorf besucht. Auf dem Veranstaltungsprogramm stehen auch Ausflüge zu hiesigen Käse- und Weinproduzenten, wo man bei der Verarbeitung zuschauen und das Endprodukt verkosten kann. Außerdem im Angebot: Wanderungen (3–7 Std.) zu historischen San-Felsmalerien in der Region.

TRANSPORT

Auto

Wer den **Sani Pass** hochfahren möchte, sollte ein Fahrzeug mit Allradantrieb wählen und darf den Reisepass nicht vergessen. Die Grenzübergänge auf südafrikanischer Seite sowie in Lesotho sind tgl. 8–16 Uhr geöffnet.

Busse und Minibusse

Trotz seiner Abgeschiedenheit ist der Sani Pass leicht zu erreichen. **Underberg Express**, ☎ 079 696 7108, betreibt einen Shuttleservice zwischen Durban/Flughafen, Durban/Zentrum, Pietermaritzburg, Howick, Bulwer, Himeville und Sani Lodge (S. 485), wo man mit einem Minibustaxi weiterfahren kann. Die Fahrt vom King Shaka Airport in Durban zur Sani Lodge kostet R650 p. P. und dauert etwa 3 1/2 Std. Mindestens zwei Minibustaxis verkehren Mo–Sa zwischen Underberg und der Ruine der Handelsstation Good Hope (auch: **Ha Makhakhe**) in der Nähe des Sani Lodge. Hier besteht Anschluss an Basotho-Minibusse, die über den Pass und weiter nach Mokhotlong in Lesotho fahren. Die Sani Mountain Lodge (S. 485) bietet einen Shuttleservice zwischen dem Sani Pass und Underberg mit Abfahrt vom Pass um 9.30 und 13.30 Uhr sowie Rückfahrt um 11 und 15 Uhr. Die Fahrt muss im Voraus reserviert werden und kostet R350.

Zentrale Drakensberge

Den mittleren Teil des Drakensberg-Massivs in KwaZulu-Natal bilden vier separate Regionen, die jeweils von der N3 ausgeschildert sind. **Giant's Castle** versammelt bedeutende Felsmalereien der San und umfasst ein herrliches Wildreservat, in dem sich unter anderem der beliebte Geier-Beobachtungsposten und wichtige Felszeichnungen der San befinden. Weitere Beispiele der San-Kunst gibt es im nördlich gelegenen **Injisuthi** zu entdecken, das insbesondere bei Wanderern als Ausgangspunkt für Exkursionen in die absolute Wildnis beliebt ist.

Wesentlich bequemer zugänglich, aber auch von weitaus mehr Touristen besucht, ist das **Champagne Valley**, das eine ganze Reihe von Hotels mit einem vielfältigen Sportangebot vorweisen kann. Das nördlich vom Champagne Valley gelegene Hotel am **Cathedral Peak** ist der beste Ausgangspunkt für anspruchsvolle Wanderungen.

Giant's Castle Game Reserve

🕐 tgl. April–Sep 6–22, Okt–März 5–22 Uhr ▪ Eintritt R40 ▪ ✆ 036 353 3718

Das Tierschutzgebiet Giant's Castle Game Reserve wurde ursprünglich zum **Schutz der Elenantilope** eingerichtet, die vor der Ankunft der Kolonialisten noch in großer Zahl in den Drakensbergen beheimatet war. Das Wildreservat bietet auch anderen Antilopen der kühleren Hochlandregionen ein Zuhause, darunter Bleichböckchen, Rehantilope, Berg-Riedbock und Schirrantilope. Trotz seiner rund vier Dutzend Säugetier- und etwa 160 Vogelarten handelt es sich nicht um einen traditionellen Wildpark, denn hier beobachtet man die Tiere nicht vom Fahrzeug aus, sondern nur bei Wanderungen durch das Gelände. Innerhalb des Schutzgebietes gibt es keine Straßen, abgesehen von den Zufahrtsstraßen, die an den beiden von KZN Wildlife verwalteten Hauptübernachtungsplätzen **Giant's Castle** und **Injisuthi** enden. Drei der vier höchsten Gipfel Südafrikas bilden die majestätische Kulisse im Westen des Reservats: der Mafadi (3450 m), der Popple Peak (3325 m) und der namensgebende Giant's Castle (3314 m).

Vulture Hide

🕐 Mai–Sep ▪ R840 für bis zu 3 Pers. ▪ Möglichst schon ein Jahr im Voraus buchen bei KZN Wildlife ▪ ✆ 033 845 1000, 🖥 www.kznwildlife.com

Zu den größten Attraktionen von Giant's Castle zählt das Vulture Hide, wo sich Vogelarten wie der seltene Bartgeier (oder Lämmergeier), Kapgeier, Schwarzadler, Schakalbussard und Lannerfalke versammeln. Im Winter bringen Wildhüter Tierkadaver hierher, und das lockt

Die Felsmalereien der San

Die San, auch als Buschmänner bezeichnet, waren die ersten Bewohner des südlichen Afrika und direkte Nachfahren der späten Steinzeitmenschen. Sie lebten dort lange Zeit als Jäger und Sammler – in Namibia entdeckte Malereien datieren stolze 25 000 Jahre zurück. In den letzten 2000 Jahren wurden den San durch die sich nach Süden ausbreitenden Bauern der Bantu-Sprachfamilie Veränderungen aufgezwungen, doch ernsthafte Spannungen ergaben sich erst, als weiße Siedler begannen, Gebiete für sich zu beanspruchen. Als sich die San am Vieh der Farmer vergriffen, jagten die Weißen sie, bis sie von der südafrikanischen Landkarte ausradiert waren.

Die **Künstler** der San waren gleichzeitig **Schamanen**, ihre Bilder waren vom Trance-Zustand inspiriert. Daher sind die in den Malereien festgehaltenen Jagd-, Tanz- und Tierszenen nicht als realistische Darstellungen des alltäglichen Lebens zu interpretieren. Eine exakte Datierung der Malereien in den Drakensbergen ist schwierig, die ältesten dürften jedoch mindestens **800 Jahre alt** sein.

Zu den besten Einführungen in das Thema gehört das schmale **Büchlein** *Rock Paintings of the Natal uKhahlamba Drakensberg* von David Lewis-Williams, hrsg. von der University of KwaZulu-Natal Press und in fast jeder Buchhandlung der Region erhältlich.

diese Vögel an. Der Bartgeier, ein riesiger, schwarz-goldener Vogel mit einer gigantischer Spannweite und rautenförmigem Schwanz, ist nur in den Ausläufern des Himalaya und in Südafrika lediglich in den uKhahlamba Drakensbergen und im Maloti-Gebirge Lesothos anzutreffen. Er ist ein Aasfresser und das evolutionäre Bindeglied zwischen Adlern und Geiern.

Main Caves

🕐 tgl. 9–15 Uhr ■ Begleitete Spaziergänge vom Giant's Castle Camp R45

In Giant's Castle befindet sich eine der drei großen, öffentlich zugänglichen **Felskunststätten** der uKhahlamba Drakensberge: Die mehr als 500 Malereien der Main Caves sind nach einem halbstündigen Spaziergang durch das Bushman's River Valley erreicht.

Injisuthi

🕐 April–Sep 6–18, Okt–März 5–19 Uhr ■ Eintritt R40 ■ Führungen zu den San-Malereien (R75 p. P., mind. 4 Pers., 5 Std.) beginnen beim Injisuthi Camp um 8.30 Uhr, Buchung über KZN Wildlife (Kasten S. 485) ■ 📞 036 431 9000 ■ Das Camp liegt am Ende einer 30 km langen Schotterpiste, die von der R615 abzweigt (ausgeschildert)

In der Nordhälfte des Giant's Castle Game Reserve, rund 50 km sowohl von Winterton als auch von Estcourt entfernt, liegt Injisuthi, der Traum eines jeden Wanderers. Von hier aus kann man direkt in die Berge aufbrechen (es stehen zehn verschiedene Tageswanderungen zwischen einer und zehn Stunden zur Auswahl), in Flüssen schwimmen oder Felskunst bewundern. Eine der besten Tageswanderungen führt den Van Heyningen's Pass hoch zu einem Aussichtspunkt – die freundlichen Mitarbeiter am Hauptcamp weisen gern den Weg.

Wer sich für Felskunst interessiert, sollte sich die Malereien in der **Battle Cave** nicht entgehen lassen. Der Name kommt von einer Reihe Abbildungen, die scheinbar Kampfszenen zwischen zwei San-Gruppen darstellen. Battle Cave enthält über 750 Darstellungen von Menschen und Tieren, viele davon sind allerdings verblasst. Die Felsen sind umzäunt und können zu Fuß nur in Begleitung eines Fremdenführers von KZN Wildlife besichtigt werden.

Champagne Castle

Der Champagne Castle ist der **zweithöchste Berg** Südafrikas und liefert die berühmteste Ansicht der uKhahlamba Drakensberge. Der Name geht der Legende nach auf einen Zwischenfall im Jahre 1861 zurück, als ein gewisser Major Grantham den Gipfel offiziell als Erster bestieg; begleitet wurde er dabei von seinem Offiziersburschen, der versehentlich die obligatorische Flasche Schampus fallen ließ und den Berg damit unfreiwillig taufte.

Champagne Valley

Monk's Cowl 🕐 tgl. 6–18 Uhr ■ Eintritt R40 ■ Wanderung mit Übernachtung R70 ■ 📞 036 468 1103

Champagne Valley liegt nur 32 km von Winterton entfernt und besitzt Geschäfte, Restaurants und Einrichtungen, die man in anderen Teilen der uKhahlamba Drakensberge vergebens sucht. Die touristisch umfassend erschlossene, aber extrem schöne Gegend liegt außerhalb des von KZN Wildlife verwalteten Schutzgebietes und ist nicht zu empfehlen, wenn man direkt von der eigenen Türschwelle aus loswandern möchte. Dazu muss man zunächst nach Westen über die Landstraße R600 nach **Monk's Cowl**, von wo aus zahlreiche Wanderwege in die Berge führen.

Ardmore Ceramic Art Studio

20 km von Winterton abseits der R600 (ausgeschildert) ■ 🕐 tgl. 8–16.30 Uhr ■ 📞 033 940 0034, 🖥 www.ardmoreceramics.co.za

Das Ardmore Ceramic Art Studio ist eine der Hauptattraktionen des Tals. Die Keramikwerkstatt wurde in den 80er-Jahren von der Kunsthochschulabsolventin Fée Halsted-Berning ins Leben gerufen. Als Auszubildende brachte sie Bonnie Ntshalintshali mit, ein junges Zulu-Mädchen, das an Kinderlähmung erkrankt war. Bereits 1990 hatten sie für ihre eigenwilligen Töpferarbeiten zahlreiche Preise eingeheimst, und heute arbeiten in der Werkstatt rund 40 Künstler. Sie stellen wunderschöne Skulpturen und Geschirr mit kunterbunten Motiven her. Bonnie ist 1999 an Aids gestorben, ihr einzigartiger Stil lebt jedoch durch die anderen Künstler weiter. Auf dem Gelände gibt es auch einen **Souvenirladen**, in dem nicht ganz so teure Arbeiten anderer einheimischer Künstler angeboten werden.

Cathedral Peak

Nördlich von Monk's Cowl und den Resorts des Champagne Valley befinden sich das Mlambonja River Valley und der Cathedral Peak, ein freistehender Berg, der aus der 5 km langen Basaltschlucht Cathedral Ridge herausragt. Nach einer Kathedrale sieht der Peak eigentlich nicht aus (sein Zulu-Name *Mponjwane* bedeutet „das Horn auf dem Kopf einer jungen Kuh").

Wanderwege

Direkt am Cathedral Peak Hotel (S. 491) beginnen mehrere Wanderpfade; Landkarten und Informationsmaterial sind im Hotel erhältlich. Eine der beliebtesten Tageswanderungen führt zur phänomenalen Rainbow Gorge. Die insgesamt (hin und zurück) 11 km lange Strecke (4–5 Std.) folgt dem Lauf des Ndumeni River, vorbei an Wasserstellen, Stromschnellen und Wasserfällen. Da manchmal der Weg stellenweise unter Wasser steht, sind wasserfeste Wanderschuhe angesagt. Die Hotelmitarbeiter vermitteln auch neunstündige Ausflüge mit Guide hoch zum Cathedral Peak, bei denen viel Zeit für den Aufenthalt oben vorgesehen ist, damit man die Aussicht gebührend würdigen kann. Der Weg ist sehr steil und der letzte Abschnitt hinter dem Orange Peel Gap ist nur etwas für erfahrene Bergsteiger.

Mike's Pass

Allradtour fährt um 9, 12 und 16 Uhr am Parktor ab (mind. 4 Pers.)

Mike's Pass liegt am Ende eines 10 km langen, kurvenreiche Forstwegs. Von dort bieten sich an wolkenlosen Tagen gigantische Ausblicke. Am höchsten Punkt wurde ein maßstabgetreues Modell der Bergkulisse aufgestellt, mit dessen Hilfe die einzelnen Gipfel identifiziert werden können. Zum Zeitpunkt der Recherche war die Straße wegen Bodenerosion für Privatfahrzeuge gesperrt, es gibt aber einen Allradshuttle, der Besucher nach oben fährt.

ÜBERNACHTUNG

Giant's Castle

Giant's Castle Camp, Buchung über KZN Wildlife, ☎ 033 845 1000, 🖥 www.kznwildlife.

com; Karte S. 482. Bequeme Zwei-, Vier- und Sechs-Bett-Chalets mit gemütlichen Kaminecken. Einige haben große Fenster und einen herrlichen Blick auf die Gipfel. Im netten Restaurant Izimbali, ⏰ 7.30–21 Uhr, gibt es Essen vom Buffet und im Laden bei der Rezeption Tiefkühlfleisch für *braais* und ein paar Konser-vendosen. Es ist aber empfehlenswert, alles andere schon vorher einzukaufen. Vom Camp aus lassen sich fantastische Wanderungen unternehmen und die 8 Pers. fassende **Bannerman's Hut** (R70 p. P.) ist zwar spartanisch, aber eine der am bezauberndsten gelegenen Wanderhütten der uKhahlamba Drakensberge. R945

White Mountain Resort. An der Straße zum Camp von Giant's Castle, 34 km von Estcourt und 32 km vom Schutzgebiet, ☎ 036 353 3437, 🖥 www.whitemountain.co.za; Karte S. 482. Falls die Unterkunft von KZN Wildlife ausgebucht ist, stellt dieses Hotel die einzige Übernachtungsmöglichkeit im Einzugsbereich des Schutzgebietes dar. Es bietet sowohl Vollpension als auch Bungalows für Selbstversorger und liegt, von Farmland umgeben, in den niedrigeren Ausläufern der Drakensberge und in der Nähe einiger Zulu-Dörfer. Das bedeutet, dass die Gegend zwar schön, aber weder spektakulär noch weltabgeschieden ist. Camping für 2 Pers. R270, DZ R770

Injisuthi

Injisuthi Camp, Buchung über KZN Wildlife, ☎ 033 845 1000, 🖥 www.kznwildlife.com; Karte S. 482. Das Camp bietet Unterbringung in gut ausgestatteten Selbstversorger-Chalets und Safarizelten sowie auf Zeltplätzen. Die meisten Leute wollen aber in die Berge und in einer der dafür ausgewiesenen Höhlen kampieren. Dort gibt es keinerlei Einrichtungen. Wer das vorhat, muss sich an der Rezeption melden. Camping R95, Safarizelt R360

Champagne Valley

Ardmore Guest Farm, auf halbem Weg zwischen Winterton und Monk's Cowl, von der R600 ausgeschildert, ☎ 087 997 1194, 🖥 www.ardmore.co.za; Karte S. 482. Gastliche Unterkunft auf einer Farm, Unterbringung in

Im Weiler **Winterton**, 90 km nördlich von Pietermaritzburg an der R74, dort wo sie von der N3 nach Westen abzweigt, befinden sich ein paar hübsche Unterkünfte. Wildwasserfans kommen hier auch auf ihre Kosten: **Four Rivers Rafting and Adventures**, ✆ 036 468 1693, ▢ www.fourriversadventu res.co.za, fährt von hier aus zum Tugela River östlich der Drakensberge (Dez–April). Die eintägigen Trips in die Schlucht des Tugela hinein kosten R670 p. P. Auf Wunsch lassen sich auch mehrtägige Ausflüge arrangieren.

Übernachten in Winterton

Lilac Lodge, 8 Springfield Rd (die Hauptverkehrsstraße in den Ort), ✆ 036 488 1025, ▢ www. lilaclodge.co.za; Karte S. 482. Unterkünfte in kleinen Ferienhütten, mit kombinierten Coffee- und Kunstgewerbeshop. Günstig für Alleinreisende: Preise werden pro Person berechnet (R350). Zimmer R700.

Rolling M Ranch, ✆ 82 736 4576, ▢ www.rollingmranch.co.za; Karte S. 482. Bauernhof außerhalb vom Dorf am Ufer des Tugela River. Man fährt von Winterton aus 2 km auf der R600 nach Norden und biegt am Wegweiser nach Skietdrift rechts ab. Das Gästegelände befindet sich 15 km weiter an dieser Straße und besteht aus Cabins und Cottages für 4–10 Selbstversorger sowie einem Bush-camp. Da die Farm an der Battlefields-Route liegt, führen von hier aus Wege zu den Gedenkstätten Spioenkop und Buller's Cross. R1000

Rondavels mit Bad oder in Cottages, manche mit Kamin. Auf Wunsch Ausritte durch die Battlefields zum Wildschutzgebiet Spioenkop Game Reserve. R590

Champagne Castle, an der R600, ✆ 036 468 1063, ▢ www.champagnecastle.co.za; Karte S. 482. Etwas antiquiert wirkendes Hotel, den Wanderwegen ab Monk's Cowl am nächsten gelegen. Komfortable Zimmer mit Bad sowie Selbstversorger-Chalets für bis zu 6 Pers., umgeben von Grünanlagen mit Pool. Im Angebot sind auch Aktivitäten wie Reiten und Fischen. Inkl. Vollpension R2040

Graceland Cottage, von der R600 ausgeschildert, ✆ 036 468 1011, ▢ www.gracelandsa.com; Karte S. 482. 4-Bett-Cottage für Selbstversorger mit TV und Kamin, daneben ein größeres Cottage an einem Felshang mit 2 Schlafzimmern und sagenhafter Aussicht. Für größere Gruppen gibt es noch ein Haus mit 13 Betten und eigenem Pool. R1800

Inkosana Lodge and Trekking, an der R600 auf halber Strecke zwischen Winterton und Monk's Cowl, ✆ 036 468 1202, ▢ www.inkosana.co.za; Karte S. 482. Schlichte, afrikanisch eingerichtete Backpackerunterkunft in reetgedeckten Rondavels und einem Schlafsaal, umgeben von

einem herrlichen Garten. Frühstück und Abendessen erhältlich. Dorm R225, DZ R650

Cathedral Peak

Cathedral Peak Hotel, 44 km sowohl von Winterton als auch Bergville, ✆ 036 488 1888, ▢ www.cathedralpeak.co.za; Karte S. 482. Dies ist das einzige Hotel in der Cathedral Peak-Region und die am nächsten bei den Bergen gelegene Unterkunft. Das hervorragende Hotel steht in einem von KZN Wildlife geschützten Gebiet. Die Aussicht ist märchenhaft und die Zimmer in strohgedeckten 2-stöckigen Gebäudeflügeln sind gemütlich eingerichtet. Halbpension R3200

Didima, ganz oben auf dem Mike's Pass, Reservierung über KZN Wildlife, ✆ 033 845 1000, ▢ www.kznwildlife.com; Karte S. 482. Die Anlage besitzt Selbstversorger-Chalets mit 2–4 Betten, Satelliten-TV, Kamin und Zeltstell-plätze. Es gibt ein Restaurant, eine Bar und einen Laden mit Grundnahrungsmitteln. Zum Hotelgelände gehört auch das Didima San Art Centre (R60, inkl. Eintritt zum Park), wo Ausstellungen zu San-Felskunst und ein Kurzfilm gezeigt werden. Im Preis für die Chalets ist das Frühstück inkl. Camping R200, Chalets R1120

Giant's Castle. Die einzige Tankstelle innerhalb des Reservats steht am Haupteingang zum Giant's Castle; die Parkrezeption sowie ein Laden befinden sich 7 km weiter, ☎ 036 353 3718. ⏲ tgl. 8–16.30 Uhr. Die Cathedral Peak-Rezeption liegt rund 1,5 km vom Parkeingang entfernt, ☎ 036 488 8000. ⏲ tgl. 7–19 Uhr.

Auto

Die Straßen in die **Zentralen Drakensberge** sind durchgehend gut. Wer ins **Champagne Valley** will, muss auf der N3 nach dem Abzweig „Estcort North" Ausschau halten. Um von Winterton zum **Cathedral Peak** zu gelangen, folgt man der Beschilderung nach „Central Berg", dann nach „Cathedral Peak".

Wandern und Angeln in den uKhahlamba Drakensbergen

Ob Spaziergang oder drei- bis viertägige Wanderung durchs Gebirge – das Wandern in den uKhahlamba Drakensbergen zählt zu den Top-Wildniserlebnissen Südafrikas. Der Reiz einer Erkundung des Bergmassivs per Pedes liegt auch darin, dass man in dieser Landschaft von wahrhaft erhabener Schönheit nur selten andere Menschen, geschweige denn Dörfer oder Autos zu Gesicht bekommt. Je nach Höhenlage sind die uKhahlamba Drakensberge in High Berg und Little Berg unterteilt. In den von Felssäulen und bizarren Steinformationen geprägten Hochlagen des **High Berg** bestehen die einzigen Übernachtungsmöglichkeiten aus Höhlen oder, in bestimmten Gegenden, auch Hütten. Hier ist man völlig auf sich gestellt und sollte die für diese Wildnis geltenden Verhaltensregeln beachten: Man muss eine Schöpfkelle und Toilettenpapier mitnehmen und darf das Wasser nicht verunreinigen, sich also nicht in den Bächen waschen, sondern nur das Wasser aus den Bächen holen, um sich abseits damit zu waschen. Sowohl die Bergsteigerhütten als auch die Höhlen zum Übernachten müssen im jeweiligen Büro von KZN Wildlife am Ausgangsort reserviert werden. Die geplante Wanderstrecke wird in ein Register eingetragen. Wer die Pässe bis zu den Gipfeln erklimmen möchte, muss körperlich absolut fit sein, Wandererfahrung mitbringen und sollte einen ortskundigen Begleiter oder Fremdenführer mitnehmen.

Das Gebiet des **Little Berg** ist mit seinen Gipfeln, Flüssen, Felszeichnungen, Tälern und Wäldern nicht weniger abgeschieden und ebenfalls wunderschön. Außerdem präsentiert sich dieser Teil der Drakensberge weniger gefährlich und ist auch bei durchschnittlicher Fitness noch recht einfach zu bewältigen. Wer weder einen Rucksack schleppen noch in Höhlen oder Hütten übernachten möchte, kann sich in einem der **KZN Wildlife Camps** einquartieren und zu Tageswanderungen aufbrechen, von denen eine schier endlose Auswahl besteht. Es gibt auch ein Camp, von dem aus eine zweitägige Wanderung mit Übernachtung in einer Höhle möglich ist. Zwei hervorragende Ausgangsbasen für Wanderungen sind die Camps **Injisuthi** im Giant's Castle Game Reserve (S. 488) und **Thendele** im Royal Natal National Park (S. 493). Die südlichen Drakensberge mit ihren ausgedehnten Graslandschaften bilden die Kulisse für den **Giant's Cup Hiking Trail** (S. 485), der eine atemberaubende Einführung in diese einzigartige Bergwelt bietet.

In den Büros von KZN Wildlife werden Wanderbroschüren für die uKhahlamba Drakensberge sowie von KZN Wildlife selbst produzierte **Gebietskarten** im Maßstab 1:150 000 verkauft, allerdings ist zu beachten, dass einige der ausgewiesenen Pfade nicht mehr existieren. Wer allein unterwegs ist, oder das Gebiet lieber nicht auf eigene Faust bewandern möchte, kann sich an Drakensberg Adventures in der Sani Lodge wenden (S. 485), wo diverse **geführte Wanderungen** in den uKhahlamba Drakensbergen und nach Lesotho hinein veranstaltet werden.

Das **Angeln** in den Gebieten von Cobham und Giant's Castle kostet R70 pro Tag und erfordert zwingend einen Erlaubnisschein von KZN Wildlife. In Lotheni und Kamberg kostet die Angelerlaubnis R70 bzw. R120; es dürfen jeweils zehn Forellen geangelt werden. Die Ausrüstung muss man selbst mitbringen.

KWAZULU-NATAL

Nördliche Drakensberge

Der spektakuläre nördliche Teil des Drakensberg-Massivs besteht zum Großteil aus dem **Royal Natal National Park**, in dessen Umgebung mehrere Ferienanlagen liegen. Der Tugela River und seine mit Felsbrocken übersäte Schlucht sorgen für eine der atemberaubendsten Landschaften der Region, deren auffälligstes geografisches Merkmal das **„Amphitheatre"** ist, eine, 5 km lange sichelförmige Felswand, über die sich der Tugela in die Tiefe stürzt. Die nördlichen Drakensberge bieten Unterkünfte für jeden Geldbeutel und Geschmack und sind auch deshalb ein lohnendes Ziel. Den besten Eindruck von dieser unberührten Gebirgslandschaft bekommt man in **Thendele**, dem Hauptcamp von KZN Wildlife. Es verfügt über Chalets (s. u.).

Royal Natal National Park

⊙ tgl. Okt–März 5–19, April–Sep 6–18 Uhr
■ Eintritt R40 ■ ℰ 036 438 6310

Die berühmteste Ansicht im 46 km westlich von Bergville gelegenen Royal Natal National Park ist das Amphitheatre, eine halbmondförmige Felskante und Teil der den Park praktisch umschließenden Schichtstufe. Fast alle Besucher nehmen von Tendele aus den Trail zur **Tugela Gorge**. Auf diesem sechsstündigen Rundwanderweg kann man das Amphitheatre und die **Tugela Falls**, wo der Fluss über eine 947 m hohe Felskante in die Tiefe stürzt, aus nächster Nähe bewundern.

Der Park wurde 1916 eingerichtet, erhielt seinen königlichen Namenszusatz aber erst 1947, als die britische Königsfamilie ihn besuchte. Er liegt am nördlichen Ende der Ukhalamba Drakensberge zwischen Lesotho im Westen und der Provinz Freistaat im Norden. Die drei höchsten Gipfel sind der Sentinel (3165 m), Eastern Buttress (3048 m) und Mont Aux Sources (3282 m). An Letzterem entspringen fünf Flüsse, die für die Namensgebung durch französische Missionare 1878 verantwortlich sind.

ÜBERNACHTUNG UND ESSEN

Im Park

KZN Wildlife, ⌨ www.kznwildlife.co.za, verwaltet einige sehr preiswerte Camping-plätze innerhalb des Parks und auch ein paar ausgezeichnete Chalets. Beides lässt sich über das gängige Buchungssystem von KZN Wildlife (Kasten S. 485) reservieren.

Mahai Campsite, am Fluss entlang der Grenze zum Nationalpark, ℰ 036 438 6310; Karte S. 482. Die Einrichtungen sind auf bis zu 400 Camper angelegt. In den Schulferien und am Wochenende wimmelt es auf dem Platz von Menschen. Von hier aus kann man schnurstracks zu einigen der traumhaftesten Wanderungen der Drakensberge aufbrechen. Mindestberechnung für 3 Pers. R330

Rugged Glen Campsite, 4 km hinter dem Mahai ausgeschildert, ℰ 036 438 6310; Karte S. 482. Der Platz ist kleiner und ruhiger als der Mahai und oft nur in den Schulferien geöffnet. Die Ausblicke und Wanderungen hier sind nicht ganz so toll, aber dafür gibt es Reitpferde (R200 pro Std.), und nach einem kurzen Spaziergang lässt sich das Orion Mont-Aux-Sources Hotel erreichen, wo man eine herzhafte Mahlzeit bekommt. Mindestberechnung für 2 Pers. R220

🏠 **Thendele Hutted Camp**, ℰ 036 438 6411; Karte S. 482. Das am Ende der Straße zum Royal Natal National Park gelegene Camp zählt zu den begehrtesten Unterkünften in ganz Südafrika. Es bietet herrliche Ausblicke auf das Amphitheatre, und ausgezeichnete Wanderwege beginnen direkt vor der Tür. Unterbringung in 29 komfortablen 2- oder 4-Bett-Bungalows, die preisgünstigsten mit Kochplatten, Kühlschrank und Küchenutensilien. Wer sich für die luxuriöseren Bungalows oder das Hauptgebäude entscheidet, kann sich auch bekochen lassen, solange er die Lebensmittel selbst mitbringt. Auf dem Gelände gibt es einen guten Gemischtwarenladen. R800

Außerhalb des Parks

Amphitheatre Backpackers, 21 km westlich von Bergville an der R74, ℰ 082 855 9767, ⌨ www.amphibackpackers.co.za; Karte S. 482. Die Herberge liegt an der Baz Bus-Route und ist daher gut für Besucher ohne eigenes Transportmittel geeignet, die in den nördlichen Drakensbergen wandern möchten. Zur Verfügung stehen Dorms mit Bad und Safarizelte mit

Bett sowie private Standardzimmer. Es gibt eine Bar und ein Restaurant. Wer möchte, kann sich einer geführten Wanderung anschließen. Es stehen aber auch noch Reit- oder Mountainbiketouren zur Wahl. Camping R95, Dorm R200, Safarizelt p. P. R215, DZ R400

The Cavern, abseits der R74 auf dem Weg in den Nationalpark, ca. 20 km vor dem Zufahrtstor, ☎ 036 438 6270, ☐ www.cavern.co.za; Karte S. 482. Der Familienbetrieb ist das abgelegenste Hotel in der Region und verströmt ein altmodisches Flair. Die Zimmer bieten schon ausreichend Komfort, doch die Suiten verfügen sogar über einen Kamin. Weitere Pluspunkte: Pool, Reitpferde und Möglichkeiten zum Forellenangeln. Vollpension R2400

Hlalanathi Berg Resort, etwa 10 km außerhalb des Royal Natal National Parks, ☎ 036 438 6308, ☐ www.halanathi.za.net; Karte S. 482. Die auf Familien ausgerichtete Ferienanlage bietet Zeltplätze und strohgedeckte Chalets für Selbstversorger (2–6 Pers.). Pool und Trampolin. Im Restaurant gibt es günstige Burger und Sandwiches, aber auch richtige Mahlzeiten, auf Wunsch zum Mitnehmen. Camping R120, DZ R850

Mnweni Cultural Centre, im Mnweni Valley, 30 km westlich von Bergville an der Straße zum Woodstock Dam/nach Rookdale, ☎ 072 712 2401; Karte S. 482. Diese Unterkunft in einem malerischen Tal gehört den Gemeinden amaNgwane und AmaZzizi. Die Unterbringung erfolgt in schlichten, reetgedeckten Rondavels mit 4 Betten, Gemeinschaftsbad und -küche. Im Zentrum gibt's Kunstgewerbestände, Reitpferde und einige Felsmalereien der San und die Gäste können Wandertouren in die Berge unternehmen (R50 pro Nacht). Übernachtungen in traditionellen Wohnhütten können organisiert werden und bei vorheriger Anmeldung auch Verpflegung. Camping R90, Chalets R250 p. P.

Orion Mont-Aux-Sources Hotel, rund 4 km außerhalb des Royal Natal National Parks gelegen, ☎ 087 353 7676, ☐ www.orionhotels.co.za; Karte S. 482. Gepflegtes, aber recht unpersönliches Hotel mit Blick auf das Amphitheatre sowie Sportangeboten wie Tennis und Reiten. R1299

Drakensberg Tourism Association, ☎ 036 448 1557, ☐ www.drakensberg.org.za. Bietet Informationen zur Region sowie Unterstützung bei der Buchung von Gästebetten nur telefonisch oder per E-Mail (die Association unterhält kein Büro für Laufkundschaft).

Per Transfer

Einige Resorts organisieren nach vorheriger Absprache den Transport von Bergville oder von der N3 aus an, allerdings ist dieser Service in der Regel recht teuer.

Auto

Die Zufahrtsstraßen zum Park sind auf ganzer Länge asphaltiert. Von Süden über die N3 kommend, nimmt man die Abfahrt Winterton/Berg Resorts und folgt der deutlich ausgeschilderten Strecke bis Bergville. Von dort aus sind es noch 46 km bis zum Park.

Elephant Coast und Zululand-Wildreservate

In Kontrast zu der stark zersiedelten 250 km langen Küstenlinie, die nördlich und südlich von Durban verläuft, verliert sich der Norden der Dolphin Coast in einer der ursprünglichsten und atemberaubendsten Küstenregionen Südafrikas, bekannt als **Elephant Coast**. Wer die Garden Route bereist und sich dabei gefragt hat, wo sich denn nun eigentlich das typische, traditionelle Afrika versteckt, findet die Antwort in dessen Nordausläufern zwischen eSwatini (ehem. Swasiland) und Mosambik – allgemein **Maputaland** genannt – mit seinem eng verwobenen Mosaik aus Wildnis und **afrikanischen Stammesgebieten**.

Die einst völlig abgelegenen Gebiete St Lucia, Sodwana Bay und KwaNgwanase waren lange nur hartgesottenen Allradabenteurern vorbehalten, lassen sich heute aber über gute Teer-

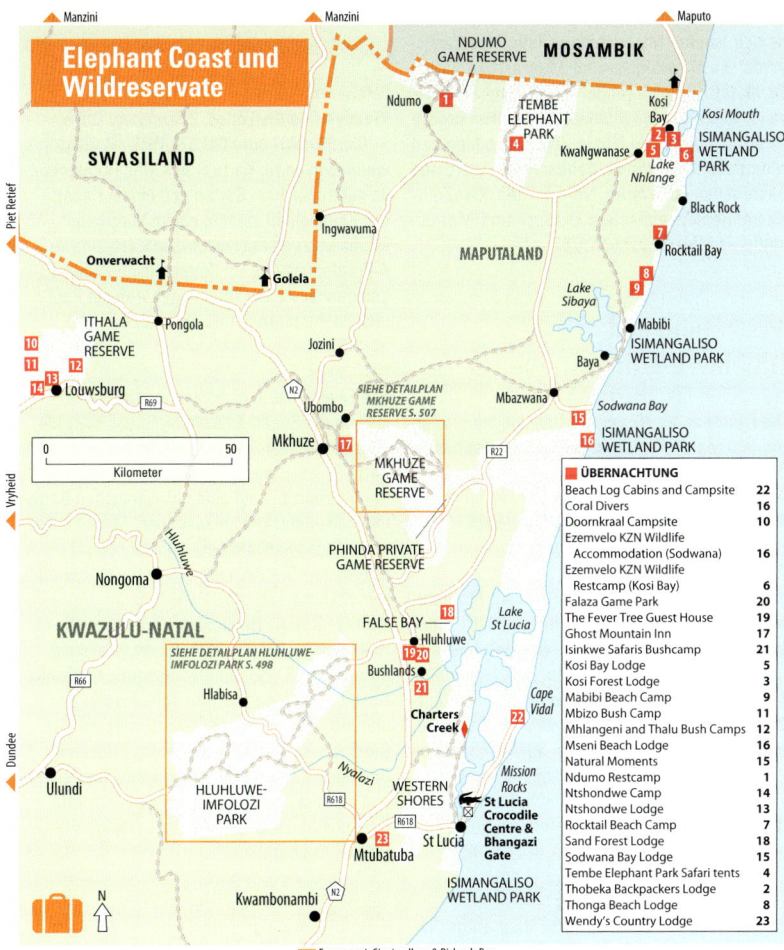

Elephant Coast und Wildreservate

MOSAMBIK

SWASILAND

MAPUTALAND

KWAZULU-NATAL

Manzini · Manzini · Maputo

NDUMO GAME RESERVE
Ndumo **1**
TEMBE ELEPHANT PARK **4**
Kosi Bay
2 3 **6** ISIMANGALISO WETLAND PARK
KwaNgwanase **5** Lake Nhlange
Kosi Mouth
Black Rock
7 Rocktail Bay
Lake Sibaya **8** **9** Mabibi
Baya ISIMANGALISO WETLAND PARK
Mbazwana
Sodwana Bay
15 **16** ISIMANGALISO WETLAND PARK

Piet Retief
Onverwacht
Golela
ITHALA GAME RESERVE
Pongola
10 **11** **12** **13** **14** Louwsburg
Ingwavuma
Jozini
Ubombo
Mkhuze **17**
MKHUZE GAME RESERVE
SIEHE DETAILPLAN MKHUZE GAME RESERVE S. 507
N2 · R69 · R22

0 — 50 Kilometer

PHINDA PRIVATE GAME RESERVE

Nongoma

FALSE BAY **18**
Lake St Lucia
19 20 Hluhluwe
Bushlands
21
Cape Vidal
Charters Creek **22**

SIEHE DETAILPLAN HLUHLUWE-IMFOLOZI PARK S. 498
Hlabisa
R66
HLUHLUWE-IMFOLOZI PARK
Nyalazi R618
WESTERN SHORES
Mission Rocks
St Lucia Crocodile Centre & Bhangazi Gate
St Lucia
Mtubatuba **23**
ISIMANGALISO WETLAND PARK
Kwambonambi N2

Vryheid
Dundee
Ulundi

N

Empangeni, Gingindlovu & Richards Bay

KWAZULU-NATAL

ÜBERNACHTUNG	
Beach Log Cabins and Campsite	22
Coral Divers	16
Doornkraal Campsite	10
Ezemvelo KZN Wildlife Accommodation (Sodwana)	16
Ezemvelo KZN Wildlife Restcamp (Kosi Bay)	6
Falaza Game Park	20
The Fever Tree Guest House	19
Ghost Mountain Inn	17
Isinkwe Safaris Bushcamp	21
Kosi Bay Lodge	5
Kosi Forest Lodge	3
Mabibi Beach Camp	9
Mbizo Bush Camp	11
Mhlangeni and Thalu Bush Camps	12
Mseni Beach Lodge	16
Natural Moments	15
Ndumo Restcamp	1
Ntshondwe Camp	14
Ntshondwe Lodge	13
Rocktail Beach Camp	7
Sand Forest Lodge	18
Sodwana Bay Lodge	15
Tembe Elephant Park Safari tents	4
Thobeka Backpackers Lodge	2
Thonga Beach Lodge	8
Wendy's Country Lodge	23

straßen von der N2 her erreichen. Der Zugang wird stetig unkomplizierter, aber um die anderen idyllischen Stellen an diesem 200 km langen, praktisch ununterbrochenen Strandstreifen zu erreichen, ist teilweise immer noch ein Geländewagen notwendig.

Südlich davon und knapp drei Stunden mit dem Auto über die N2 von Durban Richtung Norden entfernt liegt die Großwildregion von **Hluhluwe-iMfolozi**, die es an Schönheit und Wildheit sogar mit dem Krüger-Nationalpark

aufnehmen kann. Biegt man dagegen an der Kreuzung von Mtubatuba rechts ab nach Osten, erreicht man den südlichsten Punkt von Südafrikas schönster „tropischer" Küste. Bis hinauf nach Mosambik ist dieser Abschnitt im drittgrößten Naturschutzgebiet des Landes, dem **iSimangaliso Wetland Park**, geschützt; dazu gehören: Lake St Lucia, Cape Vidal, Western Shores, Mkhuze Game Reserve, Sodwana Bay, Lake Sibaya und Kosi Bay. Das 3320 km² große Gebiet gehört zum Unesco-Weltkulturerbe und ist eine Mischung aus Feuchtlandreservaten, Küstenwäldern und Meeresreservaten. Es bietet hervorragende Tauch- und Fischreviere sowie die Möglichkeit, Südafrikas größte Ansammlungen von Nilpferden, Krokodilen und Meeresschildkröten zu beobachten. Allerdings besteht im äußersten Norden des KwaZulu-Küstengebiets zwischen Oktober und Mai ein mittleres Malariarisiko (S. 761).

Mtubatuba und Hluhluwe Village

Die Fahrt auf der N2 von Durban und am großen Industriehafen **Richards Bay** vorbei nach Norden führt durch einige überwiegend afrikanische Dörfer – gute Ausgangspunkte für einen Abstecher in den Hluhluwe-iMfolozi Park.

Mtubatuba

50 km nördlich von Richards Bay liegt **Mtubatuba** (häufig zu „Mtuba" verkürzt), ein Zentrum der lokalen Zuckerrohrindustrie, die sich hier aus großen kommerziellen Farmen und kleinen afrikanischen Pflanzern zusammensetzt. Das Städtchen liegt an der Kreuzung von R618 und N2, nur 20 Minuten Autofahrt vom Südabschnitt des Hluhluwe-iMfolozi Parks oder St Lucia entfernt.

Mtuba ist die Heimat zahlreicher Kräuterkundiger sowie traditioneller Heiler und besitzt einen Zulu-Markt.

Hluhluwe

20 km nördlich von Mtubatuba liegt an der N2 der lang gezogene Ort Hluhluwe („schlaschluwie" ausgesprochen). Es ist zwar nicht direkt eine Augenweide, aber von hier aus kommt man gut in den Nordteil des Hluhluwe-iMfolozi Parks. Ein lohnender Zwischenstopp ist das fünf Autominuten nördlich von Hluhluwe an der Ngweni Road angesiedelte **Ilala Weavers**, ℡ 081 400 0947, 🖳 www.ilala.co.za, ein Komplex aus verschiedenen Gemeindeprojekten, wo traditionelles Kunsthandwerk zu attraktiven Preisen verkauft wird. ⏱ Mo–Fr 8–16.30, Sa und So 9–16 Uhr. Zur Anlage gehört auch ein Restaurant (s. u.).

Mtubatuba

Wendy's Country Lodge, 3 Riverview Drive, ℡ 035 550 0407 oder 083 628 1601, 🖳 www.wendybnb.co.za; Karte S. 495. Das Hotelgebäude mit tropischem Garten und einem Hauch von Kolonialflair steht in einem Vorort von Mtubatuba und hat 8 luxuriöse Gästezimmer. Außerdem gibt es ein Cottage mit 6 Schlafgelegenheiten. Zur Anlage gehören ein Pool und ein Restaurant. Inkl. Frühstück. R1200

Hluhluwe

The Fever Tree, in dem Wohnviertel 300 m südlich der Engen-Tankstelle, ℡ 035 562 3194 oder 83 744 5261, 🖳 www. thefevertree.co.za; Karte S. 495. Gemütliche Zimmer mit Bad und Küchenzeile, die auf einen afrikanischen Garten mit Planschbecken hinausgehen. Es gibt auch einen Gemeinschaftsbereich mit Lounge/Speisesaal. Die Betreiber arrangieren Touren zum Hluhluwe-iMfolozi Park. R880

Isinkwe Safaris Bushcamp, 15 km südlich von Hluhluwe, ℡ 083 338 3494, 🖳 www.isinkwe. co.za; Karte S. 495. Gut gemanagtes, rustikales Hostel mit Zeltstellplätzen, Schlafsaalbetten und einer Reihe kleiner Chalets, teils mit Bad. Die Gäste können zu akzeptablen Preisen im Restaurant essen (oder sich selbst verpflegen) und an Ausflügen in den Hluhluwe-iMfolozi Park und St Lucia teilnehmen. Camping R140, Dorm R200, DZ 4600

The Fig Tree Café & Deli, im Ilala Weavers, 5 Autominuten vom Hluhluwe an der Ngweni Rd, ℡ 082 045 1647. In der Restaurantküche werden ordentliche Frühstücks- und Mittagsgerichte produziert, darunter Salate und Seafood wie Thai-Fischfrikadellen (R52), und auf einer schattigen Terrasse serviert. ⏱ Mo–Fr 8–16.30, Sa und So 9–16 Uhr.

Die freundlichen Mitarbeiter der **Elephant Coast Tourism Association** an der Engen-

Tankstelle in der Main St, Hluhluwe, ✆ 035 562 0966, 🖥 www.visitelephantcoast.co.za, bieten Informationen zu Lodges und Wildfarmen in der Umgebung. ⏰ tgl. 8–16.30 Uhr.

TRANSPORT

Busse

Greyhound-Busse halten in Richards Bay. Dort fahren ständig Minibusse nach Hluhluwe und Mtubatuba ab.

Busse nach:
DURBAN (1x tgl., 2 1/4 Std.);
JOHANNESBURG (1x tgl., 9 3/4 Std.);
PRETORIA (1x tgl., 11 3/4 Std.).

Flüge

Richard's Bay hat einen kleinen Flughafen mit Flügen nach JOHANNESBURG (4x tgl., 1 1/4 Std.).

13 HIGHLIGHT

Hluhluwe-iMfolozi Park

⏰ tgl. Juni–Okt 6–17, Nov–Mai 5–18 Uhr ▪ Eintritt R210 ▪ ✆ 035 562 0848

Hluhluwe-iMfolozi ist das überragende Wildreservat KwaZulu-Natals, und nicht wenige halten es sogar für besser als den Krüger-Nationalpark. Mit gerade einmal einem Zwanzigstel der Größe kann es Hluhluwe-iMfolozi von seinen Ausmaßen her natürlich nicht mit dem großen Bruder aufnehmen, und auch die Zahl der hier heimischen Wildtiere ist wesentlich geringer. Mit seinen 960 km² ist es aber relativ kompakt und präsentiert sich um einiges wilder. Das hat nicht zuletzt damit zu tun, dass mit Ausnahme des Hilltop, eines eleganten, hotelartigen Restcamps im nördlichen Parkabschnitt, keines der anderen Restcamps eingezäunt ist, sodass sich die **wilden Tiere** hier frei bewegen können. Die üppige Vegetation aus subtropischem Dschungel trägt ein Übriges zu der Urwaldstimmung bei. Außerdem bietet der Park die besten

Wildnis-Wanderwege im ganzen Land. Früher war der Park in zwei getrennte Abschnitte unterteilt, worauf auch sein Doppelname (Aussprache etwa „Schlaschluwi-Umfalousi") zurückzuführen ist.

Die beiden Teilgebiete haben ihren eigenen Charakter aber bewahrt, wobei die Trennung durch eine Straße erkennbar ist. Der Name des südlichen Abschnitts **iMfolozi** entspringt dem Zulu-Wort *mfulawozi*, das sich auf die an den Flüssen wachsenden, faserigen Büsche bezieht. Die Topografie in diesem Teil des Parks wird durch die breiten, tiefen Flusstäler des Black iMfolozi und White iMfolozi geprägt, deren Höhe zwischen 60 und 650 m ü. d. M. variiert. In den trockeneren Abschnitten wird die üppige Flussvegetation von einer vielfältigen Landschaft aus Busch, Savanne, Dickicht und flachem Grasland abgelöst.

Das bemerkenswerteste geografische Merkmal des nördlichen Parkabschnitts **Hluhluwe** ist der gleichnamige Fluss. Der schmale, gewundene und von lang gestreckten Flussbecken gesäumte Hluhluwe River entspringt in den Bergen nördlich des Parks und mündet im Osten in den Lake St Lucia. Die höheren Lagen dieses Parkabschnitts sind von Grasland und dichtem Unterholz geprägt, während in den ausreichend mit Wasser versorgten Abschnitten auch Farne, Flechten und Orchideen wachsen.

Geschichte

Die Zukunft des ältesten offiziellen Nationalparks in Afrika (1895 gegründet) als Zufluchtsort für wilde Tiere hing in den letzten 200 Jahren gleich mehrfach an einem seidenen Faden. Im 19. Jh. war iMfolozi das private Jagdrevier des **Zulu**-Königs Shaka. Während Shakas Herrschaft von 1818–28 erlebte die Region die intensivste Jagdaktivität der Zulu-Geschichte. Aber das war gar nichts im Vergleich zu dem, was weiße Farmer anrichteten. Zwischen 1929 und 1950 wurde gleich zweimal ein Blutbad unter den wilden Tieren veranstaltet, um die Krankheit **Nagana** auszurotten. Dabei wurden 100 000 Exemplare 16 verschiedener Arten abgeschlachtet; nur die Nashörner blieben verschont. Erst 1952, als der Park der neu gegründeten Organisation **Ezemvelo KZN Wild-**

KWAZULU-NATAL

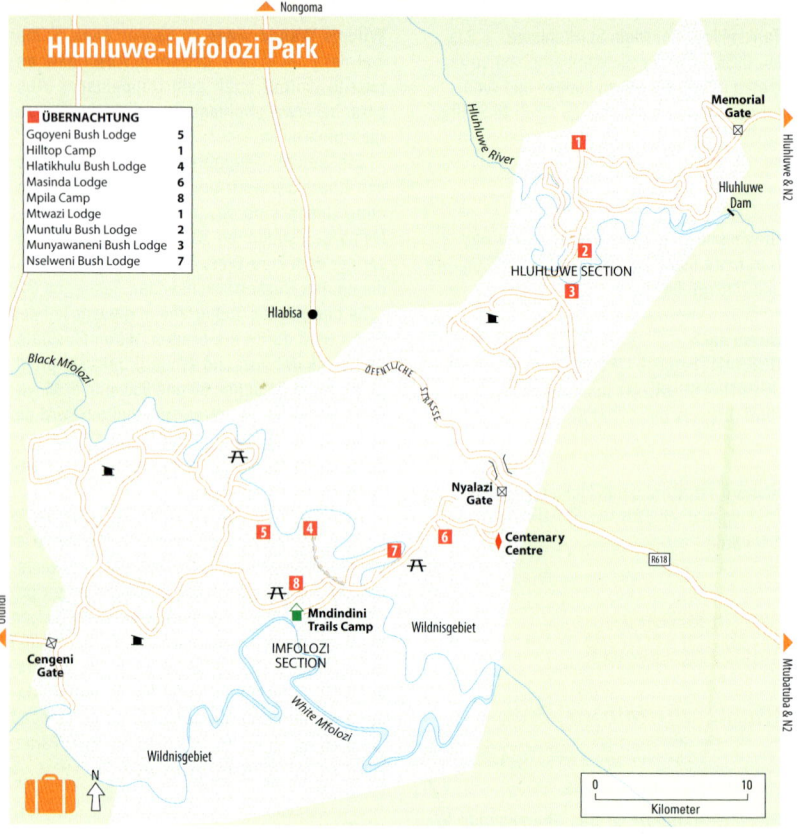

Hluhluwe-iMfolozi Park

ÜBERNACHTUNG

Gqoyeni Bush Lodge	5
Hilltop Camp	1
Hlatikhulu Bush Lodge	4
Masinda Lodge	6
Mpila Camp	8
Mtwazi Lodge	1
Muntulu Bush Lodge	2
Munyawaneni Bush Lodge	3
Nselweni Bush Lodge	7

Nongoma

Memorial Gate

Hluhluwe River

Hluhluwe & N2

Hluhluwe Dam

1

2

HLUHLUWE SECTION

3

Hlabisa

Black Mfolozi

ÖFFENTLICHE STRASSE

Nyalazi Gate

5 **4**

7 **6**

Centenary Centre

R618

8

Mndindini Trails Camp

Wildnisgebiet

IMFOLOZI SECTION

Cengeni Gate

White Mfolozi

Wildnisgebiet

Mbatuba & N2

0 — 10
Kilometer

N

Ullundi

---

life überantwortet wurde, kam ein langwieriger Prozess der Regeneration des stark angeschlagenen Wildreservats in Gang. Hier startete die **Operation Rhino**, die das Breitmaulnashorn vor dem Aussterben rettete. Dank dieser Zuchtinitiative gelang es, die Zahlen von 20 Tieren im frühen 20. Jh. bis Ende der 2000er-Jahre auf über 2500 zu heben. Die Nashörner wurden sogar weitervermittelt, um andere Teile Afrikas neu zu besiedeln. Leider bekommt der Erfolg dieses Programms seit einigen Jahren einen deutlichen Dämpfer durch ungezügelte Wilderei innerhalb dieses und anderer südafrikanischer Parks (z. B. Krüger), sodass die Zahl der Breitmaulnashörner heute wieder auf unter 1600 geschätzt wird.

ÜBERNACHTUNG UND ESSEN

In beiden Parkabschnitten, iMfolozi und Hluhluwe, gibt es Unterkünfte. iMfolozi ist der weniger erschlossene Teil des Parks. Die Camps im Abschnitt iMfolozi sind nicht eingezäunt, bei Spaziergängen ist daher Vorsicht geboten, besonders nach Einbruch der Dunkelheit. Zu Hluhluwes Hilltop Camp gehören das einladende **Restaurant Mpunyane** und die **Barlounge Uzavolo**. In manchen der Busch-Lodges bereitet ein Koch die Mahlzeiten zu. Die Zutaten müssen die Gäste aber selber mitbringen. Im Hilltop Camp und im Mpila Camp befindet sich jeweils ein kleiner Laden mit einem sehr

---

beschränkten Angebot – am besten deckt man sich vor der Ankunft im Park mit allem Nötigen ein. In den Ortschaften Hluhluwe und Mtubatuba gibt es einige gute **Supermärkte**. Innerhalb des Parks gibt es keine Campingplätze, dafür aber in Mpila ein Safaricamp mit fertig aufgebauten Zelten. Im Abschnitt iMfolozi befindet sich das **Centenary Centre**, ⊕ tgl. 9–16.30 Uhr, mit einem kleinen Schnellrestaurant, einem Kunstgewerbeladen, einem Nashornmuseum und einem Informationszentrum sowie Bomas, in denen Tiere aus anderen Parks untergebracht sind, die hier angesiedelt werden sollen. **Reservierungen** für Unterkünfte über KZN Wildlife, ☏ 033 845 1000, 🖥 www.kznwildlife.com.

Parkabschnitt Hluhluwe

🏕 **Hilltop Camp**, 🖥 www.hilltopcamp. co.za; Karte S. 498. Das wahrscheinlich beste staatliche Safari-Camp Südafrikas liegt hoch oben am Rand eines Hangs mit Panoramablick über die Hügel und Täler des Parks. Zur Auswahl stehen verschiedene moderne Unterkünfte, darunter preiswerte 2-Bett-Rondavels mit gemeinschaftlich genutzten sanitären Einrichtungen und Küchen, außerdem Selbstversorger-Chalets mit 2–4 Schlafgelegenheiten, Bad und Küchenzeile sowie 2-Personen-Chalets ohne Küche. Es gibt außerdem ein Restaurant und einen Laden. Hilltop ist von einem Elektrozaun umgeben, der die meisten Tiere fernhält. Aber in der Umgebung der Chalets grasen Nyala-Antilopen, Zebras und andere Pflanzenfresser. R920

Mtwazi Lodge, in der Nähe des Hilltop; Karte S. 498. Das wunderschön gelegene Wildhüterhaus hat 4 luxuriöse Zimmer mit Bad in einer abgeschiedenen privaten Grünanlage unweit des Hilltop. Auf Wunsch bereitet ein Koch Mahlzeiten für die Gäste zu. Mindestberechnung für 6 Pers. R5200

Muntulu und **Munyawaneni**; Karte S. 498, je 4 Schlafzimmer mit separaten Terrassen in 2 noblen Busch-Lodges mit Blick auf den Hluhluwe River. Ein Koch sorgt vor Ort für das leibliche Wohl, ein Wildhüter begleitet die Gäste auf Wanderungen. Mindestberechnung für 6 Pers. R5000

Parkabschnitt iMfolozi

Gqoyeni und **Hlatikhulu Bush Lodges**; Karte S. 498. Jede der beiden Lodges hat vier 2-Bett-Bungalows, die auf Pfählen über dem Black iMfolozi River errichtet und durch Holzstege mit dem Aufenthaltsbereich verbunden sind. Auf Wunsch führt der Wildhüter auf einem Spaziergang durch das Gelände, und ein Koch bereitet Mahlzeiten zu. Mindestberechnung für 6 Pers. Gqoyeni R5700, Hlatikhulu R4500

Masinda Lodge; Karte S. 498. Renovierte, luxuriöse Lodge nahe dem Nyalazi Gate. Die 3 Zimmer mit Bad sind mit Zulu-Kunstwerken verziert; für das leibliche Wohl der Gäste sorgt ein Koch. Mindestberechnung für 6 Pers. R3800

Mpila; Karte S. 498. Dieses Camp besitzt 12 Einraumhütten mit jeweils 2 Betten, Bad, Küchenzeile und einer herrlichen Aussicht auf die Wildnis. Außerdem 2 Bungalows für 7 Pers. (Mindestberechnung für 5 Pers.), 6 Selbst-versorger-Chalets für 5 Pers. (Mindestberechnung für 4 Pers.) sowie ein Safari-Camp mit 12 Zelten à 2 Betten und 2 Zelten à 4 Betten. R1000

Nselweni Bush Lodge; Karte S. 498. Am Ufer des Black iMfolozi River, mit toller Sicht auf die Flusslandschaft. 8 Selbstversorger-Chalets mit je 2 Betten, komfortabler Gemeinschafts-Lounge und malerischer Veranda. Mindestberechnung für 2 Pers. R1360

INFORMATIONEN

Kartenmaterial und Informationen, darunter auch detaillierte Beschreibungen der Safarifahrten und geführten Wanderungen, gibt es im Empfangsbereich der Camps **Hilltop** und **Mpila**.

TRANSPORT

Auto

Der Park hat drei Tore: Das **Nyalazi Gate**, die Zufahrt in den südlichen Parkabschnitt, erreicht man über die R618 Richtung Hlabisa und Nongoma, 27 km nördlich von Mtubatuba. Weiter nördlich führt von der N3 nahe der

KWAZULU-NATAL

Abzweigung Richtung Hluhluwe Village eine nicht nummerierte, aber ausgeschilderte und asphaltierte Straße nach 14 km zum **Memorial Gate** an der Nordostspitze des Parks. Das **Cengeni Gate** im Westen ist über eine 30 km lange Teerstraße von Ulundi her zu erreichen.

Tagesausflüge und Touren

Öffentliche Verkehrsmittel gibt es keine. Außer mit einem eigenen Fahrzeug ist der Hluhluwe-iMfolozi Park nur im Rahmen

eines der Tagesausflüge zu erreichen, die von allen Unterkünften im Umkreis einer Autostunde vom Park angeboten werden, oder mit einer Tour von Durban aus (Kasten S. 464).

Lake St Lucia

Das eindrucksvollste geografische Merkmal des **iSimangaliso Wetland Parks** ist der 360 km² große Lake St Lucia. Das größte Binnengewässer Südafrikas entstand vor etwa 25 000 Jahren,

Tierbeobachtung und andere Aktivitäten

Trotz seiner geringen Größe bietet der Hluhluwe-iMfolozi 84 Säugetierarten und fast 400 verschiedenen Vogelarten einen Lebensraum. Alle Big Five sind vertreten, und man kann ohne Übertreibung sagen, dass es – trotz anhaltender Probleme mit Wilderei – auf der ganzen Welt keinen besseren Ort zum Beobachten von **Spitz- und Breitmaulnashörnern** gibt. Zwischen 1985 und 1991 wurden rund 60 Elefanten aus dem Krüger Park hierher umgesiedelt. Inzwischen sind es fast 1000 und erreicht damit rapide die ökologische Kapazitätsgrenze für einen Park dieser Größe. **Löwen** galten im iMfolozi bis 1958 als ausgestorben, wurden aber wieder angesiedelt. Heute leben rund 80 Löwen im Schutzgebiet. Sie sind aber sehr scheu und lassen sich nur selten sehen.

Andere hier heimische **Raubtiere** sind Gepard, Tüpfelhyäne und Hyänenhund. Unter den **Pflanzenfressern** tummeln sich Streifengnu, Büffel, Giraffe, Schwarzfersenantilope, Kudu, Nyala und Zebra im Park. Flusspferde gibt es nicht viele, da das Wasser meist eine zu starke Strömung hat. **Vögel** sind mit über einem Dutzend Arten von **Adlern** und weiteren **Raubvögeln** vertreten, darunter Habicht, Hühnerhabicht und Wespenbussard. Hinzu kommen Großvögel wie Kaffernhornrabe, Geier, Eule und Reiher. **Reptilien** sind mit rund 60 Spezies vertreten, darunter verschiedene Giftschlangen, die man aber kaum zu Gesicht bekommt. Am Hluhluwe River lohnt es sich, nach Krokodilen und Waranen Ausschau zu halten.

Man kann den Park nicht nur als **Selbstfahrer** erkunden, sondern bei einigen Restcamps auch zu **Spaziergängen auf eigene Faust** aufbrechen. Sowohl **Hilltop** als auch **Mpila Camp** bieten 2 1/2-stündige **Fahrten** (R330) und 3-stündige **Wanderungen** (R290) zur Tierbeobachtung an. Sie starten jeweils um 5 Uhr (Okt–März) bzw. 6 Uhr (April–Sept), Teilnehmer müssen also am Abend vorher bereits im Park sein. Die **Wildniswanderwege** beginnen alle am Mpila Camp im iMfolozi und sind bis heute die schönsten in ganz Südafrika. Alle geführten Wanderungen finden von Anfang Februar bis Mitte Dezember statt.

Auf dem **Base Camp Trail** (R4185) wandert man tagsüber in der Wilderness Area und verbringt drei Nächte im Camp von Mndindini Trails, nicht weit vom Mpila Camp entfernt. Beim ebenfalls drei Übernachtungen umfassenden **Primitive Trail** (R2575) muss die Ausrüstung selbst getragen werden, und genächtigt wird unterm Sternenhimmel, wo immer der Wildhüter es beschließt. Der **Short Wilderness Trail** (R2520) beginnt im Mpila Camp und umfasst 2 Übernachtungen, wobei Gepäck und Campingausrüstung von Eseln zu einem Buschcamp transportiert werden. Auf Wunsch lassen sich sowohl der Primitive als auch der Short Wilderness Trail um eine Übernachtung verlängern. Ein bewaffneter Wildhüter begleitet die Wanderer. Die Ausrüstung – einschließlich Bettwäsche und Verpflegung – ist im Preis enthalten. Die Wanderungen müssen weit im Voraus bei KZN Wildlife gebucht werden, da sie auf eine Teilnehmerzahl von höchstens 8 begrenzt sind.

KWAZULU-NATAL

als die Ozeane allmählich zurückwichen. Der See wird von mit Wald und Gras bewachsenen **Dünen** flankiert, die an ihren höchsten Punkten stattliche 200 m aufragen und einen schmalen Schutzwall zwischen dem See und dem Indischen Ozean bilden. Der Park schützt aber nicht nur die Ökosysteme des Sees und der Dünen, sondern auch eine aus tropisch-warmen Gewässern, Korallenriffen und Sandstränden bestehende **Meereszone**. Außerdem den sich nördlich an den See anschließenden **Papyrus- und Schilfrohrsumpf** Mkuze Swamps sowie die trockene **Savanne** und **Dornensteppe** am Westufer. Jedes dieser Ökosysteme würde schon für sich allein genommen ein Naturschutzgebiet rechtfertigen, doch ihr Zusammentreffen am Lake St Lucia macht aus dieser Region eine Wildnislandschaft allererster Güte.

St Lucia

St Lucia im äußersten Süden des Parks an der St-Lucia-Mündung war früher nicht viel mehr als ein weltabgeschiedener Anglertreff. Hauptattraktion des Städtchens ist das **Delta**, das portugiesische Seefahrer 1576 entdeckten und auf den Namen Santa Lucia tauften. In der zweiten Hälfte des 18. Jhs. versuchten die vom Meer abgeschlossenen Buren mehrmals, an der Flussmündung einen Hafen anzulegen. Doch die Engländer kamen ihnen zuvor. 1884 schickten sie die *HMS Goshawk* aus, um das Gebiet zu annektieren. Die Mündung liegt hinter den Gebäuden entlang der Hauptstraße und ist bei der Durchfahrt leicht zu übersehen.

Das Städtchen St Lucia, 32 km östlich von Mtubatuba, platzt im Hochsommer während der Schulferien aus allen Nähten, denn dann fallen die Hobbyangler ein. Zu allen anderen Zeiten ist in St Lucia nicht viel los, aber es ist eine ausgezeichnete Ausgangsbasis für zahlreiche Freizeitaktivitäten (Kasten S. 500) und verfügt über eine gute Auswahl an Unterkünften, Tankstellen, einen Supermarkt, Waschsalons, Geldautomaten und Banken.

St Lucia Crocodile Centre

Neben dem Baghazi-Tor Richtung Cape Vidal 2 km nördlich der Stadt ▪ ⏲ tgl. 9–16 Uhr ▪ Eintritt R60 ▪ Krokodilfütterung Sa 15 Uhr ▪ ✆ 035 590 1386

Es handelt sich hier nicht um eine reißerische Show wilder Tiere, sondern um ein interessantes Nebenprodukt des von KZN Wildlife aufgelegten Programms zum Schutz der Krokodile. Bis Ende der 1960er-Jahre wurden die „wandelnden Handtaschen" noch wie Ungeziefer behandelt und erbarmungslos gejagt. Gerade noch rechtzeitig vor ihrem Aussterben erkannte man, dass den Krokodilen im ökologischen Kreislauf eine wichtige Rolle zukommt, und KZN Wildlife initiierte ein erfolgreiches **Aufzuchtprogramm**. Sobald sie in der Wildnis überlebensfähig sind, werden die Reptilien ausgesiedelt. Das Crocodile Centre hat sich zur Aufgabe gemacht, das Image von diesen zu Unrecht als bösartig verunglimpften Kreaturen zurechtzurücken. Die Besucher erfahren viel Wissenswertes über die vielen unterschiedlichen Krokodilarten, die die umzäunten Becken bevölkern (in Südafrika selbst ist aber nur das Nilkrokodil heimisch).

Zimmer gehen auf einen gemeinsamen Patio mit Pool hinaus, wo sich die Gäste zum Grillen und auf ein Schwätzchen treffen. Einige DZ sind ausreichend groß für Familien. Inkl. Frühstück. R990

Monzi Safaris Backpackers, 81 McKenzie St, ℡ 035 590 1697, 💻 www.monzisafaris.com/backpackers. Ein gut geführtes Hostel an der Hauptstraße mit gut ausgestatteter Küche, komfortabler Freiluft-Lounge mit Bar, sowie einem Pool und Sonnenliegen. Statt Schlafsälen gibt es auf einem Holzdeck fertig aufgestellte Kuppelzelte mit 2 Feldbetten bzw. Doppelbett und Bettzeug. Hinten im Haus sind auch noch eine Handvoll normale Doppelzimmer. 2-Mann-Zelt R440, Zelt mit Doppelbett R520

🧳 **St Lucia Wetlands Guest House**, 20 Kingfisher St, ℡ 035 590 1098, 💻 www.stluciawetlands.com. 6 große Zimmer mit eleganten Holzmöbeln. Hervorragender Service, freundliche Gastgeber, Pool und romantische Bar nur für Gäste machen das Haus zu einer der besten Unterkünfte in St Lucia. Inkl. Frühstück. R1300

Sunset Lodge, 154 McKenzie St, ℡ 035 590 1197, 💻 www.sunsetstlucia.co.za. Hübsche Blockhütten für Selbstversorger mit 2, 4 oder 5 Betten und Balkon. Manchmal grasen Flusspferde auf der Wiese vor der Pool-Terrasse. Gutes Preis-Leistungsverhältnis und prima für Familien geeignet. R895

Campingplatz

Sugarloaf Campsite, Sugar Loaf Rd, südlich der Stadt. Reservierung über KZN Wildlife, ℡ 033 845 1000, oder im KZN-Büro in St Lucia, ℡ 035 590 1340, 💻 www.kznwildlife.com. Ein weitläufiger Campingplatz mit Pool in erstklassiger Lage direkt am Wasser. In der Nähe befinden sich zahlreiche gute Stellen zum Angeln und Vögel beobachten. 2 Pers. R220

ESSEN

Braza, 73 McKenzie St, ℡ 035 590 1242. Leckerbissen aus der portugiesischen Küche wie *espetada* (Rindfleischspieß mit Paprikawürfeln) und *chouriço* (würzige Würstchen

aus Schweinefleisch), dazu viele Gerichte mit gegrilltem Fleisch, z. B. ein „Portuguese Steak", gekrönt von einem Spiegelei (R120). ⏱ tgl. 11–22 Uhr.

Fisherman's, 61 McKenzie St, ℡ 035 590 1257. Eine gute Adresse für frische Meeresfrüchte ist dieses schlichte, mit Fischereizubehör dekorierte Lokal. Der Besitzer ist Fischer und besorgt persönlich die guten Garnelen und die Zutaten für die leckeren *seafood baskets* (R85). Abends verwandelt sich das Restaurant in eine gut besuchte Kneipe. ⏱ tgl. 8–24 Uhr.

Ocean Basket, Georgiou Centre, ℡ 035 590 1241. Auch wenn es sich um die Filiale einer Restaurantkette handelt – dank des einwandfreien Essens und der schnellen Bedienung ist es eins der besten Speiselokale von St Lucia. Spezialität des Hauses sind gewaltige Meeresfrüchteplatten und in der Pfanne servierter gegrillter Fisch (ab R80), außerdem gibt's einen hübschen Balkon. ⏱ tgl. 10–22 Uhr.

Reef and Dune, 51 McKenzie St, ℡ 035 590 1048. Ein entspanntes, familienfreundliches Lokal mit Picknicktischen und einer Veranda ringsherum. Auf dem Speisezettel stehen die üblichen Seafoodgerichte, aber auch Grillgerichte wie Steak, Spareribs und Eisbein ab R90. ⏱ tgl. 11.30–21 Uhr.

St Lucia Ski-Boat Club, am Ende der Sugar Loaf Rd, ℡ 035 590 1376. Der Pub und Grillrestaurant besitzt einen einladenden Patio mit spektakulärer Aussicht aufs Wasser (samt Flusspferden) – ein wunderschönes Plätzchen für einen Sundowner. Zu essen bekommt man überwiegend Kneipenkost wie Burger und Fish 'n' Chips (R50). ⏱ tgl. 12–20.30 Uhr.

Thyme Square, 52 McKenzie St, ℡ 035 590 1692. Das gepflegte kleine Café hat zwar ein bisschen was von Barbie's Traumhaus, ist aber ein unaufgeregtes Plätzchen für Tee und Waffeln mit Sahne (R30) oder ein leichtes, gesundes Mittagessen. ⏱ Mo–Sa 9–17, So 9–16 Uhr.

INFORMATIONEN

Die beste Informationsstelle für Unterkünfte und Aktivitäten ist **Advantage Tours & Charters**,

035 590 1259, 🖳 www.advantagetours.co.za,
im Dolphin Centre an der McKenzie St,
Ecke R618 am Ortseingang. ⊙ Mo–Fr 8–17,
Sa 8–14, So 8–12 Uhr.
KZN Wildlife, 035 590 1340, 🖳 www.kzn
wildlife.com, hat ein Büro am südlichen
Ende der Pelican Rd, die 2 Straßen östlich
der McKenzie St und parallel dazu verläuft.
⊙ tgl. 8.30–16.30 Uhr.

TRANSPORT

Minibustaxis nach MTUBATUBA fahren
am Dorfeingang beim Dolphin Centre an der
McKenzie St, Ecke R618, ab.

Eastern Shores und Cape Vidal

⊙ tgl. April–Okt 6–18, Nov–März 5–19 Uhr ▪
Eintritt R40 plus R50 pro Fahrzeug ▪ 035 590 9012
▪ Keine öffentlichen Verkehrsmittel

Das beliebte Angelrevier Cape Vidal im iSimangaliso Wetland Park erreicht man über eine
33 km lange Teerstraße, die zwischen dem See
und dem Indischen Ozean von St Lucia nach
Norden führt (die Verlängerung der McKenzie
Street endet am Bhangazi-Tor neben dem St
Lucia Crocodile Centre). Die Fahrt führt durch
die Grasland- und Feuchtgebiete der **Eastern
Shores**, die von Kleinwild, Nashörnern, Vögeln
und dem einen oder anderen Elefanten und Leoparden bevölkert sind. Mehrere Rundwege führen zu Aussichtspunkten, an denen man Tiere
und Landschaft bewundern kann.

Am Ende der Straße liegt die Unterkunft (Verwaltung durch KZN Wildlife), direkt an einem
wunderschönen weißen Sandstrand. Ein vor-
gelagertes Riff schützt die Küste vor der hohen
Brandung und erlaubt gefahrloses **Schwimmen**.

Wer Spaß am **Schnorcheln** hat, findet unter
Wasser Korallen und jede Menge farbenprächtige Fische. In den kleinen Gezeitentümpeln lässt
sich eine bunte Wasserwelt aus Seegräsern,
Schnecken, Krebsen, Seegurken, Anemonen
und Seeigeln bestaunen.

Whalewatching

Cape Vidal ist ein ausgezeichneter Ort, um nach
vorbeiziehenden **Buckelwalen** Ausschau zu halten, die sich im Winter vor der Küste Mosam-

biks, nicht weit nördlich von hier, zur Paarung
und zum Kalben einfinden. Im Oktober lassen sie
sich mit dem warmen Agulhas-Strom mit ihren
Kälbern nach Süden treiben.

Ein **Walbeobachtungsturm**, zu erreichen
nach einem Spaziergang durch den Dünenwald südlich des Restcamps, bietet einen noch
höher gelegenen Aussichtspunkt. Vor diesem
Küstenabschnitt wurden bereits 18 m lange,
Plankton fressende Walhaie – die größten und
sanftmütigsten aller Haie – in Schulen von bis
zu 70 Exemplaren gesichtet; Mantas und Delfine
sind ebenfalls häufig anzutreffen.

ÜBERNACHTUNG

Beach Log Cabins and Campsite,
033 845 1000, 🖳 www.kznwildlife.com;
Karte S. 495, Buchung über KZN Wildlife.
Mehrere Blockhütten mit 5 und 8 Betten,
alle mit Bad, Bettzeug und Kochutensilien,
Mindestberechnung für 3 bzw. 4 Pers.
Im Dünenwald unweit des Strandes gibt es
außerdem einen **Zeltplatz** mit 50 Stellplätzen,
sanitären Einrichtungen und Stromanschlüs-
sen. Während der Schulferien und an langen
Wochenenden muss ein Stellplatz auf dem
Campingplatz unbedingt **gebucht** werden.
Mindestberechnung für 4 Pers., pro Stell-
platz höchstens 6 Pers. Ein kleiner Laden mit
Tankstelle führt Grundnahrungsmittel, Angel-
köder und Brennholz. 3-Pers.-Cabin R1575,
Camping für 4 Pers. R540

Western Shores

⊙ tgl. April–Okt 6–18, Nov–März 5–19 Uhr ▪
Eintritt R40 plus R50 pro Fahrzeug ▪ 035 550 9000
Der Parkabschnitt „Western Shores" am Lake
St. Lucia ist mit dem Auto erreichbar und hat
sich in den letzten Jahren unter der Verwaltung des iSimangaliso Wetland Park ziemlich
gewandelt. In diesem ehemaligen Holzanbau-
gebiet (hauptsächlich Kiefern) wurden ab 2007
sechs Jahre lang nach und nach die nicht einheimischen Hölzer entfernt, sodass sich die indigene Flora erholen konnte. 2013 wurde ein
250 km² großes Parkgebiet eröffnet, in dem das
dort ursprünglich heimische Wild neu angesiedelt wurde. Heute leben in dem Areal Elefanten,

KWAZULU-NATAL

St Lucia ist zwar klein, aber der größte Ort in der Umgebung des iSimangaliso Wetland Parks und der beste, um **Aktivitäten zu organisieren**. Wer St Lucia als Ausgangsbasis für einen Besuch des Hluhluwe-iMfolozi Park nimmt, kann sich an den in St Lucia ansässigen Veranstalter **Maputaland Tours**, ℡ 035 590 1041 oder 082 899 7478, 💻 www.maputaland.com, wenden. Er führt informative halb- und ganztägige Tierbeobachtungstouren (ab R850) durch und organisiert auch andere Touren in und um St Lucia.

Angeltouren

Hochseefischen für Anfänger und Fortgeschrittene, einschließlich Angelzeug, begleitet von einem Skipper, einem Guide und einem erfahrenen Fischer. Die gefangenen Fische erhalten eine Markierung und werden wieder freigelassen oder aber mitgenommen, um in die Pfanne zu wandern. Der sechsstündige Ausflug wird von **Advantage Tours & Charters**, ℡ 035 590 1259, 💻 www.advantage tours.co.za, angeboten ab R1000 p. P., je nach Teilnehmerzahl. Proviant muss mitgebracht werden. Der St. Lucia Ski-Boat Club bietet ebenfalls Charterfahrten an.

Bootsfahrten auf dem See

Ein Bootsausflug auf dem See ist wärmstens zu empfehlen, denn dabei bestehen gute Chancen, Krokodile, Flusspferde, Pelikane, Seeadler, Eisvögel und Störche zu sehen. Die meisten Reiseveranstalter vor Ort bieten solche zweistündigen Fahrten an. Am billigsten ist die **Santa Lucia**, ein 80-sitzer mit Aussichtsdeck und Bar, zu buchen über **KZN Wildlife**, ℡ 035 590 1340. **Shaka Barker Tours**, ℡ 035 590 1162, 💻 www.shakabarker.co.za, R275, und **Heritage Tours & Safaris**, ℡ 035 590 1555, 💻 www.heritagetoursandsafaris.com, R240, bieten ein individuelleres Erlebnis mit kleineren Booten und Guides, die über Wildtiere und Vögel informieren. Inkl. Getränke.

Fahrradtouren

Bei einer gemütlichen, zwei- bis dreistündigen Fahrt durch das südliche Mündungsgebiet, den Strand entlang und durch den Ort erklären Zulu-Guides die Flora und Fauna und erläutern die Verwendung von Pflanzen in der Kultur und Medizin der Zulu. Buchung über **Shaka Barker Tours** (R295 inkl. Fahrrad).

Geparde, Büffel, Buschkatzen, Leierantilopen, Giraffen, Nyala-Antilopen, Breit- und Spitzmaulnashörner, Zebras, Rot- und Schwarzducker sowie Gnus. Leoparden gab es hier immer schon; in den zahlreichen Senken und Feuchtgebieten findet man außerdem Flusspferde, Krokodile und diverse Wasservögel. Zu den Safariwanderwegen im Park gehören der **uMphathe-Rundweg** und der **uMdoni-Rundweg** mit mehreren Aussichtspunkten. Ein Holzsteg gibt den Blick frei auf die Seeengen des Lake St Lucia und im Norden bis zum Kap Vidal. Etwa 5 km nordöstlich des Nhlozi Gate am nordöstlichen Ende des Parks liegt **Charters Creek** an einem bewaldeten Steilufer, das nach Osten über den Lake St Lucia blickt. Sowohl Wald- als auch Wasservögel tummeln sich hier.

INFORMATIONEN

Es gibt keine Übernachtungsmöglichkeiten, aber das **Dukuduku Gate** liegt nur 3 km von St. Lucia entfernt. Dort bieten viele **Tourenanbieter** 3-stündige Safaris in offenen Fahrzeugen an (ab R450). Empfehlenswert sind **Heritage Tours & Safaris**, ℡ 035 590 1555, 💻 www.heritage toursandsafaris.com, und **Jabisa Tours**, ℡ 035 590 1635, 💻 www.jabisatours.co.za

TRANSPORT

Auto

Das **Dukuduku Gate** erreicht man über die R618 unmittelbar vor St. Lucia, das **Nhlozi Gate** liegt abseits der N2, 20 km nördlich von

KWAZULU-NATAL

Kajaktouren

Die Erkundung der Ökosysteme des Sees mit dem Kajak ist ein unvergessliches Erlebnis. **St Lucia Kayak Safaris**, ✆ 035 590 1233, 🖳 www.kayaksafaris.co.za, veranstaltet halb- und ganztägige Ausflüge für R295–525 inkl. Ausrüstung, Transfer zum Ausgangspunkt, Mittagessen und Getränke.

Ökotouren

Eine ganze Reihe ausgezeichneter **Exkursionen in das Feuchtgebiet** werden von Shaka Barker Tours (s. o.) geführt, darunter die ganztägige „St Lucia World Heritage Tour" (R750) um die Eastern Shores und Cape Vidal und der spannende, ungewöhnliche „Night Drive" (3 Std., R525) auf den Spuren von Schakalen, Leoparden, Nachtschwalben, Eulen und der 16 Chamäleonarten der Region St Lucia (sage und schreibe 14 davon sind endemisch). Ebenfalls lohnend ist die zweitägige „Turtle Tour" (Nov–März, R4250) mit einer Übernachtung, bei der weiter die Küste hoch Lederschildkröten und Unechte Karettschildkröten beim Nisten, Eierlegen und Schlüpfen beobachtet werden können. Sehr empfehlenswert sind auch die Spaziergänge in die Senken sowie die Gras- und Feuchtgebiete in Begleitung lokaler Guides, die deren Ökologie erklären (3 Std., R250).

Reiten

Bhangzi Horse Safaris, ✆ 035 792 7899, 🖳 www.horsesafari.co.za, veranstaltet Ausritte durch Buschland, Wälder und zu Seen mit Gelegenheit zu Tierbeobachtungen, oder Strandritte (R380 pro Std.).

Walbeobachtung

Vor der Küste tummeln sich während der Saison (Juni–Nov) Buckelwale und Südkaper, die im Rahmen einer zweistündigen Bootsfahrt aus der Nähe beobachtet werden können. Reservierung über **Advantage Tours & Charters** (s. o., R990). Ausgangspunkt der Tour ist das Büro des Veranstalters in der McKenzie Street. Unten am Strand gibt es keine Anlegestelle, und schon allein das Boot zu Wasser zu lassen, ist ein Abenteuer für sich; bei stärkerem Seegang kann man patschnass werden.

Mtubatuba und 32 km südlich von Hluhluwe. Wer durch das eine Tor hinein- und das andere hinausfährt, braucht dafür mit Zwischenstopps etwa 1 1/2 Stunden.

False Bay

⊕ tgl. 6–18 Uhr ▪ Eintritt R34 ▪ ✆ 035 562 0425

False Bay schmiegt sich ans Westufer eines kleinen, rautenförmigen Wasserlaufs, der durch einen schmalen, steilwandigen Kanal mit dem oberen Ende des Lake St. Lucia verbunden ist. Dieser Kanal trägt den vielsagenden Namen „Hell's Gates". Zwei Wanderwege, für die man keinen Guide braucht, sind deutlich ausgeschildert: der 8 km lange **Dugandlovu Trail** und der 10 km lange Rundweg **Mpophomeni Trail**. Beide führen durch eine abwechslungsreiche Landschaft bestehend aus Wald, offener Savanne, Ufer und einem der artenreichsten noch verbliebenen Dünenwälder Südafrikas. Hier bietet sich die die Gelegenheit, Vögel, verschiedene Antilopenarten (z. B. Nyala und Moschusböckchen) und andere kleine Säugetiere zu sehen, darunter Mangusten und Warzenschweine. Am **Lister Point** gibt es Picknickplätze und eine Aussichtsplattform mit Blick auf den See.

ÜBERNACHTUNG

Falaza Game Park, ✆ 035 562 2319, 🖳 www.falaza.co.za; Karte S. 495. Wer es gern ein wenig luxuriös hat, steuert die schicke Zeltunterkunft in einem kleinen Reservat an. Zu der Anlage gehören neben einem günstigen Spa ein Restaurant und ein Pool. Auf Nachfrage organisieren die Mitarbeiter diverse Aktivitäten, beispielsweise begleitete Wanderungen um False Bay oder Safarifahrten in den Hluhluwe-iMfolozi Park. R2100

Sand Forest Lodge, ℡ 082 417 6484 oder 083 627 7080, 🖥 www.sandforest.co.za; Karte S. 495. Die Lodge besteht aus einer Reihe von Wohnwagen-/Zeltstellplätzen und Selbstversorger-Cottages in einem Schutzgebiet mit Antilopen, Zebras und Weißschwanzgnus. Verpflegung auf Wunsch. Camping R120, Cottage R700

TRANSPORT

Der False Bay Park ist per **Auto** via Hluhluwe (S. 497) zu erreichen: Man fährt durch das Dorf und Richtung Osten bis zu einer Einmündung am Ende der Straße; von dort aus immer den Wegweisern folgen, bis nach 15 km das False Bay Gate erreicht ist.

Mkhuze Game Reserve

🕐 tgl. April–Okt 6–18, Nov–März 5–19 Uhr ▪ Eintritt R40 plus R50 pro Fahrzeug ▪ ℡ 035 573 9004

Das über die Lebombo Mountains zu erreichende **Mkhuze Game Reserve**, 28 km östlich vom an der N2 gelegenen Dorf **Mkhuze**, beeindruckt durch seine wunderschöne Landschaft und Vogelwelt und kann zudem mit den „Big Five" aufwarten. Das Reservat nimmt einen der Hauptabschnitte des iSimangaliso Wetland Park ein. Es ist mit der Küstenebene über einen schmalen Korridor verbunden, durch den der Mkhuze River fließt, bevor er in den Lake St Lucia mündet. Das Schutzgebiet liegt im letzten Ausläufer der Küstenebene, die sich von Kenia aus über den gesamten Ostrand des afrikanischen Kontinents nach Süden zieht. Seine landschaftliche Vielfalt reicht von den **Muzi Pans** – flachen, saisonal überfluteten Gebieten mit Wasserlilien, Schilfbetten und Sümpfen – bis zu Savanne. Im Park wachsen Akazien (Dornenbäume) und im Süden,

jenseits des Mkuzi River, steht ein Feigenbaumwald, der vom Kreischen des Trompeterhornvogels widerhallt.

ÜBERNACHTUNG

Ghost Mountain Inn, an der Fish Eagle Rd im Dorf Mkhuze, an der N2 ausgeschildert, ℡ 035 573 1025, 🖥 www.ghostmountaininn.co.za; Karte S. 495. Das attraktive Hotel mit großer Zimmerauswahl und guter Ausstattung empfiehlt sich auch für Nichtgäste auf einen Drink, eine Mahlzeit oder eine erfrischende Abkühlung im Pool. Die Hotelbetreiber veranstalten vierstündige Pirschfahrten zum Mkhuze Game Reserve (R800 p. P. für 2 Teilnehmer, R590 p. P. für 4 Teilnehmer) sowie geführte Wanderungen auf den bei Mkhuze aufragenden Ghost Mountain (3–4 Std., R195 p. P.). R1970

Mantuma, 9 km hinter der Einfahrt im nördlichen Parkabschnitt; Reservierung über KZN Wildlife, ℡ 033 845 1000, 🖥 www.kznwildlife.com; Karte S. 507. Bietet mehrere unterschiedliche KZN Wildlife-Unterkünfte, am billigsten sind die 2-Bett-Bungalows mit gemeinschaftlich genutzten sanitären Einrichtungen und einer Küche. Daneben gibt es größere Chalets für 2, 4 und 6 Pers. Am schönsten übernachtet man in den traditionellen Safarizelten für 2 oder 4 Pers. mit Bad. R800

Nhlonhlela Bush Lodge. Mit Blick auf die Nhlonhla Pan zwischen dem Mantuma und eMshopi Gate; Reservierung über KZN Wildlife, ℡ 035 573 9004, 🖥 www.kznwildlife.com; Karte S. 507. Vier 2-Bett-Zimmer unter Leitung von KZN Wildlife. Von den Zimmern geht es über Holzplanken zu einer Gemeinschaftsküche und einem Gästeaufenthaltsgelände. Im Preis sind die Dienste eines Kochs (Lebensmittel müssen mitgebracht werden) und eines Rangers inbegriffen. Mindestberechnung für 6 Pers. R3400

Phinda Private Game Reserve. Reservierung über & Beyond Africa, ℡ 011 809 4300, 🖥 www.andbeyondafrica.com; Karte S. 507. Das angeblich beste privat geführte Reservat in KwaZulu-Natal liegt am Südende des Mkhuze und ist 170 km² groß Hier bestehen

Mkhuze Game Reserve

Mkuze River

Nhlonhlela Pan

1 Parkhauptquartier

✈ Airstrip

Ophansi Gate

Sand Forest

eMshophi Gate **3**

Nsumo-Beobachtungsstände

Fig Forest Walk

Nsumo Pan

LEBOMBO MOUNTAINS

Mkuze & N2

WILDNISGEBIET

PHINDA PRIVATE GAME RESERVE

KONTROLLIERTES JAGDGEBIET

Sodwana Bay & R22

4

N

0 — 5 Kilometer

gute Chancen, Löwen, Geparden und beide Nashornarten zu Gesicht zu bekommen. Zur Unterbringung stehen 5 mit allen Schikanen versehene Lodges in unterschiedlichen authentischen Baustilen bereit: von auf Pfählen errichteten afro-japanischen Holzhäusern bis zu idyllischen, in den Fels gemeißelten Chalets. Der Service ist von höchstem Standard, und die Pirschfahrten und -wanderungen erfolgen in Begleitung erstklassig informierter, erfahrener Guides. Sämtliche Mahlzeiten und Safaris inkl. R12 000

Campingplatz

eMshopi Campsite, 1 km hinter dem eMshopi Gate, Reservierung über KZN Wildlife, ☏ 033 845 1000, oder direkt unter 035 573 9004, ⌨ www.kznwildlife.com; Karte S. 507.

Ein einfacher, ziemlich großer Campingplatz mit günstiger Lage in der Nähe des Haupteingangs zum Park, mit warmen Duschen und Pool. Mindestberechnung für 3 Pers. in der Hochsaison (Weihnachten und Ostern). R85

INFORMATIONEN

Zur Orientierung innerhalb des Parks hält das 9 km vom Eingangstor entfernt in Mantuma gelegene **Parkrezeptionsbüro** eine übersichtliche Karte bereit, auf der sämtliche Wege und Entfernungen verzeichnet und allgemeine Informationen zum Park aufgeführt sind. Am Zufahrtstor gibt es eine Tankstelle und einen Laden mit dem Notwendigsten. Man deckt sich aber besser schon vorher im Ort Mkuze mit Proviant ein.

Auto

Autofahrer erreichen das Reservat am bequemsten vom Dorf Mkhuze an der N2, wo eine unbefestigte, aber problemlos befahrbare Straße zum eMshopi Gate abbiegt. Eine Alternativstrecke zum gleichen Eingang zweigt 35 km nördlich von Hluhluwe von der N2 ab, hat aber lange Schotterabschnitte und ist auch nicht wesentlich kürzer. Von Sodwana Bay oder vom Nordosten kommend fährt man auf der R22 nach Süden und biegt rechts auf die D820 ab, der man 14 km bis zum Ophansi Gate folgt.

Organisierte Touren

Mit öffentlichen Verkehrsmitteln ist das Mkhuze-Wildreservat nicht zu erreichen. Wer kein eigenes Fahrzeug hat, muss sich einer der tagsüber oder abends stattfindenden organisierten Touren vom Dorf Mkhuze aus anschließen.

Maputaland

Das nordöstliche Ende der Elephant Coast – **Maputaland** – ist die abgelegenste Gegend Südafrikas. Im Osten wird sie durch den Indischen Ozean begrenzt, im Westen durch die niedrigen

Tierbeobachtung und Aktivitäten

Das Tierschutzgebiet Mkhuze durchzieht ein insgesamt 84 km langes Straßennetz. Wer aber wilde Tiere zu Gesicht bekommen möchte, bleibt am besten an einer Stelle und verhält sich ruhig – die Tiere zeigen sich dann von ganz alleine. An künstlichen Wasserlöchern und am Rand von Senken wurden zu diesem Zweck mehrere getarnte **Beobachtungsstände** errichtet. Besonders in den trockeneren Monaten suchen zahlreiche Tiere die Wasserlöcher auf.

Mit 420 verzeichneten Arten ist Mkhuze eines der südafrikanischen Paradiese für **Hobby-Ornithologen**. Zu den Stars zählen die Bindenfischeule und Rudds Feinsänger, ein kleiner und extrem seltener, Insekten fressender Vogel. Selbst wer gar nichts von den gefiederten Freunden versteht, wird sich mit Sicherheit an der Gabelracke erfreuen, einem der farbenprächtigsten Vögel Afrikas.

Die beiden Verstecke an der Senke **Nsumo Pan** im südlichen Parkabschnitt überblicken eine schöne, natürliche Wasserstelle und eignen sich auch hervorragend zum Beobachten von Wasservögeln. Zwischen Juli und September halten sich bei günstigen Bedingungen bis zu 500 Vögel gleichzeitig am Wasser auf. Dann finden sich Schwärme von Pelikanen und Flamingos ein, daneben Eisvögel, Schreiseeadler und zahllose weitere Arten.

Ebenfalls attraktiv am Mkhuze ist, dass er nach der Einführung von **Löwen** nun auch zu den Big-Five-Reservaten gehört. Die Großkatzen wurden 2013 vom Tembe Elephant Park und 2016 vom Tswalu Kalahari Reserve umgesiedelt. Seitdem wurden mehrere Würfe geboren. **Elefanten** bekommt man leicht zu Gesicht, **Spitz- und Breitmaulnashörner** gibt es ebenfalls, wenn auch nicht in so großer Zahl wie im Hluhluwe-iMfolozi Park, und **Geparde** und **Leoparden** lassen sich gelegentlich blicken. Sehr häufig sehen wird man verschiedene **Antilopen** wie die Nyala, die Schwarzfersenantilope, die Elenantilope und den Kudu. Auch **Primaten** wie Paviane und Grüne Meerkatzen sind weit verbreitet, sie rascheln in den Bäumen oder tollen auf dem Boden herum.

KZN Wildlife organisiert eine Reihe von Aktivitäten, darunter auch die sehr zu empfehlenden **Nachtpirschfahrten** von Mantuma aus (R250). Tagsüber lässt sich Mkhuze im Rahmen eines zweistündigen **Spaziergangs** mit Schwerpunkt auf Vögeln oder Wildtieren (R150) in Begleitung eines Wildhüters erkunden. Gut zum Beobachten von Vögeln ist auch der zweistündige **Mkhuze Fig Forest Walk** (R250) – eine der Hauptattraktionen des Reservats, die eine Safarifahrt zum Ausgangspunkt der Wanderung und von dort zurück einschließt. Der **Sykomoren-Feigenwald** ist einer der seltensten Wälder Südafrikas. Die gigantischen Bäume am Ufer des Mkhuze River sind über 400 Jahre alt.

Lebombo Mountains. Das feuchte, subtropisch grüne Wildnisgebiet voller Seen, Flussmündungen, Küstenwälder, Dünenfelder und Strände gehört größtenteils zum iSimangaliso Wetland Park. Die einst nur über abenteuerliche, unbefestigte Küstenstraßen erreichbare Region öffnet sich zusehends, seitdem ein 185 km langer Abschnitt der **R22** von **Hluhluwe** Richtung Norden durch **Sodwana Bay** und **Kosi Bay** und weiter nach Mosambik geteert wurde. Diese Straße ermöglicht auch die Zufahrt zum **Ndumo Game Reserve** und zum **Tembe Elephant Park**, die beide von der Grenze zu Mosambik ins Land hineinreichen. Eine weitere Teerstraße beginnt 11 km nördlich des Dorfs **Mkhuze** und schlängelt sich über Jozini nach Norden, um dann 113 km nach Osten an beiden Parks vorbei zu führen, bevor sie etwa 40 km südlich der Kosi Bay auf die R22 trifft. Von Gauteng aus ist dies die übliche Route nach Maputaland. Achtung: Für die Küstenreservate im iSimangaliso Wetland Park ist teilweise ein Allradwagen oder zumindest eine hohe Bodenfreiheit notwendig.

Sodwana Bay

Rund 80 km nordöstlich vom Dorf Hluhluwe ▪
🕓 24 Std. ▪ Eintritt R35 plus R50 pro Fahrzeug
▪ 📞 035 571 0051/2

Sodwana Bay, eine kleine Einbuchtung an der Küste von Zululand, ist der einzige Einschnitt in einer ansonsten geradlinigen Küste, die sich über 170 km von St Lucia bis Kosi Bay erstreckt. Die günstige Kombination aus einer Bucht, in der man gut Boote zu Wasser lassen kann, und den südlichsten Korallenriffen der Welt hat dafür gesorgt, dass sich Sodwana zum begehrtesten **Tauchrevier** Südafrikas und zum beliebtesten Ferienort von KZN Wildlife entwickelt hat. Da der Kontinentalschelf hier sehr nahe der Küste verläuft – nahezu vertikal abfallende Stufen sind weniger als 1 km entfernt –, ist das Wasser sehr tief. Deshalb zieht es jede Menge **Hochsee-Sportfischer** in das Gebiet. Die Fische werden allerdings meistens nur markiert und danach wieder freigelassen.

In touristenfreien Zeiten ist Sodwana Bay ein Paradies mit angenehm temperiertem Wasser, herrlichen Sandstränden, reichlich Gelegenheit zum Tauchen und Schnorcheln und Unterkünf-

Neben passionierten Anglern kommen hauptsächlich Tauchbegeisterte nach Sodwana Bay. Normalerweise sind derartige **Korallenriffe** nur weiter nördlich zu finden, doch hier sorgt der warme Agulhas-Strom für günstige Bedingungen. Das glasklare Wasser bietet perfekte Bedingungen zum Beobachten der **Fische**. Insgesamt tummeln sich 1200 verschiedene Arten in den Gewässern vor der Küste des nördlichen KwaZulu-Natal – ein Artenreichtum, der ansonsten nur noch vom australischen Great Barrier Reef übertroffen wird.

Der Küste am nächsten liegt das daher am stärksten frequentierte **Two Mile Reef**, ein 2 km langes und 900 m breites Riff mit ausgezeichneten Bedingungen zum Tauchen. Weitere Riffe sind das **Five Mile Reef**, weiter nördlich gelegen und für seine winzigen Geweihkorallen bekannt. Dahinter befindet sich das **Seven Mile Reef** mit zahlreichen Seeanemonen. Hier halten sich gern Schildkröten und Rochen auf.

In Jesser Point, einer kleinen Landspitze am südlichen Ende der Bucht, findet man exzellente Bedingungen zum Schnorcheln. In unmittelbarer Nähe zur Küste liegt dort das **Quarter Mile Reef**, das eine beeindruckende Vielzahl von Fischen anlockt, darunter Muränen und Rochen. Am besten schnorcheln kann man bei Ebbe. Schnorchel und Taucherbrillen gibt es zu angemessenen Preisen im Sodwana Bay Lodge Scuba Centre, 📞 035 571 0117, 🖥 www.sodwanadiving.co.za, zu kaufen (oder für R30 pro Tag auszuleihen). Ein anderer Tauchershop veranstaltet Tauchkurse und Taucherausflüge und verleiht Ausrüstungen. Es gibt auch noch weitere Veranstalter mit ähnlichem Angebot.

ten in Hülle und Fülle. An den Wochenenden und in den Schulferien allerdings fallen scharenweise Geländewagen aus Jo'burg hier ein.

Eine sanftmütigere Besucherschar sind die **Lederschildkröten** und **Unechte Karettschildkröten**, die sich schon seit 60 000 Jahren von Kenia und vom Nadelkap aus zur Eiablage an die

Strände von Sodwana begeben. Die Nistsaison geht meist von November bis Ende Februar, die Brutsaison von Mitte Januar bis Ende April. In der Zwischenzeit kreuzen **Große Tümmler** vor der Küste und zwischen Juni und November lassen sich manchmal **Südkaper** und **Buckelwale** hinter der Brandung blicken.

ÜBERNACHTUNG

Manche Unterkünfte in Sodwana Bay liegen am Strand auf dem Grund von Ezemvelo KZN Wildlife. Wer in den privat geführten Unterkünften auf den Grundstücken von Coral Divers oder Mseni übernachtet, muss zusätzlich eine tgl. Gebühr von R95 an Ezemvelo KZN Wildlife entrichten. Bei Mseni ist sie im Preis enthalten; die für Coral Divers muss im Büro von Ezemvelo KZN Wildlife bezahlt werden.

Coral Divers, Sodwana Main Rd, ℡ 035 571 0290, 🖥 www.coraldivers.co.za; Karte S. 495. Der größte Tauchausrüster betreibt eine schlichte, aber freundliche Taucherunterkunft mit verschiedenen 2-Bett-Safarizelten und 2-Bett-Bungalows mit oder ohne Bad (für die ohne Bad stehen die Sanitäranlagen von KZN Wildlife zur Verfügung. Wichtig: mind. eine Person pro Zimmer muss die Tauchangebote in Anspruch nehmen. Unterbringung auf Wunsch mit Halbpension, sonsten für Selbstversorger. Tagsüber gibt es kleine Speisen zum Mitnehmen. Der kostenlose Transport zum Strand und zurück wird auf die Tauch- und Essenszeiten abgestimmt. Selbstversorger R390

Ezemvelo KZN Wildlife Accommodation, entlang des Strands südlich des Tors, ℡ 035 571 0051, 🖥 www.kznwildlife.com; Karte S. 495. 20 komplett ausgestattete Blockhütten mit 4 oder 6 Betten; bezahlt werden muss für mind. 3 bzw. 4 Pers. Zur Verfügung stehen auch unglaubliche 380 Stellplätze (Mindestberechnung für 4 Pers.). Diesen angeblich größten Campingplatz in Südafrika hat Sodwana Bay der zu Spitzenzeiten stattfindenden Bevölkerungsexplosion zu verdanken. Camping für 4 Pers. R520, Cabin für 3 Pers. R1500

Mseni Beach Lodge, am Ufer südlich vom Dorf, ℡ 33 345 6531 oder 087 803 5878, 🖥 www.mseni.co.za; Karte S. 495. Die einzige Unter-

kunft mit direktem Strandzugang. Komfortable Lodge, deren B&B-Holzbungalows mit Bad und Selbstversorger-Einheiten für 2–8 Pers. in dem dichten Küstenwald verstreut liegen. Restaurant, Bar, Satelliten-TV und Pool. R870

Natural Moments, neben der Sodwana Bay Lodge, Sodwana Main Rd, ℡ 083 236 1756, 🖥 www.divesodwana.com; Karte S. 495. Eine freundliche, recht entspannte Backpacker-Herberge und Tauchschule mit rustikalen, aber gemütlichen Cabins, die meisten davon Dorms, manche mit Bad. Außerdem 2 Familienapartments und eine große Gemeinschaftsküche. Im Sommer haben vor der Anlage ein guter Pizzabäcker und auf der gegenüberliegenden Straßenseite ein Zeltplatz geöffnet. Camping R95, Dorm R170, DZ R460

Sodwana Bay Lodge, Sodwana Main Rd, im Ort, ℡ 035 571 9101 oder 035 571 9113, 🖥 www.sodwanabaylodge.co.za; Karte S. 495. Einfache, aber gemütliche, strohgedeckte 2-Bett-B&B-Chalets mit Bad und 6- oder 8-Bett-Bungalows für Selbstversorger. Die Poolbar **Leatherbacks Seafood and Grill** mit Sonnenterrasse zieht sowohl Einheimische als auch Besucher an. Essen zum Mitnehmen auf Anfrage. R990

ESSEN

Die meisten Lodges haben öffentlich zugängliche Bars und Restaurants. Hier bekommt man das Après-Touch-Feeling am besten mit. **The Lighthouse**, Sodwana Main Rd, ℡ 083 471 0868. Das einzige echte Restaurant von Sodwana hat einen reizenden, mit Lichterketten geschmückten Patio, wo Pasta, Seafood und leckere Pizzas mit Knusperboden (um R70) serviert werden. ⏲ Winter Do–So 8.30–21, Sommer tgl. 8–22 Uhr.

Twisted Sisters, Sodwana Main Rd, ℡ 083 937 0780. Die rustikale Hütte mit Blechdach und farbenfrohem künstlerischen Flair schreibt seine mediterrane Speisekarte auf eine Schiefertafel. Darauf stehen z. B. Muscheln in Weißweinsoße (R125) oder portugiesisches Hühnchen mit Krautsalat (R80). ⏲ Di–So 12–21.30 Uhr.

TOUREN

Während der Eiablagesaison der Schildkröten (Mitte November bis Ende April) kann man mit **Ufudu Turtle Tours**, ℅ 082 391 1503, 🖥 www. ufuduturtletours.co.za, dem einzigen Veranstalter, der Schildkrötentouren in der Sodwana Bay machen darf, nach Einbruch der Dunkelheit eine faszinierende 4-Stunden-Tour (R800) machen. Pro Nacht fährt nur ein Auto und die Nachfrage ist hoch – unbedingt vorausbuchen! Im Preis enthalten sind Heiß- und Kaltgetränke sowie ein leichtes Abendessen.

SONSTIGES

Das Zufahrtstor zum Park und das Büro von **Ezemvelo KZN Wildlife**, ℅ 035 571 0051/2, ⊕ Mo–Do 8–16.30, Fr und Sa 7–16.30, So 7–15 Uhr, sind oben am Hang hinter dem Ort zu finden. Gegenüber vom Touristenbüro ist ein kleiner Supermarkt, Benzin gibt es am Parkeingangstor.

TRANSPORT

Minibustaxis fahren von Mbazwana zur Sodwana Bay (16 km). Da das Gebiet ist sehr weitläufig ist, müssen Besucher ohne eigenes Fahrzeug entweder trampen oder sich im Dorf an **Off-Road Adventures**, ℅ 063 870 7985, 🖥 www.offroadfun.co.za, wenden, die einen Minibusshuttle zwischen Mbazwana, Sodwana Bay und den Stränden betreiben (R30 pro Fahrt, mind. 4. Pers.). Sie machen auch gerne ein Angebot für den Transfer von Hluhluwe und Richards Bay.

Lake Sibaya und Mabibi

Der Lake Sibaya, der größte Süßwassersee Südafrikas, bedeckt eine Fläche von 77 km². Ringsum liegen weiße Sandstrände, die in dichte Waldlandschaft übergehen. An einem windstillen Tag präsentiert sich der 10 km Luftlinie nördlich von Sodwana Bay gelegene See azurblau und spiegelglatt. Das Wasser ist so klar, dass die Wildhüter von KZN Wildlife, wenn

sie die Flusspferde zählen wollen, einfach im Flugzeug über den See fliegen und die dunklen, deutlich zu erkennenden Tupfer zählen. An den Rändern in Ufernähe tauchen an der Wasseroberfläche die Köpfe scheuer Krokodile auf.

Die Umgebung des Lake Sibaya ist keine unbewohnte Wildnis; am Rand des Sees liegen traditionelle schwarzafrikanische Ländereien und Dörfer. Ein bequem zu bewältigender, 3 km langer **Rundwanderweg** (den man aber auch mit dem Auto fahren kann) beginnt an der Aussichtsplattform hinter dem inzwischen geschlossenen Baya Camp. In der Nähe gibt es zwei versteckte Unterstände, die zur **Vogelbeobachtung** einladen, angesichts fast 300 hier vorkommender Arten ein echtes Vergnügen. Dass Baden im See sollte man angesichts der Krokodile und Flusspferde meiden.

Mabibi

⊕ tgl. 6–18 Uhr ▪ Eintritt R22 plus R20 pro Fahrzeug ▪ ℅ 035 592 0235

Mabibi gehört zum Küstenwaldabschnitt des iSimangaliso Wetland Parks und ist wahrscheinlich eines der friedlichsten Fleckchen zum Zeltaufschlagen in ganz Südafrika. Der Sanddünenwald schützt das Camp vor dem Wind, und ein Holzsteg führt in einem rund zehnminütigen Spaziergang die Dünen hinunter zum **Meer**. Außerhalb der Schulferien stehen die Chancen nicht schlecht, einen tropischen Bilderbuchstrand ganz für sich allein zu haben. Hier stören keine Außenbordmotoren oder Geländewagen wie weiter südlich.

Das Meer bietet gute Bedingungen zum **Brandungsangeln**. Auch **schnorcheln** lässt es sich ebenso gut wie in Sodwana, denn unmittelbar vor der Küste wimmelt es in den Korallenbänken von tropischen Meeresbewohnern. Im Wald leben mehrere **Säugetierarten**, von denen die meisten allerdings nachtaktiv (Galagos, Großfleck-Ginsterkatzen und Stachelschweine) und die übrigen eher scheu sind (Moschusböckchen und Weißkehlmeerkatzen).

ÜBERNACHTUNG

Mabibi Beach Camp, ℅ 035 474 1504, 🖥 www.mabibicampsite.co.za; Karte S. 495.

3 abgelegene, idyllische 2-Personen-Chalets und 8 Zeltstellplätze, windgeschützt in subtropischem Busch auf einem Plateau oben auf den Dünen. Camping R134, Chalets R728 **Thonga Beach Lodge**, 035 474 1473, www.thongabeachlodge.co.za; Karte S. 495. Die luxuriöse, im Robinson Crusoe-Stil angelegte Lodge besteht aus wunderschönen, strohgedeckten Ferienhütten inmitten von Stranddünen und Küstenwald. Sie verfügt über ein Spa und einen Taucherladen. Die Gäste können Ausflüge zu den Schildkröten sowie Paddeltouren unternehmen und sich ihre Sundowner am Lake Sibaya kredenzen lassen. Vollpension R10 580

TRANSPORT

Auto
Lake Sibaya
Von Süden auf der R22 kommend unmittelbar nördlich von Mbazwana auf einen unbefestigten Weg abbiegen. An der nächsten Gabelung nach links die D1848 zum See nehmen. Vom Norden aus folgt man der Beschilderung nach Mabibi über die Abzweigung **Coastal Forest** (s. u.) und fährt von dort aus nach Süden zum See. Beide Routen sind sandig und ohne Allrad nicht fahrbar.

Mabibi
Auf der R22 18 km nördlich von Mbazwana an der Abzweigung **Coastal Forest** rechts abbiegen. Von dort aus sind es noch 24 km bis zum Tor. Die Teerstraße wird bald zur Sandpiste – unbedingt mit Allrad fahren! Wer im normalen Pkw unterwegs ist, kann am Büro von Coastal Cashews parken (knapp 5 km von der R22 entfernt) und einen Transfer zur **Thonga Beach Lodge** und zum **Rocktail Beach Camp** vereinbaren (s. u.).

Rocktail Bay

Das Nonplusultra aller **Strandurlaubsziele** Südafrikas ist das rund 20 km nördlich von Mabibi an der Küste gelegene Rocktail Bay. Dieser Küstenabschnitt ist denjenigen Gästen vorbehalten, die bereit sind, für das Privileg eines Aufenthalts

in der edlen Rocktail Bay Lodge oder im Rocktail Beach Camp den entsprechenden Preis zu zahlen. Nur ganz wenige Küstenabschnitte Südafrikas sind so unberührt wie die Strände von Rocktail Bay.

Vor der Küste ist ein ausgezeichnetes **Tauchrevier** und ein Tauchcenter im Rocktail Beach Camp – eines der Highlights ist das Tauchen mit Tigerhaien, wenn sie zwischen Ende September und Mai die Küste von KwaZulu-Natal entlang nach Norden ziehen – und ein Tauchzentrum mit einem qualifizierten PADI-Ausbilder, Boot und Skipper. Die **Vogelwelt** zeigt sich ebenfalls von einer prächtigen Seite, mit zahlreichen seltenen Arten, darunter Erzkuckuck, Grauastrild und Natal-Rotkehlchen. Einer der am schwierigsten zu entdeckenden Vögel ist der Palmgeier.

In der Rocktail Bay kann man außerdem gut **Unechte Karettschildkröten** und **Lederschildkröten** beobachten und beim **Brandungsangeln** bestehen Aussichten auf einen reichen Fang in Gestalt von Königsfischen, Barrakudas, Brassen usw.

ÜBERNACHTUNG

Rocktail Beach Camp, Buchung über Wilderness Safaris, 011 807 1800, www.wilderness-safaris.com; Karte S. 495. Das einladende Camp ist der perfekte Ort zum Abschalten. Es umfasst 17 rustikale aber dennoch komfortable Zimmer mit Bad, in Spaziernähe vom Strand. Jedes Zimmer ist mit natürlichen Materialien eingerichtet und genießt einen weiten Ausblick auf den Küstenwald. Im Aktivitätenangebot sind das Beobachten von Schildkröten, Waldwanderungen und Tauchen; auch für Kinder gibt es ein Programm. Gäste lassen ihre Fahrzeuge am Büro von Coastal Cashews stehen und werden per Geländewagen zum Camp gebracht (im Preis inbegriffen). Vollpension R6270

Kosi Bay

Kosi Mouth, 7 km nördlich von KwaNgwanase ▪
🕐 tgl. 6–18 Uhr ▪ Eintritt R43 plus R43 pro Fahrzeug
▪ 035 592 0236

OBEN GEPARD IM HLUHLUWE-IMFOLOZI PARK (S. 497); **UNTEN** FLUSSPFERD IN DEN ST LUCIA WETLANDS (S. 501)

Das unmittelbar vor Farazela an der Grenze zu Mosambik inmitten von Wasserwegen und Waldlandschaft gelegene Kosi Bay ist der nördlichste Ort an der Küste KwaZulu-Natals. Der Name ist etwas irreführend, denn es handelt sich nicht um eine Bucht, sondern um ein Gebiet aus vier Seen. Sie sind durch schmale Schilfkanäle miteinander verbunden, die bei Kosi Mouth ins Meer münden.

Einer der faszinierendsten Eindrücke von Kosi Bay sind die labyrinthartigen Schilfzäune in der Mündung und in anderen Teilen des Seengebiets. Diese **Fischkraale** sind die von den einheimischen Tonga nach einer jahrhundertealten Tradition errichteten, nachhaltigen Fischfallen. Da die Anzahl dieser Fallen strengen Kontrollen unterliegt, hat sich aus dieser Praxis eine effektive Fangmethode entwickelt, die von Generation zu Generation weitergegeben wird und so ausgelegt ist, dass nur ein kleiner Teil der die Barriere passierenden Fische tatsächlich gefangen wird.

Wer die Fischkraale – und den Strand – sehen möchte, muss die beschwerliche 20-Minuten-Fahrt nach Kosi Mouth auf sich nehmen, die nur mit einem Allradfahrzeug zu bewältigen ist. Der Umdoni-Bereich für Tagesbesucher im Ezemvelo KZN Wildlife Restcamp ist schattig und hat Grillanlagen.

ÜBERNACHTUNG UND ESSEN

Zusätzlich zum KNZ-Wildlife-Restcamp gibt es verschiedene Camps unter einheimischer Leitung. Die Besitzer sind durchweg enthusiastische Gastgeber und kundige Fremdenführer. Eine Wegbeschreibung erhält man bei der Buchung, gegen Aufpreis kann der Transport auch per Geländewagen von und nach KwaNgwanase (Manguzi) arrangiert werden. **Ezemvelo KZN Wildlife Restcamp**, am Westufer des Lake Nhlange, Buchung über KZN Wildlife, ☎ 033 845 1000, oder bei der Camp-Rezeption, ☎ 035 592 0236, 🖥 www.kznwildlife.com; Karte S. 495. Es umfasst Cabins mit 2, 5 (Mindestberechnung für 4 Pers.) und 6 Betten und einen kleinen Zeltplatz mit warmen Duschen; Stellplätze haben z. T. Stromanschluss und Seeblick. Getränke an der Rezeption, Zufahrt nur mit Allrad. Camping R115, Cabins R780

Kosi Bay Lodge, 2 km vor dem Tor zum Reservat, ☎ 083 262 4865, 🖥 www.kosibaylodge.co.za; Karte S. 495. Die Lodge kann mit normalen Pkws angefahren werden und ist nicht nur für Übernachtungen auf dem Weg nach Mosambik beliebt, sondern eignet sich auch als Ausgangsbasis, um die Gegend zu erkunden. Zur Auswahl stehen Stelzen-Chalets mit Reetdach und Küche für 2, 4 und 6 Pers. und Safarizelte mit Gemeinschaftsbad, ein Restaurant/Pub und Pool mit Sonnendeck. Selbstversorgung oder Vollpension sind möglich; viele Ausflüge, etwa Bootstrips auf Lake Nhlange. Safarizelt R520, Chalet R660

Kosi Forest Lodge, innerhalb des Schutzgebietes, ☎ 035 474 1473, 🖥 www.isibindiafrica.co.za; Karte S. 495. Die vielleicht märchenhafteste Unterkunft in KwaZulu-Natal. 8 reetgedeckte Suiten mit begrenzter Stromversorgung inmitten von Palmen, Küstenwald und schneeweißem Strand. Gäste ohne eigenes Geländefahrzeug werden in KwaNgwanase abgeholt. Die Angebote reichen von Tierbeobachtungs- und Kanutouren über Schnorchelausflüge im Riff und Waldspaziergänge bis zur Beobachtung von Flusspferden, Krokodilen und Schildkröten. Vollpension R4340

Thobeka Backpackers Lodge, 4 km nördlich von KwaNgwanase, ☎ 035 592 9728 oder 072 446 1525, 🖥 www.kosi.co.za; Karte S. 495. Freundliches, rustikales Hostel im Wald mit Zimmern im Buschcampstil, die durch Plankenwege miteinander verbunden sind, Familien-Cottages, Schlafsälen und Campingplatz sowie einer Küche für Selbstversorger, einer Bar und einem Pool. Die Inhaber Pieter und Maryna organisieren viele Aktivitäten, darunter Schnorcheln, Ausflüge nach Mosambik sowie zu einem farbenfrohen Grenzmarkt und sogar Buschkochkurse. Camping R180, Dorm R250, DZ R650

Tembe Elephant Park

🕐 April–Sept tgl. 6–18, Okt–März 5–19 Uhr
▪ R30 plus R35 pro Fahrzeug ▪ ☎ 082 651 2868,
🖥 www.tembe.co.za

Der abgeschiedene Tembe Elephant Park an der Grenze zu Mosambik wird von KZN Wildlife gemeinsam mit der örtlichen Tembe-Gemeinde verwaltet. Der Zugang ist beschränkt auf Übernachtungsgäste des wunderbaren Zeltcamps (der einzigen Unterkunft im Park) plus 10 private Allradautos pro Tag – letztere jedoch auch nur nach Vereinbarung, da jedes Auto von einem Guide begleitet wird. Tembe hat verschiedene interessante Lebensräume, darunter Sandwälder, Senken, Feuchtgebiete und Savannen mit über 200 Elefanten, die berühmt sind für ihre großen Stoßzähne und außergewöhnliche Größe. Sichtungen sind fast schon garantiert. Die übrigen Arten der Big Five sind ebenfalls im Park zu Hause. Tagsüber stehen die Chancen gut, Breitmaulnashörner, Büffel und sogar Leoparden zu sichten – daneben außerdem Nyala-, Impala und Suni-Antilopen sowie über 340 Vogelarten.

ÜBERNACHTUNG

Tembe Elephant Park Safari, ✆ 082 651 2868, 🖥 www.tembe.co.za; Karte S. 495. Die Unterbringung im Tembe erfolgt in komfortablen, auf erhöhten Holzplattformen befestigten Zelten mit Bad. Im Preis inbegriffen sind alle Mahlzeiten und Pirschfahrten mit kundigen Guides aus der Gegend. Abends treten traditionelle Tembe-Tänzer in der Restaurant/Bar **Boma** auf. Gäste zahlen pro Nacht eine Art Kurtaxe in Höhe von R50 an die Tembe-Gemeinde. R3200

TRANSPORT

Auto

Tembe liegt an der D1837, 38 km westlich von KwaNgwanase und 15 km östlich der Abzweigung nach Ndumo. Wer übernachten will, kann seinen Pkw am Eingang stellen und in die Jeeps des Parks umsteigen. Wer selbst fahren will, braucht einen Geländewagen.

Ndumo Game Reserve

⊕ tgl. April–Sep 6–18, Okt–März 5–19 Uhr ▪ Eintritt R60 plus R50 pro Fahrzeug ▪ ✆ 035 591 0058

Das Ndumo zählt zu den schönsten Tierschutzgebieten KwaZulu-Natals. Nördlich des Reservats erstreckt sich das flache Überschwemmungsgebiet an der mosambikanischen Grenze, südlich erhebt sich der Höhenzug der Lebombo Mountains. Im Norden reicht der Park bis an den **Usutu River** heran, der in eSwatini entspringt und die Grenze zwischen Südafrika und Mosambik markiert.

Das Wildreservat zeichnet sich nicht durch eine besonders große Zahl von Tieren aus – zu den 62 vertretenen Säugetierarten zählen beispielsweise Nyalas, Flusspferde und beide Nashornarten –, und sie sind schwieriger zu erspähen als andernorts. Was dagegen die Vogelwelt angeht, spielt Ndumo in der ersten Liga der besten Plätze zum **Beobachten von Vögeln** in ganz Südafrika. Unglaubliche 430 Arten wurden gezählt, darunter Kap-Breitrachen, Bindenfischeule und Graubrust-Schlangenadler.

In Ndumo sind einige Abschnitte für **Selbstfahrer** freigegeben. Zu den Höhepunkten zählt eine Fahrt nach **Redcliffs**, wo es einen netten Picknickplatz mit einem hoch gelegenen Aussichtspunkt gibt, der einen Panoramablick über den Usutu River nach ESwatini und Mosambik eröffnet.

ÜBERNACHTUNG

Ndumo Restcamp, Buchung über KZN Wildlife, ✆ 033 845 1000 oder an der Rezeption, ✆ 035 591 0058, 🖥 www.kznwildlife.com; Karte S. 495. Das Camp liegt auf einem Hügel und bietet neben einigen Stellplätzen für Zelte auch 7 gepflegte 2-Bett-Bungalows, jeweils mit Kühlschrank sowie gemeinschaftlich genutzten sanitären Einrichtungen. Ein Laden in der Nähe des Zufahrtstors führt einige Basisartikel, doch sollte man sich vor der Anreise mit allem Nötigen versorgen. Camping R130, Hütten R800

TOUREN

Eine wunderbare Art, den Park zu erkunden, sind die **Morgen- und Abendpirschfahrten** von KZN Wildlife (R250) zur wunderschönen Inyamiti-Senke, die von Flusspferden, Krokodilen und alle möglichen Wasservögeln bevölkert wird. Auch begleitete Spaziergänge (R150) lassen sich hier arrangieren.

Der Abzweig zum Reservat liegt an der D1837 15 km westlich von Tembe und 56 km nördlich von Jozini. Die restlichen 16 km zum Tor sind eine Schotterpiste.

Ithala Game Reserve

⊕ tgl. März–Okt 6–18, Nov–Feb 5–19 Uhr ▪ R120 ▪ ✆ 034 983 2540

Das kleine Ithala Game Reserve, westlich von Maputaland und nahe der Grenze zu Swaziland gelegen, ist kaum bekannt, obwohl es sich um eines der am wenigsten überlaufenen und landschaftlich reizvollsten Tierbeobachtungsgebiete des ganzen Landes handelt. Das Ithala ist überwiegend gebirgig und das Terrain extrem abwechslungsreich, mit zahlreichen Anhöhen und Felshängen im Schutz einer Senke.

Wie in den übrigen Tierreservaten von Kwa-Zulu-Natal lassen sich auch im Ithala hervorragend Breitmaulnashörner beobachten, und es gibt jede Menge Savannentiere, darunter Zebras und Giraffen. Was Raubtiere angeht, kann man mit viel Glück Schabrackenhyänen, Geparden und Leoparden erspähen. Wer es allerdings auf die Big Five abgesehen hat, ist im Ithala falsch – Löwen gibt es hier keine. Immerhin lassen sich die anderen vier Großwildexemplare ab und zu mal blicken. Aber am besten vergisst man einfach die Tier-Checkliste und unternimmt eine gemächliche Fahrt durch die Berge ins Tal und an den Wasserläufen entlang. Eine der schönsten **Strecken** ist der Ngubhu Loop, einschließlich des Abstechers zur Ngubhu-Picknickstelle.

ÜBERNACHTUNG UND ESSEN

Ithala ist etwas abgelegen, Unterkünfte sollten also im Voraus über **KZN Wildlife**, ✆ 033 845 1000, 🖥 www.kznwildlife.com, gebucht werden. Wenn wenig los ist, kann man es auch an der Camp-Rezeption, ✆ 035 591 0058, versuchen. Wer sich selbst verpflegen möchte, muss Vorräte mitbringen – der Laden im Camp hat in erster Linie Bier und Tiefkühlfleisch, aber fast keine frischen Lebensmittel. In Louws-

burg befindet sich ein kleiner Gemischtwarenladen mit einem minimal größeren Sortiment. **Doornkraal Campsite**; Karte S. 495. Der einfache, aber abgeschiedene Campingplatz von Ithala liegt westlich des Reservats in der Nähe des Mbizo Bush Camps und wird auch von Tieren besucht, da es keinen Zaun hat. Es hat WCs und warme Duschen in Schilfhütten sowie *braai*-Gruben und einen Gemeinschafts-Speisesaal, aber nur Platz für insgesamt 20 Gäste. Reservierung empfohlen! R150 **Mbizo Bush Camp**; Karte S. 495. Ein unschlagbar authentisches Buschterlebnis bietet Das traumhafte Bush Camp im Schatten von Dornenbäumen und Ilala-Palmen am Ufer des Mbizo River (in dem man auch schwimmen kann) mit Platz für nur 8 Besucher. Hat Stellen für *braai*, Lagerfeuer und warme Duschen. Mindestberechnung für 6 Pers. R2450 **Mhlangeni und Thalu Bush Camps**; Karte S. 495. Eine ausgezeichnete Wahl, wenn man es gern etwas ursprünglich hat. Die beiden Camps erfreuen sich einer herrlich abgeschiedenen Lage und verfügen über 4 (Mindestberechnung für 3 Pers.) bzw. 10 (Mindestberechnung für 7 Pers.) Betten. In beiden gibt es einen Lagerwart, und ein Ranger als Begleitung für Buschwanderungen lässt sich organisieren. Thalu (3 Pers.) R1470, Mhlangeni (7 Pers.) R3430

Ntshondwe Camp; Karte S. 495. Dies ist eins der besten Game-Reserve-Restcamps in Südafrika. Es bietet gut ausgestattete Selbstversorger-Chalets mit 2, 4 und 6 Betten, voll ausgestatteter Küche, Lounge und Veranda sowie Apartments mit 2 Betten für Nichtselbstversorger. Jedes Chalet liegt inmitten von Busch, durchzogen von asphaltierten Wegen, die zum Rezeptionsgebäude und zum Pool führen. Die Speisekarte des Camprestaurants, ⊕ tgl. 7.30–9.30, 18.30–21 Uhr, ist erstaunlich umfangreich und reicht von Weinbergschnecken bis Steaks (fleischfreie Gerichte findet man allerdings nicht immer), auch zum Mitnehmen ins Chalet. Außerdem gibt's eine gemütliche Bar mit Sonnendeck und Blick über das Wasserloch und die Täler. R1020 **Ntshondwe Lodge**; Karte S. 495. Die Luxuslodge neben dem Restcamp, aber völlig abgeschirmt davon, hat 3 wunderschöne Zimmer und einen kleinen Badepool mit Aussicht über das Reservat. Ein Koch bereitet aus den von den Gästen mitgebrachten Lebensmitteln das Essen zu. Mindestberechnung für 5 Pers. R3200

Informationen
An der Rezeption des Camps sind Informationen, Karten und Benzin erhältlich.

Touren
Ein paar in Eigenregie begehbare Spazierpfade an den bewaldeten Berghängen oberhalb von Ntshondwe Camp bieten nach einer morgendlichen Pirschfahrt Gelegenheit, sich die Beine zu vertreten. Tages- und Nachtsafaris sowie Großwildwanderungen mit Snack und Getränk (jeweils R250) können organisiert werden.

TRANSPORT

Zum Park oder auch nur bis in seine Nähe fahren keine öffentlichen Verkehrsmittel, daher sind Besucher auf ein eigenes Fahrzeug angewiesen. Das Eingangstor liegt unweit der R69 sowie des des Dorfs Louwsburg, 70 km östlich von Vryheid und 74 km südwestlich von Pongola an der N2.

Durch Zentral-Zululand Richtung Battlefields

30 km westlich des Wildreservats Hluhluwe-iMfolozi liegt die reizlose, moderne Stadt **Ulundi**, die den geografischen Mittelpunkt des traditionellen Siedlungsgebietes der Zulu bildet. Auf dem Höhepunkt seiner Macht unter König Shaka in den 1820er- und 30er-Jahren erstreckte sich der Zulu-Staat in seinem Kern vom **Black iMfolozi River** im Norden bis nach Süden zum **Tugela River**, der rund 100 km nördlich von Durban in den Indischen Ozean mündet.

Die ehemaligen Kampfschauplätze konzentrieren sich in einem relativ kleinen Gebiet westlich von Zululand. Die **Battlefields** sind Zeugnisse der kriegerischen Auseinandersetzungen des 19. Jhs., in deren Verlauf zunächst Zulus gegen Buren, dann Zulus gegen Briten und schließlich Buren gegen Briten zu Felde zogen. Es ist nicht empfehlenswert, diese Stätten auf eigene Faust zu besuchen, denn dann beschränkt sich das Erlebnis auf die Besichtigung freier Felder mit ein paar Gedenksteinen. Weitaus lohnender ist es, sich einer Führung anzuschließen, die die spektakuläre Geschichte der Region für ihre Besucher wieder lebendig werden lässt.

Zulu in Stammeskleidung sind nur noch in Zulu-Themenparks wie Shakaland nahe Eshowe (S. 519) anzutreffen. Die traditionelle Kleidung und der Lebensstil der Zulu gehören größtenteils dem 19. Jh. an. Vor rund 100 Jahren machten die Briten damit kurzen Prozess, indem sie eine Kopfsteuer einführten, die in Bargeld bezahlt werden musste. Damit zerschlugen sie die Autarkie der Zulu und forcierten deren Verstädterung und Eingliederung in die Industriegesellschaft, wo billige Arbeitskräfte gebraucht wurden.

In der Landesregion findet man wunderschön gearbeitetes Kunsthandwerk. Die erlesensten Stücke sind in wenig bekannten, aber exzellenten Museen wie dem **Vukani Zulu Cultural Museum** in Eshowe ausgestellt. Von den Museen abgesehen lohnt sich auch ein Besuch des rekonstruierten königlichen Kraals von Cetshwayo, dem letzten König des unabhängigen Zulu-Reiches. Er befindet sich in **Ondini** in der Nähe von Ulundi.

Geschichte
Die Wahrheit hinter der Geschichte der Zulu lässt sich nur schwer von dem Mythos trennen, der sowohl von ihnen selbst als auch von den weißen Siedlern genährt wurde. Die Darstellungen des Zulu-Königreichs in den 1820er-Jahren stützen sich im Wesentlichen auf die Tagebücher der beiden britischen Abenteurer **Henry Fynn** und **Nathaniel Isaacs**. Sie porträtierten König Shaka als launischen und blutrünstigen Tyrannen, der nur so zum Spaß seine Untertanen hinrichten ließ.

Heutzutage scheiden sich die Geister der Historiker an der Frage, welchen Einfluss das **Zulu-Reich** im 19. Jh. tatsächlich hatte. Unstrittig ist, dass Shaka in den 1820er-Jahren einen

Zululand und Battlefields

N2
Piet Retief & Ermelo
Pongola
Piet Retief
Ermelo

Mkhuze, Hluhluwe
Mtubatuba, St Lucia

Richards Bay
Empangeni
INDISCHER OZEAN
Dukuza & Durban

R618
Hlabisa
R618
R34
N2
R102
Gingindlovu

HLUHLUWE-IMFOLOZI PARK
Cengeni Gate
White Mfolozi

Nongoma
R66
R34
Melmoth
Nkwalini
Shakaland
Eshowe
Dukuza

KwaZulu Cultural Museum
Schlacht von Ulundi 1879
Ulundi

Belagerung von Eshowe 1879
R66
Schlacht von Gingindlovu 1879

Louwsburg
R69

ITHALA GAME RESERVE
Black Mfolozi

Babanango
Spirit of eMakhosini
R68

R34

Vryheid
R33

R34

Blood River Heritage Site
Schlacht von Blood River 1838
Nqutu
Schlacht von Isandlwana 1879
Fugitives' Drift
Buffalo River
Tugela River

Schlacht von Rorke's Drift 1879

Greytown
Pietermaritzburg
Dukuza

R33
R74

Utrecht
R34

Schlacht von Talana 1899
Dundee
Glencoe
Talana Museum
Helpmekaar
R33

R74
Moor River

R68
R602

Newcastle
N11

Weenen
Pietermaritzburg

FREISTAAT

Belagerung von Ladysmith 1899–1900
Ladysmith-Belagerungsmuseum
Ladysmith

Colenso
Festnahme von Winston Churchill 1899
Chievely
Estcourt
N3

N11
R103
SPIOENKOP NATURE RESERVE

Schlacht von Spioenkop 1900
SPIOENKOP
N3

R600
Bergville
Spioenkop
Winterton
R74
R600
Champagne Valley

UKHAHLAMBA-DRAKENSBUERG PARK

R616
Didima

Harrismith & Johannesburg
Harrismith

0   25
Kilometer

Staat zusammenschweißte, der zu den einflussreichsten politischen Kräften des Subkontinents zählte, und dass die internen Auseinandersetzungen über seine Herrschaft 1828 eskalierten, als Shaka von seinen Halbbrüdern **Dingane** und **Mhlangana** ermordet wurde.

In den 1830er-Jahren verschärften sich die Spannungen innerhalb der Zulus unter dem Druck der weißen Siedler und erreichten ihren vorläufigen Höhepunkt, als ein relativ kleines Buren-Kommando Dinganes Streitmacht am **Blood River** eine empfindliche Niederlage beibrachte. Diese führte zu einer Teilung des Zulu-Staates, wobei sich eine Hälfte **König Mpande** anschloss.

Der totale Zusammenbruch drohte, als Mpandes Söhne Mbuyazi und Cetshwayo ihre jeweiligen Gefolgstruppen in eine offene Schlacht um die Nachfolge auf den Thron führten. **Cetshwayo** ging aus dem Gefecht als Sieger hervor und machte sich mit Erfolg an den Wiederaufbau des Staates – zu spät, denn Großbritannien hatte bereits beschlossen, dass die eigenen Interessen am besten gewahrt werden könnten, indem man ein vereintes Südafrika unter britischer Kontrolle schuf. Und dem durfte ein mächtiger Zulu-Staat auf keinen Fall im Wege stehen. Am Ufer des Tugela River stellte Sir Bartle Frere, der britische Gouverneur der Kapprovinz, König Cetshwayo ein unannehmbares **Ultimatum**: sofortiger Verzicht auf einen eigenen Zulu-Staat oder Einmarsch der Engländer.

Im Januar 1879 überquerten britische Truppen den Tugela – und mussten bei **Isandlwana** eine der demütigendsten Niederlagen einstecken, die einer britischen Streitmacht jemals von „Eingeborenen"-Truppen beigebracht worden war. Das Schicksal wendete sich allerdings gegen die Zulu, als am selben Abend kaum mehr als 100 englische Soldaten bei **Rorke's Drift** eine Streitmacht von 3000–4000 Zulu zurückschlugen. Ende Juli war es dann endgültig vorbei mit der Unabhängigkeit, als die Briten die zögerlichen Zulu (deren Widerstand im Grunde schon gebrochen war und die eigentlich nur noch Frieden wollten) bei Ulundi in eine Schlacht verwickelten. Die Engländer legten Cetshwayos Hauptstadt Ondini in Schutt und Asche – das Feuer wütete vier Tage lang –, nahmen den Zulu-König gefangen und sperrten ihn in der Burg von Kapstadt ein.

Eshowe

Die meisten Touristen lassen Eshowe links liegen und fahren direkt nach Ondini oder zu den Battlefields. Dabei verdient die Stadt durchaus einen längeren Aufenthalt: Sie bietet nämlich einen Einblick ins Leben im **traditionellen Siedlungsgebiet der Zulu**. Abgesehen von der reizvollen Lage inmitten des **Dlinza Forest** besitzt Eshowe eine der schönsten Sammlungen von Zulu-Kunsthandwerk. Außerdem gibt es hier einen Tourveranstalter, der hervorragende Exkursionen durchführt. Dabei kann man authentische Zulu-Kultur erfahren sowie andere Aspekte des Lebens in Zulu-Land kennen lernen, die normalerweise für Fremde unzugänglich sind.

Fort Nongqayi Museum Village

Nongqayi Rd ▪ ⏰ Mo–Fr 7.30–16, Sa und So 9–16 Uhr ▪ Eintritt R35 ▪ ✆ 035 474 2281, 🖥 www.eshowemuseums.org.za

Das malerische Fort Nongqayi am Südwestende der Stadt wurde 1883 als Polizeipräsidium der barfüßigen Zululand Native Police Force erbaut und inzwischen in den größten historischen Komplex der Gegend verwandelt. Auf dem schattigen Gelände befinden sich mehrere sehenswerte Museen und Repliken historischer Bauten sowie ein gutes Restaurant. Die Festungsanlage ist ein hervorragendes Ziel für einen Nachmittagsausflug. Der Eintritt in den drei Museen ist in der Eintrittskarte für die Festung enthalten; die Besichtigung der Phoenix Gallery ist kostenlos.

Vukani Zulu Cultural Museum

Das brillante Vukani Zulu Cultural Museum beherbergt über 3000 Objekte traditioneller Zulu-Kunst und Kunsthandwerksgegenstände und befindet sich auf dem Gelände der ehemaligen Festung Fort Nongqayi. Der Eintritt berechtigt zur Besichtigung des gesamten Fort Nongqayi-Komplexes. Am besten lässt sich das Vukani-Museum im Rahmen einer im Eintrittspreis enthaltenen Führung erleben. Gezeigt wird eine riesige Sammlung von **Körben**.

Die Korbflechtkunst ist einer der herausragenden Zweige der Zulu-Kultur. Die schönsten stammen von **Reuben Ndwandwe** (1943–2007), dem wahrscheinlich herausragendsten aller Zulu-Korbflechter. Zu den weiteren Exponaten des Museums zählen Schnitzereien, Kleidungsstücke, Perlenarbeiten, Wandteppiche und Töpferwaren, darunter auch Arbeiten von **Nesta Nala** (1940–2005), einer der führenden zeitgenössischen Repräsentantinnen dieser Kunst. Wer die im Museum ausgestellten Stücke gesehen hat, kann die Qualität jener Korbwaren und Kunsthandwerksgegenstände besser beurteilen, die auf der weiteren Reise durch das Zululand angeboten werden. Im Museum werden Körbe und Töpferwaren einheimischer Künstler verkauft, die viel besser sind, als das, was im Kunstgewerbeladen auf dem Gelände angeboten wird.

Dann gibt es noch die ergreifende **Phoenix Gallery** (Eintritt frei). Sie zeigt Zeichnungen und Gemälde, die von den männlichen (ausschließlich schwarzen) Insassen des Eshowe-Gefängnisses angefertigt wurden, ausdrucksstarke, teils schockierende Zeugnisse, in denen sie ihrer Verzweiflung und Wut Ausdruck verleihen.

Zululand Historical Museum

Die Sammlung ist teils exzentrisch, teils informativ, aber kein bisschen langweilig. Unter den Exponaten befinden sich Möbel von **John Dunn**, dem einzigen weißen Mann, der es jemals zum Zulu-Häuptling brachte. Er brachte es auch zu 49 Ehefrauen und wurde so zum Vorfahren der zahlreichen Mischlinge *(Coloureds)* Eshowes, von denen noch viele seinen Nachnamen tragen. Des Weiteren beherbergt das Museum typische Haushaltsgegenstände der Zulu und Ausstellungsstücke zur Zulu-Geschichte.

Zululand Missionary Museum

In einer Nachbildung der Kapelle des Forts ist das Zululand Missionary Museum untergebracht. Ein Teil der Ausstellung befasst sich mit den norwegischen Missionaren, die im 19. Jh. in diese Ecke Südafrikas kamen. In der Nähe befindet sich auch eine Papiermühle, die immer noch in Betrieb ist, und wo aus Zuckerrohrfasern oder sogar Elefantendung hergestellte Kartons, Notizblöcke usw. zu sehen sind.

Dlinza Forest und Aerial Boardwalk

Abseits der Kangela St am Südwestrand von Eshowe (Zugang vom Fort Nongqayi Museum Village)

■ ⏰ tgl. Mai–Aug 7–17, Sep–April 6–17 Uhr ■ Eintritt R30 ■ ☎ 035 474 4029

Das Waldgebiet Dlinza Forest ist nicht nur ein Muss für Vogelfreunde, sondern lädt auch zu einem gemütlichen Picknick ein oder zu einem Spaziergang in luftiger Höhe auf dem herrlichen **Dlinza Forest Aerial Boardwalk**. Der in 10 m Höhe angelegte, 125 m lange holzbeplankte Fußgängerweg verläuft unter dem Blätterdach des Waldes und bietet die Möglichkeit, den Wald aus einer Höhe zu betrachten, die normalerweise nur gefiederten Lebewesen vorbehalten ist.

Der auch für Rollstuhlfahrer zugängliche Boardwalk führt zu einem 20 m hohen, stählernen **Aussichtsturm**, der ein fantastisches Panorama über die Baumkronen hinweg auf den Indischen Ozean bietet. Das **Besucherzentrum** am Beginn des Spazierwegs informiert ausführlich über den Lebensraum Dlinza Forest. Neben den hier beheimateten Vogelarten, darunter Habicht, Kronenadler, Nataldrossel, wurden auch 80 verschiedene Schmetterlingsarten gezählt. Vom Besucherzentrum aus führen der **iMpunzi Trail** (1,3 km) und der **uNkonka Trail** (1,8 km) durch Milchbusch *(Sideroxylon inerme)*, Riesen-Eisenbaum *(Backhousia subargentea)* wilde Pflaumen und andere Baumarten tiefer in den Wald. Alle Bäume tragen eine Beschriftung mit Namen und Verwendung in der traditionellen Medizin.

ÜBERNACHTUNG

Chase Guest House, 1,5 km auf dem John Ross Highway vom KFC an der Main St entfernt, ☎ 035 474 5491, ⌨ www.thechase.co.za. Auf der bezaubernden, ruhigen Farm gibt es 2 große Gästezimmer mit Bad und Aussicht auf Zuckerrohrfelder. Außerdem stehen zwei schicke Wohneinheiten für 2 Pers. zur Verfügung, alle wahlweise als B&B oder für Selbstversorger. Pool, Tennisplatz, Internetzugang und reizende Gastgeber. R900

George Hotel, 36 Main St, ☎ 035 474 4919, ⌨ www.thegeorge.co.za. Das beliebte Hotel in einem Gebäude von 1906 mit jeder Menge Flair ist so etwas wie ein Wahrzeichen der Stadt. Renovierte Zimmer mit Bad, viele mit Original-Holzfußböden. Im Hotel ist auch ein Tourenveranstalter angesiedelt. R800

Im September und Oktober finden in KwaZulu-Natal drei wichtige **Zulu-Feste** statt. Besucher können diese inzwischen im Rahmen einer Tour von **Zululand Eco-Adventures** (S. 522) miterleben. Für Leute, die nicht im September oder Oktober in der Gegend sein können, arrangiert Zululand Eco-Adventures die Teilnahme an verschiedenen kleineren Zulu-Zeremonien, die einen authentischen, untouristischen Einblick in alle möglichen Aspekte des Zulu-Alltags vermitteln. Die Bandbreite reicht von Sangoma-Heilzeremonien (Mi und So) über Zulu-Hochzeiten (Sa und So) und Initiationsrituale (Sa und So) bis zum Besuch einem Zulu-Dorf (tgl.).

Royal Reed Dance

In der zweiten Septemberwoche hält der Zulu-König in seiner Residenz in **Nongoma** viertägige Feierlichkeiten ab. Es handelt sich um ein rituelles Fest für die Zulu-Mädchen, das ihren Übergang zu erwachsenen Frauen markiert und ihnen gleichzeitig Gelegenheit gibt, ihr Talent im Singen und Tanzen unter Beweis zu stellen. Das Fest heißt auf Zulu **Umkhosi woMhlanga**, und so heißen auch die am Flussufer wachsenden Schilfrohre, die im Leben der Zulu eine wichtige Rolle spielen. Die jungen Frauen tragen diese Rohre – Symbol für die Kraft der Natur – zum König. Laut Zulu-Mythologie sollten nur Jungfrauen an der Zeremonie teilnehmen, denn wenn das Mädchen keine Jungfrau mehr ist, wird das Rohr abbrechen und sie vor aller Welt bloßstellen. Ein anderer Reed Dance findet in der letzten Septemberwoche in der zweiten Residenz des Königs in Ingwavuma statt.

King Shaka Day

Eine Zeremonie zu Ehren von König Shaka wird jedes Jahr am 24. September in **KwaDukuza** (S. 475) abgehalten, dem ursprünglichen Wohnsitz Shakas und der Ort, wo er 1828 von seinen Brüdern Dingane und Mhlangana ermordet wurde. Heutzutage nimmt alles, was in der Zulu-Gesellschaft Rang und Namen hat, an dieser Feierlichkeit teil. Es werden Reden gehalten und Kriegstänze aufgeführt, und die Männer präsentieren sich in vollem Zeremonialornat und mit traditionellen Waffen.

Shembe Festival

Das gegen Mitte/Ende Oktober in **Judea**, nahe Eshowe, begangene Shembe Festival bildet den Höhepunkt wochenlanger Rituale, Tänze und Gebete, die in ganz KwaZulu-Natal abgehalten werden. Rund 30 000 Mitglieder der Kirche von Shembe (S. 456) kehren alljährlich hierher zurück, um ihr religiöses Oberhaupt zu sehen und mit Tänzen und Trommelklängen ihrer Religion zu huldigen.

KWAZULU-NATAL

Sugar Hill Manor Guesthouse, 36 Pearson Ave, ☎ 035 474 2894, 🖥 www.eshowe.com. Das wunderschöne viktorianische Wohnhaus unter der Leitung des George Hotels hat eine Veranda mit Blick auf die Hügel von Zululand und einen großen Garten. Sehr komfortable Zimmer mit eigenem Eingang. Frühstück inkl. R750

Thornley's Guest House, 17 Mansel Terrace, ☎ 035 474 4179, 🖥 www.thornleysguest house.co.za. 6 helle, luftige Zimmer in einem alten Familienwohnhaus (davon ein günstiges 4-Bett-Zimmer), betrieben von einem dynamischen jungen Paar, das gern mit seinen Gästen im Garten grillt oder sich mit ihnen in

der kleinen Hausbar zu einem angeregten Gespräch trifft. Kleiner Pool vorhanden. Inkl. Frühstück. R900

ESSEN

Adams' Outpost, auf dem Museumsgelände von Fort Nongqayi Museum Village, ☎ 035 474 1787. In einem umgebauten, ehemaligen Siedlerhaus werden gesunde Salate, selbst gebackenes Brot und gute Currys (R70) aufgetischt, und sonntags lockt ein begehrtes Mittagsbuffet (R145, reservieren). ⏰ Mo–Fr 8.30–16, So 9–15 Uhr.

Shakaland

Shakaland liegt 14 km nördlich von Eshowe an der R68 auf der Norman Hurst Farm, Nkwalini, ☏ 035 460 0912, 🖥 www.aha.co.za/shaka land und entstand 1984 als Kulisse für eine wildromantische Fernsehserie. Diese Rekonstruktion eines Zulu-Kraals aus dem 19. Jh. fühlt sich ziemlich nach Themenpark an und ist alles andere als repräsentativ für das Leben der Zulu in der Gegenwart. Trotzdem wird die Zulu-Kultur auf gerade noch akzeptable Art vermarktet, und in Shakaland können Besucher auf jeden Fall traditionelle **Zulu-Speisen** probieren. **Führungen** für Tagesausflügler (tgl. 11 und 12 Uhr, 3 Std., R420) umfassen eine Audioshow über die Herkunft der Zulu, einen geführten Spaziergang durch die Hütten, Erläuterungen zu den traditionellen sozialen Strukturen, einen feierlichen Bierumtrunk und ein Mittagsbuffet mit traditionellen Speisen.

Den Höhepunkt jedoch bildet eine **Tanzvorführung** vor der dramatischen Kulisse der für den Zulu-Schöpfungsmythos wichtigen Täler. Sie zählt wahrscheinlich zu den choreografisch besten des Landes und es lohnt, all die anderen Sachen über sich ergehen zu lassen, nur um sie mitzuerleben. Oder man zahlt R100 für die Tanzvorführung allein.

Übernachten kann man in „traditionellen" Bienenkorbhütten (R2220) mit keineswegs traditionellem Luxus wie Elektrizität, TV und eigenem Badezimmer. Für Übernachtungsgäste beginnt die Führung um 16 Uhr, der einstündige Tanz nach dem Abendessen mit Fackelbeleuchtung.

Pablo Esco Bar, im George Hotel. Die Bar im George Hotel öffnet nur 2x die Woche ihre Pforten. Aber wer gerade an einem Mi oder Fr in der Stadt ist, kann dort ein Bier aus der hauseigenen Zululand Brewery (wo das berühmte Zulu Blond gebraut wird) probieren und von der Veranda mit Blick auf den Dlinza Forest den Sonnenuntergang genießen. ⏲ Mi und Fr 16–21.30 Uhr.
Prawn Shak, 30 km östlich von Eshowe bei Amatikulu, ☏ 084 737 6493. Am Wochenende pilgern die Bewohner von Eshowe (und Leute

aus Durban) zum weitläufigen Strandschuppen, der mit seiner hochprozentigen Mischung aus Shrimps und Tequila wirbt. Die ist allerdings nur *ein* Bestandteil des 7-Gänge-Menüs – man darf auch mit gebackenem Camembert und „Zulu-Sushi" rechnen. Das Festmenü kostet R210 p. P., etwas anderes gibt es nicht. Der Inhaber betreibt auch nebenan das Dokodweni Beach Camp, ☏ 071 205 9626, 🖥 www.shak.co.za, mit Bungalows (R650), Holzchalets (R250), Zeltplatz (R50). Bezahlung nur per Debit- oder Kreditkarte. ⏲ Sa und So 11.30–17 Uhr.
Quarters, im George Hotel, ☏ 035 474 4919. Eines der besten Restaurants der Stadt. Auf der kurzen Speisekarte stehen z. B. deutsche Spezialitäten wie Eisbein oder Schnitzel (R80) und die üblichen Steaks, Koteletts und Currys sowie ein paar vegetarische Optionen. Auf der Veranda ist noch ein Coffeeshop mit Drinks und leichten Mahlzeiten. ⏲ Restaurant Mo–Fr 7–10, 12–14 und 18–21, Sa, So 8–10 und 18–20 Uhr. Coffeeshop Mo–Fr 7–15 Uhr.

TOUREN

Zululand Eco-Adventures, im George Hotel, ☏ 035 474 2298, 🖥 www.zululandeco-adven tures.com. Der Veranstalter engagiert sich in der örtlichen Gemeinde und organisiert interkulturelle Begegnungen, bei denen die Tourenteilnehmer aufs Land fahren und verschiedene Zulu-Zeremonien (Kasten S. 521) erleben sowie entspannte Besuche auf Dörfern, Märkten und Shebeens machen können, ohne das Gefühl, in einem Themenpark gelandet zu sein.

TRANSPORT

Regelmäßig fahren **Minibustaxis** von Eshowe nach DURBAN und EMPANGENI.

Ulundi

Ulundi, die ehemalige Hauptstadt des Bantustan KwaZulu, im Herzen des **eMakhosini Valley** („Tal der Könige"), dem von nationalistisch gesinnten Zulu eine quasi religiöse Bedeutung beigemessen wird, weil es als Geburtsort der

Zulu-Nation gilt. Viele der bedeutendsten Persönlichkeiten des Zulu-Volkes lebten in diesem Tal und wurden dort begraben.

Ihnen zu Ehren wurde 2003 ein Denkmal namens **Spirit of eMakhosini** errichtet, das auf einem Hügel, 3 km entlang der R34 hinter der Kreuzung mit der R66 Richtung Ulundi, steht. Das kreisförmige Denkmal umgeben sieben große Aluminiumhörner, die stellvertretend für jene Könige stehen, die Shaka vorangingen, während in der Mitte ein mächtiger, 600 l fassender traditioneller Bierkessel thront.

Die Gedenkstätte **Battle of Ulundi Memorial** liegt nur wenig außerhalb der Stadt an der asphaltierten Landstraße, die zum Cengeni Gate des Wildreservats Hluhluwe-iMfolozi führt. Sie markiert den Ort, an dem die Zulu ihre endgültige Niederlage erlitten. In einem kleinen Steingebäude mit Silberkuppel stehen Tafeln, auf denen alle Regimenter beider Seiten aufgeführt sind, die beim letzten Aufbäumen der Zulu am 4. Juli 1879 an den Kämpfen beteiligt waren. Der rechteckige Park, der sich um die Gedenkstätte erstreckt, spiegelt die Aufstellung der britischen Infanterie wider.

KwaZulu Cultural Museum

Wenige Kilometer von Ulundi, an der Straße zum Cengeni Gate des Hluhluwe-iMfolozi Parks ▪ ⏰ Mo–Fr 8–16, Sa und So 9–16 Uhr ▪ Eintritt R35 ▪ ✆ 083 661 7942, 🖥 www.zulu-museum.co.za

Die mit Abstand interessanteste Sehenswürdigkeit dieser Region ist das KwaZulu Cultural Museum. Es beherbergt eine Rekonstruktion der ehemaligen Residenz von **König Cetshwayo**. Nach der entscheidenden Schlacht von Ulundi machten die Engländer die königliche Residenz in Ondini dem Erdboden gleich und verhafteten Cetshwayo. Der als *isigodlo* bezeichnete **königliche Kraal** wurde mit traditionellen Zulu-Bienenkorbhütten teilweise rekonstruiert. Das Museum zeigt ein Modell der ursprünglichen Anlage und eine bedeutende Perlensammlung.

ÜBERNACHTUNG

uMuzi Bushcamp, ✆ 035 870 2500, 🖥 www.umuzibushcamp.co.za. Das Camp bietet Unterkunft in Zulu-Behausungen, von Bienen-

korbhütten bis zu Rondavels oder moderneren Ferienhütten aus Stein, die meisten mit Bad. Alle Hütten befinden sich innerhalb eines traditionellen Umuzi mit Lagerfeuer, an dem sich die Gäste nach Einbruch der Dunkelheit versammeln können. Es werden Touren ins eMakhosini Valley, zu Battlefields der Umgebung und in den Hluhluwe-iMfolozi Park veranstaltet. Im Übernachtungspreis ist der Eintritt zum KwaZulu Cultural Museum enthalten. Halbpension R940

Die Battlefields

Die meisten ehemaligen Kriegsschauplätze KwaZulu-Natals liegen im Nordwesten der Provinz. Dort drangen 1838 zunächst die Buren aus den Bergen im Nordosten auf das Territorium der Zulu vor und brachten diesen in der Schlacht am **Blood River**, 13 km südöstlich der Kleinstadt Utrecht, eine schwere Niederlage bei. Rund vier Jahrzehnte später suchten die Engländer die kriegerische Auseinandersetzung und zogen nach Norden, um sich mehrere Schlachten mit den Zulu zu liefern. Die denkwürdigsten wurden südöstlich von Dundee bei **Isand-Iwana** und **Rorke's Drift** ausgefochten. Ende des 19. Jhs. provozierte Großbritannien erneut einen Krieg, diesmal allerdings gegen die **Buren** und deren unabhängige Republiken ZAR (Zuid-Afrikaansche Republiek) sowie den Oranje-Freistaat im Norden und Westen. Zu Beginn dieses zweiten Burenkriegs konnte die zahlenmäßig enorm starke, aber auch sehr schwerfällige britische Kriegsmaschinerie gegen die mobilen Buren nichts ausrichten.

Bei **Ladysmith** mussten die Engländer eine monatelange Belagerung über sich ergehen lassen, während im benachbarten **Spioenkop** ein britischer Sieg zum Greifen nah war, im letzten Moment aber durch einen Fehler der militärischen Führung verspielt wurde. Das Empire schlug zwar erfolgreich zurück, benötigte aber insgesamt drei Jahre, um die ZAR und den Oranje-Freistaat, die zu den kleinsten Staaten der Welt zählten, in die Knie zu zwingen. Um das zu erreichen, musste eine halbe Million Soldaten ins Feld geschickt werden – die teuerste militärische Operation seit den Napoleonischen Kriegen knapp ein Jahrhundert zuvor.

Es gibt mehr als 80 Schlachtfelder und Kriegsmonumente, die teilweise nur aus ein paar Hügelgräbern auf einem Feld am Ende einer Schotterpiste bestehen. Da fällt die Auswahl durchaus schwer. Unabhängig davon, ob man einen Guide hat (S. 525) oder auf eigene Faust loszieht, konzentriert man sich am besten auf eine Ära, einen Krieg oder einen Feldzug und plant die Besichtigungen entsprechend.

Isandlwana und Rorke's Drift

Wer nur einen der beiden Kampfschauplätze besichtigen möchte, sollte sich für **Isandlwana** entscheiden. Es empfiehlt sich aber, auch **Rorke's Drift** anzuschauen – beides lässt sich ohne größere Probleme an einem Tag machen. Mit dem Auto nimmt man an der Küste die N2 über Eshowe und Ulundi oder von Gauteng oder Pietermaritzburg kommend die N3 Richtung Osten über Ladysmith.

Isandlwana

Abseits der R68, etwas mehr als 130 km nordwestlich von Eshowe und 70 km südöstlich von Dundee ▪ ⊕ Mo–Fr 8–16, Sa und So 9–16 Uhr ▪ Eintritt R35 ▪ ✆ 034 271 8165

Am 22. Januar 1879 mussten die Engländer die größte Niederlage ihrer Kolonialgeschichte einstecken, als in Isandlwana eine 1200 Soldaten starke Streitmacht von mit Speeren bewaffneten Zulu-Kriegern nahezu vollständig ausgelöscht wurde.

Einen Monat zuvor war ein Ultimatum der Briten abgelehnt worden, das unter anderem die Auflösung der Zulu-Streitmacht verlangte. Die Briten antworteten mit dem Einmarsch von drei Kolonnen, die auf den Widerstand von rund 20 000 Zulus trafen. Am 21. Januar 1879 schlugen Zulu-Krieger ein Lager 6 km vom Isandlwana Hill entfernt auf, wo sich eine britische Militärabteilung niedergelassen hatte. Der britische Kommandeur, der nicht ahnte, dass ihnen die Zulu bereits im Nacken saßen, sandte ein großes Sonderkommando zur Unterstützung einer

anderen Abteilung aus und ließ die Männer in Isandlwana allein und schutzlos zurück. In der Zwischenzeit musste ein Spähtrupp der Engländer von der Kuppe eines Hügels aus feststellen, dass im Tal etwa 25 000 mucksmäuschenstille Zulu-Krieger saßen.

Sie warteten auf einen Wechsel der Mondphase, also auf einen günstigeren Moment für den Angriff. Aber als sie sich entdeckt sahen, erhoben sie sich, stürmten in der klassischen Zulu-Formation „Hörner des Stiers" das britische Lager und überrannten die perplexen Engländer.

Das von einem unheimlich wirkenden Hügel beherrschte **Isandlwana Battlefield** ist bis heute relativ unverändert geblieben, bis auf die weißen Hügelgräber der Gefallenen. In neuerer Zeit hinzugekommen sind ein kleines **Informationszentrum** mit Artefakten und Andenken sowie ein **Zulu-Kriegerdenkmal** aus Bronze, das eine *isuqu* (Tapferkeits-Halskette) darstellt.

Rorke's Drift

15 km westlich von Isandlwana an der D30 ▪ ⊕ Mo–Fr 8–16, Sa und So 9–16 Uhr ▪ Field Museum und Interpretation Centre Eintritt R30 ▪ Craft Centre Eintritt frei ▪ ✆ 034 642 1687

Noch am Abend der Schlacht von Isandlwana (S. 519) konnte die verlorene Ehre der Engländer aber einigermaßen wiederhergestellt werden. Eine Gruppe aus Veteranen schaffte es, das Feldlazarett bei Rorke's Drift erfolgreich gegen vier vorrückende Zulu-Regimenter zu verteidigen. Das Lazarett lag am anderen Ufer des Buffalo River, gegenüber der Stelle, wo die Briten zuvor eine Niederlage hatten einstecken müssen.

Obwohl Cetshwayo einen Angriff auf Rorke's Drift ausdrücklich verboten hatte, fühlten sich 3000–4000 heißspornige junge Männer, Teil einer Reservetruppe, durch den Sieg bei Isandlwana dermaßen angeheizt, dass sie angriffen. Innerhalb der folgenden zwölf Stunden am 22./23. Januar 1879 wehrten knapp über 100 britische Soldaten jedoch wiederholte Attacken von Zulu-Kriegern ab. So verdienten sie sich insgesamt elf Viktoriakreuze, die größte Zahl britischer Tapferkeitsauszeichnungen, die je für eine einzige Schlacht verliehen wurde.

Rorke's Drift ist von allen Battlefields das lohnendste, nicht zuletzt wegen seines ausge-

KWAZULU-NATAL

Battlefield-Guides

Wer die Battlefields als echtes Erlebnis in Erinnerung behalten möchte, sollte sie in Begleitung eines qualifizierten Fremdenführers besichtigen. Die nachfolgend genannten Guides sind auf unterschiedliche Kampfschauplätze jeweils in der Nähe ihres Standortes spezialisiert. Die meisten lassen bezüglich der Preise mit sich reden, abhängig von der Gruppengröße. Manche Guides setzen voraus, dass die Teilnehmer ein eigenes Fahrzeug mitbringen.

Wer keinen Fremdenführer in Anspruch nehmen möchte, sollte in der Fugitives' Drift Lodge (S. 525) die ausgezeichnete, vom verstorbenen David Rattray verfasste CD-Reihe *The Day of the Dead Moon* kaufen, die sich mit den Schlachten bei Rorke's Drift und Isandlwana beschäftigt.

Empfehlenswerte Guides

Elisabeth Durham, ℡ 034-212 1014, ⌨ www.cheznousbb.com. Informative halb- und ganztägige englischsprachige Touren nach Rorke's Drift, Isandlwana und entlang der Route des bei Nqutu gefallenen Prinzen Louis Napoleon, dem letzten Vertreter der Dynastie Bonaparte (R1300–1800 oder mehr, wenn kein eigenes Fahrzeug vorhanden ist).

Fugitives' Drift Lodge, ℡ 034-642 1843, ⌨ www.fugitives-drift-lodge.com. In dieser Lodge (S. 525) nahe Rorke's Drift lebte der unvergessliche Battlefield-Guide David Rattray, der bei einem Raubüberfall ermordet wurde. Seine Nachfolge haben Rob Caskie, Joseph Ndima und George Irwin angetreten, die ebenfalls ausgezeichnete Geschichtenerzähler sind. Die halbtägigen Touren nach Isandlwana (Beginn 7.30 Uhr) und Rorke's Drift (im Winter Beginn 15 Uhr, im Sommer 15.15 Uhr) kosten R885–1120 p. P. für beide Battlefields, je nach Saison.

Ron Gold, KwaZulu-Natal Tours, ℡ 033-263 1908 oder 083-556 4068, ⌨ www.kwazulu-natal-tours.com. Ron ist Spezialist für die Schlachten von Spioenkop, Willow Grange und Colenso und die Stätte, wo Churchill gefangen genommen wurde. Er bietet Halbtags- und Ganztagstouren an (R1800–2800).

Evan Jones, ℡ 034-212 4040 oder 082-807 8598, ⌨ www.battleguide.co.za. Ausgedehnte Ganztagestouren zu sämtlichen Battlefields (ab R1800 für 2 Pers.) unter Führung eines Experten.

Pat Rundgren, ℡ 034-212 4560 oder 072 803 2885, ✉ gunners@trustnet.co.za. Der Militärspezialist Pat lässt die Schlachten in der Umgebung von Dundee aus seiner ganz persönlichen Sicht Revue passieren. Die Touren kosten R450 p. P. inkl. Transport.

Foy Vermaak, ℡ 034-642 1925, ⌨ www.pennyf.co.za. Mr. Vermaak ist im Penny Farthing Country House in der Nähe der Battlefields Isandlwana und Rorke's Drift zu Hause, auf die er sich spezialisiert hat; außerdem im Angebot: Helpmekaar und Fugitive's Drift. Die Touren kosten ab R1100 pro Tag für bis zu 6 Pers., die ein eigenes Fahrzeug mitbringen.

KWAZULU-NATAL

zeichneten **Museums**. Wer schon einmal in der Gegend ist, sollte sich auch das Kunsthandwerkszentrum **ELC Art & Craft Centre Rorke's Drift**, ⌨ www.centre-rorkesdrift.com, anschauen, das für seine handbedruckten Stoffe und Wandteppiche bekannt ist.

ÜBERNACHTUNG

🧳 **Fugitives' Drift Lodge**, 9 km nördlich von Rorke's Drift an der Schotterstraße R31, ℡ 034 642 1843, ⌨ www.fugitives-drift-lodge.com. Die ultimative Unterkunft für Besucher der

Battlefields. Die Luxuslodge steht auf einer riesigen Wildfarm mit Blick auf die Furt im Buffalo River. Unterbringung in separaten, im Kolonialstil eingerichteten Bungalows zwischen Rasenflächen sowie in einem Anbau mit 4 Schlafmöglichkeiten. Gegessen wird in einem Speisesaal inmitten der weltgrößten Sammlung von Gegenständen aus den Zulu-Schlachten. Vollpension DZ R8500, Anbau R6000

Isandlwana Lodge, abseits der R68, 130 km nordwestlich von Eshowe und 70 km südöstlich von Dundee, ℡ 034 271 8301, ⌨ www.isandlwana.co.za. Die reetgedeckte Stein-

Lodge mit 12 Zimmern ist unschlagbar gelegen mitten im Schlachtfeld, wo sie spektakulär direkt in eine Klippe über das weite Flachland und Isandlwana Hill gehauen wurde. Zu der Anlage gehören ein Pool und eine Bibliothek, auf Anfrage können Ausflüge nach Isandlwana, Rorke's Drift und einem echten Zuludorf organisiert werden. Ein 8 km langer Wanderweg führt zum Buffalo River. Keine Kinder unter 7 Jahren. Alle Mahlzeiten inkl. R7200

Penny Farthing Country House, an der R33, südlich von Rorke's Drift und 30 km südlich von Dundee, ☎ 034 642 1925, 🖥 www.pennyf.co.za. Die historische Pionierfarm nahe der winzigen Siedlung Helpmekaar liegt inmitten von Grasland und Hügeln voller Wanderwege und ist mit Originalobjekten und ganzen Generationen von Jagdtrophäen eingerichtet. Der Gastgeber, Foy Vermaak, ist Battlefields-Guide (Kasten S. 525), unterhält sich gern am Kamin mit seinen Gästen über das Thema und hat eine persönliche Sammlung entsprechender Andenken. Frühstück und Abendessen inkl. R1460

Dundee

32 km westlich des Abzweigs nach Rorke's Drift liegt an der R68 die Stadt Dundee. Abgesehen von Geschäften, Supermärkten und Apotheken hat sie nicht besonders viel zu bieten, ist aber eine gute Ausgangsbasis für Exkursionen in die Umgebung. Doch wer sich vor Ort ein wenig umsehen möchte, kann bei Dundee Tourism eine Broschüre holen, die unter anderem eine Anleitung zu einem historischen Stadtrundgang enthält. Er führt zu Gebäuden, die aus jener Zeit stammen, als in der Umgebung die umfangreichen Kohlevorkommen entdeckt wurden, denen Dundee seine blitzartige Entstehung und seinen vorübergehenden Reichtum zu verdanken hatte.

Talana Museum und Kwakunje Cultural Village

2 km von Dundee an der R33 nach Vryheid ▪ ⏰ Mo–Fr 8–16.30, Sa und So 9–16.30 Uhr ▪ Eintritt R30,20 ▪ ☎ 034 212 2654 ▪ 🖥 www.talana.co.za Der ausgezeichnete Museumskomplex umfasst zehn historische, weiß getünchte Gebäude

aus der Zeit der Battle of Talana Hill, der ersten Schlacht der Burenkriege, die 1899 ausgetragen wurde. Am interessantesten ist das **Talana House**, das in einer Ausstellung die bewaffneten Konflikte im Norden KwaZulu-Natals erläutert. Zu den Exponaten zählen Waffen und Uniformen, den größten Eindruck hinterlassen jedoch die alten Fotografien. Auf ihnen sind berührende Einzelschicksale festgehalten, etwa die von Buren, die in Kriegsgefangenenlagern in entlegenen Gebieten des Empire wie St. Helena oder in Asien interniert wurden. Auch meist weniger beachtete Aspekte der Burenkriege finden Eingang, etwa die Rolle der Schwarzafrikaner und der Inder.

Auf einem Foto sind indische Bahrenträger zu sehen, unter ihnen der junge Mohandas Gandhi, wie er mit seinen Landsleuten verwundete britische Soldaten von den Schlachtfeldern Spioenkop und Colenso fortschafft. Der Museumskurator kann Führungen durchs Museum und über die Battlefields der Umgebung organisieren.

Das **Kwakunje Cultural Village** (*kwakunje* bedeutet: „es war wie dieses") auf dem Museumsgelände ist ein rekonstruiertes Dorf, in dem Fremdenführer traditionelle Zulu-Bräuche vorführen, erklären und beschreiben, wie sie sich im Lauf der Zeit verändert haben.

Es besteht auch die Möglichkeit, vorher anzurufen und Zulu-Essen und eine Tanzvorführung zu bestellen.

ÜBERNACHTUNG UND ESSEN

Bergview Guest House, 74 Browning St, ☎ 034 218 1203, 🖥 www.bergviewguesthouse.co.za. Zimmer mit 2 Einzelbetten oder Doppelbett und Bad in einem modernen Backsteinhaus. Die Inhaber können die Gäste zu Battlefields und Guides im Umfeld von Dundee beraten. Frühstück inkl., Abendessen auf Anfrage. R700
Chez Nous, 39 Tatham St, ☎ 034 212 1014, 🖥 www.cheznousbb.com. Chez Nous wird von der bezaubernden Battlefields-Fremdenführerin Elisabeth Durham (Kasten S. 525) geleitet, die auf Wunsch köstliche 3-Gänge-Dinner kocht. B&B oder Selbstverpflegung in geräumigen DZ und Cottages mit bis zu 6 Betten. R900
Lennox Guest House, 3 km östlich der Stadt an der R68, ☎ 034 218 2201, 🖥 www.lennox.

Eisenbahn

Der Bahnhof liegt 500 m östlich der Town Hall in der Lyell Street, ☎ 036 271 2020. Aber wegen der ungünstigen nächtlichen Ankunfts- und Abfahrtszeiten ist der Zug nur eine Option, wenn gar nichts anderes mehr geht.

Spioenkop

Spioenkop Battlefield: Abseits der R616 zwischen Ladysmith und Bergville ▪ tgl. 9–16 Uhr ▪ Eintritt R35 ▪ ☎ 036 637 2992 ▪ Spioenkop Nature Reserve: An der R600 35 km westlich von Ladysmith und 134 km nördlich von Winterton ▪ tgl. April–Sep 6–18, Okt–März 5–19 Uhr ▪ Eintritt R100 ▪ ☎ 036 488 1578

Das **Spioenkop Battlefield** blickt auf den Spioenkop Dam und ist vom Spioenkop Nature Reserve aus gut zu sehen. Die Zufahrt geht allerdings von der nach Bergville führenden Straße ab. Auf dem Schauplatz der blutigsten aller Schlachten des Burenkriegs ließen mehr englische Soldaten ihr Leben als in allen anderen. Danach musste sich die britische Militärführung eingestehen, dass ein Krieg nicht mehr allein mit präzise geplanten und ausgeführten Schlachten gewonnen werden konnte. Später verlegte man sich zunehmend auf moderne Guerilla-Taktiken.

Zunächst hatten rund 1700 britische Soldaten im Nebel den Hügel Spioenkop eingenommen, ohne einen einzigen Schuss abzufeuern. Aber dann konnten sie keine ausreichend tiefen Schützengräben ausheben, weil der Boden zu hart war. Als sich der Nebel auflöste, bemerkten sie, dass sie den Scheitelpunkt des Hügels falsch eingeschätzt hatten. Entscheidend für das folgende Desaster waren jedoch mangelhafte militärische Führung und reine Dummheit. Hätten die Engländer das Gelände nämlich anständig ausgekundschaftet, hätten sie merken müssen, dass ihnen nur ein ungeordneter Haufen von weniger als 500 Buren mit lediglich sieben Artilleriegeschützen gegenüberstand, und sie hätten ihre Reserve von 1600 Mann zur Verstärkung hinzuziehen können.

Obwohl sich die Buren auf tiefer gelegenem Terrain befanden, vermochten sie die bei brütender Hitze mit acht Soldaten pro Meter Schützengraben eingepferchten Engländer einen ganzen Hochsommertag lang in Schach zu halten. Etwa 600 britische Soldaten starben und wurden an Ort und Stelle in einem Massengrab begraben. Inzwischen hatten sich die Buren angesichts der feindlichen Verstärkungstruppe, die am Fuße des Hügels aufmarschierte, nach und nach zurückgezogen, sodass schließlich nur noch 350 Burensoldaten die Stellung hielten. Aber das wussten die Briten nicht, und am Abend zogen sie sich zurück und überließen den Hügel dem Feind.

Besucher können von einem Hügel aus das desolate Schlachtfeld überschauen, wo Schilder die Positionen der beiden Gegner markieren.

Das 60 km² große **Spioenkop Nature Reserve** selbst befindet sich unterhalb der Hügel um den Damm am Tugela River und wird von KZN Wildlife verwaltet. Es ist beliebt für Angel- und Bootstouren, es gibt aber auch Wanderwege und Reitställe (1 1/2 Std. R150). Beobachten kann man hier Giraffen, Gnus, kleine Antilopen und Vögel, die vom Wasser angelockt werden. Vom Campingplatz aus führt ein kurzer, steiler Weg ebenfalls zum Battlefield.

ÜBERNACHTUNG

Ezemvelo KZN Wildlife Ipika Tented Camp. Am Hang des Spioenkop Mountain, ☎ 036 488 1578, 🖥 www.kznwildlife.com. Das schlichte Buschcamp hat nur 1 Safarizelt mit 4 Betten an den Hängen des Spioenkop Mountain. Darüber hinaus gibt es noch einen Sanitärblock, aber keine Elektrizität sowie 30 Zeltstellplätze am See mit Elektroanschlüssen und Bootsslips für Gäste mit eigenem Boot. Das Camping kostet R90, ein Safarizelt (Mindestberechnung 3 Pers.) R730

Three Trees at Spioenkop (auch: Three Tree Hill Lodge), am Rand des Reservats, Zufahrtsstraße biegt von der R616 ab, ☎ 036 448 1171, 🖥 www.threetreehill.co.za. Die stilvoll-koloniale Lodge bietet Touren zu den Battlefields sowie andere Aktivitäten, darunter Safaris, Mountainbiken, Wandern und Reiten. Jede der 6 Suiten hat eine Veranda mit Talblick. Für Familien gibt's ein separates Cottage. Vollpension R5400

SOTHO-MANN, BASOTHO CULTURAL VILLAGE

Freistaat

Die Maloti Route ist eine der schönsten Straßen des Landes und erstreckt sich entlang der bergigen Ostflanke des Freistaats – der traditionellen Hochburg konservativen Burentums im Herzen Südafrikas. Bei einer Fahrt von Johannesburg zum Ost- oder Westkap lohnt der Umweg durch die Eastern Highlands, die in den Drakensbergen von Lesotho zu den höchsten Gipfeln des Subkontinents ansteigen.

Stefan Loose Traveltipps

Oliewenhuis Art Museum Südafrikas zeitgenössische und historische Kunst bewundern in dieser entzückenden Galerie. S. 536

Maloti Drakensberg Route Die Fahrt entlang der Grenze zu Lesotho führt an gewaltigen Felsformationen, Kirschbaumplantagen und Farmerstädtchen vorbei, darunter das hübsche Clarens. S. 538

Basotho Cultural Village Die verzierten Häuser der Basotho betrachten und die Nacht in einem gemütlichen Rondavel verbringen. S. 539

Drakensberg Escarpment Vom höchsten Punkt des Escarpment eines der spektakulärsten Bergpanoramen Südafrikas auf sich wirken lassen. S. 539

Golden Gate Highlands National Park Die beeindruckende Landschaft wird von den roten Sandsteinfelsen der majestätischen Maluti Mountains dominiert. S. 540

Parys Sich die Überreste des gewaltigen, zwei Milliarden Jahre alten Meteoritenkraters anschauen oder im Ortszentrum nach Antiquitäten stöbern, *vetkoek* essen und den Vaal hinunterpaddeln. S. 544

OLIEWENHUIS ART MUSEUM, BLOEMFONTEIN

GOLDEN GATE HIGHLANDS NATIONAL PARK

Inhalt

Die Bergwelt des Freistaats sind der Hauptgrund für eine Reise in diese Provinz. Ein Besuch der Hauptstadt **Bloemfontein** bietet sich nur an, wenn man hier sowieso durchkommt, jedoch wird der Aufenthalt dann durch exzellente Unterkünfte, Restaurants und Museen versüßt. Das am Fluss gelegene **Parys**, näher bei Johannesburg, ist ein netter ländlicher Ort, vor langer Zeit Schauplatz eines Meteoriteneinschlags. Größte Attraktion des Eastern Highlands ist der **Golden Gate Highlands National Park**, der wegen der faszinierenden Maloti Mountains mit ihren roten Sandsteinfelsen den Status eines Nationalparks erhalten hat.

Südöstlich des Golden Gate Parks erreicht man nach einer Fahrt durch das interessante **Basotho Cultural Village** den Parkplatz am Sentinel – Ausgangspunkt für Wanderungen auf die höchsten Plateaus der **Drakensberge**. Westlich des Golden Gate Parks liegt **Clarens**, der mit Abstand bezauberndste der zahlreichen Orte entlang der Grenze zu Lesotho.

Die übrige Provinz wird von flachem Grasland bestimmt, das sich kilometerweit in strahlenden Sonnenblumen- sowie malven- und pinkfarbenen Kosmeen-Feldern ausdehnt. Dazwischen leuchten Mais- und Weizenfelder unter einem endlosen blauen Himmel.

Geschichte

1806 löste Großbritannien die Niederlande als Kolonialmacht am Kap der Guten Hoffnung ab. Als Folge entschlossen sich einige der Holländisch sprechenden Einwohner (genannt: *Trek-*

boers, Boers oder Voortrekkers), weiter landeinwärts zu ziehen – zunächst nur wenige, nach
1834 dann zu Hunderten. Die einzigen wirklich
freien Menschen im „Freistaat" waren über einen Zeitraum von fast 150 Jahren die **weißen
Siedler**, denen Großbritannien 1854 die Unabhängigkeit für ein zwischen Oranje und Vaal gelegenes Territorium zugestand. Hier gründeten
sie eine eigene Burenrepublik namens **Oranje-
Freistaat**. Das „Oranje" im Namen stammt vom
holländischen Königshaus von Oranien.

Das an die Verfassung der USA angelehnte
Regierungssystem war ausgesprochen demokratisch – sofern man weiß und männlich war.
Frauen hatten kein Wahlrecht und Afrikaner überhaupt keine Rechte, sie durften noch
nicht einmal Land besitzen. 1912 wurde in der
Township Batho in Bloemfontein der ANC gegründet und in Bloemfontein selbst zwei Jahre später die Nationalist Party. 1914 wurde der
Oranje-Freistaat eine Bastion der Apartheid. Es
war die einzige Provinz, innerhalb deren Grenzen sich Menschen asiatischer Herkunft nicht
länger als 24 Stunden aufhalten durften.

1970 wurde schließlich die winzige und karge, zwischen Lesotho, KwaZulu-Natal und dem
Freistaat gelegene Enklave **QwaQwa** als „Homeland" für die Süd-Sotho geschaffen – durch
Zwangsumsiedlungen aus Gegenden, die nur
noch Weißen vorbehalten sein sollten. Inzwischen sind die ehemaligen Bantustans wieder
ganz normale südafrikanische Landstriche, und
seit dem haushohen Sieg des ANC bei den Regionalwahlen 1994 ist das „Oranje" und damit die
holländisch-calvinistische Konnotation aus dem
Namen der Provinz verschwunden.

Bloemfontein

In Bloemfontein, das seit 2011 zur *Metropolitan Municipality* (Gemeinde) Mangaung gehört,
kreuzen sich viele südafrikanische Straßen. Deshalb legen viele Besucher auf ihrem Weg durch
Südafrika hier einen Zwischenstopp ein. Bloem
(„Blume", wie die Stadt gern kurz genannt wird)
gilt zwar im Land als Hochburg der Hinterwäld-
ler, entpuppt sich aber als recht angenehm, und

hier kann man prima ein, zwei Tage verbringen:
zum Beispiel im sehenswerten, von Rasen und
Blumenbeeten eingerahmten Oliewenhuis Art
Museum und beim Bummeln auf der President
Brand Street, die mit hübschen Sandsteinbauten
mit mediterranen, britischen, Renaissance- und
klassischen Einflüssen gesäumt ist. Bloem ist
außerdem Sitz des Provinzparlaments und des
südafrikanischen Appellationsgerichts.

Als beliebter Übernachtungsort verfügt die
Stadt über gute Unterkünfte mit fairen Preisen,
moderne Einkaufszentren und ein paar Ausgehmöglichkeiten.

Wie in anderen südafrikanischen Städten
hat auch hier die weiße Einwohnerschaft dem
Stadtzentrum den Rücken gekehrt. Zum Einkaufen und Ausgehen trifft man sich jetzt in den
Vierteln nordwestlich der Innenstadt. Die **Loch
Logan Waterfront Mall** beim Stadion und die
vierstöckige **Mimosa Mall** in der Kellner Street
im nahen Westdene haben alles, was das Herz
begehrt, von Coffeeshops und Fastfoodlokalen
über Banken bis zu Buchläden.

Wer im Oktober hier ist, sollte sich das
zehntägige **Manguang African Cultural Festival**, 🖥 www.macufe.co.za, nicht entgehen lassen, das Besucher aus ganz Südafrika anzieht.
Die Stadt füllt sich mit Geschichtenerzählern,
Dichtern, Künstlern, Malern und Tänzern und am
letzten Tag bildet das Fußballturnier des Sparta
Macufe Cup den Höhepunkt.

President Brand Street

Als Ausgangspunkt für einen Spaziergang durch
die Bloemfonteins vornehmste Bauten an der
President Brand Street empfiehlt sich die Ci-
ty Hall an deren nördlichem Ende, Ecke Charles
Street. Das Gebäude wurde 1934 von Gordon
Leith, einem ehemaligen Mitarbeiter von Sir
Herbert Baker, im „now traditional style" erbaut.
Oberhalb der Fenster sind große Tierschädel
zu sehen. Leider ist es im Juni 2017 (möglicher-
weise durch Brandstiftung) komplett niederge-
brannt, die Stadtverwaltung plant jedoch den
Wiederaufbau.

Südlich der City Hall befindet sich der 1929 erbaute **Supreme Court of Appeal of South Africa**,

das Berufungsklagen zu allen Urteilen außer Verfassungsklagen anhört. Ihm gegenüber steht der imposante Sand- und Ziegelsteinbau des **Fourth Raadsaal**, ein 1893 fertiggestelltes Parlamentsgebäude der unabhängigen Republik des Oranje-Freistaats – heute Sitz des Free State Provincial Legislature (Provinzparlament).

Weiter südlich, auf der anderen Straßenseite, steht das Afrikaans Literary Museum mit imposantem Uhrenturm und Statue des Präsidenten Brand vor der Tür. An der Ecke zur Fontein Street ist das 1906 fertiggestellte Supreme Court, in dem der Freistaat Zivil- und Strafverfahren verhandelt. Zum Schluss folgt schräg gegenüber an der Ecke zur St George's Street noch die Old Presidency.

Old Presidency

17 President Brand St ▪ ⏱ Di–Fr 10–12 & 13–16, So 14–17 Uhr ▪ Eintritt frei ▪ ✆ 051 448 0949

Die Old Presidency wurde dort errichtet, wo einst der Gründer von Bloemfontein, Bürgermeister Henry Warden, lebte. Der heutige Bau entstand 1886 in einem Hybridstil, der Renaissance und schottische herrschaftliche Architektur kombiniert. Nachdem er drei Präsidenten (Johannes

Tolkien in Bloemfontein

Bloemfontein überrascht vor allem damit, dass hier John Ronald Reuel Tolkien, der Autor von *Der Herr der Ringe* und *Der kleine Hobbit*, geboren wurde. Seltsamerweise hält sich die Stadt mit der Vermarktung dieser Tatsache ziemlich zurück. Tolkiens Vater Arthur verließ seine Heimat Birmingham, um in den Kolonien zu arbeiten und stieg schließlich zum Manager der Banc of Africa in Bloemfontein auf. J.R.R. erblickte 1892 in einem Haus an der Ecke West Burger und Maitland Street, ein paar Blocks östlich der President Brand Street, das Licht der Welt. Als Arthur Tolkien drei Jahre nach J.R.R.s Geburt starb, kehrte seine Frau mit ihren beiden kleinen Söhnen nach England zurück. Das Haus wurde später abgerissen, um einem Möbelladen Platz zu machen.

Brand, F. W. Reitz und M. T. Steyn) als Amtssitz diente, beherbergt er heute ein Museum, das ihr Leben beleuchtet und mit Gemälden, Möbeln und Ornamenten ein echt viktorianisches Flair verströmt. Hier finden außerdem Kunstausstellungen, Konzerte und Theateraufführungen statt.

National Museum

36 Aliwal St ▪ ⏱ Mo–Fr 8–17, Sa 10–17, So 12–17 Uhr ▪ Eintritt R5 ▪ ✆ 051 447 9609, 🖳 www.nasmus.co.za

Östlich der President Brand Street stößt man auf das National Museum mit einer guten Sammlung von Dinosaurierfossilien, dem 260 000 Jahre alten Florisbad-Menschenschädel und einem eindrucksvollen Nachbau einer spätviktorianischen Straße in Bloemfontein. Interessant ist auch die Ausstellung über das Township Batho, die Geburtsstätte des ANC mit einem typischen Batho-Haus und Interviews mit Bewohnern.

First Raadsaal Museum

95 St George's St ▪ ⏱ Mo–Fr 10–13, Sa und So 14–17 Uhr ▪ Eintritt frei ▪ ✆ 051 447 9609, 🖳 www.nasmus.co.za

Das älteste Gebäude Bloemfonteins, der First Raadsaal, ist ein kleines reetgedecktes Pionierhäuschen, das Henry Warden (s. o.) 1849 als erste Schule der Stadt erbaute, später jedoch als Kirche und schließlich als Versammlungsort des ersten Parlaments diente. Drinnen sowie in einem größeren benachbarten Gebäude befindet sich eine ziemlich trockene Ausstellung zur Gründung des Freistaats.

King's Park

Der kleine King's Park zwischen dem Loch Logan und dem Zoo ist ein hübsches Plätzchen für ein Picknick oder einen Nachmittagsspaziergang, besonders wenn im Sommer hier die Rosen blühen. Bloemfontein wird manchmal auch „Stadt der Rosen" genannt, und im Park sind mehr als 4000 Rosenstöcke gepflanzt worden.

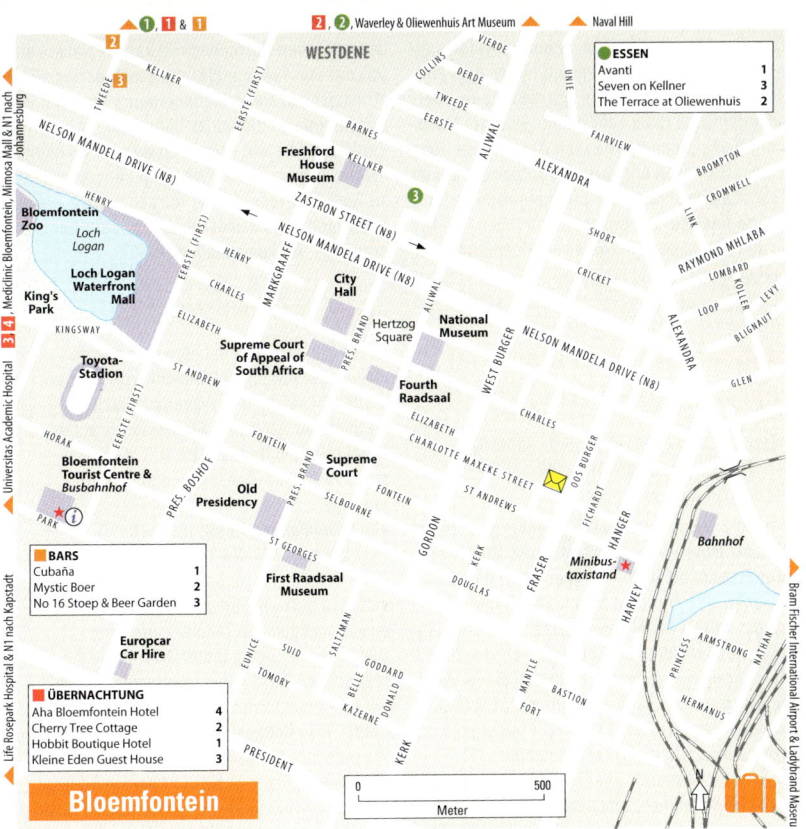

WESTDENE

ESSEN
Avanti	1
Seven on Kellner	3
The Terrace at Oliewenhuis	2

Freshford House Museum

Bloemfontein Zoo

Loch Logan

Loch Logan Waterfront Mall

King's Park

City Hall

Supreme Court of Appeal of South Africa

Hertzog Square

National Museum

Toyota-Stadion

Fourth Raadsaal

Bloemfontein Tourist Centre & Busbahnhof

Supreme Court

Old Presidency

Bahnhof

BARS
Cubaña	1
Mystic Boer	2
No 16 Stoep & Beer Garden	3

First Raadsaal Museum

Minibus-taxistand

Europcar Car Hire

ÜBERNACHTUNG
Aha Bloemfontein Hotel	4
Cherry Tree Cottage	2
Hobbit Boutique Hotel	1
Kleine Eden Guest House	3

Bloemfontein

0 ————— 500
Meter

▼ National Women's Memorial & Anglo-Boer War Museum

FREISTAAT

Bloemfontein Zoo

🕐 Okt–März tgl. 8–18, April–Sep tgl. 8–17 Uhr
▪ Eintritt R45 ▪ 📞 051 405 8484

Bloemfontein Zoo befindet sich auf der West-seite des King's Park, mit Zugang von der Hen-ry Street. Der Tierpark stand schon öfter in der Kritik aufgrund der vielen Gehege, die leer ste-hen, überwuchert sind oder nur mit einem Tier ent-halten. Etwa 10 km südwestlich des Zentrums entsteht in Kwaggafontein jedoch bereits ein neuer Zoo, der im Laufe des Jahres 2019 eröff-nen soll. Er wird ausreichend Platz bieten für größere Gehege. Manche Tiere (Wasserbock, Zebra und Elenantilope) werden sich auch frei in der Kwaggafontein Game Reserve bewegen können.

Waterfront und Stadion

Auf der dem Zoo gegenüberliegenden Seite des Loch Logan befindet sich die Loch Logan Wa-terfront Mall mit Geschäften, Cafés, Restau-rants und Kino, 🖥 www.loch-logan.co.za. Mit der Mall verbunden ist das Free State Stadium (aktuell als Toyota Stadium bekannt), das 1995 für den Rugby Weltcup erbaut wurde, aber auch für Fußball genutzt wird.

Freshford House Museum

31 Kellner St, Westdene ▪ 🕐 Mo–Fr 10–13, Sa und So 14–17 Uhr ▪ Eintritt R10 ▪ 📞 051 447 9609, 🖥 www.nasmus.co.za

Das Freshford House Museum befindet sich nördlich der Innenstadt gleich hinter dem Nelson Mandela Drive. Das gut erhaltene spätviktorianische Haus gehört seit 1982 dem National Museum und wurde vom Architekten John Edwin Harrisson entworfen, der hier mit seiner Frau Kate wohnte. Das originalgetreu restaurierte Interieur ermöglicht einen tollen Einblick in den Alltag eines Bürgers von Bloemfontein im frühen 20. Jh.

National Women's Memorial and Anglo-Boer War Museum

Monument Rd ▪ ⏱ Mo–Fr 8–16.30, Sa 10–17, So 11–17 Uhr ▪ Eintritt R10 ▪ ✆ 051 447 3447, 🖥 www.wmbr.co.za

Knapp 2 km südlich vom Zentrum ragt in einem Industrieviertel an der Monument Street eine Sandsteinnadel in den Himmel. Es ist das Wahrzeichen des National Women's Memorial and Anglo-Boer War Museum. Das 1913 enthüllte Mahnmal wurde zum Gedenken an die 26 370 Burenfrauen und -kinder errichtet, die im Zweiten Burenkrieg (auch bekannt als Südafrikanischer Krieg von 1899–1902) in britischen Konzentrationslagern ums Leben kamen.

Die im Museum geschilderten Leidensgeschichten stimmen, sind aber doch ziemlich dick aufgetragen. Die zwei Schautafeln über die Konzentrationslager für Afrikaner kamen erst nach dem Ende der Apartheid hinzu. So erfährt die Öffentlichkeit wenigstens ein bisschen über die mehr als 14 000 schwarzen Südafrikaner, die in den Lagern starben.

Oliewenhuis Art Museum

16 Harry Smith St, 2 km nördlich des Zentrums, abseits der Aliwal St ▪ ⏱ Mo–Fr 8–17, Sa und So 9–16 Uhr ▪ Eintritt frei ▪ ✆ 051 011 0525, 🖥 www.nasmus.co.za

Die Sammlung des Oliewenhuis Art Museum am Grant's Hill umfasst unter anderem eine erstaunlich gute Auswahl südafrikanischer Plastiken und Malerei. Untergebracht ist sie in einem bezaubernden Herrenhaus im kaphölländischen Stil, das von 1942 bis 1961 die Residenz des südafrikanischen Generalgouverneurs war und im Buschland inmitten eines hübschen, 12 ha großen Gartens steht. Wer sich aus Kunst nichts macht, kann in idyllischer Umgebung eine Tasse Tee im Gartencafé The Terrace trinken – aber auch hier gibt's Kunst zu sehen, darunter das originelle „Afrikanische Karussell".

Am besten zum Übernachten eignen sich die von der Autobahn N1 leicht erreichbaren Viertel Westdene und Waverley gleich nördlich des Zentrums. Auch wer nur auf der Durchreise ein Bett für eine Nacht braucht, sollte vorher anrufen statt einfach aufzutauchen.

aha Bloemfontein Hotel, 101 Parfitt St, Park West, ✆ 051 444 3142, 🖥 www.aha.co.za/urbanhotelbfn; Karte S. 535. Zentral gelegen, schick, erschwinglich und modern mit kleinen, stilvoll-funktionalen Zimmern und einer Bar im ersten Stock. Bietet B&B sowie die Möglichkeit, Mahlzeiten von Restaurants in der Umgebung liefern zu lassen. R830

Cherry Tree Cottage, 12A Peter Crescent, Waverley, ✆ 051 436 4334, ✉ cherrytree@imaginet.zaj; Karte S. 535. Idyllisches B&B mit AC in einem wunderschönen Garten mit Blick auf das Naturschutzgebiet am Naval Hill. Die 5 Schlafzimmer mit Reetdach haben alle separate Eingänge. Inkl. warmem Frühstück; Abendessen auf Anfrage. R1100

🧳 **Hobbit Boutique Hotel**, 19 President Steyn Ave, Westdene, ✆ 051 447 0663, 🖥 www.hobbit.co.za; Karte S. 535. Schönste Unterkunft der Stadt, luxuriös, mit Antiquitäten eingerichtet. Frühzeitig buchen. Für kleine Gruppen gibt es abends nach Anmeldung ausgezeichnete 3-Gänge-Menüs. R1300

Kleine Eden Guest House, 2 Moffett St, Fichardt Park, ✆ 051 525 2633, 🖥 www.kleine-eden.co.za; Karte S. 535. Gepflegtes Guesthouse, wahlweise B&B oder Selbstversorgung, auch Familienunterkünfte. Alle Zimmer mit eigenem Eingang und Garten, es gibt auch einen kleinen Pool. Frühstück kostet extra. R730

ESSEN

Obgleich Bloemfontein nicht gerade als kulinarische Hochburg gilt und nur wenige regionale Spezialitäten aufweist, kann man in der Stadt gut und preiswert essen. An der Second Avenue in Westdene, auf der man auch abends sicher entlangbummeln kann, gibt's eine Handvoll Restaurants.

Avanti, 53 Second Ave, Westdene, ✆ 051 447 4198, 🖥 www.avantirestaurant.co.za; Karte S. 535. Bloemfonteins bester Italiener serviert überwiegend lecker zubereitete Klassiker, aber es gibt auch ein paar kreative Ausreißer wie Panzerotti mit Hühnchen (R85) und italienische Frühlingsrollen. Daneben kann man aus einer köstlichen Auswahl an Focaccia wählen. Reservierung empfohlen. ⏰ Mo–Do 11.30–22, Fr und Sa 11.30–22.30, So 11.30–15 Uhr.

Seven on Kellner, 7 Kellner St, Westdene, ✆ 051 447 7928, 🖥 www.sevenonkellner.co.za; Karte S. 535. Speisen (Hauptgerichte ab R95) auf gehobenem Niveau in einem schönen alten Haus, mit kurzer, aber fantasievoller Karte (Fleisch und Fisch vom Grill, Holzofenpizza). ⏰ Mo–Do 12–14, 18–24, Fr–Sa 12–24 Uhr.

The Terrace at Oliewenhuis, 16 Harry Smith St, ✆ 051 448 6834, 🖥 www.theterracebloem.co.za; Karte S. 535. In dem eher formellen Garten des Oliewenhuis Art Museum am Rand eines Naturschutzgebiets bietet sich das schönste Ambiente für einen gemütlichen Nachmittagstee und ein Stück Kuchen (R25 pro Stück) in der Stadt. ⏰ Di–Fr 9–17, Sa und So 9–16 Uhr.

UNTERHALTUNG

Cubaña, Second Ave, Ecke President Reitz St, Westdene, ✆ 051 447 1920; Karte S. 535. Das muntere Latino-Restaurant mit Bar serviert recht gutes Essen in großen Portionen, etwa *quesadillas* (R55). Später am Abend gibt's Cocktails (ab R35), während DJs lateinamerikanische Musik auflegen. Mittwochs gibt's regelmäßig einen ziemlich lauten Studentenabend. ⏰ Tgl. 8–2 Uhr.

Mystic Boer, 84 Kellner St, Westdene, ✆ 051 430 2206; Karte S. 535. Ein guter Laden für ein paar Tequilas, eine Pizza (ab R75) und unterschiedliche Musik; die ganze Woche gibt's Sonderangebote, sonntags Livemusik. Beste Kneipe der Stadt. ⏰ Mo–Fr 14–4, So 17–2 Uhr.

No 16 Stoep & Beer Garden, 16 Second Ave, Westdene, ✆ 051 430 2542; Karte S. 535. Serviert ausgezeichnete Gourmetburger, Buffalo Wings (R120) und Spareribs (R140) in großen Portionen, mit einer Auswahl leckerer Marinaden. Der Laden ist aber v. a. für seine bis in die frühen Morgenstunden andauernden Partys an Samstagen bekannt. Die Küche schließt um 23 Uhr. ⏰ Di–Sa 11–4 Uhr.

SONSTIGES

Apotheken
Dis-Chem, Loch Logan Waterfront Mall, First Ave, ✆ 051 411 6140. ⏰ Mo–Fr 9–18, Sa 8–17, So 9–14 Uhr.

Autovermietungen
Europcar, 123 President Boshoff St, 750 m südöstlich des zentralen Busbahnhofs, ✆ 051 448 4530, 🖥 www.europcar.com. Am Flughafen (und teilweise im Zentrum) sind vertreten:
Avis, ✆ 051 433 2331, 🖥 www.avis.co.za
First Car Rental, ✆ 051 430 0390, 🖥 www.firstcarrental.co.za
Hertz, ✆ 051 433 2627
National Alamo, ✆ 051 433 3577, 🖥 www.nationalcar.co.za
Tempest, ✆ 051 433 2146, 🖥 www.tempestcarhire.co.za

Informationen
Touristeninformation, im Bloemfontein Tourist Centre und zentralen Busbahnhof, 60 Park Rd, ✆ 051 405 8489. ⏰ Mo–Fr 8–16 Uhr.

Medizinische Hilfe
Universitas Academic Hospital, 1 Logeman St, ✆ 051 405 3911, 🖥 www.universitashospital.fs.gov.za. Das größte Krankenhaus der Provinz mit einer kostenlosen 24-Std.-Notaufnahme. Allerdings muss man mitunter sehr lange warten, außerdem schwankt die Qualität der Versorgung.

FREISTAAT

Weit besser sind die privaten Krankenhäuser: **Mediclinic Bloemfontein**, Kellner St, gegenüber des Mimosa Mall, ☎ 051 404 6666, 🖥 www.mediclinic.co.za, und **Life Rosepark Hospital**, Fichmed Centre, Gustav Crescent, ☎ 051 505 5111, 🖥 www.lifehealthcare.co.za.

Notfälle
☎ 082 911.

Post
Post, Oos Burger St, Ecke Charlotte Maxeke St. 🕐 Mo–Fr 8–17.30, Sa 8–13 2 Uhr.

NAHVERKEHR

Der zentrale Minibustaxi-Standplatz ist in der Hanger Street, eine Straße westlich des Bahnhofs. Die Gegend rund um den Bahnhof und die Minibustaxi-Haltestelle gilt als die gefährlichste Ecke der Innenstadt, obwohl in Wirklichkeit nur selten etwas passiert. Aber Vorsicht ist immer gut, und nachts sollte man die Gegend meiden. Zum Glück warten normalerweise Taxis mit Gebührenzähler vor dem Bahnhof und Busbahnhof. Wenn nicht, kann man telefonisch eins bestellen: **Bloem Taxis**, ☎ 051 433 7092, 🖥 www.bloemtaxi.co.za, **Rooikat Taxis**, ☎ 051 522 5446, 🖥 www.rooikattaxi.com und Uber sind alle in Bloemfontein unterwegs.

TRANSPORT

Busse
Der gemeinsame Busbahnhof von **Translux**, **Intercape**, **City to City** und **Greyhound** liegt im Touristenzentrum in der Park Rd, 500 m südlich der Loch Logan Mall. Achtung: Ankunft und Abfahrt der Langstreckenbusse (z. B. von Kapstadt nach Johannesburg) sind teilweise nachts.

Busse nach:
DURBAN (3x tgl., 9 Std.);
EAST LONDON (4x tgl., 7 1/2 Std.);
JOHANNESBURG (22x tgl., 5 1/2 Std.);
KAPSTADT (8x tgl., 12 1/2 Std.);
KIMBERLEY (3x tgl., 2 1/2 Std.);

MOSSEL BAY (1x tgl., 11 1/4 Std.);
PIETERMARITZBURG (3x tgl., 8 3/4 Std.);
PORT ELIZABETH (4x tgl., 9 1/2 Std.);
PRETORIA (8x tgl., 6 1/2 Std.);
UPINGTON (1x tgl., 9 Std.).

Eisenbahn
Die **Bloemfontein Station** befindet sich in der Harvey Rd, am östlichen Ende der Maitland St, ☎ 051 408 4843.

Züge nach:
JOHANNESBURG (Mi, Fr u. So, 7 Std.);
PORT ELIZABETH (Mi, Fr u. So, 12 3/4 Std.).

Flüge
Bram Fischer International Airport, ☎ 051 407 2200, 🖥 www.airports.co.za, liegt 10 km östlich der Stadt an der N8. Die SAA-Linienflüge zwischen Bloem und allen größeren südafrikanischen Städten sind sehr kostspielig; es gibt aber auch Billigflüge von Mango nach Johannesburg und Kapstadt.
Vor dem Flughafen warten Shuttles und Taxis auf ankommende Flüge.

Flüge nach:
DURBAN (2x tgl., 1 Std.);
JOHANNESBURG (11x tgl., 1 Std.);
KAPSTADT (3–4x tgl., 1 3/4 Std.).

Die Maloti Drakensberg Route

Die **Maloti Drakensberg Route** schmiegt sich an die bergige Grenze zwischen Südafrika und Lesotho und gehört landschaftlich zu dem Schönsten, was der östliche Freistaat, das östliche Kap und die Drakensberg-Region in KwaZulu-Natal zu bieten haben. Die Strecke führt zwischen **Phuthaditjhaba** (Witsieshoek) im Norden und **Wepener** im Süden vorbei an gewaltigen, rot und ockerfarben gestreiften Felsformationen, Kirschbaumplantagen und Bauernstädtchen. Highlight des östlichen Freistaats ist das weite, offene Bergland des **Golden Gate High-**

FREISTAAT

Vom Freistaat aus beginnen die einfachsten Wanderwege in die hohe, dramatische Berglandschaft des **Drakensberg Escarpment** unmittelbar südöstlich des Golden Gate Highlands National Park. Eine 5- bis 8-stündige Rundwanderung (je nach Fitness und Tempo) beginnt auf 2560 m am Sentinel-Parkplatz, 7 km oberhalb der Witsieshoek Mountain Lodge, die südlich von Phuthaditjhaba liegt und nur mit eigenem Auto erreichbar ist. Nach 2 1/2 Stunden erreicht man den Einstieg in zwei Klettersteige mit jeweils 50 Metallsprossen, die nahezu senkrecht die Felswand hinaufführen. Oben angekommen kann man noch den kurzen Anstieg zum höchsten Gipfel des Escarpment, dem klotzigen **Sentinel Peak**, in Angriff nehmen. Von hier bietet sich ein fantastischer Ausblick über die 5 km langen Felsen des Drakensberg Amphitheatre, die den Royal Natal National Park dominieren, während unten an den 948 m hohen Tungela Falls der zweithöchste Wasserfall der Welt ins Tal donnert. Eine relativ einfache Variante dieser Wanderung ist möglich; vom Campingplatz Mahai im Royal Natal National Park in KwaZulu-Natal aus ist es jedoch eine harte, zehnstündige Tour (S. 493).

Wen das Bergfieber gepackt hat, dem stehen diverse anspruchsvollere Wanderwege zur Auswahl, darunter der **Amphitheatre Heritage Trail**, eine der beliebtesten Touren im uKhahlamba-Drakensberg-Gebirge, die den Freistaat, KwaZulu-Natal und Lesotho durchquert. Auch dieser Weg beginnt am Sentinel-Parkplatz und steigt von dort in den Royal Natal National Park ab. Besucher können bis zu einer Woche auf dem Escarpment verbringen, die meisten entscheiden sich jedoch für 25–30 km in drei Tagen. Dazu gibt es zwei Möglichkeiten – entweder Campingausrüstung, Kleidung und Verpflegung selbst mitbringen oder „Slackpacking“: eine geführte Tour mit professionellen Guides und Gepäckträgern, vorbereiteten Camps und Mahlzeiten. Zahlreiche weitere Wandervarianten bietet der uKhahlamba-Drakensberg Park (Kasten S. 492).

lands National Park, bekannt für spektakuläre Klippen und überhängende Felsen.

Die nächstgelegene Ortschaft zum Golden Gate Park ist **Clarens**, ein Zentrum für Kunst und Kunsthandwerk und das hübscheste Dorf an der Highlands Route.

Basotho Cultural Village

23 km östlich vom Golden Gate Highlands National Park, an der Hauptstraße R712 ausgeschildert ▪ ⏰ Mo–Fr 9–16.30, Sa und So 9–17 Uhr ▪ Eintritt R40 ▪ ✆ 058 721 0300, ⌨ www.sanparks.org

Das Basotho Cultural Village gewährt faszinierende Einblicke in die traditionelle Lebensweise der **Basotho**, die seit Jahrhunderten in dieser Region des Landes und jenseits der Grenze in Lesotho leben.

Das zentrale Schaustück des nachgebauten Dorfs ist ein Ensemble prachtvoller **Basotho-Hütten**, deren Formen von runden Konstruktionen aus natürlichen Materialien, wie sie im 16. Jh. üblich waren, bis hin zu eckigen Hütten mit Wellblechdach, kunstvoller Innenbemalung und europäischen Decken und Utensilien reichen. Den Besuchern wird von traditionell gewandeten Schauspielern eine 45-minütige Führung geboten, auf der sie den Chief begrüßen, traditionelles Bier kosten, Musikern zuhören und einen traditionellen Heiler sehen können. Außerdem erfährt man etwas über die merkwürdige Spiral-Aloe, die es nur in den Drakensbergen gibt.

Die Aussicht über den umliegenden QwaQwa Nature Park ist atemberaubend und der Laden verkauft einheimisches **Kunsthandwerk** von guter Qualität. Ausschau halten sollte man nach Raffiamatten und -körben sowie die kegelförmigen Hüten, die es nur in dieser Gegend gibt.

Im **Tea Garden** im Freien werden Tee und (auf Vorbestellung) traditionelle Speisen serviert, darunter *motoho* (Hirsebrei) und *dipadi* (geröstes Maismehl mit Salz und Zucker). Wer möchte, kann hier auch in traditionellen Basotho-Rundhütten übernachten (S. 540).

Golden Gate Highlands National Park

300 km nordöstlich von Bloemfontein an der R712
∎ Eintritt R176 pro Tag für Wanderungen, Durchfahrt kostenlos ∎ ✆ 058 255 1000, 🖥 www.sanparks.org

Der Golden Gate Highlands National Park erhielt seinen Status als Nationalpark nicht wegen seiner Tiere (darunter **Elenantilopen**, **Zebras**, **Bergriedböcke** und **Weißschwanzgnus**), sondern wegen seiner außerordentlichen landschaftlichen Reize: offene Weiten, erodierte Sandsteinfelsen, Grasplateaus und eingeschnittenen Täler, die zu den Drakensbergen (S. 481) gehören.

Am Glen Reenen Rest Camp beginnen verschiedene recht einfache, einstündige **Pfade** in die Sandsteinschluchten. Einzige Ausnahme ist die halbtägige, teils steile und körperlich anspruchsvolle Tour zum **Wodehouse Kop**, die mit einer herrlichen Aussicht über den Park belohnt wird. Am kräftezehrendsten ist die zweitägige Rundwanderung (nur für Gruppen) auf dem **Rhebok Trail** (R175), der den höchsten wie auch den niedrigsten Punkt passiert; die einfachen Unterkünfte müssen über South African National Parks (S. 50) gebucht werden.

Im Golden Gate kann man ansonsten noch reiten (R100/Std.) oder an einer geführten Wanderung zum Thema Heilkräuter (R40) teilnehmen. Im Sommer lädt das Becken eines Wasserfalls nahe Glen Reenen zu einem Bad ein. Wer den Park nur mit dem Auto durchfahren möchte, kann von der Hauptstraße auf zwei Schleifen abbiegen; diese führen vorbei an Feldern voller Zebras und Antilopen, einem mit Tierkadavern übersäten Fressplatz von Geiern und atemberaubenden Ausblicken auf die höchsten Gipfel der Drakensberge.

ÜBERNACHTUNG UND ESSEN

Basotho Cultural Village

Basotho Cultural Village Rest Camp, ✆ 012 428 9111, 🖥 www.sanparks.org; Karte S. 540–541. Die 3 gemütlichen Rondavels für Selbstversorger im Museumsdorf am östlichen Rand des Golden Gate blicken auf riesigen Sandsteinberge und sollen eine Basotho-Siedlung des 18. Jhs. imitieren. Jedes bietet Platz für 4 Personen, Heizdecken für kalte Nächte und Verandas mit tollem Ausblick über die Ebene. Außerdem gibt's einen Gemeinschafts-*braai* sowie einen reetgedeckten *lapa*-Bereich R870

Das Escarpment

Witsieshoek Mountain Lodge, am Ende der R57, ☎ 058 713 6361 oder 073 228 7391, 🖳 www.witsieshoek.co.za; Karte S. 540–541. Die spektakulär auf 2283 m Höhe gelegene Lodge ist die höchstgelegene des Landes. Von den funktionalen B&B-Zimmern in Chalets und Bungalows bieten sich teils wunderbare Bergblicke. Ebenfalls vorhanden sind eine Lounge mit offenem Kamin, ein Restaurant, ein Pub und Personal, das die Besucher mit Wandertipps und sogar Lunchpaketen versorgen kann. R1490

Golden Gate Highlands National Park

Glen Reenen Rest Camp, ☎ 012 428 9111 oder 058 255 1000 am Tag der Ankunft, 🖳 www.sanparks.org. Mitten im Park, aber direkt an einer Straße, auf der die ganze Nacht Lkws entlangdonnern. An Unterkünften sind Stellplätze, Rondavels und einfache Häuschen mit 4 Betten vorhanden. Neben einem Laden gibt's hier noch einen Pool, Picknickplätze, ein Restaurant mit Bar und eine Tankstelle. Camping R230, Rondavel R915, Cottage R1495
Golden Gate Hotel, ☎ 012 428 9111 oder 058 255 1000, 🖳 www.sanparks.org oder www.

goldengatehotel.co.za. Das Hotel ist die schickste Unterkunft im Park, mit gut ausgestatteten Selbstversorger-Chalets und gemütlichen Zimmern, zumeist mit fantastischem Ausblick. Im Restaurant gibt's Frühstück und Abendessen, auf dem Dach ist eine Bar mit Coffeeshop. Zi R1140, Chalet R1205
Highlands Mountain Retreat, ☎ 012 428 9111 oder 058 255 1000 am Tag der Ankunft, 🖳 www.sanparks.org. Abgeschieden und schön in den Ausläufern der Berge abseits der Oribi Loop Rd gelegen, mit luxuriösen Selbstversorger-Blockhütten mit großer Veranda für 2 bis 4 Pers. R1650

Aktivitäten

Hiking Drakensberg Hikes, 🖳 www.drakensberghikes.co.za, bietet eine Reihe von *Slackpacking*- und Wandertouren im uKhahlamba-Drakensberg-Gebirge.

Informationen

Die offizielle **Website der Maloti Drakensberg Route**, 🖳 www.malotidrakensbergroute.com, ist eine gute Informationsquelle für Unterkünfte, Aktivitäten und Veranstaltungen in der Gegend.

Manchmal verkehren auf der R712 zwischen Clarens und Phuthaditjhaba Minibustaxis, die Fahrgäste an der Zufahrtsstraße zum **Basotho Cultural Village** absetzen; von da sind es noch 2 km zu Fuß zum Dorf.

Der **Golden Gate Highlands National Park** ist von Bloemfontein (330 km) und Johannesburg (320 km) über gute Teerstraßen leicht erreichbar. Die gleichen Minibustaxis wie oben können auch in Glen Reenen halten. Der Park ist rund um die Uhr zugänglich und hat keine Eingangstore. Besucher mit Reservierung, die nach Büroschluss (17.30 Uhr) ankommen, erhalten den Schlüssel an der Tankstelle.

Clarens und Umgebung

Etwa 20 km westlich des Golden Gate Highlands National Park und am nördlichsten Ende von Lesotho liegt das von Bäumen umsäumte, einladende Dorf Clarens, der wohl schönste Ort an der Maloti Drakensberg Route. Hervorstechendstes Merkmal der 1912 gegründeten Siedlung sind die herausgeputzten Steinbauten, welche sich vor den **Rooibergen** („Rote Berge") und den südöstlich aufragenden **Malotis** abheben.

Shoppen in Clarens

Wer ein Mitbringsel oder Souvenir sucht, kann in den vielen Galerien im Ortszentrum herumstöbern. Gleich westlich des Platzes bietet der ausgezeichnete Buchladen **Bibliophile**, 313 Church St, ☏ 058 256 1692, neben Fotobänden alles über der Landkarte über Künstlerbedarf bis zu Jazz und afrikanischer Musik. ⊙ Di–Sa 9–17, So 9–16 Uhr. Am reizendsten ist **The Blanket Shop**, Sias Oosthuizen St, ☏ 058 256 1313, ein echt altmodischer Krämerladen, der 1930 unter dem Namen **Di Mezza & De Jager Trading Store** eröffnet wurde. Die über achzigjährigen Inhaber Gertie und Minnie beraten ihre Kundschaft auch beim Kauf ihrer guten wollenen Basotho-Decken (R250–1300) in verschiedenen Stilen und Mustern. ⊙ Mo–Sa 8.30–13, 14–17 Uhr.

Am schönsten ist ein Abstecher in dieses Dorf im Frühling, wenn die Obstbäume blühen, oder im Herbst, wenn sich die Pappelblätter rotgolden färben. Aber zu jeder Jahreszeit ist die entspannte Atmosphäre von Clarens eine Rarität im Freistaat – ein *dorp*, das so richtig zum Herumbummeln einlädt. Oder zu einem Lagerbier in einem Straßencafé oder einfach bloß zum Ausspannen. Das ganze Jahr über, vor allem aber im goldenen Herbst, kommen Maler und Fotografen hierher.

Clarens ist ein Zentrum für **Kunst und Kunsthandwerk** und besitzt eine Reihe von Ateliers und Läden. Besuchern, die am Wochenende um die Mittagszeit in den Ort kommen, wird mitunter in einem der Straßencafés am zentralen **Market Square** einheimische Livemusik geboten.

Clarens Inn and Backpackers, 93 Van Reenen St, ☏ 076 369 9283, 🖥 www.clarensinn.com. Preiswerteste Option; funktionaler Dorm, Camping in fertig aufgestellten Kuppelzelten und Tipis, sehr einfache Flitterwochensuite und eine Reihe ebenso einfacher Selbstversorger-Einheiten für bis zu 8 Pers. (ab R200 p. P.). Camping R400, Dorm R180, Suite R560

Cottage Pie, 89 Malherbe St, ☏ 071 686 0222, 🖥 www.cottagepieclarens.co.za. Im reetgedeckten Haupthaus sind 3 Zimmer mit Küchenzeile, im hübschen, üppigen Garten an einem Bach ist noch ein Gartenhaus. Der Zimmerpreis ist für Selbstvesorger, auf Anfrage wird aber ein hervorragendes Frühstück (R85 extra) auf der Terrasse serviert. R800

Lake Clarens Guest House, 1–3 Lake Clarens Drive, ☏ 058 256 1436, 🖥 www.lakeclarensgh. co.za. Hübsche Zimmer in einem charaktervollen alten Sandsteinhaus, das auf einen Teich mit Gänsen blickt. Das Frühstück wird auf einer angenehmen Terrasse voller Rosen serviert. Einige preiswertere Zimmer und ein Apartment für Selbstversorger (R350 p. P.) befinden sich in einem Anbau auf der Rückseite. R1160

Red Mountain House, Market Square, ☏ 058 256 1456, 🖥 www.redmountainhouse.co.za. Das zentral gelegene B&B hat Zimmer im Obergeschoss mit Balkon und Ausblick auf den Platz und die Berge. Zu der luxuriösen Einrichtung der Zimmer gehören Kamine ebenso wie persische Teppiche und viktorianische Antiquitäten. R1310

ESSEN

ESSEN

An den Wochenenden, wenn die Städter in Clarens einfallen, sind die meisten Restaurants voll, und es kann etwas länger dauern – am besten reservieren oder früh kommen.
278 on Main, 278 Main St, 📞 082 556 5208, 🖳 www.278onmain.co.za/restaurant. Gute Auswahl an Frühstücksspeisen (ab R50), Pfannkuchen, Pasta- und Fleischgerichten sowie Desserts in künstlerischem Ambiente. ⏱ Tgl. 8–2 Uhr.
Clementines, Van Zyle, Ecke Church St, 📞 058 256 1616, 🖳 www.clementines.co.za. Das beste Restaurant am Ort residiert in einem stimmungsvollen alten Busschuppen mit Garten. Zu empfehlen sind die Steaks, die Ochsenschwanzsuppe oder auch die gegrillte Regenbogenforelle aus der Gegend (R135). Dazu gibt's Bier aus der Clarens Brewery. Reservierung anzuraten. ⏱ Di–So 11–15, 18–22 Uhr.
The Highlander, Shop 3, Highlands Centre, Market St, 📞 058 256 1912. Ein gemütliches Restaurant, im Winter prasselt drinnen ein Feuer, bei schönem Wetter gibt es Sitzplätze im Freien. Gute hausgemachte Pies und Pizzas, auch das Frühstück und der Käsekuchen mit Beeren (R42) sind gut. ⏱ tgl. 20–22.30 Uhr.

UNTERHALTUNG

Clarens Brewery, Market St, 📞 058 256 1193. 7 köstliche Biersorten (Pint R40) und eine Auswahl an Ciders werden in dem freundlichen Biergarten vor Ort gebraut. Dazu gibt es deftige deutsche Kost wie Bratwurst (R35). Der perfekte Ort für einen Drink in der Sonne; Kinder bekommen gratis einen Kirsch- oder Apfelsaft. ⏱ tgl. 10–19 Uhr.

INFORMATIONEN

Es gibt keine **Touristeninformation**, aber bei **Mountain Odyssey**, Main St, 📞 058 256 1173/1480, 🖳www.infoclarens.com, bekommt man

Auskünfte und kann Unterkünfte reservieren sowie Touren in die Umgebung buchen. ⏱ Mo–Fr 9–17, Sa 9–14, So 9–12 Uhr. Nützlich für Infos und zur Buchung von Unterkünften ist auch die Website **Clarens Destinations**, 🖳 www.goclarens.co.za.

TRANSPORT

Manchmal verkehren Minibustaxis auf der R712 von Clarens über den Golden Gate Highlands National Park nach Phuthaditjhaba. Regelmäßige Busverbindungen gibt es zwischen Clarens und Bethlehem, das 41 km weiter nördlich an der N5 liegt.

Ficksburg

Ficksburg, 87 km südwestlich von Clarens, ist das südafrikanische Anbauzentrum von Kirschen und Spargel. Hübsch anzusehen sind die Sandsteinbauten des Städtchens, dessen angenehme Atmosphäre zu einem Stopp auf halber Strecke entlang der Maloti Drakensberg Route einlädt. Das **Cherry Festival**, 🖳 www.cherryfestival. co.za, in der dritten Novemberwoche ist das Highlight im Festkalender Ficksburgs. Es wird mit einem Marathonlauf, Jahrmarktständen, einer „Kirschkönigin"-Wahl und einem Bierfest gefeiert, bei dem der Hopfensaft in Strömen fließt.

ÜBERNACHTUNG

Bella Rosa Guest House, 21 Bloem St, 📞 051 933 2623. Höchst begehrt und günstig sind die beiden in einem Garten gelegenen viktorianischen Sandsteingebäude, die 12 hübsch eingerichteten B&B-Zimmer mit Bad umfassen, teils mit Antiquitäten. Außerdem gibt es ein Pub und ein geräumiges Restaurant mit Kamin. R1310

TRANSPORT

Minibustaxis fahren vom Grenzübergang zu Lesotho (24 Std.) in Ficksburg Bridge/Maputsoe am östlichen Stadtrand von Ficksburg nach BLOEMFONTEIN (3 1/2 Std.), JOHANNESBURG (10 Std.) und zu anderen Zielen.

FREISTAAT

Ladybrand

Ladybrand liegt an der Hauptroute nach Lesotho, rund 69 km südwestlich von Ficksburg. Es ist eine der wenigen landwirtschaftlichen Kleinstädte im Freistaat, die einen wirtschaftlichen Zuwachs verzeichnen. Den verdankt Ladybrand seiner Nähe zu Maseru, der gut 18 km entfernten Hauptstadt von Lesotho. Die meisten, die in Projekten in Lesotho beschäftigt sind, quartieren sich lieber in Ladybrand als in Maseru ein, weil es hier ruhig ist und der Ort eine familienfreundliche Dorfatmosphäre verströmt.

ÜBERNACHTUNG

Cranberry Cottage, 37 Beeton St, ✆ 051 923 1500, 🖥 www.cranberry.co.za. Eine der besten und begehrtesten Unterkünfte im Ort: Hier gibt's 43 komfortable Zimmer (einige mit Küche) im Landhausstil. Den Gästen stehen ein Spa und ein Fitnessraum zur Verfügung. Die Besitzer halten jede Menge Informationsmaterial über Tagesausflüge und Felskunststätten bereit. R980

ESSEN

Cranberry's Restaurant, 37 Beeton St, ✆ 051 923 1500. Das beliebte Restaurant des Cranberry Cottage serviert ausgezeichnete internationale Küche darunter Seafood, Pasta und gegrillte Gerichte wie Lammkoteletts (R110). Im Sommer können die Gäste im Garten bei Kerzenlicht am Teich sitzen. Es lohnt sich auch, auf eine Tasse Tee mit Kuchen vorbeizuschauen – besonders gut ist der Schokoladenkuchen. ◷ Mo–Fr 7–21.30, Sa 7.30–21.30, So 7.30–15 Uhr.

Living Life Station Café, 1 Princess St, ✆ 051 924 2834 oder 082 854 8550. Das hübsche Restaurant im ehemaligen Bahnhof des Orts wird von der Wohltätigkeitsorganisation Living Life betrieben, die Arbeit für Frauen bietet. Serviert werden wunderbare südafrikanische Bio-Kost wie Focaccia-Pizza (R60) und leckere Salate; die Zutaten stammen allesamt aus der Region oder aus dem eigenen Garten. Ebenfalls zu kaufen ist Kunsthandwerk aus der Region. ◷ Mo–Fr 7–21, Sa 7–16, So 7–15 Uhr.

Minibustaxis und **Busse** verkehren regelmäßig zwischen Ladybrand und dem 16 km entfernten Grenzübergang Maseru-Bridge sowie nach JOHANNESBURG und BLOEMFONTEIN.

Parys und der Vredefort-Krater

Der kleine Ort Parys an der N1 300 km nordöstlich von Bloemfontein und gut 100 km von Johannesburg eignet sich gut für einen Zwischenstopp auf der langen Fahrt durchs Land oder auch für einen interessanten Tagesausflug von Johannesburg. Der Ort ist mit seinen Galerien und Antiquitätengeschäften, seinem Angebot an Abenteuersportaktivitäten und dem gewundenen Fluss Vaal sicher nett, jedoch befindet sich die eigentliche Attraktion der Gegend bei **Vredeport**, dem Zentrum eines gewaltigen Meteoriteneinschlags vor rund zwei Milliarden Jahren. Was von dem 300 km breiten Krater noch übrig ist, gilt heute als die abstrakteste Unesco-Welterbestätte Südafrikas und ist so richtig nur aus dem Weltall zu erkennen; wer sich jedoch einer Tour anschließt (Kasten S. 545), erhält eine gute Ahnung davon, was damals passierte, und kann sich die Überreste der Aufwölbung anschauen, die beim Aufprall des Meteoriten entstand.

Beim jährlich im November stattfindenden **Parys Dome Adventure Festival**, 🖥 www.domefest.co.za, kommen scharenweise Outdoor-Enthusiasten in den Ort, um sich Drachenbootrennen zu liefern und Livemusik zu lauschen. Ende November findet noch das Parys Flower Festival statt.

ÜBERNACHTUNG

Art Lovers Guest House, 89 Breë St, ✆ 056 817 6515, 🖥 www.artloversguesthouse.co.za. 7 geräumige und künstlerisch eingerichtete Suiten mit Antiquitäten, persischen Teppichen und Kronleuchtern. Dazu gibt es einen sehr

Vor rund zwei Milliarden Jahren stürzte ein **Asteroid** von der Größe des Kapstadter Tafelbergs mit einer Geschwindigkeit von 30 000 km/h auf die Erde; beim Aufprall entstand ein 300 km breiter Krater. Der Einschlag bei **Vredeport**, 10 km südlich von Parys, zerstörte den Asteroiden und Teile der Erdkruste; kilometerweit wurde das Felsgestein eingeschmolzen, pulverisiert und zersplittert. Außerdem wurden Felsen unterhalb der Aufprallfläche für kurze Zeit nach unten gedrückt, ehe diese wieder emporschnellten und dabei Gesteinsschichten emporhoben, sodass eine Art Kuppel *(dome)* entstand. Obwohl die Erdkruste seit dem Aufprall rund 10 km an Dicke verloren hat, sind die verwitterten **konzentrischen Ringe** dieser Aufwölbung immer noch zu sehen und bilden heute die Berge um Parys.

Das Aufwölbungsgebiet ist am besten auf einer geführten **Tour** zu erkunden, die Ausblicke auf die Überreste der Kuppel bietet und zu skurrilen Schmelzgesteinsformationen führt. Die Veranstalter bieten verschiedene Optionen (alle nur mit Reservierung; Preise je nach Gruppengröße), die Kosten liegen aber meist um R150 p. P. für eine 2-stündige Wanderung oder Allradtour, für eine halbtägige Allradtour um R400.

Anbieter sind **Dome Impact Tours**, 62 Boom St, Parys, ✆ 056 811 2078, 🖳 www.domeimpact tours.co.za, **Kopjeskraal Country Lodge**, abseits der R53, 6 km westlich von Parys, ✆ 083 406 0841, 🖳 www.kopjeskraal.co.za/tours, **Vredefort Dome Info Centre**, in der Otters' Haunt Lodge, Kopjeskraal Rd, Parys, ✆ 056 818184 oder 084 245 2490, 🖳 www.vdome.co.za.

---

persönlichen Service wie ein Glas Sherry zur Begrüßung. Inkl. Frühstück; Abendessen gibt's im Restaurant. Keine Kinder unter 12 Jahren. R1700

Secret Place, 21A Venus Rd, ✆ 056 811 5232, 🖳 www.secretplace.co.za. Elegantes, französisch inspiriertes Guesthouse, das sogar über einen eigenen Barockgarten verfügt. Wunderbar im Stil der Romantik eingerichtete Zimmer, jedes von ihnen unterschiedlich: Eins hat eine Freiluftdusche, während ein weiteres auf einen Kräutergarten blickt. B&B R1100

ESSEN

O's Restaurant, 1 De Villiers St, ✆ 056 811 3683. Traditionelle heimische, burische Küche wie *bobotie* (R125) neben raffinierteren Gerichten wie Pasta mit Weinbergschnecken und geräuchertem Hühnchen, serviert in einem schönen, friedlichen Garten am Flussufer. Reservierung empfohlen. ⏲ Mi–Sa 11–22, So 11–15 Uhr.

Vetkoek Paleis & Kerrie Huis, 62 Breë St, ✆ 056 817 6833. Der Name dieser örtlichen Institution bedeutet „Fettkuchen-Palast und Curry-Haus". Hier gibt es den burischen *vetkoek*, frittierte Teigtaschen mit unterschied-

licher Füllung, etwa mit Hackfleischcurry (R50). Auch Frühstück und Pfannkuchen. ⏲ Tgl. 8.30–15 Uhr.

INFORMATIONEN

Parys Info & Tourism Centre, 30 Water St, ✆ 056 811 4000, 🖳 www.infoparys. Die Website bietet viele Infos zu Veranstaltungen und Unterkünften. ⏲ Mo–Fr 8–17, Sa 9–13 Uhr.

TRANSPORT

Auto

Parys ist von Johannesburg aus in 110 km leicht erreichbar: erst auf der N1 nach Süden, dann gleich nach der Brücke über den Vaal auf die R59 abbiegen und weitere 20 km fahren.

Busse

Busse von Translux, City to City und Greyhound halten an der Sasol-Tankstelle in der Breë St. Fahrkarten hat der Shoprite-Supermarkt in der Philip St.

Busse nach:
BLOEMFONTEIN (4x tgl., 5 Std.);
JOHANNESBURG (4x tgl., 3 Std.).

FREISTAAT

Gauteng

Obwohl es in Gauteng keine spektakuläre Natur wie in der Kap-Provinz oder in Mpumalanga gibt, besitzt die Provinz einen gewissen landschaftlichen Reiz. Auf der dunkelroten Erde in den Vororten und am Rand der Städte stehen seltsam geformte Felsen. Im Sommer grünt und blüht es in den älteren Bezirken von Johannesburg und Pretoria: Und die Bewohner von Johannesburg bezeichnen ihre Stadt stolz als „größten von Menschenhand angelegten Wald der Welt".

Stefan Loose Traveltipps

14 **Downtown Johannesburg** Das pan-afrikanische Zentrum der reichsten Stadt des Kontinents erkunden. S. 549

Melville Sich in den Bars, Cafés und eleganten Restaurants unter die hippen Johannesburger mischen. S. 562

Apartheid-Museum in Johannesburg Eine Reise durch die Geschichte des südafrikanischen Freiheitskampfs. S. 566

Touren durch Soweto Die Dynamik der historisch bedeutendsten Township Südafrikas hautnah erleben. S. 571

Livemusik Jo'burg lockt mit der besten Musikszene Südafrikas. S. 578

Sportveranstaltungen in Johannesburg Ob Chiefs gegen Pirates oder Springboks gegen All Blacks – ein Erlebnis! S. 582

Cradle of Humankind Die Höhlen am Rand von Johannesburg bergen erstaunliche Fossilien unserer Vorfahren. S. 589

Voortrekker Monument und Freedom Park in Pretoria Zwei eindrucksvolle Monumente für das alte und das neue Südafrika. S. 598

JOHANNESBURG BIETET DAS BESTE NACHTLEBEN DES LANDES

TOWNSHIP-HAUS IN SOWETO

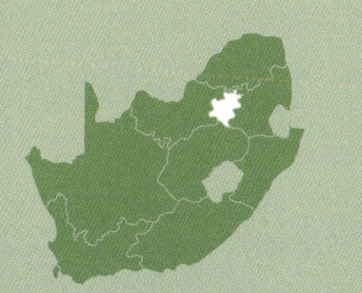

Inhalt

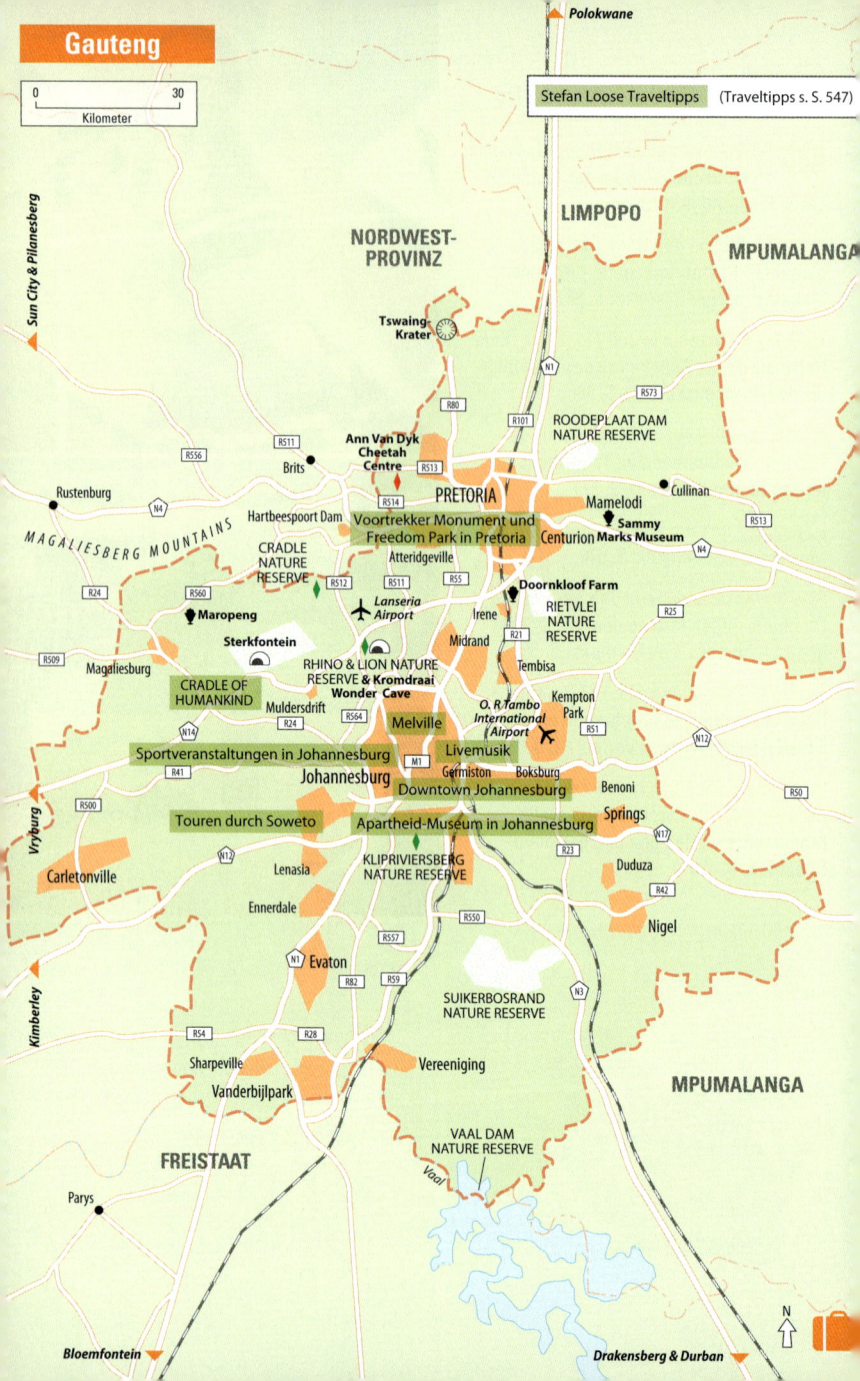

Gauteng

Stefan Loose Traveltipps (Traveltipps s. S. 547)

0   30
Kilometer

Polokwane

LIMPOPO

MPUMALANGA

NORDWEST-
PROVINZ

Sun City & Pilanesberg

Tswaing
Krater

R80

R101

R573

ROODEPLAAT DAM
NATURE RESERVE

R511

R556

Ann Van Dyk
Cheetah
Centre

R513

Brits

Rustenburg

N4

R514

PRETORIA

Cullinan

Mamelodi

Sammy
Marks Museum

R513

Hartbeespoort Dam

Voortrekker Monument und
Freedom Park in Pretoria

Centurion

N4

MAGALIESBERG MOUNTAINS

CRADLE
NATURE
RESERVE

Atteridgeville

Doornkloof Farm

R24

R560

R512

R511

R55

RIETVLEI
NATURE
RESERVE

R25

Maropeng

Lanseria
Airport

Irene

R21

R509

Magaliesburg

Sterkfontein

Midrand

Tembisa

Kempton
Park

N12

CRADLE OF
HUMANKIND

RHINO & LION NATURE
RESERVE & Kromdraai
Wonder Cave

Muldersdrift

R564

O. R. Tambo
International
Airport

R1

Vryburg

R24

Melville

Sportveranstaltungen in Johannesburg

Livemusik

R41

M1

Germiston

Boksburg

Benoni

R50

Johannesburg

Downtown Johannesburg

Springs

R500

Touren durch Soweto

Apartheid-Museum in Johannesburg

N17

Kimberley

W12

Lenasia

KLIPRIVIERSBERG
NATURE RESERVE

R23

Duduza

Carletonville

Ennerdale

R42

Nigel

R550

R54

R557

N1

Evaton

R82

R59

SUIKERBOSRAND
NATURE RESERVE

N3

R28

MPUMALANGA

Sharpeville

Vanderbijlpark

Vereeniging

FREISTAAT

VAAL DAM
NATURE RESERVE

Vaal

Parys

Bloemfontein

Drakensberg & Durban

N

Gauteng ist Südafrikas kleinste Provinz und umfasst weniger als 2 % der Landesfläche, steuert jedoch ungefähr 40 % zum Bruttoinlandsprodukt bei. Über zwölf Millionen Menschen leben in der nahezu vollständig urbanisierten Region. Zwar gehören auch ein Teil der Magaliesberge im Osten sowie der goldreiche Witwatersrand im Süden und Westen zu dem Gebiet, aber die wichtigste Rolle kommt dem riesigen Ballungsraum zu, der Johannesburg, Pretoria und die um sie herum angesiedelten Industriestandorte und Townships umfasst.

Ein Charakteristikum Gauteng sind seltsam geformte Felsen. Diese *koppies* sind oft reich an wertvollen Mineralien. Johannesburg und Pretoria gehören im internationalen Vergleich zu den Städten mit den meisten Bäumen. Allein in Johannesburg stehen zehn Millionen Bäume!

Die bestimmende Rolle in Gauteng spielt **Johannesburg**. Die Ursprünge dieser Weltstadt gehen auf den Goldbergbau zurück – Gauteng bedeutet auf Sotho „Stätte des Goldes". Johannesburg ist zur wohlhabendsten Metropole Afrikas herangewachsen; eine hektische Stadt, in der die Extreme von Reichtum und Armut in ihren stärksten Ausprägungen zuhause sind.

Sowohl bei Besuchern als auch unter Südafrikanern hat sie den Ruf eines Ortes, der besser zu meiden ist. Hat man jedoch erst einmal Geschmack an Johannesburg gefunden – dafür reichen ein paar Tage völlig aus –, wird man ihrer Energie und Lebendigkeit nicht mehr widerstehen können.

Ungefähr 50 km nördlich von Johannesburg liegt **Pretoria**, die würdevolle Verwaltungshauptstadt des Landes. Einst eine Hochburg der Afrikander, ist sie heute eine bunte Stadt mit zahllosen Staatsbediensteten, Diplomaten und Studenten aus Südafrika und der ganzen Welt. Pretoria, kleiner und relaxter als Johannesburg, ist ein attraktives Ziel mit sehenswerten Museen und historischen Gebäuden. Die Gautrain-Schnellzugverbindung zwischen Johannesburg und Pretoria bedeutete nach ihrer Einweihung 2010 eine echte Revolution im Transportbereich. Endlich bietet sich Einheimischen und Reisenden eine sichere und erschwingliche Alternative zu den ewigen, nervigen Verkehrsstaus auf der N1.

Weniger als eine Stunde Vom Zentrum Johannesburgs entfernt liegt inmitten der **Magaliesberge** eine Reihe von Höhlen und archäologischen Fundstätten, die zusammen die als Welterbe geschützte **Cradle of Humankind** bilden. Den berühmtesten Teil umfassen die **Sterkfontein Caves**, wo einige der weltweit bedeutendsten Fossilien vormenschlicher Primaten entdeckt wurden.

14 HIGHLIGHT

Johannesburg

Als im Oktober 1886 plötzlich Gold gefunden wurde, war das heutige Johannesburg nichts weiter als ein Stück verschlafenes *veld*. Heute ist es die ökonomische Triebfeder Afrikas: die sich ständig weiter ausbreitende Heimat von sechs Millionen Menschen. Obgleich größte und reichste Stadt des Landes, ist Johannesburg nie Sitz der Regierung oder landespolitischer Macht gewesen. Während der Apartheid war Johannesburg die Stadt mit dem höchsten Grad an schwarzem Widerstand und schwarzer Stadtkultur. Nelson Mandela und Walter Sisulu gründeten 1952 hier die erste schwarze Anwaltskanzlei.

Im demokratischen Zeitalter ist Johannesburg zum Vorreiter der allmählichen Annäherung der Rassen geworden. Hier konzentriert sich die schnell wachsende schwarze Elite sowie Mittelschicht. Außerdem leben in der Stadt Angehörige zahlreicher Ethnien. Zulu- und Sotho-sprachige sowie Afrikaans und Englisch sprechende Weiße bilden die Mehrheit. Bereichert wird sie von Zuwanderern aus ganz Afrika und umfangreichen indischen, farbigen, chinesischen, griechischen, jüdischen, portugiesischen und libanesischen Gemeinden. Johannesburg ist unkompliziert, laut und frech. Fremde werden schnell akzeptiert, und es herrscht eine gesellschaftliche Wärme, die viele Leute hier hält.

Die Unterschiede zwischen Arm und Reich sind jedoch immer noch frappierend: Begrün-

GAUTENG

te **Vororte**, deren Villen sich hinter Mauern und Elektrozäunen verstecken, trennen nur ein oder zwei Meilen von überfüllten Hochhaussiedlungen wie Hillbrow und Yeoville. Hier haben Hunderttausende Einwanderer, überwiegend aus Simbabwe, eine florierende Ghettowirtschaft auf die Beine gestellt, weil die meisten von ihnen auf dem offiziellen Arbeitsmarkt keine Chance haben.

Die Weitläufigkeit Johannesburgs kann einschüchternd wirken und mancher Reisende hält sich nur in den langweiligen, überdachten Einkaufszentren und Restaurants der nördlichen Vororte auf, bevor er schnellstmöglich weiterreist. Hat man sich aber entschieden, im eigenen Wagen, mit den Gautrainzügen und -bussen oder in Begleitung eines Tourguides die Stadt zu erkunden, kann man sich der Faszination ihrer Geschichte, Vielschichtigkeit und mitreißenden Dynamik kaum entziehen.

Der innerstädtische Geschäftsbezirk, dem in den 1990er-Jahren die meisten Geschäftsleute wegen der dort herrschenden Kriminalität und Verwahrlosung den Rücken gekehrt hatten, erholt sich langsam wieder. Die Verbrechensrate geht zurück, und deshalb stellen sich auch die Investoren wieder ein. Während sich die Innenstadt berappelt, dehnt sich der Stadtrand aus. Schon bald werden Johannesburg und das ursprünglich 50 km entfernte Pretoria durch einen bebauten Gürtel miteinander verbunden sein.

Dann sind da noch die **Townships**, die sich am leichtesten im Rahmen einer Tour, zum Teil aber auch auf eigene Faust erkunden lassen. Außerdem ist Johannesburg eine Hochburg des **Sports**. Populär sind Fußball, Rugby und Cricket. Das Endspiel der Fußballweltmeisterschaft 2010 wurde in Johannesburg im 100 000 Plätze starken FNB Stadium ausgetragen.

Geschichte

Die Ursprünge Johannesburgs reichen bis 1886 zurück. Damals entdeckte der australische Schürfer **George Harrison** die Hauptgoldader am Witwatersrand. Bald strömten aus allen Richtungen Goldsucher in diese ruhige Gegend Transvaals und errichteten eine Zeltstadt. Die Behörden in Pretoria konnten nicht umhin, in der Nähe Land zur Besiedlung auszuweisen.

Man wählte hierfür ein wertloses Dreiecksgebiet, das als Randjeslaagte bekannt war. **Johann Rissik**, der Landvermesser, gab diesem Land den Namen Johannesburg. Unklar ist, ob dies in Anlehnung an seinen eigenen Namen, den des Regierungsbeauftragten für den Bergbau, Christiaan Johannes Joubert, oder den des Präsidenten der Südafrikanischen Republik (ZAR), Paul Johannes Kruger, geschah.

Bergbaumagnaten wie Cecil Rhodes und Barney Barnato verfügten über das nötige Kapital, um die größten Goldvorkommen der Welt abzubauen. Die von ihnen 1889 gegründete **Chamber of Mines** – eine sich selbst regulierende Dachorganisation der Minenbesitzer – formulierte Regeln zur Einstellungspolitik, zu den Löhnen und Arbeitsbedingungen, um Ordnung in das vorherrschende Chaos zu bringen. 1893 führte die Chamber zum Teil auf Druck weißer Arbeiter und mit Billigung der ZAR-Regierung eine **Rassenschranke** ein, nach der schwarze Arbeiter nur noch manuelle Tätigkeiten verrichten durften.

1895 zählte Johannesburg bereits mehr als 100 000 Einwohner. Viele davon waren keine Buren und interessierten sich nicht für die Unabhängigkeit der ZAR. Kruger und das burische Bürgertum betrachteten die *uitlanders* (Ausländer) jedoch als potenzielle Bedrohung ihrer politischen Vorherrschaft und verweigerten ihnen das Wahlrecht. Darüber hinaus wurden Gesetze erlassen, die die Zuwanderung schwarzer Arbeiter nach Johannesburg reglementierten und die Inder zwangen, aus der Stadt in weiter westlich gelegene Gebiete zu ziehen. Schon bald entstanden am Rand von Johannesburg ausgedehnte, von schwarzen und indischen Arbeitern bevölkerte Barackensiedlungen.

Burenkrieg

Während des Zweiten Burenkriegs fiel Johannesburg 1900 an die Briten, die seit geraumer Zeit versucht hatten, das goldreiche Gebiet zu annektieren. Zur gleichen Zeit entstanden weitere Townships, darunter **Sophiatown** (1903) und **Alexandra** (1905). In den nördlichen Randbezirken der Stadt brach 1904 die Beulenpest aus. Dadurch fühlten sich die Behörden legitimiert, mehrere indische und afrikanische Gemein-

Lanseria Airport

Pretoria

Midrand Stn

0   5
Kilometer

Montecasino

FOURWAYS

Liliesleaf

BRYANSTON

Sterkfontein Caves

R512

R81

R81

R71

R71

WILLIAM NICOL

BRAM FISCHER DRIVE

MORNINGSIDE

Marlboro Stn

RANDBURG

M1

M9

MALIBONGWE DRIVE

M5

N1

JAN SMUTS

BEYERS NAUDE

SANDTON

Santon Stn

ALEXANDRA

BRAM FISCHER DRIVE

HYDE PARK

BRAMLEY

ILLOVO

KEW

M30

R25

BLACKHEATH

DUNKELD

PARKHURST

MELROSE

M8

M5

M20

M11

Rosebank Stn

ROSEBANK

BEYERS NAUDE

GREENSIDE

NORWOOD

R25

LONG FIFTH

SAXONWOLD

HOUGHTON

ORANGE GROVE

BARRY HERTZOG

SOPHIATOWN

MELVILLE

LOUIS BOTHA

CYRILDENE

M18

PARKTOWN

BRUMA

R71

OBSERVATORY

M18

BEDFORDVIEW

KINGSWAY

AUCKLAND PARK

BRAAM-FONTEIN

BEREA

YEOVILLE

R24

N1

HILLBROW

BEZ VALLEY

KENSINGTON

Park Stn

DOORNFONTEIN

N3

R41

R24

NEWTOWN

TROYEVILLE

R22

FORDSBURG

CBD

FAIRVIEW

R14

M2

R29

M1

M7

TURFFONTEIN

M31

Hector Pieterson Memorial and Museum

M1

SOWETO

HIGHWAY

Mandela House Museum

FNB Stadium

Apartheid Museum & Gold Reef City

LA ROCHELLE

SOWETO

M5

M34

Regina Mundi Church

R68

Kliptown Museum

M38

N14

N

KLIPRIVIERSBERG NATURE RESERVE

N12

N12

OR Tambo Airport

Kempton Park

Edenvale & OR Tambo Airport

N3

N12

N1

GAUTENG

---

den zu zerstören, darunter **Newtown**, nur wenig westlich des Zentrums.

Unterdessen organisierten sich die weißen Minenarbeiter in Gewerkschaften. In der Folge kam es häufig zu Auseinandersetzungen um Lohn und Arbeitszeit. Aber auch ihre unterbezahlten schwarzen Kollegen machten mobil und wehrten sich gegen die Vorschrift, nach der nur Weiße als Facharbeiter in Betracht kamen. Als die Chamber of Mines aus finanziellen Interessen schwarzen Bergleuten die Facharbeiterposten zugänglich machte, entluden sich die Spannungen in der **Rand-Revolte** von 1922. Die weißen Arbeiter waren außer sich. Es kam

Während seiner zehn Jahre in Johannesburg (1903–13) stand Mahatma Gandhis berühmt gewordene Philosophie auf dem Prüfstand. Als Anwalt verteidigte er vor den inzwischen abgerissenen Transvaal Law Courts am heutigen Gandhi Square überwiegend südafrikanische Inder, denen Verstöße gegen die diskriminierenden Gesetze vorgeworfen wurden. Im Rahmen dieser Tätigkeit wandte Gandhi zum ersten Mal seine Vorstellung von **Satyagraha** (Hingabe an die Wahrheit oder gewaltloser Kampf) an und setzte dies als Mittel des Widerstands gegen die Unterdrückung durch den Staat ein.

Gandhi selbst war zweimal zusammen mit anderen passiven Widerständlern im Fort in Braamfontein, dem heutigen Constitution Hill, inhaftiert. Einmal holte man ihn aus seiner Zelle ins Büro von General Jan Smuts, um seine Freilassung auszuhandeln. Als er gehen durfte, musste er sich das Geld für die Bahnfahrkarte nach Hause von der Sekretärin des Generals borgen.

Gandhis Ideen fanden in den gewaltlosen Idealen der Gründer des **African National Congress** 1912 ihren Niederschlag. 40 Jahre später und nur wenige Jahre nach Gandhis erfolgreichem, gewaltlosem Kampf gegen die britische Vorherrschaft in Indien folgten auch die 1952 vom ANC eingeleiteten Widerstandsaktionen gegen die Passgesetze zum Großteil der Philosophie Gandhis. In den letzten Jahren sind Gandhis Ansichten zum Kampf gegen Unterdrückung jedoch in die Kritik geraten. Immer öfter erhebt sich nun die Frage, warum seine politischen Aktivitäten in Südafrika nur auf gleiches Recht für Inder abzielten. Als besonders unschöner Beweis von Gandhis eigenem Rassismus gelten eine Reihe von Briefen, die er während seiner Zeit in Südafrika an die Kolonialbehörden schrieb, in denen er Schwarzafrikaner als „Wilde" bezeichnete und sich für Rassentrennungsmaßnahmen aussprach, die Inder bevorzugt hätten. Im MuseuMAfricA (S. 557) sowie am Constitution Hill (S. 559) gibt es Exponate über Gandhis Zeit in Johannesburg und eine Statue auf dem Gandhi Square erinnert an ihn.

zu Straßenschlachten, Regierungstruppen wurden zu Hilfe gerufen, und am Ende waren 200 Tote zu beklagen. Alarmiert vom geballten Protest der Weißen, verfügte Premierminister Jan Smuts die Beibehaltung der diskriminierenden Arbeitsplatzvergabe. In den 1920er-Jahren folgten Gesetze, mit denen die Bewegungsfreiheit der in der Stadt lebenden Schwarzen eingeschränkt wurde.

Entstehung von Soweto

Während der 1930er-Jahre entstand südwestlich der Stadt die Township **Orlando**, in der rund 80 000 Schwarze lebten. Sie bildete den Kern, um den herum sich **Soweto** entwickelte. 1945 waren 400 000 Schwarze in und um Johannesburg ansässig – eine Zunahme von 100 % in nur zehn Jahren. Im August 1946 traten 70 000 Mitglieder der schwarzen Bergarbeitergewerkschaft African Mineworkers Union aus Protest gegen die Arbeitsbedingungen in den Streik. Die Regierung begegnete dem mit der Entsendung

von Polizeikräften. Zwölf Bergarbeiter wurden getötet, mehr als 1000 verletzt.

1955 begann die **Zwangsumsiedlung** dunkelhäutiger Bewohner aus den innerstädtischen Gebieten Johannesburgs, insbesondere aus Sophiatown. Tausende wurden in die neue Township Meadowlands in der Nachbarschaft Orlandos verfrachtet, und Sophiatown erhielt in einer zynischen Geste den neuen Namen „Triomf" (Triumph). In dieser Zeit etablierte sich der **ANC** (S. 82) als bedeutendste Protestorganisation der Schwarzen und verkündete im gleichen Jahr in Kliptown, Soweto, die **Freiheits-Charta**.

In den 1950er-Jahren begann sich eine Stadtkultur der Schwarzen von Johannesburg in den Townships zu entfalten, und in den illegal betriebenen Kneipen, den *shebeens*, wurde der neue Marabi-Jazz und sein Ableger, der *kwela*, gespielt. Es war auch die Ära des *Drum Magazine*, das als Sprachrohr des gefeierten intellektuellen Township-Zeitgeistes fungierte und talentierte Journalisten und Fotografen wie Can Themba,

Casey „Kid" Motsisi und Peter Magubane in der Stadt und in der Welt bekannt machte.

Widerstand und Demokratie

Das mit der Bildung des **Black Consciousness Movement** (BCM) 1972 wiedererwachte schwarze Bewusstsein belebte den politischen Aktivismus neu, vor allem unter den Schülern und Studenten Sowetos. Am 16. Juni 1976 brachen Unruhen in der Township aus, die sich über das ganze Land verbreiteten (Kasten S. 568). Der Krieg der Jugend gegen den Staat eskalierte in den 80er-Jahren. Er führte immer wieder zur Verhängung des **Ausnahmezustands**. Ende der 1980er-Jahre lockerte die Regierung die „kleine" Apartheid und verschloss ihre Augen bewusst vor wachsenden „Grauzonen" wie Hillbrow – weiße Vororte, in die nun Coloureds zogen.

Die drei Jahre nach der Freilassung **Nelson Mandelas** 1990 waren von politischen Gewaltakten gekennzeichnet, die bis zum Tag vor den ersten demokratischen Wahlen des Landes andauerten. Wie überall im Land verliefen die Wahlen vom 27. April 1994 jedoch ohne Zwischenfälle. Der ANC errang damals einen beachtlichen Sieg in Gauteng und konnte sich auch in den nachfolgenden Jahren sowohl auf städtischer als auch auf Landesebene behaupten. 2016 fiel das Wahlergebnis des ANC während der hart umkämpften Kommunalwahlen um fast 10 % niedriger aus als noch 2011. In den Städten wuchs das Gefühl, dass die Partei ihre Versprechen nicht gehalten und bei Korruption in den Kommunalregierungen weggesehen hatte. Dies führte zum Verlust der Vormacht in Johannesburg und Pretoria, den beiden größten Städten der Provinz. Heute ist der Bürgermeister von Johannesburg Mitglied der Oppositionspartei Democratic Alliance (DA).

Schwarzhäutige Menschen haben sich kontinuierlich in einflussreiche Positionen im Handel-, Finanz- und Industriesektor vorgearbeitet. Da immer mehr Bewohner der Townships in die Vororte umziehen, erweist sich die Infrastruktur unzureichend. Der soziale Wohnungsbau hält mit der Nachfrage nicht Schritt, das Stromnetz ist überlastet und bricht ständig zusammen, und der Straßenverkehr ist oft höllisch. In dieser Hinsicht wirkt sich allerdings auf die Nord-Süd-Routen das noch recht neue Gautrainsystem entlastend aus, während das Liniennetz des effizienten Rea Vaya Bus Rapid Transit System ebenfalls beständig weiter nach Norden ausgedehnt wird.

Central Business District (CBD)

Der zentrale Geschäftsbezirk mit seinen schachbrettartig angelegten Straßen und Wolkenkratzern erstreckt sich nur wenig südlich des Höhenzugs Witwatersrand. Seit dem ersten Goldgräbercamp, das in der Umgebung der heutigen Commissioner Street errichtet wurde, schlug hier fast ein Jahrhundert lang das wirtschaftliche Herz Johannesburgs. In den 80er- und 90er-Jahren hielt dann die Kriminalität Einzug, und Geschäfte, Kunden, Restaurants und Touristen kehrten dem Zentrum den Rücken.

Als die Johannesburger Börse 1999 aus Sicherheitsgründen nach Sandton zog, galt das Zentrum praktisch als tot. Dank der Wiederbelebung der Innenstadt in den letzten Jahren hat sich die Situation zum Positiven geändert und das Zentrum ist nun auch für die Einheimischen wieder attraktiv geworden. Bei einem Besuch des CBD kann man Gebäude und Institutionen mit einer faszinierenden Geschichte ausfindig machen und das quirlige Treiben einer afrikanischen Großstadt erleben.

Carlton Centre und Umgebung

Commissioner St ▪ Centre und Aussichtsetage
🕐 tgl. 9–17 Uhr ▪ Eintritt R15, Ticketschalter im Erdgeschoss ▪ Mit Eintrittskarte Parken kostenlos ▪ 📞 011 308 2876

Als Ausgangspunkt für eine Erkundung des CBD bietet sich das **Carlton Centre** an. Im Erd- und Tiefgeschoss befinden sich ein beliebtes Einkaufszentrum und ein gut gelegener Parkplatz. Hauptattraktion aber ist die Aussichtsetage **Top of Africa** im 50. Stock des Carlton Tower, dem höchsten Gebäude Afrikas (222 m), die einen tollen Panoramablick bietet.

Main Street

In der auf sechs Häuserblocks teils verkehrsberuhigten Main Street westlich des Gandhi

Johannesburg Zentrum

■ ÜBERNACHTUNG

Bannister	2
Curiocity Backpackers	4
Mapungubwe Hotel Apartments	5
Once in Joburg	3
Satyagraha House	1

● EINKAUFEN

Collector's Treasury	3
KwaMaiMai Market	5
Makotis	2
Market on Main	4
Neighbourgoods Market	1

■ BARS UND CLUBS

The Good Luck Bar	8
Great Dane	3
Kitcheners Carvery	4
Mad Giant	7
The Orbit	2
Pata Pata	6
The Radium Beerhall	1
Zebra Inn	5

● ESSEN

86 Public	2
The Blackanese	7
Che Argentine Grill	6
Cramers Coffee	8
Dosa Hut	4
Netsi	5
Post	1
The Potato Shed	3

GAUTENG

ROCK RIDGE ROAD
Northwards Mansion
OXFORD ROAD
Emoyeni
Dolobran
JUBILEE ROAD
WITS CAMPUS EAST
Melville
St George's Church
SHERBORNE ROAD
WINCHESTER ROAD
TREMA TON PLACE
VICTORIA AVENUE
BLACKWOOD AVE
SEYMORE AVE
FALKLANDS AVE
RHODES AVE
IAN SMUTS AVENUE
ST DAVID'S PLACE
EMPIRE ROAD
ST ANDREWS ROAD
GIRTON ROAD
WELLINGTON ROAD
HILLSIDE ROAD
CONSTITUTION HILL
SAM HANCOCK
JOUBERT STREET
University of the Witwatersrand
JAN SMUTS AVENUE
MELLE STREET
BRAAMFONTEIN
Constitutional Court & Old Fort Prison Complex
HOOFD ST
YALE ROAD
M1
Origins Centre
WITS life Science Museum
Wits Art Museum
BERTHA STREET
AMEESHOFF STREET
STIEMENS STREET
SIMMONDS STREET
Joburg Theatre
LOVEDAY STREET
ENOCH SONTONGA AVENUE
GRAF ST
EENDRACHT ST
HENRI ST
STATION ST
JORISSEN STREET
DE KORTE STREET
JUTA ST
BICCARD STREET
DE KORTE
Braamfontein Cemetery
SMIT STREET
JUTA ST
70 Juta
SMIT STREET
WOLMARANS STREET
LEYDS ST
Gautrain Station
NELSON MANDELA BRIDGE
BICCARD STREET
QUEEN ELIZABETH DRIVE
HARRISON STREET
Park Station
CARR STREET
GWIGWI MREWBI STREET
MALAN ST
QUINN STREET
Newtown Junction
GERARD SEKOTO ST
CARR STREET
Market Theatre
MuseuMAfricA
MARY FITZGERALD SQUARE
GWIGWI MREWBI STREET
LILIAN NGOYI STREET
Metro Mall-Taxistand
SIMMONDS STREET
RISSIK STREET
LOVEDAY ST
DE VILLIERS ST
PLEIN STREET
JOUBERT ST
ELOFF ST
Oriental Plaza
RAHIMA MOOSA STREET
MIRIAM MAKEBA STREET
NEWTOWN
RAHIMA MOOSA STREET
FORDSBURG
M1
Dance Factory
HENRY NXUMALO STREET
SAB World of Beer
NTEMI PILISO STREET
DIAGONAL ST
Joomal Mosque
MARSHALL TOWN
Gauteng Legislature
Markham
PRITCHARD STREET
Cuthberts
VON BRANDIS ST
Polizei-hauptwache
ALEXANDER STREET
MARGARET MCINGANA STREET
Chancellor House
Magistrates' Court
MAIN ST
Chamber of Mines
Former Rissik Street Post Office
COMMISSIONER STREET
Rand Club
GANDHI SQUARE
Fox Precinct
MARSHALL STREET
NEW ST SOUTH
Bus Information Office
Standard Bank Art Galler & Ferreira Mine Stope

Killarney, Houghton & Norwood

The Wilds

0 — 500
Meter

Norwood & Orange Grove
Observatory & Cyrildene
Gauteng
Bezuidenhout Valley (1,5 km)
Kensington

Linder Auditorium

PARKTOWN

ST DAVID ROAD
ELM STREET
ST DAVID ROAD
ST JOHN ROAD

YORK ROAD

HOUGHTON DRIVE

FIFE AVE

ST DAVID ROAD
ST ANDREW ROAD
ST JOHN ROAD

GRAFTON RD
FRANCES ST
HUNTER ST

RIDGE ROAD
BOUNDARY ROAD
ST ANDREW RD
ST JOHN RD
LOUIS BOTHA AVENUE
JOHNSTON ST

CARSE O'GOWRIE ROAD

The View
Hazeldene Hall

RALEIGH ROAD
HOPKINS ST
YEO ST

JUNCTION AVE
WILLIE ST
MITCHELL STREET
HONEY ST
LILY AVENUE
YORK AVE

BECKER ST

PARK LANE
PRINCESS PL
YETTAH ST

BEREA

FORTESQUE RD

YEOVILLE

PAGE ST

HIGH STREET
HILLBROW STREET
PARK LANE
DORIS ST
YORK ST

WEBB ST

CLARENDON PLACE
JAGER STREET
PAUL NEL ST
BRUCE ST

JOE SLOVO DRIVE

GRAFTON RD
SAUNDERS ST

EMPIRE ROAD

QUEENS STREET

HOSPITAL ST

CAROLINE ST
ALEXANDRA STREET
JOEL RD

MINORS
HARLEY ST

Hillbrow Tower

BANKET STREET

OLIVIA RD

HENDON ST

HIGH LANDS ST

HILLBROW

TWIST STREET
CAVELL ST
CLAIM STREET

FIFE AVENUE
ABEL ROAD
SOPAR ROAD
O'REILLY ROAD

LILY AVENUE

PERCY ST

HIGHLANDS

KOTZE STREET
KLEIN STREET

CATHERINE AVENUE

ESSELEN STREET
KAPTEIJN ST

Ponte City Tower

GORDON TERRACE
CHARLTON TERRACE

Windybrow Theatre

SARATOGA AVENUE

VAN BEEK ST

Johannesburg-Stadium

SMIT STREET
WOLMARANS STREET

DOORNFONTEIN

ANKETT

DORA ST

ERIN STREET

JOUBERT PARK

KING GEORGE ST

SHERWELL ST
NIND ST
BEIT STREET

BEIT STREET

Johannesburg Art Gallery

KLEIN STREET
GEORGE ST
CLAIM STREET
NUGGET STREET

CURREY ST

NEW DOORNFONTEIN

Ellis Park Stadium

PARK ROAD
4TH ST

Park Central-Taxistand

ROCKEY ST
SHERWELL ST
END STREET
DAVIES ST

JOE SLOVO DRIVE
SIVEWRIGHT AVENUE

UPPER RAILWAY ROAD
LOWER RAILWAY ROAD
9TH ST
8TH ST
7TH ST
MILLER ST
6TH ST
5TH ST
ANDRIES
VOORHOUT STREET

St Mary's Cathedral
LILIAN NGOYI STREET

VON WIELLIGH STREET
SMALL ST
TROYE STREET
D.LIVERS ST

MOSELEY ST
NUGGET ST

VAN BEEK ST
ANGLE ROAD
STAIB ST
RISSIK RD
RAKON RD

BEAUFORT
GOUS ST
A 2 ND AVE
ALBERTINA SISULU ROAD
OPDE BERGEN

High Court

HELEN JOSEPH STREET

ALBERTINA SISULU STREET

CLAIM ST

MARKET ST

Carlton Centre & Top of Africa

FOX STREET

Arts on Main

Main Street Life
KRUGER ST
FOX ST
COMMISSIONER STREET

JOHN PAGE DRIVE
GUS ST
JAMES ST
MACINTYRE ST
MADISON ST

MAIN ST

PHILIP ST
GREENE ST

Bioscope cinema
MAIN ST

ALBRECHT ST
AUBET ST

MABONENG

Square nahe Carlton Centre haben sich die Büros verschiedener Minenfirmen angesiedelt. Die Straße stellt eine gute Einführung in die Johannesburger Bergbaugeschichte dar, denn ihren Rand säumen „Industriedenkmäler" wie Eisenbahnwaggons und ein hölzerner Förderturm. Am Ende der Main Street ragen hinter einem von einer Statue gekrönten Brunnen zwei sehenswerte Bürogebäude von Anglo American auf, die in den 1940ern im Art-déco-Stil erbaut wurden.

Nördlich vom Gerichtsgebäude an der Kreuzung von Fox und Gerard Sekoto Street steht das **Chancellor House**, in dem Nelson Mandela und Oliver Tambo in den 1950er-Jahren ihre Rechtsanwaltskanzlei eröffneten. Im Erdgeschoss sieht man eine kleine Ausstellung über die Geschichte des Bauwerks. Die eindrucksvolle Statue vor dem Gebäude, deren Gestaltung von Bob Gosanis berühmtem Foto aus dem Magazin *Drum* inspiriert wurde, zeigt den jungen Mandela beim Schattenboxen.

Gauteng Legislature und Umgebung

Rissik, Ecke Albertina Sisulu St

Die eindrucksvolle Gauteng Legislature wurde 1915 als Rathaus erbaut. Vor dem Gebäude stehen riesige Palmen und daneben der niedlichste kleine Wolkenkratzer der Stadt: Der zehnstöckige Barbican, Baujahr 1931, wurde 2010 renoviert und so vor dem Verfall gerettet. Das ehemalige Rissik Street Post Office direkt gegenüber hatte weniger Glück: Das Gebäude wurde 2009 versehentlich von Obdachlosen in Brand gesteckt. 2016 wurden Pläne zur Teilrenovierung des Baus bekannt; seine zukünftige Verwendung bleibt darüber hinaus jedoch weiterhin unklar. Bei seiner Fertigstellung 1897 war es das höchste Bauwerk der Stadt. Das vierte Stockwerk und der Uhrturm kamen erst 1902 hinzu.

Rand Club

33 Loveday St ▪ Besuch nur nach Anmeldung mindestens eine Woche vorher ▪ ☎ 011 870 4276, ✉ events@randclub.co.za, 🖥 www.randclub.co.za

Über 130 Jahre lang trafen sich im Rand Club die Minenbosse zum Essen und Entspannen. Gegründet wurde der Club 1887, doch das heutige, 1904 fertiggestellte Gebäude ist bereits das vierte an dieser Stelle, denn es sollte jederzeit

den zunehmenden Reichtum seiner Mitglieder widerspiegeln. Rings um die eindrucksvolle Lobby mit Buntglaskuppel liegen mehrere Esszimmer, eine Bibliothek und die Main Bar. Nichtmitglieder können an den regelmäßigen Events teilnehmen, im Club lunchen, dinieren oder etwas trinken (alles nur nach Reservierung). Der Dresscode verlangt Hemd, schicke Hose und geschlossene Schuhe für die Herren, lässigelegante Kleidung für die Damen.

Standard Bank Gallery

Simmons, Ecke Frederick St ▪ ⏰ Mo–Fr 8–16.30, Sa 9–13 Uhr ▪ Eintritt frei ▪ ☎ 011 631 4467, 🖥 www.standardbankarts.co.za

Dies ist eine der besten Galerien für zeitgenössische südafrikanische Kunst, die dem Publikum in Wanderausstellungen präsentiert wird. Ihre große Stärke liegt im Aufspüren neuer Talente. Besonderes Augenmerk verdient daher die Ausstellung der Arbeiten vom Gewinner des jährlichen Standard Bank Young Artist Award.

Ferreira Mine Stope

5 Simmonds St ▪ ⏰ Mo–Fr 8–16, Sa 8–13 Uhr ▪ Eintritt frei

Von der Haupthalle der Zentrale der Standard Bank gegenüber ihrer Galerie können Besucher mit dem Aufzug hinunter zum Ferreira Mine Stope fahren, einem alten Zugangstunnel zum Bergwerksstollen, der beim Bau des Gebäudes 1986 entdeckt wurde. In der blanken Felswand sind noch Spuren von Spitzhacken zu erkennen. Eine sparsame, aber faszinierende Ausstellung beleuchtet die Entwicklung Johannesburgs.

Diagonal Street

Am westlichen Ende der Pritchard Street verläuft die Diagonal Street durch eine der interessantesten Gegenden des CBD. Im Schatten verschiedener Ungetüme aus Glas und Beton, darunter die ehemalige Johannesburger Börse, findet man in dieser Straße alte, zweigeschossige Häuser, die teilweise schon 1890 erbaut wurden. Die Straßenhändler und Geschäfte hier bieten alles Mögliche feil, etwa *umuthi* (traditionelle Arzneien) und Mobiltelefone. Obgleich es zunächst nicht den Anschein haben mag, ist die Gegend relativ sicher. Das bunte Straßenbild aus Geschäftsleuten und fliegenden Händlern verströmt ein sehr afrikanisches Großstadtflair. Am Südende der Straße stehen zwei Statuen der ANC-Helden Walter und Albertina Sisulu.

Newtown

Am Westrand des CBD erstreckt sich zwischen der Diagonal Street und der als Hochtrasse verlaufenden Autobahn M1 Newtown. Es ist ein Sanierungsgebiet, wo einige der interessantesten kulturellen Einrichtungen der Stadt zu finden sind – die bekannteste ist das hervorragende Market Theatre. Mit der Nelson Mandela Bridge hat der Bezirk eine schnelle Verbindung nach Braamfontein und in die nördlichen Bezirke. Das große neu eröffnete Einkaufszentrum Newtown Junction hat der Gegend inzwischen ebenfalls mit neuen Restaurants und dem Work Shop New Town, einem Handelszentrum für Modedesign, neues Leben eingehaucht.

MuseuMAfricA

Mary Fitzgerald Square ▪ ⏰ Di–So 9–17 Uhr ▪ Eintritt frei ▪ 📞 011 833 5624

Herzstück von Newton ist das riesige MuseuMAfricA in der ehemaligen Markthalle. Die überwältigende Größe des Museums lässt es eher leer wirken – ein Gefühl, das durch die verlassenen Ausstellungshallen noch verstärkt wird. Davon sollte man sich aber nicht abschrecken lassen: Einige der vielen Hallen beherbergen gut recherchierte Ausstellungen, die sich durchaus lohnen. Eine der besten ist **Joburg Firsts** mit vielen ungewöhnlichen Details zum Leben im frühen Johannesburg, etwa zur die Ankunft der ersten Bardame der Stadt im Jahr 1886, die sofort berühmt wurde. Interessant sind auch die einfallsreichen Nachbauten von Hütten aus den weniger bekannten Townships Alexandra und Thokoza sowie das Exponat zur Geschichte der politischen Karikatur in Südafrika.

Market Theatre

Mary Fitzgerald Square, Eingang am östlichen Ende des MuseuMAfricA, 🖥 www.markettheatre.co.za

Das **Market Theatre** (S. 579) hat sich seit seiner Eröffnung im Jahr 1976 als oft wegweisende Theaterinstitution ausgezeichnet. Wöchentliche Führungen durch das Gebäude (mittwochs

um 11 Uhr) beleuchten die wichtige Rolle des Theaters beim mutigen Brückenschlag zwischen Schwarzen und Weißen in den frühen Jahren der Apartheid (Buchung online). Das Einkaufszentrum Newton Junction ist gleich um die Ecke.

South African Breweries (SAB) World of Beer

Helen Joseph, Ecke Miriam Makeba St ▪
⏰ Di–Sa 10–18, So–Mo 10–16 Uhr ▪ Eintritt R115
▪ 📞 011 836 4900, 🖥 www.worldofbeer.co.za

In der South African Breweries (SAB) World of Beer kann man im Rahmen einer 90-minütigen Führung Einblick in 6000 Jahre Braugeschichte gewinnen und etwas über die allerorts ausgeschenkte Biersorte Castle Lager erfahren. Zu sehen sind rekonstruierte Kneipen aus der Goldgräberzeit und eine *shebeen* aus den 1960er-Jahren, außerdem ein Gewächshaus mit Gerste- und Hopfenpflanzungen. Die zwei Freibiercoupons passen gut zu einem *pub lunch* auf dem Balkon des Tap Room.

Police Headquarters und 1 Fox-Viertel

1 Fox Rd

In der **Hauptwache der Johannesburger Polizei** wurden Anti-Apartheid-Aktivisten festgehalten und gefoltert; einige fanden durch einen „Sprung" aus dem zehnten Stock den Tod. Daraufhin ist der Neubau des **1 Fox Precinct** gleich gegenüber direkt eine Erleichterung. Hier wurden ein paar hundertjährige Lagerhäuser in eine Mikrobrauerei mit Restaurant, eine Markthalle, einen Biergarten, Künstlerstudios und eine Livemusikbühne verwandelt. Am Eingang in der 1 Fox Street ist ein bewachter Parkplatz.

Fordsburg and Oriental Plaza

Das alte indische Viertel Fordsburg liegt weiter westlich von Newtown auf der anderen Seite der Hochtrasse der M1. Im Herzen des Viertels liegt die riesige **Oriental Plaza**, ein beliebter indischer Einkaufskomplex, wo es von Stoffen bis hin zu Gewürzen alles Mögliche zu kaufen gibt und das Feilschen Volkssport ist. Gleich hinter der Plaza bildet die **Mint Road** die Kulisse für einen farbenfrohen asiatischen Markt, in dem Dutzende von Ständen raubkopierte CDs und und gutes Streetfood anbieten (⏰ Do–Sa ab 17 Uhr).

Johannesburg Art Gallery

Joubert Park ▪ ⏲ Di–So 10–17 Uhr ▪ Eintritt frei
▪ ✆ 011 725 3130, 🖳 www.friendsofjag.org.za

Das östlich der Park Station gelegene Viertel Joubert Park ist nach General Piet Joubert benannt, der bei den Wahlen der Südafrikanischen Republik 1883 Paul Kruger unterlag. Es ist eine Gegend, die den einzigen innerstädtischen Park beherbergt und als gefährlich gilt. Empfohlen sei hier nur die Johannesburg Art Gallery, ein größtenteils aus dem 19. Jh. stammendes Gebäude (über die King George Street zugänglich und mit einem sicheren Parkplatz ausgestattet), in dem eine der progressivsten Galerien des Landes untergebracht ist. Gezeigt werden unter anderem bis zur Decke ragende Holzskulpturen des fantasiegewaltigen Venda-Künstlers Jackson Hlungwani.

In anderen Museumsbereichen wird eine Mischung afrikanischer Kunst und Artefakte präsentiert, deren Spannbreite von zeremoniellen Gegenständen bis zu rein dekorativen Objekten reicht. Außerdem gibt es eine Reihe europäischer Gemälde zu sehen; auch die Sonderausstellungen sind in der Regel hervorragend.

Maboneng-Viertel

Zwischen Commissioner und Main St an die Berea und Auret St grenzend ▪ 🖳 www.mabonengprecinct. com ▪ Am besten erreichbar von der M2 via Joe Slovo Drive (M31); Ausfahrt Albertina Sisulu Rd von der R24 nehmen und den Wegweisern rechts folgen

Rund um die Main Street östlich der Innenstadt sind mehrere Häuserblocks in einen Hort kultureller Aktivitäten verwandelt worden. Dies ist wahrscheinlich die beste Ecke der Stadt, um einen Eindruck vom Potenzial der Innenstadt zu bekommen und davon, wie sich Johannesburg zum Besseren hin verändert. Die Gegend wird von Sicherheitsleuten bewacht und darf als sicher gelten, auch nachts. Alles begann mit **Arts on Main**, früher ein Lagerhauskomplex, in dem sich Künstlerwerkstätten und Galerien, eine Kunstbuchhandlung und ein Restaurant im Innenhof befinden. Während des hervorragenden samstäglichen Market on Main, auf dem es Kleidung und Biolebensmittel gibt, wimmelt es hier vor Menschen. Nur 200 m weiter liegt **Main Street Life**. Das Fabrikgebäude aus den 1970ern

beherbergt heute das kleine POPArt Theatre (S. 579), das Arthouse-Kino Bioscope (S. 579), ein Café, die Bar Pata Pata (S. 577) und eine Dachbar mit sensationeller Aussicht auf den CBD umfasst. Zahlreiche benachbarte Häuserblocks sind ebenfalls renoviert worden; dort sind nun Loftwohnungen und ein gutes Dutzend Boutiquen und kleine Restaurants, die v. a. sonntags ein hippes Publikum anziehen. Zwei Häuserblocks weiter nördlich, an der Ecke Commissioner/Albrecht Street, steht das Cosmopolitan, ein Hotel aus der Kolonialzeit, das heute eine Kunstgalerie, ein Restaurant und einen Coffeeshop mit Skulpturengarten im Innenhof beherbergt.

Zentrale Bezirke

Um den CBD gruppieren sich verschiedene Bezirke, die sich wegen der hohen Fluktuation und des raschen Wandels der Bevölkerungsstruktur im kontinuierlichen Umbruch befinden. Einige dieser Gegenden, insbesondere **Hillbrow**, **Berea** und **Yeoville**, waren einst die „Grauzonen" Johannesburgs, in denen die Apartheid in den 1980er-Jahren zuerst zu bröckeln begann. Die Polizei ließ die Schwarzen gewähren, die damals zahlreich aus den Townships in diese eigentlich von Weißen bewohnten Gebiete zogen.

Die weißen Bewohner haben diese Stadtteile – mit Ausnahme des schattigen Observatory östlich von Yeoville – inzwischen zumeist verlassen, stattdessen haben sich Zuwanderer aus ganz Afrika hier niedergelassen. Der hektische Straßenalltag von Yeoville, Berea und Hillbrow kann spannend sein, aber nach Einbruch der Dunkelheit sollten diese Gegenden gemieden werden, und Erkundungstouren am Tag unternimmt man am besten mit einem ortskundigen Local oder einem einheimischen Guide.

Braamfontein

Der Verkehrsknotenpunkt Park Station ist nicht der einzige Grund für einen Abstecher nach Braamfontein (🖳 www.braamfontein.org.za), das sich vom Hauptbahnhof nach Norden bis zur Empire Road erstreckt. Johannesburgs begehrtestes Studentenviertel ist klein und klar abgegrenzt. Dank umfassender Sanierungsprojekte und deutlicher Verbesserungen im Sicherheitsbereich hat sich Braamfontein zu einem ansprechenden Viertel entwickelt. Mit seinen zahlreichen modernen Kunstwerken und Dutzenden in preiswerte Wohnungen umgebaute Büroflächen eignet es sich als Ausgangspunkt einer Entdeckungsreise durchs neue Johannesburg, das sein Flair einer florierenden Studentenszene und dem sonntäglichen Lebensmittelmarkt verdankt.

70 Juta und Umgebung

Juta, Ecke De Beer St ▪ 🖳 www.playbraam
fontein.co.za/70-juta-street

Der kleine Komplex mit einer Hand voll Boutiquen, Geschäften, Galerien und Cafés markierte den Beginn der Sanierung Braamfonteins. Im historischen Milner Park Hotel von 1906 auf der anderen Straßenseite ist die künstlerische Bar **Kitchener's** (S. 577) jetzt untergebracht, während in der De Beer und Melle Street ein Dutzend Boutiquen, Cafés und Restaurants eröffnet haben. Die beste Zeit für einen Besuch ist Sonntag zwischen 9 und 15 Uhr, wenn sich der Parkplatz in der 73 Juta Street in einen quirligen **Nachbarschaftsmarkt** verwandelt.

Constitution Hill und Gefängnis Old Fort

Joubert St ▪ ⏱ tgl. 9–17 Uhr; Führungen (stdl.) sind im Eintrittspreis enthalten ▪ Eintritt R65–85 ▪ 📞 011 381 3100, 🖳 www.constitutionhill.org.za

Seit 2003 ist auf dem Constitution Hill der Constitutional Court ansässig, der **oberste Gerichtshof** von Südafrika. Wer sich für Jura oder Politikwissenschaft interessiert (und gut Englisch kann), sollte mal während einer Anhörung herkommen. Im Gerichtsgebäude sind mehr als 200 zumeist hervorragende ältere und neue südafrikanische Gemälde und Skulpturen ausgestellt. Sie allein lohnen schon einen Besuch.

Daneben befindet sich das 1893 von Paul Kruger als Gefängnis erbaute **Old Fort**. Nach dem Jameson Raid wurden Bollwerke drumherum errichtet, während des Zweiten Burenkrieges wurde es als militärische Festung und ab 1902 wieder als Gefängnis genutzt. In den nachfolgenden 80 Jahren saßen hier hauptsächlich schwarze Insassen ein, die gegen die Rassengesetze verstoßen oder für deren Abschaffung gekämpft hatten. Im Gebäude **Number Four**

(dem 1904 erbauten „Eingeborenenblock") sind sowohl Mahatma Gandhi als auch Robert Sobukwe, der Anführer des Pan-Africanist Congress, festgehalten worden. Besucher können auch die Zelle im ursprünglichen Fort besichtigen, in der Mandela nach seiner Verhaftung 1962 kurzzeitig eingesperrt war.

Im **Frauengefängnis** (Women's Jail), einem 1910 erbauten, eleganten edwardianischen Gebäude, waren schwarze und weiße Gefangene in getrennten Abteilungen untergebracht. Die Giftmörderin Daisy de Melker erwartete hier ihre Todesstrafe, aber auch politische Persönlichkeiten wie Winnie Madikizela-Mandela, Albertina Sisulu, Helen Joseph und Ruth First lernten die Gefängniszellen von innen kennen. Ab den 1950er-Jahren handelte es sich bei den meisten Gefangenen um Frauen, bis der gesamte Komplex schließlich 1983 geschlossen wurde.

Origins Centre

Yale Rd ▪ ⏱ tgl. 10–17 Uhr ▪ Eintritt R80 ▪ 📞 011 717 4700, 🖳 www.origins.org.za

Das Origins Centre auf dem Campus der **University of the Witwatersrand**, auch kurz „Wits" genannt, beleuchtet anhand von Filmen und Gegenständen die afrikanischen Ursprünge der Menschheit und konzentriert sich dann vor allem auf die Glaubensvorstellungen, Traditionen und Felskunst der San. Unter anderem kann man einen 75 000 Jahre alten ockerfarbenen Fels mit Gravuren bewundern, der als das älteste Kunstwerk weltweit gilt. Besonders Reisenden, die später die übrigen Felskunststätten des Landes erkunden möchten, bietet das Museum einen guten Überblick.

Wits Art Museum

Jorissen St, Ecke Jan Smuts Ave ▪ ⏱ Mi–So 10–16 Uhr ▪ Eintritt frei ▪ 📞 011 717 1365, 🖳 www.wits.ac.za/wam

Das Wits Art Museum zeigt in monatlich wechselnden Ausstellungen, die in mehr als 70 Jahren zusammengetragenen Kunstschätze der Universität. Besonders interessant ist die Sammlung von Kunst aus West- und Zentralafrika, aber auch andere Abteilungen wie moderne Fotografie sind faszinierend. Es gibt auch ein sehr gutes Café.

GAUTENG

Hillbrow

Am Rand des Joubert Park verläuft die Smit Street. Sie bildet die Grenze zum berüchtigten Hillbrow, das bis auf den letzten Quadratzentimeter mit Apartmenthochhäusern bebaut ist. Neuankömmlinge in Johannesburg hat es immer zuerst nach Hillbrow gezogen. Unmittelbar nach dem Zweiten Weltkrieg waren Engländer, Italiener und osteuropäische Juden die Haupteinwanderer, heute sind es Afrikaner aus allen Ecken des Kontinents, die in Scharen hierher ziehen.

Im Gegensatz zu den Hauptstraßen, die vor Leben sprühen, ist die Szenerie in den zahllosen Seitenstraßen ausgesprochen trostlos. Für Touristen gilt das Viertel in weiten Teilen als *off limits*. Sichere **Führungen** durch Hillbrow und das benachbarte Yeoville bietet die NGO Dlala Nje (Start am Shop 1, Ponte City, Saratoga Avenue, ✆ 072 397 2269, 🖥 www.dlalanje.org, ab R350). Die Einnahmen fließen in das Dlala Nje's Community Centre und in soziale Projekte. Auf dem Rundgang werden der oberste Stock des 50-stöckigen Wohnkomplexes Ponte City, sanierte Parkanlagen, Apartmentkomplexe besucht. Die Touren am Abend führen dagegen in die kulinarische Szene und das Nachtleben von Yeoville ein.

Nördliche Bezirke

Sicherheit, Wohlstand sowie eine Fülle von Geschäften und Restaurants zeichnen den CBD und die nördlichen Bezirke aus. Darunter fällt praktisch das gesamte Gebiet, das mehr als 30 km von Parktown über die N1-Ringautobahn bis nach Midrand reicht, das sich seinerseits in Richtung der südlichen Peripherie von Pretoria erstreckt. Mit Ausnahme von Alexandra ist dies eine begüterte Region, in der die Mehrzahl der Anwesen festungsartig durch hohe Mauern, Eisentore und Elektrozäune von der Außenwelt abgeschnitten liegen. Abgesehen von dem oft schier unglaublichen Reichtum sind auch die Zentren von Melville, Rosebank und Parkhurst interessant. Da die meisten Bezirke in der Nähe großer Durchgangsstraßen liegen, lassen sie sich am besten mit dem Auto erkunden. Einige Gegenden kann man aber auch gut mit dem Gautrain, dem Gautrain-Busnetz und den Rea-Vaya-Bussen erreichen.

Parktown

Trotz der Nähe zu Hillbrow, nur einen Steinwurf südöstlich der Empire Road, hat diese älteste Nobelwohngegend Johannesburgs ihren exklusiven Status bis heute aufrechterhalten können. Als erste ließen sich Sir Lionel Philips, der Präsident der Bergwerkskammer, und seine Frau Florence hier nieder. Sie suchten ein Domizil, von dem aus sie die Magaliesberge – und nicht die Minen – sehen konnten. So ließen sie im Jahr 1892 auf dem Grund der damaligen Braamfontein Farm ein Haus errichten. Das übrige Gelände wurde mit Eukalyptusbäumen bepflanzt und bildete den Sachsenwald Forest, von dem ein Teil später an den Johannesburger Zoo überging. Das noch verbliebene Land wurde 1925 gerodet, um weitere Wohnhäuser entstehen zu lassen.

Johannesburg Zoo

2 km nördlich von Parktown, abseits der Jan Smuts Ave ▪ ⏰ tgl. 8.30–17.30 Uhr ▪ Eintritt R80 ▪ ✆ 011 646 1131, 🖥 www.jhbzoo.org.za

Der Johannesburg Zoo beherbergt ungefähr 2000 Tierarten, darunter Eisbären, Gorillas, Nashörner, weiße Löwen und Kleine Pandas. Der Zoo wird nach und nach aufgemöbelt und ist immer gut besucht, besonders an warmen Wochenenden. Ein wunderbares Plätzchen zum Mittagessen: das Café neben dem Schimpansengehege.

Zoo Lake

Gegenüber vom Zoo am Westrand der Jan Smuts Ave

Der Park am Zoo Lake ist ein beliebter und sicherer Ort für Spaziergänge oder ein Picknick. Er dient gelegentlich als Schauplatz verschiedener Veranstaltungen im Freien, darunter ein kostenloses Konzert, das jedes Jahr in der ersten Septemberwoche stattfindet. Man kann ein Ruderboot mieten und über den See schippern, oder in dem Restaurant **Moyo** am Ufer, das Tische drinnen und draußen und ruhige, schattige Essecken hat, afrikanisch essen.

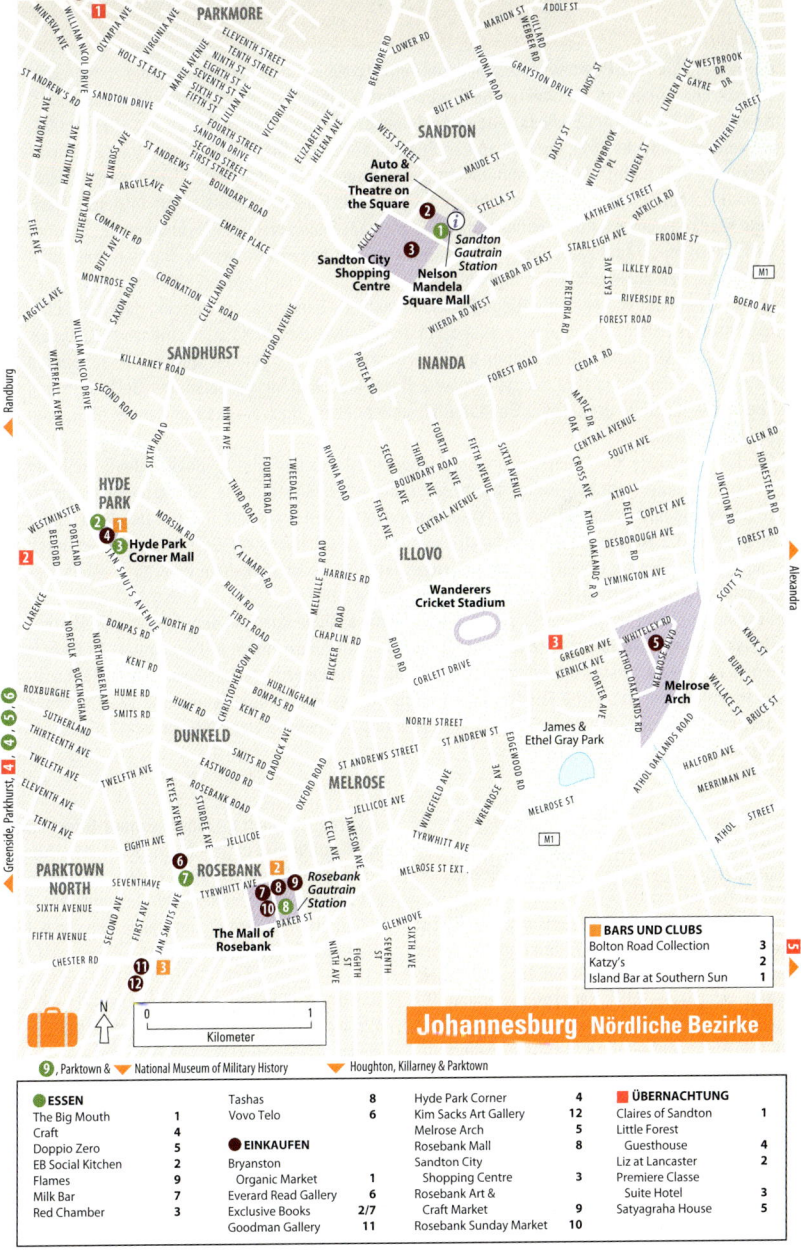

Johannesburg Nördliche Bezirke

GAUTENG

Der vorrangige Reiz Parktowns liegt in seiner unverwechselbaren **Architektur**, die zum großen Teil auf den britischen Architekten Sir Herbert Baker (genannt „der Architekt von Südafrika") zurückgeht. Von Bakers Einfluss zeugen noch immer die opulenten Anwesen der „Randlords", der reichen Minenbesitzer, die sich an den Straßen aufreihen. Die Johannesburg Heritage Foundation (S. 583) bietet oft samstagnachmittags **Führungen** zu bedeutenden Gebäuden in Parktown und anderen Vierteln an. Im Rahmen des ebenfalls von der Foundation organisierten **Heritage Weekend** am zweiten Wochenende im September finden weitere Führungen statt. Mauern verhindern, dass Zaungäste viel von den Gebäuden zu sehen bekommen, doch an den meisten sind außen blaue Infotafeln angebracht. Als Ausgangspunkt für eine Entdeckungstour empfiehlt sich die Gegend nahe der **Ridge Road**, nördlich des Randjeslaagte Beacon, dem nördlichsten Punkt des alten Johannesburg. Hier steht das Sunnyside Park Hotel, ein massiver Komplex, der ab 1900 von Lord Alfred Milner als Gouverneursresidenz genutzt wurde. Die schönsten Häuser der Umgebung sind die 1902 erbaute **Hazeldene Hall** mit gusseisernen Geländern und **The View**, ein 1897 errichtetes Gebäude mit geschnitzten Holzveranden und einer eleganten Backsteinfassade.

Nördlich der Ridge Road folgt die York Road einer Linkskurve und wird zur Jubilee Road, an deren Nordseite weitere Bauten Aufmerksamkeit verdienen, besonders das 1905 erbaute **Emoyeni**, 15 Jubilee Road. Aus demselben Jahr stammt der skurrile wie imposante Bau des **Dolobran** an der Jubilee Road, Ecke Victoria Avenue. Nach Ablehnung eines Entwurfs von Baker wurde dieser durch James Cope Christie erbaut und mit eleganter Veranda, verschnörkeltem Erkerturm, rotem Ziegeldach und fast psychedelischen Buntglasfenstern versehen.

Jenseits der verkehrsreichen M1 erreicht man die **Rock Ridge Road** mit dem 1904 von Sir Herbert Baker erbauten **Northwards Mansion**, Sitz der Johannesburg Heritage Foundation. Zu Bakers eigenem Anwesen Haus Nr. 5 gibt es von der Straße leider keine Zugangsmöglichkeit. In der parallel verlaufenden Sherborne Road können jedoch Bakers **St George's Church** und das Pfarrhaus bewundert werden. Beide vereinen südenglische und italienische Elemente und wurden aus hiesigem Stein errichtet.

National Museum of Military History

22 Erlswold Way ▪ ⏰ tgl. 9–16.30 Uhr ▪ Eintritt R40 ▪ ✆ 011 646 5513, ▢ www.ditsong.org.za/militaryhistory.htm

In der Sammlung des Museums neben dem Zoo wird zwischen Panzern, Waffen und Uniformen auch dem bewaffneten Flügel des ANC, **Umkhonto we Sizwe (MK)**, Raum zugestanden. Die anderen Befreiungsarmeen glänzen jedoch durch Abwesenheit. Das Hauptaugenmerk der Ausstellung richtet sich auf den MK-Führer Joe Modise, den ersten schwarzen Verteidigungsminister nach dem Ende der Apartheid.

Melville

Zusammen mit Parkhurst zählt Melville zu den entspannteren nördlichen Vororten. Üblicherweise verbergen sich in Johannesburg Geschäfte und Restaurants in gleichförmigen Malls. Aber hier laden Straßen voller Cafés, Buchläden und Antiquitätenhändlern zum Bummeln ein. Es gibt sogar eine Vergnügungsmeile (die Seventh Street) mit Restaurants und Bars.

Melville Koppies

Nördlich von Melville ▪ Melville Koppies Central-Führungen jeden So, Zeiten siehe Website ▪ Eintritt R50 ▪ ✆ 011 482 4797, ▢ www.mk.org.za

Der hübsche, 3 km lange Park oben auf einem Hügel unterteilt sich in drei Abschnitte und umfasst Hunderte einheimische Pflanzen- und Tierarten. Melville Koppies Central ist ein Naturschutzgebiet, das nur im Rahmen einer Führung besucht werden kann (Ausgangspunkt ist die

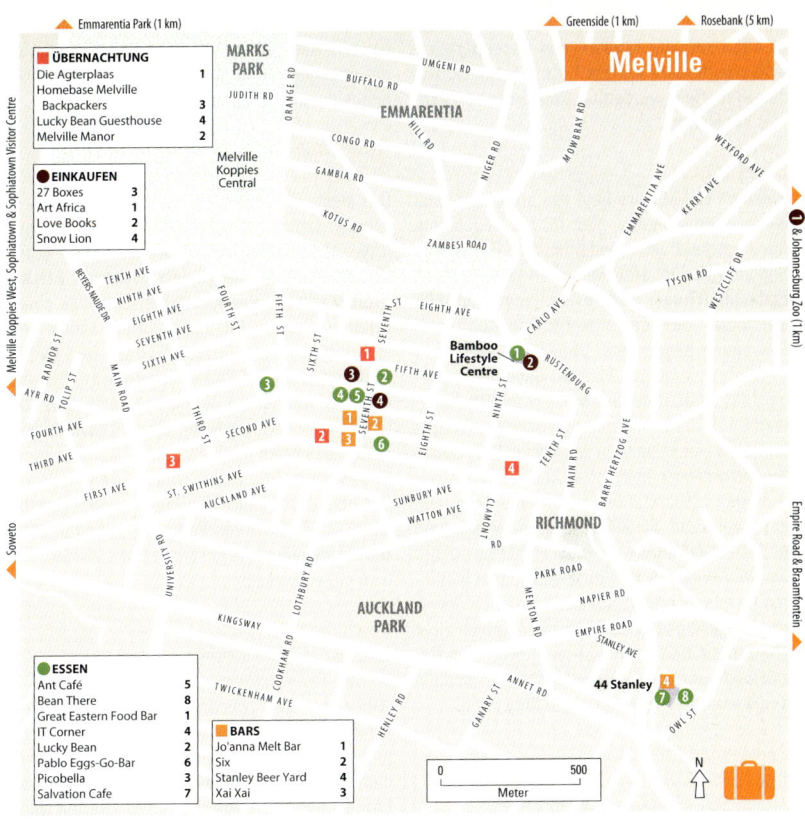

ÜBERNACHTUNG

Die Agterplaas	1
Homebase Melville Backpackers	3
Lucky Bean Guesthouse	4
Melville Manor	2

EINKAUFEN

27 Boxes	3
Art Africa	1
Love Books	2
Snow Lion	4

ESSEN

Ant Café	5
Bean There	8
Great Eastern Food Bar	1
IT Corner	4
Lucky Bean	2
Pablo Eggs-Go-Bar	6
Picobella	3
Salvation Cafe	7

BARS

Jo'anna Melt Bar	1
Six	2
Stanley Beer Yard	4
Xai Xai	3

Bamboo Lifestyle Centre

44 Stanley

Melville Koppies West, Sophiatown & Sophiatown Visitor Centre

Soweto

GAUTENG

R & Johannesburg Zoo (1 km)

Empire Road & Braamfontein

0　　　　500
Meter

N

Judith Road gegenüber vom Marks Park, 3 Std.). Es wird von Freiwilligen betreut, die jährlich tonnenweise nichtafrikanische Pflanzeneindringlinge beseitigen. Bei den Führungen besichtigt man die Überreste von Siedlungen aus der Stein- und Eisenzeit. Die beiderseits des Reservats befindlichen Abschnitte Melville Koppies East und West sind öffentliche Parks und jeden Tag von Sonnenauf- bis -untergang geöffnet. Hauptattraktion der Melville Koppies East, zu erreichen über die Zambesi Road (kurzer Fußweg von den Restaurants im Bamboo Centre), ist der Berggipfel mit sensationeller Aussicht auf das Zentrum und die grünen Randbezirke. Im Bereich des Melville Koppies West liegen mehrere gute Wanderpfade. Hierher folgt man der Ayr Road (die von der Main Road in Melville ab-

zweigt), die dann zur Korea und später Arundel Road wird, und dann geht's rechts in die Sackgasse Third Avenue.

Emmarentia Park und Damm

Beyers Naude Drive ▪ ⏰ tgl. 8–17 Uhr ▪ Eintritt frei ▪ 📞 011 782 7064

In der Nordostecke des Emmarentia Park, eines über mehrere Kilometer nach Norden und Westen reichenden Parkareals, ist der bezaubernde **Johannesburg Botanic Garden** beheimatet. Der Garten am Emmarentia Dam, einem beliebten Gewässer für Paddel- und Ruderausflüge, bietet weite Freiflächen und Wege für Jogger, Radfahrer und Spaziergänger. Tagsüber, solange sich viele Besucher hier aufhalten, ist es sicher. Abgesehen von den Blumenbeeten gibt es auch ein paar Kräuter- und Rosengärten – eine wunderbare Kulisse für ein Picknick. Auf dem Hauptfeld werden oft Konzerte und Festivals abgehalten.

Sophiatown

Westlich von Melville liegt das architektonisch wenig ansprechende, aber für die Geschichte der Apartheid umso bedeutendere Gebiet von Sophiatown. Hier arbeitete in den 1950er-Jahren **Erzbischof Trevor Huddleston**, jener englische Geistliche, der die britische Anti-Apartheid-Bewegung begründete. Über viele Jahre war Sophiatown eine der wenigen Gegenden innerhalb der Stadt, in der Schwarze Grundstücke erwerben durften. Dadurch entwickelte sich das Viertel zu einem Zentrum von Kultur, Jazz, Literatur und radikalen politischen Ansichten.

In den 1950er-Jahren erklärte die Regierung das Gebiet zum Siedlungsgebiet für Weiße und rückte mit Bulldozern an. Rund 65 000 Einwohner wurden zwischen 1955 und 1960 ungeachtet ihres Rechtsanspruchs auf das Land nach Soweto zwangsumgesiedelt. Sophiatown erhielt nicht ohne Ironie den Namen „Triomf". Von dem Bezirk sind nur noch das alte Waisenhaus und die anglikanische Kirche **Christ the King** übrig.

Sophiatown The Mix

Toby St, Ecke Edward Rd ▪ ⏰ Mo–Sa 9–16.30 Uhr ▪ Eintritt R60, mit Rundgang durchs Viertel R180 ▪ ✆ 011 673 1271, 🖥 www.sophiatown themix.com

Das ausgezeichnete Besucherzentrum Sophiatown The Mix befindet sich in einem der wenigen Häuser aus den 1930ern, die die Abrissbirne überlebt haben. Nebenan ist das Trevor Huddleston Memorial Centre (THMC). Das Zentrum zeigt Ausstellungsstücke über das Viertel, zu seiner Kultur, den „tsotsi"-Banden und der Zerstörung. Inzwischen ist das THMC zum Gemeindezentrum und zur Wirkungsstätte für kleine Betriebe geworden, das auch regelmäßig Events veranstaltet, z. B. das Sophiatown Jazz Encounter am letzten Freitag im Monat. Die Dachterrasse bietet einen schönen Ausblick auf den Bezirk und hat außerdem eine Gedenkmauer, an dem die Bewohner des alten Sophiatown Andenken mit ihren Erfahrungen hinterlassen

können. Auf telefonische Anfrage organisieren die engagierten Mitarbeiter geführte Spaziergänge durch Sophiatown.

Rosebank, Melrose, Hyde Park, Parkhurst und Greenside

Das kleine **Rosebank**, ein paar Kilometer nördlich des Johannesburg Zoo (S. 560), beherbergt inzwischen eines der ansprechendsten Einkaufszentren der Stadt, den **Rosebank Art & Craft Market**, einige **Kunstgalerien** sowie eine Gautrain-Station. Richtung Norden schließen sich die schicken Vororte Melrose und Hyde Park mit weiteren Einkaufszentren an. Etwas westlich von Rosebank und dem hübschen alten Vorort Parktown North erreicht man **Parkhurst**, zusammen mit Melville eine der wenigen Gegenden im Norden mit nennenswertem Straßenleben, vor allem in der Umgebung der Fourth Avenue. Westlich von Parkhurst befindet sich **Greenside**, ebenfalls ein angesagtes Viertel, wo man gut essen kann.

Keyes Art Mile

19–21 Keyes Ave, Rosebank ▪ 🖥 www.keyesartmile.co.za

2016 wurde die Keyes Art Mile speziell als Drehscheibe für zeitgenössische afrikanische Kunst und Design erbaut. Im Zentrum steht der immens große, neue **Trumpet**-Bau. Die Läden im Erdgeschoss beherbergen Kunstgalerien und Designausstellungen, während das Restaurant/Bar **Marble** auf dem Dach mit großartigem Ausblick über die Vororte aufwartet. Gleich nebenan steht die zylindrische Galerie **Circa**, gegenüber davon ihre Schwestergalerie **Everard Read**, ✆ 011 788 4805, 🖥 www.everard-read.co.za; Karte S. 561, die beide bekannt sind für hervorragende zeitgenössische Ausstellungen. 500 m weiter südlich, in der 161 Jan Smuts Avenue, ist die hoch angesehene **Goodman Gallery**, ✆ 011 788 1113, 🖥 www.goodman-gallery.com; Karte S. 561, die weltberühmte südafrikanische Künstler wie William Kentridge ausstellt.

Sandton

Ungefähr 20 km nördlich des Central Business District liegt Sandton. Hier spiegelt sich wie nirgendwo anders der geradezu erschütternde Reichtum der nördlichen Bezirke wider. Es gibt luxuriöse Einkaufszentren, und prachtvolle Villen säumen die Straßen. In den 1980er- und 90er-Jahren haben sich die aus dem Zentrum flüchtenden Banken und großen Firmen bevorzugt hier niedergelassen. Angesichts des zur Schau gestellten Wohlstands beschleicht manchen ein ungutes Gefühl. Aber wer einfach bloß Geld loswerden möchte, hat bestimmt Spaß beim Bummel durch die miteinander verbundenen Einkaufszentren **Sandton City** und **Nelson Mandela Square** samt der dazugehörigen pseudo-italienischen Piazza mit jeder Menge Restaurants und Cafés.

Liliesleaf

7 George Ave, Rivonia ▪ ◷ Mo–Fr 8.30–17, Sa und So 9–16 Uhr ▪ Eintritt inkl. Führung R110 ▪ ✆ 011 803 7882, ▭ www.liliesleaf.co.za

Einst ein abgelegenes Gehöft, ist Liliesleaf heute von den sich krakenartig ausbreitenden Vorstädten Johannesburgs verschluckt worden. Das denkmalgeschützte Anwesen gleich nördlich von Sandton war der Ort, wo die Widerstandsbewegung ihr sicher geglaubtes Hauptquartier hatte. Am 11. Juli 1963 wurde es dennoch von der Polizei gestürmt und viele wichtige Anführer des ANC und MK wurden verhaftet. Auch Mandela hatte sich hier eine Zeit lang, als Hausmeister getarnt, versteckt, saß aber zum Zeitpunkt der Razzia gerade eine fünfjährige Gefängnisstrafe ab. Dennoch stellte man ihn zusammen mit seinen Genossen erneut vor Gericht. Im sogenannten Rivonia-Prozess wurde er schließlich zusammen mit Walter Sisulu, Ahmed Kathrada, Govan Mbeki und anderen zu lebenslanger Haft auf Robben Island verurteilt. Das Verfahren brachte dem Kampf des ANC schließlich auch internationale Aufmerksamkeit.

Die alte Farm und die benachbarten neuen Gebäude bergen heute eine interaktive Ausstellung zum Haus, Mandelas Aufenthalt, über die Schlüsselfiguren des Widerstandes und den Prozess. Zu sehen ist auch ein Safaritruck, der vom ANC benutzt wurde, um unter den Sitzen von arglosen Touristen Waffen nach Südafrika zu schmuggeln. Vor Ort gibt es ein gutes Café mit Namen Cedric's, dem alten Decknamen der Farm.

Alexandra

Alexandra Tours von Jeff Mulaudzi führt hervorragende 2–3-stündige Fahrradtouren durch ▪ R450–550 ▪ ✆ 071 279 3654, ▭ www.alexandra tours.co.za ▪ **The Hub Presents** im East Bank veranstaltet originelle Touren, die sich um Lokalkultur und Essen drehen ▪ ab R450 ▪ ✆ 071 671 1227, ▭ www.thehubpresents.co.za

Der Kontrast zwischen dem bitterarmen Alexandra, das sich unmittelbar östlich der M1 erstreckt, und den umliegenden Vierteln könnte größer kaum sein. Diese Township war bei ihrer Gründung 1912 eine der wenigen Gegenden, in der Schwarze Grundbesitzer sein durften. Das war einer der Gründe dafür, dass „Alex" dem Schicksal der Zwangsräumung entging. Anders als das auf Stadtplänen dargestellte, einfache Raster besteht die Township aus einem verwirrenden Labyrinth von Straßen, in denen die Menschen auf engstem Raum zusammenleben und es selbst an der grundlegenden Infrastruktur wie Kanalisation oder Trinkwasserversorgung mangelt.

500 000 Menschen sind es heute, die sich weniger als 8 km² teilen, und durch Einwanderer aus Mosambik, Malawi und Simbabwe gerät die Infrastruktur der Township noch weiter unter Druck. Als „aufregend und riskant" beschrieb Nelson Mandela die Township, in der er in den 1940er-Jahren lebte, nachdem er vom Ostkap geflohen war, um hier eine Stelle als Anwaltsanwärter in einer Kanzlei zu suchen. Zu jener Zeit war Alexandra berüchtigt für Gangster und zunehmende politische Militanz. Die hiesigen **Busboykotte** gegen eine Anhebung des Fahrpreises waren die ersten politisch wirksamen Massenaktionen von Schwarzen. Schon immer war Alex eine Hochburg des ANC – und hat dafür bis zum Zusammenbruch der Apartheid einen hohen Preis bezahlt. In den 1980er-Jahren lieferten sich Inkatha-Wächter und ANC-Anhänger erbitterte Gefechte.

Während die belebten Straßen am Westufer des verdreckten Jukskei River relativ unverändert sind, entstanden auf der Ostseite **neue Häuser**, die teils von der Regierung finanziert, teils von schwarzen Eigentümern errichtet wurden, die der Mittelschicht angehören, aber trotzdem weiter in der Township wohnen bleiben wollen.

GAUTENG

Nicht weit davon hat man ein **Cricketfeld** angelegt. Wenn gerade ein Spiel im Gange ist, bietet sich ein surreales Bild: Die typischste aller Kolonialsportarten wird vor der Kulisse von dicht an dicht stehenden Township-Behausungen ausgetragen, am Horizont die Wolkenkratzer des verschwenderisch reichen Sandton. Die angebotenen Touren durch Alexandra sind nicht gefährlich, authentisch und sehr unterhaltsam. Sie bieten die Chance, nur ein paar Minuten von den Sandtoner Malls entfernt, echten Townshipalltag zu erleben.

Östliche und südliche Bezirke

Zu den ältesten Bezirken der Stadt gehört der östliche Stadtteil **Bezuidenhout Valley**, besser bekannt als Bez Valley. Lange waren hier die jüdischen und portugiesischen Gemeinden Johannesburgs beheimatet. Aber auch dieser Bezirk hat sich in den letzten Jahren dramatisch verändert und ist heute vorwiegend von Schwarzafrikanern bevölkert.

Gänzlich anders geprägt ist **Cyrildene**, nordöstlich von Bez Valley, das sich zur neuen Chinatown Johannesburgs entwickelt hat. Entlang der Derrick Avenue haben sich Dutzende chinesischer Supermärkte, Geschäfte und Restaurants angesiedelt, in denen authentische Speisen serviert werden.

Direkt südlich des Zentrums befand sich traditionell das Wohngebiet weißer Arbeiter. Seit 1990 der Group Areas Act, das Gesetz über getrennte Wohngebiete, aufgehoben wurde, lassen sich jedoch auch vermehrt Schwarze hier nieder. Viele davon sind – ungewöhnlich für das heutige Südafrika – wohlhabender als die ursprünglichen Bewohner. Das südliche Johannesburg hat außerdem eine große portugiesische Einwohnerschaft; das allererste Restaurant der Nando's-Kette wurde hier 1987 von einem südafrikanischen Duo portugiesischer Abstammung eröffnet.

Gold Reef City

Northern Parkway, Ecke Data Crescent, Ormonde (8 km südlich der Innenstadt über die M1) ▪
🕐 Mi–So 9.30–17 Uhr ▪ 2-stündige Minenführungen

um 9, 10, 11, 14 und 15 Uhr ▪ Eintritt R190 ▪
📞 011 248 6800, 🖳 www.goldreefcity.co.za

Disneyland grüßt Alt-Johannesburg in Gestalt der Gold Reef City. Der große, grelle und kitschige Vergnügungspark ist um den alten Schacht Nr. 14 der Crown Mines entstanden. Hauptsächlich ein Themenpark, lässt sich auch Interessantes entdecken, etwa die ehemalige **Goldmine** selbst, in die man 200 m tief hinunterfahren kann, um einen Eindruck der Arbeit unter Tage zu bekommen.

Ein Bummel durch die Straßen führt an zahlreichen Nachbauten historischer Gebäude, Läden und Museen vorbei. Mit Ausnahme vom Ohlthaver House und Nourse House sind diese jedoch meist enttäuschend. Für Kurzweil sorgen ansonsten eine Achterbahn und eine Wildwasserbahn sowie weitere Fahrbetriebe (für diese braucht man allerdings das **Thrill Rider** Ticket). Verschiedene Restaurants bieten anständiges, aber teures Essen. Im Mittelpunkt steht jedoch das riesige Casino.

Apartheid-Museum

Northern Parkway, Ecke Gold Reef Rd, Ormonde, (8 km südlich der Innenstadt über die M1) ▪
🕐 tgl. 9–17 Uhr ▪ Eintritt R85 ▪ 📞 011 309 4700, 🖳 www.apartheidmuseum.org

Das hervorragende Museum mit seinen getrennten Eingängen für „Weiße" und „Nicht-Weiße" (die Rassenzugehörigkeit wird per Zufallsgenerator ermittelt) hat Weltklasse. Die Geschichte der Apartheid wird mit viel Sachverstand in eindringlicher Art und Weise dargestellt, gleichzeitig aufwühlend und aufschlussreich.

Das Museum zeigt auf, welche tiefen Wunden die Apartheid und die ihr vorangegangene Kolonialpolitik geschlagen haben. Nach dem Besuch versteht man besser, weshalb es auch im neuen Südafrika noch Armut und rassistisch motivierte Spannungen gibt. Gleichzeitig erinnern uns die bewegenden Bilder von der Einführung der Demokratie daran, dass der gewaltlose Übergang ein Wunder war.

Man sollte sich mindestens zwei Stunden Zeit für das Museum nehmen, wer sich die Ausstellungen genauer ansehen möchte, benötigt drei Stunden. Für die permanente Fotoausstellung von Peter Magubane über den Soweto-

Aufstand 1976 sollten sich Besucher ebenfalls viel Zeit nehmen. Außerdem darf man keineswegs den kurzen, aber aufschlussreichen Dokumentarfilm über den Ausnahmezustand Mitte der 1980er-Jahre auslassen. Damals erschütterte eine Welle von Massendemonstrationen und Aufständen das Regime in seinen Grundfesten – wenn sie auch erbarmungslos niedergeschlagen wurden.

Das Museum besitzt darüber hinaus einen Buchladen und ein Café, in dem man zu Mittag essen kann.

Der Aufstand von Soweto 1976

Auslöser des **Schüler- und Studentenaufstands**, der im Juni 1976 in Soweto losbrach, war eine Regierungsverordnung, nach der **Afrikaans** in den Schulen der Schwarzen neben Englisch zur gleichberechtigten Unterrichtssprache erhoben werden sollte. Während die Durchsetzung in einigen ländlichen Gebieten problemlos vonstatten ging, war in den Townships nicht daran zu denken, da weder die Schüler noch die Lehrer die Sprache beherrschten. Am 16. Juni begannen die Schulsprecher jeder Schule Sowetos den lange geplanten Protestmarsch durch die Township, um anschließend im Fußballstadion von Orlando zu einer Massenkundgebung zusammenzukommen. Erstaunlicherweise blieben den allgegenwärtigen *impimpis* (Spitzel) Einzelheiten des Vorhabens verborgen. Aber schon bald nachdem der Marsch begonnen hatte, griff die Polizei ein, erst unter Einsatz von Tränengas, danach auch von Schusswaffen. Unter den Demonstranten brach Panik aus, Steine flogen in Richtung der Polizisten, die Polizei schoss erneut. Während des Tumults entstand das berühmte Foto des ersten getöteten Schülers: Man sieht den blutenden Hector Pieterson, wie er vor dem entsetzten Blick seiner Schwester Antoinette, die heute übrigens im Hector Pieterson Memorial and Museum (S. 570) arbeitet, von einem Freund weggetragen wird.

Die Polizei zog sich nach Orlando East zurück, während die Schüler die Verletzten und Toten bargen, Barrikaden errichteten und so viele von der Stadt verwaltete Einrichtungen zerstörten, wie sie nur konnten, darunter auch Bierhallen. Der angerichtete materielle Schaden verschärfte die Auseinandersetzungen zwischen den Jugendlichen und vielen älteren Bewohnern, die einen Schulboykott angesichts der ohnehin schlechten Berufsaussichten der Schüler für verantwortungslos hielten. Die Schüler ihrerseits beschuldigten die Alten, sich apathisch der Unterdrückung zu fügen. In einer Gesellschaft, die traditionellerweise den Respekt vor dem Alter als unantastbar betrachtete, stellte diese Konfrontation einen unerhörten Affront dar.

In den Tagen nach dem 16. Juni wurden alle Schulen Sowetos für unbestimmte Zeit geschlossen, tausende Polizisten in die Township entsandt und die Polizeieinsätze mit unverminderter Härte fortgesetzt. Auf die daraufhin einsetzende weltweite Kritik antwortete die Regierung, indem sie die Gewalt kommunistischer Agitation zuschrieb. Als Beweis führte sie die zum Gruß geballte Faust der Studenten an – in Wirklichkeit eine Solidaritätsgeste für die von Steve Biko gegründete **Black Consciousness Movement** (Kasten S. 418). Inzwischen brachen auch in anderen Townships Unruhen aus, insbesondere in Kapstadt. Die Schulen Sowetos blieben bis 1978 geschlossen, bis dahin hatten viele Schüler jede Hoffnung auf eine anständige Ausbildung verloren. Einige verließen das Land, um sich den militanten Flügeln des ANC und PAC anzuschließen, andere blieben und bildeten „Straßenkomitees", um die Gemeinden zu politisieren. Wieder andere drifteten in die Arbeitslosigkeit ab.

Heute, da der bewaffnete Kampf vorüber ist, sehen sich die einstigen Schüler von 1976 vielerlei Problemen gegenüber. Wie es ihre Eltern warnend vorhergesagt hatten, ist die mangelhafte Ausbildung heute ein Hindernis auf dem Arbeitsmarkt, selbst wenn der 16. Juni inzwischen als Feiertag begangen und die Rolle der Jugendlichen an diesem Tag bejubelt wird. Die Straßenkomitees gibt es nicht mehr, die Waffen nach wie vor.

GAUTENG

Klipriviersberg Nature Reserve

15 km südlich der Innenstadt über den Ormonde Drive, Mondeor ▪ ☉ Sonnenauf- bis -untergang ▪ Eintritt frei ▪ 🖥 www.klipriviersberg.org.za

Nur wenige Johannesburger kennen dieses unerschlossene Naturschutzgebiet gleich hinter der N12 im Vorort Mondeor. Hinter dem Picknickplatz am Fluss gibt es Spazierwege im Tal, auf denen Zebras, Kuhantilopen und einige andere Tiere gesichtet werden können, aber auch anstrengendere Bergpfade, von denen sich überwältigende Ausblicke auf die City im Norden eröffnen.

Soweto

Südafrikas berühmteste Township Soweto, Abkürzung für **South West Townships**, ist ein Ort der großen Extreme. So lebten hier beispielsweise gleich zwei Nobelpreisträger. Soweto hat aber auch die weltweit höchste Rate an Morden und Vergewaltigungen. Es ist einerseits die reichste Township in Südafrika (mit einer wachsenden Zahl von Millionären) und weist andererseits erdrückende Armut auf. Sie ist die politischste aller Townships, gleichzeitig leben hier viele Jugendliche, die alle Hoffnung in die Zukunft schon aufgegeben haben.

Das ausgedehnte, schätzungsweise von drei bis vier Millionen Menschen bewohnte Gebiet südwestlich des Stadtzentrums reicht, so weit das Auge blickt. Wie in jeder Stadt dieser Größe gibt es auch hier unterschiedliche Viertel, darunter Mittelklasse- und Oberschichtbezirke. Was aus der Ferne wie eine endlose, in Rauchwolken gehüllte Aneinanderreihung von Häusern und Baracken wirkt, besitzt teilweise sogar dörflichen Charakter.

Abgesehen vom Hector Pieterson Memorial and Museum sind die meisten **Touristenattraktionen** optisch nicht beeindruckend. Sie beziehen ihren Reiz aus ihrer historischen Bedeutung, denn die Geschichte von Soweto ist fesselnd. Der Ort geriet in den 1980er-Jahren durch Auseinandersetzungen und Todesfälle weltweit in die Schlagzeilen, heute gewinnen hier europäische Besucher einen authentischen Einblick in eine fremde Lebensweise.

Ein Besuch Sowetos im Rahmen einer der vielen angebotenen **Touren** (Kasten S. 571) ist *die* Touristenattraktion Johannesburgs schlechthin. Galten solche Ausflüge früher noch als gewagt und abgefahren, bewegt man sich inzwischen auf ausgetretenen Touristenpfaden. Wer sich auch abseits der von Mini- und Reisebussen angesteuerten konventionellen Attraktionen umsehen möchte, sollte einen Anbieter wählen, der beides (sowohl die bedeutenden als auch die weniger bekannten Sehenswürdigkeiten) in einer Tour vereint und nicht nur die üblichen Barackensiedlungen und *shebeens* ansteuert.

Die meisten Touranbieter preisen ihren Teilnehmern die Gelegenheit an, „die Menschen kennenzulernen". Aber nicht selten verlaufen die Gespräche gezwungen, und man fühlt sich verpflichtet, eine Spende zu geben oder Kunsthandwerk zu kaufen. Obgleich dies auf direktem Weg Geld in die Townships bringt, fühlen sich Besucher dadurch oft unter Druck gesetzt.

Im Gegensatz zu früher ist es heute gut möglich, die Hauptsehenswürdigkeiten in eigener Regie zu besichtigen. Die Bewohner Sowetos sind Besuchern jeder Hautfarbe gegenüber aufgeschlossen und laden sie mitunter zu einem Plausch ein. Es gibt überraschend wenig kriminelle Übergriffe auf Touristen, wenngleich man auch hier stets wachsam sein sollte. Spaziergänge durch weniger touristische Gegenden auf eigene Faust oder Ausflüge nach Einbruch der Dunkelheit sind nicht zu empfehlen. Eine Erkundung Sowetos mit dem eigenen Fahrzeug erfordert gutes Navigationstalent, da es kaum Orientierungspunkte in dem ausgedehnten Häusermeer gibt.

Die Rea Vaya-Busse fahren von der Innenstadt aus in der Nähe der Vilakazi Street vorbei – eine prima Alternative zu einem **Minibustaxi** nach Soweto. Die Fahrt mit dem Minibustaxi ist nicht unbedingt gefährlich, aber schwierig, da nicht immer eindeutig erkennbar ist, in welchen Teil der Township die Reise geht. Zwei überkreuzte Finger sind das Zeichen, das Minibusfahrern anzeigt, dass man zur „Kreuzung" möchte, also ins Zentrum von Soweto. Dort warten weitere Taxis, die Besucher zu den gewünschten Sehenswürdigkeiten fahren. Allerdings setzen sie ihre Fahrgäste manchmal an einer der Hauptstraßen ab, sodass mitunter noch ein Stück Fußweg zurückzulegen ist.

Orlando West und Dube

Die im Norden Sowetos gelegenen Viertel Orlando West und Dube zählen zu den wohlhabenderen Gegenden und besitzen neben einer Reihe von Sehenswürdigkeiten die dichteste Konzentration an Ess- und Trinklokalen. Auf der anderen Seite des Klipspruit Valley von Orlando West liegt Orlando East, der älteste, 1932 errichtete Teil Sowetos. Über den Soweto Highway (M70) lässt sich diese Gegend mit dem Auto gut erreichen.

Hector Pieterson Memorial and Museum

8287 Khumalo St, Orlando West ▪ ⊕ Mo–Sa 10–17, So 10–16 Uhr ▪ Eintritt R30 ▪ ✆ 011 536 0611 ▪ Mit dem Rea Vaya BRT-Bus vom Johannesburger CBD, Ausstieg Haltestelle Boomtown, dann weiter zu Fuß oder mit dem Zubringerbus F4 bis Vilakazi St

Das 2002 eröffnete Hector Pieterson Memorial and Museum wurde nach dem ersten Schüler benannt, der während der Unruhen von 1976 (Kasten S. 568) ums Leben kam. Das den getöteten Mitschülern gewidmete Museum beschäftigt sich mit den Ereignissen, die zum **Aufstand von Soweto** führten. Die Brutalität bei der Niederschlagung der Revolte wird an Hand von Videos und Fotos dokumentiert, darunter auch Aufnahmen berühmter Fotografen wie Peter Magubane und Sam Nzima.

Mandela House Museum

8115 Vilakazi St, Orlando West ▪ ⊕ tgl. 9–16.45 Uhr ▪ Eintritt R60 ▪ ✆ 011 936 7754, 🖳 www.mandelahouse.com ▪ Rea Vaya BRT Bus T1 vom CBD in Johannesburg nach Boomtown und weiter mit Bus F4 zur Vilakazi St, oder man überquert die Brücke und läuft einige Minuten die Straße hoch

In der **Vilakazi Street** lebten einst Nelson Mandela und Desmond Tutu. Mandela bewohnte das Haus mit seiner Frau Winnie in den späten 1950er- und frühen 1960er-Jahren, bis er ins Gefängnis nach Robben Island musste und Winnie in den Freistaat verbannt wurde. Sie kehrte wieder zurück und bezog ein von hohen Mauern umgebenes und durch Kameras bewach-

tes Backsteingebäude in derselben Straße. Bei seiner Freilassung bestand Nelson Mandela darauf, sein ehemaliges Wohnhaus wieder zu nutzen. Aber wegen der beschränkten Räumlichkeiten und fehlenden Sicherheitseinrichtungen zog er aus Soweto weg.

Im alten Bungalow ist eine faszinierende Mischung aus nüchternen Erinnerungsstücken zu sehen, darunter einige Originalmöbel, Fotos aus dem Besitz von Winnie und Nelson sowie audiovisuelle Informationen über das Leben in Soweto zu der Zeit, als Mandela hier lebte.

Regina Mundi Church

Nahe der Kreuzung von Klipspruit Valley Rd (M10) und Potchefstroom Rd (M68) ▪ Eintritt R20 ▪ ✆ 011 986 2546, 🖳 http://reginamundichurch.co.za ▪ Die am nächsten gelegene Bushaltestelle des Rea Vaya BRT-Busses ist Lakeview

Die Regina Mundi Church ist Sowetos größte katholische Kirche. Während der bitteren Jahre des Anti-Apartheidkampfs war sie zentraler Ort für Zusammenkünfte. Sie hebt sich mehr durch ihre historische Bedeutung als durch bauliche Besonderheit hervor, ist aber immerhin eines der wenigen größeren Gebäude in der Township. Der Küster führt Besucher herum. Besondere Beachtung verdienen die aus Waffen der südafrikanischen Polizei stammenden Einschusslöcher in der Decke und das Gemälde der (schwarzen) Madonna mit Kind in der Nähe des Altars.

Kliptown Museum

Walter Sisulu Square ▪ ⊕ Mo–Fr 9–16 Uhr ▪ Eintritt frei ▪ Der Rea Vaya BRT-Zubringerbus F5 fährt von Lakeview zur Klipspruitvalley Rd nahe Sisulu Square

Der **Walter Sisulu Square of Dedication** kennzeichnet die Stelle, wo 1955 vor Tausenden von Zuhörern die Freiheits-Charta des ANC verlesen wurde. Neben Skulpturen und Kunstwerken, die an die Charta erinnern, befindet sich auf der Westseite des Kliptown Museum. Das Museum erhellt die Hintergründe der Freiheits-Charta anhand von Fotos, Dokumenten und Zeitungsausschnitten und lohnt nach dem Besuch des Hector Pieterson Museum und des Mandela House Museum durchaus eine Visite.

FNB Stadium

Nasrec, Soweto ▪ Führung nur nach Vereinbarung ▪ Eintritt R60 ▪ ☎ 011 247 5300, 🖥 www.stadium management.co.za

Das größte Stadion Afrikas liegt zwischen CBD und Soweto in Nasrec. Während der Fußballweltmeisterschaft 2010 erhielt das von südafrikanischen Architekten entworfene Bauwerk den Namen Soccer City. Es steht auf den Grundmauern eines älteren Fußballstadions, in dem Mandela die erste Rede nach seiner Entlassung aus dem Gefängis 1990 hielt. Das Fassungsvermögen des von außen in Erdtönen gehaltenen Stadions ist mit 94 000 orangefarbenen Sitzplätzen auf drei Rängen größer, als man vermuten würde. Anders als einige andere World-Cup-Locations in Südafrika ist diese kein Geldgrab, sondern als Veranstaltungsort von Konzerten und Wettkämpfen regelmäßig ausverkauft. Wer kein Spiel besuchen kann, sollte wenigstens an einer 60- bis 90-minütigen Stadionführung teilnehmen.

ÜBERNACHTUNG

Wer auf öffentliche Verkehrsmittel angewiesen ist, findet in den **nördlichen Bezirken** und im **Stadtzentrum** viele Unterkünfte. **Melville** und das benachbarte Viertel Auckland Park liegen relativ nahe beim CBD und bieten Cafés, Restaurants und Bars, die von vielen Unterkünften gut zu Fuß erreichbar sind. Im Herzen der nördlichen Bezirke liegt **Rosebank** mit einer guten Auswahl an Restaurants und Geschäften sowie einer Gautrain-Station. **Sandton** verfügt über zahlreiche kostspielige Hotelketten. Auch in den **Townships** gibt es einige Guesthouses. Am interessantesten ist ein Aufenthalt bei Einheimischen, der von einem Touranbieter (S. 583) arrangiert werden kann. Für die Buchung von Gästehäusern in und um Rosebank und Melville bietet die Website 🖥 www.johannesburg-guesthouses.co.za ein nützliches Portal.

CBD und zentrale Viertel

Bannister, 9 De Beer St, Braamfontein, ☎ 011 403 6888, 🖥 http://bannisterhotel.co.za; Karte S. 554–555. Edles Budgethotel mit kleinen, aber freundlichen Zimmern mit Bad. Es steht im Herzen des Nachtlebens von Braamfontein, nur einen Steinwurf von mehreren Bars – nicht immer eine ruhige Lage. R595

Curiocity Backpackers, 302 Fox St, Maboneng, CBD, ☎ 011 592 0515, 🖥 www.curiocitybackpackers.com; Karte S. 554–555. Einfaches, freundliches Hostel mit geräumigem Dorm und großen DZ über einer lebhaften, von Einheimischen bevölkerten

GAUTENG

Bar (schließt um 23 Uhr) im aufstrebenden Maboneng-Viertel. Angeboten werden jede Menge Aktivitäten von Stadtführungen über Fahrrad- und Kneipentouren bis hin zu Freiwilligenarbeiten. Es gibt einen kostenlosen Shuttleservice in die Stadt und einen winzigen Pool. Dorm R170, DZ R390

Mapungubwe Hotel Apartments, 54 Marshall St, Marshalltown, CBD, ℡ 011 429 2600, 🖳 www.mapungubwehotel.co.za; Karte S. 554–555. Das Hotel in einem ehemaligen Bank-gebäude ist nach Jahrzehnten wieder die erste Luxusherberge im Stadtzentrum. Es hat stilvoll möblierte Zimmer und Apartments sowie eine Bar im Kellergewölbe. R1280

Once In Joburg, 90 De Korte St, Braamfontein, ℡ 087 625 0639, 🖳 www.onceinjoburg.co.za; Karte S. 554–555. Farbenfrohes, neues Back-packer-Hostel an einem lebhaften Platz mit mehreren guten Restaurants in der Nähe. Im Erdgeschoss ist eine coole Bar, die Mikrobiere und Cocktails serviert. Dorm R285, DZ R885

Nördliche Bezirke

Claires of Sandton, 42 8th St, Sandton, ℡ 011 783 5481, 🖳 www.clairesofsandton.co.za; Karte S. 561. Geräumige, komfortable und helle Zimmer, freundliches Personal und ein großer Pool machen das Gästehaus zu einem der beliebtesten in Sandton. Ein paar Blocks ent-fernt in der 11th St ist eine gute Auswahl an Restaurants. EZ R1045, DZ R1395

Little Forest Guesthouse, 41 Fifth St, Parkhurst, ℡ 084 503 8979, 🖳 www.littleforestguesthouse. co.za; Karte S. 561. Das charmante kleine Guesthouse bietet 5 liebenswert eingerichtete Zimmer mit Bad, von denen die meisten auf den Garten und einen Pool blicken. Gute Lage für die Boutiquen und Restaurants an der Fourth Ave von Parkhurst. R800

Liz at Lancaster, 79 Lancaster Ave, Craighall Park, ℡ 011 442 8083, 🖳 www. lizatlancaster.co.za; Karte S. 561. Edles Guest-house mit sehr gutem Ruf auf halbem Wege zwischen den Restaurants und Boutiquen der Fourth Ave und der noblen Hyde Park Corner Mall. Geschmückt mit lokaler Kunst, über-blicken die großen Zimmer einen Garten mit Pool. R900

Premiere Classe Suite Hotel, 62 Corlett Drive, Melrose North, ℡ 011 788 1967, 🖳 www. premiereclasse.co.za; Karte S. 561. Ruhiges Hotel mit komfortablen Suiten, alle mit voll ausgestatteten Küchen. In der Nähe des Melrose-Arch-Komplexes und des Wanderers Cricket Stadium. Preisnachlass bei längerem Aufenthalt. R800

Satyagraha House, 15 Pine Rd, Orchards, ℡ 011 485 5928, 🖳 www.satyagraha house.com; Karte S. 554–555. Das ruhige Gästehaus ist nach Gandhis Philosophie der *satyagraha* (gewaltfreier ziviler Ungehorsam) benannt. Gandhi selbst lebte hier 1908–09; ein kleines Museum ist seinem Leben gewidmet. Vegetarisches Abendessen auf Anfrage. R2520

Melville

Die Agterplaas, 66 Sixth Ave, ℡ 011 726 8452, 🖳 www.agterplaas.co.za; Karte S. 563. Nur wenige Minuten von den Restaurants und Cafés entfernt gelegen, bietet dieses gepflegte und geschmackvolle Guesthouse Zimmer mit Balkonen, die auf die *koppies* von Melville blicken. Weitere Zimmer befinden sich in einem Haus auf der anderen Straßenseite. Es gibt eine wundervolle Lounge, in der das berühmte Frühstück von Küchenchef Badia serviert wird (auch für Nicht-Gäste, tgl. bis 10, an Wochenenden bis 11 Uhr). R1040

Homebase Melville Backpackers, 37 First Ave, ℡ 011 482 5797, 🖳 www.homebasesouth africa.co.za; Karte S. 563. Beliebtes Hostel in Melville mit Dorms, Familienzimmern und winzigen Chalets, verteilt auf zwei verbundene Häuser zwischen Main St und 7th St. Die Chalets gruppieren sich um einen kleinen Pool mit Bar. Dorm R180, DZ R500

Lucky Bean, 129 First Ave, Melville, ℡ 082 902 4514, 🖳 www.luckybeanguesthouse.co.za; Karte S. 563. Das große Gästehaus gehört den Inhabern des Restaurants Lucky Bean (S. 575) und liegt in einem gepflegten, ruhigen Garten nur wenige Blocks entfernt von der Haupt-straße Melvilles. R950

Melville Manor, 80 Second Ave, ℡ 011 726 8765, 🖳 www.melvillemanor.co.za; Karte S. 563. Von diesem gut geführten Guest-house in einem eleganten, restaurierten vikto-

GAUTENG

rianischen Gebäude mit Pool, einladender Gemeinschaftsküche und -essbereich ist es nur eine Minute zu Fuß zum Restaurantstrip von Melville. R750

In Flughafennähe
Airport En Route, 97 Boden Rd, Benoni Small Farms, Benoni, ☎ 011 963 3389, 🖥 www.sa-venues.com/visit/airporternroutebenoni. Gepflegte Budget-Unterkunft, 15 Min. vom Flughafen (Abholung auf Anfrage). Unterbringung in gemütlichen 3-Bett-Blockhütten (einige mit Bad) und 2 Zimmern mit bis zu 4 Schlafgelegenheiten (R550). Auch Zelten möglich. Camping R80, Cabin R400

City Lodge, OR Tambo-Flughafen, ☎ 011 552 7600, 🖥 www.clhg.com. Gleich über dem Parkhaus vom Flughafen gelegen, ist dies das beste Hotel in Laufweite zu den Gates. Die Zimmer haben ordentliche Größe, sind ruhig und blicken auf die Gautrain-Station. R1800

Emperors Palace, Kempton Rd Ave, Ecke Kempton Park, ☎ 011 928 1000, 🖥 www.emperorspalace.com. Der protzige Kasinokomplex im Römerdesign liegt direkt neben dem Flughafen und besteht aus 4 Hotels: dem luxuriösen D'Oreale Grande mit toller Poolterrasse und Garten, dem Mondior mit 4 Sternen und den schlichteren Metcourt und Metcourt Suites. Es gibt kostenlose Shuttlebusse zum Flughafen und einen Gautrain-Bus zum Bahnhof Rhodesfield. Neben dem 24-Stunden-Kasino sorgen 2 Theater, ein Kino und 12 Restaurants für Unterhaltung. D'Oreale Grande R3840, Mondior R2900, Metcourt Suites R2060, Metcourt R1800

Soweto
Lebo's Soweto Backpackers, 10823a Pooe St, Orlando West, ☎ 011 936 3444, 🖥 www.sowetobackpackers.com. Eines der wenigen Hostels im Land, dessen Besitzer Schwarze sind. Dorms, EZ, DZ und Camping. Toller Ort, wenn sich die Gäste an der Strandbar und am letzten Donnerstag im Monat zum Geschichtenerzählen am Lagerfeuer versammeln. Geführte Spaziergänge, Rad- und Tuk-Tuk-Touren sowie Möglichkeiten, in Soweto Freiwilligenarbeit zu leisten. Camping R105, Dorm R185, DZ R450

Lolo's Guest House, 1320 Diepkloof Extension, Diepkloof, ☎ 011 985 9183, ✉ lolosbb@mweb.co.za. Das moderne Gästehaus im historischen Diepkloof wird von der ehemaligen Lehrerin Mrs Lolo Mabitsela gemanagt. Kleiner Garten, bewachter Parkplatz und Konferenzraum. Auf Wunsch werden individuell zugeschnittene Touren organisiert, darunter Kneipentouren in Soweto. R700

ESSEN

Johannesburg bietet eine Vielzahl unterschiedlichster Verpflegungsmöglichkeiten, etwa durch authentische französische, italienische, chinesische, griechische und portugiesische Restaurants. Außerdem bieten immer mehr afrikanische Speiselokale nicht nur südafrikanische Township-Küche, sondern auch kongolesische, marokkanische, äthiopische und kapmalaiische Gerichte an. Obgleich die Preise generell etwas höher liegen als im übrigen Land – abgesehen von Kapstadt und vom Weinland – ist eine normale Mahlzeit durchaus günstig zu bekommen. Die größte Restaurantdichte findet sich in den **nördlichen Vororten**: Hotspots sind die Fourth Avenue in Parkhurst (westlich von Parktown North), die Seventh Street in Melville, die Kreuzung von Greenway und Gleneagles in Greenside sowie der Melrose Arch-Komplex in Melrose. Im Stadtzentrum haben sich Dutzende von Restaurants rund um die De Beer Street in Braamfontein und Fox Street im Maboneng-Viertel angesiedelt. Alle **Einkaufszentren** Johannesburgs sind mit Fastfoodlokalen bestückt; in manchen findet man auch gehobene Restaurants.

CBD und zentrale Bezirke
86 Public, The Grove, 87 Juta St, Braamfontein, ☎ 061 157 1823, 🖥 www.86public.co.za; Karte S. 554–555. Gut besuchte Pizzeria mit DJ am Wochenende an einem bei der studentischen Jugend beliebten Stadtplatz. Zur Auswahl stehen gut 20 Pizzen – Bestseller ist die Variante mit Bacon, Feta und Avocado (R95). ◷ tgl. 12–22 Uhr.

The Blackanese, 20 Kruger St, Maboneng, ☎ 011 024 9455, 🖥 www.theblackanese.co.za;

Karte S. 554–555. Aufregende afrikanisch-asiatische Küche, in der Sushi und Currys auf afrikanische Gewürze und Zutaten treffen. Jeden Di gibt es für R130 ein All you can eat-Buffet und sonntags lohnt das Meeresfrüchte-*braai* einen Besuch. ◷ Di–So 11–21 Uhr.

Che Argentine Grill, 303 Fox St, Maboneng, ✆ 011 614 0264; Karte S. 554–555. Einladendes, charakterstarkes Steakhaus unter argentinischer Leitung in einem ehemaligen Lagerhaus an der Hauptstraße von Maboneng. Die hervorragenden Steaks werden auf einem Holzgrill in der offenen Küche gegart, als Auftakt eignet sich hausgemachte Chorizo mit *chimichurri*-Soße (R58) zusammen mit einem perfekten Pisco Sour von der Bar (R65). ◷ Di–So 12–23 Uhr.

Cramers Coffee, Main St, Marshalltown, ✆ 011 833 2699, ⌨ www.cramerscoffee.com; Karte S. 554–555. Guter Ort für eine Pause, wenn man an der Main St unterwegs ist. Exzellenter Kaffee, Zimtbrötchen und andere Snacks, kostenloses WLAN. ◷ Mo–Fr 6–17.30, Sa 7–13.30 Uhr.

Dosa Hut, 48 Central Rd, Fordsburg, ✆ 011 492 1456; Karte S. 554–555. Eins von mehreren authentischen Restaurants im lebhaften indischen Viertel Fordsburg einen Block südlich vom Wochenendmarkt. Auf den Tisch kommen südindische Gerichte wie *masala dosa*-Teller (R35), Hühner-*uttappam* (R55) und scharfes Fischcurry (R75). ◷ tgl. 10–21.30 Uhr.

Netsi, 220 Rahima Moosa St, Shop 123, CBD, ✆ 083 345 6789; Karte S. 554–555. Das umgebaute Medical Arts Building ist nun unter dem Namen „Little Addis" die Heimat Dutzender äthiopischer Läden, Friseure und Restaurants. Von außen nicht sehr einladend, aber bei Netsi in der 2. Etage bekommt man für nur R35 köstliche vegetarische Platten für 2 Pers. ◷ Mo–Fr 6–17, Sa und So 6.30–15 Uhr.

Post, 70 Juta St, Braamfontein, ✆ 072 248 2078; Karte S. 554–555. Kleines Café, das Bio-Sandwiches (ab R40), Kaffee und hausgemachte Limonade auftischt. Es hat große Fenster und einen Stapel LPs, aus denen sich die Gäste ihre passende Hintergrundmusik aussuchen können. ◷ Mo–Fr 6.30–16, Sa 8.30–14 Uhr.

The Potato Shed, Newtown Junction, Newtown, ✆ 010 590 6133, ⌨ www.thepotatoshed.com;

Karte S. 554–555. Das schicke Grillhaus ist benannt nach seinem Standort in den 100 Jahre alten Kartoffelschuppen in der Nähe des Market Theater. Zum saftigen Grillfleisch (R110–160) passt eine der 10 verschiedenen Kartoffelbeilagen. ◷ Di–Sa 12–22, So und Mo 12–16 Uhr.

Nördliche Bezirke

The Big Mouth, Nelson Mandela Square, Sandton, ✆ 063 293 8869, ⌨ www.thebigmouth.co.za; Karte S. 561. Das elegante (wenn auch teure) Fischrestaurant gehört zu den besten der etwa 12 Lokale um den eher charakterlosen, touristenorientierten Nelson Mandela Square. Die einfallsreiche Sushikarte ist der Renner – besonders gut ist die Rainbow Reloaded Roll (R145), die mit Frühlingszwiebel, Fischrogen, Teriyaki und 7-Gewürze-Soße garniert ist. ◷ Mo–Sa 12–23, So 12–22 Uhr.

EB Social Kitchen & Bar, Hyde Park Corner, ✆ 011 268 6039, ⌨ www.social kitchenandbar.co.za; Karte S. 561. Die Bar ist Teil des heißgeliebten Buchladens Exclusive Books in Hyde Park und serviert eine exzellente Auswahl heimischer Weine und guter Cocktails mit Vogelperspektive über die grünen nördlichen Vororte. Auf der teuren Speisekarte stehen moderne Tapas, Vorspeisen und größere Hauptgerichte, die man an der Bar oder im angrenzenden Restaurant essen kann. ◷ Mo–Sa 12–22.30, So 12–16 Uhr.

Flames, 67 Jan Smuts Ave, Westcliff, ✆ 011 481 6000, ⌨ www.westcliff.co.za; Karte S. 561. Das Terrassenrestaurant des Luxushotels The Westcliff (Teil der Four Seasons-Gruppe) liegt an einem steilen Hang und überblickt den Zoo und das üppige Grün der nördlichen Bezirke. Idealer Ort für ein Wochenend-Brunch (R595), einen Cocktail zum Sonnenuntergang oder eine fantastische Mahlzeit beim Gebrüll der Löwen und dem Trompeten der Elefanten. ◷ tgl. 10–23 Uhr.

Milk Bar, 19 Keyes Ave, Rosebank, ✆ 010 594 5128; Karte S. 561. Bunt gemusterte *shweshwe*-Stoffe, Topfpflanzen, alte Schilder und farbenfrohes Kunsthandwerk dekorieren das schrullige afrozentrische Café. Besonders gut sind die *bunny chows* nach Art des Hauses (R65), Hühner-*pregos* (R65) und *boerie*-Rollen (R50). Donnerstags und freitags gibt es einen DJ und mosambikanisches Bier. ⊕ Mo–Fr 6.30–18, Do und Fr 6.30–23, Sa und So 8–16 Uhr.

Red Chamber, Jan Smuts Ave, Ecke Sixth Rd, Hyde Park Corner Mall, Sandton, ✆ 011 325 6048, 🖥 www.redchamber.co.za; Karte S. 561. Große Auswahl chinesischer Klassiker, darunter eine gute Peking-Ente (1/2 Ente R212) und scharf gewürzte Aubergine mit Schweinehack (R115) in vergleichsweise vornehmer Atmosphäre für eine Chinatown. ⊕ tgl. 12–22.30 Uhr.

Tashas, Oxford Rd, The Zone, Rosebank Mall, ✆ 011 447 7972, 🖥 www.tashascafe.com; Karte S. 561. Der Ableger einer geschmackvoll gemachten Restaurantkette mit abwechslungsreicher Bistro-Speisekarte, von Frühstücksgerichten über Steaks bis Döner (R80–120). Filialen in Melrose Arch and Nelson Mandela Square. Reservierung empfohlen. ⊕ Mo–Sa 7–18, So 7.30–16 Uhr.

Greenside und Parkhurst

Craft, 33 Fourth Ave, Ecke 13th Ave, Parktown, ✆ 011 788 7111; Karte S. 561. Zwanglose Pizzeria und Grill- für Bierliebhaber. Die Tische stehen bis auf den Bürgersteig hinaus: ideal um Leute bei einem Craft-Bier zu beobachten. Aus dem Ofen kommen herrliche Pizzen (ab R95), Pasteten, Fleischgerichte und alles, was sich noch so im Holzofen zubereiten lässt. ⊕ Mo–Do 7–22, Fr und Sa 7–23, So 7–21 Uhr.

Doppio Zero, Barry Herzog, Ecke Gleneagles Rd, Greenside, ✆ 011 646 8740; Karte S. 561. Unprätentiöses und sehr beliebtes italienisches Restaurant mit hervorragender Küche. Der Renner ist das Frühstück (R65): Die Omeletts sind einsame Spitze. Pizzas und Pastagerichte zumeist R70–100. ⊕ Mo und So 7–21, Di–Sa 7–22.30 Uhr.

Vovo Telo, Cobbles Centre, Fourth Ave, Parkhurst, ✆ 011 447 5939, 🖥 www.vovotelo. com; Karte S. 561. Ruhiges und stilvolles Café, das leckere Backwaren aus eigener Herstellung und leichte Mahlzeiten wie vegetarische Quiche und Hühner-Pilz-Pastete (R76) im Angebot hat. Filiale im 44 Stanley-Komplex. ⊕ Mo–Sa 7–21.30, So 7–20 Uhr.

Melville

Ant Café, 11 Seventh St, ✆ 076 476 5671; Karte S. 563. Das aus Melville nicht wegzudenkende Café hat köstlich dünnkrustige Knusperpizza in vielen Varianten (ab R85), freundlichen Service und ein paar bequeme Stühle auf dem Gehweg. Nach all den Jahren im Geschäft kann immer noch ausschließlich bar bezahlt werden. ⊕ tgl. 12–23 Uhr.

Bean There, 44 Stanley Rd, Milpark, ✆ 087 310 3100, 🖥 www.beanthere.co.za; Karte S. 563. Rösterei und Kaffeehaus in hellem alten Lagerhaus mit winziger Gartenterrasse. Den Kaffee und die frisch gerösteten Kaffeebohnen gibt's auch zum Mitnehmen. ⊕ Mo–Fr 7.30–16, Sa 9–15, So 9–12 Uhr.

Great Eastern Food Bar, 53 Rustenburg Rd, Bamboo Lifestyle Centre, ✆ 011 482 2910; Karte S. 563. Das ist ganz neu in Südafrika: innovative asiatische Küche, die der Küchenchef, ein Autodidakt, selbst kreiert. Interessante Auswahl an Ramen (Nudel)-Gerichten (R130), Teigtaschen der Saison, koreanisches Brathuhn (R120) und *sashimi tacos* (R70) sowie jede Menge Veggie-Optionen. ⊕ Mo 18–22, Di–Sa 12–22.30, So 11–16 Uhr.

IT Corner, Seventh St, Ecke Second Ave, ✆ 011 482 6090, 🖥 www.theitcorner.co.za; Karte S. 563. Boutique-Internetcafé mit kostenlosem WLAN und exzellentem Essen sowie köstlichen Getränken; gefüllte Croissants zum Frühstück (R55), Möhrenkuchen, Crêpes und marokkanischer Pfefferminztee. ⊕ tgl. 7.30–19.30 Uhr.

Lucky Bean, 16 Seventh St, ✆ 011 482 5572, 🖥 www.luckybeantree.co.za; Karte S. 563. Trendiger Laden am Fuß der Straße mit gemütlichen Sofas und einfallsreicher Karte, etwa Straußenburger (R105, vegane Burger (R95) oder Springbockpastete (R100). ⊕ Di–So 11–23 Uhr.

Pablo Eggs-Go-Bar, 2 Seventh St, ✆ 063 335 9348; Karte S. 563. Entspanntes Café im Hipsterstil mit Blick auf die Hauptstraße von Melville. Auf der ganztägigen Frühstückskarte stehen Eier in allen Variationen – besonders gut ist das rote oder grüne *shakshuka* (R99) auf frischem jemenitischem Fladenbrot. ⊕ Di–Sa 6.30–16, So und Mo 6.30–15 Uhr.

GAUTENG

Picobella, 66 Fourth Ave, ☎ 011 482 4309; Karte S. 563. In der umgebauten Villa mit hübscher Veranda wird die weit und breit beste Pizza, u. a. mit würzigen Hähnchenfleisch, Champignons und Avocado (R68–98), aufgetischt. ⊕ tgl. 8–22 Uhr.

Salvation Café, 44 Stanley Rd, Milpark, zwischen Braamfontein und Melville, ☎ 011 482 7795, 🖥 www.salvationcafe.co.za; Karte S. 563. Die selbsternannte „Essens-Apotheke" befindet sich zusammen mit diversen Boutiquen, Restaurants und Bars im ehemaligen Industriekomplex 44 Stanley. Es gibt köstlichen Chicken Caesar Salad (R89), sättigende Frühstücks-Burritos nach Art des Hauses (R80) und man sollte noch genügend Platz für einen Cheese Cake New Yorker Art (R44) lassen. ⊕ tgl. 8–16 Uhr.

Soweto

Touren durch **Soweto** (Kasten S. 571) schließen ausnahmslos ein Essen in einem Restaurant, einer Bar oder einer *shebeen* ein. Sofern man sich nicht in einer größeren Touristengruppe bewegt, ist das eine gute Gelegenheit, Einheimische kennenzulernen. Wer Soweto auf eigene Faust oder in Begleitung eines Anwohners besucht, wird in allen nachstehend genannten Lokalen herzlich willkommen sein.

Chaf-Pozi, Chris Hani Drive, Ecke Nicholas St, Diepkloof, ☎ 011 463 8895, 🖥 www.chafpozi. co.za. In der Nobel-*shebeen* am Fuß der berühmten Orlando-Kühltürme gibt's sowohl traditionelle *pap en vleis*-Gerichte (ab R40) als auch Rindersteak: Man wählt das gewünschte Fleischstück an der Theke aus und schaut zu, wie es gegrillt wird. ⊕ Mi–Do 11–18, Fr und Sa 11–2, So 11–22 Uhr.

Kofi Afrika, 7166 Vilakazi St, Orlando West, ☎ 084 665 2400. Der süße Coffeeshop liegt auf der Terrasse im 1. Stock des originellen Box Shop, einem zweistöckigen Bau aus Überseecontainern am oberen Ende der Vilakazi St. Zur Auswahl stehen diverse Kaffeesorten sowie leckere Smoothies. Außerdem kann man die hauseigene Röstung Kofi Afrika mit nach Hause nehmen. ⊕ tgl. 7–23 Uhr.

Sakhumzi, 6980 Vilakazi St, Orlando West, ☎ 011 536 1379, 🖥 www.sakhumzi.co.za. Einst eine kleine *shebeen*, hat sich das Restaurant nun im gesamten Wohngebäude ausgebreitet. Guter Ort um das typische Essen aus Soweto, „Kasi" (Buffet R120), zu probieren. Außerdem ist es die beste Location der Gegend, um auf der Straßenterrasse etwas zu trinken. ⊕ tgl. 11–23 Uhr.

Wandie's Place, 618 Makhalemele St, Dube, ☎ 011 982 2796 oder 081 420 6051, 🖥 www. wandies.co.za. Wandie's, 2 km westlich der Vilakazi St im Bezirk Dube, war früher Inbegriff der touristenfreundlichen *shebeens* in Soweto. Inzwischen ist es das nobelste Speiselokal der Gegend, aber auch bei Einheimischen nach wie vor sehr beliebt. Buffet mit afrikanischen Speisen der Region (R120). ⊕ tgl. 10–23 Uhr.

UNTERHALTUNG UND KULTUR

Johannesburg bietet das beste Unterhaltungsangebot und Nachtleben Südafrikas und zieht Top Acts aus aller Welt an. Der Stadtführer *Johannesburg - In Your Pocket*, 🖥 www.inyour pocket.com/southafrica/johannesburg, richtet sich an ausländische Besucher und listet auf seiner Website regelmäßig aktualisierte Events. Jeden Freitag findet man im *Mail & Guardian* die aktuellen Filmprogramme und Artikel zu den wichtigsten Veranstaltungen. Im *Daily Star* werden die wichtigsten Kino- und Theatervorstellungen abgedruckt. Ideale Informationsquellen sind auch die örtlichen Radiosender, Plakate und Veranstaltungskalender. Eintrittskarten für die meisten Veranstaltungen gibt es bei **Computicket**, ☎ 011 915 8000, 🖥 www. computicket.com, oder **webtickets**, 🖥 www. webtickets.co.za.

Ausgehen und Nachtleben

Das Johannesburger Nachtleben wird von allen Kulturen und Hautfarben geprägt. An der Seventh Street in **Melville** gibt es eine bescheidene, aber fröhliche Szene. Am Wochenende ist das Nachtleben in den zentraleren Bezirken **Braamfontein und Maboneng** noch wesentlich lebhafter. In vielen Gegenden der Stadt, besonders in den **nördlichen Bezirken**, haben herkömmliche Kneipen und Bars kombinierten Caté-Bar-Restaurants Platz gemacht, die

GAUTENG

meist in Einkaufszentren angesiedelt sind. Die irischen Pubs und Sportsbars sind oft gestopft voll und gemütlich, aber sicher nicht das Maß der Dinge. *Shebeens* in Soweto, die tagsüber aufgesucht werden können, sind unter „Essen" aufgeführt, abends ist der Besuch der Township nur in Begleitung eines Ortskundigen ratsam.

CBD und zentrale Bezirke

Great Dane, 5 De Beer St, ☏ 011 403 1136; Karte S. 554–555. Beliebte, leicht verranzte Bar mit einem bemerkenswerten Fußboden, der aus 5 Cent-Münzen im Wert von R8000 zusammengesetzt ist. Es gibt keinen Grund, einen Sitzplatz zu suchen: Ab 21 Uhr mischt ein DJ das Publikum auf: Je später der Abend, desto lauter und voller der Laden. ⏲ Mi 19–4, Do–Sa 12–4 Uhr.

Kitchener's Carvery, 5 De Beer St, Ecke Juta St, ☏ 011 043 0166; Karte S. 554–555. Der gut erhaltene Pub im 100 Jahre alten früheren Milner Hotel wird unter der Woche von Stammgästen aufgesucht. Zu späterer Stunde übernehmen Mi–Sa hippe junge Leute, denn dann gibt's DJs und Livemusik: wochentags Funk und Soul, am Wochenende House und Electro. ⏲ Mi–Sa 10–4, So–Di 10–2 Uhr.

Mad Giant, 1 Fox Precinct, 1 Fox St, Newtown, ☏ 011 492 1399, 🖥 www. madgiant.co.za; Karte S. 554–555. Spektakuläre Mikrobrauerei, die sich das Gebäude mit dem gehobenen asiatischen Fusion-Restaurant Urbanologi teilt. Auf der Karte stehen Pale Ale, Amber Ale, Pils oder Weißbier sowie leckere Lamm-Burger (R80) vom Grill im Biergarten. Im Shop wird außerdem Mad Giant Merchandising verkauft und Führungen hinter den Kulissen der Brauerei können online gebucht werden. ⏲ tgl. 10–10 Uhr.

Pata Pata, 286 Fox St, Maboneng, ☏ 073 036 9031; Karte S. 554–555. Der Name der gut besuchten Erdgeschossbar stammt von einem durch die Sängerin Miriam Makeba berühmt gewordenen Song. Mit gemütlichen Secondhandmöbeln im 1960er-Retrostil eingerichtet, einer Speisekarte mit afrikanischen Gerichten und mit kleiner Bühne, auf der Fr und Sa Live-Jazz gespielt wird. ⏲ tgl. 8–23 Uhr.

Zebra Inn, 252 Albertina Sisulu Rd, Ecke Kruger St, Maboneng, ☏ 082 494 7763; Karte S. 554–555. Für dieses alkoholgetränkte Safarierlebnis muss man nicht raus zum Krüger-Nationalpark. In der Bar, die man nicht verpassen sollte, kann man Fotos von hundert Jagdtrophäen schießen, die die Wände schmücken. Gute Fluchtburg vor den Hipstern, die die Bars in der Umgebung bevölkern. ⏲ tgl. 12 Uhr bis spät.

Nördliche Bezirke

Bolton Road Collection, Bolton Rd, Ecke Jan Smuts Ave, Rosebank, ☏ 011 327 6104; Karte S. 561. Das hippe Restaurant mit Bar ist Teil des angesagten Park Corner-Bauprojekts in Rosebank. Die Auswahl an Gins und Tonics eignet sich gut zum Ausprobieren heimischer Ginsorten. Tische an der Straße sind an Wochenenden schnell besetzt. ⏲ tgl. 8–24 Uhr.

Island Bar Southern Sun Hyde Park, First Rd, Hyde Park, ☏ 011 341 8080; Karte S. 561. Hotelbar der etwas anderen Art: die Designerbar oben auf der Hyde Park Mall bietet eine traumhafte Sicht auf den Sonnenuntergang. Die Bedienung ist nicht die Schnellste, aber die Aussicht entschädigt dafür. ⏲ tgl. 6–2 Uhr.

Melville

Jo'anna Melt Bar, 7 Seventh St, ☏ 072 733 5966; Karte S. 563. Attraktive und geschäftige, zur Straße hin offene Bar mit viel Sichtmauerwerk und innovativ mit Eisenverstrebungen eingerichtet. Jo'anna hat sich auf geschmolzenen Käse mit verschiedenen Garnierungen wie Cheddar mit süßem Senf (R49) spezialisiert. Außerdem gibt es Craft-Bier. ⏲ Di–So 12 Uhr bis spät.

Six, 6 Seventh St, ☏ 011 482 8306; Karte S. 563. Als eine der Bars mit den besten Vibes an der Johannesburger Vergnügungsmeile zieht Six ein aufgeschlossenes, politisch links gerichtetes Publikum und/oder schwul-lesbische Cocktailschlürfer an. Hier trifft man sich zum Trinken und Quatschen bis in die frühen Morgenstunden. Zu vorgerückter Stunde wird meistens in jeder verfügbaren Ecke getanzt und von 12 bis 19 Uhr gibt's zwei Drinks zum Preis von einem. ⏲ tgl. 12–2 Uhr.

Art Week Joburg, 🖥 www.artweekjoburg.co.za. In ganz Johannesburg finden in der ersten Septemberwoche Dutzende Kunstausstellungen und andere künstlerische Events statt. Höhepunkt ist die dreitägige **FNB Joburg Art Fair**, bei der die besten zeitgenössischen südafrikanischen Künstler im Sandton Convention Centre ausgestellt werden.

FNB Dance Umbrella, Wits Theatre, Braamfontein, 🖥 www.danceforumsouthafrica.co.za. Afrikas größtes Festival zu Tanz und Choreografie findet während zehn Tagen im Februar/März statt, zieht internationale Gruppen an und bietet südafrikanischen Talenten eine wichtige Plattform.

First Thursdays, in ganz Braamfontein und Rosebank, 🖥 www.first-thursdays.co.za. Das monatliche Event sollte ursprünglich eine Plattform für lange Galerienächte sein. Inzwischen umfasst es aber auch DJ-Partys, Buchveröffentlichungen, Popup-Bars und Weinproben, die in einem guten Dutzend Kunstgalerien in Rosebank und Braamfontein veranstaltet werden. Auch ein Straßenfest auf der Keyes Art Mile gehört dazu.

Joy of Jazz Festival, Sandton Convention Centre, 🖥 www.joyofjazz.co.za. Das Wochenend-Festival findet Anfang September statt und zieht neben internationalen Stars die besten heimischen Jazzmusiker wie etwa Pops Mohamed und Hugh Masekela an.

Stanley Beer Yard, 44 Stanley Rd, Milpark, ☏ 011 482 482 5791, 🖥 www.stanleybar.co.za; Karte S. 563. Der wunderbare Treff für Bierliebhaber wirkt wie eine Kreuzung aus Scheune und Garage und hat ein gutes Dutzend Craft-Biere im Ausschank. Jeden Sonntagnachmittag gibt's im Biergarten Live-Jazz. ⊙ Di–Do 15–23, Sa 11.30–23, So 11.30–17 Uhr.

Xai Xai, 5 Seventh St, ☏ 011 482 6990; Karte S. 563. Die beliebte, grungige Bar mit mosambikischen Styling gehört zum portugiesischen Restaurant Nuno's und ist bekannt für TV-Sportübertragungen und billiges Bier. Die Tische im Freien sind toll zum Leute beobachten, die Atmosphäre ist entspannt alternativ. ⊙ tgl. 9–2 Uhr.

Livemusik

Johannesburg ist in der südafrikanischen Musikszene tonangebend. Freitags und samstags ist die Auswahl am größten – und zwar für Openair-Konzerte ebenso wie für Clubauftritte. Zu den **etablierten Künstlern**, deren Auftritte man nicht verpassen sollte, gehören die Sängerin Simphiwe Dana, der Liedermacher Vusi Mahlasela, der Gitarrist Carlo Mombelli und die Trompeter Marcus Wyatt und Hugh Masekela. Für **Jazz** empfiehlt sich das Orbit in Braamfontein. Erlebenswerte **Indie- und**

Alternative-Liveacts bieten z. B. Desmond and the Tutus, The Brother Moves On, Urban Village, Jeremy Loops und BLK JKS. Die populäre Township-Housemusik **Kwaito** kann man selten live hören, höchstens bei großen Konzerten. **Hip-Hop** ist sehr beliebt in der Stadt – die Rapper AKA, Cassper Nyovest und Ricky Rik sind gern gesehene Gäste. Auch Housemusik zieht hier Weltstars wie den in Durban geborenen DJ Black Coffee an, der Johannesburg als seine Heimat betrachtet.

Das Linder Auditorium auf dem Campus der Wits University (Eingang St Andrews Rd) in Parktown, ☏ 011 717 3223, 🖥 www.wits.ac.za, veranstaltet regelmäßig Konzerte – hier ist auch das **Johannesburg Philarmonic Orchestra** zu Hause.

Ein interessanter **Online-Gig-Guide** findet sich unter 🖥 www.jhblive.co.za. Tickets sind normalerweise über 🖥 www.computicket.com oder webtickets.co.za erhältlich.

CBD

In einigen der Restaurants in Newtown wird zuweilen Livemusik geboten (S. 578).

The Good Luck Bar, 1 Fox Precinct, Newtown, ☏ 084 683 4413, 🖥 www.goodluckbar.co.za; Karte S. 554–555. Nach Schließung des legendären Bassline hat dieser Club in einer alten Fabrik aus der Goldrausch-

GAUTENG

ära heute die beste Musikbühne der Stadt. Das Publikum kommt aus der ganzen Stadt und ist genauso gemischt wie das Programm, das alle Genres von Metal über Country und Afrobeat bis Techno vertritt.

The Orbit, 81 De Korte St, Braamfontein, ℰ 011 339 6645, 🖥 www.theorbit.co.za; Karte S. 554–555. Heißgeliebter Jazzclub, der zu Südafrikas besten zählt. Schicker Restaurantbereich im Erdgeschoss sowie Konzertsaal und Terrasse in der oberen Etage. Eintritt für die allabendlichen Konzerte R100–150, gelegentlich finden Comedyabende statt (Wochenprogramm s. Website). ⏲ Di–So 16–2 Uhr.

Nördliche und östliche Bezirke

Katzy's, The Firs, Rosebank Mall, ℰ 011 880 3945, 🖥 www.katzys.co.za; Karte S. 561. Stylische und gehobene Jazzbar mit Zigarrenlounge in der an das Hyatt-Hotel grenzenden Mall. Fünfmal pro Woche abends Livemusik (eher Easy Listening als Innovativ). Wer sitzen möchte, sollte einen Tisch reservieren. Die Garderobe darf etwas schicker sein. ⏲ Di–Sa 12–24 Uhr.

The Radium Beerhall, 282 Louis Botha Ave, Orange Grove, ℰ 011 728 3866, 🖥 www.theradium.co.za. Der bezaubernd-schäbige Pub aus den 1920er-Jahren hat freitags- und samstagsabends Livemusik (Eintritt ab R100) und portugiesische Gerichte auf der Speisekarte. Jeden Freitag spielt die Radium Jazz Band, ein Trio mit Klavier, Bass und Schlagzeug. ⏲ tgl. 10 Uhr bis spät.

Theater, Oper und Tanz

Auto & General Theatre on the Square, Nelson Mandela Square, Sandton, ℰ 011 883 8606, 🖥 www.theatreonthesquare.co.za. Das kleine Theater bietet hauptsächlich leichte Theaterkost, aber manchmal auch politische Themen sowie etwas Mainstream-Musik und Kultur. Im Januar veranstaltet es ein kleines Jazzfestival, an Wochentagen gibt es mittags regelmäßig kostenlose Konzerte.

Joburg Theatre, Loveday St, Braamfontein, ℰ 0861 670 670, 🖥 www.joburgtheatre.com. Das eindrucksvolle Haus mit 4 Bühnen befindet sich in einem nüchternen Betonblock.

Ein herausragendes Theater mit gutem Mix an Mainstream- und gewagteren Theater-, Ballett- und Operninszenierungen.

Market Theatre, 56 Margaret Mcingana St, Ecke Lilian Ngoyi St, Newtown, ℰ 011 832 1641, 🖥 www.markettheatre.co.za. Der Johannesburger Veranstaltungsort schlechthin für exquisites Theater und modernen Tanz. Gefeiert wegen seines sozialkritischen Engagements und den gelegentlich aufgeführten epischen Werken.

Montecasino Theatre, Montecasino, William Nicol Dr, Ecke Witkoppen Rd, Fourways, ℰ 011 511 1988, 🖥 www.montecasino.co.za. Auf 2 Bühnen gibt's Comedy, Musicals und Gastspiele. Im 1800 Sitzplätze umfassenden Teatro at Montecasino werden große Musicals und Konzerte gespielt.

POPArt Theatre, 286 Fox St, Maboneng, ℰ 083 245 1040, 🖥 www.popartcentre.co.za. Das winzige, unabhängige Theater präsentiert stolz die Arbeiten aufstrebender Südafrikaner in unkonventionellen Kleinkunstproduktionen, oft hier oft ihre Premiere geben, bevor sie ihren Erfolg anderweitig fortsetzen.

Soweto Theatre, Bolani Link, Ecke Bolani Rd, Jabulani, Soweto, ℰ 011 930 7461, 🖥 www.sowetotheatre.com. Das Soweto Theatre veranstaltet seit seiner Eröffnung im Jahr 2012 regelmäßige Theaterproduktionen sowie Gospel- und Afropop-Konzerte. Am 1. Samstag im Monat gibt es außerdem einen Openair-Markt mit Lebensmitteln und Kunsthandwerk.

Kinos

Bioscope, 286 Fox St, CBD, 🖥 www.thebioscope.co.za. Erstklassiges Art-house-Kino im Main St Life-Komplex, wo querbeet alles auf die Leinwand kommt: umweltkritische Dokumentarfilme, ausländische Filmfestivals, Gay-Flicks und asiatische Filmabende mit entsprechendem Essen. Tickets kosten R45.

Ster-Kinekor, 🖥 www.sterkinekor.com. Hat Kinosäle in der Rosebank, Sandton und anderen Malls. Im Kinekor-Ableger Cinema Nouveau mit einer Filiale in Rosebank werden Arthouse-Filme gezeigt und öfter mal Südafrika-Filmfestivals organisiert, oft bei freiem Eintritt, sonst R55.

Johannesburg ist der beste Ort in Südafrika, um Kunsthandwerk zu erstehen. Gute Handwerksmärkte und Galerien verkaufen eine unglaubliche Vielfalt an Produkten, teilweise in sehr guter Qualität. Zudem gibt es über 20 große, jedoch meist seelenlose, Einkaufszentren (☉ meist tgl. 8–18 Uhr). Wir haben einige der Malls, die herausstechen und besuchenswert sind, gelistet. Wenn nicht anders aufgeführt, haben die Kunst-, Musik- und Buchgeschäfte sowie Galerien und Märkte zu den üblichen Zeiten geöffnet.

Bücher und Musik

Die in den meisten Einkaufszentren vertretenen Ladenketten **Musica** und **Look & Listen** sind auf CD-Importe (meist Soul und Rock) spezialisiert, führen aber auch einheimische Musik. Im CBD verkaufen zahllose kleine Läden CDs mit südafrikanischen Klängen.

Collector's Treasury, CTP House, 244 Commissioner St, CBD, ✆ 011 482 6516; Karte S. 554–555. Seit Jahrzehnten ein Paradies für Bücherwürmer. Rund 2 Mio. Secondhandbücher (auch viele zu Afrika) füllen die Regale und stapeln sich auf mehreren Stockwerken.

Exclusive Books, 🖳 www.exclus1ves.co.za; Karte S. 561. Südafrikas größte und auch beste Buchhandelskette mit stets aktuellem Sortiment und Filialen in vielen Einkaufszentren. Die besten davon: Hyde Park Corner Mall, Jan Smuts Ave, ✆ 011 325 4298, Sandton City, ✆ 011 883 1010, und Rosebank Mall, ✆ 011 447 3028.

Love Books, 53 Rustenburg Rd, Bamboo Lifestyle Centre, ✆ 011 726 7408, 🖳 www.lovebooks.co.za; Karte S. 563. Kleines, aber feines Buchgeschäft mit afrikanischer Literatur, importierten Romanen, Büchern über Johannesburg und gemütlichen Sitzgelegenheiten. Gleich neben dem Café Service Station.

Einkaufszentren

Hyde Park Corner, Jan Smuts Ave, Ecke Hyde Park, 🖳 www.hydeparkcorner.co.za; Karte S. 561. Schicke Mall mit Designer-Outlets. Auch die ausgezeichnete Buchhandelskette

Exclusive Books ist mit einer großen Filiale vertreten, und die Restaurants sind viel besser als die in den anderen Malls.

Melrose Arch, Athol Oaklands Dr, Melrose North, 🖳 www.melrosearch.co.za; Karte S. 561. Ein geschmackvoll gestaltetes, gut bewachtes Shoppingcenter mit Fußgängerzonen, Plazas, Restaurants, Bars, Hotels, schmucker Mall und riesiger Tiefgarage.

Rosebank Mall, Baker St, Ecke Cradock Ave, Rosebank, 🖳 www.rosebankmall.co.za; Karte S. 561. Eines der freundlichsten Einkaufsparadiese der Stadt mit heimischen Designerboutiquen, Kunsthandwerksläden, einem täglichen afrikanischen Kunsthandwerksmarkt und vielen Cafés und Restaurants in den Fußgängerzonen des angrenzenden The Zone Centres. Berühmt für das Essen, die Kunst und den Kunsthandwerksmarkt, der jeden Sonntag auf dem obersten Parkdeck stattfindet. Direkt an der Gautrain-Station Rosebank.

Sandton City Shopping Centre, Sandton Dr, Ecke Rivonia Rd, Sandton, 🖳 www.sandtoncity.com; Karte S. 561. Riesiger, mit der Nelson Mandela Square Mall verbundener Trakt mit unglaublicher Fülle von Geschäften und einem Kino.

Kunsthandwerk, Märkte und Kunstgalerien

27 Boxes, 76 4th Ave, Melville, 🖳 www.27boxes.co.za; Karte S. 563. Das ungewöhnliche Zentrum aus Überseecontainern beherbergt Dutzende kleiner Souvenirläden mit regionalem Kunsthandwerk sowie Kunstgalerien, Antikläden, Läden mit Secondhand-Büchern und -Musik und einem wechselnden Sortiment an Popup-Läden. ☉ Mo geschl.

44 Stanley, Milpark, 🖳 www.44stanley.co.za. Eleganter Design- und Kunstkomplex zwischen Braamfontein und Melville mit Cafés, Restaurants, exklusiven südafrikanischen Modeboutiquen und Antiquitätengeschäften.

Art Africa, 62 Tyrone Ave, Parkview, westlich des Zoos, ✆ 011 486 2052, ✉ artafrica@tiscali.co.za; Karte S. 563. Gute Auswahl an ausgefallenen und konventionelleren kunsthandwerklichen Arbeiten aus Süd-afrika und der Region,

Angesichts der Kluft zwischen extremer Armut und enormem Reichtum – gepaart mit der Verbreitung illegaler Schusswaffen – überrascht es kaum, dass manche Gegenden Johannesburgs gefährlich sein können. Obwohl der Stadt ein Ruf anhaftet, um den sie nicht zu beneiden ist, sollte man ein realistisches Augenmaß für potenzielle Gefahren behalten, damit einem der Verfolgungswahn den Aufenthalt nicht verdirbt. Die meisten Verbrechen geschehen in den weit außerhalb gelegenen Townships, und von ganz wenigen Ausnahmen abgesehen, sind die Johannesburger sehr freundlich. Wie in allen Großstädten sind bestimmte Sicherheitsmaßnahmen angebracht (S. 59). Wer sie einhält, wird vermutlich nicht in Schwierigkeiten geraten. Die größte Gefahr für Fußgänger besteht darin, bestohlen zu werden. Deshalb ist bei Rundgängen im Central Business District (CBD), in Braamfontein und in Newtown Vorsicht geboten. In ganz Johannesburg sollte man Besichtigungstouren bei Tageslicht unternehmen, sich an die belebten Orte halten und immer auf der Hut sein. Joubert Park, Hillbrow, Berea und Yeoville sollte man nur mit einem örtlichen Führer besuchen, der die Gegend gut kennt. In Melville, Parktown oder Rosebank sind Überfälle höchst unwahrscheinlich.

Wer eine der riskanteren Gegenden **zu Fuß** erkunden möchte, sollte vorher den Stadtplan studieren (nicht mitten auf der Straße), Märsche mit Gepäck vermeiden und auf Gruppen junger Männer achten. Wer Wertsachen bei sich trägt, sollte etwas davon griffbereit halten, um mögliche Angreifer schnell zufriedenzustellen. Niemals sollte man unnötig teuren Schmuck oder Fotoapparate zur Schau stellen und Gegenwehr ist in keinem Fall anzuraten. In **öffentlichen Transportmitteln** sind Überfälle unwahrscheinlich. Wachsam sollte man dennoch sein, vor allem an Knotenpunkten wie Park Station sowie an Taxihaltestellen und besonders beim Aussteigen aus einem Minibustaxi. Das Warten auf einen Bus in den nördlichen Bezirken ist in der Regel ungefährlich.

Wer einen Wagen gemietet hat, sollte wissen, dass es, wenn auch sehr selten, zu „smash and grab"-Diebstählen oder *carjacking* kommt. Daher sämtliche Taschen und Wertsachen im Kofferraum einschließen, die Autotüren verschlossen halten und bei Fahrten nach Einbruch der Dunkelheit oder bei hohem Verkehrsaufkommen die Fenster hochgekurbelt lassen. Die größte Gefahr besteht beim Verlassen des Wagens und bei der Rückkehr sowie in Grundstückseinfahrten. Also wachsam sein, nicht trödeln, und das Auto immer auf einem bewachten Parkplatz abstellen. Zwar hält sich hartnäckig das Gerücht, dass nachts vor einer roten Ampel nicht gehalten werden muss. In Wirklichkeit ist das gefährlich und verboten. Beim Anhalten ist auf großzügigen Abstand zum Vordermann zu achten sowie auf Personen, die eventuell ums Auto herumschleichen.

Von der **Polizei**, die Wichtigeres zu tun hat, als auf Touristen aufzupassen, ist nicht viel zu erwarten. Im Zentrum sowie in Rosebank stehen an den Straßenecken **private Wachleute**, zu erkennen an gelben Armbinden.

---

viele davon unter fantasievoller Verwendung recycelter Materialien.

Bryanston Organic Market, Culross Rd, ab Main Rd, Bryanston, ℡ 011 706 3671, 🖳 www. bryanstonorganicmarket.co.za; Karte S. 561. Bio-Lebensmittel, hochwertiges heimisches Kunsthandwerk und handgearbeitete Kleidung. Kostenloser Shuttlebus mit Abholung an den großen Hotels in Sandton. Handwerksaktivitäten für Kinder machen den Markt zum Familienfavoriten. ⏲ Do und Sa 9–15 Uhr.

Kim Sacks Art Gallery, 153 Jan Smuts Ave, Rosebank, ℡ 011 447 5804, 🖳 www.kimsacks gallery.blogspot.com; Karte S. 561. Eine wahre Schatztruhe voll mit erlesenem Kunstgewerbe und traditionellen Kunstwerken aus ganz Afrika. Die Preise sind teilweise gesalzen, aber die Qualität ist durchweg ausgezeichnet. ⏲ So geschl.

KwaMaiMai Market, CBD; Karte S. 554–555. Der traditionelle Medizinmarkt ist wohl der älteste in Johannesburg, mit Händlern und

Geisterheilern, die hier schon seit Generationen arbeiten. Die meisten Stände sind auf Umuthi-Volksmedizin spezialisiert, aber man findet auch jede Menge Kunsthandwerk. Man kann zwar alleine hingehen, aber mit einem Guide lernt man dabei auch die Gemeinschaft und ihre Traditionen kennen. **MainStreet-Walks**, 🖵 www.mainstreetwalks.co.za, im nahe gelegenen Maboneng, kann Besuche organisieren.

Makotis, 112 Helen Joseph St, CBD, 📞 011 337 1435, 🖵 www.makotis.co.za; Karte S. 554–555. Traditionelle afrikanische Shweshwe-Stoffe werden hier nach laufendem Meter zu vernünftigen Preisen verkauft. Kleidung und bunte Basotho-Decken ergänzen das Angebot. ⏲ Mo geschl.

Sport in Johannesburg

Sport in Johannesburg

Der mit Abstand beliebteste Sport in Johannesburg ist **Fußball**, und zwischen den beiden wichtigsten Teams Kaizer Chiefs und Orlando Pirates herrscht erbitterte Rivalität. Jahrzehntelang haben die Lokalderbys bis zu 70 000 Zuschauer angezogen. Spiele mit anderen Gegnern sind weniger besucht, aber der Versuch lohnt sich; Karten für ein Heimspiel gegen die Mamelodi Sundowns aus Pretoria zu bekommen. Die Eintrittspreise sind niedrig und die Stimmung ist normalerweise gut.

Die Sportarena Ellis Park im Zentrum Johannesburgs (inzwischen offiziell der Emirates Airline Park) ist ein südafrikanischer **Rugby**-Schrein. Neben ihrer Funktion als Austragungsort von Länderspielen dient sie dem Regionalteam der Emirates Lions als Heimstadion. Für die Anfahrt empfiehlt sich die Nutzung des Park-and-Ride-Angebots, das bei großen Wettkämpfen eingerichtet wird und Zubringerbusse von und zur Gautrain-Haltestelle Park Station einsetzt.

Austragungsort der wichtigsten internationalen **Cricketspiele**, darunter die fünftägigen internationalen Matches, ist das Wanderers Stadium, 35 Corlett Drive, Illovo, genannt: The Bull Ring. Gautengs Provinzmannschaft, die Highveld Lions, spielen auch hier.

Market on Main, 264 Fox St, Maboneng, 📞 011 334 5947; Karte S. 554–555. Lebensmittel, Designprodukte und Unterhaltung, all das findet man im Arts on Main-Komplex. Alle Geschäfte und Restaurants im Maboneng-Viertel sind auch am Sonntag von 9–15 Uhr geöffnet, dem schönsten Tag für einen Besuch.

Neighbourgoods Market, De Korte St, Braamfontein, 🖵 www.neighbourgoodsmarket.co.za; Karte S. 554–555. Quirliger Markt in einem alten Parkhaus, auf dem hauptsächlich Lebensmittel, aber auch Kunst und Designprodukte verkauft werden. Dies ist der Ort, wo die Jungen und Schönen ihren Balkan-Burger futtern. Mit Fortschreiten des Tages finden sich die meisten Besucher auf der Terrasse vor der Bar ein. ⏲ Sa 9–15 Uhr.

Rosebank Art & Craft Market, Rosebank Mall, 50 Bath Ave, Rosebank; Karte S. 561. Nicht zu verwechseln mit dem Sonntagsmarkt. Dieser unterhaltsame, permanente Markt bietet eine beeindruckende Auswahl an afrikanischen Heimarbeitsprodukten und Klamotten. Handeln ist empfehlenswert. ⏲ tgl. 9–18, Fr 9–19, Sa und So 9–17 Uhr.

Rosebank Sunday Market, auf dem Dach des Rosebank Mall, Ecke Baker St und Cradock Ave, Rosebank, 🖵 www.rosebanksundaymarket.co.za; Karte S. 561. Exzellenter Markt auf dem weitläufigen obersten Parkdeck des Einkaufszentrums, mit handgearbeitetem afrikanischem Kunsthandwerk, Souvenirs, Mode, Schmuck, Vintage-Nippes und vielem mehr. Außerdem viele Stände mit Essen. ⏲ So 9–16 Uhr.

Snow Lion, 12b Seventh St, Melville, 📞 011 482 2795, 🖵 www.snowlion.co.za; Karte S. 563. Kreative T-Shirts mit südafrikanischen Motiven (Mandelas Gesicht oder südafrikanische Marken) für Kinder und Erwachsene plus einige New-Age-Produkte. ⏲ tgl. 10–21 Uhr.

AKTIVITÄTEN

Fitness

Virgin Active, 📞 086 020 0911, 🖵 www.virginactive.co.za, ist mit mehreren Studios in der Stadt vertreten. Einige Hotels bieten ihren Gästen Gutscheine für die einmalige Nutzung der Fitnesseinrichtungen von Virgin Active an, ansonsten kostet ein Besuch R180.

Schwimmen

Johannesburgs öffentliche Schwimmbäder glänzen nicht immer durch beste Instandhaltung. Ausnahme: das ausgezeichnete beheizte Freibad im Ellis Park mit einem 50-m-Becken, ℰ 011 402 5565. ⏲ Mo–Fr 7–19, Sa und So 8–17 Uhr.

TOUREN

Gerald Garner, ℰ 082 894 5216, 🖥 www.joburg places.com, und **Chris Green**, ℰ 082 491 9370, 🖥 www.cashanafrica.com, sind ausgezeichnete Stadtführer für maßgeschneiderte Touren durch das Stadtzentrum, in die Vororte und zu ferneren Zielen.

Mainstreetwalks, im Curiocity Backpackers Hostel, ℰ 072 880 9583, 🖥 www.mainstreet walks.co.za, hat zahlreiche interessante, Stadtspaziergänge und Fahrradtouren im Programm.

Past Experiences, ℰ 011 782 5250, 🖥 www. pastexperiences.co.za, eignet sich besonders bei Interesse an Kunst und Architektur, mit Touren um CBD und Soweto. Bei themenbezogenen (Street Art, Graffiti, Shopping) Sightseeing-Touren kommt man direkt mit Johannesburgern in Kontakt, denn oft werden öffentliche Transportmittel benutzt.

Johannesburg Heritage Foundation, ℰ 011 482 3349, 🖥 www.joburgheritage.co.za, führt an den meisten Samstagnachmittagen historische Spaziergänge und Bustouren im Stadtzentrum und den Vororten durch (ab R150).

CitySightseeing Joburg, ℰ 086 173 3287, 🖥 www.citysightseeing.co.za. Die roten, oben offenen Cabrio-Busse sind ein beliebtes und sicheres Verkehrsmittel für die Stadterkundung. Abfahrten ab Gautrain Park Station zwischen 9 und 15.30 alle 40 Min. (an Wochenenden alle 30 Min.). Die Red Route (2 Std.) beginnt am Constitution Hill und führt über CBD, Apartheid Museum, Gold Reef City, Newtown, Braamfontein und zurück zum Constitution Hill. Am Apartheid Museum kann man umsteigen zu einer weiteren 2-stündigen Rundfahrt zu den Hauptsehenswürdigkeiten von Soweto. Die Green

Route (1 Std.) führt von The Zone in Rosebank nach Constitution Hill über Johannesburg Zoo und das Military History Museum. Tickets kosten online R170 inkl. Der Red und Green Route (R420 mit Soweto), im Buchungsbüro in Rosebank R20–50 mehr.

SONSTIGES

Autovermietungen

Es lohnt sich, auch in der Unterkunft nach einem Mietwagen-Sonderangebot zu fragen. An großen Verleihfirmen mit Standardkonditionen sind u. a. vertreten: **Avis**, ℰ 011 573 0000, **Budget**, ℰ 086 101 6622, **EuropCar**, ℰ 011 390 3909, und **Tempest**, ℰ 0861 836 737, alle mit Büros am Flughafen und in der Stadt. Billiger sind die Fahrzeuge dieser Verleihfirmen in der Regel, wenn man sie über die Website 🖥 www.carhire.co.za mietet. Einen Vergleich lohnt auch **Rent-a-Wreck**, 343 Louis Botha Ave, Orange Grove, ℰ 011 640 2666, 🖥 www. rentawreck.co.za. Am Flughafen gibt es viele Polizeikontrollen (unbedingt alle Stoppschilder und Geschwindigkeitsbeschränkungen beachten).

Geld

In der Ankunftshalle des Flughafens gibt es Wechselstuben (⏲ 24 Std.) und Geldautomaten, in allen großen Einkaufszentren zudem Exchange Offices und **Banken**. Es gibt zahllose Geldautomaten, aber man sollte nur jene innerhalb von Gebäuden benutzen, sich vor Dieben in Acht nehmen und grundsätzlich keine Hilfe von Fremden annehmen.

Informationen

Städtisches Touristenbüro, in der Bücherei, Nelson Mandela Sq, Sandton, ℰ 087 151 2950. ⏲ Mo–Fr 8–17 Uhr.
Die beste Quelle für Konzerte, Shows, Ausstellungen, Sportveranstaltungen und andere Events ist der hervorragende Stadtführer *Johannesburg – In Your Pocket* (R40, 🖥 www. inyourpocket.com/southafrica/johannesburg). Erhältlich ist er in Buchläden und Unterkünften überall in der Stadt. Alle Informationen auch online.

Medizinische Hilfe

In einem medizinischen Notfall ruft man einen Krankenwagen der privaten Firma **Netcare 911** unter ℂ 082 911, 🖥 www.netcare.co.za, an. Er bringt den Patienten in ein privates Netcare Hospital. Das ist zwar kostspielig, aber zuverlässiger als ein staatliches Krankenhaus.
Staatliche Krankenhäuser mit 24 Std. Notdienst:
Johannesburg General Hospital, Parktown, ℂ 011 488 33-34, -35;
Helen Joseph Hospital, Auckland Park, ℂ 011 489 1011.

Private Krankenhäuser
Netcare Milpark Hospital, Guild St, Parktown, ℂ 011 480 5600.
Morningside Medi-Clinic, in Morningside, nahe Sandton, ab Rivonia Rd, ℂ 011 282 5000. Privatkrankenhäuser sind immer die bessere Wahl. Wer keine Krankenversicherung nachweisen kann, muss bei der Aufnahme eine Menge Geld hinlegen.

Post

In den meisten Vierteln gibt es ein zentrales Postamt, das sich oft in den Einkaufszentren befindet. Am OR Tambo-Flughafen gibt es ebenfalls eine Post für letzte Sendungen vor dem Abflug (ein Paket bis 30 kg auf dem Landweg nach Europa kostet um R270, benötigt aber bis zu 3 Monate). Die Hauptpost in der Rahima Moosa Street im CBD nimmt postlagernde Sendungen an.

NAHVERKEHR

Johannesburgs öffentliches Transportwesen hat sich stark verbessert, und das Schienen- und Busnetz von Gautrain sowie die Schnellbusse von Rea Vaya Rapid Transit (BRT) wurden von den Anwohnern sehr gut angenommen. Das Busnetz von Rea Vaya wird zusätzlich zu den Hauptrouten von und nach Soweto stetig bis in die nördlichen Vororte erweitert. Vorrangiges Transportmittel in Johannesburg ist aber immer noch der eigene Wagen, obwohl der CBD und einige Vororte, insbesondere Melville, sich bequem zu Fuß erkunden lassen.

Auto

Für die Erkundung Johannesburgs gibt es nach wie vor kein besseres Transportmittel als ein eigenes Fahrzeug. Obwohl die Ausschilderung mitunter dürftig ist und die einheimischen Autofahrer manchmal drängeln, kommt man problemlos herum, wenn man sich vorab mit den wichtigen Straßen und dem Stadtplan vertraut macht oder über GPS verfügt. Die Orientierung im Stadtzentrum ist trotz Einbahnstraßen, Fußgängerzonen und Verkehrsstaus zu den Stoßzeiten einfach, weil die Straßen im Schachbrettmuster angelegt sind. Vorsicht vor den Bustrassen in CBD: Meist wartet irgendwo ein Verkehrspolizist darauf, dass man sich in eine verirrt.

Routen
Die **M1** verbindet das Zentrum mit den nördlichen Bezirken und durchquert dabei Newtown entlang einer Hochtrasse, führt dann weiter durch Braamfontein und Parktown nach Houghton und Sandton und wird in ihrem weiteren Verlauf schließlich zur N1 Richtung Pretoria. Südlich des Zentrums zählt die M1 zu den bevorzugten Strecken nach Soweto. Westlich der M1 und ebenfalls nützlich für eine Fahrt in den Norden ist die **Oxford Road**, die in Parktown beginnt und in Sandton zur Rivonia Road wird. Wiederum westlich verläuft die **Jan Smuts Road** via Rosebank und Dunkfeld nach Hyde Park.

Parken
Bewachte Parkplätze im Stadtzentrum: Unter dem Gandhi Square, im Carlton Centre-Parkhaus an der Main St (durch eine Unterführung mit dem Centre verbunden; kostenloses Parken, wenn man den Parkschein im Top of Africa-Büro abstempeln lässt) und in der Newtown Junction Mall.

Stadtbusse
Metrobus
Die meisten Johannesburger Metrobus-Linien beginnen und enden am zentralen Busbahnhof am Gandhi Square, der über die Eloff Street zu erreichen ist. Fahrpläne gibt es im **Businformationsbüro** in der Gandhi Mall auf der Süd-

seite des Gandhi Square, ☎ 011 833 5918, 🖳 www.mbus.co.za. ⏲ Mo–Fr 6–18, Sa 8–14 Uhr.
Busse verkehren nur zwischen den Vororten und dem Zentrum, nicht aber zwischen verschiedenen Vororten, es sei denn, diese liegen an derselben Strecke in die Stadt. Die meisten Linien verkehren nicht länger als bis 18.30 Uhr, einige wenige bis 21.30 Uhr. Am Wochenende ist der Betrieb auf sehr wenige Linien eingeschränkt, die Wartezeit zwischen zwei Bussen beträgt dann mindestens eine Stunde. Der Fahrpreis (je nach Entfernung R10–25) wird direkt beim Fahrer entrichtet. Das Ticket muss bei einer Fahrscheinkontrolle vorgezeigt werden.
Nützliche Routen sind z. B. die 67 nach Melville und die 05CD nach Rosebank und Sandton.

BRT
Die Busse des **Rea Vaya Bus Rapid Transit** (BRT), 🖳 www.reavaya.org.za, stellen eine schnelle, sichere Transportmöglichkeit zwischen CBD und Melville nach Soweto dar, denn sie verkehren auf ganz bestimmten Straßen und Spuren. Die Busse halten nur an speziellen Haltestellen auf Podesten, die sauber, witterungsgeschützt und gut bewacht sind. Die erste Hauptlinie, die T1 vom Ellis Park im CBD zum Thokoza Park in Soweto, wird von mehreren Zubringerbussen (*feeder buses*, zu erkennen am Buchstaben „F" vor der Zahl) bedient und hat Anschluss an die Innenstadt-Rundstrecke C3. Diese für Touristen interessante Strecke verbindet die Johannesburg Art Gallery mit dem Old Fort am Constitution Hill, dem Origins Centre in Braamfontein, Park Station, Rissik Street, Newtown und dem Carlton Centre, wo man in die T1 nach Soweto oder die C1 nach Maboneng umsteigen kann. Die C4 verbindet Park Station mit Milpark (mit Anschluss an die 44 Stanley) und Melville. Um die Busse zu nutzen, benötigt man eine wiederaufladbare Smartcard, die an den Haltestellen Park Station und Carlton Centre verkauft wird. Hier bekommt man auch Einzelfahrkarten (R15) – Fahrer haben kein Bargeld bei sich. Eine Fahrt kostet R12–25. Die Busse der Hauptlinien fahren werktags alle 10–20 Min. von ca. 6–19 Uhr, am Wochenende alle

20–30 Min. von 7–18 Uhr. Die Busse der Innenstadt-Rundstrecke fahren werktags alle 15–20 Min. von 6–20.30 Uhr, am Wochenende alle 15–30 Min. von 7–17.30 Uhr. Auf der Website von Rea Vaya gibt es nützliche Pläne, auf denen die größten Sehenswürdigkeiten mit den am nächsten gelegenen Bushaltestellen eingezeichnet sind.

Gautrain-Zubringerbusse: Die goldfarbenen Gautrain-*feeder buses*, 🖳 www.gautrain. co.za, fahren alle Gautrain-Bahnhöfe außer der Flughafen Station an (Mo–Fr, R20, R6 in Kombination mit einer Bahnfahrt). Wer sie nutzen möchte, benötigt eine zuvor aufgeladene Gautrain Gold Card. Praktische Strecken sind z. B. die von der Park Station nach Parktown, von der Rosebank Station zur Hyde Park Corner Mall und Melrose Arch Mall sowie die von der Sandton Station zum Montecasino Complex in Fourways. Streckenpläne gibt es in den Bahnhöfen, an den Bushaltestellen und online; unter ☎ 010 223 1098 erfährt man, wann genau der nächste Bus kommt.

Minibustaxis
Die meisten Pendler benutzen Minibustaxis, die auch das größte Gebiet abdecken. Man findet sie an Standplätzen oder hält sie an der Straße an. Im Allgemeinen gelten dafür die folgenden Handzeichen: Ein erhobener Zeigefinger signalisiert, dass man in die Stadt hineinfahren möchte. Nach unten gerichtet zeigt der Finger an, dass man ein Ziel im näheren Umfeld hat; danach muss man sich aber noch vom Fahrer bestätigen lassen, dass er tatsächlich in die richtige Richtung fährt. Die meisten Minibustaxis zum CBD enden am Park Central Taxi Terminus. Dieser hektische Busbahnhof kann sehr einschüchternd wirken: Wer wachsam ist und seine Wertsachen nicht zur Schau stellt, sollte aber keine Probleme bekommen. Minibusse nach Melville fahren vom Bussteig 1, nach Sandton von Bussteig 2 und nach Orlando West in Soweto von Bussteig 9. Kurze Fahrten kosten ab R9.

Taxis
Das zuverlässigste Unternehmen ist **Zebra Cabs**, ☎ 086 110 5105, 🖳 www.zebracabs.

co.za, die normalerweise feste Preise (ab R12/km, Grundgebühr R50) haben. Achtung an Gautrain-Stationen: Hier sind oft Taxiwerber in der Nähe, die gerne aggressiv auf Konkurrenz reagieren.

Die Smartphone-App Uber deckt Johannesburg recht gründlich ab und ist meist günstiger. Hier lohnt sich immer ein Vergleich, bevor man ein Privattaxi ruft.

Tuk-Tuk

Sheshatuks, ✆ 086 174 3742, 🖥 www.sheshatuks.co.za, an der Gautrain Station in Sandton und Rosebank sowie **E-tuktuk**, ✆ 072 316 8099, 🖥 www.e-tuktuk.co.za, in Melville fahren mit kleinen Tuk-Tuks (R30 für Kurzstrecken).

Nahverkehrszüge

Das Schnellbahnnetz **Gautrain**, ✆ 0800 428 87246, 🖥 www.gautrain.co.za, verbindet die Johannesburger Park Station via Rosebank und Sandton mit Pretoria; in Sandton zweigt eine Linie zum Flughafen ab. Sicherheit wird ganz groß geschrieben: auf den Bahnhöfen und in jedem Zug ist Wachpersonal eingesetzt. Fahrgäste benötigen Gold Cards (R15), die auf den Bahnhöfen gekauft und aufgeladen werden. Die Karte berechtigt zu Bahn- und Zubringerbusfahrten sowie zum Parken. Züge verkehren tgl. zwischen 5.30 und 20 Uhr im Abstand von 15–30 Min. Eine Fahrt von der Park Station nach Rosebank kostet R19–27, nach Sandton R22–30, je nach Tageszeit (zur Rushhour mehr).

Das andere Johannesburger Stadtbahnnetz, **Metrorail**, genießt hinsichtlich Sicherheit einen schlechten Ruf, umfasst nur wenige Strecken und sollte gemieden werden.

TRANSPORT

Auto

Auf der N1, N3, N12 und R21 in der Umgebung von Johannesburg und bis nach Pretoria hoch müssen alle Fahrzeuge **Mautgebühr** bezahlen (rund R0,50 pro km). Mietwagen sind mit einem Gerät ausgestattet, das die Maut abrechnet, alle anderen müssen sich im Voraus via 🖥 www.nra.co.za anmelden.

Wer mit dem Auto nach Pretoria fährt, sollte die **Rushhour** (15.30–17 Uhr) meiden, in der sich die Fahrzeit auf 2 Std. verdoppeln kann. Dann gerät auch die schnelle, 45-minütige Fahrt zum OR Tambo-Flughafen möglicherweise zur 2-stündigen Stop-and-go-Partie.

Busse und Minibusse

Baz Bus, ✆ 086 122 9287, 🖥 www.bazbus.com, fährt mit 22-Sitzern von Johannesburg über DRAKENSBERG, DURBAN, die Ostkapküste und die GARDEN ROUTE nach KAPSTADT (4–5x wöchentl.) und hält an Hostels entlang der Strecke. Bei diesem „Hop-On-Hop-Off"-Bus können Passagiere in Durban und Port Elizabeth übernachten.

Greyhound, **Intercape** und **Translux** nutzen den Busbahnhof an der Park Station im Zentrum der Stadt. Die einst berüchtigte Park Station ist erheblich sicherer geworden. Die Haupthalle ist groß und offen und beherbergt Informationsschalter aller Busunternehmen. Trotzdem sollte man nicht mit viel Gepäck in der Umgebung herumspazieren, sondern besser den Gautrain oder ein Taxi zur gewünschten Adresse nehmen oder bei der gebuchten Unterkunft eine Abholung vereinbaren. An der Park Station gibt es mehrere, günstig in der oberen Halle gelegene Mietwagenanbieter. Sie erscheinen im Internet unter dem Begriff „Mietwagen in Braamfontein".

Busse nach:
BEITBRIDGE (3x tgl., 7 Std.);
BLOEMFONTEIN (16x tgl., 5 Std.);
DURBAN (16x tgl., 8–11 Std.);
EAST LONDON (12x tgl., 12 3/4 Std.);
KAPSTADT (6x tgl., 19 1/2 Std.);
KIMBERLEY (5x tgl., 6 1/2 Std.);
KING WILLIAM'S TOWN (3x tgl., 12 1/4 Std.);
KNYSNA (1x tgl., 17 Std.);
KURUMAN (1x tgl., 7 Std.);
LADYSMITH (2x tgl., 5 3/4 Std.);
LOUIS TRICHARDT (1x tgl., 5 1/4 Std.);
MOSSEL BAY (2x tgl., 17 Std.);
MTHATHA (1x tgl., 11 1/2 Std.).
NELSPRUIT (6x tgl., 5 Std.);
NEWCASTLE (1x tgl., 5 Std.);
OUDTSHOORN (2x tgl., 14 1/2 Std.);

PIETERMARITZBURG (16x tgl., 7 Std.);
PLETTENBERG BAY (1x tgl., 17 1/2 Std.);
PORT ELIZABETH (4x tgl., 13 1/4 Std.);
PRETORIA (mehr als 30x tgl., 1 Std.);

Eisenbahn

Intercity- und die Gautrain-Langstreckenzüge **Shosholoza Meyl**, ☎ 011 774 4555, 🖥 www.shosholozameyl.co.za, halten an der Park Station im Zentrum (S. 586). Fahrkarten gibt es am Ticketschalter von Shosholoza Meyl in der Park Station. Gautrain bietet die schnellste und komfortabelste Zugverbindung nach PRETORIA (S. 591). Die Züge fahren an der Gautrain-Haltestelle Park Station an der Wolmarans, Ecke Rissik Street (gegenüber vom Nordeingang zur Bahnhofshalle) ab. Hier gibt es auch Fahrkarten.

Züge nach:
DURBAN (Fr und So, 14 Std);
EAST LONDON über BLOEMFONTEIN (Mi, Fr und So, 20 Std);
KAPSTADT über KIMBERLEY (Di, Mi, Do, Fr und So, 26 Std);
KOMATIPOORT über NELSPRUIT (Fr, 13 Std);
PORT ELIZABETH über BLOEMFONTEIN (Mi, Fr und So, 20 Std).

Flüge

Der **OR Tambo International Airport**, ☎ 086 727 7888, 🖥 www.airports.co.za, nach dem wichtigsten exilierten ANC-Führer benannt, liegt 20 km östlich der Innenstadt. Im Erdgeschoss der Ankunftshalle des internationalen Terminals gibt es einen Touristeninformationsschalter, ☎ 011 390 3614, ⏰ tgl. 5.30–22 Uhr, und 24-Std.-Geldwechselschalter. Im 1. Stock befinden sich eine Post, ein Internetcafé und Geldautomaten.

Transport vom/zum Flughafen

Die schnellste und einfachste Art, ins Stadtzentrum zu kommen – vor allem während der morgendlichen und abendlichen Stoßzeiten – bietet der **Gautrain** (tgl. 5.30–20.30 Uhr, S. 586). Er braucht 15 Min. bis zum Bahnhof Sandton (R151 plus R15 für die Gold Card, wo Umsteige

möglichkeit in Züge Richtung Süden zu den Rosebank und Park Stations und Richtung Norden nach Pretoria besteht. Zu den Hotels in Sandton fahren auch Gautrain-Zubringerbusse.
Shuttlebusse von **EZ Shuttle**, ☎ 086 139 7488, 🖥 www.ezshuttle.co.za, R420–495, und **Rhino Shuttles**, ☎ 010 010 6506, 🖥 www.rhino shuttles.co.za, R450–525, sind rund um die Uhr im Einsatz und holen und setzen die Passagiere direkt vor der Tür ab. Einen Tag im Voraus buchen!
Die teureren Hotels haben für ihre Gäste oft einen kostenlosen Flughafenbusservice, und auch die meisten Backpacker-Hostels und einige kleinere Guesthouses bieten **kostenlose Abholung** vom Flughafen an (bei der Reservierung mitbuchen), manche sogar auch den kostenlosen Transport zum Flughafen.
In der Ankunftshalle bieten meist jede Menge Taxiwerber ihre Dienste zu übertriebenen (aber meist verhandelbaren) Preisen an. Meist empfiehlt es sich eher, zum Taxischalter neben dem Tourismusbüro zu gehen, allerdings muss man sich vor der Abfahrt vergewissern, dass der Fahrer genau weiß, wohin er fahren soll, und auch der ungefähre Fahrpreis sollte klar sein. Eine Fahrt zu einer Adresse in der Innenstadt von Johannesburg, nach Rosebank oder Sandton dürfte ca. R500 kosten, und in einen entlegenen nördlichen oder westlichen Vorort nicht über R600.

Flüge nach:

BLOEMFONTEIN (5–12x tgl., 1 Std.);
DURBAN (50x tgl., 1 Std.);
EAST LONDON (9x tgl., 1 1/2 Std.);
HOEDSPRUIT (2x tgl., 1 Std.);
KAPSTADT (70x tgl., 2 Std.);
KIMBERLEY (3–7x tgl., 1 1/2 Std.);
NELSPRUIT (5–6x tgl., 1 3/4 Std.);
PORT ELIZABETH (15x tgl., 1 3/4 Std.).

Fluggesellschaften

Folgende Fluggesellschaften haben Ticketschalter am OR Tambo International Airport:

Air France/KLM, ☎ 011 390 8560;
British Airways, ☎ 011 441 8600;

GAUTENG

Lufthansa, ☎ 086 184 2538;
SA Airlink, ☎ 011 451 7300;
South African Airways, ☎ 011 978 2888.

Lanseria Airport

Der kleinere Lanseria Airport, ☎ 011 367 0300, 🖥 www.lanseria.co.za, liegt 30 km nordwestlich der Innenstadt und wird von zunehmend mehr Budget-Airlines angeflogen. Taxis warten hier kaum, und öffentliche Transportmittel gibt es nicht. Daher entweder einen Transfer bei der Unterkunft organisieren oder ein Taxi (S. 585) rufen.

Flüge nach:

DURBAN (6–7x tgl., 1 Std.);
GEORGE (Fr und So; 2 Std.);
KAPSTADT (12–13x tgl., 2 Std.);
UPINGTON (Mo, Di und Do, 2 Std.).

Die Umgebung von Johannesburg

Wenn Johannesburger mal außerhalb der Stadt ausspannen wollen, zieht es sie häufig nach Nordwesten in die **Magaliesberge**, die sich von Pretoria im Osten bis nach Rustenburg in der Nordwest-Provinz erstrecken. Die Bergkette ist eine der ältesten der Welt und über die Jahrmillionen nach und nach erodiert. Imposant aufragende Gipfel darf man hier daher nicht erwarten. Ein Großteil des Gebiets besteht aus Farmland, das sich über hügeliges Gelände ausdehnt. Hier und da kann man beeindruckende *kloofs* (Schluchten) und wohltuend unverbaute Aussichten genießen.

Die Hügel bergen verschiedene Höhlen an ihrer südöstlichen, Johannesburg zugewandten Seite. Sie sind ungefähr 3,5 Mio. Jahre alt und zählen zu den weltweit bedeutendsten Zeugnissen in der Entwicklungsgeschichte des Menschen. Die Höhlen, darunter auch die bekannten Sterkfontein Caves, sind Teil des Welterbes **Cradle of Humankind** (Wiege der Menschheit) und waren eine der ersten von der Unesco ausgewählten Stätten dieser Art in Südafrika.

Cradle of Humankind

Das rund 47 000 ha große Gelände der Cradle of Humankind umfasst mehrere Dolomithöhlen, in denen während der letzten 60 Jahre rund zwei Fünftel aller hominiden Fossilienfunde weltweit gemacht wurden. Dank der leichten Zugänglichkeit und der Fülle der entdeckten Zeugnisse menschlicher Entwicklung hat die Cradle of Humankind die tansanische Olduvai-Schlucht als wichtigste paläontologische Stätte Afrikas und der Welt abgelöst.

Sterkfontein Caves

🕐 tgl. 9–17 Uhr, Führungen jede halbe Std. von 9–16 Uhr ▪ Eintritt R165, mit Maropeng R190 ▪ ☎ 011 577 9000, 🖥 www.maropeng.co.za

Bekannteste Attraktion der Cradle of Humankind sind die Sterkfontein Caves, die Vermutungen zufolge vor etwa 3,5 Mio. Jahren von prähominiden Primaten bewohnt waren. Ins Blickfeld der Europäer gerieten die Höhlen erstmals 1896, als der Italiener Guglielmo Martinaglia auf der Suche nach abbaubarem Kalk auf sie stieß. Martinaglia war jedoch nur an den Fledermausexkrementen interessiert, die er kurzerhand abtrug und dadurch die dolomitische Höhlenformation zerstörte.

Zwischen 1936 und 1951 unternahm der Archäologe Dr. Robert Broom Ausgrabungen in den Höhlen. 1947 fand er den Schädel einer über 2,5 Mio. Jahre alten Hominidin, die „Mrs. Ples" getauft wurde. 1995 entdeckte der Archäologe Ronald Clarke dann „Little Foot", die Knochen eines 3 Mio. Jahre alten, aufrecht gehenden Hominiden mit einer abgespreizten großen Zehe, die in ihrer Funktionsweise unserem Daumen entspricht. Der letzte Fund aus dem Jahr 1998 brachte das mit 3,3 Mio. Jahren bis heute älteste gefundene, vollständig erhaltene Skelett eines *Australopithecus* zu Tage. Bevor man sich der Führung durch die Höhle anschließt, kann man noch ein kleines Museum besuchen.

Wonder Cave

🕐 Di–Fr 9–16, Sa und So 9–17 Uhr ▪ Führungen jeweils zur vollen Std. ▪ Eintritt R100 oder R240 mit dem Rhino and Lion Nature Reserve ▪ ☎ 011 957 0006, 🖥 www.rhinolion.co.za/wonder-cave-index

GAUTENG

- Am besten zu erreichen durch das Rhino and Lion Nature Reserve – die Alternativstrecke ist eine längere, raue Schotterstraße

Die einzige weitere für Besucher geöffnete Höhle ist die Wonder Cave im Rhino and Lion Nature Reserve, nordöstlich von Sterkfontein. Auch sie diente gegen Ende des 19. Jhs. als Kalksteinbruch, barg aber im Unterschied zu Sterkfontein keinerlei paläontologische Funde. Das Hauptaugenmerk gilt hier den Stalaktiten, Stalagmiten und Sinterbecken in einer unterirdischen Kammer. Nach einer Fahrt mit dem Aufzug in die Tiefe führen markierte Pfade durch die effektvoll ausgeleuchtete Höhle.

Rhino and Lion Nature Reserve

🕐 tgl. 8–16 Uhr ▪ Eintritt R160, mit der Wonder Cave R240 ▪ ✆ 011 957 0349, 🖥 www.rhinolion.co.za

Das 14 km² große Rhino and Lion Nature Reserve ist zwar eher ein Safaripark als ein Wildschutzgebiet, wie man es sonst in anderen Teilen Südafrikas findet, jedoch in Gauteng die beste Möglichkeit, große Säugetiere zu sehen. Den Hauptteil des Parks nimmt ein Gelände ein, wo sich Breitmaulnashörner, Gnus, Kuhantilopen und Zebras tummeln, während das Lion and Predator Camp verschiedene ausgedehnte Gehege umfasst, die Löwen, Geparden und Hyänenhunde beherbergen. Daneben gibt es noch einen Aussichtsposten für die Beobachtung von Kapgeiern sowie gegenüber vom Haupttor einige Tümpel mit Flusspferden, eine Zuchtstation und einen Tierhort, wo Besucher Löwenbabys streicheln dürfen. Man sollte sich jedoch darüber im Klaren sein, dass die meisten dieser Tiere auf speziellen Farmen landen, wo sie gejagt werden dürfen.

Die „Wiege der Menschheit"

Im Dolomitgestein der Höhlen, die sich in dem inzwischen als Cradle of Humankind bezeichneten Gebiet erstrecken, lagern die fossilen Überreste von **Hominiden**, die vor ungefähr 3,3 Mio. Jahren in Südafrika lebten. Die in den Höhlen ebenfalls entdeckten versteinerten Pollen, Pflanzenteile und Tierknochen deuten darauf hin, dass die Gegend einst von einem tropischen Regenwald bedeckt war, in dem Riesenaffen, langbeinige Jagd-Hyänen und Säbelzahnkatzen beheimatet waren.

Wann genau die ersten Hominiden auftauchten, ist noch immer unklar, Wissenschaftler gehen jedoch davon aus, dass sich die menschliche Linie im Entwicklungsstammbaum vor etwa 5–6 Mio. Jahren vom Affen abspaltete. Die älteste identifizierte hominide Gruppe ist die der *Australopithecine*, eine zweibeinige menschenähnliche Art mit kleinem Gehirn. Der erste *Australopithecus* Südafrikas wurde 1924 entdeckt, als Prof. Raymond Dart in der heutigen Nordwest-Provinz auf das **Taung-Kind** stieß. 1936 fand man die ersten australopithecinen Fossilien in den Sterkfontein Caves, und 1947 konnte Dr. Robert Broom einen nahezu vollständig erhaltenen Schädel ausgraben, den er zunächst *Plesianthropus transvaalensis* („Fast-Mensch" aus Transvaal) nannte und der sich später als 2,6 Mio. Jahre alter *Australopithecus africanus* entpuppte. Dieser als weiblich identifizierte Fund erhielt den Spitznamen **„Mrs. Ples"** und galt viele Jahre weltweit als das „fehlende Glied" in der Evolutionsgeschichte des Menschen. Seither sind in den Sterkfontein Caves und anderen benachbarten Höhlen eine Reihe von Fossilien und Zeugnissen weiterer Arten und Spezies entdeckt worden. Die größte Sensation der letzten Jahre war die Entdeckung von 1550 Knochen, die als *Homo naledi* identifiziert wurden, einer neuen Hominidenart, die man auf ein Alter von 335 000 bis 236 000 Jahre schätzt – der Ära des *Homo sapiens*. Gefunden wurden die Knochen 2013 in den beiden unzugänglichsten Kammern des Höhlensystems **Rising Star** (*naledi* in der Sprache der Sesotho). Für manche Wissenschaftler deutet der ungewöhnliche Fundort auf ein rituelles Verhalten hin – eine beliebte Theorie geht derzeit davon aus, dass *Homo naledi* eine Form der bewussten Totenbestattung kannte.

Wer mehr über dieses Thema erfahren und die Höhlen und Ausgrabungsstätten besuchen möchte, die der Öffentlichkeit normalerweise versperrt sind, kann an einer der ausgezeichneten **Touren** von Palaeo-Tours, ✆ 082 804 2899, 🖥 www.palaeotours.com, oder Past Experiences, ✆ 011 678 3905, 🖥 www.pastexperiences.co.za, teilnehmen.

Maropeng Museum

Über die R400-Abfahrt von der R563, nordwestlich der Sterkfontein Caves ▪ ⏱ tgl. 9–17 Uhr ▪ Eintritt R120, mit Sterkfontein Caves R190 ▪ ☎ 014 577 9000, 🖥 www.maropeng.co.za

Das Maropeng (SeTswana für „Rückkehr zur Stätte unserer Vorfahren") befindet sich in einem sehenswerten Gebäude namens Tumulus, das zur Hälfte mit Grasschollen bedeckt ist, damit es wie ein Grabhügel aussieht. Das beeindruckende Museum befasst sich mit dem Ursprung und der Evolution der Menschheit.

Besucher können bei einer kurzen unterirdischen Bootsfahrt in die Zeitnebel eintauchen und sich anschließend mit kinderfreundlichen interaktiven Displays und anderen Informationen zur Entwicklungsgeschichte der Menschheit beschäftigen. Den krönenden Abschluss bildet ein Raum voller echter Fossilien, Leihgaben unterschiedlicher Institutionen aus ganz Südafrika, sowie eine Tafel über die neuere Entdeckung des *Homo naledi*.

ÜBERNACHTUNG UND ESSEN

Forum Homini, Kromdraai Rd, ☎ 011 668 7000, 🖥 www.forumhomini.com. Das preisgekrönte Hotel auf dem von Antilopen und Hippos bewohnten Gelände einer privaten Gamefarm hat sensationelle, im „cave chic" gehaltene Zimmer mit Seeblick. Die Fahrt hierher lohnt sich schon des fantastischen Gourmetrestaurant Roots wegen, wo es feste Mittags- und Abendmenüs gibt. Vollpension inkl. R3500

Maropeng Hotel, abseits der R400, ☎ 014 577 9100, 🖥 www.maropeng.co.za. Das noble Hotel neben dem Maropeng Museum ist günstig, mit Paketen, die Vollpension und Museumseintritt enthalten. Jedes der in Erdtönen gehaltenen Zimmer hat einen Patio mit umwerfender Aussicht auf die Magaliesberge. R1300

TRANSPORT

Am leichtesten ist die Cradle of Humankind mit dem **Auto** zu erreichen: Anfahrt von Johannesburg Richtung Westen über die R47

(Hendrik Potgieter Rd) oder die M5 (Beyers Naudè Drive), dann über die N14 bis zur Kreuzung mit der R563. Nach einigen Kilometern Richtung Nordwesten auf der R563 erreicht man eine Abzweigung, die zu den Sterkfontein Caves führt.

Pretoria

Die beiden größten Städte Gautengs liegen zwar nur 50 km voneinander entfernt, könnten jedoch unterschiedlicher nicht sein. Pretoria – oder Tshwane, wie das Einzugsgebiet jetzt offiziell heißt – war mit seinen würdevollen Regierungsgebäuden, breiten, von Jacarandabäumen bestandenen Alleen und soliden burisch-bäuerlichen Wurzeln lange Zeit das Symbol unerschütterlicher Tradition. Seit Einführung der Demokratie ist Südafrikas administrative und exekutive Hauptstadt jedoch kosmopolitischer geworden. In den östlich des Zentrums gelegenen Stadtteilen Arcadia und Hatfield hat sich eine beachtliche Diplomatengemeinde etabliert, und aus der Schar der Staatsbediensteten rekrutiert sich eine wachsende schwarze Mittelschicht. Die meisten Bewohner sind gar keine Afrikander mehr, sondern Pedi und Tswana. Und Tausende schwarze Studenten bevölkern die Universitäten der Stadt.

Pretorias Zentrum ist ein kompaktes Netz breiter, belebter Straßen, das sich bequem und vergleichsweise sicher zu Fuß erkunden lässt. Herzstück ist der von imposanten Bauten umgebene **Church Square**, nicht weit davon befinden sich weitere historische Gebäude und Museen. Im Norden erstrecken sich die weitläufigen **National Zoological Gardens**, im östlich gelegenen Bezirk Arcadia stehen die berühmten **Union Buildings**.

Am südlichen Stadtrand befinden sich das bemerkenswerte **Voortrekker Monument** und der **Freedom Park**, ein Mahnmal, mit dem der konfliktreichen Geschichte Südafrikas gedacht wird.

Dank seiner Anbindung an das Gautrain-Netz kann Pretoria leicht vom Johannesburg oder vom Flughafen aus erreicht werden. Das **Nachtleben** ist entspannt und lebenslustig. Bei

GAUTENG

Berücksichtigung der üblichen Sicherheitsmaßnahmen sind die meisten Gegenden der Innenstadt von Pretoria für Fußgänger ziemlich ungefährlich. Besondere Vorsicht ist jedoch bei Spaziergängen nördlich des Church Square im Umkreis der wuseligen Johannes Ramokhoase Street und Struben Street angezeigt, ebenso im Bezirk Sunnyside östlich des CBD.

Geschichte

Anders als Johannesburg entwickelte sich Pretoria in gemächlichem Tempo aus einer burischen Farmergemeinde in der fruchtbaren Umgebung des Apies River. **Marthinus Pretorius** gründete 1855 die nach seinem Vater Andries Pretorius benannte Stadt. Sie sollte die Hauptstadt werden, um die herum die Südafrikanische Republik (ZAR) wachsen und gedeihen würde. In der Umsetzung ihres festen Glaubens, dass das Land, das sie besetzten, von Gott gegeben war, errichteten die Afrikander als erstes Gebäude Pretorias eine Kirche. Man legte anschließend ein Straßennetz an, das es den von auswärts kommenden Farmern erlaubte, ihre Ochsengespanne um die Ecken zu manövrieren.

Nach den unermüdlichen Anstrengungen von Stephanus Schoeman, die kleinstaatlichen Querelen innerhalb Transvaals beizulegen, wurde Pretoria 1860 zur Hauptstadt der neuen ZAR erklärt. Darauf aufbauend setzten die Siedler ihre Feldzüge gegen die einheimischen afrikanischen Völker fort und machten Tausende von ihnen, vor allem auf den Farmen, zu ihren Bediensteten. Aber auch unter den Siedlern gab es weiterhin Streitigkeiten, die immer wieder zu gewalttätigen Auseinandersetzungen zwischen den Wortführern der verschiedenen Gruppen führten. Diese kauften den Großteil des besten Landes auf, was zum einen die Vertreibung vieler weißer Trekker, zum anderen das Abschlachten der meisten Tiere in der Region, insbesondere Elefanten, nach sich zog.

Die Burenkriege

1877 annektierten die Briten Pretoria und investierten in die Stadt viel Geld. Obgleich Pretoria wuchs und gedieh, mobilisierte der Farmer **Paul Kruger**, der sich nicht erneut den Briten unterwerfen wollte, Kommandos mit burischen Farmern, um sie zu vertreiben. Es kam zum Ersten Burenkrieg (1877–81). Nach der Niederlage bei Majuba an der Grenze zu Natal stellte die Kolonialregierung die Kämpfe ein und gewährte 1884 die **Unabhängigkeit**. Paul Kruger wurde Präsident der ZAR bis 1903. Unterlaufen wurde seine Mission einer burischen ZAR jedoch dadurch, dass am Witwatersrand **Gold** entdeckt wurde und eine Flut von Ausländern in das Gebiet kam. Krugers Rechnung, Neuankömmlinge Steuern zahlen zu lassen und gleichzeitig das burische Machtmonopol aufrecht zu erhalten, ging eine Zeit lang auf.

Die Mehrzahl der eleganten Gebäude am Church Square entstanden aus Geldern, die die Minen abwarfen, und der Raadsaal (das Parlament) blieb fest in burischer Hand. Mit dem Zweiten Burenkrieg (1899–1902) ging die Unabhängigkeit der ZAR zu Ende. Aber trotz der Brutalität des Konflikts ging Pretoria unbeschadet daraus hervor. Als 1910 die **Südafrikanische Union** gebildet wurde, wählte man Pretoria als Sitz der Landesregierung.

Mit der Gründung der staatlichen Eisen- und Stahlwerke, der **Iron and Steel Industrial Corporation** (Iscor), legte die Regierung 1928 das Fundament für die hiesige Industrie. Es entstand rasch eine Reihe verwandter Wirtschaftszweige. Gemeinsam sicherten Staatsbetrieb und Industrie den ruhigen, abgeschiedenen Wohlstand der Weißen in Pretoria. Der immer weiter schwindende Grundbesitz unter der schwarzen Bevölkerung ließ unterdessen die **Townships** der Stadt wachsen. Die ältesten sind Marabastad und Atteridgeville, die größte und ärmste ist Mamelodi. Nach der Errichtung des Apartheidsystems durch die National Party 1948 war Pretoria unter der schwarzen Bevölkerung verhasst. Der hiesige oberste Gerichtshof und das zentrale Gefängnis waren berüchtigte Einrichtungen und galten als Quelle der Gesetze und Verordnungen, die ihnen das Leben zum Albtraum werden ließen.

Demokratie

Mandelas Amtseinführung in den Union Buildings setzte 1994 ein symbolisches Zeichen der Versöhnung mit Pretoria. Während der 1990er-Jahre waren die Phasen der südafrikanischen Revolution hier ebenso deutlich sichtbar wie in den übrigen Landesteilen auch: die sukzessive Ablösung ewig Gestriger im Militär und Staatsdienst, neue Gesichter in fast allen Regierungseinrichtungen, die Rückkehr ausländischer Diplomaten und der Zustrom von Studenten.

2005 beschloss der Stadtrat, die Stadt von Pretoria in Tshwane umzutaufen. Tshwane war ein Häuptling der Tswana-Ndebele, die vor der Ankunft der Buren die Gegend beherrschten. Dutzende von Straßennamen im Stadtzentrum wurden in letzter Zeit nach Helden des Widerstandes umbenannt. Der zentrale Geschäftsbezirk heißt immer noch Pretoria, und irgendwie ist das ein fauler Kompromiss. Die meisten Medien und Bürger verwenden für die Stadt nach wie vor den Namen Pretoria.

Viele Afrikander sind sauer, weil sie das Gefühl haben, dass es sich um einen beschämenden und obendrein kostspieligen Versuch handelt, die historischen Wurzeln der Stadt aus dem Gedächtnis der Öffentlichkeit zu verdrängen.

Viele schwarze Pretorianer dagegen sehen nicht ein, weshalb eine überwiegend schwarze Stadt in Postapartheidzeiten immer noch einen Namen tragen soll, der heftige Assoziationen mit der Zeit der Rassentrennung weckt. Die Stadt wird also voraussichtlich noch einige Jahre lang zwei Namen mit sich herumschleppen.

Church Square

Das Herz Pretorias ist der Church Square, der von eindrucksvollen Gebäuden eingerahmt wird. Hier spannten die burischen Farmer ihre Ochsen von den Wagen ab und verwandelten den Platz in eine zeitwellige Lagerstatt, wenn sie alle drei Monate zum Nagmaal (Abendmahl) der Niederländisch Reformierten Kirche in die Stadt kamen.

Der Church Square war Schauplatz für nahezu jede bedeutende Zusammenkunft, Protestkundgebung oder Machtübernahme der Weißen. Hier wurde 1877 die Vierfarben-Flagge der ZAR, die *Vierkleur*, eingeholt, um zunächst vom Union Jack ersetzt und 1881 nach dem Abzug der Briten an dieser Stelle erneut gehisst zu werden. Zwischen 1900 und 1910 wehte noch einmal die britische Flagge. Auf diesem Platz fand viermal die Ausrufung Paul Krugers zum Regierungsoberhaupt statt, und nach seinem Tod versammelten sich 30 000 Trauernde dicht gedrängt zu einer Gedenkfeier. Die schwarze Bevölkerung Pretorias verbindet mit der Historie des Platzes ganz andere Erfahrungen und betrachtet die an zentraler Stelle errichtete Statue von Paul Kruger vielmehr als das verdammenswerte Relikt einer unglücklichen Vergangenheit.

Raadsaal und Old Nederlandsche Bank Building
Südwestecke des Church Square

Der alte, 1891 im Renaissancestil erbaute **Raadsaal** (das Parlament) verlangt dem Betrachter bis heute jenen von den Parlamentariern der ZAR erwünschten Respekt ab. Das Sicherheitspersonal gestattet vielleicht einen Blick ins Gebäudeinnere und in den Raum, wo Paul Kruger in den letzten Phasen des Burenkrieges den größten Teil seiner Zeit verbrachte.

Im **Old Nederlandsche Bank Building** neben dem Raadsaal ist heute die Touristeninformation (S. 603) untergebracht. Kaum zu glauben, dass ein Aufmarsch von 10 000 Menschen 1975 und fünf Jahre hartnäckiger Auseinandersetzungen nötig waren, um den beschlossenen Abriss dieses Gebäudes und des Raadsaals zu verhindern.

Palace of Justice
Nordwestecke des Church Square

Der Bau des grandiosen **Justizpalastes** wurde 1897 begonnen. Während des Zweiten Burenkriegs diente er den britischen Truppen als Krankenhaus, bevor er nach seiner Fertigstellung 1902 lange Jahre den Obersten Gerichtshof Transvaals beherbergte. Hier fand 1963/64 der Rivonia-Prozess statt, in dem Nelson Mandela und andere Führer des ANC zu lebenslanger Haft verurteilt wurden. Das neue Gericht ist allerdings in einem hässlichen Klotz in der Straße hinter dem Justizpalast untergebracht.

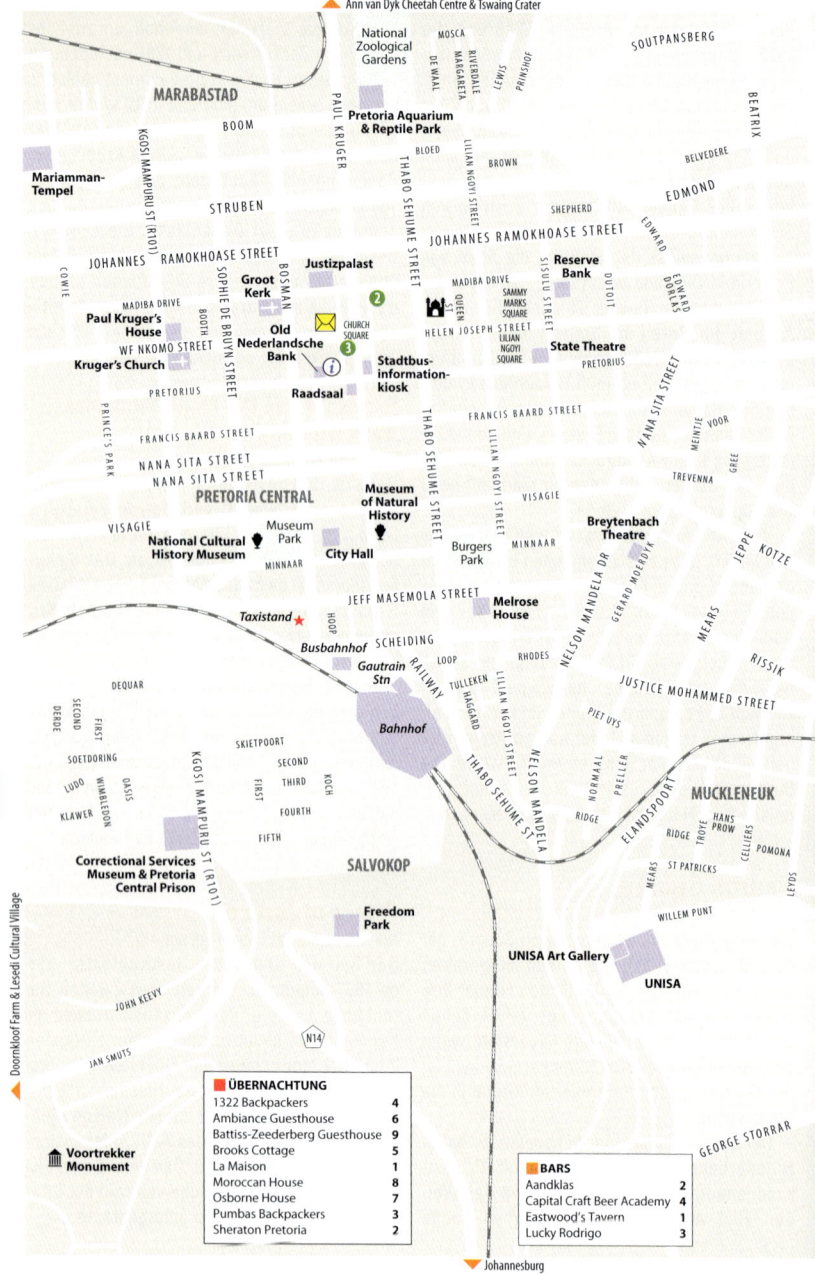

Ann van Dyk Cheetah Centre & Tswaing Crater

MARABASTAD

SOUTPANSBERG

National
Zoological
Gardens

MOSCA

DE WAAL

RIVERDALE
MARGRETA

SUNEL

PIENSHOF

BEATRIX

BOOM

PAUL KRUGER

Pretoria Aquarium
& Reptile Park

BELVEDERE

Mariamman-
Tempel

BLOED

LILIAN NGOYI STREET

BROWN

EDMOND

STRUBEN

THABO SEHUME STREET

SHEPHERD

EDWARD

JOHANNES RAMOKHOASE STREET

JOHANNES RAMOKHOASE STREET

Reserve
Bank

SISULU STREET

EDWARD
DURLAS

COWIE

SOPHIE DE BRUYN STREET

BOSMAN

BOOTH

Justizpalast

MADIBA DRIVE

QUEEN ST

SAMMY
MARKS
SQUARE

DUTOIT

Groot
Kerk

Paul Kruger's
House

MADIBA DRIVE

Old
Nederlandsche
Bank

CHURCH
SQUARE

HELEN JOSEPH STREET

LILIAN
NGOYI
SQUARE

State Theatre

WF NKOMO STREET

Kruger's Church

Raadsaal

Stadtbus-
informations-
kiosk

PRETORIUS

NANA SITA STREET

PRETORIUS

FRANCIS BAARD STREET

THABO SEHUME STREET

FRANCIS BAARD STREET

MEINTJIE VOOR

PRINCE'S PARK

NANA SITA STREET

LILIAN NGOYI STREET

GEHE

NANA SITA STREET

TREVENNA

PRETORIA CENTRAL

Museum
of Natural
History

VISAGIE

VISAGIE

Museum
Park

Breytenbach
Theatre

JEPPE

KOTZE

National Cultural
History Museum

City Hall

Burgers
Park

MINNAAR

GERARD MOEKOVA

MEARS

MINNAAR

NELSON MANDELA DR

RISSIK

JEFF MASEMOLA STREET

Melrose
House

Taxistand

HOOP

JUSTICE MOHAMMED STREET

Busbahnhof

SCHEIDING

RHODES

PIET UYS

Gautrain
Stn

RAILWAY

LOOP

TULLEKEN

HAGGARD

LILIAN NGOYI STREET

NORMAAL

PRELLER

DEQUAR

Bahnhof

SECOND

KOCH

NELSON MANDELA ST

ELANDSPOORT

MUCKLENEUK

SECOND

FIRST

SOETDORING

SKIETPOORT

THIRD

RIDGE

HANS
PROW

LUDO

OASIS

KGOSI MAMPURU ST (R101)

FIRST

FOURTH

FROYE

CELLIERS

POMONA

KLAWER

WIMBLEDON

FIFTH

RIDGE

ST PATRICKS

LEYDS

Correctional Services
Museum & Pretoria
Central Prison

SALVOKOP

MEARS

ST PATRICKS

GAUTENG

Doornkloof Farm & Lesedi Cultural Village

Freedom
Park

WILLEM PUNT

UNISA Art Gallery

JOHN KEEVY

JAN SMUTS

N14

UNISA

Voortrekker
Monument

GEORGE STORRAR

Johannesburg

ÜBERNACHTUNG
1322 Backpackers	4
Ambiance Guesthouse	6
Battiss-Zeederberg Guesthouse	9
Brooks Cottage	5
La Maison	1
Moroccan House	8
Osborne House	7
Pumbas Backpackers	3
Sheraton Pretoria	2

BARS
Aandklas	2
Capital Craft Beer Academy	4
Eastwood's Tavern	1
Lucky Rodrigo	3

Pretoria

0 — 500 Meter

ESSEN
The Blue Crane Restaurant & Bar	8
Bravo Pizzeria	4
Café Riche	3
Crawdaddy's	10
Ginger & Fig	7
La Terrasse Rooftop Café & Deli	6
Papa's Real Food	5
Pure	1
Tashas	9
TriBeCa	2

Union Buildings
Nelson Mandela Statue
Deutsche Botschaft
Pretoria Art Museum
ARCADIA
HATFIELD
SUNNYSIDE
Loftus Versfeld Stadium
Pretoria University
Mapungubwe Museum
Anton van Wouw & Edoardo Villa Collections
BROOKLYN
Österreichische Botschaft
Austin Roberts Bird Sanctuary
Schweizer Botschaft
Brooklyn Mall & Design Square

GAUTENG

Queen Street Mosque

Am Ende eines kurzen, von der Queen Street abgehenden Durchgangs eröffnet sich der Blick auf eine leuchtend weiße **Moschee** – schräg zum Straßenverlauf platziert (damit sie nach Mekka weist). Pretorias Muslime, denen ein gutes Verhältnis zu Kruger nachgesagt wird, erwarben 1896 das Grundstück, auf dem Handwerker vom Kap 1927 den heutigen Bau errichteten.

Inzwischen steht die Moschee eingezwängt zwischen unansehnlichen Bürotürmen, was ihre Wirkung umso mehr erhöht.

Lilian Ngoyi Square

Der Platz wurde nach der Anti-Apartheid-Aktivistin benannt, die 1956 zu den Anführerinnen des Women's March gehörte, der hier seinen Ausgang nahm. Bis 2006 hieß der Platz **Strijdom Square**, weil hier die grässliche Büste von Johannes Strijdom stand, der von 1954–58 Premierminister und, überzeugt von der „Überlegenheit der Weißen", ein eiserner Verfechter der Apartheid war.

Genau 40 Jahre nach Fertigstellung der Plastik, am 31. Mai 2001, führte ein baulicher Fehler zu ihrem dramatischen Sturz.

Paul Kruger's House und Umgebung

60 WK Nkomeo St (ehemalige Church St) ▪ ⏰ Mo–Fr 8.30–16.30, Sa und So 9–16.30 Uhr ▪ Eintritt R60 ▪ ✆ 012 000 0010, ⌨ www.ditsong.org.za

Paul Kruger's Haus wurde 1884 von Charles Clark erbaut, den Kruger als einen seiner „zahmen Engländer" bezeichnete und der den Zement mit Milch anstatt mit Wasser anmischte. Das Museum im Innern ist eher unspektakulär, abgesehen von der einen oder anderen Besonderheit, etwa die umfangreiche Sammlung an Spucknäpfen. Augenfälligstes Merkmal des Hauses ist die *stoep* (Veranda), auf der der alte Präsident zu sitzen pflegte und jeden Weißen, der des Weges kam, zu einem Plausch einlud.

Hinter dem Haus kann Krugers privater Eisenbahnwaggon aus dem Jahr 1898 in Augenschein genommen werden, mit dem er während des Zweiten Burenkriegs reiste.

Gegenüber befindet sich die abweisend wirkende Reformierte Kirche, auch bekannt als **Kruger's Church**. Freundlicher ist die **Groot Kerk**, Madiba Drive, Ecke Bosman Street, deren reich verzierter Turm zu den schönsten des Landes zählt.

Melrose House

275 Jeff Masemola St (ehemalige Jacob Maré St) ▪ ⏰ Di–So 10–17 Uhr ▪ Eintritt R20 ▪ ✆ 012 322 2805, ⌨ www.melrosehouse.co.za

Gegenüber vom beschaulichen **Burgers Park** (benannt nach dem wenig erfolgreichen ZAR-Präsidenten Thomas Burger, der von 1873–77 regierte) steht auf der anderen Straßenseite das in überschwänglich viktorianischem Stil errichtete Melrose House. Es besitzt einen herrlichen Wintergarten sowie einen ausgezeichneten Laden für afrikanisches Kunsthandwerk und zeigt interessante Ausstellungen. Erbaut wurde es 1886 für den hiesigen Geschäftsmann George Heys, der ein einträgliches Postkutschenunternehmen betrieb.

Während des Zweiten Burenkriegs bewohnte Lord Kitchener das Haus. Unter seinem Dach wurde auch der Friedensvertrag von Vereeniging unterzeichnet, mit dem der Krieg schließlich ein Ende fand.

Museum of Natural History

432 Paul Kruger St ▪ ⏰ tgl. 8–16 Uhr ▪ Eintritt R30 ▪ ✆ 012 322 7632, ⌨ www.ditsong.org.za

Das elegante Museum of Natural History ist das älteste Museum von Pretoria und zeigt ausgestopfte Tiere, Dinosauriermodelle und Gipsabgüsse von Fossilien (die Originale können nur nach Vereinbarung besichtigt werden). Das Alter des Museums ist deutlich sichtbar; einige Exponate müssten dringend auf den neuesten Stand gebracht (oder zumindest geputzt) werden. Beeindruckend ist jedoch die Vogelausstellung mit Präparationen von insgesamt 870 afrikanischen Vogelarten – faszinierend, nicht nur für Vogelliebhaber.

City Hall

Paul Kruger St

Das **Rathaus** bildet ein architektonisches Ensemble mit dem Museum of Natural History gegenüber und wurde 1935 in einem Mix aus griechischen und römischen Baustilen errichtet. Den Park vor dem Gebäude zieren Brunnen, Blumenrabatten und Statuen der Stadtväter Andries und Marthinus Pretorius. 2006 kam ein Denkmal für den Stadtgründungs-Großvater Chief Tshwane hinzu.

National Cultural History Museum

149 Visagie St ▪ ⏰ tgl. 8–16 Uhr ▪ Eintritt R35 ▪ ✆ 012 324 6082, 🖥 www.ditsong.org.za/cultural history.htm

Die Stücke der festen Sammlung des National Cultural History Museums sind erlesen, werden aber etwas zusammenhanglos präsentiert. Zu ihnen gehören Abbildungen der Felsenkunst der San und ein Saal mit Werken von J.H. Pierneef (1886–1957). Er zählt zu den berühmtesten Malern Südafrikas und ist für seine dramatischen Bushveld-Landschaften bekannt.

National Zoological Gardens

232 Boom St ▪ ⏰ tgl. 8.30–17.30 Uhr ▪ Eintritt R110, Seilbahn einfach R25, hin und zurück R35 ▪ **Nachtführung** Mi, Fr und Sa 18.30 Uhr, R10 ▪ **Campingtour** Fr und Sa 17 Uhr, R165 ▪ ✆ 012 328 3265, 🖥 www.nzg.ac.za

Pretorias weitläufiger, besuchenswerter Zoo beherbergt seltene Antilopenarten, ein Breitmaulnashorn sowie zahlreiche südamerikanische und afrikanische Spezies. Das **Pretoria Aquarium and Reptile Park** (im Preis enthalten) nebenan ist weniger faszinierend, trotz der zahlreichen,

teilweise hochgiftigen Bewohner. Eine Seilbahn schwebt direkt über den Zoo und den Apies River und gibt herrliche Blicke auf die Stadt frei.

Um einige der nachtaktiven Zoobewohner wie Eulen und Löwen zu erleben, empfiehlt sich die Teilnahme an einer der **nächtlichen Führungen** (1. Sept–31. März). Oder man verbringt bei einer **Campingtour** gleich die ganze Nacht im Zoo (Teilnehmer müssen die komplette Ausrüstung selbst mitbringen).

Mariamman-Tempel

Seventh St, Marabastad ▪ ⏰ tgl. 9–17 Uhr ▪ ✆ 012 358 1430

Westlich vom Zoo liegen die schmuddeligen Straßen von **Marabastad**. Dies war das erste Gebiet der Stadt für „Nicht-Weiße". Obgleich die Gegend faszinierend ist, kann sie einschüchternd wirken, sodass man sich bei einem Rundgang in Begleitung eines Guide vielleicht wohler fühlen wird. Sehenswert ist hier der 1930 erbaute, reich geschmückte hinduistische Mariamman-Tempel neben dem Markt.

Correctional Services Museum

Kgosi Mampuru St (ehemalige Potgieter St) ▪ ⏰ Di–Fr 9–15 Uhr ▪ Eintritt frei ▪ ✆ 012 314 1766, 🖥 www.dcs.gov.za

Das gruslige Correctional Services Museum im Pretoria Central Prison, zu erreichen über die R101 Richtung Johannesburg, lohnt unbedingt einen Besuch. Es sind die Räumlichkeiten des berüchtigten Gefängnisses, in dem viele politische Gefangene inhaftiert (und hingerichtet) wurden. Auf dem Weg hinein muss man an bedrückt aussehenden Menschen vorbeigehen, die jemanden im Gefängnis besuchen wollen.

Im Museum werden künstlerische Arbeiten von Häftlingen gezeigt, darunter die lebensgroße Statue eines Häftlings, der vor einem ausdruckslos blickenden Gefängniswärter auf dem Boden kriecht. Zu sehen gibt es zudem Messer und Feilen, die versteckt in Bibeln, Schuhen, Kuchen usw. an ihre Empfänger gehen sollten. Am bedrückendsten sind die Gruppenfotos der bedrohlich wirkenden Wärter – eine merkwürdige Art, für den Gefängnisdienst zu werben. Charles Herman Bosmans *Cold Stone Jug*, eine faszinierende Sammlung von Kurzgeschichten aus seinem vierjährigen Gefängnisaufenthalt in den 1920er-Jahren, bietet einen Einblick aus erster Hand.

Freedom Park

Salvokop Hill ▪ tgl. 9–16.30 Uhr, Führungen tgl. 9, 12 und 15 Uhr ▪ Eintritt R120 ▪ ✆ 012 336 4000, 🖳 www.freedompark.co.za

Der **Freedom Park** windet sich um den Salvokop Hill und wird durch die Skulptur „Reeds" (Schilfrohre) aus schlanken, immer länger werdenden Stäben gekrönt, die abends effektvoll beleuchtet sind. Mit dem Bau des Parks wurde im Jahr 2000 begonnen, als Reaktion auf die Forderung der Truth and Reconciliation Commission (Kasten S. 90) nach neuen Symbolen für das neue Südafrika. Der Park stellt tatsächlich ein gelungenes Denkmal dar, mit dem sich alle Teile der südafrikanischen Gesellschaft identifizieren können.

Am Gipfel des Hügels stehen die Wall of Names mit den Namen von 75 000 Opfern verschiedener südafrikanischer Konflikte, eine ewige Flamme zum Andenken an die unbekannten Soldaten und einige Felsbrocken, die für wichtige Ereignisse in der Geschichte der neun Provinzen des Landes stehen.

Am Parkeingang befindet sich das umfangreiche **//hapo museum** (nach dem Khoi-Wort für „Traum"), das die Landesgeschichte aus afrikanischer Sicht erzählt, mit besonderem Fokus auf die Folgen von Kolonialismus und Apartheid. Besonders fesselnd sind die umfangreichen Filmdokumente und persönlichen Berichte in der Abteilung über die verheerenden Auswirkungen der Bergbauindustrie auf die traditionelle Lebensart. Führungen durch das Museum und den Park sind im Eintrittspreis enthalten.

Voortrekker Monument

Eeufees Rd ▪ 🕒 tgl. Mai–Aug 8–17, Sep–April 8–18 Uhr ▪ Eintritt R70 ▪ ✆ 012 326 6770, 🖳 www.vtm.org.za

Das **Voortrekker Monument and Museum** ist ein auffälliges Symbol der Afrikanderherrschaft im alten Südafrika. Der nüchterne Granitblock entstand 1940 eingedenk des Sieges der Buren über die Zulu-Armee am Blood River am 16. Dezember 1838. Umgeben wird der gewaltige Koloss von einem Relief, das Ochsenkarren zeigt, davor steht die große Statue einer Frau, die mit erhobener Faust imaginären Unterdrückern droht. Auf Reliefs werden im Innern Szenen des Großen Trecks dargestellt. Von der Turmspitze eröffnet sich ein Blick in die Halle unten sowie auf das Naturschutzgebiet ringsum. Dort gibt es verschiedene Wander- und Radwege zu Aussichtspunkten mit Blick auf Pretoria.

Die Union Buildings

Im Viertel Arcadia thronen majestätisch auf einem Hügel die **Union Buildings**, der Sitz der südafrikanischen Regierung. Die 1910 von Herbert Baker entworfenen Bauten mit ihren Kolonnaden und dem Amphitheater sollten die Einheit von Britischem und Burischem symbolisieren, verherrlichen jedoch letztlich mehr das imperiale Selbstbewusstsein der Briten.

Nelson Mandela besaß nach seiner Entlassung aus dem Gefängnis hier ein Büro und wurde im Rahmen einer feierlichen Zeremonie 1994 an diesem Ort in sein Amt eingeführt. Es war dies wohl das erste Mal, dass die imperialistischen Sinnbilder – nicht zuletzt durch die Lobpreisungen des afrikanischen Chors, der Mandela als letzten in einer langen Reihe von Helden, von Shaka bis Hintsa, vom Amphitheater aus besang –, eine völlig neue Bedeutung erfuhren.

Die Gebäude sind nicht für die Öffentlichkeit zugänglich, aber man kann über die Terrasse und durch die schönen Gärten unterhalb spazieren und die großartige Aussicht über die Stadt genießen. Gleich unterhalb der Hauptterrasse steht eine 9 m hohe Statue Nelson Mandelas, die am Tag nach seiner Beerdigung im Dezember 2013 enthüllt wurde. Die Bildhauer haben einen kleinen Hasen in seinem rechten Ohr platziert, eine Anspielung darauf, dass sie unter großer Zeitnot arbeiten mussten (*haas* ist Afrikaans und bedeutet sowohl Eile als auch Hase). Mandela hätte diesen kleinen Scherz sicher gut geheißen, aber die humorlosen neuen Wächter des ANC ließen ihn entfernen, da ja „Nelson Mandela nie einen Hasen im Ohr gehabt habe".

Pretoria Art Museum

Francis Baard, Ecke Wessels St ▪ ⏲ Di–So 10–17 Uhr ▪ Eintritt R22 ▪ ✆ 012 344 1807, ⌨ www.pretoria artmuseum.co.za

Südlich der Union Buildings, in einem futuristischen Pavillon, befindet sich das Pretoria Art Museum. Es ist nicht besonders groß, besitzt jedoch eine ausgezeichnete Auswahl südafrikanischer Kunst und moderner Fotografie. Darunter „Widerstandskunst" von Künstlern wie William Kentridge und Arbeiten schwarzer Kunstschaffender wie Ephraim Ngatane und Gerard Sekoto.

Sunnyside und Pretoria University

Geschäftiges Treiben auf der Straße, charakteristische alte Gebäude und eine Vielzahl von Cafés kennzeichnen das südöstlich des Zentrums gelegene, kulturell gemischte **Sunny-side**, ein Viertel, das wie kein anderes typisch afrikanisches Flair besitzt – allerdings ist es nicht ratsam, alleine hier herumzustiefeln. Von zahllosen Bars gesäumt und noch mehr fliegenden Händlern bevölkert, verläuft die **Robert Sobukwe Street** als belebteste Straße durch Sunnyside.

Östlich von Sunnyside liegt das riesige **Loftus Versfeld Stadium**, das Heimatstadion der beiden beliebtesten Mannschaften Pretorias: des Rugbyteams Bulls und der Fußballmannschaft Mamelodi Sundowns. Weiter östlich befindet sich noch die riesige **Pretoria University** mit zwei sehenswerten Museen.

Mapungubwe Museum

Lynnwood Rd, Old Arts Building auf dem Campus der Pretoria University ▪ ⏲ Di–Fr 10–16 Uhr ▪ Eintritt frei ▪ ✆ 012 420 5450, ⌨ www.up.ac.za

Das kleine Museum ist den bemerkenswerten archäologischen Funden in Mapungubwe ge-

widmet, einer Bergfeste in der Nähe des Limpopo, die einst die Hauptstadt eines großen Königreichs im südlichen Afrika war. Unter den Exponaten befinden sich ein aus Goldfolie gefertigtes Nashorn, Figurinen, Schmuck und bemaltes Kochgeschirr – alles Gegenstände, die mindestens 700 Jahre alt sind.

Anton van Wouw und Edoardo Villa-Sammlungen

Lynnwood Rd, Old Merensky Library, Pretoria University Campus ▪ ⏲ Di–Fr 10–16 Uhr ▪ Eintritt frei ▪ ✆ 012 420 5450, ⌨ www.up.ac.za

Von dem bejubelten, niederländischstämmigen Bildhauer **Anton van Wouw** stammt die Mehrzahl der mürrischen Abbilder burischer Persönlichkeiten, die von den 1890er- bis in die 1930er-Jahre über das ganze Land verstreut aufgestellt wurden, darunter die Statue Krugers auf dem Church Square in Pretoria und das Voortrekker Monument.

Die Sammlung der Universität in einem eleganten Bibliotheksgebäude aus den 1930er-Jahren umfasst zwei bemerkenswerte Darstellungen: das eine zeigt einen Bergbauarbeiter, das andere einen vor Gericht angeklagten Mann. Außerdem gibt es Dutzende, in einem Zeitraum von 60 Jahren entstandene, eindrucksvolle Stahlskulpturen des italienischen Künstlers **Edoardo Villa** zu sehen. Villa war 1947 Kriegsgefangener in Südafrika gewesen.

UNISA Art Gallery

Preller St, Kgorong Building, UNISA University Campus ▪ ⏲ Di–Fr 10–16 Uhr ▪ Eintritt frei ▪ ✆ 012 441 5681, ⌨ www.unisa.ac.za/gallery

Auf dem Weg von der Innenstadt nach Süden passiert die Elandspoort Road die UNISA, Südafrikas größte Universität. Mehr als 200 000 Studenten sind hier eingeschrieben, die Mehrzahl allerdings im Rahmen eines Fernstudiums.

Die sehr gute Kunstgalerie der Universität im neuen Eingangsgebäude dient als Rahmen für einige der innovativsten Ausstellungen visueller und konzeptioneller Kunst in Pretoria. In ihrer Dauerausstellung werden junge südafrikanische Talente vorgestellt.

ÜBERNACHTUNG

Außer den vielen Kettenhotelablegern gibt es in Pretoria zahlreiche Guesthouses in Hatfield oder Brooklyn. Sie bieten gute Ausgehmöglichkeiten unweit vom Loftus Versfeld Stadium und Gautrain-Bahnhof. Auf der zentralen Website von Pretorias Bed & Breakfast Association, 🖳 www.bbapt.co.za, kann man Budgetunterkünfte buchen. Wie in Johannesburg empfiehlt es sich, die erste Übernachtung im Voraus zu buchen.

1322 Backpackers, 1322 Arcadia St, Hatfield, 📞 012 362 3905, 🖳 www.1322backpackers. com; Karte S. 594–595. Begehrtes Hostel in der Nähe der Botschaften und des Hatfielder Nachtlebens. Küche, Pool und Reisebüro. Nur einen kurzen Fußweg vom Gautrain-Bahnhof. Dorm R170, DZ R450

Ambiance Guest House, 28 3rd St, Menlo Park, 📞 083 280 0981, 🖳 www.ambiance guesthouse.com; Karte S. 594–595. Gästehaus im Provence-Stil mit geräumigen Zimmern, die auf den Garten hinausgehen. 2 Zimmer mit Küchenzeile sowie eine eigene Terrasse und einen Grill. R1020

Battiss-Zeederberg Guesthouse, 3 Fook Island, 92 Twentieth St, Menlo Park, 📞 012 460 7318; Karte S. 594–595. Sehr komfortables B&B im früheren Wohnhaus von Walter Battiss, einem der größten südafrikanischen Künstler des 20. Jhs. Es bietet inn leuchtenden Farben gestrichene Fußböden, eine ausgefallene Einrichtung und ist unverkennbar griechisch beeinflusst. R800

Brooks Cottage, 283 Brooks St, Brooklyn, 📞 012 362 3150, 🖳 www.brookscottage.co.za; Karte S. 594–595. Charmantes, elegantes Nationalmonument im kapholländischen Stil mit 5 schön eingerichteten Zimmern, Sat-TV und Frühstück, das auf der Veranda mit Blick auf den Pool serviert wird. R900

La Maison, 235 Hilda St, Hatfield, 📞 012 430 4341, 🖳 www.lamaison.co.za; Karte S. 594–595. Sehr schönes Guesthouse in einem „Schloss", Baujahr 1922, mit Garten und insgesamt 6 viktorianisch eingerichteten Zimmern. Nur einen kurzen Fußweg entfernt vom Gautrain in Hatfield. R1000

🏨 **Moroccan House**, 435 Atterbury Rd, Menlo Park, 📞 012 346 5713, 🖳 www. moroccanhouse.co.za; Karte S. 594–595. Die farbenfrohen Suiten sind einem marokkanischen *riad* nachempfunden, mit eigener Terrasse sowie Stoffen, Kacheln und Möbeln aus Marokko. Das traditionell Frühstück im La Terrasse Rooftop Café ist super. R1450

Osborne House, 82 Anderson St, Brooklyn, 📞 012 362 2334, 🖳 www.osborneguesthouse. com; Karte S. 594–595. Elegantes Guesthouse in restauriertem edwardianischen Gebäude. Zauberhaft möbliert, große Fenster und Holzfußböden. Blickgeschützter Pool mit Deck, perfekt zum Frühstücken in der Sonne. R1300

Pumbas Backpackers, 1232 Arcadia St, Hatfield, 📞 012 362 5343, 🖳 www.pumbas.co. za; Karte S. 594–595. Schlichtes, freundliches Hostel mit 2 Schlafsälen sowie 4 Cabins und einem kleinen Campingplatz rund um einen kleinen Garten. Die Gautrain-Haltestelle Hatfield liegt zu Fuß 5 Minuten entfernt. Camping R100, Dorm R180, DZ R350

Sheraton Pretoria, 643 Stanza Bopape St, Arcadia, 📞 012 429 9999, 🖳 www.sheraton. com/pretoria; Karte S. 594–595. Fünfsternehotel mit allen Annehmlichkeiten, größter Vorzug ist jedoch die unschlagbare Aussicht auf die Union Buildings. Wer sich kein Zimmer leisten möchte, kann den Ausblick von der Terrasse neben der Tiffens Bar & Lounge genießen. R1720

ESSEN

🍴 **The Blue Crane Restaurant & Bar**, 156 Melk St, New Muckleneuk, 📞 012 460 7615, 🖳 www.bluecranerestaurant.co.za; Karte S. 594–595. Anspruchsvolles Restaurant in großartiger Lage mit Blick auf den See und das Austin Roberts Bird Sanctuary. Große Auswahl an Speisen, unter anderem Lamm und Ochsenschwanz (Hauptgerichte R120–170). 🕐 Mo 7.30–15, Di–Fr 7.30–22, Sa 9–22, So 9–15 Uhr.

Bravo Pizzeria, 1212 South St, Hatfield, 📞 012 362 0903; Karte S. 594–595. Entspanntes Café mit freundlichem Hipster-Personal. An der Holzofenpizza gibt es auch nichts zu nörgeln –

Verkaufsschlager ist die Sidewalk Vendetta (Bacon, Feta und Avocado, R87). Kein Alkoholausschank, Gäste können Getränke selbst mitbringen. ⊘ Mo–Sa 10–21 Uhr.

Café Riche, 2 Church Square, CBD, ☎ 012 328 3173; Karte S. 594–595. Dieses klassische, 1905 eröffnete Café mit Blick auf den Platz ist ein Muss für einen schnellen Kaffee oder einfache Kneipenkost. Die Einrichtung ist noch im Originalzustand erhalten, die Atmosphäre ist europäisch, das Personal für seine Freundlichkeit bekannt. ⊘ tgl. 6–18 Uhr.

Crawdaddy's, Middel St, Ecke Dey St, Piazza Mall, Brooklyn, ☎ 012 460 0889, 🖥 www.craw daddys.co.za; Karte S. 594–595. In dem beliebten Restaurant im Cajun-Stil werden Fischeintöpfe und Gerichte mit Meeresfrüchten und Fleisch serviert (Hauptgerichte R90–135). ⊘ So–Mi 11–22, Do–Sa 11–23.30 Uhr.

🔲 **Ginger & Fig**, Jan Shoba St, Ecke Lynnwood Rd, Brooklyn, ☎ 012 362 5926, 🖥 www.gingerandfig.co.za; Karte S. 594–595. Leckere und moderne Kost in künsterischem Ambiente, die von ambitionierten jungen Köchen kreiert wird. Alles hier wird aus Bio-Produkten selbst gemacht und ist überaus geschmackvoll, etwa Veggie Burger mit Roter Beete (R90), Salat mit Birnen und Blauschimmelkäse (R100) oder Süßkartoffelchips. ⊘ Mo 7.30–17.30, Di–Fr 6–21, Sa 7–15 Uhr.

La Terrasse Rooftop Café & Deli, 435 Atterbury Rd, Menlo, ☎ 012 346 5713, 🖥 www.moroccan house.co.za; Karte S. 594–595. Hübsches kleines Dachcafé mit sehr schön präsentierter, authentischer marokkanischer Küche. Zum Mittagessen gut: eine *tagine*, gefolgt vom duftenden Cheesecake mit Orangenblüte und türkischem Honig (R40). ⊘ Mo–Sa 9–17 Uhr.

Papa's Real Food, Duncan Yard, Jan Shoba, Ecke Prospect St, Hatfield, ☎ 0012 362 2224, 🖥 www.papasrestaurant.co.za; Karte S. 594–595. In einem der zusammenhängenden Innenhöfe des originellen Duncan Yard-Zentrums zwischen Antik- und Dekorläden lässt es sich prima aushalten. Auf der schlichten Speisekarte stehen Wraps, Pasta, Salate und Steaks. ⊘ Mo–Sa 8.30–23, So 10.30–15 Uhr.

Pure, 137 Thomson St, Ecke Gordon Rd, Hatfield, ☎ 012 342 1443, 🖥 www.purecafe.

co.za; Karte S. 594–595. Liebenswertes Café nahe der Abzweigung zur Autobahn nach Polokwane, das Frühstück und Mittagessen sowie Kaffee und Kuchen serviert. Hervorragend sind der Frühlingswiesen-Salat (R82) und die gefüllte Aubergine (R80). ⊘ Mo–Fr 7–16, Sa 8–15 Uhr.

Tashas, Design Square, Bronkhorst, Ecke Veal St, Brooklyn, ☎ 012 460 2951, 🖥 www. tashas.co.za; Karte S. 594–595. Beliebte Bistro-Kette mit geschmackvoll schlichter Einrichtung und großer Speiseauswahl. Frühstück, frisch gepresste Säfte, Pasta und Kuchen; Hauptgerichte R90–160. Ohne Reservierung muss man Wartezeit einplanen. ⊘ Mo 6.30–21, Di–Sa 6.30–22, So 7.30–21 Uhr.

🔲 **TriBeCa**, 220 Madiba Drive, CBD, ☎ 012 321 8876, 🖥 www.tribeca.co.za; Karte S. 594–595. Exzellenter Kaffee, Frühstück, Kuchen und leichte Mahlzeiten gleich nordöstlich des Church Square. Es gibt noch 3 weitere Filialen in Pretoria; die am Platz des Brooklyn Mall ist ein beliebter Schwulentreff. ⊘ tgl. 7–17 Uhr.

UNTERHALTUNG UND KULTUR

Zwar kann Pretoria nicht dieselbe Dynamik und Vielfalt in der Kunst- und Musikszene wie Johannesburg vorweisen, doch werden auch hier reichlich Unterhaltungsmöglichkeiten geboten. Am meisten los ist in Hatfield, das direkt neben dem Universitätscampus liegt. Südöstlich der Universität zieht der wohlhabende Vorort Brooklyn ein gehobeneres Publikum an. Weiter im Osten in Menlyn bietet das neue, von Sun International erbaute Kasinoviertel Time Square Hochglanzalternativen an Restaurants und Unterhaltung.

Musikliebhaber sollten sich das Musikfestival **Park Acoustics**, 🖥 www.parkacoustics.co.za, nicht entgehen lassen, das jeden ersten Sonntag im Monat am Voortrecker Monument stattfindet. Für das Theater- und Kinoprogramm empfiehlt sich der **Veranstaltungskalender** der *Pretoria News*. Karten für die meisten Kultur- und Sportveranstaltungen gibt es bei **Computicket**, 🖥 www.computicket.com.

Ausgehen und Nachtleben

Aandklas, Prospect Rd, Ecke Hilda St, Hatfield, ☎ 12 362 3712; Karte S. 594–595. Hatfields größte und beliebteste Bar ist dunkel, grungig und immer voller Studenten. Rock und Indie geben den Ton an und samstagsabends spielen einheimische Bands auf einer Bühne, die teilweise im Freien liegt. Der Biergarten vor dem Haus sorgt nach der Vorlesung bei dem studentischen Publikum für Entspannung. ⏰ Mo–Do, Sa 11–2, Fr 12–2, So 12–24 Uhr.

Capital Craft Beer Academy, Greenlyn Village Centre, Thomas Edison, Ecke 13th St, Menlo Park, ☎ 012 424 8601, 🖳 www.capitalcraft.co.za; Karte S. 594–595. Auf der Bierkarte, die über 200 regionale und internationale Sorten umfasst, stehen Mikrobrauereien definitiv hoch im Kurs. Aber auch die Südstaaten-Spareribs für mehrere Gäste (R220 pro Kilo) sind erstklassig. Die Einrichtung besteht aus Bierbänken und Tische im Freien sind schnell belegt. ⏰ Di 14–24, Mi–Sa 10.30–24, So 10.30–20 Uhr.

Eastwood's Tavern, 391 Eastwood Rd, Arcadia, ☎ 012 344 0243, 🖳 www.eastwoods.co.za; Karte S. 594–595. Gut besuchter, riesiger Pub/Restaurant für Bier- und Sportfreunde in der Nähe vom Loftus Versfeld Stadium. An Spieltagen geht es besonders laut zu. ⏰ Mo–Sa 8–24, So 8–22 Uhr.

Lucky Rodrigo, The Hillside St, Ecke Alpine Way, Lynnwood, ☎ 072 853 4468 🖳 www.luckyrodrigo.co.za; Karte S. 594–595. Das bunt gemischte 1970er-Dekor ist ein kitschig-cooles Zugeständnis an das altmodische Vorstadteck, an der die Bar sitzt. Billiges Bier und Indie-Musik ziehen ein alternatives Publikum an. ⏰ Di–Sa 9–1.30 Uhr.

Theater

Brooklyn Theatre, 1 Greenlyn Village Centre, Thomas Edison, Ecke 13th St, Menlo Park, ☎ 012 460 6033, 🖳 www.brooklyntheatre.co.za. Das Auditorium mit 400 Sitzen veranstaltet regelmäßig klassische Konzerte, u. a. mit dem Gauteng Philharmonic Orchestra.

State Theatre, 320 Pretorius St, ☎ 012 392 4000, 🖳 www.statetheatre.co.za. Pretorias Hauptbühne für Theater, Oper und Klassik. Unter der Leitung von Hugh Masekela und später Aubrey Sekhab wurde das Programm um Jazzveranstaltungen und *black theatre* bereichert.

EINKAUFEN

Bücher

Exclusive Books, Brooklyn Mall, Bronkhorst St, Brooklyn, ☎ 012 346 5864, 🖳 www.exclus1ves.co.za.

Protea Book House, 1067 Burnett St, Hatfield, ☎ 012 362 5683, 🖳 www.proteaboekhuis.com, hat ein riesiges Sortiment an neuen und gebrauchten Büchern.

SONSTIGES

Apotheken

Apotheken finden sich in fast allen Einkaufszentren. Rund um die Uhr geöffnete Apotheken haben das **Wilgers Hospital** (s. Medizinische Hilfe) und die **Muelmed Medi-Clinic**, 577 Pretorius St, ☎ 012 440 1457.

Diplomatische Vertretungen

Deutschland
201 Florence Ribeiro Ave, Groenkloof Ext 11, ☎ 012 427 8900, 🖳 www.southafrica.diplo.de.

Österreich
454 A Fehrsen St (Eingang William St), Brooklyn, ☎ 012 452 9155, 🖳 www.bmeia.gv.at/botschaft/pretoria.html

Schweiz
225 Veale St, Parc Nouveau, New Muckleneuk 0181, ☎ 012 452 0660, 🖳 www.eda.admin.ch/pretoria.

Lesotho
391 Anderson St, Menlo Park, ☎ 012 460 7648, 🖳 www.golesotho.co.za/embassies.html.

Mosambik
529 Edmond St, Arcadia, ☎ 012 401 0300, 🖳 www.embamoc.co.za.

Namibia
197 Blackwood St, Arcadia, ✆ 012 481 9100, 🖳 www.namibia.org.za.

eSwatini (ehem. Swasiland)
715 Government Ave, Arcadia, ✆ 012 344 19-10, -17, -25, 🖳 www.swazihighcom.co.za.

Simbabwe
798 Merton Ave, Arcadia, ✆ 012 342 5125, ✉ zimpret@lantic.net.

Geld
Die meisten **Banken** liegen am Church Square und entlang der Helen Joseph St. Geldautomaten findet man meist in den Einkaufszentren.

Informationen
Touristeninformation, im Gebäude der Old Nederlandsche Bank am Church Square, ✆ 012 358 1430. ⏰ Mo–Fr 7.30–16 Uhr.

Medizinische Hilfe
Mit 24-Std.-Notdienst:
Steve Biko Academic Hospital, Voortrekker Rd, ✆ 012 354 1590;
Wilgers Hospital, Denneboom Rd, ✆ 012 807 8100.

Notruf
Feuerwehr, ✆ 10177 oder 012 310 6200; **Krankenwagen**, ✆ 10177, oder von Netcare (privat), ✆ 082 911; **Polizei**, ✆ 10111.

Post
Church St. ⏰ Mo, Di, Do und Fr 8–16.30, Mi 8.30–16.30, Sa 8–12 Uhr.

NAHVERKEHR

Stadtbusse
Der **Gautrain**-Bus beschreibt Mo–Fr einen Zirkel von der Pretoria Station durch die Innenstadt. In die Vororte, zu den Malls und Botschaften in Arcadia, Brooklyn und Menlyn fahren Gautrain-Busse von der Hatfield Station. Mit dem Gautrain kommt man auch von der Pretoria Station nach Hatfield (R27).

Der neue **A Re Yeng** Stadtbus deckt Sunnyside, CBD, Arcadia, Hatfield und Groenkloof ab. Um mitzufahren, muss man sich allerdings in einem der Hauptstationen von A Re Yeng eine aufladbare Smartcard besorgen.

Minibustaxis
Minibustaxis aus Johannesburg und anderswo halten in der Jeff Masemola Street, Ecke Bosman Street, in der Nähe des Bahnhofs.

Taxis
Rixi Taxi, ✆ 086 100 7494, 🖳 www.rixitaxi.co.za, empfiehlt sich neben **Dial-a-Dove Taxi**, ✆ 012 323 2040. Die meisten Bewohner der Stadt nutzen jedoch lieber Uber.

TRANSPORT

Busse
Der Busbahnhof befindet sich neben dem Hauptbahnhof.

Busse nach:
BLOEMFONTEIN (10x tgl., 7 Std.);
DURBAN (18x tgl., 9 Std.);
JOHANNESBURG (mehr als 30x tgl., 1 Std.);
KAPSTADT (6x tgl., 20 Std.);
KIMBERLEY (4x tgl., 7 Std.);
NELSPRUIT (6x tgl., 6 Std.).

Eisenbahn
Die **Pretoria Station** liegt südlich des Zentrums. Hier kommen Gautrain-Züge aus JOHANNESBURG an. Der Gautrain fährt auch zum Bahnhof Hatfield; Abfahrt der Züge alle 12 bis 20 Min. von 5.30–20.30 Uhr. Ein Ticket ab Pretoria Station nach Sandton kostet R49–68, nach Rosebank R53–73 und zur Park Station R55–76, je nach Tageszeit.

Flüge
55 km südöstlich liegt der nächstgelegene Flughafen, der **OR Tambo International Airport** (S. 588). Der Gautrain (S. 586) verbindet den Flughafen tgl. von 5.30–20.30 Uhr mit Pretoria und Hatfield (Umsteigen in Sandton oder Marlboro); Tickets vom Flughafen zum Bahnhof Pretoria oder Hatfield kosten R174. Oder man

GAUTENG

nimmt den **Airport Shuttle**, ✆ 086 1748 8853, 🖳 www.airportshuttle.co.za, der für rund R500 vom OR Tambo und Lanseria Airport nach Pretoria fährt. Ansonsten kann man auch versuchen, die Abholung über die Unterkunft zu arrangieren.

Die Umgebung von Pretoria

Faszinierende Sehenswürdigkeiten vor den Toren der Stadt sind die **Doornkloof Farm**, einst Wohnhaus des Premierministers Jan Smuts, sowie das **Sammy Marks Museum**, die exquisite viktorianische Villa des reichen Industriellen Sammy Marks. Etwas weiter östlich liegt die Bergbaustadt **Cullinan**, deren Ursprung bis in die Zeit der ersten Diamantensucher zurückreicht. Der **Tswaing-Meteoritenkrater** nördlich von Pretoria ist ein faszinierendes Fleckchen Erde für eine kurze Wanderung. Wer sich für die Rettung der Tierwelt interessiert, besucht den **Ann Van Dyk Cheetah Centre**.

Doornkloof Farm

Jan Smuts Ave, abseits Nellmapius Ave, Irene, Wegweiser 20 km südlich von Pretoria an der R21 ▪ ⏲ Mo–Fr 8–16, Sa und So 8.30–16.30 Uhr ▪ Eintritt R20 ▪ ✆ 012 667 1176, 🖳 www.smutshouse.co.za

Die Doornkloof Farm diente **Jan Smuts** lange Jahre als Wohnsitz, selbst zu Zeiten, als er südafrikanischer Premierminister war. Heute ist in dem schlichten Gebäude aus Holz und Eisen ein Museum untergebracht, das dem Besucher einen der geheimnisvollsten Politiker Südafrikas näher bringt.

Die enorme Privatbibliothek verweist auf Smuts intellektuelle Tiefe (und Breite), zahlreiche andere Gegenstände zeugen davon, dass er ein Mann von Welt war. Andere Exponate konzentrieren sich auf Smuts Rolle als erfolgreichster Befehlshaber burischer Truppen. Das Farmgelände gehört ebenso zum Museum. Auf dem reiz-

vollen 2,5 km langen **Oubaas Trail** gelangt man vom Haus auf einen *koppie* – eine Route, die der Naturliebhaber Smuts jeden Tag absolvierte.

Cullinan's Premier Mine

50 km östlich von Pretoria ▪ **Führung oberirdisch** Mo–Fr 10.30 und 14, Sa und So 10.30 und 12 Uhr ▪ 2 Std. ▪ R115 ▪ 8 Std. ▪ R500 ▪ Reservierung erforderlich ▪ ✆ 012 734 0081, 🖳 www.diamondtourscullinan.co.za ▪ **Diamond Express-Zug** R275 ▪ ✆ 012 767 7913, 🖳 www.friendsoftherail.com

In der bis heute betriebenen Premier Mine von De Beers in Cullinan wurde 1906 der mit 3106 Karat schwerste Diamant der Welt gefunden, der „**Stern von Afrika**". Besucher können an einer oberirdischen **Minenführung** teilnehmen. Am besten besucht man die Mine im Rahmen eines Tagesausflugs mit der Diamond Express-Dampfeisenbahn, die etwa einmal im Monat von Friends of the Rail organisiert wird (Abfahrt am Bahnhof Hermanstad in Pretoria um 8 Uhr, Rückfahrt 17.30 Uhr). Dazwischen bleibt genügend Zeit, um in Cullinan herumzuspazieren.

Tswaing Crater

Onderstepoort Rd, Soshanguve, am Rand der M35 ▪ ⏲ tgl. 7.30–14 Uhr ▪ Eintritt R25 ▪ ✆ 076 945 5911, 🖳 www.ditsong.za.za/tswaing.htm

Der **Tswaing-Krater** mit einer 1,4 km breiten und 200 m tiefen, vor rund 220 000 Jahren entstandenen Senke, ist einer der jüngsten und besterhaltenen Meteoritenkrater der Welt. Tswaing bedeutet in der Sprache der Tswana „Ort des Salzes", und die reichen Salz- und Sodablagerungen am Rand des flachen Kratersees haben schon vor Urzeiten Menschen angelockt. Bis zu 150 000 Jahre alte Artefakte wurden hier entdeckt.

Nachdem man sich im Besucherzentrum an der Hauptstraße hat registrieren lassen, fährt man weiter bis zum Parkplatz. Dort geht ein schöner, 7 km langer Fußpfad ab, der übers *veld* zum Krater, hinab zum See und wieder zurück führt. Es besteht auch die Möglichkeit, näher am Rand zu parken und den Krater schon nach einem kurzen Spaziergang zu erreichen.

GAUTENG

Sammy Marks Museum

18k m östlich von Pretoria, Eingang an der Old Bronkhorstspruit Rd (gegenüber Savannah Country Estate), Donkerhoek ▪ ⏲ Di–So 9–17 Uhr ▪ R60 ▪ Übernachtung R800 ▪ ✆ 012 755 9542, 🖵 www.ditsong.org.za

Die Anfang der 1880er-Jahre für den reichen Industriellen Sammy Marks erbaute Zwartkoppies Hall ist ein hervorragendes Beispiel für den opulenten Geschmack der frühen Bergbaubarone in Gauteng. Der 1844 in Litauen geborene Marks kam als 24-jähriger nach Südafrika, um in den Diamantminen von Kimberley sein Glück zu suchen. Als schließlich am Witwatersrand Gold gefunden wurde, hatte er bereits genug verdient, um Zwartkoppies Hall zu bauen. Die stündlichen Führungen durch die Villa erzählen viel über den Aufstieg und Absturz. Immer auf der Suche nach dem neuesten Modetrend scheute Marks bei Antiquitäten, Porzellan, Importstoffen und Silber keine Kosten und beauftragte sogar italienische Maler, um die Wände wie Satin aussehen zu lassen. Ein Highlight ist die kunstvoll verzierte Decke des Billardzimmers im Obergeschoss. Im Teegarten des Museums gibt es leichte Mahlzeiten und Getränke zu annehmbaren Preisen.

Ann van Dyk Cheetah Centre

Westlich von Pretoria, am Rand der R513 Richtung Brits ▪ Gepardenlauf und -Tour Di, Do, Sa und So 8 Uhr ▪ R400 ▪ Führungen tgl. 13.30 Uhr sowie Mo, Mi, Fr 8.30 Uhr ▪ Eintritt R350 ▪ Reservierung erforderlich ▪ ✆ 012 504 9906, 🖵 www.dewildt.co.za

Das Ann van Dyk Cheetah Centre hat sich als international renommiertes Tierschutzprojekt dem Schutz der Geparden verschrieben. In Zusammenarbeit mit Farmern werden Programme zum Umgang mit Raubtieren ausgearbeitet, Welpen in Gefangenschaft aufgezogen (bislang über 750) und als ausgewachsene Tiere in Wildreservaten angesiedelt. Im Zentrum werden auch andere gefährdete Tiere großgezogen und/oder betreut, darunter Afrikanische Wildhunde, Geier und Braune Hyänen.

Besucher können eine Führung durch das Zentrum und an den Gehegen vorbei machen. Ein Highlight ist die Möglichkeit, einen in rasendem Tempo dahinfliegenden Geparden zu fotografieren; dieser Auslauf am frühen Morgen ist außerdem toll, um die Großkatzen aus der Nähe zu erleben. Das Tierschutzprogramm wird teilweise finanziert über Patenschaften, die man für einen Geparden übernehmen kann.

GNUS IM MADIKWE GAME RESERVE

Nordwest-Provinz

Südafrikas Nordwest-Provinz ist für den Vergnügungspark Sun City und das Pilanesberg Game Reserve mit den Big Five bekannt. Doch die traditionelle Gastfreundschaft in den zahlreichen kleinen *dorps* und die beschauliche Idylle der endlosen Grassteppen und Maisfelder sorgen für eine willkommene Verschnaufpause nach der Hektik von Johannesburg und Pretoria. Ursprüngliche Naturerlebnisse findet man beim Camping im stillen, zeitlosen *veld*.

Stefan Loose Traveltipps

Die Magaliesberge Sanfte Hügel, schroffe *kloofs* und klare Flüsse in den Magaliesbergen bilden hoch oberhalb von Rustenburg ein herrliches Wandergebiet. S. 610

Sun City Las Vegas im Bushveld – Fantasieland mit Hotels, Spielautomaten, Bühnenshows, Elefantensafaris und üppig grünen Golfplätzen sowie einem vergnüglichen Aquapark. S. 616

Pilanesberg National Park In der vulkanischen Landschaft des von Johannesburg und Pretoria aus am bequemsten erreichbaren Big-Five-Parks kann man hervorragend Tiere beobachten. S. 618

Groot Marico Eines der malerischsten winzigen Farmerstädtchen Südafrikas, berühmt für seine Gastfreundschaft, Bedeutung in der Literatur sowie den hochprozentigen Obstschnaps Mampoer. S. 620

15 **Madikwe Game Reserve** Wenig besuchter Big-Five-Wildpark im äußersten Norden der Provinz mit einer der exklusivsten Wildlife-Lodges von ganz Südafrika. S. 622

PALACE OF THE LOST CITY, SUN CITY

TALBLICK VON DEN MAGALIESBERGEN

Inhalt

Kartenbeschriftung

LIMPOPO

GAUTENG

MPUMALANGA

Nelspruit · Ermelo

N

Pretoria · Johannesburg

Thabazimbi

Brits

Mogwase

Bakgatla Gate · Manyane Gate · Kwa Maritane Gate

Rustenburg

PILANESBERG NATIONAL PARK

Sun City

MAGALIESBERG

Magaliesburg

Bakubung Gate

KGASWANE MOUNTAIN RESERVE

Swartruggens

Dwarsberg

MADIKWE GAME RESERVE

Kopfontein

Groot Marico

Zeerust

Gaborone

Skilbadshek

Ramatlabama

Mafikeng

MAFIKENG GAME RESERVE

Lichtenburg

Ventersdorp

Klerksdorp

Wolmaransstad

Delareyville

Schweizer Reneke

Leeudoringstad

Bloemhof

Christiana

Taung

Vryburg

Potchefstroom

Parys · Vredefort

Kroonstad

Welkom

FREISTAAT

BOTSUANA

Tosca

Kuruman

NORDKAP

Upington

Die Nordwest-Provinz erstreckt sich westlich von Gauteng bis zur Grenze nach Botsuana und dem Rand der Kalahari. Im Osten der Provinz ragen die **Magaliesberge** auf. Sie bilden die Grenze zu Gauteng und sind hundertmal älter als das Himalayagebirge. Heute gibt es dort jede Menge Urlaubsorte für naturhungrige Johannesburger. Von Pretoria führt die N4 in die Berge und durch die wichtigste Stadt im nordöstlichen Teil: **Rustenburg**. Sie ist das Tor zum windgepeitschten **Kgaswane Mountain Reserve**, das zu Wanderungen in die Berge mit Aussicht über die flirrende Ebene einlädt. Im Norden liegen der **Pilanesberg National Park** – ein Big-Five-Park – sowie das protzige **Sun Resort** direkt an dessen Toren.

Weiter westlich an der N4 befindet sich **Groot Marico**, ein freundliches *dorp* mit kräftigem, vor Ort gebrautem Bier und geselligen Bewohnern, mit denen sich selbiges genießen lässt. Weiter westlich erreicht man die Provinzhauptstadt **Mafikeng**, die Schauplatz einer berühmten Belagerung während des Zweiten Burenkriegs war. Richtung Botsuana ist das **Madikwe Game Reserve** angesiedelt. Es gehört zu den noch wenig besuchten, aber erstklassigen Big-Five-Wildreservaten Südafrikas: ein riesiges Gebiet mit ein paar hervorragenden Game Lodges.

Im Sommer brennt die Sonne in der Nordwest-Provinz unerbittlich vom Himmel, nur unterbrochen von kurzen Regengüssen; besser kommt man im **Frühjahr** oder **Herbst**. Wer ein ursprüngliches Naturerlebnis sucht, findet in dieser Ecke Südafrikas, im stillen, zeitlosen *veld*, traumhafte Campingmöglichkeiten.

Informationen über die Provinz erteilt das North West Parks & Tourism Board, ✆ 0861 111 866, 🖥 www.tourismnorthwest.co.za. Die Website bietet Informationen und Links zu allen Parks in der Region. Malaria kommt in der Nordwest-Provinz nicht vor.

Geschichte

Die ersten Bewohner der Nordwest-Provinz waren das Jäger- und Sammlervolk der **San**. Vor ungefähr 500 bis 1000 Jahren wurden sie von Rinderzucht betreibenden Völkern der Eisenzeit verdrängt, die aus Norden kamen und ihre ersten Siedlungen in flussnahen Niederungen errichteten. Diese Ansiedlungen entwickelten sich in steinumwallte, auf Hügeln gelegene Ortschaften. Die größte davon, Karechuenya (nahe Madikwe), besaß nach Schätzungen im Jahr 1820 mehr Bewohner als Kapstadt. Bis zum 19. Jh. etablierten sich die Stammesgruppen der Rolong, Taung, Tlhaping und Tlokwa als dominierende Kraft. Die Europäer bezeichneten sie alle als **Tswana**, aber es ist unklar, ob diese Völker sich als sehr verschieden von den weiter im Osten lebenden, „Sotho" genannten Völkern betrachteten.

Als im frühen 19. Jh. die weißen Siedler *(trekboers)* sich immer mehr Land aneigneten und die Einheimischen verdrängten, brachen erbitterte und durch die zunehmende Verfügbarkeit von Schusswaffen besonders blutige Kämpfe zwischen den Stammesgruppen aus. Den Sieg trugen diejenigen davon, die sich jeweils mit den Neuankömmlingen verbündeten: mit den **Griqua** aus dem Norden der Kapprovinz und mit den **Buren** aus dem Süden. Die verbleibenden Stämme hatten jedoch wenig Freude an ihrem Sieg, denn ihre „Verbündeten", die Griqua und Buren, zwangen auch sie bald zur Aufgabe ihres Lands oder zur Sklavenarbeit.

In der Folgezeit gründeten sich mehrere Kleinstaaten, die sich schließlich 1860 zur **Südafrikanischen Republik** (ZAR) mit Pretoria als Hauptstadt zusammenschlossen. Vom Ersten Burenkrieg (1877–81) blieb der Großteil der Provinz unberührt. Sehr viel schlimmere Konsequenzen hatte der **Zweite Burenkrieg** (1899–1902). Abgesehen von der berühmten **Belagerung von Mafikeng**, bei der die britische und Tswana-Truppen 217 Tage ausharrten, gab es lange, zähe Scharmützel entlang des Vaal River. Nach dem Sieg der Briten wurde sowohl das Land der Buren als auch das der Tswana abgebrannt, und viele landeten in Lagern.

Mit Gründung der Südafrikanischen Union 1910 wurde die Provinz zum Westteil Transvaals und befand sich fest in burischer Hand. Die kleinen *dorps* standen schon bald synonym für kleinbäuerlichen Rassismus. Nicht umsonst etablierte sich hier in den 1980er-Jahren die faschistische AWB unter **Eugene Terreblanche**. Weil die meisten Tswana-Männer zu den Goldminen am Witwatersrand abgewandert waren und sich deshalb hier keine schwarze Arbeiterklasse entwickelte, spielte die Nordwest-Provinz im Anti-Apartheids-Kampf auch nur eine relativ untergeordnete Rolle.

Aus den ehemaligen „Einheimischen-Reservaten", den kargen Landstrichen, in die man die Tswana gezwungen hatte, wurde 1977 um Mmabatho im Westteil der Provinz das Bantustan **Bophuthatswana**, kurz „Bop", gebildet. Bop war alles andere als das lang ersehnte unabhängige *homeland* für die schwarze Bevölkerung in dieser Gegend. Das Gewirr unterschiedlicher Enklaven stand unter der Herrschaft des korrupten **Lucas Mangope**, der sich an den Gewinnen aus den Casinos in Sun City und Mmabatho sowie an der Entdeckung von Platin bereicherte. Bophuthatswanas kurzlebige Existenz endete 1994, als die Armee des Landes einen Monat vor den Wahlen in Südafrika aufbegehrte. Mangope rief Hunderte bewaffneter AWB-Neofaschisten zu Hilfe, um den Aufstand niederzuschlagen, aber der AWB – und Mangope – wurden vernichtend geschlagen.

Der Bergbau dominiert bis heute die Wirtschaft der Provinz, aber in den letzten Jahren kam es immer wieder zu gewalttätigen Streiks der Minenarbeiter. Die Ausstände kulminierten 2012 im sogenannten Marikana-Massaker, als in der Zeche Lonmin in der Region Marikana bei Rustenburg (S. 611) 34 Menschen von der südafrikanischen Polizei erschossen und mindestens zehn weitere Personen getötet wurden (Kasten S. 611). Das Massaker war der schlimmste Fall staatlicher Gewalt gegen Zivilisten seit dem Massaker von Sharpeville 1960.

Die Magaliesberge und Umgebung

Die an Gauteng grenzenden Magaliesberge erfreuen sich ausgesprochener Beliebtheit bei Wochenendausflüglern aus Johannesburg und sind eine buchstäblich herausragende Attraktion der umliegenden Provinz, die vorwiegend aus flachem Ödland besteht.

Ihren Namen erhielt die Bergkette nach dem Tswana-Häuptling Mogale aus dem Stamm der **Kwena**, die hier vom 17. Jh. bis zu ihrer Vertreibung durch den Ndebele-Häuptling Mzilikazi im Jahr 1825 lebten. Die Kwena sind heute aus dem Gebiet der Magaliesberge gänzlich verschwunden.

Beachtliche Teile der Magaliesberge sind umzäunt und von Feriensiedlungen in Beschlag genommen worden. Einige Oasen unberührter Natur gibt es aber noch. Zu ihnen gehört insbesondere das **Kgaswane Mountain Reserve** – von der größten Stadt der Region, Rustenburg, her erreichbar – weitgehend in seinem natürlichen Zustand erhalten und mit reichlich Wildtieren gesegnet.

Wer den Kick sucht, kann hier auch extremeren Sportarten nachgehen – z. B. bei einer **Magaliesberg Canopy Tour** mit der Zipline über eine Schlucht sausen.

Auf dem Weg von Johannesburg Richtung Norden zu einer Safari in Pilanesberg oder Madikwe lohnt es sich, statt der Autobahn N4 von Pretoria die landschaftlich reizvolle Strecke durch die Magaliesberge auf der R24 und R563 zu nehmen. Es mangelt nicht an Gelegenheiten für ein malerisches Mittagessen und viele Landgästehäuser bieten die Möglichkeit, die Reise für eine Nacht zu unterbrechen.

Magaliesberg Canopy Tours

32 km östlich von Rustenburg, von der R104 oder R24 der Beschilderung zum Sparkling Waters Hotel folgen
- ⏰ tgl. April–Aug 7–15, Sep–März 6.30–16.30 Uhr
- ☎ 014 535 0150 oder 079 492 0467, 🖥 www.magaliescanopytour.co.za

Eine der aufregendsten Arten, die Magaliesberge kennenzulernen, ist eine Ziplinefahrt über ihre Bäche und Schluchten. Eine Magaliesberg Canopy Tour dauert etwa 2 1/2 Std. und umfasst 10 Ziplines, die über 11 Plattformen verbunden sind und in einer Höhe von bis zu 30 m über die wunderschöne Ysterhout Kloof sausen. Unbedingt im Voraus reservieren! Die Gruppengröße ist auf mindestens 2, höchstens 8 Teilnehmer beschränkt. Touren fahren vom Buchungsbüro im Sparkling Waters Hotel & Spa ab.

Rustenburg

Ungefähr 120 km nordwestlich von Johannesburg liegt die trostlose Platinminenstadt Rustenburg, die älteste Siedlung im ehemaligen West-Transvaal. Mit ihrem Schachbrettmuster aus Ladenketten, Shopping Malls und Neonschildern lohnt die Stadt eigentlich keinen Besuch. Dessen ungeachtet legen viele Besucher hier einen Stopp ein, weil sie das herrliche, 7 km südlich der Stadt gelegene **Kgaswane Mountain Reserve** zum Ziel haben. Wer in erreichbarer Nähe zum **Pilanesberg National Park** eine günstigere Unterkunft sucht, ist hier auch gut aufgehoben.

Das historische Zentrum von Rustenburg beschränkt sich auf einen Abschnitt der Burger Street zwischen Nelson Mandela Drive und Oliver Tambo Drive. Hier befinden sich zwei Kirchen: die alte **Anglikanische Kirche** aus dem Jahr 1871 und die 1850 erbaute **Niederländisch-Reformierte Kirche**. Letztere steht gegenüber mit würdevollen, 1935 erbauten **Rathaus** und einer Statue von Paul Kruger. Das Kunstwerk zeigt den Präsidenten in seinen letzten Tagen im Exil in Frankreich, wie er zusammengesunken in einem Lehnstuhl sitzt.

Rustenburg ist eine günstig gelegene Ausgangsbasis für die Berge und die Tierwelt im Pilanesberg National Park, man hat aber mehr von der Gegend, wenn man die Stadt selber meidet. Im **Kgaswane Mountain Reserve** (S. 614) kann man campen, allerdings sollte man vorher anrufen – die Zeltplätze sind nicht immer geöffnet. 80 Autominuten von Rustenburg oder Johannesburg entfernt gibt es an den Südhängen der Berge Dutzende ländlicher B&Bs und Resorts, oft mit eigenen Wanderwegen in die Berge.

Magaliesberge

Rustig, 6 km abseits der R401, zwischen Hekpoort und Skeerpoort (die R24 von Rustenburg oder Johannesburg nehmen), ✆ 079 490 2690, 🖥 www.rustig.co.za. Teil eines aktiven Bauernhofs am Fuß der Magaliesberge. Ein ganzes Netzwerk wilder 2-, 4- und 6-stündiger Wanderwege zu den Berggipfeln beginnt direkt vor der Haustür (auch für Nicht-Gäste). Zur Auswahl stehen Schlafsäle, Safarizelte für Selbstversorger sowie 3 hübsche Zimmer im Haupthaus mit antiken Möbeln. Das Restaurant

Marikana

Der Streik von Marikana begann am 10. August 2012, als 3000 Bergleute eine Anhebung ihres Mindestlohns auf R12 500 im Monat forderten und endete sechs Tage später mit der Tötung von 34 Arbeitern durch die südafrikanische Polizei. Einige Tage davor hatte sich die Führung der größten Bergbaugewerkschaft in Marikana, die National Union of Mineworkers (NUM), rundheraus geweigert, einen Streik zu unterstützen und damit bereits den Unmut der Arbeiter erregt. Schon bald nach dem Beginn des wilden Streiks wurde dann angeblich im Auftrag der NUM auf eine Gruppe Streikender geschossen. Zwei wurden getötet, weitere verletzt und die bereits explosive Lage eskalierte. In den nachfolgenden Tagen kochten Gewalt und Einschüchterung auf den staubigen Straßen der verarmten, inoffiziellen Nkaneng-Siedlung hoch. Angesichts der offensichtlichen Unterstützung der Minenbesitzer durch die NUM legten weitere Bergleute entsetzt die Arbeit nieder und bewaffneten sich aus Angst vor noch heftigeren Attacken. Die Situation entgleiste endgültig, als Hunderte schwer bewaffnete Polizisten am 16. August einen Felsen am Rand des Dorfs umstellten, an dem sich die streikenden Bergleute versammelt hatten. Angeblich wollte die Polizei die Arbeiter entwaffnen und zum Abbruch des Streiks überreden. Doch die unverhältnismäßige Machtdemonstration und fast ununterbrochene Fehlkommunikation zwischen Funktionären und Arbeitern brachte das Pulverfass zum explodieren. Trotz einer offiziellen Untersuchung des resultierenden Massakers blieben viele Fragen zum Geschehen an diesem Tag in Marikana unbeantwortet. Zahlreiche Familien warten noch heute auf die vom Staat versprochene Entschädigung und Entschuldigung.

NORDWEST-PROVINZ

R510 (Pilanesberg & Sun City)

ÜBERNACHTUNG
Kedar Heritage Lodge and Spa 2
Travellers Inn 1

Rustenburg

ESSEN
Brauhaus am Damm 1
Hartley's 2
Kenny Gee's 3

DWARS ST
LEYDS ST
OLIVER TAMBO DRIVE
Bus and Taxi Rank
FATIMA BHAYAT ST
BERG ST
KRUIS ST
LOOP ST
Polizei
BEYERS NAUDE DRIVE
ZENDELING ST
BARNAYS ST
LUCAS ST
KOCK ST
TUIN ST
BENZEEN ST
KLOPPERS ST
FATIMA BHAYAT ST
STEEN ST
SMIT ST
BURGER ST
anglikanische Kirche
BOSCH ST
MC GREGOR ST
BETHLEHEM DRIVE
NELSON MANDELA DRIVE
Excellent Copies & @ Internet Café
Kruger Statue
niederländisch-reformierte Kirche
HEYSTEK ST
Altes Rathaus
VERANSTALTUNGS-GELÄNDE
VON WIELLIGH ST
PRESIDENT MBEKI DRIVE
BERG ST
LOOP ST
KOTZE ST
POSTMA ST
BOOM ST
Absa Bank
Neues Rathaus
LEYDS ST
KLOPPER ST
MARAIS ST
KRUGER ST
Medicross Medical Centre
KERK ST
JOUBERT ST
BEYERS NAUDE DRIVE
Hospital
0 250 Meter
KOCK ST
KLOOF WAY
Avis
Kgaswane Mountain Reserve

R565 (Pilanesberg Sun City) & N4 (Groot Marico Zeerust)
N4 (Pretoria & Waterfall Mall), B24 (Johannesburg & ...)

---

am riesigen Pool ist nach der Wandertour perfekt für einen Drink. DZ R1000, Dorm R180, Safarizelt R1200

Steynshoop Mountain Lodge, 10 km abseits der R560, nahe dem Dorf Hekpoort (die R563 von Johannesburg oder die R24 von Rustenburg nehmen und an der Ausfahrt zur R560 der Beschilderung folgen), ☎ 014 576 1035, 🖥 www.steynshoop.co.za. Die beiden wunderschönen Lodges stehen 1 km voneinander entfernt am Berghang mit Blick auf die Hügellandschaft von Gauteng. Die ruhige Mountain Lodge hat 9 Zimmer (die Luxuszimmer sind aufgrund des Ausblicks den Aufpreis wert!) und die Möglichkeit, im kleinen Restaurant zu essen. Die Valley Lodge ist ein kapholländisches Bauernhaus mit verschiedenen Cottages für Selbstversorger. Die unbefestigte Straße dorthin ist 10 km lang und mit normalem Pkw zu bewältigen. Mountain Lodge R950, Valley Lodge R1200

Rustenburg

Kedar Heritage Lodge and Spa, 20 km nordwestlich von Rustenburg in Boshoek, 500 m abseits der R565 nach Sun City, ☎ 014 573 3218, 🖥 www.recreationafrica.co.za/kedar; Karte S. 612. Liebevoll restauriertes Farmhaus, das einst Präsident Kruger gehörte, der hier

in einem kleinen Museum geehrt wird. Die luxuriöse afrikaanse Einrichtung sowie zahlreiche Wildtiere und Vögel in der Umgebung schaffen eine erholsame Atmosphäre in ländlicher Idylle, nur 20 Autominuten entfernt vom Pilanesberg National Park. Pool sowie 2 Suiten mit eigenem Minipool. DZ R1130, Suiten R8525

Travellers Inn, 99 Leyds St, Rustenburg, ☎ 014 592 7658, 🖥 www.travellersinn.co.za; Karte S. 612. Gute, moderne Zimmer, großer Backpacker-Dorm am Pool, witzige rustikale Bar und gutes Essen und das alles in Laufweite zum Stadtzentrum und zum Busbahnhof. Schwule und lesbische Paare willkommen. Frühstück R100. Dorm R190, DZ R550

ESSEN

Die charmanten Farmrestaurants in den Tälern südlich von Rustenburg und an den Südhängen der Berge Richtung Hartbeespoort Dam sind ideal für ein Mittag- oder Abendessen. Wer nicht anhalten will, nimmt ein Picknick mit in die Berge. In Rustenburg selbst dominieren die Fastfood-Lokale. Ansprechendere Restaurants finden sich in einigen der Hotels sowie in der Waterfall Mall, dem größten Einkaufszentrum der Stadt.

Magaliesberge

Brauhaus am Damm, R24, 18 km südlich von Rustenburg, ☎ 087 098 0641, 🖥 www.brauhaus.co.za; Karte S. 612. Das Brauhaus am Olifantsnek-See ist vor allem am Wochenende wegen der einstündigen Brauereiführungen (Voranmeldung; R50 inkl. Verkostung und Glas) beliebt. 6 Sorten Bier werden hier gebraut (1/2 l ab R35) und ausgeschenkt, aber man kann es auch in Flaschen abgefüllt mitnehmen. Dazu werden leckere Mahlzeiten wie Wurst- oder Käseplatten (R80) oder Spätzle (R35) aufgetischt. ◷ Di–Sa 11–23, So 11–15 Uhr.

Die Ou Pastorie, R560 im Dorf Skeerpoort, 50 km westlich von Pretoria, ☎ 012 207 1027, 🖥 www.dieoupastorie.com. Der hübsche Garten dieses ehemaligen viktorianischen Pfarrhauses füllt sich am Wochenende nachmittags schnell, wenn Livebands spielen. Eine Reservierung ist empfehlenswert. Alle Zutaten für die leckere Hausmannskost stammen von regionalen Bauernhöfen. Gut sind die hausgemachte Hühnerleberpastete mit *rooibos*-Gelee (R60) oder die berühmte Entenpastete (R145). ◷ Mi–Sa 7.30–22, So 7.30–16 Uhr.

Rustenburg

Hartley's Rainhill Farm, 4 km südwestlich von Rustenburg, dem Bethlehem Drive folgen, rechts abbiegen auf die Brink St, links auf die Watsonia Rd, am Ende wieder rechts, ☎ 014 592 9202, 🖥 www.rainhill.co.za; Karte S. 612. Ruhiges Landgasthaus und Familienrestaurant. Die Kneipenabteilung heißt The Milk Shed, das The Pack House ist das etwas steifere Nichtraucher-Restaurant. In beiden reicht das Essensangebot (R60–110) von Rippchen und Steaks bis zu Garnelen und anderem Seafood. Unbedingt probieren: die berühmte hausgemachte Orangenmarmelade. In dem charmanten Gästehaus der Farm kann man übernachten. ◷ Mo 12–20, Di–Fr 11–21, Sa 11–22 Uhr.

Kenny Gee's, 67 Brink St, Ecke Kock St, ☎ 014 592 8079, 🖥 www.kennygees.co.za; Karte S. 612. Die beste zentrumsnahe Option für ein gutes Frühstück (ab R35) in Rustenburg,

fröhliches Pubessen wie Fish 'n' Chips, Lasagne, Pasteten und Tagesgerichte ab R37. Jeden Mittwoch und Freitag gibt es ein bescheidenes Unterhaltungsprogramm mit Livemusik. ◷ Mo–Do 6.45–22, Fr 6.45–24, Sa 8–15, So 9–15 Uhr.

Einkaufen

Die **Waterfall Mall**, Augrabies Ave, 5 km südöstlich der Stadt, 🖥 www.waterfallmall.co.za, ◷ Mo–Fr 9–18, Sa 9–15, So 9–13 Uhr, bietet die besten Einkaufsmöglichkeiten der Provinz.

Geld

Die **ABSA Bank** in der Waterfall Mall hat einen Geldwechselschalter.

Informationen

Touristeninformation, Kloof Rd, ☎ 014 597 0906, 🖥 www.tourismnorthwest.co.za. Das Touristenbüro in Rustenburg hat Karten und Prospekte für die Sehenswürdigkeiten und Unterkünfte in der gesamten Provinz. ◷ Mo–Fr 8–16.30, Sa 8–12 Uhr.

Internet

Excellent Copies & Internet Café, Nelson Mandela Drive, Ecke President Mbeki Drive.

Medizinische Hilfe

Im **Medicross Medical Centre**, President Mbeki Drive, Ecke Von Wielligh St, ☎ 014 523 5100, gibt es Ärzte und Zahnärzte.

Notfälle

Privater Krankenwagen (Netcare), ☎ 014 568 4338 oder 082 911, **Krankenwagen**, ☎ 014 556 2073, **Feuerwehr**, ☎ 014 590 3334, **Polizei**, ☎ 014 590 3111.

Busse und Minibustaxis

Busse von **Intercape**, ☎ 021 380 4400, 🖥 www.intercape.co.za, 2 Std., von Johannesburg nach GABORONE über GROOT MARICO halten täglich in Rustenburg an der BP-Werkstatt gegenüber der Waterfall Mall. Langstrecken-Minibustaxis sowie der tägliche Bus von Bojanala, ☎ 014 565 6550, 🖥 www.boja nalabus.co.za, aus Mafikeng (3 Std., nicht über Groot Marico) kommen am Busbahnhof am westlichen Ende des Nelson Mandela Drive, Höhe Beneden St, an. Die Minibustaxis steuern regelmäßig Ziele in der gesamten Provinz an, darunter GROOT MARICO (1 1/2 Std., ein Taxi nach ZEERUST nehmen) sowie MAFIKENG (3 1/2 Std.), und fahren auch nach LESOTHO (tgl., 9 Std.).

Die Fahrtziele sind an den Haltebuchten deutlich angeschrieben, und Tickets gibt es in den Bussen; am besten erkundigt man man sich einen Tag vor Abfahrt nach den Verbindungen. Vorsicht: den Terminal nicht an der Nordseite verlassen.

Kgaswane Mountain Reserve

7 km südlich von Rustenburg ▪ ⏰ tgl. April–Aug 6–18, Sep–März 5.30–19.30 Uhr ▪ Eintritt R40, plus R20 pro Fahrzeug ▪ ☎ 014 533 2050, 🖥 www. tourismnorthwest.co.za/kgaswane

Das Kgaswane Mountain Reserve ist nur mit eigenem Fahrzeug zu erreichen, und zwar folgt man vom Zentrum von Rustenburg der R24 Richtung Johannesburg und biegt an der Ampel gleich hinter der Waterfall Mall (bzw. kurz vor der Mall, wenn man aus Johannesburg kommt) rechts ab; dann folgt man der Straße bergan und biegt links auf die ausgeschilderte Straße zum Eingang des Reservats. Alternativ fährt man die Beyers Naude Street Richtung Südwesten, überquert den Highway und folgt dann der Helen Joseph Street. Von hier windet sich die Straße atemberaubend hinauf zum **Besucherzentrum** in einem breiten Tal nicht weit vom Gipfel. Das Besucherzentrum (im Winter oft geschlossen, am Tor zum Reservat fragen) hält nützliches Kartenmaterial sowie Infos über Wanderungen bereit.

Kgaswane erstreckt sich in einem spektakulären, 40 km² großen Teilgebiet der Magaliesber-

ge. In dieser von jahrtausendealten, erodierten Felsformationen durchsetzten Landschaft findet man neben trockenem *veld* auch Wasserläufe, die sich ihren Weg durch die Täler bahnen. Zur üppigen Pflanzenwelt zählen Magaliesberg-Aloen und die zarte Frithia, eine Sukkulente, die zwischen November und März blüht. In den zahlreichen Felsschluchten lassen sich auch **Raubvögel** entdecken. Ausschau halten sollte man nach dem seltenen Kaffernadler, dem Kampfadler, dem Kapgeier, Papageien und Paradiesschnäppern. Neben **Zebras** leben im Kgaswane auch 800 **Antilopen**, darunter die meisten in Südafrika vorkommenden Arten. **Raubtiere** sind weniger zahlreich und beschränken sich auf Wüstenluchse, Erdwölfe, Schabrackenschakale und scheue Leoparden.

Das Gebiet lässt sich zu Fuß oder mit dem (mitgebrachten) Fahrrad erkunden. Es gibt zwei kürzere Wege für Tageswanderungen. Der zwei- bis dreistündige, 5 km lange **Peglarae Trail** führt auf einem recht einfachen Pfad durch felsiges Gelände und belohnt mit den schönsten Attraktionen und Ausblicken des Schutzgebiets. Kürzer und flacher ist der 2 km lange **Vleiramble**, der zu einer Aussichtshütte auf dem *vlei* führt, die besonders bei Vogelfreunden beliebt ist. Wanderungen mit zwei Übernachtungen folgen dem **Rustenburg Hiking Trail** (19,5 km bzw. 23,5 km). Diese Wanderungen müssen im Voraus gebucht werden und finden nur bei Gruppen von mindestens 6, höchstens 12 Teilnehmern statt (pro Person gilt für die Wanderung ein Aufpreis von R150). Teilnehmer müssen für die Übernachtung in der Berghütte eigenes Essen und Ausrüstung mitbringen.

ÜBERNACHTUNG

Camping, ☎ 014 533 2050, 🖥 www.tourism northwest.co.za/kgaswane. Insgesamt verteilen sich 20 Campingplätze über das Reservat mit Platz für jeweils 6 Zelte. Die Ausstattung ist sehr einfach: keine Elektrizität, keine Läden. Man muss also alles selbst mitbringen. Im Winter kann es nachts sehr kalt werden. Da auf manchen Zeltplätzen durchaus gestohlen wird, sollte man auch stets auf sein Eigentum aufpassen. Camping R60

Sun City

Eintritt: Tagesbesucher R75, Kinder R65 ▪ ☎ 011 780 7855, 🖥 www.suninternational.com/sun-city

Eine unwirklich wirkende Enklave von Hotel-hochhäusern und klimpernden Spielautomaten im endlosen Bushveld – das ist Sun City. Es umfasst vier dicht gedrängte **Hotel-Resorts und einen Timesharing-Komplex** mit Golfplätzen, einen Aquapark und andere Unterhaltungseinrichtungen.

Als der Unternehmer Kerzner in den 1970er-Jahren mit dem Bau des Komplexes begann, war das Gebiet noch Teil des Bantustans Bophuthatswana und einer der wenigen Orte im Land, wo man um Geld spielen konnte. Tausende Besucher kamen von „jenseits der Grenze", um sich Kerzners Mischung aus Glücksspielen, barbusigen Damen und fabelhaften Hotels hinzugeben.

Aber weil das Glücksspiel in Südafrika mittlerweile kein Verbrechen mehr ist, hat Sun City umdisponiert und macht jetzt auf Familienausflugsziel. Das Konzept geht auf – wer mit Kindern unterwegs ist, sollte tatsächlich nach Sun City fahren. Das Resort ist auch ein guter Ausgangspunkt für einen Abstecher in das Pilanesberg Game Reserve.

Cabanas und Waterworld

🕐 tgl. 10–17 Uhr

Die beim Cabanas Hotel gelegene **Animal World** ist ganz toll für kleinere Kinder: Hier gibt es einen kleinen Zoo, Reitpferde, ein Vogelhaus (im Sommer mit Flugvorführungen von Raubvögeln und Eulen) und ein Krokodilreservat. Dahinter erstreckt sich die **Waterworld**, ein großer künstlicher See mit zahlreichen Wassersportmöglichkeiten, von Parasailing bis Wasserskilaufen.

Sun Central

🕐 tgl. 8–22 Uhr

Den Mittelpunkt von Sun City bildet das neben dem dreieckigen Turm vom Hotel Cascades gelegene, neu renovierte **Sun Central** mit vielen familienfreundlichen Restaurants, diversen Spielautomaten, einer Kegelbahn, und einer VR-Ruhmeshalle.

Neben dem Sun Central liegen ein Spa und der berühmte **Gary Player Country Club Golf**

Course (rechtzeitig buchen – die Warteliste ist nicht selten mehrere Monate lang, Green-fee R790–890). Das Clubhaus mit Blick auf den Golfplatz ist ein schöner Ort für einen Drink am Nachmittag.

Lost City und Valley of the Waves

Valley of the Waves 🕐 Anfang Mai und Mitte Juni–Aug tgl. 10–17 Uhr, Mitte Mai–Mitte Juni geschl., Sep–April 9–18 Uhr ▪ Eintritt frei für Hotelgäste, sonst R120–160, Kinder R70–85 ▪ Lost City Maze 🕐 9–21 Uhr ▪ Eintritt R120, Kinder R60

Die **Lost City** ist das Herzstück des Ganzen und vom übrigen Komplex durch die schwankende „Bridge of Time" getrennt. In der Lost City ist das „Valley of the Waves" angesiedelt, ein gigantisches Wellenbad mit Strand, Palmen, drei Wasserrutschen und einer Anlage, die 2 m hohe, zum Surfen geeignete Brecher fabriziert. In den Tiefen des oberhalb des „Valley" künstlich angelegten Regenwalds gilt es Wasserfälle, plätschernde Bäche, verschlungene Pfade sowie die „Überreste" der „verlorenen Stadt" zu entdecken, einschließlich des dazugehörigen Irrgartens.

Über allem thront das gewaltige Hotel Palace of the Lost City. Wer nicht im Hotel übernachtet, kann den Palast nur über eine Tischreservierung zum Tee oder Abendessen sehen.

ÜBERNACHTUNG, ESSEN, UNTERHALTUNG

Die Hotels in Sun City liegen alle dicht beieinander in der Mitte des Tals. Deren Zimmer können alle über **Sun City Reservations**, ☎ 011 780 7855, 🖥 www.suninternational.com/sun-city, reserviert werden, sind aber günstiger, wenn man sie als Teil eines Pauschalpakets oder online bucht. Die Hotels sind ausnahmslos riesige Bettenburgen – selbst das kleinste, das Cascades, hat insgesamt 243 Zimmer. Essen kann man im Hotel oder in einem der vielen familienfreundlichen südafrikanischen Restaurants.

The Brew Monkey, ☎ 014 557 1681. Auf dem künstlichen Strand mit Blick auf das Valley of the Waves bietet das Brew Monkey Dutzende von Craft-Bieren vom Fass und Pubessen.

Cabanas, ✆ 011 780 7810. Eignet sich durch die Nähe zu den meisten Kinderaktivitäten und die entspannte Atmosphäre besonders für Familien. Die Zimmer sind klein, wurden aber kürzlich renoviert. Außerdem gibt es ein paar erschwingliche Restaurants sowie ein gutes Schwimmbad. R2500

Cascades, ✆ 011 780 7810. Ein schickes pyramidenförmiges Hochhaus mit „Tropen"-Deko, Mini-Regenwald und Voliere; nach dem Palace die komfortabelste Unterkunft, obwohl die Zimmer und der Service eher durchschnittlich sind. Von den Aufzügen an der Außenfassade bieten sich herrliche Ausblicke. Der hübsche Pool und die Bar stehen nur Hotelgästen offen. Das ruhige Restaurant **Bocado**, ✆ 014 557 5850, liegt neben dem Pool zwischen üppigen Palmen und ist für sein leckeres mediterranes Essen (R90–200) bekannt, darunter griechisches *kleftiko*, Garnelen vom Grill und Meze. R3500

🏨 **Palace of the Lost City**, ✆ 011 780 7810. Ein ebenso opulenter wie fantasiereicher afrikanischer Dschungelpalast, der mit seinen Türmen, Kuppeln und Skulpturen an eine Kulisse aus *Indiana Jones* erinnert. Die Zimmer sind groß und schön eingerichtet, und obwohl der Aufenthalt ruinös teuer ist, ist er unvergesslich. Nicht-Gäste, die hier essen möchten, haben 2 Optionen im klassisch eingerichteten Crystal Court, ✆ 014 557 4307: den opulenten Nachmittagstee (15–17 Uhr, R235 p. P.) oder ein Abendessen à la carte (18.30–22 Uhr). R5500

Soho, ✆ 011 780 7810. Im ältesten Hotel des Resorts sind eher Attraktionen für Erwachsene untergebracht, z B. das Kasino und ein Club. Wer in erster Linie zum Spielen nach Sun City kommt, lässt sich also am besten hier nieder. Von den großen Zimmern mit Balkon bietet sich ein toller Ausblick auf die Golfplätze, und es gibt jede Menge Restaurants und Bars, darunter das Grillhaus mit Bar **Legends**, ✆ 014 557 3151. R4200

INFORMATIONEN UND TOUREN

Welcome Centre, ✆ 014 557 1544. Reichlich Kartenmaterial, Broschüren und Informationen über besondere Angebote. ⏱ Mo–Do und So 8–19, Fr und Sa 8–22 Uhr.
Außerdem gibt es einen Informationsschalter des **North West Parks & Tourism Board**, ✆ 014 552 2116. ⏱ Mo–Fr 8–17, Sa 9–16 und So 9–14 Uhr.

Mankwe Gametrackers, ✆ 014 552 5020, 🖥 www.mankwegametrackers.co.za. Unterhält einen Schalter im Welcome Centre. Hier kann man im Letsatsing Reserve gleich außerhalb von Sun City Autosafaris, Heißluftballonfahrten, Buschwanderungen und andere Outdoor-Aktivitäten wie Quad-Fahrten (R450–650) und Bogenschießen (R300) buchen. Im Welcome Centre kann man außerdem die **Zip 2000**, ✆ 014 557 1544, 🖥 www.zip2000.com, R600, buchen, eine 2 km lange Zipline, die angeblich zu den schnellsten weltweit gehört. Anfahrten werden ebenfalls von Gametrackers organisiert.

TRANSPORT

Auto

Von Pretoria oder Johannesburg nimmt man die R4 bis hinter die Abzweigung nach Rustenburg und biegt nach rechts auf die R556 ab; von dort sind es noch etwa 70 km bis Sun City. Beim Welcome Centre gibt es einen **Parkplatz**; wenn es voll ist, können Tagesbesucher auch den Parkplatz am Haupttor nutzen und dann mit der Magnetbahn zum Welcome Centre fahren.

Busse

Täglich fährt ein Shuttlebus von **Ingelosi Tours**, ✆ 012 546 3827, 🖥 www.ingelositours.co.za, vom OR Tambo International Airport sowie aus SANDTON und PRETORIA nach Sun City (2 Pers. R1250, 6 Pers. R2100, one-way). Eine beliebte Alternative sind **Tagestouren** zahlreicher Veranstalter von Pretoria und Johannesburg. Die Preise richten sich nach dem gebotenen Tourprogramm bzw. nach der Zielgruppe, liegen aber bei mind. R600 pro Person.

Minibustaxis

Die Minibustaxis von RUSTENBURG nach MOGWASE halten am Eingang von Sun City.

NORDWEST-PROVINZ

Pilanesberg National Park

🕐 tgl. März, April, Sep und Okt 6–18.30, Mai–Aug 6.30–18, Nov–Feb 5.30–19 Uhr ▪ Eintritt R65 plus R30 Besuchergebühr p. P. für Nicht-Südafrikaner, Auto R20 ▪ 📞 014 555 1600, 🖥 www.pilanesberg nationalpark.org

In Nachbarschaft zu Sun City liegt das Pilanesberg National Park, das eine immense Artenvielfalt beherbergt und die größte Touristenattraktion der Nordwest-Provinz darstellt. Das künstlich geschaffene Reservat wurde bis 1979 von einheimischen Bauern und Angehörigen des **Tswana**-Stammes unterhalten, die aber unsanft vertrieben wurden, als man im Rahmen der **Operation Genesis** über 6000 Tiere aus allen Teilen des Landes im Park ansiedelte. Der Park liegt nur zwei bis drei Autostunden von Pretoria und Johannesburg entfernt und empfiehlt sich besonders für Besucher, die sich in Gauteng aufhalten und nur wenig Zeit zur Verfügung haben. Wie in anderen Wildreservaten hat man mehr von dem Besuch, wenn man entweder im oder in der Nähe des Schutzgebiets übernachtet und – bevor die Tagesausflügler eintrudeln – die Morgendämmerung als beste Beobachtungszeit wahrnehmen kann.

Von den Besucherströmen und dem durchorganisierten Charakter des Parks sollte man sich keinesfalls abschrecken lassen, denn er bietet reichlich Gelegenheit zur Beobachtung von Tieren und gute Chancen, alle Vertreter der **Big Five** zu Gesicht zu bekommen, daneben auch Flusspferde, Braune Hyänen, Giraffen und Zebras. Die meisten Antilopenarten sind hier ebenso vertreten wie zahlreiche **Vögel** (bislang wurden 365 Arten gezählt). Nachts werden einige fantastische Kreaturen aktiv, darunter Zibetkatze, Stachelschwein und Wüstenluchs, allerdings bedarf es einer gehörigen Portion Glück, um sie zu erspähen.

Um dem 650 km² großen Gelände mit seinen ca. 200 km Asphalt- und Schotterstraßen gerecht zu werden, sollte man sich mindestens einen Tag Zeit nehmen. Ein herkömmliches Auto reicht für die Erkundung völlig aus; die offizielle Gebietskarte (erhältlich an den Toren und in den Läden der Camps) leistet dabei gute Dienste. Die zahlreichen Hügel sind das Ergebnis eines Vulkanausbruchs, der sich vor 1300 Millionen Jahren ereignete. Sie zählen zu den größten landschaftlichen Reizen des Parks, werden aber von vielen Besuchern übersehen, weil diese nur nach den Tieren Ausschau halten.

Der alkalische **Lake Mankwe** („Leopardensee") bildet das natürliche Zentrum des Parks für Mensch und Tier, wo sich das emsige Treiben von verschiedenen Unterständen aus verfolgen lässt. Die im Park verstreuten Picknick- und Beobachtungsplätze sind ideal für eine Fahrtunterbrechung. Weil nur ganz wenige Besucher die Hochsitze aufsuchen, sind das oft idyllische, angenehm kühle Orte, um die Umgebung in aller Ruhe zu genießen. Wer mit einem eigenen Fahrzeug unterwegs ist, sollte sich nicht scheuen, die Safarijeepfahrer nach Tipps für Tiersichtungen zu fragen; sie stehen untereinander alle in Funkkontakt und wissen bestens Bescheid.

Es gibt vier **Zufahrtstore** zum Schutzgebiet. Die meistfrequentierten sind Manyane am östlichen Rand bei Mogwase, wo sich auch die **Parkverwaltung** befindet, und Bakubung im Süden, unmittelbar westlich von Sun City und über die R565 zu erreichen. In den für Tierbeobachtungen empfohlenen Gegenden kann es tagsüber ganz schön voll werden. Nach Einbruch der Dunkelheit lässt der Verkehr nach. Dann sind nur noch Tourbusse auf nächtlichen Tierbeobachtungsfahrten erlaubt. Dabei erlebt man den Park von einer ganz besonders faszinierenden Seite (im Winter für die Nachtfahrten unbedingt warme Kleidung mitbringen!).

ÜBERNACHTUNG

Das Unterkunftsangebot reicht von exklusiven Lodges bis zu größeren Ferienanlagen in den Randgebieten sowie billigeren, einfacheren Camps außerhalb des Parks. Die Unterkünfte von Bakgatla und Manyane bieten auch **Campingmöglichkeiten**. In den Preisen der besseren Unterkünfte sind in der Regel alle Mahlzeiten, Tierbeobachtungsfahrten sowie geführte Pirschgänge enthalten. Falls nicht, können die meisten Lodges diese Aktivitäten arrangieren. Einige fordern am Wochenende einen Mindestaufenthalt von 2 Nächten. Von Bakubung und Kwa Maritane verkehren alle 2 Stunden Shuttle-Busse von und nach Sun City. Preise sind an den Wochenenden meist höher.

Bakgatla Resort, nahe dem Bakgatla Gate am Fuß der Garamoga Hills, ☏ 014 555 1045, 🖳 www.goldenleopardresorts.co.za. Große Anlage mit guten Chalets und Safari-Zelten mit Bad und schattigen Veranden sowie großem Campingplatz. Außerdem recht gutes Restaurant und großer Pool. Camping R200, Safarizelt R2050

Bakubung Bush Lodge, Eingang neben dem Bakubung Gate, ☏ 014 552 6000, 🖳 www.legacyhotels.co.za. Hauptattraktion der Lodge ist das Wasserloch nahe dem Restaurant mit Bilderbuchausblick über das Tal. Bietet geräumige Zimmer, Pool, Spa, großartiges Restaurant und gutes Mittagessen, auch für Nicht-Gäste. Inkl. Halbpension und täglicher Safarifahrt. R4800

Ivory Tree Lodge, in der Nähe des Bakgatla Gate, ☏ 014 556 8100, 🖳 www.ivorytree gamelodge.com. Luxuriöse Lodge mit stilvollen Zimmern (mit Bad, aber Dusche draußen), Spa und Konferenzzentrum. R5700

Kwa Maritane Bush Lodge, nahe Kwa Maritane Gate im Südosten des Parks, nahe dem Pilanesberg Airport, ☏ 014 552 5100, 🖳 www.legacyhotels.co.za. Bietet ordentliche Zimmer, ein gutes Restaurant und einen Pool mit Blick hinüber zum Reservat. Inkl. Halbpension und tägliche Safariausfahrt. R4450

Manyane Resort, unmittelbar außerhalb des Manyane Gate, ☏ 014 555 1800, 🖳 www.goldenleopardresorts.co.za. Niedrige Preise und Komfort entschädigen für die fehlende Busch-Atmosphäre des Hauptcamps. Strohgedeckte Chalets mit AC, Safarizelte und Stellplätze für Zelte und Wohnmobile. Bar und Restaurant sowie Pool, Minigolfplatz und Wanderwege. Camping R210, Safarizelt R1240, Chalet R1800

Tshukudu Bush Lodge, 8 km von der Bakubung Bush Lodge (Gäste parken dort und werden zur Tshukudu Lodge gefahren), ☏ 014 552 6255,

🖳 www.legacyhotels.co.za. Exklusivste Lodge des Parks auf einem Hügel mit vorzüglichem Ausblick. Von der Veranda kann man Tiere am Wasserloch oder auch mitten im Anwesen beobachten, denn es gibt keinen Zaun. Unterkunft in 6 malerischen, strohgedeckten Cottages der Luxusklasse mit Badewanne und Kamin oder in einer der 4 neuen Luxussuiten. Pool, keine Kinder unter 12 Jahren. Vollpension und Tierbeobachtungstouren inkl. R9000

INFORMATIONEN UND TOUREN

An den beiden Eingängen Manyane und Bakubung gibt es Tafeln, auf denen die Stellen markiert sind, wo an dem Tag bestimmte Tiere gesichtet wurden sowie eine **Gebietskarte** und einen **Naturführer**, der die einzelnen Lebensräume erläutert. Im **Pilanesberg Centre** mitten im Park gibt es ein Café, einen Souvenirladen und ein Freiluftrestaurant an einer Wasserstelle, wo gewöhnlich jede Menge weniger scheue Tiere zu sehen sind. Die Preise für planmäßige Tagesausflüge von Gauteng liegen bei R1200 p. P., private Touren werden ab R1600 pro Tag angeboten. Bei Touren mit Übernachtung hängt der Preis von der gewählten Unterkunft ab, es ist aber mit mindestens R3500–4000 zu rechnen.

Mankwe Gametrackers, Sun City, ☏ 014 552 5020, 🖳 www.mankwegametrackers.co.za. Der Veranstalter bietet spektakuläre Heißluftballonfahrten über das Tierreservat (R4500) sowie tagsüber und abends Tierbeobachtungsfahrten (ab R550), Pirschgänge (R600); teils ist die Abholung von Resorts und Lodges um den Park herum möglich. Die Angebote von Gametrackers können auch in die Touren anderer Veranstalter integriert werden, insbesondere dann, wenn man eine private Tour gebucht hat.

Ulysses Tours & Safaris, ☏ 012 653 0018, 🖳 www.ulysses.co.za. In Pretoria ansässiger renommierter, professioneller und exklusiver Anbieter von Tagesausflügen in den Pilanesberg ab R2050, samstags oder je nach Nachfrage. Alle Aktivitäten können bei Ankunft gebucht werden, es empfiehlt sich aber eine Vorausbuchung direkt beim Veranstalter oder über die Lodge, in der man absteigt.

Groot Marico

Etwas südlich der N4 und 90 km westlich von Rustenburg liegt das beschauliche, winzige *dorp* Groot Marico am Ufer des Marico River. Ruhm erlangte es durch die Kurzgeschichten von Herman Charles Bosman. Der Schriftsteller (einer der beliebtesten Südafrikas) verarbeitete in seinen Erzählungen Erlebnisse aus der Zeit, als er hier Dorfschullehrer war.

Alljährlich Mitte Oktober zieht es Literaturfreunde von fern und nah zum „Bosman Weekend" in den Ort. Wer noch nie etwas von Bosman gehört hat, sollte zur Einstimmung seine amüsante Kurzgeschichte *Im Schatten des Withaak-Baums* aus dem Buch *Mafeking Road* lesen, in der der Autor eine Begegnung mit einem Leoparden schildert.

Die Tswana und Afrikaaners hier in der Gegend haben wenig mit Fremdsprachen, dafür um so mehr mit Gastfreundlichkeit im Sinn: Das Dorf ist landesweit berühmt für seinen *mampoer* (Brandwein aus Pfirsichen) und seine typisch relaxte Lebenseinstellung.

Obgleich die Region v. a. im Sommer unter der Hitze ächzt und stöhnt (die besten Monate für einen Besuch sind März bis Mai und September bis November), laden die Hügel um Marico zu schönen Wanderungen ein. Wenn es zu unerträglich wird, kann man sich für eine wohltuende Abkühlung an den kristallklaren Fluss begeben. Das Wasser von **Marico Oog** („Marico-Auge"), einer tiefen 20 km südlich gelegenen Quelle, ist besonders klar und erfrischend. An dem herrlichen, mit Seerosen bedeckten Gewässer lässt sich ein idyllisches Picknick veranstalten.

Mit über 400 gezählten Arten ist er ein Paradies für Vogelfreunde und nicht zuletzt ein beliebter Tauchspot; Näheres erfährt man bei der Touristeninformation.

Achtung: Die unbefestigten Straßen zum Marico Oog und dem größten Teil der Unterkünfte sind in keinem guten Zustand. Zwar sind sie in einem normalen Pkw durchaus befahrbar, es geht aber sehr langsam.

Mampoer

Der Überlieferung zufolge war es ein Pedi-Chief namens Mampuru, der den Buren beibrachte, wie man Pfirsichschnaps brennt. Seither hat der ihm zu Ehren **Mampoer** genannte, höllisch starke Sprit Einheimische und Besucher gleichermaßen inspiriert. Zu Großvaters Zeiten wurde der Alkoholgehalt gemessen, indem man eine Schweineschwarte in ein Probegefäß warf: Wenn sie in der Mitte schwamm, war der Mampoer tadellos. Heutzutage hält man bloß ein brennendes Streichholz drüber – je höher und sauberer die blaue Flamme, desto besser das Gebräu. Mampoer kann aus jedem Obst herstellen, aber die traditionelle Sorte ist der **Pfirsich**: Bis 1878 waren die Pfirsichplantagen, die einen Großteil der Nordwest-Provinz ausmachten, ausschließlich für diesen Zweck bestimmt. Ein Schädlingsbefall hat den Großteil der Pfirsichbestände allerdings zerstört, sodass der Mampoer heute überwiegend aus **Zitrus- und Wildfrüchten** hergestellt wird. Ein weiterer Wandel erfolgte mit der von der ZAR-Regierung erhobenen **Alkoholsteuer** und der Einführung einer Alkohollizenz im Jahr 1894 – Tausende Mampoer-Brennereien wurden dem Erdboden gleichgemacht. Einige wenige aber entgingen der Zerstörungswut. Man erzählt sich, dass ein Bauer alle seine Abwasserkanäle freilegte und säuberte, aber keinen Versuch machte, seine 15 Fässer Mampoer zu verstecken. Die Inspektoren fanden die Fässer, schlugen Löcher hinein und schütteten den Inhalt in den Ausguss. Aber der schlaue Bauer hatte mittlerweile seine ganze Familie mit jedem im Haushalt verfügbaren Behältnis auf das Feld geschickt, wo das Kanalisationsrohr aufhörte, und rettete so den Inhalt von 14 seiner 15 Fässer.

Wer **Mampoer probieren** und kaufen möchte, erkundigt sich am besten in der Touristeninformation von Groot Marico nach einer Mampoer-Tour (halber Tag R20, inkl. Mittagessen), die den Besuch zweier Farmen und eine Demonstration der Herstellung einschließt.

Herman Charles Bosman Living Museum

Kerk St ▪ ⏰ tgl. 8–18 Uhr ▪ Eintritt frei ▪ 📞 014 503 0085, 🖥 www.marico.co.za ▪ Rondavels und Camping ab R60

Die Touristeninformation bietet kurze Ausflüge zum bescheidenen Museum an. Das Ganze ist ein Gemeindeprojekt mit rekonstruierten Lehmbauten, wie sie für die Region vor hundert Jahren typisch waren. Auch die urige Schule, in der Bosman unterrichtete, ist nachgebaut worden. Wer möchte, kann in zwei reizvollen BaTswana-Rondavels wahlweise übernachten oder zelten (Buchungen jeweils über die Touristeninformation).

ÜBERNACHTUNG

Djembe Guest Farm and Backpackers, 3 km südlich von Groot Marico, 📞 079 955 8119, 🖥 www.bit.ly/Djembeguestfarm. Die Backpacker-Option von Groot Marico bietet komfortable DZ und einen angenehmen Schlafsaal. Für Selbstversorger gibt es eine Gemeinschaftsküche, ansonsten kann man auch Mahlzeiten buchen. Abholung von der N4 und Fahrradvermietung sind ebenfalls möglich. Der Ort wird lebendig, sobald die Traveller an der Feuerstelle zusammenkommen und die Trommeln herausgeholt werden. Dorm R80, DZ R180

Evergreen River Guest Farm, 10 km östlich des Dorfs von der Ausfahrt „Koedoesfontein" der N4 aus, 📞 014 503 1057, 🖥 www.facebook.com/evergreenriverguest farm. 2 große, voll ausgestattete Selbstversorger-Cottages für bis zu 6 Gäste, jeweils mit riesiger Veranda, die einen weiten Ausblick auf endlose Wälder und Berge bietet. Hier kann man hervorragend Sterne und Vögel beobachten sowie fischen und schwimmen. Im Bauernhaus (wo auch die Inhaber leben) gibt es einen kleinen Laden mit hübschem regionalen Kunsthandwerk und ein paar nützlichen Basics. R1000

River Still Guest Farm, 6 km südlich des Dorfs, 📞 083 272 2958, 🖥 www.riverstill.co.za. 4 reizvolle kleine Cottages für je 2–8 Selbstversorger am Fluss in einem abgeschiedenen und dicht bewaldeten Tal – ein ideales Gelände für Vogelbeobachtungen. Der Fluss lädt zum Baden oder zu Ausflügen im Kanu ein, und am Wochenende werden Trommelworkshops angeboten. R660

ESSEN

Die meisten Bauernhofunterkünfte in Groot Marico sind für Selbstversorger ausgestattet. Wenn Gäste ankommen, haben die Gastgeber meist schon die *braai*-Stelle vorbereitet. Grillkohle und Versorgung sollte man selbst mitbringen, da die Stadt nicht viele Einkaufsmöglichkeiten bietet und die Läden teilweise früh schließen.

Wag n Biekie, Hendrik Potgieter St, Ecke N4, 📞 082 679 8517, 🖥 www.sunbirdmedia.wix site.com/wagnbiekie. Der beliebte Boxenstopp für Biker liegt gleich nach dem Abzweig von der N4 und bietet Sport-TV in Endlosschleife sowie einen Biergarten. Die umfangreiche Pub-Speisekarte umfasst Burger (R45–80), Toasties (R30) und Steak, auf der vielseitigen Getränkekarte stehen ein paar gefährlich starke Cocktails auf *mampoer*-Basis. ⏰ Mo–Sa 8.30–13, So 9–17 Uhr.

INFORMATIONEN

Touristeninformation, Paul Kruger St, 📞 014 503 0085 oder 083 272 2958, 🖥 www.marico.co.za. Die Touristeninformation befindet sich in einer während des 2. Weltkriegs von italienischen Kriegsgefangenen erbauten Anlage. Betrieben wird sie von einem Ehepaar, das reichliche Kenntnisse zum Ort und allen möglichen Aktivitäten hat. Hier kann man einen Besuch des Bosman-Museums oder Touren zu verschiedenen Dorps buchen, die unter anderem eine Mampoer-Brennerei (s. Kasten S. 620) einschließen. Wer sie vorher anmailt, bekommt auch Hilfe bei der Unterkunft. In der angrenzenden **Arts Factory** kann man Tswana- und anderes in der Region hergestelltes afrikanisches Kunsthandwerk sowie Bücher von Herman Bosman erstehen. ⏰ tgl. Sonnenauf- bis -untergang.

Der 1x tgl. zwischen JOHANNESBURG/
PRETORIA (3–4 Std.) und GABORONE in
Botsuana verkehrende **Intercape-Bus** hält
an der Tankstelle am Abzweig der Straße
von der N4 nach Groot Marico, von wo aus
man 20 Min. zu Fuß bis zum Ortszentrum
läuft. Die **Minibustaxis**, die auf der N4 von
Pretoria bzw. Rustenburg nach ZEERUST
oder Botsuana fahren, halten ebenfalls hier.

15 HIGHLIGHT

Madikwe Game Reserve

Parkeintritt R180, Tagesbesucher R70 extra ■
☎ 018 350 9931, www.madikwegamereserve.co.za

Nahe der Grenze zu Botsuana erstreckt sich im
nördlichsten Zipfel der Provinz eines der größten Wildreservate Südafrikas: das 765 km² große
und malariafreie Madikwe Game Reserve. Das
Schutzgebiet wurde 1991 auf ehemaligem Farmland eingerichtet. Dank der **Operation Phoenix**,
in deren Rahmen mehr als 8000 Tiere neu angesiedelt wurden, tummeln sich hier heute nicht
nur zahlreiche Vertreter der Big Five, sondern
auch andere Arten wie Geparden, Hyänenhunde und Tüpfelhyänen sowie die meisten im südlichen Afrika vorkommenden Antilopenarten.

Auch Vogelliebhaber kommen angesichts der
bislang 350 gezählten, verschiedenen Vogelarten auf ihre Kosten. Besonders lohnende Gegenden für Vogelbeobachtungen sind der Marico River an der Ostgrenze des Schutzgebiets
und die in dem gesamten Reservat verstreuten
koppies.

Madikwe ist ein wenig bekanntes Juwel unter den Wildreservaten in Südafrika, obwohl
hier mehr als 20 Lodges um Gäste buhlen. Es
gehört außerdem zu den exklusivsten Reservaten des Landes: Zugang haben nur Gäste der
Lodges, Safaris für Selbstfahrer gibt es keine
und Besuche in Eigenregie sind nicht möglich.
Dadurch ist es nicht überlaufen und Sichtungen

der zahlreichen Tiere recht häufig. Tagesbesucher müssen bei einer der Lodges ein Pauschalpaket einschließlich *game drives* und Mittagessen kaufen.

Bei allen Lodges sind Vollpension, Tierbeobachtungsfahrten (tagsüber und nachts)
sowie geführte Buschwanderungen im Preis
enthalten. Es gibt keine Budget-Unterkünfte
oder Campingmöglichkeiten. Preise verstehen
sich pro Person und Nacht.

Jaci's Safari Lodge & Tree Lodges, ☎ 083
700 2071, ⌨ www.jacislodges.co.za. 2 Lodges
mit je 8 Zimmern, deren unaufdringlicher Luxus
kaum zu übertreffen ist. Die Lodge hat Blick
auf eine Wasserstelle im Marico River, in der
Nähe gibt es einen natürlichen Pool in felsiger
Umgebung. Die Unterkünfte der Tree Lodges
wurden mehrere Meter über dem Boden in die
Bäume gebaut. R6995

Madikwe Hills, ☎ 018 350 9200, Reservierung
☎ 011 781 5431, ⌨ www.madikwehills.com.
Um einen *koppie* herum in der Nähe des Flussufers erbaut und ebenfalls ein Traum. Die angenehmen, modernen Zimmer, die Sundowner-
Terrasse und der Pool haben alle einen tollen
Ausblick. Fitnessbereich, Wellness-Einrichtun-
gen und Kinderbetreuung. R9700

Mateya Safari Lodge, ☎ 014 778 9200,
⌨ www.mateyasafari.com. Der ultimative
Buschlodge-Komfort: Die 5 schicken Luxus-
Suiten verfügen jeweils über einen eigenen
Pool und sowohl Innen- als auch Außenduschen. Zum Angebot gehört ein Wellnessbereich, während sich die exquisiten kulinarischen Zaubereien am besten auf der Terrasse
mit Blick auf das *veld* genießen lassen. Keine
Gäste unter 16 Jahren. R13 200

 **Mosetlha Bush Camp & Eco Lodge**,
☎ 011 444 9345, ⌨ www.thebushcamp.
com. Ist etwas günstiger als die anderen
Lodges und bietet gleichzeitig die spannendste
Umgebung. Gäste übernachten in schlichten,
teilweise offenen Blockhütten ohne Strom und
mit Außenduschen, einen Begrenzungszaun
gibt es nicht. Den geringen Luxus macht die
Atmosphäre allemal wett. R2595

Mafikeng

Auto

Die Anfahrt nach Madikwe erfolgt normalerweise durch das Tau Gate, 12 km abseits der R49, ist aber auch von Osten über das Molatedi Gate möglich. In jedem Fall ist die Lodge vor der Ankunft zu informieren. Der Park ist 360 km von Johannesburg entfernt.

Flüge

Von JOHANNESBURG (2–3x tgl., 3/4 Std.) bestehen regelmäßige Flugverbindungen zum kleinen Flugplatz im Reservat (ca. R3700); Ticketbuchungen über die Lodges oder direkt bei **Madikwe Air**, ☏ 011 805 4888, ⌨ www.madikwecharters.com, oder bei **Federal Air**, ☏ 011 395 9000, ⌨ www.fedair.com. Für den Transport vom/zum Flugplatz sorgen die Lodges.

Bedingt durch ihren ausgesprochen kargen und trockenen Charakter wirkt die Zentralregion der Nordwest-Provinz besonders gottverlassen, und nur wenige Orte sind die Mühe eines Besuchs wert. Die Provinzhauptstadt Mafikeng, 25 km südlich des Grenzübergangs Ramatlabama nach Botsuana und 100 km von Groot Marico entfernt, ist auch unter dem Namen Mahikeng bekannt. Mafikeng ist das Einkaufszentrum und der Verkehrsknotenpunkt für die Bauernhöfe ringsum. Die Regierungsgebäude von Mmabatho, der ehemaligen Hauptstadt des *homeland* Bophuthatswana, heute ein Vorort der Stadt, gewähren einen einzigartigen Einblick in das Konstrukt der Apartheid und seine krassen Widersprüche. Seine Bekanntheit gründet sich in erster Linie auf Colonel Baden-

Die Belagerung von Mafikeng

Drei Tage nach Beginn des Zweiten Burenkriegs (1899–1902) wurde Mafikeng von den Truppen der Generäle Snyman und Cronje belagert. Colonel **Robert Baden-Powell** (der Begründer der Pfadfinderbewegung) hatte die Aufgabe, die Stadt zu verteidigen – und das tat er 217 Tage lang, vom 16. Oktober 1899 bis zum 17. Mai 1900, als Hilfe aus Rhodesien und aus dem Süden kam. Am Ende kannte jedes Kind in Großbritannien den Namen Baden-Powell und er wurde zum Nationalhelden. Die frenetischen Szenen, mit denen in London die Befreiung von Mafikeng gefeiert wurden, bereicherten die englische Sprache sogar um ein Wort: **maffick**, was so viel bedeutet wie übertriebene Begeisterung.

Kriegsstrategisch gesehen war Mafikeng völlig unwichtig; Baden-Powells eigentliche Aufgabe bestand darin, die 6000 vor der Stadt lagernden Afrikander davon abzuhalten, an anderer Stelle zu kämpfen. Die Verteidigung lag überwiegend in den Händen von Angehörigen der **Barolong**, die auch die meisten Spähtrupps und Arbeitskräfte stellten. Aber Baden-Powell berichtete davon weder in seinen Depeschen nach London noch vermerkte er es in seinen Memoiren. Und das ungeachtet der Tatsache, dass während der Belagerung 400 Barolong ums Leben gekommen waren – doppelt so viele wie Briten. Letztere ruhen z. T. auf dem städtischen **Friedhof** in der Carrington Street; ihre Gräber kennzeichnen weiße Eisenkreuze. Bis in die 1980er-Jahre war dies ein *whites-only* Friedhof, und auch heute noch wird hier nur der während der Belagerung umgekommenen Europäer gedacht. Weil sie weitaus weniger Verpflegung als die Briten erhielten, mussten mehr als 1000 Barolong verhungern. Von den 29 000 Britischen Pfund, die in England für den Wiederaufbau von Mafikeng gesammelt worden waren, bekamen sie keinen Penny. Als ob das alles nicht schon ungerecht genug gewesen wäre, bedachte man keinen einzigen Barolong mit einer Auszeichnung, während die britischen Soldaten reichlich mit Medaillen behängt wurden. Und obendrein bekamen die Barolong nie auch nur einen Zipfel von dem Grundbesitz, den ihnen Baden-Powell versprochen hatte.

Ein wichtiges Zeugnis für die Rolle der schwarzen Bevölkerung während der Belagerung ist das Tagebuch, das **Sol Plaatje** seinerzeit führte. Plaatje war einer der ersten schwarzen Schriftsteller, die sich Anerkennung und einen Platz in der englischen Literatur eroberten. Später gehörte er zu den Gründungsmitgliedern des South African Native Congress, des Vorgängers des ANC.

Powell und die Belagerung durch die Buren 1899/1900 (s. Kasten S. 623).

Mafikeng Museum

Martin St ■ ⏱ Mo–Fr 8–16.30 Uhr ■ Spende ■ ✆ 018 388 9000

Die größte Sehenswürdigkeit vor Ort ist das **Mafikeng Museum**, das im beeindruckenden früheren Rathaus untergebracht ist. Das Gebäude wurde 1902 errichtet, zwei Jahre nach Ende der Belagerung von Mafikeng. Vor dem Eingang steht eine restaurierte Dampflokomotive, die von 1901–71 ihren Dienst als Kimberley-Bulawayo-Express verrichtete. Das Museum zeigt von den San verwendete Jagdwerkzeuge und Gifte. Zu den Exponaten über die Tswana zählt die Rekonstruktion einer traditionellen Hütte samt typischer Veranda in Originalgröße.

Ein eigener Raum ist der **Belagerung von Mafikeng** gewidmet. Er birgt zahlreiche Zeugnisse britischer imperialer Größe, darunter Waffen und eine Fotosammlung. Außerdem gibt es eine Ausstellung über Sol T. Plaatje, der als Dolmetscher für die Briten arbeitete. Seine Tagebücher sind die einzige bekannte Aufzeichnung über die Belagerung aus Sicht der Schwarzen, was für Ausgleich in der Darstellung des Museums sorgt. Faszinierend ist auch die Ausstellung über Mafikeng und die Eisenbahn. Sie zeigt den Zusammenhang zwischen dem von Kapstadt ausgehenden Eisenbahnbau und Rhodes' Auftrag zur Kolonisierung Afrikas auf.

Mafikeng Game Reserve

Am Ostrand der Stadt ■ ⏱ tgl. Mai–Aug 7.30–18, Sep–April 7.30–19 Uhr ■ Eintritt R40, plus R10 pro Auto ■ ✆ 018 397 1675, 🖥 www.tourism northwest.co.za/mafikeng-game-reserve ■ Es gibt zwei Eintrittstore: Eines liegt 10 km östlich von Mafikeng an der R49 Richtung Zeerust, das andere ist nur 2 km von der Innenstadt entfernt, südöstlich der R503.

Das 46 km² große **Mafikeng Game Reserve** lohnt mit seiner Bushveld-Landschaft voller Akazien eine kurze Erkundungsfahrt, wenn man in der Gegend ist. Das Reservat ist in erster Linie ein Refugium für Pflanzenfresser, darunter Giraffen, Spitzmaulnashörner und Büffel. Am Cooke's Lake in der Westecke des Reservats in der Nähe der Stadt gibt es zahlreiche farbenfrohe Finken, Wasservögel und Mungos.

ÜBERNACHTUNG

Ashden Lodge, 1088 Jakaranda St, ✆ 083 499 5108, 🖥 www.ashdenlodge.co.za; Karte S. 624. Die Lodge liegt 10 Min. Autofahrt vom Zentrum entfernt mit Blick auf das Mafikeng Game Reserve. Die Zimmer im attraktiven einstöckigen Bau sind makellos sauber und herrlich ruhig. Auf Anfrage können Gäste die private *braai*-Stelle der hilfsbereiten Inhaber nutzen (eigene Grillkohle mitbringen!). R750

Cooke's Lake Chalets, Cooke's Lake, Zugang am Nelson Mandela Drive, ✆ 018 386 6380, 🖥 www.goldenleopardresorts.co.za; Karte S. 624. Nahe Zentrum am hübschen See mit vielen Vögeln. Die sehr schönen 2-stöckigen Chalets aus Holz und Stroh sind die mit Abstand attraktivste Unterkunft in Mafikeng. Im Rezeptionsgebäude gibt es ein durchschnittliches Restaurant mit Blick auf den See. R800

Protea Hotel, 80 Nelson Mandela Drive, ✆ 018 381 0400, 🖥 www.proteahotels.com; Karte S. 624. Das beste Hotel der Stadt, gleich nördlich des Zentrums, mit komfortablen Zimmer, gutem Restaurant, schönem Pool und freundlichem Personal. R1600

ESSEN

Mafikeng ist nicht gerade ein kulinarisches Paradies; gutes Essen gibt's nur in den Hotels und in den Fastfood-Lokalen der Stadt.

Buffalo Park Lodge, 59 Molopo St, Ecke Botha Rd, ✆ 018 381 2159, 🖥 www.buffalo lodge.co.za; Karte S. 624. Das kleine Pub-Restaurant in diesem Familienhotel ist gut geführt und bei den Einheimischen beliebt. Auf der Pub-typischen Speisekarte stehen Steaks, Burger, Ofenkartoffeln und Toasties. ◷ Mo–Sa 10–21.30, So 10–18 Uhr.

Mafika Restaurant, 80 Nelson Mandela Drive, ✆ 018 381 0400, 🖥 www.proteahotels.com; Das eher geschäftsmäßige Restaurant des Protea Hotel gehört zu den besseren Adressen der Stadt. ◷ tgl. 12–22 Uhr.

SONSTIGES

Medizinische Hilfe

Victoria Private Hospital, Victoria St, ✆ 018 381 2043. Die Privatklinik hat eine Ambulanz und eine Apotheke.

Polizei

Tillard St, Ecke Carrington St, ✆ 086 001 0111.

TRANSPORT

Busse

Keines der großen Busunternehmen steuert Mafikeng an, aber **Atamelang**, ✆ 018 381 2680, fährt von und nach JOHANNESBURG (1x tgl., 4 Std.) und **Bojanala Bus**, ✆ 014 565 6550, von und nach RUSTENBURG (1x tgl., 3 Std.); die Busse starten am unproblematischen Bus- und Minibustaxi-Terminal zwischen Victoria Street und Hatchard Street im Norden der Stadt.

Minibustaxis

Sie halten ebenfalls am Terminal (s. o.) und fahren die meisten Orte innerhalb der Provinz an, aber auch KIMBERLEY (2–3x tgl., 5 Std.).

LEOPARD, SABI SANDS RESERVE

Mpumalanga

Die Provinz Mpumalanga wird meist mit dem Krüger-Nationalpark gleichge-setzt – dem Anziehungspunkt an der Ostgrenze Südafrikas und einem der se-henswertesten Wildparks überhaupt. Spektakulär ist auch die Berglandschaft des Escarpment, die man auf dem Weg zum Krüger passiert. Während der Fahrt eröffnen sich sensationelle Ausblicke. Eine Reihe von Privatreservaten und Großwildfarmen bieten Zuflucht vor dem Gedränge des Krüger-Parks.

Stefan Loose Traveltipps

Reiten Vom Sattel aus Wildpferde bei Nelspruit oder Großwild im Karongwe beobachten. S. 641

Entlang der R40 Die Fahrt entlang der Westgrenze des Krüger-Parks vermittelt einen Eindruck vom ländlichen Leben der Shangaan und Tsonga. S. 643

Skyway Trails Spektakuläre Zipline über den Baumkronen bei Hazyview. S. 644

Einen Elefanten striegeln Im Hazyview Elephant Sanctuary kommen sich Mensch und Dickhäuter näher. S. 644

Shangana Cultural Village Über offenem Feuer köcheln traditionelle Speisen wie Krokodilfleisch, Mopane-Würmer und Rinderschmorbraten. S. 646

16 Wandersafaris im Krüger-Park Schon die Tierbeobachtung einer motorisierten Tour ist aufregend, doch zu Fuß wilden Tieren zu begegnen ist ein echtes Abenteuer. S. 651

Leoparden Die Camps des Sabi Sands Game Reserve bieten tolle Möglichkeiten, Leoparden zu beobachten. S. 666

BLYDE RIVER CANYON

WANDERSAFARI IM KRÜGER-NATIONALPARK

Inhalt

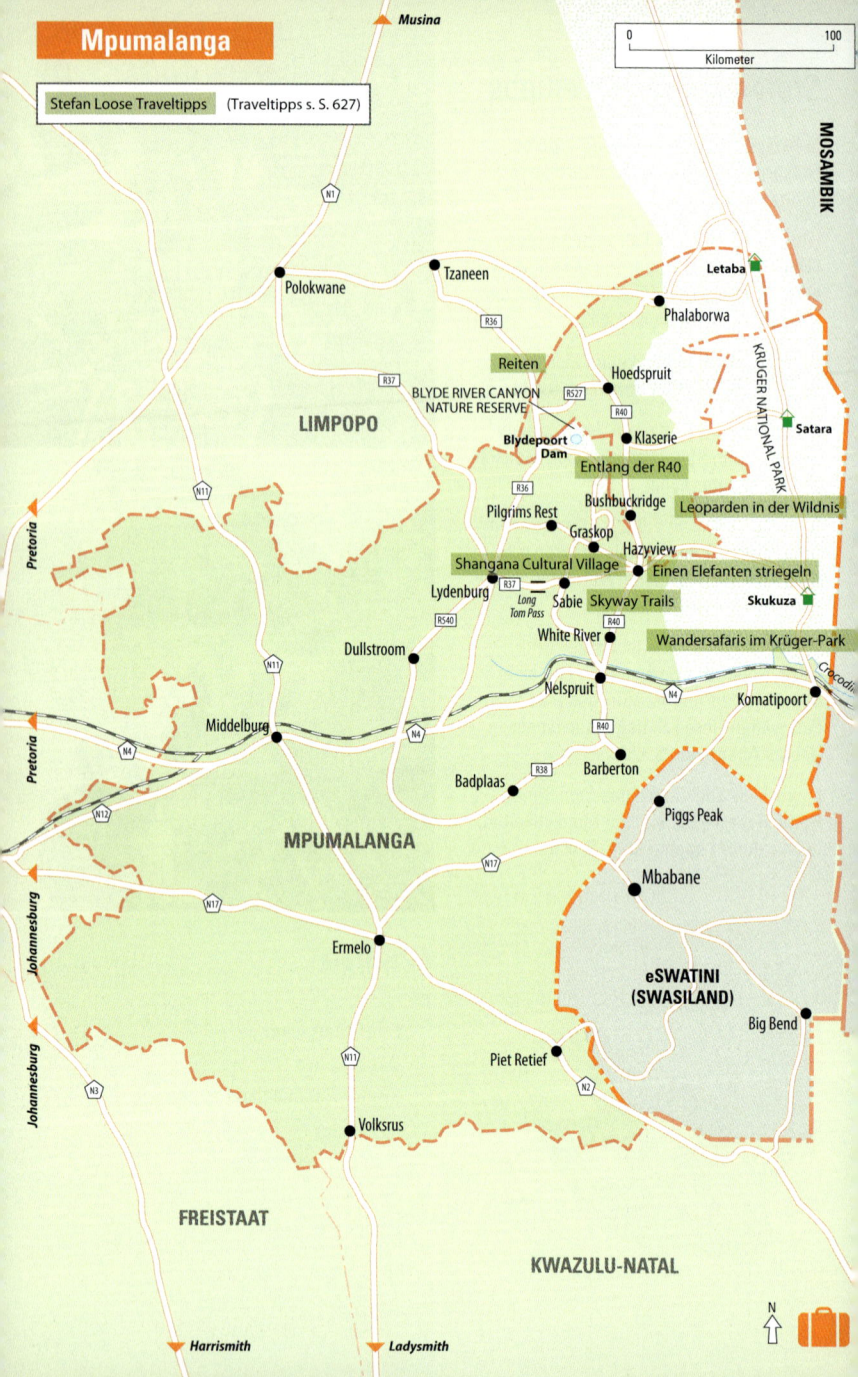

Mpumalanga

Stefan Loose Traveltipps (Traveltipps s. S. 627)

Musina

0   100
Kilometer

MOSAMBIK

N1

Polokwane

Tzaneen

Letaba

Phalaborwa

R36

KRUGER NATIONAL PARK

R37

Reiten

Hoedspruit

Satara

LIMPOPO

R527

BLYDE RIVER CANYON
NATURE RESERVE

R40

Blydepoort
Dam

Klaserie

Entlang der R40

R36

Bushbuckridge

Leoparden in der Wildnis

Pilgrims Rest

Graskop

Hazyview

Pretoria

N11

Shangana Cultural Village

Einen Elefanten striegeln

Lydenburg

R37

Skukuza

Long
Tom Pass

Sabie

Skyway Trails

R540

Dullstroom

R40

White River

Wandersafaris im Krüger-Park

N11

Nelspruit

Crocodil

Pretoria

N4

Middelburg

N4

R40

Komatipoort

N12

R38

Barberton

Badplaas

MPUMALANGA

Piggs Peak

N17

Mbabane

Johannesburg

N17

Ermelo

eSWATINI
(SWASILAND)

Big Bend

Johannesburg

N17

N3

Piet Retief

N2

Volksrus

FREISTAAT

KWAZULU-NATAL

N

Harrismith

Ladysmith

Mpumalanga oder das „Land der aufgehenden Sonne", wie seine siSwati und Zulu sprechenden Bewohner es nennen, liegt östlich von Gauteng und grenzt im Westen an Mosambik und eSwatini. Wichtigster Anziehungspunkt ist der **Krüger-Nationalpark**. Der Nationalpark erstreckt sich über den größten Teil von Mpumalanga und entlang der Provinzgrenze zwischen Limpopo und Mosambik. Er bedeckt über 20 000 km^2 – das entspricht etwa der Fläche von Hessen. Er gehört zu den Wildparks, in denen sich Besucher mit eigenem Fahrzeug frei bewegen und in zahlreichen, gut geführten Restcamps übernachten können. An seiner Westgrenze liegen zusammengefasst unter dem Namen „Greater Kruger" mehrere **Privatreservate** und Großwildfarmen – ihr Besuch ist allerdings mit gepfefferten Preisen verbunden. Dafür gibt es exklusive Safaritouren mit gut ausgebildeten Rangern in offenen Fahrzeugen.

Aber Mpumalanga hat mehr zu bieten als Großwild: zum Beispiel die spektakuläre Berglandschaft des **Escarpment**, die man auf dem Weg zum Krüger passiert. Während der Fahrt eröffnen sich sensationelle Ausblicke. Die berühmtesten Aussichtspunkte – **God's Window**, **Bourke's Luck Potholes** und **Three Rondavels** – befinden sich am Rand des Escarpment; am schönsten ist der an den Potholes.

Der Weg vom Escarpment abwärts über einen der vier Bergpässe führt ins **Lowveld**, ein Anbaugebiet für Tropenfrüchte, das von Bushveld beherrscht wird. Der Blick auf das hoch aufragende Massiv des Escarpment ist von hier aus sehr eindrucksvoll. Die Ortschaft **Hoed-spruit** liegt am Fuß des Escarpment, hat einen eigenen Flugplatz und ist dem **Blydepoort Dam** am nächsten. Der Ort ist ein Ausgangspunkt für Safaris in den zentralen und nördlichen Teil des Krüger-Parks sowie diverse private Tierreservate. Achtung: Vor allem im Sommer besteht im Lowveld und im Krüger-Park ein erhöhtes **Malariarisiko** (S. 761).

Die Gebiete zwischen den Bergen und dem Krüger-Park stehen unter großem Besiedlungsdruck: Tropische Obstplantagen wechseln sich ab mit stark bevölkerten Landstrichen, die während der Apartheid den Sprechern der Sotho, Shangaan und Tsonga zugeteilt wurden. Heute bestreiten hier Tausende arme Bauern eine extrem harte Existenz. Zwischen hier und dem

Park selbst liegt Greater Kruger: ein breiter Puffer privater Großwildfarmen und -reservate. Viele von ihnen haben die Zäune zum Krüger-Park entfernt, sodass sich die Tiere frei bewegen können. In diesem Gebiet findet sich ein großes Angebot an Safari-Lodges und Camps aller Kategorien von preisgünstig bis ultraluxuriös.

Das Escarpment

Von Johannesburg sind es vier Stunden Fahrt bis zu einem der bevorzugten Rückzugsorte der Städter in den Bergen. Das wogende Grasland und die Drakensberge von Mpumalanga werden allgemein als Escarpment bezeichnet. Die meisten Touristen halten sich nur wegen der Nähe zum Krüger-Nationalpark in dieser Region auf, dabei bietet sie einige der spektakulärsten Landschaften von Südafrika. Eine Tour zu den Highlights dieser Region über die sogenannte **Panorama Route** wird von zahlreichen Tourveranstaltern in Nelspruit (S. 638) als Tagesausflug angeboten und ist landschaftlich sehr reizvoll.

Hauptanziehungspunkt des Escarpment ist der **Blyde River Canyon**. Fotos der schwindelerregenden Blicke in eine der größten Schluchten der Welt zieren unzählige Touristenbroschüren Südafrikas. Allerdings steht er oft auch im Schatten der noch reizvolleren Großwild-Beobachtungen in den umgebenden Ebenen.

Dullstroom

Man muss schon ein leidenschaftlicher Fliegenfischer sein, um **Dullstroom**, 209 km östlich von Johannesburg, etwas abgewinnen zu können. Doch als Zwischenstopp auf dem Weg zum Krüger-Park kann der Ort ganz nützlich sein. Die „Alkoholstadt mit Fischerproblem" hat logischerweise auch eine lebhafte Kneipe.

Birds of Prey Rehabilitation Centre

1 km außerhalb von Dullstroom an der R540 ■ ⏰ tgl. 9–16 Uhr ■ Eintritt R60, Kinder R25 ■ Vorführungen tgl. 10.30 und 14.30 Uhr ■ ✆ 082 899 4108, 🖥 www.birdsofprey.co.za

Das **Birds of Prey Rehabilitation Centre** hat sich ganz der Unterbringung, dem Füttern und der Wiedereingliederung von Greifvögeln verschrieben und ist allein wegen der täglichen Flugvorführungen einen Besuch wert. Hier kann man herrliche Adler und andere Raubvögel aus der Nähe sehen und ihre Leichtigkeit und Geschicklichkeit bewundern.

ÜBERNACHTUNG

Critchley Hackle Lodge, Teding van Berkhout St, ☏ 013 254 0149, ▭ www.urbanhiphotels. com. Nobles Hotel im Landhausstil mit Cottages aus Stein und Backstein, jeweils mit Kamin, und einer Veranda zum Draußenessen. Zur Ausstattung gehören ein Restaurant, eine Bar

mit Cognac, Whisky und Zigarren nach dem Abendessen und eine Terrasse, auf der Tee und Scones serviert werden. R2915

KlipHuisjes, 264 Blue Crane St, ☏ 079 610 2732, ▭ www.kliphuisjes.co.za. 4 Ferienwohnungen in Steincottages mit 2–6 Schlafgelegenheiten in einem schönen Garten. Im Winter wird geheizt. Es gibt gutes Bettzeug und eine gemeinschaftliche Grillstelle, außerdem ist es nicht weit zu den Restaurants im Ort. R1290

ESSEN

Dullstroom Inn, Teding van Berkhout St, Ecke Oranje Nassau St, ☏ 013 254 0071/0, ▭ www.dullstroom-in.info. Edwardianisches Landgasthaus mit beliebtem Pub, wo bei

Besuche im Krüger-Park

Der 414 km lange Krüger-Nationalpark an der Grenze zu Mosambik ist immer noch der größte Besuchermagnet für Wildtiersafaris. Der Park wird von der staatlichen Organisation South African National Parks (SANParks; ▭ www.sanparks.org) verwaltet. Entlang seiner Westflanke liegt das Greater Kruger, ein Tausende Quadratkilometer großes Gebiet, das sich aus privat verwalteten Farmen und Reservaten zusammensetzt. Die Tiere scheren sich natürlich nicht um die Grenzen zwischen staatlichem und privatem Schutzgebiet; für sie ist das ein riesiges, nahtloses Areal. Welche Angebote man im Krüger-Park – oder auch im Greater Kruger – nutzt, hängt in erster Linie vom eigenen Geldbeutel ab. In der obersten Kategorie sind Exklusivität und mehr unberührte Natur angesagt; mit engerem Budget sollte man eher überlegen, ob man selbst am Steuer sitzen oder an einer organisierten Tour teilnehmen will.

Aber ganz unabhängig von Aktivität und Budget sollte man sich nicht zu sehr auf die **Big Five** versteifen – Tierbeobachtung ist zu einem gewissen Anteil immer Glückssache. Und auf jeden Fall ist es ein aufregendes Erlebnis, überhaupt im Krüger-Park zu sein.

Anreise zum Krüger-Park

Johannesburg hat mit regelmäßigen Flügen und Bussen sowie organisierten Touren das beste Transportangebot zum Krüger-Park. Auch für Selbstfahrer ist hier der beste und größte Ausgangspunkt. Wer von **Kapstadt** aus anreist, muss rund 2000 km zurücklegen und tut das am besten im Flugzeug. Das ist jedoch nicht ganz billig: Nur eine Airline (SAA, ▭ www.flyaaa.com) bedient die Route (das allerdings täglich). Günstiger ist es, einen Billigflug von Kapstadt nach Johannesburg zu nehmen, am OR Tambo Airport einen Pkw zu mieten und unverzüglich nach Osten zum Park zu fahren. Nelspruit, die moderne Hauptstadt von Mpumalanga, bietet die besten Verkehrsverbindungen der Region und ist ein guter Ausgangspunkt zum südlichen Parkabschnitt. Flüge landen 20 km nördlich der Stadt am Flughafen Kruger Mpumalanga International (KMI).

Flüge in den Park starten außerdem von Flughäfen in Hoedspruit, Phalaborwa und Skukuza. Von allen gehen täglich teure Flüge nach/von Johannesburg mit SA Airlink, ▭ www.flyairlink.com, und an jedem gibt es Mietwagenschalter. Wer fliegen möchte, kann einen der Flughäfen wählen, der in der Nähe jenes Parkabschnitts liegt, der besucht werden soll.

Kaminfeuer herzhaftes Essen und Bier vom Fass serviert werden. Am Wochenende meistens rappelvoll.

Mrs Simpson's, 94 Teding van Berkhout St, ☎ 013 254 0088, 🖥 www.mrssimpsons.co.za. Ein gut besuchtes, vornehmes Landhausrestaurant, benannt nach der Dame, die Edward VIII heiratete. Besonders gut ist die Dullstroom-Forelle mit Knoblauch und Mandeln (R120), gefolgt von einem *malva*-Nachtisch. Reservierung empfohlen. ⏱ tgl. 11–15 und 18–21 Uhr.

Pickles & Things, 86 Naledi Drive, ☎ 013 254 0115, 🖥 www.picklesandthings.co.za. Der beste Ort für einen Fair-Trade-Kaffee ist beliebt, gut besucht, mit üppigem Frühstück (R85), selbstgebackenem Brot und einem

hübschen Garten. Im **Feinkostgeschäft** im vorderen Bereich werden geräucherte Forellen und Süßigkeiten wie Nougat angeboten. ⏱ tgl. 7–17 Uhr.

INFORMATIONEN

Touristeninformation, Auldstone House, an der Hauptstraße, Naledi Drive, ☎ 013 254 0254, 🖥 www.dullstroomreservations.co.za. ⏱ Mo–Fr 8–17, Sa 9–16 Uhr.

TRANSPORT

Auto
Dullstrom liegt 260 km vom Flughafen OR Tambo in Johannesburg entfernt.

Angebote der unteren und mittleren Preisklasse

Der Krüger-Park ist ideal für **Selbstfahrer** und **Selbstversorger**. Wer mit kleinen Kindern unterwegs ist, aufs Geld achten muss oder die Zeit im Park selbst gestalten möchte, sieht sich die Tiere am besten in Eigenregie an. Die Camps verfügen alle über Restaurants und Läden, die Straßen sind teils geteert und teils unbefestigte Pisten. Dadurch kann man den Krüger-Park größtenteils auch in einem normalen Auto befahren. Leider ist der Park so beliebt, dass die wichtigsten Beobachtungspunkte meist gut besucht sind. Es kommt auch immer wieder vor, dass Besucher die besten Plätze blockieren oder Tiere absichtlich zu erschrecken versuchen. Die Parkverwaltung bietet diverse Safarifahrten an, die in jedem der Camps starten. Diese bieten eine bessere Chance, die scheuen Tiere zu sehen. Andererseits ist es aber besonders aufregend, die Tiere ohne Hilfe selbst zu entdecken und in aller Ruhe zu beobachten. Man kann den Krüger-Park auch im Rahmen einer Wandersafari erkunden (Kasten S. 655).

Die **Unterkünfte** im Park sind manchmal überlaufen, doch es besteht die Möglichkeit, auf günstige Übernachtungsmöglichkeiten im nahe gelegenen Hazyview oder den Orten in der Nähe eines Zugangstors auszuweichen. Von dort aus kann man problemlos jeden Tag selbst in den Park fahren oder eine organisierte Safarifahrt buchen. Eine weitere Option sind die Backpacker-Lodges in Nelspruit, Hazyview und Phalaborwa, die alle auch Ausflüge in den Park anbieten. Außerdem bieten Tourenanbieter in Johannesburg Drei- oder Viertagestrips (Kasten S. 660) an.

Luxusangebote

Für alle mit größerer Urlaubskasse ist ein Privatreservat im Greater Kruger die beste Wahl; im Übrigen gibt es hier auch einige, die etwas günstiger sind. Die drei größten Privatreservate sind **Sabi Sands** im Süden (S. 664) sowie **Timbavati** und **Manyeleti**, die beide an den zentralen Abschnitt des Nationalparks angrenzen (S. 665). Die Privatreservate haben keine Teerstraßen und Selbstfahren ist nicht erlaubt. Dadurch wirken sie viel ursprünglicher und Beobachtungspunkte sind nicht zu voll. Gäste werden oft in romantischen Zimmern oder Luxuszelten mit Blick auf die Savanne oder einen Fluss untergebracht, während es in bequemen, offenen Allradfahrzeugen auf Safari geht, mit vielen Infos und Fotogelegenheiten. Viele der Luxuscamps sind auch mit speziellen Safaris und Aktivitäten auf Kinder eingestellt.

MPUMALANGA

Busse

City to City, ☎ 015 781 1037, 🖥 www.bus
ticket.co.za, fährt tgl. um 8 Uhr von JOHANNES-
BURG STATION nach Dullstrom und hält dort
um 12.30 Uhr am Tonteldoos Restaurant.

Lydenburg

An der R540, 58 km nordöstlich von Dullstroom,
liegt das Städtchen **Lydenburg**. Es ist in erster
Linie dafür bekannt, dass hier einer der wichtigsten archäologischen Funde Südafrikas gemacht wurde. Deshalb ist das örtliche Museum
dann auch der Hauptgrund für einen Stopp.

Lydenburg Museum

Im Gustav Klingbiel Nature Reserve, 3 km vor der
Stadt an der R37 nach Sabie ▪ ⏱ Mo–Fr 8–16,
Sa und So 8–17 Uhr ▪ Eintritt frei ▪ ☎ 013 235 2213
Im Jahr 1957 begann ein Junge namens Karl-
Ludwig von Bezing auf der Farm seines Vaters
nahe Lydenburg Terrakottascherben zu sammeln. Der Archäologe Ray Inskeep setzte die
Stücke zusammen und stellte fest, dass es sich
um wunderbar verzierte, maskenähnliche Köpfe handelte, die möglicherweise bei Zeremonien
verwendet wurden. Inskeep datierte sie auf ungefähr 500 n. Chr. – damit zählen sie zu den ersten figurativen Skulpturen des südlichen Afrika.
Die originalen **Lydenburg Heads** sind im South
African Museum in Kapstadt ausgestellt (S. 144),
aber im Lydenburg Museum sind erstklassige
Repliken zu sehen, zusammen mit hervorragenden Ausstellungen zur Besiedlung der Gegend
seit ungefähr einer Million Jahren.

Sabie

Sabie (ausgesprochen „Sa-abie") an der R37,
am Fuß des Long Tom Pass, ist das Zentrum der
Land- und Forstwirtschaft von Mpumalanga. Die
ausgedehnten Pinienplantagen auf den umliegenden Hügeln wirken im Vergleich zu der üppigen, dschungelartigen Vielfalt der wenigen verbliebenen heimischen Wälder eher monoton. Ein
Aufenthalt lohnt sich höchstens wegen der Aktivitäten im Umland: Fast nirgendwo sonst lässt

sich Südafrika so schön per Mountainbike erkunden, mit knackigen Anstiegen und technisch
anspruchsvollen Trails. Nur 7 km vor der Stadt,
die Old Lydenburg Road entlang, sind drei der
eindrucksvolleren **Wasserfälle** der Umgebung
zu bewundern: **Bridal Veil**, **Horseshoe** und, am
Ende der Straße, die **Lone Creek Falls**. Letzterer ist der schönste. Er lässt sich über einen gepflasterten Rundweg erreichen, der einen Fluss
überquert und zum Parkplatz zurückführt.

Mac Mac Falls

Wasserfall 13 km nördl. der Stadt Richtung Graskop,
Eintritt R20 ▪ Badebecken 11 km nördlich, Eintritt R10
Die spektakulären, 65 m hohen **Mac Mac Falls**
sind die meistbesuchte Attraktion in der Umgebung. Sie wurden nach den zahlreichen Menschen schottischer Abstammung benannt, die
auf der Suche nach Gold ums Leben kamen und
deren Namen auf Dutzenden von Grabsteinen
zu lesen sind. Im verlockenden Naturpool am
Fuß der Fälle ist das Baden nicht möglich, aber
2 km vor den Wasserfällen gibt es an den **Mac
Mac Pools** ein Flussbecken mit Picknick- und
braai-Bereich. Außerdem startet hier der 3 km
lange **Secretary Bird Walking Trail**.

MPUMALANGA

Hillwatering Country House, 50 Marula St, ☏ 013 764 1421, 🖥 www.hillwatering.co.za. Renoviertes Haus aus den 1950er-Jahren mit Blick auf die Bridal Veil Falls und 4 großen Zimmern, jeweils mit eigener Veranda. Die Eigentümer sind sehr freundlich und hilfsbereit und bereiten ein ausgezeichnetes Frühstück zu. R1150

Merry Pebbles Holiday Resort, 2 km westlich des Zentrums an der Old Lydenburg Rd, ☏ 013 764 2266, 🖥 www.merrypebbles.co.za. Hier gibt es Selbstversorgereinheiten, Chalets mit Bad und Camping, einen beheizten Pool und einen Spielplatz. Am schönsten sind die neueren Bereiche. Camping R240, Chalet R2500

The Sabie Town House Guest Lodge, 25 Malieveld St, ☏ 013 764 2292 oder 082 556 7895, 🖥 www.sabietownhouse.co.za. Das B&B am Rande des Dorfs Sabie wird von dem freundlichen Paar Greg und Kate geführt, die sich prima mit dem Angebot an Aktivitäten in der Umgebung auskennen. Die 10 Gästezimmer haben Bad (*luxury* kommt mit Jacuzzi daher, günstiger sind die *budget*-Optionen) und Aussicht auf üppige Vegetation. Es gibt ein großzügiges Frühstück, eine *honesty bar* und einen Swimmingpool. DZ R1150

The Wild Fig Tree, Main St, Ecke Louis Trichardt St, ☏ 013 764 2239, 🖥 www.bit.ly/wildfogtree. Südafrikanische Gerichte, darunter Strauß und Kudu (R149) sowie Krokodil, sind die Spezialitäten dieses angenehmen Restaurants (das beste der Stadt) mit breiter Schönwetterterrasse. ⏱ Mo–Sa 8.30–21 Uhr.

Woodsman Pub & Restaurant, Main St, ☏ 013 764 2204, 🖥 www.thewoodsman.co.za. Restaurant mit Biergarten; auf der umfangreichen Speisekarte stehen beispielsweise Frühstücksgerichte (ausgezeichneter Sonntagsbrunch), Kneipenkost, und lokale Spezialitäten wie Lamm-*schawarma*, Rindergulasch, Strauß und Forelle (R100). Im Winter brennt ein gemütliches Feuer im Kamin. ⏱ tgl. 7–22 Uhr.

Touristeninformation, an der Main Rd mitten in der Stadt neben dem Restaurant Wimpy, ☏ 013 764 1177, 🖥 www.sabie.co.za, ⏱ Mo–Fr 8–16.30, Sa 9–13 Uhr.

Auto
Sabie ist 60 km von Nelspruit entfernt; die Straße dorthin ist kurvig und oft halten Holztransporter den Verkehr auf. Die öffentlichen Verkehrsmittel nach Sabie beschränken sich auf **Minibustaxis** aus den Nachbarorten.

Busse
Die öffentlichen Transportmittel nach Sabie beschränken sich auf Minibustaxis zu/von den benachbarten Kleinstädten.

Pilgrim's Rest

35 km nördlich von Sabie verbirgt sich in einem Tal **Pilgrim's Rest**, ein fast zu perfekt restaurierter **Bergbauort** und eine unwiderstehliche Anlaufstelle für die vielen Reisebusse. Die Ansammlung von Wellblechbauten mit roten Dächern, die historische Bank und das Royal Hotel mit seinen viktorianischen Antiquitäten lassen den Ort fotogen erscheinen.

Und doch wird man das Gefühl nicht los, dass hinter dem verklärt dargestellten Goldrausch-Image wenig Substanz ist (vor allem, wenn das Dorf nach Abreise der Tagesbesucher gegen 17 Uhr in tiefen Schlaf sinkt). Wer eine echte Goldmine besuchen möchte, sollte besser Barberton (S. 642) ansteuern.

Pilgrim's Rest erstreckt sich entlang seiner Hauptstraße und ist in Uptown und Downtown unterteilt. In **Uptown** sind die meisten Läden, Restaurants und Touristen anzutreffen. **Downtown**, 1 km westlich, strahlt eine bodenständigere Atmosphäre aus. Neben der Souvenirjagd und dem Kaffeetrinken können sich Besucher noch eine Handvoll **Museen** und den alten Friedhof ansehen. Letzterer ist der beste Ort, um die Geschichte von Pilgrim's Rest nachzuvollziehen.

MPUMALANGA

Geschichte

Pilgrim's Rest stammt aus den Tagen von Südafrikas erstem **Goldrausch**, der der Freilegung der großen Flöze von Gauteng vorausging. Im Jahre 1873 fand Alex „Wheelbarrow" Patterson Gold im Creek. Er schaffte es nicht, seine Entdeckung geheim zu halten, und am Jahresende war er einer von 1500 Goldgräbern, die wie wild auf den 4000 Claims arbeiteten.

Viele Goldsucher kamen unterernährt an und litten an Ruhr oder Malaria, nachdem sie die mörderischen Trecks durchs Lowveld überstanden hatten. Die Überlebenden fristeten ein trostloses Dasein in Zelten oder, wenn ihnen das Glück hold war, in robusteren Hütten aus Lehm und Flechtwerk. Hundert Jahre später kam der Bergbau praktisch zum Stillstand; seit den 1980er-Jahren steht Pilgrim's Rest unter Denkmalschutz.

Diggings Site Museum

Graskop Rd ▪ Nur mit Führung, tgl. um 10, 11, 12, 14 und 15 Uhr ▪ Eintritt R20, Tickets in der Touristeninformation (S. 635)

Einen authentischen Eindruck aus den Tagen der Goldsucher bekommt man im Freilichtmuseum Diggings Site Museum am östlichen Stadtrand. Hier wird Goldwaschen demonstriert, und die Besucher werden zu den düsteren Goldsucherhütten, den Resten der Mine und Maschinen geführt.

Alanglade House Museum

Main St, Downtown ▪ Nur mit Führung, tgl. um 11 und 14 Uhr ▪ Eintritt R20, Tickets in der Touristeninformation (S. 635)

Wer sehen möchte, auf welch großem Fuß die Minenbesitzer und ihre Familien einst lebten, stattet **Alanglade** einen Besuch ab, das ab 1915 bis zur Schließung der Mine 1972 mehreren aufeinanderfolgenden Managern der Transvaal Gold Mining Estates als Residenz diente. Es wurde detailgetreu restauriert, um ganz genau den Geschmack und Stil der Familie Barry zu reflektieren, den ersten Bewohnern des Hauses. In den Räumen stehen noch viele der originalen Arts and Crafts-Möbel, ausgesucht von der modebewussten Gladys Barry, und an den hellen Wänden hängen Jagdtrophäen. Das Wohnhaus zeugt von einem komfortablen, behüteten Leben – ein völlig anderer Lebensstil als der, der den Minenarbeitern vergönnt war, auf deren Arbeit der Wohlstand der Familie Barry gründete.

ÜBERNACHTUNG

Royal Hotel, Main St, Uptown, ✆ 013 768 1100, 🖳 www.pilgrimsrest.org.za/royal.htm. Ein historisches Hotel aus den Tagen des Goldrausches, mit viel Atmosphäre und viktorianischen Antiquitäten. Gäste werden vorwiegend in restaurierten Gebäuden an der Hauptstraße untergebracht. Ein Besuch des Pubs (s. u.) ist Pflicht! R1034

ESSEN

Einige Restaurants und Tea Shops versorgen die Besucherschar. Alle befinden sich an der Hauptstraße und sind (bis auf das Hotel) nur tagsüber geöffnet. Das Essen ist Touristenstandard.

Church Bar Royal Hotel, Main St, Uptown, ✆ 013 768 1100. Die Geschichte der Bar macht echt neugierig auf ihr Innenleben: Zuerst war sie eine hölzerne katholische Kirche in Kapstadt, dann wurde sie abgebaut, nach Mosambik geschickt, dort auf Ochsenwagen verladen und schließlich in Pilgrim's Rest wieder zusammengebaut. Bei einem lokalen Craft-Bier (R25) und einem Schwätzchen mit den Stammgästen kann man die faszinierenden alten Fotos betrachten. ⊕ tgl. 10–22 Uhr.

Pancakes at The Stables, Main St, Uptown, ✆ 071 634 7113, 🖳 www.bit.ly/pancakes atthestables. Zu einem Glas Bier oder Wein passt hier prima ein kleines Gericht wie beispielsweise Springbokcurry und Reis (R70) oder die Spezialität des Hauses: Pfannkuchen mit allen möglichen leckeren Füllungen. ⊕ Di–So 9–19 Uhr.

Peach Tree Creek Restaurant (Royal Hotel), Main St, Uptown, ✆ 013 768 1100. Im schönsten Lokal der Stadt können Gäste bei einem Steak mit Salat (R120) oder einem warmen Frühstück in historischer Atmosphäre schwelgen. Zu jeder Tageszeit ist auch der Church Bar Pub im Kolonialstil ein Muss! ⊕ tgl. 8–21 Uhr.

MPUMALANGA

Touristeninformation, Wegweiser an der Hauptstraße in Uptown, Nähe Royal Hotel, ☎ 013 768 1060, 🖥 www.pilgrims-rest.co.za. Verkauft auch Tickets für örtliche Museen. ⏲ Mo–Fr 9–16.30, Sa und So 9–16 Uhr.

TRANSPORT

Pilgrim's Rest ist mit dem **Auto** leicht zu erreichen: von Sabie 41 km über die extrem kurvige R532, von Graskop 17 km über die R535. Linienbusse gibt es keine, dafür fahren sowohl in Sabie und Graskop **Minibustaxis**.

Graskop

Ungefähr 17 km östlich von Pilgrim's Rest verdankt **Graskop** seinen Platz auf den Touristenkarten Harrie's Pancake Shop, der unübertroffene Pfannkuchen verkauft und Reisebusse von allen Aussichtspunkten des Escarpment anlockt. Der Ort selbst hat nicht viel zu bieten, aber die gute Lage zum **Blyde River Canyon** macht einiges wieder wett.

Africa Silks Weavery and Showroom
Verkauf Louis Trichardt St ■ ⏲ tgl. 8–17 Uhr
■ Farm 23 km von Graskop entfernt, an der R533 ■
⏲ Führungen tgl. 9.30, 10.30, 12, 14 und 15 Uhr
■ ☎ 013 767 1665, 🖥 www.africasilks.com
Der namhafte Dorfkollektivbetrieb verkauft diverse von Afrikanerinnen gefertigte Produkte aus Mopane-Seide. Besonders toll sind die Bettdecken mit Seidenfüllung, Kissenbezüge und Tücher. Besuche der Farm, auf der die Seide produziert wird, sind ebenfalls möglich.

Big Swing
☎ 079 779 8713 oder 082 574 2345, 🖥 www. bisgwing.co.za ■ Eintritt R430
Der Big Swing von Graskop ist der beste von allen großen Bungees im Escarpment – ein 68 m tiefer freier Fall in weniger als drei Sekunden an einem der längsten Bungeeseile der Welt. Nach dem Sprung „fliegt" man an einem 135 m langen *foefie*-Drahtseil über die Schlucht, 130 m über

der Erde, mit Blick auf den Graskop-Wasserfall. Tandemsprünge sind auch im Angebot (R350). Sprungkandidaten mit Reservierung werden entweder abgeholt oder bekommen eine Wegbeschreibung.

ÜBERNACHTUNG

Graskop Hotel, Hoof St, Ecke Louis Trichardt St, ☎ 013 767 1244, 🖥 www. graskophotel.co.za. Eine der hübschesten Unterkünfte am Escarpment, mit persönlicher und entspannter Atmosphäre – von außen dröge, jedoch im Innern sehr elegant mit Retromöbeln, afrikanischen Körben, Stoffen und Skulpturen ausgestattet. Die luftigen Zimmer, einige davon im Gartenhaus, sind stilsicher eingerichtet. Aber das Tollste ist, dass es einen Swimmingpool gibt! R1200
Sheri's Lodge & Backpackers, 66 Oorwinning St, ☎ 072 623 5583, 🖥 www.sherislodge.co.za. Saubere, freundliche Backpacker-Unterkunft in der Nähe des Zentrums. Im Angebot sind Dorms und DZ im Rondavel für Selbstversorger. Außerdem gibt's eine Küche sowie einen Ess- und Unterhaltungsbereich mit Billardtisch. Dorms R140, DZ R460

ESSEN

Canimambo, Hoof St, Ecke Louis Trichardt St, ☎ 013 767 1868, 🖥 www.canimambo.za.net. Ausgezeichnete portugiesische und mosambikanische Küche mit informeller und fröhlicher Atmosphäre, im Winter auch mit Kamin. Für Vegetarier gibt's scharfen Bohneneintopf, die Fleischspezialität ist mariniertes Rumpsteak (R135), aber auch das mosambikanische *peri-peri*-Hühnchen ist immer hervorragend. ⏲ tgl. 9–21 Uhr.
Harrie's Pancake House, Louis Trichardt St, Ecke Church St, ☎ 013 767 1273, 🖥 www. harriespancakes.com. Das legendäre und gut ausgeschilderte Restaurant serviert die besten süßen und pikanten Pfannkuchen der Stadt sowie Lokalspezialitäten wie Forellenpfannkuchen (R90). Es gibt eine schöne Terrasse sowie ein Esszimmer, wo im Winter Holzscheite im Kamin prasseln. ⏲ tgl. 8–18 Uhr.

MPUMALANGA

Touristeninformation, Trips SA im Graskop Hotel, Hoof St, Ecke Louis Trichardt St, ☎ 013 764 1177, 🖥 www.graskop.co.za. Bucht Unterkünfte und Safaris im Krüger-Park, Abenteueraktivitäten sowie Transfers. Sie haben außerdem die beste Umgebungskarte und eine gute Aktivitätsbroschüren. ⊕ Mo–Fr 8–16.30, Sa 9–13 Uhr.

Blyde River Canyon

Es gibt wenige Orte in Südafrika, die so einfach zugänglich sind und gleichzeitig eine so atemberaubende Landschaft bieten wie der Blyde River Canyon. Das **Blyde River Canyon Nature Reserve** erstreckt sich über 60 km von Graskop im Süden bis zu einem riesigen Amphitheater im Norden, das zum Teil vom Blydepoort Dam überflutet ist.

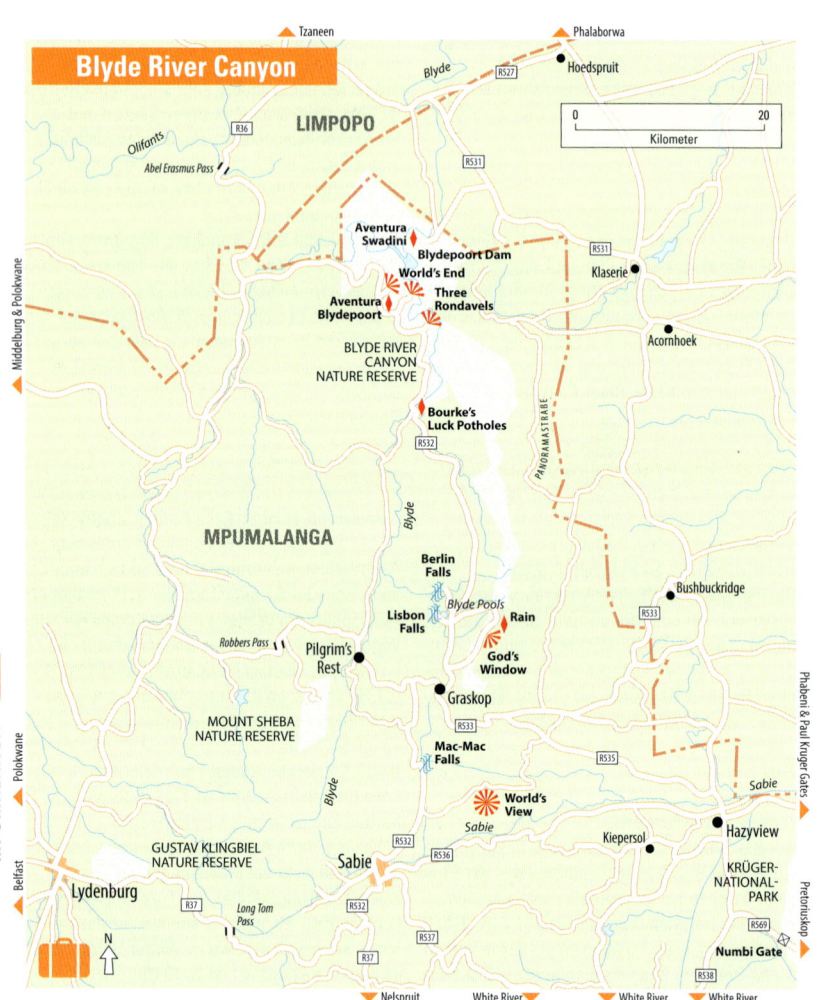

Am Rand der Schlucht entlang

Aussichtspunkte R10

Der Canyon ist aus jeder Perspektive sehenswert, doch die schönsten Ausblicke hat man auf einer halbtägigen Fahrt am Rande des Canyons entlang. Etwa 3 km nördlich von Graskop beschreibt die R534 eine 15 km lange Schleife vorbei an einer Reihe großartiger **Aussichtspunkte**. Sie windet sich durch Kiefernwälder bis zum Abzweig zum **Pinnacle**, einer gigantischen mit Bäumen bestandenen Quarzitsäule, die sich aus einer mit Farnen bewachsenen Schlucht erhebt.

Nach weiteren 4 km erreicht die Straße an einem steilen Gefälle mit Blick aufs Lowveld **God's Window**, einen der touristischsten Aussichtspunkte mit Toiletten und Souvenirständen. Die Straße führt dann auf die R532 zurück, die von hier aus nach 28 km Fahrt in nördlicher Richtung **Bourke's Luck Potholes** am Zusammenfluss von Treur und Blyde erreicht. Die sonderbaren Felsformationen sind durch vom Wasser bewegtes Geröll entstanden. Dies ist sicher die beste Wahl für alle, die nur Zeit für einen Aussichtspunkt haben. Er liegt am Ende einer anspruchslosen, aber lohnenswerten dreiviertelstündigen Wanderung; Einrichtungen gibt es jedoch keine.

Ein schöner Ausblick bietet sich auch 14 km dahinter an den **Three Rondavels**. Der Name beschreibt allerdings nur eine Besonderheit dieses Panoramablicks: die drei Felsen, die in ihrer Form an mächtige Rondavels erinnern und an deren Fuß noch, viele hundert Meter tiefer, der gewundene Blyde River seinen Weg bahnt. Kein Foto kann diese ungeheure Landschaft einfangen, die dazu noch von Felsblöcken durchsetzt ist, die sich wie Pfeiler aus dem Tal erheben.

Von den Three Rondavels zum Blydepoort Dam

Die 90 km lange Fahrt vom Aussichtspunkt bei Three Rondavels zum Fuß des Canyon bietet herrliche Blicke auf die Felsen des Escarpment, die aus dem Lowveld emporragen, und kann gut in die Reiseroute vom oder zum Krüger-Park integriert werden. Anfangs führt die Strecke in vielen Kurven nach Westen bis zur R36 und dann nach Norden, wo die Talfahrt beginnt – über den **Abel Erasmus Pass** und durch den J. G. Strijdom-Tunnel, hinter dem sich die weiten Ebenen

des Lowveld ausbreiten. Die Straße beschreibt einen großen Bogen um den Canyon herum.

Blydepoort Dam und Bootsfahrten

26 km von Hoedspruit entfernt; auf der R531 der Beschilderung zum Forever Swadini Resort folgen – der Bootsanleger ist 5 km hinter dem Resort ▪ ⏱ Bootsfahrten tgl. 11 und 15 Uhr ▪ Eintritt R150 zzgl. R20 p. P. ▪ Im Voraus buchen! ▪ 📞 015 795 5961, ✉ bookings@blydecanyon.co.za

Im Herzen des Blyde River Canyon liegt der künstliche **Blydepoort Dam**, der vor allem für den atemberaubenden Blick hinauf vom Wasser in die Schlucht bekannt ist. Hier starten die 90-minütigen Bootsfahrten. Besser kann man den Canyon mit seinen spektakulären Bergschluchten und den Tree Rondavels sowie diversen beeindruckenden Wasserfällen wahrscheinlich nicht besichtigen. Ebenfalls zu sehen sind Gesteinsformationen, die aus den Kalkablagerungen der natürlichen Quellen entstanden sind. Hin und wieder zeigen sich in der Nähe des Damms auch Nilpferde und Krokodile.

Das Lowveld

Das südafrikanische **Lowveld** liegt zwischen den Drakensbergen von Mpumalanga und Mosambik. Es gehört zu einer riesigen subtropischen Savanne, die sich durch Simbabwe und Sambia bis nach Zentralafrika erstreckt. Assoziierte man die Gegend um 1900 noch mit Glücksrittern, Jägern und Goldsuchern, so ist sie heute vor allem für ihre Nähe zum Krüger-Park und die angrenzenden Wildschutzgebiete bekannt. Die Ortschaften dienen alle als Tore zum Park.

Nelspruit, die größte Stadt des Lowveld und Hauptstadt von Mpumalanga, ist auf dem Luftweg und mit dem Bus (auch aus Maputo in Mosambik) zu erreichen. Östlich von Nelspruit verläuft die N4 entlang der südlichen Grenze des Krüger-Parks und bietet bequeme Zufahrt zu den Toren Malelane und Crocodile Bridge. Letzteres liegt nur 12 km nördlich von **Komatipoort**, einer feuchtheißen Stadt an der Grenze zu **Mosambik**. 32 km südlich von Nelspruit liegt **Barberton**. Nach weiteren 41 km gelangt man nach **eSwatini**.

Von der Provinzhauptstadt führt die R40 in nördlicher Richtung durch **White River**, **Hazyview**, **Hoedspruit** und **Phalaborwa**, eine Reihe kleiner Orte, die als Basisstationen für Touren in den Krüger-Park geeignet sind. Alle Städte bieten zahlreiche Unterkünfte und haben ein Zufahrtstor zum Krüger-Park in der Nähe; in manchen werden Ausflüge angeboten. Da Hazyview am nächsten bei Nelspruit liegt und ein Zugangspunkt zum Park ist, liegt es in der Gunst der Touristen ganz vorn. Hoedspruit und Phalaborwa gehören bereits zur Provinz Limpopo, sind aber aus Gründen der Kontinuität in diesem Kapitel beschrieben.

Nelspruit

Das begüterte **Nelspruit** liegt 358 km östlich von Johannesburg an der N4. Die Stadt entwickelte sich in den 1990er-Jahren als Basis für Händler, Farmer und Goldsucher, aber davon ist kaum noch etwas zu sehen: Die meisten alten Gebäude wurden abgerissen und durch Einkaufszentren und Autobahnen ersetzt. Die Stadt strahlt Vitalität und Wohlstand aus und ist nicht nur eine wichtige Handelsmetropole fürs Lowveld, sondern auch für Geschäftsleute aus eSwatini und Mosambik. Mbombela, der Name der Kommune, steht auf manchen Wegweisern anstelle von Nelspruit.

Nelspruit bietet die besten **Verkehrsverbindungen** der Provinz, darunter Flüge nach Johannesburg, Kapstadt, Durban und Maputo, ein ausgezeichnetes Krankenhaus und ein sehr großes Angebot an Einrichtungen und Geschäften.

Lowveld National Botanical Garden

Von der R40 Richtung White River ausgeschildert ▪ ✆ 013 725 5531, 🖥 www.sanbi.org/gardens/lowveld ▪ ⏲ tgl. 8–17 Uhr ▪ Eintritt R30

Nelspruits Hauptattraktion ist der **Lowveld National Botanical Garden**. Der Park am Ufer des Crocodile River ist wunderbar zum Herumspazieren, macht in letzter Zeit jedoch leider einen vernachlässigten Eindruck. Natürliche Wasserfälle und Wanderwege durch den Regenwald bieten eine Abkühlung von der glühenden Mittagshitze. Die Bäume sind nach Lebensräumen angeordnet und beschriftet. Eine Besonderheit sind die **Palmfarne** aus der ganzen Welt. Es gibt auch ein Wäldchen mit Baobabs aus Südafrika und anderen afrikanischen Ländern. Am Eingang wird eine hilfreiche Broschüre verkauft, in der eine Karte auf die Highlights des Gartens hinweist. Auf dem Gelände gibt es ein Café und ein Restaurant mit schönem Ausblick auf den Wasserfall.

Chimpanzee Eden

10 km außerhalb von Nelspruit an der R40 nach Barberton ▪ ⏲ tgl. 8–16 Uhr ▪ Eintritt R190 ▪ ✆ 079 777 1514, 🖥 www.chimpeden.com

Das von Jane Goodall gesponserte Institut **Chimpanzee Eden** widmet sich der Rettung und Wiedereingliederung von Schimpansen. Derzeit gibt es hier drei verschiedene Schimpansengruppen und Gehege mit Aussichtsplattformen über den Baumwipfeln. Während der 45-minütigen Führung ist zu sehen, wie die Primaten – von denen viele unter entsetzlichen Bedingungen in Ländern wie Angola oder Somalia lebten und gerettet wurden – wieder ganz neu lernen, auf Bäume zu klettern, in den Blättern nach Nahrung zu suchen, sich gegenseitig zu lausen und Gruppenbeziehungen aufzubauen. Vor oder nach der Tour kann man im Restaurant eine Kleinigkeit essen und trinken. Frühzeitige Buchung erforderlich; die Führungen sind sehr begehrt.

ÜBERNACHTUNG

Nelspruits Übernachtungsmöglichkeiten sind in erster Linie auf Geschäftsreisende ausgerichtet, und keine liegt in der Nähe eines Restaurants. Die meisten Unterkünfte haben einen Pool, Esstische unter freiem Himmel und tropische Gärten. Ein paar Kilometer außerhalb sind noch ein paar tolle Bleiben auf Bauernhöfen sowie eine Lodge, die fast schon am Flughafen ist.

Aragoniet Lodge, 22 Aragoniet St, ✆ 013 741 2233, ✉ aragonietlodge@vodamail.co.za, Karte S. 639. Makellos saubere und preisgünstige Selbstversorgerunterkünfte in 4 Zimmern, gut gelegen mit Garten und Pool und preislich attraktiv. Wer will, kann eine Abholung von Bus oder Flug vereinbaren. R800

Funky Monkeys Backpacker Lodge, 102 Van Wijk St, ☎ 013 744 1310, 🖳 www.funkymonkeys. co.za; Karte S. 639. Das beliebte Hostel bietet eine Bar mit Alkoholausschank, Billardtisch, Pool, schattige Veranda und Breitband-Internet. Von hier aus werden 1- bis 3-tägige Touren in den Krüger-Park organisiert und Gäste auf Wunsch aus dem Zentrum oder vom Flughafen abgeholt. Dorms R150, DZ R390

Lakeview Lodge, auf der N4 die Abfahrt Kaapsche Hoop nehmen; die Lodge liegt nach etwa 4 km auf der linken Seite, ☎ 013 741 4312, 🖳 www.lakeviewlodge.co.za; Karte S. 639. Insgesamt 11 reetgedeckte Selbstversorger-Chalets in einer ländlichen Grünanlage mit Swimmingpool, Restaurant, Caravanpark und Campingplatz. Es gibt auch ein Kinderplansch-becken und einen Kinderspielplatz. DZ R650, Camping R260

Likweti Lodge and Sanctuary, an der R538 zwischen Nelspruit und White River, 5 km vom Flughafen KMI, ☎ 082 939 0629, Karte S. 639. 566 ha Felsen und Grasland sind die Heimat von Nashörnern, Büffeln, Zebras und Giraffen; der Luftraum darüber ist Flugverbotszone. Die Lodge auf einem Bergrücken blickt in Richtung Sonnenaufgang und hat erstklassig ausge-stattete Zimmer und hervorragendes Früh-stück. R2700

The Loerie's Call, 2 Du Preez St, ☎ 013 744 9507 oder 083 628 7759, 🖳 www.loeriescall.co. za; Karte S. 639. Die moderne Unterkunft hat einen Pool, einen subtropischen Garten und schicke Zimmer mit Veranden und Bad sowie eine hübsche Lounge mit Terrasse. Oft aus-gebucht, daher weit im Voraus reservieren. Es gibt auch ein nobles Spa sowie ein Restau-rant. R3200

Old Vic Inn, 12 Impala St, 3 km vor der Stadt, ☎ 013 744 0993 oder 082 340 1508, 🖳 www. krugerandmore.co.za; Karte S. 639. Hat saubere, komfortable Doppelzimmer mit Bad in Luxus- oder Budgetausführung sowie einen Schlafsaal in einem ruhigen Backpacker-Hostel, mit Pool, Garten und Wanderungen im angrenzenden Naturreservat. Auf Wunsch arrangieren die Besitzer die Abholung vom Stadtzentrum oder Flughafen und organisieren Touren, etwa nach Mosambik oder in den Krüger-Park. Der haus-eigene Tourenveranstalter kann ein Bett direkt

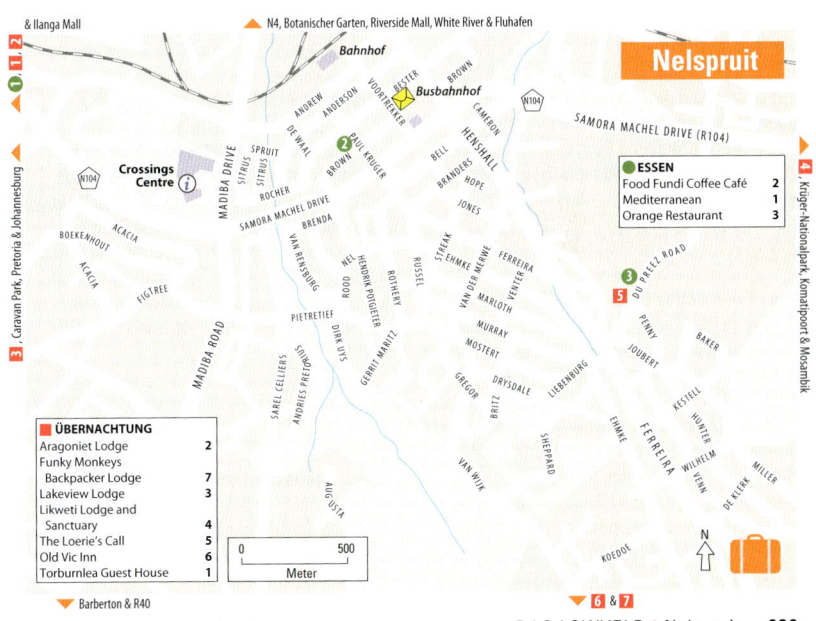

Maputo liegt nur 200 km von Nelspruit entfernt und ist mit eigenem Pkw leicht über die N4 zu erreichen; allerdings gibt's unterwegs eine Mautstelle (R59). Zwischen den beiden Städten verkehrt der **Shuttleservice** Cheetah Express, ☎ 013 755 1988, R300), Abfahrt in Nelspruit tgl. 16 Uhr, Fahrdauer 3 Std. Tickets verkauft das Fremdenverkehrsbüro im Crossings Centre (S. 641). **Visa** (europäische Staatsbürger R600) müssen im Voraus beim Mozambique Consulate, 19 Hope St, ☎ 013 753 2089, besorgt werden. Diese Formalität nimmt einen ganzen Tag in Anspruch – frühmorgens in der Botschaft mit den ausgefüllten Formularen eintrudeln (einschließlich der Bestätigung einer gebuchten Unterkunft in Mosambik), Abholung des Visums am frühen Nachmittag. Theoretisch sind Visa auch direkt an der Grenze erhältlich, aber darauf ist kein Verlass – es ist auf jeden Fall ratsamer, sich das Visum vorher zu besorgen.
Um herauszufinden, wie sich die mosambikanische Seite des Krüger-Parks, östlich des Phalaborwa Gate, am besten erforschen lässt, wendet man sich vorzugsweise an den gut informierten Veranstalter Great Limpopo Wilderness Camps & Trails, ☎ 021 701 7860, 🖳 www.dolimpopo.com.

im Krüger-Park besorgen. Die Touren werden meist vom Inhaber selbst geführt. Zu den gebotenen Extras zählen Reitpferde und ein Beautysalon. Dorms R135, DZ R480, Selbstversorger R800

🧳 **Torburnlea Guest House**, Mataffin Macadamia Village, 5 km östlich der Stadt, ☎ 072 884 8872, 🖳 www.torburnlea.co.za; Karte S. 639. Das schönste Guesthouse in Nelspruit ist ein wunderschön renoviertes Wohnhaus aus den 1920er-Jahren mit einer eleganten Veranda im Kolonialstil und Blick auf Obstbäume und Zuckerrohrfelder. Die Zimmer sind geräumig und elegant mit luxuriöser Ausstattung und Bettzeug. Zum Frühstück gibt es frische Säfte und Tropenfrüchte von der Farm. R1800

ESSEN

Food Fundi Coffee Café, Pick N Pay Centre, 5-7 Sitrus Crescent, ☎ 013 755 1091, 🖳 www.thefoodfundi.co.za; Karte S. 639. Das bei den Anwohnern beliebte Lokal hat ausgezeichneten Kaffee, selbstgebackenes Brot und Craft-Bier; auf der saisonal wechselnden Speisekarte stehen belegte Brote, Wraps, Kuchen und Salat. Sehr lecker ist das Sandwich mit über Rooibos geräuchertem Hühnchen und Cashews (R55). Außerdem gibt's noch mehrere Ganztags-Frühstücksgerichte. ⊙ Mo–Fr 7.30–18, Sa 8–17, So 9–14 Uhr.

Mediterranean, i'langa Mall, Flamboyant St, Ecke Bitterbessie St, ☎ 013 742 2235, und Riverside Mall, White River Rd (R40), ☎ 013 757 0170, 🖳 www.mediterraneanseafood.co.za; Karte S. 639. Das beliebte Fisch- und Sushi-Lokal serviert mosambikanische Garnelen auf griechische Art (R199) und ganze Fische – gebacken, gedünstet oder gegrillt (R110). Die Speisekarte ist lang und außerdem kann man sich noch den Fang des Tages zeigen lassen. ⊙ Mo–Do und So 11.30–21, Fr und Sa 11.30–22 Uhr.

Orange Restaurant, 4 Du Preez St, ☎ 083 628 7759, 🖳 www.eatatorange.co.za; Karte S. 639. Schickes Restaurant aus Holz, Glas und Stahl gleich neben dem Gästehaus The Loerie's Call, von dessen Balkon sich ein Rundumblick auf die Stadt und die Berge eröffnet. Auch das Essen ist nicht zu verachten: *fine dining* mit erlesener Speiseauswahl, von norwegischem Lachs bis südafrikanischem Kudu (R150). ⊙ Mo–Sa 12–15 und 18–22, So 18–21 Uhr.

SONSTIGES

Apotheke
Mopani Pharmacy, Crossings Centre, ☎ 013 755 5566, ⊙ Mo–Fr 8–18, Sa 8–15 Uhr, außerhalb der Öffnungszeiten ☎ 082 761 1603; i'langa Centre, ☎ 013 742 2225, ⊙ Mo–Fr 9–18, Sa 9–16, So 9–13 Uhr.

Diplomatische Vertretung
Konsulat von Mosambik, 19 Hope St,
℡ 013 753 2089.

Einkaufen
In Nelspruit gibt es drei große Malls: die Riverside Mall, Richtung White River nach Norden
an der R40, das zentraler gelegene Crossings
Centre und die westlich Richtung Johannesburg
gelegene i'langa Mall, abseits der N4.

Informationen
Lowveld Tourism, im Crossings Centre,
N4 Ecke General Dan Pienaar St, ℡ 013 755
19-88, 🖥 www.krugerlowveld.com. Das größte
Tourismusbüro der Stadt hat Karten und
grundlegende Informationen und bucht Unterkünfte (auch für Restcamps im Krüger-Park)
sowie Tagesausflüge mit Tourenveranstaltern.
🕓 Mo–Fr 7–18, Sa 8–13.30 Uhr.

Internet
Internet-Cafés sind in den Einkaufszentren.

Medizinische Hilfe
Mediclinic Nelspruit Private Hospital,
1 Louise St, Sonheuwel, ℡ 013 759 0500.

Notruf
Krankenwagen, ℡ 082 911.

Post
11 Voortrekker St, 🕓 Mo, Di, Do und Fr 8–17,
Mi 8.30–17, Sa 8–13 Uhr. In allen Einkaufszentren gibt es eine PostNet-Filiale – praktischer als das Postamt.

TRANSPORT
Busse
In JOHANNESBURG ist **City Bug**, ℡ 0861 33
44 33, 🖥 www.citybug.co.za, das beste Busunternehmen. Bietet tgl. 6 Fahrten (8–18 Uhr,
4 Std.) ab Flughafen OR Tambo zur BP-Garage
im Sonpark Centre in der Piet Retief St südlich des Zentrums von Nelspruit. Das liegt
zu weit außerhalb, um zu Fuß in die Stadt zu
gehen – am besten bestellt man schon vorher
ein Taxi bei Edgars Taxi Service, ℡ 072 147

1677, oder lässt sich von den Betreibern
der Unterkunft abholen.

Flüge
Flüge von **SA Airlink**, 🖥 www.flyairlink.com,
kommen an dem winzigen, reetgedeckten
Kruger Mpumalanga International Airport,
KMIA; ℡ 013 750 1015, 20 km nördlich der Stadt
an der R40 nach White River an. Flüge nach
Nelspruit gehören leider zu den teuersten überhaupt; u. U. ist es billiger, nach Johannesburg zu
fliegen und mit dem Auto weiterzufahren. Alle
großen Autovermietungen, darunter Avis, ℡ 013
741 1087, haben Schalter am Flughafen. Für alle,
die kein Auto mieten wollen, ist der **Privatshuttle**
die beste Option: Summit Tours and Safaris,
℡ 078 326 1041 oder 071 445 6531, 🖥 www.
summittoursandsafaris.com, holt Fahrgäste auf
Anfrage ab und bietet zuverlässige Transfers

Ausritte bei Nelspruit

Eine der schönsten Aktivitäten in der Gegend
um Nelspruit ist Reiten, und die Chancen stehen gut, vom zahmen Reitpferd aus **Wildpferde**
zu sehen – man kann sich aber auch in einem
Wildschutz- oder Naturschutzgebiet hoch zu
Ross zwischen Steppenwild bewegen.
Kaapsehoop Horse Trails, Kaapsehoop, 35 km
westlich von Nelspruit, abseits der N4, ℡ 076
108 0081, 🖥 www.horsebacktrails.co.za. Das
bergige Waldgebiet des Kaapsehoop bei Nelspruit ist die Heimat von Wildpferden. Kaapsehoop bietet einstündige Ausritte für Anfänger
(R315) sowie zweistündige (R550) und ganztägige Ausritte (R980) für erfahrene Reiter. Im
Reitzentrum gibt es auch eine schöne, günstige
Selbstversorgerunterkunft (R660) mit freundlichen Mitarbeitern und entspanntem Feeling.
Kwa Madwala Reserve, 80 km östlich von
Nelspruit, abseits der N4, ℡ 082 779 2153,
🖥 www.kwamadwala.net. In dem riesigen
Wildtierschutzgebiet werden Ausritte zwischen den Savannentieren (keine Raubtiere
oder Elefanten) angeboten: einstündige Ausritte für Anfänger (R450) sowie verschiedene
zweistündige (R600) oder ganztägige (inkl.
Frühstück R970) für erfahrenere Reiter.

MPUMALANGA

nach Nelspruit, aber auch in den Krüger-Park, die privaten Reservate, nach Hazyview und weiter von Nelspruit nach Mosambik.

Flüge nach:
DURBAN (2x tgl., 1 Std.);
JOHANNESBURG (4x tgl., 1 Std.);
KAPSTADT (tgl., 3 Std.).

Der Südrand des Krüger-Parks

Von Nelspruit folgt die N4 in östlicher Richtung grob dem Lauf des **Crocodile River**, der die südliche Grenze des Krüger-Parks beschreibt. Auf den 58 km bis zum Bauerndorf **Malelane** verläuft die Straße entlang des bewaldeten Flussufers durch üppiges, subtropisches Farmland und vorbei an den grauen, surrealen Formationen von Granit-*koppies*. Rund 4 km hinter Malelane geht die Straße ab zum Krüger-Park-Eingang **Malelane Gate**, dem günstigsten Eingangstor für Gäste des Restcamps Berg-en-Dal (S. 656).

ÜBERNACHTUNG

Buhala Game Lodge, 12 km östlich des Malelane Gate, ☎ 082 909 5941 oder 083 272 2150, 🖥 www.buhala.co.za. Tolles Gästehaus auf einer Mango-, Zuckerrohr- und Papayafarm, mit Pool und 10 eleganten Zimmern mit AC. Von einer Holzterrasse reicht der Blick über den Crocodile River bis zum Krüger-Park. Für R1500 p. P. werden mit einem Ranger Tagesfahrten durch den Krüger-Park arrangiert, 3-stündige Wanderungen kosten R825. Die Lodge ist auch

beliebt bei Golfspielern, denn der exklusive, von Gary Player entworfene Golfplatz Leopard Creek ist ganz in der Nähe. R4860
Kwa Madwala Game Reserve, an der N4 beschildert, zwischen Malelane und Crocodile Bridge Gate, ☎ 082 779 2153 oder 013 790 4214, 🖥 www.kwamadwala.net. Game-Lodge-Feeling zu B&B-Preisen, in einem wunderschönen Teil des Bushvelds zwischen Granitfelsen, in dem vier der Big Five zuhause sind. Die Haupt-Lodge – Manyatta Rock Camp – hat Chalets, die direkt in die Granitfelsen gebaut sind, einen schönen Pool und einen guten Ausblick. So richtig „wild" ist die Lage in Nähe von Ackerland allerdings nicht. Im Preis sind Abendessen, Zimmer und Frühstück enthalten; Game Drives, Microlight Safaris und Reiten kosten extra. R3600

Barberton

Die 36 km südlich von Nelspruit gelegene Stadt **Barberton** entstand, nachdem 1883 **Gold** entdeckt worden war. Bald setzte ein Zustrom von Händlern, Hoteliers, Barkeepern, Prostituierten und sogar Pfarrern ein, die sich zu den Goldsuchern in der wachsenden Grenzstadt gesellten, die aus Zelten, Blech, Stroh und Schlamm gebaut war. Fast jedes zweite Gebäude diente als Kneipe. Während des **Riesenbooms** der 1880er-Jahre entglitt die Kontrolle über die Goldfunde den Händen der kleinen Goldsucher, und die Minen gerieten bis heute in den Besitz großer Unternehmen. In der Umgebung sind noch sieben Minen in Betrieb, die alle eigene Freizeitgelände für die Bergleute unterhalten – man

---

Bergwerkstouren und -wanderungen in Barberton

Barberton Odyssey, ☎ 079 180 1488, ✉ barbertontours@gmail.com, hat Touren in die Tiefen von drei faszinierenden **historischen Goldminen** im Angebot; die Teilnehmer werden mit der notwendigen Ausrüstung versehen (4 Std., R380). Außerdem gibt es eine begleitete Tour in die **Eureka City**, eine Minen-Geisterstadt 7 km von Barberton im Mountainland Nature Reserve. Der Veranstalter bietet auch einen 3-stündigen, begleiteten Motor-Geo-Trail (R700) über die wunderschöne alte Bulembu Road mit mehreren Stopps unterwegs an geologisch interessanten Stellen.
Die Gegend um Barberton gehört zum **Unesco-Weltnaturerbe**: Das Mahonjwa-Gebirge gilt mit einem Alter von 3,5 Mrd. Jahren als eines der besterhaltenen Urgesteine der Erde. Die hier gefundenen Fossilien gehören zu den ältesten Lebensformen des Planeten.

trifft also in den öffentlichen Kneipen nicht so viele Schürfer wie in den alten, wilden Tagen.

Hier werden die besten **Untertagetouren** durch eine aktive Goldmine in Südafrika angeboten. Davon abgesehen hat Barberton nur noch wenig von seinem früheren Charme und wirkt inzwischen etwas abgehalftert, sodass es kaum einen Umweg lohnt.

Barberton Museum

36 Pilgrim St ▪ ✆ 013 712 4208 ▪ ⏲ tgl. 9–16 Uhr ▪ Eintritt frei

Einen Einblick in die Bergbaugeschichte vermittelt das **Barberton Museum**. In dem gelungenen modernen Bau ist eine gute Schau über die Goldrauschzeit zu sehen. Das Museum hat außerdem Karten für den **historischen Stadtrundgang** (Heritage Walk). Grün-weiße Wegweiser führen zu den historischen Bauten und Denkmälern, darunter das sehenswerte Belhaven House und Stopforth House (Eintritt beide zusammen R20).

ÜBERNACHTUNG

Aloe Ridge Guest Farm, 10 km nördlich von Barberton an der R38, ✆ 082 456 3442, 🖳 www.aloeridgeguestfarm.com. Erschwingliche, ruhige Unterkünfte auf einer Biofarm. Sehr gute Gelegenheiten zur Vogelbeobachtung. Die 3 Zimmer im Haupthaus und die 2 Cottages sind mit Holzmöbeln und Baumwollbetten ausgestattet, haben aber kein TV. DZ R570, Cottages R1000

Mazwita Bush Camp, 17 km Richtung Nelspruit an der R40, ✆ 082 604 1190, 🖳 www.mazwita.com. Kleine Wildtierfarm mit reetgedeckten Rondavels, Holzplankenwegen und einem Pool. Sie liegt auf einem wunderschönen, hügeligen Gelände – gut zum Wandern und Radfahren oder für Fahrten zur Wildbeobachtung ohne Bedrohung durch Raubtiere. R1900

ESSEN

Die PlaasKombuis, 73 De Villiers St, ✆ 084 608 2643 oder 076 154 9629, 🖳 www.bit.ly/Plaaskombuis. In dem beliebten Restaurant mit dazugehörigem Gewächshaus und Kunstgalerie kann man auf der Veranda mit hübschem Blick auf das Gewächshaus sitzen und eine Tortilla

mit Füllung nach Wunsch verzehren (R60). ⏲ Mo–Sa 8–21 Uhr.

Victorian Tea Garden, Market Square, Crown St, ✆ 013 712 4985, 🖳 www.facebook.com/barbertonteagarden. Netter Teegarten und Restaurant in einem weißen Gartenhaus neben dem Fremdenverkehrsbüro. An Tischen im Freien gibt es günstige getoastete Sandwiches (R25) sowie Tee und Nachspeisen. ⏲ Mo–Fr 8–17, Sa 8–14 Uhr.

INFORMATIONEN UND TOUREN

Touristeninformation, Crown St, ✆ 013 712 2880, 🖳 www.barberton.co.za. ⏲ Mo–Fr 8–17, Sa 8–13 Uhr.

Barberton Odyssey, ✆ 079 180 1488, bietet eine historische Führung um Barberton (kostenlos; Eintrittsgebühren für Museen und Trinkgeld für den Guide nicht inkl.) sowie Bergwerks- und geologische Touren an.

TRANSPORT

Minibustaxis

Öffentliche Verkehrsmittel sucht man vergebens, von Nelspruit fahren allerdings **Minibustaxis** nach Barberton (36 km).

Nach eSwatini

Der nächste Grenzübergang nach eSwatini (ehem. Swasiland) ist südlich von Barberton an der N40 nach Bulembu, ⏲ tgl. 8–16 Uhr, aber die Straße ist schlecht und sollte im Sommer nur im Allradfahrzeug befahren werden. Eine bessere Route führt Richtung Nordosten zum Übergang Jeppe's Reef/Matsamo, ⏲ 7–20 Uhr. Unterwegs eröffnen sich tolle Ausblicke auf den eindrucksvollen Maguga Dam.

Die Westgrenze des Krüger-Parks – die R40

Die **R40** verläuft von Nelspruit in nördlicher Richtung entlang der Westgrenze des Krüger-Parks durch reiche Ländereien um Hazyview, auf denen Tropenfrüchte angebaut werden. Zum größ-

MPUMALANGA

ten Teil durchquert sie jedoch dicht besiedelte, bettelarme afrikanische Gemeinden; das größte Ballungsgebiet heißt Bushbuckridge. Es ist ein faszinierendes Stück geschäftiges südafrikanisches Leben, mit winzigen Ziegelhäuschen und Hütten direkt neben sehr viel nobleren Behausungen. Diese Welt steht im krassen Gegensatz zum unberührten, streng bewachten Krüger-Park – ein Reservat, das zu besuchen sich der Großteil der hier lebenden Menschen nie hat leisten können.

Über die R40 gelangt man in die privaten Wildschutzgebiete **Sabi Sands**, **Manyeleti** und **Timbavati** sowie die Krüger-Zufahrtstore Numbi, Phabeni, Paul Krüger und Orpen. **Klaserie**, an der Grenze von Mpumalanga zur Provinz Limpopo, ist kaum mehr als eine leicht zu übersehende Tankstelle mit Laden, umgeben von einigen privaten Wildfarmen.

Weiter nördlich in Limpopo liegt Hoedspruit, ein Einkaufs- und Dienstleistungszentrum. Der Ort ist ein guter Ausgangspunkt zu mehreren großen Privatschutzgebieten und zum Orpen-Gate (69 km). Noch weiter nördlich liegt die Bergbaustadt **Phalaborwa**. Sie ist nur 2 km vom gleichnamigen Zufahrtstor entfernt, das ins Zentralgebiet des Krüger-Parks und zu den schönen Camps Letaba und Olifants führt.

Hazyview

Hazyview liegt 43 km nördlich von Nelspruit und ist ein Dienstleistungszentrum für den südlichen Krüger-Park; das Phabeni Gate ist nur 10 km

Autofahren auf der R40

Auf der **R40** ist besondere Vorsicht angebracht: Sie ist voller Schlaglöcher, die leicht zu Reifenschäden führen – ganz zu schweigen von freilaufenden Ziegen und Rindern sowie achtlosen Fußgängern und einer haarsträubenden Kombination aus rasenden Minibussen und behäbigen Schwerlastern, die zwischen Phalaborwa Mine und Mosambik pendeln. Angesichts dieses riskanten Gemischs sollte man die Straße nachts meiden und sich auf eine langsame Reise einstellen; sie hat pro Richtung nur eine Spur und ist sehr stark befahren.

von der Stadt entfernt. Es ist die letzte Stadt, in der man sich noch mit allem Notwendigen eindecken kann (und sollte), ehe eines der Haupttore des Parks erreicht ist: das Paul Kruger Gate nach Skukuza, der „Hauptstadt" des Parks, und vor dem Eingang zum Sabi Sands Reserve. Es ist auch ein Zentrum für die umliegende Landwirtschaft, mit großen Einkaufszentren und belebten Straßenständen, wo die Bewohner des dicht bevölkerten afrikanischen Umlands Obst und andere Erzeugnisse einkaufen. Die Stadt ist eine ideale Basis für Leute, die an Abenteuer- und Outdoortouren teilnehmen, aber nicht im Park übernachten wollen. Eine Art Zentrum bildet die **Perry's Bridge**, ein kleiner Komplex aus Luxusgeschäften, Kunsthandwerksläden, Restaurants und Safari-Buchungsbüros an der Kreuzung von R536 und R40.

Skyway Trails

Perry's Bridge Trading Post ▪ R480 ▪ 📞 082 825 0209 oder 013 737 6747, 🖥 www.skywaytrails.com
Der **Hochseilgarten** Skyway Trails ist ein dreistündiges Vergnügen, bei dem man sicher an einem dicken Kabel festgehakt, hoch über dem Tal und den Baumwipfeln von Plattform zu Plattform gleitet. Die Guides sind sehr nett und verstehen ihr Handwerk und begleiten Kinder zwischen sechs und zehn Jahren. Treffpunkt ist die **Gecko Lodge**, 3 km weiter an der R536 aus Richtung Hazyview. Dort bekommt man die Ausrüstung und eine kurze Einweisung. Anschließend geht's hoch auf den Berg, wo der Trail anfängt. Reservierung nötig (R495).

Elephant Sanctuary

5 m von Hazyview an der R536 Richtung Sabie ▪ Elefant striegeln R725 ▪ Eintritt R1120 ▪ 📞 079 624 9436, 🖥 www.elephantsanctuary.co.za ▪ Aktivitäten müssen im Voraus auf der Website gebucht werden.
Im Elephant Sanctuary dürfen Besucher zwei vor dem Abschuss gerettete Elefantenwaisen streicheln. Es bestehen verschiedene Möglichkeiten der Interaktion mit den Dickhäutern: „Brush Down", bei dem man die Tiere striegelt und die Beschaffenheit ihrer Haut und Ohren fühlt, sowie „Trunk in Hand" – dabei geht man neben dem Elefanten her und hält leicht seinen Rüssel. Auch intensivere Ganztagsaktivitäten sind machbar.

OBEN LINKS TRADITIONELLE HÜTTE; OBEN RECHTS KUDU, KRÜGER-NATIONALPARK (S. 651); UNTEN LORE IN EINER AUFGELASSENEN GOLDMINE, BARBERTON (S. 642)

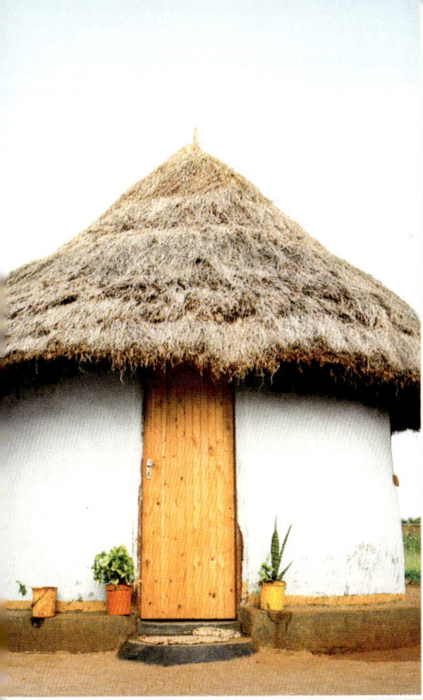
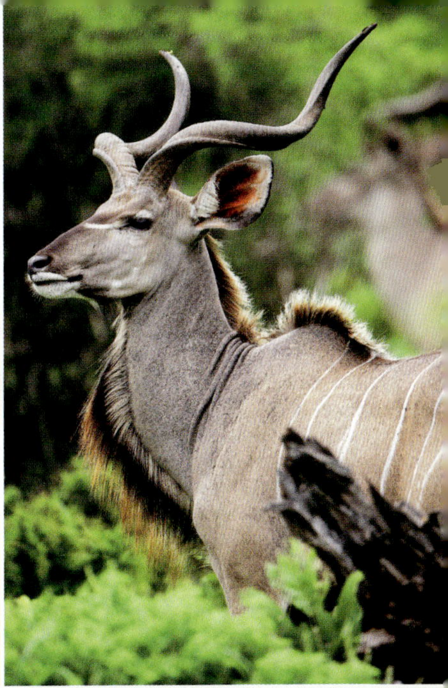
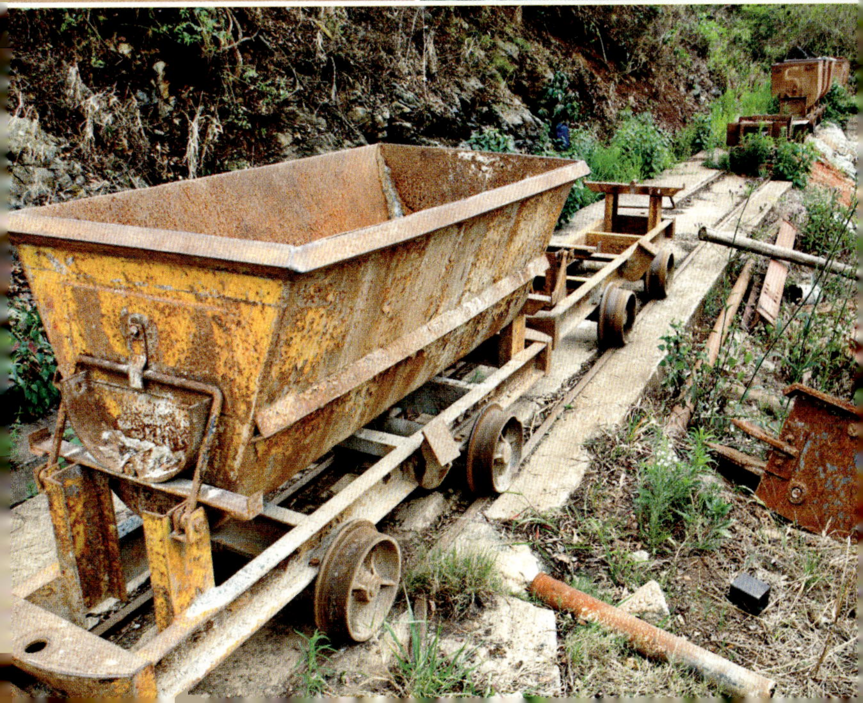

ÜBERNACHTUNG

Die meisten Gästehäuser liegen auf Farmgelände an den Straßen zu den Nachbarorten Sabie (R536), Graskop (R535) und White River (R538) sowie in Richtung Paul Kruger Gate zum Krüger-Park (R40).

Bohms Zeederberg Country House, 17 km von Hazyview an der R536, ℘ 013 737 8101, 🖳 www.bohms.co.za. Altmodische, aber gepflegte, Chalets in subtropischem Garten rund um einen Pool mit traumhafter Aussicht und Wanderpfaden zum Fluss hinab. Rollstuhlfreundlich. R1848

Gecko Backpackers, 3 km von Hazyview an der R536, ℘ 082 342 6598, 🖳 www.backpackers-gecko.co.za. Direkt neben der Gecko Lodge, mit Pool, Campingplatz, Dorms, DZ, einer coolen Bar und hausgemachtem Essen. Transfers von und nach Nelspruit, verschieden lange Ausflüge in den Krüger-Park und zum Escarpment. Camping R85, Dorms R180, DZ R430

Gecko Lodge, 3 km von Hazyview an der R536, ℘ 013 590 1020, 🖳 www.geckolodge.co.za. Hat vielleicht die hübscheste Location in Hazyview: durch das üppige grüne Gelände windet sich ein Fluss. Die Zimmer sind ordentlich und ihren Preis wert, und auf dem Gelände gibt es sowohl einen Pub als auch ein Restaurant. Die Lodge ist Ausgangspunkt des Skyway Trails. R1190

Idle and Wild, 6 km vor Hazyview an der R536, ℘ 013 737 8173 oder 082 381 7408, 🖳 www.idleandwild.co.za. Mangofarm in einem grünen Tal am Ufer des Sabie River. Hat 2 reetgedeckte Rondavels, ein Cottage für bis zu 4 Personen und 2 Honeymoon-Suiten (mit eigenem Spa) im prachtvollen Garten. Im Haupthaus daneben werden 2 Zimmer mit Bad vermietet. Alle mit Küchenzeile, außerdem Jacuzzi, Sauna und Pool. Quadbiking und Rafting auf dem Gelände. Rondavels R1060, Cottages R1215, DZ R1060

Nkambeni Safari Camp, Numbi Gate, 25 km südlich von Hazyview, ℘ 013 590 1011 oder 021 910 1780, 🖳 www.nkambeni.com, Karte S. 652. Sehr großes, beliebtes Safaricamp innerhalb der Krüger-Parkgrenze mit schnörkelloser Wildtierbeobachtung zu fairen Preisen. Gäste werden in angenehmen Safarizelten mit

Außen- und Innenduschen untergebracht; sie stehen allerdings ein wenig zu dicht zusammen. Der reetgedeckte Essbereich im Freien blickt auf den Busch und den Pool. Hier wird ein riesiges Buffet aufgetischt. Die Anlage bietet Tages- und Sonnenuntergangssafaris an, eignet sich aber auch als Basis zum Selbstfahren. Inkl. Halbpension R2080

Numbi, Main Rd, ℘ 013 737 7301, 🖳 www.hotelnumbi.co.za. Gemütliches, altmodisches Hotel mitten in der Stadt. Mit Campingplatz, Garten-Suiten und Hotelzimmer. Auf dem Gelände gibt's Schatten und im Hotelrestaurant hervorragende Steaks. Camping R250, DZ R2780

Rissington Inn, 2 km südlich der Stadt an der R40, ℘ 013 737 7700 oder 082 327 6842, 🖳 www.rissington.co.za. Entspannte, lockere und gut geführte Unterkunft mit 14 Zimmern in einem großen reetgedeckten Farmhauses. Am besten sind die Garten-Suiten mit Außenduschen, in denen man sich fühlt wie in einer „Busch-Lodge". Außer einem Pool gibt es auch eine Bar und ein gutes Restaurant. R2200

ESSEN UND UNTERHALTUNG

Hippo Hollow Restaurant, Hippo Hollow Country Estate, Perry's Bridge Centre, ℘ 013 737 7752 oder 072 752 0952. Auf der geräumigen Veranda mit Flussblick kann man wunderbar einen Sundowner oder ein Gericht aus regionalen, saisonalen Zutaten genießen und dabei Vögel, Elefanten und Hippos beobachten. ⏱ tgl. 18.30–22 Uhr.

Kuka, Perry's Bridge Centre, ℘ 013 737 6957, 🖳 wwwkukasoup.co.za. Edles Afro-chic-Restaurant und Cocktailbar mit farbenfrohem, modernem Dekor und Tischen drinnen und draußen. Außer Wild- und anderen Fleischgerichten – etwa Kudu (R165) – gibt es auch ordentliche Salate. ⏱ tgl. 7–22 Uhr.

Shangana Cultural Village, 4 km außerhalb an der R535 nach Graskop, ℘ 013 737 58-04, -05, 🖳 www.shangana.co.za. Ausgezeichnetes afrikanisches Abendessen (ab R510, unbedingt reservieren!), das in gewaltigen Töpfen über offenem Feuer gekocht wird. Auf der Speisekarte stehen mitunter Krokodilfleisch in pikanter Erdnusssauce, Rindfleisch oder Süßkartoffeln mit Honigglasur. Aber auch Vegetarier kommen auf ihre Kosten. Die Gäste werden in Hütten von den Damen des Hauses bedient. Das Essen bildet den krönenden Abschluss eines Dorfrundgangs sowie einer feurigen Tanzdarbietung, alles im Preis inbegriffen – allerdings erst ab 15 Pers. ⏱ tgl. 17 Uhr.

Summerfields River Café, 4,5 km außerhalb der Stadt an der Sabie Rd bzw. R536, ✆ 013 737 6500, 🖥 www.summerfields.co.za. Dieses Spa mit Restaurant auf einer Rosenplantage bietet Schönheit, Harmonie und Gesundheit. Frühstück und ein leichtes Mittagessen mit frischem Bio-Gemüse und -Salat aus eigenem Anbau werden draußen auf einer Holzterrasse am Sabie River serviert. Zum Abendessen gibt es vielleicht gebackene Entenbrust mit eingelegtem Kohlrabi und Ofenkartoffeln (R150); diniert wird drinnen, in der „Kitchen". ⏱ River Café Mo und So 8–11 und 12–15, Kitchen Di–Sa 8–11, 12–15 und 18.30–21 Uhr.

INFORMATIONEN

Big 5 Country Tourism, Perry's Bridge Centre, R40, ✆ 013 737 8191, 🖥 www.tours-ticket.co.za; Filiale in Graskop (S. 635). Das beste Informationsbüro in Mpumalanga. Die Mitarbeiter reservieren Unterkünfte, Safaris in den Krüger-Park, Abenteueraktivitäten und Transfers. Es gibt die beste Landkarte der Region sowie eigene Broschüren mit Freizeittipps heraus. Informiert auch über das Escarpment. Hier gibt es Tickets für fast alles Lohnenswerte rund um Krüger-Park und Escarpment – vom Goldwaschen in Barberton über Ballonfahrten und Reiten bis zum Besuch eines Tier-Rehabilitationszentrums. Das Personal bietet außerdem Tiersafaris und Wanderungen im Privatreservat Sabi Sands sowie im Krüger-Park an. ⏱ Mo–Fr 8–19, Sa 8–18, So 9–15 Uhr.

TRANSPORT

Die kürzeste und schnellste Strecke vom 421 km entfernten Johannesburg hierher führt auf der N4 über Nelspruit (53 km südlich). Nach Hazyview fahren mit Ausnahme von **Minibustaxis** keine öffentlichen Verkehrsmittel.

Orpen Gate

Hinter Hazyview verläuft die R40 durch Bushbuckridge – wobei sich Antilopen schon lange nicht mehr hierher verirren. Eher begegnet man Rindern oder Ziegen. Die Bevölkerungsdichte liegt hier beim Sechsfachen des sonst in dieser Provinz üblichen Durchschnitts, ein Überbleibsel der Landaufteilung unter der Apartheid. 45 km weiter östlich ist das **Orpen Gate**, wo die Straße Richtung Satara und ins Zentrum des Krüger-Parks führt. Orpen ist außerdem Zugangspunkt für die Privatreservate Manyeleti und Timbavati.

ÜBERNACHTUNG

Timbavati Safari Lodge, Orpen Gate Rd, 20 km vom Orpen Gate entfernt, ✆ 015 793 0415 oder 082-362 2922, 🖥 www.timbavatisafarilodge.com. Die schönste Unterkunft der Umgebung: Die reetgedeckten Hütten im Ndebele-Stil bieten Platz für Paare oder große Gruppen. Zur Anlage gehören ein Pool, eine Bar und eine hübsche Essecke im Freien. Dort wird unterm Sternenzelt das herzhafte Abendessen serviert. Das gepflegte Anwesen hat viele Bäume und tropische Pflanzen sowie einen Rasen, der von den hauseigenen Warzenschweinen kurz gehalten wird. Die Lodge hat für seine eigenen Safaris Zugangsrechte nach Manyeleti, ein Reservat mit sehr vielen Tieren, in dem nur ganz wenige Fahrzeuge unterwegs sind, mit deren Insassen man die Sichtungen teilen muss – und deshalb in mehrerer Hinsicht besser als der Krüger-Park. Die günstigen Preise machen diese Unterkunft zur beliebten Ausgangsbasis für Selbstfahrer, die den Krüger-Park besuchen wollen; der Übernachtungspreis versteht sich inkl. Halbpension. Empfehlenswert sind auch die Besuche in dem afrikanischen Dorf auf der anderen Straßenseite. R1550

Hoedspruit

Im hügeligen Lowveld 153 km nördlich von Nelspruit, vor der Kulisse der fernen dunstigen Berge des Escarpment, versteckt sich das kleine, aber geschäftige **Hoedspruit**. Um den Ort konzentrieren sich **private Wildreservate** und Lodges. Die Stadt bietet sich als Ausgangspunkt für **Aktivitäten** wie Reiten und Rafting auf dem Blyde River sowie für Besuche der Animal Rehabilitation Centres und gemächliche Ballonflüge über das Buschland an. Hoedspruit ist ein wichtiger Ort für Leute, die mit dem Flugzeug zum Krüger-Park und zu den umliegenden Privat-Wildreservaten (darunter Timbavati, Manyeleti und Balule) anreisen.

Moholoholo Wildlife Rehabilitation Centre

17 km von Hoedspruit entfernt an der R531 zwischen R40 und R527, etwa 3 km vor dem asphaltierten Abzweig zum Blydepoort Dam ▪ Führungen Mo–Sa 9.30 und 15 Uhr, während der Schulferien auch So 15 Uhr ▪ Reservierung erforderlich ▪ Eintritt R145 ▪ ✆ 015 795 5236, ▭ www.moholoholo.co.za

Mit dem **Moholoholo Wildlife Rehabilitation Centre** hat der Ex-Ranger Brian Jones seinen persönlichen Kampf zur Rettung und Auswilderung verletzter und verlassener Tiere aufgenommen. Besonders am Herzen liegen ihm die Raubvögel, aber auch Löwen und Leoparden. Die Führungen sind interessant, und die Teilnehmer bekommen eine Menge bedrohter Tiere aus nächster Nähe zu sehen. Das Zentrum gehört zu einem größeren Reservat. Es werden Nachtfahrten, frühmorgendliche Wanderungen und Übernachtungsmöglichkeiten (s. u.) angeboten.

Monsoon Gallery

An der R527 nahe der Kreuzung mit der R36 ▪ ◷ tgl. 8–16 Uhr ▪ Eintritt frei ▪ ✆ 084 250 1233, ▭ www.bluecottages.co.za

Die **Monsoon Gallery**, 29 km nordwestlich von Hoedspruit, eignet sich prima für einen Zwischenstopp. In dem entzückenden afrikanischen Kunstgewerbeladen möchte man stundenlang in den authentischen Stücken stöbern, darunter Eisenfigurinen und Holzschnitzereien aus Simbabwe, wunderschöne Wandbehänge aus der Karosswerkers-Fabrik in der Nähe von Tzaneen, Venda-Töpfereien und -schmuck sowie Seidenartikel und afrikanische Musik-CDs und Bücher.

ÜBERNACHTUNG

Blue Cottages Country House, 27 km von Hoedspruit an der R527, ✆ 084 250 1233, ▭ www.bluecottages.co.za. Gemütliche

Ferienwohnungen in einem Bauernhaus voller afrikanischer Kunstgegenstände und Textilien inmitten eines angenehm kühlen und farbenfrohen tropischen Gartens. Die Ferienhütten auf dem Gelände sind etwas einfacher gehalten, aber gleichfalls ganz schnuckelig. Auf Vorbestellung bekommt man ein Abendessen im eigenen Garten oder auf der Veranda serviert. Im angrenzenden Mad Dogz Café gibt es Snacks, ◷ tgl. 8–16 Uhr. R1140

Marepe Country Lodge, Orpen Rd, an der R531, ✆ 072 520 9636, ▭ www.marepecountrylodge.co.za. B&B-Unterbringung in Chalets und hotelähnlichen Zimmern, das Ganze in einer stillen Gartenanlage mit Swimmingpool. Vogelliebhabern wird es hier besonders gefallen, denn die Betreiber organisieren verschiedene Vogelbeobachtungstouren. Es gibt auch ein Restaurant plus Bar mit Alkohollizenz. R785

Moholoholo Forest Camp, 26 km von Hoedspruit an der R531, ✆ 013 795 5236, ▭ www.moholoholo.co.za. Das eher schlicht gehaltene Safaricamp an den Ausläufern des Drakensberg-Escarpment hat jede Menge Großwild auf dem Gelände. Im Preis inbegriffen sind Vollpension, eine Nachtsafari, ein Morgenspaziergang und ein Besuch im nahe gelegenen Rehabilitationszentrum. R3897

SONSTIGES

Touren

Eastgate Safaris, ✆ 015 793 3678 oder 082 774 9544, ▭ www.eastgatesafaris.co.za, bietet diverse Touren in der Umgebung an, darunter eine ganztägige Wildtiersafari im Krüger-Park (R2310 p. P. bei mind. 2 Pers.; je größer die Gruppe, desto günstiger der Preis für den Einzelnen).

Autovermietungen

Avis, ✆ 015 793 2014, unterhält ein Büro am Flughafen.

TRANSPORT

Shuttlebusse

Ashton's Tours and Safaris, ✆ 021 683 0234, ▭ www.ashtonstours.com. Betreibt einen

Eine Fahrt im **Heißluftballon** ist klasse, um die umliegende Landschaft aus einer anderen Perspektive zu betrachten. Angeboten werden die Fahrten von **Sun Catchers**, ℡ 087 806 2079 oder 082 572 2223, 🖥 www.suncatchers.co.za, R3680. Das Wetter muss allerdings perfekt sein; die Flüge starten daher meist in aller Herrgottsfrühe, wenn es am stabilsten ist. Je nach Wetterlage fliegen die Ballons an unterschiedlichen Stellen ab – der genaue Ort und auch die Uhrzeit, auf die der Wecker gestellt werden muss, wird den Teilnehmern rechtzeitig mitgeteilt.

In Hoedspruit selbst wird **Reiten** auf dem Hoedspruit Wildlife Estate angeboten. Hier können Anfänger wie Fortgeschrittene sehen, was das Reservat zu bieten hat: Zebras, Giraffen, Antilopen und vieles mehr. Buchung über **African Dream Horse Safaris**, ℡ 084 582 5442, 🖥 www.africandreamhorse safari.co.za, 1 Std. R350, 2 Std. R450.

Erfahrenen Reitern bietet **Wait a Little Safaris**, ℡ 083 273 9788, 🖥 www.waitalittle.co.za, die unvergessliche Erfahrung eines Ausrittes durchs Großwildrevier. Im 70 km nördlich von Hoedspruit gelegenen Karongwe Nature Reserve starten die **Big Five-Reitersafaris** mit einer Länge von sechs bis zehn Tagen, hoch disziplinierten Pferden sowie erstklassiger Unterbringung und Essen. Je nach Datum und gebuchtem Paket führen die Ausritte auch ins Makali Reserve. Die Preise beginnen bei R30 000 p. P.

Shuttlebus vom Johannesburger OR Tambo Airport nach HOEDSPRUIT (tgl. 6.45 und Di, Do und So zusätzlich 11 Uhr, 6 Std., R815) und holt Fahrgäste innerhalb von 5 km im Umkreis vom OR Tambo ab. Aussteigen kann man in der Stadt, am Flughafen oder an seiner Safari-Lodge.

Flüge

Vom **Eastgate** oder **Eastsgate Airport**, ℡ 015 793 3681, etwa 14 km südlich von Hoedspruit, gibt es 2x tgl. Flugverbindungen mit JOHANNESBURG und 1x tgl. mit KAPSTADT, darunter einige Direktflüge, andere mit Zwischenlandung in Johannesburg. Beide Routen bedient **SA Express**, ℡ 011 978 1111, 🖥 www.flyexpress.aero; die Tickets sind teuer. Flughafentransfers zu den Game Lodges bietet **Eastgate Safaris**, ℡ 015 793 3678 oder 082 774 9544. Allerdings organisieren die meisten Lodges die Abholung ihrer Gäste selbst.

Phalaborwa

Phalaborwa (ausgesprochen: „Palla-bor-wa"), 74 km nördlich von Hoedspruit, ist das Tor zum zentralen und nördlichen Teil des Krüger-Parks. Der Name Phalaborwa bedeutet „besser als der Süden" und ist ein augenzwinkernder Hinweis

darauf, dass die Stadt ihre Existenz reichen Mineralvorkommen verdankt. In den 1960er-Jahren bekamen die Parkgrenzen in der Nähe von Phalaborwa plötzlich einen Knick, und wunderbarerweise wurden direkt außerhalb des Naturschutzgebietes umfangreiche Kupferlager entdeckt.

Die Geschichte des Bergbaus in Phalaborwa begann schon 200 n. Chr. Daran erinnert die unweit des Phalaborwa Gate gelegene **Masorini Heritage Site**, ein rekonstruiertes Dorf von Eisenschmelzern.

ÜBERNACHTUNG

Bushveld Terrace Hotel & Guest Lodge, 2 Hendrik Van Eck St, ℡ 015 781 3447, 🖥 www.bushveldterrace.co.za. Zur Wahl stehen luxuriöse Hotelzimmer mit Patio und Busch- bzw. Poolblick und elegant eingerichtete Zimmer im Gästehaus, manche mit Aussicht auf den Busch. Zur Anlage gehören ein Swimmingpool und ein Restaurant (eine Tür weiter, S. 650). R1500

Daan & Zena's, 15 Birkenhead St, ℡ 076 559 8732, 🖥 www.daanzena.co.za. Helle, freundliche Selbstverpflegerzimmer mit Bad, Klimaanlage und TV in 3 benachbarten Häusern, außerdem 3 Pools zur Auswahl. Frühstück ist für R70 zu haben. R500

Elephant Walk, 30 Anna Scheepers St, ℡ 015 781 5860 oder 082 495 0575, 🖥 www.accommo

MPUMALANGA

Leidenschaftliche **Golfspieler** sollten sich das ausgeschilderte **Hans Merensky Hotel & Spa**, Copper Rd, ☎ 015 781 3931/7, 🖥 www.hans merensky.com, nicht entgehen lassen, wo oft genug Giraffen und Elefanten das Fairway überqueren. Es überzieht ein ausgedehntes Buschgelände (18 Löcher; Hotelgäste R150, Tagesbesucher R400). Das Hotel bietet eine luxuriöse Unterbringung (B&B R1250) und auf dem Gelände gibt es 3 Restaurants, in denen ein Frühstücksbuffet sowie kleine Mittags- und Abendgerichte geboten werden.

Bevor es auf Safari im Krüger-Park geht, kann man sich bei einer 3-stündigen **Bootsfahrt** mit Kambaku Olifants River Safaris auf dem Olivants River schon mal einstimmen (Reservierung erforderlich unter ☎ 082 889 4797 oder 073 986 3190, 🖥 www.olifantsriversafaris.co.za. Unterwegs sind fast immer wilde Tiere zu sehen, darunter auch Elefanten, garantiert aber Flusspferde und Krokodile (R329, 8–11 oder 15–17.45 Uhr).

Die sehr empfehlenswerten Aktivitäten im Krüger-Park selbst müssen im Voraus gebucht werden. Ausgangspunkt ist das **Phalaborwa Gate**, ☎ 013 735 3547. Zum Angebot gehören 3-stündige Morgen- und Abendfahrten (R385), ganztägige Safaris (R645) und Buschwanderungen (R490).

dation-phalaborwa.co.za. Kleines, freundliches Hostel in einem hübschen Vorstadthaus mit Garten 2 km vom Kruger Gate mit Campingmöglichkeiten, preiswerten Touren in den Krüger-Park und Buchung von Aktivitäten in Phalaborwa und im Krüger-Park. Außer Dorms und DZ gibt es auch 4 Gartenzimmer mit Bad; Pool im Garten. Sofern vor Ankunft gebucht, ist Frühstück für R75 erhältlich. Camping R128, Dorms R155, DZ R730

Kaia Tani Guest House, 29 Boekenhout St, ☎ 015 781 1358, 🖥 www.kaiatani.com. Das gehobene, komfortable B&B-Guesthouse in unmittelbarer Nähe zum Zugangstor in den Park wird von dem umtriebigen italienischen Paar Paolo und Barbra geführt, die ihre Gäste auch vom Flughafen abholen. Es gibt eine Lounge mit Bücherecke, eine Bar mit Ausblick auf einen Fels-Swimmingpool und einen tropischen Garten – und auf Wunsch auch Mittag- oder Abendessen aus der hauseigenen Küche, bestehend aus einer Mischung aus mediterran und afrikanisch. R1380

ESSEN

Buffalo Pub & Grill, 1 Raas Blaar Ave, ☎ 015 781 0829. Fleischesser kommen hier voll auf ihre Kosten. Besonders lecker schmeckt die Spezialität des Hauses: Eisbein mit Aprikosen-Petersilienglasur (R120). ⏰ Mo–Sa 11–21, So 11–20 Uhr.

Bushveld Terrace Restaurant, 2 Hendrik Van Eck St, ☎ 015 781 3447, 🖥 www.bushveld terrace.co.za. Ausgezeichnetes, aber kostspieliges Essen in einem stimmungsvollen Garten. Köstlich ist z. B. die Hähnchen-Garnelen-Pasta (R100). ⏰ Mo–Sa 11–23 Uhr.

INFORMATIONEN

Sure Turnkey Travel, 73a Sealene St, ☎ 015 781 7760, 🖥 www.phalaborwa.co.za. Erledigt Buchungen für den Krüger-Park und hilft bei der Suche nach Unterkünften und Autovermietungen. ⏰ Mo–Fr 8–17 Uhr.

TRANSPORT

Busse
Busse fahren 7x tgl. in rund 6 Std. nach JOHANNESBURG, 🖥 www.busticket.co.za.

Flüge
SA Airlink, ☎ 015 781 5823, 🖥 www.flyairlink.com, fliegt tgl. von JOHANNESBURG nach Phalaborwa. Der Flughafen befindet sich nur 5 Min. vom Phalaborwa Gate des Krüger-Parks entfernt, unweit der President Steyn St und damit praktisch in der Stadt. Leider zählt dieser Flug zu den teuersten in Südafrika. Am Flughafen sind einige **Autovermietungen** vertreten, darunter auch Avis, ☎ 015 781 3169. Man kann sich auch von seiner Unterkunft abholen lassen.

Krüger-Nationalpark

Der **Krüger-Nationalpark** ist ohne Frage die Top-Attraktion Südafrikas. Er hat genau das, was die meisten Afrika-Besucher sehen möchten: jede Menge Elefanten, Löwen und Tausende andere wilde Tiere, die durch die Savanne streifen. Der Krüger-Park besteht aus einem schmalen Landstrich an der Grenze zu Mosambik. Er erstreckt sich über beachtliche 414 km durch die Provinzen Limpopo und Mpumalanga, vom Pafuri Gate nahe der Grenze nach Simbabwe im Norden zum Malelane Gate im Süden. Die Gates sind durch eine Teerstraße verbunden. Von ihr gehen viele gut instand gehaltene Schotterwege ab, auf denen die Safarifahrzeuge verkehren.

Wer den Krüger-Park besuchen will (Kasten S. 630), muss sich zwischen Selbstfahren (mit Übernachtung im Park oder in einer nahe gelegenen Stadt), einer organisierten Safari oder dem Besuch eines exklusiven Reservats entscheiden. Die Wahl hängt größtenteils vom eigenen Budget ab; die Preisspanne für Unterbringung ist riesig. Aber egal, ob Rucksacktourist oder Luxusreisender mit Suite am Fluss – der Krüger-Park und seine Tiere sind für alle ein unvergessliches Erlebnis.

Geschichte

Es ist höchst fraglich, ob der Krüger-Park als „unberührte Wildnis" gelten kann, wie es so oft heißt, denn seit Tausenden von Jahren haben hier Menschen gelebt. Die **Jäger und Sammler der San** haben ihre Spuren in Form von Zeichnungen und Gravierungen an 150 bisher entdeckten Stellen hinterlassen, und überall im Park findet man Zeugnisse alter Farmkulturen.

Zwischen 1000 und 1300 n. Chr. bauten zentral organisierte Staaten Steinpaläste und trieben **Handel**, durch den chinesisches Porzellan, Juwelen und Stoffe in die Gegend kamen. Den größten Einfluss auf die Region hatte die Ankunft der weißen Glücksritter in der zweiten Hälfte des 19. Jhs. Die afrikanischen Bauern wurden Anfang des 20. Jhs. von ihrem Land vertrieben, da-

mit der Nationalpark eingerichtet werden konnte. Jäger und Wilderer dezimierten inzwischen das Großwild gegen klingende Münze.

Paul Kruger, der ehemalige Präsident der South African Republic, wurde für seinen Weitblick gelobt, das Land eigens für den Tierschutz zur Verfügung zu stellen. Kruger gilt als herausragende Persönlichkeit in der Afrikander-Geschichte, und **James Stevenson-Hamilton**, der erste Direktor des Nationalparks, wusste Krugers Namen geschickt einzusetzen, um die Afrikander-Gegner des Parks milde zu stimmen. In Wirklichkeit wusste Stevenson-Hamilton genau, dass Kruger alles andere als ein Naturschützer war, sondern nur ein eingefleischter Jäger war. Stevenson-Hamilton schrieb einmal in einem Brief: „Kruger hat sich sein ganzes Leben nicht für Tiere interessiert, außer in Form von *biltong*". Weniger Krugers, als viel mehr Stevenson-Hamiltons Hartnäckigkeit ist es zu verdanken, dass wenigstens jene Tiere gerettet wurden, die durch Jäger und Wilderer noch nicht ausgerottet waren.

Seit der Gründung des Great Limpopo Transfrontier Park im Jahr 2000 reicht der Krüger-Park bis nach Mosambik. Es gibt zwei Grenzübergänge: einen an der Nordgrenze des Parks bei Pafuri unweit vom Punda Maria Camp, einen weiteren in Giriyondo, zwischen den Camps Letaba und Mopani.

Allgemeine Informationen

- **Öffnungszeiten tgl.:** April, Aug und Sep 6–18, Mai–Juli 6–17.30, Okt und März 5.30–18, Nov–Feb 5.30–18.30 Uhr.
- **Eintritt:** R304 pro Tag.
- **Internet:** in Berg-en-Dal und Skukuza.
- **Tankstellen:** in allen größeren Restcamps (Benzin und Diesel), Zahlung in bar oder mit VisaMasterCard.

Anreise

Johannesburg bietet über Land wie in der Luft die besten Verkehrsverbindungen in den Park. Für alle, die hier landen oder abfliegen, bietet sich der Parkbesuch im Rahmen einer Tour an, die in der Stadt beginnt und endet (Kasten S. 630). Ansonsten kann man auch am Flughafen ein Auto mieten und ganz entspannt in fünf Stunden selbst hinfahren.

MPUMALANGA

Beit Bridge

SIMBABWE

Musina

Tshipise

R525

Pafuri Gate

Krüger-Nationalpark

N

0   50
Kilometer

Punda Maria

Punda Maria Gate

R524

KRÜGER-NATIONALPARK

Thohoyandou

R522 Makhado   R524

1

Shingwedzi

■ PRIVATE CAMPS	
Djuma Game Reserve	12
Honeyguide	10
Jock Safari Lodge	18
Khoka Moya	9
Lion Sands	14
Nkambeni Safari Camp	17
Nkorho Bush Camp	11
Nottens Bush Camp	13
Rhino Post	15
Sausage Tree	6
Shindzela	7
Tinga Lodge	16
Umlani	5

Giyani

Südlicher Wendekreis

R81

R529

LIMPOPO

2

Mopani
3

4

■ BUSHVELD-CAMPS	
Bateleur	2
Biyamiti	19
Shimuwini	4
Sirheni	1
Talamati	8
Tsendze	3

Tzaneen

R71   R71

Letaba

Phalaborwa Phalaborwa Gate

Olifants

MAKALALI GAME RESERVE

R36   R40

KLASERIE NATURE RESERVE

Balule

KARONGWE GAME RESERVE

5

R37

6 BALULE NATURE RESERVE

KRÜGER-NATIONALPARK

THORNY BUSH GAME RESERVE

7 TIMBAVATI GAME RESERVE

Hoedspruit

KAPAMA GAME RESERVE

Tamboti

Satara

Monsoon Gallery

Pietersburg

BLYDE RIVER CANYON NATURE RESERVE

Klaserie

Orpen Gate **Orpen**

MANYELETI GAME RESERVE

8

9

Bourke's Luck

10 SABI SANDS GAME RESERVE

11

Bosbokrand

KARONGWE GAME RESERVE

12

Pilgrims Rest

R37

Shangana Cultural Village

13 Mala Mala

14 **15**

Graskop

Phabeni Gate

16

Lydenburg

Aerial Cableway

Sabie

Hazyview

Paul Kruger Gate

Skukuza

Privatreservat

Hazyview Elephant Sanctuary

17 Numbi Gate

Pretoriuskop

18 Lower Sabie

White River

R40

R36   R37

Kruger Mpumalanga International Airport (KMIA)

Crocodile Bridge
19

Crocodile Bridge Gate

Dullstroom

R540

MPUMALANGA

Birds of Prey Rehabilitation Centre

Nelspruit

N4

Lowveld National Botanical Garden

Chimpanzee Eden

Berg-en-Dal

Malelane Gate

N4

Komatipoort

Ressano Garcia

Witbank

Barberton

Maputo

MPUMALANGA

Groblersdal

MOSAMBIK

In Johannesburg gibt es regelmäßige **Busse** nach NELSPRUIT, HOEDSPRUIT und PHALABOR-WA. Von dort aus kann man in den Backpacker-Lodges eine Krüger-Tour buchen, etwa im Old Vic Inn und bei Funky Monkeys in Nelspruit oder Elephant Walk in Phalaborwa.

Vier **Flughäfen** bedienen Krüger: KMI (S. 641) für den südlichen Teil, Skukuza (S. 659) in den Park selbst, Hoedspruit (S. 649) für den zentralen und nördlichen Teil und Phalaborwa (S. 650) für den nördlichen Teil. Jeder Flughafen hat Autovermietungen, man kann sich aber auch von seiner Safari-Lodge abholen lassen. Leider sind die Flüge zu den Flughäfen in der Nähe des Krüger-Parks kostspielig. Sie werden von den Fluggesellschaften SA Airlink, 🖥 www.flyairlink.com, SA Express, 🖥 www.flyexpress.aero, und CemAir, 🖥 www.flycemair.co.za durchgeführt.

Autofahren im Krüger-Park

Autofahrer müssen die offiziellen Straßen benutzen und dürfen keinesfalls auf unbeschilderten Strecken oder in freiem Gelände herumfahren. Bei schweren Regenfällen werden manche Straßen unpassierbar; neueste Infos dazu stehen auf 🖥 www.sanparks.org/parks/kruger. Unverzichtbar ist eine **Straßenkarte** des Krüger-Parks, auf der alle offiziellen Wege verzeichnet sind. Die teils asphaltierten, teils unbefestigten Straßen sind meistens mit Nummern und nicht mit Namen gekennzeichnet. Die **Geschwindigkeitsbegrenzung** beträgt auf Teerstraßen 50 km/h, auf Schotterstraßen 40 km/h und in Restcamps 20 km/h. In einigen Teilen des Parks gibt es Radarfallen. Wer sein Auto außerhalb der dafür vorgesehenen Stellen verlässt, handelt gesetzeswidrig und fahrlässig. Fahrten zwischen verschiedenen Teilen des Parks machen innerhalb der Parkgrenzen natürlich mehr Spaß, dauern aber wegen der Geschwindigkeitsbegrenzung recht lang. In der Regel macht man zwischen Camps einen Schnitt von etwa 25 km/h mit häufigen Unterbrechungen, um Tiere zu beobachten. Fahrräder und Motorräder sind verboten.

Routenplanung

Der öffentliche Bereich des Krüger-Parks lässt sich grob in **drei Regionen** einteilen, die sich in Charakter und Terrain deutlich unterscheiden.

Ist die Zeit begrenzt, sollte man sich für nur eine oder höchstens zwei Regionen entscheiden. Hat man mindestens fünf Tage eingeplant, empfiehlt sich eine gemächliche Fahrt durch den gesamten Park, auf der man die fast unmerklich wechselnden Landschaften studieren und genie-

MPUMALANGA

ßen kann. Die Süd-, Zentral- und Nordregionen werden auch „Zirkus", „Zoo" und „Wildnis" genannt – Beinamen, die mehr als nur ein Körnchen Wahrheit beinhalten. Jedes Camp ist wie ein kleines Dorf in einer riesigen Arena; Skukuza im Süden ist das größte.

In der **Südregion** konzentriert sich das meiste Wild, weshalb sie auch die meisten Besucher anlockt. Dieser Teil des Parks ist am einfachsten zugänglich, man muss aus Johannesburg anreist.

Die **Zentralregionen** bieten ebenfalls gute Möglichkeiten zur Tierbeobachtung und dazu zwei der reizvollsten Camps des Parks: Olifants und Letaba.

Der **Norden** ist trockener und flacher und hat weniger Tiere. Dafür bietet er ein wilderes Naturerlebnis, dessen Höhepunkt das Camp Punda Maria und die wunderbare Umgebung des Pafuri River sind. Hier verbringt man am besten seinen zweiten Krüger-Besuch – oder eine Rundfahrt, die den Süden umschließt.

Reisezeit

Der Krüger-Park ist das ganze Jahr über ein Erlebnis, wobei jede Jahreszeit ihre Vor- und Nachteile hat. Hitzeempfindliche Menschen meiden besser den **Hochsommer** (Dez–Feb), wenn die Temperaturen bei 35–40 °C liegen und kurze Gewitter an der Tagesordnung sind; viele Unterkünfte sind allerdings klimatisiert. In dieser Jahreszeit ist alles grün, das Gras ist hoch, Jungtiere kommen zur Welt, und überall schwirren Vögel und Insekten durch die Luft.

Wenig Regen fällt in den kühleren **Wintermonaten** (April–Aug), wenn die Vegetation verdorrt und das Wild leichter zu entdecken ist. Die Tagestemperaturen steigen dann bis auf 25 °C und die Tage sind ausnahmslos heiter und sonnig. Die Nächte und frühen Morgenstunden dagegen können sehr kalt werden, vor allem im Juni und Juli, wenn Winterjacke und Wollmütze zum Pflichtprogramm gehören. **September und Oktober** sind die besten Monate für Großwildsafaris.

ÜBERNACHTUNG

In den meisten der 14 großen angenehmen **Restcamps** des Krüger-Parks gehen die Geräusche der afrikanischen Nacht im Lärm der Klimaanlagen und der abendlichen Geselligkeit mit *braai* und Bier unter. Fast alle Camps haben Pools, Strom, Tankstellen, Geschäfte (in denen allerdings nicht gerade ein Überangebot an Obst oder Gemüse herrscht), Restaurants und Waschsalons. Sie sind schön, wenn auch nicht gerade wild: Man kann spazieren gehen, die Bäume sind beschriftet, und es gibt zahlreiche Vögel und kleinere Tiere zu entdecken.

Zur Auswahl stehen **reetgedeckte Rondavels**, jeweils mit Essecke im Freien. Von dort aus hat man aber gewöhnlich nur Blick auf die Nachbarhütte, nicht in die freie Natur. Die besten Hütten befinden sich am Rand der Camps oder haben Blick auf einen Fluss.

Fast alle Camps verfügen auch über einen **Zeltplatz** (mit Gemeinschaftsküche und Waschräumen), wo man am billigsten unterkommen

---

Tipps für eine gelungene Safari

- **Die besten Tageszeiten** zur Tierbeobachtung sind die kühleren Phasen am frühen Morgen und am späten Nachmittag. Es empfiehlt sich, gleich früh bei der Öffnung der Tore des Camps loszufahren und dann noch einmal, wenn die Temperaturen nachmittags wieder sinken. Während der Mittagshitze kann man sich etwas Ruhe gönnen, genau wie die Tiere, die dann schattige Plätze aufsuchen und sich kaum sehen lassen.
- **Langsames Fahren** zahlt sich aus, ebenso häufige Stopps. Beim Halten Motor ausmachen, Fenster öffnen und die Sinne schärfen. Beste Strategie: Dort anhalten, wo bereits andere Autos stehen oder langsamer werden.
- Nicht zu viel Ehrgeiz entwickeln bei der Abfahrt vom Restcamp. Sorgfältig planen.
- **Ferngläser sind unverzichtbar** für das Absuchen des Horizonts.
- **Lebensmittel und Getränke mitnehmen**. Nicht vergessen: Toiletten benutzen und Aussteigen geht nur an Picknickplätzen. Hier gibt's auch immer Möglichkeiten zum Wasserkochen und Gasgrills, auf manchen auch einen Kiosk, wo Essen oder Snacks verkauft werden.

Übernachtungsgäste wie Tagesbesucher können an den täglichen vom Nationalpark angebotenen **Game Drives** (R280–390) am frühen Morgen, am Vormittag, bei Sonnenuntergang oder am Abend teilnehmen. Die Fahrten zählen zu den günstigsten Möglichkeiten, den Park zu erkunden, und die Tierbeobachtung aus den hohen Fahrzeugen ist gut. Die Touren starten von allen Camps des Parks (an der jeweiligen Rezeption buchen oder am besten gleich bei der Unterkunftsreservierung mitbuchen), für Gäste von außerhalb des Parks an den Zufahrtstoren Crocodile Bridge, ℰ 013 735 6012, Malelane, ℰ 013 735 6152, Numbi, ℰ 013 735 5133, Paul Kruger, ℰ 013 735 5107, Phabeni, ℰ 013 735 5890, und Phalaborwa, ℰ 013 735 3457.

Gästen der diversen Park-Camps werden jeden Morgen bei Sonnenaufgang 3-stündige **Game Walks** (R575) geboten. Da die Gruppenstärke auf 8 Pers. beschränkt ist, lohnt sich eine Vorausbuchung. Der Krüger-Park unterhält auch mehrere **Wilderness Trails** in verschiedenen Teilen des Park, die in unterschiedlichen Ausflügen mit 4 Übernachtungen in Begleitung eines erfahrenen Rangers begangen werden können. Diese Trails führen durch wunderbare Landschaften mit diverser Flora und Fauna. Dem Großwild kommt man dabei auch nicht näher als bei den Game Drives, aber es geht darum, die Vegetation und die Kleintierwelt aus der Nähe zu erleben. Zugelassen sind Gruppen von 8 Pers. mit Unterbringung im selben Camp, bestehend aus 4 rustikalen 2-Bett-Hütten mit Duschen hinter Strohwänden und Spültoiletten; einfache Verpflegung wird gestellt. Morgens wird 5 Stunden lang marschiert, zum Mittagessen plus Siesta geht's zurück ins Camp, nachmittags sind noch einmal 1 oder 2 Stunden Wandern angesagt und abends sitzt man zusammen am Lagerfeuer. Die Trails sind heiß begehrt; **Buchung** bis zu 11 Monate im Voraus bei SANParks, ✉ specialisedreservations@ sanparks.org. Die Kosten betragen rund R4500 p. P. inkl. Unterbringung und Verpflegung.

Zusätzlich gibt es 3 **Backpacking Trails**, auf denen man bei einer geführten Wanderung mit 3 Übernachtungen (R2700) seine Habseligkeiten selbst mit sich trägt. Zur Wahl stehen der Olifants River Trail, der dem Lauf des Olifants River folgt, der Lonely Bull Trail, der am Mopani beginnt, und der Mphongolo Trail, der am Shingwedzi beginnt. Diese Trails zählen zu den ultimativen Wildnis-Abenteuererfahrungen in Afrika – jede Nacht draußen in der Wildnis schlafen, ohne irgendwelche Einrichtungen.

Teurer und leichter reservierbar sind die **Walking Safaris** (Wildniswanderungen) mit 2 oder 3 Übernachtungen auf einem wunderbar ursprünglichen Grundstück nahe Skukuza, verwaltet von Rhino Post Walking Safaris, 🖥 www.isibindiafrica.co.za (3 Nächte R13 790). Als Basis dient das Plains Camp (S. 667). Dabei besteht die Möglichkeit in einem Baumhaus im Freien zu nächtigen – in einem gemütlichen Bett auf einer erhöhten Plattform, von der aus man die Sterne sehen und den teilweise grusligen Nachtgeräuschen lauschen kann. Vom gleichen Kaliber ist das Angebot von Jock's Safaris (S. 667): eine luxuriöse Wander- und Campingtour tief in den Krüger-Park hinein (R5405 p. P. und Nacht).

Es gibt auch noch eine Reihe billigerer Wildniswanderungen innerhalb des Greater Kruger, ausgehend von Hoedspruit und mit organisierter Abreise von Johannesburg. Transfrontiers, ℰ 015 793 0719, 🖥 www.transfrontiers.com, bietet Walking Safaris mit 4 Übernachtungen für R7500, als Dasislager dient ein Camp in Balule, wo sich die Big Five herumtreiben, und übernachtet wird in Safarizelten oder Chalets. Ein weiterer empfehlenswerter Veranstalter ist Africa on Foot, ℰ 021 712 5284, 🖥 www.africaonfoot.com, der eine Kombi aus Walking und Driving Trails in der Region Klaserie an der Grenze zum Timbavati Reserve (R3295 p. P./Nacht) im Programm hat. Diese Gegend ist wild und bezaubernd und das Safaricamp sehr einladend; morgens wandert man zwei bis vier Stunden, nachmittags und abends stehen Game Drives an – durch die Kombination mehrerer Arten von Safaris sollte die Chance, Tiere zu erspähen, besonders hoch sein.

MPUMALANGA

kann. Die Stellplätze sind allerdings meist sehr nah beieinander ohne Garantie auf Schatten. Standplätze für **Caravans** und **Wohnmobile** gibt es überall dort, wo auch Zelten möglich ist. Sie sind oft mit Stromanschluss ausgestattet. In den meisten Camps gibt es permanente **Safarizelte** und **Hütten** (meistens 2–4 Pers.). Sie sind voll ausgestattet und verfügen über Gemeinschaftsküchen und -bäder.

Bungalows und **Cottages** für bis zu 6 Personen gibt es in verschiedenen Ausführungen, mit voll ausgestatteten Küchen und Badezimmern. Rustikaler wird es in einem der wenigen **Bushveld-Camps** (R1200), fernab von den Banalitäten des Alltags und den Touristenhorden. Sie bieten den gleichen Standard wie die übrigen Restcamps, können jedoch nicht so viele Personen aufnehmen. Es gibt dort auch keine Geschäfte oder Restaurants, diese sind aber meistens irgendwo in Reichweite.

Die Restcamps und Bushveld-Camps des Krüger-Parks stehen unter Verwaltung von **SANParks**, ☎ 012 428 9111 oder 082 233 9111, 🖥 www.sanparks.org/tourism/reservations. Vorausbuchen ist ein absolutes Muss und zwar so früh wie möglich, vor allem während der Schulferien und an Wochenenden. Buchungen sind nur im Vorfeld online, per Email oder Telefon möglich. Man darf keinesfalls damit rechnen, ohne Buchung aufkreuzen zu können und dann schon noch irgendeine Unterkunft zu bekommen! Und selbst mit Reservierung kann man sich das Camp meist nicht aussuchen, denn die Nachfrage ist bei Weitem größer als das Angebot. **Buchungen** sind bis zu elf Monate im Voraus möglich.

Restcamps im südlichen Krüger-Park

Der „Zirkus" genannte Abschnitt ist der meistbesuchte Teil des Krüger-Parks. Hier befinden sich das Zentrum **Skukuza**, das größte Camp des Krüger-Parks, sowie **Lower Sabie**, eines der beliebtesten Camps. Der Zirkus bietet einige der besten Plätze zur Beobachtung der reichlich vertretenen Tierwelt und ist zudem von Johannesburg bequem über die N4 erreichbar. Zu Stoßzeiten platzt dieses Gebiet aus allen Nähten, denn überall versuchen Fahrzeuge, sich an gesichtete Tiere heranzudrängen. Wie

bei allen Restcamps im Krüger-Park muss über SANParks, ☎ 012 428 9111 oder 082 233 9111, 🖥 www.sanparks.org/parks/kruger, 🕐 Mo–Fr 7.30–17, Sa 8–15 Uhr, im Voraus gebucht werden.

Berg-en-Dal

In der südwestlichen Ecke des Parks, 12 km nordwestlich des **Malelane Gate**, ☎ 013 735 6106/7, liegt das Camp reizvoll in einer flachen, grasbewachsenen Mulde zwischen *koppies* und überblickt den Matjulu Spruit und den gleichnamigen See. Die modernen, voll ausgestatteten Bungalows für 3 Personen und Familien-Cottages für 6 fügen sich in die Bushveld-Vegetation harmonisch ein und sind so weit voneinander entfernt, dass die Privatsphäre gewahrt ist. Zur Anlage gehören ein hübsch gelegener Pool, ein Lebensmittelladen, eine Tankstelle und ein Waschsalon. Die Gegend ist v. a. für ihre Nashornpopulation bekannt. Camping R330, Bungalows R1450, Cottage R2490

Crocodile Bridge

12 km nördlich von Komatipoort an der N4, ☎ 013 735 6012. Crocodile Bridge ist das unspektakulärste Restcamp des Krüger-Parks. Seine Lage im äußersten Süden mit Blick auf Zuckerrohrfarmen lässt nicht gerade Wildnis-Atmosphäre aufkommen. Kenner behaupten allerdings, dieses Camp werde enorm unterschätzt, denn neben einer sehr hohen Dichte an Wildtieren bestünden auch ausgezeichnete Chancen, die Big Five zu Gesicht zu bekommen. Es hat außerdem einen schönen, schattigen Campingplatz mit vielen großen Bäumen. Übernachten kann man im eigenen Zelt, in festen Zelten mit 2 Betten oder in Bungalows für 2–3 Personen mit Bad und Kochgelegenheit. Die Anlage umfasst lediglich einen Waschsalon, eine Tankstelle und einen Laden mit dem Nötigsten. Camping R330, Zelte R640, Bungalows R1450

Lower Sabie

35 km nördlich von Crocodile Bridge, ☎ 013 735 6056/6057. Das normalerweise komplett ausgebuchte Lower Sabie liegt in einer tierreichen Gegend mit Blick auf den

Wildbeobachtung

Berg-en-Dal Im Mittelpunkt der Camp-Aktivitäten steht der Rhino Trail, der entlang der Umzäunung der Anlage verläuft (mit Grillplatz) und unter Bäumen dem Ufer des Matjulu-Stausees folgt, wo Krokodile leben und Fischadler nisten. Zu den Großwildarten zählen Breitmaulnashorn, Leopard und Löwe sowie zahlreiche Kudus. Manche Safariexperten halten das Berg-en-Dal für das beste Camp für Morgenwanderungen. Die Chancen, einem Spitzmaulnashorn zu begegnen, stehen sehr gut, und die Landschaft ist atemberaubend schön.

Crocodile Bridge Elefanten, Nashörner und Büffel zeigen sich am ehesten an der asphaltierten H4 Richtung Norden und an der unbefestigten S25 Richtung Osten. Geparde bevorzugen die offenen Ebenen an der S28 Nhola Road. Besucher, die weiter Richtung Norden nach Lower Sabie wollen, sollten die Fahrt langsam angehen, denn die Knopfdorn- und Marula-Bäume locken Pflanzenfresser an wie Giraffen, Gnus, Zebras und Büffel sowie Strauße, Warzenschweine und Rappenantilopen. Auch nach Raubtieren wie Löwen, Geparden, Hyänen und Schakalen lohnt es sich, Ausschau zu halten.

Lake Panic Der nur 20 Autominuten (7 km) von Skukuza (S. 659) gelegene Lake Panic hat mit die beste Vogelbeobachtungsstelle im Park; hier zeigen sich Reiher, Eisvögel, Enten, Gänse, Triele und afrikanische Blatthühnchen.

Lower Sabie Folgende Straßen gehören zum Pflichtprogramm: H10 (Löwen und Geparden), S130 (weiße Nashörner) und H4-1 (Leoparden). Sunset Dam in der Nähe von Lower Sabie ist bei Sonnenuntergang sehr beliebt. Hier kommt man so nah ans Wasser, dass es sich auch zu jeder anderen Tageszeit lohnt.

Pretoriuskop Ein gutes Tagesausflugsziel ist der Transport Dam an der H1-1. Hier sieht man unter anderem Büffel und Elefanten.

Skukuza Die meisten Besucher fahren am Sabie River entlang über die H4 nach Lower Sabie, dessen Umgebung zu den besten Gegenden im ganzen Park gehört, um Wildtiere zu sehen. Der dichte Wald am Fluss wird von Akazienbüschen und Mischsavanne gesäumt – es ist eines der fruchtbarsten und abwechslungsreichsten Gebiete des Parks. Eine weitere sehr schöne Strecke führt Richtung Nordosten über die H1-2 zum Picknickplatz Tshokwane mit Zwischenstopp an den Wasserstellen Elephant, Jones, Leeupan und Siloweni. Die Gegend um Skukuza ist auch einer der besten Orte, um die vom Aussterben bedrohten Afrikanischen Wildhunde zu sehen. Vielversprechend sind die S114 zwischen Skukuza und Berg-en-Dal, die S1 zwischen Phabeni Gate und Skukuza und die H11 zwischen Paul Kruger Gate und Skukuza.

Picknickplätze

Einer der schönsten Picknickplätze im Park ist in **Afsaal** an der H3 zwischen Berg-en-Dal und Skukuza, ein gutes Tagesausflugsziel. Fast jeden Tag schläft hier eine afrikanische Zwergohreule in einem Tambotibaum. Dieser ist markiert, damit man die getarnte Eule leichter findet. Einen Laden gibt's auch.

Mlondozi ist auch ein toller Picknickplatz. Nördlich von Lower Sabie an der S29 steht ein reetgedecktes *lapa* mit Blick auf einen Staudamm. Unter den Bäumen stehen auch Tische und Stühle. Der Picknickplatz **Tshokwane** 40 km nördlich von Lower Sabie an der H10 ist viel voller, dafür kann man hier auch Essen kaufen.

Sabie River und ist eines der drei besten Restcamps für Großwild. Es ist daher auch meist ausgebucht und überlaufen. Eine der größten Attraktionen ist die große, hölzerne Beobachtungsterrasse vor dem Restaurant (auch für Tagesbesucher offen), wo man bei einem Snack oft Elefanten beim Durchqueren des Flusses sehen kann. Übernachten kann man im eigenen

Zelt, in luxuriösen Safarizelten, Bungalows und Cottages, zum Teil mit Flussblick. Ein Restaurant der Mugg-&-Bean-Kette, ein Laden, eine Tankstelle und ein Waschsalon sind ebenfalls vorhanden. Camping R330, Zelte R1600, Rondavels R640, Bungalows R1400, Cottages R2490

Pretoriuskop

9 km östlich des Numbi Gates, ☏ 013 735 5128/5132. In der Gegend um Pretoriuskop gibt es viele Raubtiere. Angesichts des dichten Busches eignet sie sich jedoch nicht so gut zur Beobachtung und es kann sein, dass man nur Kudus und Giraffen aus dem Dickicht ragen sieht. Die Unterkünfte sind Cottages und Guesthouses mit Bad, Bungalows und billigere Hütten sowie Campingmöglichkeiten mit gemeinschaftlichen Waschräumen und Kochgelegenheiten. Im Camp gibt es ein Wimpy-Restaurant, eine Snackbar, einen Laden, einen Waschsalon und eine Tankstelle sowie ein halb natürliches Felsschwimmbecken, das mit seinem umliegenden Garten und Picknickbereich zu den schönsten im Krüger-Park zählt. Entlang der Umzäunung sieht man bei Nacht häufig Hyänen umherstreifen, die es auf die *braai*-Abfälle abgesehen haben. Camping R330, Zelte R640, Bungalows R1400, Cottages R2490

Skukuza

12 km östlich des **Paul Kruger Gates**, ☏ 013 735 4152. Das größte Restcamp des Krüger-Parks kann über 1000 Gäste beherbergen und liegt mitten im besten Tierbeobachtungsrevier. Zwar gibt es hier eine Vielzahl von Tieren, doch sind auch die Besucher nicht weit, und bisweilen verscheuchen sie durch schnelles Fahren genau jene Tiere, nach denen alle Ausschau halten.
Übernachtet wird in Gästehäusern, Cottages und Bungalows mit Bad oder, etwas billiger, im Caravanpark, in südafrikanisch eingerichteten Zelten mit Gemeinschaftsküchen und -waschgelegenheiten. Skukuza ist das Zentrum des Krüger-Parks. Es verfügt über einen eigenen Flughafen (angeflogen von SA Airlink sowie Privat- und Charter-Maschinen) und Autovermietung. Mit seiner ausgedehnten Ansammlung an Rondavels und Mitarbeiter-

unterkünften gleicht das Camp fast schon einer kleinen Stadt, und die vielen Autos können nerven. Es gibt 2 Pools, ein Café mit Internetzugang, Post, Bank, Tankstelle, Werkstatt, das Steakhaus Cattle Baron & Bistro und eine ausgezeichnete Bibliothek mit Naturbüchern und kleiner Ausstellung (Mo–Fr 8.30–16 und 19–21, Sa 8.30–12.45, 13.45–16 und 19–21, So 8.30–12.45 und 13.45–16 Uhr). Obendrein hat das Skukuza einen Golfplatz, dessen Besucher eine Haftungsfreistellung unterschreiben müssen, für den Fall, dass ihnen beim Golfen Tiere begegnen. Tagesgästen, die Skukuza ohne Übernachtung durchqueren, steht ein eigener Bereich mit Pool und Picknickplatz zur Verfügung. Camping R250, Zelt R510, Bungalow R1040, Cottage R2000

Top 5: Aktivitäten

Der Krüger-Park bietet eine Fülle an Aktivitäten, die jeden Besuch zum Abenteuer machen. Im Folgenden sind die allerbesten aufgeführt:

- **Nashornbeobachtung am Pretoriuskop** Die rund 11 000 Tiere, die in der Umgebung des Camps leben, machen es zum unschlagbaren Ausgangspunkt zur Beobachtung von schwarzen und weißen Nashörnern (S. 659).
- **Rhino Post Walking Safaris** Eine zwei- oder dreitägige Wandersafari, auf Wunsch mit Übernachtung im Baumhaus (S. 655).
- **Wildtierbeobachtung am Sunset Dam, Lower Sabie** Zu jeder Tageszeit sieht man am Wasser Nilpferde und Krokodile (s. Kasten S. 658).
- **Vogelbeobachtung am Picknickplatz Pafuri** Riesige Dornenbäume am Luvuvhu River zeichnen den besten Vogelbeobachtungsposten des Parks aus: Hier zeigt sich der nördliche Kruger in Bestform (s. Kasten S. 663).
- **Leopardenbeobachtung in Sabi Sands** Zweifellos einer der besten Orte der Welt, um wilde Leoparden zu sehen – in praktischer Nähe zum gut angebundenen Nelspruit (S. 666).

Restcamps im zentralen Krüger-Park

Extrem aufregend kann sich die Tierbeobachtung im „Zoo" gestalten, dem Dreieck zwischen **Orpen**, **Satara** und **Letaba**, denn es ist für gute Löwensichtung bekannt. Besonders spektakulär liegt **Olifants**, mit fantastischem Blick in eine von einem Fluss ausgewaschene Schlucht.

Satara wiederum ist eines der beliebtesten Camps – seine Lage ist ideal für Abstecher in die Tierwelt. Schätzungen zufolge leben rund 60 Löwenrudel in diesem zentralen Gebiet. Es gibt natürlich trotzdem keine Garantie, dass man auch nur einen einzigen Löwen zu Gesicht bekommt. Wie bei allen Restcamps im Krüger-Park muss über SANParks, ✆ 012 428 9111, 🖥 www.sanparks.org/parks/kruger, im Voraus gebucht werden.

Balule

Am Südufer des Olifants River, 41 km nördlich von Satara und 87 km vom Phalaborwa Gate entfernt, ✆ 013 735 6606/7. Balule ist ein sehr spartanisches Anhängsel von Olifants (11 km nördlich) und zählt zu den wenigen Restcamps, in denen 2 Personen für unter R500 übernachten können, ohne in Zelten logieren zu müssen. Das Camp besteht aus 2 Bereichen: einem mit 6 rustikalen Rondavels (3 Pers.) und einem mit 15 Camping- und Caravan-Plätzen. Jeder Bereich hat eigene gemeinschaftliche, fensterlose Wasch- und Kochgelegenheiten. Es gibt keine Klimaanlagen: Strom fließt nur durch den Zaun zum Schutz vor den Löwen, zur Beleuchtung dienen Paraffinlampen. Gäste müssen ihr eigenes Geschirr, Besteck usw. mitbringen und sich mindestens eine halbe Stunde vor Toresschluss im Satara oder Olifants melden. Camping R330, Rondavels R475

Letaba

52 km östlich des Phalaborwa Gate, ✆ 013 735 6636/7. Letaba liegt herrlich inmitten von

Krüger-Park-Touren

Das Angebot an **Touren** in den Krüger-Park ist sehr umfangreich, mehrere beginnen in Johannesburg. Die angegebenen Preise verstehen sich pro Person, sofern nicht anders angegeben und schließen meist Eintrittsgebühren, Essen sowie Transfers von und nach Johannesburg ein. Backpacker-Hostels in Nelspruit, Hazyview und Phalaborwa bieten auch günstige Krüger-Touren an. In Nelspruit und Hazyview gibt es außerdem hervorragende Guides, die Fahrten in den Park oder nach Mpumalanga organisieren. Bei Touren von Johannesburg aus sind wegen der längeren Anreise von sechs bis sieben Stunden mindestens drei (besser vier) Übernachtungen zu empfehlen, um mehr Gelegenheiten zum Tiere beobachten und für Game Drives zu haben.

Nguni Africa, ✆ 082 221 4177, 🖥 www.nguniafrica.co.za. Der sachkundige und sympathische Guide Andrew Hall aus Nelspruit kann eine Tour durch die ganze Region und darüber hinaus auf die Beine stellen. Ihn begeistert vor allem das Lowveld, in dem seine Vorfahren als Pioniere siedelten. Andrew fährt Besucher mit dem Land Rover in den Park, wo es selbst auf einem Tagestrip viel Wild zu sehen gibt (ab R6800 inkl. Mahlzeiten und Gebühren) und sie den Vorteil genießen, nicht in einer großen Gruppe unterwegs zu sein. Er bietet auch Transfers zum Flughafen oder zur Lodge an.

Outlook African Wildlife Safaris, ✆ 079 473 2443, 🖥 www.outlook.co.za. Umfangreiches Tourenprogramm mit Start in Johannesburg, wo der Veranstalter ein schönes Gästehaus in der Nähe des Flughafens betreibt (ideal für die Zeit vor und nach der Safari). Im Angebot sind Camping im Krüger-Park (4 T/3 N, R6360) oder eine Safarikombination mit Krüger und Sabi Sands (mit zwei Camping-Übernachtungen im Krüger und einer in einer Lodge, R13 725).

Viva Safaris, ✆ 071 842 5547, 🖥 www.vivasafaris.com. Die relativ preiswerten Touren starten in Johannesburg und beinhalten einen Halt am Blyde River Canyon. Ein besonders tolles Pauschalpaket ist das mit einer Übernachtung in der Tremisana Bush Lodge in Balule inkl. zahlreichen Tierbeobachtungen und zwei Übernachtungen in Marc's Camp, wo die Atmosphäre noch rustikaler und naturverbundener ist, auch wenn es weniger Tiere gibt (3 N, R15 790).

N'wanetsi River Road Eine der bekanntesten Fahrten durch den Park liegt an der S100, mit Zwischenstopp auf dem Picknickplatz N'wanetsi sowie wunderschöner Landschaft aus Bäumen am Flussufer und offener Akaziensavanne. Die Straße führt durch ganz unterschiedliches Terrain, was nicht nur landschaftlich schön ist, sondern auch große Büffel-, Giraffen-, Zebra-, Gnu-, Kudu- und Wasserbockherden anzieht – mit Großkatzen im Gefolge. Die S100 ist eine der besten Straßen zum Löwen beobachten.

Satara Schön sind die Timbavati River Road (S39) und die Fahrt östlich von Satara auf der S100, die sich am N'wanetsi River zum Lebombo-Gebirge an der Grenze zu Mosambik entlang schlängelt.

Picknickplatz Tshokwane Etwa auf halber Strecke zwischen Satara und Skukuza liegt dieser Picknickplatz, in dessen Umgebung relativ viele Löwen gesichtet werden – ein Grund für die vielen Safarifahrzeuge hier.

Mopane-Buschland an einer weiten Biegung des Letaba River. Das schon etwas ältere Camp ist groß, aber leider erlauben nur sehr wenige Rondavels Ausblick in die Landschaft. Das Restaurant hingegen bietet eine klasse Aussicht, und es lässt sich locker ein ganzer Tag damit verbringen, den durchs Gelände streifenden Büffelherden, Elefanten und zahlreichen anderen Wildtieren zuzuschauen. Das Camp verfügt über unterschiedliche Unterkünfte und die üblichen Einkaufs- und Waschgelegenheiten, ein Restaurant der Mugg-&-Bean-Kette, einen Pool, eine Autowerkstatt und ein interessantes **Museum**, die Elephant Hall. Dieses zeigt eine Ausstellung über Elefanten, darunter die „Magnificent Seven", Bullen mit unglaublich langen Stoßzähnen, die einst in diesem Gebiet zu Hause waren. Sechs der sieben Zahnpaare sind ebenfalls zu sehen. Camping R330, Zelte R640, Rondavels R790, Bungalows R1400, Cottages R2490

Olifants

80 km östlich des Phalaborwa Gate, ☎ 013 735 6606/7. Die großartige Lage auf einem Felsen mit Blick auf den Olifants River macht es für viele zum schönsten Restcamp des Krüger-Parks. Stundenlang kann man auf den Bänken der überdachten Aussichtsterrasse sitzen und den Blick ins Tal genießen, während Gaukler und Schmarotzermilane am Himmel ihre Kreise ziehen und das Rauschen des Wassers im Tal einen fast hypnotisierenden Rhythmus erzeugt. Die Camp-Gäste übernach-

ten in reetgedeckten Rondavels mit Bad; die Nummern 1–24 bieten erstklassige Ausblicke in das Tal. Um eines davon zu ergattern, lohnt sich eine Buchung weit im Voraus. Essen kann man im Mugg-&-Bean-Restaurant. Außerdem gibt es einen Laden und einen Waschsalon. Die Chance, in der Gegend Elefanten, Giraffen, Löwen, Hyänen und Geparden zu sichten, ist groß. Besucher sollten auch nach den kleinen Klippspringern Ausschau halten, niedlichen Antilopen, die sich geschickt in felsigem Gelände bewegen und von Felsblock zu Felsblock springen. Bungalows R1650, Cottages R2360

Orpen und Maroela

Direkt am Orpen Gate, 45 km östlich von Klaserie. ☎ 013 735 6355. Orpen empfiehlt sich bei später Ankunft, wenn man die tiefer im Park gelegenen Camps nicht mehr vor Torschluss erreichen kann. Davon abgesehen bietet das Orpen gute Möglichkeiten zur Tierbeobachtung. Es befindet sich nämlich in der Nähe des tierreichen, westlich gelegenen Timbavati Private Game Reserve. Mit anderen Worten: Das hier ist Wildnis pur. Direkt vor dem Camp ist ein Wasserloch, an dem ständig Tiere kommen und gehen. Das Camp ist klein, beschaulich und von Bäumen überschattet. Es hat eine Tankstelle, einen Laden und einen Pool mit Blick auf eine Wasserstelle. Geschlafen wird in Bungalows und Cottages mit Bad, gekocht in Gemeinschaftsküchen. Wer zelten möchte, begibt sich auf den angeschlossenen **Campingplatz**

Maroela. Er liegt am Timbavati River, hat Strom und ist etwa 4 km vom Orpen entfernt (an der Rezeption des Orpen anmelden). Camping R330, Bungalows R1360, Cottages R2490

Satara

📖 46 km östlich des Orpen Gate, ☎ 013 735 6306/07. Satara rangiert nach Skukuza, 92 km südlich, an zweiter Stelle, was die Größe und die Tierbeobachtungsmöglichkeiten betrifft. Inmitten ebenen Graslands gelegen, bietet das Camp nicht gerade atemberaubende Aussichten. Es ist jedoch Skukuza insofern überlegen, als man nicht das Gefühl hat, in Reihenhäuschen zu übernachten. In der Saison ist hier ganz schön was los. Die Übernachtungsmöglichkeiten reichen von Camping über Bungalows und Cottages im Schatten großer Bäume auf Rasenflächen bis zu versteckt gelegenen Guesthouses. Zur Anlage gehören ein Laden, eine Tankstelle, ein Waschsalon, eine AA-Autowerkstatt, ein Pool, eine Pizzeria und ein Café. In Satara hat man meist gute Chancen, Grasfresser wie Büffel, Gnus, Zebras, Kudus, Impalas und Elefanten zu sehen. Die Nachtfahrten sind besonders empfehlenswert. Camping R330, Bungalows R1455, Cottages R2490

Tamboti

2 km hinter Orpen links ab, dann noch 1 km, ☎ 013 735 6355. Vom **Orpen Gate** ist es nicht weit in den Park hinein bis Tamboti, dem einzigen Zeltcamp des Krüger-Parks. Die Unterbringung erfolgt in Zelten, die ruhig am Ufer des oft ausgetrockneten Timbavati River zwischen Apfelblattbäumen, Maulbeerfeigen und Schakalbeeren liegen. Gleich hinter dem Elektrozaun tauchen oft Elefanten auf, die im Flussbett nach Wasser graben. Aus diesem Grund ist das Camp unheimlich begehrt. Die begehbaren Zelte haben alle eigene Terrassen mit Blick auf den Fluss, die besten sind Nr. 21 und 22 im Schatten hoher Bäume. In den Zelten gibt es Kühlschränke und elektrisches Licht, sämtliche Koch-, Wasch- und Sanitäranlagen sind in zwei zentralen Gemeinschaftseinrichtungen untergebracht. Kochgeschirr und Lebensmittel müssen mitgebracht werden. R640

Restcamps im nördlichen Krüger-Park

Auch im Norden, dem am wenigsten besuchten Teil des Krüger-Parks, lauert nicht hinter jedem Busch ein wildes Tier. Aber hier hat man viel ausgeprägter das Gefühl, die unverfälschte afrikanische Wildnis zu betreten. Erst recht, nachdem man nördlich vom Mopani-Camp den südlichen Wendekreis überquert und das Camp Punda Maria erreicht hat, das wie ein Busch-Außenposten aus vergangenen Zeiten erscheint. Wie bei allen Restcamps im Park muss über SANParks, ☎ 012 428 9111, 🖥 www.sanparks. org/parks/kruger, im Voraus gebucht werden.

Mopani

42 km nördlich von Letaba, ☎ 013 735 6535/6. Mopani an den Ufern des Pioneer Dam, einem der wenigen Gewässer in der Umgebung, der viele Tiere wie Elefanten, Büffel und Antilopen anzieht. Das Camp liegt in einem ausgedehnten Gebiet mit eintönigem Mopane-Busch, bietet Unterkünfte mit Bad aus grob gehauenem Stein und Stroh, Restaurant, Laden, Waschsalon, Tankstelle und von der Bar herrliche Ausblicke auf den See. Der Pool, einer der besten im Park, bietet Abkühlung nach einer langen Safari. Bungalows R1450, Cottages R1450

Punda Maria

📖 71 km hinter Shingwedzi, ☎ 013 735 6873. Das nördlichste Camp des Krüger-Parks, Punda Maria, ist ein entspannter tropischer Außenposten nahe der Grenze zu Simbabwe. Es ist das ursprünglichste und am wenigsten besuchte Camp des gesamten Parks, unprätentiös und friedlich. Die Wilddichte ist zwar geringer als in den anderen Teilen des Parks, aber das bedeutet nicht, dass man hier gar keine Tiere sieht (die Big Five lassen sich immer mal wieder blicken). Sie werden einem nur nicht auf dem Silbertablett serviert, und es kostet mehr Anstrengung, sie in dem Wald und dem dichten Mopane-Buschland zu entdecken. Der besondere Reiz von Punda liegt in seiner Landschaft und der unglaublich vielfältigen Vegetation, zu der sage und schreibe 9 Lebensräume (Biome) gehören, die hier aufeinander treffen, was es auch zu einem Paradies für **Vogelfreunde** macht, vor allem am

Red Rocks Loop, an der S52 südwestlich von Shingwedzi bestehen gute Chancen Elefanten zu sehen, am frühen Morgen auch Leoparden.

Picknickplatz Pafuri, 46 km nördlich von Punda. Diesen Platz sollte man auf keinen Fall verpassen, denn hier zeigt sich der eigentliche Reichtum des nördlichen Krüger-Parks. Er gilt als bester Ort des Parks für Vogelbeobachtungen. Der Platz am Ufer des Luvuvhu River dehnt sich unter gewaltigen Akazien, Ahnen- und Schakalbeerbäumen aus und ist der ultimative Ort für ein Picknick am Mittag. Eine Infotafel erläutert die faszinierende Geschichte der Gegend. Es gibt *braai*-Vorrichtungen und heißes Wasser für Tee, der Aufseher verkauft eisgekühlte Erfrischungsgetränke in Dosen.

Pafuri River. Die Umgebung von Punda ist von zerklüfteten Sandsteinklippen geprägt, und die Hügelkuppen werden von riesigen, teilweise über 4000 Jahre alten Baobabs gekrönt. Die Unterbringung erfolgt auf dem Campingplatz, in Safarizelten mit Gemeinschaftskochgelegenheit und -bad oder in voll ausgestatteten Bungalows mit Bad. Zum Camp gehören ein sehr einfaches Restaurant, ein kleiner Laden, eine Tankstelle, ein Pool und eine Vogelbeobachtungsstelle. Camping R330, Bungalows R1020, Zelte R1045, Cottages R2450

Shingwedzi
63 km nördlich von Mopani, ℡ 013 735 6806/7. Das recht große Camp bietet einen Zeltplatz, Safarizelte Hütten aus Ziegelsteinen, ein paar ältere weiße, reetgedeckte Bungalows im Kolonialstil, ein Cottage und ein Gästehaus. Es liegt in einem ausgedehnten Gelände mit Schatten spendenden Mopane- und Apfelblattbäumen. Von der Terrasse blickt man weit über den meist ausgetrockneten Shingwedzi River. An den Dachvorsprüngen der Rezeption hängen die Nester der **Webervögel** mit ihren länglichen, schlauchförmigen Eingängen. Camping R330, Hütten R570, Bungalows R1270, Cottage R1850

Bushveld-Camps
Wer in einem Bushveld-Camp übernachten möchte, sollte möglichst früh reservieren, denn die Nachfrage ist sehr groß. Diese Camps sind ausschließlich für gebuchte Gäste zugänglich. In den meisten gehören Wanderungen sowie Nachtsafaris und Tierbeobachtungsstellen zum Angebot. Wie bei allen Restcamps im Krüger-

Park muss über SANParks, ℡ 012 428 9111, 🖥 www.sanparks.org/parks/kruger, im Voraus gebucht werden.

Bateleur
Rund 40 km südwestlich des Restcamps Shingwedzi, ℡ 013 735 6843; Karte S. 652. Das Camp befindet sich abseits der touristischen Trampelpfade im äußersten Norden des Parks am Ufer des meist trockenen Mashokwe Spruit. Es hat eine Aussichtsplattform, die gute Blicke auf die Wasserstelle bietet, zu der die Tiere zum Trinken kommen. Die nahe gelegenen Seen Silver Fish und Rooibosrand locken ebenfalls Wild und eine Vielzahl Vögel an. Hier gibt es zehn Cottages mit voll ausgestatteter Küche, die mit Kühlschrank ausgestattet sind und mit Solarenergie versorgt werden. R2360

Biyamiti
Etwa 41 km nordöstlich des Malelane Gate und 26 km westlich des Crocodile Bridge Gate, ℡ 013 735 6171; Karte S. 652. Biyamiti liegt am Ufer des Mbiyamiti River. Die Nähe zu den Gates ist ein großer Vorteil dieses Camps im tiefen Süden. Ein zusätzliches Plus ist die Tatsache, dass das Gelände zahlreiche Tiere anzieht, auch Löwen, Elefanten und Nashörner. Im Camp gibt es 20 Cottages, alle mit voll ausgestatteten Küchen. R3000

Shimuwini
Etwa 50 km vom Phalaborwa Gate entfernt an der Mooiplaas Rd, ℡ 013 735 6683; Karte S. 652. Das idyllische Camp, am oberen Abschnitt des vom Letaba River gespeisten Shimuwini Dam gelegen, befindet sich inmitten von Mopane-

MPUMALANGA

bäumen und Buschweiden. Am Flussufer wachsen Maulbeerfeigen. Shimuwini ist weniger für sein hohes Wildaufkommen berühmt, als ein echter Dauerbrenner für Vogelfreunde. Hier können wunderbar in Flussnähe Vogelarten wie Schreiseeadler beobachtet werden. Für Gäste stehen 15 Cottages (9 davon sind besonders schön) bereit. R2360

Sirheni

Ungefähr 54 km südlich von Punda Maria, ℡ 013 735 6860; Karte S. 652. Sirheni liegt am Ufer des Sirheni Dam. Die herrliche Waldlandschaft am Fluss ist ein lohnendes Revier für die Vogelbeobachtung, aber auch viele andere Tiere bevölkern dieses Gebiet. Den großen Reiz macht die Bushveld-Einsamkeit dieser wenig frequentierten Gegend aus. Im Camp gibt es 20 Cottages, alle mit Bad und Küche. Die meisten Besucher kommen wegen der beiden Vogelbeobachtungsposten her. R2360

Talamati

Etwa 31 km vom Orpen Gate, ℡ 013 735 6343; Karte S. 652. Das Camp liegt am Ufer des meist ausgetrockneten Nwaswitsontso River. Das Mischwaldgelände, auf dem das Camp errichtet wurde, ist der Lebensraum von Giraffen, Gnus, Kudus, Zebras und Raubtieren wie Löwen, Hyänen und Schakalen, aber auch Nashörnern und Rappenantilopen. Die beiden Unterstände innerhalb des Camps überblicken eine Wasserstelle und sind ausgezeichnete Plätze zur Tierbeobachtung. Am Fluss zwischen Ahnenbäumen und rötlichen Buschweiden befinden sich, hufeisenförmig angeordnet, 20 Cottages. R2720

Tsendze Rustic Camp

7 km südlich von Mopani, ℡ 013 735 6535/6; Karte S. 652. Einer der ruhigsten, wildesten Campingplätze im Park. Generatoren sind verboten und die Ausstattung beschränkt sich auf gemeinsame Sanitäranlagen. Jeder der 30 Zeltstellplätze (die besten sind Nr. 14, 15 und 16) ist von Bäumen und Gebüsch umgeben, sodass man sich wie in der Wildnis fühlt. Die nächste Einkaufsmöglichkeit befindet sich in Mopani. R330

Privatreservate – Greater Kruger

Der Westteil des Krüger-Parks besteht aus privaten Reservaten. Die Gebietsgrenzen zum Krüger sind offen, also nicht eingezäunt – die ganze Zone wird häufig als **Greater Kruger** bezeichnet. In jedem Reservat befinden sich mehrere Safari-Lodges, jede auf einem ausgedehnten Landstück. In manchen Reservaten gibt es drei verschiedene Lodges mit unterschiedlichen Preisen.

In den Privatreservaten bekommen die Gäste überaus luxuriöse und romantische Zimmer, köstliches Essen und klassische Safaris in Landrovern geboten, bei denen jede Menge Großwild, kleinere Tiere und Vögel zu sehen sind. Alle Lodges bieten Vollpension und von einem Ranger oder Fährtenleser begleitete Tierbeobachtungsfahrten in offenen Fahrzeugen in der Morgen- und Abenddämmerung an. Die Nachmittagsausflüge werden nach dem „Sundowner" im Busch oft zu Nachtfahrten ausgeweitet. In den Wintermonaten werden die Passagiere im Fahrzeug in Decken gewickelt und bekommen manchmal sogar Wärmflaschen mit. Das Dinner wird unter freiem Himmel bei Lampenlicht rund um ein offenes Feuer eingenommen. Auch Buschwanderungen gehören zum Angebot, in der Regel nach dem Frühstück. Die meisten Camps überblicken Wasserstellen, Flüsse oder Ebenen, sodass die Gäste nach Tieren Ausschau halten können, während sie sich im Camp aufhalten, am Pool faulenzen, den Spa-Bereich oder Fitnessraum nutzen oder auf riesigen Sofas Tierbücher durchblättern.

Das **Sabi Sands Game Reserve**, 🖥 www.sands.com, ist der beste Ort weltweit, um Leoparden und Löwen zu beobachten. Von allen Safarigebieten Südafrikas ist das **Sabi Sands South** das exklusivste – nicht nur wegen der reichen Tierwelt, sondern auch wegen seiner Nähe zu Nelspruit. Und mit dem Auto sind es vom KMI-Flughafen nur zwei bis drei Stunden zu den Lodges. **Sabi Sands North** ist billiger. Auch hier gibt es zahlreiche Tiere, aber es ist schwieriger zu erreichen. Man biegt bei Acornhoek von der R40 nach Osten ab und fährt dann zwei Stunden auf Schotterpisten durch traditionelle afrikanische Dörfer bis zu den Lodges. Das Gleiche gilt für das **Manyeleti** nördlich von Sabi Sands, das von der Orpen Gate-Straße her leicht zu erreichen ist. Der Zugang zum **Timbavati** über die Ausfahrt Hoedspruit/Eastgate an der R40 ist ebenfalls unkompliziert. Hier muss nicht so viel Zeit auf holprigen, ungeteerten Straßen zurückgelegt werden wie auf dem Weg zum Sabi Sands North.

Noch einfacher ist der Weg über die R40 zu den Privatreservaten Kapama, Thornybush, Balule und Karongwe, die direkt von Hoedspruit angefahren werden können. Nachteil: Sie sind damit automatisch auch näher an Straßen und Zivilisationslärm.

ÜBERNACHTUNG

Die **Preise** in den Privatreservaten sind sehr hoch – keine Frage. Die Gäste zahlen für die hautnahe Erfahrung der afrikanischen Wildnis und für die aufmerksame Begleitung der Ranger, die sich alle Mühe geben, ihnen den Aufenthalt zum unvergesslichen Erlebnis zu machen. Die angegebenen Preise gelten pro Person und Nacht im DZ, Verpflegung und alle Safariaktivitäten inbegriffen. Im Winter geben die Preise nach, manche Reservate werben mit Winter-Specials. Hochsaison ist zwischen Dezember und April. Manchmal sind die Preise in US-Dollar statt Südafrikanischen Rand angegeben. Ohne Reservierung geht gar nichts, und erst bei der Buchung erhält man genaue Hinweise zur Anreise, denn Überraschungsbesuche sind nicht erlaubt.

Manyeleti
Honeyguide
4 km vom Orpen Gate entfernt, ✆ 015 793 1729, 🖥 www.honeyguidecamp.com; Karte S. 652. Eines der preiswerteren Camps und das einzige, das an seinen beiden Standorten Übernachtung im Zelt bietet: Khoka Moya ist modern eingerichtet und akzeptiert Kinder; Mantobeni zeigt mehr traditionelles Safaricamp-Ambiente. Weil sie auf Rasenflächen verzichten, hat sich in den Camps ein echtes „Buschgefühl" erhalten. Und dafür, dass es keinen Flussblick oder Aus-

sicht auf eine Wasserstelle gibt, entschädigen die zuvorkommenden Mitarbeiter und ausgezeichneten Ranger und Fährtenleser. Jedes Zelt ist riesig und hat ein Bad mit zwei Duschen und Waschbecken. Das Beste am **Honeyguide** ist das fantasievolle Programm für Kinder aller Altersklassen. Die Ranger kümmern sich um die Kids und machen Abdrücke von Tierspuren im Busch, bringen ihnen viel über das Tierreich bei, und abends sitzen sie mit ihnen auf Kissen um das Lagerfeuer herum. Der Preis umfasst Vollverpflegung und alle Getränke, einschließlich Wein. R9850

Timbavati
Shindzela
33 km innerhalb des Reservats, Zugang über das Timbavati Gate, ✆ 087 806 2068, 🖥 www.shindzela.co.za, 🕐 Mo–Fr 8–17 Uhr; Karte S. 652. Shindzelas Vorteile sind begrenzte Größe, Wanderwege und Erschwinglichkeit. Die Zelt-Lodge bietet 12 Betten, keinen Zaun und auch keine Schnörkel. Frühmorgens werden 2–4-stündige Wanderungen oder wahlweise Wildsafaris angeboten. Auf Wunsch gibt es einen Transfer von Johannesburg. R3800

Umlani
Nahe dem Orpen Gate, Anfahrt über die Orpen Rd, ✆ 021 785 5547, 🖥 www.umlani.com; Karte S. 652. 8 Hütten mit Schilfrohrwänden und Blick über den trockenen Nhlaralumi River sowie jeweils mit einer oben offenen Buschdusche, die von einem Holzboiler beheizt wird (es gibt keinen Strom). Umlani (der Name bedeutet „Ort der Erholung") ist nicht eingezäunt, da Wert auf unverfälschtes Buscherlebnis gelegt wird. Alle Fenster sind mit Gaze versehen, damit man den nächtlichen Geräuschen der Wildnis lauschen kann. Eines der Highlights ist das Duschen im Freien mit Blick auf den Sternenhimmel. Die Einrichtung ist schlicht, ebenso das Essen – aber es ist köstlich und nicht so mächtig, dass man sich hinterher nicht mehr rühren mag. Alles in allem verschafft das Umlani eine sehr viel befriedigendere Naturerfahrung als viele andere Orte und bietet ausgesprochen viel fürs Geld. Die Sonderangebote sind besonders günstig. R7560

MPUMALANGA

Wem es vor allem um **Leoparden** geht, der ist im Sabi Sands am besten aufgehoben. Das gilt besonders für den Süden, wo die Leoparden sich inzwischen von Menschen und Fahrzeugen kaum noch aus der Ruhe bringen lassen. Timbavati ist viel ruhiger und wilder als Sabi Sands. Es ist für seine großen **Büffelherden** bekannt, außerdem leben dort viele Löwen und Elefanten. Leoparden und Geparden sind aber sehr selten. Der Name Timbavati steht für das Phänomen der **weißen Löwen**. Es ist nicht ausgeschlossen, dass man einige Löwen zu Gesicht bekommt, die dieses rezessive Gen in sich tragen, das sie etwas blasser aussehen lässt. Das letzte Mal, dass ein ausgewachsener weißer Löwe gesichtet wurde, war 1993. Seitdem ist zwar ein Dutzend Junge zur Welt gekommen, bei der hohen Sterblichkeitsrate ist jedoch nicht bekannt, ob die zwei, die 2010 noch gesund und munter waren, noch am Leben sind.

Manyeleti bietet eine Vielzahl von Tieren und eine spannende Landschaft aus Savanne und Felsen, besonders an der Grenze zum Krüger-Park. Während der Apartheid war Manyeleti der einzige Teil des Krüger-Parks, in den Schwarze Zutritt hatten, und bis heute ist er der am wenigsten erschlossene. Man findet zwar nur wenige Übernachtungsmöglichkeiten, doch dafür gibt es auch nicht so viele Ausflugsgruppen.

Sabi Sands North

Djuma Game Reserve

☎ 013 735 5555 oder 083 574 1660, 🖥 www.djuma.com; Karte S. 652. Mit ihrem hippen, modern-afrikanischen Ambiente (Township-Kunst) ist **Vuyatela** das beste Camp im Djuma Game Reserve. Zudem ist das Reserve gut für die Tierbeobachtung. Jede der Fünf-Sterne-Suiten verfügt über einen kleinen Pool und eine Minibar. Außerdem gibt es eine Bücherei, einen Fitnessraum und ein Wellnesszentrum mit Massagen und Schönheitspflege. Das Djuma ist eines der sozial engagierteren Reservate. Es unterstützt Vorschulen in traditionellen Dörfern und zwischen den Safaris werden auch Besuche angeboten. R12 300

Nkorho Bush Camp

☎ 013 735 5367, 🖥 www.nkorho.com; Karte S. 652. Der kleine Familienbetrieb, auf spärlich bewachsenem Grasland gelegen, setzt auf Erschwinglichkeit. Das Camp für max. 16 Gäste bietet 6 einfache Chalets mit Dusche. Gemeinsam genutzt werden ein Aufenthaltsbereich im Freien, eine Bar mit Billardtisch und eine afrikanische *boma* aus knorrigen Baumstämmen, wo das Abendessen um ein offenes Feuer herum serviert wird. Vom Pool schaut man direkt auf eine viel besuchte Tränke. R9190

Sabi Sands South

Lion Sands

☎ 011 880 9992, 🖥 www.lionsands.com; Karte S. 652. Eine der besten Game Lodges in Sabi Sands bietet ausschließlich Suiten mit Badezimmer und Ausblick auf den Sabi River. Romantischer geht's kaum. Die 18 Suiten der River Lodge haben alle einen persönlichen Butler, und auch zum Wildbeobachten sitzen die Gäste in der ersten Reihe. Das Essen ist erstklassig, und die beiden Pools (im Winter beheizt) liegen direkt am Fluss, sodass Gäste mit Blick auf die Flusspferde planschen können. Gleich in der Nähe und innerhalb der Krüger-Parkgrenzen liegt die Tinga Lodge, deren wunderschöne Suiten Terrassen mit Tauchbecken und Flussblick bieten. River Lodge R19 950, Tinga R23 740

Nottens Bush Camp

☎ 082 414 2711, 🖥 www.nottens.com; Karte S. 652. Dieser Familienbetrieb ist mehr als 4 Jahrzehnte alt und widersteht noch immer der Versuchung, das Geschäft auszudehnen. Gäste fühlen sich wie Besucher auf der Farm eines geselligen Freundes. Das Essen wird am Feuer oder auf einer Plattform serviert. Das Camp hat nur 8 elegant eingerichtete private Suiten mit Ausblick auf die Savanne und Öllampenbeleuchtung sowie Moskito-

MPUMALANGA

netzen vor Fenstern und Türen. In den Schlafzimmern ist mit Absicht keine Elektrizität,
damit Gäste besser Kontakt mit dem Busch
auf-nehmen können. Der Pool neben dem
Massageraum ist groß genug zum Bahnen-
schwimmen. Sehr günstig für Wildbeobachtung in der Fünfsternekategorie. R10 390

Balule

Sausage Tree

Balule Nature Reserve, abseits der
R40, 22 km nördlich von Hoedspruit,
015 793 0098, www.sausagetree.co.za;
Karte S. 652. Das beste Safaricamp im Balule
Reserve. In Balule herrscht kein Mangel an
Großwild. Außerdem ist es im Norden durch
den wunderschönen Olifants River begrenzt,
wenn man auch gleichzeitig die in der Nähe
gelegene R40 hört. Sausage Tree ist ein toller
Deal: Die Safarifahrten sind hervorragend,
die Zimmer komfortabel und bis ins Detail
durchdacht und Mahlzeiten werden auf einer
Terrasse mit weitem Blick über das Bushveld
serviert. Es gibt auch ein kleines Camp mit
sehr persönlicher Betreuung, wo man sich
um das prasselnde Lagerfeuer fühlt wie in
der Familie. R5900

Private Camps bei Skukuza

Jock Safari Lodge 38 km entfernt von
Skukuza, 013 010 0019, www.jock
safarilodge.com; Karte S. 652. Fantastische
Lage im Wildtier-Hotspot tief im südlichen
Krüger-Park am Zusammenfluss zweier saiso-
naler Flüsse. Majestätische Uferbäume
spenden den 12 Luxussuiten mit Reetdach
Schatten. Am besten sind die nach Norden
ausgerichteten, die eigene Terrassen mit
Sonnenliege über dem Flussufer haben. Die
Lodge verfügt über ein Spa und einen kleinen
Fitnessraum sowie eine Bibliothek mit Internet.
Jock bietet außerdem ein Wanderpaket mit
Ranger, zwei Übernachtungen und Aufenthalt
in einem rustikalen Camp an. Besonders
interessant sind die Sonderangebote, die
teilweise um ein Drittel billiger sind. R15 444

**Rhino Post Walking Safaris und Plains
Camp** 035 474 1473, www.isibindi.
co.za; Karte S. 652. Die beiden Safaricamps
in diesem großartigen, wilden Pachtreservat
bei Skukuza sind komplett unterschiedlich.
Die Rhino Post Lodge hat 8 Suiten aus Stein,
Holz und Reetdach über einem sandigen Flussbett, während Rhino Walking Safaris 4 super-
gemütliche Safarizelte im Busch bietet. Das
Camp ist in schlichtem Pionierstil eingerichtet,
wunderbar ruhig und kann maximal 8 Gäste
aufnehmen. Bei seinem Bau wurden keine
Bäume gefällt oder Beton verwendet. Strom
wird durch Sonnenenergie erzeugt. Die ultimative Wildniserfahrung erwartet Gäste, die mit
einem exzellent informierten, bewaffneten
Guide zum Übernachtungscamp im Baumhaus
wandern. Die einfachen Betten mit Moskitonetz
stehen auf hohen Holzplattformen und bieten
die ganze Geräuschpalette der afrikanischen
Nacht. R10 280

AFFENBROTBAUM IN DER ABENDDÄMMERUNG, MESSINA

Limpopo

Limpopo, das bedeutet riesige Weiten voller Wild in einer stetig wachsenden Zahl von Naturschutzgebieten neben atemberaubenden, nebelverhangenen Berglandschaften. Auch kulturell ist die Provinz einmalig: Sieben der elf Amtssprachen Südafrikas werden hier gesprochen, bei einer Rundreise wird man Vertretern der meisten ethnischen Gruppen begegnen. Und dazu sind die Preise günstiger als überall sonst im Land.

Stefan Loose Traveltipps

Entdeckungsreise im Letaba-Gebiet
Üppige Wälder, subtropische Obstplantagen und gehobene Landgasthäuser – und mittendrin das Dorf Haenertsburg, in der die Zeit stehen geblieben scheint. S. 675

Reiten am Waterberg Fast nirgendwo in Südafrika kann man so schön in die Wildnis reiten und auf Reitsafari gehen, wo sich Zebras, Giraffen und das eine oder andere Nashorn ein Stelldichein geben. S. 682

Das Soutpansberg-Gebirge Das zauberhafte Naturschauspiel aus Sternenhimmel und beruhigendem Plätschern des Wasserfalls lässt Besucher sanft einschlafen. S. 684

Das Kunsthandwerk der Venda In den schlichten, entlegenen Dörfern der mystischen Venda-Region gibt es einzigartige Kunst, Keramik und Schnitzereien zu entdecken. S. 687

Archäologie in Mapungubwe Auf dem Hügel der Schakale die Überreste von Afrikas ältestem Königreich und anschließend die fantastischen San-Höhlengemälde bestaunen. S. 688

KUNSTHANDWERK DER VENDA

SAN-FELSKUNST, MAPUNGUBWE

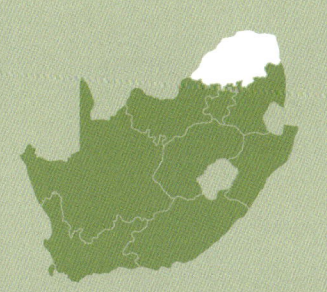

Inhalt

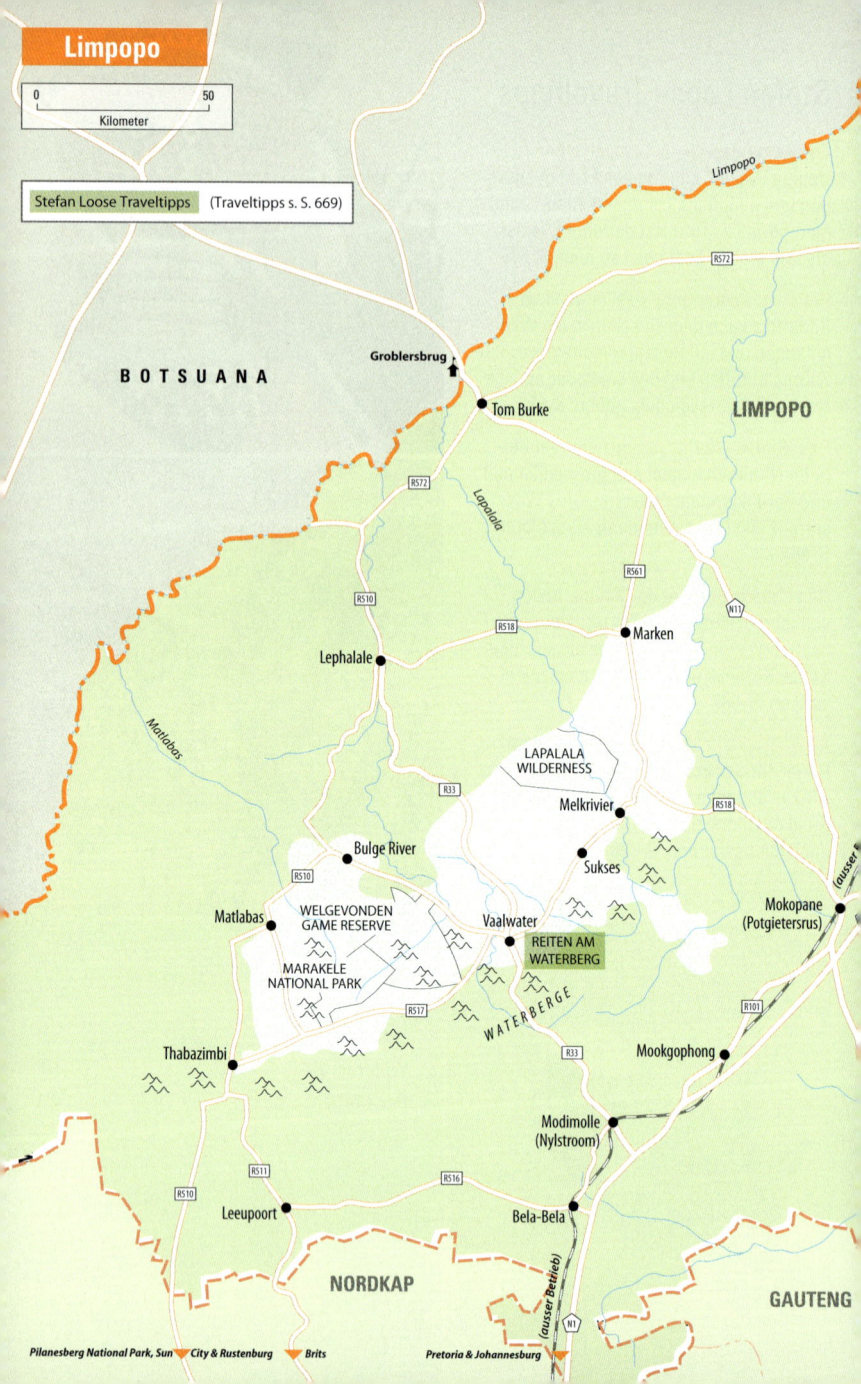

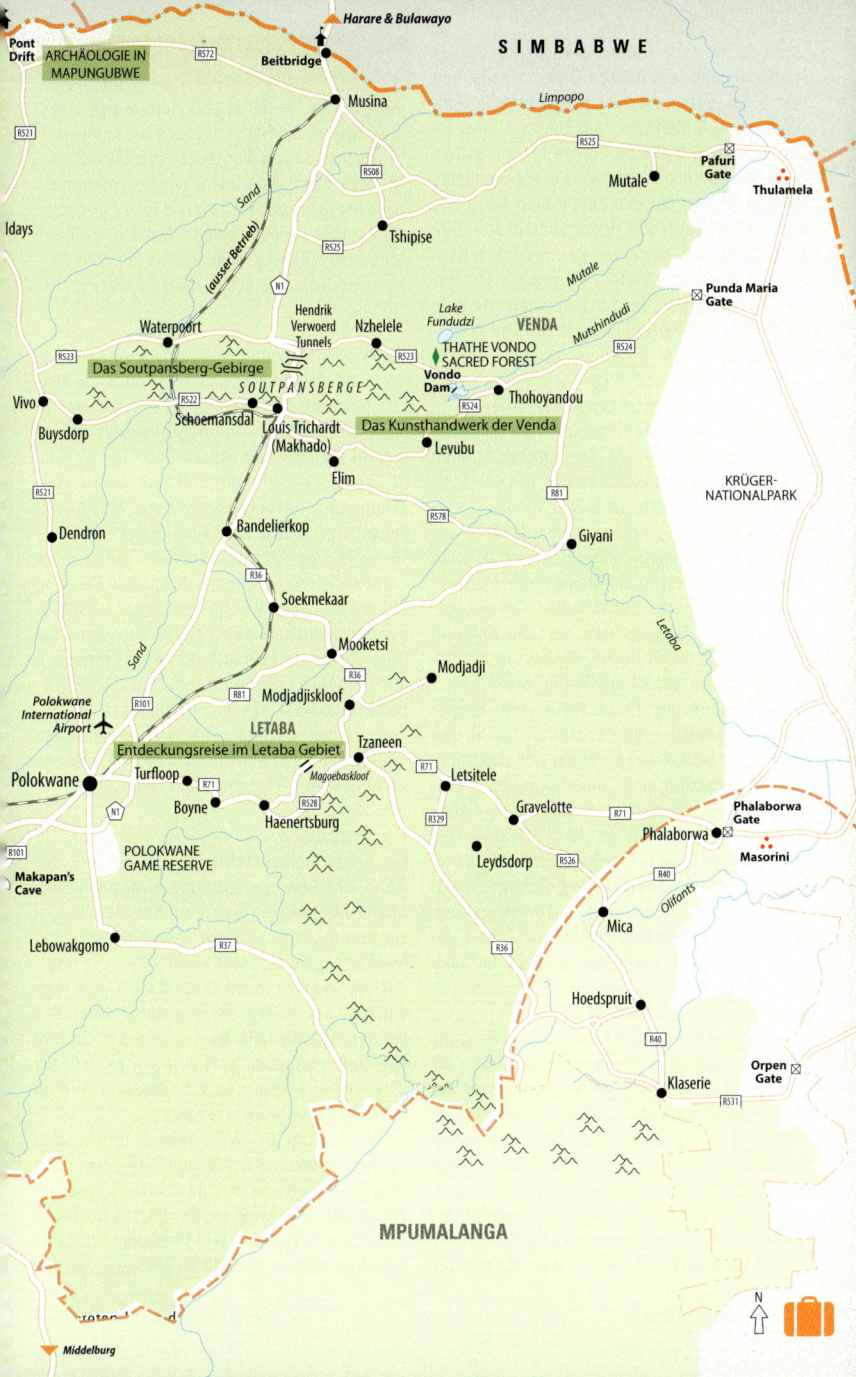

Limpopo ist nach Meinung vieler Südafrikas Niemandsland: ein heißes, von Dornbüschen bedecktes Gebiet zwischen dem dynamischen Gauteng im Süden und dem Limpopo River im Norden, der Südafrikas Grenze mit Simbabwe und Botsuana bildet. Limpopos echte Highlights werden oft von der viel befahrenen Autobahn **N1** (auch: Great North Road) überschattet. Sie ist Südafrikas Nabelschnur zum restlichen Kontinent und durchschneidet die Provinz. Die Region hat außerdem eine bemerkenswerte (und noch wachsende) Zahl von Wild- und Naturschutzgebieten, in denen zahlreiche elegante Antilopenarten sowie einige der Big Five, insbesondere Nashörner und Leoparden, leben.

Der östliche Teil der Provinz gehört zum Lowveld und wird von einem 70 km breiten Streifen des Krüger-Nationalparks an der mosambikanischen Grenze beherrscht. Dieser Teil von Limpopo wird zusammen mit dem Krüger-Park im vorherigen Kapitel besprochen. Hauptattraktionen der restlichen Provinz sind seine drei wilden und unverwechselbaren **Escarpments**. Am bekanntesten ist der **Drakensberg**, der vom Highveld zum Lowveld durch üppige Wälder im Letaba-Gebiet westlich des Krüger-Parks abfällt.

Polokwane, die Provinzhauptstadt Limpopos, liegt westlich des Drakensbergs an der N1. Weiter im Westen erstreckt sich das behäbige **Waterberg**-Massiv, eine Region mit intensiven Artenschutzprogrammen und malariafreien Big-Five-Safaris. Im Norden liegt parallel zum Limpopo River und zweigeteilt durch die N1 das subtropische **Soutpansberg-Gebirge**. Im Osten ist die faszinierende und bis heute sehr unabhängige **Venda**-Region, die zu Zeiten der Apartheid ein Homeland war. Nördlich der Soutpansberge wird das weite Savannenland von surrealen Affenbrotbäumen beherrscht.

Auch entlang der N1 zum Grenzübergang nach Simbabwe in Beitbridge sieht man sie häufig. Im Westen liegt entlang der Grenze der glutheiße Mapungubwe National Park mit faszinierenden Einblicken in ein Gebiet, das heute als ältestes afrikanisches Königreich anerkannt ist.

Limpopo lässt sich auf der N1 schnell und unkompliziert durchfahren, abgesehen von den vielen Lastwagen. Die N1 ist eine **Mautstraße**

mit 11 Mautstationen („plazas") zwischen Pretoria und der simbabwischen Grenze bei Musina (466 km); die einzelnen Strecken kosten je nach Länge R8–42. An **öffentlichen Verkehrsmitteln** befahren die Busse von Citiliner, City to City, Greyhound und Translux die N1 zwischen Johannesburg/Pretoria und Musina mit Zwischenstopps u. a. in Polokwane und Louis Trichardt. Translux fährt auch von Tzaneen über Polokwane nach Johannesburg. Der Tzaneng Shuttle Service, ℡ 084 369 6293, 🖳 http://tzanengshuttleservice.co.za, fährt von der Gautrain-Station Hatfield in Pretoria via Polokwane nach Tzaneen und zurück (Mi, Fr, So, 4 1/2 Std., Polokwane R300, Tzaneen R350). Diese und andere Routen werden auch in jeder halbwegs großen Stadt von Minibustaxis bedient. Ziel und Abfahrtszeiten erfährt man am Taxistand.

Geschichte

Die ersten Schwarzafrikaner kamen noch vor 300 n. Chr. über den Limpopo River nach Südafrika. Migrationen und natürlich der Handel sorgten für eine gewisse Mobilität unter den Menschen, die sich hier ansiedelten. Die historischen und kulturellen Verbindungen zum Norden sind hier stärker als in anderen Teilen des Landes. Traditionelle Handwerke wie **Töpfern** und **Holzschnitzerei** spielen auch heute noch eine wichtige Rolle. Auch die **Hexerei** wird an manchen Orten noch praktiziert.

Die Ankunft der **Voortrekker** Anfang des 19. Jhs. veränderte die Region tiefgreifend. Entlang ihrer Route, die in etwa dem Verlauf der N1 entspricht, gründeten sie Städte, die heute als Bela-Bela, Modimolle und Polokwane bekannt sind. Voortrekker, die sich so weit nach Norden wagten, waren entschlossene Menschen und ihre Konflikte mit den Einheimischen notorisch bitter. 1850 wurden in **Makapan's Cave** an der N1 bei Mokopane mehrere Tausend Ndebele als Vergeltungsmaßnahme eines Boer-Kommandos zu Tode gehungert, während Venda-Truppen weiter im Norden 1867 die Voortrekker zwangen, die Siedlung **Schoemansdal** in der Soutpansberg-Region aufzugeben.

Im 20. Jh. wurden während der Apartheid-Ära mehrere große Teile der Provinz als Homelands abgetrennt. Die Venda wurden dadurch nominell unabhängig, die Lebowa und Gazankulu autonom. Auch heute sind die Kontraste zwischen alten Homelands und weißen Landwirtschaftsgebieten in der ganzen Provinz zu sehen und Armut, HIV und Korruption in der Verwaltung sind weit verbreitet. Bei den Kommunalwahlen 2016 gelang es der Democratic Alliance und den Economic Freedom Fighters jedoch die Vormachtstellung des ANC in den 22 Verwaltungsräten der Provinz anzukratzen.

Polokwane

Polokwane, im Herzen der Provinz Limpopo gelegen und Hauptstadt derselben, wurde zu Zeiten des Goldrauschs in den 1880er-Jahren gegründet und hieß ursprünglich Pietersburg. 2003 wurde die Stadt in Polokwane umbenannt; das Wort aus dem Nord-Sotho bedeutet „Ort der Sicherheit". Sie ist ein administratives und industrielles Zentrum, kann aber auch mit einem erstklassigen Museum aufwarten. Wer in Richtung Lowveld oder zum Krüger-Nationalark unterwegs ist, muss bei Polokwane auf die R71 nach Phalaborwa abbiegen. Die fast identischen Einbahnstraßen in der Innenstadt sind alle in einem strengen Raster angelegt – Navigation ist damit (vor allem mit dem Auto) nahezu unmöglich.

Civic Square

Im Herzen des lebhaften und kompakten Geschäftsviertels von Polokwane befindet sich die Parkanlage Civic Square, eine von der Landros Mare Street und der Thabo Mbeki Street begrenzte Parkanlage. Die Straßen zu beiden Sei-

ten sind voller Händler, die mit den Läden konkurrieren, und alles von Designerklamotten bis zur chinesischen Lackware im Angebot haben.

Bakone Malapa Open-Air Museum

9 km südöstlich der Stadt an der R37 ▪ ⏱ Mo–Fr 8–16 Uhr ▪ Eintritt R12 ▪ ✆ 015 295 2432 oder 073 216 9912

Wirklich sehenswert in Polokwane ist nur das Bakone Malapa Museum. Das Freilichtmuseum ist schlicht, aber glaubwürdig, denn es vermittelt mehr von der alten Lebensart des hier ansässigen Volkes der Bakone (einer Gruppe innerhalb der Nord-Sotho) als viele aufwendiger angelegte Versuche. Im traditionellen Stil ist ein Hüttendorf erbaut worden, in dem zehn Bewohner ständig leben und tagsüber Tätigkeiten wie Töpfer- oder Lederarbeiten nachgehen. Einer von ihnen führt Besucher durch das Dorf und erläutert die verschiedenen Aktivitäten, die Architektur sowie die Geschichte und Legenden des Dorfes.

Polokwane Game Reserve

Silicon Rd an der R37 nähe Stadion, 5 km südlich der Stadt ▪ ⏱ Mai–Sept 7–17.30 Uhr (letzter Einlass 15.30 Uhr), Okt–April 7–18.30 Uhr (letzter Einlass 16.30 Uhr) ▪ Eintritt R23, Auto R35 ▪ ✆ 015 290 2331

Wer nicht zum Krüger-Nationalpark fährt, kann im 3200 ha großen städtischen Polokwane Game Reserve ebenfalls Breitmaulnashörner, Elen-, Rappen- und Südafrikanische Leierantilopen sowie Giraffen und Zebras und über ein Dutzend weitere Säugetiere plus an die 300 Vogelarten sichten. Die gut gewarteten Wege führen durch fruchtbares Grasland und sind auch für normale Fahrzeuge geeignet. Außerdem gibt es Wanderwege mit Strecken zwischen 5–21 km Länge.

ÜBERNACHTUNG

Unter der Woche kommen vorwiegend Geschäftsleute nach Polokwane und daher sind die meisten Unterkünfte am Wochenende günstiger.

African Roots Guesthouse, 58a Devenish St, Ecke Oost St, am Ostrand des Zentrums, ✆ 015 297 0113, 🖥 www.africanroots.info; Karte S. 674. Die Zimmer in dem gastfreundlichen Haus sind makellos und sehr stilvoll

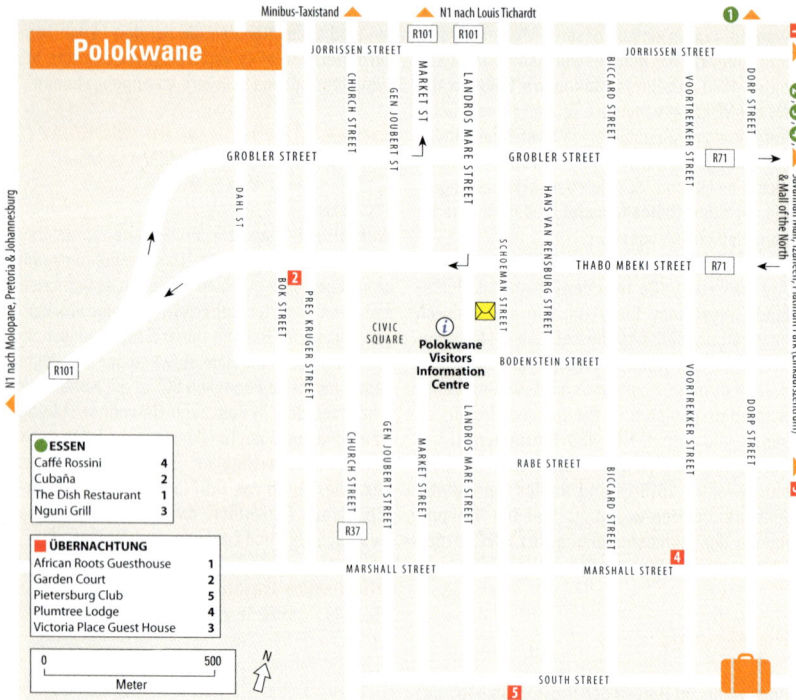

Polokwane

ESSEN
Caffé Rossini	4
Cubaña	2
The Dish Restaurant	1
Nguni Grill	3

ÜBERNACHTUNG
African Roots Guesthouse	1
Garden Court	2
Pietersburg Club	5
Plumtree Lodge	4
Victoria Place Guest House	3

0 — 500 Meter

Bakone Malapa Northern Sotho Open-Air Museum & Polokwane Game Reserve

mit Schmuckstücken und Kunstgegenständen eingerichtet. Das Frühstücksrestaurant serviert auf Anfrage auch Abendessen. R800

Garden Court, Thabo Mbeki St, Ecke President Kruger St, ✆ 015 291 2030, ⌨ www.tsogosun hotels.com; Karte S. 674. Großer, moderner Hotelkomplex nahe des Civic Square. Die Zimmer sind nicht besonders ausgefallen, aber anständig. Außerdem gibt es ein gutes Restaurant für Frühstück (nicht inkl.) und andere Mahlzeiten sowie einen Pool im Freien. R1420

Pietersburg Club, 119 South St, ✆ 015 291 2900, ⌨ www.pietersburgclub.co.za, 4 Häuserblocks vom Civic Square entfernt; Karte S. 674. Dieser Herrenclub wurde 1902 gegründet und bietet nun gut ausgestattete und elegante B&B-Zimmer, einige mit Veranden zum Garten hin, ideal für einen Absacker von der vielfältigen Cocktailbar. Zum Club gehört ein hervorragendes Restaurant und das Schild *Members only*

(nur für Mitglieder) an der Tür gilt nur für die Einwohner von Polokwane. R1010

Plumtree Lodge, 138 Marshall St, ✆ 015 295 6153, ⌨ www.plumtree.co.za; Karte S. 674. Nicht weit vom Zentrum liegt eine der ältesten und bestgeführten Lodges der Stadt mit smarten Zimmern in Villen mit hohen Decken. Große Anlage mit Garten, Bar am Pool und unglaublich gutem Frühstück. Wahrscheinlich die freundlichste, gemütlichste Bleibe im Ort. R1140

Victoria Place Guest House, 32 Burger St, ✆ 015 295 7599, ⌨ www.victoriaplace.co.za; Karte S. 674. Das Guesthouse im viktorianischen Baustil liegt einen kurzen Spaziergang östlich des Zentrums und besteht aus 3 separaten Gebäuden, in denen 14 stilvolle Zimmer mit Bad untergebracht sind, und einem Bereich für Selbstversorger auf der anderen Straßenseite. Berühmt für das reichhaltige Frühstück. R1450

LIMPOPO

In Polokwane sind zahlreiche Restaurant-
und Fastfood-Ketten vertreten. Viele von
ihnen findet man in den beiden Einkaufszentren Savannah Mall und Mall of the North
am westlichen Stadtrand.

Caffé Rossini, Shop 19, Savannah Mall,
Thabo Mbeki St, ℰ 015 296 1533; Karte S. 674.
Das stilvolle, moderne Café serviert Frühstück,
leichte Mittagsgerichte wie Panini und Wraps
(R65–90), Quiche und Salat (R49) sowie leckeren
Kuchen. ⏰ Mo–Sa 7.30–18, So 8–15 Uhr.

Cubaña, Shop 16, Platinum Park Centre,
1 Pamelo St, ℰ 015 297 1296; Karte S. 674. In
dieser Filiale der lateinamerikanischen Kette
gibt es zu kubanischer Musik alles vom Früh-
stücksburrito (R73) über Quesadillas (R55) bis
hin zu riesigen Portionen Nachos für zwei
(R115), aber auch Fisch, Hühnchen und Burger
sowie fantasievolle Cocktails. ⏰ tgl. 7–2 Uhr.

The Dish Restaurant, 96 Burger St,
Ecke Rissik St, ℰ 079 553 3790; Karte
S. 674. Café, Restaurant und Bar vom Feinsten
in einem alten Haus mit kreativem Interieur
und Tischen im großen Garten. Auf der Speisekarte stehen Kuchen, Sandwiches und Salate
sowie warme Gerichte wie hausgemachtes
chicken-pie (R55) und Filetsteak mit Muscheln
und Knoblauchsauce (R110). ⏰ Mo 9–17,
Di–Fr 9–22, Sa 9–14, So 11–14 Uhr.

Nguni Grill, 28 Morris St, Ecke De Wet Drive,
ℰ 015 296 1790; Karte S. 674. Das waschechte
Steakhaus serviert große Portionen Fleisch
(Rumpsteak, Filet, Lende) mit leckeren Saucen
und andere Fleischgerichte wie Lammkeule
(R190) und Ochsenschwanz (R150). Als Alternative gibt es Seafood und mexikanische Gerichte,
aber nur wenig für Vegetarier. Sonntags ist der
große Run auf das All-you-can-eat-Fleisch-
buffet, für das man unbedingt reservieren sollte.
⏰ tgl. 9–23 Uhr.

Autovermietung
Alle Autovermieter befinden sich auch am
Flughafen, darunter **Avis**, ℰ 015288 0171,
🖥 www.avis.co.za, **Europcar**, ℰ 015 288

0097, 🖥 www.europcar.com, und **First Car
Rental**, ℰ 015 288 1579, 🖥 www.firstcar
rental.co.za.

Informationen
Polokwane Visitors' Information Centre,
am Civic Square, ℰ 015 290 2010, 🖥 www.
polokwane.gov.za. Broschüren, Stadtpläne
und Informationen über Unterkünfte, Sehenswürdigkeiten und Transportmöglichkeiten
in der Stadt. ⏰ Mo–Fr 7.30–17, Sa 9–13 Uhr.

Busse
Sämtliche Intercity-Busse (Citiliner, City to
City, Greyhound und Translux) nach Polokwane
aus JOHANNESBURG (7x tgl., 5–6 Std.), fahren
über Pretoria. Sie halten in der Thabo Mbeki
Street, ganz in der Nähe des Civic Square
und die meisten auch bei der Mall of the North
und Savannah Mall. Überlandbusse zu Orten
nördlich von Polokwane halten an der Shell
Ultra City an der N1, östlich vom Zentrum. Der
Tzaneng Shuttle Service (S. 672) hält an der
Savannah Mall.

Flüge
Der **Polokwane International Airport** liegt
5 km nördlich der Stadt an der Gateway St nahe
der R101, ℰ 015 288 1622. Flüge vom OR Tambo
Airport in JOHANNESBURG (Mo–Fr 3x tgl.,
Sa und So 2x tgl., 1Std.) werden von SA Airlink,
ℰ 015 288 0164, 🖥 www.flysaa.com, bedient.
Vor dem Flughafengebäude befindet sich ein
Taxistand (Easycab, ℰ 079 430 4844, 🖥 www.
easycabpolokwane.co.za).

Letaba

Letaba, östlich von Polokwane, ist eine waldrei-
che, üppig grüne Gebirgsgegend, völlig anders
als das heiße Lowveld und Buschland, an das es
im Osten Richtung Krüger und im Westen Richtung Polokwane angrenzt. Hier beginnt der spektakuläre Anstieg des Drakensberg Escarpment,
das sich in vielen Windungen durch Mpuma-

LIMPOPO

langa nach Süden erstreckt. Das Waldgebiet beginnt in der Umgebung des Bergdorfes **Haenertsburg** und dehnt sich über zwei schöne, parallel gelegene Täler bis zu Limpopos zweitgrößter Stadt, **Tzaneen**, aus. In den Tälern gibt es inmitten dichter Pinienwälder zahlreiche Seen, glitzernde Flüsse und in Nebel gehüllte Gipfel. Je weiter man sich Tzaneen nähert, desto mehr subtropische Feldfrüchte wie Tee, Macadamia-Nüsse und Avocados kommen hinzu.

Neben komfortablen und wunderschön gelegenen Gästehäusern, Teestuben und Farmstalls, die frische Produkte vom Land anbieten, finden Besucher hier reichlich Gelegenheit zum Wandern und Angeln und ein vielseitiges Angebot, das Letaba zu einer reizvollen, weniger bekannten Alternative zu den überlaufenen Bergregionen Mpumalangas macht. Auch Gauteng-Familien verbringen hier gern das Wochenende.

Haenertsburg

Das heitere Haenertsburg liegt 60 km von Polokwane entfernt auf einem Berg versteckt hinter der R71, die sich in die dicht bewaldeten Magoebaskloof-Täler hinabschlängelt. Das einstige

Goldgräberdorf bietet herrliche Blicke über das als „Land des Silbernebels" bekannte Gebiet. Zumindest, wenn es nicht unter dem leichten Nebel liegt, dem es den Namen verdankt. Wenige Zäune und Tore schützen hier den Privatbesitz, was dem Dorf eine etwas eigentümliche Atmosphäre verleiht – wie eine Enklave, die sich ins falsche Zeitalter verirrt hat. Die **Hauptstraße** Rissik Street ist von hübschen, altmodischen Läden gesäumt, darunter ein Antiquariat, eine Kunstgalerie und diverse Läden mit Antiquitäten und Kuriositäten. Der Dorfpub heißt Iron Crown, benannt nach dem Berg, der sich südlich von Haenertsburg erhebt und mit 2126 m Höhe den höchsten Punkt in Limpopo bildet. In der dritten Septemberwoche findet die Magoebaskloof and Haenertsburg Spring Fair, 🖳 www.spring festival.co.za, statt. Zu der Zeit verschönern herrliche Azaleen und duftende Kirsch- und Apfelblüten die Täler mit bunten Farbklecksern.

In der Region Haenertsburg gibt es jede Menge Unterkünfte: Allein die beiden Straßen nach Tzaneen sind ein Dickicht aus B&B-Schildern. Nachfolgend sind diejenigen aufgeführt, die für Stadtbesuche am günstigsten liegen. Unterkünfte entlang der beiden Straßen sind auf S. 679 aufgelistet.

Bali Will Will Farm, D3 Rd, einer Nebenstraße der R71, 📞 015 276 2212 oder 072 196 8125, ✉ baliwillwill@gmail.com; Karte S. 677. Diese wunderschöne, ruhige Bleibe in den Hügeln etwa 1,5 km westlich von Haenertsburg ist eine aktive Farm mit B&B-Zimmern im Bauernhaus und 2 Ferienwohnungen für Selbstversorger in einem alten Wirtschaftsgebäude. Hinten ist auch ein schattiger Campingbereich mit Duschen, Küche und *braai*. Camping R250, DZ R700

Glenshiel, 2 km östlich von Haenertsburg, 📞 015 065 0300, 🖳 www.glenshiel.co.za; Karte S. 677. Eines der vornehmeren alten Landgasthäuser Südafrikas mit prasselndem Kaminfeuer, tiefen Sofas, Antiquitäten und gutem Essen. Ein umfangreiches Renovierungsprogramm sollte bis zum Juli 2018 abgeschlossen sein. Das alte Farmhaus steht in einem

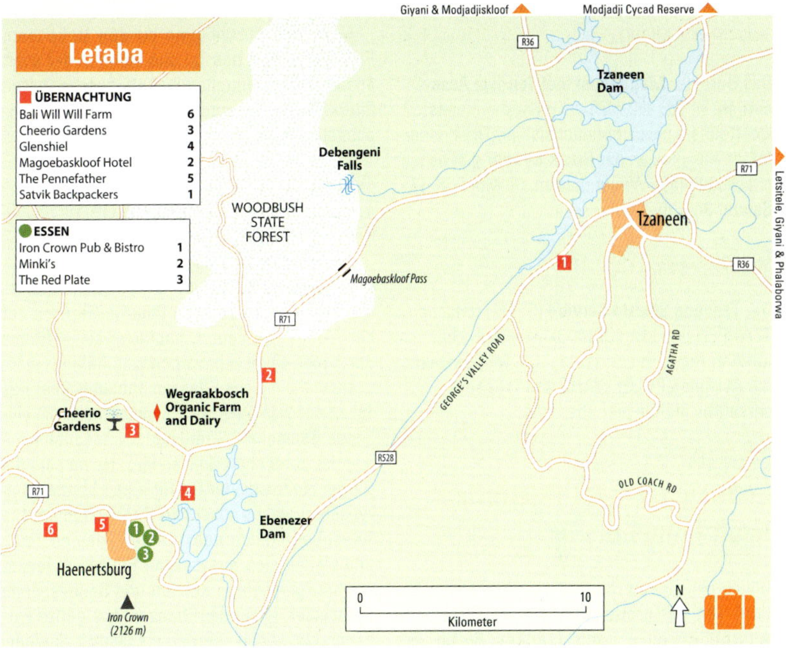
Letaba
ÜBERNACHTUNG
Bali Will Will Farm 6
Cheerio Gardens 3
Glenshiel 4
Magoebaskloof Hotel 2
The Pennefather 5
Satvik Backpackers 1
ESSEN
Iron Crown Pub & Bistro 1
Minki's 2
The Red Plate 3
Giyani & Modjadjiskloof
Modjadji Cycad Reserve
R36
Tzaneen Dam
Debengeni Falls
WOODBUSH STATE FOREST
R71
Tzaneen
Letsitele, Giyani & Phalaborwa
R36
Magoebaskloof Pass
R71
AGATHA RD
GEORGE'S VALLEY ROAD
Wegraakbosch Organic Farm and Dairy
Cheerio Gardens
Polokwane
R528
R71
OLD COACH RD
Ebenezer Dam
Haenertsburg
Iron Crown (2126 m)
0
10
Kilometer
N

dichten Pinienwald mit zahlreichen Wanderwegen. Der ideale Ort, um ein paar Tage zu entspannen. Preise sind inkl. Frühstück. R1490

The Pennefather, Rissik St, ✆ 015 276 4885, 🖳 www.thepennefather.co.za; Karte S. 677. Die Unterkunft ist günstig gelegen für den Beginn des Louis Changuion-Wanderwegs. The Pennefather ist nach Haenertsburgs ursprünglicher Bergbaugesellschaft benannt und besteht aus 6 historischen Cottages im Bergmannsstil um einen kleinen Innenhof mit Selbstversorgereinrichtungen, Kamin und einer kleinen Veranda. Frühstück gibt's im Café des Buchladens im Komplex ab 9 Uhr. R960

ESSEN

The Iron Crown Pub & Bistro, Rissik St, ✆ 072 424 9912; Karte S. 677. Der gemütliche und lebhafte Pub ist der zentrale Treffpunkt der Dorfbewohner. Auf der einen Seite gibt es einen eleganten Speisebereich und draußen an der Hinterseite Tische mit Bergblick. Serviert werden überdurchschnittliche Gerichte wie Gourmet-Burger (R60–85), authentische indische Currys (ab R60) und einige Pub-Standards wie *steak and ale pie* (R110). ⌚ Mo 16–2, Di–Fr 10–2, Sa 9–2, So 9–15 Uhr.

Minki's, Rissik St, ✆ 015 276 4781; Karte S. 677. Moderner Coffeeshop an der Hauptkreuzung der Stadt. Exzellenter Kaffee und Backwaren aus eigener Herstellung wie Belgische Waffeln, auch leichte Mahlzeiten wie Brötchen mit Steak und Prego-Sauce (R65) oder im Ofen gebackene Forelle (R90). Verkauf von Kunsthandwerk. ⌚ Mo–Fr 8.30–16 (Mi geschl.), Sa 8–16.30, So 8–15 Uhr.

The Red Plate, Rissik St, ✆ 083 305 2851; Karte S. 677. Das Lokal ist nur ein paar Schritte von Minki's entfernt und hat eine schattige Terrasse mit Blick aufs Dorf. Auf der Speisekarte stehen leckere Salate, Burger, getoastete Sandwiches und Wraps zum Mittagessen. Abends wird gehobenere Küche serviert, z. B. fangfrische Forelle (R75) und Schweine- und Lammkoteletts (R65–90). ⌚ Mi–Sa 9–20, So–Di 9–16 Uhr.

Das Büro der **Magoebaskloof Tourism Association**, ✆ 083 442 7429, ▭ www.magoebasklooftourism.co.za, befindet sich im The Pennefather-Komplex an der Rissik St. Hier gibt es u. a. kostenlose Wanderkarten. ⏲ Mo–Fr 8–17, Sa und So 8.30–12 Uhr.

Der **Tzaneng Shuttle Service** (S. 672) zwischen TZANEEN und PRETORIA (3x wöchentl.) hält auf Anfrage in Haenertsburg. Die **Minibustaxis**, die zwischen POLOKWANE und Tzaneen verkehren, halten hier ebenfalls.

Entlang der zwei Talstraßen nach Tzaneen

Gleich östlich von Haenertsburg führt eine Abfahrt von der großen R71 auf die R528, eine Alternativstrecke nach Tzaneen durch das **Georges Valley**. In punkto Entfernung und fantastischer Landschaft nehmen sich die beiden Strecken nicht viel. An der Georges Valley Road steht ein Denkmal für den schottischen Autor und Kolonialisten **John Buchan**. Dieser war 1902 hier zu Besuch und lieferte ein Jahr später in seinem Buch *The African Colony* eine begeisterte Beschreibung dieses Gebiets. Ein Stück weiter, am **Tzaneen Dam**, kann man ein stimmungsvolles Picknick oder ein erfrischendes Bad genießen.

Die **R71** führt vom Magoebaskloof Valley auf den **Magoebaskloof Pass** mit seinen Haarnadelkurven. Die Straße steigt auf eine Höhe von 1400 m bis zum Highveld und fällt dann über eine Strecke von nur 6 km zum Lowveld auf 600 m ab. Das vornehme Magoebaskloof Hotel ist der Ausgangspunkt für zahlreiche einfache bis steile Wanderwege, einschließlich der schönen, 1,5 km langen Wasserfallwanderung und einem rund 5 km langen Pfad durch den Lesodi-Wald, einer Heimat von dem wunderschönen Federhelmturako und dem kreischigen Samangoaffen.

Nach der Abzweigung zu den Debengeni Falls weitet sich das Tal und bietet in der sanft ansteigenden Hügellandschaft ausgedehnten Zitrusfrucht-, Avocado-, Kiwi- und Bananenplantagen Platz.

Cheerio Gardens

4 km außerhalb von Haenertsburg abseits der R71 ▪ Eintritt frei ▪ ⏲ Teestuben tgl. 9–17 Uhr ▪ ✆ 083 355 0835, ▭ www.cheeriogardens.co.za

Die engagierte Botanikerin Sheila „Box" Thompson gründete die ruhigen Cheerio Gardens auf der Farm ihres Vaters, nachdem sie 1946 aus der Armee entlassen worden war. Anfangs wollte sie einheimische Pflanzen anbauen, aber das Tal erwies sich als zu kalt. So importierte sie blühende Bäume und Sträucher sowie Laubbäume aus der nördlichen Hemisphäre. Heute sind die Gärten ein friedlicher Ort für einen Spaziergang zwischen vielen hübschen Kirschbäumen. Die Teestuben stehen neben einem kleinen Teich und eignen sich gut für eine Pause mit leckeren hausgemachten Kuchen und Scones. Ende September, wenn die Pflanzen ihre ganze Farbenpracht zeigen, werden die Gärten zu einem der Veranstaltungsorte der **Magoebaskloof and Haenertsburg Spring Fair**. Besucher können in einem der vielen Teiche nach Forellen angeln.

Wegraakbosch Organic Farm and Dairy

4 km außerhalb von Haenertsburg abseits der R71 ▪ ⏲ Mo–Fr 7–17, Sa und So 7–12 Uhr ▪ Führung um 10 Uhr, Reservierung empfohlen ▪ R60 ▪ ✆ 082 853 8754 oder 071 687 5218

An der gleichen unbefestigten Straße wie die Cheerio Gardens liegt ein weiteres wunderbares Stückchen Landleben: die kleine Wegraakbosch Organic Farm and Dairy. Auf dem idyllisch gelegenen rustikalen Bauernhof laufen Gänse und Enten frei herum. Während der einstündigen Führung sieht man, wie der Käse hergestellt wird: vom Melken der Kühe und Ziegen bis hin zum Rühren der Käsemasse. All dies geschieht auf traditionelle Weise in riesigen Kupferkesseln über offenem Feuer – ohne elektrische oder mechanische Hilfsmittel. Nach der Führung kann man den frischen Käse auch probieren und dazu ein Glas Wein trinken.

Cheerio Gardens, 4 km außerhalb von Haenertsburg abseits der R71, ☎ 083 355 0835, 🖥 www.cheerio.co.za; Karte S. 677. 8 verschiedene Selbstversorger-Cottages für jeweils 2 bis 6 Personen verteilen sich über die Cheerio Gardens. Alle mit viel Privatsphäre, schönem Bergblick, viel Charakter und heimeliger Atmosphäre. Frühstück gibt's in der Teestube (mit WLAN) ab 9 Uhr. R700

Magoebaskloof Hotel, 10 km nordöstlich von Haenertsburg an der R71, ☎ 015 276 5400, 🖥 www.magoebaskloof.co.za; Karte S. 677. Dieses weitläufige Hotel bietet auf der Veranda des Restaurants und von sämtlichen Balkonen den spektakulärsten Ausblick der ganzen Region. Die 68 Zimmer und Selbstversorger-Apartments sind geräumig und komfortabel und das Hotel bietet viele Extras (Pool, Restaurant und 2 Bars). Man kann Mountainbikes mieten, auf einen kurzen Pfad zu einem Wasserfall wandern und Picknickkörbe bestellen. R1400

Satvik Backpackers, Georges Valley Rd, 4 km von Tzaneen, ☎ 084 556 2414, 🖥 www.satvik.co.za; Karte S. 677. Diese attraktive, ungewöhnliche Backpacker-Lodge aus alten Arbeiterhütten liegt am Ende einer steilen, unbefestigten Straße und hat einfache Zimmer, zum Teil eigenständig, zum Teil mit Gemeinschaftsduschen und Gemeinschaftsküche. Auf dem riesigen Gelände sind auch eine malerische Bar am Wasser, ein *braai*-Bereich und Wanderwege. Camping R85, Dorm R140, DZ R350

Modjadji Cycad Reserve

19 km nordöstlich von Modjadjiskloof, Abfahrt von der R36 bei Ausschilderung 5 km nördlich des Dorfs ▪ ⏱ tgl. 8.30–18 Uhr ▪ Eintritt R10, Auto R20 ▪ geführte Wanderung R155 p. P. ▪ Rondavels für Selbstversorger R620 ▪ ☎ 015 781 0690, 🖥 www.africanivoryroute.co.za

Die Gegend um das Dorf **Modjadjiskloof**, 30 km nordöstlich von Tzaneen, an der R36, ist die Heimat der berühmten **Regenkönigin**. Sie ist die Erbmonarchin des Volkes der Modjadji und besitzt der Legende nach die Macht, Regen herbeizuholen – ein sehr nützliches Talent in diesen häufig ausgedörrten Regionen im Norden.

Derzeit ist keine Königin „im Amt", aber ihr Kral befindet sich am nebligen Berghang im **Modjadji Cycad Reserve** (auch „Modjadji Nature Reserve" genannt), wo eine spezielle Form eines urzeitlichen Palmfarns gedeiht – der einzigartige Modjadji-Palmfarn. Das Reservat eignet sich gut für einen Tagesbesuch. Es gibt Picknick- und *braai*-Plätze sowie gute Wanderwege vom Palmfarnwald steil hinunter zum Grasland mit herrlichen (häufig von Nebel getrübten) Ausblicken. Es stehen auch 5 traditionelle Rundhütten für Selbstversorger, die man mieten kann, zur Verfügung.

Waterberg

Aus den Steppen westlich der Great North Road erhebt sich ein Massiv, das bis vor Kurzem noch zu Südafrikas weniger bekannten gehörte: der **Waterberg**. Mittlerweile wurde er allerdings von den Johannesburgern „entdeckt" und ist seitdem ein sehr beliebtes Wochenendziel. Auch wenn es heute fast so trocken zu sein scheint wie das umgebende nördliche Bushveld, war das Hochplateau einst voller Seen und Sümpfe – daher auch der Name. Trotzdem bietet es eine Vielfalt an Flora und Topografie, die lange eine intensive landwirtschaftliche Nutzung ermöglichte. In den letzten Jahren wurden die meisten alten Rinderfarmen in Privatreservate für den enorm lukrativen Jagdmarkt umgewandelt – oder (weniger einträglich) zur Wildbeobachtung. Denn hier gibt es weiße Nashörner (oft die Hauptattraktion), Giraffen, große Antilopen sowie Leoparden. Heute gehört das ganze Gebiet – gute 14 500 km² Land in privatem wie öffentlichem Besitz – zum **Waterberg Biosphere Reserve**, 🖥 www.waterbergbiosphere.org, seit 2001 Unesco-Biosphärenreservat.

Als Reiseziel für die Wildbeobachtung ist der Waterberg eine gute Alternative zum Lowveld um den Krüger-Nationalpark. Ein großer Vorteil: Der Waterberg ist malariafrei. Als riesiges Stück echte Wildnis ist er auf jeden Fall sehr eindrucksvoll – und auch noch viel weniger kommerziell als der Krüger-Park. **Vaalwater**, die einzige nennenswerte Siedlung, liegt im Herzen der Region. Westlich von Vaalwater liegen zwei große Wildreservate, in denen die Big Five zu Hause sind: der **Marakele National Park** und das Privatreservat **Welgevonden**. Nördlich von Vaalwater liegt die hoch angesehene **Lapalala Wilderness Area**, in der die Idee für das Biosphärenreservat entstand.

Der Marakele National Park ist das einzige Reservat, in das Tagesbesucher zur Wildbeobachtung selbst hineinfahren dürfen. Die Lapalala Wilderness Area kann mit einem Guide der Waterberg Cottages (S. 683) besucht werden. Wer die anderen Reservate sehen will, muss fast immer eine Unterkunft im betreffenden Reservat buchen. Da fast alle Unterkünfte auf dem Waterberg in einem Reservat liegen, lässt sich das auch fast nicht vermeiden.

Vaalwater

Die kleine Bauernortschaft **Vaalwater** hat Besuchern wenig mehr als ein paar gute Bleiben und Restaurants zu bieten. Dafür ist sie ein Orientierungspunkt an der R33, die die N1 in Modimolle mit Lephalale verbindet. Vaalwater markiert die Kreuzung zwischen R33 und der Teerstraße nach Melkrivier und Marken.

Etwa 1 km westlich der Village Square, an der R33 hinter dem Spar-Supermarkt, liegt der **Zeederberg Homestead**. Er war die erste Siedlung des Orts und Heimat der legendären Zeederberg-Postkutschen, die einst quer durch Limpopo und Simbabwe Siedleraußenposten versorgten.

Heute bietet das Zeederberg Centre eine Tankstelle, die Touristeninformation, gute Unterkünfte für Selbstversorger, ein Café und ein gutes Geschäft für Kunsthandwerk.

Lapalala Wilderness

55 km nördlich von Vaalwater; an der Abfahrt Melkrivier auf der R518 Marken Rd links in eine unbefestigte Straße abbiegen ▪ Geführte Tagessafari inkl. Mittagessen R600 ▪ ✆ 014 755 4395, ▭ www. lapalala.com

Das 244 km² große Reservat **Lapalala Wilderness** bietet Schutz für vom Aussterben bedrohte und seltene Arten und hat sich zu einem der wichtigsten Naturschutzprojekte des Landes gemausert. Sie war eines der ersten südafrikanischen Reservate, in denen das stark bedrohte schwarze Nashorn angesiedelt wurde. Heute ist sie genauso bekannt für ihre Wilderness School, die pro Jahr etwa 1000 Kindern aus ganz Afrika in einwöchigen Kursen die Prinzipien und Verfahren des Naturschutzes nahebringt.

Tagesausflüge nach Lapalala können über Waterberg Cottages (S. 683) gebucht werden.

Marakele National Park

Nahe Thabazimi, 85 km westlich von Vaalwater; alternativ: bei Bela-Bela von der N1 abfahren und der R516 bis Leeupoort und dann der R511 bis Thabazimbi folgen ▪ ⏱ tgl. Mai–Aug 6–17.30, Sep–April 6–18, Tagesbesucher tgl. 7–16 Uhr ▪ Eintritt R176 ▪ Sonnenaufgangs-/untergangsfahrt und -wanderung R240 ▪ ✆ 014 777 6928, ▭ www.sanparks.org/parks/marakele

In den Bergen nordöstlich der Bergbau- und Jagdstadt **Thabazimbi** liegt der 670 km² große **Marakele National Park**, den man über eine 12 km lange Teerstraße von Thabazimbi (mit Proviantladen und Tankstelle) erreicht. In seinem Mittelpunkt steht der **Kransberg**, ein auffälliges Gebilde aus seltsamen Gipfeln, Hochebenen und Steilhängen. Zur Fauna gehören verschiedene Antilopenarten wie Leier-, Pferde- und Rappenantilope sowie Elen- und Südafrikanische Kuhantilope, Kudus und Wasserböcke, Leoparden und Braune Hyänen. Großwild wie Elefanten, Breitmaul- und Spitzmaulnashörner und Löwen sind ebenfalls angesiedelt worden, viele aus dem Krüger-Nationalpark. Die umfangreiche Vogelpopulation umfasst über 400 Arten, darunter als Highlight 800 brütende Paare des gefährdeten Kapgeiers.

Wer übernachtet, kann sich einer der ausgezeichneten Safaris oder Buschwanderungen (2 bis 3 Std.) zu Sonnenauf- oder -untergang anschließen; diese bucht man an der Rezeption am Haupteingang beim Bontle Rest Camp. **Tagesbesucher** sind jedoch auf bestimmte Zeiten

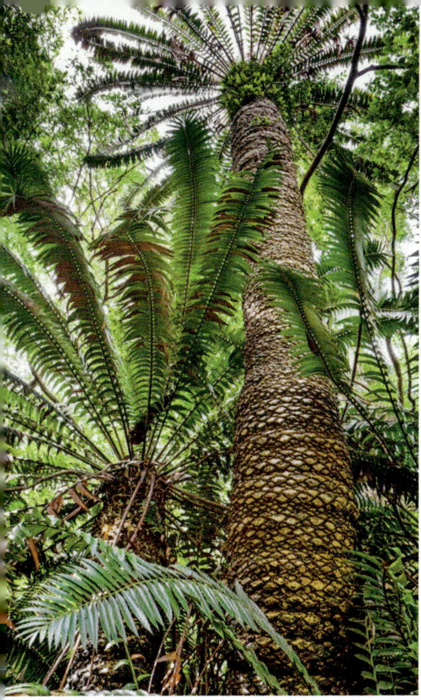

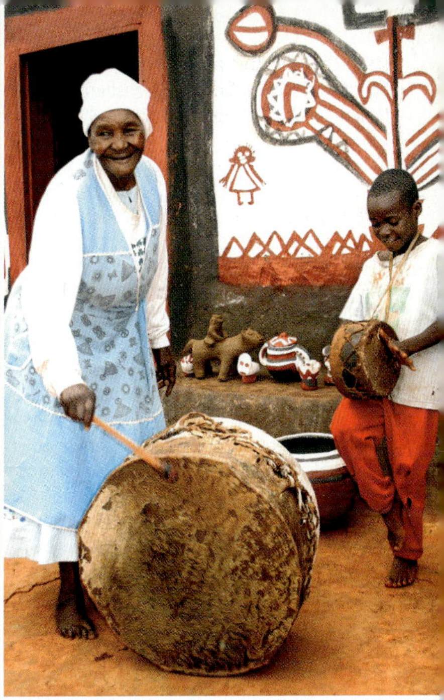

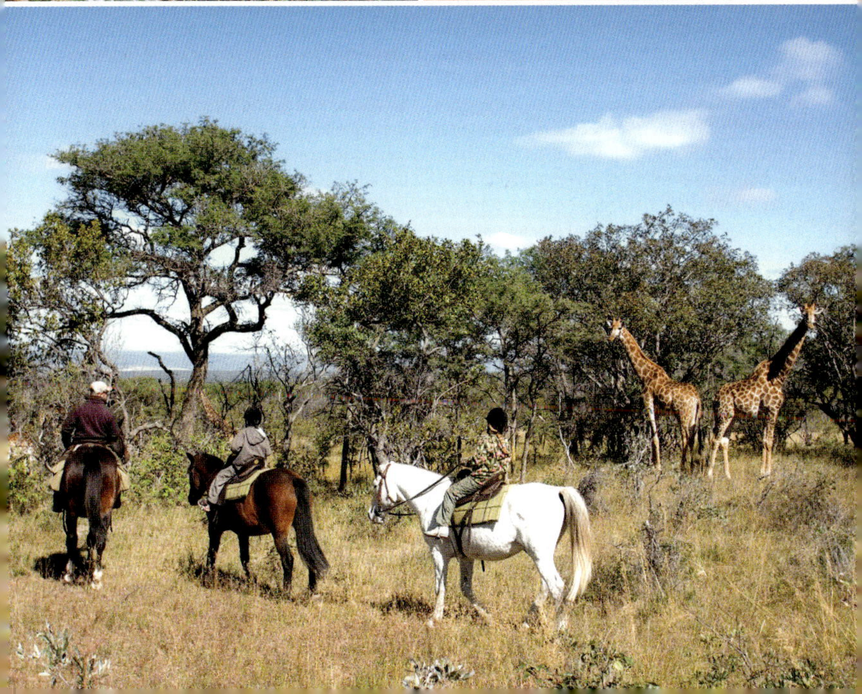

(7–16 Uhr) und auf einen kleinen Bereich beschränkt, zu dem auch der Kransberg mit seinem tollen Ausblick gehört. Für die Straßen ist kein Allrad nötig.

Welgevonden Game Reserve

25 km westlich von Vaalwater an der geteerten R517 Richtung Thabazimbi, am Rand von Marakele ▪ Zugang nur für Übernachtungsgäste, R120 Schutzgebühr pro Nacht ▪ ⌨ www. welgevondengame reserve.org

Das 380 km² große **Welgevonden Game Reserve** ist der Privatbesitz einer Eigentümergemeinschaft und wird als großes Naturschutzgebiet verwaltet. Ein strenger Verwaltungsplan reguliert die Anzahl der Lodges, die gebaut werden dürfen, sowie die zulässige Besucherzahl. Das Ergebnis ist ein fantastisches, leicht beobachtbares Naturschauspiel im ganzen Reservat. Mit dabei: die Big Five, viele Antilopenarten und unzählige, farbenfrohe Vögel. Alle 16 kommerziellen Lodges in Welgevonden haben unterschiedliche Extras wie Busch-Spas, romantische Kamine, Außenduschen und Granitschwimmbecken. In einigen können nur eine oder zwei kleine Gruppen untergebracht werden, andere verfügen über zahlreiche Zimmer. Qualifizierte, erfahrene Guides stehen immer zur Verfügung – entsprechend hoch sind die Preise (all-inclusive um R4500 pro Person und Tag). In der Wintersaison gibt es aber unter der Woche häufig reduzierte Preise. Privatfahrzeuge sind im Reservat nicht erlaubt; man parkt am Eingang und wird von Mitarbeitern der Lodge abgeholt.

ÜBERNACHTUNG

Marakele National Park
Bontle Rest Camp, 2 km vom Haupttor, ⌨ www. sanparks.org/parks/marakele. Ein angenehm schattiger Campingplatz mit voll ausgestatteter Küche und Sanitäranlage, dem obligatorischen *braai*-Bereich und optionalem Elektroanschluss. Es gibt auch Safarizelte auf Holzterrassen mit richtigen Betten (für 2 Personen), eigenem Bad und kleiner Küche. Camping R285, Safarizelt R1315

Tlopi Rest Camp, 17 km vom Eingang, ⌨ www. sanparks.org/parks/marakele. Ein Camp für Selbstversorger am Ufer des Matlabas River. Die romantischen Zelte sind luxuriös ausgestattet, 2 stehen auf Stelzen über dem Wasser. Ein paar Kilometer entfernt liegt das abgelegene Motswere Guest Cottage, ein altes Bauernhaus mit 4 Zimmern. Cottage R2495, Safarizelt R1445

Welgevonden Game Reserve
Jamila Game Lodge, ✆ 014 754 8946, ⌨ www. jamilalodge.co.za. Gute, freundliche Unterkunft im nördlichen Teil des Reservats. Die Lodge hat 5 geräumige Chalets mit Holzterrassen und Außenduschen, einen Pool und in der Nähe gibt es ein Wasserloch, das viele Vögel, Antilopen und einzelne Elefanten besuchen. Wie in allen Lodges müssen Gäste reservieren und werden am Haupttor abgeholt. Im Preis sind Wildsafaris und alle Mahlzeiten enthalten. R8195

Vaalwater und Umgebung
Ant's Nest & Ant's Hill, nördlich von Vaalwater, bei Kilometer 19 bzw. 11 von der R33 abbiegen, ✆ 087 820 7233 oder 083 287 2885, ⌨ www.waterberg.net. 2 superluxuriöse Lodges mit All-inclusive-Verwöhnprogramm in der Wildnis. Im Angebot sind Reiten, Mountainbiken, Safaris und Buschwanderungen. Der Tag endet bei Sonnenuntergang mit Drinks und wunderschönem Blick über die Landschaft. Die Inhaber sind passionierte Tierschützer und erfolgreiche Rappenantilopenzüchter, die ihr enormes Wissen und ihre Erfahrung gerne teilen. All-inclusive R9750

Horizon Horseback, Triple B Ranch, man fährt 24 km nördlich auf der R518 bis Melkrivier, biegt dann rechts in die Schotterstraße nach Sterkstroom und folgt der Straße weitere 4 km, ✆ 083 419 1929, ⌨ www.riding inafrica.com. Gut etabliertes, hochprofessionelles Unternehmen mit 60 Pferden und 130 km² Buschland, das von Giraffen, Zebras und Antilopen bevölkert wird. Schöne Unterkunft in Einzelchalets am See und ein magisches, von Laternen erleuchtetes Buschcamp mit Pool und tollen Aussichten. Geeignet für Reiter jeden Niveaus. Zu den Aktivitäten gehören unter anderem Wildbeobachtung vom Pferd aus, Zusammentreiben von Rinderherden, Polo und Geländereiten. All-inclusive R5810

Lindani, abseits der R518 nahe Melkrivier, 36 km nördlich von Vaalwater, ☏ 083 631 5579, 💻 www.lindani.co.za. Das 31 km² große Reservat umfasst 8 attraktive, abgeschiedene Strohdach-Lodges für Selbstversorger mit Platz für 4–18 Gäste und ein Zeltcamp mit Unterbringung für jeweils 2 Personen mit Gemeinschaftsbad und -küche. Einmalig sind die vielen Wanderwege und Mountainbike-Trails, die das Reservat durchziehen. Gäste können sie unbeaufsichtigt nutzen – die ideale Gelegenheit, den Busch für sich zu entdecken. Die friedlichen Picknickstellen am Wasser und vielen Gelegenheiten, Giraffen und diversen Antilopen zu begegnen, runden das Bild ab. Kein Wunder, dass Lindani zu den beliebtesten Lodges am Waterberg gehört. Mindestaufenthalt 2 Nächte. Lodge R780, Zelt R560

Waterberg Cottages, Triple B Ranch, Anfahrt s. o. unter Horizon Horseback, ☏ 014 755 4425, 💻 www.waterbergcottages.co.za. Angenehme Selbstversorger-Bleibe in 5 alten Farmgebäuden auf einer Bonsmaravieh-Ranch mit Pool. Einige sind reetgedeckte Cottages für bis zu 4 Personen und in den Farmhäusern können mehrere große Familien untergebracht werden. Fernab aller Städte ist dies der ideale Ort zum Sternegucken – weswegen es hier auch eine tolle 2-stündige Sternwanderung gibt. Außerdem gibt es markierte Buschwanderwege. R800

Zeederberg Cottages, in der Main Rd hinter den Geschäften und der Tankstelle von Vaalwater, ☏ 082 332 7088, 💻 www.zeederbergs.co.za. Die beste Unterkunft in Vaalwater drapiert sich um einen großen, ruhigen Garten mit Pool. Zu den gemütlichen Cottages für Selbstversorger gehört eine Rundhütte im Zulu Stil. Gäste haben Zugang zu Küche und Wohnzimmer im Haupthaus und sämtliche Mahlzeiten sind auf Anfrage erhältlich. R900

ESSEN

Auf dem Waterberg kann man nur in Vaalwater selbst aus- oder essen gehen. Daher muss man sich selbst versorgen oder in einer Lodge einmieten. In Vaalwater gibt's die einzigen Banken und Supermärkte der Region, z. B. Spar.

The Hunter's Hide, Main Rd, 200 m südlich der Hauptkreuzung an der R33, ☏ 072 279 9255. Einfacher Pub im Buschstil mit Rugby im Fernsehen und einer Holzterrasse vor der Tür, wo die Angestellten der Lodge ihre freien Abende verbringen. Zu den sättigenden Speisen gehören Burger (R50), Ofenkartoffeln mit Beilage (z. B. Rahmspinat, R50) und Pizza (R80). Das kalte Bier geht nie aus. ⏰ Mo–Sa 7.30–24, So 7.30–21 Uhr.

🍺 **Seringa Café**, im Zeederberg Centre, ☏ 014 161 0643. Das beste Café des Ortes fürs Mittagessen oder einen Kaffee mit Tischen unter schattigen Bäumen auf Rasen. Da hier oft viel los ist, dauert es mit der Bedienung schon mal etwas länger, aber ein Zwischenstopp lohnt sich. Auf der Speisekarte stehen Frühstück, Kuchen und leichte Gerichte wie gegrillte Hühnerbrust mit Kokos (R60) und im Winter herzhafte Suppen wie z. B. Linsen mit Bacon (R35). ⏰ Mo–Fr 7.45–15.45, Sa 8.15–14.30 Uhr.

SONSTIGES

Einkaufen

Beadle, Triple B Ranch, Anfahrt s. o. unter Horizon Horseback, ☏ 014 755 4002, 💻 www.beadle.co.za. Bei diesem Gemeindeprojekt für Ausbildung und nachhaltige Beschäftigung kann man dabei zusehen, wie die Auszubildenden Gürtel, Armbänder, Sandalen usw. kunstvoll mit Perlen besticken. Neben der Werkstatt befinden sich eine Teestube und ein Laden, in dem man die fertigen Produkte kaufen kann. ⏰ Mo–Fr 7.30–17, Sa und So 7.30–13 Uhr.

🛍 **The Black Mamba Crafts Gallery**, im Zeederburg Complex, ☏ 073 701 0543, 💻 www.blackmambacompany.webs.com. Exzellente Galerie neben dem Spar und dem Seringa Café, in der es wunderschönes Kunsthandwerk aus allen Gegenden Südafrikas, u. a. Korbwaren, Holzschnitzereien und Schmuck, aber auch Bücher und Naturführer gibt. ⏰ Mo–Fr 9–16, Sa 9–13 Uhr.

LIMPOPO

Das **Waterberg Tourism Information Office** ist im Zeederberg Centre an der R33 in Vaalwater, ℘ 014 755 3535, 🖵 www.waterbergtourism. co.za, untergebracht. Hier gibt es Infos zu Unterkünften und Aktivitäten in der Region. ⊙ Mo–Fr 9–17, Sa 9–13 Uhr.

TRANSPORT

Für **Autofahrer** ist die direkteste Anfahrt über die N1 von Gauteng; bei Modimolle biegt man in die R33. Andere Teile des Waterberg wie der Marakele National Park können von Bela-Bela an der N1 aus erreicht werden.
Das einzige öffentliche Verkehrsmittel nach Vaalwater ist das **Minibustaxi** von Modimolle aus; aber auch das fährt nur gelegentlich.

Der Norden

Der nördlichste Teil der Provinz Limpopo ist heiß und eine touristisch nicht erschlossene ländliche Region, die sehr an Simbabwe erinnert. Die wichtigsten geografischen Details sind der **Limpopo River**, die Grenze zu Simbabwe (und weiter im Westen zu Botsuana) sowie das verlockend schöne **Soutspansberg-Gebirge**, das nördlich der größten, aber nicht besuchswürdigen Stadt Louis Trichardt (oft auch als Makhado ausgeschildert) von Osten nach Westen verläuft.

Der vielleicht markanteste Teil ist die **Venda**-Region, zu Zeiten der Apartheid „unabhängiges" Homeland. Sie ist zwar wirtschaftlich verarmt, aber noch immer reich an Tradition, Kunst und Legende. Östlich davon liegt der nördlichste Zipfel des **Krüger-Nationalparks** (S. 651). Die beiden Eingangstore zu diesem wenig besuchten, aber faszinierenden Parkabschnitt sind in **Punda Maria** und **Pafuri**.

Sowohl Limpopo River als auch Soutspansberg-Gebirge werden von der Autobahn N1 durchschnitten, die in **Beitbridge** die Grenze nach Simbabwe überschreitet. 70 km westlich liegt im **Mapungubwe National Park** das

Unesco-Weltkulturerbe einer Eisenzeitstätte, die für Archäologiefans wahrscheinlich die größte Attraktion der Region ist. Mapungubwe gilt als das erste indigene Königreich Südafrikas und langfristig ist eine Dreiländer-Kulturerbestätte geplant, die auch am Limpopo gelegene Teile von Botswana und Simbabwe einschließt.

Der Soutpansberg

Der **Soutpansberg**, vor allem von Süden aus betrachtet ein beeindruckendes Massiv, ist der Niederschlagsmenge entsprechend subtropisch. Die spektakulären Farmen an den Südhängen kultivieren Exoten wie Avocados und Macadamianüsse. Anderswo liegen auf felsigen *kloofs* und an grünen Hängen unverdorben schöne Bergunterkünfte mit bis zu 580 Baumarten, Affen, kleinen Antilopen, Warzenschweinen und ein paar Greifvögeln. Die einmalige Landschaft ist 2009 zu einem Teil des 30 700 km² großen Unesco-Vhembe-Biosphärenreservat, 🖵 www.vhembebiosphere.org, deklariert worden. Dieses erstreckt sich im Norden bis zur simbabwischen Grenze und im Osten bis zum Krüger-Nationalplark.

Die Autobahn N1 durchquert das Gebirge. Dazu führt sie zuerst durch das unspektakuläre Louis Trichardt im südlichen Schatten der Berge, klettert dann über einen niedrigen Pass und kommt nach zwei Tunnels auf der Nordseite wieder heraus. Anschließend verläuft sie Richtung Norden durch größtenteils leere Savanne mit Affenbrotbäumen nach **Musina** und zum **Limpopo River**.

ÜBERNACHTUNG

139 on Munnik Guest House, 139 Munnik St, Louis Trichardt, ℘ 083 407 0124, 🖵 www.139 onmunnik.co.za. Komfortable, gehobene Unterkunft in einer ruhigen Straße im Norden der Stadt mit gemütlichen Zimmern und Pool im schattigen Garten. Zur Unterkunft gehört auch der Sticky Toffee Coffee Shop, in dem leichtes Mittagessen und Kuchen serviert werden.

Gegen Vorbestellung kann man auch Abendessen bekommen. R950

Leshiba Wilderness, 36 km westlich von Louis Trichardt an der R522, in einem spektakulären Tal im oberen Gebirge, ☎ 011 483 1841, 🖥 www.leshiba.co.za. Die einmalige Erfahrung ist die lange Auffahrt allemal wert (am besten im Allrad, oder man bucht für R225 einen Transfer vom Parkplatz am Fuß des Berges). Aus den Ruinen alter Rundhütten hat der gefeierte Künstler Noria Mabasa ein Venda-Dorf nachgebildet und mit Skulpturen bevölkert, die Gäste am Pool oder in den unkonventionellen Hütten bewundern können. Jede ist anders, keine hat gerade Linien. Daneben gibt es noch 2 reetgedeckte Zimmer im Safaristil mit jeweils eigenem Wasserbecken. Vollpension inkl. R4500

Madi a Thavha Mountain Lodge, 10 km westlich von Louis Trichardt an der R522, ☎ 015 516 0220, 🖥 www.madiathavha.com. Wunderschöne Fair-Trade-Lodge an den südlichen Hängen vom Soutpansberg. Die reizenden Villen und Gästezimmer sind mit Möbeln und Kunsthandwerk im lokalen Stil eingerichtet. Es gibt eine ruhige Lounge, einen Pool, geführte Wanderungen und Touren zum Beobachten von Vögeln. In der hauseigenen Galerie Dancing Fish wird Kunst und Kunsthandwerk der Venda verkauft. Frühstück ist im Preis enthalten; andere Mahlzeiten auf Bestellung. R1370

The Ultimate Guesthouse, 8,5 km nördlich von Louis Trichardt, Abfahrt von der N1 in die Bluegumsport Rd, ☎ 015 517 7005, 🖥 www.ultimategh.co.za. 18 Unterkünfte von B&B-Zimmern bis Selbstversorger-Cottages in einer schönen Gartenanlage mit Pool und 9-Loch-Golfplatz. Auch Vogelbeobachter kommen hier voll auf ihre Kosten. Im Winter knistert im gemütlichen Restaurant ein Feuer und die Terrasse davor hat herrlichen Bergblick. R600

TRANSPORT

Die **Busse** von Citiliner und Greyhound Richtung Musina halten in Louis Trichardt und **Minibustaxis** fahren Polokwane und weitere Orte in der näheren Umgebung an.

Venda

Östlich und nördlich von Louis Trichardt liegt das faszinierende Territorium der **VhaVenda**, ein kulturell und linguistisch eigenständiger afrikanischer Volksstamm, bekannt für seine mystischen Legenden, seine politische Unabhängigkeit und sein Kunsthandwerk. Im Apartheid-System der 1950er-Jahre wurde **Venda** zum Homeland erklärt und wurde Ende der 1970er-Jahre eines von Südafrikas drei nominell unabhängigen Homelands (jedoch nie offiziell von der Uno als solches anerkannt). Im Gegensatz zu den meisten Homelands wurde Venda relativ wenig beeinträchtigt und behielt sowohl seine geografische als auch seine kulturelle Integrität. So wurde es in diesen dunklen Jahren größtenteils sich selbst überlassen.

Heute sind seine Grenzen innerhalb von Limpopo genauso fließend wie früher, aber die Region hat ihre starke, unabhängige Identität behalten.

Neben einigen Unterkünften in Thohoyandou gibt es so gut wie keine Touristeninfrastruktur. Trotzdem kann eine Reise durch Venda wunderbar spannend sein.

Die R523 westlich von Thohoyandou

Thohoyandou, ein Ort 70 km östlich von Louis Trichardt an der R524, ist chaotisch. Neben Obstmärkten und Straßenverkäufern gibt es hier nicht viel zu sehen. Wer zum Krüger-Park will, wird froh sein, dass die Straße nicht durchs Zentrum führt. Von Thohoyandou führt jedoch die R523 Richtung Westen an der nördlichen Flanke des Soutpansbergs entlang durch ein Tal. Hier liegt der attraktivste Kern der VhaVenda-Geschichte und ihrer Legenden. Hier befinden sich die üppigen Wälder, Wasserfälle und Berge, aus denen Venda seine mystische Atmosphäre schöpft.

Von Thohoyandou aus klettert die Straße nach Norden und Westen und verlässt die Stadt in Richtung der verführerisch grünen Berge. Unterwegs führt sie durch Kiefernwälder vorbei am Mitte der 1980er-Jahre erbauten **Vondo-Damm** und anschließend über den **Thathe Vondo Pass**. Nach dem Gipfel markiert eine kleine Hütte den

Die heutigen **VhaVenda** stammen von verschiedenen Urstämmen ab, die im 11. und 12. Jh. aus der Region der Großen Seen im östlichen Zentralafrika einwanderten. Eine gemeinsame Identität entstand erst, als die Gruppe um Häuptling Dimbanyika in Dzata in der nördlichen Soutpansberg-Region ankam. Hier wurde später auch eine Festung gebaut. Von hier aus konsolidierte das Volk seine Macht in der Region und verteidigte sich gegen diverse afrikanische Gruppierungen (darunter die Voortrekker, die es 1867 aus der Siedlung Schoemansdal vertrieb). Die VhaVenda erlitten zwar 1898 einen Rückschlag, doch konnten die Buren diesen Sieg aufgrund des beginnenden Zweiten Burenkrieges nicht konsolidieren.

Die Kultur der VhaVenda ist faszinierend und voller Mystik und lebhafter Legenden. Ein beherrschendes Thema ist Wasser – immer wichtig in einem heißen Klima mit wechselnden Jahreszeiten, in Venda jedoch eine ungewöhnlich reichlich vorhandene Ressource. Seen, Flüsse, Wasserfälle und üppige Wälder sind heilige Orte voller Legenden über die *zwidutwane* (Wassergeister) und Schlangen, die am Grund von dunklen Tümpeln und Seen leben.

Viele **Zeremonien** und **Rituale** sind den VhaVenda noch heute sehr wichtig; die bekannteste ist der Phythontanz oder *domba*, ein Initiationsritus für junge Frauen. Nackt bis auf den Schmuck und ein kleines Lendentuch bilden die Teenager eine lange Kette. Mit kleinen Schritten bewegt sich die „Schlange" vorwärts und windet sich oft stundenlang zum Rhythmus einer Trommel um das ebenfalls heilige Feuer. Sehr oft wird der Tanz nicht aufgeführt. Das echte Ritual findet meist im Frühjahr statt; bei den Feiern zum Heritage Day (Ende August oder Anfang September) ist der Tanz teilweise auch zu sehen.

Eingang zu einem Netzwerk von Waldstraßen, die zu Vendas wichtigstem See, dem **Fundudzi**, und in den **Thathe Vondo Sacred Forest** führen, einem dichten Urwald, in dem die Venda-Häuptlinge begraben liegen. Früher durfte man beide nur von Weitem betrachten; näher hinzugehen war ein äußerst sensibles Thema und erforderte die Erlaubnis des VhaVenda-Häuptlings. Heute ist der Zugang unbeschränkt, dafür ist es eher schwierig, eine Straßenkarte des Waldes zu bekommen, und für manche Straßen braucht man Allradantrieb. Einfacher geht's mit einem **Tour Guide** vom Khoroni Hotel (s. u.).

Nach dem Thathe Vondo Pass folgt die R523 über ca. 60 km dem **Nzhelele River** in ein Tal, das locker, aber meist durchgehend besiedelt ist.

ÜBERNACHTUNG

Khoroni Hotel, Mphephu St, Thohoyandou, 📞 015 962 4600, 🖥 www.khoroni.co.za. Im Herzen der Innenstadt von Thohoyandou, umgeben von Bäumen, aber nicht weit von der Straße und dem schmuddeligen Einkaufszentrum entfernt. Das Hotel lebt von seiner Spielbank und den Konferenzräumen, hat aber auch Pool und anständige Zimmer. Das Malingani Restaurant ist das beste Speiselokal der Stadt, 🕐 tgl. 6.30–10.30, 12.30–15.30, 18.30–23 Uhr. Frühstück ist im Übernachtungspreis inbegriffen. R1270

Naledzi Lodge, 1 End St, Shayandima, 6,5 km westlich von Thohoyandou, abseits der R524, 📞 015 964 1777, 🖥 www.naledzilodge.co.za. Hier übernachten gern Eltern, die ihre an der University of Venda studierenden Kinder besuchen. Die einfache Anlage bietet 18 motelzimmerartige B&Bs, die um einen großen Garten mit Rasenfläche angeordnet sind. Abends kann man Mahlzeiten bestellen, die von Schnellrestaurants geliefert werden. R525

INFORMATIONEN UND TRANSPORT

Infos bekommt man am besten bei einer der etablierten Unterkünfte wie Shiluvari Lakeside Lodge (S. 687) und Khoroni Hotel. Beide haben Listen der Tour Guides in der Region.

Zwischen Louis Trichardt und Thohoyandou verkehren **Minibustaxis**.

LIMPOPO

Elim und Umgebung

Nur 23 km südöstlich von Louis Trichardt liegen an der R578 Regionen, die einst Teil des selbstverwalteten Tsonga-Homelands **Gazankulu** waren. Hier herrscht das typisch ländliche Treiben am Straßenrand, vor allem in Elim, wo auf dem Gelände des altbewährten Schweizer Missionskrankenhauses verschiedene Stände, Minibusse und Werbetafeln stehen.

Von der Kreuzung in Elim aus führt die R578 weiter nach **Giyani**, das eine Reihe von ländlichen Kunsthandwerkstätten hat (s. Kasten). Die Traditionen und Techniken sind denen in Venda sehr ähnlich. Viele Werkstätten und Kleinfabriken haben einfache, ländliche Wurzeln – sie zu besuchen ist ein lohnenswertes Abenteuer! Die Shiluvari Lakeside Lodge hat Führer für die Werkstätten der Region und verkauft auch viele ihrer Produkte selbst in ihrer exquisiten, gut sortierten Boutique.

ÜBERNACHTUNG

Shiluvari Lakeside Lodge, nahe Elim; an der Krankenhauskreuzung links abbiegen nach Thohoyandou und der Beschilderung nach links in eine Schotterstraße folgen, ☏ 015 556 3406, 🖥 www.shiluvari.com. Das Gelände der ruhigen Lodge reicht bis zum Rand des Albasani-Stausees, mit Blick über das Wasser bis zum Soutpansberg. Es gibt große, mit afrikanischer Kunst eingerichtete Zimmer in den Garten-Cottages und in den Rondavels am Seeufer. Die Lodge hat enge Verbindungen zur Ortsgemeinde und half auch, die Kunstroute einzurichten (s. Kasten), und kann ortsansässige Guides organisieren. Ein leckeres Drei-Gänge-Abendessen ist im Restaurant Wood-Owl erhältlich. R1230

Mapungubwe National Park

🕐 tgl. April–Okt 6.30–18, Sep–März 6–18.30 Uhr, letzter Einlass für Tagesbesucher ist 2 Stunden vor Torschluss ▪ Eintritt R176 ▪ Sonnenuntergangs- und Nacht-Safaris R275, geführte Wanderungen R420 ▪ ☏ 015 534 7925, 🖥 www.sanparks.org/parks/mapungubwe

Der **Mapungubwe National Park** hoch im Norden von Limpopo gehört zum Unesco-Weltkulturerbe, hauptsächlich wegen der als „Hügel der Schakale" bekannten Eisenzeitstätte, die einige Fachleute für das erste Königreich Afrikas halten. Der Park liegt am Zusammenfluss der Flüsse Limpopo und Shashi im „Dreiländereck" von Südafrika, Simbabwe und Botsuana und ist definitiv einen Umweg wert für alle, die auch nur das geringste Interesse an Archäologie haben. Der Park besteht aus einer Ost- und einer Westhälfte, verbunden nur über die Hauptstraße. Dazwischen liegt ein großes Stück Privatbesitz. Der Haupteingang, der Hügel der Schakale und die meisten Unterkünfte liegen an der Ostseite bei Musina.

Kunsthandwerk der Venda und Tsonga

Die **Venda**- und **Tsonga**-Region haben einen guten Ruf für **Kunsthandwerk**. Am bekanntesten sind Keramiktöpfe mit markanten, eckigen Mustern in Silbergrau und Ocker. Wachsender Beliebtheit erfreuen sich auch abstrakte bis praktische Holzschnitzereien. Die besten sind manchmal einfallsreich und gewagt, oft aber einfach unfertig und überteuert. Zum Teil finden sich auch Wandteppiche, Stoffe, Körbe und Malerei.

Die weit verteilten Künstlerdörfer sind häufig schwer zu finden und liegen an abenteuerlich schlechten Straßen. Die Ribolla Tourism Association hinter dem Schweizer Missionskrankenhaus in Elim, ☏ 015 556 4262, ✉ ribollata@mweb.co.za, hat daher eine beschilderte **Kunstroute** in der Region eingerichtet, für die sie kostenlose Landkarten verteilt. Sie hat auch gut informierte Guides. 🕐 Mo–Fr 8.30–16.30 Uhr.

Alternativ kann man die Kunsthandwerksgeschäfte in der Shiluvari Lakeside Lodge (s. o.) und im Madi a Thavha Resort (S. 685) besuchen.

Als einer der frühesten Schmelztiegel des südlichen Kontinents hat Limpopo zahlreiche wichtige **archäologische Ausgrabungsstätten**, die Stück für Stück ein Bild der Völker liefern, die Tausende von Jahren das Land bewohnten. Einige der interessantesten Stätten liegen dort, wo Eisen verhüttet wurde. Dies gilt als Übergang von einer Steinzeit- zur Eisenzeitkultur, der mit einer Verbesserung der Ackerbau- und Kriegswerkzeuge einherging und vor rund 1500 Jahren ein wichtiger Faktor bei der Migration afrikanischer Stämme nach Südafrika war. Die deutlichsten Hinweise bieten Schlacke und andere Abfallprodukte; das Eisen selbst überlebt selten die Erosion. Einige der aufschlussreichsten Ausgrabungen sind **Thulamela** im Krüger-Nationalpark, nicht weit vom Punda Maria Gate, das Kulturdorf **Bakone Malapa Open-Air Museum** außerhalb von Polokwane (S. 673), **Makapan's Cave** bei Mokopane (S. 673), **Masorini**, ebenfalls im Krüger-Park, nicht weit von Phalaborwa (S. 649) und – wichtigste Stätte der ganzen Provinz Limpopo – **Mapungubwe** (Hügel der Schakale) westlich von Musina.

Das großartige Tierschauspiel hat hier eine ungewöhnliche Kulisse aus Sandsteinformationen, Mopanewäldern, Uferwäldern und einer Landschaft mit außerirdisch anmutenden Affenbrotbäumen. Zu sehen sind Elefanten, Giraffen, weiße Nashörner sowie verschiedene Antilopen, darunter Elenantilopen und Spießböcke. Wer Glück hat, sieht Raubtiere wie Löwe, Leopard und Hyäne. Es gibt auch gut 400 Vogelarten, darunter Schreiseeadler, Riesentrappe, Boubouwürger und die prachtvolle Ge Pel-Fischeule.

Man kann den Park im eigenen Wagen erkunden. 35 km der Schotterstraßen sind für normale Autos geeignet und weitere 100 km können mit einem Allradfahrzeug befahren werden. Morgens und abends gibt es auch dreistündige Safarifahrten und Wanderungen für Übernachtungsgäste. Am Haupttor befinden sich ein Restaurant und ein Kuriositätenladen.

Hügel der Schakale

Heritage Tour 7, 10 und 15 Uhr vor dem Haupttor
▪ R230 plus Eintritt in den Park ▪ Reservierung am Haupttor oder unter ☎ 015-534 7925

Der **Hügel der Schakale** liegt eine Stunde Autofahrt vom Haupttor entfernt. Der Besuch ist nur im Rahmen einer zweistündigen **Heritage Tour** möglich. Ein fachkundiger Guide erläutert die archäologischen Funde der Ausgrabung vor dem Hügel. Anschließend geht es über Stufen hinauf an die Stelle, wo der König und seine ausgedehnte Familie lebten. Der Hügel wurde 1932 von einem Bauern „entdeckt", der auf der Gra-

nitkuppel verschiedene Objekte fand, darunter ein winziges Nashorn und eine Schüssel – beides aus Gold. Der Hügel hatte jedoch für das örtliche Modimo-Volk schon lange vorher eine spirituelle und mythologische Bedeutung. Man geht davon aus, dass die Zivilisation um Mapungubwe 1000–1300 n. Chr. ihre Blüte erlebte. Davor hinterließen die Khoi- und San-Stämme bereits mit Felsmalereien ihre Spuren in der Region. Die eindrucksvollste dieser Stätten liegt außerhalb des Parks (aber noch innerhalb des Unesco-Weltkulturerbes) am Kaoxa Bush Camp (s. u.).

Mapungubwe Museum and Interpretative Centre

🕐 tgl. 8–16 Uhr ▪ R55 plus Eintritt in den Park

Am Haupttor steht das fantastische und informative **Mapungubwe Museum and Interpretative Centre**, das mit seinen gewölbten Kuppeldächern bereits mehrere Architekturpreise eingeheimst hat. Allerdings werden hier aus Konservierungs- und Sicherheitsgründen nur wenige der originalen Goldfunde ausgestellt. Man kann unter anderem das Replikat eines goldenen Nashorns bewundern. Alles Wissenswerte über Mapungubwe erfahren die Besucher von den Museumsführern.

Kaoxa Bush Camp

Zwischen dem östlichen und westlichen Teil des Mapungubwe National Parks schmiegt sich das Kaoxa-Wildnisgebiet, ein Privatbesitz, auf dem das **Kaoxa Bush Camp** steht. Das wunderschön rustikale Camp liegt auf einem Hügel mit Blick auf den Zusammenfluss von Limpopo und Shashi und hinüber nach Simbabwe und Botsuana. Im Gelände, das zu den Flüssen hinunterführt, sind Tiere aus Simbabwe und Botsuana häufige Gäste, und Schilder im Camp weisen darauf hin, dass Elefanten Vorfahrt haben. Anders als im Nationalpark können sich Gäste zu Fuß oder mit dem Auto unabhängig bewegen (nachdem sie die langatmige Haftungsfreistellung unterschrieben haben). Wer das tut, sollte sich aber vorher informieren, denn es laufen ja durchaus hungrige Tiere herum. Nur die fantastische Felsmalereistätte darf man nicht alleine besichtigen; Gäste werden vom Personal begleitet.

ÜBERNACHTUNG

Kaoxa Bush Camp, abseits der R572, ☎ 072 536 6297, 🖥 http://kaoxacamp.com. Die Unterkunft bietet 3 rustikale Stein-Cottages mit atemberaubendem Ausblick von großen Terrassen – eine gute Entschädigung dafür, dass es zwar Strom, aber keine AC gibt (es wird hier sehr heiß!). Es gibt auch 3 gemütlich eingerichtete Safarizelte mit ebenso toller Aussicht. Alles ist für Selbstversorger, mit gemeinsamer Küche und Essbereich. Cottage R920, Safarizelt R725

SANParks-Unterkünfte, ☎ 012 428 9111 oder 015 534 7925, 🖥 www.sanparks.org./parks/mapungubwe. Innerhalb des Parks befinden sich diverse Unterkünfte. Im wunderschönen **Leokwe Camp**, 11 km vom Haupttor entfernt, gibt es geräumige Cottages und einen natürlichen Felspool. Von hier aus ist es nicht weit zum Aussichtspunkt mit Blick auf den Zusammenfluss von Limpopo und Shashi. Die **Tshugulu Lodge**, 23 km vom Haupttor entfernt, verfügt über eine Lodge für bis zu 8 Personen und ein Cottage für 4. Das **Limpopo Forest Tented Camp**, 40 km vom Haupttor entfernt, hat Zweierzelte mit Bad und Gemeinschaftsküche. Das **Vhembe Wilderness Camp** liegt 13 km Haupttor entfernt und bietet 4 einfache Hütten und eine Gemeinschaftsküche; von hier aus kann man zum Limpopo River zu Fuß gelangen. Die **Mazhou Camping Site** liegt ganz in der Nähe vom Limpopo Forest Tented Camp und hat sämtliche Versorgungseinrichtungen einschließlich Stromanschluss. Camping R305, Leokwe Cottages R1475

TRANSPORT

Mit dem **Auto** gibt es mehrere Anfahrtstrecken zum Park. Das Eingangstor liegt rund 60 km westlich von Musina und der N1 an der R572 Richtung Pont Drift, dem Grenzübergang nach Botsuana. Alternativ kann man die N1 weiter südlich bei Polokwane verlassen und dann die R521 über Dendron, Vivo und Alldays nehmen und an der Parkgrenze rechts in die R572 abbiegen und bis zum Tor weiter fahren; von Polokwane sind es auf dieser Strecke rund 215 km. Auf dem Weg zum Park sollte man volltanken; die nächsten Tankstellen gibt es in Musina und Alldays.

Die einzigen öffentlichen Verkehrsmittel im Mapungubwe National Park sind **Minibustaxis** ohne festen Fahrplan von Musina. Sinnvoll ist diese Option aber nur, wenn man das Museum and Interpretive Centre besuchen oder bei der Heritage Tour mitmachen möchte und dann weiterreist.

Lesotho

Das gänzlich von Südafrika umschlossene „Bergkönigreich" Lesotho blickt stolz auf seine Unabhängigkeit und unterscheidet sich deutlich von seinem Nachbarn. Während sich die benachbarte Regenbogennation Südafrika in vielfacher Hinsicht europäisch präsentiert, hegt das weltabgeschiedene, märchenhaft schöne Lesotho würdevoll sein afrikanisches Erbe.

Stefan Loose Traveltipps

BASOTHO

17 **Pony-Trekking** Der gemächliche Ritt von Dorf zu Dorf, durch atemberaubende Berglandschaften und vorbei an mächtigen Wasserfällen, ist ideal, um Lesotho kennenzulernen. S. 703

Thaba Bosiu Den Ausblick von der Bergfestung genießen, von der aus Moshoeshoe I., Lesothos bedeutendster König, sein Reich gegen Angreifer schützte. S. 704

Maletsunyane Falls Der spektakuläre Wasserfall im Herzen des Hochlands stürzt 200 m tief in eine Schlucht und lässt sich zu Fuß oder per Pony erreichen. S. 706

Highlands Water Project Beim Besuch des zweithöchsten Staudamms Afrikas bei Katse und des Kraftwerks von 'Muela kann man alles über das ambitionierteste Wasserkraftprojekt Lesothos erfahren. S. 713

Roof of Africa Road Die kurvenreiche Straße von Butha-Buthe zum Sani Pass mäandert durch grandiose Berge und Täler. S. 716

Sehlabathebe National Park Ein wunderbar abgeschiedenes Bergreservat mit tollen Wandermöglichkeiten. S. 725

PONY-TREKKING NAHE MALEALEA

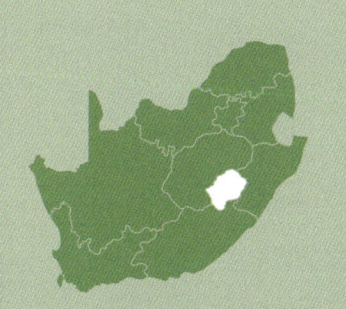

Inhalt

Lesotho (ausgesprochen „Le-su-tu") blickt stolz auf seine Unabhängigkeit und unterscheidet sich deutlich von seinem Nachbarn. Nur wenige Menschen in den entlegeneren Ecken dieses gebirgigen Landes sprechen Englisch oder Afrikaans. Doch die Sprachbarriere lässt sich leicht überwinden, denn die Bewohner des Landes – die **Basotho** – zählen zu den gastfreundlichsten Völkern im Süden Afrikas.

Ein sowohl physisch als auch psychisch wohltuender Unterschied zu den Nachbarländern ist, dass es hier fast keine Zäune gibt, wodurch Trekking-Touren ins Hochland ungehindert möglich sind.

Fast überall in Lesotho gestaltet sich das Reisen abenteuerlich: Man findet weder Autobahnen noch luxuriöse Intercity-Busse (und keine Fahrpläne). Aber es existiert ein gutes Netz asphaltierter Straßen, auf denen klapprige Minibusse verkehren. Viele Basotho bevorzugen das **Pony** als Transportmittel, insbesondere im Hochland. Und überall im Land bieten Pony-

Stefan Loose Traveltipps (Traveltipps s. S. 691)

ÖFFNUNGSZEITEN GRENZÜBERGÄNGE

Monantsa Pass	8–16 Uhr	Makhaleng Bridge	8–16 Uhr
Caledonspoort	6–22 Uhr	Tele Bridge	8–22 Uhr
Ficksburg Bridge	24 Std.	Ongeluksnek	8–16 Uhr
Peka Bridge	8–16 Uhr	Qacha's Nek Gate	8–20 Uhr
Maseru Bridge	24 Std.	Ramatseliso's Gate	8–18 Uhr
Van Rooyen's Gate	6–22 Uhr	Ngoangoana Gate	8–16 Uhr
Sepapu's Gate	8–16 Uhr	Sani Pass	6–16 Uhr

Trekking-Lodges auch Besuchern diese Art der Fortbewegung an.

Lesotho ist das einzige Land der Welt, das ausnahmslos auf einer Höhe von über 1000 m liegt, weshalb es seinem Beinamen „The Kingdom in the Sky" (Königreich im Himmel) alle Ehre macht. Selbst das aus Sandstein bestehende **Lesotho-Tiefland**, das sich in einem Halbkreis um den Westrand des Landes erstreckt, würde anderswo als Hochland gelten. In diesem Gebiet sind sämtliche größeren Städte angesiedelt, darunter die geschäftige Hauptstadt **Maseru** mit ihrer typisch afrikanischen Mischung aus neuen Glasfassaden, hupenden Taxis und staubigen Straßen. Sehenswürdigkeiten im Tiefland sind unter anderem die Webereien von **Teya-Teyaneng**, die sensationellen Höhlen in der Nähe von **Mateka-Felszeichnungen** bei **Liphofung** und die von König Moshoeshoe I., dem Gründer Lesothos, erbaute Bergfestung **Thaba Bosiu**.

Auf rund 1400 m ü. d. M. geht der Sandstein in das Basaltgestein über, aus dem der überwiegende Teil des wunderschönen, gebirgigen **Lesotho-Hochlands** besteht. Über die steilen, kurvigen Straßen, die in die Berge führen, kann man die meisterhafte Ingenieursleistung der **Staudämme Katse** und **Mohale** aus der Nähe betrachten, in den Maloti Mountains Ski laufen, nach Lust und Laune in jedem Fluss angeln und vor allem: wandern und dabei sowohl entlegene Dörfer aus schlichten, strohgedeckten Steinhütten als auch die friedvolle Einsamkeit der Berge kennenlernen. Drei Naturschutzgebiete sind die Anreise besonders wert und bieten sich als traumhafte Bergwandergebiete an: Der **Ts'ehlanyane National Park** und das **Bokong Nature Reserve**, beide in der Front Range der Maloti Mountains und leicht mit normalen Fahrzeugen erreichbar, sowie der abgeschiedene **Sehlabathebe National Park** im Osten des Landes.

Der **Winter** in Lesotho dauert von Mai bis Juli. Während dieser Zeit schneit es im Hochland häufig und manchmal auch im Tiefland. Obgleich die Tage normalerweise klar und warm sind, wird es nachts bitterkalt. Im Hochland kann Eisglätte das Fahren gefährlich beeinträchtigen und selbst geteerte Straßen möglicherweise tagelang wegen Schneefalls unpassierbar machen. Eine herrliche Zeit ist der **Frühling** (Aug–Okt), wenn der Schnee schmilzt und überall junge Pflanzen sprießen. Von November bis Januar regiert der **Sommer**, der Lesotho die meisten, oft sintflutartigen Regenfälle beschert und unbefestigte Straßen in rutschige Schlammpisten verwandelt. Wenn es aber nicht regnet, ist es meistens sonnig und die Landschaft leuchtet in allen Schattierungen von saftigem Grün. Zu den lohnendsten Zeiten für einen Besuch zählt der **Herbst** (Feb–April). Er zeichnet sich im Allgemeinen durch weniger Niederschläge und gemäßigte Temperaturen aus. Zu jeder Jahreszeit können die Nächte in Lesotho jedoch sehr kalt werden, insbesondere im Hochland, wo zudem jederzeit mit raschen Wetterumschwüngen gerechnet werden muss.

Geschichte

Lesotho verdankt seine Existenz der Entschlossenheit eines einzigen Mannes: **Moshoeshoe I.** (1786–1870). Trotz weitreichender sozialer Umwälzungen und der Landgier vieler Nachbarn gelang es ihm, seinem Volk den notwendigen Lebensraum zu sichern. Bevor die Vorfahren Moshoeshoes ca. 900 n. Chr. in die Region kamen, lebten in Lesotho frei und unbehelligt die San. Heute sind die San verschwunden; sie wurden 1873 im letzten von zahlreichen britischen Vernichtungsfeldzügen ausgelöscht. Sie haben jedoch Spuren hinterlassen: in den Felsmalereien und in der Sesotho-Sprache (darunter einzigartige Schnalz- und Klicklaute), und in der äußeren Erscheinung mancher Basotho sind ihre leicht orientalisch anmutenden Gesichtszüge und hellere Haut erkennbar.

Die Basotho besiedelten zuerst die fruchtbaren Ebenen, die heute das Tiefland Lesothos und den südafrikanischen Freistaat bilden, ehe sie auch die Bergregionen kolonisierten. Über Jahrhunderte bewirtschafteten sie diese Ebenen in relativem Frieden. Zu Moshoeshoes Zeiten hatte jedoch zugewanderte Volksstämme Tausende Basotho von ihrem Land vertrieben.

Moshoeshoe wurde 1820 zum Häuptling ernannt und ließ sich auf einem Berggipfel in der Nähe von Butha-Buthe nieder, wo er vielen Flüchtlingen Schutz bot. Nach einem besonders schweren Angriff auf **Butha-Buthe** entschied Moshoeshoe 1824 jedoch, dass der Ort nicht mehr sicher sei und zog auf der Suche nach ei-

Bücher und Landkarten

Literatur zu Lesotho wird im Morija Museum (S. 719) und in einigen Lodges verkauft, manche führen überdies eine sehr gute **topografische Karte** von Lesotho im Maßstab 1:250 000 (M50), auf der fast alle Wege eingezeichnet sind. Die einzige Bezugsstelle für die sehr detaillierten Karten im Maßstab 1:50 000 (für echte Wandertouren unerlässlich!) ist das Department of Lands, Surveys and Physical Planning in der Lerotholi Road, unweit der Kreuzung mit der Constitution Road, ✆ 2232 2376.

Geld

Lesothos Landeswährung ist der **Loti**, Plural **Maluti** (M), der sich aus 100 Lisenti zusammensetzt und dem Wert des südafrikanischen Rand entspricht (R1=M1). Überall in Lesotho wird der Rand als Zahlungsmittel angenommen. Maluti jedoch werden (abgesehen von ein paar größeren Grenzorten wie Ladybrand) außerhalb von Lesotho nirgendwo akzeptiert oder umgetauscht und sollten daher vor der Ausreise aufgebraucht oder umgetauscht werden.

Ein- und Ausreiseformalitäten

Bürger der meisten westeuropäischen Länder, darunter Deutsche, Österreicher und Schweizer, benötigen kein **Visum**. Wer aus einem **Gelbfiebergebiet** einreist, muss einen internationalen Impfpass mit einer gültigen Gelbfieberimpfung vorweisen. Die Standard-Einreisegenehmigung gilt 14 oder 28 Tage; eine Verlängerung erteilt das Department of Immigration and Passport Services in der Assisi Road in Maseru, ✆ 2232 3771.

Essen

Das **Grundnahrungsmittel** der Basotho ist *papa*, Maismehl, das zu Polenta gekocht und gerührt wird. Alternativ dazu gibt es *nyekoe*, mit Hirse und Weizen vermischte braune Bohnen. Beides ist relativ geschmacksneutral, aber sättigend und wird in der Regel mit irgendeiner Sorte *nama* (Fleisch) und *moroho* (Blattgemüse – meistens Spinat oder Kohl) gereicht. An Straßenständen werden *dipapata*, leckeres gedämpftes Brot, und in Öl gebackene, spritzkuchenartige *makoenya* angeboten.

Gesetzliche Feiertage

1. Januar Neujahr	**25. Mai** Tag der Helden
11. März Moshoeshoe-Tag	**17. Juli** Geburtstag des Königs
Karfreitag	**Himmelfahrt** (Donnerstag)
Ostermontag	**4. Oktober** Unabhängigkeitstag
1. Mai Tag der Arbeit	**25./26. Dezember** Weihnachten

LESOTHO

nem besser zu verteidigenden Berg mit seinen Anhängern nach Süden. Er fand ihn in Gestalt des **Thaba Bosiu**, der zwar wiederholt angegriffen, aber nie eingenommen wurde.

Die Europäer in Lesotho

Ab 1840 rückte das Königreich ins Visier landhungriger Europäer. 1858 entsandte die Regierung des **Oranje-Freistaats** Invasionstruppen, die Morija zerstörten, um dann einen erfolg-

losen Angriff auf Thaba Bosiu zu unternehmen. Ungeachtet des Fehlschlags konnten sie viel Farmland in Besitz nehmen, dessen Aneignung 1860 durch einen Vertrag mit den Briten gebilligt wurde. 1865 nahm die Regierung des Oranje-Freistaats einen von Basotho begonnenen Viehdiebstahl zum Vorwand, um einen neuen Konflikt anzuzetteln. Im anschließenden **Seqiti-Krieg** wurden die Ernte der Basotho zerstört und Moshoeshoe 1866 zur Unterzeichnung eines de-

Telefon

Die **Landesvorwahl** von Lesotho ist ☏ 266, bei Gesprächen aus Südafrika muss ☏ 09266 gewählt werden. Ortsvorwahlen gibt es keine. R-Gespräche müssen bei der internationalen Vermittlung unter ☏ 109 angemeldet werden. Für Anrufe nach Südafrika gilt die internationale Vorwahl +27.

Mautgebühr

Bei der Einreise mit dem Auto wird eine Straßenbenutzungsgebühr von M30 fällig.

Reiseveranstalter

In manchen Ecken Lesothos steckt die touristische Infrastruktur noch in den Kinderschuhen. Vor allem ohne eigenes Fahrzeug kann sich das Organisieren von Aktivitäten wie Pony-Trekking und Besuchen in Naturparks langwierig gestalten.

Wer wenig Zeit hat, ist mit einer **organisierten Tour** wahrscheinlich am besten bedient. Die Malealea Lodge (S. 720) im Südwesten des Landes hat ein paar innovative Kombinationen aus Pony-Trekking und Touren mit dem Geländewagen im Angebot. Die wahrscheinlich beste Informationsquelle bezüglich Mountainbiken ist das Trading Post Guest House in Roma (S. 706). Sie können auch individuelle Touren organisieren.

In Südafrika ist Thaba Tours in Underberg, ☏ +27 33 701 2888, 🖥 www.thabatours.co.za, spezialisiert auf Überlandfahrten in Lesotho mit Anreise via Sani Pass, Pony-Trekking, Radtouren und Wandern.

Sprache

Ein paar Grußformeln der Sprache Sesotho stehen im Anhang (S. 756).

Websites

🖥 **www.gov.ls** Das Portal der Regierung von Lesotho mit Landesnachrichten und Links zu den verschiedenen Ministerien, darunter zum Tourismusministerium.

🖥 **www.publiceyenews.com** Unabhängige, lokale Website mit Nachrichten, Politik, Wirtschaft und Events.

🖥 **www.seelesotho.com** Reichhaltige Informationsquelle bezüglich der Geschichte, Kultur, Flora und Fauna von Lesotho, außerdem Tipps zu Sehenswürdigkeiten und wie man hinkommt.

🖥 **www.sesotho.web.za** Erste Anlaufstelle für Leute, die Sesotho lernen möchten. Enthält Anleitungen zur Aussprache von Grußformeln und einfachen Sätzen, Empfehlungen zu Publikationen auf Sesotho sowie ein Online-Wörterbuch.

🖥 **www.visitlesotho.travel** Lesothos offizielle Tourismus-Website bietet Karten, eine Auflistung von Unterkünften und Restaurants sowie Reiseroutentipps und Kontaktdetails.

mütigenden Vertrags gezwungen, durch den er einen Großteil seines verbleibenden fruchtbaren Landes abtrat. 1867 flammte der Krieg wieder auf und wurde erst durch das Eingreifen der Briten beendet, die die Reste des Königreichs 1868 als **Basotholand** unter ihr Protektorat stellten. Mit dem Vertrag von Aliwal North erhielt Moshoeshoe 1869 das Land östlich des Caledon River wieder zurück, die übrigen Gebiete jedoch verblieben bis heute beim Freistaat.

1870 starb Moshoeshoe. Ein Jahr später übertrugen die Briten die Verwaltung Basotholands der Kap-Kolonie, die ihren neuen Untertanen Steuern auferlegte und Steuereintreibestellen einrichtete. Aus Letzteren erwuchsen Lesothos Kleinstädte. Als die Kap-Regierung 1879 beschloss, sämtliche Schusswaffen der Basotho zu konfiszieren, schlug die Unzufriedenheit in Rebellion um. Es kam zum **Gun War**, einer der wenigen bewaffneten Auseinandersetzungen der

Kolonialzeit, aus denen die Einheimischen siegreich hervorgingen. Zur „Belohnung" wurden die ruhmreichen Basotho ab 1884 nun wieder direkt von Großbritannien aus regiert.

Unabhängigkeit

Ebenso wie Bechuanaland und das 2018 in eSwatini umbenannte Swasiland lehnte auch Basotholand 1910 die Eingliederung in die Südafrikanische Union ab. Stattdessen unterstützte **König Letsie II.** 1912 die Gründung des South African Native National Congress (des späteren ANC). In den folgenden Jahren verloren Monarchie und Häuptlinge an Einfluss. Ursache dafür waren zum Teil britische Reformen, die die einstigen Machtträger in das System kolonialer Staatsdiener zwangen, aber auch soziale Veränderungen in der Region, denen sie sich nicht anzupassen vermochten. Als **Moshoeshoe II.** 1960 gekrönt wurde, befand sich die Unabhängigkeitsbewegung unter Führung von Ntsa Mokheles panafrikanischer Basotho Congress Party (BCP) auf ihrem Höhepunkt. Ihr Konkurrent war die konservativere Basotho National Party (BNP). Nach einem knappen Wahlsieg 1965 führte die BNP das nun in Lesotho umbenannte Land am 4. Oktober 1966 in die **Unabhängigkeit**. Nach der verlorenen Wahl von 1970 jedoch annullierte Premierminister Leabua Jonathan das Wahlergebnis, verhängte den Ausnahmezustand und blieb bis zu seinem Sturz beim Militärputsch 1986 durch Generalmajor Metsing Lekhanya an der Macht. Lekhanya ordnete die **Verbannung des ANC** aus Lesotho an und unterzeichnete im gleichen Jahr einen Vertrag mit der südafrikanischen Apartheidregierung über das **Lesotho Highlands Water Project** (Kasten S. 713).

1990 zwang Lekhanya Moshoeshoe II. ins Exil und setzte Moshoeshoes Sohn als **Letsie III.** auf den Thron. 1991 wurde Lekhanya selbst von Generalmajor Phisona des Amtes enthoben. Phisona machte den Weg für eine 1993 **demokratisch gewählte Regierung** unter Mokheles BCP frei. 1995 dankte Letsie zugunsten seines Vaters ab. Doch ein Jahr später kam Moshoeshoe II. bei einem Autounfall ums Leben und Letsie bestieg erneut den Thron.

1997 trennte sich die BCP von Mokhele und rief den Lesotho Congress for Democracy (LCD) ins Leben. Dann musste Mokhele aus gesundheitlichen Gründen zurücktreten, kurz vor den **Wahlen von 1998**, die sein Nachfolger Pakalitha Mosisili haushoch gewann – viele sprachen von **Wahlbetrug**. Im Juli und August kam es vor dem Königspalast in Maseru zu Massendemonstrationen für Neuwahlen. Die Proteste gipfelten in einer **Rebellion** der Streitkräfte. Im September überquerten **südafrikanische Soldaten** als Friedenstruppe der Entwicklungsgemeinschaft des südlichen Afrika (SADC) die Grenze. Es kam zu heftigen Gefechten in der Umgebung von Militärstützpunkten und am strategisch wichtigen Katse-Staudamm. Gleichzeitig protestierten Tausende gegen die Intervention Südafrikas, und im ganzen Land wurden Geschäfte und Büros geplündert und in Brand gesteckt. Nach den Ausschreitungen von 1998 wurde das Wahlsystem in Lesotho reformiert und ist jetzt eine Mischung aus repräsentativem und Mehrheitswahlrecht: 80 Parlamentssitze werden durch Mehrheitswahl und 40 durch Verhältniswahl vergeben. Trotz einiger Unregelmäßigkeiten und Unruhen verliefen die nachfolgenden Wahlen ohne größere Zwischenfälle.

2012 fand in Lesotho ein historischer Machtwechsel statt. Zum ersten Mal gelangte ein Oppositionspolitiker an die Spitze der Regierung. Tom Thabane, früherer Außenminister in der LCD-Regierung, war nach seinem Ausscheiden aus der LCD 2006 Mitbegründer der neuen All Basotho Convention (ABC), die aus den Wahlen im Mai 2012 als zweitstärkste Kraft hervorging. Am 8. Juni 2012 wurde er als Premierminister in einer Koalitionsregierung vereidigt. Am 30. August 2014 versuchte die Lesotho Defence Force (LDF) Thabane zu stürzen, nachdem dieser die Nationalversammlung aufgelöst hatte. Thabane floh nach Südafrika, konnte aber unter südafrikanischem Polizeischutz im September wieder zurückkehren. Nach zähen Verhandlungen wurde der für 2017 vorgesehene nächste Wahltermin schließlich auf 2015 vorgezogen. Die ABC verlor ihre Mehrheit, konnte sie aber nach erneuten Wahlen 2017 wiedergewinnen.

Lesothos Zukunft

Die wirtschaftlichen Aussichten Lesothos sind durchaus vielversprechend. So stecken bei-

LESOTHO

spielsweise im **Bergbau** beachtliche Reichtümer: Seit ihrer Wiedereröffnung 2004 wurden in der Diamantenmine bei Letseng die vier größten Diamanten der Welt entdeckt, und die Mine besitzt das Potenzial, in den kommenden Jahren bis zu 15 % von Lesothos BIP zu decken. Die Regierung versucht weiterhin, finanzielle Unterstützung internationaler Geldgeber zu erhalten, um die Armut zu bekämpfen. Daneben sind die Erträge aus den Rechten am **Lesotho Highlands Water Project** noch für absehbare Zeit gesichert.

Dennoch steht das Land vor einer Reihe ungelöster Riesenprobleme. Es herrscht **Armut**, besonders in den ländlichen Gebieten, wo die meisten Menschen von Subsistenzlandwirtschaft leben. Auch die **Umweltzerstörung** ist nach wie vor ein brisantes Thema, wie die zahlreichen Erosionsrinnen (*dongas*) deutlich machen. Und in ökonomischer Hinsicht hat Lesotho sich noch nicht von den massiven Einbrüchen im Textilexport in Folge der Konkurrenz aus China erholt und leidet unter einer sehr hohen **Arbeitslosigkeit**. Am besorgniserregendsten jedoch ist die Ausbreitung von **HIV/Aids** in Lesotho: 23 % der Bevölkerung ist HIV-positiv. Damit sind die Ansteckungszahlen nach denen von eSwatini (ehem. Swasiland) die höchsten der Welt, und die durchschnittliche Lebenserwartung, die eine Zeit lang auf 43 Jahre gesunken war, liegt momentan bei 50 Jahren. Korruption, Inkompetenz und politische Grabenkämpfe behindern jeglichen Fortschritt. Was die Zukunft für das Bergkönigreich bringt, hängt davon ab, wie es diesen Herausforderungen begegnet.

Grenzübergänge und Anreise
Auto
Von Südafrika gibt es 14 Grenzübergänge nach Lesotho mit unterschiedlichen Öffnungszeiten (Karte S. 692). Am einfachsten zu erreichen sind die im westlichen Tiefland, darunter Caledonspoort (350 km von Johannesburg und bequem in vier bis fünf Stunden erreichbar), Ficksburg Bridge und Maseru Bridge. Am Wochenende herrscht an den Hauptübergängen wegen der grenzüberschreitenden Berufspendler viel Andrang. Dann ist es eventuell besser, einen Umweg in Kauf zu nehmen und auf einen kleineren auszuweichen. Öffnungszeiten der Grenzübergänge auf Karte S. 692. Wer im Auto in Südafrika gemietet hat, muss sich vom Vermieter die vorgeschriebenen Papiere für den Grenzübertritt (meist R500 extra; manche Vermieter verlangen zusätzlich eine Grenzübertrittsgebühr) aushändigen lassen und sollte sich vergewissern, dass die Versicherung auch für Fahrten auf Schotterpisten und im Winter in Lesotho gilt.

Busse
Es gibt keine Intercity-Busverbindung zwischen den südafrikanischen Städten und dem wichtigsten Grenzübergang nach Lesotho: Maseru Bridge (2 km vom Stadtzentrum Maserus). In Ladybrand muss man in ein Minibustaxi umsteigen.

Minibustaxis
Tagsüber fahren zahlreiche Minibustaxis von Johannesburg, Bloemfontein und Durban und weniger häufig von einer Reihe kleinerer Städte im Freistaat und der Nordwest-Provinz zu verschiedenen Grenzübergängen im westlichen Tiefland Lesothos, insbesondere zur Maseru Bridge, Ficksburg Bridge (bei Maputsoe) und Caledonspoort in der Nähe von Butha-Buthe. Von allen diesen Übergängen bestehen jede Menge Transportmöglichkeiten für die Weiterfahrt innerhalb von Lesotho. Von Süden her besteht auch die Möglichkeit, mit einem Allradfahrzeug, einem Minibustaxi oder einem Mietwagen von Underberg in KwaZulu-Natal (S. 483) über den spektakulären Sani Pass nach Lesotho einzureisen.

Flüge
Man kann nur von Johannesburg aus nach Lesotho fliegen. South African Airlink fliegt den Moshoeshoe I International Airport an, 18 km südöstlich von Maseru (3x tgl., 1 Std.). Taxis und ein Shuttlebus (M100) verbinden den Flughafen mit der Stadt.

Unterwegs in Lesotho
Auto
Lesotho besitzt ein gutes Netz asphaltierter Straßen, doch abgelegenere Ziele sind meist nur auf Sandpisten (oft mit Felsbrocken übersät) erreichbar. Dank der neuen Teerstraße zwischen Mokhotlong und Sani Pass ist die Haupt-

strecke von Maseru nach Norden bis zur Grenze unproblematisch. Die herrliche Straße von Leribe zum Katse-Staudamm ist asphaltiert, ebenso die Straße von Maseru bis Thaba-Tseka. Da sich die Schotterstraße zwischen Thaba-Tseka und Katse mit einem normalen Pkw meistern lässt, kann man auf dieser Strecke innerhalb von zwei oder drei Tagen eine Rundfahrt von Maseru über Thaba-Tseka und Katse bis Leribe unternehmen. Die Südroute von Maseru ist bis Qacha's Nek geteert. Die Benzinpreise sind ungefähr dieselben wie in Südafrika; Bleifrei gibt's in Maseru fast überall, andernorts kann es schwierig werden. Bei Annäherung an einen Straßenkontrollposten unbedingt am Stoppschild anhalten und warten, bis ein Polizist das Zeichen zum Weiterfahren gibt. Zugelassene Höchstgeschwindigkeit ist 80 km/h bzw. 50 km/h in Ortschaften.

Minibustaxis

Billige Minibustaxis stellen das wichtigste öffentliche Transportmittel dar. Sie verkehren auf den wichtigeren Strecken mindestens bis zum frühen Nachmittag.

Busse

Busse sind langsamer und noch unbequemer, aber sicherer als Minibustaxis, und sehr billig. Sie fahren einfach los, wenn sie voll sind, genau wie die Minibustaxis.

Maseru und die Zentralregion

Maseru ist ein gut erreichbares Einfallstor nach Lesotho und das mit Abstand entwickeltste urbane Zentrum des Landes. Die Hauptstadt empfiehlt sich als Ausgangspunkt für die Erkundung von Lesotho. Außerdem ist es der beste Ort, um Proviant einzukaufen und die Weiterreise zu organisieren. Abgesehen von ein paar eleganten Sandsteingebäuden aus der Kolonialzeit hat Maseru nicht viel Sehenswertes zu bieten. Doch wer ein paar Tage bleibt, kann zahlreiche Abstecher in die Umgebung unternehmen, etwa zum **Thaba Bosiu**, dem „Berg der Nacht", auf

dem Moshoeshoe I., Begründer der Nation, fast 50 Jahre lang herrschte.

Das ein Stück weiter gelegene **Roma** ist das akademische Zentrum des Landes. Südlich von Roma führt eine Straße hoch ins **zentrale Hochland** – eine der eindrucksvollsten Strecken im Land. Am Ende der Straße liegt das Dorf **Semonkong** mit einer sagenhaften Lodge, dem atemberaubenden Maletsunyane-Wasserfall und einer großen Bandbreite von Outdooraktivitäten. Östlich von Roma schraubt sich die wunderbare geteerte A3 nach oben in die **Zentralregion**. Hier ist besonders der Abschnitt zwischen dem beeindruckenden Mohale-Staudamm und **Thaba-Tseka** überaus spektakulär.

Maseru

Maseru, Hauptstadt und einzige große Stadt des Landes, erstreckt sich östlich des Caledon River, der die Grenze zu Südafrika markiert. Maseru wurde 1869 von den Briten als Verwaltungszentrum des gerade frisch annektierten Basotholands gegründet. Allerdings verschwendete Großbritannien genauso wenig Energie in die Entwicklung der Stadt wie in die des restlichen Landes; man ging zweifellos davon aus, dass sie durch die Eingliederung von Basotholand in Südafrika nichts weiter als eine unbedeutende südafrikanische Kleinstadt werden würde.

In den letzten Jahren hat die von Elendsvierteln umgebene Stadt ein rasches Wachstum erlebt, denn die in den ländlichen Gebieten Lesothos herrschende Armut treibt immer mehr Menschen auf der Suche nach einem besseren Leben in die Hauptstadt. Das hat Maseru eine hohe Arbeitslosenquote beschert. Das kompakte Zentrum voller Modeboutiquen und mit Handy bewaffneter Menschen erfüllt allerdings sämtliche Merkmale einer fortschrittlichen afrikanischen Großstadt.

Die älteren und auch einige neue Gebäude von Maseru bestehen aus kunstvoll behauenem **Sandstein**, dem die Stadt ihren Namen verdankt. Mehrere hässliche Betonblöcke verunstalten leider den Gesamteindruck. Das Tagesgeschehen spielt sich überwiegend auf dem **Kingsway** und Umgebung ab. Diese Verkehrs-

Kunsthandwerk

Das gefragteste Kunstgewerbe in Lesotho sind Wolltaschen, Teppiche und Basotho-Hüte. Im Basotho Hat Building im Zentrum befindet sich der hervorragende **Lesotho Cooperative Handicrafts Shop**, ✆ 2232 2523 (Karte S. 700–701), das auch eine kleine Auswahl an Büchern verkauft, die vom Morija Museum herausgegeben wurden. Weiteres Kunsthandwerk, vor allem Basotho-Hüte *(mokorotlo)*, wird in der Nähe auf den Bürgersteigen angeboten. Gute Kunsthandwerksläden im Umkreis der Stadt sind **Maseru Tapestries & Mats**, ✆ 2231 3975, gleich abseits Main Saouth Road (Karte S. 700–701), wo es handgewebte Decken und Teppiche gibt, sowie das ähnliche **Seithati Weavers**, 8 km außerhalb an der Main Saouth Road, ✆ 2231 3975 (Karte S. 700–701).

ader durchzieht die ganze Stadt und präsentiert sich nach Osten Richtung Kathedrale hin zunehmend schäbiger und wuseliger. Im Vergleich zu den meisten Städten in Südafrika ist Maseru relativ sicher. Wer dieselben **Vorsichtsmaßnahmen** einhält, die auch in anderen afrikanischen Städten angebracht sind, kann sich hier tagsüber unbeschwert bewegen. Bei Nacht herumzuspazieren, ist allerdings keine gute Idee.

Sehenswertes

Berühmtestes Wahrzeichen der Stadt war einst das Trio neo-traditioneller Gebäude am Westende des Kingsway, bis der **Basotho Shield**, in dem die Touristeninformation untergebracht war, 2011 unglücklicherweise abbrannte. Übrig geblieben sind die **Basotho Hut** mit dem Restaurant Regal (S. 702) und das **Mokorotlo Building (Basotho Hat)** mit dem Kunsthandwerksladen Lesotho Cooperative Handicrafts (S. 699). Der Großteil der Stadt erstreckt sich östlich von hier entlang des Kingsway. Viel zu sehen gibt es dort nicht, abgesehen von einer Handvoll Kolonialgebäude: die **Alliance Française**, ✆ 2232 5722, ⏰ Mo–Do 9–13 und 14–19, Fr 9–13 und 14–17, Sa 8.30–13 Uhr, in der ehemaligen Bibliothek an der Kreuzung Pioneer Road, die frühere **Anglikanische Kirche** gleich daneben und das **Resident**

Commissioner's House (heute ein Regierungsgebäude) von 1891, links unter dem aufragenden Postamtsgebäude. Der Kingsway endet am Kreisverkehr an der **römisch-katholischen Kathedrale** und teilt sich dort in die Main North Road und Main South Road.

ÜBERNACHTUNG

Nirgendwo sonst in Lesotho hat man eine so große Auswahl an Unterkunftsmöglichkeiten vom Zeltplatz bis hin zur Luxussuite in einem noblen Hotel wie in Maseru. Wer kein eigenes Transportmittel hat, ist im Zentrum, also auf oder am Kingsway, am besten aufgehoben.
Avani Lesotho, Hilton Rd, ✆ 2224 3000, 🖥 www.minorhotels.com; Karte S. 700–701. Die größte und eleganteste Hotelanlage von Maseru bietet gut ausgestattete, eher kleine Zimmer mit TV und schöner Aussicht. Zahlreiche Sporteinrichtungen, Spa, Casino, Kino und mehrere Restaurants. M1591
Avani Maseru, 12 Orpen Rd, ✆ 2231 2434, 🖥 www.minorhotels.com; Karte S. 700–701. Zweites der Avani-Hotels in Maseru mit ordentlichen Zimmern in gepflegter, stiller Parkanlage, beliebter Abendtreff der Einheimischen. Gutes Restaurant und großer Pool. M1320
Black Swan Guesthouse, 28 Manong Rd, Hillsview, ✆ +27 72 580 4614 (Südafrika), 🖥 www.blackswan.co.ls; Karte S. 700–701. Das in einem ruhigen Wohnviertel gelegene Hotel auf einem gepflegten Gelände mit Ententeich hat 16 saubere, hübsche Zimmer und ein kleines Schwimmbad. M880
City Stay West, 221 Moshoeshoe Rd, Maseru West, ✆ 2232 4215, ✉ citystaywest@gmail.com; Karte S. 700–701. Das schicke Guesthouse nördlich des Zentrums bietet elegante Zimmer mit Bad. M770
Foothills Guesthouse, 121 Maluti Rd, Maseru West, ✆ 5870 6566, 🖥 www.foothills.co.ls; Karte S. 700–701. Das Sandsteingebäude im Kolonialstil in ruhiger Lage bietet einfache, heimelige Unterbringung, darunter 6 makellose Zimmer und einige Selbstversorger-Chalets. M600
Lancer's Inn, Kingsway, Ecke Pioneer Rd, ✆ 2231 2114, 🖥 www.lancersinn.co.ls; Karte

LESOTHO

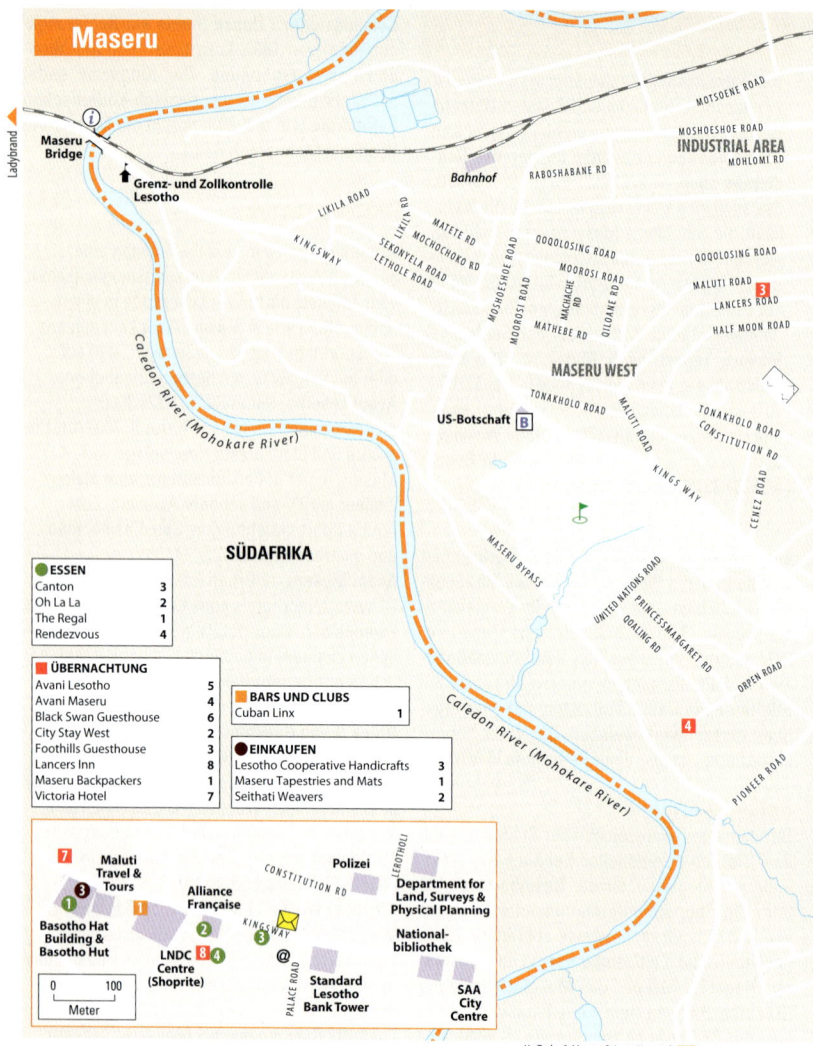

Maseru

Ladybrand

Maseru Bridge

Grenz- und Zollkontrolle Lesotho

Caledon River (Mohokare River)

SÜDAFRIKA

MOTSOENE ROAD

MOSHOESHOE ROAD

INDUSTRIAL AREA
MOHLOMI RD

Bahnhof

RABOSHABANE RD

LIKILA ROAD

KINGSWAY

LIKILA RD

MATETE RD

MOCHOCHOKO RD

SEKONYELA ROAD

LETHOLE ROAD

MOSHOESHOE ROAD

MOOROSI ROAD

MATHEBE RD

MACHACHE RD

QILOANE RD

QOQOLOSING ROAD

MOOROSI ROAD

QOQOLOSING ROAD

MALUTI ROAD **3**

LANCERS ROAD

HALF MOON ROAD

MASERU WEST

US-Botschaft **B**

TONAKHOLO ROAD

MALUTI ROAD

KINGS WAY

TONAKHOLO ROAD

CONSTITUTION RD

CENEZ ROAD

MASERU BYPASS

UNITED NATIONS ROAD

PRINCESS MARGARET RD

QOAING RD

ORPEN ROAD

Caledon River (Mohokare River)

4

PIONEER ROAD

Ha Tseka & Maseru Private Hospital

● ESSEN	
Canton	3
Oh La La	2
The Regal	1
Rendezvous	4

■ ÜBERNACHTUNG	
Avani Lesotho	5
Avani Maseru	4
Black Swan Guesthouse	6
City Stay West	2
Foothills Guesthouse	3
Lancers Inn	8
Maseru Backpackers	1
Victoria Hotel	7

■ BARS UND CLUBS	
Cuban Linx	1

● EINKAUFEN	
Lesotho Cooperative Handicrafts	3
Maseru Tapestries and Mats	1
Seithati Weavers	2

7 Maluti Travel & Tours

1 **3** Basotho Hat Building & Basotho Hut

Alliance Française

1

2

CONSTITUTION RD

KINGSWAY

Polizei

Department for Land, Surveys & Physical Planning

LNDC Centre (Shoprite)

8 **4**

@

3

PALACE ROAD

LEROTHOLI

Standard Lesotho Bank Tower

National-bibliothek

SAA City Centre

0 — 100
Meter

LESOTHO

S. 700–701. Das zentral gelegene, einladende Hotel besitzt mehr Flair als alle anderen Hotels von Maseru und ist in einem attraktiven Komplex rund um ein Sandsteingebäude zu Hause. Es bietet preiswerte, behagliche Rondavels und Chalets mit Bad, Pool und Restaurant mit Biergarten, alles in einer Grünanlage. M1025

Maseru Backpackers, Airport Rd, ☎ 2232 5166 oder 2700 5453, 🖥 www.lesothodurham link.org; Karte S. 700–701. Die beste Zeltmöglichkeit in Maseru: Der von einer anglikanischen Gemeinde betriebene Campingplatz hat saubere Waschräume mit Duschen und eine prima ausgestattete Küche, außerdem komfortable

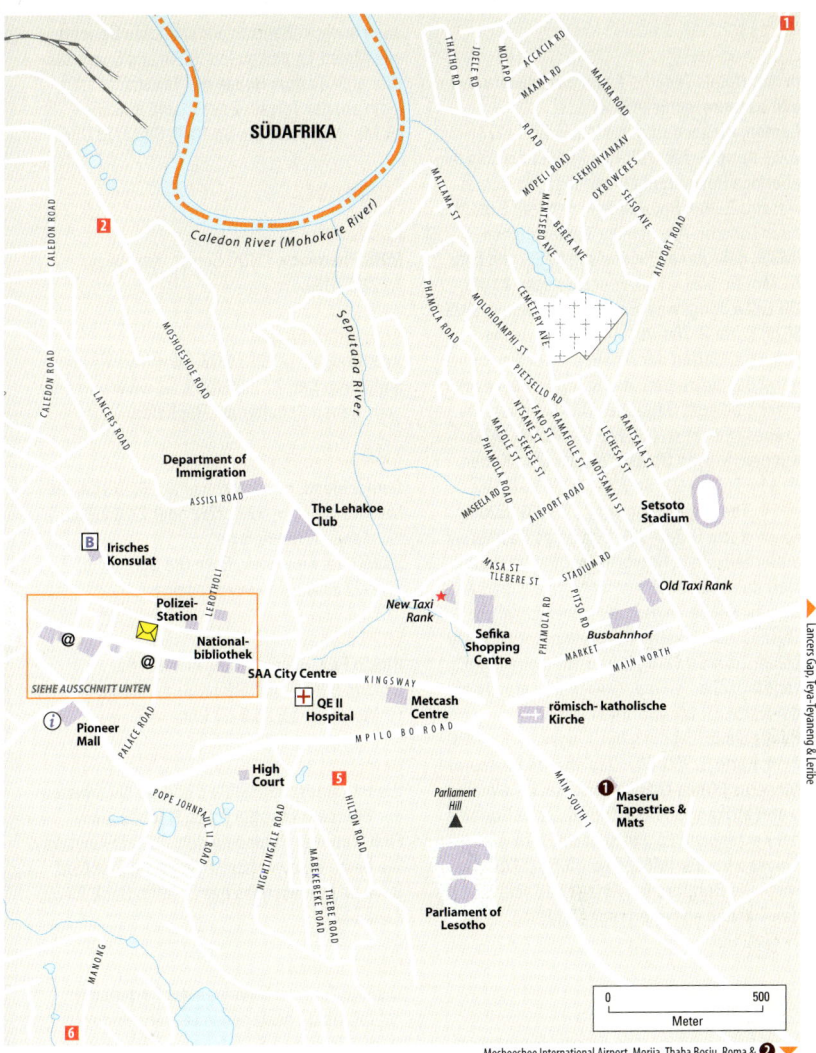

SÜDAFRIKA

Caledon River (Mohokare River)

Seputana River

Phamola Road

CALEDON ROAD

CALEDON ROAD

LANCERS ROAD

MOSHOESHOE ROAD

Department of Immigration

ASSISI ROAD

The Lehakoe Club

LEROTHOLI

Irisches Konsulat

Polizei-Station

National-bibliothek

SAA City Centre

SIEHE AUSSCHNITT UNTEN

Pioneer Mall

PALACE ROAD

POPE JOHNPAUL II ROAD

NIGHTINGALE ROAD

High Court

HILTON ROAD

THEBE ROAD

MABEKEBEKE ROAD

MANONG

QE II Hospital

KINGSWAY

Metcash Centre

MPILO BO ROAD

Parliament Hill

Parliament of Lesotho

New Taxi Rank

MASA ST
TLEBERE ST

Sefika Shopping Centre

PHAMOLA RD

STADIUM RD

PITSO RD

Old Taxi Rank

Busbahnhof

MARKET

MAIN NORTH

römisch- katholische Kirche

Maseru Tapestries & Mats

MAIN SOUTH I

THATHO RD
JOELE RD
MOLAPO
ACCACIA RD
MAAMA RD
MAJARA ROAD

MOFELI ROAD

SEKHONYANAAY

OXBOWCRES

SEISO AVE

AIRPORT ROAD

ROAD

MANTSEBO AVE

BEREA AVE

CEMETERY AVE

MOLOHOAMPHI ST

PIETSELLO RD

MATLAMA ST

PHAMOLA ROAD

JAKO ST
NTSANE ST
SEKESE ST
MATOLE ST

RAMATOLE ST

LECHESA ST

RANTJALA ST

MOTSAMAI ST

AIRPORT ROAD

MASELLA RD

PHAMOLA ST

Setsoto Stadium

Lancers Gap, Teya-Teyaneng & Leribe

Moshoeshoe International Airport, Morija, Thaba Bosiu, Roma & ❷

0   500
Meter

LESOTHO

4-Bett-Rondavels und ordentliche, kleine Schlafsäle. Der als „Lesotho Durham Link" ausgeschilderte Platz liegt hinter dem alten Flughafen. Auf Wunsch diverse Outdooraktivitäten. Camping M100, Dorm M180, Rondavel M700
Victoria Hotel, Kingsway, ☎ 2231 3687, ✉ reservations@hotelvictoria.co.ls; Karte

S. 700–701. Das nüchterne Betonhochhaus am Kingsway gegenüber vom Basotho Hat Building verfügt über brauchbare Zimmer, einen guten Pool, ein Restaurant und einen Club. Da die Zielgruppe hauptsächlich aus Geschäftsleuten besteht, gibt es oft Angebote für die Wochenenden. M850

ESSEN

In den Hotels Lesotho Avani und Maseru Avani gibt es teure, schicke Lokale.

Canton, Moposo House, Kingsway, ☏ 2231 2003; Karte S. 700–701. Das Interieur ist kitschig, aber das Restaurant auf zwei Etagen ist erstklassig. Zu den Spezialitäten gehören Eintopf nach Lesotho-Art, gefüllte Teigtäschchen (M30), gebratenes Rindfleisch (M65) und Ente. ⏰ Mo–Do 9.30–21.30, Fr und Sa 9.30–23 Uhr.

Oh La La, Kingsway, Ecke Pioneer Rd, ☏ 6335 6570; Karte S. 700–701. Das Rondavel mit Tischen im Garten der Alliance Française beherbergt das beste Café der Stadt. Es hat knackfrische belegte Baguettes (M30), Croissants, Crêpes (Schinken und Mozzarella für M38), Kuchen, frische Obstsäfte und guten Kaffee. ⏰ Mo–Fr 7.30–21, Sa 7.30–20, So 9–16 Uhr.

📖 **The Regal**, Kingsway, ☏ 2231 3930; Karte S. 700–701. Das beste Restaurant außerhalb eines Hotels in Lesotho ist spezialisiert auf traditionell nur für Könige zubereitete Mugali-Küche. In dem stylischen Lokal mit Terrasse im Basotho Hut stehen Gerichte wie Lamm *korma* (M110), Butter-Hühnchen (M90), vegetarisches *paneer tikka* und Seafood auf der Karte. ⏰ Mo–Sa 10–21.30 Uhr.

Rendezvous, Lancer's Inn, Kingsway, ☏ 2231 2114; Karte S. 700–701. Das edelste Restaurant Maserus (König Letsie speist hier regelmäßig) bietet afrikanische und französische Gerichte bei Kerzenlicht. Es gibt scharfen *peri-peri* Chicken Burger (M65), Thai-Curry (M75) und köstliche Bergforelle. Mittags herrscht an den Tischen im Freien reger Andrang. ⏰ tgl. 7–23.30 Uhr.

UNTERHALTUNG

Maseru ist nicht gerade für sein Nachtleben bekannt – nach Sonnenuntergang ist die Innenstadt menschenleer. Trotzdem gibt es eine Hand voll Bars, die bis tief in die Nacht geöffnet haben.

Cuban Linx, im 1. Stock des LNDC Centre, Kingsway, ☏ 5890 2377; Karte S. 700–701. In der trendigen Bar gibt es außer den üblichen Cocktails (ab M38) und rauhen Mengen Maluti-Bier auch leicht kubanisch angehauchte Gerichte wie Mojito-Lammkotelett (M90) und Spareribs. Wer sich an dem Hupen der Taxis nicht stört, kann auf der Terrasse essen und trinken. ⏰ Mo–Mi 10–23, Do–Sa 10–4, So 13–23 Uhr.

SONSTIGES

Apotheke
MHS Pharmacy, LNDC Centre, Kingsway, ☏ 2232 5189.

Autovermietungen
Avis/Budget, ☏ 2235 0328, 🖥 www.avis.com, und **Europ Car**, ☏ 2235 0299, 🖥 www.europcar. com, haben Schalter am Flughafen.

Diplomatische Vertretungen
Deutschland, Honorarkonsulat, 70c Maluti Rd, Maseru West, ☏ 2233 2292 oder 2233 2983, ✉ maseru@hk-diplo.de.
Südafrika, Kingsway, Ecke Old School Rd, ☏ 2222 5800, 🖥 www.dirco.gov.za.

Einkaufen
Pick'n Pay, Pioneer Mall, Pioneer Rd. Großer, gut ausgestatteter Supermarkt. ⏰ Mo–Sa 8–20, So 8–17 Uhr.

Geld
Die Hauptgeschäftsstellen und Geldautomaten der **Standard Lesotho Bank, Nedbank** und **First National Bank** befinden sich am Kingsway. Die beste Geldwechselstelle ist die Standard Bank im Erdgeschoss des Lesotho Bank Tower, Kingsway.

Informationen
Lesotho Tourism Development Corporation hat Informationsstände in Maseru Bridge an der Grenze zu Südafrika, ☏ 2231 2427, ⏰ tgl. 8–17 Uhr, sowie in der Pioneer Mall, Pioneer Rd, ☏ 2833 2238, ⏰ Mo–Fr 9–18, Sa 9–15, So 9–13 Uhr.

Internet
Newland Internet Café, am Kingsway gegenüber vom Postamt. ⏰ Mo–Fr 8.30–17.30, Sa 8.30–15.30, So 9–14 Uhr.

Das gastfreundliche Lesotho, wo es kaum Zäune gibt, ist ein **Wanderparadies**. In abgeschiedeneren Regionen bewegen sich die Bewohner per Pony fort. Und **Pony-Trekking** (lässt sich in den meisten Touristen-Lodges und zwei der drei Nationalparks arrangieren) ist ein Highlight jeder Reise nach Lesotho.

Wandern

Bevor es losgeht, muss man sich **umfassend vorbereiten** und Proviant für mindestens einen Tag länger einpacken, als die Wanderung dauern soll. Vorsicht: In den Gipfelregionen des Hochlands gibt es nur sehr wenige Dörfer. So idyllisch das ist, so gefährlich ist es auch. Deshalb unbedingt jemanden darüber informieren, wo die Wanderung hingehen soll, und in abgelegenen Gegenden keinesfalls allein losziehen. Da Lesotho für seine Witterungsschwünge berüchtigt ist, müssen Wanderer auf alle Eventualitäten vorbereitet sein.

Ins Gepäck gehören: genügend Bargeld (die meisten Banken in ländlichen Gegenden wechseln kein Geld), Taschenlampe, viel Verpflegung (Läden sind Mangelware in abgeschiedenen Ecken des Landes), Wasserkanister, Wasserreinigungstabletten, wetterfester Kocher mit Kartusche (es gibt kein Feuerholz), ein wasserdichtes Zelt, eine Isoliermatte und ein dicker Schlafsack. Ebenfalls unverzichtbar: Kompass und Landkarte (Kasten S. 694).

Pony-Trekking

Einige Lodges und andere Einrichtungen bieten **Pony-Trekking** an, wofür keine Reiterfahrung notwendig ist. Doch nur wenige sind gut organisiert – die besten Veranstalter sind die Malealea Lodge (S. 720), Semonkong Lodge (S. 708) und Maliba Lodge (S. 714). Semonkong, Mokhotlong, Bokong und Ts'ehlanyane liegen alle sehr hoch. Die anderen sind in tieferen Regionen angesiedelt, wo das Wetter weniger wechselhaft, das Terrain aber für die Ponys beschwerlicher ist.

Die **Kosten** hängen von der Gruppengröße ab, betragen aber im Durchschnitt M300 p. P. für einen zwei- bis vierstündigen Ausritt, mit Übernachtung zusätzlich M120–200 pro Person und Tag. Im Preis können sowohl ein Packpferd als auch die Übernachtung enthalten sein. Ein Tagesausflug bedeutet normalerweise sechs oder sieben Stunden (10–15 km) im Sattel, deshalb sind mehrtägige Exkursionen ziemlich anstrengend. Bei Ausflügen mit Übernachtung sind meist keine Kinder unter zwölf Jahren zugelassen.

In jedem Fall erforderlich: Sonnenhut, Sonnenschutzmittel, Regenschutz, im Sommer Badezeug, eine Wasserflasche (bei Übernachtung auch Schlafsack, Isoliermatte und Taschenlampe; meist sorgt der Veranstalter gegen einen kleinen Aufpreis für vor Ort zubereitete Mahlzeiten).

Medizinische Versorgung

Queen Elizabeth II Hospital, Kingsway, ✆ 2231 2501 und **Maseru Private Hospital**, Thetsane Rd, ✆ 2231 2276.

Polizei

Constitution Rd, ✆ 5888 1024.

Post

Kingsway. ⏱ Mo–Fr 8–16.30, Sa 8–12 Uhr.

Reisebüros

Flugtickets und Intercape-Bustickets vermitteln **South African City Centre Maseru Travel**, Kingsway, ✆ 2231 4536, ✉ mampek.maserutravel@galileosa.co.za, und **Maluti Travel & Tours**, neben der First National Bank am Kingsway, ✆ 2232 7172, ✉ valentinem.maluti@galileo.co.za. Intercape-Bustickets werden im Shoprite-Supermarkt im LNDC Centre verkauft.

LESOTHO

Die Innenstadt lässt sich tagsüber bequem zu Fuß erkunden. Abends sollte man stets ein Taxi nehmen. Ab kurz vor Morgengrauen bis gegen 20 Uhr verkehren aber zahlreiche **Minibustaxis** entlang dem Kingsway und zu den Vororten. Nachts ist man auf **private Taxis** angewiesen, z. B. von Superb Taxis, ✆ 2831 9647, Moon Lite Taxis, ✆ 2231 2695, und Perfect Taxis, ✆ 2232 5222.

TRANSPORT

Endhaltestelle der **aus Südafrika** kommenden Minibustaxis ist der Grenzübergang Maseru Bridge. Die Passagiere gehen über die Brücke und erledigen die Formalitäten. Dann geht's zu Fuß, per Minibustaxi oder „4 plus 1" (normales Taxi – 4 Fahrgäste plus 1 Fahrer) die 2 km in die Stadt (die Taxifahrt kostet jeweils M6,50).

Busse

Intercity-Busse aus allen Teilen Lesothos lassen ihre Fahrgäste an der Stadium Road aussteigen. Von dort sind es 10 Min. Fußweg ins Stadtzentrum oder man fährt mit Minibussen oder Taxis (M6,50). Tagsüber lässt sich die Strecke samt Gepäck gefahrlos zu Fuß zurücklegen. Die meisten Busse fahren am chaotischen **Busbahnhof** zwischen Market Street und Pitso Ground ab, nordöstlich des Kreisverkehrs bei der Kathedrale.

Busse nach:
BOKONG (3 Std.);
LERIBE (1 1/2 Std.);
MAFETENG (1 1/2 Std.);
MOKHOTLONG (6 Std.);
MORIJA (1 Std.);
QACHA'S NEK (7 Std.);
QUTHING (3 Std.);
ROMA (3/4 Std.);
SEMONKONG (3 1/2 Std.);
TEYA-TEYANENG (3/4 Std.).

Minibustaxis

Minibustaxis aus allen Teilen Lesothos setzen ihre Passagiere an einer der beiden chaotischen Haltestellen wenige hundert Meter von der Kathedrale entfernt ab. Die Minibustaxis von/nach Süden nutzen den New Taxi Rank (auch Sefika Taxi Rank genannt) neben dem Sefika Shopping Centre in der Moshoeshoe Road. Die Minibustaxis von/nach Osten und Norden nutzen den Old Taxi Rank, 200 m östlich vom Busbahnhof. Reguläre Minibustaxis und kleinere „4 plus ones" (Sammeltaxis für 4 Pers. plus ein Fahrer) verbinden beide Haltestellen mit der Innenstadt.

Flüge

Der **Moshoeshoe I International Airport** liegt 18 km südöstlich der Stadt abseits der Main South Road (gleichzeitig A2 Richtung Mafeteng), ✆ 2235 0777. South African Airlink, ✆ 2235 0418, 🖥 www.flyairlink.co.za, fliegt von JOHANNESBURG nach Maseru (3x tgl., 1 Std.). Private Taxis (s. o.) und der Shuttle-Anbieter Airport Shuttle and Tours, ✆ 5885 5527, ✉ airportshuttle@ymail.com, verlangen um M100. Man kann auch auf eines der unregelmäßig verkehrenden Minibustaxis warten.

Thaba Bosiu

Ca. 20 km östlich von Maseru ▪ ✆ 2835 7207 ▪ Eintritt M40

In Maseru selbst verbringt kaum einer allzuviel Zeit. Es gibt aber einige lohnenswerte Ausflugsziele, die von der Hauptstadt aus leicht erreichbar sind.

Die bedeutendste historische Stätte Lesothos ist der Thaba Bosiu, ein steiler Tafelberg. Zu Zeiten von Moshoeshoe I. war dies die Hauptstadt des Königreichs. Für die Bewohner Lesothos hat der Ort, wo sich auch die Gräber der Könige befinden, große Bedeutung und ist schon deshalb einen Besuch wert.

Auf der Suche nach einer Wohnstatt, die zum einen weit weg von den kriegerischen Clans war, die damals die Ebenen im Norden und Westen terrorisierten, und zum anderen praktisch uneinnehmbar war, zog Moshoeshoe I. mit seinen Anhängern im Juli 1824 von Butha-Buthe nach Thaba Bosiu. Der Thaba Bosiu mit seinen fast senkrecht abfallenden Felsen ringsum, den fruchtbaren Weiden und sieben oder acht Quellen auf der Hochebene erfüllte sämtliche Bedingungen. Der Berg wurde oft angegriffen, aber nie eingenommen.

Besichtigung des Thaba Bosiu

In Begleitung eines offiziellen Guides vom Visitor Centre geht es auf den **Khubelu-Pass** (oder „Roten Pass"), auf dem zwei Fahnenstangen die Stelle kennzeichnen, wo der Afrikander-General Louw Wepener 1865 beim Versuch der Erstürmung des Bergs ums Leben kam. Außerdem befinden sich hier die Überreste von Moshoeshoes **Haus im europäischen Stil**, das ihm David F. Webber erbaute, ein Deserteur der 72nd Seaforth Highlanders. Von dort führt ein kurzer Spaziergang zu den Ruinen von Moshoeshoes Königspalast und zum Friedhof der Könige. Schlichte Steinhaufen kennzeichnen die Gräber von Moshoeshoe I. und den meisten seiner Nachfolger. Vom Ostrand des Plateaus eröffnet sich eine spektakuläre Aussicht auf den **Qiloane**.

Am Fuß des Thaba Bosiu liegt das kleine **Cultural Village**, ℘ 5022 1962, 🖥 www.thevillage. co.ls – eine Ansammlung von Nachbauten traditioneller Hütten. Es lohnt sich schon, einen Blick darauf zu werfen; wer aber schon im Landesinneren von Lesotho war, wird die Bauart bereits kennen. ⏱ tgl. 6–22 Uhr, Eintritt M20.

Mmelesi Lodge, ℘ 5050 0115, ✉ mmelesi lodge@yahoo.com. Angenehme Lodge beim Berg, fußläufig zum Visitor Centre. Sie hat eine *braai*-Stelle und einladende Rondavels mit Bad. Das Restaurant Mokhoro serviert Gerichte zu vernünftigen Preisen, darunter Burger (ab M35) und Seezungen-Filet (M75). M700
Thaba Bosiu Cultural Village, direkt unterhalb des Bergs, ℘ 5022 1962, 🖥 www.thevillage. co.ls. 40 schicke, reetgedeckte Rondavels mit makellosem Rasen mit der Ausstattung eines modernen Hotels sowie Küchenzeile. Wer nicht kochen will, kann auf Bar und Restaurant ausweichen. Sie sind oft für Konferenzen ausgebucht – vorher anrufen! M950

Touristeninformation, am Fuß des Bergs gleich außerhalb der Cultural Village, ℘ 2835 7207, ✉ m.mokuku@ltdc.org.ls. Wenn man das Büro am Vortag der Anreise kontaktiert, kann es Ponys für einen angenehmen 2-stündigen geführten Rundritt zu den wichtigsten Sehenswürdigkeiten am Berg organisieren (M200). Eine weitere 2-stündige Tour schließt die Besichtigung von Felsmalereien und Höhlenwohnungen mit ein. Außerhalb der Öffnungszeiten ist der Zutritt zum Berg offiziell verboten, aber es gibt weder Sperren noch Kontrollen. ⏱ Mo–Fr 8–17, Sa 9–17, So 9–13 Uhr.

Auto

Autofahrer nehmen in Maseru die Main South Road und biegen 4 km hinter der Kathedrale an der Engen-Tankstelle nach links ab. Auf dieser Straße geht es 10 km weit, dann an einer Straßengabelung nach links und noch 3 km weiter. Man kann auch auf der Main South Road weiter Richtung Roma fahren und den Hinweisschildern zum Thaba Bosiu folgen.

Minibustaxis

Tagsüber fahren zahlreiche Minibustaxis vom New Taxi Rank in Maseru hierher (45 Min.).

Roma und Umgebung

Von Maseru sind es rund 30 km auf einer guten Teerstraße bis nach Roma. Die Missionsstadt in idyllischer Lage zwischen Sandsteinhügeln ist Sitz der **National University of Lesotho**, die ihren Ausgang 1945 als Pius XII College der römisch-katholischen Kirche nahm. Zwischen 1964 und 1971 fungierte sie als Universität für alle drei der ehemaligen britischen Protektorate in Südafrika, heute Lesotho, Botsuana und eSwatini (ehem. Swasiland).

Fährt man die Straße noch etwa 1 km weiter hinauf, gelangt man zur **Roma Mission**, die nach 1862 überwiegend von französischen Missiona-

LESOTHO

ren erbaut wurde. Sie ist zwar größer als ihr Gegenstück in Morija (S. 718), aber leider ein wenig heruntergekommen.

Die Straße nach Semonkong

Die Straße von Roma nach Semonkong gehört zu den reizvollsten des Landes. Bei **Moitsupeli**, 18,5 km hinter Roma fällt der Blick direkt auf die Zwillingsgipfel der **Thabana-li-Mele** („Brustberge"). Das nächste Dorf ist Ha Dinzulu. Dahinter steigt die Straße an, bis sie auf 2000 m den Nkesi's Pass erreicht, um dann wieder zum Dorf **Ramabanta** abzufallen.

ÜBERNACHTUNG

Roma

Trading Post Guest House. 2 km vor Roma an der Hauptstraße abbiegen und dem Wegweiser folgen, ☎ 5024 5001, 🖥 www.tradingpost.co.za. Die beste Unterkunft in Roma wurde 1903 als Handelsposten von John Thomas Thorn erbaut und wurde bis vor Kurzem von seiner Familie bewohnt. Die neuen Inhaber sind Mountainbikefans, die auch Räder verleihen (halber Tag mit Guide M250) und Touren durch die Region organisieren. Es gibt luxuriöse Rondavels, DZ mit Bad und Backpacker-Dorms mit Gemeinschaftsbad, außerdem ein Selbstversorger-Cottage und Campingmöglichkeiten. Anständige Mahlzeiten nach Vereinbarung. 2 kleine Pools. Camramaping M120, Dorm M200, DZ M700

Ramabanta

Ramabanta Trading Post Lodge, ☎ 5844 2309, 🖥 www.tradingpost.co.za. Die Schwesterunterkunft des Trading Post Guest House ist ebenfalls ein alter Handelsposten, dessen schöne Außenanlagen einen atemberaubenden Ausblick auf die Berge bieten. Das Haus besitzt 7 makellose Zimmer mit Bad in umgebauten Ställen, 3 luxuriöse Rondavels für bis zu 5 Gäste, 6-Bett-Schlafsäle und einen Campingplatz. Auf Wunsch Mahlzeiten, Wanderungen, Pony-Ausritte und 4WD-Abenteuerfahrten (das Fahrzeug muss mitgebracht werden) mit Übernachtung in Dörfern. Camping M110, Dorm M200, DZ M725

TRANSPORT

Mehrere **Busse** und Dutzende **Minibustaxis** verkehren tgl. zwischen Maseru und Roma – es ist eine der besten von öffentlichen Verkehrsmitteln bedienten Strecken Lesothos. Von hier aus fahren auch Minibustaxis nach Semonkong (2 1/2 Std.). Minibustaxis nach Roma fahren am New Taxi Rank in Maseru ab und brauchen etwa 45 Min.

Semonkong und Umgebung

Nach Überquerung des Makhaleng River und des 3000 m hohen Thaba Putsoa von Maseru her kommend, ist Semonkong erreicht. Bis 1873 lebten nur die San in der Region. Doch nach einer Reihe von britischen **Vernichtungsfeldzügen** wurden die letzten San Lesothos bei einer Expedition unter Leitung von Colonel Bowker endgültig ausgelöscht. Die Ortschaft Semonkong begann sich in den 1880er-Jahren im Anschluss an den Gun War als Zufluchtsort für aus dem Tiefland vertriebene Basotho zu entwickeln. Neben ein paar Läden und einer Menge Bars bietet der Ort ein Postamt und eine Bank, die aber nur unzuverlässig geöffnet sind.

Ketane Falls

Von der Lodge in Semonkong (S. 706) ist es ein Tagesmarsch oder eintägiger Pony-Trek nach Westen in die wunderschönen Thaba-Putsoa-Berge bis zu den malerischen, 120 m hohen Ketane Falls. Es gibt keine andere Möglichkeit, dorthin zu gelangen, und die Pony-Trek-Route gilt als eine der schönsten im Land. Der Wasserfall kann auch im Rahmen eines mehrtägigen Pony-Treks von der Malealea Lodge (S. 720) aus angesteuert werden.

Maletsunyane Falls

Die spektakulären Maletsunyane Falls erreicht man nach einem einstündigen Spaziergang von Semonkong am Flussufer entlang. Der höchste Wasserfall im Süden Afrikas stürzt aus fast 200 m Höhe in ein Becken. Der dabei entstehende Nebel gab ihm seinen Namen: „Rauchendes Wasser". Ein steiler Pfad führt zum Fuß des

LESOTHO

In Zusammenarbeit mit der Lokalgemeinde bietet die Semonkong Lodge eine riesige Auswahl an **Outdooraktivitäten**, von Spaziergängen durch die Stadt und am Fluss entlang zu Glattnacken-Ibissen über Abseiling bis zu mehrtägigen Pony-Treks mit Nachtlager in einfachen Hütten. Reitausflüge mit Übernachtung müssen gebucht werden. Semonkong darf sich der weltweit längsten kommerziell betriebenen **Abseilstrecke** rühmen: ein atemberaubender, 204 m langer Abstieg entlang der Maletsunyane Falls (1/2 Std., M1025). Am Tag vorher wird an einem Hang geübt, und zum Abschluss gibt's Erinnerungsfotos.

Es gibt auch **Pony-Treks**, von Abstechern zu Sehenswürdigkeiten in der Nähe bis zu Expeditionen mit Übernachtung. In größeren Gruppen fallen die Kosten p. P. günstiger aus; das Maximum sind 15 Teilnehmer. Zu zweit zahlt man für einen Tagesausflug M400 p. P., Treks mit Übernachtung kosten inkl. Guide und Packpferd rund M1220 p. P. für eine Nacht und M1890 für zwei Nächte. Ein Packpferd ist bei mehrtägigen **Wanderungen** nicht inbegriffen, aber angeraten. Ein Guide für Wanderungen ohne Übernachtung kostet M130 pro Tag.

Wasserfalls, wo man baden und zelten kann. Ab Juni gefriert das Wasser im Pool normalerweise, aber der Wasserfall rauscht den ganzen Winter hindurch. Dabei überziehen sich die Felsen mit einem Eisschleier und über dem Auffangbecken bildet sich eine Eishöhle.

ÜBERNACHTUNG

Semonkong Lodge, 1 km südlich des Ortszentrums, am Maletsunyane River, ☎ 2700 6037, 🖥 www.semonkonglodge. com. Die spektakulär gelegene Lodge am Flussufer in einer grünen Schlucht gehört zu den besten in Lesotho. Sie hat DZ mit Bad, die meisten mit Kamin, und einen Schlafsaal in gemütlichen, strohgedeckten Steinhäusern. Es gibt außerdem einen Zeltstellplatz, mehrere Küchen für Selbstversorger, eine tolle Bar mit Billardtisch und schmackhaftes Essen (auch vegetarisches). Hauptanziehungspunkt ist jedoch das Riesenangebot an Outdooraktivitäten (s. Kasten). WLAN gegen Aufpreis. Camping M150, Dorm M250, DZ M1300

TRANSPORT

Auto
Mit einem Pkw braucht man für die 130 km lange Strecke von Maseru nach Semonkong rund 3 Std. Diese und die neue Straße von

Semonkong nach Qacha's Nek sind asphaltiert worden und sehr gut befahrbar.

Busse und Minibustaxis
Von Maseru aus fahren Busse und Minibustaxis mehrmals am Tag die Serpentinen bis zum Ortszentrum von Semonkong hoch (3 1/2 Std.), von wo es nur 15 Min. Fußweg zur Lodge sind. Von hier aus fahren auch Taxis nach QACHA'S NEK (3 Std.).

Ha Baroana

Rund 45 km östlich von Maseru, wenige Kilometer nördlich des Dorfes Nazareth ▪ ⏱ tgl. 8–17 Uhr ▪ Eintritt M10

Die **Felsmalereien** von Ha Baroana gehörten einst zu den schönsten des Landes. Die gut erkennbaren Bilder von Tieren, Tänzern und Jägern sind noch immer sehenswert, aber leider von Führern, die die Malereien mit Wasser besprizt haben, um sie für Touristen besser sichtbar zu machen, beschädigt worden. Am besten erreicht man die Felsmalereien über eine schwierig zu befahrende Piste (an der Hauptstraße ausgeschildert). Nach 3,5 km erreicht man das Dorf Ha Khotso. Hier nimmt man den zweiten Abzweig nach rechts und folgt dem Weg 3 km bis Ha Baroana. Das Besucherzentrum stellt den obligatorischen Führer, der einen auf dem 15-minütigen Fußmarsch in die Schlucht begleitet.

LESOTHO

Thaba-Tseka

Die spektakuläre Straße vom Mohale Dam (s. Kasten) nach Thaba-Tseka erreicht auf dem **Mokhoabong Pass** (2860 m) im Zentralgebirge ihren höchsten Punkt. Anschließend fällt sie nach Thaba-Tseka, einer in den 1980er-Jahren erbauten und eher uninteressanten Verwaltungsstadt ab, die über 2200 m hoch liegt. Die fantastische Strecke vom Mohale Dam ist vor kurzem asphaltiert worden, sodass man nun in zwei bis drei Tagen von Maseru via Katse und Thaba-Tseka nach Leribe oder umgekehrt fahren kann.

ÜBERNACHTUNG

Buffalo's Hotel, Westseite von Thaba-Tseka, ☏ 5080 4386, ✉ senatentabe@leo.co.ls. Schmucke Anlage abseits der Hauptstraße mit 12 komfortablen Zimmern. Die Bar ist beliebt bei den Einheimischen und das Restaurant serviert ordentliche Buffetmahlzeiten. M600

Mohale Lodge, nahe Mohale Dam, Likalaneng, ☏ 2700 9199, ✉ res.mohalelodge@lhda.org.ls. Modernes, wenn auch etwas langweiliges Hotel mit beeindruckendem Ausblick auf die umliegenden Berge und den Mohale Dam in der Ferne. M1160

Mohale oa Masite, nahe dem Zentrum von Thaba-Tseka an der Hauptstraße, ☏ 2290 0980. Geschäftsmäßiges, aber freundliches Hotel mit Zimmern mit Bad, Restaurant und Bar. Separater Selbstversorger-Flügel mit großer Küche. Beliebt bei Besuchern, die mit Allradfahrzeugen unterwegs sind. M600

Motherland Guesthouse, eine Straße hinter Mohale oa Masite, ☏ 2890 0404, ⌨ www.motherlandguesthouse.co.ls. Ein ordentliches, gut geführtes Hotel mit modern ausgestatteten Zimmern auf 2 Stockwerken und guter Heizung. Es ist das einzige Hotel der Stadt mit Garten und auch die Auswahl im Restaurant ist besser als üblich. M700

TRANSPORT

Auto

Wer die atemberaubend schöne Strecke nach Mokhotlong und zum Sani Pass befahren möchte, braucht ein allradgetriebenes Fahrzeug. Die einigermaßen flache Schotterstraße nach Katse kann mit normalen Pkw bewältigt werden.

Busse und Minibustaxis

Zahlreiche Busse und Minibustaxis verkehren zwischen MASERU und Thaba-Tseka (4 Std.). In Thaba-Tseka kann man entlang der Hauptstraße überall zusteigen.

Der Norden

Die nördlich von Maseru im Halbkreis verlaufende Straße zum **Sani Pass** durchquert Lesothos schönste Gegenden. Sie ist komplett geteert und trotz einiger Schadstellen außer im Winter gut mit einem normalen Pkw befahrbar. Die abenteuerliche Straße, die sich vom Sani Pass durch die Drakensberge hinab- und nach Südafrika hineinwindet, ist nicht befestigt. Dafür ist ein 4WD dringend angeraten.

Der Mohale-Staudamm

Der 80 km östlich von Maseru gelegene und an der A3 ausgeschilderte Mohale Dam wurde 2004 als Phase 1b des Lesotho Highlands Water Project (s. Kasten S. 713) fertiggestellt. Es handelt sich um den höchsten Staudamm Afrikas, seine 145 m hohen Wände halten fast eine Milliarde Kubikmeter Wasser im Zaum. Er ist durch einen 32 km langen Tunnel mit dem Katse-Staudamm verbunden, von dort wird Wasser nach Südafrika geleitet. Das **Visitor Centre**, ☏ 2293 6217, ⏰ Mo–Fr 9–12, Sa und So 10–12 und 14–16 Uhr, veranstaltet auf Anfrage tägliche **Führungen** (M30) durch die Anlage. Auf dem See fahren Boote (M500–600 für 2 Pers.), die die Insel Thaba-Chitja und die Staumauer anlaufen. Ohne eigenes Transportmittel ist das Visitor Centre nur schwer zu erreichen, aber es ist gut ausgeschildert: Hinter dem Mohale Camp folgt man für 6 km der Beschilderung auf der A3.

Teya-Teyaneng

Teya-Teyaneng (meist zu T.Y. abgekürzt) bedeutet „Ort des sich bewegenden Sands", was auf den sich gelegentlich verändernden Lauf des nahen Flusses zurückgeht. Der Ort ist die **Kunsthandwerkshauptstadt** von Lesotho und berühmt für Webarbeiten (s. Kasten), von Pullovern bis zu aufwendig gearbeiteten Wandbehängen.

ÜBERNACHTUNG

Blue Mountain Inn, Police Station Rd, einige hundert Meter hinter der Post, ☎ 2250 0362, 🖥 www.bmilesotho.com. Geräumiges und effizient gemanagtes Hotel mit zwei Blöcken voller Allerweltszimmern; nur die schickeren „Executive"-Zimmer haben WLAN. Außerdem Restaurant mit leckeren Gerichten (M60–120), Pizzeria, 3 Bars, sauberer Pool und weitläufige Rasenfläche mit schattigen Tischen. M900

Die Webereien von Teya-Teyaneng

In Teya-Teyaneng gibt es drei Verkaufsstellen für Webwaren, ⏰ alle tgl. 8–17, falls niemand da ist, anrufen. Am zentralsten liegt **Setsoto Design**, ☎ 5808 6312, 🖥 www.setsotodesign.com, wo Besucher bei der Teppichherstellung zusehen können. Im angegliederten Laden wird eine ansehnliche Auswahl von Webwaren und Kunsthandwerk verkauft. Ein großer Wandbehang kostet um M1800, ein Teppich M2000. Kreditkartenzahlung und Onlinebestellungen sind möglich. 3 km südlich der Stadt, von Maseru kommend links, weisen Schilder den Weg zum kleinen Ausstellungsraum von **Hatooa Mose Mosali**, ☎ 2250 0772, was übersetzt so viel bedeutet wie „Frauen müssen ihren Mann stehen und hart arbeiten". Es sind nur wenige Stücke vorrätig, aber man kann aus einem Katalog erlesene Wandbehänge bestellen, die Anfertigung dauert ein bis zwei Wochen. Das größte Sortiment (ab M400) hat **Elelloang Basali Weavers**, ☎ 5851 0992, 🖥 www.africancrafts.com/artist/elelloang, 5 km nördlich des Orts an der Straße nach Leribe (das letzte Gebäude der Stadt und aus recycelten Dosen errichtet).

Ka Pitseng Guest House, von Maseru kommend unterhalb der Hauptstraße ausgeschildert, ☎ 2250 1638. Bescheidener als das Blue Mountain Inn, mit kleinem Garten, sauberen Zimmern und einem passablen Restaurant, das auf Anfrage eine Auswahl traditioneller Basotho-Gerichte und Getränke serviert, darunter Hammelkutteln, dampfgegartes Brot und Hirse mit Bohnen (M150). M680

TRANSPORT

Auto
Die reizvolle Main North Road (A1) führt durch eine mit Sandsteinhügeln übersäte Landschaft.

Busse und Minibustaxis
Die Bus- und Taxihaltestelle liegt 100 m östlich der Hauptstraße an der Straße nach Mapoteng. Zahlreiche Transportmittel verkehren auf der Strecke Teya-Teyaneng–Maseru (40 Min.) und weiter nördlich nach Leribe (3/4 Std.) und Butha-Buthe (1 Std.), und man muss nur selten lange auf ein Fahrzeug warten.

Ha Kome Cave Village

Rund 2 km vom Dorf Mateka ▪ ⏰ tgl. 8–16.30 Uhr ▪ Eintritt M43 ▪ ☎ 5854 7673

Das Ausflugsziel wird immer beliebter und ist auf jeden Fall einen Abstecher von der nördlichen Hauptstraße wert. Das Dorf besteht aus sieben hübschen, bewohnten Lehmhütten, die sich unter einem Felsüberhang ducken. Sie ähneln eher Iglus oder westafrikanischen Lehmhütten als der sonst in Südafrika anzutreffenden Architektur.

Im modernen, von der Hauptstraße aus sichtbaren **Visitor Centre** bekommen Besucher einen (obligatorischen) Guide zugeteilt, der sie auf dem zehnminütigen Spaziergang zu den Behausungen begleitet. Die Hausherrinnen zeigen Gästen gern ihr Heim und posieren für Fotos.

TRANSPORT

Auto
Die Höhlen sind auf der Straße von Teya-Teyaneng nach Mateka ausgeschildert.

Hinter dem Fußballplatz von Mateka biegt man nach rechts auf die Schotterpiste ein und gelangt auf die Straße, die bergab zum Visitor Centre führt. Für eine landschaftlich schönere Variante biegt man von Maseru kommend nach 4 km rechts auf die B31 ab und folgt der Beschilderung nach Sefikeng und Kome Cave Village. Diese Straße windet sich in steilen Haarnadelkurven hoch zum Lancer's Gap, ein außergewöhnlicher Bergrücken mit großem mittigen Einschnitt, durch den die Straße führt. Der Name rührt von einem Lanzenreiter-Regiment her, das an dieser Stelle während des Gun War in einen Hinterhalt geriet und besiegt wurde. Von Thaba Bosiu (30 km weiter) gibt es ebenfalls eine ordentliche, direkte Schotter-piste; allerdings kann der steile Abschnitt der Straße zwischen Sefikeng und Mateka für normale Fahrzeuge bei schlechtem Wetter auch problematisch werden. In diesem Falle sollte man nur von Teya-Teyaneng aus anfahren.

Busse und Minibustaxis

Das Höhlendorf lässt sich am leichtesten via Teya-Teyaneng erreichen. Dort nimmt man eines der häufig verkehrenden Minibustaxis nach Mateka 19 km nordöstlich, von wo ein bequemer, halbstündiger Spaziergang den Hang hinab zum Visitor Centre und nach Kome führt.

Leribe (Hlotse)

Der rund 15 km östlich von Maputsoe gegen-über von Ficksburg in Südafrika gelegene, chao-tische Grenzort ist vor allem wegen seiner Ver-kehrsverbindungen von Interesse. Der offizielle Name des Städtchens Leribe ist Hlotse, aber es ist besser unter dem Namen des umliegenden Distrikts bekannt.

Ein Ausflug, der mit etwas Anstrengung ver-bunden ist, führt zu tollen **Dinosaurier-Fußab-drücken** gut 7 km südlich der Stadt: Man biegt am weißen Schild der Tsikoane-Schule von der Hauptstraße ab und fragt sich zur **Tsikoane Mis-sion** durch, die um die Wende zum 20. Jh. erbaut wurde. Dort kann man sich gegen ein Trinkgeld von einem Einheimischen den Steilhang hoch zum Felsüberhang oberhalb der Kirche beglei-

ten lassen. Das Ziel ist ein großer Felsbrocken, der mit Dutzenden von deutlich erkennbaren dreizehigen Lesothosaurus-Fußabdrücken un-terschiedlicher Größe übersät ist.

Leribe Craft Centre

⏱ Mo–Fr 8–16.30, Sa 9.30–13 Uhr; außerhalb der Öffnungszeiten anrufen, dann schließt jemand auf ▪ ☏ 5877 0251

Im Leribe Craft Centre, direkt an der großen Kreuzung an der Hauptstraße, werden wunder-bare Schals aus Mohair (M200–450), von Frauen mit Behinderung gefertigte Decken sowie Land-karten und Bücher über Lesotho verkauft.

ÜBERNACHTUNG UND ESSEN

Bird Haven, Jlisimeng II, 3 Straßen östlich der Hauptkreuzung, ☏ 5954 3030, 🖥 www.bird havenleribe.com. Gemütlicher als die übrigen Hotels in Leribe, mit 5 reizvollen Rondavels mit Küchenzeile und eigenem Bad in einer Vorort-gartenanlage sowie einem 2-Zimmer-Cottage und einem Zimmer im Hauptgebäude. M700

Mountain View Hotel, von der großen Kreu-zung die Straße hoch, ☏ 2240 0559, 🖥 www. mvhlesotho.com. Das Mountain View hat Zimmer im Hauptgebäude sowie in Chalets und Rondavels im Garten. Im Restaurant gibt es schmackhafte Fleisch- und Fischgerichte sowie Snacks. Zum Hotel gehört außerdem eine gut besuchte Bar. M750

Naleli Guest House, 2 km vom Ortszentrum auf der alten Straße nach Norden Richtung Butha-Buthe, ☏ 2240 0409, 🖥 www.naleliguesthouse. co.ls. Schickste Unterkunft im Ort. Die hübsch möblierten Zimmer haben Blick auf einen Garten und eine Terrasse, das Restaurant serviert Hühnchen mit Pommes (M40) und Spareribs. Bei schönem Wetter auch draußen. M700

TRANSPORT

Auto

Die Schnellstraße von Maseru streift den Süden von Leribe. Zwischen den beiden Tank-stellen befindet sich die große Kreuzung; die von Maseru kommend links abzweigende Straße führt hinauf ins Ortszentrum.

LESOTHO

Busse und Minibustaxis

Die Taxihaltestelle erreicht man über die Abzweigung beim Mountain View Hotel. Es herrscht kein Mangel an Transportmöglichkeiten, aber wer nach Süden schnell vorankommen möchte, nimmt besser einen Minibus nach Maputsoe (10 Min.) und steigt dort um.

Die Straße zum Katse-Staudamm

Östlich von Leribe türmt sich die Front Range der Maloti Mountains auf. Die Region liegt im Mittelpunkt der Phase 1a des **Lesotho Highlands Water Project** (s. Kasten S. 713), dessen Kernstück der Staudamm und Stausee bei **Katse** bilden. Die als Zufahrtsstraße von Leribe zum Damm gebaute 100 km lange A8 ist allein schon die Anreise wert. Sie steigt steil vom Tiefland hoch, überquert den 3090 m hohen **Mefika Lisiu Pass** und erreicht schließlich das Bokong Nature Reserve, wo sie runter zum Katse-Staudamm führt.

Bokong Nature Reserve

Am Rand der A8 ▪ ⊙ tgl. 8–17 Uhr ▪ ✆ 2246 0723 ▪ Eintritt M15 ▪ Guides M30 pro Tag ▪ Reitpferde M150 pro halben Tag, M250 pro Tag

Das atemberaubend schöne Bokong Nature Reserve, ein Paradies für Hochgebirgswanderer, wurde als Teil des Highlands Water Project (s. Kasten S. 713) eingerichtet. Hier ist auch der sensationelle **Lepaqoa Fall**, der im Winter zu einer Eissäule erstarrt.

Der **Eingang** zum Reservat befindet sich neben dem **Visitor Centre**, 3 km hinter dem Pass an der Hauptstraße. Vom Besucherzentrum am Rand einer 100 m hohen Felsklippe über dem Lepaqoa-Tal kann man einen 45-minütigen Spaziergang auf einem schlecht gekennzeichneten Fußweg zum Kopf des Lepaqoa Fall unternehmen, einen Guide anheuern und Pferde mieten. Infos zu zwei- oder dreitägigen Ponytreks oder Wanderungen über das Plateau 32 km nach Norden zum Ts'ehlanyane National Park bekommt man telefonisch beim Visitor Centre.

Der Katse-Staudamm

Visitor Centre ⊙ Mo–Fr 7–17, 13–16, Sa und So 9–14 Uhr ▪ Staumauer-Führungen Mo–Fr 9 und 14, Sa und So 9, 11, 14 Uhr ▪ Eintritt M30 ▪ Botanischer Garten ⊙ Mo–Fr 7–17, Sa und So 9–14 Uhr ▪ Eintritt M30 ▪ ✆ 2291 0377, 🖳 www.lhda.org.ls

Der Ort **Katse**, eine ehemalige Bauarbeitersiedlung über dem See, ist eine triste Ansammlung schachtelförmiger Häuser. Aber der mächtige Damm darunter (Kasten S. 713), der fast zwei Milliarden Kubikmeter Wasser staut, beeindruckt selbst Leute, die sich normalerweise nicht für diese Art Technik interessieren. Über die Details informiert das **Visitor Centre** mit dem leuchtend blauen Dach, kurz vor dem Ort und dem Damm. In einstündigen Führungen werden das Tunnelnetz und die Dammstraße besichtigt. Bei den Anfangsgrabungen war festgestellt worden, dass der Felsboden seismisch instabil ist. Daher wurde ein beweglicher Kern in das Fundament des Damms eingebaut. Dennoch verursachte das schnelle Auffüllen des Sees eine Reihe kleinerer **Erdstöße**. Laut Auskunft der Ingenieure war dies zu erwarten, aber das wussten die Einwohner von Ha Mapaleng nicht, wo sich ein 30 cm breiter, 1,5 km langer Spalt mitten durchs Dorf auftat. Die Seherin des Dorfs erklärte, dass eine **unter der Erde wohnende Schlange** durch die Errichtung des Damms aufgeschreckt worden war und das ganze Dorf verschlingen werde. Niemand wartete die Erfüllung der Prophezeiung ab, und man siedelte das Dorf 1 km weiter neu an.

Im Dorf befindet sich der sehenswerte **Botanische Garten**, von dem aus man auf den Stausee blickt. An den Hängen gibt es afroalpine Ökosysteme, die viele bunte Vögel anziehen. Die Anlage ist so etwas wie ein Schutzgebiet für Tausende stark gefährdeter Spiralaloen *(aloe polyphylla)*, die von den Baustellen und vor Dieben gerettet werden konnten. Ein Programm zur Ansiedlung der Spiralaloen und von Bergbambus wurde ebenso ins Leben gerufen.

ÜBERNACHTUNG UND ESSEN

Pitseng

Aloes Guest House, von der A8 den Wegweisern folgen, ✆ 2700 5626, ✉ aloes

LESOTHO

Das Lesotho Highlands Water Project

Lesotho hat Wasser im Überfluss, aber wenig Geld, Gauteng dagegen genügend Geld und wenig Wasser. So begründet sich der Bau des Lesotho Highlands Water Project – bis dato das umfangreichste Technikprojekt Afrikas. Im Wesentlichen sollen hierbei die größten Richtung Süden fließenden Flüsse Lesothos aufgestaut werden. Das Wasser wird dann durch Tunnel (die längsten der Welt) über ein Wasserkraftwerk bei 'Muela zum Ash River nördlich von Clarens in Südafrika geleitet und fließt von dort in den Vaal und nach Gauteng. Dafür fließen monatlich rund 60 Millionen Rand von Südafrika nach Lesotho.

Der Vertrag, mit dem das Projekt grünes Licht bekam, wurde 1986 unterzeichnet, jedoch ohne nennenswerte Einbeziehung der Anwohner oder Berücksichtigung der ökologischen Auswirkungen. Für Dorfbewohner, die von der Überflutung betroffen waren, wurden verschiedene Entschädigungsregelungen getroffen. Wie nicht weiter verwunderlich, besagen aber einige Stimmen, dass diese Versprechen nicht eingelöst wurden.

Die erste Phase des Projekts wurde 2004 abgeschlossen und umfasste den Bau des 185 m hohen Katse-Staudamms, ein unterirdisches Wasserkraftwerk bei 'Muela, Tunnel zum Ash River und die gesamte Straßeninfrastruktur. Im Zuge dieser Phase wurden auch in Liphofung Cave, Katse und den Naturreservaten Einrichtungen für Besucher geschaffen. Dahinter stand die Annahme, die lokalen Gemeinden würden von touristischen Anziehungspunkten profitieren. Parallel wurde auch der Mohale-Staudamm am Senqunyane River errichtet und per Tunnel mit dem Katse-Stausee verbunden. 2014 begann die zweite Phase des Projekts, u. a. mit dem Bau des Polihali-Damms im Distrikt Mokhotlong. Von hier wird Wasser durch einen weiteren Tunnel in den Katse-Stausee geleitet werden. Die Fertigstellung dieses Staudamms ist für 2024 vorgesehen.

guesthouse@gmail.com. Das einzige Highlight im verschlafenen Pitseng an der A8 ist dieses stilvolle Guesthouse mit Bungalows rings um einen kleinen Pool. Es besitzt einen Zeltplatz, Dormbetten und Einrichtungen für Selbstversorger; Verpflegung auf Anfrage. Quadbikes, Pony-Trekking und Wanderungen in Begleitung von Guides können organisiert werden. Camping M90, Dorm M185, DZ M690

Bokong Nature Reserve

Unterkunft im Reservat, Näheres beim Booking Office des LHDA Nature Reserves in Butha-Buthe, ✆ 2246 0723. Überall im Reservat darf gezeltet werden. In der Nähe des Wasserfalls stehen 2 Rondavels (jedes mit 4 Einzelbetten) mit Gemeinschaftsküche und -bad sowie Gas und Bettzeug. Neben dem Visitor Centre gibt es 5 geräumige Chalets, wo in einem schlichten Restaurant nach Voranmeldung Mahlzeiten zu haben sind. Verpflegung, Unterkunft und Ponys so früh wie möglich buchen. Camping M100, Rondavels und Chalets M450

Katse

Katse Lodge, Katse Village, ✆ 2291 0813. Die eintönigen Zimmer der Lodge bieten Ausblick auf den See mit seinem beeindruckenden Vogelleben. Auf dem Areal gibt es auch eine Auswahl an preiswerteren Dorm-Betten und Apartments. Das Restaurant ist okay und serviert eine ordentliche Auswahl an Gerichten. Bootsfahrten (15 Min. M330), Radtouren, Pony-Trekking und Wanderungen können organisiert werden. Dorm M399, Apartment M1018, DZ M1198

TRANSPORT

Bokong Nature Reserve

Das Reservat ist von LERIBE mit **Minibustaxis** zu erreichen, die regelmäßig nach Katse fahren; den Fahrer bitten, beim Visitor Centre 100 m abseits der Hauptstraße anzuhalten. Wenn die von Katse nach Leribe zurückkehrenden **Minibusse** voll sind, kann man versuchen, mit einem Minibus ins 15 km östlich gelegene Ha Lejone zu fahren und dort ein Transportmittel für die Weiterfahrt nehmen.

LESOTHO

Katse

Die Ankunfts- und Abfahrtstelle der Busse und Minibustaxis befindet sich am Ortseingang von Katse. Tgl. gegen 6 Uhr fährt ein **Bus** nach MASERU (7 Std.), und alle paar Stunden geht ein **Minibustaxi** nach LERIBE (3 Std.). Außerdem verbinden zahlreiche Busse und Minibusse Katse mit THABA-TSEKA (2–3 Std.) auf einer guten Schotterstraße Richtung Süden.

Butha-Buthe

Butha-Buthe (wörtl. „Rast") ist ein typischer Grenzort – laut und schmuddelig – und besitzt wenig, was zum Bleiben einlädt, ist allerdings eine prima Ausgangsbasis für den Besuch nahe gelegener Sehenswürdigkeiten.

Der östlich vom Ort aufragende **Butha-Buthe Mountain** war die erste Festung von Moshoeshoe I., bevor er 1824 nach Thaba Bosiu auswich. Der Aufstieg ist steil, aber nicht sonderlich schwierig, und oben eröffnet sich eine umwerfende Aussicht. Wer den Weg abkürzen möchte, nimmt ein Minibustaxi bis Ha Mopeli.

ÜBERNACHTUNG

Crocodile Inn Hotel, Hospital Rd, ✆ 2246 0223, ✉ crocodileinn@yahoo.com. Die einzige zentrale Unterkunft bietet einfache Zimmer mit Bad und bessere in Rondavels. Zum Haus gehören 2 Bars, in denen bis frühmorgens gefeiert wird, und ein preiswertes Restaurant. M602

Likileng Lodge, 1 km außerhalb auf der linken Seite der Straße Richtung Oxbow, ✆ 2246 0686, ✉ likilenglodge@tsebo.co.ls. Die Lodge auf dem LHDA-Gelände ist wahrscheinlich die beste Unterkunft im Ort. Die große Anlage in einem ruhigen Wohngebiet bietet tadellose, saubere Zimmer mit Bad, eine Bar und ein Restaurant, wo es leckeres Essen gibt. M500

TRANSPORT

Von der großen Kreuzung im Ort fahren zahlreiche **Busse** und **Minibustaxis** nach MASERU (1 1/2 Std.), KATSE (3 Std.) und LERIBE (1/2 Std.) sowie 2–3x tgl. nach MOKHOTLONG (4 Std.).

Ts'ehlanyane National Park

🕐 tgl. 8–17 Uhr ▪ Eintritt M30, plus M10 pro Fahrzeug und M10 bei Übernachtung ▪ Mietpferde nach Anmeldung M108 pro halben Tag, M390 pro Tag ▪ ✆ 2246 0723 oder 2244 4207

Eine asphaltierte Straße zweigt 9 km südöstlich von Butha-Buthe ab und führt 32 km weit nach Südosten durch ein malerisches Tal in die Westausläufer der Front Range. Der Ts'ehlanyane National Park erstreckt sich über 56 km² extrem hügeliges Wandergelände am Zusammenfluss des Ts'ehlanyane und Holomo. Er schützt mehrere ökologisch wichtige Gebiete, besonders den endemischen **Leucosidea sericea-Wald**, in Lesotho *Ouhout* oder *Che-che* genannt, eines der wenigen Waldgebiete Lesothos. Zu den hier lebenden **Säugetieren** zählen vor allem Ducker, Paviane und verschiedene Wildkatzenarten, während der eingezäunte Berg gegenüber der Maliba Lodge die Heimat einer Herde riesiger Elenantilopen ist. Außerdem ist der Park der Lebensraum des vom Aussterben bedrohten Schmetterlings *Metisella syrinx*, von Bartgeiern (auch Lämmergeier genannt) und Erdspechten. Die **beste Reisezeit** ist im Frühling, wenn an den Flussufern die kleinen gelben Blumen blühen, denen der Park seinen Namen verdankt. Das Highlight sowohl für Wanderer als auch Pony-Trekker bildet der spektakuläre 35 km lange Trail, der den Park mit dem Bokong Nature Reserve im Süden (S. 712) verbindet. Am Weg liegen Flüsse, in denen man baden kann.

ÜBERNACHTUNG

Maliba Mountain Lodge, ✆ +27 31 702 8791 (Südafrika), 🖥 www.maliba-lodge.com. Die luxuriöse private Lodge im Park ist Lesothos beste Herberge. Unterbringung in 6 wunderschönen „Mountain Lodge" Chalets mit Fußbodenheizung, Kamin und privatem Balkon. Daneben gibt es am Fluss 4 schicke Hütten für bis zu 8 Pers. und kleinere Hütten. Pony-Trekking (M450 p. P. bis 2 Std., M700 bis 4Std.), Besuche in Dörfern (M300) sowie Karten für Wanderungen und Allradtouren. Im Wellness-Zentrum kann man sich mit Massagen u. a. Behandlungen verwöhnen lassen. Mahlzeiten in den Hütten- und Suiten inkl. Lodge am Fluss M1540, Hütte M248100, Chalet M3990 **Nationalpark-Unterkunft**, ✆ 6303 5012. In der Nähe der Parkrezeption liegt ein einfaches Guesthouse mit 6 Schlafgelegen-heiten und 3-Bett-Dorms. Dorm M150, DZ M450

TRANSPORT

Von BUTHA-BUTHE fahren regelmäßig **Minibustaxis** zum Eingang des Parks (1 Std.).

'Muela

Kraftwerk Führungen tgl. 9 und 14 Uhr ▪ Eintritt M30 ▪ Visitor Centre ✆ 2248 1221 oder 2248 1211, 🖳 www.lhda.org.ls ⏰ tgl. 9–12 und 14–16 Uhr

22 km nordöstlich von Butha-Buthe führt beim Dorf Khukhune rechts eine Straße bergauf nach 'Muela, einem wichtigen Teil des Lesotho Highlands Water Project (Kasten S. 713). Hier wird mit dem Wasser, das durch einen Tunnel aus dem Katse-Stausee nach Südafrika heranströmt, ein unterirdisches Wasserkraftwerk betrieben. Es versorgt ganz Lesotho mit Strom. Die eigentlichen Sehenswürdigkeiten liegen im Inneren des Berges. Bei den **Führungen** (vom Visitor Centre veranstaltet) kommt man an drei großen Turbinen vorbei, die dafür sorgen, dass in Lesotho die Lichter nicht ausgehen.

Liphofung Cave Cultural Historical Site

3 km abseits der Hauptstraße Richtung Norden, 7 km hinter der Abfahrt nach 'Muela ▪ ⏰ tgl. 8–16.30 Uhr ▪ Eintritt M30

Die Liphofung Cave Cultural Historical Site ist ein Felsüberhang, verziert mit sensationellen **Felszeichnungen der San**, denen die Stätte ihren Namen verdankt: „Ort der Elenantilope". Für die Basotho besitzt die Höhle eine besondere Bedeutung, denn sie diente dem jungen Moshoeshoe I. als Versteck. Führungen beginnen am Visitor Centre, wo man auch 3 traditionelle Basotho-Hütten besichtigen kann.

ÜBERNACHTUNG

Liphofung Visitor Centre, ✆ 2700 9477. Auf dem Gelände des Visitor Centre stehen 2 einladende Selbstversorger-Rondavels mit jeweils 4 Betten sowie 3 größere Chalets mit je 3 Zimmern und 6 Betten. Campen kann man auch, da es aber keine richtige Sanitäranlage gibt, bleibt man besser selbständig. Camping M50, Rondavel M250, Chalet M450 **Mamohase Rural Stay B&B**, an der Hauptstraße südlich von Liphofung dem Wegweiser folgen, dann 2 km auf einer holprigen Sandpiste, ✆ 5805 8438 oder 5804 5597, 🖳 www.mamohaseruralstay.com. Das von einer einheimischen Familie geführte B&B eignet sich ideal, um das Leben im ländlichen Lesotho kennenzulernen. Gäste sind in Rondavels mit Lehmwänden, Eimerdusche und Außentoilette untergebracht, werden herzlich ins tägliche Leben der Familie aufgenommen und dürfen beim Kochen am offenen Feuer, Arbeiten auf dem Feld oder Schafehüten helfen. HP M700

Oxbow

Die ins Hochland führende A1 zählt zu den beeindruckendsten Straßen Lesothos. Sie passiert spektakuläre Sandsteinformationen und windet sich dann in waghalsigen Kurven zum Basaltgestein hoch. Rund 20 km von Liphofung entfernt, hinter dem **Moteng Pass** (2820 m), liegt Oxbow: eine Kette unscheinbarer Gebäude in einem schmalen Tal. Im Winter ist hier alles voller Südafrikaner, die mal Schnee sehen wollen. Der Renner zwischen Juni und August an der Straße 16 km oberhalb von Oxbow ist **Skilaufen**. Dort unterhält AfriSki (s. u., Skipass M450 pro Tag, Ausrüstung M395 pro Tag) eine Skipiste mit Skilift und Schneekanonen. ⏰ Juni–Aug tgl. 9–16.30 Uhr.

ÜBERNACHTUNG

AfriSki, Mahlasela Basin, ✆ 5954 4734, 🖳 www.afriski.net. 10 km an der Straße oberhalb von Oxbow liegt auf 3220 m Höhe das Wintersportresort mit Blick auf den Skihang.

LESOTHO

Es gibt 250 Betten in Backpacker-Schlafsälen oder sehr gut ausgestatteten Selbstversorger-Zimmern mit Bad. Für größere Gruppen stehen auch Apartments zur Verfügung. Buchung über das zen-trale Reservierungsbüro. Während der Wintersaison steigen die Preise und es gilt eine Mindestaufenthaltsdauer von 3 Nächten. Dorm M155, DZ M820

New Oxbow Lodge, Oxbow, ✆ 0027-51-933 2247 (Südafrika), 🖳 www.oxbow.co.za. Die Lodge am Ufer des Malibamatso River hat gemütliche, warme Zimmer, eine Bar und ein Restaurant mit erschwinglichen Mahlzeiten. Die Umgebung ist ein wunderbares Wandergelände. M700

Roof of Africa Road

Die landschaftlich reizvolle Strecke von Oxbow nach Mokhotlong, häufig als „Dach von Afrika"-Route bezeichnet, erreicht ihren höchsten Punkt am **Tlaeeng Pass** (3251 m) und passiert unterwegs die **Letseng-Diamantenmine**. Die Straße ist auf ganzer Länge asphaltiert, aber die extremen Temperaturunterschiede und die schweren Minenlastwagen haben ihre Spu-

ren und zahlreiche Schlaglöcher hinterlassen. Auf dem Weg in die Malotiberge schlängelt sich die Straße vorbei an Wasserfällen und winzigen Steindörfern und schmiegt sich an schmale Gipfelgrate, die auf beiden Seiten einen weiten Blick freigeben. Für die 95 km lange Fahrt zwischen Oxbow und Mokhotlong muss man rund 2 1/2 Stunden rechnen.

Mokhotlong

Das Städtchen Mokhotlong („Ort des Glattnackenibis") am gleichnamigen, wasserarmen Fluss galt früher als „der einsamste Ort Afrikas" und ist im Winter immer noch tage- oder wochenlang vom Rest der Welt abgeschnitten.

Zunächst war Mokhotlong 1905 Polizeiposten und entwickelte sich dann zum Handelszentrum für die Hochlandbewohner der Region, blieb jedoch weiterhin vom restlichen Land isoliert. Erst im Jahr 1947 wurde eine Funkverbindung eingerichtet, 1948 kam ein Flugplatz hinzu und in den 1950er-Jahren eine rudimentäre Straßenanbindung. Aber noch lange Zeit erreichten die meisten Waren Mokhotlong nur auf Ponys von Natal her über den Sani Pass.

Kulturelle Modeaccessoires: Decke und Hut

In einer Region Afrikas, in der die **traditionelle Kleidung** fast gänzlich verschwunden ist, sticht Lesotho als Ausnahme hervor. Der **mokorotlo** (der traditionelle Hut der Basotho) ist nicht mehr so weit verbreitet, aber den unverkennbaren Kegel mit dem Bommel sieht man schon noch regelmäßig. Die Form des aus Stroh geflochtenen *mokorotlo* ist dem Qiloane Mountain nahe Thaba Bosiu nachempfunden. Der Hut hat sich zum typischen Basotho-Souvenir entwickelt und wird in jedem Kunsthandwerksladen verkauft, meist für unter M100.

Häufiger als der *mokorotlo* ist die Basotho-**Decke**. Sie wird aus hochwertiger Wolle gewebt und im ganzen Land zu jeder Jahreszeit getragen. Europäische Händler brachten sie in den 1860er-Jahren aus England nach Lesotho, heutzutage werden die Decken in Südafrika hergestellt.

Die Webmuster auf den Decken stammten ursprünglich aus englischen Entwürfen, aber im Lauf der Zeit schrieben die Basotho ihnen Bedeutungen nach eigener Vorstellung zu; Maiskolben zum Beispiel galten als Symbol für Fruchtbarkeit. Die in Lesotho allgegenwärtigen Fraser's Stores begannen als Verkaufsstellen für Decken und haben sie auch heute noch im Sortiment. Auch der Blanket Shop (ehemals der Di Mezza & De Jager Trading Store), auf der anderen Seite der Grenze in Clarens (Kasten S. 542), ist ein ausgezeichneter Laden. Eine Decke erster Güte (aus reiner Wolle) kostet M400–600, für hiesige Verhältnisse ein Vermögen.

Obwohl sie immer Importware gewesen sind, bleiben die Decken im Wesentlichen ein Charakteristikum der Basotho und ein Symbol für ihr Nationalbewusstsein.

LESOTHO

Bis heute wähnt man sich ein bisschen so wie am Ende der Welt, doch Mokhotlong ist die einzige Ansiedlung nennenswerter Größe in Ost-Lesotho und ein guter Ort, um sich mit dem nötigsten Proviant einzudecken, wenn die Reise über den Grenzposten Sani Top fortgesetzt werden soll.

ÜBERNACHTUNG

Farmers' Training Centre, 2 km nördlich, ✆ 2292 0235. Schlichte, billige Schlafsaalbetten in Blöcken, mit sauberen Zimmern und Gemeinschaftsbädern. Das Beste ist die ruhige Lage am Stadtrand. Am besten lässt man sich den Weg zeigen. Es gibt keine Verpflegungsmöglichkeiten. M70

Molumong Guest House, 20 km südwestlich an der Straße nach Thaba-Tseka, ✆ 5099 9843, 🖳 www.molumong.wordpress.com. Rustikale, charaktervolle, in den 1920ern erbaute Unterkunft mit fantastischer Aussicht. Im Haupthaus befinden sich sehr gemütliche DZ für Selbstversorger (Mahlzeit auf Anfrage) und eine Lounge zum Chillen. Außerdem gibt es einen Schlafsaal und Zeltplatz. Die Lodge bietet preiswertes Pony-Trekking und ist eine gute Ausgangsbasis für Wanderungen. Erreichbar ist sie mit einem der Minibusse von Mokhotlong nach Ha Janteau. Camping M100, Dorm M108, DZ M450

Polihali Lodge, Molumong Village, 20 km entlang der Straße nach Thaba-Tseka, ✆ +27 083 254 3323 (Südafrika), 🖳 www.polihali.word press.com. Zum Zeitpunkt der Recherche bestand die Lodge aus wenig mehr als einem spärlich eingerichteten Haus mit ein paar Schlafzimmern. Die aktuelle Renovierung soll sie im Laufe der nächsten Jahre jedoch in eine Drehscheibe für Outdooraktivitäten (darunter Pony-Trekking und Wandern) mit hauseigenem Pub verwandeln. Die abgelegene Location sorgt für atemberaubenden Bergblick und die Doppelzimmer im Haus haben zwar eine nicht ausgestattete Küche, auf Anfrage gibt es aber hausgemachte Basotho-Mahlzeiten (im Voraus bestellen). DZ R360

St James Lodge, 12 km außerhalb an der Straße von Mokhotlong nach Thaba-Tseka, ✆ 5920

5113. Die Selbstversorger-Unterkunft auf dem Gelände der St James Mission besitzt einladende Zimmer mit Bad, günstigere Rondavels mit separatem Bad und einen Platz zum Zelten. Veranstaltet auf Anfrage Pony-Trekking, Dorfbesuche mit Kulturprogramm und eine Kirchenbesichtigung. Camping M80, Rondavel M300, DZ M700

Senqu Hotel, auf der A1 kommend am Stadtrand, ✆ 2892 0330. Das vornehmste Hotel am Ort hat einige schöne Zimmer mit Kamin und kleinem Wohnbereich (nach einem mit Balkon und guter Aussicht fragen). Das Hotelrestaurant mit Bar ist das beste Lokal im Ort. M650

GELD

Im Ort gibt es einen Geldautomaten der **Standard Lesotho Bank**.

TRANSPORT

Zur Hauptkreuzung von Mokhotlong gelangt man am besten mit einem der **Minibustaxis** von BUTHA-BUTHE (mehrmals tgl., 4 Std.) oder von SANI TOP (1 Std.). Minibusse von Mokhotlong nach Sani Top fahren i. d. R. über den Pass nach Ha Makhakhe bei Underberg und mehrere Stunden später zurück. Außerdem betreibt die Sani Mountain Lodge (S. 718) einen Shuttleservice zwischen der Lodge und Underberg.

Sani und Umgebung

Von der Hauptstraße nach Mokhotlong zweigt 5 km vor der Ortschaft die kurvenreiche Schotterpiste nach Sani ab. Sie führt durch zauberhafte Landschaft fast 60 km am Sehonkong River entlang, überquert den **Kotisephola Pass** (3240 m) und fällt dann in **Sani Top**, ein paar Kilometer vor der Grenze zu Südafrika entfernt, auf 2895 m ab.

Von Sani Top aus lassen sich einzigartige Wanderungen unternehmen, etwa der steile, 12 km lange Aufstieg zum **Thabana Ntlenyana**, mit 3482 m die höchste Erhebung im Süden Afrikas und bei frühem Aufbruch hin und zurück an einem Tag zu bewältigen. Ebenfalls anstrengend, aber traumhaft schön, ist die 40 km lange, etwa 4 Tage dauernde **Top-of-the-Berg**-Wanderroute zum Sehlabathebe National Park.

Die Fahrt von Sani über den mit Haarnadelkurven gespickten **Sani Pass** hinab nach Südafrika (S. 484) ist nur mit einem 4WD empfehlenswert. Im Winter machen Schnee oder Eis den Pass oft unpassierbar. Eine Asphaltierung der Straße ist in der nächsten Zukunft nicht zu erwarten.

ÜBERNACHTUNG

Sani Mountain Lodge, auf der Sani-Passhöhe, direkt hinter dem Grenzübergang nach Lesotho, ✆ 078 634 7496, 🖥 www.sani mountain.co.za. Die Lage direkt an der Klippe mit Ausblick bis nach KwaZulu-Natal ist ziemlich schwer zu toppen. Im Pub gibt es herzhaftes Essen und abends kann man vom Balkon aus den Sonnenuntergang über den Bergen beobachten. In den hübschen Rondavels mit Kamin haben bis zu 6 Personen Platz, aber auch ein Zeltplatz und Backpackerunterkünfte sind verfügbar. Geführte Wanderungen und Ausritte (R140 pro Std.) können ebenfalls vereinbart werden. Camping M105, Dorm M275, DZ M589

Sani Stone Lodge, 5 km vor der Grenze beschildert, ✆ 5900 2441, 🖥 www.sanistone lodge.co.za. Ein von Einheimischen betriebenes Gästehaus und Backpacker-Hostel mit weitem Ausblick über das Tal und komfortablen Rondavels mit Bad, Kamin und je 2 Doppelbetten. Außerdem gibt's einen Schlafsaal mit Küche sowie eine Bar und ein Restaurant (im Voraus bestellen!). Die Inhaber können traditionelle Tanzvorführungen sowie Wandertouren und Ausritte organisieren. Sie holen ihre Gäste auch bei Bedarf an der Grenze ab (für die Straße braucht man Allrad). Dorm M190, DZ M600, Rondavel M1100

TRANSPORT

Busse und Minibustaxis

Sani lässt sich nur bei gutem Wetter erreichen, keinesfalls nach Schneefall. Von der Sani Mountain Lodge verkehren **Minibustaxis** nach MOKHOTLONG (Mo–Sa ca. 5x tgl., 1 Std.). Auf südafrikanischer Seite betreibt die Sani Mountain Lodge (s. o.) einen Shuttleservice zwischen dem Sani Pass und UNDERBERG, mit Abfahrt vom Pass um 9.30 und 13.30 Uhr sowie Rückfahrt um 11 und 15 Uhr. Die Fahrt muss im Voraus reserviert werden und kostet R350. Mindestens 2 Minibustaxis verkehren von Mo bis Sa zwischen Underberg und HA MAKHAKHE nahe der Sani Mountain Lodge, wo sie Anschluss haben an die Minibusse von Basotho, die über den Pass und weiter nach MOKHOTLONG in Lesotho fahren.

Über die Grenze

Die Grenze, zwischen Sani Mountain Lodge und Sani Pass gelegen, ist tgl. 6–18 Uhr geöffnet. Auf der Lesotho-Seite bleibt sie etwas länger offen, um Fahrzeuge aus Südafrika passieren zu lassen.

Der Süden

Die Süden Lesothos kann zwar nicht die gewaltigen Dimensionen der Gebirge von Nord- und Zentral-Lesotho aufzuweisen, dafür aber märchenhafte Landstriche, die sich recht leicht erkunden lassen, besonders auf dem Pferderücken von den ausgezeichneten Lodges in **Malealea** und **Semonkong** aus. Die im 19. Jh. erbaute Missionsstadt **Morija** ist wahrscheinlich die historisch bedeutsamste Niederlassung des Landes. In ihrer Nähe finden sich Dinosaurier-Fußabdrücke, ebenso bei **Mohale's Hoek** und (am leichtesten erreichbar) weiter südlich bei **Quthing**. Weiter im Nordosten, jenseits von **Qacha's Nek**, liegt der abgeschiedene **Sehlabathebe National Park** – ein echtes Abenteuerziel.

Morija

In dem hübschen Städtchen am Fuß des Makhoarane Plateau, 44 km von Maseru, ist das landesweit wichtigste Museum angesiedelt. Zudem besitzt es das älteste Gebäude, die älteste Kirche und die älteste Druckerpresse Lesothos. Morija wurde 1833 mit Zustimmung von Moshoeshoe I. als erste christliche Mission des Landes gegründet und drei Missionaren der Pariser Evangelischen Missionsgemeinschaft überantwortet. Die idyllische Umgebung, attraktive Unterkunftsmöglichkeiten und seine leichte Zugänglichkeit machen den Ort zur idealen Basis für die Erkundung des Westens von Lesotho.

Lesotho Evangelical Church

Ortszentrum ▪ ⏰ meist sonntags

Die rote Ziegelsteinkirche mit ihrem eindrucksvollen, von Teakholzbalken gestützten Dach ist das dritte Gotteshaus am selben Standort. Mit dem Bau wurde 1847 mithilfe durchreisender Pedi begonnen, die auf der Suche nach Arbeit unterwegs zur Kapkolonie waren. Der Kirchturm kam erst 1905 hinzu. Ein interessantes Detail sind die Pfeiler im Kirchenschiff: Sie wurden aus alten Schiffsmasten gefertigt und per Ochsenkarren von Port Elizabeth hierher transportiert.

Maeder House Gallery

Neben der Kirche ▪ ⏰ flexible Öffnungszeiten; anrufen, falls niemand da ist ▪ ✆ 5051 7512

Ein Großteil von Morija wurde 1858 von Afrikandersoldaten in Schutt und Asche gelegt. Das praktisch einzige unversehrt gebliebene Gebäude war das Maeder House von 1843, heute das älteste Gebäude des Landes. Heute wird es als Galerie genutzt, die bemerkenswerte moderne Malereien, Mosaike, herrliche Keramiken von Patrick Rorke und Kunsthandwerk weiterer lokaler Künstler verkauft. Es gibt ein **Kunstzentrum** für die Kinder des Ortes und Künstler, die zu Besuch hier weilen. Spenden von Kunstbüchern oder -materialien sind sehr willkommen. In einem angeschlossenen Gebäude befindet sich die historische **Druckerei**. Seit den 1860er-Jahren werden dort Basotho-Literatur sowie die älteste Zeitung des Landes hergestellt: Die Leselinyana la Lesotho („Kleines Licht von Lesotho") erscheint fast ununterbrochen seit 1863.

Morija Museum

Gleich bergauf oberhalb der Kirche ▪ ⏰ Mo–Sa 8–17, So 12–17 Uhr ▪ Eintritt M30 ▪ ✆ 2236 0308, 🖥 www.morija.co.ls

Ein Abstecher nach Morija lohnt schon dieses Museums wegen. Die in einem Saal und angrenzenden Korridor ausgestellten Stücke sind eine gelungene Kombination aus geologischen und fossilen Fundstücken, Meteoritensplittern, ethnografischem sowie mit Moshoeshoe (S. 693) und seinen Zeitgenossen verbundenem historischem Material. Hier werden auch Bücher verkauft, darunter der empfehlenswerte Guide to Morija (M30), und Führungen durch den Ort inkl. Kirche und der Maeder House Gallery organisiert. Das **Museumsarchiv** besitzt die beste Sammlung an Büchern über Lesotho im ganzen Land. Kurator Stephen Gill ist eine Koryphäe, was die Geschichte und Kultur des Landes angeht.

In der letzten September- und ersten Oktoberwoche findet unter der Schirmherrschaft des Museums das **Morija Arts and Cultural Festival** statt, das bedeutendste Kunst- und Kulturevent des Landes. Das Programm umfasst traditionelle Musik, Jazz, Tanz, Pferderennen und Kunstgewerbeausstellungen sowie Theater, Kino, Sport und Veranstaltungen für Kinder.

ÜBERNACHTUNG UND ESSEN

Café Mojo, hinter dem Morija Museum, ✆ 5910 4153. Die Teestube des Museums in einem traditionellen Rondavel im wunderschönen Garten serviert Kaffee, Sandwiches und gute Pizza (ab M30). Am besten schmeckt es auf der Terrasse mit Blick auf das Tal. ⏰ Di–Sa 8–17, So 10–16 Uhr.

Lindy's B&B, auf dem Hügel über dem Museum, immer den weißen Steinen folgen, ✆ 2236 0732, 🖥 www.lindysbnb.co.ls. 2 Cottages für bis zu 4 Pers. Ein Gebäude ist historisch, das andere neu; beiden fehlt trotz hübscher Einrichtung das schöne Anwesen und der Ausblick der nahe gelegenen Morija Guest Houses. Mittag- und Abendessen kann vorbestellt werden. M760

Morija Guest Houses, ✆ 6305 7431, 🖥 www.morijaguesthouses.com. Die Lodge, einer der attraktivsten des Landen, liegt zauberhaft oberhalb vom Ort: vom Museum immer den weißen Steinen nach. Das Haus mit Reetdach hat mehrere komfortable Zimmer mit Gemeinschaftsbad, plus eine voll ausgestattete Küche, Lounge und Veranda mit fantastischer Aussicht. Unterhalb vom Guesthouse stehen mehrere einladende und gemütliche Basotho-Cottages für Selbstversorger. Mountainbikes können für M80 pro Std. gemietet werden und das Gästehaus kann zahlreiche Aktivitäten in der Gegend organisieren, darunter Vogelbeobachtung und Reiten. Nach Voranmeldung ist auch Verpflegung möglich. Wer mit öffentlichen Verkehrsmitteln anreist, zahlt M200 für das beste verfügbare Bett in einem beliebigen Zimmer. Preise verstehen sich pro Person, WLAN kostet extra. M620

INFORMATIONEN

Touristeninformation. Das Morija Museum dient auch als Touristeninformation.

TRANSPORT

Morija ist leicht mit den **Bussen** und **Minibustaxis** zu erreichen, die den ganzen Tag über von Maseru hierher fahren (3/4–1 Std.). Es gibt keinen festen Bus- oder Taxihalteplatz; die öffentlichen Verkehrsmittel, die Morija als Endstation haben, halten vor dem Postamt in der Nähe des Museums. Wer mit einem der Minibusse reist, die nach Mafeteng und Mohale's Hoek weiterfahren, wird 1 km westlich vom Ortszentrum an der Hauptstraße abgesetzt bzw. aufgegabelt.

Aktivitäten in Morija

Pony-Treks von einer Stunde (M150) bis hin zu Tagestouren (ab M630) lassen sich über Morija Guest Houses (s. Übernachtung) oder das Museum arrangieren. Morija ist Ausgangspunkt mehrerer **Wanderpfade** – am spannendsten ist der zu den sensationellen Krallenabdrücken von Flugsauriern an einem Felsen auf halbem Weg zum Makhoarane Plateau, 45 Min. hinter dem Guesthouse. Für die Wanderungen kann man einen Guide anheuern; die Bezahlung ist Verhandlungssache.

Malealea

An der betriebsamen Minibustaxi-Haltestelle von **Motsekuoa**, 10 km südlich von Morija, zweigt die Straße zum Dorf Malealea ab – dank der ungeheuer gefragten Malealea Lodge & Pony Trek Centre (s. u.) einer der berühmtesten Orte von ganz Lesotho. Die heute auf einem geräumigen, bewaldeten Gelände stehende Lodge in sensationeller Lage an den Ausläufern der Thaba-Putsoa-Berge war ursprünglich ein kleiner Handelsposten, errichtet 1905 von dem britischen Abenteurer Mervyn Bosworth-Smith. Von diesem stammt die Inschrift der Messingtafel oben auf dem majestätischen Gate of Paradise Pass, 6 km vor der Lodge: „Wayfarer, pause and look upon a gateway of Paradise" (Reisender, halte inne und schau auf ein Tor zum Paradies).

ÜBERNACHTUNG

Malealea Lodge & Pony Trek Centre, +27 82 552 4215 (Südafrika) oder 5018 1341, www.malealea.com. Schlichte, aber gemütliche Unterbringung in Hütten, Chalets und Rondavels zwischen Bäumen auf einem hübschen Gelände. Die Lodge ist immer gut besucht: Neben dem Speisesaal (wo zu festen Zeiten vorgegebene Mahlzeiten serviert werden) gibt es eine kleine Bar, und an den meisten Abenden versammeln sich die Gäste im Freien um ein Lagerfeuer. Die lokale Gemeinde profitiert sehr von der Lodge, denn sie schafft Arbeitsplätze und führt vom Malealea Development Trust finanzierte Projekte durch, und Lodge-Gäste können bei Dorfbesuchen mit überwältigender Gastfreundschaft rechnen. Mahlzeiten können hinzugebucht werden (Frühstück M90, Mittagessen M100, Abendessen M160). Camping M120, Hütten M390, Zimmer im Farmhaus M640, Rondavels M800

TRANSPORT

Vom New Taxi Rank in MASERU fährt ein **Minibustaxi** direkt bis zum Schlagbaum der Malealea Lodge (tgl. gegen 11 Uhr, 85 km, 2 Std.).

Die Malealea Lodge bietet **begleitete Pony-Treks** an, von kurzen, einstündigen Ausflügen bis zu so vielen Tagen, wie Sitzfleisch und Finanzen es zulassen. Übernachtet wird in einfachen Hütten mit Gaskocher, Küchenutensilien und Matratzen auf dem Boden. Die Trips können auch kurzfristig organisiert werden. Die **Kosten** hängen vom Tourziel und der Gruppengröße ab (durchschnittlich M500 für einen Tag mit Übernachtung plus M120 für die Übernachtung in einem Dorf oder M15 pro Wanderstunde). Reiter dürfen nicht mehr als 90 kg wiegen (plus zusätzlich maximal 12,5 kg Gepäck) und müssen eine Krankenversicherung nachweisen. Eine gute und preiswertere Alternative zum Pony-Trekking (kann ganz schön anstrengend sein, wenn man kein geübter Reiter ist) ist es, zu Fuß zu gehen und ein Pony als Lasttier zu benutzen.

Mögliche Kurzausflüge sind **Spaziergänge zu Dörfern** und eine Visite bei einem traditionellen Heiler *(sangoma)*. Längere Tagestrips, entweder zu Fuß oder im Sattel, haben die Botsoela Falls (ein herrlicher vierstündiger Ausflug ab M290, der auch für Reitanfänger geeignet ist), den Pitseng Canyon und seinen Felspool, Felszeichnungen der San und den Gates of Paradise Pass am Matelile Ridge zum Ziel.

Alternativ kann man auch ein **Taxi** von Maseru nach Mafeteng (1x stdl.) nehmen und in Motsekuoa (1 Std.) umsteigen, wo Taxis nach Malealea (1 Std.) abfahren.

namigen Dorf, und wer den steilen, einstündigen Marsch auf sich nimmt, wird mit herrlichen Ausblicken auf die Freistaat-Ebenen im Westen und die Thaba-Putsoa-Berge im Osten belohnt.

Mafeteng und Umgebung

Das geschäftige, 18 km vom **Grenzübergang** Van Rooyenshek entfernte Mafeteng ist der erste Ort auf lesothischer Seite, den man erreicht, wenn man von Wepener im Freistaat anreist. Der Name bedeutet „Ort der Leute von Lefeta" und geht auf Emile Rolland zurück, Sohn eines französischen Missionars und erster Magistrat des Distrikts. Die Einheimischen, die ihn bis auf den Umstand, dass er nicht an den Initiationsriten teilgenommen hatte (an ihnen „vorbeigegangen" war), praktisch als Basotho betrachteten, verpassten ihm den Beinamen Lefeta („der Vorbeigehende").

Das einzige sehenswerte Gebäude im Ort ist das **District Administrator's Office** in der Hauptstraße: seine Vorderfront zieren geschnitzte Tierköpfe.

Thabana Morena Plateau

Diese imposante Hochebene rund 20 km östlich von Mafeteng ist ein tolles Ausflugsziel, aber nur mit einem eigenen (gemieteten) Fahrzeug zu erreichen. Sie thront über dem gleich-

ÜBERNACHTUNG UND ESSEN

Golden Hotel, rechts an der Hauptstraße von Maseru kommend, kurz vor Mafeteng, ☏ 2270 0566, ✉ pulephakifi@gmail.com. Das unauffällige Hotel direkt an der Straße hat akzeptable Zimmer mit Bad und ein kleines Lokal, wo Pizza und Fleischgerichte serviert werden. M650

Mafeteng Hotel & Restaurant, im Süden des Ortes, ein Stück die kleine Straße beim Funkturm entlang, ☏ 2270 0236, ✉ hotelmafeteng @gmail.com. Sieht wie ein alter Flughafenkontrollturm aus, besitzt aber hübsche, geräumige Zimmer mit Bad und Satelliten-TV, außerdem Cottages in einem Garten und einen guten Pool. Wer hier schlafen möchte, sollte vorher fragen, ob abends Disco stattfindet. Das Restaurant ist das beste Lokal von Mafeteng und bietet Fleischgerichte zu vertretbaren Preisen. M520

TRANSPORT

Wie es sich für einen Grenzort gehört, hat Mafeteng einen belebten Busbahnhof an der Hauptkreuzung im Zentrum des Ortes, wo sich leicht ein Verkehrsmittel für die Weiterfahrt

LESOTHO

Richtung Norden nach MORIJA (1/2 Std.) und MASERU (1 1/2 Std.) und Richtung Südosten nach MOHALE'S HOEK (3/4 Std.), QUTHING (1 1/2 Std.) und darüber hinaus (tgl. zahlreiche **Busse** und **Minibustaxis** in beide Richtungen) finden lässt.

Mohale's Hoek

Mohale's Hoek, nur ein Stückchen vom wenig benutzten Grenzübergang Makhaleng Bridge entfernt, ist kein besonders reizvoller Ort. Es besitzt aber ein ordentliches Hotel, und in den Hügeln ringsum gibt es ein paar Sehenswürdigkeiten, darunter gut erhaltene **Dinosaurier-Fußabdrücke**. Mohale war Moshoeshoes jüngerer Bruder. Der König hatte ihm die Aufsicht über die Region übertragen, Teil seines Versprechens, Häuptling Moorosi die Herrschaft über den Distrikt zu entreißen. Es leben aber immer noch recht viele Angehörige von Moorosis

Baphuthi-Clan hier; ihre Sprache ist dem Xhosa näher als dem Basotho. Viel betrachten oder unternehmen lässt sich in Mohale's Hoek nicht, abgesehen von der traumhaften Fahrt, Wanderung oder dem Ponyritt in die einsamen Mokhele-Berge (s. u.).

Mokhele Mountain Range

Die herrliche Mokhele Mountain Range, 10 km östlich von Mohale's Hoek, stellt ein perfektes Ziel für eine Fahrt, Wanderung oder einen Pony-Trek dar (wird vom Mount Maluti Hotel angeboten; S. 723). Die Anfahrt führt ein paar Kilometer auf der Hauptstraße nach Süden ins Dorf Mesitsaneng, dann am Wegweiser der Grundschule links ab und 11 km auf einer holprigen Sandpiste nach Osten bis zur historischen französischen **Maphutseng Mission**, unter deren Dach sich einst Einheimische vor den angreifenden Buren versteckten. An der Stelle, wo die Straße einen scharfen Knick nach links macht, biegt man auf einen schmaleren Pfad ab. Dort

Dongas und Bodenerosion in Lesotho

Beim Besuch von Lesotho fällt sofort auf, dass es im ganzen Land so gut wie keine **Bäume** gibt. Das Land – einst die Kornkammer der Region – steht vor ökologischen Problemen katastrophaler Ausmaße, und Tonnen unwiederbringlichen Mutterbodens, durch jahrzehntelange Überbeanspruchung gelockert, werden Jahr für Jahr von den Flüssen weggespült.

Die Probleme begannen mit der Vereinnahmung der fruchtbarsten Gebiete durch den Oranje-Freistaat in den 1860er-Jahren. Die Basotho sahen sich danach gezwungen, Lebensmittel auf hügeligerem, bis dahin nur als Winterweiden genutztem Terrain anzubauen. Diese Entwicklung dauert bis heute an, und in Gegenden wie Semonkong und Mokhotlong wird sogar noch in Höhen von über 2000 m Ackerbau betrieben. Aber Berge sind kein Ersatz für fruchtbare Ebenen, und Lesotho ist seit den 1920er-Jahren auf Lebensmittelimporte angewiesen.

Die ökologischen Folgen des unvermindert fortgeführten Ackerbaus in den Bergen Lesothos sind verheerend. Die Fruchtbarkeit des Bodens hat stark nachgelassen, weit schlimmer jedoch ist, dass gewaltige Erdmengen bei den sommerlichen Regenfällen weggeschwemmt werden. An vielen Orten wurde schon so viel Mutterboden abgetragen, dass sich breite Rinnen, sogenannte **dongas**, gebildet haben. Obwohl *dongas* oft mit Grün überzogen sind und fruchtbar aussehen, liegt die übrig gebliebene Erde meist so dicht am Oberflächengestein, dass an ertragreiche Kultivierung nicht zu denken ist.

Seit einiger Zeit werden Anstrengungen unternommen, diesen Prozess aufzuhalten, am deutlichsten sichtbar an den Terrassenfeldern an den Berghängen. Wer eines der besten Beispiele dafür sehen möchte, wie erfolgreich *dongas* in fruchtbares Land verwandelt werden können, lässt sich den Weg zur *donga* der Familie Musi (M30 p. P.) im Dorf neben der Malealea Lodge (S. 720) zeigen (die Lodge vermittelt auch Guides). Fanuel Musi begann vor rund 20 Jahren damit, die *donga* aufzufüllen; sein Enkel und dessen Frau setzen nun diese Arbeit fort.

kommt ein Plateau in Sicht, nur ein kurzes Stück Fußweg entfernt, mit einigen **Dinosaurier-Fußabdrücken** und den Überresten einer Inschrift anlässlich ihrer „Entdeckung" 1959.

Mount Maluti Hotel, ☎ 2878 5224, 🖥 www. hmmlesotho.com. Komfortable Zimmer mit TV, außerdem Bar, Tennisplatz und Pool in schöner Gartenlage. Das Hotelrestaurant hat die beste Küche aus Süd-Lesotho, darunter köstliche Pizza (M60–90) frisch aus dem Ofen. M750

TRANSPORT

Busse halten am belebten Busbahnhof im Ortszentrum von Mohale's Hoek, **Minibustaxis** sammeln sich auf der Hauptstraße nahe der Engen-Tankstelle. Unter all den Taxis und Bussen müsste im Laufe des Tages jeder ein Transportmittel nach Norden in Richtung MASERU (2 Std.) oder Süden nach QUTHING (1 Std.) finden.

Quthing und Umgebung

Quthing, das auch **Moyeni** („Ort des Windes") genannt wird, ist auf merkwürdige Art in einen unteren und oberen Abschnitt aufgeteilt. Der 1884 von den Briten nach dem Gun War gegründete Ort macht einen ziemlich armseligen Eindruck. Aber seine Lage am Hang einer Schlucht, durch die ein Fluss fließt, ist spektakulär, und die Aussicht auf die Berge ringsum präsentiert sich beim Aufstieg in den oberen Ortsteil von Schritt zu Schritt immer atemberaubender.

Dinosaurier-Fußabdrücke
🕐 tgl. 8–16 Uhr ▪ Eintritt M10

Die am leichtesten erreichbaren Dinosaurier-Fußabdrücke in Lesotho befinden sich ganz in der Nähe des unteren Abschnitts von Quthing. An der Straße nach Mount Moorosi, ungefähr 400 m von der Kreuzung, wo es ins Ortszentrum von Quthing abgeht, steht eine Art Schuppen und daneben das strohgedeckte **Visitor Centre** links von der Straße. Im Schutz der Hütte liegen

verschiedene, deutlich erkennbare Fußabdrücke, außerdem gibt's ein wenig Kunsthandwerk zu kaufen.

Masitise Cave House

Ein paar Kilometer westlich von Quthing (beim Schild „Masitise Primary" von der Hauptstraße aus Mafeteng kommend rechts abbiegen und der unebenen Straße an der Kirche vorbei folgen) ▪ 🕐 Mo–Fr 8.30–17, Sa und So 8.30–14 Uhr ▪ Eintritt M10 ▪ ☎ 5875 8187, 🖥 www.masitisecavehouse.blogspot.com

Das ungewöhnliche, unbedingt sehenswerte Haus wurde 1866 vom Schweizer Missionar D.F. Ellenberger in einen Felsüberhang hineingebaut. Ellenbergers 1912 erschienene *History of the Basuto: Ancient & Modern* war die erste Studie dieser Art. Sein Wohnhaus ist heute ein **Museum**. Es zeigt das faszinierende Heim der Ellenbergers und enthält spannende Ausstellungsstücke zur Geschichte der Region Quthing sowie eine Erklärung für die Dinosaurier-Fußabdrücke in einer der Zimmerdecken.

Fuleng Guest House, nahe der ersten Haarnadelkurve in den oberen Ortsteil, ☎ 2275 0260, ✉ info.fulengguesthouse@gmail.com. Hat preiswerte Zimmer in schlichten Rondavels um einen betonierten Innenhof (nicht alle sind gleich gut ausgestattet) oder luxuriösere, stilvollere Zimmer mit TV. Rondavels M500, DZ M570
Mountain Side Hotel, rund 100 m auf der Sandpiste hinter dem Fuleng, ☎ 2275 0257, ✉ mina. shata@gmail.com. In dem gemütlichen Hotel gibt es akzeptable Zimmer (die günstigsten allerdings mit heißem Wasser aus Eimern), eine nette private Bar, eine freundliche öffentliche Kneipe und ein helles, angenehmes Restaurant mit leckerem Tagesmenü. M600

TRANSPORT

Tägliche **Busse** und zahlreiche **Minibustaxis** fahren von der Bushaltestelle an der Hauptkreuzung nordwärts Richtung MASERU (3 Std.). Seltener fahren öffentliche Verkehrsmittel nach Nordosten Richtung QACHA'S NEK (4 Std.).

LESOTHO

Es gibt auch Minibustaxis zum nahe gelegenen Grenzübergang Tele Bridge (⏰ tgl. 8–22 Uhr), wo Transportmittel für die Weiterreise nach Sterkspruit im Ostkap bereitstehen.

Mount Moorosi und Umgebung

Etwas mehr als 40 km östlich von Quthing liegt der Ort Mount Moorosi. Er ist nach einem Häuptling benannt, der sich in den 1850er-Jahren in der Region niederließ. Er war ein Verbündeter der San und hatte mehrere San-Ehefrauen, zog sich jedoch die Feindschaft der Briten zu. 1879 griffen britische Truppen seine Festung an, in der er acht Monate aushielt. Doch dann überwanden die Soldaten mit Strickleitern die steilen Felshänge und nahmen den Häuptling gefangen. Sie enthaupteten ihn und stellten seinen abgeschnittenen Kopf öffentlich zur Schau. **Thaba Moorosi**, wo die größte Schlacht stattgefunden hat, liegt rund 1 km weiter rechts von der Hauptstraße. Die Stelle kennzeichnen Steinplatten, in die die mit der Gefangennahme des Häuptlings beauftragten britischen Soldaten ihre Namen eingeritzt haben. Der Aufstieg zum Thaba Moorosi ist ziemlich unfallträchtig. Wer dorthin möchte, sollte deshalb unbedingt jemanden in Mount Moorosi in Kenntnis setzen.

Kurz nachdem sie einen Bogen um den Thaba Moorosi geschlagen hat, lässt die Hauptstraße den Senqu River hinter sich und führt zügig ins Hochland. Dabei passiert sie die grandiose **Quthing Gorge** und erreicht nach etwa 10 km ihre höchste Stelle am **Lebelonyane Pass** (2456 m), wo sich sensationelle Ausblicke eröffnen. Die Bergstraße nach Sehlabathebe ist eine weitaus weniger befahrene Reiseroute ins Hochland als die nördlichere Straße nach Mokhotlong. Wegen ihrer alpinen Schönheit gilt sie bei manchen als die reizvollste Fahrstrecke des ganzen Landes.

Qacha's Nek

Bei **Sekake**, 90 km östlich von Mount Moorosi, stößt die Teerstraße wieder auf das Südufer des Senqu. Es ist eine wunderschöne, kurvenreiche Fahrt, aber vor Qacha's Nek trüben leider auch hier erodierte Flächen und *dongas* (S. 722) das Bild. Der nach Häuptling Moorosis Sohn Ncatya benannte Ort Qacha's Nek wurde 1888 durch die Briten gegründet. Sie wollten dadurch in dieser für Banditenüberfälle berüchtigten Gegend den Schwierigkeiten zuvorkommen, die ihnen Häuptling Moorosi bereitet hatte. Viele der „Banditen" waren aber in Wirklichkeit verzweifelte, ihrer Wohnstätten und Existenz beraubte San. Die Briten kannten jedoch kein Mitleid und jagten sie in den 1860er- und 1870er-Jahren bis zur Ausrottung.

In den 1850er-Jahren hatte Moorosis Volk der Baphuthi begonnen, sich hier niederzulassen und bald war alles Wild erlegt und das Land in Viehweiden und Ackerland verwandelt. Das lokale Klima mit seinen ungewöhnlich starken Regenfällen fördert das Wachstum von Nadelbäumen, darunter mächtige Drehkiefern. Aus diesem Grund herrscht in Qacha's Nek eine völlig andere Atmosphäre als im übrigen, nahezu baumlosen Lesotho.

Im Ort gibt es außer der eleganten **St Joseph's Church** am östlichen Ortsrand keine Sehenswürdigkeiten, doch die umliegende Berglandschaft ist ein sagenhaftes **Wanderrevier**.

ÜBERNACHTUNG UND ESSEN

Letloepe Lodge, vom Grenzposten kommend am Kreisverkehr rechts abbiegen, ☎ 2295 0383, ✉ bookings@letleopelodge.com. Die beste Unterkunft müsste inzwischen wieder eröffnet sein. Die Lodge am Fuß des Letloepe-Felsens bietet Rondavels mit Bad und TV, teils mit Küchenzeile. Im Lodge-Restaurant werden feste Menüs serviert. Auch billigere Optionen für Backpacker in 2- oder 3-Bettzimmern mit Gemeinschaftsbad. Dorm M140, DZ M420
Nthatuoa Hotel, auf der Hauptstraße von Quthing kommend die erste Gebäude links am Ortseingang von Qacha's Nek, ☎ 2295 0260, ✉ nyalleng.makhetha@yahoo.com. Der rote Backsteinbau bietet verschiedene komfortable Zimmer mit Bad, wenn auch offensichtlich für Geschäftskundschaft. Wer mag, kann auch kostenlos zelten, es wird jedoch gern gesehen, wenn man dann im Restaurant ein Frühstück

kauft. In allen übrigen Übernachtungspreisen ist ein großzügiges Frühstück inbegriffen. Im Restaurant werden auch Mittag- und Abendessen serviert. M600

TRANSPORT

TRANSPORT

Da Qacha's Nek ein wichtiger Grenzort ist, stehen normalerweise viele öffentliche Transportmittel bereit, die von der Tankstelle im Ortszentrum nach Südwesten in Richtung Quthing abfahren.
Minibustaxis pendeln täglich zwischen Qacha's Nek und MASERU (bis zu 7 Std.). Wer Richtung Qacha's Nek will, muss evtl. in Semonkong umsteigen. Auf der anderen Seite der Grenze startet ungefähr stdl. irgendein Verkehrsmittel nach MATATIELE im Ostkap, von dort verkehren reichlich Busse und Minibustaxis nach Kokstad und weiter.

Sehlabathebe National Park

Ca. 80 km nordöstlich von Qacha's Nek ▪
🕐 keine festen Öffnungszeiten (vorher anrufen)
▪ Eintritt M30 ▪ 📞 5710 1633

Das älteste Naturschutzgebiet des Landes, seit 2013 als Teil des Maloti-Drakensberg Park als Unesco-Welterbe gelistet, ist abgelegen und schwer zugänglich, dafür aber menschenleer und atemberaubend schön. Der Park liegt an der Grenze zu Südafrika in den Südausläufern der Drakensberge auf einer durchschnittlichen Höhe von 2400 m. Berühmt ist er für seine reichhaltige Vogelwelt, hervorragendes Forellenangeln, Wasserfälle, Felszeichnungen und unendlich viel offenes Gelände – ein perfektes Wanderrevier. Im Park leben wilde Tiere wie Paviane, Riedböcke, Elenantilopen und scheue Bleichböckchen, Mangusten, Otter, Wildkatzen und Schakale. Bei gutem Wetter lässt es sich hier ohne Weiteres auch länger aushalten. Aber zu jeder Jahreszeit und sogar an einem wolkenlosen Tag können wie aus dem Nichts Nebel und Regen auftauchen, also entsprechend vorbereitet sein.

ÜBERNACHTUNG

Mit einem Permit von der Lodge darf überall im Park gezeltet werden. Für welche Art der Unterbringung man sich auch entscheidet: unbedingt genügend Proviant mitbringen.
Sehlabathebe Lodge, nahe dem Parkeingang, 📞 2231 1767 oder 5853 7565. Die neue Lodge hat schlichte Schlafsäle, Selbstversorgeranlagen und rund 70 Betten. Sie besitzt zwar ein paar Gasheizungen, wenn das Haus voll ist (was allerdings selten der Fall ist), kann die Heizung ein Problem werden. M250

INFORMATIONEN

Die **Sehlabathebe Ranger Station**, 📞 5710 1633, hat Informationen zum Nationalpark und den Wandermöglichkeiten. Wer nicht bloß herumspazieren, sondern ernsthaft wandern möchte, besorgt sich vorher beim Department of Lands, Surveys and Physical Planning in Maseru (Kasten S. 694) eine detaillierte Karte der Region.

TRANSPORT

Auto und Minibustaxis

Wer von der Lesotho-Seite zum Sehlabathe National Park gelangen möchte, braucht entweder ein **allradgetriebenes Fahrzeug** oder muss eines der seltenen **Minibustaxis** von Qacha's Nek nehmen (3 Std.)

Zu Fuß

Die einzige andere Möglichkeit, von der Lesotho-Seite her in den Park zu gelangen, ist im Rahmen der 40 km langen Wanderung entlang der **Top-of-the-Berg**-Strecke von Sani Top. Von Südafrika ist es ein ganzer Wandertag bis nach Sehlabathebe. Die Route führt durch den Südabschnitt des zu Südafrika gehörenden uKhahlamba Drakensberg Park über einen sensationellen Wanderweg, der bei Bushman's Nek beginnt, 38 km von Underberg in KwaZulu-Natal.

LESOTHO

UMHLANGA-SCHILFGRASTANZ

eSwatini (Swasiland)

eSwatini präsentiert sich als faszinierende Mischung aus kolonialem Erbe und afrikanischem Selbstbewusstsein. Die atemberaubende Landschaft gepaart mit dem ernsthaft betriebenen Tierschutz lohnen unbedingt einen Abstecher. Mit einem Auto und etwas Zeit kann man einige der weniger bekannten Reservate erkunden, in abgeschiedenen, unberührten Dörfern übernachten und bei guter Planung auch etwas von der lebendigen Kultur eSwatinis miterleben.

Stefan Loose Traveltipps

Königliche Feste Die eindrucksvollen Zeremonien beim Ncwala und Umhlanga sind farbenprächtiger Ausdruck der eigenständigen Swasi-Nation. S. 743

Malandela's Homestead Die kleine Siedlung sprüht vor Kreativität. Hier befinden sich die exzentrische Bühne House on Fire und Gone Rural, eins der besten Kunsthandwerksgeschäfte in eSwatini. S. 744

Kulturtour nach KaPhunga Das tolle Projekt erlaubt es Besuchern, ein paar Tage in einem Dorf zu leben und so Einblicke in den Alltag im ländlichen eSwatini zu bekommen. S. 746

Mkhaya Game Reserve Geländegänge mit Nashörnern und halboffene Unterkünfte mitten im Busch garantieren ein unvergessliches Naturerlebnis. S. 746

18 **Wildwasserrafting auf dem Great Usutu** Ein wilder Ritt auf dem längsten Fluss von eSwatini. S. 747

Malolotja Nature Reserve Das wilde und atemberaubend schöne Naturreservat ist Lebensraum Hunderter Vogelarten und lädt zum Wandern oder Reiten ein. S. 752

BREITMAULNASHORN, MKHAYA GAME RESERVE

BIENENKORBHÜTTEN

Inhalt

Der winzige Binnenstaat eSwatini wird auf drei Seiten von Südafrika und im Osten, entlang der Lubombo Mountains, von Mosambik umschlossen. eSwatini war von 1903 bis zu seiner Unabhängigkeit 1968 ein britisches Protektorat und firmierte bis zu seiner Namensänderung zur Feier des 50. Jahrestags der Unabhängigkeit und des 50. Geburtstags von König Mswati III. 2018 auch noch unter dem englischen Kolonialnamen Swasiland. Im April 2018 verkündete Kö-

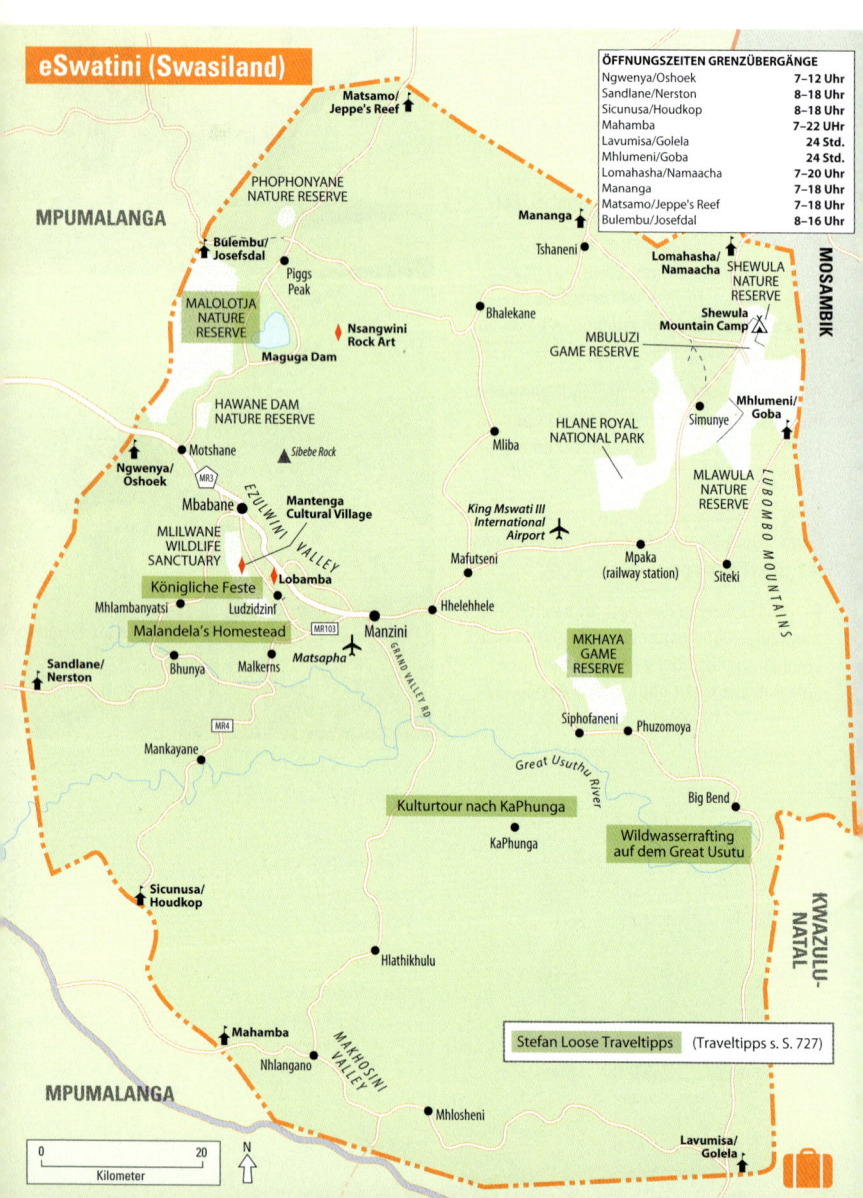

eSwatini (Swasiland)

ÖFFNUNGSZEITEN GRENZÜBERGÄNGE	
Ngwenya/Oshoek	7–12 Uhr
Sandlane/Nerston	8–18 Uhr
Sicunusa/Houdkop	8–18 Uhr
Mahamba	7–22 UHr
Lavumisa/Golela	24 Std.
Mhlumeni/Goba	24 Std.
Lomahasha/Namaacha	7–20 Uhr
Mananga	7–18 Uhr
Matsamo/Jeppe's Reef	7–18 Uhr
Bulembu/Josefdal	8–16 Uhr

Matsamo/Jeppe's Reef

PHOPHONYANE NATURE RESERVE

MPUMALANGA

Mananga

Bulembu/Josefsdal

Tshaneni

Lomahasha/Namaacha

SHEWULA NATURE RESERVE

MOSAMBIK

Piggs Peak

MALOLOTJA NATURE RESERVE

Bhalekane

Shewula Mountain Camp

MBULUZI GAME RESERVE

Nsangwini Rock Art

Maguga Dam

HAWANE DAM NATURE RESERVE

Mhlumeni/Goba

Simunye

HLANE ROYAL NATIONAL PARK

Motshane

Sibebe Rock

Mliba

Ngwenya/Oshoek

MR3

MLAWULA NATURE RESERVE

Mbabane

EZULWINI VALLEY

Mantenga Cultural Village

King Mswati III International Airport

MLILWANE WILDLIFE SANCTUARY

Mafutseni

Mpaka (railway station)

Königliche Feste

Lobamba

Siteki

Mhlambanyatsi

Ludzidzini

Manzini

Hhelehhele

Malandela's Homestead

MR101

Sandlane/Nerston

Bhunya

Malkerns

Matsapha

MKHAYA GAME RESERVE

GRAND VALLEY RD

MR4

Mankayane

Siphofaneni

Phuzomoya

Great Usuthu River

Kulturtour nach KaPhunga

Big Bend

KaPhunga

Wildwasserrafting auf dem Great Usutu

Sicunusa/Houdkop

KWAZULU-NATAL

Hlathikhulu

Mahamba

MAKHOSINI VALLEY

Stefan Loose Traveltipps (Traveltipps s. S. 727)

Nhlangano

Mhlosheni

MPUMALANGA

Lavumisa/Golela

LUBOMBO MOUNTAINS

0   20
Kilometer

N

nig Mswati III. dann, dass sein Land von nun an Königreich eSwatini, „Ort der Swasi", heißen werde. Vorherrschend war jedoch immer der südafrikanische Einfluss. Manche Besucher haben den Eindruck, dass es hier freundlicher, entspannter und vielleicht sogar ein wenig sicherer zugeht als im größeren Nachbarland. Auch ist eSwatini weitaus erschlossener ist als beispielsweise Lesotho.

eSwatini zieht nicht zuletzt auch **Rucksackreisende** an, denn preiswerte Minibus-Kombi-Taxis fahren bis in jede Ecke des Landes und diverse gute Backpacker-Lodges bieten Unterkunft. Die Möglichkeiten für Abenteuersport sind zahlreich: von Mountainbiking und Reitpferden bis zu Wildwasserrafting und Canopygliding über Baumwipfeln. eSwatini hat sechs **Nationalparks** in unterschiedlichen landschaftlichen Regionen, alle mit preiswerten Unterkünften. Parks ohne größere, gefährliche Säugetiere können von Besuchern zu Fuß, mit dem Pferd oder mit dem Fahrrad erkundet werden und bieten damit die einmalige Chance, die afrikanische Landschaft und ihre Bewohner zu kleinem Preis ganz aus der Nähe kennen zu lernen. Die Parks sind zwar nicht ganz so straff durchorganisiert wie die südafrikanischen, aber vielleicht macht sie ja gerade das umso reizvoller.

Die kleine, unaufgeregte Landeshauptstadt **Mbabane** ist ein guter Ausgangspunkt; viele begeben sich allerdings direkt ins hübsche, zentral gelegene **eZulwini Valley**, wo sich der Königspalast und das **Mlilwane Wildlife Sanctuary** befinden. Mit eigenem Fahrzeug oder (ein wenig anstrengender) öffentlichen Transportmitteln lassen sich auch die wilden Wälder, versteckten Wasserfälle und uralten Felsformationen des Highveld im Nordwesten und das märchenhafte **Malolotja Nature Reserve** mit seinen ausgezeichneten Wanderwegen, tiefen Tälern und schroffen Felsen erreichen.

Im **Sommer** ist es heiß, besonders im östlichen Lowveld. Im **Winter** scheint tagsüber meist die Sonne, aber nachts kann es im westlichen Highveld in der Umgebung des Malolotja Nature Reserve empfindlich kalt werden. Die sommerlichen Regenfälle beschränken sich normalerweise auf kurze Wolkenbrüche, dann verwandeln sich die ungeteerten Nebenstraßen in Schlamm-

pisten. Das östliche Lowveld von eSwatini, einschließlich Hlane Royal National Park, ist im Sommer (Nov–Mai) **Malariagebiet** (S. 761).

Geschichte

Die dokumentierte Geschichte von eSwatini reicht bis zum Clan der **Dlamini** und ihres Königs **Ngwane** zurück, der gegen 1750 vom heutigen Mosambik auf der Flucht vor dem Volk der Ndwandwe aus Zululand über die Lubombo Mountains ins südöstliche eSwatini kam. Der Clan ließ sich in Mhlosheni und später in Zombodze im Südwesten nieder. Dort errichtete Ngwane seinen Herrschaftssitz, allerdings ständig bedroht von einem Angriff der Ndwandwe. Sein Enkel **Sobhuza I.** musste vor den Ndwandwe nach Norden flüchten, die jedoch ihrerseits 1819 vom Zulu-König Shaka geschlagen wurden. Daraufhin gründete Sobhuza eine neue Hauptstadt in respektvoller Entfernung von Shaka im

Grundlegendes

Ja	*Yebo* (auch formloser Gruß)
Nein	*Cha*
Danke	*Ngiyabonga*
Es ist hübsch/lecker	*Kumnandzi*
Heute	*Lamuhla*
Morgen	*Kusasa*
Gestern	*Itolo*

Grußformeln

Hallo (zu einer Pers.)	*Sawubona*
Hallo (zu mehreren Pers.)	*Sanibona*
Wie geht es dir/Ihnen?	*Kunjani?*
Es geht mir gut	*Ngikhona*
Auf Wiedersehen (Abschied nehmende Pers.)	*Sala kahle*
Auf Wiedersehen (zurückbleibende Pers.)	*Hamba kahle*

Unterwegs

Wo ist …?	*Iphi I …?*
Wo können wir über-nachten?	*Singahlala kuphi?*
Wohin gehen Sie/ gehst du?	*U ya phi?*
Wie viel?	*Malini?*

eZulwini Valley und schloss Frieden mit den Ndwandwe, indem er die Tochter ihres Königs ehelichte.

Sobhuza nahm immer mehr Clans unter seine Fittiche und seine Macht wuchs. Angesichts der gemeinsamen Furcht vor den Zulu knüpfte er in den 1830er-Jahren ein Bündnis mit den frisch im Süden Afrikas angekommenen Afrikandern. Diese Politik setzte auch sein Sohn und Nachfolger **Mswati II.** (nach dem das Volk der Swasi benannt ist) fort. Mswati dehnte sein Königreich nach Norden bis zum Sabi River aus und schickte Überfallkommandos bis zum Limpopo River und nach Osten bis zum Indischen Ozean.

Nachdem in den 1880er-Jahren im benachbarten Transvaal sowie bei Piggs Peak und Forbes Reef in eSwatini Gold entdeckt worden war, strömten immer mehr Europäer in die Region. Mswatis Sohn **Mbandzeni** verpachtete große Stücke seines Territoriums an die Neuankömmlinge. Das ermutigte die Briten dazu, seine Ansprüche auf die meisten verbliebenen Gebiete zu ignorieren. Als eSwatini 1894 ein Protektorat Südafrikas wurde, war kaum noch Swasi-Grundbesitz vorhanden. Nach dem Sieg der Briten im Zweiten Burenkrieg übernahm Großbritannien die Kontrolle der Region und gab sie erst 1968 den vormaligen Besitzern zurück.

Nach dem Zweiten Weltkrieg investierten die Briten Geld in ihr Protektorat. Sie legten im Nordosten riesige **Zuckerrohrplantagen** an und richteten in Ngwenya im Highveld eine **Eisenerzmine** ein (heute ist Zucker das wichtigste Exporterzeugnis des Landes). In der Zwischenzeit begann **Sobhuza II.**, der 1921 König der Swasi geworden war, sein Königreich wieder Stück für Stück zurückzukaufen, und als 1968 die Unabhängigkeit kam, war er rechtmäßiger Besitzer von ungefähr der Hälfte der ursprünglichen Landesfläche. Die Swasi-Dynastie bewältigte den Übergang in die Unabhängigkeit geschickt, und bei den ersten Wahlen gewann ihre Imbokodvo-Partei sämtliche Parlamentssitze. Als 1973 eine radikal pan-afrikanische Partei drei Sitze errang, sah sich Sobhuza veranlasst, ein **Verbot politischer Parteien** auszusprechen und den Ausnahmezustand zu erklären, der theoretisch immer noch in Kraft ist.

Nach Sobhuzas Tod 1982 kam es zu einem Machtgerangel: Die Königinmutter Dzeliwe übernahm die Regentschaft, wurde aber von Prinz Bhekimpi abgesetzt, der bis 1985 herrschte und die Opposition so weit wie möglich ausschaltete. Derzeit regierender König ist **Mswati III.**, Sohn einer der 70 Ehefrauen von Sobhuza. Er wurde 1986 von einer Schule in England zurückgeholt, um zu Hause sein Amt anzutreten. Im Jahr 1987 wurden Parlamentswahlen abgehalten. Eine neue Opposition begann sich zu formieren, insbesondere das **People's United Democratic Move-ment** (PUDEMO), das breite Unterstützung innerhalb der Arbeiterklasse genießt. Doch die meisten Swasi sind stolz auf ihr

Geld

Landeswährung ist der **Lilangeni** – Plural **Emalangeni**, abgekürzt E –, der an den südafrikanischen Rand gebunden ist (1 Rand = 1 Lilangeni). Der Rand gilt in eSwatini als legales Zahlungsmittel, daher ist kein Umtausch notwendig. Emalangeni dagegen gelten nur in eSwatini.

Telefon und Telefonnummern

Die **Landesvorwahl** von eSwatini ist ☎ 268, gefolgt von der Nummer des jeweiligen Teilnehmers (es gibt keine regionalen Vorwahlnummern). Von eSwatini ins Ausland wählt man ☎ 00, dann die Landes- und Regionalvorwahl sowie die Anschlussnummer, für **R-Gespräche** die ☎ 94.
eSwatini besitzt nur ein **Mobilfunknetz** namens MTN, das normalerweise überall gut funktioniert. In Mbabane bekommt man problemlos eine SIM-Karte.

Gesetzliche Feiertage

1. Januar	**Christi Himmelfahrt**
Karfreitag	**22. Juli** Geburtstag von König Sobhuza II.
Ostermontag	**August/September** Umhlanga-Tanztag
19. April Geburtstag von König Mswati III.	**6. September** Unabhängigkeitstag
25. April Tag der Nationalflagge	**Dezember/Januar** Ncwala-Tag
1. Mai Tag der Arbeit(er)	**25./26. Dezember** 2. Weihnachtsfeiertag

Ein- und Ausreiseformalitäten

Bürger sämtlicher EU-Staaten bekommen bei der Einreise eine 30-tägige **Aufenthaltserlaubnis** und können diese um weitere 30 Tage verlängern. Deutschland ist in der Hauptstadt Mbabane diplomatisch vertreten, Österreich und die Schweiz durch ihre jeweiligen Botschaften in Pretoria, S. 602.

Reiseveranstalter

Größter Reiseveranstalter ist **Swazi Trails** neben dem Mantenga Craft Centre (S. 739), ☎ 2416 2180, 🖥 www.swazitrails.co.sz. Er veranstaltet Touren ins königliche Dorf Lobamba sowie in Wildparks und bietet Wildwasserrafting, Quadbiking, Höhlenausflüge und andere Aktivitäten an. Daneben gibt es eine Handvoll kleinerer Anbieter, darunter **Taman Tours**, ☎ 4163 370, 🖥 www.tamantours.com, mit Ausflügen in verschiedene Ecken des Landes, und **All Out Africa**, ☎ 2416 2260, 🖥 www.allout africa.com, mit diversen Abenteuertouren, darunter Tubing auf dem Ngwempisi River. Letzterer kann auch bei der Suche nach einer Möglichkeit zur Freiwilligenarbeit helfen. Informationen zu weiteren Tour Guides hat die Touristeninformation in Mbabane (S. 737).

Websites

🖥 **www.biggameparks.org** Informiert über die drei meistbesuchten Reservate des Landes: die Parks Hlane, Mlilwane und Mkhaya, gibt Tipps zu Aktivitäten und hat eine Seite für Unterkunftsbuchungen.
🖥 **www.swazi.travel** Wird von Swazi Trails betrieben und bietet neben einer gut funktionierenden Unterkunftsreservierung reichlich Infos zu Shopping, Restaurants sowie Touren und Aktivitäten in ganz eSwatini.
🖥 **www.thekingdomofswaziland.com** Die offizielle Tourismus-Website eSwatinis bietet viele nützliche Infos, darunter eine Hotelliste.

ESWATINI (SWASILAND)

Königshaus, daher scheitern Forderungen nach Veränderung daran, dass dies als Illoyalität dem König gegenüber ausgelegt werden könnte, oder an der Furcht, Südafrika würde vielleicht die Gelegenheit ergreifen und sich eSwatini einverleiben.

Die Bewahrung der Tradition und das Hochhalten einer patriotischen Gesinnung bildeten die strategischen Stützpfeiler der Swasi-Monarchie und garantierten ihre Macht. Obwohl manche Stimmen besagen, dass Mswati III. für Reformen zu haben sei, hat die Obrigkeit sich alle Mühe gegeben, durch sporadische Polizei-Droheinsätze den politischen Widerstand im Keim zu ersticken. Oppositionsführer durften sich in den Medien nicht zu Wort melden, und die Wahlen von 1993, 1998, 2003, 2008 und 2013 waren eine Farce. Angeregt durch den „Arabischen Frühling" kam es 2011 zu Demonstrationen für eine **Mehrparteiendemokratie** und gegen staatliche Misswirtschaft. Die Verhaftung der Organisatoren bereitete den Protestmärschen ein vorschnelles Ende. Derzeit ist eSwatini das einzige Land im südlichen Afrika ohne Mehrparteiendemokratie. Es scheint nur noch eine Frage der Zeit, bis das Land von den Nachbarstaaten zum Umdenken gezwungen wird.

Grenzübergänge und Anreise

Das Überqueren der Grenze ist recht unkompliziert: Man zeigt einfach den Pass vor und zahlt E50 Mautgebühr. Von Südafrika her gibt es elf Übergänge und von Mosambik zwei. Hier die nützlichsten:

Ngwenya/Oshoek (⊕ 7–22 Uhr) ist der meistgenutzte, denn er liegt Johannesburg am nächsten und führt am schnellsten nach Mbabane. An Feiertagen und am Wochenende herrscht oft Hochbetrieb.

Sandlane/Nerston (⊕ 8–18 Uhr) ist eine gute Alternative 35 km weiter im Süden und rund 70 km von Johannesburg.

Sicunusa/Houdkop (⊕ 8–18 Uhr) am Rand der N2 von Piet Retief im Südwesten her; führt auf die landschaftlich reizvolle, schnelle MR4.

Mahamba (⊕ 24 Std.) im Süden, fertigt viel Verkehr von der N2/Piet Retief und jenseits davon ab.

Lavumisa/Golela (⊕ 7–22 Uhr) im Südosten, nahe der Küste von KwaZulu-Natal, ist der zweitwichtigste Grenzübergang.

Mhlumeni/Goba (⊕ 24 Std.), ein belebter Übergang nach Mosambik und die Hauptstrecke für den Verkehr aus der südlichen Hälfte Südafrikas, deshalb muss mit vielen Lkw gerechnet werden.

Lomahasha/Namaacha (⊕ 7–20 Uhr), der zweite Grenzübergang nach Mosambik; die Strecke führt durch den Hlane Royal National Park und die atemberaubenden Lubombo Mountains.

Mananga (⊕ 7–18 Uhr) ist der Übergang nach Kruger und dem belebten Grenzposten Lembombo zwischen Südafrika und Mosambik.

Matsamo/Jeppe's Reef (⊕ 8–20 Uhr) im Norden, liegt günstig bei Anfahrt vom Krüger-Park und Nelspruit.

Bulembu/Josefdal (⊕ 8–16 Uhr) via Piggs Peak im Norden, ist der landschaftlich spektakulärste, aber die schlechte Straße lässt sich in einem gewöhnlichen Pkw nur mit viel Mühe bewältigen.

Busse

Mehrere Busunternehmen bieten mit komfortablen Minibussen eine regelmäßige Verbindung zwischen Südafrika und eSwatini. Die beiden besten sind TransMagnifique, ✆ 2404 9977, 🖵 www.goswaziland.co.sz, und Exclusive Shuttle, ✆ 24043315, 🖵 www.exclusiveshuttle-tours.com, mit Verbindungen zwischen Mbabane und **Johannesburg** (2x tgl., 4 Std., E600 bzw. 500) via OR Tambo Airport und Sandton. TransMagnifique fährt außerdem am Wochenende nach **Nelspruit** und zum **Kruger National Park Airport** (E400) sowie freitags und sonntags nach Durban (E780). Buchung online.

Swaziland Cultural Tours, ✆ 7604 4102 oder 7642 6780, ✉ info@swaziculturaltours.com, setzt auf Anfrage Busse nach **Nelspruit** (E370) und **Maputo** (E450) ein. Gegen Aufpreis gibt es auch ein Mittagessen sowie Besuche von Märkten und Naturschutzgebieten entlang der Strecke. Eine preiswertere Alternative sind die Kombi-Minibusse (S. 733), die auf den Hauptstrecken von Johannesburg und Nelspruit nach eSwatini verkehren; los geht es, wenn sich genügend Mitfahrer eingefunden haben.

Flüge

Der $200 Mio. teure **King Mswati III Internatio-nal Airport** (auch: Sikhuphe Airport) bei Hlane hat seit seiner Fertigstellung 2014 den Flughafen in Matsapha als wichtigste internationale Dreh-scheibe ersetzt. Airlink Swaziland, ☎ 25186155, 🖥 www.flyswaziland.com, eine Partnerlinie der SAA, fliegt dreimal tgl. von und nach JOHAN-NESBURG (1 Std.). Dreimal tgl. fährt ein Shuttle vom Flughafen nach MBABANE (E50), mit Halt in MANZINI (E25) und EZULWINI (E44).

Unterwegs in eSwatini

Auto

Mit dem eigenen Fahrzeug lässt sich eSwati-ni am besten bereisen. Die Entfernungen sind kurz, alle großen Sehenswürdigkeiten befinden sich in der Nähe geteerter Straßen, und selbst die wichtigeren Schotterstraßen sind in gutem Zustand. Die Wildtierreservate als Selbstfah-rer zu erkunden ist eine aufregende, erschwing-liche Alternative zur geführten Tour. In der Tro-ckenzeit sind die meisten Sandpisten mit einem normalen Pkw zu bewältigen. Die Sicherheit auf den Straßen allerdings ist dürftig – dass zwei der letzten vier Minister für Transportwesen bei Ver-kehrsunfällen ums Leben kamen, exemplifiziert die Misere. Auch wird die generelle Geschwin-digkeitsbegrenzung von 80 km/h außerhalb ge-schlossener Ortschaften von aller Welt ignoriert und eine Übertretung selten geahndet. Miet-wagenanbieter findet man am Flughafen (s. o.).

Kombi-Minibusse

Ein Netz aus Kombi-Minibus-Strecken durch-zieht eSwatini und reicht fast bis in jede Ecke des Landes. Die Kombis fahren an den Bus-bahnhöfen größerer Ortschaften ab, sobald alle Sitzplätze besetzt sind. Sie verkehren auf den Hauptstraßen zwischen den Städten und hal-ten unterwegs an ausgewiesenen Haltestellen. Leichtes Reisegepäck ist allerdings anzuraten: Meist muss man das letzte Stück zu seinem Ziel zu Fuß bewältigen. Kombireisen ist billig – eine Fahrkarte von Mbabane zur Unterkunft Mande-la's im eZulwini Valley kostet E15. Am Busbahn-hof der jeweiligen Stadt erfährt man, welche die beste Strecke zum gewünschten Reiseziel ist. Die Haltestellen befinden sich je nach Zielort

an verschiedenen Ecken des Busbahnhofs. Die Busse sind zwar meistens bis unters Dach voll-gestopft, aber eine prima Gelegenheit, um Leute kennenzulernen.

Mbabane

Die Verwaltungshauptstadt von eSwatini liegt zwischen den verstreuten Granitfelsen und Tä-lern der Dlangeni-Hügel. Mbabane („M-bah-ban" ausgesprochen) ist überschaubar, ent-spannt, bescheiden und hat nur rund 100 000 Einwohner. Die nach einem hiesigen Häuptling aus dem 18. Jh. benannte Stadt liegt ungefähr an dem Punkt, wo das gebirgige südafrikanische Highveld kurz zum Middleveld abfällt, bevor es weiter östlich ins trockene Lowveld übergeht.

Das Unterhaltungsangebot von Mbabane ist begrenzt, die Stadt ist jedoch angenehmer als das hektische Manzini. Sie ist bietet eine gute Basis, um Proviant einzukaufen oder die Wei-terreise zu organisieren sowie als Drehscheibe für Besucher ohne eigenes Fahrzeug: Zum Mli-lwane Wildlife Sanctuary (S. 741) weiter südlich ist es nicht weit, und das königliche Dorf Lobam-ba (S. 740) lässt sich gut im Rahmen eines Ta-gesausflugs erreichen – sehr praktisch während der Umhlanga- oder Ncwala-Feierlichkeiten, wenn alle Unterkünfte im näheren Umkreis des Dorfs belegt sind.

Mbabanes hügeliges **Zentrum** besteht aus ei-ner unauffälligen Mischung aus Bürogebäuden, Märkten und Einkaufszentren und kann mühelos zu Fuß besichtigt werden. Und das ist auch gut so, denn die Straßenführung und das kompli-zierte Einbahnstraßensystem können Autofah-rer ohne genaue Ortskenntnisse zur Verzweif-lung bringen.

Was einer Hauptstraße am nächsten kommt, ist die **Gwamilo Street**. Sie führt nach Süden in den zentralen Geschäftsbezirk und wird in Tei-len von hübsch anzusehenden Verwaltungsge-bäuden im Kolonialstil gesäumt, die aber nur zu behördlichen Zwecken betreten werden dürfen. Am Ende der Gwamile Street, am Ufer des Mba-bane River, liegt der malerische **Swazi Market**, wo täglich Stände mit frischem Obst und Gemü-

Wandern am Sibebe Rock

Rund 10 km nördlich von Mbabane ragt an der Straße durch das Pine Valley die berühmteste geologische Erscheinung eSwatinis auf: eine mächtige Granitkuppe mit Namen **Sibebe Rock**. In den umgebenden Mubuluzi Mountains gibt es Quellen, in denen man baden kann, und ein Netz von Wegen, die zu atemberaubenden Aussichtspunkten führen. Die wuchtigen Granitfelsen, die das Tal des Mubuluzi River um 300 m überragen, sind sehr steil und an manchen Stellen gefahrenträchtig. Es müssen jedoch schon vor Jahrtausenden Menschen hier gelebt haben, denn zwischen den verstreuten Blöcken oben auf dem Gipfel finden sich Bushman-Zeichnungen. Zwar bietet die harte, zerklüftete Granitoberfläche mehr Halt als andere Gesteinsarten, aber ungefährlich ist das Ganze nicht, deshalb sollte man den Aufstieg nur in Begleitung eines erfahrenen Führers unternehmen. In dem von der Gemeinde betriebenen Besucherzentrum, ☎ 24046070, am Fuß des Felsens kann man eine Wanderung organisieren (E30) oder sich mit der Maguga Lodge (S. 751) in Verbindung setzen, um mit dem hervorragenden Guide Sipho Mnisi einen Ausflug auszumachen (E175 einschl. Transfer von Maguga).

Für Adrenalin-Junkies veranstaltet Swazi Trails (S. 740) „die steilste Wanderung der Welt" entlang der Stirnseite der Felskuppe. Im Angebot sind außerdem **Caving Trips** in dieser Bergregion, bei denen die Teilnehmer sich durch viele schmale Felsspalten zwängen und mithilfe von Stirnlampen und dem Zuspruch des Guide navigieren – ein unvergessliches Erlebnis für Abenteuerlustige, die keine Angst vor engen Räumen, blauen Flecken und ein paar Kratzern haben.

se beladen werden. Das eigentliche Herz der Stadt jedoch schlägt in den Einkaufszentren, die den Hang unterhalb der Gwamile Street überziehen. Die meisten wichtigen Geschäfte, Banken und Dienstleister von Mbabane befinden sich entweder im **Corporate Place** oder der eleganteren **Mall** und der **New Mall**.

Abends leert sich das Zentrum von Mbabane, und wer allein durch die Straßen schlendert, läuft Gefahr, **überfallen** zu werden. Nach Einbruch der Dunkelheit ist es unbedingt ratsam, ein Taxi zu nehmen.

ÜBERNACHTUNG

Das Übernachtungsangebot ist recht begrenzt und im Zentrum gibt es keine überlegenswerte Unterkunft. Die besten – v. a. die, die im Norden zwischen hügeligen Wäldern und Granitfelsen liegen – sind eine kurze Minibus- oder Taxifahrt entfernt. Echte Backpacker-Unterkünfte gibt es erst wieder ca. 25 Min. weiter weg im eZulwini Valley (S. 737).

Brackenhill Lodge, Mountain Drive, am Rand der Fonteyn Rd, ☎ 2404 2887, 🖥 www.brackenhillswazi.com; Karte S. 735. Luxuriöses B&B an einem stillen Hang, etwa 4,5 km nördlich vom Zentrum. Die gemütlichen Zimmer sind oft ausgebucht (früh reservieren). Pool, Fitnessstudio, nette Spazierwege und ein Dampfbad. Nach Voranmeldung wird auch Abendessen serviert. E1050

Cathmar Cottages, 3 km nördlich von Mbabane an der Pine Valley Rd, ☎ 2404 3387 oder 7608 0820, ✉ shieldguest@yahoo.com; Karte S. 735. Entspannte Anlage mit unterschiedlichen, voll ausgestatteten Zimmern und Cottages für Selbstversorger in wunderschöner Lage mit Blick auf den Sibebe Rock. Bietet u. a. TV und Kühlschrank in den Cottages, Pool und Frühstück für E75. E550

Mountain Inn, 4 km südöstlich von Mbabane abseits der MR3, ☎ 2404 2781, 🖥 www.mountaininn.sz; Karte S. 735. Effizient von einer Familie gemanagtes Hotel in Hanglage mit guter Ausstattung für Familien und Gruppen. Der Frühstücksraum und der große Pool haben eine fantastische Aussicht auf das eZulwini Valley. E1480

Veki's Village, Mountain Drive, Plot 881, abseits der Fonteyn Rd, ☎ 76036396, ✉ vekisvillage@gmail.com; Karte S. 735. 11 Apartments für Selbstversorger verstecken sich zwischen indigenen Gärten und waldigen Hügeln. Jede Einheit hat etwas Individuelles: handgemachte Holzmöbel, bunte Gemälde, ein kleiner Kamin

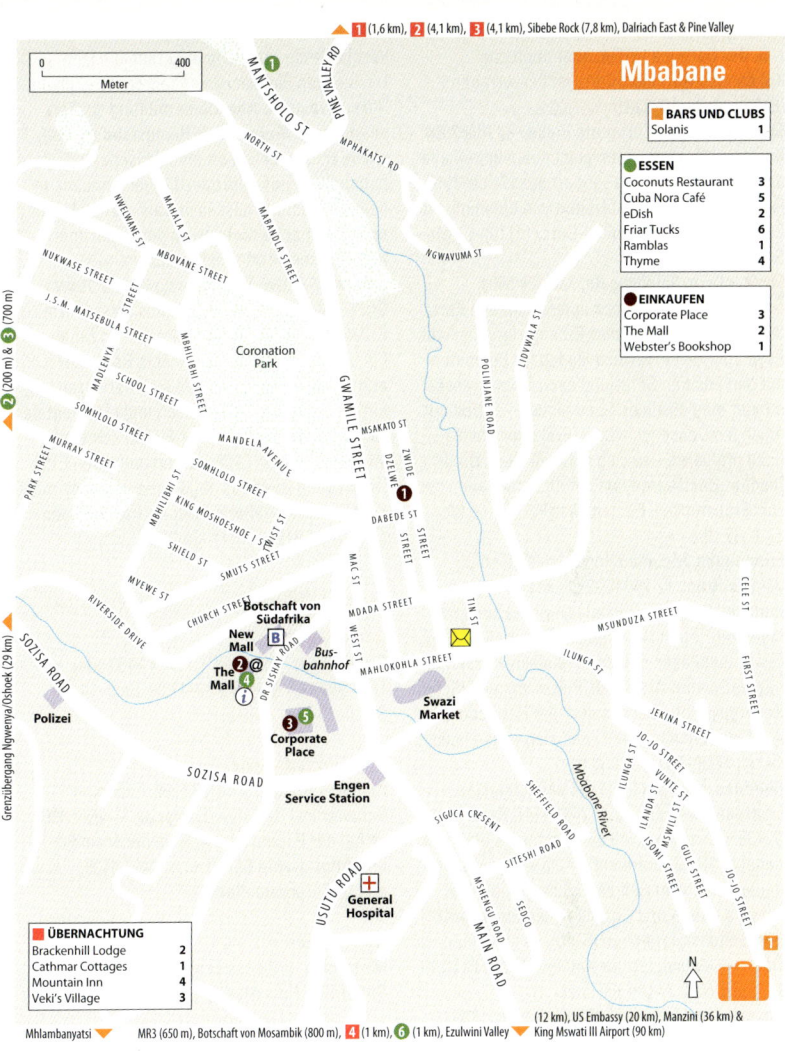

Mbabane

■ BARS UND CLUBS
Solanis	1

● ESSEN
Coconuts Restaurant	3
Cuba Nora Café	5
eDish	2
Friar Tucks	6
Ramblas	1
Thyme	4

● EINKAUFEN
Corporate Place	3
The Mall	2
Webster's Bookshop	1

■ ÜBERNACHTUNG
Brackenhill Lodge	2
Cathmar Cottages	1
Mountain Inn	4
Veki's Village	3

Mlhlambanyatsi ▼   MR3 (650 m), Botschaft von Mosambik (800 m), **4** (1 km), **6** (1 km), Ezulwini Valley ▼   (12 km), US Embassy (20 km), Manzini (36 km) & King Mswati III Airport (90 km)

oder eine eigene Terrasse. Gäste haben Zugang zu einem Pool, einem *braai*-Bereich sowie zu jeder Menge Wanderwege. R750

ESSEN

In der Corporate Place Mall in der Innenstadt gibt es viele Optionen für ein unkompliziertes Essen. Ansonsten beschränkt sich die Auswahl auf gute Lokalfavoriten. Wirklich außergewöhnlich ist davon allerdings nichts.

Coconuts Restaurant, Siphefu St, ☏ 24111716; Karte S. 735. Ein portugiesisch-mosambikanisches Restaurant mit guten Fischgerichten und einer geräumigen Holzterrasse mit Blick auf den Park. Der Fisch vom Grill ist am besten,

z. B. der Garoupa (E160), aber auch das Kokosnuss-Garnelen-Curry ist hervorragend (E125). ⏲ tgl. 10–22 Uhr.

Cuba Nora Cafe, Corporate Place, ☏ 78062964; Karte S. 735. In der sonnigen Lebensmittelhalle des Einkaufszentrums serviert das kleine Café Frühstück, leichte Mahlzeiten und einheimische Spezialitäten wie Hammel-Curry (E110). ⏲ Mo–Sa 7–21, So 8–18 Uhr.

eDish, Somhlolo Rd, ☏ 2404 5504, 🖥 www.facebook.com/edishcafe; Karte S. 735. Unerwartet cooles Café in eigentümlicher Lage über einem Ersatzteilladen für Computer mit gemütlichen Sofas und einer Holzterrasse, auf der man köstliche Sandwiches – unbedingt einen mit Ochsenschwanz (E75) oder Rukola (E50) probieren – zu sich nehmen kann. Dank frischer Backwaren und gutem Kaffee auch nett zum Frühstücken. Kostenloses WLAN. ⏲ Mo–Sa 8–17 Uhr.

Friar Tucks, Mountain Inn, 4 km südöstlich vom Zentrum, ☏ 2404 2781; Karte S. 735. Eher fantasielose internationale Gerichte sowie an manchen Tagen Hausspezialitäten wie leckeres Stubenküken und Ziegenfleisch-Kasserole nach eSwatini-Art (E150). Plätze im gemütlichen Kellergewölbe oder draußen am Hotelpool. Auch die Weinauswahl kann sich sehen lassen. ⏲ tgl. 12.30–14, 19–21.30 Uhr.

Ramblas, Mantsholo Rd, 🖥 www.ramblas swaziland.webs.com, ☏ 2404 4147; Karte S. 735. Geschmackvoll eingerichtetes und sehr beliebtes Restaurant auf einem luftigen Hügel in der Nähe vom Golfplatz. Gutes Frühstück, leckere Pizzen und Gegrilltes wie Rumpsteak und Schweinerippchen (R140). Es gibt einen Dschungelspielplatz für Kinder. ⏲ Mo–Fr 8 Uhr bis spät, Sa 8.30 Uhr bis spät.

Thyme, The Mall, ☏ 76251861; Karte S. 735. Das Lokal im Untergeschoss des Einkaufszentrums ist der beste Ort für guten Kaffee. Zum Frühstück (ebenfalls sehr gut) gibt es Müsli (E42) oder French Toast (E34) und zum Mittagessen tolle Salate. ⏲ tgl. 8–17 Uhr.

UNTERHALTUNG

Unter der Woche macht das Nachtleben von Mbabane nicht allzu viel her, und auch am Wochenende brennt nicht gerade die Luft. Die meisten Einheimischen fahren ins eZulwini Valley, wenn sie Abendunterhaltung suchen, vor allem zu **Malandela's Homestead** (S. 744), wo im House on Fire oft einheimische und internationale Bands auftreten. Frauen ohne männliche Begleitung müssen in Bars und Clubs mit etwas Anmache rechnen, in der Regel aber nicht aggressiv oder beharrlich.

Solanis, Dzeliwe St, Ecke Jojo St und Jekwa St, ☏ 24045352, 🖥 www.solanis.co.sz; Karte S. 735. Der heißeste Tanzschuppen in Mbabane hat am Wochenende sogar viele Besucher aus Johannesburg. Die DJs sind hervorragend, auf der Karte steht Grillfleisch und die Klientele ist cool und freundlich. Der Eintritt kostet nur am Wochenende E100, bei Gastauftritten E150. Die Gegend ist etwas abgelegen und auch nicht die allerbeste, daher besser ein Taxi nehmen. ⏲ Mo–Do 9–24 Uhr, Fr–So 24 Std.

SONSTIGES

Apotheken

Green Cross, The Mall, ☏ 2404 8450 oder 7626 8630. ⏲ Mo–Fr 8.30–17.30, Sa 9–14, So 10–13 Uhr.

Autovermietungen

Avis und **Budget**, ☏ 2333 5299, haben Schalter im Flughafen, **Europcar**, ☏ 2518 4393, ist bei der Engen-Tankstelle in der Main Rd und **Affor-d-able Car Hire**, ☏ 2404 9136, an der Corporate Place.

Botschaften

Mosambik, Princess Drive, ☏ 2404 3700; **Südafrika**, New Mall, 2. Stock, ☏ 2404 4651.

Bücher

Websters, 120 Dzeliwe St, ☏ 2404 2560; Karte S. 735. ⏲ Mo–Fr 7.45–17, Sa 7.45–13 Uhr.

Geld

Die meisten **Banken** befinden sich im Corporate Place, darunter Filialen von First National, Nedbank und Standard. ⏲ normalerweise Mo–Fr 9–15.30, Sa 9–11 Uhr.

eZulwini Valley

Informationen

Touristeninformation, The Mall, ☎ 2404 2531. Bietet Karten und Broschüren sowie eine Liste bewährter Tourguides und Hilfe bei der Hotelsuche (kostenlos). ⊙ Mo–Fr 8–17, Sa 9–17 Uhr.

Internet

Real Image Internet, Tsekwane St, ☎ 2409 1000. ⊙ Mo–Fr 8–17 Uhr.

Medizinische Hilfe

Mbabane Clinic Service (privat), Mkhonubovu St, ☎ 2404 2423; **Government Hospital** (öffentlich), Lusuftu Rd, ☎ 2404 2111.

Notruf

Feuerwehr ☎ 933; **Polizei** ☎ 999.

Post

Hauptpost, Mahlokohla St. Kleinere Filiale in der Swazi Plaza. ⊙ Mo–Fr 8.30–16, Sa 8.30–11 Uhr.

NAHVERKEHR

Die **Kombi-Minibusse** fahren vom Busbahnhof nahe dem Corporate Place ab. Die meisten **Taxis** stehen an der Busstation im Zentrum. Hotels können einen vertrauenswürdigen Fahrer empfehlen.

TRANSPORT

Busse und Minibusse

Kombi-Busse und Minibusse aus Südafrika halten am **Hauptbusbahnhof** auf der Dr. Sishay Road neben dem Corporate Place. Von hier verkehren Minibus-Kombis nach MANZINI und PIGGS PEAK, außerdem Regionalbusse in die weitere Umgebung von Mbabane. Die Kombis von Mbabane nach Manzini fahren von der Westseite des Busbahnhofs ab.

Flüge

King Mswati III Airport, ☎ 25184390, liegt etwa 1 1/2 Std. von der Stadt entfernt. Dreimal täglich fährt ein Shuttle. Alternativ dazu kann man sich ein Auto mieten.

Nachdem sie vom Grenzübergang Ngwenya kommend Mbabane durchquert hat, windet sich die gut ausgebaute, vierspurige **MR3** in weiten Kurven den steilen **Malagwane Hill** hinab. Hier, zwischen schleichenden Lastwagen und waghalsig rasenden Minibustaxis, ist erhöhte Vorsicht geboten. Danach führt die Straße Richtung Südosten am eZulwini Valley entlang, und wer nicht auf direktem Weg nach Manzini oder noch weiter muss, sollte kurz hinter dem Fuß des Hügels nach rechts auf die ältere und weniger verkehrsreiche **MR103** abbiegen. Sie ist auch als eZulwini Valley Road bekannt und verbindet die meisten Hauptsehenswürdigkeiten des **eZulwini Valley** („Ort des Himmels") miteinander. In den 1960er-Jahren schossen im Tal Spielkasinos, Striplokale, Hotels und Caravanparks aus dem Boden, überwiegend für südafrikanische Touristen. Als Mitte der 90er-Jahre das Glücksspiel in Südafrika legalisiert wurde, rutschte die Anzahl der Vergnügungssuchenden in den Keller. Die Tourismusindustrie musste jenseits des Lärms der Spielautomaten und Karaoke-Anlagen Ausschau nach den kulturellen und naturgegebenen Ressourcen des Tals halten. So entstanden Orte wie das **Mantenga Cultural Village**, während die königlichen Residenzen **Lobamba** und **Ludzidzini** sowie das **Mlilwane Wildlife Sanctuary** als Touristenattraktionen „entdeckt" wurden. Vor allem Letzteres zählt zu den beliebtesten Besucherzielen eSwatinis und bietet neben Unterkünften ein reichhaltiges Aktivitätenprogramm, darunter Wandern und Tiersafaris per Mountainbike.

Mantenga Valley

Die ersten rund 5 km der **eZulwini Valley Road** säumt eine Kette glatter, anonym wirkender und schamlos überteuerter Kasinohotels. Wer nach Süden auf den Mantenga Drive (dem Wegweiser zur Mantenga Lodge folgen) abbiegt, gelangt ins wesentlich interessantere **Mantenga Valley**, das sich am Ufer des Lusushwana (oder Little Usutu) River entlangzieht. Sein Blickfang sind die Zwillingsgipfel des **Lugogo Mountain**, auch

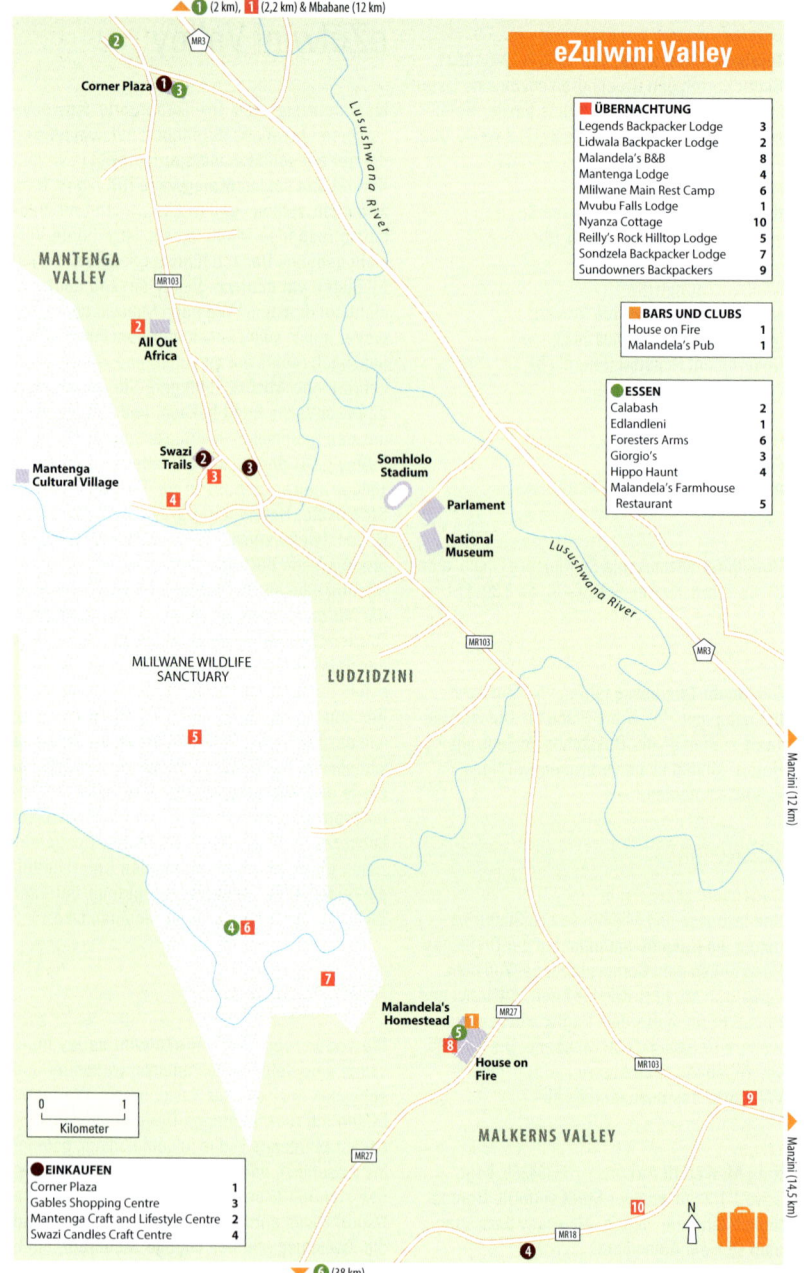

▲ ● 1 (2 km), 1 (2,2 km) & Mbabane (12 km)

● 2   MR3

Corner Plaza ● 1 ● 3

ÜBERNACHTUNG

Legends Backpacker Lodge	3
Lidwala Backpacker Lodge	2
Malandela's B&B	8
Mantenga Lodge	4
Mlilwane Main Rest Camp	6
Mvubu Falls Lodge	1
Nyanza Cottage	10
Reilly's Rock Hilltop Lodge	5
Sondzela Backpacker Lodge	7
Sundowners Backpackers	9

MANTENGA VALLEY

MR103

■ 2
All Out Africa

Swazi Trails ● 2
● 3 ● 3

Mantenga Cultural Village

■ 4

Somhlolo Stadium

Parlament

National Museum

BARS UND CLUBS

House on Fire	1
Malandela's Pub	1

ESSEN

Calabash	2
Edlandleni	1
Foresters Arms	6
Giorgio's	3
Hippo Haunt	4
Malandela's Farmhouse Restaurant	5

Lusushwona River

MR103   MR3

MLILWANE WILDLIFE SANCTUARY

LUDZIDZINI

■ 5

Manzini (12 km) ▶

● 4 ■ 6

■ 7

Malandela's Homestead

MR27
● 5
■ 8

House on Fire

MR103

■ 9

Manzini (14,5 km) ▶

0   1
Kilometer

MALKERNS VALLEY

EINKAUFEN

Corner Plaza	1
Gables Shopping Centre	3
Mantenga Craft and Lifestyle Centre	2
Swazi Candles Craft Centre	4

MR27

■ 10

MR18

● 4

N ↑

▼ ● 6 (38 km)

ESWATINI (SWASILAND)

„Sheba's Breasts" genannt, die in H. Rider Haggards Abenteuerroman *König Salomos Schatzkammer* vorkommen. Ein Stück weiter erhebt sich am westlichen Horizont der Execution Rock, der eindrucksvoll an jene Tage erinnert, als Mörder und Diebe bestraft wurden, indem man sie zwang, von dem Felsen in den sicheren Tod zu springen. Gleich hinter der Abfahrt ins Mantenga Valley liegt das **Gables Shopping Centre**, wo es Geldautomaten, Banken, Fastfood-Lokale und einen großen Supermarkt gibt.

Mantenga Craft and Lifestyle Centre

Mantenga Drive, weniger als 1 km von der nördlichen Abfahrt von der eZulwini Valley Rd ▪ ✆ 24161136 ▪ ⏱ tgl. 7–19 Uhr

Das Mantenga Craft Centre ist eine Ansammlung von Kunstgewerbeläden um einen großen Innenhof im Schatten eines riesigen Gummibaums. Hier gibt es exklusivere und individuellere Stücke als in vielen anderen Teilen des Landes, darunter Kunsthandwerk von African Fantasy, Silberschmiedearbeiten sowie ausgefallene Schnitzereien und Skulpturen, alles zu angemessenen Preisen. Es gibt auch einen Weinladen und ein paar Restaurants, die nachmittags zum Verweilen im Schatten einladen. Gut sind die leckeren, knusprigen Holzofenpizzas bei **Pizza Vesuvio** (E70), die direkt vor den Augen der Gäste gebacken werden, und die gesunden, günstigen Kreationen bei **The ArTea Tree** – etwa Linsenburger oder frittierte Süßkartoffeln (E55). Beide haben bis 22 Uhr geöffnet.

ÜBERNACHTUNG

Legends Backpacker Lodge, gegenüber vom Mantenga Craft Centre, ✆ 2416 1870, 🖥 www. legends.co.sz; Karte S. 738. Etwas abgewohnt, aber freundlich. Dorms mit 12 Betten, 10 DZ, Hof zum Zelten, Internetzugang und Gemeinschaftsküche. Eignet sich prima für Besucher mit knapper Reisekasse, die es nicht weit zu den Attraktionen des Tals haben wollen. Camping E90, Dorm E175, DZ E475

Lidwala Backpacker Lodge, Ezulwini Rd, direkt vor der Abfahrt zum Mantenga Valley, ✆ 2417 1791 oder 7690 5865, 🖥 www. lidwala.co.sz; Karte S. 738. Großartige Back-

packer-Herberge über dem umweltbewussten Touranbieter All Out Africa (Kasten S. 731) mit gut ausgestatteten 4- und 6-Bett-Dorms, ein paar DZ mit Bad und Rasen zum Campen. Dazu eine bestens ausgestattete Küche, eine umfangreiche Bibliothek und Computer mit Internetanschluss. Beruhigendes Flair gibt zusätzlich der Bach, der durchs Gelände fließt. Camping E100, Dorm E180, DZ E590

Mantenga Lodge, vom Mantenga Craft Centre rund 200 m auf einer Schotterpiste (den Wegweisern folgen), ✆ 2416 1049 oder ✆ 7602 5266, 🖥 www.mantengalodge.com; Karte S. 738. Die von einer Familie geleitete Lodge in traumhafter Lage zwischen Sheba's Breasts besitzt 28 Zimmer mit Bad sowie eine Handvoll gemütliche Hütten an der Talseite. Außerdem gibt es einen Pool, eine Terrasse mit Bar und ein erstklassiges Restaurant mit fantastischer Aussicht auf den Execution Rock. E976

Mvubu Falls Lodge, abseits der MR3, ca. 6 km von Mbabane entfernt, ✆ 2404 4655, 🖥 www. mvubufalls.com; Karte S. 738. Die kleine Lodge am Ende einer ziemlich holprigen Piste hat makellose, relativ geräumige Zimmer mit Parkplatz vorm Haus und eine kleine Terrasse mit Blick über das üppige Grün des gepflegten Anwesens. Es gibt einen Pool sowie nicht weit daneben eine angenehm abgelegene Holzhütte mit Bar und Restaurant und dem Rauschen des Flusses im Hintergrund. E1150

ESSEN

Calabash, Nyonyane Rd, Lobamba, ✆ 2416 1187; Karte S. 738. Eines der Spitzenrestaurants in eSwatini mit einer beachtlichen Auswahl an frischen Meeresfrüchten. Die Spezialität des Hauses aber sind deutsche, schweizerische und französische Gerichte wie Tatar (E155) und Wiener Schnitzel (E125). Der Stil ist insgesamt altmodisch, aber die Qualität ist tipptopp. ⏱ tgl. 12.30–14.30, 18–22.30 Uhr.

Edlandleni, nahe Mvubu Falls, 2 km westlich vom Abzweig nach Mantenga auf der MR3 ausgeschildert, ✆ 7618 4103; Karte S. 738. Das eklektisch dekorierte Restaurant am Grashang über einem Fluss ist das interessanteste Speiselokal in der Gegend.

Köchin Dolores Godefroy macht sich stark für saisonale Swasi-Gerichte und hat z. B. *umbidvo wetintsanga* (Kürbissprossen und Erderbsen in Maisbrei), frisches Maisbrot, Hühnereintopf mit Erdnüssen und verschieden gewürzte und gegrillte Bohnen, Gemüse und Fleisch. In der Nebensaison und an Wochentagen vorher telefonisch nachfragen, ob geöffnet ist. An Sonntagen im Sommer gibt es ein Mittagsbuffet am Fluss mit Livemusik (E150). ⏱ tgl. 12–15 und 18–22 Uhr.

Foresters Arms, 27 km von Mbabane entfernt, kurz vor dem kleinen Ort Mhlambanyatsi, an der Landstraße zum Grenzübergang Sandlane, ☎ 2467 4177 oder 2467 4377, 🖥 www.foresters arms.co.za; Karte S. 738. Auch, wenn man nicht übernachten will, lohnt das Hotel auf einer malerischen Lichtung im Wald wegen seines Restaurants den Umweg. Das Essen wird überwiegend aus selbst angebauten oder regionalen Produkten zubereitet. Das Ergebnis sind Köstlichkeiten wie die herzhafte Hühnersuppe mit Mais oder himmlisches Lammconfit mit Bohnencassoulet. Sonntags kommen Gäste aus allen Ecken des Landes, um sich am grandiosen Mittagsbuffet (E180) gütlich zu tun – wer nicht hungrig wieder abziehen möchte, bestellt telefonisch einen Tisch. ⏱ tgl. 7–22 Uhr

Giorgio's Corner, Plaza, eZulwini, ☎ 24162427; Karte S. 738. Italienisches Café mit ganztägigem Frühstück zu günstigen Preisen, darunter ein üppiges warmes Frühstück für E65. Mittags und abends gibt es einfache Pizza (E90) und Pasta (E65) oder Fleischspezialitäten vom Grill. ⏱ Mo–Fr 7–18, Sa 7–16.30, So 8–15.30 Uhr.

INFORMATIONEN

Am äußersten Ende des Craft Centre liegt das Hauptbüro von **Swazi Trails**, führendes Reiseunternehmen und beste Touristeninformation in ganz eSwatini, ☎ 2416 2180, nach Büroschluss ☎ 7602 0261, 🖥 www.swazitrails.co.sz. Die Mitarbeiter helfen bei der Zimmersuche und Reiseplanung und organisieren zahlreiche Kultur- und Abenteuerausflüge, darunter einen halbtägigen Kunst- und Kulturtrip, Wildwasserrafting (Kasten S. 731), Mountainbiken und Caving. ⏱ tgl. 8–17 Uhr.

Mantenga Cultural Village

⏱ tgl. 8–17 Uhr ▪ Eintritt E100 ▪ ☎ 2416 1151, 🖥 www.sntc.org.sz

Der Mantenga Drive endet am eindrucksvollen Eingang zum winzigen **Mantenga Nature Reserve**, das eigentlich nur des Kulturdorfs wegen einen Besuch wert ist. Das bewohnte Freiluftmuseum ist die Nachbildung eines Swasikraals aus dem 19. Jh. Es umfasst 16 Bienenkorbhütten, die alle im traditionellen Stil erbaut sind: mit Lederstreifen zusammengehaltene Holzgerüste mit Reetdach und einem gestampften Boden aus Kuhdung und Termitenhügelerde. Dazwischen laufen Rinder und Ziegen frei umher und oft werden Vorführungen traditioneller Alltagsarbeiten und der Herstellung von Kunsthandwerk geboten. Zweimal am Tag (11.15 und 15.15 Uhr) findet in einer kleinen Arena unter freiem Himmel eine bezaubernde halbstündige Darbietung mit traditioneller Musik und Tanz statt. Das Stück erzählt von Swasi-Soldaten im Burenkrieg und ihrer Begegnung mit der Liebe und Zauberkraft bei ihrer Rückkehr.

Das Dorf ist zwar die Hauptattraktion des Naturschutzgebiets, etwas Zeit sollte aber noch für den kurzen Pfad zu den malerischen, 95 m hohen **Mantenga Falls** mit ihren einladenden Picknick- und **Badestellen** bleiben. Der Wasserfall ist ausgeschildert und nur eine Viertelstunde Fußweg vom Café entfernt.

Lobamba

Das kleine königliche Dorf Lobamba liegt rund 20 km südlich von Mbabane im Herzen des eZulwini Valley. Es wurde 1830 für King Sobhuza I. erbaut und diente Sobhuza II. als höfischer Kraal (Residenz). Hier befinden sich die **Parlamentsgebäude**, wahrscheinlich die einzigen auf der Welt, in deren Umgebung ungestört Kühe weiden.

National Museum

Neben den Parlamentsgebäuden ▪ ⏱ Mo–Fr 8–16.30, Sa und So 10–16 Uhr ▪ Eintritt E80 ▪ ☎ 2416 1179

Nördlich der MR103 führt eine asphaltierte Straße zum National Museum. Es vermittelt einen informativen Abriss der Landesgeschichte und präsentiert Kulturgegenstände und viele alte Aufnahmen aus Zeiten, als Manzini und Mbabane noch bescheidene Siedlungen waren. Das interessanteste Stück im naturkundlichen Flügel ist die Replik eines aus dem 16. Jh. stammenden Kopfes von Krishna, der in der Nähe gefunden wurde und wohl Teil einer Statuette war. Der Fund gilt als Beweis dafür, dass um jene Zeit ein reger Handelsaustausch mit Asien geherrscht haben muss. Vor dem Museum steht der Nachbau einer traditionellen Swasi-Wohnhütte in Originalgröße. Diese nicht gerade winzigen Hütten sind übrigens transportierbar.

Somhlolo Stadium

Vor dem Parlament und dem Museum

Im Somhlolo Stadium finden größere Veranstaltungen und Fußballspiele statt, die meist hohen Unterhaltungswert haben. Für ein paar Emalangeni können Besucher am Sonntagnachmittag inmitten einer gut gelaunten, lautstarken Menge einem genialen Spiel mit hin und wieder hervorragenden Leistungen beiwohnen. Näheres in der Lokalzeitung Times of Swaziland oder einfach vor Ort fragen.

Ludzidzini

Das Dorf Ludzidzini, gegenüber von Lobamba auf der anderen Seite der MR103, ist der Kraal des derzeitig herrschenden Königs Mswati III. und der Königinmutter. Ludzidzini darf weder besucht noch fotografiert werden, außer zu Ncwala (um Neujahr herum) und Umhlanga (Ende Aug/Anfang Sep), aber auch dann nur mit einer Sondergenehmigung (Kasten S. 743).

Mlilwane Wildlife Sanctuary

⊙ tgl. 24 Std. ▪ Eintritt E50 ▪ 🖳 www.biggameparks.org

Highlight des eZulwini Valley ist für viele Besucher das Mlilwane Wildlife Sanctuary mit seiner entspannten Atmosphäre und den faszinierenden Ebenen voller wilder Tiere. Der Name Mlilwane rührt von dem „kleinen Feuer" her,

das manchmal zu sehen ist, wenn ein Blitz in die Granitfelsen einschlägt. Mlilwane bietet nicht nur ausgezeichnete Möglichkeiten für Aktivitäten und Tierbeobachtung, sondern ist auch eine gute Alternative zur Unterbringung in Mbabane oder entlang des eZulwini-Streifens. Weil das Tierschutzgebiet so begehrt ist, sollte eine Unterkunft möglichst früh gebucht werden.

Das Reservat nimmt eine Sonderstellung in der Tierschutzgeschichte eSwatinis ein. Hier verwirklichte Ted Reilly (Kasten S. 742) zum ersten Mal einen Traum von einem Schutzgebiet für den rapide schrumpfenden **Wildbestand** eSwatinis. Im Mlilwane leben in erster Linie Pflanzenfresser, darunter Zebras, jede Menge Antilopen und das Wahrzeichen des Reservats: das Warzenschwein. Es gibt aber auch noch ein paar Krokodile und Flusspferde, vor denen Besucher auf der Hut sein müssen, die zu Fuß, mit dem Fahrrad oder auf einem Pferd auf Beobachtungstour gehen.

Das nicht zu verfehlende Parkbüro im Main Rest Camp verkauft **Karten**, auf denen Rad- und Wanderwege eingezeichnet sind. Eine Karte des gesamten Schutzgebiets kostet E25.

Wandern und Aktivitäten

Das Parkbüro im Main Rest Camp bietet **begleitete Spaziergänge** und **Game Drives** an. Es gibt auch begleitete Mountainbiketouren und Ausritte, beides ziemlich entspannte Arten, die Attraktionen des Parks kennenzulernen. Sattelfestere Reiter können längere Ausritte mit Vollverpflegung und Übernachtung in Höhlen und rustikalen Camps in entlegeneren Ecken des Reservats machen. Näheres bei der Reservierungsstelle von Big Game Parks (S. 742).

Mehr als 40 km an Straßen ermöglicht es, Tiere in freier Wildbahn vom Auto aus zu beobachten. Außerdem führen gute Fahrradstrecken durch das Reservat. Mountainbikes kann man für E130 pro Stunde im Main Rest Camp mieten. Der beste Weg für eine Wanderung in **Eigenregie** ist der Macobane Hill Trail, eine gemächliche, vierstündige Wanderung durch die Berge. Abenteuerlustigere können auf den Nyonyane steigen, den „Todesfelsen", der sich unübersehbar im Norden des Reservats erhebt. Für alle Wege muss man sich bei einem Ranger abmel-

ESWATINI (SWASILAND)

eSwatini verdankt die Entstehung und Bewahrung von drei seiner faszinierendsten Tierreservate – Mlilwane, Mkhaya und Hlane – einzig und allein **Ted Reilly**, geboren 1938 in Mlilwane als Sohn eines britischen Burenkriegsveteranen, der in Afrika blieb. Schon in jungen Jahren stellte Reilly fest, dass die frei lebenden Tiere eSwatinis und ihr Lebensraum durch Wilderei und Landwirtschaft ernsthaft bedroht waren. 1959 versuchte Reilly die Kolonialregierung dafür zu gewinnen, Land für Naturschutzparks bereitzustellen. Das scheiterte jedoch am Widerstand der Farmer, die das Gelände für die kommerzielle Viehzucht beanspruchten. Er ließ sich davon nicht entmutigen, sondern verwandelte seinen Landsitz Mlilwane dennoch in einen Park und begann, freundschaftliche Beziehungen zu **König Sobhuza II.** aufzubauen. Nach der Unabhängigkeit des Landes gewann Sobhuza an Einfluss, und Reillys gute Beziehungen zum Königshof verliehen seinen Naturschutzbemühungen mehr Gewicht.

Trotz ungesicherter Finanzlage öffnete das **Mlilwane Wildlife Sanctuary** 1961 seine Tore, und seither wird der Tierbestand ständig aufgestockt. Sobhuza hatte Reilly um Hilfe im Kampf gegen die Wilderei in Hlane gebeten. Reillys Konfrontationskurs führte zu Feuergefechten mit den Wilderern, was ihm den Beifall einiger, aber die Feindschaft vieler einbrachte. Auch Reillys Abhängigkeit vom Königshaus ist nicht unumstritten, und kritische Stimmen behaupten, Reilly setze die Interessen der Tourismusindustrie über die der Tiere. Angesichts der Vorwürfe verweist Reilly schlicht auf die drei von seiner Gesellschaft verwalteten Safariparks. Und das Argument zieht, denn ohne Reilly gäbe es sie nicht. Ted Reilly lebt immer noch in Mlilwane und ist auch weiterhin im Swasi-Naturschutz aktiv.

den. Die Parkschützer notieren sich, welche Besucher allein unterwegs sind, und machen sich auf die Suche, falls jemand nach Einbruch der Dunkelheit nicht zurück ist.

ÜBERNACHTUNG

Im Reservat gibt es zahlreiche unterschiedliche Unterkünfte, die bei **Swaziland Big Game Parks Central Reservations**, ℡ 2528 3944, 🖥 www.biggameparks.org, reserviert werden sollten. Sondzela (s. u.) kann aber auch direkt gebucht werden.

Main Rest Camp, rund 3,5 km vom Eingangstor, ℡ 2528 3992. Schlichte, aber gepflegte Unterkünfte für Selbstversorger oder mit Frühstück. Dazu zählen ein Campingplatz, traditionelle Hüttendörfer, Rondavels für 2 und 4 Pers. sowie größere Familien-Cottages; es gibt auch einen Pool. Camping E125, Rondavel E860

Reilly's Rock Hilltop Lodge, auf einem Hügel, rund 30 Min. mit dem Auto vom Main Rest Camp entfernt; Karte S. 738. Das bezaubernde koloniale Wohnhaus voller Antiquitäten und Holzmöbel steht auf einem Hügel, inmitten von Wald und vielen zwitschernden Vögeln. Mit nur 6 Zimmern ist es nobler als ein Guesthouse, aber rustikaler als eine Großwild-Lodge. Die Gäste können die grandiose Aussicht auf die Mdzimba Mountains von der umlaufenden Veranda aus genießen und im beeindruckenden Garten spazieren. Inkl. Halbpension E2410

Sondzela Backpacker Lodge, 20 Min. zu Fuß vom Main Rest Camp, ℡ 2528 3992; Karte S. 738. Die freundliche Herberge bietet die seltene Gelegenheit, zu Budgetpreisen in einem Reservat zu übernachten und ist bei Backpackern eine feste Größe. Zur Auswahl stehen Dorms, DZ und gemütliche Adobe-Rondavels mit 2 Betten und Talblick, alle mit Gemeinschaftsbad. Man kann auch campen (nur Zelte), und es gibt einen üppig grünen Garten, eine Bar sowie einen großen Pool. Auf Wunsch Abholung von Mandela's Homestead. Camping E110, Dorm E125, DZ E420

ESSEN

Im Main Rest Camp gibt es nur das Allernotwendigste zu kaufen, Selbstversorger sollten sich daher vorher im Gables Shopping Centre (S. 739) mit dem Nötigen eindecken.

Hippo Haunt, Main Rest Camp; Karte S. 738. Das einzige Restaurant im Mlilwane serviert

Ncwala und Umhlanga

Ncwala ist die heiligste Zeremonie eSwatinis. Sie wird zu Ehren der Monarchie, der Einheit der Nation und der ersten Feldfrüchte des neuen Jahres abgehalten und findet im November bei Neumond statt. Dann macht sich eine Gruppe handverlesener Männer auf die Reise zur Heimat der Ahnen des Swasi-Volkes am Ufer des Indischen Ozeans, um Schaum von den Wellen in Behältnisse zu schöpfen. Noch während sie dort sind, beginnen die Ncwala-Feierlichkeiten in Lobamba mit Gesängen und Ritualen, die bis zum Nachmittag des Vollmondtags im Dezember/Anfang Januar andauern. Dieser Tag ist der eigentliche Beginn der sechstägigen Ncwala-Feiern. Junge Swasi-Männer sammeln Zweige der *lusekwane*-Bäume, aus denen sie eine Laube für den König errichten. Krieger versammeln sich, und während der König zusammen mit ihnen tanzt, singen sie Lieder, die ausschließlich zu dieser Zeit angestimmt werden dürfen. Am sechsten Tag werden Gegenstände, die etwas mit dem vergangenen Jahr zu tun haben, auf einem riesigen Scheiterhaufen verbrannt und Gebete für die Ahnen gesprochen. Die Feierlichkeiten enden mit hingebungsvollem Gesang, Tanz und einem Festmahl. Besucher sind während der meisten Zeit des Ncwala zugelassen, doch zu bestimmten Zeiten darf nicht fotografiert werden. Außerdem ist eine Genehmigung *(permission)* erforderlich, die es kostenlos beim Ministry of Information, PO Box 642, Mbabane, ℡ 2404 5000, 🖥 www.gov.sz, gibt. Wer seine Kamera unversehrt behalten möchte, muss sich unbedingt die Fotoerlaubnis besorgen und auch immer zuerst fragen, ob fotografiert werden darf oder nicht.

Umhlanga ist ein **Fruchtbarkeits-** oder **Schilfgrastanz**. Sein Name stammt von den langen Schilfgräsern, die junge Frauen zur Residenz der Königinmutter bringen, damit ihr Kraal ausgebessert werden kann. Das Ganze findet für gewöhnlich Ende August oder Anfang September statt. Am spektakulärsten geht es am sechsten und siebten Tag zu. Dann präsentieren sich vor den Zuschauern bis zu 25 000 junge Frauen in aufwendigen, farblich kodierten Gewändern. Sie singen und tanzen für den König und die Königinmutter in Lobamba und bieten dem Herrscher die Möglichkeit, eine **weitere Gemahlin** zu wählen. Der letzte König, Sobhuza II., suchte sich jedes Mal eine neue Gefährtin unter den jungen Schönheiten aus und brachte es im Laufe seines Lebens auf 70 Ehefrauen. Sein Nachfolger Mswati III., jetzt Mitte 40, erweist sich als etwas zurückhaltender und hat bislang nur 13 Ehefrauen.

---

recht gutes Grillfleisch (E120), ein leckeres Focaccia-Sandwich mit *chicken tikka* (E70) sowie am Abend ein Buffet (E190), wenn genügend Gäste da sind. Es gibt außerdem eine gut sortierte Bar. Vom Restaurant schaut man auf einen künstlich angelegten Teich, wo Flusspferde, Krokodile und jede Menge Vögel leben – ein traumhaftes Plätzchen, um ein paar Stunden zu entspannen. ⊕ tgl. 6.30–22 Uhr.

Sondzela Backpacker Lodge, 20 Min. zu Fuß vom Main Rest Camp, ℡ 2528 3992; Karte S. 738. Hier gibt's billiges Frühstück (E75) und Abendessen am Lagerfeuer (E60). Abgesehen von einem vegetarischen steht immer nur ein Gericht auf dem Speisezettel, z. B. im Eisentopf über offenem Feuer gegarter Impala. Das Abendessen muss vorbestellt werden. ⊕ Abendessen tgl. 18 Uhr.

TRANSPORT

Auto

Von der eZulwini Valley Road folgt man rund 1 km hinter der Abzweigung nach Ludzidzini den Schildern nach Mlilwane und fährt 3,5 km auf einer Schotterstraße bis zum Eingang, wo die Eintrittsgebühr zu entrichten ist – wer nach 18 Uhr ankommt, zahlt am nächsten Morgen im Main Rest Camp. Die Quittungen für Eintrittsgebühr und Übernachtung müssen beim Verlassen des Reservats vorgelegt werden, sonst wird man noch einmal zur Kasse gebeten.

Shuttlebusse

Zwischen Sondzela und Malandela's Homestead (S. 744) verkehrt tgl. ein Shuttlebus, der um 8 Uhr in Sondzela Backpackers und um 8.30 Uhr in Malandela's Homestead abfährt.

ESWATINI (SWASILAND)

Malandela's Homestead

1 km südöstlich der Mahlanya-Kreuzung, abseits der MR103 ▪ Homestead ⏲ tgl. 11–15 und 18 Uhr bis spät ▪ ☎ 2528 3115, 🖳 www.malandelas.com ▪ Gone Rural ⏲ Mo–Sa 8–17, So 9–17 Uhr ▪ ☎ 2550 4936, 🖳 www.goneruralswazi.com ▪ House on Fire Tickets um E50–80, Gigs ab 20 Uhr ▪ ☎ 2528 2110, 🖳 www.house-on-fire.com ▪ Bushfire Festival Tagesticket E380–480, gesamtes Festival E760 ▪ ☎ 2528 2040, 🖳 www.bush-fire.com

Malandela's Homestead liegt im malerischen Malkerns Valley zwischen Ananasplantagen und Zuckerrohrfeldern. Was früher eine Ansammlung rustikaler Bauernhäuser war, hat sich zu einem quirligen Zentrum für Kunst und Kunsthandwerk entwickelt. Einheimische wie auswärtige Besucher strömen gleichermaßen zu den erstklassigen Musik-Gigs, Performances und Ausstellungen herbei, während Pub und Restaurant fast immer bis auf den letzten Platz besetzt sind.

Ein Highlight des Homestead ist Gone Rural, eins der erfolgreichsten und kreativsten **lokalen Handwerksprojekte** in eSwatini. Die in hübschen Mustern gestalteten, farbenfrohen Matten und Körbe, die hier zum Verkauf stehen, werden von zahlreichen Dorffrauen im ganzen Land hergestellt. Während der letzten drei Tage im Mai brennt im House on Fire die Luft, denn dann findet hier das äußerst erfolgreiche **Bushfire Festival** statt, das in der Vergangenheit mit Namen wie Hugh Masekela, Johnny Clegg und Ladysmith Black Mambazo glänzen konnte. Die Besucher zelten dann auf Feldern in der Nähe des Homestead. Tickets kann man auf der Website kaufen.

ÜBERNACHTUNG

Malandela's B&B, ☎ 2528 3448, 🖳 www.malandelas.com; Karte S. 738. Geniale DZ im Afro-Schick aus natürlichen und recycelten Materialien. Auf der Terrasse mit Blick auf Zuckerrohrfelder, Pool und einen üppigen, aber makellos gepflegten Garten gibt's das Frühstück. Wenn im House on Fire (s. u.) ein Konzert stattfindet, ist das B&B normalerweise ausgebucht. E820

ESSEN

Malandela's Farmhouse Restaurant, ☎ 2528 3115; Karte S. 738. Auf der Schiefertafel im Restaurant unter einem großen Reetdach steht eine interessante, täglich wechselnde Karte. Neben Schmorgerichten gibt es Wild, frischen Fisch und eine ausgezeichnete Auswahl an Salaten (E60). Die Tische im Freien bieten einen wunderbaren Blick auf Zuckerrohrfelder und Berge und grenzen an einen großen Rasen, auf dem Kinder spielen können. ⏲ tgl. 9.30–11, 12–15, 18–21.30 Uhr.

UNTERHALTUNG

House on Fire, ☎ 25282110, 🖳 www.house-on-fire.com; Karte S. 738. Die kreative, einem Amphitheater ähnelnde Spielstätte wird auch als Kunstgalerie und Musikbühne genutzt und lohnt sich allein schon wegen des modernen afrikanischen Kunsthandwerks und des knallbunten Designs. Hier schlägt das Herz von eSwatinis Nachtleben: An Wochenenden ziehen aufstrebende Swasi-Bands und gelegentlich auch internationale Namen ein großes Publikum an. ⏲ Auftritte beginnen meistens um 20 Uhr.

Malandela's Pub; Karte S. 738, im heimeligen Pub neben dem Restaurant gibt's Craft-Bier vom Fass aus der Thunderbolt-Mikrobrauerei nebenan. Hier treffen sich Einheimische gern, um Rugby und Fußball im TV zu gucken. ⏲ tgl. 9–22 Uhr.

INFORMATIONEN

All Out Africa, neben Gone Rural, ☎ 2528 3423, 🖳 www.alloutafrica.com, organisiert Touren, hat eine gute Auswahl an Informationsbroschüren und WLAN. ⏲ Mo–Sa 8–17, So 9–17 Uhr.

An der MR4

Die idyllische **Nyanza Farm**, ☎ 7608 5779 oder 7621 4181, 🖳 www.nyanza.co.sz, an der MR4, ein paar Kilometer von der Kreuzung mit der MR103 entfernt, ist ein reizender, bewirtschafteter Bauernhof mit freundlichen Hunden, Katzen, Gänsen, Truthähnen, Pfauen, Pferden und Kühen. Sie bietet auch Unterkünfte (s. u.).

Ein Stück weiter an der MR4 befindet sich das **Swazi Candles Craft Centre**, ✆ 2528 3219, 🖥 www.swazicandles.com, ⏰ tgl. 8–17 Uhr, ein Laden, wo unglaublich viele unterschiedliche Wachskerzen hergestellt und verkauft werden. Zum Centre gehören außerdem diverse andere Geschäfte mit handgefertigten Produkten der Region, darunter das farbenfrohe Baobab Batiks, ✆ 2528 3242, 🖥 www.baobab-batik.com, die Mohair-Weber von Rosecraft, ✆ 2550 4384, 🖥 www.tsandzaweaving.com, und Kwazi Swazi, ✆ 2528 3110, mit Büchern, Kunstgegenständen und gutem Musikangebot. Der charmante Coffeeshop Sambane, ✆ 2528 3466, 🖥 www.sambanecafe.com, serviert ganztägig wunderbares Frühstck, gute Burger (E75) und leichte Snacks sowie eine verlockende Auswahl frischer Gebäckteilchen (E45).

Manzini ist die größte Stadt und das Handelszentrum von eSwatini. Fast alle bedeutenden Herstellungs- und Geschäftsbetriebe des Landes haben sich dort oder in der Umgebung niedergelassen. Daher stehen die wenigen sehenswerten Gebäude im Schatten von Bürotürmen und Einkaufszentren. Angesichts der steigenden Kriminalität und der viel angespannteren Atmosphäre als in Mbabane wäre Manzini keinen Stopp wert, gäbe es nicht den hervorragenden **Markt** (Mo–Sa) an der Kreuzung der Mhlakuvane Street und Mancishane Street. Der beste Zeitpunkt für einen Besuch ist der Donnerstagmorgen, denn dann bauen auch noch Händler aus den Nachbarländern ihre Stände auf. Ein großer Teil ist Obst und Gemüse, Haushaltswaren und traditioneller Medizin vorbehalten, aber im Obergeschoss des Marktgebäudes und auch auf den Treppenstufen werden **Kunsthandwerk** und **Textilien** feilgeboten. Das Angebot an Kunstgewerbe hier ist umfangreicher, variabler und sehr viel preiswerter als das aller anderen Märkte in eSwatini. Und so schöne Stoffe – aus Simbabwe, dem Kongo und Mosambik – finden sich kaum anderswo im Land.

ÜBERNACHTUNG

Nyanza Guest Cottages, Nyanza Farm, ✆ 7608 5779 oder 7621 4181, 🖥 www.nyanza.co.sz; Karte S. 738. Einfache und dennoch schöne Selbstversorger-Unterbringung in 2 geräumigen, rustikalen Cottages für 5 Pers. am Ende eines Feldwegs. Außerdem eine Lodge mit DZ und Etagenbetten, die für Gruppen geeignet sind. Großartiger Ort für Tierliebhaber und für Kinder, die einen Familienbauernhof kennenlernen wollen. Reitstunden mit ausgezeichneten Lehrern sind ebenfalls im Angebot. DZ E930, Cottage E820

Sundowners Backpackers, an der MR103-Kreuzung Richtung Malkerns Valley, 9 km westlich von Manzini hinter der Sundowners Lodge, ✆ 7687 8941, 🖥 www.swazisundowners.com; Karte S. 738. Entspannte Herberge mit gepflegten Dorms, 4 ordentlichen DZ und ein paar Grasflecken zum Campen (Zelte können für E10 gemietet werden). Es gibt billiges Frühstück und Abendessen und einen Pool mit einladender Bar. Auf Wunsch organisieren die Mitarbeiter Ausflüge und Aktivitäten. Keine Kreditkarten. Camping E70, Dorm E120, DZ E250

ÜBERNACHTUNG

The George Hotel, Ngwane St, Ecke Du Toit St, ✆ 2505 2260, 🖥 www.tgh.sz. Komfortables Businessclass-Hotel mit luxuriösen, großzügig geschnittenen DZ mit Bad und kuschelig-tiefem Florteppich, wobei einige Zimmer inzwischen etwas abgewetzt wirken. Es gibt einen Pool, 3 Restaurants, Bar, Schönheitssalon und ein Spa. E1300

ESSEN

Tandoori Express, im Busbahnhof, neben dem KFC, ✆ 2505 8936. Auch wenn es nicht so aussieht, bietet dieser unscheinbare Imbiss mit das beste Essen von Manzini. Auf Plastikschemeln sitzend, kann man hier in leckeren *kormas*, *biryanis*, Currys und Tandoori-Hühnchen (E50) schwelgen. ⏰ tgl. 8–17 Uhr.

Busse

Busse aus allen Landesteilen und Südafrika erreichen Manzini am betriebsamen Haupt-busbahnhof und Taxistand am Ende der Louw Street, gleich nördlich der Ngwane Street, und starten auch von dort.

Flüge

Der **King Mswati III Airport**, ✆ 2518 4390, liegt 57 km östlich der Stadt. Dreimal täglich fährt ein Shuttlebus in die Stadt (E25).

Dorferlebnis KaPhunga

Das ehrgeizige touristische Hilfsprojekt im Dorf **KaPhunga**, in den Bergen etwa 55 km südöstlich von Manzini, ist eine hervorra-gende Möglichkeit, abseits der Trampelpfade das Landleben von eSwatini kennenzuler-nen. KaPhunga, der am zweithöchsten gele-gene Ort des Landes, erstreckt sich über einen Berggipfel mit toller Aussicht aufs Tal: Zucker-rohrfelder so weit das Auge reicht und am Hori-zont die Lubombo Mountains. Hier hat Myxo Mdluli einen Mini-Kraal mit authentischen Hüt-ten erbaut, aber abseits vom Dorf, sodass den Gästen, aber auch den Dorfbewohnern, eine gewisse Privatsphäre erhalten bleibt. Besucher sind eingeladen, mindestens eine Nacht zu bleiben und wie es bei den Swasi üblich ist, auf einer Matratze auf dem Hüttenboden zu schla-fen. Die Ausstattung ist ohne Strom und recht bescheiden, aber die schöne, unverfälschte Umgebung macht das allemal wett. Tagsüber können die Gäste bei Dorfaktivitäten mitma-chen, etwa bei Bauprojekten, bei der Feldar-beit, beim Bierbrauen oder in der Dorfschule als Aushilfslehrer. Ein zweitägiger Ausflug mit einer Übernachtung in KaPhunga inkl. Vollpen-sion, Transport von Manzini und Spende ans Dorf kostet E1796 p. P. Wer möchte, kann auch länger bleiben. Ein Tagestrip inkl. Transport und Verpflegung ist für E1350 p. P. zu haben. Reser-vierung bei Myxo unter ✆ 2505 8363 oder 7604 4102, ⌨ www.swaziculturaltours.com.

Der Süden

Auf dem Weg vom nördlichen KwaZulu-Natal in den Krüger-Nationalpark oder nach Mpumalan-ga bietet es sich an, die Route über einen der südlichen Grenzübergänge und durch eSwa-tini zu wählen. Die Landschaft, insbesondere zwischen **Mahamba** und Manzini durch das **Grand Valley**, ist überwältigend. Außerdem führt die Straße in der Nähe fast aller historischen Königsstätten vorbei. Im Süden liegt auch das **Mkhaya Nature Reserve**, das exklusivste Reser-vat eSwatinis und Schutzgebiet für die vom Aus-sterben bedrohten Spitzmaulnashörner.

Mkhaya Game Reserve

35 km östlich von Manzini an der MR8, 6 km hinter Siphofaneni ▪ Abholung um 10 und 16 Uhr ▪ ✆ 2528 3944, ⌨ www.biggameparks.org

Das Reservat befindet sich an einer Straße, die von einem Dorf mit dem schönen Namen **Phu-zumoya** („trink den Wind") abgeht. Das Schutz-gebiet für die seltenen **Spitzmaulnashörner** inmitten klassischer Lowveld-Steppe voller Akazien und Dornenbäume beherbergt auch **Breitmaulnashörner**, **Elefanten** und zahlreiche Antilopenarten, darunter Nyala, Rappen- und Elenantilopen. Nach einer verheerenden Dürre im Jahr 2016 wurden die Elefanten des Reser-vats an Zoos in den USA verkauft, um ihren an-sonsten fast sicheren Tod zu verhindern. Es gibt jedoch Pläne, neue Tiere einzuführen. Außer-dem macht sich das Mkhaya als Zuchtstation für vom Aussterben bedrohte Arten wie **Pferde-** und **Leierantilopen** verdient. In dem der Straße am nächsten gelegenen Abschnitt des Reser-vats weidet in stiller Eintracht mit den Antilopen **Nguni-Vieh**.

Ein Besuch im Mkhaya, egal ob als Tagesaus-flug oder mit Übernachtung, muss bei Swazi Big Game Parks Central Reservations, ✆ 2528 3944, ⌨ www.biggameparks.org, angemeldet wer-den. Tagesbesucher zahlen E790 inkl. Mittag-essen (mindestens 2 Besucher). Im Mkhaya sind Privatfahrzeuge nicht erlaubt. Die Reservat-besucher müssen angeben, wann sie am Tor ab-

Zu den genialsten Aktivitäten im südlichen eSwatini gehört eine **Raftingtour** auf dem wunderschönen Great Usutu River im Osten des Landes unweit vom Mkhaya Nature Reserve. Er ist ein großartiges Wildwasserrevier und einer der wenigen Flüsse, auf denen man Trips in Schlauchbooten, sogenannten „crocs", unternehmen kann. Im Sommer ist die Strecke 15 km lang (im Winter ein wenig kürzer); sie führt über Stromschnellen der Schwierigkeitsgrade II bis IV. Die Landschaft ringsherum ist überwältigend, doch sobald die Stromschnellen erreicht sind, hat man dafür kaum noch ein Auge. Dann muss man nämlich ziemlich verrückt, um nicht ins Wasser zu fallen. Die Trips (E1300 p. P. für einen halben oder E2200 für einen ganzen Tag, jeweils mit Lunchbox) beinhalten die Abholung von verschiedenen Stellen im eZulwini Valley und auf dem Weg zum Fluss. Weitere Infos und Buchung bei Swazi Trails, ☎ 2416 2180, 🖥 www.swazitrails.co.sz.

geholt werden möchten (10 oder 16 Uhr). Von dort geht's im Konvoi zur Rangerbasis, gleichzeitig Ausgangspunkt der ersten Game Drives. Wer mit **öffentlichen Verkehrsmitteln** reist: die Kombi-Busse von Manzini nach Big Bend halten am Eingangstor – den Fahrer bitten, am Phuzamoya Shop abgesetzt zu werden.

Auf den **Tierbeobachtungstouren** hat man gute Chancen, Großwild zu begegnen. Ein üppiges Mittagessen im Main Camp ist im Preis enthalten. Wer über Nacht bleibt, kann ohne zusätzliche Kosten an einem Game Drive am Morgen und am Nachmittag teilnehmen. Eine Wandersafari bei Sonnenaufgang kann ebenfalls organisiert werden. Anders als in den Tierreservaten in Südafrika halten Mkhayas erfahrene Swasi-Ranger zwischendurch auch mal an, um die Passagiere aus dem Wagen steigen und ziemlich nah an Breitmaulnashörner herangehen zu lassen.

ÜBERNACHTUNG

Stone Camp, ☎ 2528 3944, 🖥 www.biggame parks.org. Das einzige Camp im Reservat in stimmungsvoller Buschlage am trockenen Flussbett des Ngwenyane entschädigt dafür, dass Mkhaya nur plattes Land und keine Anhöhen zu bieten hat. Die luxuriösen, seitlich offenen und strohgedeckten Steinbungalows mit Bad geben einem das Gefühl, mitten im Busch zu nächtigen. Die ausgezeichneten 3-Gänge-Menüs werden auf dem Hauptgelände des Camps rund um ein großes Lagerfeuer

unter einem mächtigen Leberwurstbaum (seine Früchte sehen wirklich aus wie Würste) serviert. Im Preis sind VP und 3 geführte Safariausfahrten enthalten. E5290

Der Nordosten

Zuckerrohrfelder so weit das Auge reicht beherrschen den Nordosten eSwatinis. Deren schimmernder Glanz stammt von der beständigen Wasserberieselung, die verheerende Auswirkungen auf den Grundwasserspiegel hat und dafür verantwortlich ist, dass viele Anwohner keinen direkten Zugang zu dem lebensspendenden Nass haben (deshalb musste der Maguga Dam gebaut werden, S. 751) – aber Zucker ist eine wichtige Devisenquelle. Drei ausgedehnte Buschlandgebiete – **Hlane**, **Mlawula** und **Mbuluzi** – wurden als Tier- und Naturschutzgebiete bewahrt und bilden die touristischen Hauptanziehungspunkte, zusammen mit dem kleineren **Shewula Nature Reserve**. Alle sind Teil der **Lubombo Conservancy**, eines Zusammenschlusses geschützter Landstriche in den **Lubombo Mountains**. Diese Bergkette verläuft entlang der Ostgrenze eSwatinis und bietet fantastische Ausblicke sowohl auf eSwatini als auch den äußersten Westen von Mosambik.

Für Mountainbiker organisieren die Lubombo-Reservate einmal im Jahr einen sehr beliebten Marathon, der Biker durch alle drei Reservate über Wildtierpfade und wilde Jeep-Pisten jagt.

ESWATINI (SWASILAND)

Der direkteste Weg in die Reservate führt von Mbabane und Manzini über die ausgeschilderte Asphaltstraße Richtung Siteki. Dieser folgt man 100 km bzw. 65 km, bis rund 10 km vor Siteki die Straße zu den nachstehend beschriebenen Schutzgebieten nach Norden abzweigt.

Mbuluzi Game Reserve

🕐 tgl. 6–18 Uhr ▪ Eintritt E45 ▪ 📞 2383 8861, 🖥 www.mbuluzigamereserve.co.sz

Das private und nur wenig bekannte Mbuluzi liegt ungefähr 1 km abseits der Straße Manzini–Lomahasha und erstreckt sich beiderseits der Straße zum Mlawula Nature Reserve in typischer Lowveld-Buschlandschaft. Dazu gehören zwei ganzjährig Wasser führende Flüsse, Auwald und einige Felsklippen – eine friedliche, besondere Landschaft mit treuer Fangemeinde. Der Tierbestand wurde unlängst um Flusspferde und Giraffen erweitert, die man vom Fahrzeug (vorzugsweise mit Allrad) aus oder bei einer Fahrradtour beobachten kann. Da es im Mbuluzi keine Raubtiere gibt, können Besucher auch auf vielen deutlich markierten **Pfaden** durchs Reservat spazieren.

ÜBERNACHTUNG

In dem südlichen Parkabschnitt gibt es in großem Abstand voneinander am bewaldeten Flussufer 6 Selbstversorger-**Lodges** privater Besitzer. 🖥 www.mbuluzigamereserve.co.sz. Die Palette reicht von Luxus-Zeltlagern in **Tambuti** über die rustikale Stein-Cottage **Leadwood Lodge** bis zur ultramodernen Buschunterkunft **Imfihlo Lodge**. Die meisten haben Pool, Sat-TV und AC. 3 Lodges haben Platz für bis zu 8 Pers., eine bietet 6, eine andere 5 Betten und eine sogenanntes Studio Cottage hat 2 Gästebetten. Reservierung weit im Voraus erforderlich. E1240
Der **Campingplatz** im nördlichen Parkabschnitt in der Nähe des Mbuluzi Rivers, 🖥 www.mbuluzigamereserve.co.sz, bietet unter anderem ein Duschhäuschen sowie die unverzichtbare _braai_-Stelle. Reservierung erforderlich. E110

Mit dem **Auto** erreicht man das Reservat über die MR3, wo es 10 km hinter Simunye liegt. **Minibus-Kombis** von MANZINI und SIMUNYE halten auf dem Weg zum Grenzübergang Lomahasha an der Maphiveni-Kreuzung. Von dort sind es noch 15 Min. Fußweg bis zum Eingang.

Mlawula Nature Reserve

🕐 tgl. 6–18 Uhr ▪ Eintritt E30 ▪ 📞 2383 8885, 🖥 www.sntc.org.sz

Das größte zusammenhängende Schutzgebiet in den Lubombo Mountains ist das 165 km² große Mlawula Nature Reserve südlich des Mbuluzi River. Es gibt ein Netz an **Wanderwegen**, auf denen Erkundungsmärsche auf eigene Faust möglich sind, etwa in die Berge und auf das Lubombo-Plateau, wo einzigartige Eisenbäume und Zykadeen (Farnpalmen) wachsen. Andere Wege winden sich am Fluss entlang zu Höhlen, einem Wasserfall und einem Wasserloch von Hyänen. Die Wanderungen dauern zwischen zwei und acht Stunden. Die Wege sind nicht besonders gut gepflegt; da das Gelände außerdem dicht mit Busch überwachsen ist, lassen sich Tiere nicht leicht erspähen. Vögel lassen sich jedoch ganz wunderbar beobachten. Wer möchte, kann auch geführte Wanderung mit Guide unternehmen.
Der Mlawula und der breitere Mbuluzi River fließen durch malerische Täler im Reservat. In den Flussbetten wurden über eine Million Jahre alte Steinzeitwerkzeuge gefunden. In Wassernähe halten sich **Antilopen**, **Zebras** und **Gnus** auf, aber auch **Krokodile**, daher sollte auf einen Sprung ins Wasser verzichtet werden.

ÜBERNACHTUNG

Magadzavane Chalets, 📞 2343 5108, 🖥 www.sntc.org.sz. 20 moderne Rondavels mit Reetdach und Bad in der Nähe vom Eingang an der mosambikanischen Grenze, alle mit geräumiger Veranda mit fantastischem Talblick sowie Herd, Kühlschrank und TV. Auch Pool und Restaurant. Reservierung erforderlich. E900

Siphiso Campsite, ☎ 2343 5108, 🖥 www.sntc. org.sz. Der schattige Campingplatz am Siphiso River hat einen Waschraum mit Toiletten und Duschen, *braai*-Stellen, einen Abschnitt nur für Wohnwagen und 2 überdachte Plätze bei schlechtem Wetter. Reservieren! E110

INFORMATIONEN

Am Parktor sind diverse Broschüren erhältlich, aber keine Lebensmittel oder Hygieneartikel – vorher alles Notwendige im Supermarkt im nahen Simunye einkaufen.

TRANSPORT

Auto

Autofahrer biegen von der Manzini–Lomahasha Road an der Maphiveni-Kreuzung nach Osten ab und fahren am Mbuluzi Reserve entlang bis zu dem Wegweiser zum Mlawula Reserve. Ein zweites Eingangstor ist im Osten des Reservats an der Hauptstraße nach Siteki vom nahen Grenzübergang Mhlumeni/Goba.

Minibus-Kombis

Minibus-Kombis aus MANZINI und SIMUNYE halten auf dem Weg zum Grenzposten Lomahasha an der Maphiveni-Kreuzung. Von dort sind es noch 4 km Fußweg bis zum Eingangstor.

Hlane Royal National Park

🕐 tgl. 6–18 Uhr ▪ Eintritt E40 ▪ 🖥 www. biggameparks.org

Der Nationalpark 67 km nordöstlich von Manzini ist der größte eSwatinis. Die Hauptattraktion des ehemaligen privaten königlichen Jagdgeländes ist das Großwild, darunter **Elefanten**, **Nashörner**, **Löwen** und **Leoparden**. In Nordteil des Hlane leben zahlreiche Elefanten und Nashörner, die sich auch vom eigenen Fahrzeug aus leicht beobachten lassen. Weitere Tiere in diesem Parkabschnitt sind Giraffen, Zebras und Ellipsenwasserböcke.

In umzäunten Gebieten im **Südteil** streifen Löwen und Leoparden sowie noch mehr Elefanten und Nashörner umher. Dank der Umzäunung bekommen die Safariteilnehmer früher oder später unweigerlich einen Löwen zu Gesicht. Doch die Tiere sind an Fahrzeuge gewöhnt und nehmen sie gelangweilt hin. Der Hlane beherbergt übrigens die größte Population baumnistender Geier in ganz Afrika, darunter der Weißrückengeier und der bedrohte Kapgeier.

ÜBERNACHTUNG

Bhubesi Camp, 14 km Schotterpiste vom Main Camp entfernt, ☎ 2383 8868, 🖥 www. biggameparks.org. Besteht aus Selbst-

Shewula Mountain Camp

Das Shewula Mountain Camp, ☎ 7605 1160, 🖥 www.shewulacamp.org, Reservierung erforderlich, E440, in traumhafter Lage an einem Ende des Lubombo-Plateaus ist zwar sehr abgeschieden und die Anfahrt dauert lange, aber der Aufwand lohnt sich. Von der Straße zwischen Manzini und Lomahasha zweigt 10 km nördlich der Mubuluzi-Kreuzung eine holprige Sandpiste Richtung Osten in die Berge ab. Nach 16 km ist das Ziel erreicht. Hier unterhält die Gemeinde Shewula ein gepflegtes Camp mit atemberaubender Aussicht nach Westen übers nordöstliche Saziland und bei klarem Wetter sogar bis auf die Wolkenkratzer von Maputo im Osten. Ein Aufenthalt im Camp erlaubt zudem interessante Einblicke ins Landleben von eSwatini. Zum Übernachten stehen sieben Rondavels (Platz für bis zu 5 Pers.) mit Stock- oder Doppelbetten bereit. Manche haben Gemeinschaftsbad. Es gibt keinen Strom und gekocht wird in einem großen Koch-Essbereich auf Gasherden. Mögliche **Aktivitäten** sind eine geführte Wanderung durchs Shewula Nature Reserve zum Mubuluzi River (E50 p. P.) oder ein zweistündiger Besuch im nahe gelegenen Dorf, wo sich eine Schule für Aids-Waisen und ein Kunstgewerbezentrum befinden (E40 p. P.). Wer nicht selbst kochen möchte, kann im Voraus Verpflegung bestellen (Frühstück E60, Abendessen E100).

versorger-Cottages für 4 Pers. mit Aussicht auf ein trockenes Flussbett und fühlt sich erheblich „wilder" an als das Hauptcamp, obwohl die Hütten Strom haben. E1000

Ndlovu, Main Camp, in der Nähe des Parktors, ✆ 2383 8868, 🖥 www.biggameparks.org. Große strohgedeckte Selbstversorger-Cottages für bis zu 8 Pers. und Rondavels mit Bad und 2 Betten. Kein Strom, aber Paraffinlampen und Gaskocher werden gestellt. Die schlichte, aber völlig ausreichende Anlage ist ein entspanntes Plätzchen, um sich ganz in Ruhe auf das Tierschauspiel ringsherum zu konzentrieren. E990

Ndlovu Camping Area, Main Camp, ✆ 2383 8868, 🖥 www.biggameparks.org. Der offene Campingplatz mit reichlich weichem Gras und Bäumen hat Gemeinschaftsküche, Waschraum (mit Warmwasser) und Grillplatz, wo Brennholz bereitliegt. E125

ESSEN

Ndlovu, Main Camp. Großes, strohgedecktes Restaurant mit Lounge und breiter Veranda mit Aussicht auf ein nahes Wasserloch, das Nashörner, Elefanten und Giraffen anzieht. Es gibt eine ordentliche Speisekarte mit den üblichen Variationen von Steak- und Hühnchen-Gerichten zu überraschend zivilen Preisen (E110) und abends ein Buffet (E190). Sofern nicht gerade von einer größeren Gruppe belegt, ist das breite Aussichtsdeck recht nett. Mit Sitzgelegenheiten unter Bäumen. ◷ tgl. 7–20 Uhr.

TOUREN

Geführte Touren zu Fuß (E225 für 2 1/2 Std.) zum Beobachten von Vögeln oder Wildtieren lassen sich tagsüber an der Rezeption des Main Camp organisieren. Man kann sich auch einer Tour in einem der Land Rover des Parks anschließen (E350 für 2 1/2 Std.). Es werden auch Fahrten zum Sonnenauf- und -untergang angeboten (5.30 bzw. 16.30 Uhr, E370 für 2 1/2 Std.). Für Abenteuerlustige gibt es außerdem Fahrradtouren bei Sonnenaufgang (E280 für 2 Std.) oder eine Wanderung mit

Vollverpflegung und Übernachtung in einem einfachen Buschcamp (E1445). Reservierung an der Rezeption des Main Camp.

TRANSPORT

Hlanes Zufahrtstor liegt rund 7 km südlich von Simunye abseits der Straße von Manzini nach Lomahasha.
Die **Minibus-Kombis**, die zwischen MANZINI und SIMUNYE verkehren, halten 300 m vom Parktor entfernt.

Der Nordwesten

Das Highveld im Nordwesten ist ohne Frage die schönste Region von eSwatini. Die Hügellandschaft ist mit ihren zahllosen glitzernden Flüssen und ein paar funkelnden Wasserfällen wie geschaffen fürs Wandern und bietet dazu noch einige wunderschöne Unterkünfte.

Die meisten Besucher des Nordwestens sind auf der Durchreise vom oder in den Krüger-Nationalpark (S. 651), doch das **Phophonyane Nature Reserve** liegt nur 64 km nördlich von Mbabane und ist unbedingt einen Besuch wert. Der landschaftlich reizvollste (und auch gebirgigste) Zugang nach eSwatini führt über die Straße nach Bulembu von Barberton in Mpumalanga. Hier kann man dem faszinieren Makhonjwa Geotrail folgen, auf dem insgesamt 11 detaillierte Infotafeln die 3 Mrd. Jahre alte geologische Geschichte der Region beleuchten und erklären, wie die Welt geformt wurde. Für Interessierte bietet der Geologe Dave Mourant auch vierstündige geführte Touren an (E100, 🖥 www.wildfrontier.co.za).

Phophonyane Nature Reserve

40 km südlich vom Grenzübergang Matsamo ▪ ◷ tgl. 8–16.30 Uhr ▪ Eintritt E30 ▪ ✆ 2431 1429, 🖥 www.phophonyane.co.sz

Das bezaubernde, private Naturreservat liegt anstrengende 5 km von der MR1 entfernt. Es lässt sich am besten mit dem eigenen Fahrzeug erreichen, öffentliche Verkehrsmittel halten nur am Rand der Hauptstraße und von dort geht es nur noch zu Fuß weiter. Sorgfältig angelegte **Pfade** durchziehen das 5 km² große Gelände und sorgen dafür, dass es einem Wanderer gute zwei Tage lang nicht langweilig wird. Zu den Highlights zählen der Phophonyane-Wasserfall im nordwestlichen Abschnitt sowie mehrere gut platzierte Aussichtspunkte mit beeindruckendem Blick über das Tal. Die Vegetation ist subtropisch und lockt Hunderte bunt schillernder **Vogelarten** an, zu denen sich – gut versteckt – Mungos, Galagos (oder Buschbabys), Otter und zahlreiche Schlangenarten gesellen. Die **Lodge** im Reservat ist mit Abstand die schönste in eSwatini (s. u.), aber auch, wer sich die Übernachtung nicht leisten kann, sollte zumindest auf einen kleinen Spaziergang und ein Essen im strohgedeckten Restaurant herkommen.

ÜBERNACHTUNG

Phophonyane Falls Ecolodge, im Reservat, ☎ 2431 3429, 🖥 www.phophonyane.co.sz. Die stimmungsvollste Option sind 5 Safarizelte für 2 Pers. auf einem uralten Felsen am Phophonyane River. Die Bäder sind ein paar Schritte bergauf in separaten Hütten untergebracht. Ansonsten gibt es Familien-Cottages für bis zu 5 Pers. und 2 wunderbare Interpretationen einer traditionellen Bienenkorbhütte. Es gibt 2 Pools, einen mit Salzwasser neben dem Restaurant und einen, der mit Blick auf die Berge in die Felsen neben dem Fluss eingelassen ist. Zelt E1400, DZ E2050

Nsangwini Rock Art

Komati Valley ▪ Eintritt E30 ▪ Von der Straße Mbabane–Matsamo die Muguga Dam Loop Rd nach Osten nehmen, dann den Wegweisern auf eine Piste nach Osten folgen; der Fußweg beginnt nach 7 km

Eine halbe Stunde Fußweg auf einem Bergpfad im Komati Valley führt zu einer ausgedehnten Stelle mit Felsmalereien. Die atemberaubenden Zeichnungen sind rund 4000 Jahre alt und liegen spektakulär unter einem Felsvorsprung über dem Komati River Valley mit faszinierendem Blick auf die Berge. Je länger man auf die Felsen schaut, desto mehr erkennt man, darunter menschliche Figuren bei einem tranceartigen Tanz mit Speeren in den Händen sowie die als heilig geltende Gottesanbeterin. Die Stätte kann nur mit Guides aus der Nsangwini-Gemeinde besucht werden; sie sind sehr kundig und warten an einem Unterstand am Beginn des Wanderpfads. Alternativ kann man eine geführte Wanderung über die Maguga Lodge (E180, s. u.) buchen. Die Straße zum Einstieg in die Wanderung ist stellenweise sehr schlecht – ein Fahrzeug mit hohem Radstand ist dringend empfehlenswert.

Maguga Dam

Maguga Dam Loop Rd, von der Mbabane–Matsamo Rd nach Osten abbiegen ▪ Besucherzentrum 🕐 tgl. 8–17 Uhr ▪ Eintritt frei ▪ ☎ 2437 1056

Eingebettet in eine Lowveld-Senke und ringsum von den oft nebelverhangenen Bergen umgeben liegt der Maguga Dam. Er wurde in erster Linie errichtet, um die Wasserversorgung der riesigen Zuckerrohrfelder flussabwärts zu gewährleisten. Der Bau der Wasserkraftanlage war 2002 fertiggestellt, 2006 wurde sie geflutet. Gute Sicht auf die gesamte Ausdehnung der Anlage hat man vom Café, und im **Besucherzentrum** auf einem Vorsprung über dem Damm ist in einem kurzen Film alles Wissenswerte über seine Entstehung zu erfahren.

Viele Besucher kommen zum Maguga Damm, um Barsche zu angeln, aber es gibt auch gute Wandermöglichkeiten. Die Landschaft in der Umgebung ist spektakulär, und es gibt Pfade, die zum „the Gap" am Nkomati River, einer Stelle, an der der Fluss durch natürliche Höhlungen und fantastische Felsformationen fließt, führen. Einen Guide kann man über die Maguga Lodge (s. u.) arrangieren.

ÜBERNACHTUNG

Maguga Lodge, neben dem Damm, Maguga Dam Loop Rd, ☎ 2437 3975, 🖥 www.magugalodge.com. 33 gemütliche (wenn auch nicht mehr ganz neue) Rondavels mit Bad und Blick auf den Staudamm. Die beste Unterkunft bietet der voll ausgestattete Campingplatz am Wasser. Zum Angebot gehören relaxte Bootsfahrten auf dem Stausee (E170 p. P.), bei denen man die reiche Vogelwelt kennenlernen kann, verschiedene Wanderungen, Besuche von lokalen Gehöften und Angelexpeditionen. Pool und Restaurant bieten einen beeindruckenden Ausblick, v. a. bei Sonnenuntergang. Camping E170, Rondavel E1240

Malolotja Nature Reserve

🕐 tgl. 6–18 Uhr ▪ Eintritt E30 ▪ 📞 2444 3241, 🖥 www.sntc.org.sz

Der am wenigsten für den Tourismus erschlossene Naturschutzpark eSwatinis wartet mit atemberaubender Landschaft und einigen der schönsten Wandermöglichkeiten im südlichen Afrika auf. Seine Anziehungskraft besteht weniger im Großwild-Sightseeing als vielmehr in der hügeligen, wilden Natur und der Ruhe. Die grasbewachsenen Berge der Gegend zählen zu den ältesten der Erde (3,6 Mrd. Jahre) und sind von unzähligen Flüssen und Wasserfällen durchsetzt, darunter die 95 m hohen **Malolotja Falls**.

Fast 300 **Vogelarten** haben in Malolotja ein Zuhause, darunter eine beachtliche Kolonie der seltenen Ibisse beim Wasserfall. **Großwild** ist schwieriger zu erspähen, häufig aber sieht man

Ab in die Bäume

Eine besondere Art, das Reservat kennenzulernen, bietet **Canopy Tours**, 📞 7660 6755, 🖥 www.malolotjacanopytour.com, E650 für zweieinhalb Stunden inkl. kleinem Mittagessen. Dabei gleiten die Teilnehmer in Schutzkleidung und gut gesichert an Stahlseilen zwischen erhöhten Plattformen durch den Wald. Wer so durch die Luft saust, wird natürlich kaum etwas von den Tieren sehen, dafür aber beim Abheben von der ersten Plattform einen Adrenalinschub erleben. Ausgangspunkt ist das Rezeptionsgebäude des Reservats; eine Buchung ist unerlässlich. Die erste Tour beginnt um 8.30, die letzte um 14 Uhr.

Gnus, Blessböcke und Zebras und in den breiten Lücken zwischen den Bergen und dem Tal halten sich Leoparden auf. Die wenigen Straßen durch den Malolotja führen an einigen herrlichen Aussichts- und Picknickstellen vorbei, wer jedoch den Park in seiner ganzen zerklüfteten Erhabenheit erleben und die Wasserfälle bestaunen möchte, muss die Wanderschuhe anziehen. Der Schwierigkeitsgrad der **Wanderwege** reicht von einfachen halbtägigen Exkursionen bis zu siebentägigen Marathonmärschen mit Übernachtung in einfachen Camps (s. u.). Die **Forbes Reef Gold Mine**, ein paar Kilometer südlich des Haupteingangs zum Reservat an der geteerten Hauptstraße, kann auf eigene Faust erkundet werden, an den rutschigen Hängen ist jedoch Vorsicht geboten. Broschüren und **Gebietskarten** bekommt man im Rezeptionsgebäude des Reservats, 500 m von der Hauptzufahrt.

Im **Sommer** muss hier mit heißen Tagen gerechnet werden (wichtig für Wanderer). Im **Winter** dagegen fallen die Temperaturen drastisch und nachts gibt's oft Minusgrade.

ÜBERNACHTUNG UND ESSEN

Main Restcamp, 📞 7660 6755, 🖥 www.sntc.org.sz. 15 Zeltstellplätze mit *braai*-Stellen und Gemeinschaftswaschraum mit Warmwasser, außerdem 13 gemütliche Holzhütten, jede mit Platz für bis zu 5 Pers. und eigener Feuerstelle. Die Hütten liegen nur einen kurzen Spaziergang von der Rezeption entfernt. Wer nicht selbst kochen möchte, kann im Restaurant des Restcamps essen. Die vordersten Hütten haben den schönsten Ausblick. Reservierung erforderlich. Camping E100, Hütte E600

Campingplätze, 📞 7660 6755, 🖥 www.sntc.sz. Wer längere Wanderungen plant, kann in einer der übers Reservat verstreut liegenden 21 Übernachtungscamps in zaubernder Umgebung unterkommen. Keines verfügt über irgendwelche Einrichtungen (*braai*-Stellen vorhanden), aber es gibt natürliche Wasserstellen. Alles Notwendige muß selbst mitgebracht werden. Die Camps 11 und 12 befinden sich in der Nähe der Malolotja Falls. Reservierung erforderlich. E70

Beim Rezeptionsgebäude befindet sich ein freundliches **Restaurant** (☎ 7660 6755, ⏱ tgl. 8–16 Uhr) und ein **Minimarkt** mit dem Allernotwendigsten, besser deckt man sich aber vor Anfahrt in Piggs Peak oder Mbabane ein.

Sobantu Guest Farm and Backpackers, ☎ 86053954, 🖥 www.sobantu-swaziland.net. Die unaufdringliche Backpacker-Unterkunft auf einem ländlichen Hügel mit leichtem Zugang zu den Malolotja- und Magugua-Stauseen besteht aus 4 Rondavels an einem Grashang vor einer Felsenkulisse sowie einem Haupthaus mit mehreren sehr schlichten Doppelzimmern und Dorms. Die kleine Küche und gemütliche Lounge mit großem Satelliten-TV sind mit kreativen Details hübsch dekoriert und die Bar mit Billardtisch und zentralem Kamin ist ein Gedicht. Die Bedienung ist zum Teil recht nachlässig, aber für tolerante Gäste sind schon die ehrliche, freundliche Atmosphäre und die atemberaubende Lage ein echter Gewinn. Im Angebot sind auch Ausflüge in der gesamten Region. Zelt E80, Dorm E120, DZ E300, Rondavel E400

TRANSPORT

Die **Minibus-Kombis**, die zwischen MBABANE und PIGGS PEAK verkehren, halten an der Hauptzufahrt, die von der Mbabane–Matsamo Road gut ausgeschildert ist.

Glasfabrik Ngwenya

An der MR3 westlich von Motshane ▪ ⏱ tgl 8–16 Uhr ▪ ☎ 2442 4053, 🖥 www.ngwenyaglass.co.sz

Knapp 5 km hinter dem Grenzübergang Ngwenya/Oshoek an der MR3 weisen Schilder den Weg zu der Fabrik, wo einer der Exportschlager eSwatinis hergestellt wird, das **Ngwenya-Glas**. Die Produkte, deren Bandbreite von edlen Weingläsern bis zu unzähligen verschiedenen Tierfigürchen reicht, werden von kunstfertigen Arbeitern aus recyceltem Glas hergestellt. Ein Stopp hier lohnt schon allein, um den Glasbläsern von der Zuschauergalerie aus bei ihrer Arbeit an den Brennöfen zuzuschauen. Im dazugehörigen Souvenirladen und **Café** wimmelt es allerdings meistens von Reisebusgruppen.

ESWATINI (SWASILAND)

Anhang

Sprachführer

In Südafrika gibt es elf offizielle Amtssprachen, alle per Gesetz gleichberechtigt. In der Praxis ist **Englisch** die *lingua franca*, sie herrscht in der Politik, der Wirtschaft und den Medien vor. Südafrikabesucher, die sich in den größeren Städten und den Nationalparks aufhalten, können sich problemlos auf Englisch verständigen. Daneben aber ist **Afrikaans** weit verbreitet, und selbst wenn man kaum in die Verlegenheit kommen wird, Afrikaans sprechen zu müssen, begegnet man dieser Sprache mit Sicherheit auf offiziellen Formularen und zahlreichen Schildern, vor allem im Straßenverkehr (S. 755). Bei den neun weiteren offiziellen sowie den vielen inoffiziellen indigenen Sprachen wird kein Urlaubsreisender auch nur den Versuch unternehmen, sie alle zu erlernen, und selbst das Erlernen einer dieser Sprachen stellt schon eine echte Herausforderung dar.

Aber es ist immer nützlich, ein paar kurze Sätze auf Lager zu haben, vor allem Grußformeln – eine Geste, die in jedem Fall erfreut, auch wenn man keine tiefschürfende Konversation in der fremden Sprache führen kann. Die neun offiziellen afrikanischen Sprachen lassen sich in vier Gruppen aufteilen: **Nguni**, bestehend aus Zulu, Xhosa, siSwati und Ndebele; **Sotho**, bestehend aus Northern Sotho, Southern Sotho (oder Sesotho) und Tswana; **Venda** sowie **Tsonga**. Die meisten Südafrikaner gehören einer der ersten beiden Sprachgruppen an. Ebenso wie alle anderen indigenen südafrikanischen Sprachen unterscheidet sich ihre Grammatik wesentlich von der mitteleuropäischer Sprachen, denn die Sätze werden vom Substantiv dominiert, dem sich die anderen Wörter wie Verben und Adjektive in Person, Geschlecht und Zahl anpassen müssen. Dies geschieht dadurch, dass die Wortstämme je nach Aussage mit Vor- oder Nachsilben versehen werden.

Englisch

Südafrikanisches Englisch ist eine Sprache mit vielen Varianten und die Muttersprache von rund 35 % der weißen Bevölkerung. Allerdings unterscheidet sich das südafrikanische Englisch vom britischen nicht nur in der Aussprache, sondern vor allem durch seinen reichhaltigen Wortschatz, der ganz eigene Wortschöpfungen umfasst, manche davon aus dem Afrikaans und den afrikanischen Sprachen entlehnt.

Afrikaans

Im Gegensatz zu dem, was meist angenommen wird, ist Afrikaans, das 1925 als eigenständige Sprache anerkannt wurde, nicht nur die Muttersprache der weißhäutigen Buren, sondern auch die der meisten südafrikanischen „Coloureds". Sie ist keineswegs im Aussterben begriffen, sondern eine sehr lebendige Sprache, in der sich die Mehrzahl der Südafrikaner müheloser als in jeder anderen verständigen kann, denn sie lässt jederzeit Neuschöpfungen zu. Am weitesten verbreitet ist sie in den Provinzen West- und Nordkap, und so gut wie alle Medien im Freistaat bedienen sich vorrangig des Afrikaans.

Afrikaans ist eine vom Holländischen, der Sprache der ersten europäischen Siedler in Südafrika, abgeleitete Sprache (kein Dialekt!), die am Südzipfel Afrikas durch Begriffe aus dem Französischen, Deutschen sowie Englischen, also den Sprachen der ersten europäischen Seeleute, die am Kap vor Anker gingen, bereichert wurde. Sie ist außerdem mit Wörtern und Wortschöpfungen aus der Sprache der Urbevölkerung sowie den verschiedenen afrikanischen und asiatischen Sprachen der nach Südafrika verschleppten Sklaven durchsetzt. Manche Historiker behaupten (und sie könnten sogar Recht haben), dass die ersten in arabischer Schrift geschriebenen Texte auf Afrikaans Anfang des 19. Jhs. von Kap-Muslimen verfasst wurden.

Ungeachtet ihres vielvölkischen Erbes beanspruchten die Afrikander vom späten 19. Jh. an diese Sprache als tragendes Element beim Aufbau ihrer Rassentheorie für sich. Der Versuch der Apartheidregierung, Afrikaans zur Lehrsprache in schwarzen Schulen zu machen, führte 1976 zum Aufstand von Soweto (S. 568) – ein Ausdruck dafür, dass Afrikaans in den Augen vieler schwarzer Südafrikaner ein Instrument des verhassten weißen Regimes war.

Hinweisschilder auf Afrikaans

Bed en Ontbyt	Übernachtung mit Frühstück
Dankie	danke
Derde	der/die/das Dritte
Doeane	Zoll
Drankwinkel	Spirituosenladen
Eerste	der/die/das Erste
Geen ingang	Einfahrt verboten
Gevaar	Vorsicht!
Grens	Grenze
Hoof	Haupt-
Hoog	hoch
Ingang	Eingang; Zufahrt
Inligting	Information
Kantoor	Büro
Kerk	Kirche
Kort	Kurz
Links	(nach) links
Lughawe	Flughafen
Mans / Vrouens	Herren / Damen
Mark	Markt
Ompad	Umleitung
Pad	Straße
Padwerke voor	Vorsicht Straßenarbeiten!
Pastorie	Kirchengemeinde
Perron	Bahnsteig; Bahnhof
Plaas	Farm
Poskantoor	Postamt
Regs	rechts
Ry	fahren
Sentrum	Zentrum
Singel	Ringwall; Stadtring
Slaghuis	Fleischerei
Stad	Stadt
Stadig	langsam
Stad sentrum	Stadtzentrum
Stasie	Bahnhof
Straat	Straße
Strand	Strand
Swembad	Schwimmbad
Toegang	Eingang
Tweede	der/die/das Zweite
Verbode	verboten
Verkeer	Straßenverkehr
Versigtig	Achtung!
Vierde	der/die/das Vierte
Vrouens	Damen (WC)
Vrugte	Obst
Vyfde	der/die/das Fünfte

Deutsch	Englisch	Afrikaans	Northern Sotho
Ja	*Yes*	*Ja*	*Ee*
Nein	*No*	*Nee*	*Aowa*
Bitte	*Please*	*Asseblief*	*Hle . . ./ . . . hle*
Danke	*Thank you*	*Dankie*	*Ke a leboga*
Entschuldigung	*Excuse me*	*Verskoon my*	*Tshwarelo*
Guten Morgen	*Good morning*	*Goiemore*	*Thobela/dumela*
Guten Nachmittag	*Good afternoon*	*Goeiemiddag*	*Thobela/dumela*
Guten Abend	*Good evening*	*Goeinaand*	*Thobela/dumela*
Bis später	*See you later*	*Sien jou later*	*Re tla bonana*
Auf Wiedersehen	*Goodbye*	*Totsiens*	*Sala gabotse/sepele gabotse*
Bis bald	*Until we meet again*	*Totsiens*	*Go fihla re kopana gape*
Erfreut, deine/Ihre Bekanntschaft gemacht zu haben	*Nice to meet you*	*Aangename kennis*	*Ke leboga go le tseba*
Wie geht es Ihnen/dir?	*How are you*	*Hoe gaan dit?*	*Le kae?*
Es geht mir/ uns gut, danke	*I'm fine, thanks*	*Goed dankie*	*Re gona*

Nguni

Ebenso wie das Southern Sotho enthalten die Sprachen der Nguni-Gruppe ein paar den San-Sprachen entnommene Klicklaute, die europäische Zungen erst nach einiger Übung hervorbringen.

Zulu (oder isiZulu) ist die meistgesprochene afrikanische Sprache Südafrikas und wird von rund zwölf Millionen Menschen verstanden. Sie ist die Muttersprache der Bewohner des südöstlichen Landesteiles, darunter ganz Kwa-Zulu-Natal, der östliche Freistaat, Süd-Mpumalanga und das östliche Gauteng.

Manche Sprachforscher sind der Ansicht, dass Zulu Englisch als südafrikanische *lingua franca* ablösen könnte. Zulu darf nicht mit **Fanakalo** verwechselt werden, ein Pidgin-Zulu, das

zwar manchmal noch in den Minen gesprochen, von den meisten Zulu-Sprachigen jedoch abgelehnt wird – was vielen weißen Südafrikanern völlig unbekannt ist. Das in eSwatini (ehem. Swasiland) gesprochene **siSwati** unterscheidet sich kaum vom Zulu, hat jedoch aus historischen Gründen eine eigene Identität entwickelt.

Dasselbe gilt für **Ndebele**, dessen Wortschatz sich zu etwa 95 % mit dem des Zulu deckt. Es spaltete sich um die gleiche Zeit wie siSwati vom Zulu ab, als eine Gruppe Zulu-Sprachiger vor den Expansionsfeldzügen des Zulu-Herrschers Shaka nach Norden flüchtete. Ndebele wird heute in manchen Ecken von Gauteng, Mpumalanga, Limpopo und der Nordwest-Provinz sowie überall im Süden von Simbabwe gesprochen.

Xhosa (übrigens auch ein Wort, das mit einem Klicklaut beginnt) war die Muttersprache

Sesotho	Tswana	Xhosa	Zulu
E!	Ee	Ewe	Yebo
Tjhe	Nnyaa	Hayi	Cha
(Ka kopo) hle	Tsweetswee	Nceda	Uxolo
Ke a leboha	Ke a leboga	Enkosi	Ngiyabonga
Ntshwaerele	Intshwarele	Uxolo	Uxolo
Dumela (ng)	Dumela	Molo/bhota	Sawubona
Dumela (ng)	Dumela	Molo/bhoto	Sawubona
Fonaneng	Dumela	Molo/bhota	Sawubona
Re tla bonana	Ke tla go bona	Sobe sibonane	Sizobanana
Sala(ng) hantle	Sala sentle	Nisale kakuhle	Sala kahle
Ho fihlela re bonana	Go fitlhelela re bonana	De sibonane kwakhona	Size sibonane
Ke thabela ho o tseba	O tsogile jang?	Kunjani	Ninjani?
O/le sa phela?	O tsogile jang?	Kunjani?	Ninjani?
Ke phela hantle	Ke tsogile sentle	Ndiphilile, enkosi	Ngisaphila

von Nelson Mandela. Heute wird sie von rund acht Millionen Südafrikanern gesprochen, vor allem in Ostkap. Ein wenig Xhosa wird aber auch in Westkap, insbesondere in Kapstadt, gesprochen.

Sotho

Northern-Sotho, Southern-Sotho (oder Sesotho) und Tswana gehören derselben Sotho-Sprachgruppe an. Ebenso wie die Nguni-Sprachen verdanken sie ihre Unterteilung eher geschichtlichen, politischen und geografischen als rein linguistischen Ursachen. Die Sprecher einiger Dialekte des Northern Sotho verstehen manche Dialekte des Tswana besser als manche anderen Northern Sotho-Dialekte.

Die zahlreichen unterschiedlichen Dialekte des **Northern Sotho** werden von rund 2,5 Mio. Menschen innerhalb eines weiten Gebietes in der Nordwestregion Südafrikas gesprochen, der die Gebiete rings um den Krüger-Nationalpark umfasst, durch Limpopo bis hoch zur Grenze mit Botsuana reicht und von dort aus nach Süden bis Pretoria geht. **Southern Sotho**, eine der ersten afrikanischen Sprachen, die schriftlich aufgezeichnet wurden, spricht man im Freistaat, in einigen Teilen von Gauteng, ebenso in Lesotho und dort angrenzenden Gegenden des Ostkaps.

Tswana, ebenfalls durch zahlreiche Dialekte charakterisiert, ist die in geografischer Hinsicht verbreitetste südafrikanische Sprache. Die Dialekte der vorherrschenden Sprache Botsuanas werden in Südafrika im Nordkap, im Freistaat und in der Nordwest-Provinz gesprochen.

Glossar

A

Afrikaner schwarzer Südafrikaner
Afrikander Bure; weißer Südafrikaner überwiegend niederländischer Herkunft
Apartheid ab 1940 gebräuchlicher offizieller Terminus der National Party für „Rassentrennung"

B

Baai Bucht
Bakkie Jeep oder Kleinbus
Bantustan während der Apartheid gebräuchlicher Terminus für Territorien, in die Afrikaner, nach Sprachgruppen geordnet, abgeschoben wurden
Biltong sonnengetrocknete Fleischstreifen
Boerekos ländliche Kost; zeichnet sich vor allem durch viel Fleisch, Zucker und in Butter gedünstetem Gemüse aus
Boerewors gut gewürzte Bratwurst, unverzichtbarer Bestandteil eines *braai*
Bokkoms getrockneter Fisch
Boland Südteil des Westkaps
Braai Grill
Bredie Eintopf aus Fleisch und Gemüse
Bundu Urwald oder ungezähmtes Gelände
Bushveld überwiegend aus Dornenbusch bestehendes Gelände

C

Cape Dutch typisch südafrikanischer Architekturstil des 19. Jhs.
Ciskei Ostkap-Region westlich des Kei River; wurde 1973 zum „selbstverwalteten Territorium" für Angehörige der Xhosa-Sprachgruppe ernannt, ist inzwischen wieder Teil Südafrikas
Coloured Farbiger, Mischling

D

Dagga Marihuana
Dassie Klippschliefer
Dominee Pfarrer
Donga ausgetrockneter Wassergraben
Dorp Dorf
Drift Furt, Flussübergang (Afrikaans)

E

Egoli Zulu-Bezeichnung für Johannesburg

F

Fanakalo nicht mehr gebräuchliches Kauderwelsch aus Englisch, Zulu und Afrikaans, diente zur Verständigung zwischen weißen Vorarbeitern und afrikanischen Arbeitern
Frikkadel Boulette aus Fleisch und Zwiebeln
Fundi Experte
Fynbos Bezeichnung für die einzigartige Fauna des südlichen Westkaps

G

Group Areas Act 1950 verabschiedetes, jetzt abgeschafftes Gesetz, das die Einrichtung getrennter Lebensräume für jede „Rassengruppe" vorsah

H

Hanepoort süße Weintraube
Highveld höher gelegene Gebiete von Gauteng und Mpumalanga
Homeland siehe *bantustan*
Hottentotten seines diskriminierenden Beiklangs wegen inzwischen abgeschaffter Begriff für die indigenen Khoisan-Hirten, denen die ersten europäischen Siedler am Kap begegneten

I

Impi Zulu-Streitmacht
Indaba Zulu-Bezeichnung für eine Diskussionsrunde; inzwischen im südafrikanischen Englisch üblicher Begriff für jede Art von Versammlung
Inkatha radikal-nationalistische politische Zulu-Partei, wurde 1928 als Kulturorganisation gegründet

K

Kaffer sehr beleidigendes Schimpfwort für Afrikaner
Karoo unwirtliches Hochplateau, das einen Großteil des südafrikanischen Binnenlandes einnimmt
Khoi-Khoi (selbst gewählte) Bezeichnung für das älteste südafrikanische Hirtenvolk

Kloof Schlucht
Knobkerrie („K" stimmlos) Holzknüppel
Koeksister sehr süßes Zopfbrot
Koppie Hügel
Kraal mehrere, von einer Mauer umschlossene Hütten
Kramat Schrein für einen muslimischen Heiligen
Krans Felsklippe

L

Lapa Innenhof zwischen mehreren Ndebele-Häusern; auch Bezeichnung für ein Grill-gelände in Safaricamps
Lebowa ehemaliges Homeland *(bantustan)* von Angehörigen der nördlichen Sotho-Sprachgruppe
Lekker gut, hübsch, schmackhaft
Location nicht mehr gebräuchliche Bezeichnung für ein abgegrenztes Gelände am Rand einer Stadt oder Farm „nur für Schwarze"
Lowveld niedrig gelegene, subtropische Region, umfasst das Gebiet der Provinzen Mpumalanga und Limpopo

M

Melktert Vanillepudding mit Karamellsoße
Mielie Mais
MK Umkhonto we Sizwe („Speer der Nation") Der militante Flügel des ANC, inzwischen in die Armee eingegliedert

N

Naartjie Tangarine/Mandarine
Nek Gebirgspass
Nguni bantusprachige Volksgruppe im südöstlichen Südafrika, umfasst Zulu, Xhosa und Swasi
Nkosi Sikelel 'i Afrika „Gott schütze Afrika", Erkennungsmelodie des ANC, jetzt die Nationalhymne Südafrikas
Nyanga traditioneller Heilkundiger

O/P/Q

Pawpaw Papaya
Pastorie Pfarrhaus
Platteland ländliche Gebiete

Poort schmaler Gebirgspass an einem Flussufer
Protea Nationalblume Südafrikas
Qwaqwa ehemaliges Homeland für Ange-hörige der Southern Sotho-Sprachgruppe

R

Raadsaal Parlamentsgebäude
Rest Camp Unterkunft in Nationalparks
Robot Verkehrsampel
Rondavel Rundhütte nach traditioneller afrikanischer Bauweise

S

SABC South African Broadcasting Authority
Shebeen Wohnzimmer-Kneipe ohne Schanklizenz
Shell Ultra City helle, saubere Tankstellen an Überlandstraßen, mit Restaurant, Minisupermarkt, verfügt manchmal auch über ein Hotel
Sjambok Bullenpeitsche
Skelm Dieb
Snoek großer Fisch, Bestandteil vieler traditioneller Kap-Gerichte
Spaza shops kleine, provisorische Lebens-mittelstände oder -geschäfte
Sosatie würziger Hackfleischspieß
Stoep Veranda

T

Township unfruchtbare Landstriche, in die während der Apartheid schwarze Südafrikaner verbannt wurden
Transkei ehemaliges Homeland für Ange-hörige der Xhosa-Sprachgruppe
Trekboer Umherziehender burischer Bauer im 18. und 19. Jh.
Tsostsie Verbrecher

U

Umuthi Traditionelle Kräutermedizin

V

Vetkoek Pfannkuchen
Vlej Sumpf
VOC Vereenigde Oostindische Compagnie (Niederländisch-Ostindische Handelskompanie)

Reisemedizin zum Nachschlagen

Aids und sexuell übertragbare Erkrankungen

HIV/Aids und andere sexuell übertragbare Erkrankungen sind im südlichen Afrika sowohl unter Männern als auch Frauen weit verbreitet, und die Wahrscheinlichkeit, sich durch sexuellen Kontakt mit dem Virus anzustecken, ist sehr hoch. Man sollte also auf One-Night-Stands mit Einheimischen verzichten und auf jeden Fall Safer Sex praktizieren. In privaten medizinischen Einrichtungen ist die Gefahr nicht steriler Geräte äußerst gering, doch in öffentlichen Krankenhäusern in weit abgelegenen Landesteilen besteht ein Risiko. Wer in abgeschiedene Landesteile reist und auf Nummer Sicher gehen möchte, sollte ein Erste-Hilfe-Set samt steril verpackter Nadeln und Transfusionsset mitnehmen.

Bilharziose

Bilharziose (Schistosomiasis) stellt ein ernsthaftes Risiko in allen Gebieten Afrikas südlich der Sahara dar. Diese Wurmplage kommt in vielen **Süßwasserseen und Flüssen** im nördlichen und östlichen Südafrika vor, Gebirgsregionen ausgenommen. Sie wird durch winzige, wurmähnliche Parasiten übertragen, die in Süßwasserschnecken leben, ihren Wirt jedoch irgendwann verlassen und in die Haut eines Menschen eindringen, um sich in dessen Blut zu vermehren. Anschließend arbeiten sie sich zu den Darm- oder Blasenwänden vor, um dort Eier abzulegen.

Am besten lässt sich eine Infektion verhindern, indem man darauf verzichtet, in Stauseen und Flüssen zu baden. Wer mit dem Kajak gefahren ist oder aus irgendeinem anderen Grund die Berührung mit solchen Gewässern nicht vermeiden konnte, sollte sich nach der Reise beim Arzt einem Bilharziose-Test unterziehen.

Allgemeines Unwohlsein ist bisweilen das erste feststellbare **Symptom** einer Infektion. Hat sich die Krankheit etabliert, kommen als weitere Anzeichen Unterleibsschmerzen sowie Blut im Urin und Stuhl hinzu, und es kann schlimmstenfalls zu Nierenversagen und Darmverletzungen kommen. Einen Impfstoff gibt es nicht, aber zum Glück lässt sich Bilharziose leicht und schnell heilen.

Bisse und Stiche

Schlangen- und Spinnenbisse oder Skorpionstiche kommen in Südafrika vergleichsweise selten vor. Es gibt zwar **Schlangen**, aber sie verschwinden, sobald sich jemand nähert. Am aggressivsten sind die Puff- und Bergottern. Sie sonnen sich oft auf Pfaden und machen sich nicht aus dem Staub, wenn ein Wanderer kommt.

Wer gebissen wird, sollte sich das Aussehen der Schlange merken und so schnell wie möglich einen Arzt aufsuchen. Wichtig ist: Keine Panik, denn selbst an giftigen Schlangenbissen stirbt man nicht augenblicklich. Aus den verzweifelten Versuchen, Extremitäten abzubinden, resultiert in der Regel mehr Schaden als Nutzen. Hilfreicher ist es, das betroffene Glied mit einer Schiene ruhigzustellen und den Biss mit einer Bandage zu bedecken.

Wer im Busch unterwegs war, vor allem in hohem Gras, sollte Körper und Kleidung sorgfältig nach **Zecken** untersuchen, da sie Zeckenfieber übertragen können. Die Symptome setzen eine Woche nach dem Zeckenbiss ein – geschwollene Lymphdrüsen, Glieder- und Rückenschmerzen sowie Fieber. Die Krankheit heilt normalerweise innerhalb von drei, vier Tagen von selbst aus, trotzdem sollte man zum Arzt gehen und sich ein Antibiotikum verschreiben lassen. Die Zecken, die man bei sich am Körper findet, entfernt man am besten, indem man mit einer Pinzette die Haut um den Zeckenkopf eindrückt, diesen packt und den ganzen Körper vorsichtig herauszieht (es tut nicht weh).

Skorpione und **Spinnen** gibt es massenhaft, aber man sieht sie wahrscheinlich nur, wenn man Holzstücke aufhebt oder Steine umdreht. Wer Holz für ein Lagerfeuer sammelt, sollte es nicht gleich anfassen, sondern zuerst mit dem Schuh oder irgendeinem Gegenstand dagegen klopfen. Im Gegensatz zur landläufigen Meinung sind Skorpion- und Spinnenbisse zwar schmerzhaft, aber so gut wie nie tödlich. Eine gute Vorsichtsmaßnahme beim Campen ist es, morgens vor dem Anziehen Kleidung und Schuhe auszuschütteln. Wer von einem Skorpion gebissen wird und sich danach schlecht fühlt, sollte medizinische Hilfe suchen.

Tollwut ist in ganz Südafrika verbreitet. Also Vorsicht vor Tieren. Nach einem Biss sofort ärztliche Hilfe in Anspruch nehmen. Mit einer Injektionskur lässt sich Tollwut wirksam behandeln. Wer einen Aufenthalt in sehr entlegenen Gegenden ohne leicht erreichbare medizinische Versorgung plant, kann sich vorsorglich ein paar Spritzen geben lassen – falls man gebissen wird, verschafft einem das etwas mehr Zeit, um eine Klinik oder ein Krankenhaus aufzusuchen.

Als Sofortmaßnahme sollte die Wunde mit viel Wasser und Seife (oder einem anderen Detergens) mindestens 15 Minuten lang ausgewaschen und, wenn möglich, anschließend desinfiziert werden.

Magen-/Darmerkrankungen

Magen- und Durchfallerkrankungen aufgrund von unsauberen Lebensmitteln kommen in Südafrika höchst selten vor. Salate und Eis – die gefährlichsten Lebensmittel in manchen Schwellenländern – können ohne Probleme verzehrt werden. Natürlich sollte man Lebensmittel nicht zu lange aufbewahren und Ost und Gemüse gründlich waschen.

Das Wasser aus dem Wasserhahn ist normalerweise gefahrlos trinkbar. Doch während der immer öfter vorkommenden Dürrezeiten steigt bei sinkendem Dammwasserspiegel der Bakteriengehalt, und dann halten sich viele Leute lieber an in Flaschen abgefülltes Wasser.

Wer doch trotzdem einen Magenvirus eingefangen hat, braucht vor allem viel Flüssigkeit und Ruhe. In den meisten Apotheken und Drogerien gibt es rezeptfreie Mittel gegen Diarrhoe und Rehydrierungssalze.

Auf keinen Fall sollte man beim ersten Krankheitsanzeichen Antibiotika nehmen, sondern sie für den Notfall aufbewahren; Probiotika erleich-

tern übrigens ein wenig die Nebenwirkungen von Antibiotika. Eine Magen-Darmverstimmung reguliert sich normalerweise nach ein paar Tagen fettfreier Diät. Wenn nicht (oder falls außergewöhnliche Symptome hinzukommen), sollte so schnell wie möglich ein Arzt aufgesucht werden.

Malaria

Der größte Teil Südafrikas ist frei von Malaria. Ein Malariarisiko besteht im nördlichen und nordöstlichen Mpumalanga, insbesondere im Krüger-Nationalpark, sowie im nördlichen KwaZulu-Natal, in den Grenzgebieten von Limpopo und (etwas abgeschwächt) in der Nordwest-Provinz und in Nordkap. Das **größte Risiko** besteht während der heißen, regenreichen Monate **zwischen Oktober und Mai**. Geringer ist es in den kühleren, trockenen Monaten von Juni bis September, und manche Reisenden entscheiden sich dafür, während dieser Zeit auf eine Malariaprophylaxe zu verzichten.

Malaria wird durch einen Parasiten verursacht, der sich im Speichel der weiblichen Anopheles-Mücke befindet. Die Krankheit hat eine Inkubationszeit von einigen Tagen bis zu mehreren Wochen, man kann also noch lange nach einem Stich krank werden. Die ersten **Symptome** sind leicht mit Grippesymptomen zu verwechseln. Es beginnt relativ harmlos mit Fieber-, Gliederschmerz- und Schüttelfrostschüben, zumeist am frühen Abend. Wenn sich die Erreger dann im Blut verbreiten, kann sich die Krankheit schnell verschlimmern. Malaria ist nicht ansteckend, kann aber tödlich sein, wenn sie nicht zügig behandelt wird: Wer eine Woche nach Betreten eines Malariagebietes oder innerhalb von drei Monaten nach Verlassen des Gebiets grippeähnliche Symptome aufweist, sollte umgehend ärztliche Hilfe in Anspruch nehmen.

Ärzte geben Auskunft über die empfohlene **Malariaprophylaxe**. Wichtig ist, sowohl vor als auch nach der Reise die vorgeschriebene Dosis einzunehmen. Reisende sollten auf jeden Fall rechtzeitig **vor der Abreise** den Hausarzt oder einen Reisemediziner konsultieren, da mit der Einnahme der Tabletten in jedem Fall ein oder zwei Wochen vor der Einreise begonnen werden muss. Keines der im Handel erhältlichen Medikamente gewährt jedoch 100-prozentigen Schutz; die beste Vorsichtsmaßnahme ist immer noch, sich nicht stechen zu lassen.

Die Anopheles-Mücke sticht zwischen Beginn der Dämmerung und Sonnenaufgang, sodass man sich zu dieser Zeit am besten nicht im Freien aufhält oder sich zumindest gut schützt. Ist der Schlafraum nicht mückensicher, sollte man unter einem **Moskitonetz** schlafen und dieses unter der Matratze feststecken. Räucherspiralen *(coils)*, die überall erhältlich sind, verringern das Risiko zusätzlich, verpesten aber die Luft. Die elektrischen Moskitovernichter, die man mit einem Pad füttert, riechen weniger unangenehm, doch ist für das Gerät eine Steckdose erforderlich. Sogenannte Mosquitobuzzer sind nutzlos.

Wenn die Stechmücken besonders arg plagen, sollte man ungeschützte Hautstellen mit **Insektenschutzmittel** *(insect repellent)* einreiben; am besten funktionieren Mittel, die Diethyltoluamid (DEET) enthalten. In Südafrika produzierte Insektenschutzmittel wie Peaceful Sleep sind vielerorts erhältlich.

Sonnenbrand

Die Sonne ist wahrscheinlich das größte Gesundheitsrisiko, dem Reisende in Südafrika ausgesetzt sind, vor allem hellhäutige. Die Kurzzeitfolgen übermäßiger Sonnenbestrahlung sind Sonnenbrand, Übelkeit und Kopfschmerzen. Besucher sollten unbedingt Sonnencreme mit hohem Schutzfaktor verwenden, einen breitrandigen Sonnenhut sowie eine Sonnenbrille tragen und nicht zu lange in der Sonne bleiben – das gilt vor allem während der ersten Tage im Land.

Ein extremer Fall von Sonnenbestrahlung, begleitet von Dehydrierung, Überanstrengung und zu viel Alkohol, kann zu **Hitzschlag** führen. Besonders wichtig ist umfassender Sonnenschutz für Kinder. Sie sollten am Strand möglichst UV-Strahlen undurchlässige Kleidung tragen. Selbst an wolkigen Tagen darf man sich nicht in Sicherheit wiegen, denn dann kann die UV-Strahlung immer noch hoch sein.

Tuberkulose

Tuberkulose ist ein ernstes Problem in Südafrika, aber für die meisten Reisenden ist das Infektionsrisiko eher gering. Stärker gefährdet sind Personen, die im Gesundheitswesen arbeiten, Langzeitreisende und Menschen mit einem angegriffenen Immunsystem wie etwa HIV-Infizierte. Für Kinder empfiehlt sich eine BCG-Impfung, und viele sind ja schon als Kleinkinder geimpft worden. Erwachsene werden seltener routinemäßig gegen TBC geimpft, da durch eine Impfung, falls man sich später einmal infiziert, latente Symptome verdeckt werden können. Wer annimmt, gefährdet zu sein, sollte sich hinsichtlich einer Impfung beraten lassen.

Bücher

Für ein Land mit vergleichsweise geringer Leserschaft und Buchkaufkraft bringt Südafrika eine bemerkenswerte Menge an Literatur hervor, insbesondere zu brisanten Themen wie Politik und Geschichte. Die mit dem Loose-Koffer markierten Titel sind unsere besonderen Tipps.

Geschichte, Gesellschaft und Anthropologie

Living Apart, Ian Berry. Sehr ausdrucksstarke und bewegende Fotos von den 1950er- bis in die 1990er-Jahre, die ein überwältigendes Bild der politischen Zustände Südafrikas zeichnen.

Anatomy of South Africa: Who Holds the Power? Richard Calland. Eine minutiöse Analyse der politischen Landschaft und Machtverhältnisse in Südafrika während der ersten Dekade des 21. Jhs., verfasst von einem der renommiertesten politischen Publizisten des Landes. 2013 schrieb Calland eine Fortsetzung: *The Zuma Years*.

Der Sieg des Nelson Mandela: Wie aus Feinden Freunde wurden, John Carlin. Ein ergreifender Bericht darüber, wie Nelson Mandela es schaffte, aus dem Endspiel im Rugby-World-Cup von 1995 das Versöhnungsfest einer gespaltenen Nation zu machen, die kurz vor dem Bürgerkrieg stand. Wurde von Clint Eastwood unter dem Titel *Invictus – Unbezwungen* verfilmt, in den Hauptrollen Matt Damon und Morgan Freeman.

Group Portrait South Africa: Nine Family Histories, Paul Faber. Enthüllt auf faszinierende Weise anhand der Geschichte von neun südafrikanischen Familien unterschiedlicher Rasse, Herkunft und Perspektive die Vielschichtigkeit der Vergangenheit und Gegenwart Südafrikas. Mit Fotos und Illustrationen.

After the Party: Corruption, the ANC and South Africa's Uncertain Future, Andrew Feinstein. Feinstein, ehemaliges ANC-Parlamentsmitglied, schildert aus seiner Sicht, wie die südafrikanische Regierung die politische Orientierung verloren hat.

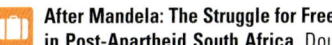 **After Mandela: The Struggle for Freedom in Post-Apartheid South Africa**, Douglas Foster. Der ehemalige Herausgeber von *Mother Jones* verbindet politische Analysen und die im Lauf von sechs Jahren in Straßeninterviews gewonnenen Einsichten zu einem der interessantesten und eindringlichsten Berichte über ein zwischen Neuanfang und Niedergang balancierendes Land, der in den letzten zehn Jahren publiziert wurde.

A New History of South Africa, Hermann Giliomee und Bernard Mbenga. Eine verständliche, wahrheitsgetreue und unterhaltsame Zusammenfassung der Geschichte Südafrikas.

In a Different Time: The Inside Story of the Delmas Four, Peter Harris. Das brillant erzählte Geschichtsdrama von vier jungen Südafrikanern, die im Auftrag der ANC-Exilregierung eine Mission antraten, die sie schließlich in die Todeszelle brachte. Als ihr gesetzlicher Verteidiger erhielt Harris besonders tiefe Einblicke in ihre Persönlichkeiten und Motivationen. Erschien auch unter dem Titel *A Just Defiance: The Bombmakers, the Insurgents and a Legendary Treason Trial*.

Country of My Skull, Antjie Krog. Ein zutiefst persönlicher und erschütternder Bericht über die Anhörungen vor der Wahrheits- und Versöhnungskommission. Der Afrikander Krog, ein ehemaliger SABC-Radiojournalist und Poet, enthüllt schonungslos die Schrecken der Apartheid in ihrer ganzen Komplexität.

Discovering Southern African Rock Art und Images of Power: Understanding Bushman Rock Art, J.D. Lewis-Williams. Diese kurz und präzise gehaltenen Bücher wurden von einem Experten des Genres geschrieben und enthalten zahlreiche Zeichnungen und Fotos.

South Africa Pushed to the Limit, Hein Marais. Der Autor beleuchtet die Fragen, warum die privilegierten Klassen nach wie vor ihre Privilegien behalten und eine Handvoll Großkonzerne die Wirtschaft Südafrikas beherrschen und wie das alles mit Jacob Zumas Aufstieg zur Macht zusammenhängt.

Murder at Small Koppie, Greg Marinovich. Ein minutiös recherchierter Bericht über den südafrikanischen Bergarbeiterstreik (Massaker von Marikana) und dessen Auswirkungen.

Frontiers: The Epic of South Africa's Creation and the Tragedy of the Xhosa People, Noel Mostert. Enthält die solide recherchierte und meisterhaft geschriebene Geschichte der Xhosa des Ostkaps und ihres tragischen Schicksals in den Grenzkriegen gegen die Briten.

The Republic of Gupta: A Story of State Capture. Pieter-Louis Myburgh. Ein unglaublich faszinierender Bericht über die schmutzigen Deals, die während Zumas Präsidentschaft hinter den Kulissen abgeschlossen wurden, und den Einfluss der Familie Gupta auf die Regierungspartei (ANC).

The Boer War, Thomas Pakenham. Dieser Klassiker zur Geschichte des Burenkriegs liest sich spannend wie ein Roman.

Robben Island, Charlene Smith. Die umfangreiche, gut lesbare Übersicht über die Geschichte von Robben Island, von prähistorischen Zeiten bis in die Gegenwart, behandelt auch ihre berüchtigtste Zeit als Gefängnis für Apartheidgegner.

First Drafts: South African History in the Making, Allister Sparks. Ein ausgezeichneter Querschnitt prägnanter Texte zur südafrikanischen Politik und Geschichte während der ersten Dekade des 21. Jhs. Sparks, einer der renommiertesten Journalisten des Landes, hat die Dinge genauso stehenlassen, wie er sie zum damaligen Zeitpunkt sah, ohne nachträgliche Korrekturen anzubringen.

No Future Without Forgiveness, Desmond Tutu. Die Wahrheits- und Versöhnungskommission

aus der Sicht ihres Vorsitzenden. Das Buch vermittelt ein anschauliches Bild von der Persönlichkeitsstruktur eines der ungewöhnlichsten Helden Südafrikas.

Dinosaurs, Diamonds & Democracy: A Short, Short History of South Africa, Francis Wilson. Auf geniale Weise packt der Autor zwei Milliarden Jahre auf 128 Seiten – der perfekte Leitfaden für Leute, die mit ihren Südafrika-Geschichtskenntnissen Eindruck schinden wollen.

Cape Town: The Making of a City, Nigel Worden, Elizabeth van Heyningen und Vivian Bickford-Smith. Die ultimative Beschreibung der gesellschaftlichen und politischen Entwicklung der ersten südafrikanischen Großstadt in den Jahren 1620 bis 1899. Ein weiterer Band behandelt das 20. Jh.

Autobiografien und Biografien

Der Junge: Eine afrikanische Kindheit und **Die jungen Jahre**, J. M. Coetzee. In den beiden fesselnden und schwer verdaulichen Bänden seiner fiktionalisierten Autobiografie berichtet der Autor von seiner Kindheit in einer südafrikanischen Provinzstadt und wie er sich später durchs Leben schlug, sowohl in Südafrika als auch in England. Coetzee wurde 2003 mit dem Literaturnobelpreis ausgezeichnet. Weitere Titel stehen unter „Belletristik".

An die Kinder meiner Kinder, Sindiwe Magoma. Die Autorin verfasste diese fesselnde Autobiographie ursprünglich nur, um ihre Angehörigen nicht vergessen zu lassen, wo die Wurzeln der Familie liegen. Sie beschreibt ihren Lebensweg, der sie vom ländlichen Alltag in der Transkei in die harte Realität der Townships von Kapstadt führte, und erzählt, wie leidvolle Erfahrungen sie von einer politisch naiven in eine politisch bewusste Frau verwandelten.

Der lange Weg zur Freiheit, Nelson Mandela. Die hervorragende Autobiographie des verstorbenen ehemaligen Präsidenten Südafrikas ist ein Bestseller. Mandelas Großmut und sein unfehlbares Gespür, den schwierigen Balanceakt zwischen Grundsatztreue und Taktik hinzubekommen, sprechen praktisch aus jeder Zeile. In der Autobiografie lässt er sehr plastisch seine Kindheit wiederauferstehen und beschreibt ergreifend seine langen Jahre im Gefängnis.

The Bang Bang Club, Greg Marinovich und João Silva. Erschütternder Bericht der Fotografen (darunter der verstorbene Kevin Carter), die die blutigen Unruhen in den Townships am Ende der Apartheid dokumentierten. Wurde unter demselben Titel auch verfilmt.

How Can Man Die Better? The Life of Robert Sobukwe, Benjamin Pogrund. Erzählt die Geschichte eines der größten Helden der Anti-Apartheidsbewegung. Die weiße Regierung fürchtete Sobukwe, den verstorbenen Führer des Pan Africanist Congress und Zeitgenossen Nelson Mandelas, so sehr, dass sie ein Sondergesetz erließ – The Sobukwe Clause –, um ihn auch nach Ablauf seiner Haftstrafe in Einzelhaft auf Robben Island halten zu können.

Nelson Mandela. Die Biographie, Anthony Sampson. Diese Biographie wurde absichtlich genau nach Mandelas Aufgabe des Präsidentenamtes im Jahr 1999 veröffentlicht. Sampsons einwandfrei recherchiertes Werk stellt eine gute Zusatzlektüre zu *Der lange Weg zur Freiheit* dar, denn es bietet eine breitere Perspektive und schärfere Analysen als die Autobiographie.

Defiance: The Extraordinary Life of Lady Anne Barnard, Stephen Taylor. Biographie einer Dame der feinen englischen Gesellschaft, die ab 1797 fünf Jahre in der Kap-High-Society verbrachte.

Shirley, Goodness and Mercy: A Childhood Memoir, Chris van Wyk. In seinen Memoiren erzählt der im Oktober 2014 verstorbene Schriftsteller van Wyk humorvoll und anrührend zugleich vom Aufwachsen in einer „farbigen" Arbeiterfamilie in Johannesburg während der Apartheid.

Kunst

Women and Art in South Africa, Marion Arnold. Diese umfangreiche Studie ist die erste ihrer Art, die sich mit Künstlerinnen in Südafrika – sowohl den erfolgreichen als auch den unbekannt gebliebenen – von Beginn des 20. Jhs. bis heute beschäftigt.

In Township Tonight: South Africa's Black City Music and Theatre, David Coplan. Der 2008 überarbeitete Klassiker erklärt die südafrikanische Musikwelt, von ihren indigenen Wurzeln bis zu Sklavenorchestern und beschreibt ihre positiven Auswirkungen auf die rauen Verhältnisse in den Townships.

Madam and Eve, Stephen Francis und Rico Schacherl. Mehrere Comicbände schildern den Kleinkrieg, den eine afrikanische Hausgehilfin und ihre weiße Madam in den nördlichen Vororten von Johannesburg Tag für Tag miteinander austragen. Diese Cartoons verraten mehr über die Post-Apartheid-Gesellschaft als unzählige akademische Schriften.

Beyond the Blues: Township Jazz of the Sixties and Seventies, Steve Gordon. Porträtiert in Wort und Bild die Jazzgrößen Südafrikas wie Kippie Moeketsi, Basil Coetzee und Abdullah Ibrahim (Dollar Brand).

What's so Funny?: Under the Skin of South African Cartooning. Andy Mason. Fachmännische und faszinierende Reise durch die Geschichte der satirischen Darstellung in Südafrika, von der Kolonialzeit bis heute.

South African Photography: 1950–2010, Ralf-Peter Seippel. Diese 60 Jahre in der Geschichte Südafrikas haben reichlich Fotomaterial geliefert. Der Fotoband stellt die Arbeiten einiger der renommiertesten einheimischen Fotografen vor, unterteilt in drei Perioden: Apartheid, Kampf und Freiheit.

South African Art Now, Sue Williamson. Ein Querschnitt durch die südafrikanische Kunstszene, von der „Widerstandskunst" der 1960er-Jahre bis heute. Sue Williamson – selbst eine gefeierte Künstlerin und eine der maßgeblichsten Kunstkritikerinnen des Landes – beschreibt Kunstbewegungen und -genres und porträtiert führende Künstler wie Marlene Dumas und William Kentridge.

Zapiro (Jonathan Shapiro). Eine Reihe Cartoon-Sammlungen aus der Feder von Südafrikas führendem Politcomic-Autor. In einem Land, wo Satire ein seltenes Gut ist, legt Jonathan Shapiro alias Zapiro als einer der wenigen in satirischen, unter die Haut gehenden und schockierenden Cartoons garantiert immer wieder den Finger in die Wunde (⌨ www.zapiro.com).

Reiseberichte und -fotografie

Karoo Moons: A Photographic Journey, Richard Dobson. Wer einen Anstoß sucht, um die Wüste im Inneren Südafrikas zu erforschen, müsste beim Anblick dieser bezaubernden Bilder eigentlich sofort den Koffer packen.

Dark Continent, My Black Arse, Sihle Khumalo. Der aufschlussreiche und superwitzige Erfahrungsbericht eines schwarzen Südafrikaners, der seinen gutbezahlten Job an den Nagel hängt, um sich einen Traum zu erfüllen: Er will einmal im Leben mit öffentlichen Verkehrsmitteln vom Kap bis nach Kairo reisen.

A Millimetre of Dust: Visiting Ancestral Sites, Julia Martin. Ein eloquenter Bericht über eine Reise, die an der Kap-Halbinsel beginnt und die Verfasserin, ihren Mann und ihre zwei Kinder zu den wichtigsten archäologischen Stätten des Nordkaps führt.

South from the Limpopo: Travels Through South Africa, Dervla Murphy. Spannende und wagemutige Reise per Fahrrad durchs neue Südafrika. Die Autorin erforscht das Land furchtlos in all seiner Komplexität und Widersprüchlichkeit.

Dark Star Safari, Paul Theroux. Therouxs spannender Bericht seiner Reise von Kairo nach Kapstadt, mit ein paar Kapiteln zu Südafrika, darunter ein Abschnitt zu seinem Treffen mit der Schriftstellerin Nadine Gordimer (S. 767).

Spezialführer

Two Oceans, G.M. Branch. Das Standardwerk zur Meeresfauna und -flora Südafrikas.

Roberts Bird Guide, Hugh Chittenden (Hrsg.). Das ultimative (und in jeder Hinsicht schwerwiegende) Referenzwerk zur gesamten Avifauna des Subkontinents. Wenn ein Vogel nicht im Robert's steht, gibt es ihn auch nicht.

Fynbos: South Africa's Unique Floral Kingdom, Richard Cowling und Dave Richardson. Das reich bebilderte Buch zeichnet ein faszinierendes Porträt des Fynbos-Pflanzenreichs.

Safari Companion: A Guide to Watching African Mammals, Richard D. Estes. Ein unverzichtbares Handbuch zur afrikanischen Tierwelt mit spannenden Informationen zum Verhalten und den sozialen Strukturen der wichtigsten Arten. Unbedingt zu empfehlen für Besucher, die mehr wollen als nur Checklisten abhaken.

Best Walks in the Cape Peninsula, Mike Lundy. Handlich-praktischer, solide recherchierter Führer, der einige der zahlreichen Wanderwegen der Halbinsel beschreibt.

A Fynbos Year, L. McMahon und M. Fraser. Exquisit illustriertes und fachmännisch geschriebenes Buch über die einzigartige Flora von Südafrika.

Hiking Trails of Southern Africa, Willie und Sandra Olivier. Beschreibt interessante Wanderungen in allen Gegenden Südafrikas, von Spaziergängen bis zu mehrtägigen Expeditionen und enthält praktische Informationen sowie Hinweise, wo die erforderlichen Permits erhältlich sind.

Best Walks of the Garden Route, Colin Paterson-Jones. Ein praktischer Leitfaden zum Erkunden der südafrikanischen Küsten und Wälder entlang der Garden Route.

Surfing in South Africa: Swells, Spots and Surf African Culture, Steve Pike. Der Klassiker enthält alles, was man übers Wellenreiten an der 3000 km langen Küste des Landes wissen muss, verfasst von einem erfahrenen Journalisten, Surf-Liebhaber und Begründer der renommierten Surfwebsite ⌨ www.wavescape.co.za.

Sasol Birds of Southern Africa, Ian Sinclair, Phil Hockey und Warwick Tarboton. Umfassende, feldtaugliche Zusammenstellung mit zahlreichen Fotos und praktischen Registern, die eine schnelle Identifikation ermöglichen.

Ein Taschenführer für Vögel im südlichen Afrika, Ulrich Oberprieler und Burger Cillié. Handliches und benutzerfreundliches Bestimmungsbuch mit Farbfotos und Kurzbeschreibungen zu über 400 der verbreitetsten Vogelarten.

Field Guide to the Mammals of Southern Africa, Chris und Tilde Stuart. Eines der besten Bücher zum Thema. Es vermittelt ausgezeichnete Hintergrundinformationen, und die detailgetreuen Illustrationen erleichtern die Bestimmung der Arten.

John Platter South African Wines, Philip van Zyl (Hrsg.). Ein Bestseller in Südafrika. In dem jährlich überarbeiteten Weinführer wird praktisch jeder Tropfen behandelt, der im Land produziert wird.

Belletristik

The Innocents, Tatamkhulu Afrika. Der Roman spielt in den Jahren des Widerstands gegen die Apartheid und untersucht die moralischen und ethischen Wertmaßstäbe jener Zeit aus muslimischer Perspektive.

Krokodile weinen nicht (The Smell of Apples), Mark Behr. Ein elfjähriger weißer Junge, Sohn eines Generalmajors der Apartheid-Armee, ist der Ich-Erzähler dieses äußerst eindrucksvollen, in den 1970er-Jahren handelnden Debutroman. Er beschreibt den allmählichen Verfall der Sitten in jener Zeit aus der Sicht eines Jungen, der inzwischen selbst Soldat geworden ist. Außerdem auf Deutsch erschienen: *Wasserkönige*.

Zoo City, Lauren Beukes. Dieser sehr ungewöhnliche Roman wurde 2011 mit dem Arthur-C.-Clarke-Science-Fiction-Preis ausgezeichnet. Ort der Handlung ist ein fiktives Johannesburg, wo mit dem Gesetz in Konflikt geratene Menschen dazu verurteilt werden, in Zukunft als „Getierte" durchs Leben zu gehen, also ein Tier zugeteilt bekommen, das sie auf Schritt und Tritt begleitet.

Unto Dust, Herman Charles Bosman. Eine erstklassige Kurzgeschichtensammlung vom südafrikanischen Meister des Genres. Die Geschichten spielen in den 1930er-Jahren in der winzigen Afrikander-Bauerngemeinde Groot Marico und werden alle vom gleichen Kommentator erzählt, der mit feiner Ironie die heimlichen Leidenschaften und Marotten seiner Mitmenschen bloßer/ufalt. Auf Deutsch erschienen: *Mafeking Road und andere Erzählungen*.

Die Nilpferdpeitsche (A Chain of Voices), André Brink. Die aufwühlende Geschichte spielt im 18. Jh. und beschreibt die Auswirkungen der Sklaverei auf eine Farmersfamilie am Kap. Außerdem auf Deutsch erschienen: *Weiße Zeit der Dürre*.

Omnibus of a Century of South African Short Stories, Michael Chapman. Die ausgezeichnete Zusammenstellung südafrikanischer Erzählungen beginnt mit mündlich überlieferten Geschichten der San und reicht bis zu Literatur des 21. Jhs., darunter Werke von Olive Schreiner, Alan Paton, Es'kia Mphahlele und Ivan Vladislavic.

Eiserne Zeit (Age of Iron) und **Schande (Disgrace)**, J. M. Coetzee. *Eiserne Zeit* spielt während der politischen Wirren der 1980er-Jahre und dreht sich um eine krebskranke, dem Tod geweihte weiße Professorin. In ihrem Garten lässt sich ein Obdachloser nieder, und zwischen den beiden entsteht eine ungewöhnliche Beziehung. Noch ergreifender ist *Schande*, die erschreckende Geschichte eines in Ungnade gefallenen Universitätsprofessors am Ostkap. Kein Schriftsteller versteht es besser als Coetzee, die stets vorhandenen Unterströmungen von Gewalt und Unsicherheit in Südafrika aufzuzeigen.

The Z Town Trilogy, Achmat Dangor. Als Kulisse für den Roman des renommierten südafrikanisch-indischen, schon einmal für den Booker Prize vorgeschlagenen Schriftstellers dient einer der zahlreichen Ausnahmezustände zur Zeit der Apartheid. Er beschreibt eindringlich, was solch ein Ausnahmezustand in der Psyche der Protagonisten anrichtet. Auf Deutsch erschienen: **Kafkas Fluch**, eine Familiensaga aus Südafrika.

Whiplash, Tracey Farren. Der von der Kritik gefeierte Erstlingsroman, ein literarisches Wechselbad aus Grausamkeit und Komik, ist aus der Sicht einer Kapstädter Prostituierten geschrieben, die sich auf ihrem persönlichen „Weg in die Freiheit" mit ihrer Vergangenheit und Gegenwart auseinandersetzt.

In fremden Räumen (In a Strange Room), Damon Galgut. Galgut hat schon mehrere literarische Auszeichnungen abgeräumt, und *In a Strange Room* wurde für den Man Booker Prize 2010 vorgeschlagen. Der Roman spielt (ungewöhnlich für Galgut) außerhalb Südafrikas und beschreibt abwechselnd in der ersten und dritten Person die um die ganze Welt führenden Reisen und Beziehungen eines Protagonisten, der – genau wie der Autor – Damon heißt. Witzig, super geschrieben und ausgesprochen lesenswert.

Julys Leute (July's People), Nadine Gordimer. Das umstrittene Werk der Literaturnobelpreisträgerin wurde anfänglich von der Apartheidregierung als subversiv verboten und später von der Schulbehörde des ANC-regierten Gauteng zeitweilig aus den Schulen verbannt, da es als „zutiefst rassistisch, überheblich und bevormundend" eingestuft wurde. Das in den 1980ern

Vor 1994 war südafrikanische Kriminalliteratur ein seltenes Pflänzchen, doch seit Post-Apartheidzeiten wächst und gedeiht sie und hat eine Reihe international anerkannter Autoren hervorgebracht, darunter Margie Orford, Roger Smith und Deon Meyer. So massiv und unübersehbar ist das Auftauchen des in heimischen Gefilden spielenden südafrikanischen Kriminalromans, dass er zum Gegenstand zahlreicher akademischer Studien geworden ist, die sich mit den Inhalten und der Frage beschäftigen, warum sich dieses Phänomen ausgerechnet jetzt präsentiert. Die These, es könnte etwas mit der extrem hohen Kriminalitätsrate Südafrikas zu tun haben, ist nicht haltbar, denn Skandinavien und Japan mit ihren niedrigen Kriminalitätsraten verzeichnen in jüngster Zeit ebenfalls einen Krimiboom.

Eine mögliche Erklärung für die Post-Apartheid-Explosion des Genres ist, dass sich früher, als die Polizei als staatliches Repressionsinstrument galt, eine Geschichte mit einem Polizisten als Protagonisten und Sympathieträger wohl kaum verkauft hätte. Denkbar wäre auch, dass die literarische Form des Thrillers die Gelegenheit bietet, die südafrikanische Gesellschaft einer kritischen Beleuchtung zu unterziehen: eine Nische, die vormals vom politischen „Widerstandsroman" ausgefüllt wurde. Denn wie ein Literaturkritiker feststellt, ist die zentrale Frage in der südafrikanischen Kriminalliteratur meistens „warum ist es passiert?" („whydunit?") und nicht – wie in Krimis normalerweise üblich – „wer ist es gewesen?" („whodunit?").

Andere Spekulationen gehen dahin, dass die Form des Kriminalromans Aufklärung und Katharsis zulässt, und dies – zumindest symbolisch – einen Ausgleich zum Versagen der Wahrheits- und Versöhnungskommission (Kasten S. 90) schafft und wenigstens theoretisch eine Möglichkeit schafft, die Unzulänglichkeiten der überlasteten südafrikanischen Justiz auszubügeln.

Aus welchem Grund auch immer – der durchschlagende Erfolg des Genres zeigt, dass das Verbrechen halt doch eine lohnende Sache ist, jedenfalls für Krimi-Leser und -Schreiber.

Zehn mordsmäßig gute südafrikanische KrimischreiberInnen

Joanne Hichens, *Divine Justice*. Kapstadt, schwarzer Humor und extreme Charaktere – darunter ein fanatischer Prediger mit einer Vorliebe für Amputierte – bilden den Rahmen, in dem Privatdetektivin Rae Valentine nach gestohlenen Juwelen sucht, während sich die Leichen stapeln.

Angela Makholwa, *Red Ink*. Die zur Journalistin mutierte Ermittlerin Lucy Khambule soll die Biographie eines Serienkillers aus der Jo´burger Schickeria verfassen, wo ein Mord nach dem anderen geschieht und nichts so ist, wie es aussieht.

veröffentliche Buch (zu einer Zeit, als eine Revolution in Südafrika zunehmend wahrscheinlich erschien) erzählt die Geschichte einer weißen Familie, deren Gärtner July sie während politischer Unruhen rettet und in seinem Dorf in Sicherheit bringt. Ebenfalls auf Deutsch erschienen: *Entzauberung*, *Burgers Tochter*, *Gutes Klima*, *nette Nachbarn*; *Niemand, der mit mir geht*; *Anlass zu lieben* und *Der Besitzer*.

Deadlands, Lily Herne. Südafrikas schlagfertige Antwort auf *Twilight* erzählt die Abenteuer und die Romanze der 17-jährigen Lele, die sich durch die Ruinen der dystopischen, von Zombies heimgesuchten Vorstädte eines post-apokalyptischen Kapstadt kämpft.

Dance with a Poor Man's Daughter, Pamela Jooste. In ihrem erfolgreichen Romandebut beschreibt die Autorin einfühlsam die zerbrechliche Welt eines jungen farbigen Mädchens während der ersten Apartheid-Jahre. Auf Deutsch erschienen: *Wie Wind im Steppengras*.

A Walk in the Night and Other Stories, Alex La Guma. Die ausgezeichnete Kurzgeschichtensammlung des begabten Schriftstellers und Politaktivisten spielt im District Six, jenem multikulturellen Viertel Kapstadts, das die Apartheidregierung dem Erdboden gleichmachen ließ.

The Devil's Chimney, Anne Landsman. Schauplatz des gekonnt und spannend im Stil des ma-

James McClure, *The Song Dog*. Ein Band aus der Reihe um den weißen Ermittler Tromp Kramer und seinen schwarzen Assistenten Mickey Zondi, geschrieben von einem der seltenen Krimiautoren aus der Apartheidzeit. Er gilt inzwischen als Vater des Genres in Südafrika.

Deon Meyer, *Dreizehn Stunden (Thirteen Hours)*. Dieser Band vom derzeit erfolgreichsten Krimiautoren Südafrikas verspricht wie immer eine atemberaubende Lektüre (besonders für Backpacker) und es geht heftig zur Sache – ein Erzählstrang folgt Detective Benny Griessel auf seiner Suche nach einer amerikanischen Rucksacktouristin, die nach der Ermordung ihrer Reisegefährtin auf der Flucht vor Kapstädter Gangstern ist. Ebenfalls auf Deutsch erschienen: *Tod vor Morgengrauen*, *Der traurige Polizist*, *Das Herz des Jägers*, *Der Atem des Jägers*, *Weißer Schatten*, *Rote Spur*, *Sieben Tage*.

Mike Nicol, *Payback (Payback)*. Einer von mehreren nervenzerfetzenden Thrillern des etablierten Romanciers Nicol (er wurde schon mit Elmore Leonard und Cormac McCarthy verglichen). In *Payback* werden zwei ehemalige Waffenschmuggler, die sich eigentlich eine bürgerliche Existenz aufbauen wollten, erpresst und zur Rückkehr in die finstere Unterwelt Kapstadts gezwungen.

Sifiso Nzobi, *Young Blood*. Aus der Sicht eines jungen, seine Identität suchenden Mannes aus der Township Umlazi in KwaZulu-Natal geschrieben. Er schildert, was die Anziehungskraft und den Lohn des Verbrechens ausmacht – Autos, Geld, Frauen – und wie er versucht, sich aus den Fängen der organisierten Kriminalität zu befreien.

Margie Orford, *Water Music*. Der beklemmende Roman der international gefeierten Autorin aus der Krimireihe um die Profilerin Clare Hart spielt im malerischen Hout Bay und führt in die Abgründe des Kindesmissbrauchs. Auf Deutsch erschienen: *Todestanz*, *Blutrose*, *Blutsbräute* und *Galgenberg*.

Michele Rowe, *Kap der Lügen (What Hidden Lies)*. In der fachmännisch konstruierten Kriminalgeschichte entlockt Detective Persy Jonas nach der Entdeckung einer Wasserleiche den Bewohnern mehrerer unter einer Decke steckenden Kap-Halbinsel-Gemeinden finstere Geheimnisse.

Roger Smith, *Mixed Blood*. Der erbarmungslose *thriller noir* spielt in den Cape Flats und ist mit brutaler Eloquenz verfasst. Die literarische Reise durch die hässliche Landschaft eines von Gewalt beherrschten Verbrecherbanden-Landes erfordert einen starken Magen. *Mixed Blood* und ein weiterer Roman von Smith, *Wake Up Dead*, sollen eventuell in Hollywood verfilmt werden.

Diale Tlholwe, *Counting the Coffins*. In Südafrikas erstem Kriminalroman im Stil des magischen Realismus begleiten wir Detective Thabang Maje durch die erbarmungslosen Straßen von Joburg, einem Sumpf aus Korruption und Gesetzlosigkeit.

gischen Realismus geschriebenen Romans ist das Karoo-Städtchen Oudtshoorn zur Zeit des Straußenfedernbooms.

Mother to Mother, Sindiwe Magona. Magona macht sich zum Sprachrohr der Mutter des Mörders von Amy Biehl, einer amerikanischen Studentin, die 1993 in einer Kapstädter Township ermordet wurde. Der Roman ist eine scharfsinnige und lyrische Reflexion über die Traumata der Vergangenheit. Von Magona auf Deutsch erschienen: *An die Kinder meiner Kinder (To My Children's Children)*.

Unter dem Kalanderbaum (Circles in a Forest), Dalene Matthee. Matthee, eine Nachfahrin von Sir Walter Scott, lässt auf ergreifende Art die Vergangenheit wieder aufleben, als Holzfäller und wilde Elefanten sich in den Wäldern der Garden Route begegneten.

Arten des Sterbens (Ways of Dying), **Die Madonna von Excelsior (His Madonna of Excelsior)** und **Das Herz der Röte (The Heart of Redness)**, Zakes Mda. Arten … ist die meisterhaft erzählte Geschichte eines professionellen Klagemannes und gewährt faszinierende Einblicke in die Kultur des schwarzen Südafrika; *Madonna …* dreht sich um eine Familie aus dem Freistaat, die in einen Skandal verstrickt ist, bei dem 19 Personen aus der Kleinstadt Excelsior wegen Verstoßes gegen die Rassengesetze angeklagt wurden (nach einer wahren Begebenheit); und

Das Herz ... verwebt einen alten, historisch überlieferten Konflikt am Ostkap, bei dem einige Xhosa das Vieh der vordrängenden Buren töteten, mit einer zeitgenössischen Streitfrage, die heute ebenfalls die Gemüter erhitzt und die Dorfbewohner in zwei Lager spaltet. Auf Deutsch erschienen: *Der Walrufer*.

Reports Before Daybreak, Brent Meersman. Dieser unter die Haut gehende Roman und seine Fortsetzung *Five Lives at Noon* dreht sich um eine Gruppe unterschiedlicher, aber irgendwie miteinander verbundener Charaktere im Kapstadt der Apartheidära.

Down Second Avenue, Es'kia Mphahlele. Schauplatz dieses klassischen, autobiographischen Romans ist die verarmte Township Alexandra der 1940er-Jahre, in der Mphahlele als Mitglied einer großen, Tag für Tag ums Überleben kämpfenden Familie aufwuchs.

The Girl from Simon's Bay, Barbara Mutch. Der zweite Roman, der in Großbritannien lebenden, aus Simon's Town stammenden südafrikanischen Schriftstellerin ist eine Liebesgeschichte, die vor einem Jahrhundert in der Royal-Navy-Hafenstadt Simon's Town spielt. Mutchs hervorragender Debütroman *Housemaid's Daughter* ist auf Deutsch unter dem Titel **Schwarze Tochter** erschienen und handelt von der Freundschaft zwischen der Tochter eines farbigen Hausmädchens und der Herrin des Hauses im Südafrika der 1930er-Jahre.

Denn sie sollen getröstet werden (Cry, The Beloved Country), Alan Paton. In diesem Klassiker, erschienen 1948, prangert einer der berühmtesten Liberalen Südafrikas die haarsträubende Ungerechtigkeit im Land an. Mit eindringlichen Worten beschreibt er das Schicksal eines schwarzen Geistlichen, der vom ländlichen Natal nach Johannesburg reist, um seinen verschollenen Sohn den Klauen der Metropole zu entreißen.

Mhudi (Mhudi, ein historischer Roman), Sol Plaatje. Der erste auf Englisch geschriebene Roman eines schwarzen Südafrikaners spielt in den 1830er-Jahren, zu einer Zeit, als der Große Treck der Afrikander gerade erst begonnen hatte. Er erzählt die heroische Geschichte einer jungen Frau vom Land, die ihren zukünftigen Ehemann vor einem Überfall der Ndebele rettete, die damals die Region Marico beherrschten.

Crossing Over, Linda Rode und Jakes Gerwel (Hg). Ein Sammelband mit 26 Erzählungen neuer, aufstrebender südafrikanischer Schriftsteller zum Thema Adoleszenz und frühes Erwachsenenleben in einer Periode des politischen Übergangs.

Geschichte einer afrikanischen Farm (Story of an African Farm), Olive Schreiner. Dies ist der allererste südafrikanische Roman, er entstand 1883. Obwohl zwangsläufig den Ideologien jener Zeit verhaftet, vertritt die Autorin in ihrer Geschichte zweier Kusinen, die auf einer abgeschiedenen Karoo-Farm leben, für die damalige Zeit schockierend fortscshrittliche, emanzipatorische und agnostische Ansichten.

The Restless Supermarket, The Exploded View und **Johannesburg. Insel aus Zufall (Portrait with Keys: Joburg and What-What)**, Ivan Vladislavic. *The Restless Supermarket* ist eine düstere und komplexe urbane Satire aus der Feder eines kroatisch-südafrikanischen Schriftstellers über das berühmt-berüchtigte Johannesburger Viertel Hillbrow und spielt in den letzten Jahren der Apartheid. *The Exploded View* ist eine Sammlung vier ineinander verwobener Geschichten, das ausgezeichnete Folgewerk eines Autors, der wie kein anderer die Widersprüchlichkeit und Faszination Joburgs in Worte fassen kann. *Portrait* ist weniger ein Roman als vielmehr ein aus durchnummerierten Texten bestehender Tatsachenbericht über diese Großstadt, die Vladislavic immer wieder aufs Neue inspiriert.

Index

SYMBOLE

!Khwa ttu San Culture and
 Education Centre 262

A

Addo Elephant National
 Park 388
Afrikaans 234, 754, 755
Afrikanische Zibetkatze 108
Afrikanischer Elefant 120
Afrikanischer Wildhund 102
Ai-Ais Richtersveld Trans-
 frontier National Park 372
Aids 760
Airlines 66
Aktivitäten 60
 Augrabies Falls National
  Park 360
 Hoedspruit 649
 Magaliesberg Canopy
  Tours 610
 Mkhuze Game Reserve 508
 Montagu 317
 Phalaborwa 650
 Plettenberg Bay 303
 Richtersveld 373
 Sabie 632
 Schnorcheln 61
 Schwimmen 61
 St Lucia 504
 Storms River 310
 Tauchen 61
 Vredefort-Krater 545
 Wandern 60
 Wassersport 61
Alexander Bay 371
Alexandria State Forest 393
Aliwal Shoal 469
All Basotho Convention 696
Amakhala Game Reserve 392
Amatola Mountains 420
ANC Youth League 82
Ann van Dyk Cheetah Centre 605
Anreise 35
Antilopen 110
Apartheid 82, 86
Apartheid-Museum 566

Arniston 259
Atlantic Seaboard 160
 Chapman's Peak Drive 165
 Hout Bay 162
 Scarborough 165
 Sea Point 161
**Augrabies Falls National
 Park** 359
 Aktivitäten 360
Auslandskranken-
 versicherung 72
Auto 66

B

Baden-Powell, Robert 623
Ballito 474
Bambatha-Aufstand 81
Banken 43
Bankkarten 43
Bantry Bay 161
Barberton 642
Barrydale 317
Basotho 692, 693
Basotho Congress Party 696
Basotho Cultural Village 539
Bathurst 405
Battlefields 523
 Battlefield-Guides 525
 Isandlwana 524
 Ladysmith 528
 Rorke's Drift 524
 Spioenkop 529
Bärenpavian 101
Behinderungen,
 Reisende mit 58
Betty's Bay 248
Biedouw Valley 278
Biko, Steve 418
Bilharziose 760
Bisse 760
Black-Consciousness-
 Bewegung 418
Blauducker 110
Bloemfontein 533
Blood River Heritage Site 527
Blyde River Canyon 636
Blyde River Canyon Nature
 Reserve 636
Boerekos 37
Boesmanskloof Traverse 245

Bokong Nature Reserve 712
Bontebok National Park 247
Bootstouren
 Knysna 295
 Plettenberg 303
 Storms River 310
Boskloof 276
Bosman, Herman Charles 620
Botha, Pieter Willem 285
Botschaften 36
Braai 37
Brauereien 39, 201
Breitmaulnashorn 122
Broederbond 81
Bücher 763
Bulungula 428
Bunny Chow 37
Buntbock 110
Burchell-Zebra 124
Burenkrieg 78
Buschbock 110
Busse 63
Butha-Buthe 714

C

Calitzdorp 322
Calvinia 369
Camdeboo National Park 411
Camps Bay 161
Cango Caves 322
Cape Agulhas 257
Cape Flats 174
Cape Jazz 196
Cape of Good Hope 171
Cape Point 171
 Wandern 172
Cederberge 271
Cederberg Wilderness
 Area 272
Champagne Castle 489
Champagne Valley 489
Chintsa 425
Citrusdal 271
Clanwilliam 275
Clarens 542
Clifton 161
Coffee Bay 428
Columbine Nature Reserve 266
Congress of the People 84
Constantia 159

Bildnachweis

Umschlag
Titelfoto Shutterstock.com/Jane Rix; Traditionelle handgefertigte Trommeln
Umschlagklappe vorn huber images/Gräfenhain; Camps Bay, Kapstadt
Umschlagklappe hinten laif/Andreas Hub; Zulu-Dorf in den Drakensbergen, Provinz KwaZulu-Natal

Highlights
S. 10 Lookphotos/age fotostock
S. 11 Rough Guides (o); DuMont Bildarchiv/Arthur F. Selbach (u)
S. 12 iStock.com/Andrea Willmore
S. 13 laif/Emmler (o); iStock.com/carolecastelli (u)
S. 14 laif/Emmler (o); Rough Guides (u)
S. 15 DuMont Bildarchiv/Arthur F. Selbach (o); mauritius images/Oxford Scientific (u)
S. 16 mauritius images/Uppercut Independent (o); iStock.com/PaulGregg (u)
S. 17 DuMont Bildarchiv/Tom Schulze (2)
S. 18/19 Getty Images/Lanz von Horsten
S. 20 DuMont Bildarchiv/Arthur F. Selbach (o); laif/Hollandse Hoogte/Lammers (u)
S. 21 laif/Thomas Linkel
S. 22 DuMont Bildarchiv/Arthur F. Selbach
S. 23 iStock.com/DavidCallan (o); Shutterstock.com/Fabio Lamanna (u)
S. 24 mauritius images/Alamy/Buddy Mays (o); Rough Guides/Photolibrary (u)

Regionalteil
DuMont Bildarchiv Tom Schulze S. 55, 627 (o); Arthur F. Selbach S. 129 (o)
Fotolia Alex S. 221 (o)
iStock.com bradleyhebdon S. 31; Shumba138 S. 123; SundariJi S. 125 (mr); Byelikova_Oksana S. 657
mauritius images Dirk Bleyer S. 30
Rough Guides S. 143 (3), 157 (u), 193 (ul), 221 (u), 309 (ol, or); GettyImages/Blaine Harrington III S. 2; Alamy Stock Photo/Ariadne Van Zandbergen S. 33, 220; Alamy Stock Photo/Hemis S. 34; Robert Harding Picture Library/Steve Toon S. 53; Getty Images/Edwin Remsberg S. 74; FLPA/Christian Heinrich S. 103 (oi, ul); FLPA/Chris and Tilde Stuart S. 103 (or), 117 (ml); Getty Images/Heinrich van den Berg S. 103 (m), 111 (ml); Getty Images/Sami Sarkis S. 103 (ur); FLPA/Michael Krabs S. 105 (oll, S. 109 (o); SuperStock/ Nigel Dennis S. 105 (or), 117 (ul); Alamy Stock Photo/blickwinkel S. 105 (m); FLPA/Pete Oxford S. 105 (ull); FLPA/Jurgen & Christine Sohns S. 105 (ur), 117 (mr); SuperStock S. 107 (ol), 125 (ml), 691 (o), 727 (o); SuperStock/Dirscherl Reinhard S. 107 (or); FLPA/ Wendy Dennis S. 107 (m); Getty Images/Shem Compion S. 107 (ul); Getty Images/Tier Images S. 107 (url, 115 (ml); Getty Images/ Nigel Dennis S. 109 (ml), 115 (ol), 273 (or); FLPA/Philip Perry S. 109 (mr); Getty Images S. 109 (u), 117 (ur); FLPA/Malcolm Schuy S. 111 (o); FLPA/Richard Du Toit S. 111 (u), 125 (u); Getty Images/James Hager S. 115 (or); Corbis/Steve Toon S. 115 (mr); Alamy Stock Photo/Sean Tilden S. 115 (ull); Alamy Stock Photo/Prisma Bildagentur S. 115 (u); FLPA/Winfried Wisniewski S. 117 (o); Corbis/Martin Harvey S. 119 (o); Dreamstime.com/Stu Porter S. 119 (u); Alamy Stock Photo/Friedrichsmeier S. 121 (o); Dreamstime.com/Vatikaki S. 121 (u); FLPA/ImageBroker S. 125 (o); Getty Images/Steve Toon S. 127 (oll); FLPA/Tilde Stuart S. 127 (or, u); FLPA S. 127 (m); SuperStock/Maisant Ludovic S. 128; Alamy Stock Photo/Eden Breitz S. 175 (o); Dreamstime.com/Neilbrad S. 175 (u); Alamy Stock Photo/Suretha Rous S. 193 (o); Getty Images/Hoberman Collection S. 193 (u); Dreamstime.com/Photosky S. 241; Getty Images/Dewald Kirsten S. 273 (oll); Getty Images/Peter Chadwick S. 273 (u); Getty Images/Paul Thompson S. 291; Getty Images/Herman du Plessis S. 309 (u); SuperStock/Rob Cousins S. 330; Getty Images/Eric Nathan S. 331 (o), 607 (o); Alamy Stock Photo/Robert Harding S. 331 (u); Alamy Stock Photo/Ann und Steve Toon S. 347 (o), 413 (o); Alamy Stock Photo/AfriPics. com S. 347 (u), 275 (o), 547 (o), 627 (u), 681 (or); Alamy Stock Photo/LOOK Die Bildagentur der Fotografen S. 374; Getty Images/ Moment RF/Wildestanimal 2016 S. 375 (u); Getty Images/Roger de la Harpe S. 387 (2); Getty Images/Matthew Micah Wright S. 413 (u); Alamy Stock Photo/Michele Burgess S. 440; SuperStock/Ian Trower S. 441 (o); Getty Images/Peter Pinnock S. 441 (u); Getty Images/Gallo Images/Heinrich van den Berg S. 467; AWL Images/Ian Trower S. 487; SuperStock/Herbert Kratky S. 513 (o); Alamy Stock Photo/Frans Lemmens S. 513 (u); Getty Images/Ariadne Van Zandbergen S. 530, 727 (u); iStock.com/Henrique NDR Martins S. 531 (o); Getty Images/Allan Baxter S. 546; SuperStock S. 547 (u); Getty Images/J. Countess S. 567; Getty Images/ Gallo Images S. 587 (o); Alamy Stock Photo/Africa Media Online S. 587 (u); SuperStock/Christian Heeb S. 606; Shutterstock.com/ Wandel Guides S. 607 (u); Corbis/Graham De Lacy S. 615 (o); SuperStock/Peter Groenendijk S. 615 (u); Corbis/Image Source S. 626; Corbis/Gideon Mendel S. 645 (ol); Getty Images/Warren Little S. 645 (or); Alamy Stock Photo/EggImages S. 645 (u); Getty Images/Alta Oosthuizen S. 668; Corbis/Keren Su S. 669 (o); Alamy Stock Photo/Anka Agency International S. 669 (u); Getty Images/Piotr Naskrecki S. 681 (oll); Alamy Stock Photo/John Warburton-Lee S. 681 (u); Dreamstime.com/Hannest S. 690; Alamy Stock Photo/Gary Cook S. 691 (u); Getty Images/Subman S. 707; Getty Images/Denny Allen S. 726
Shutterstock.com rhughes S. 26; Jonathan Pledger S. 113; Eric Valenne geostory S. 129 (u); Ikpro S. 157 (o); Alexandre G. Rosa S. 531 (u)

Impressum

Südafrika
Lesotho und eSwatini
Stefan Loose Travel Handbücher
6., vollständig überarbeitete Auflage **2019**
© DuMont Reiseverlag, Ostfildern

Übersetzt von „The Rough Guide to South Africa, Lesotho & Swaziland", 9th Edition,
publiziert von Rough Guides Ltd, 80 Strand, London, WC2R 0RL, 2018
Originaltitel: The Rough Guide to South Africa, Lesotho & Swaziland
© Rough Guides Limited, 2018

Text © Rough Guides Limited, 2018
Karten © Rough Guides Limited, 2018
Übersetzung © Rough Guides Ltd 2018, DuMont Reiseverlag 2019

Die in diesem Buch enthaltenen Angaben wurden von den Autoren nach bestem Wissen erstellt
und vom Lektorat im Verlag mit großer Sorgfalt auf ihre Richtigkeit überprüft. Trotzdem sind, wie
der Verlag nach dem Produkthaftungsrecht betonen muss, inhaltliche und sachliche Fehler nicht
vollständig auszuschließen.
Deshalb erfolgen alle Angaben ohne Garantie des Verlags oder der Autoren. Der Verlag und die
Autoren übernehmen keinerlei Verantwortung und Haftung für inhaltliche und sachliche Fehler.
Alle Landkarten und Stadtpläne in diesem Buch sind von den Autoren erstellt worden und werden
ständig überarbeitet.

Gesamtredaktion und -herstellung
Bintang Buchservice GmbH
Zossener Str. 55/2, 10961 Berlin
www.bintang-berlin.de
Übersetzung: Jürgen Dünnebier, Silvia Mayer, Kathrin Schnellbächer
An früheren Auflagen haben mitgewirkt:
Günter Feigel, Oliver Fülling, Meike Grow, Meike Höpfner, Gunter Mühl, Thomas Rach,
Inga-Brita Thiele
Redaktion: Sabine Bösz, Jan Düker
Lektorat: Oliver Fülling
Satz und Bildredaktion: Anja Linda Dicke
Karten: Anja Krapat, Klaus Schindler
Reiseatlas: DuMont Reisekartografie, Fürstenfeldbruck

Printed in Poland

Karten und Pläne

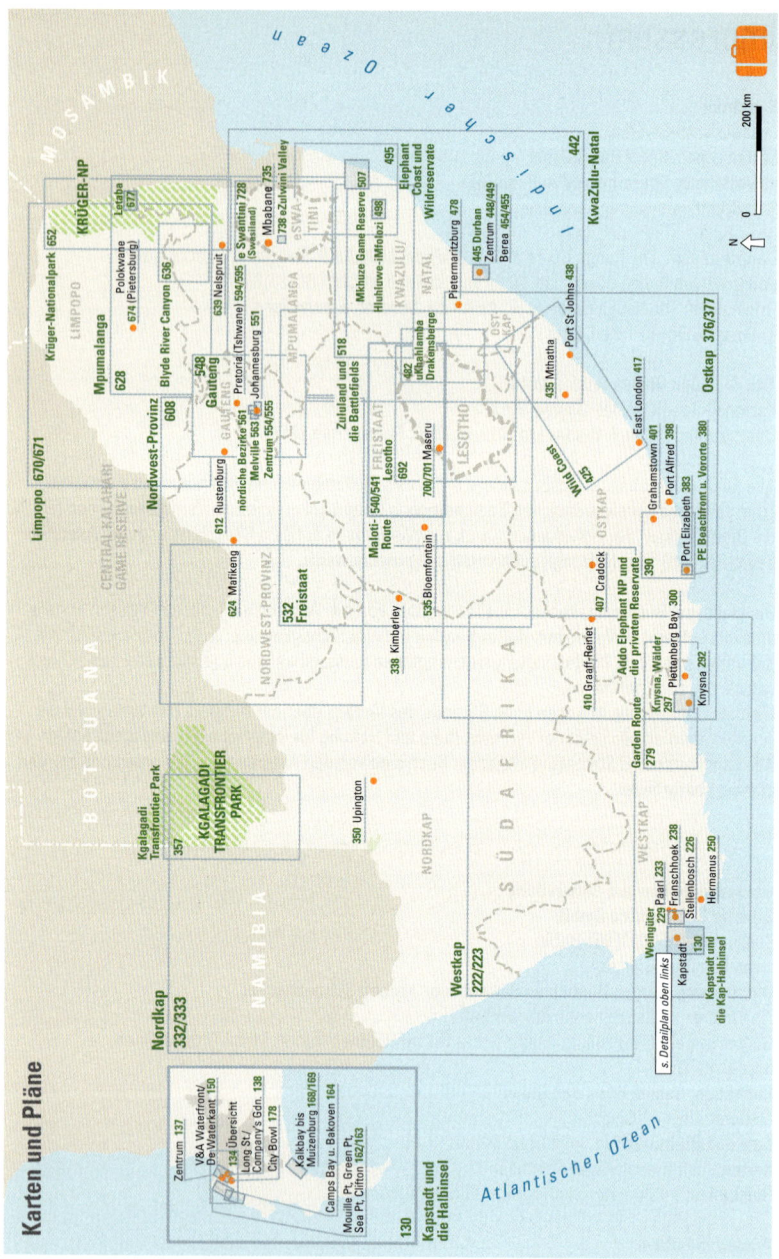

Nordkap 332/333

Westkap 222/223

Kapstadt und die Halbinsel 130

MOSAMBIK

Krüger-Nationalpark 652 **KRÜGER-NP**

Limpopo 670/671

LIMPOPO

Letaba 677

Polokwane 674 (Pietersburg)

Mpumalanga 628

Blyde River Canyon 636

639 Nelspruit

Mbabane 735 eSwatini 728 e Swatini (Swaziland) eSWA (TINI)

738 eZulwini Valley

SWA

Nordwest-Provinz 608

Gauteng 548

GAUTENG

nördliche Bezirke 563

Melville 563 Zentrum 554/555 Pretoria (Tshwane) 594/595 Johannesburg 551

MPUMALANGA

612 Rustenburg

Mkhuze Game Reserve 507

Elephant Coast und Wildreservate 495

Hluhluwe-iMfolozi 498

Zululand und die Battlefields 518

uMhlahlamba Drakensberge 482

KWAZULU/ NATAL

Pietermaritzburg 478

445 Durban Zentrum 448/449 Berea 454/455

KwaZulu-Natal 442

Port St Johns 438

435 Mthatha

East London 417

Ostkap 376/377

NORDWEST-PROVINZ

624 Mafikeng

Freistaat 532

FREISTAAT

Maseru 700/701 Lesotho 692

Maloti-Route 540/541

LESOTHO

Wild Coast 425

OST KAP

Grahamstown 401

Port Alfred 398

Port Elizabeth 383

PE Beachfront u. Vororte 380

535 Bloemfontein

338 Kimberley

407 Cradock

410 Graaff-Reinet

Knysna, Wälder 297 Plettenberg Bay 300

Knysna 292

Garden Route 279

390

WESTKAP

NORDKAP

350 Upington

Kgalagadi Transfrontier Park 357

KGALAGADI TRANSFRONTIER PARK

Weingüter 229 Paarl 233 Franschhoek 238 Stellenbosch 226 Hermanus 250

Kapstadt 130 Kapstadt und die Kap-Halbinsel

s. Detailplan oben links

SÜDAFRIKA

NAMIBIA

BOTSUANA

CENTRAL KALAHARI GAME RESERVE

Indischer Ozean

Atlantischer Ozean

N

200 km

0

Zentrum 137

V&A Waterfront/De Waterkant 150

134 Übersicht

Long St./Company's Gdn. 138

City Bowl 178

Kalkbay bis Muizenburg 168/169 Baikoven 164

Camps Bay u. Baikoven 164

Mouille Pt. Green Pt. Sea Pt. Clifton 162/163

Kapstadt und die Halbinsel 130

Kartenverzeichnis

Fortsetzung auf S. 784

Kartenlegende

— ‑	Landesgrenze	★	Busbhanhof/Haltestelle	⍓	Garten		Gebirge
— ‑	Provinzgrenze	P	Parkplatz		Berghütte/Lodge	▲	Gipfel
— —	Kapitelgrenze	⊠	Gate/Tor/Eingang	⚔	Schlachtfeld		Höhle
	Fernstraße	◆	Sehenswürdigkeit	⁘	Ruine		Heiße Quelle
	Straße	✉	Post	◣	Schutzhütte		Wasserfall
	Fußgängerzone	@	Internet	♛	Festung		Leuchtturm
	unbefestigte Straße	✚	Krankenhaus		Golfplatz		Weingut
	Stufen/Treppe	(i)	Information centre	🏛	Denkmal	⳨	Kirche (Provinz)
— — —	Pfad/Wanderweg	B	Botschaft/Konsulat	♥	Museum		Kirche (Stadt)
	Mauer	Ⰹ	Campingplatz	🏛	Anwesen		Gebäude
	Fähre		Tankstelle		Pool		Markt
	Bahnlinie	♦	Grenzübergang	开	Rastplatz		Stadion
●‑●‑●	Seilbahn	▲	Hindutempel	☀	Aussichtspunkt		Park
	Tramlinie	♙	Moschee		Krokodilpark	⊞	Friedhof
⩊	Brücke	✡	Synagoge		Reservat		Strand
✈	Flughafen						

🟥	Übernachtung
🟢	Essen
🟧	Ausgehen & Nachtleben
⚫	Einkaufen

Fortsetzung von S. 783

Legende

Autobahn mit Straßennummer		Internationaler Flughafen	
Fernstraße mit Nummer		Regionaler Flughafen, Flugplatz	
Hauptstraße		Sehenswürdigkeit	
Nebenstraße		Archäologische Stätte	
Straße, unbefestigt		Denkmal	
Straße in Bau; Straße in Planung		Leuchtturm	
Straße für Kfz gesperrt		Badestrand	
Tunnel		Wellenreiten	
Eisenbahn		Wasserfall	
Fähre, Schiffsverbindung		Höhle	
Staatsgrenze		Berggipfel	
Provinzgrenze		Pass	
Nationalpark-, Naturparkgrenze		Aussichtspunkt	
Sperrgebiet		Naturpark, Wildschutzgebiet	
Hafen, Ankerplatz		Brunnen	

Yzerfontein

S. 792 Yzerfonteinpunt

House Bay

Dassen Island Ichabo
Point

The Grotto Bay

Jacobs Bay

Leerbaai

Bokpunt

Bok Bay

Matroosbaai

R315 R315 R307

Darling Station

Darling Januarieskraal

Kanonkop

Mamreweg

R315

974 m

Riebeek-Wes

Riebeek-Kaste

Bothmas

Malmesl

Mamre Abbotsdale

Dassenberg R302

Atlantis Perdeb

Kalbaskraal 759 r

R307 R304 Wintervogel

Philadelphia Dac

Atlantischer Ozean
Atlantic Ocean

Melkbosstrand

Kreeftebaai

Bloubergstrand

Robben Island

Milnerton

KAPSTADT (CAPE TOWN)

Sea Point

Clifton Bay

Camps Bay

Koeel Bay

Table Mountain National Park

Llandudno Bay

Sandy Bay

Duikerpunt

Hout Bay

Hout Bay

Noordhoek

Chapman's Bay

Kommetjie

Slangkop Point

Witsand Bay

Scarborough

Schuster Bay

Olifantsbai

Olifantsbos Point

Platboom Ba

Cape of Good Hope Nature Reserve

Steelwater

M58

Battle of
Blaauwberg

Durbanville

Kraaifontein

M13

Good-
wood

M5

Table Mtn
1087 m

M9

M63

M4

Constantia

M3

M64

M6

Kalk Bay

St. James

Fish Hoek

Glencairn

M65

Simon's Town

M4

Boulders Beach

Table

Mountain

National

Park

Buffels Bay

Klipheuwel Wi

R304 R302 Mellish Taal

R304

Fisantkraal

Muldersvle

De No

Bracke

Bellville

Parow Kuilsrivier

Bishop Spier Wine
Estate

Lavis Lynedoch

M7 Eersterivier Croydon Faure

N2

Nyanga

Strandfontein

Macassar

Muizenberg

False Bay Melk Bay

Gordon's

Steenbras Mout

Smitswinkel Bay Kogel

Rooiels B

Pringl

Groot Bа

Hang

Strand

Firgrove

Cape of Good Hope
(Kap der Guten Hoffnung)

Cape Point

Draai
Touws River
Hugo
Kleinstraat
berg
Nouga

Zuurplaats
1382 m

Kragershoek
S. 794
344 m

1474 m
1543 m

Rooinek Pass
914 m

Vle
Rouxpos

Kraggasrivier
Avondrust
Bloutoring

Anys
Prins

Prinsrivier
Dam

R323
Groot

oihoogte Pass
34 m
Patatsfontein
1387 m
ers Pass
m

Little Karoo

Anysberg
1623 m
Touws

Anysberg

Waboomsberg
1428 m

Hoek van die Berg
Ouberg Pass
990 m

Kareevlakte

Hondewater

Plathuis

Waboomsberg
Kiesie
ek

Langkloof

Boerboonfontein
Bellair
Dam

Brak
Keeskraal

R318
Kogmanskloof Pass
240 m
rtson
Ashton

Montagu

Kalkoenshoek
Warmwaterberg

Jakalsfontein
1352 m

R62
Warmwaterberg

Kleinberg
1115 m

Langeberge
Groot

Poortjieskloof
Dam

Sanbona Private
Game Reserve

Vleipass
Barrydale
Tradouw
1364 m

Lemoenshoek
Brandrivier

Boosmansbos
Wilderness Area

Garcias

heid
erve
kerstroom

Sheepersrus
Bonnievale
Station
Merwespont
Drew

Die Vlakte
Zuurbraak
1508 m

Tradouw Pass
403 m

Grootvadersbosch
Nat. Res.

WESTER

Groot
ge
arkop
55
de

Bonnie-
vale
Stormsvlei

Marloth Nature Reserve
Jubilee
Leeurivier
Voorhuis

Swellendam
Suurbraak
Strawberry Hill
R324

Garden Ro

Buffelsjagrivier
Bontebokskloof

Vleidam

WESTER

Riviersonderend

N2

Bontebok
National Park
Niekerkshek
Renier

Karringmelk

Heidelberg
Askraal

R317

Klipdale
Protem

R319

Kykoedie

Salt

Breede

R324

Slang

R322

Kadiesvlei

Vermaaklikh

Malgas

Napier

R317
Kars

Wydgeleë
Ouplaas

Potberg
612 m

Elandspad

Port Beaufort
Witsand

Kapstylhouse

St. Sebastians
Bay

anskop
4 m
rge

De Hoopvlei

De Hoop Nature Reserve

Barry Church
Infanta-on-River

Cape Infante

rfield

Bredasdorp

Die Mond

Skihaven
Skipskop
Marthapunt

R319
Mourkraal
R316

Ryspunt

Hoopunt
Marcus Bay

Vogelflei

Soetendals
Vlei
loo
lhas
k

Kassiesbaai
De Mond

Arniston
(Waenhuiskrans)
Struispunt

De Mond
Nature Reserve

Asfontein
Hotagterklip
Molshoop
Struis Bay

Rasperpunt
ubaai
Cape Agulhas

L'Agulhas

Seweweekspoort

Die Hel (Gamkaskloof) Swartberg Nature Reserve
Nature Res.

Swartberg Pass
1436 m

Klaarst...

R407

Gamkaskloof Die
Hel

Droe-
waterval

S. 795

Cango Caves

Meiringspoort
716 m

Seweweekspoort Pass
1019 m

Matjiesvlei
Red Mountain
Nature Reserve

Matjies-
rivier

Grootkraal

Na...

Kruisrivier

Schoemanspoort Pass
610 m

Schoemanshoek

De Rust

Amalienstein

R
62

Huisrivier Pass
655 m

Groenfontein

Buffelskloof

R328

Vanwyksvlakte

N
12

Zoar

Matroosberg
2251 m

Calitzdorp

Oudtshoorn

Stolsvlakte

Dysselsdorp

Oosgam

Little Karoo

Hoopvol

Friesland

N
12

R
62

Kamanassie
Dam

Koutjie

Rooiberg
Nature Res.

Volmoed

Klip

Brak

Rooiberg Pass
838 m

Gamka Mtn.
Nature Res.

Blossoms

Zebra

Holgate

1214 m

Witfontein
Nat. Res.

N
9

R
62

Van Wyksdorp

Groot

R328

Robinson Pass
859 m

Outeniqua

Nature Reserve

N
12

N
12

Herold

1301 m

Gourits

Outeniquaberge

Outeniqua Pass
800 m

Montagu Pass
745 m

Langberg

R327

Cloete's Pass

Eight Bells

Ruitersbos

Blanco

George

ngeberge

Herbertsdale

Gondwana Private
Game Reserve

Sinkasbrug

Gwaing

Saasveld

APE

Du Plessis Pass

Brandwag

Tergniet

N
2

Herold's Bay

Wilde
Victoria
Bay

ersdale

R327

Klein Brakrivier

Gourits

Botlierskop Private Game Reserve

Groot
Brakrivier

Glentana

Herold's Bay

Pacaltsdorp

Garden Ro
Wild

S. 790

Garden Route

Hartenbos

Cape St. Blaize

N
2

Droëvlakte

Albertinia

R325

Dana Bay

Mossel Bay

Johnson's Post

Vlees Bay

Vlees Bay
Cape Vacca
(Kanonpunt)

R305

Still Bay East
Still Bay West

Ystervarkpunt

Gouritsmond

Groot-Jongensfontein

ROVINCE

Indischer Ozean

Indian Ocean

1 cm = 10 km   1 : 1.000.000   0   10   20   30   40 km

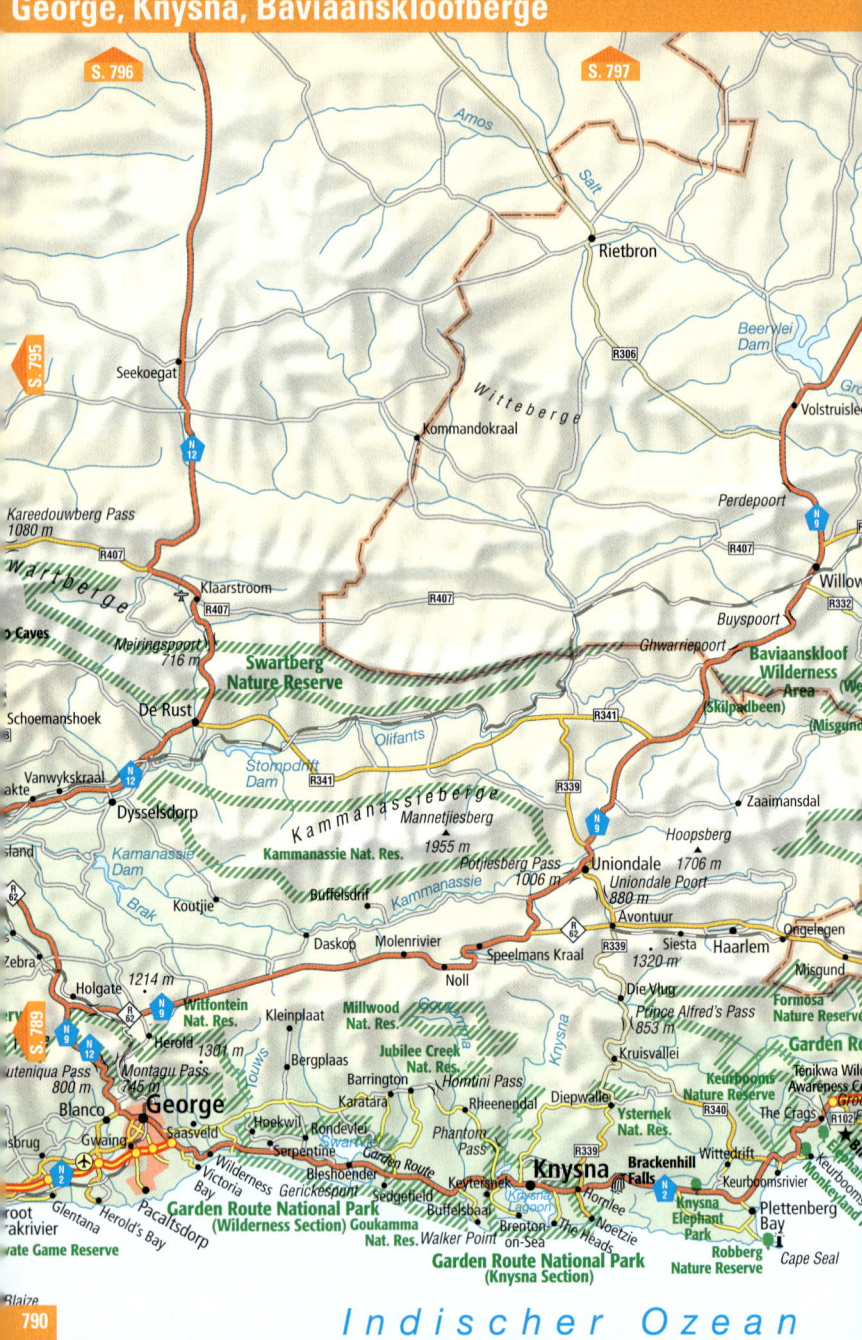

Amos

Salt

Rietbron

R306

Beerwei Dam

Gro

Seekoegat

Volstruisle

N12

Witteberge

Kommandokraal

Perdepoort

N9

Kareedouwberg Pass
1080 m

Willow

R407

Klaarstroom

R407

R407

R407

R332

Swartberge

R407

Buyspoort

Ghwarriepoort

Baviaanskloof
**Wilderness
Area** (We

Meiringspoort
716 m

**Swartberg
Nature Reserve**

(Skilpadbeen)

Caves

Schoemanshoek

De Rust

R341

Olifants

R339

(Misgund

Stompdrift
Dam

R341

Kammanassieberge

Vanwyksvlei
akte

N12

Dysselsdorp

Zaaimansdal

Mannetjiesberg
1955 m

Hoopsberg

N9

island

*Kamanassie
Dam*

Kammanassie Nat. Res.

Potjiesberg Pass
1006 m

Uniondale

1706 m

Zebra

Brak

Koutjie

Buffelsdrif

Kammanassie

Uniondale Poort
880 m

Avontuur

Ongelegen

Misgund

Daskop

Molenrivier

Speelmans Kraal

R339

Siesta
1320 m

Haarlem

R82

R339

Noll

R82

**Formosa
Nature Reserve**

Holgate

1214 m

**Witfontein
Nat. Res.**

Millwood
Nat. Res.

Die Vlug

Prince Alfred's Pass
853 m

Garden Ro

S. 789

N9

Herold

Kleinplaat

**Jubilee Creek
Nat. Res.**

Kruisvallei

**Keurbooms
Nature Reserve**

Tenikwa Wild
Awareness C

N9

N12

1301 m

Bergplaas

Homtini Pass

Diepwalle

The Crags

R102

uteniqua Pass
800 m

Montagu Pass
745 m

Barrington

Rheenendal

**Ysternek
Nat. Res.**

R340

Elephant

Blanco

George

Karatara

Phantom
Pass

R339

Wittedrift

Monteberg

Gwaing

Saasveld

Hoekwil

Bondevlei

Garden Route

Knysna

**Brackenhill
Falls**

Keurboomsrivier

Plettenberg
Bay

sbrug

Victoria
Bay

Serpentine

Swartv

Keytersnek

Hornlee

**Knysna
Elephant
Park**

N2

root
akrivier

N2

Wilderness Gerickespunt

Bleshoender

Sedgefield

Buffelsbaai

Brenton

Moetzie

Cape Seal

ate Game Reserve

Glentana

Herold's Bay

Pacaltsdorp

**Garden Route National Park
(Wilderness Section)** Goukamma
Nat. Res. Walker Point

Knysna
Lagoon

The Heads

**Robberg
Nature Reserve**

Blaize

**Garden Route National Park
(Knysna Section)**

I n d i s c h e r   O z e a n

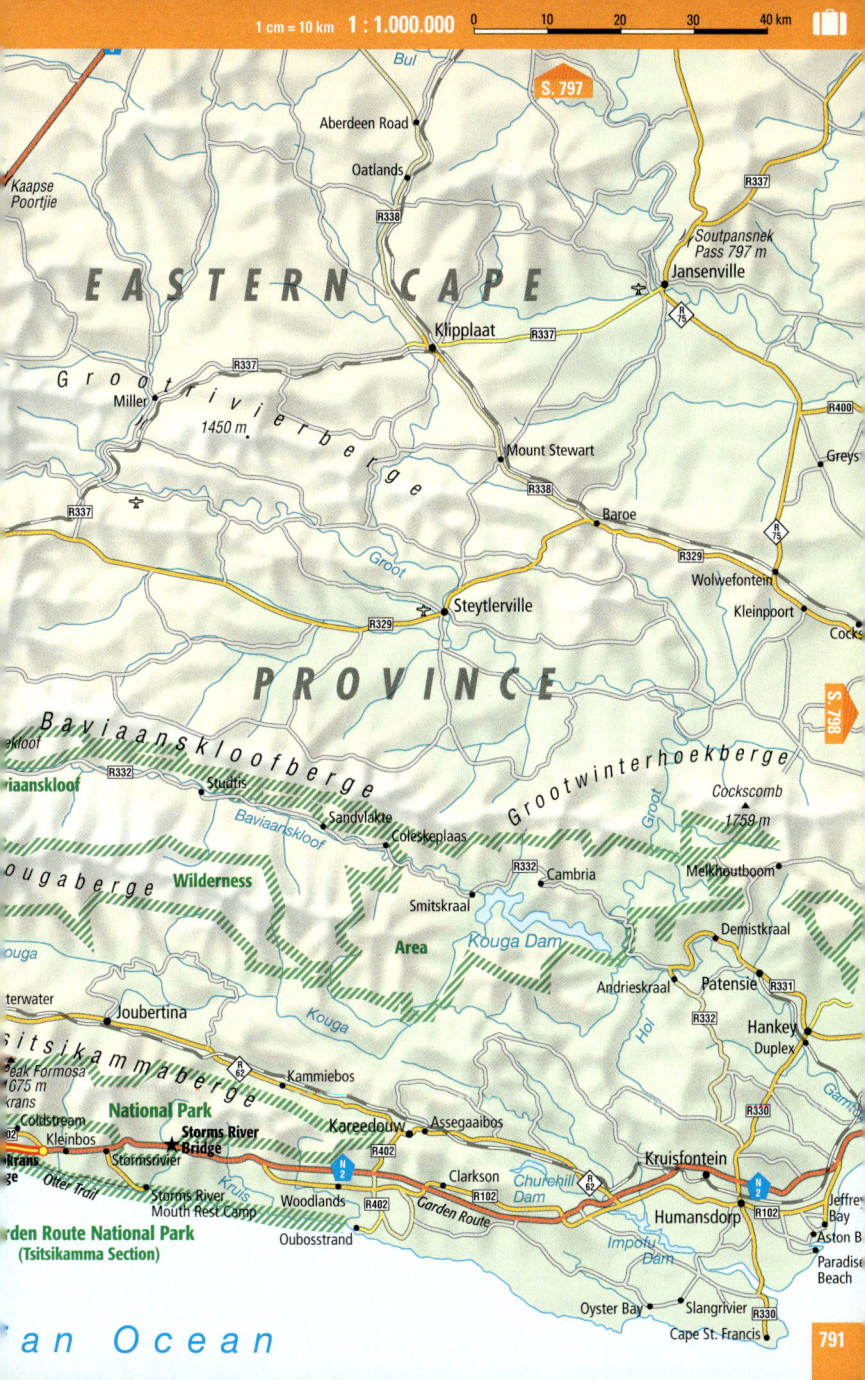

0   10   20   30   40 km

S. 797

Bul

Aberdeen Road

Oatlands

Kaapse
Poortjie

R338

R337

EASTERN CAPE

Soutpansnek
Pass 797 m

Jansenville

Klipplaat   R337

R75

G r o o t r i v i e r b e r g e

R337

Miller

1450 m

Mount Stewart

R338

R400

Greys

R337

Baroe

R329

R75

Groot

Wolwefontein

R329   Steytlerville

Kleinpoort

Cocks

P R O V I N C E

S. 798

B a v i a a n s k l o o f b e r g e

kloof

R332

iaanskloof   Studtis

Baviaanskloof

G r o o t w i n t e r h o e k b e r g e

Groot

Cockscomb

1759 m

Sandvlakte

Coleskeplaas

R332   Cambria

Melkhoutboom

o u g a b e r g e

Wilderness

Smitskraal

Kouga Dam

Demistkraal

u g a

Area

Andrieskraal   Patensie   R331

Kouga

terwater

Joubertina

R332

Hankey
Duplex

Hol

s i t s i k a m m a b e r g e

R330

R2

Kammiebos

eak Formosa
675 m
rans

Kareedouw   Assegaaibos

Storms River
Bridge

Garms

N2

Kruisfontein

Coldstream

Kleinbos   Stormsrivier

R402

Olter Trail

Storms River
Mouth Rest Camp

Woodlands

R402

Clarkson

R102

Churchill
Dam

R2

Garden Route

Jeffre
Bay

N2

Humansdorp   R102

Aston B

rden Route National Park
(Tsitsikamma Section)

Oubosstrand

Impofu
Dam

Paradise
Beach

an Ocean

Oyster Bay   Slangrivier   R330

Cape St. Francis

791

S. 796

Ratelfontein

R363

Lambert's Bay

R364

R365

Clanw

Graafwater

R364

Wolfhuis

Leipoldtville

Atlantischer Ozean

Clanwilliam Dar

R365

R363

Elands Bay
State Forest

Baboon Point

Atlantic Ocean

Eland's Bay

Sandberg

Witelskloof Pass
487 m

R366

Redelinghuys

W E S T E R N   C A P E

Redelinghuys

Paleisheuwel

Noordkuil

R366   R365

Het Kruis

R365

Romer Pan
Nature
Reserve

R366

St. Helena Bay

Aurora

R
21

P R O V I N C E

Stompneuspunt

Dwarskersbos

Eendekuil

Stompneusbaai

St. Helena
Bay

Laaiplek

Versveld Pass
680 m

Pc

Cape
Columbine

Velddrif

Paternoster

R399

🔭 **Bird Watching**

Goedverwacht

R399

Sauer

Columbine
National
Reserve

♿ **Vredenburg**

Piketberg

Duminy
Point

Bergrvier

Berg

Witwater

De Hoek

Jacobs Bay

West Coast
Fossil Park ★

Langebaanweg

Koringberg

N
7

Danger Bay

R
79

Saldanha

Saldanha
Bay

R
21

Hopefield

Berg

Langebaan

R311

Churchhaven

Moorreesburg

R307

16 Mile Beach

Kiekoesvlei

Oupos

R311

West Coast
National Park

Platteklip

Soutbos

R307

974 m

Rust

R
46

Yzerfontein

R315   R315

Riebeek-Wes

Yzerfonteinpunt

Darling

Darling Station

Kanonkop

Riebeek-Kast

House Bay

Januarieskraal

Bothma

Dassen Island 🚢 *Ichabo*
Point

R
46

Mamreweg

R315

Malmes

S. 786

The Grotto Bay

Abbotsdale

Jacobs Bay

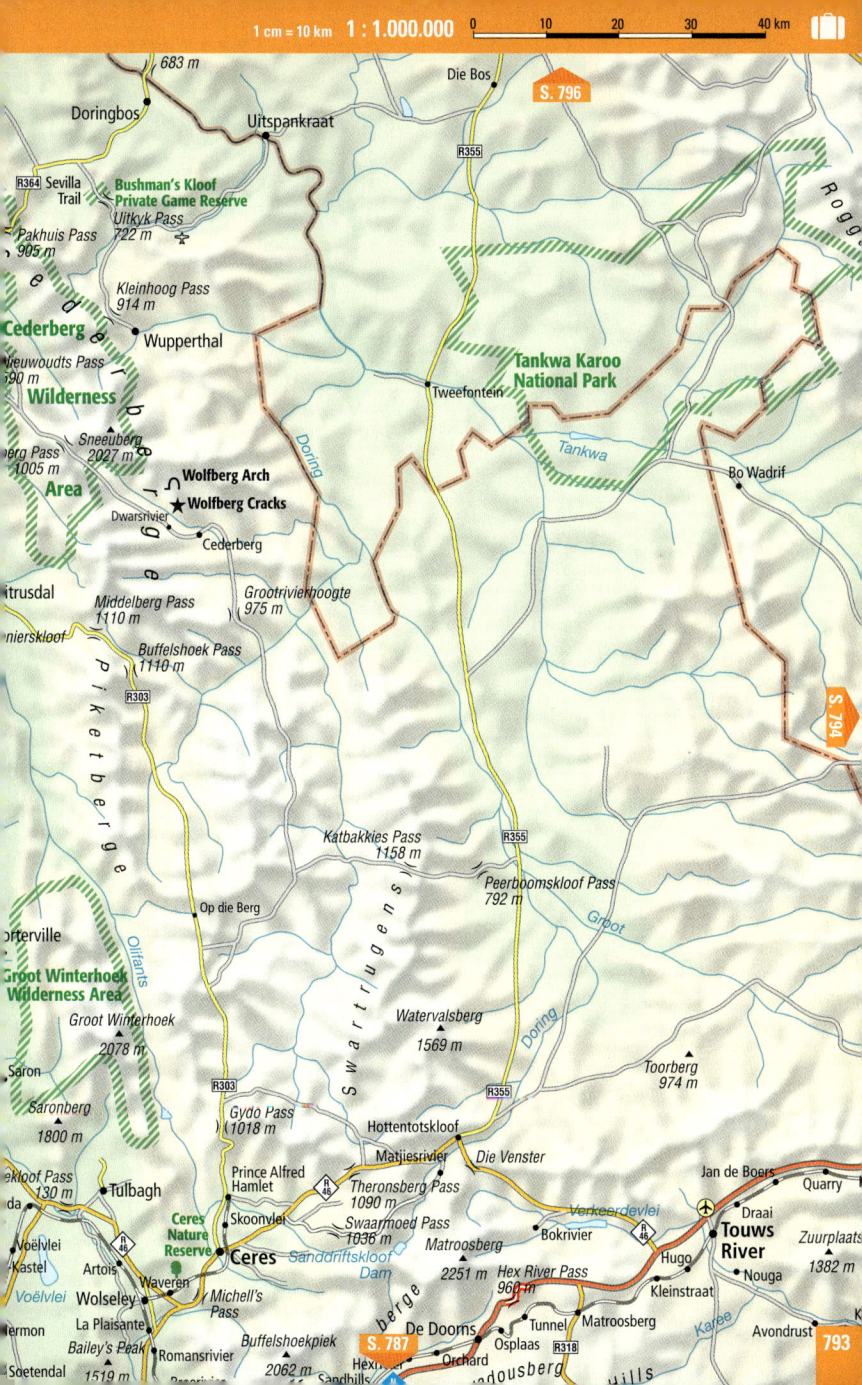

S. 796

683 m

Die Bos

Doringbos

Uitspankraat

R355

R364 Sevilla
Trail

**Bushman's Kloof
Private Game Reserve**

Uitkyk Pass
722 m

Pakhuis Pass
905 m

Kleinhoog Pass
914 m

Cederberg

Wupperthal

**Tankwa Karoo
National Park**

Nieuwoudts Pass
90 m

Tweefontein

Wilderness

Tankwa

rg Pass
1005 m

Sneeuberg
2027 m

Bo Wadrif

Area

Wolfberg Arch

★ **Wolfberg Cracks**

Dwarsrivier

Cederberg

trusdal

Middelberg Pass
1110 m

Grootrivierhoogte
975 m

nierskloof

Buffelshoek Pass
1110 m

R303

Katbakkies Pass
1158 m

R355

Peerboomskloof Pass
792 m

Op die Berg

Groot

orterville

Olifants

**Groot Winterhoek
Wilderness Area**

Groot Winterhoek
2078 m

Watervalsberg
1569 m

Doring

Saron

Toorberg
974 m

Saronberg
1800 m

R303

Gydo Pass
1018 m

Hottentotskloof

R355

kloof Pass
130 m

Tulbagh

Matjiesrivier

Die Venster

Jan de Boers

da

Prince Alfred
Hamlet

Theronsberg Pass
1090 m

Quarry

Voëlvlei

Skoonvlei

Swaarmoed Pass
1036 m

Verkeerdevlei

Draai

Kastel

Artois

**Ceres
Nature
Reserve**

Bokrivier

**Touws
River**

Zuurplaats
1382 m

Wolseley

Ceres

Sanddriftskloof
Dam

Matroosberg

Hugo

Nouga

La Plaisante

Waveren

Michell's
Pass

2251 m

Hex River Pass
960 m

Kleinstraat

Avondrust

mon

Bailey's Peak
1519 m

Romansrivier

Buffelshoekpiek
2062 m

S. 787

De Doorns

Osplaas

Tunnel

Matroosberg

Karee

Soetendal

Hexvl

Orchard

R318

Sandhills

793

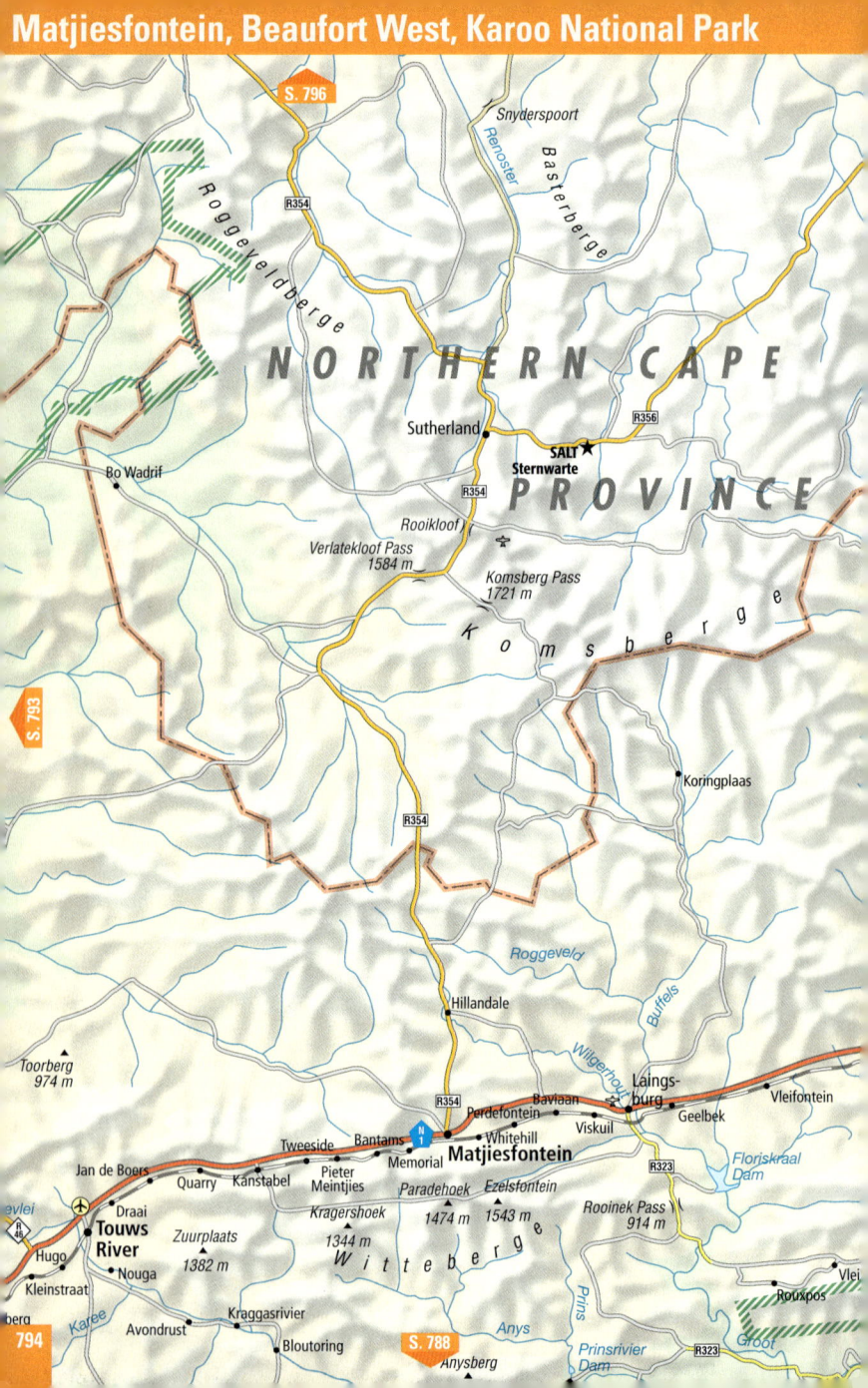

S. 796

R354

Snyderspoort

Roggeveldberge

Basterberge

Renoster

N O R T H E R N   C A P E

Sutherland

R356

SALT ★
Sternwarte

Bo Wadrif

R354

P R O V I N C E

Rooikloof

Verlatekloof Pass
1584 m

Komsberg Pass
1721 m

K o m s b e r g e

S. 793

Koringplaas

R354

Roggeveld

Buffels

Hillandale

Toorberg
974 m

Wilgerhout

Laings-
burg

Vleifontein

R354   Baviaan
Perdefontein   Viskuil   Geelbek

Tweeside   Bantams   Whitehill
Jan de Boers   Memorial   **Matjiesfontein**
Quarry   Kanstabel   Pieter   R323
Meintjies   *Paradehoek*   Ezelsfontein   Floriskraal
Kragershoek   1474 m   1543 m   Dam
Draai   1344 m   Rooinek Pass
Touws   *Zuurplaats*   914 m
Hugo   **River**   1382 m   Nouga   *Prins*   Vlei

Kleinstraat   *W i t t e b e r g e*   Rouxpos

Karee   Kraggasrivier   *Anys*

Avondrust   Bloutoring   S. 788   Prinsrivier   R323   *Groot*
Dam
Anysberg

0   10   20   30   40 km

S. 797

Rosedene

R353

Oukloof Pass
1400 m

Teekloof Pass
1385 m

Molteno
Pass
1524 m

R381

1913 m

S. 797

Rondefontein

Rosesberg
Pass

Karoo National Park

**Beaufort
West**

N1

Droërivier

N12

Gamka

Leeuw

Merweville

R353

Leeugamka
Dam

Letjiesbos

Luttig

W E S T E R N   C A P E

Leeu Gamka

N1

P R O V I N C E

Kruidfontein

Zwarts

Prince Albert Road

Dwyka

R407

Doring

Seekoegat

N1

Dwyka

Gamka

N12

S. 790

Gamkapoort
Dam

Prince Albert

Oukloof Dam

Kareedouwberg Pass
1080 m

G r o o t   S w a r t b e r g e

R407

Boshuiskloof
1000 m

**Die Hel (Gamkaskloof)
Nature Res.**

Swartberg Nature Reserve

Swartberg Pass
1436 m

Klaars

eweweekspoort

Gamkaskloof

Die
Hel

**Droe-
waterval**

Cango Caves

R407

Meiringspoort
716 m

R407

Seweekspoort Pass
1019 m

Matjiesvlei

*Red Mountain
Nature Reserve*

Kruisrivier

Matjies-
rivier

Grootkraal

Amalienstein

R
62

Huisrivier Pass
655 m

Groenfontein

S. 789

Schoemanspoort Pass
610 m

Schoemanshoek

De Rust

Zoar

Calitzdorp

R328

795

Matroosberg

KAPSTADT (CAPE TOWN)

Atlantischer Ozean

Richtersveld Transfrontier Park

Oranjemund
Alexanderbaai
Alexanderbaai
Wreck Point
Cliff Point
Port Nolloth
John Owenbaai
Wedge Point
Kleinsee
Melkbospunt
Skulpfonteinpunt
Hondeklipbaai
Wallekraal
Strandfonteinpunt
Groenriviersmond

Noordoewer
Vioolsdrif
Goodhouse
Steinkopf
Anenous Pass 950 m
Nababeep Okiep
Springbok Mesklip
Namaqua National Park
Kamieskroon
Garies
Witwater
1024 m
Bitterfontein
Nuwerus
Lutzville
Strandfontein
Vredendal
Doring Bay
Lambert's Bay Graafwater
Eland's Bay Leipoldtville
St. Helenabaai Sandberg
Stompneuspunt
Paternoster Velddrif
Vredenburg
Saldanha Hopefield
Langebaan Moorreesburg
West Coast National Park
Darling
Yzerfontein

Warmbad
Velloor
Onseepkans
Pella
Aggeneys
Pofadder
Namies
Bossiekom

Augrabies Falls
Augrabies Falls National Park
Bladgrond

Goegap Nature Reserve
Gamoep
Granaatboskolk
Platbakkies
Kliprand
Rock Paintings
Swartkolkvloer
Tontelbos
Loeriesfontein
Nieuwoudtville
Hantamsberg 1673 m
Calvinia
Vanrhynsdorp
Bloukranspas
Klawer Botterkloof Middelpos
Clanwilliam
Wupperthal Tankwa Karoo National Park
Tweenfontein
Piekenaarskloof
Eendekuil Sauer
Piketberg Porterville Op die Berg
Gydo Pass Kagga Kamma
Gouda Tulbagh
Riebeek Kasteel Wolseley Ceres
Malmesbury Bain's Kloof Pass De Doorns
Wellington Worcester
Bloubergstrand
Milnerton Paarl Moordkuil Nuy
Bellville Robertson Ashton
Camps Bay Parow Franschhoek Marloth Nat'l Res.
Llandudno Stellenbosch Swellendam
Hout Bay SomersetStormsvlei
Table Mountain National Park Grabouw Caledon Riviersonderend
Simon's Town Gordon's Bay Protem
Kap der Guten Hoffnung Pringle Bay Hermanus Napier Bredasdorp
Cape of Good Hope Valsbaai Hawston
Cape of Good Hope Nature Res. Gansbaai Elim Waenhu
Quoinpunt L'Agulhas
Cape Agulhas

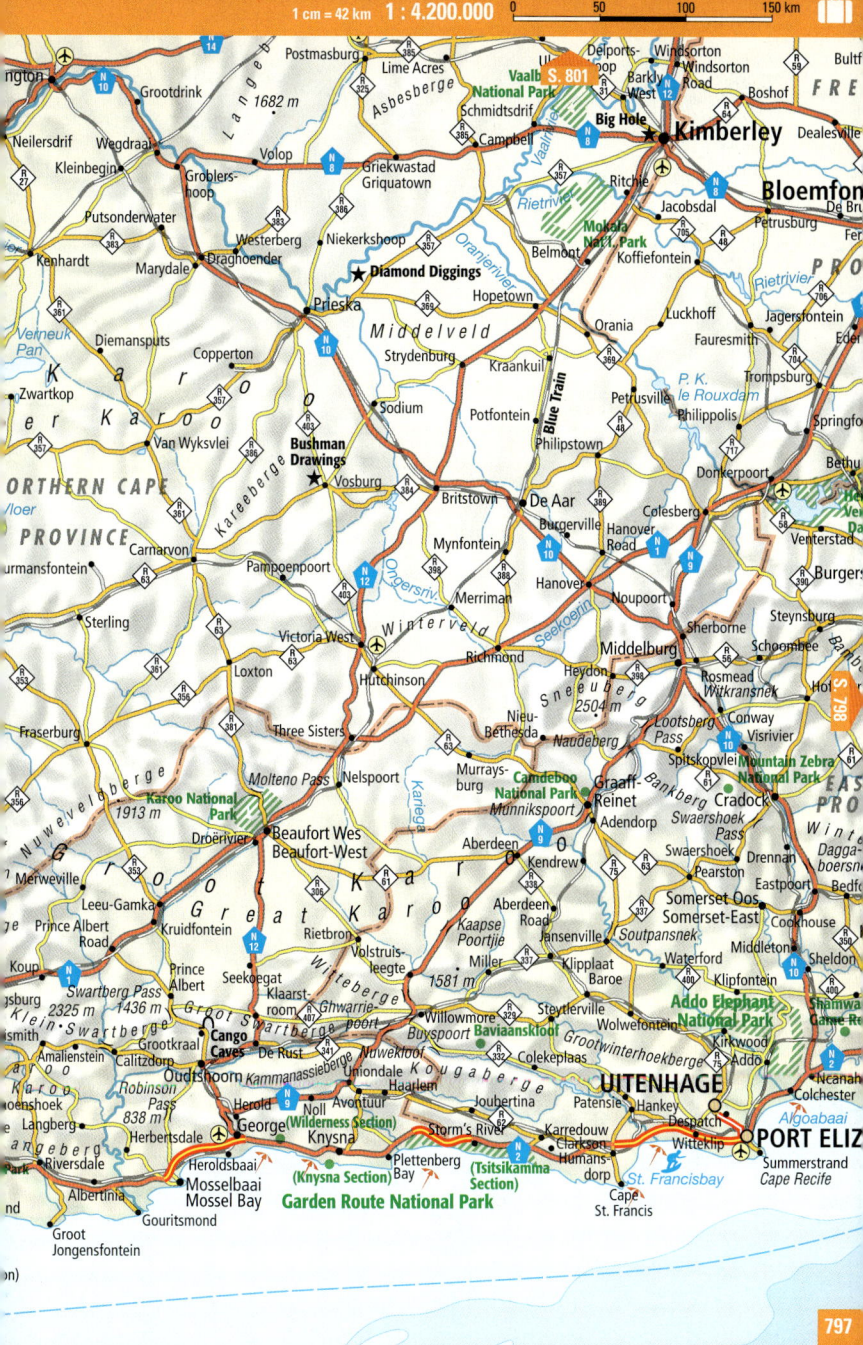

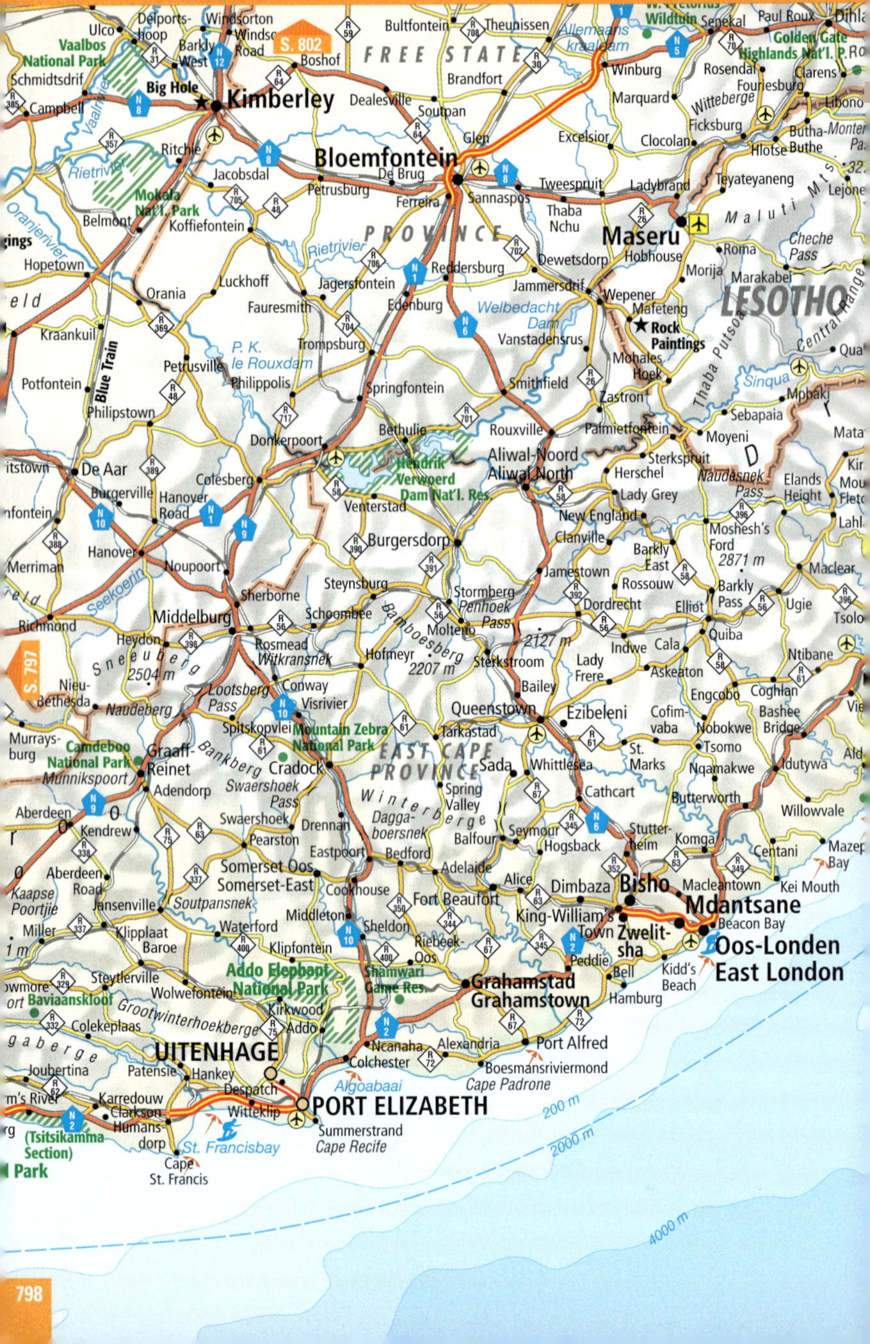

S. 802
S. 797
FREE STATE
PROVINCE
EAST CAPE
PROVINCE
LESOTHO
Kimberley
Bloemfontein
Maseru
PORT ELIZABETH
UITENHAGE
Grahamstad
Grahamstown
Oos-Londen
East London
Mdantsane
Bisho
Zwelit-
sha
King-William's
Town
Ulco
Delports-
hoop
Windsorton
Windsorton
Road
Barkly
West
Boshof
Bultfontein
Theunissen
Allemaans
kraaldam
Winburg
Senekal
Paul Roux
Dihla
W. Pretorius
Wildtuin
Golden Gate
Highlands Nat'l. P.
Vaalbos
National Park
Schmidtsdrif
Campbell
Big Hole
Vaalrivier
Dealesville
Soutpan
Brandfort
Marquard
Rosendal
Fouriesburg
Clarens
Witteberge
Ficksburg
Libono
Butha-Buthe
Hlotse
Clocolan
Excelsior
Glen
Ritchie
Rietrivier
Mokala
Nat'l. Park
Jacobsdal
Petrusburg
De Brug
Ferreira
Sannaspos
Tweespruit
Thaba
Nchu
Ladybrand
Teyateyaneng
Lejone
Maluti Mts.
Cheche
Pass
Roma
Hobhouse
Morija
Marakabei
Central Range
Belmont
Koffiefontein
Oranjerivier
Hopetown
Rietrivier
Reddersburg
Dewetsdorp
Jammersdrif
Wepener
Mafeteng
Rock
Paintings
Orania
Luckhoff
Fauresmith
Jagersfontein
Edenburg
Welbedacht
Dam
Vanstadensrus
Mohales
Hoek
Thaba Putsoa
Sinqua
Mphaki
Kraankuil
Blue Train
Petrusville
P. K.
le Rouxdam
Trompsburg
Philippolis
Springfontein
Smithfield
Zastron
Sebapaia
Potfontein
Philipstown
Donkerpoort
Bethulie
Rouxville
Palmietfontein
Moyeni
Hendrik
Verwoerd
Dam Nat'l. Res.
Aliwal-Noord
Aliwal North
Sterkspruit
Herschel
Naudesnek
Pass
Elands
Height
De Aar
Colesberg
Burgerville
Hanover
Road
Venterstad
Lady Grey
New England
Moshesh's
Ford
2871 m
Burgersdorp
Clanville
Barkly
East
Hanover
Noupoort
Merriman
Seekoei
Jamestown
Rossouw
Barkly
Pass
Ugie
Maclear
Tsolo
Steynsburg
Stormberg
Penhoek
Pass
Dordrecht
Elliot
Sherborne
Schoombee
Molteno
Middelburg
Richmond
Bamboesberg
2127 m
Indwe
Cala
Quiba
Heydon
Rosmead
Witkransnek
Hofmeyr
2207 m
Sterkstroom
Lady
Frere
Askeaton
Ntibane
Sneeuberg
2504 m
Nieu-
Bethesda
Lootsberg
Pass
Conway
Bailey
Engcobo
Coghlan
Naudeberg
Visrivier
Queenstown
Ezibeleni
Cofim-
vaba
Bashee
Bridge
Murrays-
burg
Camdeboo
National Park
Graaff-
Reinet
Munniksport
Spitskopvlei
Mountain Zebra
National Park
Tarkastad
Nobokwe
Tsomo
Bankberg
Cradock
Sada
Whittlesea
St.
Marks
Nqamakwe
Idutywa
Adendorp
Swaershoek
Pass
Winterberge
Spring
Valley
Cathcart
Butterworth
Willowvale
Aberdeen
Kendrew
Swaershoek
Pearston
Drennan
Dagga-
boersnek
Balfour
Seymour
Hogsback
Stutter-
heim
Komga
Centani
Mazeppa
Bay
Aberdeen
Road
Eastpoort
Bedford
Adelaide
Kaapse
Poortjie
Somerset Oos
Somerset-East
Cookhouse
Fort Beaufort
Alice
Dimbaza
Macleantown
Kei Mouth
Jansenville
Soutpansnek
Middleton
Beacon Bay
Miller
Klipplaat
Baroe
Waterford
Sheldon
Riebeek-
Oos
Peddie
Klipfontein
Kidd's
Beach
Steytlerville
Addo Elephant
National Park
Shamwari
Game Res.
Bell
Hamburg
Wolwefontein
Baviaanskloof
Grootwinterhoekberge
Kirkwood
Colekeplaas
Addo
Ncanaha
Alexandria
Port Alfred
Colchester
Boesmansriviermond
Cape Padrone
Joubertina
Patensie
Hankey
Algoabaai
Despatch
Karredouw
Clarkson
Witteklip
Humans-
dorp
Summerstrand
Cape Recife
St. Francisbay
Cape
St. Francis
(Tsitsikamma
Section)
Park
200 m
2000 m
4000 m

Warmbad
Gross Barmen
Otjimbingwe
Omitara
Silversand
Drimiopsis
Buitepos
Mamuno
Brakwater
Ninette
WINDHOEK
Witvlei
Gobabis
Kapps
Aris
Otjimbingwe
Daan Viljoen
Game Park

Khomas Hochland

Grootduin

Kule

Ncoja

Dordabis
Nina
Gross Ums

Rehoboth
Karubeamsberge
624 m
Kous
Derm
Leonardville

Petrusdal
Uhlenhorst
Aminuis

N A M I B I A

Klein Aub
Kalkrand
Narib
Aranos

Büllsport
Gamis
Narob
Stampriet

Nomtsas
Mariental
Gochas
Akanous

Bossiesvlei
Maltahöhe
Witbooisvlei
Lendepas
Union's End
Grootkolk

Tsarisberge
Gibeon

Kalahari Gemsbok

Duwisib
Castle
Asab
Mukurob
Brakpan
Twee Rivier
Langklas

Eidsemub
Nossob Ca
Mata
Mata

Brukkaros
1586 m
Tses
Shirley
Koës
Welverdiend

Helmeringhausen
Berseba
Salt Pan
National
Par
Kar

N a m a l a n d

Schakalskuppe
Bethanie
Kokerboomwoud
Gross Aub

Garub
Aus
Keetmanshoop
Gariganus
Aroab
Rietfontein

Naiams
Fort
Seeheim
Narubis
Stone Rondavel

Rock Engravings Music Stones
Goageb
Gawachab
Schroffenst.
2202 m
Vredeshoop

Diamond
Hope
Holoog
Klein Karas
Grünau

Witpütz
Visrivier-canyon
Visrivierafgronde Park
Kanus
Noenieput

Area

Restricted
Rosh Pinah
Ai-Ais
Karasburg
Nuwefontein
Hamab
Kums
Nakop

Richtersveld Transfrontier Park
Khubus
Haib
Warmbad
Velloor

Oranjemund
Alexanderbaai
1378 m
Noordoewer
S. 796
Onseepkans
Augrabies Falls

Augrabies Falls National Park

Alexanderbaai
Wreck Point
Vioolsdrif
Bladgrond

800

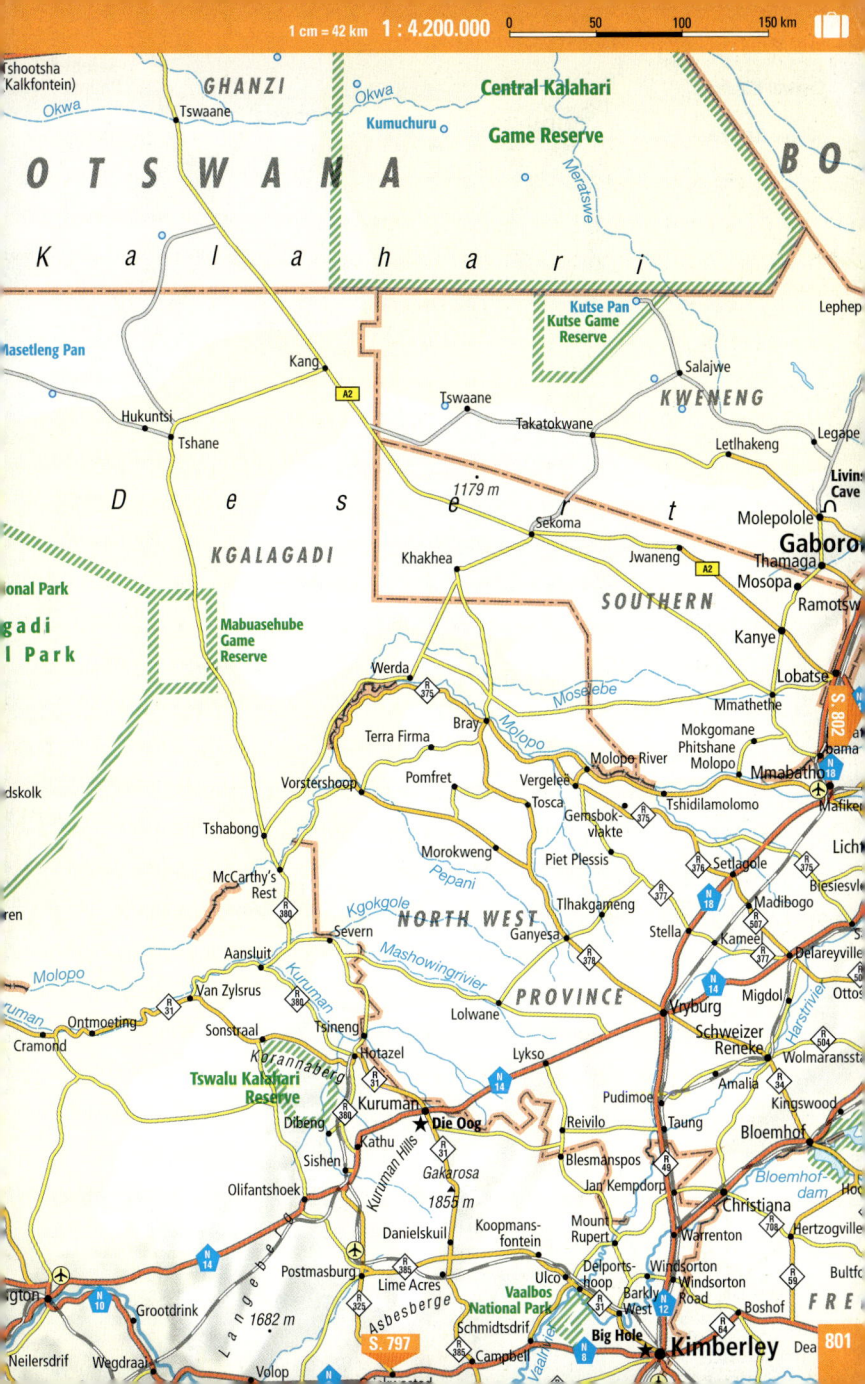

shootsha
Kalkfontein)

GHANZI   Okwa   Kumuchuru   **Central Kalahari**
Okwa   Tswaane   **Game Reserve**

O T S W A N A   BO

K   a   l   a   h   a   r   i

Kutse Pan
Kutse Game
Reserve   Lephep

Masetleng Pan   Kang   A2   Tswaane   Salajwe   **KWENENG**
                                    Takatokwane   Legape

Hukuntsi   Letlhakeng   **Livin**
Tshane   **Cave**
                    1179 m   Molepolole

D   e   s   Sekoma   **Gaboro**
                                    Thamaga
KGALAGADI   Khakhea   Jwaneng   A2   Mosopa
                                    SOUTHERN   Ramotsw

nal Park   **Mabuasehube**   Kanye
gadi   **Game**   Lobatse
l Park   **Reserve**   Werda   R375   Mmathethe   S 802

dskolk   Terra Firma   Bray   Mokgomane   bama
                Vorstershoop   Pomfret   Vergelee   Phitshane   Mmabatho
                                    Tosca   Molopo River   Molopo   N18
Tshabong   Morokweng   Gemsbok-   R375   Tshidilamolomo   Mafiker
ren   McCarthy's   Piet Plessis   vlakte   R   Lich
            Rest   R380   Kgokgole   NORTH WEST   Tlhakgameng   R377   Setlagole   R375   Biesiesvl
Molopo   Severn   Mashowingrivier   Ganyesa   R   Madibogo   R
            Aansluit   R18   Kameel   Delareyville
ruman   Van Zylsrus   Kuruman   Stella   R377   S
Ontmoeting   R31   R380   Lolwane   **PROVINCE**   R378   Migdol   Otto
Cramond   Sonstraal   Tsineng   Lykso   Vryburg   Hartsrivier
        Korannaberg   Hotazel   R31   N14   Schweizer   Wolmaransst
    Tswalu Kalahari   Dibeng   R385   Pudimoe   Reneke   R34
    Reserve   **Kuruman**   Reivilo   Amalia   Kingswood
        Kathu   ★ **Die Oog**   Taung   R48   Bloemhof
    Sishen   Kuruman Hills   Blesmanspos   R   Bloemhof-
Olifantshoek   Gakarosa   Jan Kempdorp   Christiana   dam
        1855 m   Koopmans-   Mount   Warrenton   Hertzogville
    Danielskuil   fontein   Rupert   R708
N14   Postmasburg   R385   Ulco   Delports-   Windsorton   **FRE**
    R31   Lime Acres   R31   Hoop   Windsorton
gton   N10   Grootdrink   R325   Barkly   Road   Boshof   Bultfr
    1682 m   **Vaalbos**   West   N12   R59
Neilersdrif   Wegdraal   Asbesberge   **National Park**   Schmidtsdrif   **Big Hole**   Dea
        Volop   S 797   Campbell   N8   **KIMBERLEY**   801

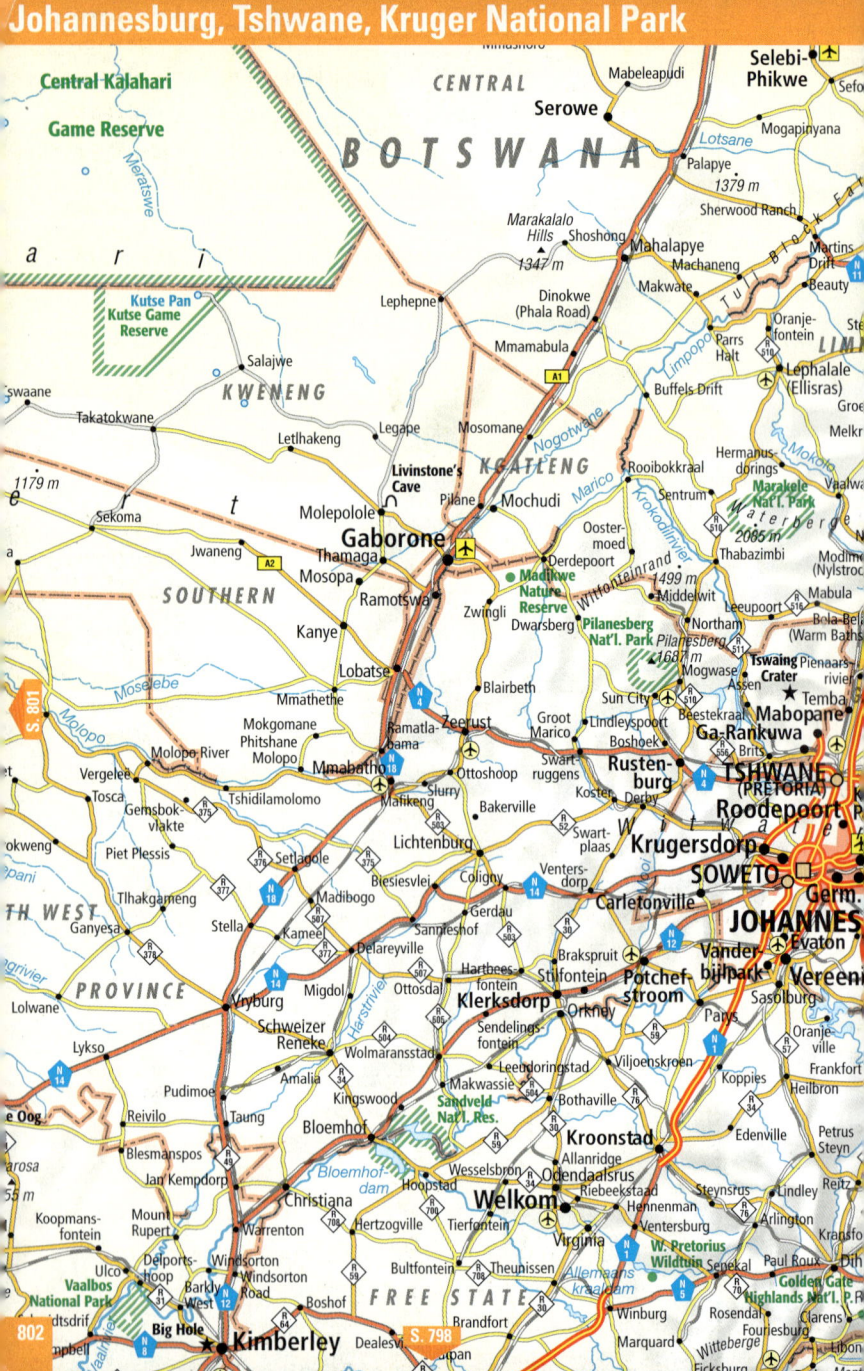

ANGOLA

SAMBIA

SIMBABWE

NAMIBIA

BOTSWANA

MOSAMBIK

800 / 801

802 / 803

Musina

Lephalale
(Ellisras)
Polokwane
Makopano
Hoedspruit

Tshwane
(Pretoria)
Barberton

Mmabatho
Soweto Johannesburg
eSWATINI
Vereeniging
Van Zylsrus
Vryburg Klerksdorp
Ermelo
Volksrust
Kuruman
Madadeni

Welkom
Harrismith
Kimberley
Ladysmith

Alexanderbaai
Augrabies
Oranje
Upington
Bloemfontein Maseru
Pietermaritzburg

796 / 797
LESOTHO
Durban

Springbok
Prieska
Aliwal North

Atlantischer
Ozean
Umtata
Indischer
Ozean

792 / 793
Graaff-
Reinet

794 / 795
Cradock
Mdantsane
Vredenburg
Beaufort West
East London

790 / 791

Worcester
Oudtshoorn
Uitenhage Grahamstown
Kapstadt
Swellendam George
Knysna
Port Elizabeth
Stellen-
bosch
Mossel Bay

786 / 787
788 / 789
798 / 799